2011

浙江财政年鉴

Finance Year Book of Zhejiang

（总第11卷）

浙 江 省 财 政 厅 主 办

浙江财政年鉴编辑委员会编

中華書局

图书在版编目(CIP)数据

浙江财政年鉴. 2011 /《浙江财政年鉴》编辑委员会编.
—北京:中华书局 2011.12
ISBN 978-7-101-08383-5

Ⅰ. 浙… Ⅱ. 浙… Ⅲ. 地方财政—浙江省—2011—年鉴
Ⅳ. F812.755-54

中国版本图书馆CIP数据核字(2011)第236959号

责任编辑: 朱 慧
施惠萍

浙江财政年鉴2011
《浙江财政年鉴》编辑委员会编
*
中 华 书 局 出 版
(北京市丰台区太平桥西里38号 100073)
http://www.zhbc.com.cn
E-mail:zhbc@zhbc.com.cn
浙江新华数码印务有限公司印刷

889 * 1194 1/16 33.75印张 80插页 1300千字
2011年12月第1版 2011年12月第1次印刷
印数:1—3000册 定价:260元

ISBN 978—7—101—08383—5

《浙江财政年鉴》编辑委员会

《浙江财政年鉴》编辑部

《浙江财政年鉴》联络员

编辑说明

《浙江财政年鉴》是浙江省财政厅主办的省级财政专业年鉴。本卷年鉴以文为主，辅以图表，图文并茂，全面系统反映浙江省财政工作各方面的基本情况，是资料性与史实性相结合的全省财政系统管理、研究和教学的必备工具书。

《浙江财政年鉴》每年出版一卷，2011年卷(总第11卷)以翔实的资料和图表，记载了2010年浙江省财政改革与发展情况，全面反映全省各级财政部门贯彻科学发展观，全面落实中央和省各项决策部署，深入实施"八八战略"和"两创"总战略，坚持"依法治税、为民理财、务实创新、廉洁高效"的总体工作思路，深刻把握"实、稳、优"三字诀内涵，积极发挥财政支撑保障引导作用，着力推动经济发展方式转变，优化收支结构，加强社会民生保障，深化财政管理改革，为全省经济建设、事业发展和社会稳定作出的贡献。

本卷年鉴主体结构继续保持以往年鉴整体架构的稳定性和内容的连续性，全卷分九篇和附录共十部分，计130万字，依次为：重要财经文献、全省财政工作、市县(市、区)财政工作、财经统计资料、财经法规选编、重要财政文选、财政工作大事记、"十一五"时期财政工作、财政机构人员以及附录。本卷年鉴的具体内容有如下说明：

一、根据2010年是国民经济和社会发展第十一个五年计划的最后一年，本卷年鉴增加了"'十一五'时期财政工作"篇，列第八篇。主要反映"十一五"时期全省财政系统求实创新，在促进经济发展、科技进步、民生改善、社会和谐中发挥作用的概况。

二、在"财经统计资料"篇的"浙江省财政收支情况"中增加收录地方财政收入中的税收收入数据及所占比重；"浙江省一般预算收支决算" 收录三年滚动数据；"浙江省11市及市本级地方财政收入排序"及"浙江省县(市、区)地方财政收入排序"均收录五年滚动数据及排序。根据2010年财政支出科目的调整，增加了"商业服务业等事务支出"、"国土资源气象等事务支出"、"住房保障支出"等表。全省各乡镇地方财政收入排序表中含宁波市所属各乡镇。本卷选录的各项财政数据均为2010年财政决算数。

三、"全省财政工作"篇中增加收编"协会学会活动"一章，原"附录"篇中"社会团体活动"一章取消；"附录"中增加"援川工作"一章，作为浙江省支援四川省青川县地震灾后恢复重建三年工作的总结。

四、对"财经法规选编"篇中收录的法规文件作了必要的版式规范化及技术性处理，同时编列"财政规章及相关规范性文件目录"，以增强年鉴的检索性，增加信息量。

五、本卷年鉴继续附赠全文检索数据库电子版年鉴光盘，并在光盘内收录视频内容，主要收录2010年浙江省财政工作的有关视频信息。

本卷年鉴在年鉴编辑委员会的领导下，依靠省财政厅各处室局、单位和各市、县(市、区)财政局提供大量的资料、文稿和图片，经编审各环节修改补充后成书。本卷年鉴的编纂工作也得到了省国税局、省地税局的关心和支持。在此谨向给予《浙江财政年鉴》编纂工作支持和帮助的各级财税部门及所有单位和人员一并表示感谢。为进一步提高《浙江财政年鉴》的编辑水平，欢迎读者朋友对年鉴的不足之处给予批评指正。

《浙江财政年鉴》编委会办公室

2011年12月

浙江省财政收支规模图

单位：亿元

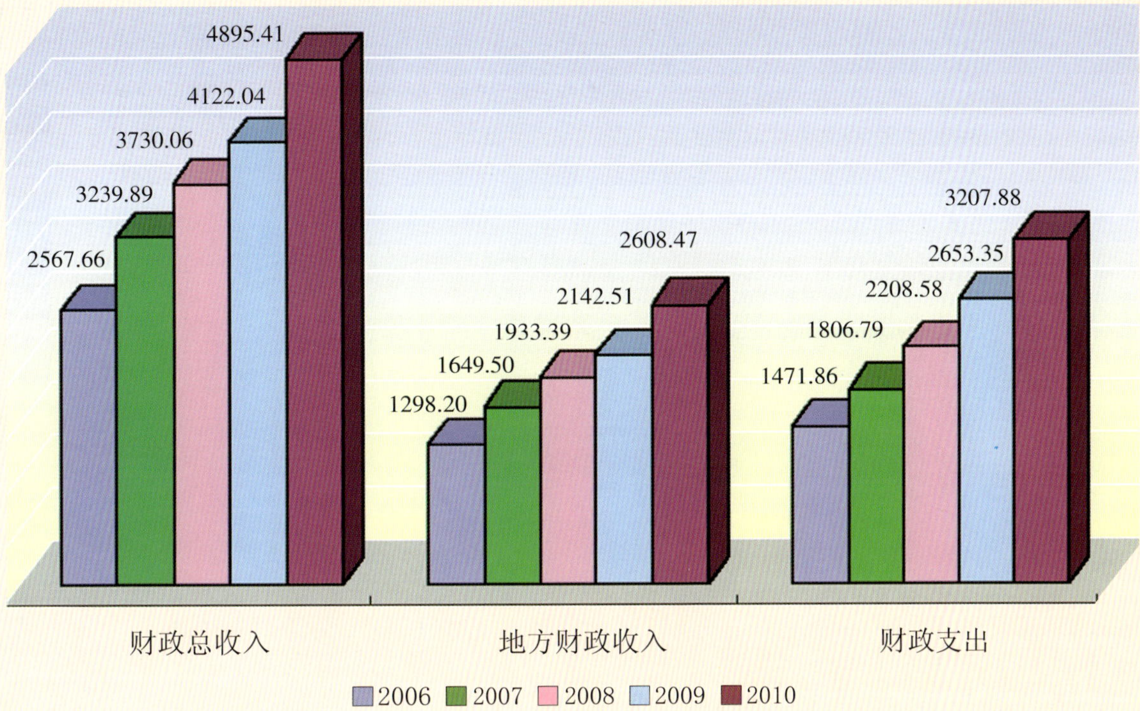

浙江省财政收支增长速度图(%)

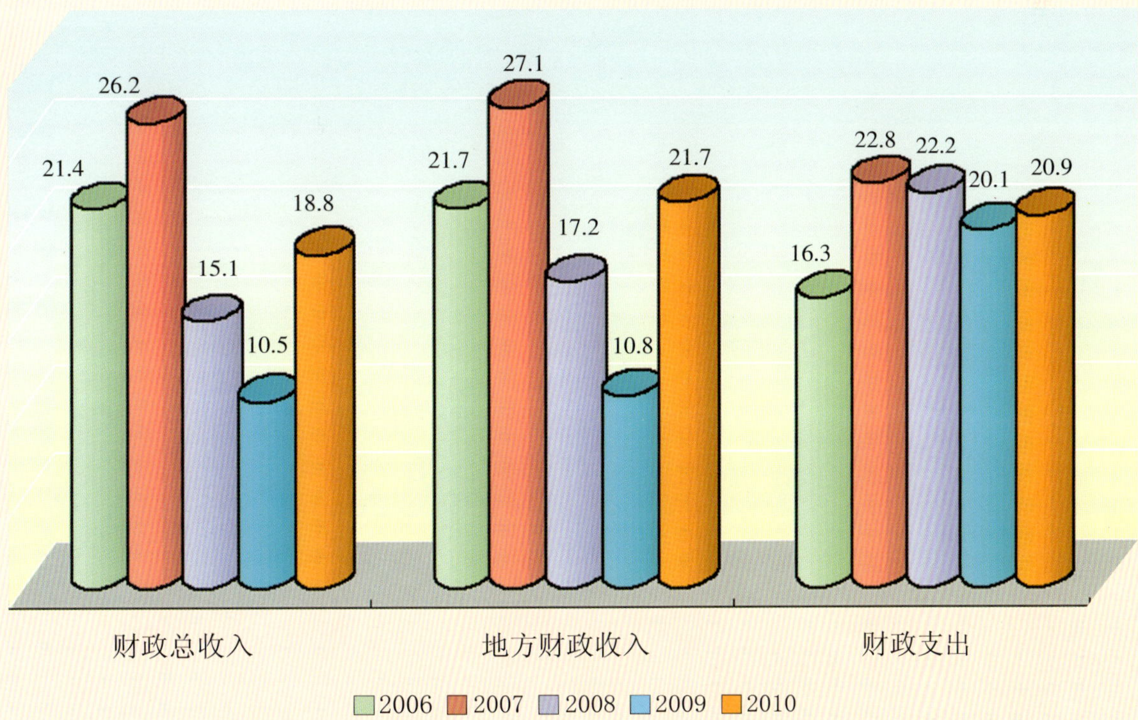

2010 年浙江省地方财政收入组成图

单位:亿元

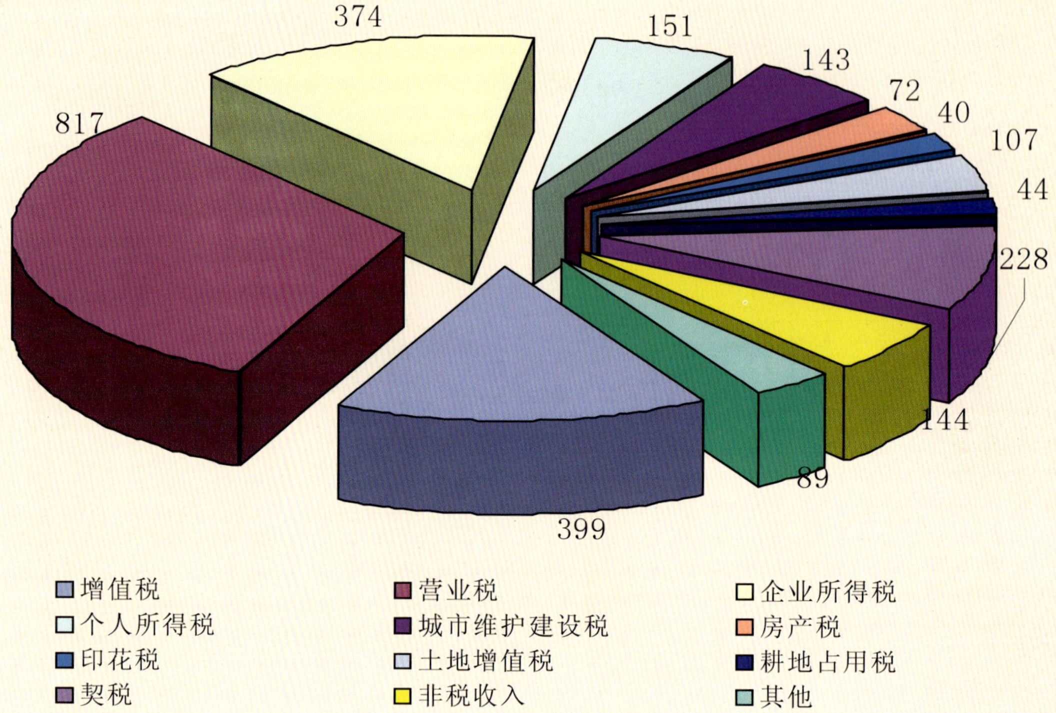

2010 年浙江省财政支出组成图

单位:亿元

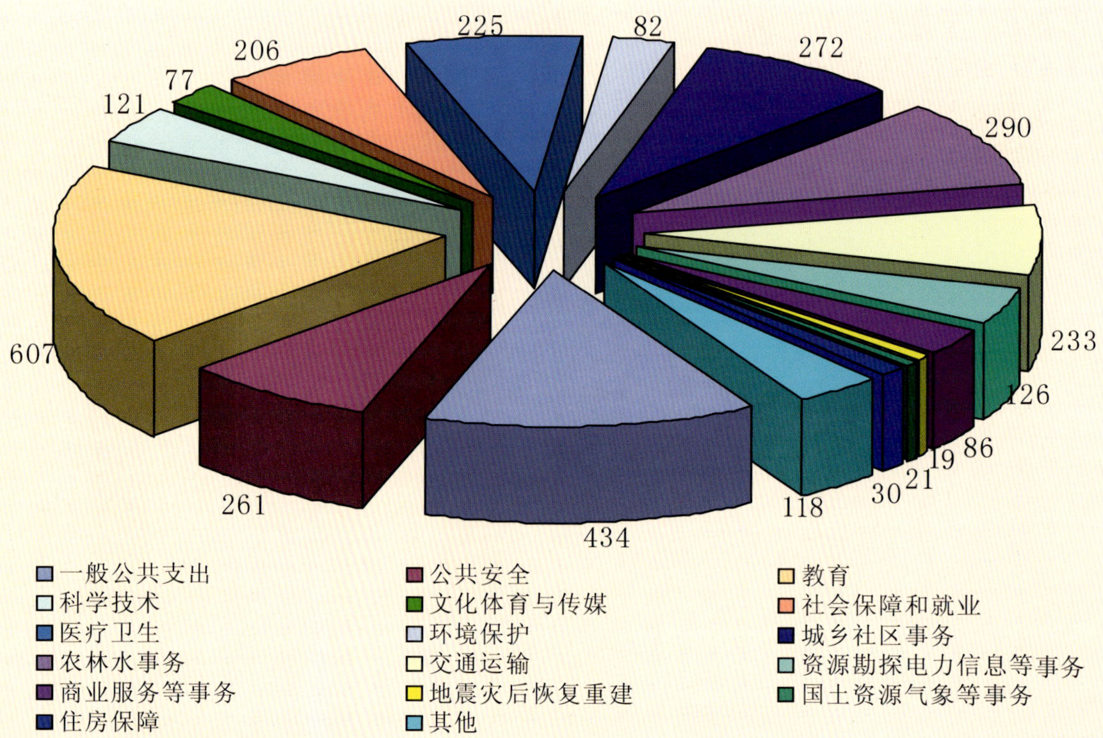

全省财政地税工作会议

2011 年 1 月 13~14 日，浙江省财政地税工作会议在杭州召开。会议深入学习贯彻中央十七届五中全会、省委十二届八次全会、全省经济工作会议、全国财政工作会议和全国税务工作会议精神，回顾总结 2010 年及“十一五”期间全省财政地税工作，研究明确今后一个时期财税改革发展的总体要求，安排 2011 年财政收支计划，部署新一年财政地税工作。省委副书记、省长吕祖善，省委常委、常务副省长陈敏尔到会并讲话。省财政厅厅长、省地税局局长钱巨炎作工作报告。会议还对获得全国财政系统和全省财政系统先进集体和先进工作者进行了表彰。

省委常委、组织部长蔡奇到省财政厅调研

9月7日，省委常委、组织部长蔡奇到省财政厅就财政工作及行业创先争优活动开展调研。蔡奇充分肯定财税部门在应对金融危机、切实改善民生、促进经济转型升级等方面所做的工作和取得的成绩，并对财政工作提出新要求。

3月31日，省政协副主席斯鑫良一行就民营企业发展环境及转型升级问题到省财政厅进行专项集体民主监督调研，省财政厅、省国税局、省地税局分别就全省财税系统支持民营经济发展情况作了汇报。在听取情况汇报后，斯鑫良充分肯定了财税部门在支持经济发展特别是民营经济发展方面所做出的贡献，并对下阶段如何更好地落实各项政策措施，支持民营经济转型升级提出了要求。

省政协副主席斯鑫良到省财政厅调研

省财政厅领导调研活动

为进一步了解和掌握全省财政工作
展情况，理清 2011 年工作思路，明确工
目标和工作重点，省财政厅领导分头带
赴各地调研。调研期间，邀请了各地部
省人大代表、政协委员进行面对面交流
求他们对财政地税工作的意见与建议；
与各市及其所属各县（市、区）财政、地
部门负责人进行座谈，听取各地财政地
工作情况汇报和工作建议；同时，各调
组还深入基层、企业，了解我省经济发
走势，倾听基层与企业的呼声。

财税文化建设

——财政干部讲坛

省财政厅 2010 年组织以“展示·交流·提升”为主题的“财政干部讲坛”，为全体干部提供加强学习的平台、增进了解的平台、展示风采的平台、提升文化的平台。全年共有 9 名同志走上讲坛，和大家分享他们的工作、经验和体会。

圆满完成上海世博会安保经费保障任务

2010 年，按照中央和省委省政府有关上海世博会安保工作目标要求，全省各级财政部门以极高的政治敏锐度和责任感，积极主动、稳妥有序地开展上海世博会“环沪护城河”安保经费保障工作，圆满完成世博安保经费保障任务。据统计，全省各级财政投入世博安保经费 10 亿元，其中省本级投入 1.30 亿元。浙江省获驻沪信访工作评分考核总分全国第一，省财政厅被省委省政府评为世博安保先进单位。

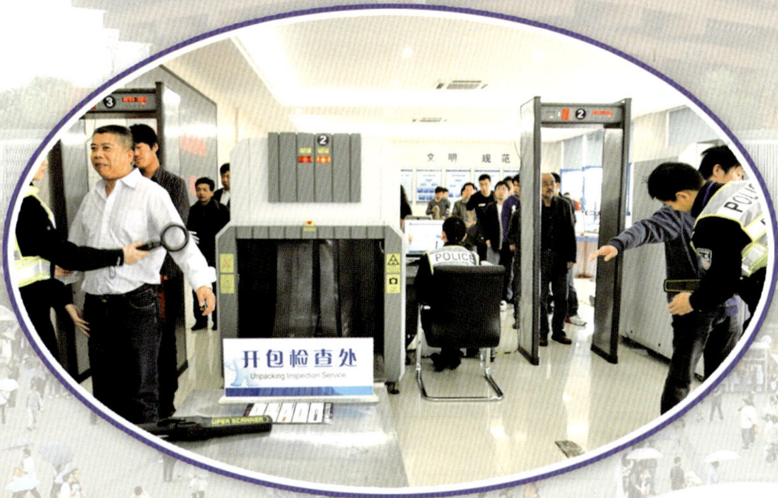

大厅安检

车辆引导

安检大亭

财政支持农村信用社乡镇网点建设

全省农信联社金融服务空白乡镇网点全面开业仪式

部分农信联社空白乡镇网点建设获得装修费补助

2010年省财政安排资金支持全省30个县市农村金融机构新设金融服务网点和提升农村金融服务能力。至6月底，全省159个金融服务空白乡镇全部消除，实现乡镇金融服务全覆盖，促进了农村信用社健康发展。

地处苍南县偏远地区的五凤乡群众纷纷来金融服务点办理业务

在省财政的支持下，金融服务空白乡镇现钞运输车辆得到解决

平阳县榆垟信用社西湾分社开业仪式

主小学

青川中学

青川县竹园镇综合文化服务中心

保障援川工作 支持灾后重建

2008~2010 年，浙江省举全省之力筹措援建资金 86.24 亿元，支援四川省青川县地震灾后恢复重建工作。重建工作突显民生优先，共分家园、设施和产业三大援建领域，共有大小援建项目 547 项。随着项目的陆续建成并投入运行，逐步解决了青川人民的住房、入学、就医、交通等生活基本需求，同时高标准的基础设施提高了青川县总体基础设施水平，增强了青川的自我发展能力，为青川的下一步发展奠定了良好的基础。

川县竹园碑垭至三廊庙主干道

杭州大桥

青川县人民医院

竹园梁沙坝安居房

浙江省农业综合开发建设取得成效

2010年，浙江省实施农业综合开发土地治理项目104个，实施产业化经营补助项目88个，并对181个产业化经营贷款贴息项目实行了财政贴息扶持，按项目类型分：种植养殖基地项目56个、农产品加工项目204个、流通设施项目9个。农业综合开发项目的实施，对加强浙江省农业基础设施建设，改善农业生产条件和生态环境，提高农业综合生产能力，加快农业“两区”建设和新农村建设，促进十大主导产业发展和现代农业产业体系建设，带动农民增加收入等方面起到了积极作用，取得了明显的经济、生态和社会效益。

嘉善县农业综合开发蔬菜水果大

泰顺县小流域治理溪流护岸

海盐县土地治理项目排水

绍兴市农业综合开发蔬菜加工项目

嘉善县土地治理项目路渠工程

省财政支持残疾人共享小康工程建设

2010年，浙江省人民政府办公厅下发《关于加快推进残疾人社会保障体系和服务体系建设的通知》，明确要求把“两个体系”工作纳入全面建设小康社会的总体布局，纳入基本公共服务均等化行动计划。全面推进残疾人共享小康工程中的残疾人基本生活保障、康复服务和重度托(安)养三个项目，并推出包括贫困儿童抢救性康复项目、万名残疾人就业创业帮扶计划、残疾人小康·阳光庇护中心、农村困难残疾人住房救助工作、扶残助残法律援助在内的扶残助残五项行动。省财政设立残疾人共享小康工程补助资金，根据不同地区财政状况予以补助，2008~2010年，省财政共投入残疾人共享小康工程补助资金2.92亿元，其中，基本生活保障工程1.08亿元，康复工程约1.31亿元，托(安)养工程约0.53亿元。全省小康工程共惠及残疾人26.2万人，占持证一、二级重度残疾人的七成左右，其中基本生活保障单独施保、全额享受基本生活保障金12.7万人，助听助行助明康复服务9.8万人，重度残疾人托(安)养3.7万名。

召开全省财政系统依法行政依法理财工作会

推进依法行政依法理财

省财政厅高度重视依法行政依法理财工作，通过加强财政法律制度建设、加大法制宣传教育力度、强化财政执法监督、加强法制工作体系建设，依法行政依法理财基础工作取得新进展，全省各级财政部门增强做好依法行政依法理财工作的责任感和紧迫感。

依法开展行政处罚听证

迎接财政部对全省财政“五五”普法工作验收

财政普法宣传进社区

省财政致力于提高全省资产管理水平

省财政厅加强财政系统资产管理业务培训。邀请财政部有关领导向全省从事资产管理工作的同志介绍全国行政事业资产管理工作改革发展趋势及相关业务政策，对浙江省已出台的资产管理办法和制度，以及行政事业单位国有资产管理工作的发展趋势、改革背景等相关内容进行培训，以期提高全省财政系统资产管理工作水平。

支持全国第六次人口普查工作

2010 年 10 月 22 日人口普查大型广场宣传活动

2010 年，省财政支持配合人口普查工作开展，省本级筹措落实资金 4570 万元，指导督促市、县财政部门努力落实人口普查经费，确保第六次人口普查工作的顺利进行。

普查员代表宣誓

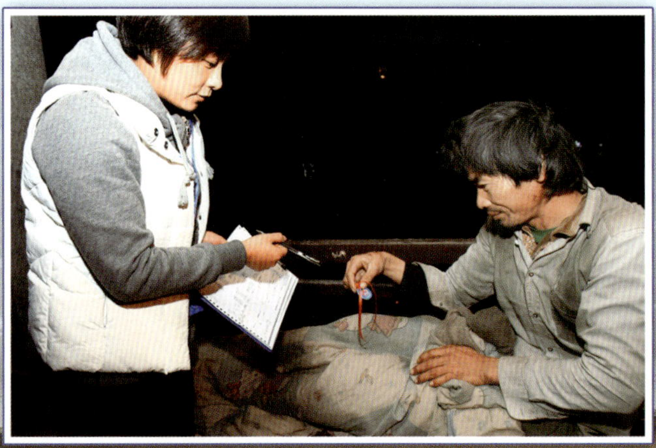

2010 年 10 月 31 日晚对居无定所人员提前登记

2010 年 7 月 16 日省政府召开人口普查电视电话会议

预算执行人才库研讨班开班仪式

省财政厅注重全省财政系统预算执行人才库建设，结合国库集中支付改革和政府会计改革实际，组织开展业务工作交流、调研等活动，并聘请有关专家进行思维分析训练、经济发展专题讲座等，为全省预算执行管理工作培养锻炼人才，提升预算执行干部队伍的业务素质和综合素质。

加强财政系统预算执行人才库建设

保障居民菜篮子

财政支持蔬菜产业提升

集约化设施育苗温室

蔬菜产业是浙江省农业十大主导产业之一，是保障菜篮子的重要组成部分。在 2010 年全国蔬菜供应紧张的情况下，作为农业小省的浙江，却做到了自给有余。2008 年来就蔬菜产业提升项目，各级财政共投入 32453 万元，加上实施主休自筹资金 23840 万元，累计投入资金 56293 万元。项目的实施对推动蔬菜产业区域布局优化、实现蔬菜产业转型升级、促进农民持续增收、保障菜篮子有效供给、稳定市场蔬菜价格、培育组织化产业化规模化的新型主体和促进农产品加工出口创汇等方面发挥了积极作用。

白灵菇出菇自动控温控湿室

蔬菜钢架连栋大棚

全省各级财政支持『村级一事一议』

2010 年，浙江省作为国务院农村综合改革工作小组村级公益事业建设一事一议财政奖补扩大试点省份，在全省开展了村级公益事业建设一事一议财政奖补试点工作。全省各级农村综合改革、财政、农业部门共同努力，相互配合，扎实推进，试点工作取得成效。

据统计，全年全省各级财政用于“村级一事一议补助”支出为 13.3 亿元，共建成村级公益事业项目 3600 多个，项目总投资 29 亿元；除财政奖补外，村民群众出资出劳计 5.8 亿元，村集体经济投入 8.2 亿元，工商企业等社会力量捐助 3.2 亿元，较好地发挥了财政奖补资金的“乘数效应”。通过一事一议财政奖补办法建成了村内道路硬化、村民饮用水、农村生活污水处理、村庄绿化亮化美化、村民健身活动场所、村级社区公共事务中心等一大批村内公益事业项目，较大改善了农村居民的生产生活环境。

一事一议项目——村内道路硬化

一事一议项目——村庄绿化美化

村民议事讨论

家电下乡

2010年，全省各级财政部门继续贯彻落实家电下乡政策，组织开展“浙江省家电下乡保质量、优服务、讲诚信活动”。当年全省(不含宁波)共销售家电下乡产品173.11万台，比上年增长93.64%；实现销售额40.71亿元，比上年增长107.49%；其中销售给补贴对象家电下乡产品169.31万台，各级财政部门共补贴家电下乡产品170.66万台，发放补贴资金5.01亿元。

注册会计师行业党建

省委常委、组织部长蔡奇一行听取天健会计师事务所行业党建开展情况

浙江省注册会计师行业党委工作结合行业工作实际，在全省会计师事务所党组织和党员中开展“之江先锋”创先争优活动，弘扬和践行党的先进性，激发事务所党组织和党员的生机和活力，促进全省注册会计师行业的全面建设和发展。

农村财会人员财政支农政策培训

2010 年，浙江省全面开展农村财会人员财政支农政策培训工作，省财政干部教育中心以全省（不含宁波市）81 个市、县（市、区）的村会计、代理机构会计、村干部等为对象，全年培训 37822 人次。

省运会圣火采集仪式暨浙江省全民健身日启动仪式

浙江省全民健身日活动

2010 年，我省彩票市场平稳安全规范运行，全省彩票销售首次突破百亿元大关，达到 126.11 亿元。各地按照彩票资金“取之于民、用之于民”的原则，采取各种措施，推进社会公益事业发展。图为我省各地体育彩票机构积极开展“全民健身日”活动。

温州体彩举办全民健身日活动

宁波举办“体彩杯”千人太极拳活动

舟山体彩举办全民健身日体育嘉年华活动

目　录

重要财经文献

市县（市、区）财政工作

●杭州市财政工作概况

●温州市财政工作概况

财经统计资料

财经法规选编

重要财政文选

●省领导论财政

●厅(市)领导谈财政

●处、县(市、区)领导议财政

财政工作大事记

“十一五”时期财政工作

●“十一五”时期财政工作

财政机构人员

附 录

重要财经文献

zhongcaizhengnianjian

省十一届人大四次会议重要文件

政府工作报告(摘要)

——2011年1月16日在浙江省第十一届人民代表大会第四次会议上

浙江省省长 吕祖善

一、"十一五"规划执行情况和政府主要工作

"十一五"时期,是我省发展史上极不平凡的五年。面对国际金融危机的巨大冲击和多发频发的自然灾害,全省人民在党中央、国务院和中共浙江省委的领导下,高举中国特色社会主义伟大旗帜,坚持以邓小平理论和"三个代表"重要思想为指导,深入贯彻落实科学发展观,认真执行中央宏观调控政策,全面实施"八八战略"和"创业富民、创新强省"总战略,扎实推进"全面小康六大行动计划",胜利完成"十一五"规划确定的主要目标任务,全省面貌发生新的历史性变化,科学发展水平明显提高,为"十二五"发展打下了坚实基础。

——综合实力大幅提升。初步统计,2010年全省实现生产总值27100亿元,五年平均增长11.8%,人均生产总值达到51800元。农业增加值持续增长,服务业增加值和规模以上工业增加值均突破万亿元,服务业增速连续五年高于生产总值增幅,高新技术产业、装备制造业增加值占规模以上工业比重提高到23%和35%。全社会固定资产投资和社会消费品零售总额均突破万亿元,分别达到12488亿元和10163亿元,年均增长13.3%和16.9%,基础设施明显改善,消费对经济的拉动作用不断增强。进出口总额达到2535亿美元,其中出口达到1805亿美元,年均分别增长18.7%和18.6%。

——增长质量和效益明显提高。2010年全省财政总收入和地方财政收入分别达到4895亿元和2608亿元,比2005年增长1.3倍和1.4倍。规模以上工业企业实现利润3000亿元,增长1.8倍,全员劳动生产率达到12.6万元,比2005年提高50%。研究与试验发展经费支出占生产总值比重由1.22%提高到1.82%。万元生产总值能耗0.72吨标准煤,比2005年下降20%,以年均增长7%的能源消耗支撑了年均11.8%的经济增长。化学需氧量、二氧化硫排放量累计下降16.2%和20.9%,能源利用水平和生态环境综合指数居全国前列。

——人民生活显著改善。2010年全省城镇居民人均可支配收入达到27359元,五年年均实际增长8.2%;农村居民人均纯收入达到11303元,五年年均实际增长8.4%,城乡居民收入差距是全国最小的省份之一,城乡居民本外币储蓄存款余额21094亿元,比2005年增长1.3倍。城乡居民住房条件进一步改善,城镇和农村居民人均住房面积分别增加到35.3平方米和58.5平方米。城乡养老和医疗保障制度实现全覆盖,最低生活保障制度实现"应保尽保"。率先实行城乡免费义务教育,十五年教育普及率达到97%,高等教育毛入学率达到45%,比2005年分别提高7个和11个百分点。每千人执业医生数、床位数达到2.1人和3.4张,比2005年增长16.7%和17.7%,城乡医疗服务能力明显提升,人均预期寿命由75.8岁提高到76.9岁。县级图书馆和文化馆、乡镇综合文化站基本实现全覆盖,城乡公共文化服务能力明显增强。社会公共安全体系进一步健全,社会保持稳定。

五年来,我们始终坚持以科学发展观统领经济社会发展全局,创新发展理念和发展模式,加快推进发展方式转变,促进经济转型升级,全面建设惠及全省人民的小康社会。

(一)坚持标本兼治、保稳促调,坚定不移地推进结构调整,经济保持持续平稳较快发展

积极应对国际金融危机冲击。在金融危机冲击初期就及时提出并实施"标本兼治、保稳促调"的工作方针和一系列措施,连续三次召开有万人参加的经济工作电视电话会议,动员和部署全省人民打一场"保稳促调"攻坚战。紧紧抓住国家扩大内需的机遇,实施重大项目建设行动计划,省级财政安排115亿元用于以"七线两枢纽"为重点的铁路现代化项目建设,杭州湾跨海大桥、舟山跨海大桥、洞头半岛工程、甬台温铁路、沪杭高铁、滩坑电站等一批重点工程建成运行。新建和改造高速铁路750公里,新增高速公路1517公里,新增6000千瓦以上电力装机2514万千瓦,新增沿海港口货物吞吐能力3.5亿吨。切实抓好投资与消费的结合点,积极推动中心镇建设和农村住房改造,已改造建设农村住房72万户。实施汽车摩托车下乡、家电下乡和以旧换新等促进消费的政策。大力支

持企业开拓国际国内市场，及时出台稳定外贸发展的政策措施。积极争取扩大信贷规模，推动金融创新发展，2010 年新增金融机构本外币贷款 7714 亿元，比 2005 年增长 2.6 倍。

利用资源环境约束和国际金融危机形成的倒逼机制，大力推动产业结构调整。深入实施环杭州湾、温台沿海和金衢丽高速公路沿线三大产业带规划，积极推动大平台大产业大项目大企业建设。大力发展高效生态农业，规划和启动建设现代农业园区和粮食生产功能区，深入推动标准农田建设，大力培育新型农业主体，创新农业经营体制和农技推广体系，积极培育十大农业主导产业，努力稳定粮食生产，促进农业增效农民增收。全省财政“三农”投入累计 3202 亿元，年均增长 24.8%。坚持改造提升传统产业和培育战略性新兴产业并举，编制实施 11 个重点产业转型升级规划和 9 大战略性新兴产业规划，抓好 42 个块状经济向现代产业集群转型提升示范区建设，实施技术改造“双千工程”，重点培育 146 家行业龙头骨干企业，大力支持优势企业兼并重组，引导生产加工企业向研发设计和品牌营销环节拓展。推动建筑业提升发展，建筑业总产值突破万亿元。制定实施促进服务业加快发展的政策，推动 40 个现代服务业集聚示范区和一批重大项目建设，着力培育 108 家服务业重点企业，推动工业企业分离发展服务业，服务业对经济增长的贡献率进一步提高。大力发展海洋经济，积极争取海洋经济发展示范区上升为国家战略，加快建设港航强省，宁波——舟山港货物吞吐量达到 6.29 亿吨。

把提高自主创新能力作为结构调整的中心环节来抓。制定实施自主创新能力提升行动计划。全面启动国家技术创新工程试点省建设，加大自主创新扶持力度。2010 年全省财政科技投入达到 121 亿元，比 2005 年增长 1.7 倍，全社会科技活动经费投入 830 亿元，比 2005 年增长 1.58 倍。规划建设省科研创新基地，建立 57 个重大科技创新平台，引进大院名校共建创新载体 820 家，实施 26 个重大科技专项、2548 个重点科技项目，“十一五”时期全省荣获国家科学技术奖 123 项，比“十五”时期增长 1.3 倍。深入实施知识产权战略、标准化战略和品牌战略，扎实开展国家级标准化项目试点，累计新增发明专利授权量 1.8 万件、中国驰名商标 264 件。完善落实科技成果转化激励机制，实施十大科技成果转化工程。编制实施中长期人才发展规划，加强创新人才培养引进和创新团队建设，五年引进各类人才 15.8 万人，科技人力资源指数从全国第 13 位上升到第 6 位。

把资源节约集约利用和环境保护作为结构调整的突破口。制定实施资源节约和环境保护行动计划。实施“节能降耗十大工程”，积极推进结构节能、技术节能和管理节能，突出抓好重点企业节能降耗，积极推进节能改造，加快淘汰落后产能。累计淘汰落后炼钢能力 231 万吨、水泥生产能力 2397 万吨，关停小火电机组 531 万千瓦。深入推进生态省建设，全面完成“811”环境污染整治和“811”环境保护行动目标，在全国率先全面建成县以上城市污水处理厂，推进镇级污水处理设施建设和农村生活垃圾集中处理，建成环境质量和重点污染源监控网络，实行跨行政区域河流交接断面水质目标管理考核，实施省级财政对水系源头地区的生态补偿机制，加大重点区域、重点行业环境污染集中整治力度。八大水系、运河和主要湖库地表水环境功能区水质达标率 73.7%，比 2005 年提高 18.1 个百分点。推动循环经济试点省建设，实施循环经济“991 行动计划”，启动建设 25 个循环经济试点基地。抓好节约集约用地六大工程和百万造地保障工程，完成全省土地利用总体规划修编，累计新增耕地 144 万亩，万元二、三产业增加值用地从 2005 年的 75.1 平方米下降到 43.8 平方米。

(二)坚持统筹兼顾、协调发展，统筹推进城乡区域和经济社会发展，发展的协调性明显提高

大力推进新型城市化与新农村建设。率先实施新型城市化战略，编制实施县市域总体规划，完成省域城镇体系规划修编，推动杭州、宁波、温州都市圈和浙中城市群建设，着力提升区域中心城市发展水平和服务功能，大力推进中心镇改革发展和中心村建设，推动城镇基础设施和公共服务向农村延伸覆盖。全省城市化率达到 59%，居各省区前列。城镇集中供水覆盖农村人口新增 690 万人，全省等级公路通村率和客运班车通村率分别达到 99.5%和 91.6%，乡镇连锁超市、行政村放心店实现全覆盖，“千村示范万村整治”工程累计完成示范村 630 个、整治村 12306 个。

推动欠发达地区加快发展。加大对欠发达地区和海岛地区扶持，省财政累计转移支付 1135 亿元，年均增长 28.6%。深入实施“山海协作”工程，累计签订山海协作特色产业项目 3971 个、到位资金 865 亿元，组织劳务培训 28 万人次。加大乌溪江、紧水滩、百丈漈等库区困难群众和低收入农户集中村帮扶力度，加快高山远山、重点库区和地质灾害频发地区群众下山脱贫步伐，累计搬迁 10.78 万户、37.2 万人。欠发达地区及海岛地区发展环境明显改善，衢州、丽水和舟山三市主要指标增幅高于全省平均水平。

加快社会事业发展。按照“念上书、念好书”的要求，扎实推进城乡教育改革发展。大力实施“农村中小学四项工程”，累计资助贫困家庭学生 502 万人次，新建改造宿舍和食堂 285 万平方米，培训教师 21 万名，为 38 万名家庭经济困难学生提供爱心营养餐。积极化解义务教育债务，全面实施义务教育教师绩效工资制度。大力实施“职业教育六项行动计划”，免除中等职业学校困难家庭学生的学费。加强高校“重中之重”学科建设，对大中专院校农业种养类专业本省学生实行免交学费。按照“有地方看病、看得起病、加强预防少生病”的要求，全面

推进卫生事业改革和发展，加快城乡卫生服务体系标准化、规范化建设，加强重大传染病防治，实施“农民健康工程”，完成两轮农民健康体检，参检农民4250万人次，健康档案建档率达80%，城乡公共卫生服务项目经费标准达到人均20元。深化文化体制改革，繁荣发展文化事业和文化产业，全面推进文化建设“八项工程”和新农村文化建设“十项工程”，开展“种文化”和“送文化”活动。累计送9.1万场演出、110万场电影、1015万册图书到农村，实现广播电视“村村通”、“村村响”和城乡低保户免费收看有线电视，西湖文化广场、浙江美术馆等一批公共文化设施建成开放。深入开展全民健身活动，我省运动员在奥运会、残奥会等国际国内大赛中取得优异成绩。继续加强人口与计划生育工作，低生育水平保持稳定，免费婚检和免费孕检率大幅度提高，分别达到80.5%和90.4%。积极发展妇女、儿童、老龄事业和红十字、慈善等公益事业。大力实施残疾人共享小康工程，惠及26.3万残疾人。支持工会、共青团、妇联等发挥作用。民族、宗教、侨务、外事等工作取得新成绩。

（三）坚持民生为本、企业为基，着力解决人民群众最关心、最直接、最现实的利益问题，社会保持和谐稳定

完善保障改善民生的长效机制。制定实施基本公共服务均等化、低收入群众增收行动计划，把为民办实事工作摆在更加突出的位置，重点解决就业、就医、就学、社保、住房、交通、公共安全等关系群众切身利益的突出问题。全省财政用于民生的支出累计达7595亿元，年均增长21.1%，连续五年财政支出增量的三分之二以上用于民生。

把推动企业平稳健康发展作为保障和改善民生的基础来抓。全面开展“服务企业、服务基层”活动，加强对企业的解困、扶持和服务。采取结构性减税政策和取消、暂停、降低行政事业性收费等措施，较大幅度减轻了企业负担。加强煤电油运综合协调和银企对接，帮助企业协调解决实际困难。

大力推动就业创业，努力促进城乡居民尤其是低收入群众增收。实施更加积极的就业政策，重点加强高校毕业生、农村转移劳动力和城镇失业人员的就业工作。五年新增城镇就业391万人，城镇“零就业”家庭发现一户、解决一户，累计完成686万农村劳动力技能培训。健全职工工资正常增长机制和支付保障机制，2010年全社会在岗职工平均工资预计达到30800元，比2005年增长52.3%。大力实施“低收入农户奔小康工程”，据对全省111万户低收入农户的统计监测调查，2007年人均纯收入低于2500元，2010年人均纯收入达到4220元，收入大幅度增加。

围绕提升基本公共服务均等化水平，加快完善社会保障体系。大力推动社会保险扩面，不断提高保障水平。企业职工基本养老保险参保人数五年净增703万，城镇职工基本医疗保险参保人数净增693万。连续五年提高企业退休人员基本养老金标准，水平居全国前列。率先制定实施城乡居民社会养老保险制度，全省578万60周岁以上符合条件的城乡居民已按月领取不低于60元的基础养老金。率先实施城镇居民基本医疗保险制度，人均筹资水平提高到270元。巩固完善新型农村合作医疗制度及医疗救助制度，所有县（市、区）人均筹资水平达到185元以上，政策范围内住院报销比例达到41.6%，最高支付限额达到当地农村居民年人均纯收入6倍以上。稳步推进基本养老保险省级统筹，全面实现医疗保险市级统筹。完善落实最低生活保障制度和困难群众基本生活价格补贴政策，城乡居民最低生活保障水平每人每月达到376.7元和245.2元，比2005年增长69.2%和86.3%，农村“五保”和城镇“三无”人员集中供养率达96.9%和99.4%，新型社会救助体系实现城乡全覆盖。加快完善住房保障体系，实施廉租房、经济适用房、公共租赁房等多种保障形式，解决了59.2万户城市中低收入家庭住房困难。

切实维护社会公共安全。完善落实安全生产责任制，生产安全事故起数、死亡人数和直接经济损失连续七年实现“三下降”。加强食品药品质量安全监管，开展农村“十小”行业质量安全整治。全面加强应急管理，突出抓好基层防灾减灾体系和工作机制建设，实施“强塘固房”工程，累计加固病险水库1160座、海塘388公里、堤防1200公里，改造农村困难家庭危房11.2万户，加强标准渔港建设。深入开展平安创建活动，完善信访工作机制，积极调处和化解社会矛盾，创新流动人口服务管理方式，完善社会治安防控体系，严厉打击各类违法犯罪活动，人民群众的安全感进一步提高。加强国家安全工作。大力支持驻浙部队和民兵预备役部队建设，国防教育、国防动员、人民防空和军转安置、优抚、双拥等工作取得新成绩。

（四）坚持创新驱动、开放带动，大力推进体制改革和对内对外开放，发展活力和动力进一步增强

深入推进体制机制改革。紧紧围绕构建科学发展的体制机制，着重在经济发展方式转变、统筹城乡发展、社会建设和管理等领域推进改革。抓好国家发改委转变经济发展方式综合配套改革联系点工作，在11个设区市和义乌市开展改革试点。大力推动国家循环经济、技术创新工程、文化体制改革等试点省建设，积极争取义乌国际贸易综合改革列为国家试点。深入推进要素配置市场化改革，全面推行工业用地“招拍挂”出让制度和最低出让限价标准体系、城乡建设用地增减挂钩试点，积极推进差别电价和居民生活用水阶梯式水价改革，率先推进排污权有偿使用和交易试点。完善农村土地承包经营权流转机制，全面推进林权制度改革，建立健全政策性农业保险和农村住房保险制度。引导支持商业银行完善服务体系、创新金融产品，推动开展林权、海域使用权、专利权等抵质押贷款，设立134家小额贷款公司和21家村镇银行，成立42家农

村合作银行，涉农贷款和小企业贷款余额均居全国首位。积极拓展创业投资、股权投资等多元化投融资渠道，新增上市公司139家。深化医药卫生体制改革，在24个县(市、区)开展农村医疗资源统筹配置改革，在72个县(市、区)实施国家基本药物制度。推进旅游综合改革试点，确定舟山市和6个县先行先试。不断优化民营经济发展环境，支持民营企业做优做强，民营经济的地位和作用进一步提升。深化国有企业改革，完善国有资产监管制度。

全面提升开放型经济发展水平。加快开发区(园区)整合提升，新增国家级开发区9个，宁波梅山岛成为保税港区。推进大通关和电子口岸建设，完善国际贸易预警和摩擦应对服务机制，扩大出口信用保险覆盖面和保单融资规模，实施跨境贸易人民币结算试点。努力提高利用外资水平，在多个国家和地区成功举办“浙江周”等重大招商活动，着力招大、引强、选优，利用外资结构进一步优化。五年实际利用外资503亿美元，已有90家世界五百强企业落户浙江。全面加强与央企等国内优势企业合作，累计引进省外项目4987个、到位资金2250亿元。大力实施“走出去”战略，支持企业在境外开发资源、收购品牌、拓展市场，累计新增境外投资63.6亿美元，境外机构数和投资规模均居全国首位。围绕科技人才支撑、产业转型、能源保障、粮食安全等方面，全面加强长三角区域合作交流，积极参与西部大开发、中部崛起、东北等老工业基地振兴和海峡西岸经济区建设。认真贯彻落实中央对口帮扶战略部署，提前完成四川青川灾后恢复重建任务，扎实开展新一轮援疆援藏工作。继续扩大与港澳台的合作与交流，积极建设长效合作机制。

加快法治政府和服务型政府建设。强化公共服务和社会管理职能，努力提高依法行政水平。健全科学民主决策制度，主动接受人大依法监督、政协民主监督、司法监督和社会监督，完善政府领导领办人大代表建议、政协提案和报告工作、听取意见制度。制定实施公民权益依法保障行动计划，开展“五五”普法教育，规范行政行为，健全法律援助保障体系，完善行政调解、行政复议机制。加强行政立法和执法工作，开展省政府规章集中清理，制定和修改省政府规章85件，省政府提请省人大常委会审议地方性法规议案51件。开展扩权强县和强镇扩权改革，完成新一轮省政府机构改革。深入推进行政审批制度改革，五年取消省级非行政许可事项518项。建立健全“收入一个笼子、预算一个盘子、支出一个口子”的财政管理模式，全面推行部门预算、国库集中支付、政府采购等制度。大力压缩行政开支，严格控制各级党政机关公用经费、公务用车购置及运行费用、出国经费。加强政府廉政建设，强化行政监察和审计监督，完善各类公开办事制度和行政审批电子监察系统，省级44个部门803项审批事项进入省政府网上办事大厅办理，行政效能进一步提高。

刚刚过去的2010年，省政府全面贯彻落实中央和省委各项决策部署，围绕巩固发展应对国际金融危机成果、加快发展方式转变，统筹推进各项工作。省十一届人大三次会议确定的主要预期目标全面实现，为民办实事的十方面任务全面完成。据初步统计，全省生产总值增长11.8%，地方财政收入增长21.7%，单位生产总值能耗下降3.2%以上，化学需氧量、二氧化硫排放量均下降3%以上，城镇居民人均可支配收入实际增长7%，农村居民人均纯收入实际增长8.6%，居民消费价格总水平涨幅3.8%，城镇新增就业91万人，城镇登记失业率3.2%，人口自然增长率4.53‰。

一年来，我们突出抓好以下几方面工作。一是着力调整产业结构。进一步加大强农惠农政策力度，落实粮食生产功能区建设任务119万亩，落实省级现代农业园区创建点98个。深入实施重点产业转型升级年度计划，启动第二批块状经济向现代产业集群转型提升示范区建设，编制实施战略性新兴产业发展规划。编制实施服务业十大重点行业规划，加快推动服务业集聚区、重大项目建设和重点企业发展，在杭州、宁波开展国家服务业综合改革试点。二是着力拓展发展空间。深化海洋经济发展重大问题研究，组织编制海洋经济发展示范区规划和实施方案，推动“三位一体”港航物流服务体系建设，我省已被国家列为海洋经济发展试点省。编制实施14个省级产业集聚区规划，研究出台产业准入及引导支持政策。制定实施加快中心镇改革发展和小城市培育政策意见，省财政安排每年10亿元资金连续三年加大支持力度。加大对欠发达地区的扶持，省财政安排20亿元资金支持欠发达地区加快发展，制定重点欠发达县三年增收致富奔小康规划和实施方案。三是着力推进节能减排和生态建设。全面落实国务院节能减排电视电话会议精神和省委生态文明建设决定，加强对耗能大户和污染大户的监管调控，大力推进重点区域和重点行业污染整治，加快环保基础设施建设。四是着力保障和改善民生。加大就业促进工作力度，继续抓好社会保险扩面，全面实施城乡居民社会养老保险制度。认真落实国家房地产市场调控政策，推动各地加快保障性安居工程建设。加强粮食等主要农产品价格监管，及时发放低收入居民物价补贴。全面实施中小学校舍安全工程，当年竣工面积546万平方米。深入推进医药卫生体制改革五项重点工作。加强基层公共文化服务体系建设。成功举办第六届世界合唱比赛和第十四届省运会、省首届体育大会。开展人口普查工作。全力抓好并圆满完成上海世博会“环沪护城河”安保任务。

各位代表，过去的五年，是全省上下在科学发展观指引下战胜重重困难、奋力前行的五年，是富民强省和全面小康社会建设取得丰硕成果、为基本实现现代化打下坚实基础的五年。

五年发展取得的成绩来之不易，创新发展理念、推动科学发展的经验尤为可贵。这是党中央、国务院和中共浙江省委领导的结果，是全省人民和广大企业共克时艰、奋力拼搏的结果，也是科学发展观在我省成功实践的结果。在此，我代表省人民政府，向全省各族人民和外来建设者，表示崇高的敬意和衷心的感谢！向人大代表、政协委员，向各民主党派、工商联、各人民团体和社会各界人士，向驻浙人民解放军和武警部队官兵、中央驻浙各单位，向关心和支持浙江发展的香港和澳门特别行政区同胞、台湾同胞、广大侨胞和海内外朋友们，表示衷心的感谢！

我们十分清醒地认识到，我省经济社会发展还存在不少问题，政府工作还有许多不足。经济发展中长期积累的结构性、素质性、体制性矛盾还没有得到根本解决，过多依赖低端产业、过多依赖低成本劳动力、过多依赖资源环境消耗的增长方式尚未根本转变，产业层次低、创新能力不强、要素制约加剧等问题依然突出，节能减排压力加大，服务业比重和城市化率还没有达到"十一五"规划预期目标。农业持续增效和农民持续增收难度仍然较大，欠发达地区发展基础依然薄弱，缩小收入分配差距的任务相当艰巨，教育、医疗、住房、环境等方面还存在不少群众反映的突出问题，社会矛盾增多。政府职能转变、依法行政、行政效能与发展要求和人民群众期望还有不小差距，一些地方和单位形式主义、官僚主义和消极腐败现象还比较突出。我们一定保持清醒头脑，采取切实有效的措施努力加以解决。

二、关于"十二五"规划纲要（草案）的说明

根据中共浙江省委《关于制定浙江省国民经济和社会发展第十二个五年规划的建议》，省政府认真研究并听取各方面意见，制定了《浙江省国民经济和社会发展第十二个五年规划纲要（草案）》，提请大会审议。

（一）"十二五"发展的指导思想

《纲要（草案）》按照省委《建议》提出了"十二五"时期经济社会发展的指导思想：高举中国特色社会主义伟大旗帜，以邓小平理论和"三个代表"重要思想为指导，深入贯彻落实科学发展观，继续全面实施"八八战略"和"创业富民、创新强省"总战略，以科学发展为主题，以加快转变经济发展方式为主线，以富民强省、社会和谐为根本目的，着力调整经济结构，着力加强自主创新，着力建设生态文明，着力保障改善民生，着力深化改革开放，科学发展走在前列，全面建成惠及全省人民的小康社会，为基本实现现代化打下更加坚实的基础。明确了今后五年浙江发展的总体目标：科学发展走在前列，惠及全省人民的小康社会全面建成。

科学发展是时代的要求，关系改革开放和现代化建设全局。加快转变经济发展方式是推动科学发展的必由之路。富民强省、社会和谐是实现科学发展、加快转变经济发展方式的根本目的，也是全省人民为之奋斗的目标追求。科学发展走在前列、惠及全省人民的小康社会全面建成，是实现根本目的的阶段性目标。

《纲要（草案）》围绕"十二五"时期发展主题、主线、根本目的和总体目标的要求，力求做到：既体现中央的精神，又反映浙江发展的区域特色。既坚持和发扬浙江改革开放 30 多年积累的经验，又顺应新阶段新形势提出新目标新任务。既坚持谋划长远，体现战略性、前瞻性，又着力当前，注重现实可行性，明确近期目标和措施。既坚持统筹兼顾，对经济建设、社会建设、文化建设、生态文明建设和政府自身建设作出全面部署，又围绕一些重点领域和关键环节，提出具体的任务措施、专项工程和重大项目，做到抓住关键、突出重点、推动全局。

（二）"十二五"发展的主要目标

《纲要（草案）》按照省委《建议》提出的指导思想和总体目标，提出了"十二五"经济社会发展"五个新突破"的具体目标要求，提出了包括结构优化、创新发展、资源和环境、民生保障和社会公平等方面 13 个约束性指标和 15 个预期性指标的指标体系。

——产业升级实现新突破。自主创新能力大幅提高，研究与试验发展经费支出占生产总值比重达到 2.5%，科技对经济发展的贡献率不断提高。战略性新兴产业形成规模，传统产业竞争力不断增强，服务业增加值占生产总值比重达到 48%左右。民营经济实现新飞跃，开放型经济达到新水平，海洋经济成为具有战略意义的新增长点。

——城乡区域协调发展实现新突破。新型城市化战略深入实施，都市区和城市群建设加快推进，区域中心城市集聚辐射能力进一步增强，县城、中心镇和美丽乡村建设取得重大进展，欠发达地区跟上全省发展步伐，城市化率达到 63%左右，城乡一体化发展迈上新台阶。

——生态文明建设实现新突破。生态省建设深入推进，非化石能源占一次能源消费比重进一步提高，单位生产总值能耗下降、二氧化碳和主要污染物减排实现阶段性目标，继续保持全国先进水平，土地、水等资源利用效率大幅提高，生态环境持续改善，循环经济形成规模，生态安全保障体系基本建成，可持续发展水平明显提升。

——创业创新环境实现新突破。大平台大产业大项目大企业建设加快推进，产业集聚区建设初具规模，各类开发区（园区）优化发展，创新体系不断完善，基础设施现代化水平加快提升，政府公信力和行政效率进一步提高，体制机制再添新活力，民主法制更加健全，社会管理制度不断完善，社会更加和谐稳定，创业创新环境更加优化。

——保障改善民生实现新突破。五年新增城镇就业 300

万人，城镇居民人均可支配收入和农村居民人均纯收入分别年均增长8.5%和9%，基本形成覆盖城乡居民的社会保障体系，收入差距扩大趋势得到遏制。公众受教育程度稳步提高，新增劳动力平均受教育年限达到13.5年，教育、卫生、文化、体育等社会事业加快发展，城乡居民住房条件不断改善，基本公共服务体系逐步完善，人民生活质量和水平不断提高。

在指标体系构架和具体指标选择上，注重体现科学发展的目标导向和加快转变发展方式的根本要求。这里仅就五个重要指标作简要说明，概括起来是"一个平稳、四个高于"。

一是经济保持平稳较快增长。《纲要(草案)》提出，今后五年全省生产总值年均增长8%左右。这既考虑了外部环境变化和基数增大等因素，更重要的是要引导全省上下把精力和重点放在推动发展方式转变、提高经济增长质量和效益上。

二是城镇居民人均可支配收入和农村居民人均纯收入年均增幅高于"十一五"实绩。中央和省委"十二五"建议明确要求"城乡居民收入普遍较快增加","努力实现居民收入增长和经济发展同步、劳动报酬增长和劳动生产率提高同步"。《纲要(草案)》提出，今后五年城镇居民人均可支配收入和农村居民人均纯收入年均增幅分别为8.5%和9%，均高于"十一五"实绩。

三是服务业增加值占生产总值比重年均升幅高于"十一五"实绩。《纲要(草案)》提出，到2015年服务业增加值占生产总值比重为48%左右，年均提高约1个百分点，高于"十一五"0.6个百分点的实绩。服务业发展不快影响就业、消费扩大和节能减排等诸多方面，必须把推动服务业加快发展作为战略重点，进一步加大工作力度，争取形成"三、二、一"产业结构。

四是城市化率年均升幅高于"十一五"实绩。《纲要(草案)》提出，到2015年城市化率达到63%左右，年均提高0.8个百分点，高于"十一五"0.6个百分点的实绩。城市化是现代化的必由之路，是我省发展的战略空间，也是统筹城乡发展、解决"三农"问题的根本途径。必须大力推进新型城市化，全面统筹城乡发展，加快形成城乡经济社会发展一体化新格局。

五是研究与试验发展经费支出占生产总值比重年均升幅和财政教育经费支出占一般预算支出比重高于"十一五"实绩。《纲要(草案)》提出，到2015年研究与试验发展经费支出占生产总值比重达到2.5%，年均提高0.14个百分点，高于"十一五"0.12个百分点的实绩。财政教育经费支出占一般预算支出比重达到21%以上，高于"十一五"实绩。科技创新是结构调整的中心环节，教育是创新型省份建设的基础，必须进一步加大科技教育投入，推动我省发展尽快走上创新驱动的轨道。

实现"十二五"经济社会发展目标难度不小，但我们必须坚持这样的目标导向，必须不断创新体制机制和政策举措，努力确保目标完成。

（三）"十二五"发展的主要任务

《纲要(草案)》对今后五年我省国民经济和社会发展作出了全面部署，提出了明确的任务和政策措施。主要是十一个方面：

一是全面贯彻落实扩大内需战略。扩大内需是我国经济发展的长期战略方针和基本立足点，也是保持经济平稳较快发展的必要条件。要建立健全扩大内需的体制机制，积极扩大消费需求，促进投资合理增长。

二是加快产业结构优化升级。加快转变经济发展方式，提升我省综合实力和国际竞争力，必须加快优化产业结构，形成现代产业体系。要积极发展现代农业，改造提升传统优势产业，加快发展现代服务业，培育发展战略性新兴产业，着力建设产业集聚区。

三是统筹城乡区域协调发展。走新型城市化道路，统筹城乡区域发展，形成战略定位明确、特色优势鲜明的区域发展格局，是促进科学发展、和谐发展的重要突破口和战略任务。要进一步完善城市化布局和形态，扎实推进"美丽乡村"建设，实施主体功能区战略，促进欠发达地区加快发展。

四是建设海洋经济强省。加快发展海洋经济不仅是我省拓展发展空间、提高发展质量的需要，也是国家完善沿海发展战略布局、保障经济安全的需要。要围绕建设国家海洋经济发展示范区，优化海洋空间开发格局，打造"三位一体"港航物流服务体系，加快发展现代海洋产业，推进舟山海洋综合开发试验区建设。

五是提升基础设施现代化水平。基础设施是经济社会发展的重要支柱。要按照"结构优化、效益综合、空间均衡"的要求，加快构建综合交通网，完善水利设施网，构筑能源保障网，建设高速信息网。

六是推进生态文明建设。坚持走生态立省之路，加快建设生态文明，是推进发展方式转变的重大举措，也是为广大人民群众谋福祉的民心工程。要进一步加大节能减排力度，大力发展循环经济，推进资源节约集约利用，加强生态环境保护，积极应对气候变化。

七是建设创新型省份。推动我省发展更多依靠创新驱动，必须加快建设科技强省、教育强省和人才强省，为加快转变经济发展方式、全面建成惠及全省人民的小康社会奠定坚实的科技和人力资源基础。要进一步提高自主创新能力，加快教育现代化进程，建设人才强省。

八是推动文化大发展大繁荣。文化是一个民族的精神和灵魂，是推动我省改革发展的强大力量。要提高全民文明素质，完善公共文化服务体系，加快文化产业发展。

九是加强社会建设。加强以保障和改善民生为重点的社会建设，是构建社会主义和谐社会的关键环节，也是激发经济社会发展活力的根本所在。要积极扩大社会就业，加快社会保障体系建设，提高全民健康水平，全面做好人口工作，加强和创新社会管理，推进民主法制建设。

十是加快改革攻坚步伐。改革是发展的活力源泉，必须以更大决心和勇气全面推进改革。要构建加快转变经济发展方式的体制机制，推进社会体制改革，加快政府职能转变。

十一是扩大对内对外开放。实施更加积极主动的开放战略，以开放促发展、促改革、促创新，既是国家的战略部署，也是我省加快转变发展方式、提升经济竞争能力的内在要求。要加快转变外贸发展方式，提升利用外资水平，加快“走出去”步伐，加强区域合作与交流。

各位代表，未来五年的奋斗目标令人振奋，任务光荣而又艰巨。我们要进一步增强机遇意识、忧患意识，进一步增强使命感、责任感和紧迫感，扎实苦干，奋发有为。我们坚信，在中共浙江省委的领导下，在全省人民的共同努力下，“十二五”规划的宏伟蓝图一定能够实现！

三、2011 年政府工作主要安排

2011 年是实施“十二五”规划的第一年，是国内外发展环境更为复杂的一年，也是继续巩固发展应对国际金融危机成果、加快发展方式转变的关键一年。做好政府各项工作，实现“十二五”良好开局，具有十分重要的意义。

综合分析发展环境和自身条件，建议 2011 年全省国民经济和社会发展主要预期目标为：全省生产总值增长 9%左右，地方财政收入增长 9%左右；研究与试验发展经费支出占生产总值比重 1.96%左右；城镇居民人均可支配收入增长 9%左右，农村居民人均纯收入增长 9%左右；居民消费价格总水平涨幅控制在 4%左右；城镇新增就业 70 万人，城镇登记失业率控制在 4%以内；人口自然增长率控制在 4.82‰以内。根据国家下达的节能减排指标，提出单位生产总值能耗和化学需氧量、二氧化硫、氮氧化物、氨氮排放量等年度目标。

做好 2011 年工作，必须全面贯彻落实中央经济工作会议和全省经济工作会议精神，按照〞稳增长、抓转型、控物价、惠民生、促和谐〞的工作要求，统筹兼顾，突出重点，狠抓落实，确保经济平稳较快发展和社会和谐稳定，确保〞十二五〞开好局、起好步。

（一）大力推动结构调整，促进经济持续平稳健康发展

切实提高农业综合生产能力。大幅增加“三农”投入，加大对农业的扶持力度，提高种粮补贴和粮食最低收购价格，提高涉农资金使用绩效。规划建设现代农业园区 310 万亩，新建粮食生产功能区 100 万亩，全面加强农田水利工程建设，继续推进标准农田质量提升工程，完善基本农田保护机制，粮食总产量稳定在 160 亿斤左右。健全土地流转机制，推动农业适度规模经营。加强农民职业技能培训，支持大中专毕业生从事现代农业，加快培育现代农业经营主体。实施现代种业发展工程和科技入户工程，大力推进农业标准化生产。

加快推进工业转型升级。围绕节能减排和提升产业竞争力，推动工业结构调整。大力改造提升传统优势产业，支持企业加大技术改造力度，推广应用集成制造、虚拟制造、清洁生产等先进制造模式，引导企业加快转移过度依赖资源环境的加工环节、强化研发设计和品牌营销环节，积极引进和支持产业关联度强、能耗低、附加值高的重大工业项目。扎实推进块状经济向现代产业集群转型提升示范区建设，加快完善研发、物流、检测、信息、培训等公共服务平台，促进块状经济产业链纵向延伸和横向拓展。切实抓好龙头企业培育，加大资源要素保障力度，引导推动企业技术、品牌、管理创新，支持企业购并和跨区域联合重组。进一步优化中小企业发展环境，推动中小企业特别是创新型中小企业加快发展。制定实施加快战略性新兴产业发展的政策意见，重点推动生物、物联网、新能源等产业发展，组织实施一批重大应用示范工程。

大力推动服务业发展。突出抓好金融、物流、信息、文化、旅游等服务业十大重点行业，加快推动社区服务等生活性服务业发展，扩大工业企业分离发展服务业试点范围。深入推进服务业管理体制改革，进一步扩大和规范市场准入，加快政府垄断的公共服务业、中介服务业社会化改革，扎实推进杭州、宁波和金华等服务业综合配套改革试点，引导推动服务业技术创新、业态创新和商业模式创新。加大政策支持力度，推进服务业营业税差额征收，优先安排服务业重大项目用地指标，实行鼓励类服务业用电、用水等与工业基本同价，鼓励金融机构加大对服务业重大项目的融资支持。

着力提升自主创新能力。深入推进国家技术创新工程试点省建设，加强省科研创新基地建设，加快建设一批研发机构和创新平台，大力实施重大科技专项和科技成果转化工程，增强共性技术和核心技术突破能力。通过试点一批、示范一批、带动一批，培育创新型企业梯队，引导企业加大研发投入，加快提升企业技术创新能力。进一步实施品牌战略、标准化战略和知识产权战略。全面实施中长期人才发展规划纲要，启动高技能人才队伍建设三年行动计划，加大培养和引进人才力度。

积极打造产业发展平台。按照“优新高特”和集约高效绿色发展的要求，推进产业集聚区建设，强化政策和资源要素保障，积极引进代表行业先进水平的大项目，着力打造新型工业化与新型城市化相结合的示范区、经济转型升级的先行区。支持符合条件的开发区（园区）扩容提升，深化开发区体制机制改革。创建发展一批省级现代服务业集聚示范区，集聚发展一批服务业重点企业。积极推动低丘缓坡和滩涂合理开发利用，进一步拓展发展空间。

加大统筹城乡区域发展力度。积极推进新型城市化，推动

长三角区域中心城市提升竞争优势，支持省域中心城市增强集聚辐射能力，大力推进中心镇改革发展，加快小城市培育试点，积极推动县城建设和发展，着力提升城市功能和管理水平，促进人口集聚、空间拓展、产业转型和城市集群发展。以建设"美丽乡村"为目标，积极推进中心村建设，进一步提升"千村示范万村整治"工程质量，积极推进城乡公交一体化，完善农村公共服务体系。制定实施推进欠发达地区加快发展的政策意见，加大对欠发达地区优化发展环境、增强内生发展动力、保障改善民生等方面的扶持力度，创新推动"山海协作"和"结对帮扶"等工程，健全生态补偿的长效机制。省财政专项筹措23亿元，对欠发达地区尤其是重点欠发达县和贫困集中区域给予特别扶持。大力支持少数民族地区经济社会发展。

全面推进海洋经济发展示范区建设。分解落实海洋经济发展试点工作任务和责任，形成高效协调的推进机制。积极争取国家政策支持，加快实施一批海洋经济发展重大项目，推动舟山海洋综合开发试验区建设。按照"一个中心、两个平台"的总体思路建设大宗商品交易中心，加快构建"三位一体"港航物流服务体系，深入推进宁波—舟山港一体化。大力发展海洋新兴产业，择优发展临港先进制造业，提升发展现代海洋渔业。编制实施海岛保护利用等专项规划，推进港口物流岛、临港工业岛、新型能源岛和海洋旅游岛建设。

推动投资结构优化和消费增长。深入实施"三个千亿"工程，编制实施"十二五"重大建设项目规划和年度重点项目计划。编制实施综合交通体系发展规划，以轨道交通和交通枢纽建设为重点，推动杭甬、杭宁、金温扩能、杭长、杭州东站等在建铁路项目建设，加快推进"九线一站"等铁路新项目工作，积极建设一批公路、航道和机场项目。抓住国家加快水利建设的机遇，完善防洪防台抗旱减灾体系，加强山洪地质灾害防治和易灾地区生态环境综合治理，深入实施水资源保障百亿工程和万里清水河道工程，切实增强防灾减灾能力。编制实施能源发展规划，推进秦山核电扩建、三门核电、六横火电、仙居抽水蓄能等电源项目和一批电网项目建设，扎实推进天然气管线工程建设，加快可再生能源规模化和产业化发展。加快空间信息基础设施建设，提高信息化应用水平，推进电信网、广播电视网、互联网"三网融合"。继续实施百万造地保障工程，扎实推进"365"节约集约用地行动计划，加强重大项目用地保障。进一步发挥投资对消费的促进作用，积极推动农村住房改造建设。继续实施家电下乡和以旧换新等政策，大力培育旅游休闲、文化健身、教育培训等消费热点。积极推进专业市场提升发展，推动农村商业连锁经营，加快发展电子商务，进一步改善消费环境。

大力推进节能减排和生态环境保护。严格落实节能减排目标责任制，坚持分类指导，健全节能减排统计监测和考核评价制度，强化激励约束机制，运用差别电价等经济杠杆促进节能减排。加强能源消费总量调控，严格新上项目节能评估，加快淘汰落后产能，鼓励发展低能耗、低排放产业。突出抓好工业、建筑、交通运输和公共机构等领域的节能，开展节能技术和产品进企业、进机关、进学校、进社区、进家庭活动。全面推进循环经济试点省建设，加快循环经济试点基地建设和工业园区生态化改造，抓好一批循环经济示范企业、示范园区和示范项目建设。扎实开展"811"生态文明建设推进行动，实施水源、空气、土壤"三大清洁行动"，制定实施八大流域、四大河网和海洋污染防治规划。加强对污染减排、重污染行业以及中小型污染企业的执法监管。在加快城镇污水处理设施建设的同时，重点推进污水管网配套建设，加强垃圾处理设施规划和建设。加强农业农村面源污染防治。加快生态公益林、重点防护林建设和平原绿化步伐。

(二)切实保障和改善民生，确保社会和谐稳定

努力增加城乡居民收入。推动全民创业，大力扶持初创型和微小企业发展。积极创造就业岗位，进一步重视劳动密集型产业发展，更加注重通过发展服务业扩大就业，积极开发公益性、服务性岗位吸纳就业。加大就业困难群体的帮扶力度，落实稳定和扩大就业的政策措施，进一步做好高校毕业生、农村转移劳动力和城镇失业人员的就业工作，加强对退役士兵的技能培训。全面推广集体合同和工资集体协商制度，依法维护劳动者权益。健全以工促农、以城带乡的长效机制，以城乡统筹发展促进农民增收。启动实施"富民惠民"十大工程，全面推进低收入农户奔小康、城镇低收入家庭增收和欠发达地区群众增收致富。

大力推进基本公共服务均等化。深化企业职工基本养老保险扩面和省级统筹，加快推进城乡居民社会养老保险工作，积极探索城乡居民社会养老保险与被征地农民基本生活保障等制度的有机衔接，大力推动国家基本养老服务体系建设试点。全面实施事业单位绩效工资制度。深入推进城镇职工基本医疗保险、城镇居民基本医疗保险和新型农村合作医疗工作。进一步加强社会救助，全面实施贫困残疾儿童抢救性康复项目，做好孤儿保障工作。加快以公共租赁房为重点的保障性安居工程建设。全面启动国家和省级教育改革试点，制定实施学前教育三年行动计划，建立困难家庭幼儿入学资助制度，深入实施中小学校舍安全工程和农村中小学现代远程教育工程，启动第二轮"书香校园"工程，建立普通高中助学金制度，加强职业学校基础能力建设，继续加强高校"重中之重"学科建设。完成医改近期五项重点任务，全面实施基本药物制度，深入推进县乡村医疗卫生资源统筹配置改革试点，加强基层卫生服务体系建设，启动实施以全科医生为重点的基层医疗卫生队

伍建设，推进公立医院改革。继续做好人口和计划生育工作。大力发展文化事业和文化产业，深化文化体制改革，推进公民道德建设，加强基层文化设施网络和文化队伍建设，深入实施新农村文化建设"十项工程"和"农家书屋"工程，广泛开展各种公益性文化活动，加强文化遗产保护，启动《浙江通志》编纂工作。深入开展全民健身活动，办好第八届全国残运会。

把稳定市场物价放在更加突出的位置。切实推动"菜篮子"工程建设，加强粮食等重要农产品市场流通体系和储备体系建设，建立农产品市场准入和质量可追溯制度，保障粮食等主要农产品供应和质量安全。强化市场价格监测预警，努力保持重要消费品和服务价格基本稳定。完善和认真落实困难群众基本生活价格补贴机制，确保基本生活水平不因物价上涨而降低。落实国家房地产政策，促进房地产市场平稳健康发展。

切实加强社会公共安全管理。深入开展打击制售假冒伪劣商品专项治理行动，加强食品药品安全监管。进一步加强安全生产工作，全面开展隐患排查治理，完善隐患治理分级挂牌督办制度，切实预防和减少重特大事故发生。深入推进系统平安创建活动，实施"六五"普法规划，健全重大工程项目建设和重大政策制定的社会稳定风险评估机制。加强城乡社区建设，强化社会矛盾排查调处，完善信访工作机制，进一步做好突发公共事件应急处置工作，提高流动人口服务和管理水平。严密防范和依法打击各类违法犯罪活动。支持驻浙人民解放军和武警部队建设，切实做好国防教育、国防动员、民兵预备役和拥军优属工作，推动军民融合发展。进一步做好民族宗教和外事等工作。加强国家安全工作。

各位代表，新的一年，我们还要紧紧围绕人民群众最关心、最直接、最现实的利益问题，继续把为民办实事摆在更加突出的位置。一是在就业方面，引导和帮助30万城镇失业人员实现再就业，城镇"零就业"家庭发现一户、解决一户；培训农村实用人才8万人次以上。二是在基本生活保障和社会救助方面，新增企业基本养老保险参保人数75万，新增城乡居民社会养老保险参保人数80万，将家庭人均纯收入低于2500元、符合低保条件的农户全部纳入低保，建立高龄老人待遇补贴制度，提高企业退休人员基本养老金水平，为残疾人提供基本保障、基本康复和基本照料服务17万人次，帮扶1万名残疾人实现就业创业。三是在医疗保障方面，新增城镇职工和城镇居民医疗保险参保人数90万；省财政继续提高对新型农村合作医疗和城镇居民基本医疗保险的补助标准，所有市县新农合和城镇居民基本医疗保险人均筹资标准不低于285元，其中各级财政人均补助不低于200元；在设区市全面实行基本医疗保险异地就医联网结算"一卡通"。四是在住房保障方面，新增廉租住房受益家庭1万户以上，新开工建设各类保障性住房8万套、500万平方米以上，其中公共租赁住房5万套、300万平方米以上；完成农村住房改造建设30万户，其中农村困难家庭危房改造4.2万户。五是在教育方面，确保义务教育中小学生均公用经费最低标准达到650元和450元，完成中小学校舍加固和重建350万平方米。六是在扶贫方面，欠发达地区、重点库区和海岛地区完成异地搬迁6万人以上；将重点生态公益林补助标准提高到每亩19元。七是在农村环境建设方面，完成3000个村庄环境综合整治任务；实施农民饮用水安全提升工程，改善135万农村居民饮用水条件；完成万里清水河道建设和农村河道综合整治2000公里。八是在文化方面，送戏下乡1万场以上，送书下乡100万册以上，送电影下乡27万场，培训基层文化队伍1万名以上；建设3000个小康体育村。九是在污染防治方面，完成50个镇污水处理设施建设任务，新增城镇污水配套管网1500公里。十是在公共安全方面，加固病险水库200座、海塘100公里、堤防150公里，整治病险"屋顶山塘"和饮用水源等重要山塘300座；加固改造病险桥梁170座，完善临水临崖公路安保设施1100公里；生产安全事故起数、死亡人数和直接经济损失三项指标继续保持零增长，力争有所下降。

（三）深入推进改革开放，增强发展动力和活力

深化体制机制改革。扎实推进转变发展方式综合配套改革，明确年度重点改革任务，加大省市联动、部门协调、整体推进力度。开展发展方式转变综合评价工作。推进义乌国际贸易综合改革试点。研究推动统筹城乡综合配套改革，协调推进农村产权制度、城乡户籍制度等方面改革。深化集体林权制度改革。全面推进城乡建设用地增减挂钩试点，探索建立低效利用土地退出机制。完善用水用电阶梯式价格制度。深入推进排污权有偿使用和交易试点，完善排污许可证制度，严格落实跨行政区域河流交接断面水质保护考核制度。进一步落实促进民间投资的政策，推动民营经济创新发展。引导支持各商业银行创新金融产品和金融服务，进一步加大对浙江经济社会发展的支持力度。积极发展小额贷款公司、村镇银行、农村资金互助社，健全地方产权交易市场，进一步推动股权投资、创业投资发展。推进社会管理创新综合试点，探索建立适应经济社会发展要求的社会管理体制和工作机制。

提高对内对外开放水平。大力支持企业拓展国内外市场。加快推进境外贸易促进平台、重要产品出口基地、出口品牌、境内外营销网络建设，继续抓好"浙江名品中心"建设，引导支持国内外企业在我省设立采购中心和物流中心。大力推进服务贸易和服务外包产业发展。用好人民币跨境贸易结算试点政策，扩大出口信用保险和保单融资覆盖面，继续推进大通关建设，做好贸易摩擦预警和应对工作。积极扩大国际先进技术、装备和重要资源、原材料进口。优化利用外资结构，创新招

商选资方式，引导外资投向高新技术、节能环保、现代服务业、现代农业等领域。加快实施"走出去"战略，制定推动企业"走出去"发展的政策措施，引导支持企业拓展市场、开发资源和吸纳高端要素。加大浙商回归工程实施力度，关心支持海外省外浙商发展，促进浙江经济与浙江人经济融合发展。进一步加强区域交流合作，扎实抓好对口支援工作，推进与港澳台长效合作交流机制建设。

（四）不断加强政府自身建设，进一步提高推动科学发展的能力和水平

积极推进政府管理创新。健全服务企业、服务基层长效机制。大力推进以"四减少"为主要内容的行政审批制度改革，加强行政审批职能整合，继续清理规范非行政许可审批事项，全面推广行政审批服务全程代理制和网上审批制。进一步深化财政体制改革，稳妥推进预算公开，优化财政支出结构，增加一般性转移支付规模和比例，完善财政支出绩效评价制度，加强地方政府性债务管理，对政府融资平台公司的债务实施全口径监管。完成市县政府机构改革，扩大中心镇经济社会管理权限，增强基层政府社会管理和公共服务职能，扎实做好村级组织换届工作。加大政务公开和政府信息公开力度。进一步加强作风建设，深入开展创先争优活动，大兴求真务实之风，力戒形式主义和官僚主义，强化行政效能监察，推行行政问责制和政府绩效管理。

全面推进依法行政。深入贯彻依法行政实施纲要，加快法治政府建设。自觉接受人大及其常委会的法律监督和工作监督，积极支持人民政协履行政治协商、民主监督、参政议政职能，认真听取民主党派、工商联、无党派人士和各人民团体的意见建议，主动接受新闻舆论和人民群众监督，进一步做好人大代表建议和政协提案办理工作。健全民主决策机制，完善重大行政决策程序，加强对重大政策实施情况的跟踪评估。加强政府立法和行政执法，深化行政执法体制改革，严格行政执法程序，规范行政自由裁量权，切实保障公民合法权益。

加强廉政建设。认真落实党风廉政建设责任制，严格执行廉洁从政各项规定，进一步完善惩治和预防腐败体系，严肃查处违纪违法案件。加强对重要领域、关键岗位的行政监察和审计监督，深入开展商业贿赂、"小金库"和工程建设领域突出问题的专项治理。深化电子监察系统建设，加强对行政审批行为的实时监督。深入推进节约型机关建设，加快公务消费制度改革，从严控制行政经费和一般性支出，出国（境）经费、公务用车购置及运行费、公务接待费支出继续实行零增长，严格控制党政机关办公楼等楼堂馆所建设，切实降低行政成本，把有限的资金和资源更多用在改善民生上。

关于浙江省2010年国民经济和社会发展计划执行情况、2011年国民经济和社会发展计划草案的报告（摘要）

——2011年1月16日在浙江省第十一届人民代表大会第四次会议上

浙江省发展和改革委员会

一、2010年国民经济和社会发展计划执行情况

（一）经济保持平稳较快发展。初步统计，全省生产总值增长11.8%。工业生产快中趋稳，规模以上工业增加值和出口交货值分别增长16.2%和27.6%。外贸出口增幅较大，出口增长35.7%。扩大内需成效显现，全社会固定资产投资增长16.3%，社会消费品零售总额增长19%。努力保持物价稳定，居民消费价格总水平上涨3.8%。

（二）质量效益持续改善。企业效益有新提升，规模以上工业企业利润同比增长47.3%。财政收入较快增长，地方财政收入按可比口径计算增长16.3%。城乡居民收入稳定提高，城镇居民人均可支配收入实际增长7%，农村居民人均纯收入实际增长8.6%。

（三）结构调整加快推进。服务业持续较快增长，全年服务业增加值首次突破万亿元大关。工业转型升级扎实推进，装备制造业、高新技术产业增加值增速分别比规模以上工业快5.8个、2.3个百分点。农业转型发展取得新成效，落实粮食生产功能区建设任务119万亩，落实省级现代农业园区创建点98个。创新驱动进一步增强，研究与试验发展经费支出占生产总值比重达到1.82%。全力争取我省海洋经济发展上升为国家战略，组织编制海洋经济发展示范区规划和试点工作方案。大力推进产业集聚区建设，组织编制全省产业集聚区发展总体规划和14个省级产业集聚区规划。

（四）节能减排成效明显。打好节能减排攻坚战，单位生产总值能耗下降3.2%以上，化学需氧量、二氧化硫排放量均下降3%以上。生态建设和环境保护力度加大，全面完成"811"环境保护新三年行动目标任务。发展循环经济工作扎实推进。

（五）重点项目建设扎实推进。重大项目建设计划超额完成，“三个千亿”工程完成投资2040亿元，完成年度计划的113.9%；重点项目完成投资1561亿元，完成年度计划的115.6%。以“七线两枢纽”为重点的铁路主干网建设加快推进。能源资源供给保障得到加强。重大项目前期工作加快推进。

（六）城乡区域协调性增强。欠发达地区扶持力度加大，全面启动重点欠发达县特别扶持。加快高山远山、重点库区和地质灾害频发地区群众下山脱贫步伐。中心镇改革加快推进。“美丽乡村”建设全面启动。积极推进农村住房改造。对口支援工作积极推进。

（七）改革开放全面推进。转变经济发展方式综合配套改革试点全面启动。义乌国际贸易综合改革试点申报工作取得重大突破。行政审批和强镇扩权改革不断深化。医药卫生体制改革加快推进。对外开放取得新成绩。

（八）民生保障不断加强。就业和社会保障扎实推进，新增城镇就业91万人。基本公共服务均等化行动计划深入实施，完成投资879.59亿元，超额完成年度计划任务。保障性住房建设加快推进，新开工建设公共租赁房、廉租住房、经济适用房等保障性住房433万平方米。

在充分肯定成绩的同时，也要清醒地看到，我省长期积累的结构性、素质性、体制性矛盾还没有根本解决，产业层次低、创新能力不强、要素制约加剧等问题依然突出，农业持续增效和农民持续增收难度仍然较大，欠发达地区发展基础依然薄弱，节能减排压力加大。对这些问题我们将高度重视，及时采取有效措施努力加以解决。

二、2011年我省国民经济和社会发展主要预期目标

（一）关于地区生产总值的预期目标

地区生产总值增长9%左右。主要考虑：一是我省处于加快转变经济发展方式的关键阶段，保持合理的增长速度，有利于引导各方把工作重点放到转方式、调结构上来。二是在外部环境变数较多的情况下，提出这个增长目标有利于稳定市场预期、增强各方面信心、增加就业、改善民生。

根据全省地区生产总值增长9%左右的预期目标，初步考虑三大需求的预期目标分别为：

——全社会固定资产投资增长10%左右。

——外贸出口增长10%。

——社会消费品零售总额增长12%。

为实现上述目标，要进一步扩大内需特别是消费需求，优化投资结构，促进经济平稳较快发展。一是大力推进以基础设施为重点的重大项目建设，抓紧抓实以“三个千亿”工程为主体的重大建设项目行动计划等四大计划。重点抓好一批重大交通和能源项目建设。积极做好重大项目前期工作。二是大力促进民间投资更多投向实体经济，全面落实鼓励民间投资的政策意见。三是着力培育投资和消费结合点，继续做好家电下乡和以旧换新等鼓励消费政策的实施工作。深入推进农村住房改造。四是继续稳定和拓展国际市场，努力转变外贸增长方式，大力推进贸易便利化。加快实施“走出去”战略。

（二）关于产业结构调整的预期目标

一、二、三产增加值分别增长3%、9%、11%。研究与试验发展经费支出占生产总值比例为1.96%左右。主要考虑：更加突出产业结构调整的目标导向，力争使三产占生产总值比重年均提高1个百分点左右；强化科技创新推动作用，力争研究与试验经费占生产总值的比重年均提高0.14个百分点。

为实现上述目标，要把产业结构调整作为重中之重。一是加快推动服务业发展，着重抓好服务业十大重点行业、108家服务业重点企业培育，加大创建现代服务业集聚示范区工作力度。研究制定促进服务业体制政策创新的意见，加大用地、资金、人才等方面的政策支撑。二是积极推进传统产业改造提升和战略性新兴产业培育，切实抓好11个产业转型升级规划的落实推进、146家龙头骨干企业培育、42个现代产业集群转型升级示范区建设和技术改造“双千工程”。协调推进九大战略性新兴产业专项规划年度计划任务的落实。三是扎实推进农业“两区”建设和现代农业发展，力争建成一批粮食生产功能区和省级现代农业园区。大力推进以“三水工程”为重点的水利设施建设。四是加快海洋经济发展示范区建设，积极争取国家尽早批复我省海洋经济发展示范区规划和试点工作方案，推动舟山海洋综合开发试验区建设。五是推进产业集聚区规划实施，组织实施省产业集聚区发展总体规划和14个省级产业集聚区发展规划，重点引进一批代表行业先进水平的大项目。六是深入推进国家技术创新工程试点省工作。全面实施中长期人才发展规划纲要。

（三）关于价格总水平的预期目标

居民消费价格涨幅控制在4%左右。主要考虑：物价上涨压力增大，翘尾影响、新涨价因素、输入性通胀压力明显加大；中央及时采取一系列稳定消费价格、加强价格调控监管的政策措施，有利于稳定物价预期。物价问题涉及民生、影响稳定、关系全局，必须控制在合理范围。

为实现上述目标，要把稳定价格总水平放在更加突出的位置。一是保障重要商品市场供给，切实抓好“菜篮子”工程建设，加强粮食等重要农产品市场流通体系和储备体系建设。二是完善市场和价格调控，把握好政府管理价格的调整时机、节奏和力度，充分考虑社会承受能力。三是加强民生价格和收费监管，完善困难群众基本生活价格补贴机制，确保困难群众生活水平不因价格上涨而降低。四是规范市场价格秩序，加大对串通涨价、恶意囤积、哄抬价格等违法行为的查处力度。

(四)关于城乡居民收入和地方财政收入预期目标

城镇居民人均可支配收入、农村居民人均纯收入分别增长9%左右,地方财政收入增长9%左右。主要考虑:体现“两个提高”、“两个同步”要求,但收入分配改革向纵深推进将是一个长期过程;社会保障体系、基本公共服务体系建设加快推进将为稳步提高城乡居民收入提供有利条件。

为实现上述目标,要更加注重推进基本公共服务均等化,更加注重保障和改善民生。一是加快实施基本公共服务均等化行动计划,力争提前完成五年总投资计划任务。二是大力推动社会事业发展,积极推进教育均衡化,扎实推进文化产业发展和文化体制改革,加快城乡医疗卫生服务体系建设。三是努力促进农民持续增收,启动实施“富民惠民十大工程”。四是积极构建和谐劳动关系,全面推广集体合同和工资集体协商制度,建立工资正常增长机制。五是加快欠发达地区发展,深入实施“山海协作”工程,对欠发达地区尤其是重点欠发达县和贫困集中区域给予特别扶持,全面推进低收入农户奔小康。六是加大保障性住房建设力度,以公共租赁房为重点加大保障性住房建设力度。七是努力促进地方可用财力的稳定增长。

(五)关于节能降耗和主要污染物减排目标

单位地区生产总值能耗、二氧化碳排放强度以及化学需氧量、二氧化硫、氨氮、氮氧化物排放量下降均达到国家确定的目标要求。2011年进一步做好节能减排工作压力较大。从指标约束看,国家即将下达的节能减排指标压力不减,主要污染物排放指标由两项增加到四项,工作压力和难度都会加大;从强度标准看,如果没有大的投入、技术突破和制度创新,继续降低难度必然会增加;从工作基础看,由于长效机制不够健全,稍有松懈,就会出现反弹。我们必须根据国家下达的任务,分解提出年度目标,确保完成。

为实现上述目标,必须坚持生态省建设方略,坚持不懈地推进节能减排,努力把生态文明建设的各项任务落到实处。一是严格落实节能减排责任,及时向各市县分解落实国家下达的节能减排目标任务。二是扎实推进循环经济试点省建设,继续抓好循环经济“991”行动计划和工业循环经济“733”工程。三是扎实做好“811”生态文明建设推进行动。

(六)关于人口、就业和社会保障目标

人口自然增长率控制在4.82‰以内,城镇新增就业人数70万人,城镇登记失业率控制在4%以内,新增企业基本养老保险参保人数75万人,新增城镇职工和城镇居民医疗保险参保人数90万人。

为实现上述目标,要进一步加大就业和社会保障力度。一是完善促进就业再就业的各项措施,进一步做好高校毕业生、农村转移劳动力和城镇失业人员的就业工作。二是健全完善社会保障制度,加快社会保障体系建设。三是继续稳定低生育水平。

三、加快推进以“三个千亿”为主体的重点项目建设

2011年在“三个千亿”为主体的重点项目安排上,着重把握以下几点:一是更加注重优化结构,二是更加注重拓展发展空间,三是更加注重民生改善,四是更加注重综合推进项目建设。按照“在建一批、开工一批、前期一批、稽察一批”的要求,加快推进重点项目建设。

初步安排:2011年重大项目建设行动计划(“三个千亿”工程)项目155项,完成投资1670亿元。其中,千亿基础网络工程72项,投资1044亿元,千亿惠民安康工程41项,投资436亿元,千亿产业提升工程42项,投资190亿元。2011年省重点建设投资计划1380亿元,力争建成项目76项。

(一)千亿基础网络工程

加快综合交通网络建设。力争建成杭宁、杭甬客专、宁波绕城东段等项目。加快建设杭长客专、金温扩能改造、杭州和宁波铁路枢纽,嘉绍通道、龙庆、云景高速公路,杭州萧山机场二期、温州永强机场扩建,杭州、宁波地铁以及城市公共交通等项目。加快推进“九线一站”铁路项目、甬台温高速公路复线、龙浦、杭金衢高速公路拓宽改建、义乌机场国际航站楼、温州城市轨道交通、六横大桥等项目前期工作,争取开工建设。

加快能源网络建设。确保嘉兴电厂三期、绍兴滨海电厂建成投产。积极推进秦山、龙游等核电项目的建设和前期工作。加快宁波、萧山等天然气热电联产项目前期工作。因地制宜发展风电、生物质、太阳能光伏发电。全面提升能源科技装备产业竞争力。

加快水利网络建设。加快新昌钦寸水库、舟山大陆引水二期工程建设,基本建成浙东引水萧山枢纽、长兴合溪水库等,力争开工建设台州朱溪水库、好溪水利枢纽等,积极推进“治太”工程等项目前期工作。有序推进温台沿海产业带、环杭州湾产业带围垦工程。大兴农田水利建设,加快中小河流治理。

加快信息网络建设。加快实施固定电话网、移动通信网、传输网、数据网、支撑网“五网建设工程”。

(二)千亿惠民安康工程

加大强塘固房工程力度。加固病险水库200座、海塘100千米、堤防150千米,整治病险“屋顶山塘”和饮用水源等重要山塘300座。推进杭州三堡排涝工程、台州栅岭汪排涝调蓄等骨干排涝工程建设。完成农村住房改造建设30万户,其中农村困难家庭危房改造4.2万户。

加大社会事业项目建设力度。完成中小学校舍加固和重建350万平方米。争取开工建设县级医院(中医院)8家、新改建社区卫生服务中心(乡镇卫生院)100家左右。力争建成省长兴体育训练基地、杭州科技馆主体工程等项目,加快推进浙江大学紫金港西校区、杭州师范大学新校区等项目建设。

加大住房保障和社会救助力度。新增廉租住房受益家庭1万户以上，新开工建设各类保障性住房500万平方米以上，其中公共租赁住房300万平方米以上。新增各类养老福利机构床位数约1.5万张。

加大节能减排和环保生态工程力度。继续实施"节能降耗十大工程"。完成万里清水河道建设和农村河道综合整治2000千米。完成50个镇污水处理设施建设任务，新增城镇污水配套管网1500千米。完成3000个村庄的环境综合整治。

加大帮扶致富工程力度。实施"山海协作"特色产业项目400个。欠发达地区、重点库区和海岛地区完成异地搬迁6万人以上。

加大防灾减灾工程力度。加固改造病险桥梁170座，完善临水临崖公路安保设施1100公里。改扩建、确认完善600个避灾安置场所和救灾物资储备仓库。

(三)千亿产业提升工程

加快现代服务业项目建设。加快推进杭州白马湖生态创意城、宁波国际贸易展览中心等一批重大项目建设。

加快战略性新兴产业和高技术产业项目建设。组织实施重大产业创新发展工程和重大应用示范工程，培育建设一批国家级和省级工程化平台和战略性新兴产业示范基地。深入开展"云计算"试点示范工作。

加快实施装备制造、临港工业、特色优势产业等先进制造业项目。力争建成嘉兴石化80万吨PTA主体工程、东风裕隆(原纳智捷)乘用车等项目。

加快高效生态农业建设。规划建设现代农业园区310万亩，新建粮食生产功能区100万亩。

加快海洋经济发展示范区建设。大力推进港口码头、大宗商品交易平台、海洋装备制造、海洋能源、现代海洋渔业、滨海旅游、海洋生态保护等涉海基础设施和产业项目建设。

加快推进产业集聚区建设。加快杭州大江东、杭州城西科创、宁波杭州湾、宁波梅山物流、温州瓯江口、湖州南太湖、嘉兴现代服务业、绍兴滨海、金华新兴、衢州绿色、舟山海洋、台州湾循环经济、丽水生态、义乌商贸服务等产业集聚区的基础设施建设。推进区内重大产业项目建设。

四、扎实推进重点领域和关键环节改革

一是大力推进"11+1"转变经济发展方式综合配套改革试点。明确转变经济发展综合配套改革试点的年度重点改革任务，健全试点推进机制。开展发展方式转变综合指标体系试评价工作。

二是加快推进中国义乌国际贸易综合改革试点。争取国家尽早批复试点方案。加快建立与小商品国际贸易相适应的管理体制、政策体系、服务平台、贸易方式。

三是大力推进统筹城乡综合配套改革。统筹推进农村产权制度、城乡户籍制度等配套改革。深入推进中心镇强镇扩权改革，全面开展小城市培育试点。

四是积极稳妥推进资源性产品价格改革和环保收费改革。全面推进城乡建设用地增减挂钩试点。推进排污权有偿使用和交易试点。完善生态补偿机制。

五是全面完成医改三年阶段性目标任务。全面实施基本药物制度。深入推进县乡村医疗卫生资源统筹配置改革试点。推进公立医院改革试点。

六是深化审批制度改革。选择部分市县开展行政审批"四减少"改革试点。完善投资项目联动审批机制，推广行政审批服务全程代理制和网上审批制。

七是积极推进金融创新。加快小额贷款公司、村镇银行等改革试点。全面开展金融创新示范县(市、区)试点工作。

关于2010年全省和省级预算执行情况及2011年全省和省级预算草案的报告(摘要)

——2011年1月16日在浙江省第十一届人民代表大会第四次会议上

浙江省财政厅

一、关于2010年全省和省级预算执行情况

(一)2010年全省财政收支执行情况

2010年全省地方财政收入汇总预算为2270.00亿元，执行数为2608.47亿元，完成预算的114.9%，比上年增长(以下简称"增长")21.7%。按可比口径计算增长16.3%。

全省地方财政收入主要项目完成情况为：税收收入2464.96亿元，完成预算的116.5%，增长24.3%；非税收入143.51亿元，完成预算的93.3%，比上年下降(以下简称"下降")9.6%。

2010年全省财政支出汇总预算为2700.00亿元，执行数为3208.41亿元，完成预算的118.8%，增长20.9%。按可比口径计算增长16.1%。

全省财政重点支出完成情况为：农林水事务 290.92 亿元，完成预算的 116.1%，增长 23.2%；教育 606.54 亿元，完成预算的 110.6%，增长 16.8%；科学技术 121.40 亿元，完成预算的 112.9%，增长 22.3%；文化体育与传媒 77.14 亿元，完成预算的 114.6%，增长 20.4%；医疗卫生 224.53 亿元，完成预算的 122.1%，增长 26.8%；社会保障和就业 206.43 亿元，完成预算的 128.2%，增长 34.8%，主要是城乡居民社会养老保险支出增加。

按照现行分税制财政体制和国家有关政策规定计算，2010 年全省地方财政收入加上中央税收净返还和中央各项补助，以及地方政府债券收入、结转下年支出款项等，预计 2010 年全省财政收支平衡。

(二)2010 年省级财政收支执行情况

2010 年省级地方财政收入预算为 235.00 亿元，执行数为 236.61 亿元，完成预算的 100.7%，增长 6.7%。按可比口径计算增长 6.5%。

省级地方财政收入主要项目完成情况为：税收收入 193.59 亿元，完成预算的 101.2%，增长 8.2%；非税收入 43.02 亿元，完成预算的 98.5%，增长 0.3%。

2010 年省级财政支出预算为 342.00 亿元，执行数为 350.22 亿元，完成预算的 102.4%，增长 7.5%。按可比口径计算增长 6.1%。

省级财政重点支出完成情况为：农林水事务 39.41 亿元，完成预算的 100.5%，增长 6.6%；教育 61.22 亿元，完成预算的 101.8%，增长 7.7%；科学技术 22.02 亿元，完成预算的 101.6%，增长 7.8%；文化体育与传媒 12.98 亿元，完成预算的 101.8%，增长 7.1%；医疗卫生 29.57 亿元，完成预算的 116.0%，增长 22.1%，主要是中央卫生建设项目补助增加；社会保障和就业 6.92 亿元，完成预算的 112.8%，增长 18.7%，主要是第八届全国残运会筹备经费增加。

按照现行分税制财政体制和国家有关政策规定计算，2010 年省级地方财政收入加上中央税收净返还、中央各项补助和市、县(市)净上交，以及结转下年支出款项等，预计 2010 年省级财政收支平衡。

(三)2010 年主要财政工作情况

1. 围绕全年预算目标，抓好增收节支。认真落实促进县域经济发展的财政激励奖补机制，有效带动各地加快经济发展方式转变、做好做大财政“蛋糕”的积极性，市县级收入快速增长，区域间发展更为协调。加强收入进度、结构的分析和预测，依法加强税收和非税收入征管，实现收入的均衡入库、持续增长和平稳运行，全年预算收入任务超额完成，收入结构进一步优化，收入质量进一步提高。税收收入占地方财政收入的比重为 94.5%，比上年提高 1.9 个百分点；全省地方财政收入占财政总收入的比重为 53.3%，比上年提高 1.3 个百分点。坚持统筹兼顾、有保有压，优化支出结构，民生等各项重点支出得到较好保障，行政成本得到严格控制。全省财政支出增量中用于民生的比重达到 75.0%。全省各级党政机关公用经费预算压缩 5%，出国(境)经费、公务用车购置及运行费、公务接待费支出按中央政策要求实现零增长。密切关注财政支出执行情况，建立健全限时下达预算制度，严格预算追加，改革转移支付管理方式，切实加快财政支出进度，支出执行的均衡性不断提高。

2. 围绕保增长促转型，优化财政资源配置。一是突出支持重点。大力推进“四大建设”、产业集聚区、海洋经济、中心镇、战略性新兴产业等重点建设。建立支持产业集聚区建设的引导机制，加快推进产业集聚平台建设。安排海洋经济扶持发展资金 10 亿元，支持海洋经济深化发展；安排中心镇培育资金 10 亿元，支持中心镇特别是具备发展成小城市功能中心镇的改革与发展；安排欠发达地区扶持资金 20 亿元，支持欠发达地区加快发展。争取中央新能源专项资金 3.30 亿元，推进我省新能源、节能等新型产业发展。二是增强要素保障。加大财政科技投入，创新科技资金使用机制，推动技术创新。加大人才工作投入力度，支持实施海外高层次人才引进计划，推进人才强省。完善生态环保财力转移支付制度和稳定的增长机制，支持实施“811”环境保护新三年行动，全面推行排污权有偿使用和交易，实行节能环保和自主创新产品优先政府采购政策，推进全省污水处理和城乡垃圾设施建设，开展农村环境连片整治，支持农业农村污染整治，加快生态文明建设。三是优化需求结构。完善促进消费的各项财政政策，着力提高城乡居民收入，做好家电、汽车下乡和以旧换新财政补贴工作，扩大消费需求。落实积极的财政政策，优化投资结构，争取中央发行地方政府债券 80 亿元，重点保障我省中央投资公益类项目地方配套和杭黄铁路建设。筹措落实省级外贸出口发展基金 3.50 亿元，促进外贸出口稳定增长和结构优化。四是提升产业结构。落实省服务业发展引导专项资金，调整娱乐业营业税税率，推进企业分离发展服务业，大力发展生产性服务业，促进服务业全面快速发展。落实工业转型升级财政专项资金，重点推进工业龙头企业技术创新和技术改造，加快传统产业改造提升。加大财政支农惠农投入和政策实施力度，提升现代农业发展水平。

3. 围绕社会和谐稳定，加大民生和社会事业投入。加大“三农”投入，全面落实强农惠农政策，启动村级公益事业建设一事一议财政奖补工作，完善村级组织运转经费保障机制，推进农村改革发展。全省各级财政投入“三农”资金 944 亿元，增长 23.9%。按照法定增长要求加大财政教育投入，完善义务教育经费保障机制，实行农村义务教育学校免住宿费政策，落实义务教育学校教师绩效工资制度，全面实施"校安工程"建设。完善中职学生资助政策，实施"职业教育六项行动计划"和"高等教育质量提升行动计划"。支持公共文化服务体系建设，推进文化体制改革，大力发展文化事业和文化产业。完善落实财税优惠政策，支持开展稳定就业、预防失业和促进就业工作。积极落实城乡居民社会养老保险财政补助资金，全面推进我省城乡居民社会养老保险制度实施。落实医改财政投入，完善医改财政经费保障机制。建立基层医疗卫生机构多渠道补偿机制，确保基本药物制度实施后基层医疗卫生机构正常运行。加大基本医疗保障投入，各市县新农合人均筹资达到185元以上，各级财政人均补助达到129元以上。支持实施重大公共卫生服务项目，统一城乡基本公共卫生服务财政补助政策，城乡公共卫生服务经费标准达到人均20元以上。支持城乡社区卫生服务机构和村卫生室建设，推动基层医疗卫生队伍建设，完善基层医疗卫生服务体系。不断完善新型社会救助体系，设立道路交通事故社会救助基金，全省所有低保、五保和"三无"等特殊困难救助对象实行零起点按比例医疗救助。深化残疾人共享小康工程，推进新型社会福利体系建设。落实城市低收入家庭廉租住房保障财政补助政策，加快推进保障性住房建设。进一步扩大农村住房保险，支持农村低保标准150%以下农村困难家庭危旧房改造。及时分配下达中央油价补贴资金，确保国家油价补贴政策和资金落到实处。筹措落实援疆、援藏资金，完成我省对口支援青川县灾后恢复重建工作。完善经费保障机制，支持公正执法、创新社会管理、化解社会矛盾，推进"平安浙江"建设。

4.围绕"三个子"目标，深化财政管理改革。强化政府性基金、行政事业性收费等各项政府非税收入制度建设，深化"收支两条线"改革，规范政府非税收入预算管理，实行"收入一个笼子"。健全预算定额标准体系，深化部门预算改革；建立以"五费合征"为核心的社会保险费可持续增长筹资机制，试编社会保险基金预算；完善国有资本经营预算，加大对政府性基金预算和国有资本经营预算的统筹调配力度；编制政府性债务计划，健全政府公共预算体系，推进"预算一个盘子"。深化政府采购制度改革，加快市县国库集中支付改革和财税库银横向联网建设，积极推进地方公务卡改革试点，扩大省级公务卡结算范围，加快"支出一个口子"。全省已有80个市、县(市、区)实施国库集中支付，18个市、县(市、区)实施公务卡改革。积极稳妥推进"三位一体"组织管理改革，构建预算编制、执行、监督三者相互循环、互为前提、一体运行的"三位一体"财政组织管理框架，财政运行机制更加科学高效。建立预算绩效管理制度，探索绩效目标管理工作，选择"现代农业园区建设"和"计生两免"项目进行绩效目标管理试点，组织开展50个部门的129个项目的绩效自评工作，积极构建"事前目标管理、事中绩效跟踪、事后绩效评价"的预算绩效管理新机制。

5.围绕科学精细管理，依法依规强化财政监管。以加强基础、基层和干部队伍基本为重点，扎实推进财政科学化精细化管理。依法理财，加强财政法制建设，积极稳妥推进预算信息公开。加强财政专项资金清理整合，重点做好省级支农、文化、卫生等专项资金的整合工作。加强财政支出项目审核，净核减不合理资金105亿元，审减率9.4%。开展对社会团体和国有及国有控股企业"小金库"治理，建立健全防范"小金库"问题的长效机制。加强对行政事业单位国有资产出租、出借及对外投资行为的监管，建立行政事业单位有偿使用资产的市场化运作机制。推进乡镇财政管理方式改革，加强乡镇财政管理。加强地方政府性债务管理，按中央要求做好农林、卫生等领域政府外债项目的债务减免；清理化解省属高校债务、义务教育债务以及乡村公益性债务。全面清理核实各级政府融资平台公司及其债务，切实加强政府融资平台公司管理。加强地方金融企业资产财务监管，防范和化解财政金融风险。开展会计信息质量检查，强化对会计师事务所的监管，整顿和规范财经秩序。

二、关于2011年全省和省级财政预算草案

(一)当前我省财政经济形势

2011年，从宏观经济形势看，世界经济正温和复苏，但国际金融危机的深层次影响还未完全消除，复苏基础仍不稳固。我国保持经济平稳较快发展具有不少有利条件，但还面临不少长期存在的深层次矛盾和问题，同时经济运行中又出现了一些新的困难和挑战，复杂性和不确定性增加。我省加强生态文明建设、发展海洋经济、培育战略性新兴产业、建设产业集聚区、培育中心镇等措施加快实施，经济发展内生动力不断增强，但推动经济发展方式转变、保持经济持续平稳较快增长的任务仍十分艰巨，影响经济平稳运行的矛盾和问题依然比较突出。从财税收支看，收入方面，除统一内外资企业城市维护建设税和教育费附加制度预期增加收入外，国家将在实施和完善消费型增值税的基础上，稳步扩大增值税征收范围，并相应调减营业税征收范围，对地方财政收入增长带来影响；随着通胀预期加大、货币政策趋紧、房地产业深入调整，财政收入的不确定性进一步增加；同时去年前高后低的收入走势也将给今年财政收入的平稳增长带来较大压力。支出方面，实施积极的财政政策，增加低收入群体收入、"三农"、教育、社会保障、医疗卫生、保障性住房等经济社会发展重点环节，推进生态文明建设，大力发展海洋经济，对口支援新疆、西藏发展等，需要进一步加大投入，财政支出压力大、刚性强。财政收支平衡面临较大压力，财政收支形势仍然趋紧。

(二)2011年预算安排的指导思想

根据对2011年经济形势的分析和预测，按照中央和省委对经济工作的总体部署，我省2011年财政预算安排的指导思想是：以邓小平理论和“三个代表”重要思想为指导，深入贯彻落实科学发展观，全面实施“八八战略”、“创业富民、创新强省”总战略，扎实推进“全面小康六大行动计划”，遵循“一要吃饭、二要建设、三要有所积累、四要增强宏观调控能力”的理财原则和“持续、平稳、健康、支撑、保障、引导”的“十二字”工作方针，着力推动经济结构调整，加快发展方式转变，健全财政收入稳定增长的长效机制；进一步优化财政支出结构，量入为出，切实保障和改善民生；深化财税管理改革，完善财政运行机制，加强财政科学化精细化管理，为推动全省经济社会持续平稳健康发展，全面建成惠及全省人民的小康社会作出新的贡献。

（三）2011年全省及省本级预算安排

1.全省汇总预算安排

(1)收入预算

根据当前财政经济形势，2011年全省地方财政收入预算拟安排2842.00亿元，增长9.0%，其中：税收收入2686.90亿元，增长9.0%；非税收入155.10亿元，增长8.1%。

税收收入主要项目安排情况如下：增值税地方部分437.00亿元，增长9.6%；营业税879.00亿元，增长7.6%；企业所得税地方部分411.50亿元，增长10.0%；个人所得税地方部分165.00亿元，增长9.2%；城市维护建设税176.10亿元，增长23.1%，增幅较高主要是国家从2011年起统一内外资企业城市维护建设税制度。

非税收入主要项目安排情况如下：专项收入99.20亿元，增长18.4%，其中教育费附加收入85.00亿元，增长23.1%，增幅较高主要是国家从2011年起统一内外资企业教育费附加制度；行政事业性收费收入45.10亿元，增长1.1%；罚没收入65.30亿元，下降7.5%；国有资本经营收入-72.90亿元，与上年持平；国有资源（资产）有偿使用收入17.70亿元，增长5.6%。

(2)支出预算

按照现行分税制财政体制计算，2011年全省地方财政预算收入加上预计的中央税收净返还和中央各项补助等，2011年当年全省地方财政可用资金为3379.00亿元。拟安排2011年全省财政支出预算3379.00亿元，比上年调减地方政府债券因素后的执行数增长8.0%。2011年全省财政预算收支平衡。重点支出安排情况如下：农林水事务302.96亿元，增长9.1%；教育654.24亿元，增长9.1%；科学技术132.45亿元，增长9.1%；文化体育与传媒77.60亿元，增长8.5%；医疗卫生237.71亿元，增长8.5%；社会保障和就业223.81亿元，增长8.5%。按照《预算法》规定，设置预备费45.00亿元，为总预算支出的1.3%。

2.省本级预算安排

(1)收入预算

根据当前财政经济形势，2011年省级地方财政收入预算拟安排255.50亿元，增长8.0%，其中：税收收入210.95亿元，增长9.0%；非税收入44.55亿元，增长3.5%。

税收收入主要项目安排情况如下：增值税地方部分26.30亿元，增长8.9%；营业税112.80亿元，增长9.6%；企业所得税地方部分55.50亿元，增长8.4%；个人所得税地方部分7.55亿元，增长3.6%。非税收入主要项目安排情况如下：专项收入13.28亿元，增长14.9%，其中教育费附加收入10.50亿元，增长20.3%，增幅较高主要是国家从2011年起统一内外资企业教育费附加制度；行政事业性收费收入26.80亿元，与上年持平；罚没收入3.10亿元，下降9.5%；国有资本经营收入-3.30亿元，增长1.5%；国有资源（资产）有偿使用收入4.50亿元，增长3.4%。

(2)支出预算

按照现行分税制财政体制计算，2011年省级财政预算收入加上预计的中央税收净返还、中央各项补助和市县净上交等，2011年省级财政可用资金为374.80亿元。拟安排2011年省级财政支出预算374.80亿元，增长7.0%。2011年省级财政预算收支平衡。重点支出安排情况如下：农林水事务42.60亿元，增长8.1%；教育66.17亿元，增长8.1%；科学技术23.81亿元，增长8.1%；文化体育与传媒13.95亿元，增长7.5%；医疗卫生31.79亿元，增长7.5%；社会保障和就业7.44亿元，增长7.5%。按照《预算法》规定，设置预备费4.40亿元，为总预算支出的1.2%。

三、关于2011年全省财政工作的主要任务

（一）确保财政平稳健康运行。密切关注经济发展走势、宏观经济政策和税收政策变化，加强收入分析预测。依法加强税收征管，规范非税收入收缴管理，优化财力结构，确保完成年度预算任务。优化财政支出结构，认真落实扶持经济发展各项政策，加大民生等重点投入，确保全省财政新增支出的三分之二以上用于民生，确保全省和省级教育、农业、科技等法定支出预算增长高于经常性财政收入的增长幅度。加大人才资金投入，确保省委、省政府人才政策的资金需要。坚决压缩一般性支出，努力降低行政成本。因公出国（境）经费、公务用车购置及运行费用、公务接待费支出继续实行零增长。

（二）推进经济结构战略性调整。落实积极的财政政策，优化政府投资结构，提高投资质量和效益。落实扩大国内消费需求的各项政策，增强消费对经济的拉动作用。完善有利于科学发展的财政体制机制，大力推进“四大建设”。积极发挥财政政

策引导效应，促进产业集聚区发展。推动舟山海洋综合开发示范区规划建设，支持以大宗商品交易为重点的“三位一体”港航服务体系建设，深化海洋经济发展。支持中心镇改革与发展，推进城镇化进程。加大支持发展战略性新兴产业的力度，推进块状经济向产业集群发展。进一步落实财税优惠政策，引导市县发展服务业和企业分离发展服务业；加大对服务业集聚区建设、服务业领域标准化建设等支持力度，加快提升服务业发展水平。积极发展高新技术产业，改造提升传统产业，健全产业服务体系。加强支农资金整合，改革和完善支农资金扶持方式，集中资金支持现代农业园区和粮食生产功能区建设，促进农业转型升级。

（三）加强公共服务和民生保障。一是推进农村改革发展。加大财政支持农业农村的扶持力度，土地出让收益重点向现代农业发展和农村基础设施建设倾斜。重点结合“两区”建设，支持加强农田水利工程建设。推进村级公益事业建设一事一议财政奖补试点工作，进一步完善村级组织运转保障机制，深化农村综合改革，促进城乡统筹发展。二是支持教育、文化、卫生等社会事业改革发展。加大教育投入，完善义务教育经费保障机制，义务教育中小学生均公用经费最低标准分别提高到650元和450元。积极发展职业教育和农村学前教育，建立普通高中助学金制度，促进各级各类教育均衡发展。结合高校事业发展、财力状况等因素，逐步提高高校拨款水平。加快基层文化设施建设，健全覆盖城乡的公共文化服务体系，推进文化体制改革和文化产业发展。加大医疗卫生投入，建立和完善政府主导的多元卫生投入机制，促进基本公共卫生服务均等化。巩固和完善基本医疗保障制度，提高城镇居民医保和新农合筹资标准，所有市县城居医保和新农合人均筹资标准不低于285元，其中各级财政人均补助200元，政策范围内住院费用报销比例达到60%以上。完善城乡基本公共卫生财政补助政策，人均基本公共卫生服务经费标准提高到25元。做好重大公共卫生项目经费保障工作。建立基层医疗卫生机构经费多渠道筹措和保障机制，推进全省县乡医疗卫生管理体制改革。三是健全社会保障制度。落实稳定和扩大就业的政策措施，支持公共就业服务体系特别是基层公共就业服务平台建设，加大就业困难群体帮扶力度。切实做好企业退休职工基本养老金调标和各类群体的待遇保障工作。完善最低生活保障制度，将家庭人均收入低于2500元、符合低保条件的农户全部纳入低保。完善城乡居民社会养老制度，建立高龄老人待遇补贴制度。支持实施事业单位绩效工资制度。认真落实困难群众基本生活价格补贴机制，确保群众基本生活不因物价上涨受影响。建立健全孤儿福利保障制度，深化实施残疾人共享小康工程。认真做好第八届全国残运会财务管理及筹资工作。加大投入力度，支持欠发达地区廉租住房保障和公共租赁住房建设，提高城镇住房保障覆盖面，加大农村困难家庭危房改造力度。四是扶持欠发达地区加快发展。加大对欠发达地区加快发展的扶持力度，省财政专项筹措23亿元，对欠发达地区尤其是重点欠发达县和贫困集中区域给予特别扶持。筹措落实援疆、援藏等资金，做好对口支援各项工作。五是推进生态文明建设和“平安浙江”建设。加大生态环保投入，完善生态环保财力转移支付制度，重点生态公益林补助标准提高到每亩19元，支持城镇污水处理设施建设，加强农业农村面源污染防治。加大山洪地质灾害防治和易灾地区生态环境治理力度。加强政法经费保障，创新社会管理，维护和谐稳定。

（四）健全公共财政运行机制。深化财政管理改革，加快推进“收入一个笼子、预算一个盘子、支出一个口子”公共财政管理改革。深入推进预算编制、执行、监督“三位一体”组织管理改革，完善一体化运作机制，强化预算编制、执行、监督等职能。规范政府非税收入预算管理，按规定将预算外资金纳入预算管理，支出通过预算安排。开展项目预算基础资料库建设试点，完善资产配置预算审核程序，推进事业单位供给方式改革，深化综合预算改革。完善公共预算编制，细化政府性基金预算，深化社会保险基金预算编制改革，完善国有资本经营预算，适当提高国有资本收益上缴比例，着力健全政府预算编制体系。实施项目绩效目标管理试点，推进部门绩效自评和重点项目评价。完善国库集中支付运行机制，扩大专项转移支付资金国库集中支付改革范围，加快建立国库集中支付动态监控运作机制。加大县级国库集中支付改革推进力度，2011年底前全面实施国库集中支付。加快推进公务卡改革，全面建立公务支出监管体系。有序推进我省财税库银横向联网改革，争取2011年底前完成全省横向联网全覆盖。加快政府采购信息系统一体化进程，加强对政府采购代理机构的监督管理，稳步扩大政府采购规模。

（五）加强财政科学化精细化管理。着力加强基础、基层和干部队伍基本“三基”建设，提高财政科学化精细化管理水平。加强财政法制建设，推进预算信息公开，建立健全预算信息公开分级负责机制和协调机制，除涉密单位外，2011年将所有政府序列部门和法院、检察院等48个省级部门纳入上会部门预算。加大专项资金整合力度，大力压缩历年结余。强化预算约束机制，进一步加快预算执行进度。规范各级政府部门举债和担保承诺行为，加强地方政府融资平台公司及其债务管理，探索建立地方政府性债务管理动态监控体系，进一步加强地方政府性债务监督管理，防范和化解财政风险。深化乡镇机构改革，推进乡镇财政管理方式改革，强化县乡财政就地监管职责，确保惠民政策落到实处。继续加大“小金库”治理力度，加强会计制度建设，强化行业监管，规范财经秩序。

浙江省第十一届人民代表大会财政经济委员会关于2010年全省和省级预算执行情况及2011年全省和省级预算草案的审查报告

（2011年1月20日浙江省第十一届人民代表大会第四次会议主席团第四次会议通过）

浙江省第十一届人民代表大会第四次会议审议了省财政厅受省人民政府委托提出的《关于2010年全省和省级预算执行情况及2011年全省和省级预算草案的报告》。财政经济委员会根据代表们的审议意见，对预算报告和预算草案进行了审查。现将审查结果报告如下：

一、2010年是国内外经济形势极为复杂的一年。浙江各级政府和财税部门坚决贯彻国家一系列宏观调控政策，认真执行省十一届人大三次会议决议，努力增收节支，优化收支结构，强化财政监管，在推进经济发展方式转变，服务和保障民生，促进社会和谐稳定等方面做了大量扎实有效的工作。预算执行情况总体良好，预计全省和省级财政收支平衡。同时，预算执行中还存在一些困难和问题，如财政收支矛盾仍较突出，预算编制还不够细化和完整，财政资金使用绩效尚需提高，公共财政职能作用有待进一步发挥等。对此，各级政府和财税部门要高度重视，采取切实有效措施加以解决。

二、财政经济委员会认为，省人民政府提出的2011年全省和省级预算草案，符合预算法等法律、法规的规定和浙江的实际，体现了增收节支、统筹兼顾、注重绩效的原则，总体是可行的。财政经济委员会建议，批准省人民政府提出的2011年省级预算草案，同意省财政厅受省人民政府委托提出的《关于2010年全省和省级预算执行情况及2011年全省和省级预算草案的报告》。

此外，本次会议还对省人民政府提交的48个省级部门预算草案进行了审查，并对省教育厅、省国土资源厅部门预算草案进行了重点审查。

三、2011年是实施“十二五”规划的开局之年，也是加快转变发展方式、全面建设小康社会的关键之年。应对国际金融危机的成效将逐步显现，但危机所带来的深层次的影响还未根本消除，全省经济社会发展中复杂且不确定因素依然较多。在通胀预期加大、企业成本上升、节能减排压力凸显的情况下，财政增收难度较大。与此同时，保障和改善民生，加强生态省建设、发展海洋经济等一系列战略措施的深入实施，需要大量财政资金的投入，财政收支平衡在今后一个时期仍面临较大压力。为此，财政经济委员会建议：

（一）发挥财政职能作用，推动经济转型升级。整合并完善各项财政支农惠农政策，加快发展现代农业，积极推进中心镇建设。充分发挥财政政策和财政资金的引导功能，扶持战略性新兴产业发展，改造提升传统产业，推进大平台大产业大项目大企业建设。支持海洋强省建设，着力发展海洋经济。加大扶持力度，促进现代服务业加快发展。积极推进节能减排工作，加强生态文明建设，促进经济结构调整和发展方式转变。

（二）优化收支结构，全面保障和改善民生。坚持依法治税，努力扩大财源，保持收入稳定增长。加强政府非税收入征管，统筹地方可用财力。进一步优化支出结构，确保农业、教育、科技、社会保障、生态环保等重点支出。加大保障性住房资金投入，进一步健全困难群众的帮扶救助机制。完善转移支付办法，增加一般性转移支付比重，健全生态补偿机制，推动欠发达地区加快发展。严格行政经费管理，构建节约型政府。

（三）加大监管力度，确保财政资金安全有效。健全预算约束机制，维护预算的严肃性。严格预算执行，加快预算执行进度。进一步清理历年结余，有效整合专项资金。不断探索完善财政支出绩效评价和绩效审计工作，提高资金使用的规范性和有效性。继续做好政府融资平台公司清理规范工作，完善各项监管机制，严格控制地方政府性债务规模。

（四）加快财政管理改革，完善财政运行机制。深化部门预算、国库集中支付、政府采购等财政管理制度改革，提高财政管理的科学化水平。加快综合预算改革，细化政府性基金预算，提高预算编制的规范性和准确性。推进社保基金和土地出让金预算工作，完善国有资本经营预算及政府性债务计划编制。建立健全预算信息公开机制，促进依法理财、科学理财和民主理财。

省委省政府重要财经文件

浙江省政府非税收入管理条例

（2010年12月16日浙江省第十一届人民代表大会常务委员会第二十二次会议通过）

第一章 总 则

第一条 为了规范政府非税收入管理，提高政府公共管理和公共服务水平，保障经济社会健康发展，根据有关法律、行政法规的规定，结合本省实际，制定本条例。

第二条 本省的政府非税收入管理适用本条例。

第三条 本条例所称政府非税收入，是指除税收和政府债务收入以外，由国家机关、事业单位、代行政府职能的社会团体和其他组织（以下统称执收单位）依法通过征收、收取、行政处罚、刑事处罚或者募集、受赠等方式取得的资金。

政府非税收入是财政收入的重要组成部分，具体包括：

（一）行政事业性收费；

（二）政府性基金；

（三）国有资源有偿使用收入；

（四）国有资产有偿使用收入；

（五）按照规定上缴财政的国有资本经营收入；

（六）行政处罚、刑事处罚的罚没收入；

（七）彩票公益金；

（八）以政府名义接受捐赠的收入；

（九）应当纳入政府非税收入管理的其他资金。

纳入政府非税收入管理的具体项目目录，由省财政部门向社会公布。

第四条 政府非税收入管理应当坚持依法、公开、高效和便民原则，实行综合财政预算和分级分类管理。

第五条 县级以上人民政府应当加强对政府非税收入管理工作的领导，完善管理体系和监督机制，加强信息系统建设，提高科学管理水平。

第六条 县级以上财政部门主管本行政区域内政府非税收入管理工作。

监察、审计、价格等部门和人民银行按照各自职责，做好政府非税收入监督管理工作。

第七条 执收单位应当依法、及时、足额执收政府非税收入。

对违法执收政府非税收入的，任何单位和个人有权拒绝。

第二章 立项管理

第八条 行政事业性收费项目和收费标准审批应当合法、合理、公开、公平。审批机关在审批前应当根据不同情况和有关规定要求，采取征询、论证或者听证等方式充分听取利害关系人的意见。

属于国家明确规定不得批准设立行政事业性收费项目的事项，审批机关不得批准。

第九条 设立行政事业性收费项目和确定收费标准，应当向省财政、价格部门提出书面申请，其中收费项目的设立由省财政部门会同省价格部门批准，收费的标准由省价格部门会同省财政部门批准。

前款规定中的重要行政事业性收费项目的设立和收费标准的确定，由省财政、价格部门审核后报省人民政府批准。重要行政事业性收费项目的范围，由省财政、价格部门提出，报省人民政府审定。

省人民政府及其财政、价格部门应当及时将其设立行政事业性收费项目和确定收费标准的批准文件向社会公布，并自批准之日起三十日内报国家财政、价格部门备案。

国家明确规定的行政事业性收费项目和收费标准，应当按其规定执行。

第十条 行政事业性收费项目和收费标准的批准文件，应当载明审批依据、收费单位、收费项目名称、收费对象、收费标准、收费范围、收费环节、收费方式、收费期限、收费票据、收费性质、资金管理、缴款方式等事项。批准文件中有关事项需要调整的，应当按照原审批程序重新审批。

第十一条 法律、法规和国家有关部门、省人民政府制定的规章已设立行政事业性收费项目，但未确定收费标准的，按照本条例第九条的规定确定收费标准。

第十二条 政府性基金、彩票公益金项目的设立，按照国家有关规定执行。

国有资源有偿使用收入、国有资产有偿使用收入和按照规定上缴财政的国有资本经营收入项目的设立，按照法律、法规和省级以上人民政府及其财政部门的有关规定执行。

第十三条 各级人民政府、县级以上财政和价格部门以及执收单位不得违法设立政府非税收入项目，不得违法改变收费标准或者擅自调整收费范围。

第三章 执收管理

第十四条 政府非税收入由法律、法规、规章以及设立项目的有关规范性文件规定的执收单位执收；执收单位不明确的，由县级以上财政部门执收。

法律、法规、规章对委托执收政府非税收入有规定的，从其规定；未作规定的，不得委托执收，但因特殊情况确实需要委托执收的，应当征得省财政部门同意。

禁止委托个人执收政府非税收入。

第十五条 执收单位应当履行下列职责：

（一）向社会公布由本单位负责执收的政府非税收入项目、范围、对象、标准、期限、程序及其依据；

（二）按照规定的项目、范围、对象、标准、期限和程序执收政府非税收入；

（三）记录、汇总、核对执收情况，并定期报送同级财政部门；

（四）执行政府非税收入管理的其他有关规定。

有关单位、个人应当配合执收单位依法执收，不得阻挠。

第十六条 执收的政府非税收入应当直接缴入国库或者通过财政结算账户缴入国库，但按照国家和省有关规定缴入财政专户的除外。

执收单位不得隐匿、转移、截留、坐支、挪用和私分政府非税收入，不得开设政府非税收入过渡性账户。

第十七条 政府非税收入实行执收单位开票、商业银行代收、财政部门监管的执收方式，但按照法律、法规和规章规定当场执收的，不实行商业银行代收的执收方式。省人民政府及其财政部门可以依法对政府非税收入执收方式作出具体规定。

公安机关、安全机关、人民检察院和人民法院在刑事案件侦查、起诉、审判和强制执行过程中，需要追缴财产、判处罚金或者没收财产的，其执收方式按照国家和省有关规定执行。

第十八条 代收政府非税收入的商业银行应当符合省财政部门会同人民银行规定的条件。具体代收政府非税收入的商业银行，由县级以上人民政府组织财政部门、人民银行和执收单位按照公开、公平、公正和便民原则确定。

县级以上财政部门应当将代收政府非税收入的商业银行名单向社会公布。

代收政府非税收入的商业银行应当按照省财政部门和人民银行的规定，及时收纳、清算、划解政府非税收入，并接受财政、审计部门和人民银行的监督。

第十九条 缴款义务人应当按照规定或者约定的期限、金额和缴款方式履行缴款义务。

缴款义务人未按照规定的期限、金额缴纳政府非税收入的，应当按照法律、法规的规定加收滞纳金。加收的滞纳金并入政府非税收入。

缴款义务人未按照约定的期限、金额履行缴款义务的，按照约定承担违约责任。

第二十条 缓收、减收、免收政府非税收入，应当按照法律、法规和国家有关部门、省人民政府制定的规章以及设立项目的有关规范性文件的规定执行。

县级以上人民政府可以按照法定权限和程序批准缓收、减收、免收属于本级收入的行政事业性收费。

任何单位和个人不得擅自决定缓收、减收、免收政府非税收入。

第四章 资金管理

第二十一条 政府非税收入依法纳入综合财政预算。

县级以上财政部门应当根据政府非税收入的不同性质、特点实行分类管理，建立健全管理制度。

第二十二条 除法定专项用途的政府非税收入实行专款专用的以外，政府非税收入实行收支脱钩管理，不得与执收单位支出挂钩。

政府非税收入执收费用纳入部门预算，执收单位不得在政府非税收入中坐支。

第二十三条 法律、法规和国家有关部门、省人民政府制定的规章以及设立项目的有关规范性文件规定政府非税收入在省与市、县之间实行分成的，由省人民政府及其财政部门按照成本补偿、统筹调剂以及事权与财力相匹配的原则确定分成比例。其他任何单位和个人不得擅自调整分成比例。

法律、法规和国家有关部门、省人民政府制定的规章以及设立项目的有关规范性文件规定禁止分成政府非税收入的，不得分成。

政府非税收入分成应当通过国库、财政专户、财政结算账户上解和下拨。任何单位和个人不得拖延、滞压、截留应当上解和下拨的政府非税收入，不得擅自集中下级部门和单位的政府非税收入。

第二十四条 省财政部门应当会同有关部门和人民银行按照国家、省有关规定制定政府非税收入收缴、退付、清算的具体管理办法。

第五章 票据管理

第二十五条 政府非税收入票据是执收单位依法向缴款义务人执收政府非税收入时开具的收款凭证。

政府非税收入票据是财务收支的法定凭证和会计核算的原始凭证，是财政、价格、监察、审计等部门和人民银行监督检查的依据。

第二十六条 省财政部门负责本省政府非税收入票据管理工作，负责制定本省政府非税收入票据管理制度，统一监（印）制政府非税收入票据。

各级财政部门应当按照管理权限做好政府非税收入票据的发放、审验、核销、稽查等工作。

第二十七条 除省财政部门确定的印制企业外，任何单位和个人不得承印政府非税收入票据。

政府非税收入票据印制企业必须按照省财政部门批准的票据式样和数量印制；禁止向财政部门以外的任何单位和个人提供政府非税收入票据。

第二十八条 执收单位应当按照财务隶属关系向同级财

政部门领购、结报、核销政府非税收入票据，并报告票据使用、结存情况。

执收单位应当建立健全政府非税收入票据领购、使用、保管等管理制度，确定专人负责，加强内部管理。

第二十九条 执收单位发现政府非税收入票据遗失、被盗、灭失的，应当在五个工作日内书面报告发放政府非税收入票据的财政部门，经财政部门审查确认后在当地主要媒体上公告声明作废。

第三十条 执收政府非税收入时，执收单位应当开具政府非税收入票据。政府非税收入依法需要纳税的，执收单位应当按照规定使用税务发票。

执收单位不按规定开具执收票据或者税务发票的，缴款义务人有权拒绝缴款。

第三十一条 任何单位和个人不得有下列行为：

（一）伪造、变造或者擅自销毁政府非税收入票据；

（二）伪造或者使用伪造的政府非税收入票据监（印）制章；

（三）转借、代开、串用、买卖政府非税收入票据；

（四）使用非法票据。

第六章　监督检查

第三十二条 县级以上人民政府应当将政府非税收入纳入年度财政预决算，每年向同级人民代表大会及其常务委员会报告。

县级以上人民代表大会及其常务委员会依法对本级政府非税收入管理情况进行监督。有关人民政府及其部门、单位应当如实提供情况，接受监督。

第三十三条 县级以上人民政府及其财政、价格部门应当加强对政府非税收入管理情况的监督检查，定期组织开展政府非税收入情况的评估和项目、标准的清理，及时制止和纠正违法执收政府非税收入的行为。

第三十四条 审计机关应当依法对政府非税收入执收与支出的真实、合法和效益进行审计监督。

监察机关应当依法对财政、价格部门和执收单位及其工作人员在政府非税收入管理过程中执行法律、法规、规章和有关规范性文件的情况进行监督检查。

有关单位和个人应当如实提供账册、报表、票据等有关资料，不得拒绝。

第三十五条 任何单位和个人有权举报、投诉政府非税收入执收、使用和监督管理中的违法行为。

财政、价格、监察、审计等部门和人民银行以及有关单位应当按照各自职责，受理和调查有关举报、投诉，并及时予以答复、处理；认为举报、投诉的事项不属于本部门、本单位管辖的，应当在五个工作日内移送有权处理的部门、单位办理。有关部门、单位及其工作人员应当为举报人保密。

第七章　法律责任

第三十六条 违反本条例规定的行为，法律、行政法规已有法律责任规定的，从其规定。

第三十七条 执收单位有下列违反政府非税收入管理规定行为之一的，由县级以上人民政府及其财政部门或者法律、法规规定的其他部门责令改正，限期补收应当收取的政府非税收入，或者退还违法执收的政府非税收入，由有权机关对直接负责的主管人员和其他直接责任人员依法给予处分：

（一）违法设立政府非税收入项目的；

（二）擅自委托执收政府非税收入的；

（三）未向社会公布由本单位负责执收的政府非税收入项目、范围、对象、标准、期限、程序及其依据的；

（四）擅自改变政府非税收入执收的主体、范围、对象、标准、期限、程序的；

（五）将执收的政府非税收入缴入国库、财政专户、财政结算账户以外的账户，擅自开设政府非税收入过渡性账户，或者隐匿、转移、截留、坐支、挪用、私分政府非税收入的；

（六）未按照规定的执收方式执收政府非税收入的；

（七）违反规定缓收、减收、免收政府非税收入的；

（八）擅自在执收单位之间上解和下拨政府非税收入，拖延、滞压、截留应当上解和下拨的政府非税收入，或者擅自集中下级部门和单位的政府非税收入的；

（九）违反政府非税收入管理规定的其他行为。

第三十八条 财政、价格、审计等监督管理部门及其工作人员有下列违法行为之一的，由县级以上人民政府对单位给予警告或者通报批评；由有权机关对直接负责的主管人员和其他直接责任人员依法给予处分：

（一）包庇或者纵容政府非税收入管理违法行为的；

（二）对举报和投诉事项拖延、推诿或者不依法处理的；

（三）不履行政府非税收入监督管理法定职责的；

（四）有其他滥用职权、玩忽职守、徇私舞弊行为的。

第三十九条 印制企业有下列违反政府非税收入票据管理规定行为之一的，由县级以上财政部门或者法律、法规规定的其他部门收缴并销毁非法印制的票据，没收违法所得和作案工具，对单位处五千元以上十万元以下罚款，对直接负责的主管人员和其他直接责任人员处三千元以上五万元以下罚款：

（一）违反规定印制政府非税收入票据的；

（二）违反规定向财政部门以外的单位或者个人提供政府非税收入票据的；

（三）伪造、变造或者擅自销毁政府非税收入票据的；

（四）伪造或者使用伪造的政府非税收入票据监（印）制章的；

（五）违反政府非税收入票据管理规定的其他行为。

印制企业以外的单位和个人有下列行为之一的，按照前款规定处罚：

（一）伪造、变造或者擅自销毁政府非税收入票据的；

（二）转借、代开、串用、买卖政府非税收入票据的；

（三）使用非法票据的。

第四十条 违反本条例规定，构成犯罪的，依法追究刑事责任。

第八章 附 则

第四十一条 本条例下列用语的含义：

（一）行政事业性收费，是指国家机关、事业单位、代行政府职能的社会团体和其他组织按照法律、法规和省级以上人民政府及其财政、价格部门规定，经过法定程序批准，在向公民、法人和其他组织提供特定服务过程中按照成本补偿和非盈利性原则收取的费用。

（二）政府性基金，是指各级人民政府及有关部门按照法律、行政法规和国家规定，为支持特定公共基础设施建设和公共事业发展，向公民、法人和其他组织无偿征收的具有专项用途的财政资金。

（三）国有资源有偿使用收入，是指各级人民政府及有关部门按照法律、法规和省级以上人民政府及其财政部门的规定，有偿出让土地、矿产、水资源、森林、海域、无线电频率以及城市市政公用设施和公共空间等国有有形、无形资源的使用权、开发权、勘查权、开采权、特许经营权、广告权等取得的收入。

（四）国有资产有偿使用收入，是指国家机关、事业单位、代行政府职能的社会团体和其他组织按照国有资产管理规定，对其固定资产、无形资产和其他资产出租、出售、转让等取得的收入。

（五）国有资本经营收入，是指国家以出资人身份从国家出资企业依法取得的国有资本收入，包括国有资本分享的企业税后利润，国有股股利、红利、股息，企业国有产权转让收益和依法由国有资本享有的其他收益。

（六）罚没收入，是指执法机关按照法律、法规、规章规定，对公民、法人和其他组织实施行政处罚、刑事处罚取得的罚款、罚金、没收款以及没收非法财物的变价收入。

（七）彩票公益金，是指国家为促进社会公益事业发展，按照法律、法规、国务院及其财政部门的规定，特许发行彩票筹集的专项资金。

（八）以政府名义接受的捐赠收入，是指国家机关、事业单位、代行政府职能的社会团体和其他组织以政府名义接受的非定向捐赠货币收入。

（九）应当纳入政府非税收入管理的其他资金，包括税收和政府非税收入产生的利息收入以及其他应当纳入政府非税收入管理的资金。

第四十二条 本条例自 2011 年 1 月 1 日起施行。2000 年 12 月 28 日浙江省第九届人民代表大会常务委员会第二十四次会议通过的《浙江省预算外资金管理条例》同时废止。

浙江省人民政府
关于加快推进公共财政管理改革的意见

2010 年 8 月 27 日　浙政发〔2010〕38 号

为加快推进“收入一个笼子、预算一个盘子、支出一个口子”（以下简称“三个子”）公共财政管理改革，进一步深化财政科学化、精细化管理，现提出以下意见：

一、指导思想和基本原则

（一）指导思想。以邓小平理论和“三个代表”重要思想为指导，全面贯彻落实科学发展观，深入实施“八八战略”和“创业富民、创新强省”总战略，坚持“依法治税、为民理财、务实创新、廉洁高效”总体工作思路，按照“科学、规范、公平、透明、有效”的预算管理目标和科学化、精细化管理的要求，积极推进预算编制、执行、监督“三位一体”的组织体系改革，健全完整统一的预算管理体系，发挥财税支撑、保障和引导功能，推动财税自身发展方式转变，增强政府宏观调控能力，优化政府财力资源配置，提高财政资金使用效益，实现财税持续、平稳、健康发展。

（二）基本原则。一是统一性与灵活性相结合。既要遵循“三个子”公共财政管理基本要求，又要因地制宜，探索适合本地情况的管理方式。二是把握全局与突破重点相结合。既要注重做好“三个子”公共财政管理各项改革协调推进，又要寻找改革突破口，重点推进。三是积极推进与稳步实施相结合。既要按照改革总体要求，加快改革步伐，又要把握好改革的节奏和力度，稳妥推进。

二、目标任务

一是“收入一个笼子”。所有政府性收入“一个笼子”进，包括一般预算收入、基金预算收入，也包括国资经营收入、社会保险基金收入、政府性债务收入，以及其他政府性收入等，全额纳入财政管理。

二是“预算一个盘子”。所有政府性资金“一个盘子”用，严格“收支两条线”管理，将纳入财政管理的政府性资金进行统筹安排、综合平衡，形成一个完整、细化、统一、高效、有约束力的政府预算体系。

三是“支出一个口子”。所有纳入预算盘子的支出“一个口子”出，对预算中不同支出类型的政府性资金分别实行财政直接支付和财政授权支付，加强资金使用的监督，提高资金使用效率。

三、主要措施

(一)按照“收入一个笼子”要求,继续深化“收支两条线”管理制度。

一是规范政府非税收入预算管理。各级国家机关、事业单位、代行政府职能的社会团体以及其他组织,依法利用国家权力、国家信誉、国有资源、国有资产,或者提供特定公共服务、准公共服务,征收、收取、提取、募集(以下统称征收)并用于满足社会公共需要、准公共需要的各项政府非税收入须上缴财政,实行收支两条线管理。各执收单位的支出按照部门预算的统一标准和要求进行核定。

二是严格政府非税收入征收管理。各执收单位要严格执行各项政府非税征收管理制度,按照规定的政府非税收入项目、标准、范围组织征收,确保政府非税收入应收尽收;未经权限部门批准,不得擅自设立政府非税收入项目、调整征收标准、扩大或缩小征收范围,不得擅自减征、免征、缓征政府非税收入。各执收单位根据预算编制要求编报政府非税收入计划,按规定程序批准后执行。各执收单位要建立内控机制,制定切实可行的制约措施和监督考核办法,防止出现因收支脱钩可能产生的非税收入非正常减少。财政部门要建立对各执收单位的政府非税收入年度征收计划执行情况的考核评价制度。

三是完善银行账户管理。以清理和规范预算单位的银行账户为突破口,进一步加强收入账户管理,取消各执收单位以各种形式设立的收入过渡账户,确保各项政府非税收入及时足额上缴财政。严禁将征收的政府非税收入缴入财政部门指定的政府非税收入账户以外的账户,坚决杜绝截留和挪用政府非税收入、设置“小金库”等情况的发生。建立和完善账户管理年审制度。

(二)按照“预算一个盘子”要求,建立“全口径”的政府预算体系。

一是建立“全口径”的政府预算体系。建立由政府公共预算、政府性基金预算、国有资本经营预算、社会保障预算以及政府性债务计划组成,有机衔接的政府预算体系,全面反映政府收支总量、结构和管理活动。政府公共预算要支持社会保障预算,根据经济社会发展和政府宏观调控的需要,加大对政府性基金预算和国有资本经营预算的统筹调配力度,通过预算编制形成资金合力。国有资本经营预算应安排部分收入用于政府公共预算和弥补社会保障支出。社会保障预算中,先单独编制社会保险基金预算,待条件成熟时,逐步过渡到编制社会保障预算。统一政府性债务管理,编制政府性债务计划,逐步把地方政府性债务纳入预算管理。各级政府要抓紧制订和完善各类预算编制计划,市、县(市)政府要试编或编制2011年政府各类预算。

二是建立预算编制科学化、精细化管理机制。按照预算编制原则将所有政府性收支纳入部门预算管理,将财政预算拨款、专户收入和事业收入等政府性资金进行统筹安排、综合平衡,加强预算管理。进一步完善预算定额体系,建立健全预算支出费用标准体系和资产配置标准体系。全面编制政府采购预算。建立预算安排与预算执行率挂钩新机制。部门预算要按基本支出和项目支出预算编制,细化到“项”级功能科目和“款”级经济科目。

三是进一步调整优化财政支出结构。按“增量优方向,存量调结构,增量带存量”要求,整合各种政府资源,加大对专项资金清理和整合力度,加强部门预算历年结余资金的清理和统筹,增加对公共服务领域的投入,重点加大农业、教育、科技、文化、社会保障、医疗卫生等民生方面的投入力度。进一步完善财政转移支付方式改革,逐步增强欠发达地区提供基本公共服务的能力。

(三)按照“支出一个口子”,建立以“国库单一账户体系”为基础的国库集中收付制度。

一是深化国库集中支付制度改革。建立和完善动态监控体系,严格预算执行,规范财政支出。稳步推进国库集中支付改革,2012年各级政府将所有财政性资金全部纳入“国库单一账户体系”运行管理,各级预算单位全面实行财政国库集中支付制度,财政性专项资金账户按照“归口统一管理,严格按程序开设专户,同类专户归并,慎重选择开户银行”的原则,进行集中统一核算管理。稳步推进公务卡制度改革,各地要按照中央和省的工作部署,制定具体实施步骤,2010年在省、市预算单位全面推行公务卡制度,2012年在全省预算单位全面推行公务卡制度。扎实推进财税库银横向联网改革,2012年在全省范围内推进财税库银税收收入电子缴库横向联网工作的全面实施。

二是建立预算支出执行责任制度。财政部门要牵头做好预算支出执行工作,加快预算批复,督促部门加快支出进度,及时掌握和分析本级和部门预算执行进度和项目绩效情况,定期对部门进行考评通报。部门、单位是部门预算支出执行的责任主体,要把加强预算执行管理作为日常工作重点,加快支出执行进度,提高预算资金使用绩效。

三是加快预算执行进度,提高预算执行的均衡性。省财政提前下达对地方的税收返还、数额相对固定的一般性转移支付和专项转移支付指标,各地要将省财政提前下达的税收返还和转移支付指标全额纳入本级预算,并按照有关规定,组织好预算执行。建立健全限时下达预算制度。加快专项转移支付下达进度,除年终据实结算项目及上级转移支付项目外,要求于9月30日前办理完毕。完善项目资金预拨制度,履行相关报批程序后,可在同级人大正式批准预算前,按当年预算控制数或预算建议数的一定比例预拨。严格预算追加,强化预算约束,除突发性事项外,部门应在8月31日前将追加预算的申请报财政部门,财政部门应在9月30日前办理完毕,超过上述时限,一般不再办理预算追加。加强用款计划管理,严格按照部门预算编制基本支出年度均衡用款计划,并结合项目实施进度编制项目支出用款计划。

(四)大力推进预算绩效管理改革,健全财政监督管理制度。

一是加快完善绩效管理制度体系和组织体系。以民生支出为重点，稳步推进项目绩效目标管理，科学规范实施项目绩效评价，积极探索单位整体支出绩效评价，不断完善第三方参与绩效管理工作机制，逐步建立事前明确目标、事中绩效跟踪、事后实施评价的全过程绩效管理体系。将绩效管理与部门预算有机结合，加强绩效评价结果应用，绩效评价结果应作为预算项目立项和财政资金分配的重要依据。同时，建立健全绩效评价结果反馈整改机制和评价信息报告制度。强化部门单位支出绩效主体责任，将绩效管理工作纳入当地政府对部门的年度目标责任制考核。

二是建立健全覆盖所有政府性资金和财政运行全过程的监督机制。强化事前和事中监督，积极推进监督关口前移，开展部门预算编制抽查、重大专项支出的过程监控。发挥中介机构独立审计监督作用。健全监督通报制度和整改落实情况反馈制度。严格执行《财政违法行为处罚处分条例》，建立健全行政问责制、责任追究机制和信息披露制度。

三是自觉依法接受人大、审计、社会监督。根据《中华人民共和国政府信息公开条例》(国务院令第 492 号)和《国务院办公厅关于施行中华人民共和国政府信息公开条例若干问题的意见》(国办发〔2008〕36 号)的要求，按照财政部《关于进一步做好财政预算信息公开工作的指导意见》(财预〔2010〕31 号)，财政预算在依法接受人大监督的同时，要积极做好预算信息主动公开工作，经同级人民代表大会审批的政府预、决算，各级政府财政部门要主动向社会公开。各部门要按照规定，做好本部门预算、决算信息公开工作，同时认真做好预算信息依申请公开工作。

(五)创新财政预算管理方式，建立与财政“三位一体”改革相适应的组织管理框架。

一是优化流程设计。根据精简程序、理清环节、分清责任、明确标准的要求，健全和优化财政管理工作流程，使预算编制、执行、监督等各个环节既相互分离，又相互制约、制衡。

二是创新组织架构。各地要按公共财政新运行机制的要求，创新组织架构设置，加快推进预算编制、执行、监督“三位一体”组织体系改革，为进一步推进“三个子”公共财政管理改革提供强有力的组织保障。

三是加强人力配备。各地要按新的财政组织架构设置，充实各个环节的人员，优化人员配置，加强专业化人才培养，建立健全全省财政系统预算编制、执行、监督三个环节的专业人才库。坚持以人为本，加强财政干部队伍建设，为推进“三个子”公共财政管理改革提供人力、智力保障。

(六)加强乡镇财政建设，健全和完善乡镇财政体制。

一是深化乡镇财政管理体制改革。各地应按照分税制财政体制的总体要求，合理划分县(市、区)与乡镇的事权，按照财力与事权相匹配的原则，进一步理顺县(市、区)与乡镇的财力分配关系，实现财力适度向基层倾斜，促进乡镇经济社会事业的发展。在保证乡镇政府管理财政的法律主体地位不变、财政资金所有权和使用权不变等前提下，县(市、区)级财政部门要在预算编制、账户设置、集中收付、政府采购、会计核算和票据管理等方面加强对乡镇财政的管理和监督。

二是加强乡镇财政机构和队伍建设。各地要根据社会主义新农村建设的推进、公共财政职能不断加强、财政用于乡镇的资金大幅度增加等新形势，进一步加强乡镇财政机构建设。加强乡镇财政干部队伍建设，各乡镇财政机构需充实力量，配备专职人员，定期组织培训，不断提高乡镇财政干部的政治和业务素质，充分发挥乡镇财政职能，确保乡镇财政监管工作的顺利开展。

三是强化乡镇财政资金监管。各地要建立健全乡镇财政资金监管工作机制，明确监管工作目标，将乡镇所有财政资金纳入监管范围。严格项目资金监管，特别要强化对直接或间接补助到农民的财政资金的监管，提高财政资金使用绩效。同时，加强乡镇本级及村级资金和财务的管理。

四是加强乡镇政府性债务管理。各地要严格执行政府性债务审批制度，坚决制止发生新的不良债务，严格控制乡镇债务规模。要增强政府债务风险防范意识，采取切实有效措施，制定政策，确定目标，努力化解乡镇政府性债务。

(七)加快财政管理信息化建设，强化“三个子”公共财政管理改革技术支撑。

一是加快“金财工程”一体化软件的推广力度。按照“三个子”的公共财政管理改革要求，在不断完善现有一体化软件的基础上，规范市县的业务流程。

二是强化财政数据的挖掘分析，重点建设财政收支分析系统和财政资金监督系统。充分利用财税库银联网和支付管理系统的数据，收集全省企业基本信息、国地税收入信息和支出数据，建立数据分析模型，进一步完善财政收入和支出动态分析系统。

三是加强安全信任体系、运行维护体系和灾难备份体系建设。着力构建我省“金财工程”安全信任体系，积极推进运行维护体系建设，在进一步巩固和完善全省财政系统本地数据备份体系的基础上，着力开展异地容灾体系建设。

四、工作要求

(一)统一思想，加强领导。各地要充分认识“三个子”公共财政管理改革的重要性，并作为实现依法理财、建立现代预算管理制度、推进财政科学化精细化管理的有效途径来抓。要加大宣传力度，加强组织领导，明确任务责任，确保改革顺利推进。

(二)精心组织，扎实推进。根据“三个子”公共财政管理改革总体目标，各地要结合当地改革进展情况，精心设置改革方案，分步实施，加快推进“三个子”公共财政管理改革。

(三)总结经验，不断创新。各地要根据公共财政管理改革的具体要求，及时总结改革过程中的好经验和好做法，不断创新和完善“三个子”公共财政管理模式，推进和完善公共财政管理改革。

全省经济工作会议主要精神

坚持科学发展 加快转型升级 为“十二五”经济社会发展开好局起好步

全省经济工作会议在杭召开

2010年12月29日，浙江省经济工作会议在杭州召开。省委书记赵洪祝在会上强调，明年全省经济工作的指导思想是，坚持以邓小平理论和“三个代表”重要思想为指导，深入贯彻落实科学发展观，全面贯彻落实党的十七届五中全会和中央经济工作会议精神，按照省委十二届八次全会的部署，深入实施“八八战略”和“创业富民、创新强省”总战略，围绕“稳增长、抓转型、控物价、惠民生、促和谐”的工作思路，突出发展海洋经济、推进“四大建设”、抓好节能减排、统筹城乡区域发展、创新社会管理、加强自主创新、深化改革开放，为“十二五”发展开好局、起好步，以优异的成绩迎接建党90周年。

省委副书记、省长吕祖善在会上讲话。省政协主席周国富和省委常委出席会议。省委副书记夏宝龙主持会议。

赵洪祝回顾了“十一五”时期特别是今年以来我省的经济社会发展情况。他指出，“十一五”时期是我省发展史上极不平凡的五年。五年来，我省坚持用马克思主义中国化的最新理论成果指导实践，坚持继承与发展相统一，在深入实施“八八战略”和推进“平安浙江”、文化大省、“法治浙江”和生态省建设的基础上，根据党的十七大的新要求和浙江发展的新情况，作出了一系列事关全局和长远的重大决策部署，先后确立了“全面建设惠及全省人民的小康社会”发展总目标，实施了“创业富民、创新强省”发展总战略，完善了经济、政治、文化、社会建设以及生态文明建设“五位一体”发展总布局，推出了“全面小康六大行动计划”发展举措，提出了“标本兼治、保稳促调”经济工作方针，增强了改革开放的发展动力，强化了党的建设这一发展的根本保证，有力推动了经济社会平稳较快发展，全省综合实力、国际竞争力、可持续发展能力持续增强，人民生活显著改善，各项事业加快发展，科学发展水平明显提高，“十一五”规划的主要目标任务顺利完成，为全面建成惠及全省人民的小康社会打下了坚实基础。今年，全省上下认真贯彻落实中央一系列大政方针和宏观调控政策，全面落实省委、省政府重大决策部署和年度工作安排，确保了经济社会平稳较快发展。年初确定的各项任务均可顺利完成。这些成绩的取得，是党中央、国务院正确领导的结果，是全省各级党委、政府团结带领广大党员干部群众共同努力的结果。

赵洪祝全面分析了明年的经济形势，深刻阐述了浙江发展所处的方位。他指出，明年国内外宏观形势对我省的发展有着重大而深刻的影响，总的看机遇与挑战并存，但机遇大于挑战。从明年的发展情况看，我省具有开拓国内外市场、加快产业转型升级、加快“走出去”、深化重点领域改革和加快改善民生等“五大机遇”。同时，也要清醒地看到，明年宏观形势仍然复杂多变，不稳定不确定因素较多，发展还面临着许多挑战。这些新情况与我省长期积累的体制性、结构性、素质性、资源性矛盾交织在一起，使我省发展面临的挑战更为严峻。我们要紧紧抓住难得的发展机遇，妥善应对各方面的挑战，充分发挥自身优势，认真借鉴先进经验，进一步增强信心、奋发有为，不断开创我省经济社会发展的新局面。

赵洪祝强调，明年经济工作要按照坚持转型发展、创新发展、统筹发展、和谐发展的要求，把加快经济转型升级作为主攻方向，把深入推进“四大建设”作为重要着力点，把确保经济平稳较快发展作为基本目标，把保持物价平稳运行作为紧迫任务，把维护社会和谐稳定作为重要保障。具体要抓好以下九项重点工作：优化三大需求结构，保持经济平稳健康运行；以建立现代产业体系为方向，加快推动产业结构优化升级；深入推进创新型省份建设，着力提高自主创新能力；联动推进新型城市化和新农村建设，加快城乡区域统筹发展；以海洋经济试点省建设为抓手，大力发展海洋经济；切实加强节能减排，深化生态省建设；继续深化改革开放，努力形成体制机制新优势；推进基本公共服务均等化，全面保障改善民生；加强和创新社会管理，维护社会和谐稳定。

赵洪祝强调，完成明年经济社会发展的目标任务，关键是要加强领导，推动落实。要切实加强和改善党对经济工作的领导，扎实开展“讲大局、鼓干劲、守纪律、正作风”主题教育活动，进一步提高调查研究、科学决策的能力，提高驾驭全局、解决复杂问题的能力，提高狠抓落实、善作善成的能力。各级党组织要自觉地把中央的要求、省委的部署与本地实际紧密结合起来，创造性地开展工作，提高科学发展能力保障落实，完善规划引领落实，转变作风推动落实，典型引路带动落实，优化环境促进落实，不断推动我省经济社会平稳较快发展。

吕祖善在讲话中指出，回顾今年及“十一五”时期，我们不仅要努力保持经济平稳较快增长，更加注重提高经济增长的质量和效益；不仅努力实现即期的平稳较快发展，更加注重为长期的平稳较快发展打好基础；不仅努力促进经济的持续平稳健康发展，更加注重促进民生改善和社会和谐。根据省委确定的明年工作的总体要求和重点任务，在具体发展目标安排和工作举措上，要准确把握发展环境的新变化，针对自身存在的突出矛盾和问题，坚定不移推进发展方式加快转变；准确把握“十二五”规划提出的目标要求，力争开好局、起好步。要着力在“强省”上下工夫，加快转变经济发展方式，大力推进产业结构调整优化，全面启动海洋经济发展示范区建设，科学谋划和扎实推进重大项目建设，大力推进节能减排和生态文明建设，大力推动开放发展。要着力在“富民”上下工夫，以创业、就业促增收，以城乡统筹发展促增收，以扶持欠发达地区发展促增收，同时，要进一步丰富群众的精神文化生活。要着力在“和谐”上下工夫，促进社会公平和社会稳定，大力维护社会公平，切实强化社会公共安全管理。要着力在“改革”上下工夫，进一步增强发展的动力和活力，深化转变发展方式综合改革试点工作，研究推动统筹城乡综合配套改革，积极推进资源要素市场化改革，加快金融创新发展，深化医药卫生体制改革，推动行政管理体制改革和管理创新。他还就岁末年初工作作出具体部署。

副省以上领导干部，各市、县（市、区）委书记，市、县（市、区）长和省部属有关单位主要负责人参加会议。在杭副厅以上领导干部，部分工业行业龙头企业负责人列席会议。

（摘自 2010 年 12 月 30 日《浙江日报》）

善于抓住用好发展机遇

站在两个五年规划的交替点，既面临难得的机遇，又面临严峻的挑战，但总的看机遇大于挑战。我们要有全局意识、国际视野和战略眼光，善于在复杂多变的形势中发现机遇，在谋划发展中把握机遇，在发展实践中用好机遇。

明年宏观经济形势有许多有利条件需要我们把握好。要把握开拓国内外市场的机遇。国际金融危机导致的经济急剧动荡逐渐缓解，明年世界经济有望继续恢复增长，国家深入实施扩大内需战略和区域协调发展战略，城镇化、工业化和农业现代化同步推进，经济发展的内生动力增强，这将有利于我们进一步稳定外需，扩大内需，拓展市场。

要把握加快产业转型升级的机遇。信息技术、新能源技术等面临重大突破，新的商业模式和新的经济业态不断涌现，国内消费结构和产业结构升级明显加快，资源环境约束加大和节能减排任务艰巨形成了“倒逼机制”，这将促进我们提升产业层次，加快构建现代产业体系。

要把握加快“走出去”的机遇。我国开放格局已到了重要的转型期，从“引进来”为主向“引进来”和“走出去”并重转变。国家明年将赋予企业更大的境外投资自主权，积极推进对外投资便利化。这将有利于我们进一步实施“走出去”战略，充分利用两个市场、两种资源，更好地带动我们的产业、企业和产品走出去。

要把握深化重点领域改革的机遇。国家将加强改革顶层设计，特别是收入分配制度、财税体制、金融投资体制、资源环境等重点领域和关键环节的改革全面展开；国家赋予了我省多项国家级改革试点，这将有利于我们推动改革不断深化，进一步形成体制机制的新优势。

要把握加快改善民生的机遇。国家把改善民生、富民强国作为发展的根本出发点和落脚点，加大民生投入，促进就业增长，完善社保体系，特别是提出了“两提高、两同步”的要求，进一步增加居民收入，这将有利于我们进一步保障和改善民生，提高基本公共服务均等化水平。

同时，我们也要清醒地看到，明年宏观形势仍然复杂多变，不稳定不确定因素较多，发展还面临着许多挑战。国际金融危机影响还将持续，欧洲债务危机还在发展，美元贬值和全球性通胀趋势明显；国内资源环境约束强化，人民币升值压力加大，通胀预期增强，社会矛盾多发。这些新情况与我省长期积累的体制性、结构性、素质性、资源性矛盾交织在一起，使我省发展面临的挑战显得更为严峻。主要表现在：物价继续上涨压力加大，物价形势十分严峻；节能减排压力加大，从根本上解决资源消耗和环境污染问题已迫在眉睫；外贸出口压力加大，保持出口较快增长的难度增加；企业经营压力加大，特别是中小企业生存与发展面临新的考验；社会和谐稳定压力加大，社会建设和社会管理依然比较薄弱。这些问题都需要我们高度重视，妥善解决。

总之，我们要善于在国际国内形势的相互联系中把握发展大势，善于在国际国内资源的优势互补中创造发展条件，善于在国际国内因素的综合作用中统揽发展全局，抓住难得的发展机遇，妥善应对各方面的挑战，化挑战为机遇，化压力为动力，进一步振奋精神、增强信心、奋发有为，不断开创我省经济社会发展的新局面。

（摘自 2010 年 12 月 31 日《浙江日报》评论员文章）

省财政地税工作会议精神

发挥支撑保障引导作用 推动科学发展走在前列

——2011年1月14日吕祖善同志在全省财政地税工作会议上的讲话(摘要)

一、充分肯定"十一五"我省财政地税工作

刚刚过去的"十一五",是极不平凡的五年,是我省经济发展环境变化最大、受到严重冲击和挑战的五年,也是经济社会发展取得重大成就的五年。五年来,在中央和省委的坚强领导下,全省上下深入贯彻落实科学发展观,大力实施"八八战略"和两创总战略,扎实推进"全面小康六大行动计划",着力调结构促转型谋发展,抓统筹惠民生保稳定,全省经济平稳较快发展,结构调整步伐加快,增长效益不断提高,民生得到进一步改善,社会保持和谐稳定,"十一五"规划确定的主要目标圆满完成。预计"十一五"全省经济总量从2005年的13418亿元增加到2010年的27100亿元,年均增长11.8%;人均GDP从3382美元跃升至7600美元,为全面建成惠及全省人民的小康社会打下了坚实的基础。这其中,财政地税工作发挥了不可替代的作用,各位市县长和广大财税工作者功不可没。在此,我代表省委、省政府表示衷心的感谢!

"十一五"财税工作和整个经济工作一样,也是很不平凡的五年,取得了很大成绩,发生了很大变化。这五年来,公共财政理念不断强化,财政实力大大增强,财力结构进一步优化,财税体制机制更加完善,公共财政功能作用得到更加充分发挥,概括起来,主要有以下三个方面。

(一)着眼于"做大蛋糕",加强培育地方财源和优化收入结构。得益于经济持续较快发展,再加上我们努力培植收入来源,优化收入结构,加强税收征管,"十一五"财政的"蛋糕"翻了一番多。一般预算财政总收入和地方财政收入分别从2115亿元、1067亿元,增加到4895亿、2608亿元,五年增长了1.3倍和1.4倍,年均分别增长18.3%和19.6%,比GDP增速分别高6.5个和7.8个百分点。我省地税部门组织的收入从1283亿元增长到3332亿元,五年增长了1.6倍;其中社会保险费从434亿元增加到865亿元,同样增长了1.6倍。在做大蛋糕的同时,我们更看重的是,财源结构怎么样,特别是地方可用财力占多少,税源结构有没有进一步优化,财政健康程度高不高。应该说,我们抓住了这几个着力点,这反映在几个比重的提高。一是地方财政收入占财政总收入比重从50.4%提高到53.3%;二是税收占地方财政收入的比重从91.5%再提高到94.5%;三是第三产业税收对税收增长的贡献达到67.75%,特别是营业税成为地方财政收入的第一大税种,实现了经济发展与财力增长的良性循环,质量是高的,结构是好的,也是可持续的。

(二)着眼于"切好蛋糕",积极推进保稳促调和改善民生。在做大蛋糕的同时,把充分发挥财税的宏观调控职能和公共服务职能紧密结合起来,一手保经济平稳健康发展,一手保民生改善与社会和谐,着力在公平合理的"切好蛋糕"上做文章。

一方面,充分发挥财税政策对促进经济稳定增长、优化经济结构的调控、导向作用。特别是在应对国际金融危机中,结合落实中央积极财政政策和"一揽子"计划,积极推进重大基础设施建设,仅"七线二枢纽"铁路现代化建设,省级财政就投入了115亿元,铁路现代化建设迈出了历史性的步伐。大力实施结构性减税政策,2008～2009年共减轻企业负担666亿元,2010年继续减负76.48亿元。设立外经贸发展专项资金,2008～2010年省财政共投入14.4亿元,帮助企业拓展海内外市场。支持企业转型升级,地税部门和科技部门主动送政策上门,加强对鼓励科技创新政策的操作培训,2008～2010年度,全省企业(不含宁波)研发费税前加计扣除62.9亿元。加大财政对企业技术改造的扶持,2009年专门设立5亿元工业转型升级专项资金,省级财政技术改造补助资金5年达13亿元,引导全社会技改投入1590亿元。进一步加大科技投入,2010年全省财政科技投入达到121亿元,比2005年增长1.7倍,五年累计财政科技经费支出433亿元,年均增长22.1%,加大对"人才强省"特别是海外高层次人才引进的支持,设立5亿元创业风投基金,进一步强化科技人才支撑。鼓励各地发展服务业,实施分类分档激励奖补机制,"十一五"累计向市县兑现奖补48亿元。鼓励企业分离发展服务业,2007年以来全省共有2456户企业实施分离发展服务业,分离出的服务业企业累计产生营业收入971亿元,地方税费收入45.4亿元。加大"三农"财政投入,五年来各级财政共筹措3202亿元,年

均增长 24.8%，重点支持新农村建设，加强对标准农田建设、十大农业主导产业、农业生产经营模式创新等的支持力度。应该说，这些财税政策的实施，对于我们最大限度地减少国际金融危机的冲击，促进经济迅速向好回升，并推动结构调整，发展方式转变发挥了重要作用。

另一方面，充分发挥公共财政对保障民生、加强公共服务、促进社会和谐的作用。“十一五”时期，尽管我省遭受了国际金融危机的严重影响，各地财政收支平衡压力很大，但用于民生的支出不但没有减少，反而大大增加。全省财政民生累计投入 7595 亿元，年均增长 21.1%，连续五年全省财政支出增量用于民生达到三分之二以上，去年民生支出占地方财政支出的比重达 69.9%，占支出增量的比重达 75.0%，分别比 2005 年提高 4.8 个和 7.3 个百分点。省级财政民生累计投入 862 亿元，年均增长 13.4%；去年民生支出占省级财政支出比重达 75.5%，占支出增量的比重达 76.5%。五年来，我们按照“学有所教、劳有所得、老有所养、病有所医、住有所居”的要求，把新增财政支出重点用于加强和改善关系群众切身利益的就业、就医、就学、社保、住房、公共安全等方面，全面强化政府公共服务职能，大力推进公共服务均等化，着力加强困难群体的权益保障，每年扎扎实实办好十方面的实事。“劳有所得”方面，通过实施积极的就业政策，五年来，财政用于农村劳动力转移就业培训、城镇失业人员再就业培训等促进就业支出达到 47 亿元，累计完成 686 万农村劳动力技能培训，有力地促进了就业。“老有所养”方面，加强对城乡居民养老保险的财政支持，截至去年底，全省 578 万 60 周岁以上符合条件的城乡居民已按月领取不低于 60 元的基础养老金，率先实现了城乡居民社会养老保险制度全覆盖；农村“五保”和城镇“三无”老人集中供养率分别达 96.9%和 99.4%。“病有所医”方面，加强对城乡居民医疗保险的财政支持，三项医疗保险的覆盖率达到 93%以上，实现了城乡居民医疗保险制度全覆盖。加大对公共卫生的财政投入，城乡基本公共卫生服务经费标准由人均 15 元提高到人均 20 元以上。增加对城乡居民医疗保险的财政支持，新农合人均筹资达到 185 元以上，其中各级财政补助 129 元以上。“学有所教”方面，五年财政教育经费累计支出 2263 亿元，年均增长 18.8%。大力实施农村中小学“四项工程”，率先实行城乡免费义务教育，加强中小学经费保障，中小学生均公用经费最低标准分别提高到 550 元和 350 元。免除年人均收入 4000 元以下家庭子女就读中等职业学校的学费，免除大专院校农业种养类专业本省学生的学费。“住有所居”方面，对 11.2 万户农村困难家庭危旧房改造给予财政补助，用于支持下山移民、地质灾害隐患点、重点库区困难群众搬迁支出达 14 亿元，实现低保标准 2 倍以下城市低收入住房困难家庭廉租住房“应保尽保”。另外，还加大对欠发达和海岛地区转移支付力度，省财政五年累计转移支付 1135 亿元，年均增长 28.6%；加大对城乡家庭生活困难群众的救助，城乡平均低保标准每人每月从 2005 年的 223 元和 129 元提高到 2010 年的 377 元和 245 元。改善城乡人居环境，实施了两轮“811 环境污染整治和保护行动计划”，五年省财政安排各类生态环保专项资金 176 亿元，全省共投入水利财政资金 536 亿元，大力实施“百亿水资源保障工程”，加强“强塘固房”等防灾减灾体系建设，确保人民群众安居乐业。这五年，可以说是为老百姓办实事最多，老百姓得实惠最多的五年。

（三）着眼于创新机制，不断深化财税管理体制改革。围绕构建公共财政体系，这些年我们主要下好了两招棋。纵向上，调整和完善省管县的财税体制。省管县的财税体制是我省的一大创新，对于促进县域经济发展、培植地方财源发挥了重要作用。根据国家分税制改革，省里相应出台了“两保两挂”等补助和奖励政策。2003 年，为有效增强省级调控能力、确保“两保两挂”更可持续，形成了“两保一挂”的新机制，既延续了鼓励地方发展经济、培植税源来增加财政收入的机制，又增强了省级财政的统筹调控能力。2008 年，进一步完善省对市县财政体制，建立了分类分档激励奖补机制，加大对一些财政能力薄弱地区的扶持力度，对财力增加较快的地区继续加以激励，进一步做大财政收入蛋糕。同时，为了鼓励各地积极发展服务业特别是金融保险业，实行市县营业税增收上缴省返还和省级金融保险业营业税增收奖励政策，在保证市县既得利益的基础上，进一步增强了市县可用财力。2010 年，全省所有县（市）地方财政收入均上亿元，地方财政收入上 10 亿元的县（市）达 34 个。

横向上，逐步建立起“收入一个笼子、预算一个盘子、支出一个口子”的综合预算管理体制。2003 年开始，我们针对预算外资金日益膨胀，预算管理粗放、各类风险不断累积的状况，深化“收支两条线”改革，规范非税收入，推行五费合征，把所有政府性资金纳入预算管理，实现“收入一个笼子”。同时，从深化部门预算试点入手，全面推行以综合预算和零基预算为核心的部门预算，试编社保基金预算，完善国资经营预算，编制政府性债务计划，逐步建立由政府公共预算、政府性基金预算、国有资本经营预算、社会保障预算以及政府性债务计划组成的“全口径”政府预算体系，实现了“预算一个盘子”。积极推进以国库单一账户体系为基础的国库集中收付改革，实现“支出一个口子”。与之相配套，我们构建了预算编制、执行、监督“三位一体”的组织管理体系，实施了财政支出绩效评价、政府采购管理、金财工程建设等配套改革，发挥了治本治源的作用。

“十一五”时期财政地税工作卓有成效，这些成效的取得是在各地党委、政府领导下，各级财税部门努力创新、积极进取的结果。更重要的是，通过这些年来的实践，我们积累了极为宝贵的经验，进一步加深了对科学发展规律的认识，探索了与科学发展相适应的财税运行机制，增强了复杂条件下做好财税工作的能力。归结起来，主要有以下三个方面值得认真总结。

（一）着力于充分发挥财政的重要职能，形成了“一要吃饭，二要建设，三要有所积累，四要增强财政调控能力”的总体方针。把保基本与谋发展、积累财富与增强调控能力结合起来，正确处理当前利益与长远利益、地方利益与全局利益的关系，积极引导各地树立正确的政绩观，坚持统筹兼顾、量入为出、量力而行，既做到了集中财力办大事，又避免为了眼前风光和所谓的“政绩”，寅吃卯粮乱花钱，让下一任背一屁股债，为下一届政府留下较好的财政底子，形成一棒接一棒的良性循环。

（二）着力于转变理财治税理念，确立了服务“科学发展、和谐发展”的指导思想。坚持发展为第一要务，把普遍增进民生福祉作为根本宗旨，充分发挥财税的支撑保障引导作用，在加快推进经济发展方式转变的同时，努力推进财税自身发展方式转变，在实现经济持续平稳健康发展的同时，实现了财税自身的持续平稳健康发展，不断壮大和谐发展的物质基础，着力解决人民群众最关心、最直接、最现实的利益问题，做到发展为了人民、发展依靠人民、发展成果由人民共享。

（三）着力于完善公共财政体系，构建了具有浙江特色的财税体制机制。注重发挥财税制度的长期性、根本性、全局性和稳定性作用，按照财权与事权相匹配的要求，进一步理顺了各级政府间财政分配关系，按照收管支一条线要求，不断完善“三个子”的综合预算管理体制，建立预算执行监督“三位一体”的组织管理体系，着力提升财税科学化、精细化管理水平，初步形成了浙江特色的财税体制机制，更好地激发和增强了微观主体的动力和活力，调动了各方面调结构促转型谋发展的积极性、主动性和创造性。

二、进一步明确“十二五”时期我省财政地税工作的指导思想和着力点

省委十二届八次全会提出了我省“十二五”发展的主要目标和任务，即以科学发展观为主题，以加快发展方式转变为主线，以富民强省、社会和谐为根本目的，实现科学发展走在前列、全面建成惠及全省人民的小康社会的总体目标。财税工作要在富民强省、社会和谐、科学发展走在前列中有更大作为，必须紧扣主题主线，按照建立和完善公共财政体系的要求，不断创新财税发展理念，转变财税发展模式，在指导思想上，突出“三个更加注重”。

一是更加注重优化财源结构，不断增强公共财政的稳定性、可持续性。既要继续按照财税持续平稳健康发展的要求，进一步做大“蛋糕”；又要大力调整优化产业结构，特别是加快服务业发展，不断提高地方可用财力比重和税收收入比重，提高营业税在税收收入中的比重，着力做优“蛋糕”。既要加大依法治税力度，进一步强化税收入管理，努力实现收入均衡入库和可持续增长；又要坚持量入为出、量力而行，牢记“两个务必”，进一步降低行政成本，以节支促增收、保平衡，避免地方财政收入大起大落，确保公共财政持续平稳运行。二是更加注重推动发展方式转变，不断增强公共财政的导向性、普惠性。要继续按照“支撑、保障、引导”的要求，正确处理好财政与市场的关系，创新完善财税政策，进一步统筹整合政府财力，确保将更多政府财力投入到保障和改善民生上来，投入到推动经济结构调整和自主创新上来，从而更好地促进经济转型升级、确保社会和谐稳定。三是更加注重提高财政效能，不断增强公共财政的规范性、绩效性。要继续按照为民当好家、管好财的要求，坚持科学管理、依法管理、民主管理并举，完善制度、夯实基础与提高执行力并重，硬化细化预算，推行全过程绩效评估，加强政府性债务监管，全面提高财税科学化、精细化管理水平。具体到工作中，我们要在“四个着力”上下功夫。

（一）着力在促“强省”上下工夫，确保经济持续平稳健康发展。“十二五”我省提出了经济年均增长8%的预期目标，这是一个保持经济持续平稳健康的增速，目的是为转变经济发展方式留足空间，更好地推进强省建设。今年开好局、起好步，我们必须确保经济增长9%的目标。从当前和今后一个时期看，做好经济工作的有利条件不少，但面临的形势更加复杂，特别是随着资源红利、人口红利、环境红利消失，加上体制机制优势的落差不断缩小，我省保持经济平稳增长的难度不小。财税作为地方政府最重要的政策工具和调控手段之一，在促进经济持续平稳健康发展，实现“十二五”经济增长目标上，应该也必须发挥更大的作用。财税部门要着力在三个方面下工夫。一是围绕调整优化需求结构，落实好积极的财政政策，发挥财税政策作用，促进投资合理增长、努力扩大消费需求、进一步开拓国内外市场，努力形成三大需求对经济增长协调拉动的格局。二是围绕调整优化产业结构，充分发挥财税政策对结构调整的调控引导作用，加大对产业集聚区、“三位一体”港航物流服务体系、农业“两区”建设和传统产业改造提升的扶持，扩大企业分离发展服务业试点范围，促进现代农业、现代服务业、海洋经济、战略性新兴产业发展，加快构筑现代产业体系。特别强调的是，要研究加快服务业发展的财税政策，针对中央提出营业税转型这个问题，既要利用营业税转型来鼓励发展地方服务业，又要尽力避免对地方财政收入带来影响。三是围绕强

化要素和基础设施支撑保障，继续集中财力办大事，整合财政资金，加大对事关长远发展的能源、交通、水利、环保等重大基础设施建设的支持。四是围绕增强自主创新能力，按照“十二五”R&D（研究和试验发展经费）占生产总值比例从1.82%提高到2.5%的目标，切实加大财政科技投入，用足用好自主创新激励政策，加快集聚科技人才和创新要素，激发创新动力和活力，加快科技成果转化步伐，切实提升浙江经济的综合实力、核心竞争力和可持续发展能力。五是围绕加快海洋经济发展，要抓住海洋经济发展示范区即将获批上升为国家战略的契机，着力推进海洋经济“三大亮点”建设，即大宗商品交易平台建设、以舟山为重点的海岛开发以及一批海洋新兴产业。省级财政初步安排每年不少于10亿元资金，连续3年给予支持。同时，财税部门要认真做好服务企业、服务基层工作，落实好各项结构性减税政策，鼓励金融机构加强对企业尤其是中小企业的支持，缓解企业生产经营困难。当然，作为财政地税工作，首要的任务还是确保财政收入的持续平稳增长，继续做大“蛋糕”，“强省”必须“强财”，财力的增强是“强省”的重要前提和重要标志。

（二）*着力在促“富民”上下工夫，努力增加城乡居民收入。*“十二五”我们提出了城镇居民人均可支配收入和农村居民人均纯收入年均增幅高于“十一五”实绩，力争与经济发展同步。在最近的全省经济工作会议上，省里提出了以就业创业促增收，以推进城乡统筹发展促增收，以扶持欠发达地区发展促增收的三大途径。财税部门要主动跟进，进一步研究制定促进群众增收的政策措施。一是促进扩大就业。浙江怎么富起来的，是创业就业富起来的。因此，要用好各项财税政策，大力推动创业就业、发展劳动密集型产业扩大就业、农村剩余劳动力转移就业、加大对就业困难群体的帮扶等。特别是要加大对中小企业和微型企业的扶持，充分发挥这些企业对就业的带动作用。二是促进城乡统筹发展。我们富民富谁，主要是富农民。按照加快新型城市化和城乡一体化发展的要求，财税政策怎么在推进小城市和中心镇建设上发挥更大的作用，促进农村劳动力向城镇转移，实现减少农民，富裕农民；按照新农村建设和现代农业发展的要求，怎么推进美丽乡村建设，怎么利用财税政策加快农业产业化、规模化、集约化经营，促进农民立足农业促增收。三是促进欠发达地区跨越式发展。省里在原有政策基础上，从今年开始到2013年，每年安排23亿元资金对重点欠发达县实行特别扶持，怎么用好这笔资金，增强欠发达地区脱贫致富奔小康的内生动力，财税部门要当好参谋助手。今年省里决定将家庭人均收入低于2500元符合低保家庭的农户全部纳入低保，要求各县（市、区）农村低保标准不低于每人每年2500元，各地和财税部门必须妥善安排资金，做到应保尽保。同时，按照中央“两个同步”，即居民收入增长和经济发展同步、劳动力报酬增长和劳动生产率提高同步的要求，怎么继续藏富于民，也需要财税部门动脑子、下功夫。

（三）*着力在促“和谐”上下工夫，继续推进公共服务均等化。*什么是和谐，本质要求就是四个字：公平、正义。怎么才能做到公平和正义，除了缩小收入差距外，更重要的还是公共服务均等化，这是构建和谐社会的根本基础。我们要切实将公共服务作为公共财政的立足点，坚持尽力而为、量力而行，先雪中送炭、后锦上添花，着力维护社会公平，重点是两方面。一方面，加强社会保障。大力实施公共服务均等化行动计划，继续按照“保基本、广覆盖、分层次、可持续”的要求，以社保扩面、制度完善为重点，继续把大社保体系建设好。当前要重点落实好城乡居民社会养老保险80周岁以上老人增发高龄补贴、提高城乡居民基本医疗保障补助标准、扩大保障性住房建设等民生事项，认真落实好困难群众基本生活价格补贴机制，确保他们基本生活不因物价上涨受影响。另一方面，大力发展社会事业。继续围绕“读上书、读好书”、“看得起病、有地方看病、加强预防少生病”等群众的迫切需要，加大对教育、卫生、文化等社会事业发展的支持力度。加大防灾减灾体系建设的投入，加强中小河流、病险山塘水库、山洪地质灾害的治理，为群众提供安全稳定的生产生活环境。

（四）*着力在促“改革”上下工夫，进一步强化发展动力和活力。*我省要实现科学发展走在前列的目标，必须以更大的决心和勇气推进各领域的改革，加快构建有利于科学发展的体制机制。财税部门也要勇于改革、善于创新，加快构建有利于科学发展、有利于转变经济发展方式的财税体制，服务全省改革发展大局。从大的方面来讲，像转变发展方式综合配套改革、统筹城乡综合配套改革、国家海洋经济试点等，很多都需要通过财税政策改革来破题、来实施。可以这么说，任何一项改革都离不开财税改革的配套和支持。当然，财税体制大的改革主要取决于国家，明年国家将在扩大增值税范围、相应调节营业税、开征环境保护税以及推进房地产税等方面出台改革措施，我们要结合浙江实际，认真贯彻实施好国家部署的各项改革，同时要从浙江自身特点出发，大胆探索，做好地方财税改革文章，进一步完善具有浙江特点的公共财政体制机制，尤其是要继续深化“三个子”的综合预算改革，不断完善“三位一体”组织管理体系，按照“信息管税”理念大力推进“大集中”工程，深化基层财政管理体制特别是乡镇财税管理体制改革，进一步夯实财税工作基础。

三、确保今年我省财政地税工作开好局、起好步

今年是“十二五”开局之年。做好各项财税工作，具有十分重要的意义。各级党委、政府必须高度重视，切实把财税工作摆到更加重要的位置上来谋划，进一步加强组织领导，不断创

新体制机制，扎实做好各项工作，努力开好局、起好步！这里我强调几项工作。

（一）千方百计完成预算任务，努力保持收支平衡。在当前复杂多变的形势下，财政减收增支因素很多，加快经济发展方式转变、保障和改善民生需要进一步加大投入，财政支出仍将较快增长，收支平衡压力仍然较大，要完成今年各项预算目标任务很重，难度很大。为此，一要加强收入预测分析，特别是对一些不确定性因素，例如房地产价格走势，中央"十二五"时期实行增值税扩围改革等，对地方政府财力究竟有什么影响，我们都要作前瞻性分析，未雨绸缪，掌握主动。二要加强各类税费征收，正确处理好依法治税与服务企业的关系，既要按照政策组织好各项税费收入，又要贯彻落实好各项结构性减税政策，进一步培植财源。同时，各级财政部门要按照"收入一个笼子"的要求，切实把各项政府性基金等非税收入全部纳入预算。加强税收稽查，坚决打击各种偷税漏税等违法犯罪活动，进一步规范税收征管秩序。严格财经纪律，要加强审计监督和财政监督，努力构建全过程监督机制。三要坚持两个务必，坚决压缩不必要的支出，要牢固树立过紧日子的思想，完善内部财务管理制度，继续落实好有关减少行政经费支出的规定，规范公务员津补贴，继续做好"小金库"治理工作，进一步降低行政成本，真正把有限的财政资金用好。

（二）进一步加强财政资金管理，努力提高资金使用绩效。地方财政预算内和预算外收入，加起来的盘子这么大，怎么把这些资金用好、用到位，怎么才能真正做到对人民负责，就看政府家当得怎么样，财理得怎么样，财政困难的地方更是如此。当前，各地要根据"十二五"和今年的大政方针，打好盘子、用好资金，切实把各项重点工作落到实处。为此，一要加大财政资金整合力度。加大对专项资金清理和整合力度，加大历年结余清理力度，盘活财政资金存量，提高财政资金配置效率。今年将争取减少20%的省级项目、10%以上的专项转移支付项目。这里，我要特别强调土地出让金问题，近年来全省土地出让金规模急剧扩大，使用管理必须跟上，要严格执行土地出让收支基金预决算管理制度，细化收支管理，在确保被征地农民的利益基础上，绝大部分用于改善民生和新农村建设。二要加强人大对财政资金的外部监督。除了发挥政府自身监督作用外，还要充分利用人大的外部监督力量。要按照人大对财政的监督程序，主动接受人大审议，确保财政资金使用规范、高效。三要强化预算约束机制。部门预算要做细做实，干什么事、花多少钱，年初就要算好账，严格控制预算追加。要加快预算执行进度，防止资金滞留。四要完善财政资金绩效评价机制。健全绩效目标管理体系，建立预算绩效管理信息系统，推进部门绩效自评和重点项目评价，将绩效评价结果与下年度的预算安排结合起来，切实提高财政资金使用效率。

（三）进一步加强政府性债务管理，切实防范化解财政风险。近年来，我省构建了以"负债率、债务率和偿债率"为重点的债务风险预警体系，有效防范了政府债务风险，但仍有部分县市超过了警戒线，积累的风险不容忽视。为此，我们要切实加强地方债务管理，一要控制政府性债务规模增长。这首先是各级党委、政府的责任。我们为官一任、造福一方，要努力为老百姓、为地方发展做好事，可以适度负债，但一定要把握好度，好事是做不完的，要留点好事给后任，绝不能过度累积财政风险，特别是突破三条警戒线的地方，原则上不得再举新债。财政部门要认真承担起归口管理责任，加强计划、统计、监测、评估等动态监管，切实规范举债和担保行为，主动接受人大对政府举债和债务规模的监督，严格控制债务规模和风险。二是加强政府融资平台公司规范管理。目前，政府债务余额18.9%来源于各级政府融资平台公司。省政府已全面部署了加强政府融资平台公司的规范管理工作，现已完成了有关清理核实工作。下一步要实施分类管理，对于承担公益性项目融资任务、自身收益不足偿债资金70%的融资平台公司，要落实还债责任，剥离融资功能，进行妥善处置；对于承担公益性项目融资任务、自身收益高于偿债资金70%的公司，要充实资本金，完善治理结构，实行商业化运作，进一步做大做强，为地方经济社会发展服务。以后，政府按照出资比例承担有限责任。三是进一步完善偿债准备金制度。按照"谁举债、谁偿还"的原则，加强对政府性债务还贷管理，严格确定偿债责任单位，确保落实偿债资金来源，强化偿债责任机制。

（四）进一步加强财税队伍建设，为做好财税工作提供有力组织保证。这些年来，财税部门克服了工作量大、任务重、人手少的困难，工作效率高、工作质量高，取得了很好的成绩。今后，要继续按照"支撑保障引导，持续平稳健康"十二个字的要求，抓好班子、带好队伍，不断提高理财治税能力和水平，为党委、政府出好点子、当好参谋。目前队伍建设中，最薄弱的是乡镇，随着支农惠农力度不断加大，大量的财政资金投向基层特别是乡及乡以下，而乡镇财政的监管力量都难以适应发展的要求。各地要充分发挥乡镇就地就近监管财政资金的优势，把最基层的乡镇财政建设好。这里，我要特别强调一下，财税干部直接和钱打交道，面临的压力大、诱惑多、责任重，我们要大力发展健康向上的财税文化，来激励人、凝聚人、引导人；要牢牢绷紧反腐倡廉这根弦，抓好党风廉政教育，做到用制度管钱、用制度管事、用制度管人，确保资金、干部的双安全。

开拓进取 求实创新
发挥财税支持经济社会发展的支撑保障和引导作用

——2011年1月13日在全省财政地税工作会议上的讲话(摘要)

省财政厅厅长兼省地方税务局局长 钱巨炎

一、2010年及“十一五”时期财政地税工作

2010年,面对复杂多变的经济社会发展环境,全省各级财政地税部门在省委、省政府的正确领导下,认真贯彻科学发展观,全面落实中央和省各项决策部署,深入实施“八八战略”和“两创”总战略,坚持“依法治税、为民理财、务实创新、廉洁高效”的总体工作思路,深刻把握“实、稳、优”三字诀内涵,积极发挥财税支撑保障引导作用,着力推动经济发展方式转变,努力优化收支结构,切实加强社会民生保障,不断深化财税管理改革,深入开展财税文化建设,全面加强干部队伍建设,财税事业实现持续平稳健康发展,为全省经济建设、事业发展和社会稳定作出了新的贡献。2010年,全省地方财政收入2608.47亿元,增长21.7%;全省财政支出3208.41亿元,增长20.9%。地税部门组织各项收入3332.44亿元,增长24.0%,其中:税收收入2238.27亿元,增长25.9%;社会保险费收入864.76亿元,增长19.0%。

(一)优化资源配置,确保经济平稳健康运行

着力优化需求结构。落实积极的财政政策,筹措铁路省级资本金41.50亿元,推进以“七线两枢纽”为重点的铁路工程建设;争取中央预算内基建资金38.60亿元;争取中央发行地方政府债券80亿元,重点保障我省中央投资公益类项目地方配套和杭黄铁路建设。增加对农民的补贴,支持低收入群众增收行动计划的实施,提高城乡低保对象等低收入群体补助水平,稳定和扩大城乡就业,促进城乡居民增加收入,完善家电下乡等鼓励消费的政策措施,有效扩大消费需求。筹措落实外贸出口发展基金3.50亿元,加大对外经贸结构调整的扶持力度,推动外贸出口恢复性增长。

着力优化产业结构。加大财政支农惠农投入和政策实施力度,加强农业农村基础设施建设,重点支持现代农业园区和粮食生产功能区建设。省财政厅会同省农业厅整合产业类项目资金的70%用于“两区”建设,提升现代农业发展水平。进一步加大农业综合开发力度,全省农业综合开发财政资金投入11.36亿元,实施土地治理70.88万亩,扶持农业产业化经营项目269个。落实工业转型升级财政专项资金5亿元,重点推进工业龙头企业技术创新和技术改造。支持中小企业信息、技术、融资平台建设,促进中小型科技企业和其他高成长性企业成为新的经济增长点。争取中央新能源专项资金3.30亿元,推进新能源、节能等新型产业发展。完善促进服务业发展的财税政策措施,落实省服务业发展引导专项资金,根据国家授权调低娱乐业营业税税率,推进企业分离发展服务业,大力发展生活性服务业,加快发展生产性服务业,提高服务业发展的质量和水平。

(二)突出扶持重点,加快经济发展方式转变

大力推进重点建设。实施“百亿工程”,省财政安排海洋经济扶持发展资金、中心镇培育资金、欠发达地区财政运行和发展补助资金各10亿元,增强经济发展的内在活力和动力。建立产业集聚区建设的财税引导机制,加快推进产业集聚平台建设。积极筹措落实对口支援资金23.08亿元,认真做好援川、援疆、援藏工作。

大力推进科技人才支撑。落实企业研发费加计扣除26.87亿元,加大财政科技投入,优化科技支出结构,倾力支持国家技术创新工程浙江省试点工作,加大重大科技项目的资金投入,推进科技创新。进一步发挥省创投引导基金作用,有效吸引人才、资本、项目等优质社会资源向省内集聚。目前引导基金共出资4.15亿元,阶段参股7只创投基金,创投基金总规模24亿元,已投资18个项目,吸引社会资本12.75亿元。推进实施标准化战略,激励技术标准创新。加大人才工作投入力度,支持海外高层次人才引进计划,推进“人才强省”建设,为经济转型升级提供人才支撑。

大力推进生态文明建设。实行节能环保产品优先政府采购政策,加大对环境保护和生态省建设的投入力度,完善生态环保财力转移支付制度,全面推行排污权有偿使用和交易,支持实施“811”环境保护新三年行动,推进全省污水处理和城乡垃圾设施建设,开展农村环境连片整治,支持农业农村污染整治,改善生态环境,促进可持续发展。

(三)强化公共服务,支持社会事业发展

坚持教育优先。按照法定增长要求,加大财政教育投入,完善义务教育经费保障机制,实行农村义务教育学校免住宿费政策,落实义务教育学校教师绩效工资制度,全面实施“校

安工程”建设，推动外来务工人员子女教育发展。完善中等职业学校学生资助政策，实施“职业教育六项行动计划”和“高等教育质量提升行动计划”，推动教育均衡发展。

发展文化事业。加快省级重大文化项目建设，支持县（市、区）图书馆、文化馆及乡镇综合文化站建设，增加村级文化活动室器材，实施文化下乡等工程，加强公共文化服务体系建设；推进文化体制改革和文化产业发展，促进“文化大省”建设。

深化医药卫生体制改革。落实医改财政投入，完善医改财政经费保障机制。建立基层医疗卫生机构多渠道补偿机制，确保基本药物制度实施后基层医疗卫生机构正常运行。加大基本医疗保障投入，各市县新农合人均筹资达到185元以上，各级财政人均补助达到129元以上。支持城乡社区卫生服务机构和村卫生室建设，推动基层医疗卫生队伍建设。支持实施重大公共卫生服务项目，统一城乡基本公共卫生服务财政补助政策，城乡公共卫生服务经费标准达到人均20元以上。

完善社会保障制度。支持开展稳定就业、预防失业和促进就业工作，重点做好高校毕业生、就业困难人员就业和稳定企业用工工作。落实城乡居民社会养老保险财政补助资金50亿元，全面推进城乡居民社会养老保险制度实施。不断完善新型社会救助体系，全省所有低保、五保和“三无”对象等特殊困难救助对象实行零起点按比例医疗救助。设立道路交通事故社会救助基金。大力推进新型社会福利体系建设。深化残疾人共享小康工程。做好第八届全国残运会筹资工作。落实城市低收入家庭廉租住房保障财政补助政策，加快推进保障性住房建设。进一步扩大农村住房保险和农业保险保费补助规模，支持农村低保标准150%以下农村困难家庭危旧房改造。

加强社会管理。完善政法经费保障体制，支持公正执法、创新社会管理、化解社会矛盾，深化“平安浙江”建设。加大产品质量和食品安全检测经费及检测设备投入，支持安全生产建设。启动村级公益事业建设一事一议财政奖补工作，进一步完善村级组织运转经费保障机制，切实加强基层政权组织建设，维护社会和谐稳定。

（四）深化财税改革，推进“三个子”综合预算管理

大力实行“收入一个笼子”。依法组织税收收入，加强政府性基金、行政事业性收费等各项政府非税收入制度建设，深化“收支两条线”改革，规范政府非税收入预算管理。

稳步推进“预算一个盘子”。健全预算定额标准体系，深化部门预算改革；建立以“五费合征”为核心的社会保险费可持续增长筹资机制，试编社会保险基金预算；完善国有资本经营预算，加大对政府性基金预算和国有资本经营预算的统筹调配力度；编制政府性债务计划，健全政府公共预算体系，加快推进报同级政府、人大审批进程。

加快实施“支出一个口子”。推进市县国库集中支付改革和财税库银横向联网建设，积极推进地方公务卡改革试点，扩大省级公务卡结算范围。全省已有80个市、县（市、区）实施国库集中支付改革，18个市、县（区）启动实施公务卡改革。预算执行的均衡性和时效性明显提高，2010年1～11月份支出进度比上年提高11.2个百分点，12月份支出占当年支出的比重从2009年的22.8%下降到2010年的18.9%，均优于全国平均水平。

切实推进配套改革。深化政府采购制度改革，推进全省政府采购信息系统一体化建设，将协议定点联动采购范围扩至全省，建立省市县三级“统一招标、结果共享、联合监督”的集中采购新机制，加强对政府采购代理机构的监督管理，有效发挥政府采购功能。建立预算绩效管理制度，探索绩效目标管理工作，选择“现代农业园区建设”和“计生两免”项目进行绩效目标管理试点；创新重点项目评价方式，对2008～2009年度下山搬迁重点项目开展全省联动与实地评价相结合的绩效评价；推进省级部门绩效管理工作，组织开展50个部门129个项目的绩效自评工作，积极构建“事前目标管理、事中绩效跟踪、事后绩效评价”的预算绩效管理新机制。

（五）加强财税监督，推进科学化精细化管理

依法理财治税。加快推进财税法制建设，推动出台《浙江省政府非税收入管理条例》；认真做好“五五”普法总结验收，大力开展财税普法，深入开展财税执法监督，积极稳妥地推进信息公开，规范行政处罚裁量权，加强财税规范性文件管理，进一步规范财税执法行为。定期编发《浙江财政信息资料》分送人大代表政协委员，召开人大代表政协委员恳谈会，自觉主动接受监督。

加强资金资产财务管理。加强财政专项资金清理整合，重点做好省级支农、文化、卫生等专项资金的整合工作。加强财政支出项目审核，净核减不合理资金105亿元，审减率9.4%。完善行政事业单位资产管理制度体系，加快资产管理信息系统建设，建立资产配置预算编审制度和有偿使用资产的市场化运作机制，规范资产配置、使用、处置和收益管理等各个环节的监管。开展党政机关和事业单位、社会团体和国有及国有控股企业“小金库”治理。严格控制行政成本，全省各级党政机关公用经费预算压缩5%，出国（境）经费、公务用车购置及运行费、公务接待费支出按中央政策要求实现零增长。推进乡镇财政管理方式改革，发挥其就地就近加强财政性资金使用监督的作用。认真开展强农惠农资金专项清理和检查，确保支农惠农政策落到实处。

加强地方政府性债务管理。严格按中央要求做好农林、卫生等领域政府外债项目的债务减免；清理化解省属高校债务、义务教育债务以及乡镇政府性债务和乡村公益性债务；控制

交通建设负债；全面清理核实各级政府融资平台公司及其债务，切实加强政府性债务和融资平台公司管理。

强化税收管理。启动实施地税信息化“大集中”工程建设。践行“抓大、评中、定小”税源管理思路，强化行业税收管理，开展行业专项纳税评估，开展行业税收专项检查和重点税源企业“分级分类”检查，深入推进打击发票违法犯罪专项行动。积极推进与公安、工商、质监等部门的信息共享，建立江浙沪甬税务信息交换联动机制。大力简并发票种类，统一式样，推广应用网络发票，创新实践“以票控税”。

（六）推进“三位一体”改革，加强机构队伍建设

稳步推进“三位一体”组织管理改革。完善厅本级“三位一体”组织机构，总预算局、预算执行局实行一体化运作，逐步建立财政“大监督”工作格局。积极推进市县组织机构改革，在当地党委政府的关心支持下，全省已有部分市、县(区)的“三位一体”机构改革方案已经批准，内部机构设置基本上与省厅相衔接。嘉善县建立“三位一体”运行机制，并制定了20多个配套文件，形成比较完整的公共财政管理制度。

稳妥实施全省地税系统机构改革。省地税局与省编办联合下发了《关于市县地税部门“三定”工作有关问题的意见》，对市县地税部门机构设置、人员编制、领导职数、基层税务机构高配等进行规范和明确。通过上下联动、逐个突破、以点带面的方法，加快推进全省地税系统基层单位非领导职务配备工作，地税基层单位主任科员配备取得较大突破。

深化财税文化建设。围绕财税中心工作，扎实开展形式多样的文化创建活动，努力创建学习、服务、管理、发展、廉政、形象等六大“财税文化品牌”。认真开展“双服务”和“深化作风建设年”活动，巩固提升机关效能建设，改善机关作风，进一步提升服务基层、服务企业的成效。扎实开展“创先争优”活动，积极指导注册会计师行业开展党建和“创先争优”工作，学习沈浩同志先进事迹，组织评选全国和全省财税系统先进集体、先进工作者。全面落实党风廉政建设责任制，制定财税权力运行流程，持续深化惩防体系建设，提升整体惩防水平，不断强化党风廉政建设。创新开展干部教育培训，建立“以师带徒”制度，组织“干部讲坛”，开展岗位业务技能比武，不断提高干部综合素质。深化干部人事制度改革，加强干部培养锻炼，新建预算执行、基本建设财政财务管理和信息化管理三个人才库。杭州市通过机制建设、基地培育、氛围营造，加大选拔培养力度，促进年轻干部成长成才。改进党建和思想政治工作，推进“学习型党组织建设”。积极发挥党团工妇组织的作用，开展形式多样的文体活动，举办全省财政地税系统运动会。认真落实离退休干部“两项待遇”，用心做好服务工作。全省财税系统关心人、培养人、发展人、尊重人的良好环境不断巩固，干部的凝聚力和向心力不断增强。

2010年是“十一五”收官之年。在过去的五年中，我们始终坚持以科学发展观统领财政地税工作，不断创新理财思路，开拓进取，扎实工作，全省财税事业走过了极不平凡的奋斗历程，财税改革与发展取得了新的成绩。

一是坚持依法治税，财税综合实力进一步增强。依法履行财税法定管理职责，充分发挥财税职能作用，坚持在依法治税、规范管理的前提下，大力组织收入，实现收入持续平稳健康增长。2010年全省财政总收入、地方财政收入分别为2005年的2.3倍、2.4倍，年均增长18.3%、19.6%；税收收入占地方财政收入的比重达到94.5%，地方财政收入占财政总收入的比重达到53.3%，分别比2005年提高3.0个和2.9个百分点。2010年全省财政支出为2005年的2.5倍，年均增长20.4%。“十一五”时期我省地税部门累计组织收入11697亿元，是“十五”时期的2.7倍。其中，税收收入(不含契耕两税)7378亿元，是“十五”时期的2.5倍，社保费收入3221亿元，是“十五”时期的3倍多。

二是坚持为民理财，推动经济社会发展取得新进展。根据宏观经济形势，不断调整完善财税支持经济发展的政策措施，有效应对国际金融危机的冲击，促进经济持续平稳较快发展。坚持“有心、有钱、有办法”，始终坚持把保障和改善民生作为公共财政的根本任务，大力支持教育、科技、文化、医疗、卫生等社会事业，着力构建完善大社保体系，统筹城乡、区域、经济与社会发展以及人与自然和谐发展，使公共财政最大程度地惠及全省人民。“十一五”期间，全省财政支出增量的三分之二以上用于民生。

三是坚持务实创新，财税体制机制更加健全。建立分类分档激励奖补机制，省管县财政体制不断完善。理顺县乡财政管理体制，加强乡镇财政建设。深化部门预算、国库集中支付制度、政府采购制度、绩效管理等各项改革，“收入一个笼子、预算一个盘子、支出一个口子”公共财政管理改革加快推进。义乌市以“三个子”为主要内容的财政综合预算改革，被国务院研究室专家誉为开全国先河的义乌模式。由政府公共预算、政府性基金预算、国有资本经营预算、社会保障预算以及政府性债务计划组成的“全口径”政府预算体系逐步建立。富阳市通过大预算改革，将政府收支活动全部纳入预算，实现了预算全覆盖，做到了预算精细化。省厅及仙居等部分市县基本确立了预算编制、执行、监督“三位一体”组织管理框架，其他市县也正在积极筹划，财政运行机制更加科学高效。树立“纳税服务也是税收核心业务”的理念，进一步转变税收管理方式，推出“同心汇聚”纳税服务品牌，实施办税服务厅标准化建设，推行浙江地税视觉识别系统。

四是坚持廉洁高效，财税管理日趋科学化精细化。深入开展财税文化建设，“依法治税、为民理财、务实创新、廉洁高效”

和"实、稳、优"等财税文化核心理念深入人心，学习、制度、情感、激励、宣传和活动六个平台建设成效明显，财税干部队伍综合素质进一步提升。财税法制建设不断加强，信息公开依法推进，金财工程一体化进程加快。地税信息化"大集中"工程启动实施，以"间接控管"为标志的专业化税源管理模式日趋成熟，财税管理的法制化、规范化水平不断提高。深入开展机关效能建设，切实转变工作作风，全面落实党风廉政建设责任制，持续深化具有财税特色的惩防体系建设，进一步规范财税权力运行，财税科学化精细化管理全面推进。

过去的五年，是我们在科学发展观指引下，不断创新理财治税理念，推动经济发展方式转变和促进民生改善的五年；是财税管理改革取得重大突破和财税机构队伍建设取得重大进展的五年。回顾五年来的财政地税工作，我们主要做到了"四个注重"：一是注重服务大局、科学发展。积极有效地发挥财税在支持经济平稳较快发展、加快转型升级和调节收入分配等方面的支撑保障引导作用，确保省委、省政府重大战略决策的贯彻落实，推动经济社会又好又快发展。二是注重民生为本、企业为基。不断调整优化财政支出结构，把广大人民群众的根本利益作为财税工作的出发点和落脚点，实现全省财政向"民生财政"实质转变，使公共财政最大程度地惠及全省人民。落实税费优惠政策，优化财税服务，扶持企业健康发展。三是注重深化改革、完善管理。积极稳妥扎实地推进各项财税改革措施，解决发展中存在的突出矛盾和问题，形成有利于科学发展的体制机制，不断提高科学精细管理水平。四是注重完善机构、队伍建设。以构建"三位一体"组织管理框架为支撑，以建设财税文化为重点，建立健全干部队伍管理长效机制，营造健康向上的工作氛围，培育可持续发展的精神动力，提升干部队伍"软实力"，为做好财税工作提供有力的智力支持和组织保障。

在看到成绩的同时，我们也应清醒地认识到，与省委、省政府对财税工作的要求相比，与人民群众对财税工作的期望相比，全省财政地税工作中还存在不少困难和问题：财政收支矛盾仍较突出，公共财政职能有待进一步发挥，财政资金使用绩效有待进一步提升，防范和化解财政风险的任务仍然较重，一些干部的素质和作风与新时期财政地税工作的要求还有差距，等等。我们要高度重视这些问题，认真加以分析和研究，并在今后的工作中采取切实有效措施努力加以解决。

二、深入学习贯彻全会精神，认真谋划今后一个时期财税工作

"十二五"时期是全面建设小康社会的关键时期，是深化改革开放、加快转变经济发展方式的攻坚时期。党的十七届五中全会审议通过的《中共中央关于制定国民经济和社会发展第十二个五年规划的建议》，围绕科学发展主题和加快转变经济发展方式主线，在经济建设、社会发展和推进改革开放等方面提出了一系列重大任务，对未来五年我国经济社会发展作了全面部署，对"十二五"时期财税改革与发展提出了更高的要求。省委十二届八次全会审议通过的《中共浙江省委关于制定浙江省国民经济和社会发展第十二个五年规划的建议》，从战略全局出发，明确提出了"十二五"规划的指导思想、发展目标、主要任务、保障措施，提出了"深化财税体制改革，加快健全公共财政体系"的工作任务，是全面建设惠及全省人民小康社会的纲领性文件，为当前和今后一个时期加快科学发展、转变经济发展方式指明了方向，具有十分重要的意义。

财政地税作为党和政府履行职能的物质基础、体制保障、政策工具和监管手段，在各项建设中承担着重要任务，责任重大。全省各级财政地税部门一定要认真学习贯彻中央和省委全会精神，深刻领会和把握以科学发展为主题、以加快转变经济发展方式为主线的新要求，坚持以"依法治税、为民理财、务实创新、廉洁高效"的财税核心理念为引领，继续秉承和弘扬"实、稳、优"三字诀，牢固树立政治意识、经济意识、法治意识、创新意识、服务意识、风险意识，进一步完善公共财政体系，建立健全有利于科学发展的制度、体制和机制，发挥财税的支撑保障引导作用，为实现"科学发展走在前列，惠及全省人民的小康社会全面建成"总目标作出应有的贡献。

（一）*着力发挥财税支撑作用，推动经济持续发展。*构建持续平稳健康的收入增长机制，为经济社会又好又快发展提供财力支撑。加强经济发展走势、宏观政策调整和税收政策变化对收入的影响分析，把握组织收入的主动权；在依法治税、规范管理的前提下，积极落实结构性减税和税费优惠政策，发挥好税收政策"稳定器"功能，努力熨平经济周期波动，防止财税收入大起大落，实现收入的均衡入库、可持续增长和结构优化，不断提高收入质量，增强政府调控能力。

（二）*着力发挥财税引导作用，推动经济转型发展。*科学把握财税政策实施的节奏、力度和重点，优化资源配置，建立有利于经济发展方式转变的利益导向机制，发挥财政资金和财税政策的杠杆引导效应，支持推进生态文明建设、"四大建设"、中心镇建设、欠发达地区发展、海洋经济发展等重大战略决策的实施，加快经济发展方式转变。推进收入分配制度改革，完善基本公共服务体系和大社保体系，加快形成消费、投资、出口协调拉动经济增长新格局。大力发展现代服务业和高新技术产业，改造传统产业，支持培育新材料、新能源、物联网等战略性新兴产业，积极发展现代农业，加快产业结构优化升级。加大人才投入，着力引进海外高层次人才，为转型升级提供智力支撑。

（三）*着力发挥财税保障作用，推动社会和谐发展。*坚持把

保障和改善民生作为财税工作的出发点和落脚点，遵循“尽力而为、量力而行、统筹兼顾”的原则，确保民生支出与当前经济社会发展水平、财政实力相适应。不断优化财政支出结构，积极探索有效的财政保障方式，进一步建立健全财政资金在保障公共需要、提供公共产品、服务公共利益方面的长效机制，推进基本公共服务均等化。完善财政支农惠农政策，深化农村综合改革和农业综合开发，加强农村基础设施建设，推动农村社会事业发展，深入推进社会主义新农村建设。落实促进就业税收扶持政策，加大财政就业投入，重点探索建立统筹城乡就业机制和就业长效帮扶机制。加大教育投入，完善投入机制，促进教育公平。完善公共文化服务体系，扶持文化产业发展，推动文化体制机制创新。支持深化医药卫生体制改革，推动建立基本医疗卫生制度框架体系，逐步解决城乡居民基本公共卫生服务和基本医疗问题。健全社会保障制度体系，完善“五费”合征机制，扩大以基本养老和医疗为重点的各项基本社会保险制度的覆盖面，逐步实现保险制度的人员全覆盖。巩固和提高社会救助水平，推进社会福利事业发展。完善政法经费保障体制，创新社会管理，维护社会和谐稳定。

（四）着力再创体制机制优势，推动财税事业创新发展。完善省直管县财政体制，研究探索有利于区域协调发展的财税机制。完善乡镇财政管理体制，加强乡镇机构队伍建设，提高乡镇财政管理能力。推行因素分配法，规范转移支付资金分配。深化综合预算改革，建立并不断完善由政府公共预算、政府性基金预算、国有资本经营预算、社会保障预算以及政府性债务计划组成，科学完整、结构优化、有机衔接、公开透明的政府预算体系。加大国库集中支付改革力度，完善运行机制，全面建立预算执行动态监控体系。深化政府采购制度改革，充分发挥政府采购功能。推进“三位一体”组织机构改革，强化预算编制、执行、监督等职能，完善一体化运作机制，为“三个子”财政管理改革提供组织保障。

（五）着力提高财税管理绩效，推动财税事业科学发展。深入开展财税文化建设，使财税核心价值理念外化于行、内化于心，优化知识结构、提升能力水平、改善行为习惯，不断提高干部综合素质。积极推进财税法制建设，不断强化财税执法监督，加强重点资金、重点项目的监督和财税工作重要环节、关键岗位的监督。加快金财工程和办税服务平台一体化建设，提升信息数据分析和决策支持的保障水平。进一步加强地方政府性债务的监督管理，防范和化解债务风险。

三、认清形势，把握重点，扎实做好 2011 年财税工作

（一）正确认识当前财税经济形势

综合来看，2011 年我省经济社会发展和公共财政改革既面临难得的历史发展机遇，也面对诸多的风险挑战。从国际看，世界经济正温和复苏，但国际金融危机的深层次影响还未完全消除，复苏基础仍不稳固。从国内看，2011 年宏观经济政策的基本取向是“积极稳健、审慎灵活”，继续实施积极的财政政策，货币政策由两年来的“适度宽松”转向“稳健”，有利于保持经济平稳健康运行。但处理好保持经济平稳较快发展与调整经济结构、管理通胀预期的难度依然很大。从我省看，加强生态文明建设、发展海洋经济、培育战略性新兴产业、建设产业集聚区、培育中心镇等措施加快实施，经济发展内生动力不断增强。但推动经济发展方式转变、保持经济持续平稳较快增长的任务仍十分艰巨，影响经济平稳运行的矛盾和问题依然比较突出。

从财税收支看，财税运行环境仍十分复杂，财政收支矛盾未有效缓解，收支平衡面临较大压力，财政收支形势仍然趋紧。收入方面，国际汇率争端和贸易摩擦不断加剧，以及人民币不断升值，将直接影响企业的出口形势，税收增长不容乐观。国家在实施和完善消费型增值税的基础上，将可能稳步扩大增值税征收范围，并相应调减营业税征收范围，对地方财政收入增长带来影响；随着通胀预期加大、货币政策趋紧、房地产业深入调整，财政收入的不确定性进一步增加。支出方面，加快推进经济结构战略性调整的任务十分繁重，“四大建设”、发展海洋经济、建设产业集聚区、培育中心镇等战略举措正加快实施，教育、生态环保、医疗卫生、社会保障、绩效工资等改革措施不断推进，以及落实援疆、援藏等对口支援资金，财政支出增长势头较为迅猛，给各地特别是欠发达地区带来了较大的财政压力。同时，政府性债务余额仍在增长，债务风险日益加大，受国家货币政策收紧和地方政府融资平台公司清理影响，财政风险将进一步显现。

我们要密切关注财税经济形势的发展变化，牢牢把握发展的重要战略机遇期，进一步增强发展的信心和决心，同时又要始终保持清醒，未雨绸缪，进一步增强紧迫感和责任感，把困难预计得更多些，把措施制定得更完善些，把工作做得更扎实些，促进全省经济和社会各项事业继续保持良好发展势头，为实施“十二五”规划起好步、开好局。

（二）2011 年财税工作的指导思想和总体要求

根据对当前经济形势的分析和预测，按照中央和省委对经济工作的总体部署，我省 2011 年财政地税工作的指导思想是：高举中国特色社会主义伟大旗帜，全面贯彻党的十七大、十七届五中全会和省委十二届八次全会精神，深入贯彻落实科学发展观，紧紧围绕“八八战略”和“两创”总战略，按照“持续、平稳、健康，支撑、保障、引导”的十二字工作方针，以科学发展为主题，以加快转变经济发展方式为主线，积极发挥财税支撑保障引导作用，着力推进经济结构调整，促进经济平稳较快发展；优化财政支出结构，切实保障和改善民生；深化财税管理改革，完善财税运行机制，加强财税科学化精细化管理；

深化财税文化建设，提高财税干部队伍综合素质，促进财税事业持续平稳健康发展，为全面建成惠及全省人民的小康社会作出新的贡献。

按照上述指导思想，2011 年全省财政收支计划初步安排如下：全省地方财政收入 2842.00 亿元，增长 9.0%；全省财政支出预算 3379.00 亿元，比调减地方政府债券等因素后的上年执行数增长 8.0%，全省财政预算收支平衡。省级地方财政收入 255.50 亿元，增长 8.0%；省级财政支出 374.80 亿元，增长 7.0%；省级财政预算收支平衡。上述安排尚待省人代会批准。

具体工作中，要围绕“十二五”发展的主题主线，求实、保稳、创优，着力做到“基础实、基层稳、基本优”，推动全省财税事业持续平稳健康发展。

一要实基础。做好基础管理工作是实现财税管理目标，提升科学化精细化管理水平的重要支撑。要充分发挥财税的支撑保障引导作用，加快推进经济发展方式转变，积极培育财源，夯实财税收入持续增长的基础。积极开展财税调研，及时掌握财税工作中遇到的新情况新问题，强化预测分析，提高科学决策水平。加强财税法制建设，优化和规范财税业务流程，稳妥有序推进预算信息公开，切实依法理财治税。加强会计人员队伍建设，强化行业监管，提高会计信息质量。加快金财工程一体化系统推广应用，确保地税信息化“大集中”工程顺利上线推广，强化数据采集，建立完善基础信息数据库，推进部门信息共享，为财税管理打下扎实的基础。

二要稳基层。健全基层财税组织体系是推进科学化精细化管理的重要依靠力量和组织保障。要按照“省级加强指导、市级大力推动、县级抓好落实”的基本方针，改进和加强乡镇财政管理工作，完善乡镇财政管理体制，改革乡镇财政管理方式，健全乡镇财政管理机构，加强乡镇财政干部队伍建设，积极发挥乡镇财政职能作用，加强乡镇财政资金监管。结合“三位一体”财政组织机构改革，推进财政基层单位建设，强化预算编制、执行、监督职能。进一步规范市县地税局内设机构、直属机构的设置和职责划分，调整优化系统组织机构和职能配置，形成分类分级、权责一致、精简效能、分工合理、决策科学、执行顺畅、监督有力的地税管理体制。牢固树立面向基层、服务基层、关心基层、充实基层的理念，紧密结合当前基层建设工作面临的新形势、新情况、新问题，深化基层组织、制度、效能、文化等建设，进一步提高基层战斗力。

三要优基本。干部队伍建设是推进财税事业可持续发展的基本保障和重要基石。要不断创新和完善财税文化建设平台，深化财税文化建设，全面加强财税部门组织、思想、业务、作风和制度建设，加强干部队伍激励机制建设，不断提振干部队伍精神风貌，激发干部队伍活力和潜力；完善分级管理、分类实施的教育培训体制，加强财税系统人才库建设，加大干部培养锻炼力度，提升干部队伍综合素质。深入推进“创先争优”活动和机关效能建设，发挥基层党组织在科学发展中的战斗堡垒作用，增强广大党员干部的使命感和责任感，树立部门良好形象。不断创新党风廉政教育形式，推进廉政文化建设，持续深化具有财税特色的惩防体系制度建设，确保资金、干部双安全。

(三)2011 年全省财税工作的主要任务

2011 年是中国共产党建党 90 周年，是全面实施第十二个五年规划的开局之年。做好 2011 年财政地税工作，意义十分重大。全省各级财税部门要按照省委省政府确定的“稳增长、抓转型、控物价、惠民生、促和谐”经济工作思路，突出“生财、聚财、用财、理财、管财”五大职能，立足基本、基础、基层“三基”建设，努力实现自身持续平稳健康发展，充分发挥财税服务转型升级的支撑保障引导作用，推进全省经济和社会各项事业继续保持良好发展势头。

1. 生财有道，支持加快经济发展方式转变。落实积极的财政政策，优化政府投资结构，提高投资质量和效益。落实扩大国内消费需求的各项政策，增强消费对经济的拉动作用。完善有利于科学发展的财税体制机制，认真落实各项税费优惠政策，优化财税服务，大力支持大平台大产业大项目大企业建设，推进产业集聚区、海洋经济、战略性新兴产业等发展，加快经济发展方式转变，培植和丰富财源。积极发挥财税政策引导效应，促进产业集聚区发展。推动舟山海洋综合开发示范区规划建设，支持以大宗商品交易为重点的“三位一体”港航服务体系建设，深化海洋经济发展。支持中心镇改革与发展，推进城镇化进程。加强支农资金整合，改革和完善支农资金扶持方式，重点支持现代农业园区和粮食生产功能区建设，推动现代农业生产发展。贯彻落实省政府关于加强农业综合开发工作的意见精神，全面提升农业综合开发建设质量。加大战略性新兴产业发展扶持力度，积极发展现代服务业和高新技术产业，改造提升传统产业，健全产业服务体系，推进块状经济向产业集群发展。

2. 聚财有法，确保财税收入持续平稳健康增长。密切关注国家税制改革动向，及时开展经济税收分析，对税制改革发展趋势进行前瞻性研究，测算税制改革对我省经济税收可能带来的影响，增强工作的主动性。做好地税信息化“大集中”软件上线准备与试点应用工作，强化信息安全建设，进一步加强异地灾备中心建设。坚持“五位一体”的税源管理机制，进一步深化“抓大评中定小”的专业化、精细化管理模式。全面加强营业税分行业、分税目税源管理，推广应用营业税差额征税管理软件，规范营业税差额征税管理。深化企业所得税分类管理，加强高收入者个人所得税征管，强化非居民税收征管。积极推进

表彰全省财政系统先进集体和先进工作者

房地产估价技术加强存量房交易税收征管工作，完善房地产交易环节税收一体化征管制度。推进土地增值税清算的常态化管理。学习贯彻《浙江省政府非税收入管理条例》，修订完善政府非税收入收缴管理办法，健全和完善政府非税收入收缴管理制度，加强土地出让金等非税收入征管。在依法依规征收的前提下，科学把握好组织收入的力度、节奏和方向，合理把握好收入的总量和结构，不断提高收入质量。

3.用财有度，稳步推进民生改善和社会事业发展。优化财政支出结构，根据财力可能，进一步加大对农业、教育、文化、医疗卫生、就业和社会保障等公共服务领域投入，切实保障和改善民生。一是推进农村改革发展。加大强农惠农政策力度，增加对农民的补贴；结合"两区"建设，加强水资源保障、强塘等水利基础设施建设，加快小型农田水利重点县建设步伐，加强农业农村基础设施建设；大力推进村级公益事业建设一事一议财政奖补工作，完善村级组织运转保障机制，深化农村综合改革，促进城乡统筹发展。二是支持教育、文化、卫生等社会事业改革发展。全面落实教育支出法定增长要求，加大教育投入，完善义务教育经费保障机制，小学、初中日常公用经费定额分别提高到450元、650元。积极发展职业教育和农村学前教育，促进各级各类教育均衡发展。结合高校事业发展、财力状况等因素，逐步提高高校拨款水平。加快基层文化设施建设，健全覆盖城乡的公共文化服务体系，推进文化体制改革和文化产业发展。加大医疗卫生投入，建立和完善政府主导的多元卫生投入机制，促进基本医疗和公共卫生服务均等化。巩固和完善基本医疗保障制度，提高城镇居民医保和新农合筹资标准，所有市县城居医保和新农合人均筹资标准不低于285元，其中各级财政人均补助200元，政策范围内住院费用报销比例达到60%以上。完善城乡基本公共卫生财政补助政策，人均基本公共卫生服务经费标准提高到25元。做好重大公共卫生项目经费保障工作。建立基层医疗卫生机构经费多渠道筹措和保障机制，推进全省县乡医疗卫生管理体制改革，深化公立医院改革。三是完善覆盖城乡的社会保障体系建设。落实稳定和扩大就业的政策措施，支持公共就业服务体系特别是基层公共就业服务平台建设，加大就业困难群体帮扶力度。切实做好企业退休职工基本养老金调标和各类群体的待遇保障工作。完善城乡居民社会养老保险制度，进一步推进职工基本养老保险省级统筹。建立健全孤儿福利保障制度，深化实施残疾人共享小康工程。加大投入力度，支持全省公共租赁住房和欠发达地区廉租住房保障建设，提高城镇住房保障覆盖面，加大农村困难家庭危房改造力度。完善困难群众基本生活价格补贴机制，确保城乡低保对象等群众基本生活不因物价上涨受影响。加快设立道路交通事故社会救助基金管理机构，保障受害者合法权益。建立政法业务装备配备标准体系，完善政法经费使用信息化监管系统，加强政法经费保障，推进"平安浙江"建设。四是加快欠发达地区发展。在落实已有各项扶持政策的同时，省财政再筹措安排23亿元，对欠发达地区尤其是重点欠发达县和贫困集中区域给予特别扶持。积极筹措落实援疆、援藏等资金，做好对口支援各项工作。

4.理财有方，进一步完善公共财政运行机制。深化财政管理改革，加快推进"三个子"公共财政管理改革。规范政府非税收入预算管理，按规定将预算外资金全部纳入预算管理。深化综合预算改革，细化政府性基金预算，完善社会保险基金预算编制，稳步推进国有资本经营预算以及政府性债务计划的编制，健全"全口径"政府预算。完善国库集中支付运行机制，加快建立国库集中支付动态监控运作机制。加大县级国库集中支付改革推进力度，2011年底前所有县(市、区)全面开展国库集中支付。加快推进公务卡改革，全面建立公务支出监管体系。有序推进财税库银横向联网改革，2011年底前完成全省横向联网全覆盖。加快全省政府采购信息系统一体化进程，加强对政府采购代理机构的监督管理，充分发挥政府采购功能。强化基础管理，开展项目预算基础资料库建设试点。开展行政事业单位房产清查，完善资产配置预算审核程序，充分发挥资产管理信息系统作用，进一步推进资产管理、预算管理和财务管理的有机结合。加强绩效目标管理，推进事业单位供给方式改革。推进项目绩效目标管理试点，选择15个省级项目开展绩效目标管理，不断完善部门绩效自评和重点项目(政策)评价，组织省级部门100个项目的绩效自评，加快绩效管理信息化建设，初步建立预算绩效管理信息系统。

5.管财有效，切实提高科学化精细化管理水平。一是深入推进"三位一体"组织管理改革。逐步理顺预算编制、执行、监督等职能，完善一体化运作的机制，促进预算编制、执行和监督职能作用的更好发挥。2011年，省厅将加大"财政大监督"的构建和整合力度。目前，已经当地政府或者机构编制部门批复的，要将预算编制、执行、监督"三位一体"的组织框架搭建好，理顺职能，优化流程，建立运行机制；机构改革方案还未批复的，要积极向当地党委、政府汇报，加强同机构编制和人事部门的沟通，力争在2011年全面完成"三位一体"组织机构改革。二是全面推进地税系统机构改革，进一步强化纳税服务和信息化管理职能，科学合理做好市县地税局内设机构设置等工作。要发挥好当前我省财税体制机制优势，加强系统管理，努力构筑地税系统组织架构新基础。三是加强财税监管。坚持依法行政，加强财税法制建设，建立健全预算信息公开分级负责机制和协调机制，除涉密单位外，2011年将所有政府序列部门和法院、检察院等48个省级部门预算全部纳入上会范畴。强化预算约束机制，严格控制预算追加，改革省级专项资金分配方式，进一步加快预算执行进度。加大专项资金整合力度，大力压缩历年结余。从严控制行政经费和一般性支出，因公出国(境)经费、公务用车购置及运行费用、公务接待费支出继续实行零增长，努力降低行政成本。积极推进乡镇财政建设，进一步明确职责范围，健全组织机构，加强人员力量，完善管理方式，强化县乡财政就地监管职责。加大"小金库"治理力度，规范财经秩序。加强地方金融监管，规范各级政府部门举债和担保承诺行为，加强地方政府融资平台公司及其债务管理，探索建立地方政府性债务管理动态监控体系，进一步加强地方政府性债务监督管理，防范和化解财政风险。

着力"两财""三基" 促进转型升级 实现"十二五"地税事业的良好开局

——2011年1月13日在全省地税会议上的讲话(摘要)

省地方税务局副局长 单美娟

一、围绕中心、服务经济，2010年地税工作取得显著成绩

2010年，全省地税系统认真贯彻落实吕省长的"持续、平稳、健康，支撑、引导、保障"工作要求，一方面围绕服务转型升级这条主线，积极发挥地税职能，做到收入支撑稳、政策引导实、服务保障优；一方面加快系统自身建设，实现依法治税平稳推进、税源管理持续改进、信息管税持续创新、队伍建设健康发展，为我省经济社会平稳较快发展作出了积极贡献。

(一)发挥地税职能，做好"支撑、引导、保障"的文章

一是收入稳健做好支撑

认真抓好组织收入工作。深化"五位一体"横向互动机制，加强收入分析预测和税源动态控管，在复杂多变的经济税收环境下，组织收入应对能力显著提升。2010年，全省地税部门共组织各项收入达到3332.44亿元，增收达645.23亿元，增长24.0%；其中：税收收入2238.27亿元，同比增收459.68亿元，增长25.9%(其中不含契耕两税的税收收入1966.27亿元，同比增长23.1%)；社保费收入864.76亿元，同比增收138.28亿元，增长19.0%。2010年地税部门组织的地方财政收入达1894.30亿元，占全省地方财政收入的72.6%，比重较2005年提高12.8个百分点。

全面开展经济税源调研。以经济的观点审视税收，以税收的视角解读经济，形成《2010年浙江经济地税形势展望及建议》、《浙江、江苏、山东地税税收收入比较分析》、《我省小额贷

款公司发展现状及税收状况调研》、《"十二五"时期税制改革趋势对我省经济税收的影响及应对思考》等一系列调研报告，受到了省领导的批示肯定；各地也积极开展经济税源调研，形成了一批有分析、有观点的调研建议，对于从经济社会发展的全局高度，增强做好地税工作的前瞻性和主动性，把握好组织收入的力度、节奏和方向，发挥了参谋和引导作用。

二是政策扶持强化引导

积极整合服务加快经济发展方式转变的政策措施。出台了《浙江省地方税务局关于促进我省加快经济发展方式转变的实施意见》和《浙江省地方税务局关于贯彻落实浙江省产业集聚区发展总体规划(2011～2020年)的实施意见》，支持"四大平台"、生态文明和产业集聚区建设；修订《减免税费基金政策汇编(2010年版)》，梳理列举了审批类79个项目和备案类87个项目的优惠政策；做好娱乐业营业税税率调整实施工作，推动我省第三产业发展。

认真落实扶持企业发展的各类税费优惠政策。2010年全省(不含宁波)企业研发费税前加计扣除26.87亿元，比上年增加5.59亿元，同比增长26.3%；高新技术企业享受所得税优惠15.21亿元，比上年增加4.83亿元，同比增长46.5%。落实营业税优惠53.96亿元，比上年增加25.4亿元，同比增长88.9%；减免困难企业房产税、城镇土地使用税、水利建设专项资金等税费19.55亿元；继续开展部分企业临时性下浮社会保险费缴纳比例集中减征工作，全省共减征社会保险费21.49亿元，惠及企业36.68万户；进一步落实调整用人单位基本养老保险费缴费比例政策，全省各统筹区缴费比例趋向12%～14%区间，减轻企业负担12.43亿元。

深化推进企业分离发展服务业的政策措施。制定下发了《浙江省地方税务局关于2010年全省地税系统深化推进企业分离发展服务业工作的实施意见》，今年全省新增606户企业分离发展服务业，超额完成了新增385户的目标任务，其中分离成立独立核算的法人企业586户(含15户销售收入在全省前100名的工业企业和10户工业行业龙头骨干企业实施了分离发展服务业)，非独立核算企业20户，分离出的服务业企业实现营业收入80.27亿元，地方税费收入6.44亿元。2010年以前分离的服务业企业2010年实现营业收入468.82亿元，地方税费18.15亿元。

三是服务升级优化保障

成功推出"同心汇聚"服务品牌。举办"'同心汇聚'地税服务品牌发布会暨税企共商转型升级"座谈会和"'同心汇聚'优化服务、税企共建生态文明"论坛，营造地税与纳税人同心汇聚、共促发展的良好氛围，《浙江日报》、《浙江卫视新闻》、《浙江在线》等媒体作了专题报道。不断夯实纳税服务基础，着力提高纳税人满意度，在国家税务总局组织的对全国各省会城市和计划单列市纳税人满意度调查中，杭州市地税局再次荣居全国地税系统前三甲，显示了我省地税系统纳税服务的良好水准。

着力增强政策宣传时效性、互动性。认真做好"五五"普法总结验收工作。组织开展新办企业办税辅导日、值班分局长接待日、重点税源企业座谈会、最新税收优惠政策宣讲日等"四个日"税收活动，全省举办新办企业辅导1227期，6922人次值班分局长参加接待日，8755户重点税源企业参加座谈会，税收优惠政策宣讲日发放资料逾10万份。

广泛开展纳税人之家和纳税服务志愿者活动。全省共成立纳税服务志愿者队伍305支，开展主题志愿纳税服务活动919场，解决涉税问题5024个；组建纳税人之家159户，吸收会员42453个，解决涉税问题4125个。加强与人大代表、政协委员的沟通联系，在税收宣传月活动中，省局领导带队走访面商主办建议提案，同时组织各级地税机关领导联动走访，听取意见建议。

强化纳税咨询专业化服务。2010年全省12366共接受纳税人电话咨询184.5万人次，发送短信458.3万条。开发完成发票查询功能，实现个人所得税纳税信息网上查询打印。启动建设集财政、国税、地税于一身，融政策咨询、办事指南、投诉举报为一体的浙江财税12366语音特服系统。

深入推进办税服务厅标准化建设。全省所有办税服务厅视觉识别系统应用实施工作已基本完成，办税服务厅功能区域划分更加规范合理，办税环境更加美观人性化。

(二)加强自身建设，做好"持续、平稳、健康"的文章

一是依法治税平稳推进

认真开展依法行政考核。贯彻落实全国税务系统依法行政工作会议精神，扎实开展依法行政工作考核。省局连续四年被省政府评为依法行政先进单位，不少市、县局依法行政工作受到当地政府的肯定。

加强规范性文件管理。进一步明确规范性文件管理要求，规范税收规范性文件制定程序。根据国家税务总局和省政府要求，开展规范性文件清理工作，确保执法依据合法有效。

规范税务行政处罚裁量权。制定《浙江省地税系统规范行政处罚裁量权实施办法》，通过压缩裁量空间、完善程序性规定、加强监督制约、实行处罚规定结果公开，进一步规范税务行政处罚裁量权的行使。

认真扎实细致开展执法督察。采取自查与重点督察相结合的方式，重点检查了减免税费政策执行情况等九方面执法行为。开展重大税务案件案卷评查，促进税收执法水平不断提高。

加强行政争议防范机制建设。依法办理行政复议，并通过案件研讨、个案点评、法制培训等途径提高各级地税机关和广大税务干部处理和化解行政争议的能力。

积极发挥稽查职能。部署开展行业税收专项检查和重点税源企业“分级分类”检查，深入推进打击发票违法犯罪专项行动，认真做好大要案查处工作，整顿规范税收秩序取得显著成效。稳步推广管查互动工作机制、税务检查查账软件，稽查工作效能不断提升。

二是税源管理持续改进

加强信息采集。在省级层面实现与质监、工商、国税、公安、交通等部门的共享协作，建立江浙沪甬税务信息交换联动机制，部门信息共享取得重大进展。

深化“抓大、评中、定小”税源管理思路。借鉴“二八”定律，扎实做好重点税源管理。开展交通运输业、邮政业专项纳税评估，建立以营业税为主体税种的十个行业纳税评估指标体系，完善个体工商户参数定税。

强化各税种管理。深化不动产、建筑业营业税项目管理，加强货物运输和个人住房转让营业税管理，开展“甲供材料”建筑业营业税管理试点、试运行营业税差额征税管理软件；持续推进企业所得税专业化管理；做好限售股转让、股权转让所得及高收入者的个人所得税征管工作；加强非居民企业税收征管；开展房产税税源清查和城镇土地使用税税源清查后续管理，组织土地面积实测试点；应用房地产评估技术，加强存量房交易税收征管；推进保险机构代收代缴机动车车船税工作；有序推进土地增值税清算管理；贯彻落实外资企业、外国企业及外籍个人开征城建税和教育费附加政策；实现契税和耕地占用税征管职能划转平稳过渡，研发推广契耕两税征管软件，建立房地产交易环节税收一体化征收模式。

推进发票管理改革。大力简并票种，“统一发票”种类精简一半。推广应用网络发票，创新实践“以票控税”。使用网络发票的户数已突破10万户，大大减少了手工发票、定额发票、具名发票的使用，压缩了发票制假、售假、用假等不法行为的空间。

三是信息管税持续创新

大力推进信息化“大集中”工程建设。改变业务需求编写方式，创造性地采用了“先分散后集中”的方法，顺利完成95万字的《<税友龙版>业务需求》，在312个业务点上取得创新和突破；编写《〈税友龙版〉质量业务需求规格说明书》，将文字形式的业务需求进行图形化的界面展示，形成了1410张需求规格说明页面；编制《〈税友龙版〉质量控制纲要》，为开发、测试和推广应用提供质量控制标准。改进开发方式，在坚持“以我为主”的前提下，通过政府采购引进了开发协作公司共同开发，整个开发团队包括了省局、各市县局以及专业公司的技术骨干，确保了参加“大集中”开发人员具备相应的专业技术能力与水平。科学制定了《税友龙版》技术实施方案，设计开发了数据管理平台、运维监控平台以及项目管理软件。目前，开发工作正在紧张有序地进行。“大集中”工程将彻底改变现有信息管理方式，实现全省地税征管数据在省局的集中存储、集中处理和集中管理。

保障《税友2006》稳定运行。组织做好相关软件开发、完善工作，完成限售股转让所得个税扣缴退税功能开发等17项软件功能开发与完善。认真做好《税友2006》的日常应用维护工作，及时解决、回复各地提交的问题及建议，保证系统运行顺畅。

强化信息安全工作。在省局和湖州市局的共同努力下，数据异址备份中心建设项目一期建设已经完成，实现了全省《税友2006》集中数据从省局生产中心到湖州异址备份中心的远程实时备份。制定《浙江地税网络与信息安全综合应急预案》、《浙江地税网络与信息安全应急预案操作办法》及因特网办税服务系统等5个重要信息系统应急预案，并首次在全省地税系统开展了信息安全应急演练。组织全省地税系统网络与信息安全检查，促进各地信息安全工作。

四是队伍建设健康发展

稳步推进地税机构改革。下发《关于市县地税部门“三定”工作有关问题的意见》，强化了地税系统管理。加快推进全省地税系统基层单位非领导职务配备工作，省局领导亲自带队调研、积极争取，各地认真落实、加强沟通，地税基层单位主任科员配备取得较大突破。

深入推进财税文化建设。成功举办了系统运动会，召开财税文化建设经验交流会、财税文化成果展。立足地税工作实际开展“之江先锋”创先争优活动，专题编发活动信息简报16期，系统上下“创先进、争优秀”氛围浓厚。

继续抓好培训工作。举办全省地税系统岗位业务技能比武活动，开展分层分类培训，组织“浙江地税发展论坛”，全年共举办各类培训班1193期，共有36378人次参加培训。

深化党风廉政建设和效能作风建设。钱巨炎局长同各市局及省局各职能处室负责人签订廉政效能责任书，做到责任分解，层层抓落实。制定实施《浙江省地税系统效能作风建设特邀(约)监察员管理办法》，强化社会监督。认真做好违纪违法案件防范和查处工作，2010年，受党纪政纪以上处分人数8人，其中刑事处分1人。

2010年是“十一五”的收官之年。五年来，全省地税系统在省委、省政府、国家税务总局和厅党组的正确领导下，深入学习实践科学发展观，按照“依法治税、为民理财、务实创新、廉洁高效”工作理念，紧紧抓住为国聚财、为民收税这一要务，充分发挥税收筹集财政资金、调控经济的作用，积极服务于浙江经济社会又好又快发展。期间，我们有效应对国际金融危机的巨大冲击，保增长、促转型、重民生，“十一五”期间我省地税部门累计组织各项收入11697亿元，比“十五”增加约1.7倍，其中：税收收入7348亿元（不包括契税和耕地占用税），比“十五”增加约1.5倍；社保费收入3221亿元，是“十五”的3倍多。我们主动服务经济转型升级，不折不扣落实结构性减税政策，为长远可持续发展奠定了重要基础。经过五年的艰苦奋斗，浙江地税事业快速发展，收入规模不断扩大、收入结构持续优化，文明法治不断推进、征纳关系日趋和谐，管理水平不断提升、体制机制更加健全，财税文化不断成熟、社会形象更加良好。成绩来之不易，在此，我代表省局领导班子向关心支持地税工作的各级领导、各有关部门、广大纳税人表示最衷心的感谢！向全体地税干部职工表示最诚挚的问候！

在看到成绩的同时，也必须清醒地认识到我们在一些方面与科学发展观和新形势的要求还存在一定差距：个别市县贯彻落实省局决策部署的执行力还不够强，全省“一盘棋”的大局意识有待进一步提升；有些管理方式还不适应纳税人数量不断增加、经营模式更加多样化的需求，征纳双方信息不对称有待进一步解决；地税干部依法行政能力还不能满足公民法治意识、维权观念不断增强的需要，规范执法有待进一步深化；地税部门在经济社会中的作用有待进一步发挥，干部队伍素质尚需提高。对于这些问题，我们必须高度重视，采取更加有力的措施，切实有效地加以解决。

二、审时度势、强化职能，提升地税部门服务经济转型升级的能力

（一）准确把握“十二五”时期税收发展要点

《中共中央关于制定国民经济和社会发展第十二个五年规划的建议》从保障实现科学发展、服务经济发展方式加快转变的高度，对税收工作提出了新的更高要求，同时明确提出要“加快财税体制改革”，包括扩大增值税征收范围，逐步建立健全综合和分类相结合的个人所得税制度，全面改革资源税、开征环境保护税，研究推进房地产税改革，逐步健全地方税体系、赋予省级政府适当税政管理权限等改革内容。

全国税务工作会议指出，“十二五”时期税收工作的基本原则是：坚持把科学发展观作为税收工作的指导方针，坚持把促进经济发展方式转变作为税收工作的着力点，坚持把依法行政作为税收工作的基本准则，坚持把改革创新作为税收工作的强大动力，坚持把造就高素质专业化干部队伍作为税收工作的重要保证。要实现的主要目标是：税收收入随经济发展实现持续稳定增长，税收法治环境继续得到改善，税收调控作用有效发挥，纳税服务水平显著提高，税收征管质量和效率不断提升，干部队伍素质明显增强，党风廉政建设扎实推进。会议还明确将“进一步深化税制改革”作为“十二五”期间税收工作的一项重点任务，并提出2011年要通过积极推进税制改革推动经济结构战略性调整，包括分步实施个人所得税改革，研究推进在一些生产性服务业领域扩大增值税征收范围改革试点，进一步推进资源税改革。同时，严格落实差别化住房税收政策，引导住房合理消费。

（二）全面认清2011年经济税收形势

综观国际，2011年世界经济将继续缓慢复苏，但复苏的动力不强；汇率争端风险加剧，贸易保护主义明显抬头，外需不确定性因素较多。从国内看，我国仍处于重要战略机遇期，经济发展长期向好的趋势不变，各种有利条件继续存在，但面临的困难和问题也不少。2011年我国宏观经济政策基本取向定调为“积极稳健、审慎灵活”，实施积极的财政政策和稳健的货币政策，货币政策由“适度宽松”调整为“稳健”，防范通货膨胀任务艰巨，人民币升值压力加大，这都将对经济运行带来新影响。从我省看，新一年经济工作将围绕“稳增长、抓转型、控物价、惠民生、促和谐”的思路，突出发展海洋经济、推进“四大建设”、抓好节能减排、统筹城乡区域发展、创新社会管理、加强自主创新、深化改革开放。

我们要时刻关注、全面认清经济税收形势的发展变化，重点做好四方面工作：一是要依法加强税收征管，保持收入稳定增长，为经济社会发展提供财力保证。二是要继续落实好结构性减税政策，增强经济发展内生动力，充分发挥税收在转型升级中的引导作用，促进经济社会又好又快发展。三是要认真做好税制改革的准备工作，如围绕营业税征税范围调整试点进一步抓好营业税税源管理，以及推进应用房地产评估技术加强存量房交易税收征管。四是要进一步推进分离发展服务业，促进经济结构调整优化。

2011年，我省生产总值增长预期目标是9%左右，地方财政收入增长9%左右。综合考虑经济税收发展形势和目标导向，2011年全省不含契耕两税的税收收入预期目标是2163亿元，比上年增长10%。不含宁波，全省税收收入预期目标是1933亿元，比上年增长9%。在保持收入稳定增长的同时，要注重进一步优化地税收入结构，继续抓好社保费等非税收入征管工作。

（三）围绕一条主线，抓好“两财”，建设“三基”，优化“四种结构”

围绕加快经济发展方式转变这条主线，实现地税收入与经济发展的良性互动。中央的“十二五”规划建议定调，要实现“经济结构战略性调整取得重大进展”、“转变经济发展方式取得实质性进展”，我省的“十二五”规划中也提出，要“坚持把推进产业升级作为加快转变经济发展方式的重大任务”。地税部门服务加快经济发展方式转变这条主线，必须着眼于支持传统优势产业改造提升和战略性新兴产业发展两个关键，一方面通过用好“约束性”的税收政策和加大征管力度，限制高污染、高耗能产业发展；另一方面通过研究、争取及落实“激励性”的税收政策优惠，支持传统优势产业改造提升，促进生物、

新能源、新材料、物联网、海洋新兴产业等九大领域加快发展。要将支持现代服务业发展作为地税促进经济发展方式加快转变的一个重要着力点，健全政策落实、服务优化的长效机制，促进现代物流、信息服务等生产性服务业加快发展，推动我省服务业集聚示范区建设和服务业重点企业发展。要抓好《浙江省地方税务局关于贯彻落实浙江省产业集聚区发展总体规划（2011～2020年）的实施意见》等的落实，支持省级产业集聚区建设，为产业集聚区企业发展营造良好的税收环境。

抓好“两财”，实现生财有道、聚财有法。一是生财要培育税源。要做大蛋糕，关键是“生好三财”：生好转型升级之财，发挥好税费杠杆效应，落实好结构性减税政策，大力支持大平台大产业大项目大企业建设，促进先进制造业与现代服务业的有机融合和互动发展。生好生态文明之财，落实好支持生态农业、生态工业和现代服务业发展的各项税费优惠政策，促进形成高附加值、低资源消耗、减环境污染的生态产业格局。生好比较优势之财，发挥我省经济的比较优势，落实好支持中小企业发展的税费优惠政策，促进“小而精”，落实好支持产业集聚区建设的税费优惠政策，促进块状经济向现代产业集群转变，实现“大而强”。二是聚财要讲究方法。聚财首先要依法。既不能因支持经济发展而随意突破税法红线，更不能竭泽而渔、寅吃卯粮。其次聚财还要有办法。关键是“四个围绕”：围绕产业导向聚财，顺应国家鼓励发展的产业重点和导向，汇集新的税收增长点。围绕政策导向聚财，加强对高耗能、高污染、高排放、低效益行业的税收征管。围绕财力导向聚财，更加关注地方可用财力，进一步优化税收收入结构。围绕公平税负聚财。加强征管，堵塞漏洞，公平税负。

建设“三基”，实现基础“实”、基层“稳”、基本“优”。一是基础“实”。对外推进部门信息共享，深化涉税信息比对；对内夯实基础数据导入录入工作，加强数据清理，保障数据信息真实、及时、准确，做到数据实。通过科学化、精细化管理，进行数据深加工，实现税收信息数据的增值利用，使“看不见的税源”变成“看得见的税源”，做到税源实。通过推进个性化服务、突出针对性，满足纳税人需求，做到服务实。二是基层“稳”。深入实践服务基层理念，切实增强各级地税机关思路举措的可行性。落实省以下地税机构设置、人员编制的指导性意见，提升基层对于省局决策部署的执行力，强化基层地税部门的规范性。尊重首创精神和首创实践，问需于纳税人、问计于基层，宣传基层工作中的创新经验，充分调动基层地税部门的创造性。落实新录用公务员必须在分局工作三年以上等规定，切实保障基层一线干部队伍的稳定性。三是基本“优”。依托文化建设，创新学习、教育平台，完善干部知识结构，使干部具备“想干事”的使命感、“能干事”的真本领和“干成事”的责任心，实现素质优。深化效能作风建设，不断完善系统内外监督机制，使干部勤于政务、精于业务、善于服务，实现作风优。加强警示教育，构筑廉政文化，使干部对手中权力常怀敬畏之心、常备谨慎态度，实现廉政优。

优化“四种结构”，实现税收收入结构、税收产业结构、税收管理结构、干部知识结构全面提升。一是优化税收收入结构。着眼于地方可用财力增加，坚持依法治税、规范管理，注重地方税占全部税收的比重，增强地方税收对经济社会发展的支撑保障作用。二是优化税收产业结构。着眼于转型升级，支持现代服务业发展，进一步提升服务业税收占全部税收的比重，加快经济发展方式转变。三是优化税收管理结构。着眼于税源管理高效，合理配置人力资源，强化分类分级管理，提升风险管理和过程控制能力，推进专业化管理。四是优化干部知识结构。着眼于干部素质提升，继续加强教育培训，提升干部业务技能，实现干部知识结构多元化。进一步提高大学本科以上人才和注册税务师、注册会计师、经济师、律师资格专业人才占全体干部的比重，建设一支高素质队伍。

三、顺势而为、奋发进取，圆满完成2011年各项工作任务

中央、省委、国家税务总局的规划和部署，为进一步做好地税工作指明了方向。2011年全省地税工作的指导思想是：以邓小平理论和“三个代表”重要思想为指导，深入贯彻落实科学发展观，紧紧围绕“八八战略”和“创业富民、创新强省”总战略，按照“依法治税、为民理财、务实创新、廉洁高效”的工作理念，坚持立足基础、基层、基本建设，发挥生财、聚财职能，念好“实、稳、优”三字诀，组织收入稳增长、依法治税促公平、征收管理信息化、纳税服务重需求、队伍建设强学习，实现收入增长和经济发展共赢、服务提质和管理增效并驱、依法行政和廉洁从税齐抓，更好地实现地税部门自身持续、平稳、健康发展，支撑、引导、保障浙江经济社会发展。

2011年要集中精力做好以下五个方面工作：

（一）以收入平稳增长为目标，进一步抓好组织收入工作

深化税收预测分析和调研。加强税收收入预测，完善税收经济预警机制，不断提高税收收入预测准确率。准确研判经济税收发展趋势，增强组织收入的前瞻性、主动性。加强经济税收调研，密切跟踪宏观经济和企业经营形势变化，全面了解经济税源状况及其发展趋势；加强政策效应分析和评估，充分做好税制改革的各项预案，密切关注、认真测算房地产宏观调控等政策变化给税收总量和结构带来的影响。在依法治税、规范管理的前提下不断增强调控能力，牢牢掌握组织收入工作主动权，努力构建地税收入可持续稳定增长和收入结构不断优化的长效机制。

强化各类税费管理。将加强营业税税源管理列入2011年全省地税重点工作，制订实施《浙江省地方税务局关于进一步

加强营业税税源管理的实施意见》，全面加强营业税分行业、分税目税源管理；推广应用营业税差额征税软件，规范营业税差额征税管理。深化企业所得税分类管理，持续推进全员全额明细扣缴申报，加强个人所得税工资薪金总额与企业所得税工资费用支出比对工作，进一步加强股权转让所得以及高收入者的个人所得税征收管理。强化非居民税收征管，做好专项情报核查，构建"走出去"企业的服务和管理机制。花大力气推进房地产评估技术应用，加强存量房交易税收征管，夯实房产税、城镇土地使用税税源基础。推进土地增值税清算常态化管理。做好外资企业、外国企业及外籍个人城建税、教育费附加的征管工作。加强契耕两税征管制度建设，制定全省统一的征管流程及表证单书，完善房地产交易环节税收一体化管理。结合地税实际认真贯彻《社会保险法》，完善社会保险费征管制度，推进用人单位基本养老保险缴费比例统一，逐步实行企业缴费职工个人明细申报。

深入推进分离发展服务业。建立推进企业分离发展服务业长效机制。一是建立持续推进机制。全省地税系统要将推进企业分离发展服务业内化为工作理念，外化为实际行动，作为一项经常性工作，在重点地区、重点领域、重点企业进一步推进我省企业分离发展服务业。二是建立部门协作机制。在政府的统一领导下，建立健全部门联动机制，注重突出主管部门牵头作用和发挥地税部门职能作用的有机结合，形成持续推进企业分离发展服务业的工作合力。三是建立促进发展机制。要按照"扶持重点、培育典型、巩固成果、整合发展"的要求，对分离出的服务业企业进行"回头看"，做好跟踪服务，使企业可持续、出效益；对投资规模大、有发展潜力的企业，加大政策扶持力度，促进企业做大做强；对经营业务相似的企业，通过联合、并购、重组，实现规模经营、整合发展。

(二)以法治型税务机关建设为重点，进一步推进依法治税

深化依法治税。按照国务院、省政府、国家税务总局推进依法行政、建设法治政府的部署，进一步做好依法行政、依法治税工作。加强行政决策程序建设，建立健全重大行政决策公众参与、专家论证、风险评估、合法性审查和集体讨论决定等机制。完善依法行政考核制度，创新考核方法、拓展考核深度。加强规范性文件的备案管理和审查，开展规范性文件集中清理，不断提高税收规范性文件的质量。改进税收执法方式，注重运用间接管理、动态管理和事后监督管理，关口前移引导征纳双方防范法律风险。加强执法监督检查，进一步规范税收行政处罚裁量权，促进税收执法行为更加规范。完善重大税务案件集体审理制度，健全重大税务案件报备制度。认真开展重大税务案件案卷和行政许可案卷评查工作。依法办理行政复议案件，发挥好行政复议化解税务行政争议的主渠道作用。

认真落实税费优惠政策。全面实施《浙江省地方税务局税费基金优惠管理办法(2010年版)》和《浙江省营业税差额征税管理办法(试行)》，落实好促进就业，支持中小企业、高新技术企业、现代服务业发展，推动生态文明建设和经济转型升级等方面的税收政策。重点落实好高新技术企业所得税优惠及企业研究开发费用加计扣除、创业投资企业抵扣应纳税所得额、技术转让所得、资源综合利用减计收入、购置专用设备抵扣企业所得税等优惠政策。继续落实好对符合条件的困难企业减免房产税、土地使用税的税费优惠政策。

进一步规范税收秩序。发挥稽查职能。科学组织税收专项检查，及时总结、归纳行业性问题。认真组织重点税源企业税收检查，稳步推进市级重点税源企业检查。深入开展打击发票违法犯罪活动，在配合公安部门严厉打击"卖方市场"的同时，重点整治虚假发票"买方市场"。全面推行"管查互动"机制，以查促征、以查促管。深入应用并完善稽查查账软件，提高稽查工作信息化、专业化水平。全面推进对注册税务师行业的监管工作，在依法支持发展的同时，更要重视规范和引导，发挥注税行业在税企关系中健康沟通磋商的桥梁作用。

推进信息公开和政策宣传。加强浙江地税因特网门户网站建设和维护，发挥地税网站作为信息公开主阵地的职能。依托《浙江税务》杂志、网站、报刊、电视涉税栏目等平台，认真组织开展第20个税收宣传月活动和经常性的税法宣传。研究制定我省地税系统"六五"普法工作规划，启动"六五"普法工作。加强对党委政府及有关部门关于税收收入形势和地税服务转型升级各项工作的宣传，使全社会关心理解地税工作，促进社会协税护税机制加快形成。

(三)以信息化"大集中"工程为抓手，进一步深化征管改革

积极推进"大集中"工程建设。按照工程建设实施方案，认真做好《税友龙版》主体软件的集中开发、集成测试、实地测试、集中修改完善等工作，组织建筑业不动产项目管理、联合办证等外围软件的修改，继续做好数字证书网上申报的推广应用。开展《税友2006》数据清理与迁移工作，组织《税友龙版》软件试点，并在试点基础上做好《税友龙版》在全省的推广应用、运行维护工作。在做好《税友龙版》开发应用工作同时，继续做好《税友2006》的应用维护，确保各项征管业务正常、有序开展。加强信息安全分析研判，开展信息安全专项检查，完善安全防护技术措施，不断提升信息安全防范能力。依托数据管理平台与运维监控平台，加强运维队伍建设，初步构建省、市、县(市、区)三级协同、分工科学、流程规范、反应及时的运维体系。

深化"五位一体"税(费)源管理机制。抓好信息采集和共

享，建立健全部门间信息传递和共享机制，为各级地税部门更便捷地获取第三方信息提供支撑，各级地税部门要积极与地方政府联系，努力构建政府牵头的公共信息共享机制，主动、有效地获取第三方信息。强化信息分析和利用，出台《浙江省地税系统税源监控分析管理办法》，通过加强涉税信息比对和数据深加工，挖掘深层次的信息内涵，实现数据信息的增值利用，有效堵漏增收，夯实征管基础。深化纳税评估，按照行业纳税评估指标体系，组织专项评估与日常评估相结合的纳税评估模式。完善管查互动机制，促进稽查与纳税评估的紧密衔接和有效配合。

全面实施税源专业化管理。总结"抓大、评中、定小"管理经验，全面推进税源专业化管理。完善大企业税收管理与服务机制，健全风险评价、监控和应对体系，提升风险防控能力。推进中小企业行业管理，强化税源监控和评估。抓好个体工商户管理，完善定额管理办法。加强发票管理，贯彻落实国务院新修订的《发票管理办法》，扩大网络发票应用范围，通过"信息管票"促进"以票控税"。

创新应用工作流管理模式。依托"大集中"建设和《税友龙版》平台，确定全省统一的工作流和工作环节，并规定每一个工作流所必经的节点，每一节点规定该环节所涉及的岗位（人员）、时限以及相关表证单书。设置定时任务和工作流，在工作平台上显示预警和任务，实现自动推送。将工作流管理和绩效考核相结合，按照既定的执法责任制考核方案输入考核要素，定时加工产生考核执行结果并输出，查询各部门、各岗位（个人）的工作量、工作完成情况等，获取相应权限的考核结果，从而有针对性地进行改进，促进自我管理，不断规范工作程序，提高工作效率，增强干部的工作责任心。

（四）以纳税人需求为导向，进一步优化纳税服务

扎实推进综合服务平台建设。以"同心汇聚"地税服务品牌为纽带，以标准化办税服务厅、浙江财税 12366 语音特服系统、浙江地税网站为主要载体，建设符合我省实际的规范统一、高效运转的纳税服务平台。编制《浙江地税办税服务厅服务规范手册》，组织开展办税服务厅视觉识别系统建设情况的专项检查。抓紧做好全省财税 12366 省级集中工作，确保在 2011 年上半年系统开发完成，下半年在全省各地同步开展试运行。积极拓展网税系统涉税事项网上申请、网上受理、网上审批、网上提醒和网上反馈功能。

推广完善个性化纳税服务。依托纳税服务志愿者、纳税人之家等服务载体，倡导因地制宜开展特色服务，为需要援助的纳税人提供个性化服务。坚持开展"四个日"税收活动，巩固税收政策宣传的长效机制。切实有效开展"提速增效"服务，优化整合办税服务厅窗口，进一步推行纳税人涉税资料免填单服务，减轻纳税人办税负担。

健全税收征纳评价监督机制。开展企业纳税信用等级评定，研究纳税信用等级应用实施的政策措施，引导社会形成诚信纳税的良好氛围。组织开展全省各级纳税服务之星考评，探索建立纳税服务之星激励机制，不断提高办税服务质量和水平。省局继续委托第三方机构开展纳税人满意度调查，有针对性地改进纳税服务工作。

（五）以学习力提升为关键，进一步强化干部队伍建设

推进地税机构改革。按照《关于市县地税部门"三定"工作有关问题的意见》要求，进一步规范市县地税局内设机构、直属机构的设置和职责划分，稳步推进全省地税系统机构的调整优化。进一步强化纳税服务和信息化管理职能。推进非领导职务配备工作，各地要继续加强与当地组织、人事等部门沟通协调，通过上下联动、借鉴经验、以点带面的方法，使非领导职务配备再有新突破。

继续加强教育培训。研究制定浙江地税系统教育培训"十二五"规划，采用分层分类培训模式，做好领导班子、业务骨干和基层一线税务干部的培训工作，不断深化能力建设。建立健全管用有效的学习制度，积极培育主动学习、创新学习的浓厚氛围，引导干部不断优化知识结构。要学以致用，增强大局意识和全局观念，进一步提升对于省局决策部署的执行力。

完善干部激励机制。拓宽干部晋升渠道。按照《党政干部任用条例》规定规范干部选拔，结合地税管理体制和组织模式实际建立健全考核评价机制，推进系统后备干部的动态管理，奠定地税事业发展的人才基础。实施荣誉激励。通过表扬、嘉奖、记功、授予荣誉称号等方法，进一步加大评先奖优的范围和奖励力度，特别是要向基层干部倾斜。深化财税文化建设，实施《关于深化全省财政地税系统财税文化建设的意见》，创建学习、服务、管理、发展、廉政、形象"六大财税文化品牌"，以文化促工作、以文化兴财税。

深化党风廉政建设。贯彻中共中央、国务院《关于实行党风廉政建设责任制的规定》，依照《党员干部廉洁从政若干准则》，深入推进系统党风廉政建设。落实一岗双责，强化责任追究，不断完善内控机制，切实增强党员干部廉洁自律意识，提高防范风险的能力。

大力开展"创先争优"。按照地方党委统一部署，结合地税实际，组织开展好"创先争优"活动。坚持典型引路，推广"创先争优"示范点建设经验，形成以点带面、全面创建的工作氛围，使各地学有榜样、干有目标。立足岗位进一步深化"创先争优"活动，充分发挥基层党组织的战斗堡垒作用以及党员干部的先锋模范作用，健全保持共产党员先进性的长效机制。围绕建党 90 周年组织开展主题教育活动，使系统上下形成"爱党、爱国、爱地税"的浓厚氛围。

全省财政工作

zhejiangcaizhengnianjian

全省财税工作概况

全省财政

【概况】 2010年，浙江省生产总值为27722.31亿元，比上年增长11.8%。其中：第一产业增加值1360.56亿元，第二产业增加值14297.93亿元，第三产业增加值12063.82亿元，分别增长3.2%、12.3%和12.1%。人均生产总值为51711元，增长10.1%。三次产业增加值结构由上年的5.1:51.8:43.1调整为4.9:51.6:43.5。全社会固定资产投资12376.04亿元，增长15.2%。全年社会消费品零售总额10163.20亿元，增长17.9%，扣除价格因素，实际增长14.5%。全年进出口总额2535.33亿美元，增长35%，其中出口1804.65亿美元，增长35.7%。全省城镇居民人均可支配收入27359元，农村居民人均纯收入11303元，扣除价格因素，实际增长7%和8.6%。2010年，浙江省财政总收入4895.41亿元，增长18.8%；地方财政收入2608.47亿元，增长21.7%，按可比口径计算增长16.3%；财政支出3207.88亿元，增长20.9%，按可比口径计算增长16.1%。省级地方财政收入236.61亿元，增长6.7%；省级财政支出350.22亿元，增长7.5%。财政总收入占全省GDP的比重为18.0%。全年全省及省级财政收支平衡。

【优化收支结构】 落实促进县域经济发展的财政激励奖补机制，提高全省各地加快经济发展方式转变、做好做大财政“蛋糕”的积极性，市县级财力增长、区域间发展更为协调。2010年，全省所有县(市)地方财政收入均上2亿元，地方财政收入上10亿元的县(市)为34个。

加强收入进度、结构分析和预测，依法加强税收和非税收入征管，提高分析深度精度，促进财政收入结构优化、质量提高。当年全省地方财政收入占财政总收入的比重为53.3%，比上年提高1.3个百分点；地方财政收入中税收收入占比为94.5%，提高1.9个百分点；第三产业对税收增长的贡献率为74.9%，营业税成为地方财政收入的第一大税种。

加强政府性基金、行政事业性收费等各类政府非税收入管理，全年组织征收政府非税收入5055.72亿元(含国有企业计划亏损补贴73.45亿元)，按可比口径较上年增长78.9%。

财政支出坚持统筹兼顾、有保有压，优化支出结构。当年新增财政支出重点用于加强和改善关系群众切身利益的就业、就医、就学、社保、住房、公共安全等方面，强化政府公共服务职能，发挥公共财政对保障民生、提供公共服务、促进社会和谐的作用。全省财政民生支出占当年财政支出的三分之二以上，当年财政支出增量中用于民生的比重为75%。

控制行政成本，保障重点支出。全省各级党政机关公用经费压缩5%，出国(境)经费、公务用车购置及运行费、公务接待费支出零增长。关注财政支出执行情况，建立健全限时下达预算制度，严格预算追加，改革转移支付管理方式，掌握财政支出执行的均衡性。

【推动经济平稳健康发展】 支持重点建设。推进“四大建设”(即浙江省打造大平台、大项目、大产业、大企业的四大建设)、产业集聚区、海洋经济、中心镇、战略性新兴产业等重点建设，建立支持产业集聚区建设的引导机制，加快推进产业集聚平台建设。安排海洋经济发展专项资金10亿元，支持海洋经济深化发展；安排小城市培育试点专项资金10亿元，支持发展小城市功能中心镇；安排欠发达地区财政运行和发展资金10亿元，支持欠发达地区发展。争取中央新能源专项资金3.30亿元，推进新能源、节能等新型产业发展。

优化投资结构。争取中央发行2010年地方政府债券67亿元，筹措落实本省铁路现代化建设项目“七线两枢纽”*省级资本金41.53亿元，保障中央投资公益类项目地方配套和杭黄铁路建设。落实省级财政性资金114.39亿元，支持全省政府主导性重大建设项目计划和“三个千亿工程”(即千亿基础工程、千亿惠民安康工程、千亿产业提升工程)重大项目建设行动计划的实施。筹措落实省级外贸出口发展基金3.50亿元，促进外贸出口稳定增长。

优化需求结构。下达中央扩大内需新增投资资金38.60亿元，各市县落实地方配套资金，增加对农民的补贴，支持“低收入群众增收行动计划”的实施，提高城乡低保对象等低收入群体补助水平，稳定和扩大城乡就业，促进城乡居民增加收入。完善促进消费的各项财政政策及措施，落实家电、汽车摩托车下乡和家电“以旧换新”省级配套资金4.66亿元，下拨各市县财政部门(不含宁波)汽车摩托车下乡和家电“以旧换新”补贴资金28.72亿元，扩大消费需求。

优化产业结构。落实工业转型升级财政专项资金5亿元，争取国家相关专项资金2.16亿元，重点推进工业龙头企业技术创新和技术改造，加快传统产业提升改造。筹措落实其他各类支持工业发展专项资金5400万元，支持企业技术中心、中药现代化、电子信息产业、信息服务业等项目的建设。支持中小企业信息、技术、融资平台建设，促进中小型科技企业和其他高成长性企业成为新的经济增长点。落实省服务业发展引导专项资金，推进企业分离发展服务业，支持发展生产性服务业，促进服务业全面发展。

提升现代农业发展水平。全年全省各级财政投入“三农”资金944亿元，增长23.9%。全省农林水事务支出290.92亿元，增长23.2%，其中省级农林水事务支出39.41亿元，增长6.6%。争取中央立项现代农业生产发展资金2.60亿元，整合农、林、渔等部门70%的产业类项目资金，支持现代农业园区建设，促进农业主导产业的转型升级。安排专项资金，开展财政支持村集体经济发展试点，支持农业龙头企业和专业合作组织发展。整合水稻良种补贴、粮油高产示范方竞赛和万村优质高产示范、粮油生产技术示范推广资金计5950万元，集中投入粮食生产功能区建设，改善粮食生产条件。安排各项扶持粮食生产补贴资金2.3亿元，提高农民种粮积极性，稳定并扩大粮食生产面积。安排水利基础设施建设专项资金25.18亿元，支持“强塘”工程、“水资源保障百亿工程”、“农村饮水安全工程”建设，推进小型农田水利重点县工程建设。加大农业综合开发力度，当年全省投入农业综合开发财政资金14.60亿元，实施土地治理70.88万亩；扶持农业产业化经营项目288个。推进“千万农村劳动力素质培训工程”，支持农村创业创新实用人才培训。

推进生态文明建设。建立生态环保财力转移支付制度及其稳定的增长机制，当年安排生态环保各类补助资金45.83亿元，其中生态环保财力转移支付资金12亿元，重点支持重点流域、区域和欠发达地区生态环境保护及污染减排工作，支持实施“811环境保护新三年行动”*。推行排污权有偿使用和交易，实行节能环保和自主创新产品优先政府采购政策，推进全省污水处理和城乡垃圾处理设施建设。争取中央每年安排农村环境连片整治示范资金2.5亿元，支持开展农村环境连片整治，推进生态文明建设。

【加大民生和社会事业投入】 加大财政教育投入。当年全省教育支出606.54亿元，增长16.8%。完善义务教育经费保障机制，安排提高中小学公用经费保障水平转移支付资金11.42亿元；实行农村义务教育学校免住宿费政策；落实义务教育学校教师绩效工资制度；鼓励、督促各市县消化义务教育负债，全省35.19亿元的债务全部消化完毕；实施“校安工程”（全省中小学校校舍安全工程）建设、“领雁工程”（从2008年至2010年，培养一批农村中小学教学的领雁人）建设；资助全省学前教育和外来务工人员子女教育及特殊教育学校基础设施建设。安排财政资金5.95亿元，支持完成“职业教育六项行动计划”*；筹措资金5.67亿元，继续支持实施“高等教育质量提升行动计划”*，兑现省属普通高校教学业绩考核奖励2.14亿元，制定《浙江省提高地方高校办学水平专项资金管理办法》，以提升全省地方高校整体办学水平。

支持文化事业发展和推进体制改革。当年财政文化体育与传媒支出77.15亿元，增长20.4%。安排专项资金支持建设县（市、区）图书馆、文化馆及乡镇综合文化站，支持文化下乡、农村文化活动、基层农村文化队伍建设，推进农村文化发展；安排专项资金，支持全省文物、非物质文化遗产和古籍保护，支持国家和省文物科技区域创新联盟建设，支持大运河申报世界物质文化遗产；图书馆、博物馆、纪念馆等向全社会免费开放；安排有线广播电视“村村通响”维护工程专项补助，扶持发展广播影视事业。推进文化体制改革，支持发展文化产业，筹措资金、制定政策，推进浙江省文艺音像出版社等文化事业单位的转企改制工作；筹措安排补助资金，推动浙江歌舞剧院等3家省属文艺院团实现市场化运作。同时，制定出台《浙江省省属文化集团国有资产管理暂行办法》，加强对国有文化资产的监管。

加大财政科技投入。当年全省财政科学技术支出121.40亿元，增长22.3%。创新科技资金使用机制，优化科技专项经费使用结构。支持重大科技专项与优先主题项目研究，推动技术创新。支持国家技术创新工程浙江省试点工作，支持实施知识产权战略，支持科技型中小企业发展。调整资金结构、新增建设资金，集中支持临安科创基地引进大院名校进驻，打造科研大平台。创新投入方式，提高科技资金使用效率，探索建立省财政补助与市县科技产出挂钩机制。安排“人才强省”战略专项资金，建立海外高层次人才奖励和补助机制，推进人才强省建设。

完善社会保障制度。当年全省社会保障和就业支出336.30亿元。支持开展稳定就业、预防失业和促进就业工作，重点做好高校毕业生、就业困难人员就业和稳定企业用工工作，专项安排欠发达地区农村社区劳动保障和社会救助站建设补助资金，支持村级就业和社会保障公共服务平台建设。落实城乡居民社会养老保险财政补助资金50亿元，推进城乡居民社会养老保险制度实施；制定城乡居民社会养老保险财政转移支付资金补助办法，及时足额拨付省级补助资金，确保符合条件的60周岁以上城乡居民享受每人每月不低于60元的基础养老金。做好企业职工基本养老保险用人单位缴费比率调整工作；出台对部分企业临时性下浮社会保险费缴纳比例的政策，全省合计减征21.50亿元；安排补助资金，落实征地补偿和被征地农民基本生活保障办法。完善新型社会救助体系，全省所有低保、“五保”和“三无”（无劳动能力、无生活来源、无法定赡养人或抚养人）对象等特殊困难救助对象实行零起点按比例医疗救助；设立道路交通事故社会救助基金；构建养老服务体系，支持残疾人共享小康工程，推进新型社会福利体系建设；落实城市低收入家庭廉租住房保障财政补助政策，推进保障性住房建设；扩大农村住房保险和农业保险保费补助规模，支持农村困难家庭危旧房改造。当年支持廉租住房、计划生育家庭奖励和农村危房支出3.57亿元。

支持深化医药卫生体制改革。当年全省医疗卫生支出224.53亿元，增长26.8%。落实医改财政投入，完善医改财政经费保障机制。建立基层医疗卫生机构多渠道补偿机制，确保基本药物制度实施后基层医疗卫生机构正常运行。加大基本医疗保障投入，各市县新型农村合作医疗人均筹资185元以上，各级财政人均补助129元以上。城乡基本公共卫生服务经费财政补助标准人均20元以上。支持城乡社区卫生服务机构和村卫生室建设，支持完善基层医疗卫生队伍和基层医疗卫生服务体系建设。

援疆、援藏以及支援四川地震灾后恢复重建。统筹安排全省援川资金，确保浙江省对口支援四川省青川县灾后恢复重建工作按期完成。筹措落实援疆、援藏资金，做好对口支援新疆阿克苏地区建设工作，做好浙江省新一轮对口支援西藏那曲地区前期工作。

支持加强社会管理。完善政法经费保障体制，落实省级“平安浙江”建设专项资金、社区矫正经费，支持公正执法、创新社会管理、化解社会矛盾，加强社会综合治理。加大产品质量和食品安全检测经费及检测设备投入，支持安全生产建设。启动村级公益事业建设一事一议财政奖补试点工作，安排支出13.28亿元，推动建成一批村内道路、村民饮用水、村庄环境整治、村民健身活动场所等村级公益事业项目；完善村级组织运转经费保障机制，加强基层政权组织建设，维护社会和谐稳定。

【公共财政管理改革】　实施“三个子”公共财政管理改革。强化政府性基金、行政事业性收费等各项政府非税收入制度建设，深化“收支两条线”改革，规范政府非税收入预算管理，实行“收入一个笼子”。健全预算定额标准体系，深化部门预算改革；建立以“五费合征”*为核心的社会保险费可持续增长筹资机制，试编社会保险基金预算；完善国有资本经营预算，加大对政府性基金预算和国有资本经营预算的统筹调配力度；编制政府性债务计划，健全政府公共预算体系，逐步建立由政府公共预算、政府性基金预算、国有资本经营预算、社会保障预算以及政府性债务计划组成的“全口径”政府预算体系，推进“预算一个盘子”。推进市县国库集中支付改革和财税库银横向联网建设，推进地方公务卡改革试点，扩大省级公务卡结算范围，全省80个市、县(市、区)实施国库集中支付改革，18个市、县(区)启动公务卡改革，实施“支出一个口子”。

“三位一体”组织机构改革。在省级实施以预算编制、执行、监督“三位一体”的财政组织管理体系基础上，稳妥推进全省市县“三位一体”组织管理改革，完善构建预算编制、执行、监督三者相互循环、互为前提、一体运行的“三位一体”组织机构改革，全省部分市、县(区)的“三位一体”机构改革方案已获批准，内部机构设置与省财政厅相衔接。

预算绩效管理。建立预算绩效管理制度，探索绩效目标管理工作，选择“现代农业园区建设”和“计生两免”(免费婚前医学检查、免费孕前优生检测)项目进行绩效目标管理试点，组织开展50个部门129个项目的绩效自评工作。加强省级评价专家库管理，确定20家绩效评价中介机构，整合预算绩效管理信息，构建“事前目标管理、事中绩效跟踪、事后绩效评价”的预算绩效管理新机制。省财政厅机关绩效评价处更名为绩效管理处，以加强预算绩效管理工作。

政府采购制度改革。推进全省政府采购信息系统一体化建设，将协议定点联动采购范围扩至全省，品目增加至18类，由省、市集中采购机构按照各自业务专长分别组织实施，建立省市县三级“统一招标、结果共享、联合监督”的集中采购新机制。加强对政府采购代理机构的监督管理，规范审批流程，将行政许可全过程纳入省政府网上办事大厅电子平台进行管理，实现行政许可的实时监督，发挥政府采购监管功能。

【精细管理强化监督】　提高财政法治化水平。推动出台《浙江省政府非税收入管理条例》，《浙江省政府投资预算管理办法》列入省政府立法计划一类项目。建立健全依法行政考核机制，强化执法监督；做好“五五”普法总结验收，开展财政普法，依法开展财政执法监督，稳妥推进信息公开，规范行政处罚裁量权，规范财政系统行政许可执法行为。

加强财政专项资金清理整合。控制新增专项资金，取消、归并、整合现有专项资金。做好财政支农、文化、卫生等部门专项资金的清理整合工作，规范省级部门项目支出预算的项目设置，从明确项目类别、规范项目名称、限定经济分类、细化预算计算等方面提高项目预算质量。

加强财政支出项目审核。全年全省净核减财政支出中不合理资金105亿元，审减率9.4%。省级审核各类财政支出项目276个，审核金额83.09亿元，净核减资金11.72亿元，平均核减率14.1%。

完善行政事业单位资产管理。加强资产管理信息系统建设，加强对行政事业单位国有资产出租、出借及对外投资行为的监管，建立资产配置预算编审制度和有偿使用资产的市场化运作机制，规范资产配置、使用、处置和收益管理等各个环节监管。

推进“小金库”专项治理。开展对社会团体和国有及国有控股企业“小金库”治理，建立健全防范“小金库”问题长效机制。

加强乡镇财政管理。推进乡镇财政管理方式改革，发挥其就地就近加强财政性资金使用监督的作用。制定全省乡镇财政资金监管工作实施意见，对各级财政下达给乡镇的补助性资金和项目性资金进行具体分类细化，加强乡镇财政资金监管工作。建立乡镇财政工作联系点制度，选择15个县(市、区)和20个乡镇为省财政厅乡镇财政工作联系点。根据中央财政决定恢复已停止10年的乡镇财政决算编报要求，组织全省乡镇财政决算工作，并按时上报。

加强地方政府性债务管理。按中央要求做好农林、卫生等领域政府外债项目的债务减免；清理化解省属高校债务、义务教育债务以及乡村公益性项目债务；控制省级交通建设负债；清理核实各级政府融资平台公司及其债务，加强政府融资平台公司的管理；加强地方金融企业资产财务监管，防范和化解财政金融风险。

加强会计监督。开展会计信息质量检查，省级部门检查453户行政、企事业单位的会计信息质量，查出违纪金额26亿元，查补各项税款358万元。强化对会计师事务所的监管，检查103家会计师事务所执业质量，整顿和规范财经秩序。

金财工程建设。继续完善并推广金财工程一体化软件，完善全省金财工程运行维护平台，构建全省金财工程运维体系。至年底，全省71个市县区财政局使用一体化集中支付系统，27个市县区财政局使用一体化非税收入系统、65个市县区财政局使用综合办公平台，65个单位开展做好土地出让金收支系统的试点和推广应用工作。

【财税文化建设】 加强党建工作。改进党建和思想政治工作，推进"学习型党组织建设"。开展学习沈浩同志*先进事迹活动，以学习沈浩同志先进事迹为契机，开展"学先进、讲责任、比贡献"主题教育活动，举办征文活动，引导党员干部树立正确的人生观、权力观、事业观、政绩观和利益观。

开展"创先争优"活动。抓好承诺履诺和点评工作，采取党支部承诺厅内网公示、群众监督履诺、支部点评评议等办法发挥党支部、党员作用。组织全省财政系统开展评选全国和全省财政系统先进集体、先进工作者活动，获得全国财政系统先进集体2个、先进个人2名；评选全省财政系统先进集体22个、先进个人21名。

强化党风廉政建设。落实党风廉政建设责任制，制定财政权力运行流程，深化惩防体系建设。落实"一岗双责"，组织干部观看《警钟长鸣》和《财苑警钟》两部专题教育片，组织处级干部赴省法纪教育基地接受教育，警示党员干部引以为鉴，筑起拒腐防变的思想大堤。

机关作风建设。以"治庸治懒、提能增效"为重点，对机关作风建设明察暗访，解决党员干部中存在的工作不实、干劲不足、落实不力、效率不高等问题，提高工作效率，塑造为民理财、为民服务的良好形象。

开展干部教育培训。建立"以师带徒"制度，组织"干部讲坛"，提高干部综合素质。深化干部人事制度改革，加强干部培养锻炼，当年选派5名处级干部挂职锻炼。新建预算执行、基本建设财政财务管理和信息化管理三个人才库。

丰富干部职工文化生活。发挥团、工、妇组织的作用，开展形式多样的文体活动。联合省地税局在衢州举办全省财政地税系统2010年运动会，运动会设羽毛球、乒乓球、围棋和健美操等4个大项8个小项，全省320余名干部职工参加比赛。

（省财税政研室供稿　施惠萍执笔）

注：

＊七线两枢纽："七线"是指宁杭（南京—杭州）客运专线、沪杭（上海—杭州）客运专线、杭甬（杭州—宁波）客运专线、杭长（杭州—长沙）客运专线、金温（金华—温州）铁路扩能改造、衢景九（衢州—景德镇—九江）铁路、杭黄（杭州—黄山）铁路。"两枢纽"是指杭州铁路东站枢纽和宁波铁路枢纽。

*811环境保护新三年行动：从2004年到2007年，在全省开展以8大水系和11个省级环境保护重点监管区为重点的环境污染整治行动（简称"811环境整治行动"）。为加快推进生态省建设，创造更加优美的生态环境，2008年初，省政府决定，在全面总结"811"环境污染整治行动的基础上，2008年至2010年继续开展"811环境保护新三年行动"。"811环境保护新三年行动"有了新的内涵："8"一方面是指要实现污染减排等8个方面的工作目标，另一方面指确保完成主要污染减排任务等8个方面的工作任务；"11"一方面是指省级督办的11个重点环境问题，另一方面指要落实加快转变经济发展方式、从源头上解决环境问题等11项保障措施。

＊职业教育六项行动计划：省政府从2008年至2010年实施新一轮"浙江省职业教育六项行动计划"，以加快示范专业和实训基地建设、培养更多高水平教师、支持欠发达地区骨干职业学校建设为重点，对上一轮"职业教育六项行动计划"的部分内容作适当调整，进一步加快改善职业教育办学条件，提升职业教育发展内涵。包括：职业院校助学奖学行动计划、中等职业学校实训基地建设行动计划、中等职业学校师资队伍建设行动计划、县级骨干职业学校建设行动计划、职业教育校企合作行动计划、提升劳动力素质行动计划。

＊高等教育质量提升行动计划：根据省政府《关于促进高等教育发展的若干意见》，省教育厅、省财政厅提出《实施"十一五"期间全面提升高等教育办学质量和水平行动计划》，要求全省各级财政"十一五"期间加大投入，积极支持所属高校的改革和发展。

＊五费合征：即基本养老保险费、基本医疗保险费、失业保险费、工伤保险费和生育保险费等五项社会保险费统一由地税部门征收。

＊沈浩同志：沈浩同志生于1964年5月，安徽省萧县人。2009年11月6日凌晨在凤阳县小岗村党委书记任上去世。沈浩1986年毕业于铜陵财经学院，同年加入中国共产党，先后担任安徽省财政厅副主任科员、主任科员、副调研员。2004年2月作为优秀年轻党员干部被选派至小岗村担任党支部书记。沈浩在小岗工作期间，先后荣获全国农村基层干部"十大新闻人物"特别奖、安徽省第二批选派干部标兵、安徽省改革开放"三十人三十事"先进个人、"全国百名优秀村官"等荣誉称号。

全省国税

【概况】 2010年，浙江省国税总收入完成3668.54亿元，比上年增长21.6%，增收652.46亿元；不含宁波，当年全省国税总收入完成2387.55亿元，增长18.7%，增收376.46亿元。全省国税部门直接组织收入2742.73亿元，居全国第5位，增长17.9%，增收416.09亿元；不含宁波，国税部门直接组织收入2015.09亿元，增长16.3%，增收282.53亿元。全省办理出口退税1299.73亿元，增长19.4%，不含调库的出口退税突破千亿元。

【收入特点】 国税收入对地方财政收入贡献率提高。宏观税负平稳，2010年国税收入占全省GDP比重计10.1%；国税部门直接组织并纳入省财政总收入的税收2569.77亿元，占当年全省财政总收入的52.5%。

全年国税收入增幅前高后低。受上半年政策性翘尾增收及上年基数的影响，1月份国税收入增长31.4%，一季度增长22.3%，上半年增长19.0%，全年国税收入增长17.9%。

主要税种收入增长结构有所变化。增值税增长9.5%，其中不含调库增值税增长22.5%；消费税实现316.19亿元，增长19.0%；企业所得税实现589.63亿元，增长40.46%，增收169.54亿元，对国税收入增长的贡献率40.8%；车辆购置税实现165.58亿元，增长52.4%，是国税部门征收车辆购置税以来的最高增幅；个人储蓄利息税由于暂免征收而下降81.6%。

中央、地方税收全面增长。全年组织的中央级国税收入实现2097.20亿元，增长17.8%；组织地方级国税收入645.53亿元，增长18.2%。

区域税收规模扩大、增势明显。全省各设区市税收增幅均在10%以上，税收规模相对较小的设区市呈现加速增长态势，其中：舟山市增长35.7%、丽水市增长30.6%、衢州市增长24.5%。国税收入超百亿元的设区市8个，较上年增加1个，分别是宁波市(727.64亿元)、杭州市(723.40亿元)、嘉兴市(222.62亿元)、温州市(222.52亿元)、绍兴市(195.15亿元)、台州市(182.30亿元)、金华市 (158.71亿元) 和湖州市(100.30亿元)；超10亿元的县市区38个，较上年增加2个，其中杭州市萧山区(101.13亿元)率先成为全年国税收入超百亿元的县市区。

出口免抵税额稳步回升。全年办理免抵税额347.09亿元，增长19.8%，月均办理免抵税额28.92亿元。

【落实政策】 梳理明确并积极实施50条政策规定和配套措施，当年全省国税系统共办理各类税收减免税200亿元；不含宁波(下同)，办理各类税收减免税134.79亿元。运用税收政策扩大内需。实施增值税转型改革政策，促进企业扩大投资和技术改造，全省固定资产累计申报抵扣税额146.62亿元。减轻中小企业及个体户税收负担，小型微利企业减免所得税3.72亿元。加快出口退税审核审批进度，推广“征退税衔接”和“征退税一体化”管理机制，继续开展出口退税审批权下放和出口退税税库银联网试点，防范和打击出口骗税。当年落实小排量乘用车车辆购置税减税政策，减免税收8.64亿元。落实优惠政策激发自主创新。全年全省国税系统落实高新技术企业减免税23.49亿元，落实企业开发新技术、新产品、新工艺发生的研究开发费用加计扣除39.49亿元，落实软件产品超税负返还政策退税13.00亿元，落实技术转让所得减免税政策减免所得额0.51亿元。发挥税收政策产业导向作用。支持农业产业化建设和农村基础设施建设，当年全省国税系统

减计农林牧渔业所得额1.30亿元。推动工业企业分离发展服务业，新办软件企业及集成电路设计企业减免所得税1.60亿元，技术先进型企业减免税0.05亿元，宣传文化企业享受税收优惠政策减免税0.62亿元。

【依法治税】 科学规范税收执法行为。完善税收执法管理信息系统，落实税收执法责任制。推进税收执法风险机制建设，集中开展税收执法风险排查工作，制订并下发基层单位税收执法风险防范手册，推行税收执法风险防范系统。开展税收执法检查和执法监察，严格过错责任追究。规范税务行政处罚裁量权，完善重大税务案件审理制度，加强税收规范性文件制定管理，规范听证、行政复议和诉讼、信访等工作。强化税务稽查检查职能。全年全省国税系统共入库查补税款36.54亿元。做好大型集团企业、航空公司以及税负异常且长期未实施税务检查重点税源企业的税收检查工作。实施"举报案件下查一级"工作制度，加强举报案件管理工作，全年查处举报案件1995件，查补入库税款3.11亿元。加大大要案查处力度，打击涉税违法犯罪活动，全年组织查处100万元以上重大涉税违法案件139件，追缴税款合计3.43亿元。依法查处重点行业、重点地区存在的涉税问题，开展房地产及建筑安装业、药品经销行业、交通运输业、非居民企业和家具制造经销行业等4个行业的税收专项检查。组织开展以区域性、行业性的虚开增值税专用发票、运输发票和骗取出口退税违法活动为重点内容的税收专项整治活动。加强发票专项整治。实行"查账必查票"、"查案必查票"，全省国税稽查部门查处违法企业2427户，查处非法发票10.03万份，查补收入4.54亿元。配合公安机关严厉打击假发票制造窝点和职业犯罪团伙，全年全省共破获制售假发票和非法代开发票案件3322起，捣毁制售假发票窝点团伙1132个，缴获各类发票8183.67万份，抓获犯罪嫌疑人4276人。开展税收法制教育。完成"五五"普法教育宣传和总结验收工作。做好政务公开，加强和改进税法宣传，推动全国第19个税收宣传月活动，广泛宣传纳税人权利义务，公开曝光涉税违法犯罪案件，推进纳税信用等级评定。

【税收征管】 规范增值税一般纳税人认定管理，探索加强小规模纳税人管理，推广车辆购置税电子申报系统，深化机动车辆税收一条龙管理工作。规范企业所得税汇算清缴后续审核，落实企业所得税法相关配套管理办法，完善企业所得税优惠政策管理。抓好1000户企业涉外税务审计，加大反避税调查调整力度，加强非居民企业所得税源泉扣缴工作，突出大企业专业化税收管理和纳税服务。开展税收管理创新活动，推广行业税源监控模型，扩大监控面，推动实施企业所得税行业建模，健全模型监控机制，强化行业税收管理，截至12月底，全省国税系统累计建模365个，纳入模型监控企业196130户，入库税收1330.02亿元。完善纳税评估机构设置和人员配置，加强纳税评估机制建设，推行综合性、专业化评估和日常性、简易性评估相结合、全税种联合评估的模式。建立健全税收分析、税源管理、纳税评估和税务稽查良性互动的税源一体化管理工作机制。探索税源管理专业化新模式，从税源管理和内控机制等方面构建税收风险管理体系，加强税源征管状况监控分析，开发应用全省范围内的税源管理信息系统，推动征管业务与信息技术的融合。提高第三方信息应用水平，确立国地税、公安身份信息核查三方协作工作机制，推进税务与组织机构代码信息共享工作。

【纳税服务】 制定实施《全省国税系统2010～2012年纳税服务工作规划》。推进办税服务厅标准化规范化建设，实施办税服务厅管理办法，规范办税服务厅内外标识，完善"一窗统办"、智能排队叫号系统、服务满意度评价系统、自助服务区、管理员值班制度、纳税服务争议协调机制等各项工作，全面启用税收征管新流程。推广"免填单"办税服务，协调省财政、省地税等部门推进财税12366服务热线建设，启动全省国税网站群建设。巩固"同城通办"、"全市通办"、财税库银横向联网电子缴税、网上开票系统、涉税事项网上预审批系统、防伪税控系统网上抄报税、农村税收征管系统等服务措施，推行普通发票票种简并、统一样式和网络开具。优化涉外投资企业税收服务，宣示境外投资税收政策，健全部门协作机制，强化维权服务。组建纳税服务税企联系网络，开展纳税人需求调查，完善纳税服务工作制度，健全纳税人权益保障机制。

【税收信息化建设】 夯实金税工程三期实施基础，更新、扩容省级集中后的基础环境、网络条件、系统设备，试点应用虚拟化技术，优化全省征管信息处理平台性能。参与金税三期信息系统的设计、开发测试工作，承担汇总纳税企业所得税管理系统的全国运维工作，正式投入运行国家税务总局呼叫中心浙江呼叫子系统。做好汇总纳税企业所得税管理系统、财税库银税收收入电子缴库横向联网、税务综合办公信息系统、MQ传输平台等各项应用系统的开发推广，提升综合征管系统、增值税防伪税控系统、税收执法管理信息系统、VPDN网上申报等核心业务软件的应用水平和运行维护能力，未发生重大事故。加强网络与信息安全防护体系运行维护系统，完善系统维护和系统安全责任制度，着重消除安全漏洞和隐患，健全应急工作预案，提高应急反应能力。

【干部队伍建设】 加大对全省国税系统各级领导班子及其成员的巡视监督力度，强化配备、优化结构、充实调整。落实省国税系统机构改革后续相关工作，优化机构设置和职能配置。开展全省国税系统"之江先锋"创先争优活动，以深化机关作风建设和建设税务系统学习型党组织为抓手，推进机关党建工作和机关效能建设。开展社会主义核心价值体系学习教育，结合浙江国税核心价值理念，加强机关伦理道德教育和国税职业道德教育。完善各级、各类专业人才库管理，加大培训力度，开展岗位技能竞赛。抓好高层次专家队伍和基层业务骨干培训，深化应用网络教育平台。开展对预算管理、基本建设、政府采购、固定资产的内部审计，推进内控机制建设，查处各类违规违纪行为。加强政风行风建设，巩固"群众满意基层国税站所（办事窗口）"评创工作成果，深化精神文明创建活动。2010年全省国税系统37个单位在地方行风评议中名列前三，15个县以上国税局获省级评选先进单位。

（省国税局供稿　曹杭丽执笔）

全省地税

【概况】　2010年，全省地税系统围绕服务经济转型升级这条主线，发挥地税职能，做到收入支撑稳、政策引导实、服务保障优。当年全省地税部门组织各项收入3332.44亿元，比上年增收645.23亿元，增长24.0%；其中：税收收入2238.27亿元，增收459.68亿元，增长25.9%（其中不含契、耕两税的税收收入1966.27亿元，增长23.1%）；社保费收入864.76亿元，增收138.28亿元，增长19.0%。

【收入分析】　收入规模有新突破。2010年全省地税组织收入突破3300亿元，比"十五"末的2005年增加1.6倍；增收突破600亿元，超过2002年各项收入总和。税收收入突破2200亿元，接近2006年、2007年两年的税收总量；增收突破400亿元，超过2002年的税收总量。与兄弟省市地税收入对比看，浙江省税收收入（不含契、耕两税）总量低于广东省（3254.87亿元）、江苏省（2450.47亿元）、上海市（2230.58亿元），高于北京市（1882.94亿元）和山东省（1582.93亿元），居第四位；增幅列第三位，低于山东省（28.4%）、江苏省（27.1%），高于广东省（20.75%）、北京市（18.29%）、上海市（15.72%）。

收入结构持续优化。2010年全省营业税、企业所得税、个人所得税和地方十税分别入库816.68亿元、314.11亿元、376.36亿元和731.12亿元，分别增长23.1%、15.5%、24.2%和35.4%。当年全省地税部门组织的地方财政收入1894.30亿元，增收402.37亿元，增长27.0%，快于全省地方财政收入增幅5.21个百分点；占全省地方财政收入的比重72.6%，比2005年提高12.8个百分点；对全省地方财政收入增长的贡献率86.3%，地税收入对地方财政收入的支撑作用凸显。

产业税收齐头并进。全省第二产业税收和第三产业税收（不含契、耕两税，下同）分别入库679.15亿元和1285.82亿元，分别增长23.5%和23.0%。第三产业税收的占比达65.4%，比2005年提高3.17个百分点，对全部税收的增收贡献率65.0%。主要行业税收平稳增长，其中房地产业、租赁商务服务业、建筑业、制造业、信息传输计算机服务软件业、金融业税收增长领先，分别增长41.4%、36.7%、31.2%、21.4%、18.2%和16.3%。税收增收主要来自房地产业、制造业、金融业和建筑业，四行业税收的增收贡献率合计为80.3%。重点行业税收继续保持平稳较快增长，现代服务业税收成为新的增长点。

区域税收均衡增长。当年各设区市税收收入增速均在20%以上，增幅分别为：嘉兴市34.2%、杭州市31.3%、舟山市30.8%、衢州市29.0%、台州市28.1%、金华市26.1%、绍兴市25.7%、宁波市24.8%、湖州市24.7%、丽水市23.2%、温州市23.2%。区域税收规模扩大，设区市中税收总量超过100亿元的7个，县（市）税收收入规模全部超过亿元，其中37个县（市）税收收入超过10亿元。

【助推经济转型升级】　整合服务加快经济发展方式转变的政策措施。出台《浙江省地方税务局关于促进我省加快经济发展方式转变的实施意见》和《浙江省地方税务局关于贯彻落实浙江省产业集聚区发展总体规划（2011～2020年）的实施意见》，支持大平台大产业大项目大企业、生态文明和产业集聚区建设；修订《减免税费基金政策汇编（2010年版）》，梳理审批类79个项目和备案类87个项目的优惠政策；做好娱乐业营业税税率调整实施工作，推动第三产业发展。

落实扶持企业发展的各类税费优惠政策。2010年全省（不含宁波）企业研发费税前加计扣除26.87亿元，增加5.59亿元，增长26.3%；高新技术企业享受所得税优惠15.21亿元，增加4.83亿元，增长46.5%。落实营业税优惠53.96亿元，增加25.40亿元，增长88.9%；减免困难企业房产税、城镇土地使用税、水利建设专项资金等税费19.55亿元；继续开展部分企业临时性下浮社会保险费缴纳比例集中减征工作，全省共减征社会保险费21.49亿元，惠及企业36.68万户；落实调整用人单位基本养老保险费缴费比例政策，全省各统筹区缴费比例趋向12%～14%区间，减轻企业负担12.43亿元。

深化企业分离发展服务业的政策措施。制定下发《浙江省地方税务局关于2010年全省地税系统深化推进企业分离发展服务业工作的实施意见》，全省新增606户企业分离发展服务业，超额完成新增385户的目标任务，其中分离成立独立核算的法人企业586户（含15户销售收入在全省前100名的工业企业和10户工业行业龙头骨干企业），非独立核算企业20户，分离出的服务业企业实现营业收入80.27亿元，地方税费收入6.44亿元。2010年以前分离的服务业企业2010年实现营业收入468.82亿元，地方税费18.15亿元。

【依法治税】 开展依法行政考核。贯彻落实全国税务系统依法行政工作会议精神，开展依法行政工作考核。省地税局连续四年被省政府评为依法行政先进单位。加强规范性文件管理。根据国家税务总局和省政府要求，开展规范性文件清理工作，确保执法依据合法有效。

规范税务行政处罚裁量权。制定《浙江省地税系统规范行政处罚裁量权实施办法》，通过压缩裁量空间、完善程序性规定、加强监督制约、实行处罚规定结果公开，规范税务行政处罚裁量权的行使。加强行政争议防范机制建设。通过案件研讨、个案点评、法制培训等途径提高处理和化解行政争议的能力。

开展执法督察。采取自查与重点督察相结合的方式，重点检查了减免税费政策执行情况等九方面执法行为。开展重大税务案件案卷评查，促进税收执法水平提高。发挥稽查以查促管作用。推进打击发票违法犯罪专项行动，做好大要案查处工作，推广管查互动工作机制、税务检查查账软件，提升稽查工作效能。

【税源管理】 加强信息采集和税源管理。加强与质监、工商、国税、公安、交通等部门的共享协作，建立江浙沪甬税务信息交换联动机制，实现部门信息共享。深化“抓大、评中、定小”思路，做好重点税源管理，开展交通运输业、邮政业专项纳税评估，建立以营业税为主体税种的十个行业纳税评估指标体系，完善个体工商户参数定税。

推进发票管理改革。大力简并票种，“统一发票”种类精简一半。推广应用网络发票，创新实践“以票控税”。使用网络发票的户数已突破10万户，减少了手工发票、定额发票、具名发票的使用，压缩了发票制假、售假、用假等不法行为的空间。

强化各税种管理。深化不动产、建筑业营业税项目管理，加强货物运输和个人住房转让营业税管理，开展“甲供材料”建筑业营业税管理试点、试运行营业税差额征税管理软件；持续推进企业所得税专业化管理；做好限售股转让、股权转让所得及高收入者的个人所得税征管工作；加强非居民企业税收征管；开展房产税税源清查和城镇土地使用税税源清查后续管理，组织土地面积实测试点；应用房地产评估技术，加强存量房交易税收征管；推进保险机构代收代缴机动车车船税工作；有序推进土地增值税清算管理；贯彻落实外资企业、外国企业及外籍个人开征城建税和教育费附加政策；实现契税和耕地占用税征管职能划转平稳过渡，研发推广契耕两税征管软件，建立房地产交易环节税收一体化征收模式。

【优化服务】 推出“同心汇聚”服务品牌。举办“‘同心汇聚’地税服务品牌发布会暨税企共商转型升级”座谈会和“同心汇聚优化服务、税企共建生态文明”论坛，营造地税与纳税人“同心汇聚”、共促发展的良好氛围。夯实纳税服务基础，提高纳税人满意度，在国家税务总局组织的对全国各省会城市和计划单列市纳税人满意度调查中，杭州市地税局居全国地税系统前三甲。

建设浙江地税12366语音特服系统

增强政策宣传时效性、互动性。组织开展新办企业办税辅导日、值班分局长接待日、重点税源企业座谈会、最新税收优惠政策宣讲日等"四个日"税收活动，全省举办新办企业辅导1227期，6922人次值班分局长参加接待日，8755户重点税源企业参加座谈会，税收优惠政策宣讲日发放资料逾10万份。

开展纳税人之家和纳税服务志愿者活动。全省成立纳税服务志愿者队伍305支，开展主题志愿纳税服务活动919场，解决涉税问题5024个；组建纳税人之家159户，吸收会员42453个，解决涉税问题4125个。省地税局领导带队走访人大代表、政协委员面商主办建议提案，带动各级地税机关联动走访征求意见。

强化纳税咨询专业化服务。全年全省12366共接受纳税人电话咨询185万人次，发送短信458万条。开发发票查询功能，实现个人所得税纳税信息网上查询打印。启动建设集财政、国税、地税于一身，融政策咨询、办事指南、投诉举报为一体的浙江财税12366语音特服系统。同时继续推进办税服务厅标准化建设。

【信息化建设】 推进信息化"大集中"工程建设。完成95万字的《<税友龙版>业务需求》，在312个业务点上取得创新和突破；将业务需求进行图形化的界面展示，形成了1410张需求规格说明页面。制定《税友龙版》技术实施方案，设计开发数据管理平台、运维监控平台以及项目管理软件。"大集中"工程实现全省地税征管数据在省地税局的集中存储、集中处理和集中管理。

强化信息安全工作。完成数据异址备份中心建设项目一期建设，实现全省《税友2006》集中数据从省地税局生产中心到湖州异址备份中心的远程实时备份。制定《浙江地税网络与信息安全综合应急预案》、《浙江地税网络与信息安全应急预案操作办法》及因特网办税服务系统等5个重要信息系统应急预案，并首次在全省地税系统开展信息安全应急演练。

附表：2010年浙江省地税组织收入情况统计

（省地税局供稿　金胤秋执笔）

附表：

2010年浙江省地税组织收入情况统计

（单位：万元）

项　目	2010年	2009年	增长(%)	项　目	2010年	2009年	增长(%)
税务部门组织的收入	33324395	26872065	24.01	14. 耕地占用税	440628	273851	60.90
一、税收收入合计	22382668	17785900	25.85	二、非税收入合计	10941727	9086165	20.42
1. 营业税	8166778	6636161	23.06	1. 教育费附加	719712	582672	23.52
2. 企业所得税	3141135	2719419	15.51	2. 文化事业建设费	39749	30898	28.65
3. 个人所得税	3763603	3029463	24.23	3. 社保基金收入	8647603	7264771	19.03
4. 资源税	63567	66747	-4.76	其中：(1)养老保险基金	5238752	4527566	15.71
5. 土地使用税	675437	721467	-6.38	(2)医疗保险基金	2320411	1839650	26.13
6. 固定资产投资方向调节税	3	2	50	(3)失业保险基金	488376	407351	19.89
7. 城建税	1499195	1217428	23.14	(4)工伤保险基金	210321	160803	30.79
8. 印花税	403715	289459	39.47	(5)生育保险基金	120343	90426	33.08
9. 土地增值税	1066948	489368	118.03	4. 水利建设专项资金	742340	565426	31.29
10. 房产税	719637	686289	4.86	5. 地方教育附加	590791	481720	22.64
11. 车船税	161980	111113	45.78	6、残疾人就业保障金	146947	128560	14.30
12. 烟叶税	669	908	-26.32	7. 其他收入	54585	32118	69.95
13. 其他各税	2279373	1544225	47.61	附：不含契税、耕地占用税的税收收入	19662667	15967824	23.14

财政分项工作概况

财政预算

【概况】 2010年，全省汇总地方财政收入为2608.47亿元，完成预算的114.9%，比上年增长21.7%，按可比口径计算增长16.3%；全省财政支出3207.88亿元，完成预算的118.8%，增长20.9%，按可比口径计算增长16.1%。当年省级地方财政收入236.61亿元，完成预算的100.7%，增长6.7%，按可比口径计算增长6.5%；省级财政支出350.22亿元，完成预算的102.4%，增长7.5%，按可比口径计算增长6.1%。按照现行分税制财政体制和国家有关政策规定计算，全年全省、省级财政收支平衡。

【编制预算】 落实中央、省各项财税改革措施，做好2011年预算编制准备。编制全省和省级预算草案。编制完成《浙江省2009年全省和省级财政预算执行情况及2010年全省和省级财政预算（草案）》、《浙江省2009年基金预算收支计划执行情况及2010年基金预算收支计划（草案）》。做好省财政厅向省委、省人大、省政府汇报预算草案的各项准备。根据省十一届人大三次会议批准的省级预算草案，编制《2010年省级一般预算收入退库计划（草案）》。做好省级部门预算编制、审核工作。根据2010年省级预算改革方案和预算编制、审核要求，通过"二上二下"程序，完成省级部门预算草案的编制、审核。省农业厅、省科技厅、省教育厅等30个部门的部门预算提交省十一届人大三次会议审查，其中省环保厅、省林业厅等重点审查的部门预算顺利通过。提出省级预算盘子安排建议。起草完成呈省长、省政府常务会议、省委财经领导小组审批的《2010年省级预算盘子及重点项目资金安排建议的汇报》。编制并向财政部报送2010年一般预算收支总表、支出预算明细表和政府性基金收支计划。

【优化财政支出结构】 围绕"保增长促转型"和"重民生促和谐"两大主题，保障重点支出需要。推进"四大建设"、产业集聚区、海洋经济、中心镇、战略性新兴产业等重点建设。研究制定省级产业集聚区财政扶持政策，安排海洋经济扶持发展资金10亿元，中心镇培育资金10亿元，欠发达地区财政运行和发展资金10亿元。加大民生领域投入力度。全省财政民生支出占当年财政支出总量的69.9%，当年财政支出增量的三分之二以上用于民生。全省各级财政投入"三农"资金944亿元，增长23.9%；加大财政教育投入，完善义务教育经费保障机制，全面实施"校安工程"建设；落实医改财政投入，完善医改财政经费保障机制；推进保障性住房建设，落实城市低收入家庭廉租住房保障财政补助政策；筹措落实援疆、援藏资金，制定经费筹措保障制度，积极筹措落实对口支援资金23.08亿元。厉行节约控制行政成本增长。加强预算编制与执行双控，党政机关公用经费压缩5%，出国（境）经费、公务用车购置及运行经费、公务接待经费按中央政策要求"零"增长。

【推进公共财政管理改革】 推动"三个子"改革。按照省政府关于财政预算管理做到"收入一个笼子、预算一个盘子、支出一个口子"（简称"三个子"）的要求，推动"三个子"公共财政管理改革深入实施，代拟省政府《关于加快推进公共财政管理改革的意见》并经批准下发。根据"积极稳妥、先易后难"的原则，完善现有综合预算管理模式，牵头建立健全省级政府预算体系，试编省级社保基金预算；完善省级国资经营预算，扩大编报单位范围；试编2010年省级政府性债务计划。推进预算信息公开。制定并印发《关于做好省级部门预算信息公开工作的指导意见》，指导市县推进预算信息公开，转发财政部关于进一步做好预算信息公开工作的指导意见，协调全省预算信息公开工作进度。推进专项资金清理整合。按照省政府《关于清理整合和规范财政专项资金管理的意见》要求，推动以清理、整合专项资金，提高项目预算质量为重点的项目预算管理改革，并继续严格控制新增专项资金，取消、归并、整合现有专项资金。做好支农、文化、卫生等部门专项资金的清理整合工作。从明确项目类别，规范项目名称，限定经济分类，细化预算计算等方面提高项目预算质量，并加强绩效评价结果在预算编审中的应用。清理历年结余项目资金，对于项目实施完成形成的结余，受政策变化、计划调整、项目绩效差等原因导致项目中止或撤销形成的结余，项目支出进度超过预算确定期限一年以上而未使用完形成的结余，以及滞留账上超过三年以上不用的专项资金结余，收归财政统筹安排。加快支出预算执行进度。根据财政部《关于进一步做好预算执行工作的指导意见》精神和推进财政管理科学化、精细化的要求，提出加快2010年财政支出进度的举措和深化2011年预算改革的办法。采取建立健全限时下达预算制度，严格预算追加，加快预算资金拨付等措施，加快支出预算执行进度。当年省本级财政支出执行进度比上年同期提高12.6个百分点。加强预算基础管理工作。建立健全省本级费用标准体系，在修订和完善现有办公设备购置、会议费、办公用房装修改造和建设、差旅费、培训费、办公楼物业管理费等标准基础上，增设项目代建管理费标准;建立健全资产配置标准,增设省级部门资产配置预算审核程序;加强政府采购预算的审核工作,按照"立项有依据、计算有标准"的要求,从单一的预算编审业务逐步向建立"基础资料库"和"项目库"管理业务延伸;加强人员、定额、项目、资产等信息库建设,优化部门预算业务管理工作流程和软件平台。做好预算外资金纳入预算管理工作。根据财政部要求,做好全省预算外资金按规定纳入预算管理工作,起草并下发《关于将按预算外资金管理的收入纳入预算管理的通知》,明确预算外资金管理要求。

【规范政府性债务及政府融资平台公司管理】 做好地方政府性债务统计分析工作。做好全省2009年、2010年1~6月地方政府性债务统计分析工作,并对全省各市、县(市)2009年度债务风险预警指标进行测算。优化政府性债务结构。争取中央代理发行地方政府债券67亿元(不含宁波市),重点保障中央投资公益类项目地方配套和杭黄铁路建设。按照"谁受益,谁承担"的原则,参照财政部《发行2010年地方政府债券分地区规模测算办法》,结合浙江省实际,制定《浙江省地方政府债券规模测算分配办法》,采用因素法(包括综合财力、债务率、偿债能力等)测算分配各市县2010年地方政府债券规模。做好融资平台公司清理核实和规范管理工作。与省发改委等部门研究融资平台公司清理核实、规范管理工作方案,代拟《浙江省人民政府关于加强地方政府融资平台公司管理有关问题的通知》。截至年底,全省处置政府融资平台公司138家,对保留的四类公司实行规范管理,完成政府融资平台公司清理核实和规范管理的各项工作任务。

【发挥省财政宏观调控作用】 落实省对市县财政体制。做好2010年度省对市县结算工作,兑现分类分档激励奖补政策、市县营业税增收上交返还奖励政策、省级金融保险业营业税增收奖励政策、新办电力生产企业所在地增值税返还奖励政策等,全年省对市县补助共计693.44亿元,比上年增加162.51亿元,增长30.6%。加大对经济欠发达地区扶持力度。当年度省对经济欠发达市县补助共计346.73亿元,比上年增加63.35亿元,增长22.4%。制定省级产业集聚区有关财政扶持政策。根据省委省政府的有关精神,结合实地调研情况,制定省级产业集聚区财政扶持政策,下发《关于印发〈省级产业集聚区财政政策实施办法(试行)〉的通知》。支持海洋经济发展。安排海洋经济发展专项资金10亿元,加大对舟山市等重要沿海港口及重要海岛所属市县的扶持力度。支持舟山海洋综合开发试验区争取政策工作,贯彻落实省政府主要领导关于向中央争取舟山海洋综合开发试验区政策要求精神,牵头做好有关协调工作。做好县级基本财力保障工作。贯彻落实财政部关于建立县级基本财力保障机制的各项政策措施,按因素法将财政部下达的奖补资金71023万元分配至有关市县,并根据财政部下达的县级基本财力保障范围及标准,结合全省实际,制订上报县级基本财力保障标准。做好对口援助工作。根据中央和省委省政府关于做好对口支援新疆、西藏及省内欠发达地区工作的要求,研究制定支援新疆、西藏及省内欠发达地区援建资金筹措办法,在征求市县意见的基础上,起草省政府代拟稿,并下发《关于做好援疆援藏和扶持省内重点欠发达县资金筹措工作的通知》,测算2011~2015年全省援建资金筹措方案,配合有关部门制定援建资金使用管理办法。

【乡镇财政管理】 指导市县按照分税制财政体制的总体要求,合理划分县(市、区)与乡镇的事权,按照财力与事权相匹配的原则,理顺县(市、区)与乡镇的财力分配关系,完善中心镇财政体制,做好乡镇财政管理工作。(总预算局供稿 步恩绵执笔)

财政税政

【企业所得税税源调查】 开展2009年度企业所得税税源调查,以掌握企业所得税法落实过程中的相关情况,使政策更好地服务企业。调查范围为2009年度全省范围内在登记管理部门正式注册登记的实行查账征收的法人企业或法人单位,具体包括:所有法人企业、有纳税义务的事业单位、社会团体、民办非企业单位(法人)和基金会等。调查采用分层抽样方法。财政部下达浙江省调查任务数3500户,为全国的7%。浙江省收集有效样本企业数4250户(文中统计数据均不含宁波市),超财政部任务数21%。在4250户样本企业中,杭州市987户,占23.2%;温州市607户,占14.3%;嘉兴市486户,占11.4%;湖州市204户,占4.8%;绍兴市561户,占13.2%;金华市396户,占9.3%;衢州市203户,占4.8%;舟山市78户,占1.8%;台州市540户,占12.7%;丽水市143户,占3.4%;省地税局直属一分局征管企业45户,占1.1%。第一、第二、第三产业样本户数分别占总户数的0.2%、75.7%、24.1%。调查涉及所有经济类型的企业,其中:内资企业占92.7%,港澳台商投资企业占2.7%,外商投资企业占4.4%,其他类型的单位占0.2%。在所有样本企业中,按《中华人民共和国企业所得税法》规定认定的高新技术企业1134家,占26.7%;适用25%法定税率的企业3098家,占72.9%。2010年调查的样本企业资产总计15282亿元,实现销售收入11153亿元,利润总额985亿元,应纳税所得额842亿元,按适用税率计算应纳所得税额188亿元,剔除税额减免及抵免因素后实际应纳所得税173亿元。浙江省财政厅被财政部评为2009年企业所得税税源调查工作优秀单位。

【重点产品国际竞争力调查】 调查全省重点企业 255 户，比上年增加 49 户；调查重点产品 249 个，其中财政部列示产品 32 个，根据本省实际增补产品 217 个。同时，就关税政策对本省产业、经济发展影响，对促进企业自主创新、推动经济发展方式转变作用等方面开展调查，提出调整意见和建议。浙江省财政厅 2009 年关税调整方案建议工作受到财政部通报表扬。

【再生资源增值税退税管理】 2010 年退税比例为 50%，即对符合退税条件的纳税人 2010 年销售再生资源实现的增值税，按 50%的比例退回给纳税人。纳税人一般按季申请退税，经财政部授权，在浙江省申请退税金额 500 万元以上的，可以按月申请。经县市两级财政初审、省财政复审、中央财政终审，全省新认定具有再生资源增值税退税资格企业 213 户，审核批准 1269 户、3013 户次退税申请，合计批准退税 41 亿元，退税金额比上年增加 16 亿元。

【企业所得税税前扣除与免税资格认定】 认定具有公益性捐赠税前扣除资格社会团体（经县级以上地方各级民政部门依法登记）196 个、具有公益性捐赠税前扣除资格群众团体（县级以上地方各级机构编制部门直接管理其机构编制）50 个。认定具有免税资格省级非营利组织 166 个。

【高新技术企业认定管理】 由省科技厅、省财政厅、省国税局、省地税局组成的省高新技术企业认定管理工作领导小组分三批受理 699 家企业的认定申请，认定高新技术企业 664 家。经认定高新企业的企业所得税享受 15%的优惠政策。为了解全省高新技术企业利用国家高新技术企业所得税政策情况和持续开展科技创新活动情况，各市、县（市、区）财政部门按国家《高新技术企业认定管理办法》，对 2008 年、2009 年通过认定的高新技术企业逐一进行调查。调查工作历时 3 个月。从调查结果看，全省已经通过认定的高新技术企业基本符合国家《高新技术企业认定管理办法》各项要求。

【税收政策调研】 *再生资源增值税政策执行情况调研*。调研十市及代表性县（市、区）再生资源增值税政策执行情况，针对存在的问题，根据有利于促进行业健康有序发展、规范税制、实现公平与效率有机统一和降低行政成本的原则，向财政部提出“十二五”时期支持再生资源行业发展增值税政策的意见和建议。《增值税政策调整对再生资源行业的影响》课题被评为 2010 年度全省财政系统优秀调研课题三等奖。*增值税扩大征收范围改革调研*。调研全省市本级及相关县（市、区）应对改革情况，引导市县在坚持依法治税的前提下正确把握相关税种组织收入的节奏、力度。*江浙沪毗邻县（市、区）财税政策调研*。调研全省相关县（市、区）财税政策运行情况，对江、浙、沪毗邻县（市、区）财税政策进行比较研究，引导相关地区重视毗邻地区的财税政策差异情况、税收竞争情况，加强企业流动情况监测及原因分析，采取有效应对措施。*支持舟山海洋综合开发试验区建设财税政策调研*。经国务院批复的《长江三角洲地区区域规划》提出设立浙江舟山海洋综合开发试验区。为落实《长江三角洲地区区域规划》有关规定，调研舟山海洋综合开发试验区建设情况，开展相关的区域性财税政策比较研究，向财政部报告舟山市经济社会发展情况，提出支持舟山海洋综合开发试验区建设、加快推进浙江省海洋经济发展的税收政策要求。

（税政处供稿　何一平执笔）

预算执行

【概况】 2010 年，浙江省预算执行工作按照预算编制、执行、监督“三位一体”财政运行机制改革要求，保障预算执行管理机构一体化运行，完善国库管理制度改革，夯实预算执行基础工作，提高预算执行力与执行效率，强化财政资金安全管理，提升预算执行分析水平，推进预算执行管理科学化精细化。

【预算执行管理机构一体化】 统一预算执行管理机构人、财、物管理，制定工作规则、流程，归并整合预算执行岗位，明确职责与流程，实现对内规范运作，对外统一业务平台。

【推进市县国库集中支付和公务卡改革】 深入市、县财政局调研，建立省、市两级国库集中支付及公务卡改革业务指导工作小组，举办县级国库集中支付改革培训班，组织开展国库集中支付改革督查。全省新增实施国库集中支付改革县（市、区）41 个。截至年底，全省已实施国库集中支付改革的市、县（市、区）共 80 个，占应改革市、县（市、区）总数的 85%；已实施公务卡改革的市、县（区）18 个，累计发放公务卡 60044 张。

【保障省级国库集中支付顺畅运行】 完成省级集中支付用款计划审批、资金清算等日常工作，省级集中支付支出累计金额 323.06 亿元。深化省级国库集中支付改革，实施专项资金结余财政收回政策，收回财政资金 4.99 亿元；多举措扩大省级国库集中支付直接支付范围，提高预算执行效率，全年省级国库集中支付直接支付占 58.3%，比上年上升 8.6 个百分点；逐步取消原集中核算单位代理记账工作，取消集中核算单位直接支付“二道审”，改进审核流程，优化服务；优化预算单位零余额额度对账平台建设，提高集中支付信息的准确性和资金安全性；开发完成国库集中支付综合查询功能，优化预算执行数据支撑。下发《关于在省级预算单位推行单位公务卡的通知》、《关于深化省级预算单位公务卡改革有关事项的通知》两个办法，推行非现金结算方式，取消现金预借制度，提高公务卡办卡率、使用率和公务支出透明度，推出单位公务卡模式，解决集中支付托收业务难题，实现公务卡改革与国库集中支付的联动。制定《浙江省省级财政国库集中支付银行代理业务综合考评暂行办法》、《浙江省省级财政国库集中支付银行代理手续费计费暂行办法》，从制度上规范对代理银行考核监督。

【规范单位预算执行】 执行会议费、招待费、出国费、交通费等四项经费支出控制，降低省级单位行政成本。结合审计要求，加强省级单位往来款管理；按照预算外收入管理要求，加强非往来款性质资金、房租收入、中央部委、部门划拨经费等资金管理；结合专项资金整合，规范专项资金支出审核；对下拨款、补助工作经费、大型活动开支、动用历年结余、预算指标追加、奖励等特殊情况，统一审核口径，规范特殊事项预算执行；加强集中支付监控，严格垫付资金和关联账户资金支付管理，增强财政资金管理可控性；组织召开预算执行动态监控探讨会，探索构建系统化的预算执行动态监控机制。

【做好财政收支核算管理及财政决算】 完成总会计账务处理、报表报送、数据传输、资金缴拨等工作，全年拨付财政资金953.49亿元。按照财政总会计制度规定，加强总预算会计核算管理工作，完善岗位责任制，强化内部控制机制，建立严密的业务运行和工作制度，清理和核对总会计历年往来账务，对“暂付款”、以前年度预拨资金、以前年度结转事项等进行清理和处置，收回部分长期挂账的资金，完善财政资金对账管理工作，加强与人民银行资金清算、会计核算中心的清算资金核对等日常财政资金对账工作，确保财政资金运行安全。按期完成2009年度财政总决算和部门决算，组织2010年度部门决算培训与布置，规范决算编报要求，在总决算中首次引入“审核记录表”形式，对审核项目、审核重点、审核记录按标准格式进行标准化审核，提高决算编审的科学性。加强财政决算调研和分析，对全省暂存款暂付款、省本级及相关市县结余情况进行调研分析，提高决算数据的利用效益。

【地方债务发行管理】 完成2010年全省67亿元地方政府债券（不含宁波市）的发行、拨付、核算工作，及时收缴并向中央支付2009年度地方政府债券利息1.31亿元。

【完善省本级财政资金安全保障机制】 分设资金拨付、稽核会计、记账会计等岗位，形成资金拨付、稽核、核算等环节的制衡机制。加强票据管理，建立票据领用和存单出入库登记制度，完善内控机制。下发《关于全面加强地方财政资金安全管理的通知》，从人员配备、操作流程规范、专项资金账户清理、金财工程一体化、会计集中核算转轨、推进预算执行管理机构一体化等六方面建立健全资金安全管理长效机制。

【规范银行账户管理】 制定《省级预算单位银行账户管理规范书》，规范预算单位账户管理。与财政厅信息中心共同开发完成账户管理系统，在省本级试用基础上，在丽水、绍兴市本级和诸暨市、遂昌县进行推广试点。组织开展全省财政资金专户管理情况清查统计，对省本级现有专户进行清理和规范，清理撤销政府采购专户、科技发展资金专户及财政周转金等3个专户。

【探索政府会计改革】 根据财政部要求，起草《关于省级财政总预算会计部分事项采用权责发生制核算有关问题的通知》，规范财政总预算会计采用权责发生制核算的事项及账务处理，以适应预算管理和国库集中支付改革需要。开展政府会计改革前期调研，对政府会计改革相关方案进行探讨分析，完成调研课题《政府预算会计和财务会计结合的探讨》，提供改革参考。

【推进财税库银横向联网】 加强财税库银横向联网工作的协调与沟通，解决横向联网系统存在的问题，完成横向联网联调测试、系统操作培训等前期工作，实现省级财政横向联网正式上线及数据下发。初步开发利用横联接收数据，开发收入分析报表、2张数据监控报表和1个市县数据下发软件，拓展横向联网数据收集、汇总、分析功能。

【提高预算执行分析水平】 准确编报全省财政收支报表旬、月报，按月汇集各省、区、市预算执行情况和全省经济运行相关数据，完成预算执行分析。定期召开预算执行分析会，了解、掌握、交流各地情况，提高分析及时性。每旬结束后对当月进行预测，提高分析的前瞻性。加强专题分析工作，向财政部报送公共财政建设、转变经济发展方式财税对策、支出进度管理等方面专题分析材料8篇。4篇专题分析被收录进财政部《2009年预算执行专题调研成果选编》，在2009年地方预算执行分析工作评比中获全国第一名。

【建立人才库开展业务研讨】 配合有关部门做好专业人才库选拔工作，从系统选拔60名预算执行人才，结合预算执行实践，组织人才库人员撰写专业论文，开展以专题研讨、思维训练、知识讲座等研讨活动，为预算执行管理工作培养后备人才。组织参加财政部“国库集中支付改革十周年”征文活动，完成50篇征文的选评、推荐上报工作，占全国征文数量的20%。

（预算执行局供稿　舒惜虔执笔）

财政综合

【概况】　2010年，浙江省财政综合工作围绕推进政府非税收入的法制化、信息化建设，促进政府非税收入征管业务开展，规范政府性基金和行政事业性收费，加强各类政府非税收入管理，保持政府非税收入的持续平稳健康增长。全年共组织征收政府非税收入5049.43亿元，按可比口径较上年增长78.7%。其中省本级组织征收各项政府非税收入198亿元，按可比口径增长3.5%。

【推进政府非税收入管理法制化进程】　做好《浙江省政府非税收入管理条例》的意见征求、调研论证、条款修改、情况汇报等相关立法工作。8月，省政府第56次常务会议讨论通过《浙江省政府非税收入管理条例(草案)》。12月，《浙江省政府非税收入管理条例》经省十一届人大常委会第二十二次会议审议通过，定于2011年1月1日起施行，浙江省政府非税收入管理走上法制化轨道。

【推动政府非税收入征管信息化建设】　扩大新版政府非税收入征管信息系统应用覆盖面，提高应用质量，从2010年1月1日起，新版政府非税收入信息系统在省本级所有执收单位全面启用，省级单位联网接入工作全部到位；举办近50个市(县)财政局非税业务骨干参加的系统实施应用培训班，全省27个市(县)财政局实施应用政府非税收入征管信息系统，按照“执收单位开票、商业银行代收、财政部门监管”的原则，实现财政、单位、银行三方信息共享。为加强国有土地使用权出让收支的管理，实现部门之间、上下级之间国有土地出让收支信息共享，结合实际，开发全省国有土地出让收支管理信息系统，形成标准版，通过分批分次培训，在全省范围内推广应用国有土地出让收支管理信息系统，75个单位中70个已完成联网调试。

【征管业务精细化管理】　规范执收单位政府非税收入收缴行为，监督代理银行代收资金管理，严格财政结算资金管理，确保财政资金安全。清算政府非税收入分成资金，办理政府非税收入的上缴、划解、返还和退付工作。做好将预算外资金全部纳入预算管理后资金的测算分析，审核省级部门预算单位政府非税收入征收计划，做好省本级收入的核算缴纳工作。加强全省和省本级政府非税收入报表编报、分析预测工作，建立定期分析报告制度。规范财政票据管理，严格财政票据《购领证》制度，规范财政票据的领用发放和结报核销工作，确保财政性资金及时足额收缴，建立健全财政票据稽查制度。结合实际，转发财政部《行政事业单位资金往来结算票据使用管理暂行办法》，制定《浙江省行政事业单位非经营服务性收入收款收据管理暂行办法》，形成财政收入管理业务全覆盖的票据管理体系。

【政府性基金和行政事业性收费管理】　制定出台《浙江省大中型水库库区基金征收使用管理实施细则》，促进大中型水库库区和移民安置区经济社会发展。制定出台《浙江省小型水库移民扶助基金征收使用管理暂行办法》，妥善解决小型水库移民困难问题。制定出台《浙江省排污权有偿使用收入和排污权储备资金管理暂行办法》，推进排污权有偿使用和交易试点工作开展。重新制定出台《浙江省散装水泥专项资金征收和使用管理暂行办法》，以适应和推动新形势下散装水泥管理工作的需要。争取地方水利建设基金、旅游发展基金和民航机场建设费征收政策到期后保留继续征收政策落实工作。根据国家和省政府统一部署督促各地贯彻落实国家和省各项清费减负政策。根据财政部、国家发改委等中央部门的统一要求，对全省开展涉及企业负担的行政事业性收费专项清理工作做出全面部署。

【规范彩票市场加强对公益金扶持项目监管】　支持彩票发行销售，强化彩票市场监管。全省共销售彩票126.11亿元，筹集彩票公益金37.90亿元，分别增长33.3%和27.2%。支持彩票管理机构开展彩票派奖活动，拓宽彩票销售渠道，促进全省彩票市场健康稳定发展。支持各地业务工作用房建设、营销宣传、投注站形象建设等，促进彩票机构规范发展。加强彩票机构财务监管，开展福利彩票发行销售和财务管理情况专项检查工作。完善彩票会商机制，加强彩票管理工作协调与合作。加强青少年校外活动场所建设彩票公益金管理，执行彩票公益金筹集分配使用情况公示制度，发挥彩票公益金的社会效益。

【住房资金监管】　做好省直行政机关和省直财政补助事业单位职工住房补贴审批发放工作，全年共审批省直行政企事业单位职工一次性住房补贴1.70万人次，发放补贴金额7.78亿元，其中财政专项补助2.45亿元。启动省直机关配偶补足部分住房补贴发放工作，完善配偶职级差部分住房补贴发放条件。会同省建设厅等有关部门，下发《关于印发〈2010年落实党风廉政责任制分工加强住房公积金监管工作方案〉的通知》等文件，强化对住房公积金的监督管理，确保资金安全。支持各地加快保障性住房建设，加强中央补助保障性住房专项资金管理，提高财政资金使用效益，下发《转发财政部关于切实落实相关财政政策积极推进城市和国有工矿棚户区改造工作的通知》、《关于印发＜浙江省中央补助城市棚户区改造专项资金管理实施细则＞的通知》、《关于印发＜浙江省中央补助公共租赁住房专项资金管理实施细则＞的通知》和《转发关于加强廉租住房管理有关问题的通知》等相关文件；支持杭州市和宁波市成为住房公积金支持保障性住房建设贷款试点城市。

【规范土地出让金征收管理】 全省征收土地出让收入4170亿元，增长112.8%。转发财政部、国土资源部、中国人民银行、监察部、审计署《关于进一步加强土地出让收支管理的通知》，严格执行土地出让收入缴库管理规定，健全和完善土地出让收入征收管理机制，做好土地出让收支基金预算编制工作，建立土地出让相关信息共享机制。下发《关于进一步规范土地指标调剂收入资金使用管理的通知》，规范土地指标调剂收入资金的管理。

【加强海域使用金征收管理】 全省（不含宁波）当年征收入库海域使用金7.50亿元。根据省政府关于温台沿海产业带滩涂围垦项目海域使用金缴纳问题的专题会议纪要精神，做好温台沿海产业带用海项目应缴地方部分海域使用金的缓缴工作，批准64个项目缓缴地方部分海域使用金计9.82亿元。会同省海洋与渔业局做好海域使用金清算工作，对2010年经国务院和省政府审批的用海项目海域使用金进行清算并返还，共计返还市县海域使用金1567万元。做好海域使用金减免审批工作，批准减免苍南县石砰渔港工程等4个项目应缴地方部分海域使用金1714万元。同时，会同有关部门对符合减免中央部分海域使用金的项目提出减免申请，维护用海企业和个人权益。 （综合处供稿　李慧辉执笔）

会计管理

【概况】 2010年，浙江省会计工作围绕提高会计信息质量这一中心目标，加强会计制度建设、人才队伍建设，加强中介机构管理和会计信息化管理，为推动会计事业发展发挥作用。

【参与会计制度建设】 参与财政部有关会计制度的修订工作，先后两次组织《小企业会计准则（征求意见稿）》和《医院会计制度（征求意见稿）》、《高等院校会计制度（征求意见稿）》的意见征求工作，并形成修改意见，为财政部制定会计制度提供参考。贯彻实施《企业内部控制基本规范》及其配套指引，下发《关于认真贯彻实施〈企业内部控制基本规范〉及配套指引的通知》，明确具体要求；举办全省会计管理干部培训班，对全省会计管理干部进行《企业内部控制基本规范》及其配套指引的培训。

【对中介机构监督管理】 落实《财政部关于加快发展我国注册会计师行业若干意见的通知》文件精神，结合浙江实际，研究制定《关于加快发展我省注册会计师行业的意见》，由省政府办公厅发文，明确全省注册会计师行业发展的指导思想、主要目标和政策措施。成立"浙江省会计师事务所评估委员会"，对设立会计师事务所的行政审批事项增加专家评估环节，由专家对拟设立会计师事务所的各项条件进行评估，评估结论作为受理会计师事务所设立申请的依据，以加强对会计师事务所的审批管理。按照《行政许可法》、《会计师事务所审批和监督暂行办法》和《资产评估机构审批管理办法》的规定和要求，依法行政，坚持公开、公平、公正和高效、便民原则，当年审批设立会计师事务所13家（其中有限责任所4家、合伙所9家）、会计师事务所分所1家、资产评估机构4家。到年末全省共有会计师事务所346家，其中，有限责任所190家，合伙所156家。加强对中介机构的日常监管，做好会计师事务所数据报备工作，纠正6家会计师事务所在持续保持设立条件中的问题。加强会计信息质量检查，对103家会计师事务所是否持续符合设立条件进行专项检查。结合日常会计师事务所变更备案工作，对3家未持续保持设立条件的会计师事务所进行监督纠正，对2家会计师事务所发出限期整改行政处理决定书。

【会计人员队伍建设】 做好各类会计资格考试工作。4月，参加全省会计从业资格考试报名人数为180247人，合格人数67860人，合格率39.6%。5月，全国会计专业技术资格考试浙江考区初、中级资格参考人数分别为68070人次、21087人次，合格人数分别为6757人、2303人。9月，高级会计师资格考试参考1594人，765人合格。做好高级会计师和教授级高级会计师资格的评审工作。当年全省601人申报高级会计师资格，经评审通过具备高级会计师资格450人。至此，全省历年通过省高级会计师资格评审委员会评审取得高级会计师任职资格的累计人数为6951人。全省23人申报教授级高级会计师资格，经评审通过具备教授级高级会计师资格11人。至此，全省共计20人具有教授级高级会计师资格。加强全省各级各类会计人员继续教育的组织指导工作。探索会计人员继续教育的新形式，普通会计人员实行面授教育与网络教育双轨运行；规范省级会计继续教育培训机构的备案制度，并对

23家培训机构的申报材料进行审核；加强对行业、企业自行举办会计继续教育的管理工作。选送优秀人才参加各类专业培训。当年2人被全国会计领军（后备）人才（企业类）培训班录取；30人参加第二期浙江省会计领军（后备）人才（企业类）培训班。表彰省先进会计工作者（会计管理工作者系列）。全省10位会计管理工作者获得省先进会计工作者荣誉称号；向财政部推荐全国先进会计工作者候选人，财政部驻浙江省财政监察专员办事处黄露获全国先进会计工作者称号。

【利用信息化技术管理会计人员队伍】 加强会计人员管理，服务基层、服务企业，在省财政厅门户网站开通《会计从业资格证书》网上查询功能，免费向社会提供服务。开展浙江省会计人员网络继续教育。2009～2010年会计继续教育年度共有39216人次在线完成继续教育。各类会计考试全程实行网上报名、网上资格审查、网上交费和网上打印准考证等考务管理工作。（会计处供稿　程少春执笔）

行政政法财政财务管理

【概况】 2010年，浙江省行政政法财政财务管理工作按照财政管理科学化精细化的要求，在着力优化支出结构，加大经费保障力度，加强财政财务管理，降低行政成本方面取得新成绩。

【做好上海世博安保经费保障工作】 按照中央和省委省政府有关上海世博会安保工作目标要求，做好上海世博会"环沪护城河"安保经费保障工作。各级财政投入世博安保经费10亿元，其中省本级投入1.3亿元。浙江省获驻沪信访工作评分考核总分全国第一，省财政厅被省委省政府评为世博安保先进单位。

【保障实施人才强省战略】 安排"人才强省"战略专项资金5000万元，推进人才队伍建设工作。对入选中央"千人计划"和省引才计划的人才进行奖励，当年落实资金8700万元，支持引进87名海外高层次创新创业人才。落实农村党员干部现代远程教育经费2550万元，继续扩大农村党员干部现代远程教育系统覆盖范围。支持基层组织建设，提高对欠发达地区到村任职高校毕业生的补助，省财政将人均年补助标准从上年的8500元提高到10000元。

【深化"平安浙江"建设】 贯彻落实省委"平安浙江"建设精神，调整优化政法经费支出结构，支持政法机关基层基础和科技建设，提高装备配备水平，改善执法办案条件。当年省财政安排省级政法部门经费36.50亿元，重点推进科技强警、科技兴院、科技强检等科技建设；筹措安排政法奖励性补助资金24.75亿元，提高全省基层政法机关技术装备水平。落实省级"平安浙江"建设专项资金1000万元，社区矫正经费2600万元，加强社会综合治理，维护社会稳定，全省社区矫正人员重新犯罪率低于全国平均水平。

【支持旅游产业转型升级】 安排支持旅游业发展资金6000万元，比上年新增300万元，新增资金重点用于对接上海世博会安保、浙江台湾经贸文化交流活动（包括浙台旅游合作大会）、中国义乌第二届国际旅游商品博览会、第五届中日韩旅游部长会议等大型活动的宣传促销，加大"浙江旅游"的整体营销力度。根据全省经济社会发展的总体布局，及时调整旅游发展专项资金的重点支持方向，加大对旅游基础设施建设、生态旅游和旅游规划的投入，促进旅游业转型升级。

【推动"质量强省"建设】 安排标准化战略与质量管理专项资金3400万元，支持推进新能源企业、新材料产业、物联网企业实施标准化建设。安排省本级重点检验检测项目技术装备经费2500万元，投入特种设备节能实验室800万元，支持技术创新平台和实验室建设。安排省级产品监督抽查经费4000万元，加强产品质量预警工作。支持"十小"（指食品加工小作坊、小食杂店、小餐饮店、小药店、小农资店、小菜场、小音像店、小美容美发店、小客运、小液化气供应点）行业整顿规范活动，新设立"十小"整规以奖代补专项资金860万元。设立"省政府质量奖"专项奖励资金500万元，支持企业提升产品质量。

【扶助弱势群体】 支持健全和完善多元化矛盾纠纷解决机制，安排解决疑难复杂信访问题专项资金200万元、司法救助专项资金400万元、欠发达地区法律援助专项资金800万元、人民调解补助经费700万元，按政策规定解决涉法涉诉上访案件当事人实际生活困难，实现矛盾纠纷就地排查调处。

【支持第六次人口普查工作】 支持、配合人口普查工作开展，省本级筹措落实资金4570万元，指导督促市、县财政部门落实人口普查经费，确保第六次人口普查工作的顺利进行。

【规范转移支付】 将科技强警、科技强检、科技兴院等省级专项转移支付资金整合为省级政法奖励性补助资金，并实行因素分配法，调整各因素权重，强化重点工作完成情况和资金使用绩效两个因素，提高财政一般转移支付资金的比重。建立健全工商经费保障体制，会同省工商局按照因素法要求，以业务量、地方财力状况以及工商部门个体工商户管理费、集贸市场管理费收入减收额等因素，确定权重系数后对中央补助经费按因素法进行分配。此举改变了原来"各地跑相关省级部门要钱、省级部门跑地方分钱"的状况，引导各部门单位建立健全对基层管理的调控、监督、约束机制。

【开展专项资金清理、整合和规范工作】 省质监局对机关本级15个专项，合并为执法及业务管理、综合管理两个专项；系统13个专项，合并为系统执法及业务管理、系统综合管理两个专项。省统计局对性质用途相近的专项进行归并，统计局本级经常性专项只保留2个项目。团省委将未成年人保护委员会工作经费、青少年工作领导办经费、少先队浙江省工作委员会经费、浙江省青少年犯罪预防办公室工作经费等整合为一个专项经费。通过资金整合，打破单位每个协调机构办公室都设一个专项资金的现状，促进资金的统筹安排与使用。

【积极利用结余资金】 世博安保卡点建设和装备购置、浙台经贸与文化合作交流活动以及部分单位的车辆购置三个项目利用结余资金6000多万元。落实浙台经贸与文化合作交流活动经费，从牵头单位历年结余和年初部门预算以及宣传文化发展、省级外贸发展和旅游宣传促销等专项资金中进行统筹调剂，最终落实涉及物流发展交流、农业合作对接、产业发展交流、旅游宣传推广等活动经费977万元。

【规范资金管理】 制定浙江省畲族文化发展专项资金使用管理办法，明确资金支持方向，促进民族文化事业发展。重新修订《浙江省青少年教育经费使用管理办法》，调整使用范围和投入重点，规范项目申报和审批下达、管理与监督程序。

【提高财政资金使用绩效】 对2007年至2009年省级政法转移支付资金进行全面检查，先由各市、县(市、区)财政局，对本辖区进行全面自查，再由省财政厅牵头抽调省级政法机关组成2个联合检查组，对10个地级市及20个所属县(市、区)进行实地重点检查，促进市县提高财政资金使用绩效。组织实施300万元以上项目绩效自评、重点抽查和财政绩效评价，加强绩效结果的应用。

【加强专题调研】 开展全省民主党派经费保障情况调研，探讨加强民主党派经费保障课题并向财政部提出支持民主党派履行"政治协商、民主监督、参政议政"职能的意见建议。开展全省旅游发展基金使用情况调研，统计和分析2005～2009年财政部、国家旅游局对浙江省旅游发展基金的补助及使用情况，结合实际向财政部、国家旅游局提出建议继续保留对旅游发展基金的征收，加大对浙江沿海省市的资金扶持力度和资金扶持份额。开展全省公安机关基本业务装备情况调查，为制定全省公安机关基本业务装备配备标准做好调查摸底。针对司法行政预防违法犯罪职能，开展财政政策对司法行政预防犯罪职能的支持和引导研究。

【提高部门单位财务人员业务能力】 成立财务研究小组，将归口管理的部门单位按类别、性质分成五个小组，不定期地围绕财政管理改革和财务管理工作中遇到的热点、难点问题，组织开展小组专题学习、调研、交流活动，提高各部门单位财务人员管理能力和管理水平。(行政政法处供稿　陈　达执笔)

教科文财政财务管理

【概况】 2010年，浙江省教科文财政财务管理工作围绕财政中心工作，强化资金管理，优化支出结构，着力保障和改善民生、提升自主创新能力、促进产业转型升级，深化文化体制改革、推动文化大发展大繁荣，加强教科文财政财务管理。

【加大教育投入】 *推动义务教育均衡发展*。完善义务教育经费保障机制，下达提高中小学公用经费保障水平转移支付资金11.4亿元；研究出台农村义务教育学校免住宿费政策；落实义务教育学校绩效工资制度；下达普通中小学扶困助学经费8624万元。开展全省中小学多媒体教室采购、教学资源建设工作，推进"农远工程"建设。推进校舍安全工程建设，根据分年实施计划、地区类别、项目内容、财力状况等因素分配下达第一批省补助资金8.85亿元。研究完善教科书循环使用办法，做好教科书采购资金结算工作。安排专项资金1.17亿元，支持各市县做好学校布局调整工作。下达专项资金3862万元，支持全省学前教育发展。修订外来务工人员子女教育专项资金管理办法，实行因素分配，规范专项转移支付机制，缓解流入地政府财政支出压力，推动全省外来务工人员子女教育工作健康发展，当年安排外来务工人员子女教育专项资金5.88亿元，吸引市县财政和学校投入17.20亿元。鼓励、督促各市县消化义务教育负债，全省35.19亿元的义务教育债务全部消化完毕。继续实施"领雁工程"，重点支持农村中小学教师素质提高。安排1500万元支持特殊教育学校基础设施建设，改善办学条件。

加大对职业教育的政策扶持。安排资金5.95亿元，继续实施"职业教育六项行动计划"。会同省教育厅研究出台完善中等职业学校学生资助政策实施方案，扩大中职学生资助面。

结合国家建设中等职业教育改革创新示范学校和第二期国家示范性高等职业院校的要求，组织项目申报，开展省级评审，加强与财政部沟通，经中央有关部门评审，有5所学校列为第二期国家级示范高职院校建设单位、9所中职学校列为首批改革创新示范校建设单位。

提升高等教育质量。联合省教育厅开展省属普通高校本科教学业绩考核，根据考核结果省财政兑现考核奖励经费2.14亿元。制定《浙江省中央财政支持地方高校发展专项资金实施办法》，组织开展专项资金规划申报、评审工作，获得中央支持资金1.18亿元。组织实施高校首批"重中之重"学科预验收。在回顾总结2002～2009年省属高校实验室建设项目等主要专项资金建设成果的基础上，提升地方高校整体办学水平，制定《浙江省提升地方高校办学水平专项资金管理办法》，面向全省所有高等学校，建立激励引导机制，安排2010年提升地方高校办学水平专项资金1.73亿元。针对物价上涨给家庭经济困难学生带来的压力，从秋季学期起，将普通高校国家助学金平均资助标准从原来的年生均2000元提高到3000元，省财政增加投入3146万元。稳定高校食堂饭菜价格，落实普通高校学生食堂财政补贴政策，省财政安排补助3021万元。

【支持科技发展】 加大财政科技经费投入。省级财政科技经费预算安排增幅高于省级经常性财政收入增幅。重点确保支持营造创新环境、培育创新人才、支持创新条件建设和加大创新研发等方面的投入。

支持省委、省政府重点工程。整合优化科技专项经费支出结构，通过调整结构、新增投入的方式安排科技资金1亿元，支持省科创基地(临安科技城)建设及引进高端的科研机构和人才团队；安排3.43亿元支持重大科技专项与优先主题项目研究和成果转化，提升科技创新能力。

支持国家技术创新工程浙江省试点工作。省财政新增3000万元支持该工程的启动建设，并配合省科技厅研究制定《浙江省产业技术创新战略联盟建设与管理办法》。围绕高新技术产业发展和11个重点产业转型升级的需要，组建一批产业技术创新战略联盟，实现企业、大学和科研机构在战略层面的有效结合，集聚创新资源，共同突破产业发展的技术瓶颈，推动产业转型升级。

支持实施知识产权战略。支持国内申请人积极向国外申请专利，保护自主创新成果，按照财政部有关要求，会同省知识产权局组织各企业、单位申报资助项目，审核并汇总符合申报条件的160个项目，共争取国家立项138个，国家资助资金774万元。为鼓励发明创造，激励自主创新，及时下拨专利补助资金三批次共计2867万元。

支持科技型中小企业发展。引导地方政府、企业、创业投资机构和金融机构对科技型中小企业技术创新、成果转化的投资，及时转拨中央补助科技型中小企业技术创新基金2.36亿元，并安排省财政配套资金5525万元。安排创新型示范和试点企业补助经费1035万元，促进全省有关示范和试点企业增加技术创新投入，推广创新成果等。制定浙江省创业风险投资引导基金管理办法补充规定，规范省创业风险投资引导基金管理。省创投引导基金发挥财政资金"四两拨千斤"的杠杆作用，当年出资1.95亿元阶段参股3只创投基金，规模10亿元，实现放大效应5倍以上。

创新投入方式，建立以绩效为导向的投入机制。为提高科技资金使用效率，给予市县更多的自主权和积极性，探索建立省财政补助与市县科技产出挂钩机制，通过与市县科技产出统计指标增长率等绩效情况进行挂钩，当年补助科技绩效优异的市、县(市、区)6000万元。支持市县引进高新技术企业和高端科技人才等；通过事后补助和贷款贴息形式引导大企业推动创新，加大重大科技项目的资金投入，鼓励大企业建设研究院，并给予首期建设资金补助。

【推进公共文化服务体系建设】 支持农村文化建设。拨付专项资金1.56亿元用于加强县(市、区)图书馆、文化馆及乡镇综合文化站建设，推进村级文化活动室文化器材购置，实施文化下乡"三万工程"，促进农村文化活动繁荣发展、文化信息资源共享、农村文化队伍素质提升等。

支持文化遗产保护。加大投入力度，安排专项补助资金5600万元，支持全省文物、非物质文化遗产和古籍保护；支持国家和省文物科技区域创新联盟建设，支持大运河申报世界物质文化遗产；继续安排专项资金3900万元，支持图书馆、博物馆、纪念馆等向社会免费开放工作。

扶持广播影视事业发展。在实现全省有线广播电视"村村通"、"村村响"的基础上，安排有线广播电视"村村通响"维护工程专项补助，实现全省有线广播电视"长期响"、"长期通"、"优质通"；整合设立广播电视惠民服务工程专项资金5200万元，对广播电视对农节目制作播出、广播电视有线网络数字化发展等广播电视惠民项目进行补助，推进广播电视基本公共服务均等化；安排专项补助资金900万元，支持全省特别是欠发达地区多厅影院建设。

争取中央财政支持。向财政部申请2010年度博物馆、纪念馆免费开放中央补助资金、国家重点文物保护专项补助资金、大遗址、非物质文化遗产保护、文化产业发展等10余项中央补助资金，共计2.85亿元，支持全省文化事业发展。

支持深化文化体制改革和发展文化产业。研究文化事业单位改制支持政策，审核批复改制事业单位的资产处置和国有股权设置方案，推进浙江省文艺音像出版社、浙江省文化实业发展中心、浙江省对外文化交流公司等文化事业单位的转企改制工作；筹措安排2500万元补助资金，推动浙江歌舞剧院有限公司、浙江曲艺杂技总团有限公司、浙江省话剧团有限公司等3家省属文艺院团实现市场化运作。制定出台《浙江省省属文化集团国有资产管理暂行办法》，制定《浙江日报报业集团、浙江广播电视集团、浙江出版联合集团绩效考核暂行办法》，加强对国有文化资产的监管。出台浙江省多厅影院建设专项资金、浙江省广播电视惠民服务工程专项资金等管理办法，规范资金管理。

【做好人口计生工作资金保障】 研究完善"十二五"期间人口和计划生育财政保障政策，下达资金5400万元，继续实施农村部分计划生育家庭奖励扶助资金制度和计划生育家庭特别扶助制度。安排2009年、2010年省级财政专项补助4699万元，保障免费婚检和免费孕前优生检测资金。

【促进群众体育与竞技体育发展】 研究提高浙江省竞技体育实力的财政支持政策，提高运动员教练员伙食补助标准，修订自主择业退役运动员经济补偿办法，改善退役运动员安置难状况。贯彻落实全民健身条例，支持开展全民健身活动。安排1亿元省级体育彩票公益金中用于体育小康村建设、体育强县(镇)建设、全民健身工程，推进国民体质监测、社会体育指导员队伍建设等。安排资金支持办好第十四届省运会和省首届体育大会。

【加强预算管理整合专项资金】 落实预算执行分析报告制度，加强用款计划管理，督促预算单位落实责任、理顺关系、加强内控，增强预算执行均衡性。采取多种措施，加快省级财政科技资金执行进度。在继续抓好财政科技专项资金和其他专项资金整合的同时，重点对涉及农村文化、省属院团和省级非物质文化遗产等文化专项资金进行整合。提高财政教科文资金使用效益，完成"浙江卫视落地覆盖"专项和农村中小学书香校园工程的绩效评价工作；开展"计划生育免费婚前检查和孕前优生检测"专项绩效目标管理试点工作。

【调查研究】 配合有关部门，启动"十二五"时期财政教科文支持政策制定工作。参与浙江省教育中长期发展改革规划纲要制定工作。参与省委、省政府产业转型升级、经济结构调整决策制定，结合财政教科文职能，提出政策建议。参与事业单位分类改革和事业单位绩效工资制度改革。

(教科文处供稿　童　盈执笔)

行政事业单位资产管理

【概况】 2010年，浙江省行政事业单位资产管理工作围绕理顺体制，建章立制，规范管理，强化资产配置预算，推进资产管理信息化建设，建立与公共财政相适应的行政事业单位国有资产监管体系开展工作。

【理顺管理体制】 召开部分县(市)行政事业资产管理工作座谈会和全省行政事业资产管理工作会议。全省所有市县均明确由财政部门履行行政事业资产管理职责，全省(除宁波市外)10个市财政局单独设立资产管理机构的有7个。86个县(市、区)单独设立资产管理机构的有73个，建立与"国家统一所有，政府分级监管，单位占有、使用"的管理体制相适应的"财政部门——主管部门——行政事业单位"三个层次的行政事业单位国有资产监督管理体系。

【规范管理健全制度体系】 出台《省级行政事业单位国有资产处置管理暂行办法》、《省级行政事业单位国有资产使用管理暂行办法》、《省级行政事业单位国有资产收入收缴管理暂行办法》，制定常用固定资产使用年限，完善行政事业单位资产管理的制度体系，规范资产配置、使用、处置、国有资产收益管理等各个环节的监管。指导、督促省级行政事业单位建立健全资产管理制度，强化内部控制和约束，对省级行政事业资产处置中心加强业务指导和财务监管。

【推进资产管理信息化建设】 开发完善资产管理软件功能并作试点运行，完成省级800多家行政事业单位近千名资产管理相关人员软件操作培训，并确定省财政厅内各业务处相关资产管理审批流程，省级资产管理信息系统于7月1日正式运行。省级各单位资产配置、使用、处置和收益收缴等事项实现网上申报审批，动态监管。指导市、县财政局启动资产管理信息系统建设。

【强化资产配置预算编审】 按照省财政厅总预算局编制2011年省级部门预算的要求，研究制定具体资产配置预算编制方案，明确财政与各单位在编制资产配置预算工作中的职责分工和财政内部资产配置预算的审核流程。根据通用资产配置标准和经省财政审核确认的相关资产配置标准产生各单位资产配置限额，作为单位编制资产配置预算的参考依据。设计制作资产配置预算编制相关表格和审核公式，并做好与部门预算编制软件的衔接。完成省级400多家单位资产配置预算审核。

【强化日常资产监管】 结合资产管理信息系统的开发应用，完善并简化资产日常审批流程，审核审批资产报废、转让、报损、调拨、捐赠等资产处置业务和事业单位对外投资审批、企业改制等事项。全年办理行政事业单位资产报废311批次，核销资产账面价值2.54亿元，收回资产处置收入391万元。审批其他资产处置事项（包括捐赠、报损、调拨）108批次，核销资产账面价值1.15亿元。审批省级近20家行政事业单位股权转让、对外投资、增加资本金、企业改制、土地划转等事项，涉及资产价值1.85亿元。开展"春泥护花"行动，整理修复报废的计算机1659台，捐赠经济欠发达县，为35所中小学建立计算机教室。

【宣传调研工作】 以举办培训班、召开座谈会、利用财政干部讲坛、建立互联网QQ群等多种形式宣讲资产管理政策、制度，开展业务交流，提高全省财政系统资产管理人员和省级单位资产管理人员业务素质。配合有关部门做好会计人员继续教育辅导教材的编写和教学课件的制作。开展调查研究，完成《加强行政事业资产管理 为公共财政建设和经济社会事业发展服务》、《行政事业资产管理信息系统建设中若干问题探讨》、《强化资产配置审核，把好资产入口关》等调研课题和交流材料。 （资产处供稿 邵金泉执笔）

农业财政管理

【概况】 2010年，浙江省农业财政工作以统筹城乡和现代农业发展为主线，继续加大投入，突出支持重点，深化资金整合，创新支农机制，强化资金管理。全省财政农林水事务支出290.92亿元，比上年增长23.2%，其中省级财政农林水事务支出39.41亿元，增长6.6%。

【稳定惠农补贴政策】 落实省政府《关于抓好2010年粮食生产的通知》精神，省财政安排扶持粮食生产各项惠农补贴资金2.30亿元，继续对粮油种植农户、水稻机械化插秧、油菜机械化收割、病虫害防治、农机具购置及水稻良种给予补贴。同时，整合水稻良种补贴、粮油高产示范方竞赛、万村优质高产示范、粮油生产技术示范推广等资金5950万元，集中投入粮食生产功能区建设。

【支持现代农业发展】 争取中央财政现代农业生产发展资金2.60亿元，支持蔬菜、虾蟹及油茶产业。统筹省级现代农业生产发展资金、种子种苗工程资金、农机化促进工程资金、木本粮油和主导产业资金、竹林道建设资金、现代渔业发展资金、转产转业资金、水产种子种苗资金的70%，支持现代农业园区建设。安排11135万元专项资金，支持农业标准化生产和农业公共服务体系建设，加强农产品质量安全监管、动植物病虫害预防体系及农业信息体系建设。

【安排各项农业基础设施建设资金】 安排水利基础设施建设专项资金25.18亿元，重点支持"强塘"工程、水资源保障百亿工程、农村饮水安全工程建设，加快小型农田水利重点县建设。安排7300万元专项资金，支持千万亩标准农田质量提升工程建设。安排51880万元专项资金，支持农业综合开发中低产田改造、高标准农田和现代农业产业体系建设。安排2.60亿元专项资金，支持标准渔港建设和维护。落实18516万元专项资金，支持林区道路建设。

【支持农业发展方式创新】 安排3560万元专项资金，开展财政支持村集体经济发展试点。安排7000万元专项资金，支持农业龙头企业和专业合作组织发展。安排8100万元专项资金，推进千万农村劳动力素质培训工程，开展农村创业创新实用人才培训，提升农民技能和创业就业能力。

【支持农村生态环境治理】 安排4.35亿元专项资金，以村内道路建设、垃圾集中处理、生活污水治理、卫生改厕、村庄绿化为重点，推进千村示范万村整治工程建设，支持中心村培育和美丽乡村建设。安排1.20亿元专项资金，支持循环农业发展。安排3.59亿元专项资金，用于森林生态效益补偿。

【支持欠发达地区发展】 落实省委、省政府关于"低收入群众增收行动计划"的各项政策，省财政安排4.76亿元专项资金，支持欠发达地区实施下山搬迁和"低收入农户集中村"发展特色种养业和来料加工业。按照省委、省政府支持重点欠发达县群众增收致富奔小康工程的政策意见，会同省级有关部门抓好相关配套政策的落实。

【深化财政支农资金整合】 充实和完善《浙江省农业农村发展重点领域重点项目扶持导向目录》，研究制订2010年全省财政支农资金整合工作方案。重点对归口省级部门的支农专项资金进行整合，从源头上控制专项资金数量。归口省林业厅的支农专项资金从2009年的37项整合为4大类11项；归口省水利厅的支农专项资金从2009年的28项整合为20项；归口省农业厅的从2009年的13项整合为10

项；归口省海洋与渔业局的专项资金从2009年的18项整合为17项。制定《浙江省县级财政支农资金整合工作考评实施细则》，推进县级支农资金整合考评工作。在县级自评、市级复评的基础上，组织省级有关部门对云和县等11个县（市、区）进行重点考评，经过考评，云和县、安吉县、建德市、武义县等4个县（市）被确定为中央财政支农资金整合工作奖励县。

水利建设

【支农资金管理】 按照中央的统一部署，在全省范围内开展强农惠农资金专项清查，财政部组织人员对浙江省专项清查工作进行重点检查和重点督查。经检查、督查，浙江省强农惠农资金使用和管理情况得到重点检查组和督查组的肯定。加强和完善制度建设，制定下发《浙江省县级财政支农资金整合工作考评实施细则》、《浙江省现代农业生产发展资金和项目管理实施细则》等14项支农资金管理办法或制度。加强财政支农项目管理，启动财政支农项目库管理系统建设。创新管理机制，对小型农田水利重点县实行公开竞选。完成2008～2009年度下山搬迁项目重点绩效评价工作。完成2009年中央财政支持现代农业生产发展资金项目绩效评价，并被财政部评为优秀等次。委托中介机构对2009年财政扶贫资金使用管理情况进行专项检查。会同省级有关部门开展新农村建设考核和耕地目标责任制考核检查。做好省人大对《农业法》等法律法规执法检查工作的整改落实。

【做好调查研究与基础工作】 完成《财政支持村级集体经济发展的政策研究》、《促进现代农业发展的财政支农政策研究》、《完善对欠发达地区支持方式的思路与对策研究》等课题，开展完善下山搬迁政策调研，其中《财政支持村级集体经济发展的政策研究》获2010年度全省财政系统调研报告二等奖。召开全省农业财政工作会议，总结交流"十一五"以来财政支农工作，重点部署今后两年农业财政工作。做好2009年度省级农口部门行政事业单位、企业及基建决算报表汇审工作。按照省级部门预算编制的有关规定，完成省级农口部门预算的审核、批复工作。完成人大代表建议和政协提案5件主办件、103件会办件的办理工作，其中"关于进一步做好全省涉农资金管理工作的几点建议（政协21号）"被评为省财政厅优秀承办件。做好省财政厅结对景宁县5个村的帮扶工作，结对帮扶工作得到省委书记赵洪祝批示："省财政厅帮扶景宁县，从点点滴滴做起，取得很好成绩，要继续坚持下去"。省财政厅被省委、省政府评为2010年度"低收入农户奔小康工程"结对帮扶工作先进单位和社会主义新农村建设优秀单位，受到省委省政府的通报表彰。 （农业处供稿 支炳义执笔）

基层财政管理

【概况】 2010年，浙江省基层财政管理工作"立足基本、夯实基础、着眼基层"，加强对乡镇财政管理工作的指导，组织开展乡镇财政资金监管工作，全面推行村级公益事业建设一事一议财政奖补政策，落实财政扶持村级组织运转和村干部报酬经费补助政策，稳妥开展清理化解其他公益性乡村债务试点工作，配合做好村级财务规范化工作，提升基层财政财务管理水平。

【加强乡镇财政管理】 开展调研活动。组织人员到嘉兴等19个市县及乡镇调研乡镇财政工作，开展全省乡镇财政工作基本情况专项统计，赴江苏等省学习考察外省乡镇财政工作。提出政策建议。在基本摸清全省乡镇财政管理工作现状及存在问题的基础上，提出加强乡镇财政工作的政策建议，向省政府呈报《关于进一步加强乡镇财政建设的意见》代拟稿。编制乡镇财政决算。3月，对全省2009年乡镇财政决算进行汇审。4月底，财政部决定恢复已停止10年之久的乡镇财政决算工作，按照财政部要求，再次组织全省乡镇财政决算汇审工作。总结推广典型经验。召开全省乡镇财政管理工作座谈会，选择不同管理类型的典型经验进行交流，现场参观学习海宁市财政局和周王庙镇财政所在加强乡镇财政管理方面的基本做法。根据省委书记赵洪祝有关化解乡镇债务工作的重要批示，总结丽水市和青田县化解乡镇债务工作的基本做法和成效，提出加强乡镇财政和财务管理工作的设想和打算，得到省委、省政府主要领导的批示肯定。总结嘉善县、海宁市加强乡镇财政管理和丽水市、青田县化解乡镇债务方面的典型经验，印发各地学习借鉴。

【加强乡镇财政资金监管】 制定乡镇财政资金监管工作实

施意见。根据财政部有关加强乡镇财政资金监管工作的指导意见，结合实际，在调研的基础上，对涉农补助性资金和项目建设专项资金的监管及乡镇财政预算管理、工作考核等方面内容进行细化，制定下达《关于印发切实加强乡镇财政资金监管工作的实施意见的通知》。建立乡镇财政工作联系点制度。按照“乡镇财政管理工作基础较好、机构人员力量较强”的条件，下发《关于明确乡镇财政工作联系点制度有关事项的通知》，选择15个县（市、区）和20个乡镇为省财政厅的乡镇财政工作联系点，明确各联系点的职责和工作要求。

【推行村级公益事业建设一事一议财政奖补】 2010年，国务院农村综合改革工作小组批准浙江省村级公益事业建设一事一议财政奖补工作列入中央财政扩大奖补试点范围。为推动村级公益事业建设一事一议财政奖补工作的开展，制定下达《关于全面推行村级公益事业建设一事一议财政奖补试点工作的通知》、《浙江省村级公益事业建设一事一议省级财政奖补项目和资金管理暂行办法》等一系列文件，召开全省村级公益事业建设一事一议财政奖补工作会议和专题培训班，争取到中央财政奖补计划指标2.4亿元，全省一事一议财政奖补试点工作取得成效。当年全省财政一事一议奖补资金支出12.3亿元（不含宁波），实施项目3600多个，带动村民群众投劳投资、村集体经济投入和社会力量捐资赞助近20亿元，显现了财政奖补资金的“乘数效应”。

【扶持村级组织运转和落实村干部报酬经费】 对2009年全省村级组织运转和村干部报酬落实情况开展调查统计，落实省委办公厅、省政府办公厅《关于完善村级组织运转经费保障机制促进村级组织建设的意见》，做好村级组织运转经费保障工作。下达2010年度省财政安排的村级组织运转和村主要干部基本报酬补助经费22453万元。做好村级组织运转经费和村主要干部基本报酬保障机制落实情况的专项检查工作。

【实施清理化解其他公益性乡村债务试点】 根据国务院农村综合改革工作小组《关于开展清理化解其他公益性乡村债务工作的意见》精神，经过调研，拟订《浙江省清理化解其他公益性乡村债务试点工作实施方案》，并上报国务院农村综合改革工作小组；4月底，浙江省被列入中央财政化解其他公益性乡村债务化债试点范围。制定下发《关于开展清理化解其他公益性乡村债务试点工作的通知》，启动清理化解其他公益性乡村债务试点工作。选择诸暨、嵊州、洞头、定海等4个县（市、区）作为省化解其他公益性乡村债务试点县，下拨省级财政奖补资金1000万元，试点工作针对2008年12月31日以前所形成的修建乡镇级组织办公场所、修建村级公共场所和垫交农业税农业特产税等三个方面的债务开展化解试点工作。

【推行村级财务管理规范化】 安排省级财政补助资金555万元，加强农村集体“三资”（资产、资金、资源）管理，会同省农业厅开展农村会计电算化、农村财务监管网络、农村财务管理规范化县项目建设和农村集体经济标准化审计项目的验收工作。 （基层财政处供稿　苗林炯执笔）

企业财政财务管理

【概况】 2010年，浙江省企业财政财务管理工作以推进经济结构调整和发展方式转变为中心，筹措落实各专项补助资金22.09亿元，争取中央补助资金58.58亿元，发挥财政对经济的支撑、保障和引导作用。

【促进工业转型升级】 筹措落实工业企业转型升级财政专项资金4.14亿元，支持工业龙头企业技术创新和技术改造。筹措装备制造业专项资金3000万元，会同有关部门修订完善《浙江省装备制造业重点领域首台（套）产品认定办法》、制定《浙江省优秀工业新产品、新技术评定办法》，引导企业加大对装备制造业和新产品开发的投入。筹措落实“品牌大省”建设专项资金3000万元，集中部分资金重点支持块状经济服务平台建设，促进块状经济、县域经济向集群经济发展。筹措落实其他各类支持工业发展专项资金5400万元，支持企业技术中心建设、中药现代化发展、电子信息产业、信息服务业发展等项目。争取国家相关专项资金2.16亿元，支持全省工业转型升级。

【推进企业节能降耗】 筹措落实节能财政专项资金9000万元，支持企业节能、技术改造以及工业循环经济发展，促进全省万元GDP能耗继续下降。鼓励市、县政府落实节能政策，对超额完成节能指标的各市政府下达奖励资金2466万元。筹措落实专项资金3000万元用于淘汰落后产能企业以奖代补，统筹安排1.41亿元对全省淘汰小火电机组企业进行补助。推进合同能源管理，制定《浙江省合同能源管理财政奖励资金管理实施细则》，并通过节能财政专项资金落实地方配套资金，推进中小企业开展节能技术改造。争取国家节能相关财政专项资金6.92亿元，实施“节能惠民工程”，做好新能源汽车试点相关工作。

【支持服务业发展】 完善财政支持服务业发展相关政策措施，参与研究出台《浙江省重点服务业企业认定管理办法》，支持重点服务业企业发展和重大服务业项目建设。筹措落实省商贸服务业发展专项资金1.22亿元、再生资源回收利用体系建设资金1000万元，会同省商务厅整合设立流通业发展专项资金，推动城乡商贸流通一体化建设。筹措落实专项资金2400万元，支持企业开拓国内市场、建立国内市场营销网络。争取中央财政专项资金3.37亿元，研究制定相关专项资金实施办法，扶持商贸系统加快实施"家政服务工程"、"农产品现代流通综合试点"、"再生资源回收利用体系建设试点"、"中华老字号发展"、"下乡流通网络建设"、"万村千乡市场"、"国内贸易信用险补助"等项目建设，推动农村流通体系和城市服务体系发展。

【家电汽摩下乡和以旧换新】 筹措落实家电、汽车摩托车下乡和以旧换新省级配套资金4.66亿元，加大政策宣传力度，完善家电下乡补贴兑付方式，出台家电以旧换新中标连锁企业集中审核兑付补贴办法，家电下乡补贴兑付率提高到95.8%。当年全省累计拨付各市县财政部门(不含宁波，下同)家电汽摩下乡和以旧换新补贴资金28.72亿元，全省各级财政部门共补助家电下乡产品170.66万台，发放家电下乡补贴资金5.01亿元，补助汽车下乡产品53.38万辆，发放汽车下乡补贴资金10.74亿元；补助家电以旧换新产品352.89万台，发放家电以旧换新补贴8.80亿元。

【推动对外经贸恢复增长】 兑现落实2009年度促进外经贸发展各项政策，研究出台2010年促进外经贸发展各项政策。连续第3年筹措落实3.5亿元外贸出口发展基金用于支持外经贸发展，重点支持企业开拓国际市场和防范出口收汇风险，加大对外经贸结构调整的扶持力度。争取中央支持外贸发展各项资金4.59亿元。研究出台《浙江省中小企业国际市场开拓资金实施细则》，加强中小企业国际市场开拓资金管理。使用管理好中央切块下达的中小外贸企业融资担保专项资金，缓解中小外贸企业融资难问题。

【扶持中小企业创业创新】 筹措中小企业扶持资金2000万元，调整优化资金支持重点，重点支持中小企业公共服务平台、中小企业培训计划、融资服务体系建设。争取中央财政支持中小企业发展各项资金2.45亿元，支持中小企业固定资产投资建设项目、企业提高素质项目、担保(再担保)业务项目。根据财政部《地方特色产业中小企业发展资金管理暂行办法》，研究制定《浙江省地方特色产业中小企业发展资金管理操作办法》，选择一批产业基础良好、区域优势明显、升级潜质较大的中小企业块状经济作为支持重点，加大财政政策扶持力度。

【筹措各项粮食补贴资金】 筹措省级粮食风险基金2.46亿元，其他粮食补贴资金2.13亿元，预拨省级粮油储备费用2.01亿元。制定《浙江省省级粮食补贴资金管理暂行办法》，改按项目拨款为切块分配，增加市县安排使用资金的自主性。拨付各市县和省粮食集团粮食补贴资金7530万元，增加各市县统筹用于地方粮食安全建设的财力。积极争取中央各项粮食补贴转移支付资金11.58亿元。

【支持粮食安全体系建设】 会同省粮食局制定《省内粮食骨干企业采购东北地区2010年新产粳稻(粳米)费用补贴管理办法》，引导粮食企业产销衔接，保证全省粮食市场供应和价格稳定。安排舟山省级储备库二期工程建设资金1.26亿元，拨付市县中心粮库建设"以奖代补"资金600万元。至年底，省财政拨付市县中心粮库建设"以奖代补"补助资金累计1.33亿元。按照《中央财政新增农资综合补贴资金集中用于粮食基础能力建设暂行管理办法》规定，会同省农业厅将2009年中央财政新增农资综合补贴资金7184万元集中用于粮食生产功能区农田基础设施建设，建设总面积14.5万亩。

【落实种粮农民补贴政策】 会同省农业厅制定《浙江省种粮农民农资综合补贴实施办法》，对补贴面积的核定、补贴资金的拨付以及补贴的监管等方面作出规定。6月上旬完成2010年种粮农民农资综合补贴工作，全省共兑付补贴资金8.65亿元，领取补贴的农户计686.09万户。会同省粮食局等部门制定《2010年浙江省省级储备早稻订单奖励实施办法》，拨付省级储备早稻订单奖励资金6260万元，促进粮农增收。

【稳定涉农物资市场供应】 筹措落实储备商品补贴资金5200万元，做好猪肉、食糖、化肥、棉花、农药、医药等物资储备工作。研究制定"十二五"期间省级商品猪基地和猪肉储备政策，确保生猪市场价格稳定。针对镇海炼化尿素停产等实际情况，筹措资金争取稳定的省外资源，并对化肥储备库建设给予贴息补助，确保省级尿素储备以及全省尿素市场供应。组织全省粮油、猪肉、食糖、化肥、棉花、农药、医药等储备商品调查，确定全省政府储备商品企业及其直属库名单，保证储备企业享受到国家税收优惠政策。

【支持供销社企业发展】 参与制定省政府《关于进一步加快供销合作社改革发展的实施意见》，筹措供销社扶持资金2900万元，加大对专业合作社、农资网络工程和农产品市场升级改造的支持力度。完成全省供销社地方政策性财务挂账消化处理工作，当年拨付全省地方政策性财务挂账省财政补助资金1289万元。争取中央新农村现代流通服务网络工程专项资金2290万元,并及时安排拨付。

【组织编制国有资本经营预算】 根据国有企业改革和经济结构调整的要求,组织省国资委和省电力公司编制2010年省本级国有资本预算,研究省本级国有资本预算支出重点,提出省本级国有资本经营预算草案,重点支持铁路现代化建设、参股金融保险业以及电厂节能减排和高速公路建设。按规定审核收取省本级国有资本经营预算收入12.67亿元,其中:利润收入5.50亿元,股利股息收入1721万元,原省丝绸集团产权转让收入7亿元。指导并推动国有资本经营预算工作在全省范围内开展。

【推进高职学院创新教育】 调整存量资金使用结构,推进高职学院创新创业教育活动开展,增强高职院校对学生创新精神和创新、创业能力的培养。当年安排创新创业专项资金1820万元,重点支持创新型高技能人才培养和大学生创新创业基地建设。

【完善信息网络报送平台】 加强企业财务信息利用,运用财务信息监测企业运行情况。在浙江财政企业信息网开通企业财务快报直报平台,截至年底全省已有超过4000户企业实行网上直报。加大网络平台应用力度,开发启用外商投资企业会计决算报表网上直报系统,减轻企业填报负担,提高报送质量。

【做好基础工作】 以《浙江财税与会计》、《浙江财政研究》为平台,宣传财政支持企业发展、工业转型升级专项资金、家电下乡补贴、家电以旧换新、国有资本经营预算等相关政策措施。完成年度调研课题《完善我省国有资本经营预算制度的初探》,并被评为浙江省财政系统调研课题一等奖。做好2009年度全省4545户国有、630户集体企业年报、13080户外商投资企业年报的审核、汇总、分析和上报工作,获财政部通报表扬。

(企业处供稿　沈燕萍执笔)

外债金融资产财务管理

【概况】 2010年,浙江省外债金融财务管理工作找准财政与外债金融工作的结合点,以制度建设为依托,强化政府外债项目基础工作规范化和全过程监督,加强金融资产财务管理,加大对中小企业和"三农"的财政金融支持力度,健全风险监控和预警机制,促进全省地方金融业平稳、可持续发展。

【合理有效利用政府外债】 全年实施两项与世界银行的谈判项目。一是林业综合发展项目,5月20～21日在北京与世界银行举行谈判,并于8月13日完成项目《贷款协定》与《项目协议》的签署工作,该项目利用世界银行贷款2100万美元,贷款期限为25年,在临安、富阳、安吉和德清四个子项目县市实施。二是钱塘江流域小城镇环境综合治理项目,于11月18～19日在杭州完成谈判工作。该项目利用世行贷款1亿美元,涉及建德、诸暨、龙游、磐安、兰溪、桐庐、衢江、婺城等8个县(市、区)的13个子项目。

【落实债务减免政策】 按照"完善机制、明确责任、多方负担、突出重点、逐步推进"的原则,对还贷较为困难的农林类和卫生类项目制定债务减免方案,减轻项目县市的债务负担。比照中央财政减轻世界银行贷款农业项目债务负担的做法,将浙江省世行贷款红壤二期项目自1994年6月至2000年7月期间的贷款利率由5.3%降至0.75%,由此为项目市县及项目单位减轻债务负担人民币2626万元。结合财政部对卫生项目的债务减免政策,豁免有关市县世行贷款综合性区域卫生发展(卫生三)项目和传染病与地方病控制(卫生五)项目的债务余额,共计人民币2750万元。将财政部返还的农林项目滞纳金634万元全部落实到相关项目单位。

【做好政府外债管理基础性工作】 加强对政府外债项目、债务情况的清理和债务数据的核对工作,及时编制国际金融组织贷款季度报表和外国政府贷款年度报表,提高外债会计报表质量,夯实政府外债管理基础。全年累计完成还本付息付费1.4亿美元,累计完成提款报账金额3623.81万美元。对世行贷款农村改水项目资金进行逐一催收和清欠,共计人民币3192万元。

【规范外债项目管理】 开展政府外债项目的绩效评价工作,委托会计师事务所对世行贷款城建环保项目、集装箱项目、日本政府贷款杭金衢高速公路项目开展绩效评价,并对外国政府贷款项目三年绩效评价工作进行总结。委托中介机构完成对全球环境基金赠款多氯联苯示范处置项目的监督检查工作。2010年财政部发布的地方政府对外债务指标监测情况通报称:浙江等7省市各项指标均处于绿色区域,安全状况良好。

【加强省属金融企业国有资产财务管理】 理顺金融企业国有资产管理体制,由省政府授权省财政厅监管财通证券有限责任公司并代行出资人职责,调整财通证券有限责任公司管理体制。履行省属金融企业国有资产管理职责,加强金融国有资产监管,落实财政部关于金融企业国有资产评估、转让等政策规定，并指导各地加强金融国有资产监管。参与杭州银行上市工作，对该行的国有资本进行审核确认，协调国有股转持社保基金的工作。做好金信信托股份有限公司股权转让的相关工作，支持金信信托股份有限公司改革重组。完成2009年度13家银行类、72家信用社类、205家担保类、2家证券类、2家保险类地方金融企业财务决算以及2010年度财务快报编制审核工作，并获财政部通报表彰。做好2009年度地方金融企业国有资产产权登记工作。加强未上市公司股权转让试点，促进企业优化资源配置，培育发展地方资本市场。做好省级国有及国有控股金融企业绩效评价工作。

【政策性农村住房保险财政保费补助监督检查工作】 审核各地农户参保情况。当年全省政策性农村住房保险参保农户超过1000万户，参保率98.6%，全省各级财政补助农村住房保险保费资金7179万元，其中省财政补助3782万元，市县财政补助3397万元。

【政策性农业保险保费补贴工作】 全省林木保险纳入国家森林保险试点范围，并获得中央财政保费补贴。当年财政部给予浙江省公益林50%、商品林30%火灾保险、综合保险的中央财政补贴。研究建立种植业保险巨灾风险准备金制度，扩大保险保费补贴品种、参保对象范围和保险责任范围，推进政策性农业保险工作。加强财政保费补贴资金的审核工作，做好2009年度保费补贴资金结算和2010年预算工作，2010年各级财政核拨保费补贴资金15255万元。

【开展农业贷款风险补偿试点】 发挥财政资金的导向作用，鼓励金融机构加大支农信贷力度，对全省农村合作金融机构涉农贷款比上年度净增额按照0.5%的比例进行风险补偿，缓解“三农”融资困难。全省各级财政安排2009年度农业贷款风险补偿资金3033万元，其中省级财政2409万元，撬动全省农村合作金融机构新增农业贷款61亿元。

【促进农村信用社健康发展】 加强同省国税部门协调，妥善解决新所得税法出台后省农村信用联社管理费等问题。指导省农信联社建立发展风险准备金，用于应对辖内农村合作金融机构发生挤兑等突发事件或重大自然灾害时的救济调剂，防范金融风险。研究农村合作金融系统负责人薪酬约束机制。

【消除金融服务空白乡镇】 调研金融服务空白乡镇，多次会同人行、银监、省农村信用联社和农业银行、邮政储蓄银行进行多种形式的交流，分析金融服务空白乡镇产生的原因，提出有针对性的政策建议。拨付省级补助资金979万元，支持全省30个县市农村合作金融机构新设金融网点和提升农村金融服务能力。到2010年6月底，全省159个金融服务空白乡镇全部消除，实现乡镇金融服务全覆盖。

【推进金融机构对小企业贷款风险补偿工作】 引导金融机构加大对服务业小企业的信贷支持力度，规定对服务业小企业贷款风险补偿的比例为0.8%。及时拨付2009年度小企业贷款风险补偿资金。全省各级财政核拨小企业贷款风险补偿资金8325万元，其中省级财政4786万元。依据《浙江省中小信用担保机构小企业贷款风险补偿办法》，组织担保机构申报风险补偿资金并及时审核拨付，省财政核拨2009年度中小信用担保机构风险补偿资金2228万元。争取中央财政担保机构项目补助费用4370万元，支持全省33家担保机构的发展，鼓励信用担保机构做大做强并支持小企业的信贷服务。

【扶持新型农村金融机构】 根据小额贷款公司年度考评结果和各地补偿情况，当年通过转移支付的方式给予县级财政781万元补助，鼓励各地加大对小额贷款公司的扶持力度。指导小额贷款公司执行《金融企业财务规则》等金融财务管理制度。争取中央财政定向费用补贴资金4497万元，支持村镇银行和农村资金互助社等新型农村金融机构的发展。

【加强中央专项借款管理】 加强专项借款的对账和管理，继续加大清收资产的处置、追偿和变现力度，筹措资金，强化预算管理，按时还款，防范和化解金融风险与财政风险。与承贷银行对账，归还到期的清理信托基金中央专项借款5550万元，归还到期的清理城信社中央专项借款2500万元。

【建立道路交通事故社会救助基金】 牵头会同省级有关部门制定全省道路交通事故社会救助基金管理试行办法，向省编委争取设立道路交通事故救助基金管理中心，研究制定相关实施细则。按机动车交通事故责任强制保险(以下简称交强险)缴纳营业税数额给予的补助列入财政预算，安排预算资金2.05亿元。与浙江保监局联合督促经营交强险业务的保险公司按交强险业务收入的2%缴纳救助基金，全年提取资金9200万元。

【加强非贸易非经营性外汇管理】 根据国务院、财政部和省委、省政府关于控制机关公用经费支出的精神，加强党政干部因公临时出国用汇预算管理。当年全省累计执行购汇人民币限额11051万元，其中出国用汇6020万元，保证省委、省政府重大外事活动的正常开展，有效压缩一般性出国用汇。

（外债金融处供稿　罗亭林执笔）

财政社会保障管理

【概况】 2010年，浙江省财政社会保障工作以“广覆盖、保基本、多层次、可持续”为主线，促进就业，完善社会保障体系，推进医药卫生体制改革，规范收入分配秩序，推动“人才强省”建设，做好财政社保基础性工作。全年全省财政社会保障和就业、医疗卫生总支出564.40亿元，占全省财政支出的17.6%；五项社会保险基金收入925.31亿元，支出656亿元，滚存结余1679.16亿元。

【支持稳定就业 扩大就业政策实施】 重点做好高校毕业生、就业困难人员就业和稳定企业用工工作，参与制定《关于实施高校毕业生就业推进行动大力促进高校毕业生就业的通知》、《关于鼓励和支持大学毕业生从事现代农业的若干意见》等促进就业、稳定就业的政策措施。调整财政支出结构，加大就业投入，全年省财政拨付就业资金3.93亿元。参与制定《关于加强农村社区劳动保障和社会救助站建设的意见》，安排欠发达地区农村社区劳动保障和社会救助站建设补助资金3000万元。审批下达失业保险基金支持劳动力市场信息网络建设使用额度。研究完善就业资金统筹管理办法。

【完善社会保险制度】 推进城乡居民社会养老保险。制定城乡居民社会养老保险财政一般性转移支付补助办法，拨付省级补助资金14.55亿元。

推进企业职工基本养老保险省级统筹实施。按照《浙江省企业职工基本养老保险省级统筹实施方案》要求，在全省范围内开展企业职工基本养老保险参保政策和统筹项目清理规范工作，研究基本养老保险关系省内和跨省转移接续实施办法。

落实被征地农民基本生活保障待遇。加强全省被征地农民基本生活保障工作的调研和督导，拨付被征地农民基本生活保障省级补助资金5000万元。

推进基本医疗保险政策调整完善。配合做好流动就业人员基本医疗保障关系接续工作，转发《流动就业人员基本医疗保障关系转移接续暂行办法》，参与制定《关于就业人员基本医疗保障关系转移接续业务经办规程》。拨付中央补助资金4701万元和省财政配套资金589万元，推动解决全省关闭破产企业退休人员医疗保障问题。

落实社会保险费率调整。参与制定《关于2010年对部分企业临时性下浮社会保险费缴纳比例的通知》，全省合计减征21.5亿元；研究制定省本级2010年省部属企业集中减征社会保险费实施办法，实际减征5000余万元。做好企业职工基本养老保险用人单位缴费比率统一调整工作，全省合计减轻企业负担13.5亿元。

推动全省社会保险业务信息化。配合开展异地就医联网结算工作，转发《关于基本医疗保险异地就医结算服务工作的意见》，参与制定《关于基本医疗保险异地就医联网结算工作的实施意见》。统筹安排省级社会保障“一卡通”（全省异地就医联网结算系统）、养老保险省级统筹系统和城乡居民社会养老保险系统项目资金3000万元。

【落实各类人员生活待遇】 做好企业退休人员基本养老金、精减退职人员生活困难补助等待遇标准调整工作，对企业退休人员人均增发养老金150元/月、对精减退职人员人均增发生活困难补助120～225元/月、对计划外长期临时工人均增发晚年生活补助85元/月。对机关事业单位工作人员和企业职工死亡后遗属人均增发生活困难补助65～185元/月。建立机关企事业单位新中国成立前老工人待遇确定机制。调整工伤人员生活护理费为按2009年职工月均工资为基数计发及供养亲属抚恤金每人每月增加120元。

【支持医药卫生体制改革】 筹措落实医改资金。围绕“保基本、强基层、建机制”工作要求，全省财政安排医改投入202亿元，其中省财政投入41亿元。

支持城乡居民基本医疗保障制度建设。将农民健康体检资金纳入新型农村合作医疗基金实行统一管理，提高新农合和城镇居民医保省财政补助标准，最高标准分别提高到人均84元和90元，共下达财政补助资金15.48亿元（城镇居民医保1.73亿元、新农合13.31亿元。城镇居民健康体检省级补助资金588万元、大学生参加城居医保省级补助资金3814万元）（含健康体检经费），全省新农合实际人均筹资237元，其中各级财政人均补助162元。做好新农合和城镇居民医保政策范围内住院费用报销比例达到60%以上及推进基本医疗保障制度城乡统筹一体化管理的政策研究和资金测算工作。

促进基本公共卫生服务均等化。全省城乡基本公共卫生服务年人均补助标准统一提高到20元以上，下达省级补助4亿元。参与制定农村妇女住院分娩补助、农村妇女孕前和孕早期补服叶酸、农村妇女宫颈癌和乳腺癌筛查等重大公共卫生项目实施方案，明确省财政补助政策，下达省级补助资金4亿元。做好突发公共卫生事件应急工作，安排拨付甲型H1N1流感防控经费3747万元。

支持基本药物制度改革。加强对全省两批共72个基本药物制度改革实施县（市、区）财政经费保障工作的跟踪督导，指导各地加快推进基本药物制度实施后的基层医疗卫生机构定编定岗、绩效工资、财政补偿等各项改革。出台《浙江省基层医疗卫生机构多渠道补偿机制，明确财政补助核定办法。落实村卫生室财政补助政策，保障其开展基本医疗和基本公共卫生服务支出需要。下达乡镇卫生院人员补助、村卫生室运行省级补助资金3.20亿元。

推进基层医疗卫生服务网络建设。继续推进欠发达地区“城乡社区卫生服务机构建设工程”，下拨省财政补助资金9500万元。根据各市、县(市)村卫生室新建规划和省政府下达的2009～2010年建设任务计划进度，下拨村卫生室建设补助资金9000万元。参与制定《浙江省以全科医生为重点的基层医疗卫生队伍建设规划》，做好规划各项目具体实施方案制定和1.08亿元省财政补助资金的安排落实工作。

推动医药卫生体制、机制综合改革。配合有关部门加强对全省24个县乡医疗卫生管理体制改革试点县的政策指导工作。加强对嘉兴市公立医院改革试点的工作指导。探索实施省级医院床位定额补助改革，研究建立与医院控制均次医疗费用等因素相挂钩的激励约束机制。

【提高社会救助和社会福利水平】 完善社会救助体系。按照低保标准动态增长机制安排落实城乡低保省级补助资金2.56亿元，参与制定《浙江省低收入家庭收入核定办法》。安排下达城乡低保困难群众春节慰问补助资金4604万元。全年四次启动困难群众基本生活价格补贴机制，核拨低保对象物价补贴省级补助资金3683万元。下达医疗救助省级补助资金9900万元，确保全省低保、五保和“三无”等特殊困难救助对象实施零起点按比例医疗救助，全省医疗救助年人均筹资11.6元。

推进社会福利体系建设。根据省政府《关于加快推进养老服务体系建设意见》精神，安排补助资金1833万元用于民办养老机构床位补助。与省民政厅开展全省孤儿福利保障体系调研，并提出初步建设意见。组织完成全省老年活动中心建设补助专项资金(2006～2009年)绩效评价工作。统筹安排使用省级福利彩票公益金，下达2.50亿元用于支持社会福利、社会救助工作。

支持优抚安置。会同省民政厅调整一至十级伤残军人、烈士遗属、病故军人家属、带病回乡复退军人等优抚对象抚恤和生活补助标准，省财政下达抚恤补助资金4.2亿元，推动重点优抚对象医疗保障“一站式”即时结算服务工作在全省全面推开。制定出台《浙江省退役士兵职业教育技能培训资金管理办法》。

落实救灾资金。做好青海玉树地震和甘肃泥石流灾害捐款资金3180万元的使用拨付工作。争取中央财政救灾补助5400万元，全年共下达救灾生活补助资金9427万元。下达大中型水库移民后期扶持直补资金7.25亿元；省财政安排2.34亿元用于大中型水库后期扶持2197个扶持项目。

实施残疾人共享小康工程。落实残疾人共享小康工程省级补助资金1.1亿元；参与制定《浙江省残疾人小康•阳光庇护中心计划实施方案》和《浙江省贫困残疾儿童抢救性康复项目实施办法》，分别落实补助资金1135万元和1200万元。参与制定《浙江省万名残疾人就业创业帮扶计划实施意见》，增加一次性就业创业补贴，做好扶贫贷款贴息和省级扶贫示范基地补助工作，落实残疾人就业创业省级补助资金1382万元。牵头做好第八届全国残运会财务筹资工作。组织完成残疾人共享小康工程省财政补助资金(2008～2009年)绩效评价工作。

【规范收入分配秩序】 研究制定并组织实施省直机关津贴补贴统一规范方案，做好调节基金的征缴和转移支付补助工作。参与制定浙江省考核奖励规范办法。规范特殊岗位津贴，转发财政部关于调整司法助理员岗位津贴、信访岗位津贴及建立机要密码人员岗位津贴等文件，研究制定《关于人民警察法定工作日之外加班发放补贴的通知》，明确警察加班补贴发放对象、标准等。加强对各地规范机关津贴补贴执行和工作开展情况的监督指导。

参与制定《关于公共卫生与基层医疗卫生事业单位绩效工资的实施意见》和《关于进一步做好公共卫生与基层医疗卫生事业单位实施绩效工资工作的通知》，明确财政补助原则。参与省级公共卫生事业单位绩效工资实施范围、绩效工资水平和财政保障机制等政策研究。

【推动“人才强省”建设】 围绕“人才强省”建设要求，加大对省“151人才工程”、博士后引进、钱江人才计划等人才工作的财政投入，全年共安排人才专项资金3991万元。参与制定《关于加快实施劳动者就业能力培训计划的若干意见》及《浙江省十大高技能人才公共实训基地申报评审办法》、《浙江省技工院校品牌专业申报评审办法》、《浙江省2010年职业培训及技能鉴定教材和题库开发建设方案》等3个申报评审办法，完成2010年十大高技能人才公共实训基地及技工院校品牌专业评审，下达劳动者就业能力培训专项资金3510万元。

【做好财政社保基础性工作】 加强社保基金管理，全面推开社会保险基金预算编制工作。做好社保基金保值增值工作。建立财政社保工作联系点制度，加强省与市县的工作交流。完成医保基金监管机制研究课题。（社保处供稿　黄　青执笔）

经济建设财政财务管理

【概况】 2010年，浙江省经济建设财政财务工作坚持“科学化、精细化”管理要求，念好“实、稳、优”三字诀，做好“保障、完善、提高”这篇文章，加强财政经建管理工作。

【贯彻落实积极财政政策】 向中央争取代发浙江省地方政府债券67亿元(不含宁波)，重点支持中央投资公益性项目和杭黄铁路项目建设。下达中央扩大内需新增投资资金38.60亿元，筹措落实省本级财政性资金114.39亿元，支持政府主导性重大建设项目计划和“三个千亿工程”重大项目建设行动计划的实施。筹措落实省本级铁路建设资本金41.53亿元，支持“七线两枢纽”铁路建设。

【保障民生投入】 争取中央补助保障性住房资金1.86亿元，推动公共租赁住房等保障性住房建设。下达廉租住房保障专项资金3659万元，支持全省32个经济欠发达地区3659户廉租住房建设。继续实施农村困难家庭危旧房改造救助政策，安排农村困难群众住房救助资金1.6亿元，按照户均4000元的标准，实施4万户农村困难家庭危房改造救助任务。安排镇级污水处理设施建设“以奖代补”资金1.2亿元，支持100个镇污水处理设施建设。争取中央污水配套管网专项资金1.75亿元、中央水污染治理专项资金5.9亿元，安排省级财政污水管网和污泥专项资金1亿元，支持太湖流域和其他地区城镇污水处理工程和全省1000公里污水配套管网以及污泥处理设施建设。筹措城乡供水一体化专项资金4000万元，完成全省城乡供水一体化建设扫尾工作。争取中央2009年油价补贴资金38.42亿元，补助部分困难群体和公益性行业。贯彻落实“港航强省”战略举措，筹措落实港航强省专项资金6亿元，支持重点港航建设项目。安排站场建设资金1亿元、物流发展专项资金1.4亿元，用于乡镇客运站建设和发展综合运输体系。安排安全生产应急救援专项资金934.62万元和化工自动化安全控制系统的推广应用专项资金1000万元，控制化工企业安全事故的发生，推进全省安全生产应急救援体系建设。

【支持对口援建】 统筹安排浙江省援川资金，拨付省本级援建资金9.01亿元，确保援川工作按期完成。筹措落实援疆、援藏资金，做好对口支援新疆阿克苏地区建设工作和新一轮对口支援西藏那曲地区前期工作。

【小城市培育试点】 省财政加大转移支付力度，筹措落实小城市培育试点专项资金10亿元，建立“分类分档、奖补结合，动态考核、以奖促建”的小城市培育试点激励机制，支持中心镇提升小城市功能。

【加大环保投入推进生态省建设】 实施“资源节约和环境保护行动计划”和“811”环境保护新三年行动，省财政共安排生态环保各类补助资金45.83亿元，比上年增长11.5%，重点支持重点流域、区域和欠发达地区生态环境保护和污染减排工作。探索完善生态环保财力转移支付政策，配合财政部实施新安江流域生态补偿试点工作，安排生态环保财力转移支付资金12亿元，建立稳定增长的机制，促进全省生态环保和经济社会的协调发展、互动上下游双赢。创新污染减排机制，完善排污权有偿使用和交易制度。根据省政府《关于开展排污权有偿使用和交易试点工作的指导意见》，配合省环保厅出台配套政策，制定《浙江省排污权有偿使用收入和排污权储备资金管理暂行办法》，推动全省排污权有偿使用和交易试点工作顺利开展。根据省政府《跨行政区域河流交接断面水质保护管理考核办法》，会同省环保厅和省水利厅公布2009年度跨行政区域河流交接断面水质保护管理考核结果，并以此为依据对相关市县给予相应的奖励或处罚。为推动农村环境连片整治工作，争取列入中央农村环境连片整治示范省份，2010～2012年，中央财政每年安排浙江省农村环境连片整治示范资金2.5亿元。

【贯彻落实燃油税费改革政策】 推进政府还贷二级公路收费的取消工作。2月28日23时58分起，全省政府还贷二级公路全部取消收费，共取消收费项目78项、收费站点46个、代收点24个，另降低收费标准的收费站4个，总里程1755.4公里。财政部驻浙江省监察专员办事处核定全省政府还贷二级公路债务余额为142.54亿元，里程1817.638公里。争取中央取消政府还贷二级公路收费补助资金6.78亿元，筹措落实省级配套补助资金5.32亿元，确保全省政府还贷二级公路收费取消工作平稳进行。创新交通资金管理。制订《浙江省交通资金管理暂行办法》，将交通资金纳入预算管理，规范转移支付制度，优化成品油价格和税费改革税收返还收入的支出结构，科学合理分类和安排各项支出；制订《浙江省省本级政府还贷高速公路资本金补助管理若干规定》，明确资金补助标准和申报程序，规范资金使用。加大一般性转移支付力度，理顺省与市县交通资金管理预算体制。加强交通债务管理，根据省政府“适度举债、讲求效益、加强管理、规避风险”的债务管理总体要求，对交通债务实行“建立机制、计划管理、总量控制、余额调节”的管理办法，调度国库资金100亿元用于偿还交通债务，压缩交通债务规模，降低政府性债务风险。

【加强专项资金管理】 制订完善各类专项资金管理制度，制订出台浙江省交通资金、浙江省城镇污水配套管网和污泥处置省级“以奖代补”专项资金、浙江省海防基础设施建设资金、浙江省化工自动化安全控制系统推广应用专项资金、浙江省电源项目前期工作资金等5个专项资金管理办法。对省级矿山生态环境保护与治理项目和建立浙江省GPS跟踪站项目，组织开展绩效评价工作。加强国债专项资金使用管理，指导有关市县建立良性的国债转贷资金还本付息机制；加大国债还本付息资金的催缴力度，共向财政部还本付息8.07亿元，确保及时足额归还国债转贷资金本息，防范政府债务风险。 （经建处供稿　魏宏伟执笔）

财政监督

【概况】 2010年，浙江省财政监督工作以“小金库”治理和会计监督工作为重点，以审计联络保障工作促规范，以推进财政监督信息化建设为导向，树立和完善财政“大监督”理念。

【“小金库”治理工作】 开展党政机关和事业单位“小金库”治理“回头看”。全省共24216户党政机关和事业单位再次就“小金库”问题进行自查，主管部门对50%以上的所属单位进行重点检查。督促指导各级“小金库”治理工作日常机构，对“零申报”、“零问题”部门排查摸底，选择部分单位进行线索核查、检查验收，消除自查自纠“零申报”、重点检查“零问题”县区。通过“回头看”，新发现“小金库”208个，违纪金额7028万元。期间，因设立和使用“小金库”款项予以行政处罚22人，组织处理6人，党纪政纪处理34人，移交司法机关处理19人，通报案件14件，新闻媒体曝光案件2起。

探索建立健全党政机关、事业单位“小金库”治理长效机制。从加快预算体制改革、建立国库集中支付制度、完善银行账户管理、加强非税收入及党政机关和事业单位国有资产收益管理、健全财政监督机制等方面提出具体措施，并撰写研究文章《稳步推进配套改革彻底根除“小金库”》，探索治理工作的长效机制。

开展社会团体和国有及国有控股企业“小金库”治理。做好社会团体、国有企业自查自纠的各项准备工作，多重把关确保自查自纠工作取得实效。制定重点检查方案，多方联合实施重点检查；统一标准统一程序，确保重点检查质量控制。通过治理，社会团体发现“小金库”133个，涉及违纪金额3846万元；国有及国有控股企业发现“小金库”396个，涉及违纪金额2.06亿元。

【会计信息质量检查】 对453户行政、企事业单位的会计信息质量进行检查，查出违纪金额26亿元，查补各项税款358万元。将会计监督与财政改革、财政管理相结合，以农村改革、民生保障资金为导向，开展现代农业、农村基础设施、教育、就业和社会保障、医疗卫生、生态环保等领域的会计信息质量检查。

【注册会计师执业质量检查】 与省财政厅会计处、省注协联合对103家会计师事务所执业质量进行检查，重点检查新所、前几年未受过检查的老所和受到投诉举报的会计师事务所。

【整治企业登记代理违法违规行为】 与工商、公安、财政、银行等部门联合开展企业登记代理违法违规行为专项整治。财政部门负责查处违规为企业提供验资报告、审计报告和资产评估报告的行为，协助查询会计师事务所、资产评估机构等的业务信息。

【审计联络保障】 完成省审计厅同级审计的联络保障工作，做好审计署驻长沙办对浙江省中央转移支付资金的审计联络保障工作，以及财政部宁夏专员办对本省强农惠农资金检查的联络保障工作。对中央扩大内需促进经济增长政策落实检查、公共投资预算执行情况检查等发现的问题进行答复，并督促整改；对省人大关于建立审计报告披露问题整改追踪监督与报告制度的议案提出会办意见。

【财政监督调研】 深入基层就如何定位监督职能、解决监督力量不足、信息化建设滞后等问题进行研讨，为全省财政系统建立“三位一体”运行组织机构，搭建财政“大监督”业务框架掌握第一手资料。财政监督信息化系统建设调研工作同时在全省范围开展。 （财政监督局供稿　王翔锋执笔）

财政绩效管理

【概况】 2010年，浙江省预算绩效管理工作按照省政府、财政部关于加强预算绩效管理要求，以“完善政策制度、探索目标管理、规范评价实施、提高评价质量”为主线，开展各项工作。

【机构名称变更】 11月，根据省编办通知要求，省财政厅绩效评价处更名为绩效管理处，工作重点由绩效评价向全过程预算绩效管理转变。

【完善政策制度】 出台《浙江省省级部门预算绩效管理工作考核办法(试行)》,规定从2011年起对省级部门预算绩效管理相关工作进行考核,并对考核范围、内容及实施等作了明确,引导省级各部门主动开展预算绩效管理工作。为加强对评价报告及相关资料的管理,出台《浙江省财政支出绩效评价档案管理暂行办法》,对绩效评价档案归档范围、归档要求等作出明确规定,促进评价报告档案管理的规范化。部分市县财政部门根据省财政厅出台的政策,对原有制度进行了修订,完善绩效管理制度体系。

【探索绩效目标管理】 为加强事前绩效管理,省财政厅选择现代农业园区、免费婚前检查和免费孕前优生检测2个项目进行绩效目标管理试点。在借鉴外省和有关市县经验的基础上,设计绩效目标细化论证总体方案,明确绩效目标细化论证总体要求,并分别委托中介机构具体实施。在部门申报和答疑的基础上,组织专家组进行实地调研和论证,形成项目绩效目标细化论证报告书。通过细化论证,提出项目绩效目标设置和加强项目管理的意见和建议,为后续项目预算安排、项目实施和绩效评价提供依据。全省市县探索绩效目标管理工作取得进展,有3个市本级和16个县共对743个项目开展绩效目标管理工作。绍兴市对24个项目开展重点评审,经评审,共核减或调整资金3131万元。上虞市对100万元以上所有项目,在2010年部门预算编制时开展绩效目标管理工作,并规范程序,做到与部门预算同步。义乌市选取40个项目进行绩效目标评审试点,邀请人大、监察和审计部门人员现场监督,评审结果作为预算编制审核的重要依据。

【组织实施项目绩效评价】 当年全省对2907个项目实施评价,其中:部门单位绩效自评2313个,财政部门组织评价594个,共涉及评价资金531.74亿元。组织开展项目单位绩效自评工作。选择50个省级部门的129个项目组织实施绩效自评,在自评的基础上,委托8家中介机构对其中24个项目进行抽查与核实。在自评和抽查的基础上,总结分析省级部门绩效自评工作,提出加强部门单位自评工作和省级专项资金管理的建议,形成《关于2010年度省级部门项目绩效自评情况的通报》发省级各部门,并要求整改落实。当年全省大部分市县均组织实施项目支出绩效自评工作,推动各部门单位增强支出绩效理念并加强项目绩效管理。实施重点项目绩效评价。全省各级财政部门以民生支出为重点,选取代表性强、社会影响力和关注度高的支出项目开展绩效评价。省财政厅选择19个项目实施评价,评价资金总额149.18亿元。其中对2008～2009年下山搬迁项目,采取"统一指标、统一标准、分级评价、上下联动"的方式,由中介机构和省人大等有关部门人员组成专家组,对项目涉及的29个县(市、区),采取座谈、现场勘察、查阅资料等方式实施全面评价,形成综合评价报告,并将项目有关情况上报省政府。绍兴市等地选择部分项目进行全市联动评价。

【指导与规范中介机构参与评价】 对2009年全省中介机构参与评价的评价报告进行质量考核,考核结果作为政府招标采购的依据。对评价报告撰写中的主要问题进行分析整理,作为中介机构和市县财政部门培训的重要素材。总结分析中介机构参与评价存在的主要问题,提出改进意见和建议,印发《关于全省中介机构绩效评价报告质量考核情况的通报》发全省各中介机构。通过省政府采购中心公开招投标的形式,确定20家中介机构参与省财政厅绩效评价工作,一定三年不变。规范评价费用支付方式,加强对评价费用的审核,省财政厅当年评价费用比预算节约23.3%。对中介机构评价工作底稿和各地委托中介机构评价情况进行抽查和调研,规范中介机构参与评价工作。

【开展业务培训】 举办两期全省中介机构预算绩效管理业务培训班,以案例分析、评价报告撰写为培训重点,500多人参加业务培训。针对工作重点由绩效评价向绩效管理转变的现实,举办全省财政部门预算绩效管理业务培训班,提高全省财政部门绩效管理工作人员的业务能力。部分市县财政部门开展绩效管理业务培训,提高部门和单位绩效评价业务操作能力。

【更新完善信息系统】 对省财政厅内网"绩效管理"专题内容及时更新,为各地、各部门开展绩效管理工作提供借鉴;完善全省参与绩效评价中介机构库,将第五批符合条件的42家中介机构纳入库中;加强省级评价专家库管理,对省级绩效评价专家按规定办理续聘手续;按照"金财工程"大平台建设要求,将预算绩效管理信息进行整合,制订预算绩效管理信息系统建设规划方案,设计预算绩效管理信息系统。

(绩效管理处供稿 傅小普执笔)

农业综合开发

【概况】 2010年,浙江省农业综合开发工作围绕浙江农村及农业生产发展实际,贯彻落实国务院有关加强农业综合开发工作的意见,实施各类开发项目,规范项目管理,组织人员培训。多渠道宣传农业综合开发政策和开发成果，被评为全国农业综合开发宣传工作先进单位。

【结合浙江实际贯彻国务院文件精神】 国务院办公厅转发财政部《关于加强农业综合开发工作若干意见》下发后，浙江省农业综合开发办公室结合浙江实际抓好贯彻落实，主要是坚持三个结合：将国家农业综合开发政策和浙江开发实际相结合，提出农业综合开发服务现代农业园区和粮食功能区建设，突出解决农业发展中基础性、瓶颈性问题的新举措；将实施农业综合开发项目和实施其他支农项目相结合，提高开发效益，增加农民收入；将农业综合开发任务与全省农村改革发展的目标相结合，围绕浙江省委省政府农业决策大局搞开发。8 月浙江省政府办公厅转发省农发办《关于进一步加强农业综合开发工作的意见》。浙江省贯彻落实国务院文件的做法，得到国家农业综合开发办公室肯定。

【制订中长期规划】 以制订、实施中长期规划为抓手，在嘉善县召开全省农业综合开发工作暨项目管理现场会，总结经验，分析农业综合开发面临的新形势，确定今后一个时期农业综合开发工作指导思想，提出八项工作措施，为制订“十二五”规划奠定基础。

【精心实施项目】 为适应浙江粮食生产和发展现代农业的要求，农业综合开发土地治理项目以把中低产田改造成既能满足粮食生产需要，又能适应多种经济作物生产需要的多功能、标准化农田为目标，在项目区着力建设高标准农田，积极支持粮食生产功能区、现代农业园区建设。同时，完善有关扶持政策，提高省以上财政资金亩补助标准，并根据全省“七山一水两分田”的实际条件，积极争取政策，获得国家农业综合开发办公室批准，山区小流域农业生态工程项目财政资金投入占土地治理项目财政总投入的比例从 10%提高到 30%。全省 2010 年度实施农业综合开发土地治理项目 104 个，开发面积 70.88 万亩，省以上财政资金投入 6.94 亿元，其中：含高标准农田示范工程项目 14 个，中低产田改造项目 85 个，山区小流域农业生态工程项目 16 个，续建和新建中型灌区节水配套改造项目 3 个。实施省级集中安排科技推广项目 18 个，省以上财政资金投入 0.16 亿元。实施产业化经营补助项目 88 个，省以上财政资金投入 1 亿元。对 181 个产业化经营贷款贴息项目实行财政贴息扶持，省以上财政贴息资金 0.9 亿元。

【规范项目管理】 围绕科学化、精细化要求，优化“全过程项目管理和全方位资金监控”机制。做好项目评审工作，并实行评审责任追溯制。土地治理项目重点抓好前期准备、招投标、项目调整、竣工验收、建后管护等环节的管理，完善有关制度，明确职责，加强监督检查。产业化经营项目重点抓好政策及项目公示、项目选项、检查验收等环节的管理，确保可行性，减少盲目性，发挥财政资金的引导作用。科技推广项目重点抓好与科研单位技术合作的管理，做到产学研、农科教相结合，使农业科研成果转化为生产力。

【加强调查研究】 围绕省委省政府统筹城乡力度、推进农业农村发展的要求，在全省开展农业综合开发后备资源调查和土地治理项目精细化管理等多项调研。了解项目县农业资源现状和特色、土地治理项目开发资源现状、产业化经营项目开发资源现状、机构人员等情况。以绍兴市、湖州市、江山市土地治理项目管理为典型，剖析项目精细化管理的必要性、可行性及对策措施，从项目前期准备、计划申报审批、项目实施、监督检查与竣工验收、项目资金财务管理等多个环节，对土地治理项目精细化管理作了探索。通过调研，完成《浙江省农业综合开发“十二五”规划》、《土地治理项目精细化管理研究》等课题。

【组织培训】 举办全省农业综合开发项目管理和财务管理培训班，深化、细化培训内容，注重知识性和实用性相结合，做到学以致用。同时改进培训方式，引进听讲互动，提高培训效果。

【多渠道宣传农业综合开发】 在省财政厅门户网站公布全省农业综合开发项目申报指南，开展项目公示，营造舆论氛围。及时向国家农业综合开发办公室、省政府报送材料，反映工作情况。5 月份，《中国农业综合开发》杂志编辑部来浙江省开展农业综合开发建设成效和工作经验采风，赴绍兴市、丽水市、嘉善县、江山市的乡镇、农业龙头企业、农民专业合作社了解情况，总结浙江省农业综合开发经验和做法，并做专题报道，扩大浙江省农业综合开发在全国的影响。2010 年，浙江省农业综合开发办公室被评为全国农业综合开发宣传工作先进单位。

【做好基础工作】 开展全省农业综合开发管理工作质量考评自我测评。3 月下旬至 4 月上旬，浙江省农业综合开发办公室对上年全省农业综合开发资金和项目管理工作进行梳理，实行自我测评，并形成自我测评情况报告上报国家农业综合开发办公室。做好农业综合开发投资参股国有股权收益的收缴工作。联系并走访农业综合开发投资参股运营机构，指导实施产业化投资参股经营项目，及时收缴农业综合开发投资参股国有股权收益，3 个项目共收缴农业综合开发投资参股国有股权收益 190 万元。编制项目计划、统计报表，做好农业综合开发财务、计划、统计工作。提高农业综合开发项目统计和资金决算工作质量。农业综合开发统计编报工作被国家农发办评为先进单位。

【深化内部管理】 浙江省农业综合开发办公室与浙江省农业综合开发审核中心实行一体化运作。按照项目审管分离的要求办内重新设置六个组并确定具体工作职责，理顺工作关系。细化各项工作制度，细化会议、学习、财务、事务、接待、公文、廉政建设、车辆管理等各项制度，各种会议、评审实行计划、实施、结算三分离，强化制约，节约经费，提高效率。优化管理流程。结合权力运行节点搜索工作，从强化项目评审入手，优化专家评审、项目审核审批、计划编制、项目检查验收等各项管理工作流程。完善考核机制。按照省财政厅干部人员考核规定和一体化运作要求，所有在编人员实行统一考核，农业综合开发审核中心人员考核结果与个人收入挂钩，激发工作积极性，提高工作绩效。

（浙江省农业综合开发办公室供稿　赵国瑛执笔）

政府采购(控购)监督管理

【概况】 2010年，浙江省政府采购监管工作树立“依法采购、廉政采购、科学采购、和谐采购”四大理念，以“规范、高效、服务、创新”为主线，创新管理和操作业务，完善监管体系，加强队伍建设。全年政府采购预算505.23亿元，实际采购金额424.60亿元，资金节约率16.0%。

【创新政府采购管理和操作业务】 对部分协议定点项目实施全省联动采购。在前几年协议供货实行区域联动的基础上，首次将联动范围扩大至全省，品目增加至18类，由省、市集中采购机构按照各自业务专长分别组织实施，并实行省市县三级“统一招标、结果共享、联合监管”。

建设政府采购市场诚信体系。以供应商诚信体系建设为突破口，先后印发《关于开展政府采购供应商网上注册登记和诚信管理工作的通知》、《关于全面试行政府采购供应商网上报名和资格后审制度的通知》，推行供应商网上注册登记及诚信管理制度，并实行政府采购供应商网上报名和资格后审，鼓励和引导供应商主动参与、自我管理、诚信经营。全省注册入库供应商（含临时）已超万家。

【强化政府采购政策功能】 对部分列入国家节能环保政府采购清单的产品实行政府强制采购或优先采购，并对参加投标的进口产品实行价格上浮，依法合理体现对节能环保产品和“国货”的政策支持；研究制订浙江省实施财政部《政府采购进口产品管理办法》细则，按照区别对待、松严结合的原则，加强对政府采购进口产品的管理；支持中小企业发展，宣传和鼓励采购安吉竹制产品及本省品牌汽车等，并与省内有关金融机构研究探讨政府采购支持中小企业融资担保的途径。

【拓展政府采购监管业务】 首次在全省组织集中采购机构考核。会同省监察厅、审计厅，按照《浙江省集中采购机构考核办法》及《浙江省2009年度政府集中采购机构考核方案》，实行“分级负责、下考一级、地区交叉”，共组织对全省89家集中采购机构的机构建设、制度建设、业务建设、队伍建设、社会评价等五个方面进行考核，公布和通报考核结果。针对考核中发现的问题，要求有关单位总结、整改和提高。

加强对社会中介代理机构管理。将中介代理机构资格认定这一行政许可行为，全程纳入浙江省政府网上办事大厅电子平台进行实时监管，查处一家提供虚假资料骗取政府采购代理资格的社会中介机构。加强代理机构信息化建设，对代理机构开展供应商网上注册审查培训，整顿和规范代理机构在浙江政府采购网上发布的信息公告及机构信息维护。对代理机构所代理的重大分散采购项目开评标现场进行不定期检查。

强化对重大采购活动的现场监管。对省人防办远程会商系统、省教育厅中小学计算机采购和省公安厅警用直升飞机采购等一批金额大、政府和社会关注度高、影响面广的项目，在采购需求确认、评标专家抽取和组建、开评标以及信息发布等一系列关键环节进行全程监管，并对供应商反馈意见进行收集和跟踪。重大采购活动全程现场监管实现常态化和机制化。

完善质疑投诉处理机制。在处理供应商投诉时，坚持监督执法与调处并重。当年受理投诉案件12件，办结11件，处理举报和人民来信43件，对6家供应商和1名评审专家违纪违法案件进行查处问责，无一引发行政复议和诉讼。

【公务用车控购管理】 开发和完善公务用车管理系统，并在部分单位试点。执行中央及省有关公务用车编制、标准及审批管理的政策制度，按规定办理全省党政机关、事业单位和团体组织小汽车控购审核、审批工作。

【推进GPA*研究及应对工作】 根据财政部统一部署，组织协调本省各省级GPA成员单位开展GPA研究应对工作，完成浙江省加入GPA研究总报告，经省级GPA领导小组审议通过，上报财政部。协调东部各省开展GPA研究应对工作，形成东部地区GPA研究总报告征求意见稿。至此，GPA研究第一阶段（基础研究工作）结束。

【加强队伍建设】 按照分类分级、注重实效的原则，分别组织全省集中采购机构和监管人员、采购中介代理机构和省级采购单位培训，增强政府采购从业人员的依法采购、廉政采购意识，提高管理和操作业务水平。细化《政府采购法》中的行政处罚条款，明确自由裁量基准。针对涉及政府采购的32项行政处罚事项，按不同情节明确不同处罚尺度，细化处罚标准，控制行政处罚的主观随意性。（采购监管处供稿　冯　华执笔）

注：

*GPA："政府采购协议"的英文缩写，是世界贸易组织(WTO)框架下的一个诸边协议，由WTO成员国自愿加入。

财政政策法规

【概况】 2010年，财政政策法规工作从财政法律制度建设、法制宣传教育、执法监督和法制工作体系建设四个方面，推进依法理财基础工作。

【推动地方财政立法】 以专报形式向省政府主要领导汇报《浙江省政府非税收入管理条例》立法工作并得到批示，该条例立法列入2010年省人大常委会一类立法计划。组织起草《浙江省政府非税收入管理条例(征求意见稿)》，征求各市及义乌市财政局、40家省级单位修改意见；完成《浙江省政府非税收入管理条例(送审稿)》并报送省法制办，12月16日浙江省第十一届人民代表大会常务委员会第二十二次会议审议通过《浙江省政府非税收入管理条例》。配合省法制办做好《浙江省政府投资预算管理办法》的立法协调工作，协助省法制办征求省级各单位意见及开展其他组织协调工作。

【管理规范性文件】 开展财政行政规范性文件审核、会签和报送备案工作，全年审核规范性文件65件，纠正规范性文件存在的各种法律问题，提出针对性修改意见，按规定通过网络报送省法制办备案。对财政行政规范性文件就内容交叉、矛盾等问题组织清理，确认现行有效的省级财政行政规范性文件共447件。

【开展普法主题宣传活动】 组织开展"法治宣传月"系列主题宣传活动，创作浙江省财政"五五"普法专题片，组织创作并面向全省农村地区发行农村普法宣传挂图14万张。组织厅机关和厅属有关单位学习新颁布的《侵权责任法》和新修订的《国家赔偿法》。组织开展"12.4"法宣日系列主题宣传活动，通报表彰全省财政"五五"法制宣传教育先进集体和先进个人，组织全省财政系统法制宣传橱窗征集评选活动，开办财政"五五"普法网络专题展览，展示全省财政"五五"普法成果。

【总结验收"五五"普法】 组织开展全省财政系统"五五"普法验收考试，并组织5个检查组对各市及所属部分县(市)开展普法考核交流检查，听取"五五"普法工作情况汇报、参观财政普法实物，走访工作现场，查阅普法台账资料，对被检单位财政普法工作逐项进行考核打分，并提出做好财政普法工作的建议。

【完善行政执法责任制】 出台《省财政厅行政执法责任制实施方案》，完善行政执法责任制体系；出台《省财政厅依法行政考核办法》，建立健全依法行政考核机制，并对厅机关各处室局进行依法行政考核，考核结果纳入目标责任制考核中；制定《省财政行政处罚自由裁量权指导意见》和《省财政行政处罚自由裁量权执行标准》，印发全省财政系统贯彻执行。牵头组织行政许可事项自查工作，开展全省财政系统行政许可案卷评查；依法办理行政复议案件2起、行政复议答复案件1起，依法办理行政处罚、处理文书审核会签共56件。

【聘请法律顾问提供法律服务】 聘请常年法律顾问实行定时上门和随时应急服务，细化省财政厅法律顾问制度，法律顾问在政府采购、会计管理、信息公开、行政复议和诉讼等方面提供专业服务258人次。通过实地观摩、座谈和个案交流，对基层财政法制工作和案件办理提供指导，对其在依法行政工作中遇到的法律疑难问题提供法律建议和法律援助。

【开展课题调研】 完成"完善财政行政复议、应诉制度体系"课题；参与财政部"财政资金支付条例立法研究"课题，根据财政部课题启动会议有关要求赴海宁市、义乌市和诸暨市财政局实地调研，完成课题调研任务。

（法规处供稿　王新江执笔）

机关党建

【概况】 2010年，厅直属机关党委在深化理论武装、推进创先争优、抓实基层党建、注重自身建设等方面履行职责。至年末，厅直属机关党委所属党总支3个，党支部37个，其中厅机关25个，厅属单位10个，离休支部、退休支部各1个。党员495名，其中在职党员机关(含参照公务员管理单位)258名，企事业单位161名，离退休党员76名。

【开展创先争优活动】 抓好创先争优活动开局工作。根据中央和省委关于在全党开展创先争优活动的精神，成立以厅党组书记、厅长钱巨炎为组长的"省财政厅创先争优活动领导小组"，并制定创先争优活动的《实施意见》，明确活动总体要求、活动目的、工作重点和方法步骤，同时分级进行动员部署，采取党委管面、支部管点的方式全面推进创先争优活动开展。抓好承诺履诺和点评工作。为确保创先争优活动取得成效，在下半年组织并要求全厅党员、党(总)支部结合处室职责和工作实际提出公开承诺。针对"承诺易，履诺难"问题，采取党支部承诺厅内网公示、群众监督履诺、支部点评评议等办法确保党支部、党员有诺必践。

【建设学习型党组织】 组织开展政治理论学习，加强机关思想政治建设。开展机关学习年活动。树立"勤学、善思、践行"的学习理念，加强"学习型党组织"建设。健全完善党组中心组学习制度，坚持理论联系实际的原则，全年共开展4次集中学习讨论。通过开展讲座集中学习、党支部学习和党员自学相结合、分层次的学习机制，抓好中央、省委省政府重要会议精神的学习贯彻，把党员干部的思想行动统一到中央、省委的决策部署和要求上来。向党员干部赠送《深入开展创先争优活动学习读本》、《人民村官沈浩》、《七个怎么看》、《金融的逻辑》等书籍，引导党员干部加强学习、提高素养。以贯彻实施《廉政准则》为契机，开展党风廉政教育，引导党员干部将学习贯彻《廉政准则》与财政中心工作紧密结合。

【开展党员民主评议】 根据《中国共产党浙江省基层组织民主评议党员工作细则(试行)》的规定，组织开展2008～2009年度民主评议党员工作和争先创优活动，严格党内组织生活，加强党性锻炼，保持党的先进性。经过两轮推荐，评选出先进党支部3个，优秀党务工作者5名，优秀共产党员25名。

【财税文化建设】 围绕财政核心工作制定2010年厅机关财税文化建设方案，打造学习、制度、情感、激励、宣传、活动六大平台，提升财税文化引领力；在全省财政地税系统开展向沈浩同志先进事迹学习活动，以学习沈浩同志先进事迹为契机，在全厅开展"学先进、讲责任、比贡献"主题教育，引导党员干部树立正确的人生观、权力观、事业观、政绩观和利益观；以"治庸治懒、提能增效"为重点，深化机关作风建设，着力解决党员干部中存在的工作不实、干劲不足、落实不力、效率不高等问题，塑造为民理财，为民服务的良好形象。

【机关党建工作】 抓好机关党的基层组织建设，发挥支部战斗堡垒作用和党员先锋模范作用。结合机构调整和干部调配，指导各支部及时调整充实支委力量。根据"三位一体"财政运行机制改革及实际工作需要，调整党(总)支部的设置，撤销原国库处和核算中心支部，合并成立预算执行局党总支；撤销原办公室支部和后勤中心支部，合并成立办公室党总支。根据"坚持标准、保证质量、择优发展"的原则，培养并发展预备党员6名，2名预备党员转为正式党员，组织14名入党积极分子参加省级机关党校学习。

【推进机关精神文明建设】 做好工会(妇委会)工作。继续组织兴趣小组和工会活动日，完善兴趣小组活动制度，加强工会干部队伍建设，组织干部职工参加省直机关文体协会举办的2010年"环保杯"游泳比赛、省级机关妇女趣味运动会。开展丰富多彩的节日活动，加强干部职工之间的沟通交流，增强机关亲和力、凝聚力。组织开展玉树抗震救灾和舟曲泥石流灾害爱心捐赠活动，共募集玉树地震捐款145451元，舟曲泥石流捐款76080元。做好团委工作。激励和引导青年积极践行科学发展观，立足本职、建功立业，提升青年素质。结合纪念建党89周年和"之江先锋"创先争优活动，举办"永远跟党走 青春耀南湖"主题教育活动，激励广大团员青年牢记党的光荣历史，坚定团员青年永远跟党走的信念；围绕推进"机关学习年活动"，加强学习型团组织建设，组织青年参加省直机关团工委举办的"闪耀的青春"公文写作大赛，三位同志获"十佳青年公文写手"和"优秀青年公文写手"荣誉称号。组织开展志愿者服务行动。 (厅机关党委供稿 赵 虹执笔)

财政纪检监察

【概况】 2010年，浙江省财政纪检监察工作以落实党风廉政建设责任制为龙头，以推进财政特色惩防体系建设为抓手，丰富廉政教育内容，推进惩防制度创新，加大监督检查力度，提升机关效能，提高系统党风廉政建设整体水平。

【落实党风廉政建设责任制】 省财政厅党组把以完善惩治和预防腐败体系为重点的反腐倡廉建设纳入财政工作总体规划，与财政业务工作同研究、同部署、同落实，做到通盘考虑，统筹谋划，协调推进。年初，根据省委、省政府反腐倡廉建设组织领导和责任分工的要求，制定印发《关于分解落实2010年省直单位反腐倡廉建设责任分工的通知》，把由财政部门落实的5项牵头工作和28项参与工作逐项进行责任分解，细化落实到各责任处室，明确各单位的责任主体。年中，通过召开座谈会、查看汇报材料、个别了解等方式跟踪掌握工作进度。年末，把党风廉政建设责任制列入部门目标责任制考核范围，根据各部门(单位)参与反腐倡廉的积极性、反腐倡廉牵头任务的完成情况、资料上报情况、反馈意见的整改落实情况等内容进行打分，实行违规违纪“一票否决”，并把责任制分工落实情况作为领导干部述职述廉、民主生活会、中心学习组的重要内容。

【丰富廉政教育内容】 把反腐倡廉教育纳入干部教育培训计划，丰富教育的内容和载体。在做好经常教育的基础上，开展以“五个一”为主要内容的“增强党性观念，确保廉洁高效”专题教育活动，即组织一次《廉政准则》专题教育活动，向全体干部发放一册廉洁从政系列学习资料，组织处级以上干部赴法纪教育基地接受一次警示教育，依托财政内网每周展示一次优秀廉政格言警句，充实一批反腐倡廉书籍，引导党员干部正确认识党风廉政建设的形势和任务，增强廉政意识，筑牢拒腐防变的思想大堤。同时，发挥以文示人的作用，培植廉政文化，依托学习、制度、情感、激励、宣传和活动“六个平台”，营造尊廉崇廉的良好氛围，从文化层面增强惩防体系的执行力。

【推进财政惩防体系的制度创新】 在全厅30个处室（单位）和全部工作岗位开展以“风险排查、权力搜索、流程再造”为主要内容的规范权力运行工作，从制度层面完善权力架构，提升财政惩防整体水平。科学分类，全面“搜索”。把厅机关和厅属单位所有处室单位和全部工作岗位中涉及的财政业务权力和内部行政管理权力分为分配管理监督类、行政管理类和其他类三类，每位干部围绕岗位职责开展权力“搜索”，梳理现阶段的权力事项，分析每项权力的关键部位和薄弱环节，绘制工作流程图，查找存在的风险。共查找出关键环节和薄弱环节407处，绘制工作流程图416张。严格审核，反复修改。按照“统一基本内容、统一基本格式、统一共性事项描述、统一权力类别表述方式”的要求，对权力事项进行集中统一界定、甄别和审核，采取“二上二下”的审核方式，实现工作内容和要求的规范、统一。完善制度，落实整改。制定完善各部门权力运行程序和权力监督管理流程，对33项相关制度进行“废、改、立”，提出59项整改措施，建立督促检查长效机制。形成规程，强化公开。汇编《浙江省财政厅规范权力运行工作规程》，作为各处室（单位）权力运行的“作业指导书”。按照信息公开的有关要求，将规程内容在内网进行公开，促进财政权力运行书面化、显性化，接受监督，从制度层面完善财政权力架构，增强干部谨慎用权的意识。

【加大监督力度】 执行《中国共产党党内监督条例》和《浙江省党内监督十项制度实施办法》，加强对领导干部的监督。贯彻落实党的民主集中制原则，向各地财政地税部门书面征求厅党组及其成员廉政建设情况的意见和建议，将征集到的47条意见和建议如实进行反馈，逐项整改。贯彻中央严厉整治干部选拔任用实施四项监督制度的要求，加强干部选拔任用工作的监督。对干部选拔考察进行全程监督，对18位新任领导干部进行任前廉政谈话。加强监督检查，强化对落实中央和省重大决策部署以及生态建设、民生等问题的监督检查，重点配合开展强农惠农专项资金等清理检查。加强信访监督，做好人民来信来访、省政府门户网站和网上效能投诉中心监督投诉件的受理、转办和回复工作，并围绕信访举报所反映的问题，调查核实，落实整改。当年受理举报投诉16件，做到件件有登记，事事有回音，对于经查实后没有发现问题的投诉举报件，适时还干部以清白。

【提升机关效能】 结合学习沈浩同志先进事迹、“机关学习年”、“法治宣传月”等活动，开展以“治庸治懒、提能增效、狠抓落实”为重点的“深化作风建设年”活动。培育财政部门高效、节俭、廉洁、人本的机关效能文化，控制机关行政成本，采取措施节能降耗，实现公用经费压缩5%，出国（境）经费、车辆购置及运行费、公务接待费这“三项经费”支出按政策要求实现“零”增长的目标。当年省财政厅被省效能办评为效能建设创新创优先进典型。

【加强系统交流指导】 贯彻落实全国纪检监察系统主题实践活动总结暨加强自身建设电视电话会议精神，加强学习交流，下发《全省财政地税系统纪检监察工作要点》，召开全省财政地税系统反腐倡廉工作大会，组织业务骨干开展规范权力运行、推进廉政文化、加强纪检监察机构自身建设等专题调研，提高财政纪检监察干部为民服务、破解难题的能力和水平。 （监察室供稿　杨一斐执笔）

财政人事（离退休干部）管理

【概况】 2010年，浙江省财政人事（离退休干部）管理围绕全省财政中心工作，在推进预算编制执行监督“三位一体”组织机构改革、加强干部队伍建设、深化岗位培训、推动系统财税文化建设和细化老干部服务等方面取得进展，干部教育培训工作和人事教育统计均被财政部评为全国财政系统优秀单位。

【三位一体组织机构改革】 根据“三位一体”组织机构改革方案，预算执行局、国库支付处和省级机关会计核算中心实行一体化运作。2010年7月，省编委批准成立省级部门预算编制中心，为承担行政职能的事业单位。衢州市和20多个县（市、区）财政部门的“三位一体”机构改革方案获批；牵头预算编制、执行和监督职能的三个内设局局长规格高配获批；预算

编制、执行、监督组织框架的三个支撑，即预算编制中心、会计核算中心、财政项目预算审核中心也基本同步到位。

【加强干部队伍建设】 研究加大干部下基层锻炼工作力度，并提出具体意见建议，通过各种渠道安排5位处级干部和3位科级干部挂职锻炼。完成2009年提拔的14位正处级领导干部和23位副处级领导干部转正考核，经厅党组审议通过，按期转正。根据干部队伍建设的需要，厅机关和厅属单位共提拔4名处级干部，完成16名科级干部的职务晋升。拓宽选人渠道，通过公开招考、系统选调、岗位交流等方式优化机关和事业单位的人员结构，其中公务员招考5名，系统选调9名，基层选调1名，事业单位公开招聘5名，厅机关内部交流1名，厅机关和厅属参公单位之间交流11名。

【事业单位岗位设置管理】 根据有关规定和厅属相关事业单位的实际情况，制定《浙江省财政厅事业单位岗位设置管理实施意见》。在各事业单位制定岗位设置方案过程中，邀请省人力社保厅同志和厅属事业单位负责人等进行座谈，沟通交流岗位设置的有关问题。达成一致意见后，向省人力社保厅报送厅属相关事业单位岗位设置方案。

【财税文化建设】 按照全省财政地税系统财税文化建设分步推进的要求，2010年以总结经验、推广典型为重点开展工作。8月初组织召开全省财政地税系统队伍建设暨党风廉政建设经验交流会，会上6个单位作典型发言，14个单位作书面交流。省财政厅、省地税局于11月底提出《关于深化全省财政地税系统财税文化建设的意见》。举办全省财政地税系统2010年运动会，丰富干部职工的文体生活。

【组织评选先进】 开展以“学先进、讲责任、比贡献”为主题的全国和全省财政系统先进集体、先进工作者评选活动。全省各级财政部门自下而上逐级推荐、评选。经层层推选，并最终由人力社保部、财政部联合发文授予嘉善县财政局、青田县财政局“全国财政系统先进集体”荣誉称号，授予绍兴市财政局办公室主任吕建平、宁海县财政局局长尤永强“全国财政系统先进工作者”荣誉称号（享受省部级劳动模范和先进工作者待遇）。杭州市江干区财政局等22个单位获“全省财政系统先进集体”称号；杭州市余杭区财政局局长姚文华等21名同志获“全省财政系统先进工作者”称号。

【组织各类培训】 举办全省财政地税系统局长培训班、军转干部培训班；继续开展以提升能力素质为核心的分层次、分专业岗位培训观摩交流活动和教育培训同工种评比交流工作，印发《全省财政系统干部教育培训师资库(2010)》。举办“财政干部讲坛”；加强建设全省财政系统专业人才库，选拔预算执行、基本建设财政财务管理、信息化管理人才库成员；完成公务员知识更新培训、组织处级干部参加省级机关处级公务员任职培训班、专题研修班的学习培训工作。组织开展中央党校、省委党校的在职研究生报名推荐工作。

【提升老干部服务水平】 政治上关心。落实厅级老干部阅读省军级文件、听报告、参加重要会议和重大活动，以及向老干部通报情况、组织学习等制度。思想上沟通。与离退休党支部建立沟通、协商、互信的机制，遇事多与两个支部商议，听取两个支部意见，将集中学习日和支部活动日合并，每月集中一次学习活动；看望14位年老体弱长期在家休养和住院的老干部。生活上照顾。注重老有所乐，组织形式多样的文体娱乐和就地的参观活动；落实走访慰问制度，共探望老干部120人次，转达厅领导对老干部的关怀；发挥厅各处室的作用，重大活动统一协调安排车辆接送离退休干部和80周岁以上的退休干部。精神上关怀。建立分工定人沟通热线，及时了解老干部们的近况和需求，送上精神慰藉；给每位老干部寄上新春贺卡，送上一份真诚的祝福。服务上贴心。提供个性化服务，将外出考察集体组织形式调整为单位定旅行社、定费用，个人结伴自由出行。 （人事处[离退休干部处]供稿 孙 伟执笔）

办公室

【信息调研】 提高综合文字材料质量，全年完成各类综合文字材料40余篇。组织开展全省财政系统调研工作，收到调研报告81篇，经专家评选，获奖调研报告37篇。拓宽信息渠道，丰富信息内容，累计编发信息120期，报送专报信息266期，多条信息被省委、省政府和财政部采用，3条获得省领导批示。获2009年度全国财政信息工作先进单位、全省党委系统信息工作二等奖、全省政务信息考核评比二等奖。

【财政宣传】 围绕全省财政工作重点、热点和亮点开展新闻宣传，完善新闻宣传工作管理办法，50余篇新闻宣传稿件在中央和省内多家主要媒体刊发，多篇稿件在头版头条刊登，并被国内主流网站转载；按季编发《浙江财政信息资料》手册，并寄送省人大代表、政协委员等社会各界。召开各市财政局信息公开专题会议，研究建立省与市县之间信息公开协调机制。通过厅门户网站等载体主动公开财政信息171条；依法办理4件依申请公开。开展12366语音客服系统建设，会同省地税局、省国税局开展前期调研、建设规划，召开各市财政局专题会议明确运行机制，着手部署省级知识库建设。

【公文管理】 印发《关于进一步规范公文办理有关事项的通知》，规范上行文报送流程、省领导批示件办理，明确下达资金等财政事项必须由省财政厅为主办文并挂省财政厅文号，全年审核各类公文7000多件。开展档案登记备份和清理工作，向省档案局移交2003～2009年档案光盘，包含电子文件和数字化扫描件共计22585件。

【政务督查】 完善厅机关目标考评办法，健全处室工作目标制订与省政府部门工作目标相结合和完成情况挂钩机制，厅机关及省政府工作目标考核工作有序开展。省财政厅获得2009年度省政府工作目标责任制考核优秀单位。做好省委、省政府重要决策部署的分解落实和督查工作，完成贯彻落实省委十二届四次、五次全会精神等多项督查任务。督办省领导批示件571件、办公交办件629件；督办省财政厅承办的建议、提案473件，其中承办的42件主办件答复满意率100%。开展信访积案排查摸底活动，做好上海世博会期间信访信息报送工作，共处理各类信访件180件，接访18批次35人次。

【电子政务】 完善省财政厅门户网站栏目设置，增强网站服务功能。落实省保密局"三网"监管要求，对厅机关计算机性质重新界定，在内网计算机内安装上网监控软件。制定移动存储介质管理办法，规范移动存储介质的领用、标识、使用等。会同厅信息中心开展网络、门户网站、涉密存储介质等专项检查。

【财务及资产管理】 编细编实部门预算，合理安排各项支出。对历年形成的资金结余及预算结余指标分类梳理，加大结余清理力度。规范内部财务审批流程，建立分期付款合同管理制度和凭证流转登记制度。强化财务分析工作，编写季度财务分析报告。强化处室经费使用考核，完善厅机关处室包干经费及分项专项经费使用情况查询管理系统。加强对厅属事业单位的财务管理，敦促各单位完善内部财务管理细则，明确事业单位大额专项经费"一事一报"执行流程，梳理和整合各单位的预算，摸清结余。做好有关厅属单位的经营责任制考核工作。修订厅机关及厅属事业单位国有资产管理暂行办法，加强和规范资产管理，合理配置国有资产，提高国有资产使用效益。规范电脑耗材、办公用品购置、领用管理。做好资产申购、报废处置的相关工作。加强厅机关大楼的重要设施、设备检修保养，更新空调电脑板等部件，保证大楼设备正常运转。

【基建及机关大楼整体维修】 调整厅业务用房及停车库项目工程建设方案并完成审批，10月23日正式开工建设。会同代建单位制定工程管理制度，加强工程建设管理；重启与拆迁住户的协商工作，妥善处置拆迁问题，确保工程实施及周边建筑安全。结合机关大楼现状，拟定机关大楼整体维修、节能改造实施方案并报省政府批准，完成项目建议书的编制和申报工作。

【机关搬迁】 做好厅机关办公场所整体搬迁准备工作，确定省委党校文欣大厦作为厅机关临时过渡办公场所，编制文欣大厦的相关改造工程实施方案并完成场地改造；制定厅机关办公场所整体搬迁方案并组织实施，重点加强搬迁过程中档案、保密、资产等安全管理，搬迁工作整体安全平稳有序。

【后勤保障】 落实消防安全、门卫管理、值班等制度，明确岗位职责和安全责任，加强消防设备管理、监控管理和施工人员管理，确保厅机关安全。组织消防安全宣传讲座，提高干部职工安全意识。强化机关车辆日常管理，做好油耗费、车辆维修费、过路过桥费登记和考核，节约车辆运行费用。配合业务用房及停车库项目建设，做好机关车辆停放工作。以考核促服务，增强驾驶员服务意识，完成会议、接待、公务用车保障任务。做好各项会务接待工作。做好机关大院绿化，加强保洁工作的管理，保证机关工作环境的干净整洁。办好机关食堂，确保饮食安全。 （办公室供稿　黄建勇执笔）

企事业单位概况

省财务开发公司

【概况】 2010年，省财务开发公司围绕落实省委、省政府和省财政厅的中心工作，健全管理机制，规范项目运营，全年完成经营总收入4.97亿元，实现净利润4.47亿元。

【创投引导基金管理工作稳步推进】 带动社会资本，有效放大规模。2010年，引导基金出资1.95亿元参股3只创投基金，规模10亿元，放大效应5倍以上。引导基金自成立以来共组建7只创投基金，总规模24亿元，其中5只创投基金已投资18个项目，投资额3.02亿元，同时吸引社会资本联合投资12.75亿元。引进优秀团队，引入先进技术。引导基金陆续引进深圳创新投、德同资本等国内知名的基金管理团队落户浙江。创立"资本+产业+政府"的新基金模式，通过参股设立以产业投资人为基础的新动力基金，引入全球三大机车制造商之一台湾光阳机车制造技术，以设立浙江研发中心配合传统股权投资方式带动产业升级。搭建服务平台，整合创投资源。搭建"创投之家"服务平台，加强对全省各地创投工作的指导，以创投项目对接会等形式推动各地创投事业发展。

【文化产业基金运作稳健】 参与东方星空文化产业基金各个项目的筹划和运作，至年底，东方星空文化产业基金共投资项目6个，投资金额9875万元，基金放大效应明显。其中，宋城股份已上市，影视、传媒、通讯等行业的投资项目逐步展开。文化产业基金已储备3个项目，市场化运作机制走向成熟。

【组建浙江海洋经济发展基金】 配合浙江省发展海洋经济战略部署，公司筹划组建浙江海洋经济发展基金。基金主要围绕海洋装备制造、清洁能源、海洋生物医药、海水利用、海洋勘探开发、滨海旅游、航运服务、涉海商贸服务、海洋信息与科技服务等海洋经济新兴产业进行投资。

【深化项目管理机制】 严格项目投资行为。严格投资项目外派董事监事管理，根据项目管理和监督分离的原则，选派不同部门人员担任董事和监事，并经总经理办公会议研究确定，控制投资风险。强化金融项目管理。搞好金融类股权的管理体制研究和省级金融投资平台、中小企业再担保基金等相关课题调研工作。做好中国网商银行相关筹备工作。细化上市公司项目各项股权管理工作。规范其他类项目管理。做好农业综合开发项目和省财政厅委托项目等政府性项目管理工作。落实扶贫项目资金。支持对口的泰顺地区经济发展，做好扶贫指导工作，被省委、省政府授予年度扶贫帮困先进单位荣誉称号。

【盘活各类存量资产】 加大存量资产盘活力度，优化资产结构，提高资产质量。全年共盘活各类股权12399万元(原值)，增值6836万元。其中：以划转加补偿形式转让舟山衢黄港股权11250万元，增值1630万元；转让海南椰香村股权1149万元，增值5206万元。做好周转金等各类债权清理归类工作，并在此基础上做好资金回收工作，全年收回资金32000万元。

【解决南方证券挪用资金问题】 公司被南方证券挪用的3亿元资金作为历史遗留问题已历时7年。公司专门成立资金风险处置小组，展开资金取回工作。多次赴深圳与南方证券清算组、当地法院等多家相关单位进行交涉谈判，于12月取回证券资产市值3.70亿元、确认可取回资金1.31亿元，圆满解决了这一历史遗留问题。

【健全内部管理机制】 健全风控机制，规范企业行为。制订《外派董事监事管理制度》、《档案管理办法》、《财产物资管理办法》、创投引导基金《项目风险控制办法》、《项目投资办法》、《项目管理办法》、《项目退出办法》、《评审专家库管理办法》、《评审专家抽取办法》等多项内部管理制度，控制经营管理风险，完善公司治理机制。健全考核机制，形成有效激励。按照省属事业单位岗位设置工作的统一部署，对全体员工进行岗位职级的重新明确和聘用。根据省财政厅对公司经营管理业绩的考核要求，按照"以岗定薪，以绩定薪"的原则，制订新的员工薪酬管理办法。健全用人机制，发挥人才优势。根据业务发展的需要，面向社会公开招考录用3名法律、投资管理类专业人员，引入一名清华大学金融专业博士后挂职，协助公司开展金融研究工作。健全惩防机制，推进廉政建设。结合公司实际工作，通过落实责任、加强教育、完善制度、强化监督等措施，深化以"教育、制度、监督、惩处、作风、改革"为内容的惩防体系建设，树立风清气正的良好氛围。

(省财务公司供稿 尤敏强执笔)

财政项目预算审核

【概况】 2010年，省财政项目预算审核工作按照"卡位把关、扩面增量、强本固基、保质提效"的总体工作要求，完善工作机制，规范业务流程，提高审核质量，为财政管理科学化、精细化提供技术支撑。全年完成各类财政项目支出审核276个，审核金额83.09亿元，净核减资金11.72亿元，平均核减率14.1%。

【深化省级部门项目支出预算审核】 加强对省级部门项目支出预算编制环节的审核，发现和剔除项目预算中的不合理、不合规等因素，提出加强项目前期论证、细化项目预算及项目前期必备资料管理的建议；对项目单位的预算编制进行指导，注重从项目技术管理角度引导项目单位规范预算编制程序和行为，合理编制项目预算。当年审核完成各类部门项目支出预算60.91亿元，净核减不合理资金9.13亿元，审减率15%，项目审核量是上年的1.49倍。

【加强省级财政直拨项目审核】 对省级财政基建直拨项目资金支付实行动态监控，包括项目资料、有关合同、投资完成情况、财务管理和会计核算情况等进行审核。当年承担省级财政基建直接拨付项目审核15个，审核完成各类项目进度款拨付422笔，审核金额4.47亿元，核减资金4437万元。完成政府工程采购预算执行项目审核60个，审核金额1.10亿元，核减资金1401万元，核减率为12.7%。

【强化财政专项资金审核】 组织完成中央与地方共建特色优势学科实验室建设项目的评审工作，涉及省部共建高校8所，实验室项目19个，预算金额4896.7万元；组织完成省属26所高校中央财政支持地方高校发展专项资金建设规划的评审工作。参与完成省属高校20个"重中之重"学科的期终考评工作，涉及项目经费7亿元。组织完成由财政部统一安排的项目专项核查工作，涉及金额25亿元。做好省直专用房建设成本和费用及渔港建设项目的预算审核工作。

【完善项目审核体系建设】 在牵头组织制定省级财政投资项目代建管理费开支标准的基础上，再次修订完善省级财政投资项目代建管理费开支标准。参加《浙江省建设工程计价规则(2010版)》修订工作。加快审核业务信息化建设，完善部门预算支出项目审核软件的功能，完善财政直接支付审核管理信息系统，推进政府工程采购软件审核功能的实施和应用。为确保安全和完善软件功能，上半年审核工作实行纸质信息与软件信息双轨制运行，下半年正式实行网上办理审核工作。

【开展财政审核理论研究】 坚持理论研究和财政审核实践相结合，编写《财政项目支出审核案例》，指导财政支出审核工作。开展调研活动，根据审核工作发展和财政精细化、科学化管理要求，完成《"十二五"期间财政项目支出标准体系建设构想》调研报告。对实行财政基建直接拨付方式的代建项目在实施过程中存在的问题进行调查，完成《关于我省政府投资项目代建制实施情况的调查报告》。(审核中心供稿 吴春桃执笔)

财政票据管理

【概况】 2010年，浙江省财政票据管理中心配合各项财政改革和政府非税收入征收管理，完善财政票据管理政策，坚持监管与服务并重，做好全省财政票据各环节管理工作。

【完善票据政策】 调整行政事业单位往来款票据使用政策。转发财政部《关于行政事业单位资金往来结算票据使用管理办法》，提出贯彻实施意见，重新界定单位往来资金结算票据使用范围，明确资金往来结算票据仅限用于单位暂收代付，强调8种行为的经营服务性收入使用税务发票，促进单位规范财务收支行为和用票行为。

制定印发行政事业单位非经营服务性收入收款收据使用政策文件。规定收款收据购领单位为国家机关、监督管理和公益类事业单位、经法律法规授权的具有管理公共事务职能的组织机构、受政府及其部门委托承担公共事务和公益性活动的社会团体，明确使用范围限于拨入经费、科研经费、赔(退)款项以及党团工会组织的有关经费、单位内部食堂伙食费和搭伙费、职工房租收入等，严禁用于经营服务性收入、政府非税收入、资金往来结算款项。解决单位除政府非税收入、经营服务性收入和纳入国库集中支付范围以外的一些收入款项的使用票据问题。

做好调查研究工作。根据对乡镇财政管理和监督的要求，调查乡镇和村级票据使用管理情况，了解乡镇票据管理制度建设和使用现状。配合市县事业单位改革工作要求，对全省财政票据管理机构基本情况进行摸底调查，全省10个市财政局(不含杭州市)和41个县(市、区)财政局经批准建立财政票据管理机构，提出全省财政票据管理机构改革建议。

【票据印制审批】 按照财政票据印制审批管理的规定，统一票样，统一编制票据号码，规定使用期限，审批印制非税收入票据共计10492万份，审批印制其他财政票据共计3582万份。全年审批印制财政票据14074万份，保障财政票据供给。

【票据领购发放】 按时办理票据购领证换发，全年办理换发票据购领证48本，其中：行政事业单位6本，社会团体42本。全年共发放发售财政票据10880万份，其中：向省本级行政事业单位和社会团体发售财政票据4064万份，向各市县财政部门发放财政票据6816万份。向全省70个市、县(市、区)(不含宁波)发放教育券0.55万份，爱心营养餐券17.5万份。

【票据结报核销】 按照财政票据结报核销的相关规定，执行"定量供应、验旧换新、定期结报"制度，加强对省级各用票单位票据开具内容项目的审核核销，重点审核非税收入的项目和标准是否符合规定、非税收入是否及时足额上缴财政和票据使用是否存在乱收费乱罚款乱摊派、是否存在转借代开串用财政票据，以及票据结报是否及时等，配合做好非税收入监缴工作，促进用票单位规范经济行为和财务管理。全年省本级结报核销财政票据4459批次，共计4296万份票据，结报监缴非税收入100亿元，结报保证金、押金、社团会费、医疗收入等资金 213 亿元。发现违规使用财政票据 108 例。

【票据销毁】 及时做好财政票据销毁工作。对符合财政票据销毁年限规定的票据存根和作废票据，单位提出申请，及时安排和组织票据销毁。当年先后组织安排 3 家省级单位，销毁空白过期票据和票据存根计 99586 份。

【票据检查】 协助配合公安等部门，做好财政票据真假鉴定工作，打击发票违法犯罪活动。按照省政府办公厅《关于印发浙江省打击发票违法犯罪活动工作方案的通知》要求，协助公安部门对查获的制假贩假的财政票据进行鉴定，出具鉴定意见，打击发票违法犯罪活动。（票据中心供稿　刘　宁执笔）

财税政策研究

【发挥参谋助手作用】 组织筹备“浙江省财政改革与发展座谈会”。根据区域经济社会协调发展的理财思路和浙江省完善省对市县财政体制的精神，从 2010 年起将“地方财政收入 8 亿元县（市）会议”和“‘两保两挂’市、县（市）会议”合并为“浙江省财政改革与发展座谈会”。经各项组织筹备，9 月 16 日，座谈会在长兴县召开，全省 11 个市财政局局长、29 个县（市、区）政府主要领导及财政局局长参加座谈会。会议主题为“财政支撑保障引导经济发展方式转变”。会议围绕主题，交流经验，研讨对策。浙江大学教授史晋川对大会交流发言者进行点评，财政部科研所副所长苏明作“转变经济发展方式与财政政策”的学术报告，省财政厅厅长钱巨炎作题为《五财并举 支撑、保障和引导全省经济社会事业科学发展》的主旨发言。会后，将材料汇编成《财政支撑保障引导经济发展方式转变研究》出版。推进财政科研联系实际工作。发挥财政科研“为中心、为现实服务”的作用，突出政研室“智囊团”的职能，建立财政科研和财政业务密切联系制度，明确专人联系相关业务处室，参与其重要的调查研究工作，并协助做好调研报告撰写工作。

【注重课题研究质量】 完成财政厅年度调研报告。完成《“土地财政”的财政学思考》年度重点研究课题，剖析土地与财政之间存在密切的关系，在 2010 年度浙江省财政系统优秀调研报告评选中获得二等奖。

配合完成业务处室重大课题研究。参与《事业单位财政供给方式改革路径和政策研究》课题组，配合相关业务处室进行调研、分析，完成《事业单位供给方式改革路径和政策研究》的课题研究，为 2011 年事业单位预算编制改革提供参考。配合做好浙江省财政“十二五”规划编制工作，负责撰写“‘十二五’时期推进公共财政体制改革面临的新形势”部分。

完成“浙江民生论坛”财政子课题。围绕省统计局发布的“2009 年度浙江省民生指数”，根据浙江省社会科学界联合会分工安排，从财政的角度解读全省民生建设进展情况。完成《浙江省民生财政建设的实践与思考》的课题，该课题成为 2010 年民生调研专项立项课题。

牵头参与财政部科研所协作课题研究。由浙江省牵头，辽宁省、湖南省、江苏省、福建省财科所和财政部税收政策研究室共同承担“发展低碳经济的财政政策研究”全国协作课题研究，立足浙江特色和实际情况，完成《浙江省发展低碳经济的财税对策研究》子课题。

申报省社联和规划办课题。在完成 2009 年浙江省规划办委托课题《浙江省促进经济转型升级的财税对策研究》的基础上，申报并完成 2010 年委托课题《推进经济发展方式转变的途径及财税对策》。申报浙江省科技厅软科学项目《完善政府公共预算管理改革研究》，并获得立项。完成省社科联立项课题，申报并完成浙江省社科联《推进“三个子”公共预算管理改革的路径选择》的课题研究。

组织省内部分市、区完成城市财政体制协作课题研究。组织部分市、区开展城区财政体制课题研究，形成省、市、区三级联动的研究体系，并形成一批质量较高的研究成果。协助桐乡市财政局完成《桐乡市如何推进“三个子”公共预算管理改革的探索》，对“三个子”改革进行方法上的梳理、路径上的探索。

【办好刊物年鉴】 提高《浙江财税与会计》办刊质量。完成系统各类主要会议的宣传报道。全年报道系统 30 余次重要会议及活动内容，第一时间将省财政的政策举措、领导及各个部门对各项工作的要求通过杂志传递给系统各级部门与干部职工。宣传财政重要工作理念。宣传做好财政创新体制机制，实现自身持续平稳健康发展，发挥财政支撑、保障和引导作用的两篇文章；宣传构建“三位一体”财政运行机制、加强“三基”（抓基层、打基础、夯实基本功）建设，全面推进财税科学化精细化管理等重要改革内容。宣传财政系统队伍建设及财税文化建设。组织专题性稿件进行深入宣传。全年组织 15 个专题内容，对一些热点、难点问题进行探讨。做好各项财政改革宣传。宣传全省企业单位先进理财经验，加强对会计实务的指导；刊发政策解读专题，服务财会人员。

出版《浙江财政年鉴》。《浙江财政年鉴》自 2001 年创刊至 2010 年已出版 10 卷，编纂质量提高。完成《浙江省政府志》中有关新中国成立以来浙江省财政工作的稿件撰写任务。

办好《浙江财政研究》。坚持“服务中心工作，搭建转化平台，交流财政信息，奉献研究精品”的办刊宗旨，以“精选、精审”的工作要求，提高办刊质量。

办好《浙江财税参阅》。为领导提供经济、财政、税收理论方面的新信息，当年共编辑 20 期《浙江财税参阅》。

【健全内部管理机制】 建立健全内部管理制度，在修订完善原有制度基础上，增加《图书资料管理办法》、《课题成果评审办法》、《刊物管理办法》等制度。（政研室供稿　冯　健执笔）

财政信息化建设

【概况】 2010年，浙江省财政信息化工作按照《浙江省金财工程建设三年规划(2010～2012年)》要求，继续开发完善和推广金财工程一体化软件，提高软件和运维平台运行效率，推进身份认证和容灾体系建设，确保财政数据安全和网络正常运行。

【软件开发维护】 软件开发工作。开发和完善指标管理、用款计划、支付管理、资金申拨、非税收入、会计核算、政府采购(内网)、报表平台、财政综合办公平台4.0、运维平台等一体化软件，基本完成支农资金项目库的开发，启动绩效评价等软件开发工作。一体化软件的定版工作。配合集中支付改革，对集中支付系统进行升级定版，对非税收入系统进行较大的改版。完成政府采购(内网)软件开发工作并在绍兴、诸暨成功试点。在征求试点单位意见的基础上，完成金财工程运维平台的升级改造。根据省政府门户网站考核和省财政厅门户网站升级要求，对门户网站进行升级改造。完善财政部应用支撑平台与一体化软件的接口，完成财政部对省本级的验收工作，完成10个市和部分县区的大平台实施政府采购工作。软件维护工作。配合预算、国库等部门完成部门决算、财政供养人员信息采集、会计行业管理网、农民补贴网、扶贫资金监测、国债管理、生态转移支付测算、乡镇决算等软件的维护和技术支持工作，并对相关人员进行培训。

【实施"一体化就绪行动计划"】 在湖州市试点实施"一体化就绪行动计划"，该计划主要是：加强财政综合办公平台的展现功能，对新老财政管理模式进行兼容性开发，增加报表管理、文档管理、日程管理等功能，简化软件配置，改善业务人员的操作体验。继续推广指标管理、用款计划、资金申拨、支付管理、非税收入等一体化软件。截至年底，全省71个财政局使用一体化集中支付系统，27个财政局使用一体化非税收入管理系统，65个财政局使用综合办公平台系统。完成土地出让金收支系统的试点工作，并在65个财政局推广应用。配合金财工程一体化软件的推广应用，对一体化软件的实施和维护项目进行政府采购，并下发《关于金财工程软件实施单价和现场服务标准等事项的通知》；完成非税收入执收单位版维护、行政事业资产管理系统升级等项目的政府采购工作。

【做好网络安全保障工作】 指导全省财政系统推进纵向备份网络的维护以及横向城域网建设工作，加强信息安全建设，提高网络稳定性、业务数据安全性和系统可用性，使原有的财政应用软件运行更加安全、可靠。试点CA安全体系建设，按照财政部统一规划，完成CA证书系统与本省一体化软件的接口，在省财政厅部分工作人员中推行CA证书应用，为推广应用打下基础。组织编写《财政身份认证与授权管理系统浙江省实施方案》和《浙江省财政数字证书使用管理细则》(初稿)，印发《浙江省财政厅身份认证与授权管理系统应用安全接入和证书使用管理办法》，做好省本级的CA证书发放准备工作。

【实施数据备份和容灾系统建设】 指导和督促各市县区财政局实施财政备份数据恢复的演练及日常数据备份工作的规范流程执行，对全省各市县区财政局的数据库系统进行安全巡检和性能优化。对容灾实现理论和技术实践进行调研探讨，完成全省财政异地容灾系统建设的技术论证工作，编写完成《浙江省财政容灾系统建设方案(初稿)》。

【建设视频会议分会场和办公机房整体搬迁】 根据财政部的统一部署，做好全国财政视频会议浙江分会场的技术支持和工程现场实施工作，10月中旬通过财政部办公厅的现场验收。配合省财政厅大楼装修，完成入迁办公区网络与通讯系统建设，做好省财政厅中心机房设备搬迁至浙江电信东冠IDC和托管工作，确保机房搬迁期间应用系统正常运行。

【财政信息化队伍培训】 按照《浙江省财政系统专业人才库管理办法》的有关要求，制定财政信息化管理人才库人员选拔的条件和程序，组织在全省范围内财政信息化管理人才库的考试选拔工作。组织举办信息化人才库人员的首期研讨班，就当前财政信息化的热点和难点问题进行研讨，收集论文45篇。举办全省小型机、WebSphere MQ、国库集中支付系统、非税收入系统等各种培训共18期，参加培训人员计980人次。

(信息中心供稿 王洪俊执笔)

会计人员服务

【概况】 2010年，省会计人员服务中心依法做好会计从业资格行政许可事项的审批工作，做好会计从业资格、专业技术资格和高级会计师考试工作，加强会计从业资格证书和会计人员继续教育培训的日常管理工作，做好省本级高级会计师评审材料的受理及初审工作，树立窗口单位的良好形象。

【会计从业资格管理】 按照《行政许可法》、《会计从业资格管理办法》具体要求，结合窗口实际工作情况，制订并落实有关规章制度，即岗位责任制、服务承诺制、一次告知制、限时办结制、AB岗工作制等，依法做好省级及中央驻杭单位会计人员会计从业资格行政许可事项的审批工作，以及会计从业资格注册、变更、调转等日常性工作，全年累计核发新证945本。开展普通会计人员网络继续教育培训，累计培训253人。根据省财政厅《关于开展2010年度会计从业资格考试工作的通知》要求，组织省级会计从业资格考试工作，实际报考人员5122人，取得合格证人员为1538人。组织省级会计从业资格无纸化考试工作，取得合格证人员为79人。组织2011年度会计从业资格考试的报名工作，报考人数为4478人。

【会计专业技术资格考试】 5月组织省级会计专业技术资格考试工作，实际报考人员2610人(初级888人，中级1722人)，通过考试取得中级职称资格181人，初级职称资格80人。10月组织2011年度会计专业技术资格考试的报名工作，报考人数为2921人(初级974人，中级1947人)。

【高级会计师考评结合】 按照省财政厅有关要求，受理全省共23人的教授级高级会计师申报材料，受理并初审在杭省级单位和中央部属在浙单位172人的高级会计师申报材料。组织2010年度省级单位的高级会计师考试报名工作以及全省报考人员的报名汇总工作(报考人员中省本级455人，全省2325人)；9月5日，高级会计师资格考试在浙江大学西溪校区举行，全省合格人数为765人。

【高级会计人员继续教育培训】 举办九期全省高级会计师继续教育培训班，聘请财政部、北京大学光华管理学院、浙江财经学院、浙江工业大学管理学院等单位的领导、专家学者讲授新准则下企业财务报表的阅读与分析、后金融危机背景下的宏观经济形势分析、内部控制建设相关问题、全面预算管理、行政事业单位法律风险防范等内容。全省各行业的高级会计人员及财政会计管理干部共3419人参加培训。

【开设网站服务会计人员】 2010年开设浙江省会计人员服务中心网站(www.zj-kuaiji.org.cn)。通过网站信息平台以一种快捷、方便的方式发布各种会计考试和培训信息，并及时回答会计人员提出的各种问题，收集各种反馈信息，进一步做好服务工作。 (会计人员服务中心供稿　沈幼华执笔)

省财政干部教育
省中华会计函授工作

【概况】 2010年，省财政干部教育中心、省中华会计函授学校围绕财政中心工作，开展农村财会人员财政支农政策培训、系统干部教育培训、会计人员继续教育，开展多层次学历教育工作，管好用好省财政教育培训网并发挥其作用。

【开展全省首轮农村财会人员财政支农政策培训】 全省(不含宁波市)81个市、县(市、区)以村会计、代理机构会计、村干部等为对象共计培训37822人次。成立由厅长钱巨炎担任主任的浙江省农村财会人员财政支农政策培训工作领导小组，制定下发《浙江省首轮农村财会人员财政支农政策实施方案》，编写《浙江省农村财会人员财政支农政策解答》培训教材，并制作培训课件供全省各级财政部门培训使用。制定下发《浙江省农村财会人员财政支农政策培训工作考评暂行办法》，规范全省的培训工作。组织全省函校系统开展“农村财会人员财政支农政策培训专题研究”，调研报告《浙江省农村财会人员财政支农政策培训工作实践与思考》列为省财政厅会计科研课题。

【干部教育培训】 围绕财政中心工作，推动培训组织工作规范化。全年组织培训、研讨班31个共38期，服务培训对象5606人次。与财政厅人事处联合印发《厅机关处室局培训工作量化考核表》，改进服务方式，了解各培训班动态，全程跟班服务，提高工作效率和服务效率。办班结束后对培训资料整理装订归档，归类统计评估意见和测算评估结果。

【省中华会计函授学校工作】 学校全年招收中专新生1400人，毕业中专生1890人，中专在校生规模2127人。联办大专班共录取新生1500名，毕业班2485人，大专注册在校生4203人。各级办学单位利用开展财政支农政策培训的契机，将中华函授大专与全日制中专生源相结合，稳定大专学历教育规模。挖掘农村生源，中专学历教育向乡镇覆盖。组织修订评审并出版《会计核算基础》、《企业涉税事务》等教材，保障教学需要。拓展会计人员继续教育等短期培训业务。当年全省函校系统共培训292876人次，比上年增加了54%，其中：财税系统干部在职培训21985人次，会计人员继续教育培训218840人次、会计电算化培训28550人次、会计职称辅导3374人次、会计从业资格辅导9481人次，其他短期培训10646人次。

【维护省财政教育培训网站】 更新浙江省财政培训网包括财经法规、学历教育、干部培训等19个栏目的内容，使之成为广大财税干部和财会人员的学习交流平台。至年底，财政教育培训网站访问量1727955人次。在浙江省财政教育培训网开设“浙江省农村财会人员培训专栏”登载培训教材电子版、政策原文、培训动态、经验做法、重要文件等内容，服务农村财会人员财政支农政策培训工作。改进“教务考务管理系统”软件。

【函校校庆及换届工作】 开展函校20周年校庆活动，编制《春华秋实》专题文集和《浙江省中华会计函授学校建校20周年》纪念画册，纪念函校建校20周年。其中文集回顾了函校20年的办学历程，共计72篇文章30万字。召开省函校四届校务委员会第一次会议，省财政厅厅长、省函校校长钱巨炎在会上讲话。 (干教中心供稿　潘敏华执笔)

协会学会活动

浙江省注册会计师协会

【概况】 2010年，浙江省注册会计师协会（以下简称省注协）围绕促进注册会计师、资产评估行业为浙江经济社会发展提供专业服务的中心，开展对外协调，反映行业诉求，检查执业质量，引导执业机构加强内部治理建设，推动注册会计师行业创先争优活动。至年底，全省共有会计师事务所346家、注册会计师4030名，资产评估机构146家、注册资产评估师1390名。

【召开省注协第五次会员代表大会】 6月，省注协第五次会员代表大会在杭州召开。省财政厅厅长钱巨炎、中国注册会计师协会副秘书长董新钢和中国资产评估协会专职副书记宋阳到会并讲话。会议选举产生浙江省注册会计师协会第五届理事会，省财政厅副厅长薛小杭当选省注协会长，汤淮当选省注协秘书长。会议还审议了浙江省注册会计师协会2006年至2009年会费收支报告。

【开展创先争优活动 做好行业党建工作】 省注册会计师行业党委结合工作实际，在全省会计师事务所党组织和党员中开展"之江先锋"创先争优活动，弘扬和践行党的先进性，激发事务所党组织和党员的生机和活力，促进全省注册会计师行业的全面建设和发展。全省会计师事务所党组织隶属关系全部纳入各市注册会计师行业党组织管理。

【注重新型业务拓展】 将新业务领域拓展作为行业服务经济社会发展、促进经济发展方式转变、实现行业转型升级和跨越式发展的突破口，组织注册会计师新型业务拓展课题招标，经审核，41个课题立项。总结行业开展新型业务拓展的经验，出版《注册会计师新型业务拓展研究文集》和《国际高级审计业务文集》。

【协调解决执业收费标准问题】 组织开展全行业收费标准执行情况的专题调查，在摸清本省注册会计师、资产评估行业现状和收集兄弟省市收费标准的基础上，撰写报告提交省物价局。

【组织开展执业质量检查】 与省财政厅会计管理处、财政监督局联合组织开展2010年度会计师事务所执业质量检查，对77家非证券从业会计师事务所进行检查。检查侧重于事务所整体质量控制制度的建设和落实，弱化对单体报告质量的认定。检查结束后，经过省注协惩戒委员会讨论表决，对1家存在严重执业质量问题的会计师事务所和涉及的2名注册会计师，给予公开谴责的惩戒；对8家存在严重执业质量问题的会计师事务所和涉及的18名注册会计师，给予行业内通报批评的惩戒；对1家存在执业质量问题的会计师事务所和12名注册会计师，给予训诫的惩戒。

【依法做好日常管理工作】 完成注册会计师、注册资产评估师年检工作，依法办理注册会计师、注册资产评估师的注册、转所工作。前三季度共批准注册会计师注册356名，办理注册资产评估师的注册初审及转报429。共为321名注册会计师、105名注册资产评估师办理注册关系转移手续。依法撤销、注销兼职、挂名注册会计师26名，上报中评协撤销注册资产评估师14名。

【完成考试和培训组织工作培养后备人才】 完成注册会计师、注册资产评估师全国统一考试组织工作，全省31043人报考注册会计师专业阶段考试，合计76565科次；46人报考注册会计师综合阶段考试。全省961人报考注册资产评估师执业资格考试，合计3319科次。2010年度65人取得注册资产评估师全科合格证书。开展从业人员继续教育培训工作，当年共举办注册会计师、注册资产评估师继续教育培训班31期，确认执业机构内部培训班5期，培训注册会计师4413人次，注册资产评估师1515人次，全省注册会计师、注册资产评估师培训面100%。注重人才培养与引进。根据《浙江省注册会计师协会人才基金奖励管理办法》，继续对行业内取得硕士以上学位、考取多种执业资格及考试和理论研究成绩优异的人员进行奖励；对外省转入本省执业的注册会计师符合规定条件的予以奖励；对参加中注协委托三所国家会计学院举办的培训班的学员予以其培训费用补助；对经省注协考核合格的培训承办单位进行经费补助。全年发放人才基金86万元。

【提高会刊和网站质量】 全年共编发《浙江注册会计师》12期，10篇文章被《中国注册会计师》选用。做好网站维护、信息更新等工作。省注协秘书处为各执业机构统一配置电子邮箱，方便协会与会员之间的工作联系。深化行业宣传力度和广度，本省注册会计师、资产评估行业的新型业务拓展、协会建设、行业诚信建设等方面工作经验在《中国会计报》、《中国注册会计师》、《中国资产评估》等报刊作了宣传。

【相关服务工作】 通过主持召开协调会、列席股东会、个别谈话沟通等方式，帮助多家执业机构解决内部矛盾，维护执业机构和员工的合法权益。发挥专业优势，为会员答疑解惑。对会员的业务咨询，做到有问必答，对一些不能马上解决的疑难或带有普遍性的问题，组织专题讨论或向有关方面请教后再予以解答或出台指导性意见。省注协秘书处工作人员以接受法律咨询、代拟答辩要点、代理出庭应诉等方式为会员提供法律服务，维护会员合法权益。（省注协供稿　徐得均执笔）

浙江省财政学会

【开展课题研究】　牵头组织中国财政学会、财政部科研所的协作课题“发展低碳经济的财政政策研究”。课题组由江苏、辽宁、湖南财政科研所及浙江省财政学会、财政部科研所税收政策研究室等单位参加，学会研究人员立足浙江特色和实际情况，在课题撰写前进行深入细致的调查，搜集大量资料，完成《浙江省发展低碳经济的财税对策研究》子课题。

配合完成“完善事业单位财政政策相关问题研究”。根据省政府办公厅《关于印发〈事业单位改革路径和政策研究重点课题工作方案〉的通知》精神和厅领导在总预算局《进一步深化2011年省级预算编制改革的建议》中批复要求“推进事业单位供给方式改革措施”的工作任务，按照总预算局和教科文处拟定的分工安排，参与撰写《事业单位财政供给方式改革路径和政策研究》的子报告。

完成“浙江民生论坛”财政子课题。配合由浙江省社会科学界联合会等单位联合举办的“浙江民生论坛”的召开，围绕省统计局发布的“2009年度浙江省民生指数”，完成《浙江省民生财政建设的实践与思考》课题。

完成财政厅年度调研报告。剖析土地出让收入与财政的关系，完成年度重点研究课题《“土地财政”的财政学思考》。

【组织指导全省各地财政学会进行课题调研】　组织各地财政学会针对财税工作中心热点难点问题，开展课题研究。全省财政学会共申报课题131项，研究范围涉及经济转型升级、现代服务业、低碳经济发展、民生财政、乡镇财政体制建设、政府债务、财税文化、政府投融资体制、财政支持新农村建设、财政信息化建设、“三位一体”改革等，呈现出课题内容广泛、观点新颖、研究手段多样化的特征。组织省内财政学专家对这些课题进行评奖，共评出一等奖7篇，二等奖46篇，三等奖73篇。

组织省内部分市、区完成城市财政体制协作课题研究。组织部分市、区开展城市财政体制课题研究，形成省、市、区三级联动的研究体系，探讨市与区之间财政体制现状及建议对策。

【举办各类研讨会】　举办财政专项资金整合研究研讨会。6月23日，浙江省财政学会在义乌市召开“财政专项资金整合研究”课题研讨会。浙江大学教授李金珊、浙江财经学院教授沈玉平到会指导。

联办浙江民生论坛。9月4日，浙江省财政学会联合浙江省社会科学界联合会、浙江省统计学会、浙江省社会学学会在杭州举办“浙江民生论坛”。来自省级有关学会、省内外高等院校、科研院所的150余位社会科学工作者参加论坛。

举办“发展低碳经济与财政政策”学术沙龙。10月，来自浙江大学、浙江财经学院、浙江工业大学等高校和省财政厅有关处室局的40多位代表参加在浙江师范大学召开的学术沙龙。

【课题成果转化利用】　省财政学会将2009年全省获奖课题成果汇编成《财政改革热点问题探讨——浙江省财政课题研究成果汇编(2009)》一书，由浙江人民出版社出版发行。将2009年完成的协作课题汇编成《经济转型升级的财税对策研究》一书，由中国财政经济出版社出版发行。

【举办科研骨干培训班】　11月10～11日，召开全省财政科研工作会议暨学会秘书长和科研骨干培训班。来自全省各市、县(市)财税(会)学会的秘书长和科研骨干参加会议。杭州市、绍兴市、湖州市和丽水市等市、县(市)财政局政研室和学会代表就课题研究和学会工作的经验进行交流发言。财政部科研所副所长、研究员王朝才对我国“十二五”期间如何把握财税政策进行分析，浙江大学金融研究所所长、博导王维安以金融的视角对宏观经济形势作了专题分析。

【学会换届】　1月21日，召开第六次会员代表大会，来自省级有关部门、有关院校、市县财政局和省财政厅的代表共计120余人参加会议。财政部科研所副所长王朝才等有关方面领导应邀出席会议并讲话。大会审议通过第五届理事会工作报告，通过新的学会章程，选举产生以省政协副主席黄旭明为名誉会长、省财政厅厅长钱巨炎为会长的新的学会领导机构。

【提高会刊编辑水平】　《浙江财政研究》坚持“服务中心工作，搭建交流平台，分享财政信息，奉献研究精品”办刊宗旨，突出理论性与实践性有机结合，全年出版6期。

【推进各分会开展工作】　预算会计研究分会参与、配合全国预算与会计研究会和财政部预算司开展“省直管县财政管理方式改革”的调研工作，并参加业务研讨；完成“浙江省省直管县财政管理体制的实践与思考”的调研报告。此外还参加华东地区预算管理与会计第22次理论研讨会，会上介绍浙江省省直管县财政管理体制的主要做法、体会和深化改革的建议。（省财政学会　虞　斌执笔）

浙江省会计学会

【会计课题研究】　2010 年选择 18 个会计研究课题，突出热点、难点、重点内容，这些课题中《后金融危机时期财务战略研究》、《企业内部控制应用与实践研究》、《企业并购重组财务会计问题研究》等，都有实际应用价值。

【组织学术交流】　本着“突出重点，服务经济，搞出特色”的理念，抓住会计改革中的热点、难点问题，组织开展形式多样的学术交流活动。一是帮助企业提高应对金融危机的能力，与浙商研究会、《今日早报》等单位联合举办“后金融危机时期企业财务战略”论坛。来自省内不同类型企业的负责人和财务总监 120 人出席会议。论坛邀请西子联合控股公司执行总裁、百大集团董事长徐刚，横店集团副总裁、浙江大学教授徐文财作了精彩的主题演讲，来自报喜鸟集团、浙江工商大学等单位的 8 位嘉宾围绕主题进行沙龙对话，此次活动引起社会各界的反响，同时，也扩大了省会计学会的影响力。二是为贯彻落实《企业内部控制配套指引》，学会 7 月 2 日召开“内部控制体系如何‘落地、开花、结果’座谈会”，十多家不同类型企业的财务经理、高校教授、会计师事务所从业人员、行政部门的负责人参加座谈会，就推进企业贯彻实施内部控制规范体系，防范各类风险，促进企业的健康快速发展开展讨论。三是 11 月 30 日召开“财务如何助推企业转型升级”座谈会，来自省内大中型企业（含国有控股企业、民营企业、工业企业、商贸企业、房地产企业等）的财务总监、会计师事务所的所长、高等院校的教授等 10 余人参加座谈会。与会同志围绕主题，就财务在企业转型升级中的职能，财务如何助推企业转型升级，财务自身如何转型升级等热点问题，发表意见和建议，为企业的发展献策献计。

【开展“会计诚信”有奖征文活动】　各级会计学会的广大财会人员参与活动，学会共收到征文 68 篇。通过专家教授评定，评出一等奖 2 篇、二等奖 6 篇、三等奖 12 篇、鼓励奖 15 篇，活跃学会的学术研究氛围。

【出版论文集】　为提升会计队伍的理论和业务水平，出版会计论文集，共收集论文 335 篇。广大会计工作者理论联系实际，结合岗位撰写具有应用价值的会计学术论文在论文集上发表。

【培训通讯员队伍】　浙江财税政策研究室和浙江省会计学会于 8 月 24 日在横店举办全省会计系统《浙江财税与会计》通讯员骨干培训班，培训班邀请《中国会计报》副主编及浙江财经学院财经新闻写作专业老师，围绕会计稿件的写作和组稿、新闻报道写作规范两个方面授课，以提高通讯员的业务水平。

【提高《浙江财税与会计》编审质量】　一抓稿源，全年组织稿件 823 篇，好中选优录用优秀稿件 180 篇；二抓热点专题，根据会计领域改革热点及实务工作者关注的热点、难点问题，组织专题稿件，如行政事业单位会计制度改革、提高会计信息质量、企业内部控制、财务助推企业转型升级等；三抓宣传，围绕财政会计中心工作，做好会计类法规、制度及会计改革的宣传报道工作；四抓服务，针对财政部新发布的企业内部控制应用指引，刊发“内控指引解读”专题，刊发各类会计考试信息、教材释疑等内容，满足会计人员应考需求。

【会员培训】　开拓会计教育培训的新途径、新方法，全年举办会计人员继续教育培训 45 期，参加培训 3599 人次，举办会计电算化考试 428 场，参加应考 14521 人次。

【加强学会自身建设】　学会坚持把学习放在首要位置，坚持学习党的十七届五次、六次全会精神和兄弟省市办会的做法和经验，注重对秘书处工作人员的思想教育和引导。密切关注会计改革与发展的形势，思考和谋划学会工作，努力使学会的工作适应时代的发展。适时召开常务理事会，汇报工作，各位常务理事对学会工作提出要求。召开秘书长工作座谈会，各学会交流工作经验。注重新会员发展，当年发展团体会员 19 家，为学会注入新活力。召开全省会计学会和专业分会秘书长会议，加强对各市县会计学会和专业分会的工作指导。

（浙江省会计学会供稿　薛文耀执笔）

财税政研会

2010 年，浙江省财税系统政治思想工作研究会围绕财税中心工作，深入市、县财政局调研，了解财税干部职工对财税文化建设的需求，总结基层财税文化建设的经验和好的做法，探索新时期财税系统开展思想政治工作新方法。全年编印下发《工作交流》5 期，传达上级政研会的工作动态，交流各地思想政治工作开展情况和经验体会。根据省委宣传部和省政研会的要求，经过各级部门审议和推荐，东阳市地方税务局吴宁分局获得浙江省思想政治工作优秀单位荣誉、嘉兴市财政地税局人教处处长董海潮获得浙江省优秀思想政治工作者荣誉。

（财税政研会供稿　童新元执笔）

市县（市、区）财政工作

zhejiangcaizhengnianjian

杭州市财政工作概况

杭州市

【概况】 2010年，杭州市实现生产总值5945.82亿元，按可比价计算，比上年增长12.0%，其中：第一产业增加值207.96亿元，增长2.5%；第二产业增加值2844.47亿元，增长12.5%；第三产业增加值2893.39亿元，增长12.3%。全市按常住人口计算的人均生产总值为68398元，按户籍人口计算的人均生产总值为86642元，增长11.4%。全市完成财政总收入1245.43亿元，增长22.2%，其中地方财政收入671.34亿元，增长28.9%。全市地方财政支出616.58亿元，增长23.8%。市区财政总收入1098.83亿元，增长22.6%，其中地方财政收入589.44亿元，增长30%；市区财政支出498.82亿元，同比增长22.3%。市本级财政总收入202.19亿元，增长24.5%；市本级财政支出154.53亿元，增长19.3%，其中市本级预算内民生支出110.09亿元，新增财力80.6%用于民生。全市各级财政收支平衡。

【加强收入管理】 *加强税收征管，完成征收任务。*完善"抓大、评中、定小"的税源管理体系，实施重点税种行业分类管理，形成税收贡献管理、税种管理、行业管理系列化。市地税部门全年共组织各项收入880.55亿元，同口径增长27.3%。其中：税收收入（含契耕两税）600.71亿元，同比增长31.2%；社保基金收入223.81亿元，增长18.3%；水利基金收入16.98亿元，增长32.7%；教育费附加17.70亿元，增长25.7%；地方教育费附加14.84亿元，增长21.0%。*加强政府非税收入征管。*优化非税收入票据的信息化管理，通过推行往来款票据（资金往来结算票据）的电脑开票，加强对其他收入的监管，有效遏制了通过票据虚开、代开、串用等手段规避财政资金监管的现象，促进非税收入信息化、精细化、动态化管理的进程。市财政在清费减负优惠政策延续执行的情况下，全年完成非税收入征缴38.12亿元，比上年减少0.78%。*提高收入质量，优化收入结构。*2010年全市财政总收入和地方财政收入在全省的占比分别为25.4%和25.7%；全市地方财政收入占财政总收入的比重提升为53.9%，提高2.8个百分点。

【扶持经济转型升级】 *着力保障产业发展。*全年工业投入10.52亿元，重点支持工业技术改造、新型重化工业、太阳能光伏重大成果产业化和研发、节能和新能源汽车试点、物联网产业发展。预算安排2.90亿元用于现代服务业，支持培育"十大特色潜力行业"*、做大做强旅行社和旅游综合体建设；安排1.80亿元，用于兑现金融业奖励政策和网络银行风险池投入；投入1.65亿元，用于发展楼宇经济、总部经济、空港经济、会展经济。文化创意产业投入2.82亿元，重点扶持动漫产业、优势文化创意产业项目发展，以及文化创意产业信托债权基金投入等。

*转变财政资金扶持方式。*建立全省首个再担保机制，成立杭州市信用担保联盟，认缴政府保证金7500万元，投入联盟风险补偿资金1000万元。出台《杭州市创业投资引导基金管理办法》，引导基金阶段参股的12家创投基金总规模15.50亿元，累计投资企业项目32个，跟进投资签约10家。兑现大企业大集团培育奖励、培育科技型初创企业、实施科技担保、支持科技型中小企业创新等支出6.69亿元。

*优化企业发展环境。*落实自主创新、节能减排等企业所得税优惠政策，实行点对点重点辅导，全年优惠5.60亿元。落实基本养老保险企业缴纳部分费率下调政策，减轻企业负担2.63亿元；落实临时性适当下浮社会保险费政策，为企业减负4.45亿元；落实水利资金减免政策，为企业减负4.07亿元。推进重点地区、重点领域、重点企业分离发展服务业工作，当年成功分离发展服务业133家，新增地方税收收入1765万元；上年已分离的314户企业中，新增营业额超过1000万元的较大型服务业企业30户，新增营业额超过5000万元的大型服务业企业9户，新增营业额超过1亿元的特大型服务业企业3户。

【促进城乡统筹发展】 出台《关于建立健全"以工促农、以城带乡"财税长效机制的若干意见》，建立财政支农投入稳定增长机制，激励企业等更多的社会资源参与城乡统筹发展。建立城乡区域统筹发展专项资金，市财政每年新增10亿元资金，专项用于支持五县（市）发展；推进区县对口协作，各城区每年安排一定资金支持对口协作县（市）。设立农村公益金，企业通过市财政专用账户，捐款用于当前社会重点关注、广大农民急需的农村社会公益项目建设，发挥资金的集聚效应，截至2010年底，253家企业踊跃捐赠农村公益金，累计筹集资金9035万元。

【加大新农村建设投入】 市本级投入10.14亿元，增长21.6%。其中：支持"一绕四线"*高速沿线综合整治、百千工程等村镇生态建设项目3.66亿元，培育17个高速沿线新农村建设示范村，完成20个全面小康建设示范村、601个重点整治村,创建 13 家风情小镇;支持农村水利设施建设,实施强塘工程、城郊河道整治等水利综合保障体系建设 1.73 亿元;支持农业科技创新,促进现代农业发展 1.61 亿元,启动建设 10 个设施农业建设项目,推进 52 个市级粮食生产功能区建设;投入 2.28 亿元支持农村教育、文体、旅游事业全面发展,完善农村医疗健康保障制度,实施数字兴农工程,对全市 67.4 万农户进行数字电视改造;支持农村帮扶工程 8600 万元,安置下山移民农户 2271 户、7627 人,对全市 2771 户农村困难家庭危房改造进行补助。

【加强民生投入】 *促进社会事业发展。*科教文卫预算内投入 50.32 亿元,增长 29.6%。其中:科技投入 10.86 亿元,增长 30.1%,重点推进重大科技创新、科技创新环境和城市基础信息平台建设;教育投入 19.79 亿元,增长 30.2%,重点用于综合性大学、职业技术学校发展,五城区初中学校维修和 8 所直属学校校舍建设,学前教育发展,名校集团化推进及完善进城务工人员子女就学服务平台等;文化体育投入 6.06 亿元,增长 24.4%,全面启动基层文化站建设、创建"国家级数字出版基地"、开展各类群众性文体活动。医疗卫生投入 13.61 亿元,增长 30.6%,用于推进医疗布局调整和"名院集团化"试点、深化新医改、扩大市域"医保一卡通"联网应用等。

*支持社会保障事业。*社会保障与就业预算内投入 24.30 亿元,增长 21.9%,政府性基金等投入 12.35 亿元。保障就业长效机制实施,发放农转非人员社保及生活补贴、企业退休人员节日慰问金及生活补贴和基本生活品价格补贴,实施城乡养老、医疗保障补贴和重大疾病医疗困难救助等。

*加强住房保障。*城市住房专项投入 15.90 亿元,其中:廉租房购置(建设)、租金补贴等 3.48 亿元;公共租赁房建设购置 6.39 亿元;危旧房改造 1.81 亿元,保障 4.9 万平方米危旧房重建改善;物业管理工程 1 亿元,保障 500 万平方米老旧小区改善;主要道路沿线的危旧直管公房整修和历史建筑保护 3 亿元。

*改善生态环境。*市本级绿化环保预算内投入 3.33 亿元,增长 18.5%,政府性基金等投入 5.08 亿元,其中:建设城北体育公园、上塘河北岸、整治太子湾公园和借地绿化等城区绿化投入 3 亿元;推进热电和非热电企业脱硫工程改造 1.01 亿元;加强饮用水源保护 7816 万元;推进大气灰霾污染整治、机动车污染整治、油气回收治理以及交通干线空气质量自动监测站建设及维护等大气污染减排 4055 万元。

【支持城市品质提升】*保障城市设施建设资金。*城市建设投入 129.41 亿元,其中:地方财力基本建设和社会事业投入 17.20 亿元,重点建设杭州职业技术学院实训基地、杭州市科技馆、市第三福利院、杭州技师学院、市第十人民医院、滨江医院、下沙医院等项目;城市基础设施项目投入 85.21 亿元,重点用于加快建设 17 个城市快速路项目,实施 11 个打通"断头路"项目,建设整治 12 类配套道路、提升改造 128 个城市主次干路项目、建设改造 16 个给排水项目以及推行垃圾填埋场建设、消防设施、城市过街设施建设、抗灾抢险物资储备库等。安排地铁资本金 27 亿元。

*支持城市管理水平提升。*城市管理和公交退库共投入 40.51 亿元,其中:用于新建扩建 13 个公交停车保养基地、新建 36 个公交中心站、新辟 4 条快速公交线路等"大公交"体系建设 20.57 亿元;用于保障 1335 幢庭院改善、144 个背街小巷整治、322 个截污纳管工程实施,提升改造垃圾中转站和收集车辆以及实施城市亮灯工程等设施改善与提高项目 10.21 亿元;用于加强道路保洁、垃圾处置、序化整治以及推进数字城管等城市长效管理 6.14 亿元。

【加强财政管理】 实施《市本级财政专项资金管理办法》,规范专项资金管理。全面推行市级财政补助事业单位国库集中支付,有 184 家市级财政补助事业单位实行国库集中支付改革,179 家市级行政单位办理公务卡 10722 张,累计公务卡消费 6087 万元。出台《杭州市市级行政事业单位资产配置管理办法》和《杭州市市级行政事业单位常用资产配置标准》,搭建起行政事业单位资产管理的制度框架。印发《关于进一步深化"收支两条线"管理的补充通知》,对财政专项资金二次分配、各类补助(奖励)、课题资金及其他资金、拆迁补偿款、涉税收入、往来款等资金的管理进行规范。细化部门预算管理,严格控制"三公"经费,节俭行政费用。清理核实地方政府融资平台公司债务,加强政府负债管理。出台《市本级财政资金绩效评价管理办法》,稳步推进绩效评价工作。确立事前、事中、事后"三位一体"的资金监管机制,通过绩效目标确定、项目实施追踪反馈、项目结果绩效评价、审计结果社会公示等一系列措施,保障项目建设质量和资金使用绩效的提升。开展社会团体和国有及国有控股企业"小金库"治理,起草《杭州市社会团体"小金库"专项治理工作实施办法》、《杭州市国有及国有控股企业"小金库"专项治理工作实施办法》,发现并纠正"小金库"163 个,涉及金额 6289 万元。加强政府性投资项目工程评审,财政评审项目 437 个,送审金额 104.14 亿元,比上年增长 150.2%,核减财政资金 7.02 亿元。打造政府采购网上超市,推进政府采购制度改革。深化权力阳光运行机制建设,16 个财政地税行政审批事项开通网上受理。

【加强干部队伍建设】 落实党风廉政建设责任制,印发

《2010年推进反腐倡廉、打造"廉洁财税"、完善惩防体系工作的组织领导和责任分工》，将廉政建设落实到人。开展党员干部廉政教育，局领导在"七一"为全体党员上党课；开展"学习沈浩精神"主题活动，局主要领导为广大团员青年上团课；国库处处长朱觉斐被评为2010年杭州市十佳"勤政廉政好公仆"。开展"深化作风建设年"活动，制定《关于在全局开展"深化作风建设年"活动的实施意见》，抓好"五查五看"活动和"六不"问题的查处。加大干部交流力度，共选拔交流19名中层干部，向省财政厅、省地税局选送14名优秀年轻干部，选派8名优秀干部赴市重点工程、新疆阿克苏市等地挂职和任职。制定《杭州财政、地税局党员发展管理办法》，试行入党积极分子积分制、发展对象测评制、发展党员公示制、发展对象票决制，确保发展党员质量。丰富干部文体娱乐活动，"文体俱乐部，让财税文化活起来"活动被评为市级机关工会优秀"品牌工作"。

（杭州市财政局供稿 余 波执笔）

注：

＊十大特色潜力行业：指具有杭州特色的美食、茶楼、疗休养、演艺、化妆、保健、女装、婴童、运动休闲、工艺美术十个行业。杭州市财政局每年安排一定的专项资金，专项用于对十大特色潜力行业重点项目的扶持。

＊一绕四线：即杭州绕城、沪杭甬、杭浦、杭金衢、杭宁五条高速公路。实施"一绕四线"综合整治工程，是杭州"接轨大上海、融入长三角"的关键之举，是实施"环境立市"战略的实际行动。

上城区

【概况】 2010年，杭州市上城区实现生产总值527.12亿元，按可比价格计算，比上年增长8.7%，其中：第二产业增加值235.36亿元，增长6.9%；第三产业增加值291.76亿元，增长10.1%。第二、三产业结构为44.6:55.4。全年财政总收入80.16亿元，增长22.5%；地方财政收入50.22亿元，增长28.8%。全年财政支出19.5亿元（不含省市补助，下同），增长33.6%，其中：用于民生支出15.49亿元，增长32.1%，占地方财政支出的79.4%，新增民生支出3.76亿元，占新增财力的76.8%。全年财政收支平衡，略有结余。

【推进高端产业发展】 发挥财政资金"四两拨千斤"的杠杆效应，引导高端产业发展，全年兑付各类中小企业财政扶持资金1.88亿元，其中争取上级资金9683万元。全年"五主"产业实现地方财政收入29.51亿元，增长26.9%，占全区地方财政收入58.7%。完善"五主多副"＊产业分析系统，组织编制《上城区高端产业发展"十二五"专项规划》，为高端产业发展及时提供分析决策建议。做好帮助企业融资工作，全年兑现500万元杭州市小额担保贷款风险补偿，上年底启动的"涌金池计划"＊首期告捷，帮助上城区具有发展潜力又遇到融资瓶颈的中小企业解决融资难题。

【加大民生事业投入】 加大城市设施建设。全年城市建设及社区事务支出6.54亿元。其中中山中路保护及四大城市综合体建设等支出3.40亿元，"四改"项目、截污纳管及"美化家园"工程等支出1.25亿元，城市"四化"管理、城管执法智能化管控及缓解道路交通"两难"等支出1.05亿元，中东河整治、支小路建设及地质灾害防治等支出601万元，社区建设和事务管理支出4119万元。

推进社会保障和就业工作。全年社会保障和就业支出2.43亿元。其中退休保障支出1.26亿元，居民最低生活保障及各类救济支出3800万元，居家养老及保险支出554万元，促进再就业及居家就业支出1809万元，企业退休人员节日慰问及社会化管理支出2426万元，残疾人康复工程及残疾人文化艺术展示中心支出1800万元。

加大教科文卫事业投入。全年教科文卫事业支出6.33亿元。其中保障义务教育阶段绩效工资和校舍建设维修及教学装备支出4.50亿元，科学技术研究和支持中小企业科技发展支出6825万元，申报非物质文化遗产、各类群众文化体育活动以及第七届全民运动会等文体支出1215万元，基本药物零差价改革、社区卫生服务中心、疾病控制、卫生监督和妇幼保健等医疗卫生支出9464万元。

加大平安上城建设投入。全区社会治安综合管理支出1.34亿元。其中基本公共安全保障支出1.11亿元，世博安保及校园安保支出420万元，律师进社区及普法支出136万元，巡防、消防、流动人口管理等支出910万元，安全生产和行业质量安全监管支出336万元。

【推进公共财政管理改革】 扩大"收入一个笼子"覆盖面，完善"收缴分离、罚缴分离、收支脱钩"的非税收入监管体系，将部门的行政事业性收费和其他非税收入全部上缴财政，实施建设资金集中收付管理，通过对建设资金的集约化使用，全年节约银行贷款利息6000余万元。推行科学化精细化的综合预算管理模式，将税收收入和非税收入有机结合，将各类不同性质的财政性资金统筹安排，实现一个部门一本完整预算，实行"预算一个盘子"。搭建上城区国库集中支付系统，对纳入结算中心管理的预算部门实行国库集中收付，将财政资金全部纳入财政国库统一开设的资金账户，规范"支出一个口子"，实现预算资金拨付的统一性。

【完善国有资产管理】 出台《关于建立全区国有资产运行监督管理体制的方案》和《上城区国有资产运营机构监督管理重大事项审批制度》，加强国有资产监督管理。截至年底，区投控集团净资产20.50亿元，全年实现经营收入1.03亿元，增长12%。完善行政事业单位国有资产管理信息系统，完成全区139家单位国有资产基础资料录入、核对、清查和上报工作。全面铺开区建设指挥部房产清查工作，组织各建设指挥部成立由总指挥负责，集财务、资产、档案等相关人员参加的清查小组，对本单位已完工或正在建设、安置、出租等房产情况进行全面清查，摸清"家底"，规范管理。

【健全财政监督】 部门预算报人代会审查，主动接受人大监督。全区所属31个部门182家基层预算编制单位的预算透明"上会"，落实人大对司法局、劳动和社会保障局部门预算执行的跟踪监督要求。开展行政事业单位会计信息质量检查，对部分行政事业单位、社会团体、国有及国有控股企业开展"小金库"重点检查，查处违纪金额99万元。通过单位自查和中介评价相结合，先后完成对残疾人联合会和民政局的"小康工程"项目、民政局的居家养老项目、科技专项经费中的企业技术改造项目的绩效评价工作，增强各单位合理、节俭使用财政资金的意识。做好政府采购信息化建设，全面推广使用杭州市政府采购信息系统，规范采购流程，减少采购环节、节约采购时间，全年完成政府采购金额2.76亿元，资金节约率20.3%。

【履行会计管理职能】 宣传贯彻落实《会计法》、《行政许可法》。组织召开上城区会计学会第三届会员代表大会，完成新一届理事会换届选举工作，表彰6名区先进会计工作者。完成首次设立的浙江省2010年会计从业资格考试上城考区考试工作。组织学术讲座，开展业务培训，组织、督促财会人员参加调研活动。

【控制行政成本】 根据省委、省政府《关于进一步做好党政机关厉行节约有关工作的通知》的要求，严格"三公"(公务接待、公务用车、公务外出)支出管理，对各部门实施公务经费定额标准管理，通过开展"提高工作效率、提高服务水平、降低公务支出、降低行政成本"的"两提高、两降低"效能建设主题活动，压缩出国经费和公务接待费，冻结公务用车购置，提高政府运行效率。

【干部队伍建设】 开展"亮身份、践承诺、比贡献、赛业绩"创先争优主题活动，全面提升财政工作效能。加强党建工作，完成党支部建制调整及支部换届选举工作，举办党务工作者培训班。深化"学习型"组织建设，通过开展"科长讲坛"、"当一天社工"等活动，提高干部素质。出台《上城区财政局关于实行积分卡制度的实施意见》，通过将干部职工参与学习培训情况、参与活动情况、工作业绩完成情况量化的方法实现对干部的精细化管理。开展公职人员岗位廉政教育，查找每个岗位的廉政风险点，警钟长鸣。上城区财政局干部队伍建设的做法被收录2010年度《上城区创新模式与范例汇编》一书，局机关获上城区2009年度综合考评满意单位称号。

(杭州市上城区财政局供稿　孙克敏执笔)

注：

＊五主多副：文化创意产业、金融及其衍生产业、大旅游业、现代商贸服务业和精品房地产业五大主体产业，同时培育发展都市型工业和其他现代服务业。

＊涌金池计划：是指由上城区政府牵头，通过上海银行面向社会公众发行"中小企业非定向债权集合资金信托计划"的形式，以信托贷款的方式，为注册地或经营地在上城区和拟入住上城区的中小企业提供融资服务。该计划第一期发行总额为7000万元，其中，上城区政府和浙江香溢担保有限公司各认购1000万元理财产品，另外5000万元理财产品面向社会公众公开发行，财政资金以1:6的杠杆比例翘动社会资金，发挥财政资金"四两拨千斤"的作用。

下城区

【概况】 2010年，杭州市下城区实现生产总值460.54亿元，按可比价比上年增长11.8%。其中：第二产业增加值48.44亿元，增长11.0%；第三产业增加值412.10亿元，增长11.9%。全区财政总收入106.16亿元，增长8.2%，其中地方财政收入63.90亿元，增长11.1%；全区一般预算支出19.25亿元，增长12.8%。全区当年财政收支平衡。

【扶持重点企业发展】 贯彻落实中央、省市各项经济发展措施，全面实施"1+X"经济扶持政策("1"是指《下城区进一步促进经济发展的若干意见》；"X"指关于促进高新技术产业、文化创意产业、旅游会展业、商贸服务业、中介服务业、房地产建筑业、社区服务业、楼宇经济、总部经济、企业上市等10个专项扶持政策)，加快产业结构转型，全年投入区级财政经济发展资金1.95亿元，争取上级财政经济发展资金2.08亿元，支持企业自主创新和分离发展服务业，加快建设城市综合体和产业集聚区，构筑"2+1"(指高端的二次、三次产业+文化创意产业)现代产业体系，优化经济结构。坚持"扶优扶强"原则，加大对重点税源企业政策宣传、资金扶持和业务辅导力度，完善重点税源企业联系走访和送服务制度，帮助企业解决发展困难，巩固重点税源企业的龙头地位和发展优势。全区749家重点税源企业实现税收收入80.92亿元，集中全区77.4%的收入总量，年税收“超亿元”企业18家。

【提升财政收入质量】 发挥财税联席会议机制作用，关注宏观经济运行和税收政策动向，加强对收入运行的分析和预测，协同税务部门做好土地增值税清算、房地产行业清欠和股权转让工作，理顺辖区交叉征管企业税收关系，加强“楼宇经济”税收管理力度，促进收入运行质量稳步提升。全区服务业实现税收收入94.49亿元，收入贡献率90.1%，比上年提高3.1个百分点。全区地方财政收入比重占区财政总收入的60.1%，比上年提高1.6个百分点。

【优化财政支出结构】 加大民生领域投入。集中当年新增财力的三分之二以上用于公共服务和民生保障，注重区域协调发展，全力保障关系国计民生的财政投入和“为民办实事”的项目资金落实，通过支出结构向民生领域调整，全区社会事业、就业和社会保障、生态环境建设等方面财政支出分别增长10.8%、14.4%和13.5%，其中投入教育发展资金14076万元、科技发展专项3792万元、就业再就业资金2911万元，社区卫生服务专项经费1862万元、基层医疗卫生机构财政补偿款1200万元和城北体育公园建设款3350万元。控制行政成本。根据国务院关于厉行节约的要求，继续执行2009年以来的各项节支措施，严格经费预算审批，各项行政支出预算按照“零增长”进行结构调整和总量控制。全区行政性成本占财政支出的比重为15.8%，比上年下降0.6个百分点。

【拓展收入“笼子”内涵】 按照财政部关于完善票据管理的政策要求，规范行政事业单位（社会团体）资金往来票据的使用管理，将国家明确规定的公安、计生等部门行政事业性收费全额纳入一般预算管理，协同物价部门开展行政事业单位收费验审工作，完善财政专户资金管理制度。按照党中央、国务院关于开展“小金库”专项治理的统一部署，将社会团体和国有企业纳入专项治理范围，堵塞资金收入来源漏洞。

【提升预算“盘子”质量】 设立区财政预算编制中心，出台《下城区区级行政事业单位常用资产配置标准（试行）》，完善生均公用经费等支出标准体系，提高预算编制专业化、精细化水平。健全综合预算模式，将上级固定体制补助收入纳入预算编制范围，试行国有资产营运机构全面预算管理，加大部门结余资金统筹力度，编制统一平衡的全口径政府预算，提高预算编制的完整性。

【提高支出“口子”绩效】 出台《下城区财政国库管理制度改革方案》等一系列制度办法，启动区文广新局、民政局及其下属二级预算单位等7家部门的试点工作，加快推进国库集中支付改革。推动财政监督关口前移，开展区残联等5家部门预算执行情况的监督检查，促进财政资金规范管理。深化政府采购制度改革，规范政府采购“管办”分离操作程序，提高政府采购工作效益。全年组织政府采购28批次，采购金额4698万元，资金节约率9.8%。

【干部队伍建设】 开展创先争优活动，着力提升干部队伍学习、服务、防腐“三种能力”。要求干部养成多读书、读好书、勤思考、善动笔的良好学习习惯，《下城区民生财政调研》一文获2010年全省财政课题成果评选二等奖。以创建“五好”队伍为目标，加强基层基础服务，开展关爱社区活动，扶贫帮困58个家庭和个人，全局干部捐款2万余元，捐赠书籍价值5万余元。深化反腐倡廉制度建设，开展岗位廉政风险排查防控工作，明确岗位行为规范，拟写廉政预警案例，并利用局网站、清源手机信箱、廉政文化宣传板报等有效载体强化日常教育。

（杭州市下城区财政局供稿 马英喆执笔）

江干区

【概况】 2010年，杭州市江干区实现生产总值292.76亿元，比上年增长10.8%。其中：第一、二、三产业增加值分别为0.83亿元、98.41亿元、193.52亿元，分别增长-31.3%、6.6%和13.2%。全区财政总收入70.71亿元，增长35.2%，其中地方财政收入42.95亿元，增长43.7%；全区财政支出20.82亿元，增长38.0%。全区预算执行情况良好，财政收支平衡。

【助推经济转型升级】 坚持经济发展与财政增收良性互动，发挥财政资金、政策、服务的导向作用，促进中心区企业转型升级。全年落实各类扶持资金1.15亿元，其中，建立服务业发展引导基金5000万元、中小企业集合债权信托基金1000万元和文化创意专项资金2000万元，同时争取省市补贴资金2639万元，培育电子商务、文化创意、科技创新等新兴产业，推进经济结构调整、产业集聚发展和科技创新。对140余家依靠科技进步，提升自主技术创新能力的企业，争取上级产业发展扶持资金6242万元。增强服务意识，强化政策宣传辅导，帮助企业用好用活各项财政扶持政策，收集上报各类问题20余个，解答问题100余次，为企业发展提供贴心服务。

【调整和优化支出结构】 当年区本级新增财力的三分之二

以上用于民生。推进优质教育均衡发展，区本级预算内教育支出3.40亿元，其中教育事业费支出2.91亿元，增长24.3%，保障学校布局调整，支持国有民办办学体制改革，为提高全区基础教育水平提供财力支撑。加大卫生经费投入，全年区本级预算安排资金9624万元，为创建浙江省卫生强区及国家中医先进区奠定财力基础。完善基层医疗卫生机构财政补偿机制，确保区基本药物制度改革顺利实施，安排专项资金1818万元用于社区卫生服务设施建设，促进改革成果惠及基层群众。预算内文化支出增长39.5%，保障区体育场建设及文体中心的运行，推进全民健身工程的实施，推动群众性文体活动的开展。落实民生改善政策5241万元，增长61.5%，全部用于兑现促进就业、困难群众救助、社区建设、征地农转非劳动年龄段以上人员生活补助以及残疾人保障等政策。安排人才专项资金800万元，用于支持高层次人才创业，促进高新技术成果商品化、产业化。

【深化财政管理改革】 深化部门预算改革，规范和细化预算编制，健全支出定额体系，区级“上会”(提交区级人大会议接受人大代表审议）单位从上年的26个增加到27个。推行“三个子”预算管理改革，在全市率先推行国库集中支付制度改革，建立数据处理系统、网络一体化平台和国库单一账户体系，制定《国库集中支付管理办法》等配套制度，区本级47家预算单位的收支全部纳入国库单一账户体系。规范财政支出管理，加强资金统筹力度，统筹4053万元用于民生改善、城建城管专项，节约政府行政成本近4%。推进绩效评价制度建设，建立健全财政资金支出绩效检查评价制度和专项资金绩效考评体系，对2008～2009年度改善民生政策资金、残疾人共享小康工程项目、生殖健康优质服务等项目实施重点评价，提高财政资金使用效益。建立健全非税收入征收机制，规范和完善非税收入征管体系，将区教育系统二级单位的非税收入纳入区财政专户管理，全年解缴专户5814万元；将各单位上级补助收入、奖励资金等纳入专户储存管理，实现对单位所有资金的全面监管；厘清减收项目，做好暂停征收行政事业性收费后涉及单位的经费保障工作。

【强化国有建设单位监管】 按照“适度从紧、量力而行、注重效益、防范风险”的原则，将国有建设单位建设项目投资计划、资金安排、负债计划相结合，加强项目资金预算管理；修订实施国有建设单位薪酬考核实施细则，设置目标任务、工程管理、综合管理3大类20项考核指标，在考核形式上由一次性考核改为过程考核、抽样考核、实绩考核相结合，完善过程监管，规范政府投资项目管理，提升综合建设管理水平。完善政府性投资项目全程跟踪审计实施办法和操作细则，采用节点跟踪或全程跟踪的审计方法，加强对重点建设项目的跟踪审计；建立规范统一的国有建设单位会计核算及监管软件，强化资金安全管理。

【加强干部队伍建设】 以创建学习型组织为抓手，开展干部教育培训。围绕“理论学习知全局”“政策分析明动向”“我讲我课助提升”“激情创业增活力”“强化能力拓视野”“党风教育正言行”等六大学习主题，结合实际，开设专家讲座、局长课堂、形势论坛、业务讲坛、文化活动和网络课堂等六大学习平台，全年共组织业务讲坛、专家讲座、局长课堂累计21项，参学人员450余人次。以“创先争优做先锋、服务发展比作为”为主题，把主题活动与创建学习型党组织、建立健全学习实践科学发展观长效机制、推动财政中心工作结合起来，开展党员承诺、党员评比和“双服务”专项行动，提高党员干部的学习意识、创新意识、服务意识。梳理岗位责任，明确科室和岗位的职责分工，强化岗位风险点认知；加大政务公开力度，完善对外窗口服务，增强机关行政执行力。

（杭州市江干区财政局供稿　周邱忆执笔）

江干区老年活动中心

拱墅区

【概况】 2010年,杭州市拱墅区实现生产总值293.15亿元,按可比价比上年增长12.3%。其中:第一产业增加值0.29亿元,下降23.8%;第二产业增加值121.68亿元,增长8.9%;第三产业增加值171.18亿元,增长14.8%。全区财政总收入67.96亿元,增长16.8%,其中地方财政收入35.20亿元,增长21.1%;全区财政支出14.46亿元,增长15.3%,经常性财政支出增长19.5%。全区财政运行情况良好,财政收支平衡。

【服务经济发展】 服务企业,持续关注房地产、建筑业等重点行业,落实从土地出让、项目引进、开工建设、销售等全过程的跟踪联系机制,鼓励企业做大做强。强化企业融资服务,完善银企合作平台,开展形式多样的银企对接会,促进银企合作。参与杭州市信用担保联盟、安排落实再担保风险补偿资金,提升区内担保机构为中小企业提供融资担保服务的能力,当年累计担保金额18亿元。注重服务平台建设,发挥区会计学会的平台作用,经常性开展会员企业走访、企业财税知识培训、财会人员座谈等活动。优化财政扶持。支持以三产为重点的财源建设,全区三产累计实现地方财政收入21.80亿元,增长22.8%,占全区地方财政收入62.0%。优化政策扶持,将省、市、区有关促进科技、服务业、文化创意等发展的财政扶持政策汇编成册,通过上门走访、专题培训等形式,做好政策解读,鼓励企业用好政策资源。加大资金支持,调整扶优扶强资金投向,帮助企业办理电子商务、科创专项等34项扶持项目,落实服务业、高新技术、文化创意企业等扶持资金1.30亿元,推动企业升级发展。推进企业主辅分离工作,以搬迁企业为重点,创造条件让华生医药化工有限公司、杭州豆制食品有限公司等搬迁企业的总部通过分离的方式留在区内继续发展。

【加强财政收入组织管理】 调整完善收入考核和组织管理制度,提升财源管理成效。把省、市、区下放企业及原街道企业收入合并纳入街道考核范围,强化属地管理职责,调动街道发展经济和培植财源的积极性。全年街道累计实现地方财政收入20.4亿元,增长18.4%,其中8个街道地方财政收入超亿元。健全组织收入联动机制,加强与国地税的协作,完善财税联席会议,联合走访企业,落实收入任务。全年土地增值税清算收入1.54亿元。重点推进税源监控管理、行业税收建模、房产联合调研等收入管理工作的落实,扩大管理范围,提高税源监控实效。理顺科技园区财政体制,调整园区收入分配和支出保障机制,加强对园区财政收入的考核激励,园区全年完成地方财政收入1.22亿元,增长16.1%。

【统筹民生资金】 健全资金统筹机制,保障民生资金需求,全区新增财力用于民生的比重为92.7%。财政安排行政成本性支出预算零增长,严控会议、庆典、节会、论坛的规模和经费,通过优化资源配置,确保更多资金用于民生。加强财力统筹管理,清理全区各预算单位的结余资金,将因完成、中止、撤销等原因累计形成结余的108个项目共1490万元资金,收归财政统筹安排,提升资金分配和使用效益。建立土地出让金全程管理工作机制,根据项目进度合理调度资金,全年累计到位土地出让金64.03亿元,为推进城市建设提供资金保障。

【推动社会事业发展】 围绕群众的基本生活需求,强化财政保障,投入资金8200万元,落实征地农转非人员生活补贴、居民最低生活保障、社会养老保险补贴、新型农村合作医疗等经费,保障弱势群体生活质量。落实企业退休人员节日慰问等支出,改善离退休人员生活状况。落实公益性岗位补贴、大学生创业补助等扶持政策,建立1000万元小额贷款担保资金,支持创业带动就业。支持教育、卫生事业发展,全年投入教育经费4.40亿元,其中新增教育经费重点保障校舍安全工程建设、教师绩效工资改革等需求。支持卫生事业发展,用于支持基本药物制度改革、公共卫生中心建设等大项目投入4000万元,促进基层医疗服务优化。支持文体、科技等事业发展,安排经费1600万元,用于运河博物馆内部改造、烟花大会、国际龙舟赛、科学技术普及、知识产权试点区建设等支出。

【支持提升区域人居品质】 推动秀美拱墅建设,改善人居条件,优化人居环境,筹集落实资金1.40亿元,推进危旧房改善、老旧小区物管改善、截污纳管、庭院改善等工程,改善群众居住条件。投入资金1.25亿元,用于街面保序、道路保洁、市政养护、公厕管理、垃圾分类直运等支出,推动城市清洁。落实资金2.84亿元,用于河道整治、道路改造、城区绿化等城市建设项目,完善市政设施。

【财政预算管理改革】 加强部门预算的透明度,16家单位部门预算提交人代会审查。控制新增专项资金,全方位跟踪其预算调整、预算执行、财务管理等情况,提升预算执行刚性。建立项目管理电子档案,掌握项目安排依据、完成进度、资金拨付、资金使用等情况,加强与重点建设项目对接联系,按照项目的进度支付资金,推动项目管理精细化。确定168个财政集中支付项目,涵盖全部建设项目资金,全年完成集中支付金额11.47亿元。出台《拱墅区财政国库管理制度改革方案》,制定相关管理办法,推进国库管理制度改革。全面启用政府采购信息平台,实现政府采购审批和采购业务网上操作,推动采购行为规范。

【以信息化推动管理规范化】 按照“管理一体化,业务一体化,技术一体化”目标,结合国库集中支付改革要求,完成指标管理、用款计划、资金申拨、集中支付到单位财务核算等同时上线的一体化软硬件建设,初步建成标准统一、流程顺畅、功能完善、网络安全且覆盖所有财政性资金、辐射各级预算单位的一体化财政管理信息系统。规范政府非税收入管理,对收费项目进行重新核对和重新编码,全面推行非税收入电脑开票管理,确定全区100家电脑开票点,实现收入数据共享。

【健全财政监督长效机制】 扩大财政监督检查范围,推动监督检查工作日常化,实施四个项目的块状跟踪监督和两个项目的线状跟踪监督检查,丰富检查手段,推进财政法规落实。开展社区卫生服务中心财务状况调查,为做好基本药物制度实施后的财政保障工作奠定基础。开展街道新体制执行情况调查,推动财政体制持续完善。开展“小金库”治理“回头看”工作,并将“小金库”治理延伸至社会团体和国有及国有控股企业,健全“小金库”治理长效机制。开展行政许可事项、规范性文件清理等工作,推进依法理财。

【规范国有资产监管秩序】 出台《行政事业单位通用资产配置管理暂行办法》,制定办公设施类产品资产配置标准,提高资产配置使用效益。出台《行政事业单位租入资产管理暂行办法》,规范行政事业单位资产租入行为。实行行政事业单位房产先审批后出租,并采取公开招租方式进行租赁,全年共审批公房租赁31件,租金467万元。推进企业化国有资产监管,开展建设领域负债计划、财务收支计划执行情况和财经事项报告制度专项检查,及时纠正检查中发现的问题,严肃财经纪律。

【健全学习型组织】 以“创先争优”、深化作风建设年、学习型组织建设等学教活动为载体,围绕建设高素质干部队伍的目标,全面推进思想、作风和能力建设。开展以“人人会编预算”为主题的岗位练兵活动,提升干部队伍预算编制实际操作技能。开展“财苑书香”读书活动,进行荐书、读书、听书、诵书、评书等形式多样的读书学习,区财政局被评为杭州市学习型组织建设示范单位。推进后备人才队伍建设,出台《后备人才库的管理办法》,组建局后备人才库,为年轻干部提供学习业务、磨练才干的平台。

(杭州市拱墅区财政局供稿 罗敏翔执笔)

西湖区

【概况】 2010年,杭州市西湖区实现生产总值476.40亿元,按可比价比上年增长12.1%。其中:第一产业增加值3.79亿元,下降1.7%;第二产业增加值91.35亿元,增长5.8%;第三产业增加值381.26亿元,增长13.7%。全年财政总收入100.18亿元,增长27.7%;其中地方财政收入61.81亿元,增长35.7%。财政支出31.21亿元,增长16.7%。全区财政收支平衡,预算执行情况良好。

【支持经济发展】 全面落实各项产业政策,助推经济增长方式转变。全年兑现各类企业创业创新和发展扶持资金、奖励资金1.85亿元,受资助企业计1168家次,其中区级财政兑现财政扶持奖励资金7471万元。创新企业扶持举措,设立全省首个大学生创业天使投资基金——“西湖—星巢天使投资基金”*,发行企业成长引导基金银政投集合信贷产品“三潭印月”*5000万元。出台文化创意等新兴产业财政扶持政策。加大对现代服务业的扶持力度,增强企业发展活力。

【组织财政收入】 成立区协税护税联合办公室,由区财政、国税、地税、工商、消防等相关职能部门抽调人员集中办公。完善协税护税网络,建立“反馈不过夜”快速反应机制和政策服务团队,在引入重大项目时及时提出政策建议,协助项目引进。实施“拦水坝”、“引水渠”、“蓄水池”、“桥隧”四大工程*聚税源。以服务企业服务基层为抓手,优化投资环境。召开银行、政府、企业座谈会,搭建银企合作平台,为企业牵线搭桥,帮助中小企业解决融资难题。楼宇经济再创新高,楼宇税收占71.5%。30幢重点楼宇中,区内企业产生税收25.12亿元,其中地方财政收入16.85亿元;区内平方税收*2456元,企业属地纳税率超过88%。

【统筹城乡发展】 加大“三农”投入,推动城乡协调发展。整合新农村建设资金3.50亿元,比上年增加5000万元。加大村级运转扶持力度,安排村级运转财政补助资金2000万元。完善双浦镇的预算管理制度和转移支付制度,试行区级国库集中支付改革,当年对双浦镇的财力性补助及各专项补助超过4600万元。合理归并、整合统筹资金,确保重点领域、重点项目的资金投入。全年整合区和镇街各方资金近17亿元用于保障城市基础设施建设、农居建设、庭院改造、物业改善及新农村建设等项目支出。

【优化支出结构】 支持医疗卫生体制改革，加大对公共卫生服务的保障力度。区和镇街两级共计到位公共卫生资金8680万元，并在保障日常公共卫生服务的基础上，重点保障药品零差率和农村卫生服务站点建设。促进城乡教育优质均衡发展。深入贯彻落实教育绩效工资改革，新增教育支出和教育离退休支出1.05亿元，确保教师津补贴水平达到杭州市核定标准。完善中小学投入保障机制，解决困难家庭子女入学问题。支持积极的就业政策，完善社会保障体系。落实就业再就业资金550万元，支持充分就业街道创建，加大公益型岗位开发，加强职业技能培训。安排人才工程专项资金1190万元，补助大学生和留创人员在西部软件园的创业投入以及教育、卫生等部门专业技术人才的培训培养经费。提高农村居民基本养老保险参保率，安排2200万元资金推进城乡居民基本养老保险制度的完善，对年满60岁以上未参保的老人发放每人90元的基础养老金，实现城乡养老保险全覆盖。加大公共文化事业投入。新增各类安全保卫经费1500万元，全力保障世博和校园安保，提高公检法信息化管理水平。增加区图书馆和湿地博物馆日常运行经费约1470万元，发挥两馆的文化主阵地作用，推动各镇街综合文化站建设。

【强化财政管理】 规范国有资产管理。单设国资科，对全区20余家国有企业进行调查摸底，全面掌握国有企业经营状况，出台《西湖区企业国有资本收益收取管理暂行办法》。全年公开拍卖空置房屋5套，拍卖成交价合计572万元，超过评估价275万元，增益率92.6%。加强政府采购监管。完善政府采购协议供货制度，简化采购流程，降低采购成本，提高采购效率，全年节约采购资金1545万元，节约率12.8%。强化政府性投资项目资金的全过程监管。全年送审金额15.36亿元，核减2.22亿元，核减率14.5%；规范建设单位管理费用的支出范围和标准，提高财政资金使用效益，控制建设成本。加强村级财务管理。制订《西湖区村级集体经济组织统一收据管理办法》，提高村级财务管理规范化建设和财务管理水平。

【深化财政改革】 稳步推进预算信息公开。全区43个预算单位和9个街道的明细预算提交人代会审议，主动接受人大代表监督。深化国库集中支付改革。全年支付各类资金48.34亿元，增长37.2%；追减项目结余1.42亿元。拟定《关于进一步完善国库管理制度改革方案的通知》。加强对全区融资平台及其债务的管理，防范财政风险。实施债务执行情况月报制度，做好政府债务动态分析工作，实时监控，加强防范债务风险。出台《西湖区政府性债务管理实施暂行办法》，对全区融资平台及其债务予以核实清理，并成立符合国家规定的融资平台公司，筹措建设资金。实施金财工程。依托电子政务平台对办事流程和系统软件进行改造，变以前业务工作上门办理为网上办理，财政资金申拨实现“一站式全程委托、自动代办”。开设资金支付的“绿色通道”，保障预算项目顺利实施，每月定期组织集中支付“流动结报车”进镇街专项服务。

【干部队伍建设】 推进创先争优活动，全面建设“服务型机关”。组织开展“双服务、双品牌”*专项行动，倡导“谦和、务实、协调”的西湖财政文化，引导全局上下重团结、严自律、勤服务、挑担子、创新业。以“十进黄龙”*为服务平台，有针对性地帮助企业解决实际困难，全面服务企业，提升服务品质。建立“一对一”服务镇街、部门的联系制度，注重沟通协调，建立“反馈不过夜”工作机制。畅通财政与镇街、部门的信息，及时了解镇街、部门在预算安排、财政收支管理、协税护税等方面的动态。加强机关效能和廉政建设。坚持依法行政，贯彻《财政违法行为处罚处分条例》。开展“节约型机关”创建活动，完善内控机制，规范管理行为，崇尚节俭，反对浪费，防止腐败行为。区财政综合服务厅获“全国巾帼文明岗”荣誉称号。局机关在满意单位评选中被评为群众“满意单位”。

(杭州市西湖区财政局供稿　葛潮鸣执笔)

注：

*西湖——星巢天使投资基金：以政府资金为引导，吸引更多的社会资金有效参与，帮助大学生创业，切实解决大学生创业无场地、无资金难题，鼓励大学生依托科技进行自主创新创业，拓宽大学生就业渠道。

*三潭印月：通过政府资金引导，集合政府财政、银行、担保以及风险投资等力量，以信贷产品的方式成功发行西湖区企业成长引导基金银政投集合信贷产品“三潭印月”，集合信贷产品既体现了政府引导、各方参与、以及风险分层设计的核心优势，又合理利用了贷款平台的设计，为破解中小企业融资难开辟了一条新途径。

*拦水坝工程：职能部门、镇、街、园区各司其职、上下联动的协税护税工作机制，实现税源建设三有：有人管事、有钱办事、有章理事，留住辖区企业。

*引水渠工程：研究完善财政扶持企业的新举措、新办法，引进区外税源型、成长型优质企业。

*蓄水池工程：通过建立政、企定期联系制度，完善双向对接和长效服务机制，及时了解企业发展现状，切实解决企业发展中的困难和问题，提供政策支持，着力营造和优化企业发展环境，千方百计服务好现有优质企业。

*桥隧工程：政府通过财政资金引导，集合银行、担保机构以及风险投资等各方力量，为中小企业牵线搭桥，使得高增长潜力的中小企业贷款申请能够通过信贷担保和风险投资公司的相应承诺来满足贷款银行风险控制要求，帮助企业解决

融资难题。

＊平方税收：指楼宇入驻企业当年产生税收与楼宇商务面积之比。

＊双服务、双品牌：以“服务企业、服务基层”为抓手、以打造“党建强、服务强”为目标的创先争优专项活动。

＊十进黄龙：指政府各职能部门零距离为企业提供各项服务。主要有科学发展、工商服务、消防安全、人口文化、税法宣传、职工权益、青春联盟、体育健身、劳动保障等“十进黄龙”的各类专项服务活动。

高新技术产业开发区(滨江)

【概况】 2010年，杭州高新技术产业开发区(滨江)实现生产总值341.71亿元，比上年增长13.1%。其中：第一产业增加值1.74亿元，下降11.3%；第二产业增加值161.40亿元，增长17.4%；第三产业增加值178.57亿元，增长10%。全年财政总收入84.08亿元，增长17%，其中地方财政收入46.02亿元，增长24.7%；财政支出31.71亿元，增长16.9%。全区财政收支平衡，经济运行情况良好。

【支持产业发展】 落实财政各项扶持资金及配套工作。全年安排产业扶持资金5.50亿元，占一般预算支出的20.6%。加强产业扶持资金预算管理，实施以产业主管部门为产业扶持资金管理主体的管理模式，强化产业扶持资金预算编制，明确各产业主管部门和财政部门的职责，明晰各部门在执行产业扶持资金预算中的程序。修订完善区自主创新人才激励政策暂行办法，与相关职能部门一起共同研究制定海外高层次留学人才专项资金的实施细则、文化创意产业发展专项资金管理暂行办法以及文化创意企业和园区的认定办法等一系列专项政策。

【保障重点支出】 通过一般预算安排、政府性基金安排和银行融资筹措等渠道，全面保障城市建设资金需求。全年政府性投资项目实际投入69.51亿元，增长16.6%，其中：基础设施建设项目9.92亿元，改善民生项目18.79亿元，功能配套及产业发展项目24.55亿元，政府投入土地开发成本资金16.25亿元。落实义务教育各项政策措施，全年教育支出2.82亿元，增长24.7%。支持实施积极的就业政策，促进就业、稳定就业，就业再就业专项资金支出2525万元。加大社会保障投入，全年缴纳被征地农民养老保险金3353万元，发放被征地农转非人员生活补助7481万元，提高失土农民的保障水平。加大公共安全经费投入，支持和促进“平安滨江”建设，全年共支出公共安全经费8305万元。落实社区(村)经费保障机制，全年共转移支付街道(村)补助4000万元，村集体经济股份制改革2.20亿元，街道集镇改造和村级留用地开发补助6.09亿元。

【深化财政改革】 完善预算编制标准体系，加强项目支出标准体系建设。强化预算执行，全面落实厉行节约各项规定，建立经费支出预警制度，增强预算执行的刚性。推行国库集中支付制度改革，选择代理银行和试点单位，11月起上线试运行，并通过省财政厅组织的国库集中支付改革工作督查。开发“区级行政事业单位资产管理信息系统”，实现资产配置、使用、处置、统计等管理信息化，对全区行政事业单位固定资产实行动态管理，强化对资产从投入、使用到处置全过程监管。开发“滨江区政府采购业务信息系统”，实现“杭州市政府采购网”和“滨江区政府采购网”“两网一平台”的阶段性目标，制作《杭州市滨江区电子化政府采购操作手册》，实施政府采购电子化管理。从10月份开始试运行至年底，共实施网上采购57批次，采购金额171万元。

【强化财政监管】 把财政监督与预算管理有机结合起来，对社会保障、经济建设、财政惠民等支出进行重点监管。开展社区(村)运行保障经费落实使用情况检查工作。全面落实“小金库”治理检查各项工作，开展“小金库”治理“回头看”和国有企业、社团组织等“小金库”专项治理。开展绩效评价工作，全年完成绩效评价项目14个，涉及财政资金1.99亿元。加强对各建设融资平台对外担保和融资行为的财政监管，控制债务规模，防范财政风险。完善国资运作架构体系，加强对奥体中心、滨康综合体、白马湖生态城三大建设主体运行监管。开展政府融资平台清理工作，共涉及15家具备融资功能的企事业单位。根据“存量增效、增量倾斜”的原则，增强支农资金预算安排合理性，提高支农预算支出绩效。开展强农惠农资金专项清理和检查工作，对2006～2008年省、市、区各项支农项目进行全面清理，共清理项目191个，涉及财政资金2014万元。

【加强队伍建设】 完善内部各项管理。建立重点工作项目化管理制度，将财政重点工作任务进行分解，确定7大类20项重点工作，明确分管领导，落实责任科室。修订内部目标考核实施细则，明确职责分工，规范办事程序。组织集中学习、邀请专家授课，及时为干部“充电”加油，提高执行政策水平和业务能力。全面开展公职人员岗位廉政教育工作，按责任制要求进行责任分解，加强党风廉政建设。以争创市级“廉政文化进机关”示范点为契机，丰富财政文化活动内容，通过红色之旅、清风之旅、低碳出行等活动，将财政文化与廉政建设有机结合。落实"深化作风建设年"各项任务要求，继续开展"公述民评"活动，加强效能建设，提高机关执行力，打造"为民、务实、清廉"的财政干部队伍。

（杭州高新技术产业开发区（滨江）财政局供稿　裘　骏执笔）

萧山区

【概况】　2010年，杭州市萧山区实现生产总值1220.06亿元，增长12.3%，其中第三产业实现增加值420.03亿元，增长14.9%；三次产业增加值占地区生产总值比重依次为3.9%、61.7%和34.4%；人均生产总值100428元，按现价增长15.9%。全区财政总收入182.30亿元，增长33.0%；实现地方财政收入98.17亿元，增长41.2%；财政总支出81.15亿元，增长24.7%。按现行财政体制计算，全年可用资金99.87亿元，增长41.0%。财政可用资金与财政支出相抵，财政收支实现总体平衡，年末财政略有滚存结余。

【财政收入管理】　根据区域经济发展现状和趋势，动态分析收入结构和税源，制定组织收入措施。加强对房地产业、建筑业、制造业、交通运输业等区内重点行业收入管理，扩大并强化对重点税源的监控。完善契税和耕地占用税征收流程，开展土地增值税清算，城镇土地使用税清查等工作，挖掘税收潜力，提高税种增收能力。加强非税收入征管，提高对非税收入统一掌控的能力。

【财政支出管理】　调整和完善基本支出定额，完善滚动项目信息库，细化项目预算和转移支付专项预算编制，出台物业费管理办法，完善会议费、车辆购置费、接待费等支出范围和支出标准，部门专项经费安排继续实行"零增长"。加强资金管理，推进国库集中支付改革，出台《财政国库管理制度改革方案》、《财政国库集中支付管理暂行办法》、《国库集中支付会计核算暂行办法》、《国库集中支付资金银行清算办法》，于11月1日进入试点阶段。加强国库内部管理，规范资金拨付、会计资料管理。完善土地出让金收支结算流程，加快土地储备成本和镇街分成收入的拨付进度。会同有关部门出台《萧山区社区教育专项资金管理办法》等18个资金管理办法。按照权力阳光运行的要求，将残疾人补助专项、城乡最低生活保障、60岁以上老人基础养老金纳入区政府权力阳光系统运行，惠及群众10万人。

【支持经济转型升级】　调整财政体制。明确经济技术开发区和大江东新城的财政结算管理办法，调整镇级财政体制，提高区级财政的统筹能力，推动区域协调发展。加强政策扶持。完善文化创意产业、浦阳江生态经济区、商贸、旅游、外贸、会展、总部经济发展等政策措施，落实楼宇经济、汽车产业等扶持政策；出资2.00亿元建立区级中小企业再担保公司；加强对区级重点工业技改、高新技术产业的扶持力度。全年共兑现各级扶持资金8.24亿元。落实中央家电、汽车、摩托车下乡和"以旧换新"政策，共补贴产品140168台，拨付补贴资金6454万元。保障重大项目建设资金需求。按照保重点、保在建、控风险的要求，及时调整融资项目，与银行洽谈，获贷款65亿元，争取上级地方债券1.80亿元，区本级基础设施建设当年投入66.70亿元。

【民生工程建设】　全年用于民生方面的支出60.49亿元，占全区支出的74.5%，当年新增财力的76.9%用于民生，支撑科教文卫、社会保障等事业的发展。其中，投入12亿元用于城镇居民、农村居民最低生活保障补助、失业保险补助、新型农村合作医疗、公共卫生体系建设；推进农村卫生服务中心收支两条线改革；落实和完善义务教育经费保障机制和义务教育学校绩效工资制度；专项投入3.07亿元支持政法机关开展"平安萧山"、社会治安综合治理；投入2.38亿元用于生态建设与污染治理、市容环境卫生整治；投入37.27亿元支持新农村建设。

【财政监督管理】　针对财政财务制度、津补贴政策、"三公"（公务接待、出国、公务用车）经费政策、车改政策落实等四方面的内容，会同区纪委、监察局、审计局开展镇街财政财务检查。会同区监察局对区级机关行政事业单位公房出租管理进行专项检查，并在此基础上完善有关制度，提出"扩大信息发布、完善责任体系、规范续租制度、统一合同格式"的四点要求。全面推进绩效评价，探索运用第三方评价、事中评价、项目负责人等制度，全年完成项目评价48个，基本实现全覆盖。开展"小金库"治理"回头看"工作，牵头落实161个社会团体和50个国有及国有控股企业"小金库"专项治理，并对行政事业单位"小金库"治理作了摸底排查。开展40个项目的强农惠农资金专项检查。规范政府投资项目管理，出台《关于加强区级政府投资项目前期征迁资金管理的通知》，汇编印发政府投资项目管理文件，开展建设工程领域突出问题专项治理，加大对3000万元以上区级财政建设项目的检查力度。推进审价管理改革，深化审价监督，全年共核减资金18.90亿元，核减率17.3%。加强对融资平台的监管，落实融资责任，在交投公司组建会计结算分中心，明确城市建设发展有限公司的"做地机制"，新增城中村改造投资开发有限公司注册资本金4000万元。

【财政信息化建设】 全面启动财政信息一体化建设，制定信息化建设的总体规划和实施方案，完成机房、网络等硬件改造任务，部门预算编制、滚动项目库、国库集中支付系统、预算指标管理系统、非税收入管理系统、国有资产管理系统、基建项目管理系统等软件基本开发完成并投入使用，同时调整结算中心业务和应用系统。

【加强会计管理】 加强会计师事务所党建工作，全区4家会计师事务所党支部和83名党员的组织关系按要求提前转入杭州市注册会计师行业党委；做好会计从业资格和代理记账行政许可工作；做好为会计人员办理注册、变更、调转手续工作，全年办理注册2067人次，变更973人次，调出463人次，调入253人次；做好各类会计考试的报名、考务工作；开展农村财会人员财政支农政策培训。

【干部队伍建设】 加强效能和作风建设。开展"深化作风建设年"、"深化效能提升年"活动，按要求进行自查自纠和整改提升；修订局机关工作考核办法和各项内部管理制度；组织内部效能督查2次，并将检查结果在内网通报。加强教育培训。完善分层次业务培训，分别组织系统中层干部、业务骨干和协税人员到国家会计学院、浙江财经学院和萧山财税干校集中学习培训；继续做好干部学习新干线和网上题库的修改、充实、考试工作；组织4名新任中层副职到杭州市财政局挂职锻炼；以"青年强则财税强"为主题组织青年干部集中谈心和能力测试；建立导师制，帮助青年干部成长。加强廉政建设。邀请省委党校和区检察院的专家，举办廉洁从政"52个不准"和预防职务犯罪讲座；开展岗位廉政教育活动，查找风险点138个，组织中层以上干部编写《岗位廉政教育情景案例》77个；重新修订《一般干部岗位交流实施办法》，有序开展跨单位交流和内部轮岗，交流面和轮岗面分别为11.0%和3.0%；聘请行风廉政监督员48名；营造廉政文化氛围，网络平台累计播出廉政格言315条，发送廉政短信。加强财税文化建设。发挥群团组织作用，开展各类有益身心健康的活动。联合区国税局举办公务员创新能力知识讲座；组建兴趣小组开展有益身心健康的活动，开展迎国庆"红歌"比赛，丰富干部职工生活。

(杭州市萧山区财政局供稿　吴水忠执笔)

注：

＊做地机制：即通过完善区域财政体制，建立政府投资和政府资源掌控的中长期平衡机制，建立"做地、融资、还贷"三位一体的基本建设管理模式，实现"贷款做地、以地贷款、供地还款"的建设动作模式，提高城市化建设的资金保障能力。

余杭区

【概况】 2010年，杭州市余杭区实现生产总值628.83亿元，比上年增长13.8%。其中：第一产业增加值38.16亿元，增长2.6%；第二产业增加值339.44亿元，增长13.7%；第三产业增加值251.23亿元，增长15.8%。三次产业结构由上年的6.7:53.5:39.8调整为6.0:54.0:40.0。人均GDP为73574元。全区实现财政总收入120.82亿元，增长20.7%，其中地方财政收入76.00亿元，增长27.4%；全区财政支出73.92亿元，增长27.3%。当年财政收支平衡。

【组织财政收入】 加强财政、国税、地税三方协作，对财政收入进度实行动态监管，重点解决收入征管中存在的衔接问题，对全年收入情况进行科学分析预测。着力发展税源经济，重点培养商务楼宇、物流集聚区。鼓励招商引税，全区46个税源项目新增税收6.1亿元。推进分离发展服务业，成功分离发展14家，增加地方税收350万元。盘活闲置标准厂房，对全区148个项目，41万平方标准厂房进行排摸清查，新增税收3200万元。做好社保费欠费清理工作，全年共清理欠费2831万元。财政收入结构进一步优化，地方财政收入占财政总收入的比重为62.9%，比上年增加3.27个百分点。

【支持经济发展】 推进农业综合开发，全年5个项目争取省以上补助资金1511万元。落实产业扶持政策，重点培育五大产业集聚区建设，支持建立"3+1"("3"指一、二、三产业；"1"指文化创意产业)现代产业体系。加大财税扶持力度，全年预算内用于产业发展支出5.62亿元，增长27.4%；全年累计减免各项税、费、基金4.00亿元，切实减轻企业负担；向上争取补助资金，全年争取国家、省、市各类支持经济发展的扶持资金2.10亿元。改善企业融资环境，出资1亿元建立企业贷款再担保风险补偿资金，设立转贷周转应急资金1亿元，帮助中小企业解决临时性资金周转困难；安排3000万元创业投资引导基金，对符合条件的中小科技型企业进行跟进投资，并对创投企业实行创立资助和风险补偿；出台《关于促进余杭区股权投资业发展的实施办法》，拓宽直接融资渠道，服务企业创业创新。

【优化支出结构】 支持新农村建设。全区预算内用于"三农"方面的支出35.00亿元，增长26.0%。支持推进医药卫生体制改革。完成17个镇乡28家卫生院的清产核资与收购工作，拨付区级财政资金1.29亿元，投入1846万元用于黄湖、鸬鸟、径山等社区卫生服务中心建设。完善社会保障政策。健全精神、智力残疾人康复托养监管服务建设长效机制,促进残疾人事业与经济社会协调发展;制订出台《福利企业执行财政补贴与奖励政策实施办法》,扩大残疾人集中就业;制订出台《关于延长扩大失业保险基金支出范围试点政策的实施意见》,提高失业保险基金促进就业经费使用比例;建立小额担保贷款风险基金,对符合条件的人员在自谋职业、自主创业时给予最高10万元的担保贷款。推进教育发展。免除农村义务教育阶段学生住宿费,支持仓前镇中学、径山镇中学等13个新建、改扩建项目建设并投入使用,支持南苑中心小学、南苑中心幼儿园等项目开工建设,区本级投入建设资金约4.09亿元。加大基础设施建设力度。投入31.54亿元支持新城、综合体建设;投入12.54亿元用于沪杭高铁、杭宁高铁、地铁一号线等重大基础设施项目建设;投入2.75亿元支持水利设施项目建设;投入6.52亿元用于道路综合整治等工程;投入3.98亿元支持截污纳管和污水处理工程;投入1.70亿元完成公交一体化收购工作。

【推进财政改革】 推进国库集中支付改革,出台《财政国库管理制度改革方案》和《区级预算单位公务卡制度改革方案》,区工商局、林水局等6家试点单位纳入国库集中支付,累计支付金额3746万元,办理公务卡235张。整合专项结余资金,完成部门预算外资金清理,统筹各项财政结余资金3.30亿元。建立预算执行会计信息专网系统,确定区公安分局等10家单位作为2010年部门预算重点监管单位。稳妥实施公务用车制度改革,首批50个部门公务用车改革工作已完成。规范政府采购工作,当年采购预算2.84亿元,实际采购金额2.40亿元,节约资金4390万元,节约率15.5%。加强政府性债务管理,落实举债审批制度,加强政府性建设项目的资金拨付、财务监督和绩效评价工作。加强行政事业单位国有资产管理,实施区级行政事业单位固定资产条形码管理工作,利用信息化手段强化国有资产管理。完善非税收入征缴系统,完成交警罚没收入POS机刷卡系统试点工作,试行会计核算软件和新版非税收入系统的并行使用,全年55家单位运行新版非税收入征缴系统,收缴非税收入1.04亿元。

【强化财政监管】 对"小金库"专项治理"回头看"等六大方面工作进行重点检查。深化绩效评价工作,完成2个省市联动项目、1个区重点项目的绩效评价工作和2009年5个重点项目的抽查复审工作,涉及资金4.14亿元。制订出台《余杭区财政局委托中介机构参与绩效评价工作暂行办法》,尝试委托中介机构参与评价。加强镇乡财政管理,出台《进一步加强镇乡(街道)财政建设和管理工作的指导意见》,编印《镇乡财政管理文件》手册,指导镇乡财政、财务管理。做好镇乡(街道)财政财务信息化管理准备工作。修订出台《余杭区国家农业综合开发项目和资金管理实施办法》,规范项目实施和资金管理,采取监理、乡镇、农发办三级审核拨付机制。健全财政支农专项资金绩效评价机制,对"杭州第三届竹笋节"等8个现代农业项目进行重点绩效评价。实施会计人员素质提升工程,在余杭新闻网开设"会计之家"专版,组织实施财政支农惠农政策培训等。

【规范政府投资项目资金管理】 出台《政府投资项目工程结算规范化管理规定》、《财政性投资项目工程结算评审操作办法》等制度,规范政府投资项目工程结算评审工作。推进基建项目资金财政直接拨付,全年27个项目直拨资金3.89亿元。落实基建项目资金财政直拨三级审核制度,全年审核立项241个,核减资金14.48亿元,核减率8.0%;标底审核项目530个,核减资金1.17亿元,核减率1.4%;决算项目35个,核减资金8460万元,核减率12.5%。

【加强队伍建设】 开展创先争优活动,出台《关于深入开展"美丽洲先锋"创先争优活动的实施意见》,建立创争活动联系点制度,开展承诺、践诺等活动。加强内部管理,修订出台《财政、地税系统队伍建设考核办法》、《关于加强干部职工因私出国(境)管理的通知》。提高干部素质能力,组织全体干部职工前往省内大专院校进行分层次、分类别的培训;开展"三个能手"(理财、征管、稽查)评选活动,全局109名干部参加评选,11名干部被评为能手。推进税收执法责任制建设,组建法制联络员队伍,防范执法风险。推进党风廉政建设,邀请47名评议代表,对局机关综合科、行财科、企财科、财监科、会管科、征管科等六个科室负责人进行评议,评议平均分数92分。推进财税文化建设,参加区第九届人民运动会,全局107名干部参加全部13个比赛项目,获得金牌总数第三、团体总分第四。建立"一对一"联系服务机制,全局100名中层以上干部与全区100家重点企业实行"一对一"结对服务,联系人每月至少联系服务企业一次,及时了解企业发展状况和经营难题,并牵头负责解决。 (杭州市余杭区财政局供稿 吴 建执笔)

富阳市

【概况】 2010年,富阳市实现生产总值415.90亿元,比上年增长12.3%。其中:第一产业增加值28.70亿元,增长4.7%;第二产业增加值252.50亿元,增长12.9%;第三产业增加值134.70亿元,增长13.0%。三次产业结构由上年的7.1:60.0:32.9调整为6.9:60.7:32.4。按户籍人口计算的人均生产总值为64119元,增长11.7%。全市财政总收入60.25亿元,增长 20.3%,其中地方财政收入 32.65 亿元,增长 18.4%;财政支出 36.23 亿元,增长 32.4%。全年财政收支平衡,略有结余。

【组织财政收入】 由于受楼市调控政策的影响,下半年财政收入增长趋势减缓,财政局采取措施确保财政收入稳定增长。加强非税收入征缴。推行非税收入征管信息系统及开展政府统筹资金征收清缴工作。出台《富阳市政府非税收入绩效考核办法》,根据各单位前两年的收入情况,对各单位本年度政府非税收入基数进行考核。全年入库非税收入 73.60 亿元。加强契税耕地占用税两税征收。契、耕两税稳步增长,契税入库 2.66 亿元,增收 5327 万元,增长 25.1%。耕地占用税入库 1.21 亿元,增长 59.5%。全面实施"五费合征"。征收社会保险费 9.73 亿元,增长 39.2%。落实社会保险费临时性集中减征政策,涉及企业 5608 户,减负 2607 万元。着力整顿税收秩序。深化"责成自查、辅导式检查、重点检查"三位一体的稽查模式,全年检查企业 241 户,查补税费 4325 万元,增长 20.0%,加收滞纳金 310 万元,利息 28 万元,罚款 124 万元,合计 4787 万元。

【支持经济发展】 推进农业综合开发。完成土地治理项目 4 个、改造中低产田 1.8 万亩,总投资 2260 万元,其中省以上财政扶持资金 1022 万元、市财政配套资金 898 万元。扶持发展地方经济。落实高新技术企业税收优惠、技术研发费加计扣除等政策,23 户高新技术企业减免所得税额 1945 万元,审核资产损失税前扣除 20 户、扣除金额 2448 万元,研究开发费加计扣除 27 户、加计金额 4227 万元,残疾人工资加计扣除 37 户、加计金额 2461 万元。176 户次企业办理"再生资源利用"增值税退税 8.64 亿元。拨付中央、省、杭州市及本市一系列企业类扶持补助资金 3.14 亿元。补助被关停的"低小散"造纸企业资金 3665 万元。加大金融保障力度。落实市政府"关于富阳市中小企业风险基金调整扩面"工作,建立基金 2.50 亿元,产生补充风险基金收益 1807 万元,增加授信贷款额度 22.26 亿元,担保在保额度 17.39 亿元。有效运用风险基金,担保贷款 165 户,新增授信贷款 22.20 亿元。做好家电下乡工作。及时兑现"家电汽摩下乡、家电以旧换新"财政补贴的发放工作,全年兑付各类家电下乡产品补贴 4030 万元。

【加强支出管理】 建立财政支出岗位管理清单。将 178 个政府专项、222 个预算单位、288 个政府投资基建项目及 36 个政府投资征地拆迁的监管责任全部量化到个人,明确每个部门、每个项目的财政监管责任人、监管职责和内容。出台政府性项目清算流程。将全市政府性项目资金先拨入项目清算专户,由核算中心按照预算规定对项目支付的合同、发票、采购协议等原始凭证进行审核,据实报销。加强乡镇财务管理。提高乡镇财政预算管理、预算执行管理和财务管理水平。特别是对乡镇财政财务实行分账核算、确定乡镇财政三级管理办法。强化基建项目管理。接受概算委托评审政府投资项目 86 个,送审金额 5.03 亿元,审定金额 5.30 亿元,核增 2709 万元。接受工程预算委托评审及工程变更预算审核项目 278 个,审结 278 个,送审金额 27.10 亿元,审定金额 26.70 亿元,核减 3950 万元。加强政府采购监管。共采购货物、工程、服务等 19968 个单位(次),实际政府采购金额 4.50 亿元,节约资金 7070 万元,节约率 13.6%。完成公务用车改革。拍卖 546 辆公车,每月涉改人员车贴及公共交通专项经费支出 295 万元,全年费用支出节约 1730 万元,节约率 32.8%。开展会计信息质量检查。抽查市级社保类单位、投融资公司、乡镇街道及民营企业等 24 家单位 2009 年至 2010 年会计信息质量,查出会计核算不实金额 1.98 亿元,应补税费 35 万元。

【保障民生事业】 统筹各类支农资金。整合过去分散投入于村务管理、村庄整治、生态环境整治、联乡结村等政府性专项资金,加大新农村建设扶持力度,全年市财政投入"三农"建设资金 22.17 亿元。提高养老金发放标准。每年财政支出 8000 多万元,对全市 7.83 万名 60 周岁以上符合条件的城乡居民发放每月 90 元基础养老金。加强保障性住房建设。投入资金 5160 万元,建设各类保障房 575 套约 5.1 万平方米,完成农村住房改造 4109 户,完成农村困难群众住房救助 310 户。推进城乡公交一体化。出资 1.93 亿元收购浙江东南汽运股份公司全部股权,全面实现涉杭班车公交一体化,调整完善城区公交线路,完成农村客运车辆更新。加快教育基础设施建设。完成鹿山中学扩建一期、东洲中心小学新建、常绿镇小学迁建和 10 所乡镇中心幼儿园建设,启动富春第三幼儿园、场口镇中心幼儿园、新登镇第二中学等项目建设。发放助学资金 600 万元,加大帮困助学力度。加大文化、体育及卫生投入。全年文化体育及医疗卫生等相关项目投入 2.90 亿元,有序推进基本建设工程。省重点建设工程——市公共卫生服务中心工程已完成 1/3 的基坑工程,市妇保二期、大源人民医院等扩建工程进展顺利。同时,完善城乡居民基本医疗保险制度,实施城乡居民医疗保险制度全覆盖。

【深化财政预算改革】 单独编制政府专项预算。每个政府专项都细化到项目安排依据、详细内容、测算说明、实施详细计划、预期绩效、弹性费用的详细内容等 6 个方面,建立部门基础数据库和专项项目库。对部门项目资金进行集中清算,做到专款专用。部门项目实行等级包干。每个部门依据分档基数直接确定预算额,解决部门争项目、争资金,财政部门当裁判的现状。对民生和经济建设的预算管理,做到以计划定项目、以项目编预算，预算紧跟项目走。规范预算调整程序。调整工作业务经费、部门工作项目、政府性专项工作和应急调整等4个方面的审批程序，以制度约束权力。

【开展“小金库”专项治理】 做好行政事业单位“小金库”专项治理“回头看”工作，对16家单位进行重点检查。对社会团体和国有及国有控股企业的“小金库”情况进行专项治理，完成173家社会团体、56家国有及国有控股企业的自查工作，自查面100%。对12家社团和12家国企的“小金库”作重点检查，对检查中发现的问题，按要求上报并责成整改到位。

【国库集中支付改革】 成立富阳市财政国库集中支付中心，作为办理市级财政国库集中支付业务的具体执行机构，从事财政资金的审核、支付、核算和监督管理等工作。11月，正式启动市财政局、审计局、团市委、规划局、气象局等5家一级单位，作为国库集中支付改革工作的试点。出台《财政国库管理制度改革方案》、《市级财政国库集中支付管理办法》、《市级财政国库集中支付会计核算暂行办法》、《财政国库集中支付资金银行清算办法》等管理制度。

【探索国企考核机制】 出台《国有资产营运机构经营业绩考核办法》、《国有资产营运机构经营者薪酬考核计发办法》，并与相关国有资产营运集团签订经营业绩责任书，实行绩效工资，探索国有资产保值增值考核和国有企业实行财务预算管理新途径，推进国企改革。全年完成国资收益5120万元。

【干部队伍建设】 加强干部培训。分类举办一般干部、中层干部及稽查、税收、财政线等业务培训班14期，97%干部分别参加培训。注重人才培养。全局129名年轻干部通过考试等程序，选拔出征管、理财、稽查、计算机类人才16人，另有9人入选省财税系统“专业人才库”。组织干部到市基层一线、重点工程等重要部门与岗位挂职。建设财税文化。举办演讲比赛、篮球赛、辩论赛、计算机操作比武、硬笔书法比赛等20多项系列活动，共900余人次参加。组织开展结对困难户及“送温暖”、“送清凉”等关爱活动。局干部职工参加社区党员志愿者服务200余人次。 （富阳市财政局供稿 刘学文执笔）

建德市

【概况】 2010年，建德市实现生产总值189.64亿元，比上年增长11.5%。其中：第一产业增加值20.75亿元，增长3%；第二产业增加值107.17亿元，增长12.3%，第三产业增加值61.72亿元，增长13.3%。第一、二、三产业增加值占生产总值的比重分别为10.9%、56.6%、32.5%。人均生产总值37055元，增长14.7%。全市财政总收入21.02亿元，其中地方财政收入12.01亿元，增长13.6%；地方财政支出18.70亿元，增长27.8%。全年财政收支平衡。

【支持经济发展】 落实积极财政政策和各项税收优惠政策，全年一般预算累计兑现招商引资补助奖励、工业性技改投入补助、工业功能区平台建设补助、科技进步等各项财政补助资金1.10亿元，推进产业转型升级。落实家电下乡，以旧换新，汽车、摩托车下乡政策，全年累计兑现补贴资金2124万元，促进消费需求。完善中小企业风险融资办法，扩大合作银行范围，新增杭州银行建德支行和市信用联社两家合作银行，通过中小企业融资风险资金为51家企业融资担保1.10亿元，担保企业涉及15个乡镇（街道）的规模以上工业企业；对企业因贷款到期临时资金周转困难，在银行确保续贷的情况下，为168家企业办理应急资金调头，涉及资金7.10亿元；建立建德市小企业培育风险资金，从中小企业贷款风险补偿专项资金等资金中整合资金2000万元，专项为小工业企业提供一年内（含一年）流动资金的融资担保，缓解中小企业融资难问题。培植地方财源，通过对乡镇（街道）实行营业税收入奖励政策，推进乡镇（街道）发展服务业。

【组织财政收入】 深化精细化管理。完善社会保险费征缴政策，推进“五费合征”工作，全年社保基金征缴入库5.91亿元，增长18%；加大土地出让金清欠力度，深化土地出让金管理。推广应用电脑版普通发票，加强发票电子信息的采集和利用，打击非法使用发票行为，全年5次联手公安、国税开展发票专项整治工作。推进科学化管理。深化税情预警运行机制，拓展由19个部门参与的涉税信息社会化征管机制，研发软件提高信息传递实效性；强化对分散性、机会性税源实施二级控管，发布税情预警信息，丰富预警内容；以上台阶项目为抓手，适时推出“亩产税收”绩效评价管理体系，为领导决策提供数据参考资料。拓展社会化管理。建立健全协税护税网络，实现税务、工商、公安、银行等部门横向联网和资源共享。

【优化支出结构】 加大财政支农投入力度。全年一般预算农林水事务支出2.64亿元，增长31.4%；梳理完善农业产业政策，提升农业产业政策绩效；深化财政支农资金整合工作，逐步形成支农资金归并合理、安排科学、使用高效、运行安全的使用机制。加大社保民生投入。多渠道筹集社会保障资金，确保社保资金的正常运行，健全社会保障体系，完善全市基本养老保障、基本医疗保障等办法，落实相关就业扶持政策，全年社会保障和就业支出1.89亿元，增长98.2%，医疗卫生支出1.52亿元，增长19.5%。**支持科教文事业发展**。继续推进义务教育经费保障机制，实施义务教育学校教师绩效工作制度，落实教育资助扩面政策，发放爱心营养餐及教育资助券，全面实施“校安工程”建设，全年一般预算教育支出4.30亿元，增长18.7%。支持农村文化建设，解决农村散户以及低保家庭广播电视收视问题，支持以送书、送戏、送电影、送器材为载体的文化“四送”下乡活动。**支持其他民生事业发展**。继续加大对环境保护的投入力度，制定生态建设扶持政策，保障创建国家环境保护模范城市资金需要；加大对基层政权的保障力度，支持“平安建德”创建，加大“平安建德”经费投入，落实维稳、综合治理及安全生产等工作经费；支持政法经费保障机制改革工作，落实资金积极保障“数字法庭”、“科技强检”、“科技强警”建设需要。

【财政支出管理改革】 推进预算编制、执行、监督“三位一体”的财政管理改革，编制部门预算时实行“双零预算”，即一般性支出“零增长”，一类项目支出“零基预算”。2010年部门预算公用经费一律压缩5%，一般性项目支出压缩10%以上。落实财政支出管理的各项举措，夯实财政直接支付制度，对一类项目支出严格财政直接支付。强化财政拨款结余资金管理，将单位财政拨款结余资金纳入部门预算管理。深化“收支两条线”改革，规范政府非税收入预算管理，编制“全口径”非税收入收支预算。加强绩效评价结果应用，试行将财政资金绩效评价结果作为编制和安排部门预算的重要依据。实施国库集中支付制度改革，出台各项配套政策，组织相关培训，公开招标确定中行、工行、建行3家商业银行为国库集中支付代理银行，并正式确定3家预算单位作为改革试点单位，国库集中支付新系统投入运行。

【财税法制建设】 完成行政权力规范工作职权清理，完成职权目录、权力运行流程图编审。落实行政执法责任制和执法过错追究制，建立《建德市财政局重大案件审理办法》和《建德市财政局过错责任追究办法》，制定执法责任制考核制度和要求，严格执法过错责任追究，坚持做到年度预算编制、预算调整及年终决算按照法定程序，提请人大及其常委会审议，严格执行经人大审议通过的财政预决算决议。

【社保资金预算管理】 编制和执行社会养老保险收支预算，实施社保资金预算管理。通过社会保障资金收支预算编制工作，将全市企业养老保险、机关养老保险、农村居民基本养老保险、城镇老年居民养老保障等十九项社保资金全部纳入社保资金预算，全面完整地反映全市社保资金收支预算情况，力求支出不漏项，收入有来源，保障财政补助资金供给，防范社会保险支出风险。

【政府性债务管理】 推进“乡债县管乡用”工作。科学制订政府性债务收支计划，明确责任主体及其职责，建立债务审批和偿债准备金制度，开展乡镇(街道)十项财政财务制度符合性测试，进行债务预警和监督。完善政府性债务定期报告制度，要求各乡镇(街道)和部门、投融资公司定期向财政报告债务变动情况及现金流保障机制，及时掌握全市负债总体规模、负债现金流情况，落实偿债责任主体，并定期向市委、市政府报告。

【国有资产管理】 完善《行政事业单位国有资产管理暂行办法》，明确资产配置、使用、处置等一系列事项的政策和程序。强化国资管理主体责任，通过与行政单位及主管部门签订资产管理责任书，明确行政单位对托管范围内的国有资产承担保全责任，提高固定资产利用率。规范市级机关办公用房管理。市级行政机关单位办公用房，统一授权由机关事务管理局管理。推广实施《行政事业单位国有资产管理系统》，将全市范围内232户行政事业单位的固定资产纳入行政事业单位固定资产管理系统进行管理。加强乡镇(街道)国有资产管理，制定下发《关于加强乡镇(街道)国有资产管理工作方案》，并通过开展乡镇资产清查、盘活、整合工作，摸清乡镇资产规模，提高资产使用效率，防止国有资产流失。强化国有公司法人治理结构和年薪制考核，深化预算管理，落实国有公司重大事项报告、审批制度，严格落实责任追究。

【队伍建设】 深化制度、教育、督查加文化的“3+1”机制建设，构建以“为国收税，为民理财”为职责使命，“和谐平衡、源远流长”为文化取向，“快乐工作、健康生活”为人生目标的财税文化理念，拓展财税文化建设。加强干部教育培训，开展“一季一题争明星”和“青年读书会”等系列活动，提升财税干部综合素质。深化机关作风建设和党风廉政建设，以扎实开展创先争优活动为契机，深入开展机关效能文化建设，层层落实党风廉政建设责任制，确保资金运行和干部队伍的安全。

(建德市财政局供稿　吴继宾执笔)

临安市

【概况】 2010年，临安市实现生产总值287.77亿元，比上年增长14.0%。其中：第一产业增加值26.99亿元，增长3.0%；

第二产业增加值168.33亿元，增长16.2%；第三产业增加值92.45亿元，增长13.5%。三次产业结构为9.4:58.5:32.1。人均生产总值54722元，增长21.8%。全年完成财政总收入30.12亿元，增长18.1%，其中地方财政收入16.97亿元，增长20.9%；全年地方财政支出25.9亿元，增长36.7%。全年财政收支平衡略有结余。

【组织财政收入】 优化收入结构，全年地方财政收入增幅高于财政总收入增幅2.8个百分点；地方财政收入占财政总收入的比重为56.3%，比上年提高1.3个百分点；纯地方税收入占地税收入的比重为68.9%，提高7.1个百分点。启用重点税源监控管理软件，全市重点税源监控企业641家。制订并落实上市公司限售股转让个人所得税征收奖励政策，入库税款1378万元。引导企业分离发展服务业，全年成功分离3家企业。完成契税、耕地占用税征管职能划转和车船使用税由保险机构代收代缴工作。开展房地产企业土地增值税清算工作，入库税款7758万元。制定《临安市非税收入绩效考核暂行办法》，全年征收行政事业性收费收入2.05亿元，增长1.8%。实现社会保险费财政、地税和社保三部门间的实时联网，全年征收社会保险费5.87亿元，增长14.3%。开展对房地产、建筑安装和交通运输等行业的专项检查及打击发票违法专项整治行动，全年共检查企业269家，查处大要案1件，查补税款2225万元。

【支持经济发展】 会同有关部门制订推进工业经济转型升级的综合性政策和加快绿色照明、精密机械元器件、坚果食品产业转型升级的专项政策，出台促进企业上市、支持利废工业企业及再生资源回收利用企业发展的若干政策。全年争取工业补助资金8359万元、农业补助资金2.38亿元和基建项目补助资金3.42亿元；兑现工业扶持资金7839万元、农业扶持资金2.99亿元、现代服务业扶持资金3030万元和基建项目建设资金5.92亿元，分别增长14.2%、16.8%、32.1%和12.1%。落实社会保险费集中减征和费率下调政策，减征社会保险费2996万元。争取农业综合开发项目4个，其中土地治理项目2个，产业化项目2个。做好家电下乡政策兑现工作，全年家电下乡和家电以旧换新兑付资金3882万元，资金兑付率从全省第74位上升到第4位，位居杭州市首位。

【优化支出结构】 加大对“三农”的扶持。实施农村危房改造和下山移民工程，开展千里富民林道建设和小型农田水利重点县建设，实行村级公益事业建设“一事一议”财政奖补，推进“绿色家园、富丽山村”建设。全年农林水事务支出2.59亿元，增长29.4%。支持科教文卫事业发展。实施校园安保工程与校舍安全工程，提高学前教育生均公用经费补助标准，全面免除义务教育阶段学生住宿费。支持基层医疗卫生体制综合改革试点和乡村卫生服务一体化管理，实行乡镇卫生院国家基本药物制度，推进城乡卫生医疗服务体系建设。全年教育支出5.54亿元，增长19.7%；科学技术支出1.05亿元，增长28.3%；文化体育与传媒支出4091万元，增长24.3%；医疗卫生支出1.83亿元，增长27.7%。支持社会保障与就业体系建设。鼓励和扶持大学生“村官”自主创业，支持充分就业市和行政村创建，建立城乡居民社会养老保险制度，加大保障性安居工程建设力度，提高城乡居民最低生活保障金、被征地农民基本生活保障金、企业退休人员基本养老金、失业保险金和新型农村合作医疗发放标准。全年社会保障和就业支出1.98亿元，增长21.1%。支持生态环保建设。开展水污染防治专项行动，实施污水垃圾处理设施建设和污水管网项目改造，推进“清洁临安”工作，建立健全生态补偿机制，创建国家环境保护模范城市。全年环境保护支出2.22亿元，增长196.6%。控制政府运行成本。实行公用经费、一般性项目经费零增长，继续执行上级有关压缩会议、接待、购车和出国经费等规定。全年全市一般公共服务经费支出增幅低于一般预算支出18.5个百分点。

【深化财政改革】 建立预算编制、执行、监督一体化运行机制，细化部门预算、专项预算和基金项目预算编制，推进人大常委会全过程跟踪监督10个单位的部门预算编制执行工作。在全市预算单位中全面推行国库集中支付改革，全年共受理、批复单位用款金额3.85亿元。其中财政直接支付5539笔计3.21亿元，预算单位财政授权支付4043笔计6487万元。选定国库集中支付代理银行作为公务卡的发卡银行，在部分单位稳步推行公务卡制度。调研制订新一轮市乡财政体制方案，编制《临安市财政“十二五”工作规划》。实施乡镇(街道)财政管理一体化平台建设，实现对乡镇(街道)财政网络化、精细化管理和监督。设置“拨入项目资金”、“项目支出”、“拨入专款”、“专款支出”和“专项资金结余”等会计科目，完善项目专项资金收支核算。试行专项资金绩效预算管理，开展对50万元以上的财政专项资金绩效评价。

【加强财政监督】 制定“绿色家园、富丽山村”项目资金、中低产田改造项目资金管理办法和现代农业生产发展资金和项目管理实施办法，建立覆盖全面的财政支农资金管理制度体系。启动新版资金往来结算票据，制定《乡镇(街道)土地出让金使用管理办法》，开展财税政策执行、财政资金使用等专项检查和行政事业单位、社会团体、国有企业“小金库”自查自纠工作。制定《公务用车定点保险管理办法》，加强政府性采购协议供货管理，开展政府集中采购机构检查考核工作,全年政府采购预算资金 1.41 亿元,实际采购资金 1.24 亿元,资金节约率 12.1%。规范政府性投资项目全过程管理,全年委托中介机构对 80 个项目进行审价,送审资金 2.09 亿元,净核减工程造价 2119 万元,资金核减率 10.1%。加快推进会计人员网上学习网上报名工程,深化"会计 + 税收 + 监管"管理新模式,开展会计人员后续教育和上岗培训工作。

【国有资产管理】 出台《企业国有资产监督管理暂行办法》、《国有投资公司基建财务管理制度》,修订《国有投资公司经营者绩效考核管理暂行办法》,完善监管企业的法人治理结构,开展国有公司投融资平台清理。探索国有资本经营预算编制办法,加强政府性债务管理。制订《进一步加强行政事业单位国有资产监督管理的意见》、《行政事业单位出租房管理实施细则》,开展国有林地清查,建立"临安市国有林权信息管理系统",提升国有资产网络动态实时管理水平。

【干部队伍建设】 组织财税干部赴国家会计学院、浙江财经学院和扬州税务进修学院等院校学习培训,邀请专家讲授反腐倡廉等专题课程,全年举办各类培训班 25 期,参训 825人次。出台《财政地税局重大事项决策规则》、《财政地税局决策责任追究制度》,完善《财政地税局干部教育培训管理监督考核办法》、《财政地税局 2010 年岗位责任制考核实施办法》,形成"用制度管权、按制度办事、靠制度管人"的运行机制。建立政府信息公开网上答复制度,推进"权力阳光"工程建设,开展公职人员岗位廉政教育、"公述民评"、"述职述廉"和中层干部选拔"双推双评"等活动。发挥团工青妇作用,开展"春风行动"、"结对帮扶"、"城乡共建互帮"、"联乡结村"和"服务百姓档案"等活动。 (临安市财政局供稿 崔 超执笔)

桐庐县

【概况】 2010 年,桐庐县实现生产总值 197.86 亿元,比上年增长 18.3%。其中:第一产业增加值 15.88 亿元,增长 10.1%;第二产业增加值 121.50 亿元,增长 17.2%;第三产业增加值 60.48 亿元,增长 15.9%。人均生产总值 49269 元,增长 12.2%。全县财政总收入 23.30 亿元,增长 32.1%,其中地方财政收入 13.08 亿元,增长 38.5%;财政总支出 17.84 亿元,增长 25.0%。当年财政收支平衡。

【支持经济发展】 完善支持现代农业相关政策,建立农业综合开发项目网上平台。完成 2009 年度农业综合开发土地治理和产业化经营项目建设,推进 2010 年度农业综合开发项目建设。支持粮食功能区建设。扩大农民补贴"一折通"发放范围,拨付各类补助资金 2208 万元。助推工业经济转型升级,加大技改补助力度,提升针织、制笔等传统产业,加大工业园区基础设施投入。全年兑现各类财政扶持资金 1.06 亿元,办理再生资源利用企业增值税退税 2.35 亿元,提供退库周转金 2.21 亿元。出台政策支持商贸服务业发展,辅导 3 户企业分离发展服务业。加大对现代物流等现代服务业的扶持力度,建立文化创意产业发展专项资金,支持省级旅游经济强县创建。全年落实各类优惠政策近 8000 万元,家电下乡实现即买即补,全年兑付家电下乡等补贴 2086 万元。

【组织财政收入】 优化财政收入结构,全年地方财政收入增幅高于财政总收入增幅 6.4 个百分点,地方财政收入占财政总收入的比重为 56.1%,比上年提高 2.2 个百分点。扩大重点税源监控面,契税、耕地占用税征管职能平稳划转,修定 ISO9000 质量管理体系。深化《税友 2006》应用,推进税收征管信息化。规范申请法院强制执行程序,构建社会化协税护税网络。实现社会保险费网上申报。

【优化财政支出结构】 支持城乡统筹发展。全年财政投入"三农"资金 9.13 亿元。扩大政策性农业保险品种和覆盖面,加强农村安全饮用水、农村生活污水处理、山塘水库除险加固等农村基础设施建设,推进低收入农户奔小康工程和农村困难群众危房改造工程。开展一事一议财政奖补工作,鼓励村级集体经济创收。支持科教文卫事业发展。完善义务教育经费保障机制,推进中小学校安全工程建设。落实扶困助学机制,加大对学前教育和职业教育扶持力度。实施农村历史建筑综合保护工程,加强乡村两级文化阵地建设。支持推进医疗卫生体制改革,完善基层医疗卫生机构财政补助政策。全年安排教育支出 3.68 亿元、文化支出 6551 万元、医疗卫生支出 1.49 亿元,分别增长 24.8% 、10.2%、21.1%。支持社会保障体系建设。落实促进就业和创业扶持政策,支持创业县建设。实施新型城乡居民养老保险办法,参保人数为 12.2 万人,5.3 万名无保障老年人领取基础养老金。全年安排社会保障和就业支出 1.61 亿元,增长 56.1%。支持生态环境建设。为省级森林城市和省级示范文明县城创建提供财力保障,全年安排环境保护资金 7770 万元,增长 41.8%。支持"环沪护城河"世博安保工作,深化"平安桐庐"、"法制桐庐"建设。

【深化财政管理改革】 完善预算定额体系,细化项目资金预算,对林业局等三个部门的部门预算提交人代会审查。推进国库集中支付制度改革,制定县级预算单位公务卡制度改革方案，29 家单位实行国库集中支付和公务卡结算。扩大财政直接支付范围，全年财政直接支付金额 7.85 亿元。加强乡镇财政预算监督管理，对乡镇财政财务进行大检查。调整完善经济开发区财政管理体制。加强预算外资金监督管理，启用新版资金往来结算票据，建立预算单位银行账户开立台账和财政出借资金台账，改变资金存储方式，增加存款利息收入。深化国有资产管理体制改革，划分县国资办和国投公司职能，完成对全县 181 家行政事业单位国有资产清查工作。出台政府分散采购管理暂行办法，完成政府采购供应商网上注册登记、审查、入库工作，完善通用设备采购制度，全年政府采购资金 4.73 亿元。加强会计人员网络化管理，会计人员参加继续教育 4349 人，其中 3924 人为网络教育。对纳入财政国库集中支付改革的行政事业单位在编在岗会计人员进行会计从业资格无纸化试点考试，对 153 名农村财会人员开展财政支农政策和村级财务管理培训，对 22 家单位进行会计质量检查。继续规范公务员津补贴、离退休人员待遇和事业单位绩效工资。构建权力阳光运行机制，清理规范行政权力事项，确认行政处罚、行政许可、非行政许可以外的行政权力事项 36 项。

【加强财政监督】 理顺职能，将原合署的基本建设财务管理科和财政监督科分设。新增桐庐县政府投资项目预算审核中心为财政局下属事业单位，加强政府投资建设项目管理和投资估算审核力度，全年审减 9937 万元。清理和规范专项资金使用管理办法，出台残疾人就业保障金、就业专项资金、科技专项资金等 18 个专项资金管理办法，加强专项资金管理。完善财政支农项目库建设，开展强农惠农资金专项清理检查。指导部门开展绩效自评，重点开展村庄整治工程等绩效评价。开展涉企行政事业性收费专项清理，编印《桐庐县行政事业性收费》公示册，公开行政事业性收费目录和标准。继续实行财政性资金存贷挂钩办法，落实政府投融资整合方案，清理政府融资平台公司 21 个，强化政府债务动态监管。开展党政机关和事业单位“小金库”专项治理工作，组织 85 个单位开展自查，对 68 个单位进行重点检查；组织 196 个党政机关和事业单位开展“小金库”治理工作“回头看”；组织全县 117 家社会团体、45 家国有及国有控股企业开展“小金库”自查工作。

【信息化建设】 推进“金财工程”，国库集中支付系统升级为 2.0 版，系统安全性、稳定性等得到提高。建立和完善以政府采购网站为平台，以采购执行、采购管理、采购服务和决策分析为主要内容的政府采购信息管理系统，规范国有土地出让金收支管理信息系统。完善调整办公平台中的档案管理、网站管理等子系统，构建信息安全长效机制，做好信息公开工作。

【强化队伍建设】 在全系统开展“争创一流业绩 争当财税先锋”创先争优主题活动，以“文明单位”、“基层满意站所”、“青年文明号”等活动为抓手，提升财税工作效能。加强党建工作，完成党支部换届直选及中层干部竞争上岗工作。开展公职人员岗位廉政教育，编制岗位目录，查找岗位风险，编写岗位情景案例，制作的廉政教育 PPT(电脑课件制作)获杭州市廉政 PPT 评比一等奖。开展公述民评活动，部分科室负责人述职述廉，接受民评代表提问测评。聘任新一届行风监督员，接受社会监督。丰富财税文化内涵，提出争做“三能四好”(能写、能说、能干，学习好、工作好、生活好、做人好)干部口号。深化“学习型”组织建设，开展首届“学习节”、第四届职工健身运动会系列活动，通过中层干部读书会、论坛，全员岗位综合业务培训、新干线网络学习等活动，提高干部素质。县局在全县群众满意度测评中位列第一，在县级机关、直属单位综合考评中被评为优秀单位。 （桐庐县财政局供稿 杨 琛执笔）

淳安县

【概况】 2010 年，淳安县实现生产总值 117.49 亿元，比上年增长 11.1%；人均生产总值 26111 元。其中：第一产业增加值 21.74 亿元，增长 3.4%；第二产业增加值 49.98 亿元，增长 12.0%；第三产业增加值 45.77 亿元，增长 14.0%。三次产业结构由上年的 19.1:41.8:39.1 调整为 18.5:42.5:39.0。全县财政总收入 11.92 亿元，增长 24.5%，其中地方财政收入 7.20 亿元，增长 28.8%。地方财政收入占财政总收入的比重 60.4%，同比提高 2 个百分点。全年财政支出 19.14 亿元，增长 26.0%。财政运行情况良好，收支平衡。

【组织财政收入】 强化税源管理，走访企业了解企业经营情况，对税收收入实行按旬预测，实现税源分析的精细化管理。全年确定重点税源监控企业 75 户，重点监控项目 20 个，入库税款 3.80 亿元，占全县地税税收收入的 59.7%。实现契、耕两税征管职能划转，促进地方小税种收入增长，全年地方小税种累计入库 1.66 亿元，增长 34.2%。完善社保费“五费合征”管理办法，落实社保费年度结算工作，逐步建立社保费分类管理机制。加强财政票据审核管理，推进非税收入征管信息系统建设，规范国有土地出让收入、行政事业性收费、国有资产有偿使用收入等非税收入管理。全年入库国有土地出让收入、罚没收入等非税收入 24.24 亿元。

【支持地方经济发展】 扶持企业转型发展，落实财产损失税前扣除、国产设备抵免、研究开发费用加计扣除等企业所得税费优惠政策，做好困难企业水利建设基金、房产税和部分企业社会保险费缴纳比例临时下浮等税费减免工作，全年累计减免税费3186万元。落实工业项目发展、技改补助、金融贡献奖、农业项目配套等财政奖励政策，全年拨付县级财政奖励扶持资金7627万元。帮助企业争取项目补助资金，全年争取省市对企业的财政补助资金3636万元。支持国有资产重组，盘活闲置国有资产，新建重组国投、建设、旅游、交通、水利等集团公司，规范管理运营，拓宽融资渠道，推进重要优势资源的整合和重大基础设施的建设。

【支持新农村建设】 加大对农业、水利设施、土地治理、下山移民等新农村建设投入，全年投入资金5.38亿元。积极应对洪涝灾害和支持灾后重建，全年共安排救灾重建资金8000余万元。提高支农资金使用效率，整合移民和省市支农补助资金4000余万元，支持农村饮用水、“十百工程”、农村沼气等项目建设。做好涉农补贴资金直发工作，建立覆盖全县11.3万农户的数据库，通过“一折通”发放种粮补贴、库区移民返销粮补贴等涉农资金3299万元。做好家电、汽车摩托车下乡、以旧换新财政补贴资金的兑付工作，全年审核拨付补贴资金1801万元。开展农村财会人员财政支农惠农政策培训工作，全年举办培训班4期，培训人数547人。

【推进社会保障体系建设】 支持创建充分就业县和创业型县，扩大失业保险基金的使用范围，扶持就业再就业工作。完善城镇职工社会保障体系，实现城镇职工门诊统筹全覆盖。提高企业退休人员节日慰问金标准。提高基本养老保险待遇。落实新型城乡居民社会养老保险，完善新型农村合作医疗制度，提高筹资标准和报销比例，完善和提高社会救济保障标准。

【支持科教文卫事业发展】 全年科教卫体支出占财政支出比重37.0%，其中各项教育支出4.32亿元，占总支出的22.5%。落实义务教育绩效工资、教育资助、校园安保工程补助、中小学校舍安全工程建设补助等各项教育补助政策。支持科技创新、乡镇文化站建设及基层文化活动，落实农村广播电视“村村通”、“村村响”工程经费，落实农村历史建筑维护资金。支持体育强镇建设，保障农村健身点建设经费和城区广场、社区等健身活动的经费。深化医疗和医药卫生体制改革，认真贯彻落实国家基本药物制度。

【支持生态环境保护】 建立生态补偿机制，创建国家级生态县。全年安排网箱整治、污水上岸、城乡垃圾集中处置等生态环保资金2.90亿元。按照“统一领导、分级负责”的管理原则，建立健全农村生活垃圾收集处理财政补偿机制，当年实现汾口镇、中洲镇等8个乡镇垃圾中转站的正常运行，形成了四级垃圾收集处理系统。

【加大基础设施建设投入】 保障政府项目资金，全年筹措政府投资项目资金25亿元，拨付政府投资项目资金19.21亿元，支持上江埠大桥及接线工程、千岛湖汽车客运中心站、土地收储等项目建设。加快乡镇园区发展，全年拨付经济开发区(青溪新城)、姜家产业区块、旅游度假区各项财政资金4.33亿元，完善园区基础设施，促进产业集聚发展。

【深化财政改革】 深化部门预算管理，按照“三个子”的财政管理改革要求，加强财政资金管理。推进国库集中支付改革，制订改革方案及配套管理办法，建立国库集中支付管理框架，完成5家单位的改革试点工作。强化项目资金监管，对政府投资项目实施财政直接支付，通过财政管资金、建设单位管核算的控管模式加强对资金流向监管，提高项目资金使用绩效。加强专项资金管理。制定实施《财政专项资金管理暂行办法》，对专项资金的来源、设立、管理、使用进行规范化管理。制定下发《关于进一步加强乡镇财政专项资金管理的通知》，对乡镇专项资金实行专户管理，确保专项资金专款专用。落实上级有关厉行节约的规定，做到公务接待费用、因公出国经费不超过上年按规定比例压缩后的经费预算规模。

【强化财政监管】 开展“小金库”治理工作，全年完成240家行政事业单位“小金库”治理“回头看”和91家社会团体和18家国有及国有控股企业自查工作，自查覆盖面100%，发现“小金库”14个，涉及资金189万元，按规定进行纠正和处理。提高财政监督绩效，开展项目资金使用绩效评价，全年完成评价项目16个，评价项目资金4.99亿元。加强政府采购管理，全年实现政府采购合同金额4.4亿元，资金节约率14.5%。加强政府投资项目预算评审管理，全年完成预算送审金额15.13亿元，审核项目652个，预算审定批复金额14.02亿元，净核减1.11亿元。

【加强队伍建设】 开展“深化作风建设年”、“千岛湖先锋”争先创优等专题教育活动，深化党风廉政建设，组织学习沈浩同志先进事迹，开展“问效评议”、“公评民述”活动，树立良好的财税形象。举办第四届“在平凡中闪光”先进典型主题报告会，营造积极向上的工作氛围。提升干部队伍素质，组织全体干部职工到高等院校开展素质提升培训，邀请专家作专题讲座，组织公文写作比赛，多形式的培养和提高干部综合能力。完善内部管理制度，改进ISO9000质量管理体系。

(淳安县财政局供稿 刘 强执笔)

宁波市财政工作概况

宁波市

【概况】 2010年，宁波市实现生产总值5125.82亿元，按可比价格计算，比上年增长12.4%。其中：第一产业增加值218.43亿元，增长3.7%；第二产业增加值2848.23亿元，增长13.6%；第三产业增加值2059.16亿元，增长11.6%。三次产业结构调整为4.2:55.6:40.2。全社会固定资产投资2206.48亿元，增长10.1%。社会消费品零售总额1704.51亿元，增长19.2%。外贸进出口总额829.04亿美元，增长36.3%，其中：出口519.67亿美元，增长34.5%；进口309.37亿美元，增长39.6%。港口货物吞吐量完成4.12亿吨，增长7.4%；集装箱吞吐量完成1300.4万箱，增长24.8%。市区城市居民人均可支配收入30166元，增长10.2%；农村居民人均纯收入14261元，增长12.8%。全市财政总收入1171.75亿元，增长21.3%，其中地方财政收入530.93亿元，增长22.7%；全市财政支出600.66亿元，增长18.7%。市本级财政收入280.81亿元，增长22.0%，其中本级地方财政收入54.70亿元，增长29.2%；市本级财政支出141.83亿元，增长8.0%。全市及市本级财政收支平衡。

【组织财政收入】 加强税收分析预测，健全财政、地税、国税、人民银行等相关部门横向信息交流制度，探索构建“市局—县(市)区局”税收分析纵向互动机制。推广应用税收计划分析管理和重点税源管理模块，扩大重点税源监控面（已达60%）。建立分行业纳税评估模型和指标参数体系，推广使用电脑开票。探索建立存量房交易计税价格评估系统，实现房地产交易税收一体化征收。推广应用个人所得税全员全额申报管理系统，抓好限售股个人所得税征收工作，预扣税款1.23亿元。做好土地增值税预征率和核定征收率调整工作，全市清算房地产项目165个，清算应补土地增值税4.50亿元。开展税收稽查工作，实施重点检查1727户，指导2334户企业进行自查，累计入库查补收入7.42亿元。开展按照工资总额申报社保费试运行工作，全市征收社保费150.96亿元，增长20%。完善非税收入管理体系，加强对非税收入的管理，全市政府性基金收入完成745.91亿元，增长44.5%。

【促进经济平稳较快发展】 落实扩内需促消费拓市场的政策措施，及时下达中央、地方新增扩大内需投资资金，争取发行地方政府债券13亿元，支持全市重大基础设施项目建设。落实家电、汽车下乡和以旧换新等鼓励消费政策，共发放补贴5.17亿元。安排2.95亿元外贸发展资金，推进外贸出口稳定增长。出台《关于加快总部经济发展的实施意见》，安排4.43亿元资金支持大企业和大集团转型发展。完善财政支持服务业发展相关政策，支持以第四方物流市场为平台的海港、空港物流企业发展，鼓励企业建立国内外营销网络体系和综合电子商务平台；继续推进企业分离发展服务业，成功分离130户（累计分离462户）。落实工业创业创新倍增计划，市级拨付工业结构调整专项资金2.48亿元，培育创业创新示范企业43家，新兴、特色优势产业基地14家。争取国家中小企业发展专项资金4440万元，扶持中小企业服务体系建设。支持国家创新型城市建设，市级安排专项经费9000万元用于支持人才引进和开发。市级落实科技创新资金2154万元，支持各类高新技术研发与产业化项目340项；新认定51家高新技术企业，累计666家，其中地税户管273家，减免所得税2.70亿元；全市科技支出22.15亿元，增长30.5%。支持节能减排与环境整治，市级支出节能专项资金4500万元、环保专项资金5100万元，支持94个环保项目、63个节能应用重点项目，淘汰落后产能，实施节能产品惠民工程，引导企业发展新能源、新材料等新兴产业。落实高新技术企业和小型微利企业税收优惠等结构性减税政策，继续执行临时下浮社会保险费缴纳比例政策，全市地税部门为企业和群众减负47亿元。

【加大财政支农力度】 全市农林水事务支出43.01亿元，增长21.1%。整合市级支农专项资金，投入11亿元支持农田水利、水源地保护等农业基础设施建设。市级财政落实专项资金2.60亿元，推进农业产业重点区域建设和农业特色优势产业发展，建设粮食功能区80万亩、特色农业产业基地105个、农业科技园区21个。落实粮食、农机、农资等直补政策，加大农(渔)业政策性保险支持力度，加强农业服务体系建设。支持农村住房两改工作，改善农村生活条件。在南三县(宁波市南部的奉化市、宁海县、象山县)和余姚四明山区启动村级公益事业建设一事一议财政奖补试点，支持村级组织运转和村级集体经济发展。

【推动社会事业稳步发展】 加大对民生的保障和支持力度，全市教育支出89.27亿元，增长15.8%；社会保障和就业支出34.43亿元，增长20.8%；医疗卫生支出36.59亿元，增长19.6%。*支持教育优先发展。*调整完善市对县(市)区教育费附加和地方教育附加的统筹体制。市级对全市62万名义务教育学生转移支付资金1.50亿元，推进基础教育均衡化。继续落实家庭经济困难学生免学费政策和奖励助学资助政策。全市投入15亿元实施中小学校舍安全工程。**全面推进医药卫生体制改革。**按照国家、省医改工作重点和市医改三年目标任务，加快推进基本医疗保障制度建设，全市投入医疗救助专项资金1.17亿元，新型农村合作医疗、城镇居民基本医疗保险财政补助标准分别为人均247元、276元。实施国家基本药物制度，推行公共卫生基层医疗单位绩效工资改革，完善基层医疗机构补偿政策。市级落实3500万元专项补助资金实施重大公共卫生服务项目，全市城乡公共卫生人均财政补助覆盖全部外来人员。**加大社会保障和就业扶持力度。**全面实施城乡居民养老保险制度，其中市级安排专项转移支付资金1.13亿元；将企业退休人员月人均养老金提高到1613元；城镇和农村低保补助标准分别调高为月人均440元、264元；继续提高优抚对象抚恤和生活补助标准。出台扩大失业保险基金支出范围促进就业新政，落实3.80亿元专项资金用于促进就业，延长帮助困难企业稳定就业政策，支持争创国家级创业型城市建设。**完善城乡公共文化服务体系。**市级拨付800万元鼓励宁波大剧院等建立“养演挂钩体制”，演出文艺节目300余场。落实博物馆免费开放补助资金近2000万元，向社会免费开放的公共博物馆、纪念馆63家。开展各类送文化进农村活动，全市基本实现“一村一年一场戏”。推进农家书屋、农村小康健身工程等重点文化惠民工程，支持天一阁书库等标志性文化设施建设。**推进保障性住房体系建设。**开工建设保障性住房108万平方米，新增廉租房保障户2473户，完成中心城区老小区整治198万平方米，非成套房改造14万平方米。全市财政保障性住房支出13.16亿元。

【深化财政改革】 实施以“下放小税种、完善区级增收统筹、降低县(市)统筹率”为主要内容的新一轮财政体制，规范和完善市与县(市)区的财政分配关系。推进杭州湾新区和卫星城市试点镇财政建设，使各卫星城市财政实现独立运转。加快推进市县国库集中支付改革，继市本级实现“横向到边、纵向到底”的改革目标后，全市除高新区、保税区、东钱湖外，其余县(市)区1100家单位启动国库集中支付改革，全年完成国库集中支付159.90亿元，财政直接支付比例91%。推进公务卡制度改革，市级及11个县(市)区推行公务卡改革，累计发放公务卡3万余张。完善政府采购制度体系，强化政府采购政策功能，对部分列入政府采购清单的国家节能环保产品和自主创新产品实行优先采购。抓好非税收入收缴管理改革，拟定《宁波市政府非税收入管理实施办法》，在各县(市)区推广应用非税收入收缴管理信息系统，研究制定将预算外资金纳入预算管理的制度办法。做好政府预算信息公开的前期准备工作。推进政法经费保障体制改革，做好市级政法转移支付资金的安排和分配。研究出台出口退税激励机制，由市财政对出口退税地方负担增长较快地区给予适当激励，促进外贸可持续发展。

【加强财政监督管理】 组织开展“法治宣传月”系列活动和“五五”普法工作，规范行政执法行为。加强财政专项资金清理整合，制定结转与结余资金管理办法。完善绩效评价制度，制定财政支出绩效评价工作意见，组织开展36个公共服务性强、社会关注度高的重点项目的绩效评价工作，将评价结果作为编制和安排下一年度部门预算的重要依据。加强地方政府性债务管理，清理融资平台公司，对融资平台公司债务实行全口径管理和动态监控。加强“两基”建设，规范乡镇财政管理。厉行节约、控制行政成本，当年专项经费、公务接待经费、外出学习考察经费、会议数量和经费在上年控制水平基础上实现“零”增长。建立健全行政事业单位资产管理制度体系。做好规范津补贴实施情况检查、地方政府性债务专项审计调查、强农惠农资金专项清理检查、扩大内需投资项目专项检查、基建领域专项治理、市长任期经济责任审计和同级财政审计等工作。

【加强干部队伍建设】 结合财税业务工作，开展创先争优、深化作风建设年等各类文明创建活动，在全市财税系统营造学先进、讲奉献的良好氛围，宁海财政局尤永强同志被评为全国财政系统先进工作者。强化干部教育培训，实施干部轮训计划，举办两期处级干部研修班和三期科(所)长培训班。开展干部选拔任用“一报告两评议”工作，两项评议总满意率分别为96.7%和98.3%。推进党风廉政建设，开展反腐倡廉教育，健全廉政惩防体系，落实预警机制，探索推进内控机制建设，查处违纪违法案件。开展廉政故事巡回演讲、“清风和韵”反腐倡廉书画摄影大赛等形式多样的廉政文化活动。机关党建工作受到市直机关党工委肯定，局工会获“全国优秀职工之家”称号。开展财税文化活动，举办全市财税系统第三届运动会。开展向西南旱灾、青海玉树地震、舟曲等灾区和困难群众的公益捐赠活动，局机关党员干部捐款23万余元。

(宁波市财政局供稿　高　朋执笔)

鄞州区

【概况】 2010年，宁波市鄞州区实现生产总值816.50亿元，增长12.3%。其中：第一产业增加值31.30亿元，增长4.1%；第二产业增加值513.40亿元，增长14.2%，其中工业增加值495.5亿元，增长14.6%；第三产业增加值271.80亿元，增长10%。一、二、三产业结构比为3.8:62.9:33.3。按户籍人口计算，人均生产总值101133元，按可比价格计算，增长11.2%。全年财政一般预算收入185.77亿元，增长28%，其中地方财政收入110.09亿元，增长32.2%；全年财政支出76.08亿元，增长17%。全年财政收支平衡，预算执行情况良好。

【支持经济发展】 投入6.10亿元支持经济发展和产业结构调整。支持科技创新，鼓励发展循环经济和清洁生产，争取中央新能源专项资金3.83亿元，推进新能源、节能等新型产业发展。鼓励发展总部经济、研发设计、软件动漫等高端商务业和商贸、物流、旅游等支柱服务业，第三产业对财政收入的贡献率40.8%。落实扩大内需的政策，为企业和个人减免税费9.30亿元，其中减免行政事业性收费4118万元，发放家电汽车下乡和以旧换新补贴6640万元，发放购房补贴8031万元。发挥投资对经济的拉动作用，争取上级扩大内需资金，全区35个项目获得中央资金9837万元。加大政府投资力度，加强重点项目建设，全年共投入13.9亿元用于基础设施、水利工程和环境保护等建设，优化财政投融资方式，促进产业集聚化发展。

【保障民生支出】 全年用于民生建设支出52.60亿元，占财政总支出的69%。支持教育事业发展，全年教育支出13.60亿元，占财政支出的17.8%。支持实施义务教育段教师绩效工资改革，加大学校基建投入，鼓励学前教育发展。支持卫生事业发展，落实2亿元支持23家社区卫生服务中心及下属社区卫生服务站实行药品零差率销售；投入新型农村合作医疗资金1.55亿元，将筹资标准提高至每人每年480元，农民住院、门诊医疗费补偿率提高到60%和45%；安排医疗救助资金2200万元，扩大医疗救助范围。加快推进老有所养，安排2.94亿元资金推进社保体系并轨，全面提高城镇职工基本养老保险养老金、被征地人员、城乡老年人养老等享受标准，发放老年人生活补助金5084万元、残疾人生活补助金1295万元；安排城乡居民最低生活保障资金3326万元，保障群众最低生活需求。

【支持新农村建设】 安排2.30亿元推进小城镇建设和新村建设旧村改造。加大农村基础设施投入，做好粮食功能区建设、中央良种及油菜补贴、粮食直补、农机直补和生态公益林直补工作，督促镇乡完善一卡通直补资金拨付制。加强农业服务体系建设，安排1600万元用于欠发达村工农业开发、村政设施建设等项目。支持农村劳动力转移培训，提高农民整体素质。优化区域发展环境，安排1亿元支持“森林鄞州”建设。做好强农惠农资金检查工作。

【财政支出改革】 将预算外资金全部纳入国库核算，完善单位基本信息数据库建设，尝试项目数据库建设，预算编制系统推广至二级单位，规范结转结存资金使用，收回明珠工程、老有所养等项目结余资金1亿元。深化国库集中支付改革，年初在所有一级行政事业单位推广，9月份在40家二级预算单位实行，累计集中支付65.20亿元。推进公务卡管理制度改革，从11月起在6家单位进行公务卡改革试点。深化绩效评价改革，通过“财政负责、部门参与、中介检查、人大政协监督”的方法对普高教育经费、医疗救助、生态式污水处理、新村建设、旅游等七个奖励补助项目进行评价，重视结果运用，提升财政管理水平。

【镇乡财政管理】 推进镇乡财政规范化建设，召开规范化建设现场会，完善软硬件建设，有18个镇乡(街道)达到规范化建设标准，形成“内控式理财、信息化管财、网状型督财”管理模式。做好信息化系统整合工作，启动完善风险预警功能。继续推进固定资产管理系统应用，19个镇乡(街道)已应用固定资产管理模块。加强债务管理，督促各镇乡(街道)严格执行区政府批准的政府性债务计划。

【规范政府采购】 全年完成采购额4.87亿元，增长11.1%，节约资金7376万元，节约率15.1%；其中服务型采购额6242万元，占12.8%。出台《关于进一步加强政府采购检测验收工作的意见》，委托区质量技术监督检测中心作为第三方对供货质量进行验收，共验收项目208个，涉及金额1.13亿元，发现不合格项目17个，涉及金额1305万元。

【加强国资监管】 规范行政事业单位闲置房屋公开招租及收益收缴工作，全年共招租10宗，租金收入230万元。加强对评估、拍卖社会中介的监管，规范国有资产处置程序。做好原机关办公用房、粮站等资产和车改车辆拍卖工作，全年处置国有资产10宗，变现资产5584万元。摸清国有企业基本情况，对国有企业按5%进行收益收缴，提高国有资产监管水平。

【加强负债监管】 编制政府性债务计划，加强债务资金使用监管，全区政府性债务76.04亿元，负债率9.5%，债务率92.7%，债务风险在可控范围内。做好财政对基本建设项目的全过程管理，提高财政资金使用效益，共有68个项目实行集中支付。加强政府性建设(开发)公司及重点项目的会计委派，并实行财务互审，发挥财政监管职能。

【加强队伍建设】 开展“效能建设提升年”活动，创建学习型机关，组织干部进行综合素质培训。加强内部管理，修改完善局岗位责任制考核办法。推进党风廉政建设，探索廉政教育新方法，将廉政教育纳入干部职工培训计划，开展领导班子“两报告一评议”活动和中层干部公开述职。深化文明创建活动，开展“创先争优”活动，继续开展“城乡结对”、青年文明号、巾帼文明示范岗等创建活动，区财政局被评为全省财政系统先进集体。　　（宁波市鄞州区财政局　毛　玮执笔）

海曙区

【概况】　2010年，宁波市海曙区实现生产总值400.09亿元，按可比价计算比上年增长10.3%。其中：第二产业增加值61.99亿元，增长12.0%；第三产业增加值338.10亿元，增长10.0%。三次产业比重为0:15.5:84.5。财政一般预算收入56.24亿元，增长11.5%，其中地方财政收入36.18亿元，增长11.3%；全年财政一般预算支出18.61亿元，增长15.9%。全年财政收支平衡，预算执行情况良好。

【深化财源建设】　组建财源管理办公室，着重对区域财源现状进行调查分析。建立完善财政和国、地税三方联席会议制度，组织召开重点企业发展座谈会，关注税源变化趋势，定期提出综合性的财源分析报告。着手研发财源管理计算机软件系统，推动建立财源跟踪系统，提高区域经济发展分析研判的准确性和前瞻性。同时，加强对重点企业的跟踪监控，对规模以上企业进行实地走访，及时掌握重点行业、重点企业发展情况，并针对问题提出解决建议。在区级财力许可的范围内，研究和梳理区域经济招商引资政策和产业发展扶持政策。优化市区两级财政体制。

【保障重点支出】　全年用于安排民生和扶持经济发展等方面的支出占总支出比重78.2%。其中：安排社会保障和就业支出1.81亿元，确保社会保障和扶贫帮困工作；安排教科文卫事业费支出5.28亿元，保证社会公共支出，确保教育、科技法定增长比例；投入国防及公共安全经费1.91亿元，优化社会治安环境；投入城乡社区事务及环境保护支出2.70亿元，改善市容环境，加快城市建设步伐。

【加强财政监督】　建立财政监督制约机制。成立五个集体审理小组，即扶持政策审理小组、专项支出审理小组、融资管理审理小组、绩效考核审理小组和国资出租管理审理小组，在财政监管上实行环节控制、集体决策。实施行政机关主要领导“五个不直接分管”制度，形成有效的权力运行财政财务监督制约机制。严格支出调度审核。加大对专项资金的管理，控制不合理支出。调度部分沉淀资金，优先动用净结余资金安排新增项目支出，压缩一般性支出项目。强化政府采购管理。全年完成政府采购金额4.29亿元，资金节约率10.1%。加紧政府采购信息化建设，启用“政府采购信息统计及计划管理系统”，实时掌握全区政府采购动态。推进财政支出绩效评价工作。选择“就业项目经理人队伍建设专项经费”、“社会治安动态视频监控系统专项经费”和“社区教育专项经费”等三个项目开展绩效评价。

【优化财政管理】　深化财政改革。巩固国库集中支付改革成果，完善工作流程。启动事业单位公务卡改革，130家行政事业单位推行公务卡，持卡量5000多张。强化国有资产管理。成立区国有资产管理中心，健全国有资产管理体系。联合区纪委、区审计局开展全区一级预算单位房屋复查工作，为加强房屋资产管理打下基础；对区8个街道房屋租赁管理现状展开调研，指导各街道加强房屋租赁管理；出台《行政事业单位房屋管理办法》，研究开发房屋资产管理信息系统。创新会计管理工作。出台2010年全区会计人员继续教育实施办法，教育培训由单一面授变面授和网上教育两种形式。加强对全区农村财会人员财政支农政策培训。做好全区大中型企业执行新《企业会计准则》情况调查，调查涉及全区9个行业的540家企业。做好会计从业资格无纸化考试试点的基础性工作。加强农业税收管理。完成农税征管移交工作。做好契税新政策的解释及指导退税工作，及时足额将各项补助发放到住户手中。全面完成区强农惠农资金专项清查工作。做好村级组织运转经费落实情况专项督查工作。

【政府融资管理】　针对区投资项目借贷资金逐步加大的趋势，建立会商制度，通过签字确认、全过程监控等方式，加强融资资金监管。加强对资金的合理统筹，规范海曙区政府融资平台管理，降低融资成本，提高资金使用效益，防控政府债务风险。清理政府性融资平台。做好区保障性住房建设和旧村改造、非成套房改造项目资金的融资工作。

【干部队伍建设】　打造行业党建品牌。组建区注册会计师事务所行业党总支，推行行业党建联络员制度，着手建设行业总支“党员之家”活动中心，以党建带动队伍建设。推进党风廉政建设。开展反腐倡廉教育，健全廉政惩防体系。建立月度工作汇报制、季度监管报告制、半年专题总结制、年度大会述职制以及监管单位重大事项报告制等五项制度强化财务总监管理。区财政局被评为区廉政文化进机关示范单位。注重干部能力建设。开展“学习型党组织”活动，通过召开中层干部能力专题研讨会，抓好中层干部能力建设。组织党员干部参加海曙、江东、江北三区财政干部综合素质提升培训班等各类教育培训活动。实施竞争上岗，对普通干部进行轮岗交流，优化干部队伍结构。开展文明创建活动。结合财政业务工作，开展“创先争优”活动。区财政局被评为宁波市财政系统先进集体，被区委、区政府授予“基层满意机关”称号，区会计核算中心获省级“青年文明号”荣誉。

（宁波市海曙区财政局供稿　徐　晨执笔）

江东区

【概况】　2010年，宁波市江东区实现生产总值318亿元，比上年增长10%，其中：第一产业增加值0.3亿元，增长25.1%；第二产业增加值54.7亿元，增长11.5%；第三产业增加值192.8亿元，增长8.6%。全区完成财政一般预算收入44.72亿元，增长24.8%。其中地方财政收入31.19亿元，增长26.2%；当年财政支出18.9亿元，增长25.3%。全年财政收支平衡，略有结余。

【组织财政收入】　继续把抓收入作为财政工作重中之重，注重收入预测预警分析，定期研判财政经济形势，健全财源管理系统，定期发布《江东财政收入黄皮书》，把握财政运行态势，增强收入组织预见性和主动性。加大协税护税力度，健全完善干部联系企业机制，组织干部上门开展“三服务”。涵养财源，2008年以来新引进招商项目税收贡献占财政收入比重12.7%。分解落实年度收入目标任务，督察考核目标任务完成情况，调整完善区街财力体制，调动部门、街道组织收入的积极性和主动性。

【支持经济发展】　全力保障重点项目、重大平台建设。扶持产业结构转型，用好有限财政资金，引导企业转变思路、创新创业，全年兑现经济扶持资金1.28亿元，增长59.9%，着力加大重点行业、重点企业和重点项目的扶持力度，重点支持金融、物流、会展、创意、中介、信息等六大行业加快发展。落实1000万元配套资金，支持“两横两纵”道路升级改造。统筹安排资金9121万元，用于建设文化广场和轨道交通。支持创新体系建设，足额安排科学技术支出，全年落实9958万元科学技术经费，增长23.1%，支持高新技术产业发展。全面启动“智慧江东”建设，投入专项经费998万元，建成十余个信息化城市管理系统。打造创新型人才高地，滚动安排1320万元人才专项经费，发放政府特殊津贴和服务业特殊津贴，支持企业引进“海外工程师”和高端领军人才。

【保障民生支出】　推进民生实事工程，全年民生支出13.4亿元，全区新增财力72%用于社会事业和改善民生。保障实事工程建设，安排1.73亿元资金，保障老小区物业提升、社区中医药提升等十件政府实事工程建设。支持就业和社会保障，全年就业和社会保障支出17258万元，增长17%。加大对困难群众生活帮扶，推进居民社会养老保险扩面。加大保障性住房建设，筹措安排近4亿元资金，保障经济适用房和廉租房建设。加大教育经费投入，全年教育支出4.13亿元，占可用财力比重25%，增长19.9%，保障教育均衡优质发展。支持公共卫生事业，全年医疗卫生支出1.01亿元，增长27.8%。保障重点文化项目建设，落实文化广场配套资金5550万元，加快打造特色主体文化功能区块。设立文化事业和文化产业发展专项资金，增强全区文化产业软实力。支持人居环境优化，推进内河整治，保障老小区综合整治。加大“平安江东”保障力度，全年公共安全及国防支出22091万元，增长16.6%。支持“环沪护城河”世博安保工程，安排专项资金，保障世博安保任务完成。

【推进财政改革】　深化公共财政管理改革，完善政府公共预算体系，细化部门预算编制，年初预算到位率提高至72.3%。严格预算追加，增强预算刚性，全年预算追加76笔，减少15.2%。严控一般支出，压缩5%日常公用经费。强化“收支两条线”管理，推进国库集中支付改革试点，全年新增28家一级预算单位和3家二级预算单位实行国库集中支付，完成试点扩面任务。扩大政府采购范围，政府投资项目统一纳入政府采购管理，政府采购规模突破亿元大关，资金节约率8.9%。强化国有资产管理，制订出台政府债务等规范性管理办法，首创三产房“租赁外包”模式，提高国有资产收益。加强财政资金绩效评价，开展社会团体、国有及国有控股企业“小金库”专项治理。组织专项资金绩效评价，全年累计评价财政资金1.41亿元。

【加强队伍建设】　开展创先争优，创新活动载体，打造“四提一创”（能力提升、基础提质、发展提速、服务提效、廉政创优）工程。开展“三服务”（服务企业、服务项目、服务部门）活动，实施“财务援助计划”，提高服务企业针对性和实效性。打造学习型党组织，定期组织“局领导上党课”活动，开设作风建设、党风廉政、创先争优专题党课。组织“红色讲堂”、“微型党课”、“清风讲坛”学习实践。注重理论实践调研，引导机关干部结合财政工作和岗位实际，开展理论实践调研。深化干部人事制度改革，开展干部选拔任用“一报告两评议”和中层干部届中考核，全面评议干部任职绩效。深化党风廉政建设，落实党风廉政建设责任制，创新“科技＋内控”内部管理新载体，确保财政资金和财政干部“两个安全”。推进机关文化建设，举办财政文化论坛、机关运动会，展示财政干部综合文化素质。

（宁波市江东区财政局供稿　刘建春执笔）

江北区

【概况】 2010年，宁波市江北区实现生产总值191.18亿元,比上年增长15.5%。人均生产总值8万元,增长14.4%。第一、二、三产业增加值分别为4.82亿元、74.79亿元和111.57亿元,增幅分别为2.1%、15.7%和15.9%。全区财政一般预算收入47.67亿元,增长16.3%,其中地方财政收入29.57亿元,增长19.5%;财政一般预算支出23.41亿元,增长16.6%。全年财政收支平衡。

【组织财政收入】 政策形势研判。分析国家经济政策变动对全区财政收入影响,关注重点行业、重点税收企业的运行态势,把握全区财政收入走势。加强协调联系。加强与税务、区职能部门、街道之间的沟通联系,调节财政收入均衡入库和持续增长。财源型招商。理顺业务流程,完善考核办法。全区引进24个优质项目,结合上年引进的项目,财源型招商项目当年贡献税款2.27亿元,占新增财政收入的33.7%。

【支持经济发展】 完善财政扶持政策。研究出台《关于加快产业结构优化升级推动经济发展方式转型的若干意见》及《产业发展财政资金扶持奖励办法》，同时新设立“创新江北”和“绿色江北”等专项资金。强化政策扶持。当年全区兑现政策性资金3.10亿元,惠及401户次企业;落实土地使用税减负资金1169万元，惠及418户企业；完成再生资源增值税退税5366万元,惠及93户次企业。同时与有关部门配合,下达技改贴息、信息化改造、节能减排等补助资金5342万元。

【服务“三农”建设】 新农村建设。完善《新农村建设专项资金管理办法》,整合各项财政支农资金,建立资金使用报告制度,完成新农村建设资金绩效评价工作。支持农田水利工程等农业基础设施建设,做好重点项目的资金筹集,推进姚江东排工程。农业综合开发。完成区农业综合开发产业化经营财政贴息项目的申报实施、验收及资金拨付工作,共计下达财政贴息90万元。推进江北区农业综合开发土地治理项目,完成慈城镇乍浦片中低产田改造增量项目的批复及资金拨付。加强支农惠农。落实粮食直补、家电下乡等支农惠民政策,其中发放家电、汽车摩托车下乡及家电以旧换新补贴292万元，惠及5808人次。全年农林水事务支出1.27亿元。

【保障民生】 全区在教育、社会保障和医疗卫生等六大民生重点领域共投入8.15亿元,占一般预算支出34.8%,增长4.8%。坚持教育优先。推进免费义务教育,落实义务教育教师绩效工资,加强教育基础设施建设,落实“校安工程”专项资金,全年教育支出3.38亿元。支持医疗卫生事业发展。落实医疗卫生改革政策,贯彻实施国家基本药物制度工作方案,推进新型农村合作医疗,改善医疗卫生条件,宁波市第九医院、白沙社区卫生服务中心新址建成投入使用,支持创建卫生强区,全年医疗卫生支出1.18亿元。完善社会保障体系。扩大农村社会养老保险范围,加强城乡救济体系建设。落实就业扶持政策,保障“充分就业区”创建工作,全年社会保障和就业支出1.02亿元。全区投入文化体育与传媒经费3151万元,扶持文化建设,构建公共文化服务体系。筹措保障性住房基金6000万元,推动全区各类保障性住房工程建设。

【科学化精细化管理】 加强基层财政建设。按照财权与事权相匹配和基本公共服务均等化原则,出台慈城卫星城财政体制,设立慈城金库并正常运作。开始新一轮区对城区街道和涉农街道财政体制。制定出台《涉农街道预算管理办法》和《镇、涉农街道财务管理办法》，加强基层财政管理。深化预算管理改革。推广国库集中支付制度及公务卡制度。设立区本级预算稳定调节基金。健全政府预算体系，编制土地出让金和保障性住房专项资金预算。强化财政监督管理。健全部门预算公开机制，扩大部门预算向人代会送审范围。开展“小金库”专项治理工作。加强国有企业及行政事业单位资产监管，探索闲置资产设备公开处置办法。完成政府融资平台和政府负债“双清理”工作。

【干部队伍建设】 党建基础工作。开展“创先争优”活动，围绕“项目管理”要求，签订党组织和党员个人承诺书，并对此进行督查。指导注册会计师行业党建工作，培育“创先争优”先进典型。加强与象山县白屿村和慈城浦丰村党组织结对共建工作。党风廉政建设。落实党风廉政责任分解工作，制定廉情联络员制度和风险防范机制实施方案，推进惩防体系建设，完成岗位廉政风险内控机制建设试点工作。人才素质建设。出台《财政调研工作试行办法》，编制调研论文集。举办第一期海曙、江东、东北“老三区”财政干部联合培训。完成年度普法教育、依法行政等目标管理考核工作。财政文化建设。组建江北财税联队参加市财税系统运动会，开展赈灾捐款，组织民乐队演出等活动。 （宁波市江北区财政局供稿　包　鑫执笔）

镇海区

【概况】 2010年，宁波市镇海区实现生产总值250.01亿元，比上年增长16.2%。其中：第一产业增加值5.65亿元，增长3.6%；第二产业增加值151.00亿元，增长17.6%；第三产业增加值93.36亿元，增长15.0%。区属人均生产总值142644元，增长31%。全年实现财政总收入122.14亿元，增长61.4%，其中地方财政收入26.87亿元，增长24.0%；财政一般预算支出25.55亿元，增长22.9%。全区地方财政一般预算收支相抵，略有结余，当年财政收支平衡。

【组织财政收入】 加强协调促增收。坚持财税联席分析预测机制，关注国家各项经济政策实施对财政收入的影响，跟踪分析预测财政收入情况，研究落实对策措施。强化征管促增收。实施主体税源分类监管，加强对重点税源企业、重点行业情况的了解分析，加大非税收入以票管收、源头控管力度，确保税收和非税收入依法征管，应收尽收。优化服务促增收。建立企业转贷互助基金，全年转贷资金12亿元，帮助企业解决资金难题，支持企业发展，拓展财源基础。

【支持经济转型升级】 完善政策体系架构，对1999年至2009年仍在执行的政策进行梳理，提出整合财政扶持奖励政策、理顺政策工作机制的方案，出台《关于2010年促进全区经济发展的若干政策意见》和工业转型升级、现代服务业、科技人才、开放型经济四个配套实施细则，构建“1+X”架构政策文件体系，细化扶持对象、条件和补助奖励方法、标准，平衡各块政策之间奖励方式、扶持力度，提高政策可操作性。筹措建设资金，支持交通、水利等重大基础设施和医疗卫生、文化教育、生态建设等重大民生工程建设。促进产业结构调整，落实工业创业创新倍增计划，支持石化、机电等优势产业企业发展；支持高新技术产业和战略性新兴产业发展，投入科技资金9378万元，支持重大科技项目研发、成果转化和创新体系建设。落实家电、汽摩下乡和家电汽车以旧换新政策，发放补贴444万元，直接拉动消费5194万元。投入6965万元，支持市场体系建设。投入外贸资金1497万元，鼓励出口企业开拓国际市场。筹措资金1134万元，加大节能减排项目实施力度。拨付土地使用税奖励资金2506万元，推动企业走少用地、高产出、集约发展路子。按照“审核把关要严、拨付兑现要快、服务企业要优”标准，延续上年应对金融危机做法，继续实行分期分批兑现机制，及时将政策资金下达企业。全年合计拨付政策奖励资金3.74亿元，增长43.3%。

【保障民生支出】 全年安排“解难创优”资金13.96亿元，提高民生保障水平。完善教育和文体事业投入，全年教育和文化投入6.77亿元，增长38.9%。做好全区财政教育支出目标比例调整工作，推进基础教育均衡化，推进校安工程建设，落实义务教育保障政策，支持职业教育，加大学前教育投入。扩大就业和社会保障投入，全年安排创业就业资金2234万元，落实扩大失业保险基金支出范围促进就业新政。安排社保和救助投入1.81亿元，支持城乡居民社会养老保险制度实施，实现新农保、城镇老年居民养老保障与居民养老保障制度的融合。提高企业退休人员人均月养老金、城乡低保补助和优抚对象等人员抚恤、生活补助标准。保障卫生事业投入。全年安排卫生和健康资金2.08亿元，加快推进基本医疗制度建设，确保医改政策和基本公共卫生服务逐步均等化制度的实施。加大安居和交通出行投入，在生态、保障房、食品和公共安全、出行等百姓的“衣食住行”等方面安排资金2.14亿元。

【加快新农村建设】 安排新农村建设资金5000万元，优化农村居住环境，提高村民生活质量。安排支农资金4876万元，用于农业农村基础设施改善和现代都市农业发展。安排860万元资金，用于下河片和贵驷片中低产田改造和万亩粮食基地主功能区生产设施提升，建设烘谷中心和育苗中心，保障粮食生产稳定增长。集中财力，发展现代都市农业，全年用于农业产业化项目资金占支农资金18.0%。安排1500万元，支持农村住房制度改革和住房集中改建工作，拆迁农房1935户，面积35万平方米，完成农房建设40万平方米，安置农户1700户。

【推进财政改革】 按照事权与财权相匹配的原则，完善区对镇(街道)、园区财政管理体制，明确各镇(街道)共享收入基数、财政支出基数及定额补助标准等内容。在所有预算单位中全面推进国库集中支付改革，并将社会保障专户的部分资金纳入集中支付范围，全年集中支付总额32.73亿元。推进公务卡改革，8月份起在15家单位推行公务卡试点。创新财政支出绩效评价机制，建立“镇海区财政支出绩效评价指标库”，探索“预期绩效目标管理”工作，落实26个项目作为试点项目。推进部门预算改革，做好政府预算信息公开前期准备工作，完成各预算单位结余指标和结余资金的清理。完善政府采购制度，实现政府采购预算与部门预算同步布置、同步审核、同步批复，全年105家单位批复采购预算3.10亿元，实际执行采购2.51亿元，增长78.2%，节约财政资金19.3%，开展残疾人综合医疗保险政府采购试点工作。

【完善监督管理】 组织开展行政事业单位资产清理处置“回头看”工作，健全行政事业单位国有资产管理制度体系。出台《规范和加强区属国有资产经营考核的指导意见》，推进企业国有资产经营考核。加强对政府投资评审管理，保证建设资金高效运作。加强地方政府性债务管理，推进融资平台公司整合。加强土地出让金管理，对解缴土地出让金及时分解缴入国库。启动非税收入收缴管理信息系统试点，实现对非税收入收缴的全程网络监控。深化“小金库”治理工作。开展财政强农惠农资金检查，确保资金安全。完善会计监督，落实企业会计准则体系，举办全区农村财会人员财政支农政策培训班。加强“两基”建设，做好国库集中支付系统与公务卡、非税收入等系统的衔接配套工作。建立镇(街道)财政信息化管理平台，在各镇(街道)统一建立包括预算编制、预算指标管理、资金申拨、财务核算、智能化报表管理、债务管理、固定资产管理和税收收入分析等八大子系统的财政综合管理系统软件，推进镇(街道)财政管理规范化建设。

【加强队伍建设】 推进基层党建工作，将原机关党支部升格为党总支，将全区两家会计师事务所和镇投公司党员纳入财政部门党组织管理。组织开展创先争优活动，做到学先进、争优秀、创佳绩。加强教育培训，确定国库集中支付、绩效评价等二十多个专项知识培训，组织财政干部赴江西财经大学开展业务培训。加强反腐倡廉建设，签订党风廉政建设和反腐败责任状。组织《廉政准则》学习、贯彻活动，增强廉洁理财自觉性。推进“政风行风评议”工作，强化服务意识。做好文明创建，组织开展慈善一日捐、向青海玉树地震灾区捐款等活动，加强联村结对等工作，局机关被评为宁波市财税系统先进集体。

(宁波市镇海区财政局供稿 黎伦睦执笔)

北仑区(宁波经济技术开发区)

【概况】 2010年，宁波市北仑区(宁波经济技术开发区)实现生产总值545.30亿元，比上年增长14.1%。其中：第一产业增加值7.90亿元，第二产业增加值336.70亿元，第三产业增加值200.70亿元，分别增长3.4%、16.8%、10.4%。一、二、三产业增加值占地区生产总值的比重为1.4:61.8:36.8。按户籍人口计算，人均生产总值156527元，按可比价格计算，增长10.9%。全年财政一般预算收入104.67亿元，增长22.2%，其中地方财政收入50.51亿元，增长18.3%；财政支出47.40亿元，增长18.3%。当年财政收支平衡。

【促进经济发展】 落实积极的财政政策，加快发展方式转变，推进产业转型升级。加大政府公共投资力度，提升区域综合实力。根据国家金融政策变化，争取政府贷款优惠利率，筹措资金，确保重大项目顺利开工和建设。全年共拨付政府投资项目资金14.60亿元，集装箱二通道、北仑中医院迁建等一大批重大基础设施及民生工程的项目投入使用。扶持企业发展，着力调结构促转型。实施工业企业“122”(全区力争形成产值超百亿元的龙头企业10家、产值超十亿元的骨干企业20家、产值超亿元的优势企业200家)、服务业企业“121”(在服务行业中重点培育10家龙头企业、20家骨干企业和100家种子企业)工程，拟订目标管理考核政策，支持企业做大做强，推进现代先进制造业与现代服务业两翼齐飞。落实各项财政扶持政策，扶持以节能减排、环境保护等为重点的循环经济发展，提升区域综合经济实力。对符合生态环保、商贸三产服务业、外经贸等科技、工业政策方向的企业补助5209万元。推进家电下乡、汽车摩托车下乡和汽车、家电以旧换新等活动，拉动居民消费。

【加强财源建设】 加强税源管理培训，完善考核细则，发挥区对街道、乡镇财政体制的作用，保障财政收入可持续发展。各招商部门及街道乡镇确认新增企业5584家(含个体工商户3689家)，其中三产企业1895家。新增三产企业完成税收4.96亿元。针对异地经营企业、非居民企业相关税源信息及可共享的招商资源，开展税源排查，关注外迁注销企业。将占财政收入1/3左右的25家税收支柱企业(集团)纳入重点税源维护范围，加强联系和监控，确保收入均衡入库。在落实各项财税政策的基础上，强化收入征管，深化非税收入管理改革，做到应收尽收。

【保障民生支出】 调整优化支出结构，投入29.21亿元，占可用财力的68.1%，在全市率先实施民生提升行动和宜居城区建设。“十一五”期间民生累计投入96.12亿元，是“十五”期间的1.98倍，占同期新增财力的80%以上。坚持优先发展教育，投入5.60亿元，重点推进学校标准化建设，坚持义务教育均衡发展，支持教师绩效工资改革，全面启动校舍安全工程，发展学前教育、职业教育、成人教育和社区教育。加快文化强区建设，培育港口文化，打造赛事文化，完善文化体育基础设施，实施“文化阳光工程”和文化惠民工程，做好省示范文明城区创建工作。投入4.20亿元，创建省级卫生强区。安排新型农村合作医疗统筹资金3975万元，受惠群众18万人。安排公共卫生经费1948万元，促进公共卫生网络的建设和卫技人员的引进培养。安排8000万元的医改资金实施基本药物制度，全区各基层医疗卫生机构实施基本药物零差价制度实际让利5168万元。投入2.60亿元，完善新型农村养老保险制度。安排基础养老金7000万元，推进养老保险从制度全覆盖向人群全覆盖过渡。发放城乡低保补助资金859万元，其中城镇最低生活保障金380万元，受惠705人，月人均补差标准450元。被征地人员养老保险待遇从370元提高到400元，当年拨付经费2.70亿元。实施残疾人共享小康工程，新建居家养老服务机构33家，投入300万元建立区未成年人重大疾病救助基金。实施积极的就业政策，安排2489万元资金用于失业人员、灵活就业人员的再就业和农村劳动力素质培训。拨付被征地人员用工补助经费约4200万元。

【支持新农村建设】 全年“三农”投入6.90亿元，探索富有北仑特色的新农村建设模式和农村新社区建设模式，推动城乡一体化发展。投入1.33亿元支持小浃江整治、五七塘等大中型水利项目以及千库保安等农田水利基础设施建设。推进柴桥紫石片、梅山梅中片等区域新农村建设，新碶大同片农房“两改”工程开工建设，基本完成第二轮农村环境整治建设任务。推进农业综合开发，培植农业龙头企业，促进农业和农村经济结构的战略性调整。

【推进财政科学化精细化管理】 坚持依法行政，规范预算编制和预算执行。规范管理，部分区一级行政事业单位成立会计核算分中心。做好国库集中支付软件升级和扩面的前期工作，统筹安排，逐步推广。贯彻中央厉行节约要求，一般性专项经费参照上年压缩20%，从严从紧编制预算，严格控制公务接待、出国经费、车辆购置及运行费用等一般性支出。全面推行公务卡改革，并使公务卡与国库集中支付对接，加强动态监控。推进政府采购相关制度建设。全年完成政府采购2.50亿元，资金节约率15.0%。加强结余资金管理，加大结余资金统筹使用力度。开展“小金库”专项治理工作，督促相关单位进行整改。规范街道(乡镇)财政所运行，加强对所属单位的财务管理。拟订新一轮区对乡镇财政体制。

【干部队伍建设】 结合财政业务工作，深入开展创先争优、深化作风建设年等各类文明创建活动，强化干部教育培训。推广讲普通话用规范字活动，营造为民服务语言文字环境。推进党风廉政建设，加快构建财政专项惩防体系，开好民主生活会，抓好廉政谈话、述职述廉和廉情预警等制度的落实，开展听廉政故事巡回演讲、参加“清风和韵”廉政书画摄影比赛等活动，筑牢廉政防线。健全机关内部约束机制，推进政务公开各项举措。举办丰富多彩的文化活动，组队参加宁波市财税系统第三届运动会并获团体总分第一名。(宁波市北仑区[宁波经济技术开发区]财政局供稿　潘成方执笔)

大榭开发区

【概况】 2010年，宁波市大榭开发区实现生产总值145.02亿元，比上年增长11.5%。其中：第二产业增加值103.11亿元，增长47.0%；第三产业增加值41.91亿元，下降29.6%。全区财政总收入79.02亿元，增长32.1%，其中地方财政收入19.24亿元，增长47.3%；财政一般预算支出20.51亿元，增长34.3%。全年财政运行情况良好，财政收支平衡。

【组织财政收入】 强化地方税源管理。加强房产税和土地使用税数据比对，催缴入库房产税和土地使用税1057万元；每月开展货运业营业税和税控盘申报数据比对工作；实行建筑业项目数据库管理，建立项目数据库台账，开展每季一次施工项目实地巡查；抓好年所得12万元以上个人所得税申报工作。完善服务机制。优化“一窗式”纳税服务，为区内特大型企业开展全程服务；每月开展新办企业财务人员纳税辅导；继续做好每月征收期最后一天纳税申报温馨提醒工作。建立收入监控与分析机制。加强重点税源监控，重视收入计划管理，加强减收因素分析，提升分析预测水平。深化稽查内涵。开展税收专项检查自查与重点检查，监督入库税费、滞纳金1789万元；监控企业注销行为，注销清税入库税款1356万元；开展辅导性纳税检查与回访。

【支持企业转型升级】 推进经济转型升级。依托大项目、发展大产业，加速推进产业集聚发展，加快石化基地建设，打造千万吨及炼化一体化产业基地，夯实财源基础。用好财政扶持政策。审核符合产业结构优化升级专项扶持条件企业172户次，发放补贴金额798万元。帮助企业争取上级部门扶持政策，审核申报资料43户次，申报金额800万元。落实各项企业减负政策，全年累计减免各项税费6889万元。开展企业财产损失所得税税前扣除审批工作，审核批转企业财产损失税前扣除金额6675万元。

【加大民生支出】 加大教育卫生事业投入。教育支出1.53亿元，实施教师素质提升工程，实行幼儿保育减免和免费义务教育；安排800万元专项经费用于基本药物目录药品零差价销售，安排农村居民体检经费150万元，新建和改造社区卫生服务站。健全就业和社会保障机制。投入700万元支持公益性岗位开发，新增就业349人；投入1.81亿元充实城市生活补贴、被征地人员生活费、养老补贴、城镇居民医疗保险等，实行新型农村合作医疗保险与城镇居民医疗保险并轨，实现城乡居民社会养老保险制度；落实居家养老结对服务、残疾人小康工程等工作。加快重点民生改善工程建设。完成安置房建设支出3.10亿元；投入5500万元完成外来务工人员集中居住区建设；综合养老服务中心、文教广场、滨海公园和商业广场等一批项目相继开工或建成；安排1700万元用于街景整治、绿化升级，提升全区群众生活品质。

【推进财政改革】 深化政府收支分类改革和部门预算改革，扩大预算内容，完善预算编制方法，编实部门预算。扩大国库集中支付范围，经充分试点，在一级预算单位全面推广。跟踪公务卡使用情况，每半年向全区行政事业单位通报公务卡使用情况，提高各单位对公务卡改革认知度和遵从度。完善政府采购制度。重新制定政府采购目录，全年下达政府采购计划1167万元，实际完成采购金额1080万元，资金节约率为7.5%。加强国有企业监管，出台《大榭开发区国有资产保值增值考核办法》，开展全区行政事业单位固定资产清查。

【财政监督管理】 推进财政支出绩效评价工作，首次将城乡医保、社区教育培训、居家养老和绿化养护等社会关注度高的专项资金纳入评价范围。提高财政资金使用效益，出台部门预算结转和结余资金管理办法，清理、归并各项结余资金。强化财政监督管理，开展“小金库”专项治理和会计信息质量检查工作，严格管理预算单位和财政专项资金账户开立、变更和撤销。规范政府投资项目资金管理，出台结算管理、资金管理和竣工财务决算管理三个规范性文件，做到项目决算、审核和资金支付过程透明化。

【财政信息化建设】 做好预算执行系统、地方财政分析评价系统、非税收入系统等财政应用软件维护，所有纳入国库集中支付单位实现CA认证系统加密，改造信息门户网站，加强计算机网络安全防护。

【干部队伍建设】 整合各类创建载体，搭建网络平台，把队伍建设与创建省级文明单位、财税文化建设相结合，推动工作作风转变；开展业务考试、继续教育和岗位练兵，提高干部职工实际工作能力，提高办事效率；完善廉政建设责任体系，执行党风廉政建设责任制和“一岗双责”制度，开展集体廉政谈话，加强源头治理，筑牢反腐防线，确保干部安全。

（宁波大榭开发区财政局供稿 吴 丹执笔）

余姚市

【概况】 2010年，余姚市实现生产总值567.17亿元，比上年增长12.7%。其中第一、二、三产业增加值分别为35.45亿元、338.39亿元、193.33亿元，分别增长3.2%、13.5%、12.9%。全市一般预算收入82.07亿元，增长13.0%，其中地方财政收入44.04亿元，增长12.8%；全市一般预算支出50.55亿元，增长28.8%。财政运行情况良好，收支平衡。

【组织财政收入】 开展“服务提升年”活动，提高财税服务质量。加强税法宣传，做好税收政策辅导工作。坚持依法治税，严格执行组织收入原则。得益于企业效益提高和建筑、房地产、金融、现代服务业较快发展，增值税收入34.90亿元，增长7.6%，企业所得税收入11.50亿元，增长20.3%，营业税收入12.06亿元，增长31.4%。加强个人所得税征收管理，促进收入分配公平，个人所得税收入8.65亿元，增长34.3%。开展房地产项目土地增值税清算，土地增值税收入2.20亿元，增长307.4%。加强房产税、土地使用税等地方税种的征收管理，其他地方税费收入不同程度增长。开展各项税务稽查，减少税收流失。加强各项政府性基金和社会保险基金征收管理，当年全市政府性基金收入79.38亿元，增长6.6%；社会保险收入13.63亿元，增长5.2%。

【支持经济转型发展】 落实各级各项扶持经济政策，全年拨付财政扶持资金3.70亿元。实施企业研究开发费税前加计扣除和高新技术、软件、资源综合利用、环境保护、节能降耗等税收优惠和社保费、水利基金等减免政策，共减免各项税费4.20亿元。培植引进税源型企业38家，增加税费5000万元。做好重点企业、重点行业分离发展服务业工作，完成12家企业分离发展服务业。贯彻执行国家扩大内需有关政策，拨付家电、汽车、摩托车下乡和汽车、家电以旧换新各项补贴5771万元。

【加大"三农"投入】 落实强农惠农政策,加大农业农村基础设施建设投入力度,全市财政支农支出7.59亿元。重点用于支持村级集体经济、效益农业、农业产业化、土地整理、村庄整治、下山移民、农机具购置和作业补贴、水利建设等方面。做好村级公益事业建设一事一议财政奖补试点工作,全市25个行政村26个项目列入一事一议财政奖补试点范围,主要集中于村内道路、村落文化设施、农村环境卫生整治改造等公益事业建设,共计奖补702万元,惠及3.8万农村群众。

【保障民生支出】 优化支出结构,加大财政对民生实事的倾斜力度,确保全市财政一般预算支出的三分之二以上用于民生项目。全年民生支出35.37亿元,增长28.4%。其中:农、林、水支出7.24亿元,用于姚江干流治理、农房"两改"、村级集体经济扶持、高效生态和现代农业等项目;教育支出9.01亿元,用于教师工资、学校基建和校舍安全工程等项目;文化支出1.28亿元,用于大文化建设和博物馆改造等项目;医疗卫生支出4.04亿元,用于农村合作医疗、基本药物制度改革等项目;社会保障和就业支出3.57亿元,用于城乡居民养老保险补助、农村低保补助、就业和再就业补助等项目;环保支出1.80亿元,用于乡镇污水治理、节能减排等项目。在土地出让金收入中支出6434万元,用于经济适用房、廉租房建设以及老小区整治和物业管理等项目。

【加强财政监管】 控制一般性支出。探索服务外包,对局属各单位网络租赁和维护工作由余姚市党政信息中心统一招标。做好部门预算公开工作,向市人大常委会报告2010年全市64个部门预算安排情况,公开各部门人员经费、车辆经费和基本支出等情况,公开数据细化到项级科目。继续将单项补贴额度在10万元以上的财政涉农涉企补贴资金在市局官网上进行补前公示,全年累计公示企业724家次、补贴资金1.30亿元。做好项目资金来源审批、基建财务管理工作。加强会计管理,做好会计从业资格无纸化考试试点工作,对382名村级代理会计、报账会计、乡镇农经站人员进行财政支农政策培训。对公共卫生服务、就业培训等10个项目资金开展财政支出绩效评价。开展财政专项资金监督检查,确保项目资金按规定使用。对165家社会团体和99家国有及国有控股企业开展"小金库"专项治理。加强国资管理,设立国资管理中心,增加国资管理力量,落实企业国有资产管理暂行办法及管理业务工作流程,开展行政事业单位房屋清理处置工作,收缴空置房屋26处7000平方米。

【推进和深化财政改革】 深化部门预算,加强部门预算与绩效评价、资产管理、政府采购及国库集中支付的衔接,提高预算编制水平。扩大财政国库集中支付改革范围,有96个单位实行国库集中支付,90%以上的资金由财政部门直接支付到收款人,减少资金拨付环节和资金沉淀。推进卫星城市体制改革,余姚市泗门镇在宁波市首批卫星城市中第一个设立和运行金库,并率先实施卫星城市财政体制。

【政府投融资管理】 编制余姚市投融资计划,加强与重点金融机构联系,做好对企融资服务工作。争取到2.50亿元财政部代理发行的低息地方债券。加强政府性债务管理,注重债务与偿债资产的动态平衡,防范债务风险。加强财政性调度资金管理,做好投资公司融资担保等工作。做好托管资产的保值增值工作,配合市重点工程建设。

【干部队伍建设】 开展向沈浩同志学习活动。定期召开思想政治工作例会,交流创先争优活动、岗位廉政建设、考核机制、纳税服务等情况。加大干部轮岗交流力度,7月份实施一般干部轮岗交流,基层分局、机关科室共有16人参加轮岗交流。加大干部培训力度,8月份在江西财经大学举办基层骨干能力素质提高班,各基层分局、稽查局相关人员参加培训。对新录用(调入)干部进行适岗能力培训。全年累计培训150多人次。加强廉政教育,组织干部职工学习《廉政准则》,观看警示教育片,聆听廉政报告,参观廉政教育基地,发送廉政短信,增强干部廉政意识。召开反腐倡廉建设工作会议,研究部署党风廉政工作。落实党风廉政建设责任制,签订责任状和保廉承诺书。从财税职能入手,梳理权力事项,排查廉政风险,加强廉政防范。2010年余姚市财政局被评为宁波市财税系统党风廉政工作先进集体、余姚市党建工作先进单位、余姚市和谐机关,市局预算科被评为宁波市财政系统先进集体。

(余姚市财政局供稿　黄　颖执笔)

慈溪市

【概况】 2010年,慈溪市实现生产总值757.70亿元,按可比价格计算,比上年增长15.6%。其中:第一产业增加值为38.61亿元,第二产业增加值为458.20亿元,第三产业增加值为260.89亿元,增幅分别为5.0%、18.3%、12.4%。人均生产总值73064元。全市完成财政一般预算收入104.88亿元,增长15.3%,其中地方财政收入57.19亿元,增长16.5%;全市财政一般预算支出61.84亿元,增长23.5%。全市财政收支平衡。

【推动经济转型升级】 完善产业扶持政策，对现有政策进行整合与完善，实施工业效益提升工程，全年兑现一产政策补助资金1.13亿元，兑现二、三产奖励扶持资金2.88亿元。及时做好企业减负和促进消费工作，全年落实高新技术企业税收减免、“高产田”企业财政奖励等税收优惠和财政奖励政策8.54亿元；落实家电下乡、汽车摩托车下乡等促进消费政策，全年兑付财政补贴资金7443万元。优化财税服务，搭建政企交流平台，加大政策宣讲辅导力度。

【财政收入增量提质】 加强税收薄弱环节管理，重点加强漏征漏管户、零申报户等的管理，加强对关联性的委托加工业务企业进行调查，对个人股权转让、股利分红及财产转让进行重点监控。推进税收征管标准化建设，全年共完成旅游业、餐饮业、房地产业等7个行业的税收征管指南，完成洗衣机、电熨斗等9个行业(产品)的纳税评估标准制定。发挥稽查以查促管作用，有针对性地选择高污染、高能耗、低产出和征管申报质量低的企业进行稽查，并对房地产行业、交通运输业等进行税收专项检查，全年地税部门共稽查企业371户，查补税费、滞纳金及罚款5124万元，责成自查企业465户，自查入库地方税费5066万元。深化非税收入征管，正式上线运行政府非税收入收缴管理信息化系统，盘活办公用房等国有资产，加强土地出让收入管理，全年实现非税收入91.50亿元，增长28.9%。优化财政收入结构，全市地方财政收入占财政总收入的比重54.5%，比上年提高0.57个百分点；全市地方税收入占税收总收入的比重为32.4%，比上年提高2.02个百分点。

【支持社会事业发展】 全年一般预算和政府基金预算用于民生支出66.20亿元，增长33.0%，占财政总支出(不含土地成本性支出)的62.0%。加大社会保障力度，扩大社会保险覆盖面，全市财政用于社会保障支出10.43亿元，增长24.4%，保障教育、文体、医疗、卫生等社会事业发展。全市教育支出15.22亿元，增长11.6%，推动义务教育经费和教师绩效工资改革，实施校舍安全工程，支持发展学前教育和职业教育，确保基础教育均衡协调发展。全市文体事业支出1.26亿元，增长24.4%，实施文化惠民工程，推进公共文化服务体系和基层公共文化服务网络建设，保障市体育馆等公共文体设施建设资金需求。支持医药卫生体制改革，科学实施基本药物制度，支持城乡卫生基础设施建设，提高城乡居民医疗保障水平，全市医疗卫生支出6.80亿元，增长32.2%。支持生态环境改善，加快推进生态城市建设，推进市域污水治理等重点生态工程建设，全市生态建设支出6.29亿元，增长72.9%。支持“平安慈溪”建设，完善公共安全应急体系，提高处置突发公共事件能力，全年公共安全支出6.41亿元，增长12.5%。

【支持“三农”发展】 继续加大涉农投入，落实支农惠农政策，加大农业农村基础设施建设投入力度，全年“三农”支出28.60亿元，增长23.9%。其中：投入5888万元支持“农房两改”工作，发放种粮农民补贴资金1444万元，投入4169万元实施新环境百村改造工作，落实2000万元支持“森林慈溪”建设。

【推进财政改革】 深化部门预算管理改革。加强部门预算与绩效评价、资产管理、政府采购及国库集中支付的有效衔接，提高预算编制水平；完善部门预算人大审查制度，市民政局等6家部门预算报人代会审查；调研制定预算信息公开办法，增强财政预算的公开性和透明度；加强行政事业单位财务资产管理，重新核定“三费”支出控制指标，开展物业费、公用业务费等专项支出标准调研。推进国库集中支付改革。当年全市130家市级预算单位的所有财政性资金全部纳入国库集中支付范围，全年国库集中支付额65.84亿元，增长254%；推行公务卡制度，全年56家市级预算单位办理公务卡1127张，消费金额208万元。深化财政监督改革。探索实施财政重大支出情况专项调查制度，对绿色通道等5个财政重大支出项目开展专项调查，对社区居家养老服务等社会关注度高或项目管理薄弱、资金使用问题相对集中的35个财政支出项目进行绩效评价。

【规范财政管理】 加强财政性投资项目管理，严格各类政府性融资平台监管，做好政府性投资计划执行分析，控制新上政府投资项目；加强财政性投资项目财务管理，全年审核政府性投资项目54个，并对已竣工投用未进行财务决算的107个项目进行专项清理。加强财政专项资金管理，完善“农房两改”财政补助等财政专项资金管理办法及实施细则，建立健全财政专项资金监管机制，重点开展全市强农惠农资金专项清理和检查工作。加强财政性资金保值增值管理，对社保资金实施定期存款，当年办理社保资金活期转定期39.49亿元，增加利息收入5412万元。加强镇级财政管理，推广实施镇级财政信息管理系统，实现预算指标管理、资金申拨管理、财政总会计核算等的信息化管理。加强政府债务管理，按照债务计划，严格举借审批管理，合理控制债务规模，加强债务使用方向监管；深化政府性投融资平台建设调研；做好政府性投融资平台清理核实工作，规范平台运行。加强会计人员和高级会计人员分层次培训，推出会计人员继续教育“网授”和“面授”两种模式，全年17951人次参加会计继续教育。

【干部队伍建设】 深化干部作风建设，开展“深化作风建设年”活动和“创先争优”活动。深化党风廉政建设，重新签订廉政责任状，将廉政教育深入工作生活细节，如安装廉政屏保，印刷廉政纸杯，发放廉政香囊。深化干部教育培训，按照三年教育培训规划，开展综合、财政岗位等业务培训；开展2010年全系统业务考试和税收岗位业务知识竞赛。增强队伍凝聚力，开展财税文化建设调研，继续开展乒乓球、羽毛球、瑜伽、健康讲座等各项活动，组队参与宁波市财税系统第三届运动会，丰富干部业余生活。（慈溪市财政局供稿　杨继辉执笔）

奉化市

【概况】 2010年，奉化市实现生产总值224.82亿元，比上年增长11.5%。其中：第一、二、三产业增加值分别为21.76亿元、109.95亿元、93.11亿元，增幅分别为2.0%、13.9%、10.5%。全市实现财政一般预算收入33.18亿元，增长22.1%，其中地方财政收入17.91亿元，增长24.2%；全市财政一般预算支出26.37亿元，增长29.0%。全市财政收支平衡。

【组织财政收入】 加强经济运行情况分析，拓宽信息来源渠道，准确把握收入发展变化的趋势，增强组织收入的预见性。完善税收征管手段，推广应用重点税源管理模块，细化税种管理，综合运用纳税评估、税源监控、清缴欠税等方式，提高征管质量和水平，确保税收收入平稳增长。平稳过渡契税、耕地占用税征管职能划转工作，实现征管常态化运行，全年两税入库2.15亿元，增长61.3%。加强非税收入管理，增强地方可用财力，提高地方政府对财政性收入的统筹和调控力度。当年地方财政收入占财政总收入的比重从上年的53.1%提高到54.0%，增量的62%来自地方税收，地方可用财力较上年增加3.10亿元。

【支持经济发展】 全面落实各项税费优惠政策，支持企业转型升级，包括企业社会保险费减征、高新技术企业税收优惠、小型微利企业所得税优惠、技术改造税收优惠及各项扶持企业发展、促进经济增长的结构性减税政策。支持企业技术改造和自主创新，全年促进工业转型升级、节能减排、技术贴息、科技创新、推动企业二、三产业分离等发展资金同比增长31%。家电、汽车、摩托车下乡和以旧换新政策执行及时到位，共发放补助资金4500万元。及时做好废旧物资退税，全年支出3238万元。对外贸企业境内外参展费用、出口信用保险等给予专项补助，帮助企业开拓国际市场，促进产业结构调整和转型升级。全年完成出口退税13.30亿元，地方财政支出8488万元。成立政府性中小企业信用担保公司，缓解中小企业融资压力，公司实施的“土地回购信用担保业务”金融创新项目获宁波市2010年度中小企业融资金融创新奖。

【支持新农村建设】 落实财政支农政策，粮食综合补贴、水稻直补、良种补贴、新型农机具补贴等财政涉农补贴项目全部以“一卡通”形式发放到位，惠及近3.5万农户。投入7400万元用于农村道路、桥梁、改水和河道疏浚等基础设施建设，新建40条农村联网公路及乡道，落实保障亭下水库灌区续建配套节水改造工程、甬新河奉化段工程等建设资金。开展村级公益事业建设“一事一议”财政奖补试点工作，加大政府对村内道路、水利、环境卫生和文化设施等公益事业的投入力度，全年共争取村级公益项目38项。加快农业综合开发和农业产业化进程，出台《农业综合开发实施细则》，全年改造中低产田2.2万亩，支持现代生态农业发展。落实国家对种粮农民、远洋渔业、农村道路客运、部分困难群体和公益性行业的油价补助政策，兑现中央油价补贴8200余万元。支持实施农民培训“阳光工程”，扶持被征地农民、退养渔民就业再就业，完成农民劳动力转移培训1.96万人次，拓宽农民增收渠道。

【保障民生支出】 坚持财政资金“有保有压，统筹兼顾”，保障各项民生政策落到实处，全市预算内用于民生支出较上年增长32%。*深化医药卫生体制改革*。落实医改财政投入，健全城乡医疗卫生服务体系，稳步实施基本药物制度。提高农村新型合作医疗筹资标准和门诊报销比例，实施困难群体大病医疗救助保障，实现医疗保障城乡全覆盖，医疗卫生支出1.80亿元，增长22.3%。*支持开展稳定就业、预防失业和促进就业工作*。全面推进城乡居民社会养老保险制度，完善新型社会救助体系，社会保障和就业支出1.36亿元，增长42.2%。*继续加大教育投入*。改善农村中小学办学条件及学生就学环境，农村义务教育经费、义务教育段教师绩效工资、“平安校园”建设、贫困学生补助等资金全面保障到位，全年教育支出4.91亿元，增长22.2%。*落实扶持文化产业发展政策*。支持文体事业发展，有线电视网络数字化改造、基层文化设施建设、省体育强市创建资金全额到位，文化体育与传媒支出3370万元，增长23.7%。

【深化财税改革】 应对宁波对县（市）区财政体制调整，完成溪口镇卫星城市财政管理体制。创新推进预算指标结算改革，加强预算单位结余资金统筹使用，加大预算公开力度，细化政府性基金预算编制。推进国库集中收付改革，全市70家执收单位166项收费项目全部纳入非税收入国库收缴管理，54家一级预算单位实施国库集中支付，全年国库集中支付规模为20.80亿元。加强政府性项目资金监管,实施工程标底"编审同步"管理模式,全年完成334个政府投资项目的预决算和标底审查,审减政府资金5587万元;扩大政府投资项目资金财政直付范围,财政直接支付比例为89%,较上年提高31个百分点。规范政府采购管理,开展公共服务项目政府采购试点,建立政府采购联络员制度,优化政府集中采购工作流程,扩大政府采购规模,全年完成政府采购2.53亿元,节约政府资金2450万元。推出财政专项资金立项捆绑申报模式,建立内部财政监督通报制度;开展财政资金绩效评价,完成残疾人共享小康工程、粮食生产功能区建设工程等6个项目财政专项支出资金的绩效评价,涉及资金1.20亿元。

【加强队伍建设】 加强职业道德教育,在干部职工中开展"忠诚于国家、忠诚于法律、忠诚于事业"学习活动。加强学习型机关建设,加强财政规划研究,完成《奉化市财政改革和发展"十二五"规划》课题,获奉化市"十二五"规划部门调研课题成果一等奖。组织各类干部分片参加财税政策法规、征收管理软件应用、纳税评估等岗位技能和更新知识培训,提高干部职工的岗位技能。落实"政府效能建设三年行动计划"要求,围绕"强服务、提效能、保增长",结合党建和文明创建,在全系统党组织和党员中开展"创先争优"等主题实践活动。落实党风廉政建设制度,出台《关于个人违反效能监察承担相关经济责任的规定》,加大效能违纪追究力度。加强廉政文化建设,开展"征集廉政文化作品"活动,举办财税机关廉政文化建设成果展。丰富财税文化建设载体,发挥工、青、妇群团组织作用,多形式开展活动,培养干部职工健康向上生活情趣。

(奉化市财政局供稿 蒋 敏执笔)

宁海县

【概况】 2010年,宁海县实现生产总值278.59亿元,比上年增长13.8%。其中:一、二、三产业增加值分别完成29.72亿元、158.16亿元和90.71亿元,增长4.1%、17.0%、11.6%。人均生产总值45825元。全县财政一般预算收入40.60亿元,增长17.8%,其中地方财政收入21.01亿元,增长17.3%;全县财政一般预算支出28.77亿元,增长22.0%。全年财政收支平衡。

【组织财政收入】 全县地税部门共组织各类收入27.20亿元,增长23.8%,其中税收收入15.83亿元,增长24.9%。新推基层表单式税收分析,按月通报,深化对重点税源、重点行业、重点环节的分析预测工作。推行以预售证信息为主的商品房销售信息采集制度,强化房地产税收监管,共入库税款1.31亿元。加强第三产业税收征管,推行预警税负申报制度,提高三产税收比重。加强非住宅用房和土地交易的土地增值税清算,规范自然人股东股权转让核实,深化代扣代缴工资总额、税前列支工资总额和"两税"信息比对,共增加税款2856万元。对房地产业、建筑业、交通运输业等重点税源企业开展税收自查,查补税款、滞纳金、罚款2901万元,增长25%。强化非税收入监管,加强专项资金征管水平,全县共组织非税收入3.05亿元。

【支持经济发展】 参与修订县工业经济转型升级意见,修订建筑业、旅游业财政扶持政策,细化扶持对象、条件、补助奖励方法、标准,提升政策引导效应。做好资金兑现工作,配套出台14个扶持政策专项资金管理办法,全年共兑现各类财政扶持资金2.02亿元,其中县本级9400万元,上级资金1.08亿元。继续落实减税轻费政策,其中高新技术企业减免企业所得税3151万元,福利企业及企业技改研发费用等加计扣除8735万元,企业社保基金下调金额1.19亿元。实施家电汽车摩托车下乡和家电汽车以旧换新政策,全年共发放财政补贴3073万元,直接拉动内需3.71亿元。贯彻落实石油价格财政补贴政策,兑现资金2057万元,其中渔业养殖与捕捞业发放补贴989万元,城市公交、城乡客运、出租车、岛际客运等发放补贴1061万元。继续增加财政支农资金投入力度,重点支持农村、农业基础设施建设,全年安排新农村建设资金2840万元、现代农业发展资金4098万元和水利设施建设资金1.80亿元。

【保障和改善民生】 全年用于民生支出19.71亿元,增长20%。加大教育投入。落实3600万元支持义务教育段退休教师津补贴改革,投入6800万元支持校园安保体系和校舍安全建设,全年安排教育支出7.10亿元,增长16.4%。支持文化体育事业发展。落实资金支持泥金彩漆工艺申报非物质文化遗产和中国体育论坛、亚洲山地户外运动挑战赛、全国登山健身步道建设工作现场会等大型活动,投入2500万元支持十里红妆博物馆设施建设,落实1000万元支持有线电视数字化转换,全年支出1.12亿元,增长24.4%。推进医药卫生体制改革。投入农村公共卫生专项经费1242万元、医疗救助资金540万元,支持完成城乡医疗卫生机构规范化达标80%以上的预期目标,城乡公共服务经费标准人均25元;落实2300万元支持妇保医院迁建主体工程建设和西店卫生院迁建;实施国家基本药物制度,支持公共卫生基层医疗单位绩效工资改革,完善基层医疗机构补偿政策,全年安排医药卫生支出2.49亿元,增长22.2%。完善社会保障制度。实施城乡居民养老保险制度,安排4500万元惠及全县77021名60岁以上的城乡老年居民；推进保障性住房体系建设，安排8614万元支持经济适用房、廉租房和限价房等保障性住房建设，全年安排社会保障支出2.09亿元，增长42.3%。支持大交通体系和生态文明建设。全年安排交通支出4.69亿元，增长16.8%，重点支持枫槎岭隧道、甬临线复线、农村公路建设和公路大中修安保工程等；安排县域农村水网改造及污水处理工程款5000万元，改善农村生态环境。

【深化财政监管】 推进财政管理创新。完善各项资金管理办法，制定《乡镇（街道）国有土地出让金收支管理办法》、《财力性转移支付资金使用管理办法》，以及《财政专项资金管理办法》、《政府专项资金公示制暂行规定》、《财政专项资金专户管理办法》，严格财政资金管理，降低财政资金运行风险。拓展"政府直补专用卡"使用范围，当年将粮食收纳资金纳入直补范围，确保资金安全。实施新一轮乡镇（街道）财政体制，加大对乡镇（街道）的帮扶力度。配合做好西店镇卫星城市建设，帮助组建西店镇财政局，设立西店国库，出台西店镇财政管理体制。加强预算执行监控。加快财税库银联网工程建设，应用CA数字证书，推行电子支票系统。加快推进国库集中支付和公务卡改革，初步形成包括预算指标管理、用款计划控制、支付申请及审核、支付结算及资金清算、会计核算、资金动态监控等各环节紧密相连的国库集中支付管理体系，全年集中支付资金15.89亿元。强化资金资产财务管理。实施公共卫生资金支出绩效评价。推进"小金库"专项治理，重点做好全县社会团体、国有及国有控股企业的监督检查。加强政府投资项目资金管理，全年完成294个工程项目的竣工结（决）算审查工作，共计送审造价5.89亿元，核减造价3338万元，核减率5.7%。稳步推进政府采购工作，全年完成采购金额3.04亿元，增长18.3%，节约资金4966万元，节约率14.1%。加强会计基础规范化工作，完成规范化验收35家，增长20.7%；组织开展会计人员知识竞赛，建立第二期宁海县会计人才后备库，试点实行会计资格无纸化考试。

【加强队伍建设】 分解落实党风廉政建设各项任务，组织听取廉政故事巡回演讲。推进惩防体系建设，建立健全内控机制，完善中层干部廉政档案，落实干部个人重大事项报告制度。抓好行风建设，借助第五纪检协作区力量，不定期对局机关和基层单位进行效能检查。完善干部考试软件系统，充实网上学习提示、业务交流、财税调研等学习专栏，建立"考学、述学、评学"网络系统。完善干部任用和管理机制，通过招录新进公务员、开展县管后备干部推选、中层干部竞聘、一般干部轮岗等形式，优化干部队伍结构。发挥群团组织的桥梁纽带作用，先后组织党课微型演讲比赛、"财税人生"文化笔会、"渔江丽影"摄影比赛、"清风和韵"微博征文和球（棋）类迎春等形式多样的活动，塑造财税机关良好形象。直属分局、第二分局分获浙江省"工人先锋号"、"巾帼文明岗"称号，局长尤永强被评为全国财政系统先进工作者。

（宁海县财政局供稿 章静霞执笔）

象山县

【概况】 2010年，象山县实现生产总值271.60亿元，比上年增长10.6%。其中：第一产业增加值42.90亿元，增长3.4%；第二产业增加值132.70亿元，增长12.3%；三产业增加值96亿元，增长11.2%。一、二、三产业结构调整为15.8:48.8:35.4。全县一般预算收入35.16亿元，增长17.2%，其中地方财政收入20.09亿元，增长20.2%；全县一般预算支出27.66亿元，增长19.4%，其中民生支出为19.23亿元（含上级资金），占总支出的69.5%，增长16.1%。全年财政支出平衡。

海岛船厂

【推动县域经济转型升级】 落实家电、汽车摩托车下乡和以旧换新等政策，共发放补贴资金2605万元，带动社会消费近4亿元。县本级投入7.25亿元财政资金，争取上级补助及融资19.12亿元，保障163项政府投资项目建设资金需求。完成2009年县外贸政策财政奖励审核工作，兑现近1000万元财政奖励资金；出口信保补贴、境外重点展位和出口增量专项奖励等县级当年配套补助297万元。设立规模企业培育专项资金，加大县财政扶持企业发展力度，拨付企业扶助资金8934万元,惠及企业600余户。兑现上年度水产行业扶助资金338万元,惠及33家水产企业、专业合作社。落实科技三项费用7155万元,引导企业加强人才引进、科技投入和管理升级。加大技改资金投入,当年完成县级技改和节能减排项目73个,财政贴息1061万元;成功申报市级技改项目、信息化带动工业化和地方特色产业等19个项目,争取到上级补助788万元。

【推进社会事业协调发展】 坚持教育优先发展,投入4.63亿元,建立健全义务教育阶段经费保障机制。落实2161万元资金,免除义务教育学杂费、住宿费及爱心营养餐工程;拨付7800万元财政资金,用于校舍改造和设备更新,推动基础教育均衡发展。推行《城乡居民社会养老保险实施办法》,实现社保各项政策制度上的全覆盖。落实专项经费1000万元促进再就业,10493名就业困难群众从中受益。推进医疗卫生体制改革,10月25日起对全县68家社区服务中心、卫生室基层医疗机构实施基本药品"零差价"制度。继续深化新农合制度,32万余人次农民享受到医药费补助,人均补助158元/次。

【促进"三农"建设】 落实新农村建设各项扶持政策,全年涉农支出8.66亿元。到位油价补贴资金2.54亿元,降低渔业生产成本。争取上级财政资金5.29亿元和3229万元分别用于农业项目建设和农业综合开发项目建设,在被列为村级公益事业一事一议财政奖补试点县后,31个试点项目奖补资金已预拨310万元,为新农村建设注入活力。继续实行村庄整治、创建示范村奖励办法,投入1.27亿元,改善11万农民饮水状况。对粮食生产实行普惠制,粮食生产资金财政投入突破4000万元,增长1000万元。推进政策性农业保险,新增小麦、竹林、杂交水稻制种等三个品种,当年财政补助政策性农业保险14个品种118万元。开展强农惠农政策培训,共组织培训农村财会人员7期780人次,中华函校获宁波市农村财会人员支农政策培训先进单位称号。

【深化财政管理改革】 深化预算管理改革。细化部门预算,增强预算透明度,将24个政府序列单位部门预算及执行情况提交县人大及常委会审议。调研并确定石浦镇卫星城市财政体制,对石浦镇财政体制实行单列,收入以2009年为基数,超出部分全额留归石浦镇。

稳步推进各项改革。深化国库集中支付制度改革,全县所有一级预算单位实行直接支付,涉及资金13.73亿元,直接支付率95.8%。运行政府非税收入管理系统,共7家行政事业单位上线运行,通过财政部门、代收银行、执收单位之间的联网,实现对非税收入收缴全过程的监控。推动政府采购改革,拓展采购范围,全年政府采购金额3.85亿元,节约资金5353万元,平均节约率12.2%。

加强财政监督。开展对全县148家社会团体,113家国有企业及国有控股企业的"小金库"专项治理工作,自查面100%,重点检查8个社会团体、6家国有企业,重点检查面占纳入治理范围单位总数的5%。探索实施绩效评价制度,制订《财政支出绩效评价管理暂行办法》,当年对农民会所、休闲农业、五保供养三个专项资金项目实行绩效评价。

加强国资管理。建立产权交易制度,对109处国有产权转让和192辆车改车辆转让进行公开拍卖,拍卖总价格分别高出标底价格2172万元和289万元。强化国有房屋租赁监管,对254处国有房屋出租情况进行专项检查,对82处国有房屋进行公开招租,成交金额453万元,高出底价93万元。

规范基建财务管理。加强对项目工程结算审查和竣工财务决算审批工作,全年共审查工程结(决)算项目283只,核减投资3139万元。创新财政委托中介机构审价方法,通过招标,12家中介机构入围政府投资项目工程审价,再通过抽签落实具体审价机构,完成75个政府投资项目审价,结算资金1.65亿元。发挥委派会计(财务总监)作用,纠正制止违规违纪金额3554万元。

强化乡镇债务管理。对全县镇乡(街道)的债务情况进行调查统计,监督乡镇政府对已经形成的政府性债务进行全面、彻底的清理,并制定偿债计划、控债目标,合理编制年度政府性债务收支计划,加强镇乡(街道)财政管理。

【增强队伍素质】 开展创先争优活动。完善组织机构,选举产生第一届机关党委,下属七个支部委员会,理顺注册会计师行业党组织的组织关系,成立注册会计师行业党支部及团支部,加强对行业党建团建工作指导。通过学习培训、党员活动日等途径,加强干部职工政治思想教育,提高创先争优意识和人人参与的争创热情。开展城乡基层党组织结对共建活动,全局党支部与村支部结对,制定方案,开展形式多样的结对共建活动。增强廉政教育。继续签订党风廉政建设责任状,落实效能建设八项制度,执行重大事项报告、礼品上交登记等廉政建设各项规定,加大对违纪行为的处罚力度。制定《岗位廉政风险防控机制建设实施意见》,建立岗位廉政风险防控机制。举办以"廉洁从政创业创新"为主题的反腐倡廉辩论赛,提高廉政教育绩效。推动文明创建。组织干部参加各类业务知识培训,业务测试及竞赛,提高干部职工业务技能。提升文明创建水平,县财政局被评为创"三优级一满意"优秀组织单位,国库科被评为宁波市财政系统先进集体。

(象山县财政局供稿　黄　鹏执笔)

温州市财政工作概况

温州市

【概况】 2010年,温州市实现生产总值2925.56亿元,按可比价格计算,比上年增长11.1%。其中:第一产业增加值92.78亿元,增长2.9%;第二产业增加值1535.12亿元,增长12.1%;第三产业增加值1297.66亿元,增长10.3%。人均生产总值37366元,增长10.0%。三次产业结构由上年的3.2:50.9:45.9调整为3.2:52.4:44.4。城市居民人均可支配收入31201元,农村居民人均纯收入11416元,分别增长11.3%和13.0%。全年实现外贸进出口总额170.94亿美元,增长28.8%,其中:进口总额25.51亿美元,增长8.9%,出口总额145.43亿美元,增长33.0%。全年实现财政总收入411.40亿元,增长14.1%,其中地方财政一般预算收入228.50亿元,增长16.8%;市本级财政总收入81.48亿元,增长10.8%,其中地方财政收入55.30亿元,增长11.1%。全年地方财政一般预算支出311.00亿元,增长23.6%;市本级财政支出59.86亿元,增长15.3%。全年财政运行状况良好,全市及市本级财政收支平衡。

【组织财政收入】 提高税收分析水平。开展税收计划管理,制定应对预案,把握税种入库结构,掌握重点行业税收增减因素,专题分析重点行业税收形势,研判税收收入形势。改进税源管理。开展税源分类管理和重点税源监控,组织财政税源调查,试行工商、税务联合办证办照,完善社会化征管,推广应用电脑版发票。推进税种管理。完善股权转让所得税征管政策,做好企业所得税汇算清缴,加强个人所得税全员申报和年收入12万元以上自行申报管理,落实二手房转让征免、娱乐业税率调整等营业税政策,实施保险机构代收代缴车船税,开展土地增值税清算和房产税税源清查,加强城建税等异常信息比对,启用营业税差额征税软件。规范非税收入征管。完善企业社会保险费征缴相关制度,落实社会保险费多项征管措施,做好残保金代收工作,实现企业社保费征缴面全覆盖;开征门诊医疗保险费,全年共征收3.48亿元;做好教育收费、土地出让金、国有资产有偿使用收入的收缴工作;完成"小金库"检查资金入库工作,全年共入库136万元。

【支持经济转型升级】 推进产业结构优化升级。支持现代农业发展,加大农业综合开发投入,全年争取省级以上农发资金5672万元,落实地方配套资金;市级分别整合并设立十大行业转型升级和新能源产业发展专项资金;推进企业分离发展服务业,加快现代服务业集聚区建设,全年企业分离发展服务业新增70家,新增地方税费收入1.30亿元。推进需求结构协调发展。围绕沿海产业带和大都市区建设部署,全年共争取中央代发地方政府债券8.10亿元;组建资本金融资平台,扩大政府投资;市级安排开放型经济扶持资金1.50亿元,支持引导企业开拓国内市场;落实促进消费各项财税政策,全市共兑付"汽车家电下乡"、"汽车家电以旧换新"财政补贴3.50亿元,拉动消费38.00亿元。推进要素结构集聚发展。加大科技创新尤其是科技型中小企业创新基金投入,加强人才经费保障,落实技术开发费加计扣除政策,全年加计扣除额4.10亿元,增长58.9%;支持企业创新平台建设,引导创新要素向企业积聚;健全生态补偿投入机制,市级安排市区环境综合整治经费7.10亿元。

【保障重点支出】 支持缓解民生难题。支持缓解居住难,市级拨付市区廉租住房保障资金1.60亿元,将中央代发地方政府债券2.90亿元全部安排用于保障性住房建设,加强农村困难群众住房救助;支持缓解就学难,加大教育投入,市级安排2.60亿元用于重点校舍建设,健全义务教育经费保障机制,取消市区学校捐资费,全市免杂费及教科书费支出3.40亿元;支持缓解就业难,落实高校毕业生就业见习补贴,实施就业困难人员和零就业家庭就业援助政策,会同工商部门成立大学生创业就业指导站;支持缓解就医难,全市拨付16.00亿元用于新医改;支持缓解养老难,全市拨付6.90亿元支持城乡居民社会养老保险。支持建设"平安大市"。全市投入公共安全经费26.40亿元,支持"校园安保"、"交通安保"、防洪减灾工程、"菜篮子"建设,落实手足口病等疫情防控资金。支持发展农村事业。市级安排新农村建设及扶贫资金1.30亿元,用于改善农村基础设施,落实村级组织建设及扶持少数民族发展经费。

【深化财政改革】 深化公共财政管理改革。深化部门预算改革,报市人代会审查的市级预算单位增加到教育、质监等25个,加强对自收自支事业单位预算管理,市级国有资本经营预算和行政事业单位资产配置预算正式启动;深化国库集中支付改革,市级单位已扩面至270家,市水利局等10个市直部门实施公务卡支付试点;深化财政支出绩效管理改革,全市共完成各类绩效评价项目360个,涉及财政资金17.60亿元,增长79.6%,探索实施事前绩效管理;深化政府采购管理改革,市级采购预算10亿元,其中公开招标采购70%以上。推进财政体制机制改革。完成市区财政体制调整和土地出让收入分配改革,健全有利于市与区共同发展的财力分配机制。加快机构和职能配置改革。以建立预算编制、执行和监督“三位一体”及纳税服务体系为重点，探索财税机构改革；明确财政项目预算审核中心职能，落实义务教育阶段教师绩效工资改革，启动公共卫生与基层医疗卫生事业单位绩效工资改革。

【强化财政监管】 加强财政资金监管。开展市级财政专项资金和专项补助清理，规范财政资金审批程序，全面实施支农资金项目网上申报和项目库管理系统，清理核实政府融资平台公司及其债务，加强对政府性债务的统计和监控。加强行政事业单位资产管理。出台市级行政事业单位国有资产配置管理办法，加强资产调剂、处置及重大资产变动事项监管，对企业化管理事业单位等国有资产使用管理情况开展专项调查，启用行政事业单位资产管理信息系统，在300多家单位推广运行。改善财政法治环境。加强会计宣传，促进会计行为规范和会计信息质量提高；会同纪检、国资、民政等部门做好国有控股企业和社会团体“小金库”治理工作，加强工程建设领域突出问题治理，开展指挥部财务收支、会计代理记账机构执业及《会计法》实施情况检查，做好强农惠农资金专项清查和土地出让收支管理专项检查；加强财政法制建设，清理规范行政审批，细化行政处罚自由裁量权。

【加强队伍建设】 深化学习型组织建设。开展学习型党组织创建活动，被评为全市首批学习型党组织创建示范点；全年共组织各类培训班38期，参训人员2343人次，获全省财政系统干部教育培训工作一等奖。加强财税文化建设。举办机关文化节、趣味运动会，创办《温州财税》刊物，成立后勤服务义务抢修队，组织干部职工直系家属就业能力培训班，做好干部职工特殊困难调查和补助慰问工作；市局网站主页创办的“网上党校”专栏作为市直机关代表入选全省“百大先进典型案例”，在全省财政地税系统运动会上获得团体总分第二名。加强干部作风建设。加大治庸治懒力度，组织四轮各县(市、区)局和市局各窗口单位交叉检查；对4名违反作风建设有关规定的干部分别给予行政告诫、扣发考核奖、通报批评等处理；在财税信息网上设立举报投诉栏，对全年收到的7件投诉件进行核实回复。加强党风廉政建设。落实惩防体系建设要求，建立干部信息库，健全公务人员利益冲突回避约束机制，加强工作人员因私出国(境)管理。(温州市财政局供稿 杨海曼执笔)

鹿城区

【概况】 2010年，温州市鹿城区实现生产总值560.62亿元，按可比价格计算，比上年增长8.4%；人均生产总值78910元，增长7.4%。其中：第一产业增加值1.49亿元，下降3.8%；第二产业增加值171.45亿元，增长6.2%；第三产业增加值387.68亿元，增长9.4%。三次产业结构由上年的0.3:30.6:69.1调整为0.3:30.5:69.2。全年实现外贸进出口总额30.83亿美元，增长32.1%，其中进口总额2.48亿美元，出口总额28.36亿美元。全年财政总收入34.49亿元，增长9.2%，其中地方财政收入18.75亿元，增长10.6%。全年财政一般预算支出22.26亿元，增长27.3%。当年财政运行情况良好，财政收支平衡。

【组织财政收入】 提高税收分析水平。关注宏观经济政策和税收政策变化对财政收入的影响，分析税收增减变化的内在原因，增强组织收入的预见性和主动性。当年地方财政收入占财政总收入比重为54.4%，增加0.7个百分点。优化税收征管环境。强化税收征管力度，分解落实征收任务，拓展收入增长渠道，推进税收社会化征管。完成税源信息采集，培育协税护税人员，细化对街道、乡(镇)的考核奖惩内容，调动基层抓收入的积极性。加强非税收入征管。对各执收执罚单位的行为进行监督。执行非税收入收缴分离规定，规范减征、免征和返还审批程序。加强罚没物资管理，采取拍卖、调拨等方法及时处理各单位收缴的罚没物资，并将罚没收入上缴国库。完善非税收入征管信息系统，确保网络运行的安全和信息的精确无误。

【服务经济发展】 促进产业升级。安排科技经费2975万元，推进企业科技项目研发及技术改造，提高企业的技术创新能力和后续竞争力。促进“三大产业”优化升级，加快现代服务业发展，推进产业结构提升，鼓励企业开拓国际市场。加大企业帮扶力度。全年争取上级财政扶持资金5335万元，帮助企业应对危机。安排企业扶持专项资金1500万元，支持开放型外向型经济、楼宇经济、现代服务业的发展。鼓励、引导信贷资金向中小企业倾斜，发放贷款金额3813万元，缓解中小企业资金短缺困难。落实政策促进消费。推进“汽车摩托车、家电下乡”和“以旧换新”，开展家电下乡直补试点工作，拉动消费需求。全年拨付汽车摩托车、家电下乡补贴854万元，兑付“以旧换新”补贴3030万元。支持重点工程建设。加大政府投资力度，筹措落实重点项目建设资金8.21亿元，保障西进城口改建、七都大桥、汇昌河水上公园等重大基础设施建设有序进行。

【保障民生投入】 全年民生类支出11.49亿元，增长29.2%，占区财政总支出的51.6%。加大“三农”投入。筹措落实财政支农资金6596万元，重点支持农村基础设施建设，推进农业生产安全和农业产业化经营。加大教育投入。全年财政教育支出

7.07亿元，比上年增加2800万元，完善义务教育经费保障机制，确保取消择校费后的教育经费缺口，重点支持“平安校园”建设，全面实施中小学校舍安全工程。加大医疗卫生投入。安排医疗卫生经费1.91亿元，比2009年增加5700万元，落实国家基本药物制度试点的财政保障机制，加快推进城乡基层卫生服务体系建设，社区卫生服务中心(站)的公立成分提升到100.0%。加大社会保障力度。安排社会保障经费9675万元，完善社会救助体系，实施残疾人共享小康工程，做好农村危旧房改造，城乡农村低保补助标准提高14.3%。促进其他社会事业发展。安排“文化大繁荣”和“平安建设”专项资金，支持上海世博会环护安保工作；启动“生态区”补偿机制，加强工业污染治理和农村生活污水处理工程建设。

【推进财政改革】 深化部门预算改革。初步建立预算编制、预算执行、预算监督三分离的运行机制。全面实行部门预算，坚持综合预算、零基预算、细化预算、定员定额的预算编制方式；对项目支出推行项目库管理，建立部门预算编制初审、联审、平衡性审核机制；规范部门预算编制的制度和程序，建立从预算编制起到执行的监督机制；按照预算安排和时间进度拨付款项，并定期对预算的执行情况进行检查。推进重点项目绩效评价。把涉及民生的项目作为绩效评价重点项目，组织完成自评项目10个，财政部门评价项目3个。针对绩效评价工作中主管部门和项目单位评价薄弱环节，制定财政支出项目预期绩效目标申报表，提高绩效评价工作主动性，将绩效评价从事后评价向预算编制、审查批准、执行过程等环节延伸。做好推行国库集中支付准备工作。做好前期考察调研，确定《会计集中核算向国库集中支付转轨的工作思路》，为全面推行国库集中支付做好准备。实施公务员津补贴改革。公务员的基本工资和工作性津贴纳入财政统发工资，其余项目根据年初预算金额按进度拨付。

【深化财政监管】 强化国有资产管理。出台《鹿城区行政事业单位国有资产管理暂行办法》，加强资产使用处置管理审批工作，全年共处置资产1775万元。开展全区国有及集体所有房产的清查、比对、核实工作，防止国有资产流失。深化政府采购监管。扩大政府采购规模，加强政府采购项目和资金的管理、监督和检查。全年政府采购支出9142万元，节约资金2427万元，节约率21.0%。加强基建项目审价工作管理。做好工程项目审价申报、审价审核和基建审价专业人员复核试点工作，完成192个委托审价项目，86个审价项目。开展财政结余资金清理。对本级财政结余结转资金进行清理，共清理财政部门历年结余7351万元。加大财政资金监管力度。开展财政专项资金检查，组织强农惠农资金专项清查，联合纪委、民政局等单位做好国企和社会团体“小金库”治理工作。加强会计管理。全年办理各类会计服务事项2434项，组织各类会计培训班54期，参加培训6493人次。

【干部队伍建设】 加强学习型组织建设。制定翔实的日常学习计划，通过扩大会议、集中学习、集中研讨、自学等不同方式进行理论学习。发放国学、励志类书籍，开展读书征文活动，组织向沈浩同志学习专题活动，营造学习氛围，提升干部职工凝聚力。深化作风建设。按照法律法规及规章制度办事。坚持走群众路线，深入一线重点企业、重点项目和部门单位蹲点调研。通过短信平台及发文等形式重申劳动纪律，做到令行禁止。开展“勤学习转作风从我做起”大讨论活动，引导财政干部勤于学习、乐于奉献、敢于担责。开展反腐倡廉教育。组织财政干部学习《廉政准则》，撰写学习心得。出台《关于在中层重点岗位开展岗位廉政风险教育试点工作的实施方案》，找出岗位风险，加强防范措施，实现科学化、系统化防控管理，使财政干部明确岗位职责，认清权力风险。

（温州市鹿城区财政局供稿 潘 □执笔）

瓯海区

【概况】 2010年，温州市瓯海区实现生产总值275.33亿元，按可比价格计算，比上年增长12.6%。其中：第一产业增加值5.23亿元，增长1.1%；第二产业增加值173.72亿元，增长13.0%；第三产业增加值96.38亿元，增长12.6%。人均生产总值67749元。三次产业结构由上年的2.1:62.1:35.8调整为1.9:63.1:35.0。城市居民人均可支配收入29087元，农村居民人均纯收入14265元，分别增长11.1%和12.0%。全年实现外贸进出口总额16.31亿美元，比上年增长35.0%，其中出口总额15.05亿美元，增长35.7%。全年实现财政总收入31.58亿元，增长12.8%，其中地方财政一般预算收入14.12亿元，增长8.0%；全区财政总支出17.64亿元，增长24.5%。全年财政运行状况良好，财政收支平衡。

【组织财政收入】 建立组织收入联动机制。分解全年组织财政收入任务，与区国税、地税、工商等部门加强沟通联系，定期召开财税收入分析会议，及时掌握企业特别是新增企业的动态。加强对重点行业、重点企业、重点工程的分析，把握税源变化趋势。监控税源状况和发展趋势，实现税收收入均衡有序入库。加强非税收入控管。规范非税收入票据使用范围和日常控管，落实按月票据结报核销制度，完善政府非税收入征收范围和征收渠道，实现非税收入应收尽收。完善增收激励机制。

将组织财政收入列为镇街年度考核内容之一，依据组织财政收入增长幅度分档予以奖励；加强镇街漏征漏管户管理，鼓励镇街成立协税护税队伍，实现漏征漏管户收入财政转移支付。

【服务经济发展】 助推企业转型升级。审核上报高新企业，确认8家，做好43个先进制造业企业申报调查工作。鼓励开放型经济发展，审核一般贸易出口奖励、加工贸易奖励等市级奖励项目5个，补贴金额1277万元，惠及530家(次)外向型企业。核定4家企业季节性收购农副产品贴息项目贷款贴息345万元。向上级部门争取企业转型升级项目，取得补助资金5048万元，本级筹集资金694万元，专项用于企业转型升级。推进重点项目建设。统筹安排资金，支持瓯海城市中心区、瓯海经济开发区基础设施等多个重点工程项目建设，改善企业投资环境，推进城市化步伐。扶持现代农业发展。扶持发展效益农业，推广新型农机具，推进免费农村劳动力素质培训等项目，加快农业生产方式转变。安排1200万元支持农村安全饮用水工程建设、河道保洁及清障拆违等项目；安排1050万元用于农业产业化扶持政策支出，改善欠发达地区的生产生活条件和生态环境。兑现国家惠农政策。在全区筛选出20家家电下乡销售网点，推行家电下乡补贴网点直接垫付。及时发放农资综合补贴、种粮大户补贴等涉农惠农资金。

【优化财政支出结构】 加大镇街财力投入。通过严格支出、结余留用等措施，确保镇街正常运转。对镇街实行财力倾斜，全年总支出5.87亿元，增长22.9%。多措并举保民生支出。健全支出标准体系，调整和优化支出结构，全年压缩公用经费5.0%，控制会议费、接待费、出国费、公务用车购置等支出，保障已出台的民生项目支出。2010年民生事业总支出合计25.71亿元，增长17.5%。全年教育累计投入7.45亿元，支持数字化校园、中小学校舍维修改造、特色品牌学校创建等项目建设，提高教育现代化水平。全年医疗卫生投入1.70亿元，重点支持新型农村合作医疗、公共卫生、基本药物零差价，提升公共医疗服务水平。全年公共安全投入1.85亿元，重点支持外来人员管理、视频监控、流动岗亭和巡防，助推和谐社会建设。全年环境保护和城乡社区事务投入11.42亿元，支持生态环保建设，美化绿化城区。扶持生态旅游业。加大都市休闲区建设投入，支持泽雅、仙岩等景区环境改善，扶持“文化休闲一条街”、“农家乐一条街”等项目开展。

【推进财政改革】 深化部门预算改革。完善符合部门单位实际的“科学、规范、公开、透明、高效”的预算编制和运行模式，按照综合预算和零基预算的原则，统筹运用预算内外财力，确保财政收支平衡。推进会计集中核算向国库集中支付转轨。建立以信息网络为支撑，连接财政、国库、代理银行等部门的网络运行系统，并制定配套工作制度。第一批10家国库集中支付改革试点单位正式上线运行。完成耕地占用税上划。及时与温州市财政局、区土地管理部门沟通，做好耕地占用税征收资料衔接、结算移交等工作，对耕地占用税完税凭证进行清理。

【构建投融资平台】 加强投融资机构建设。以浙江瓯海城市投资建设有限公司、温州市瓯海国有资产投资经营有限公司为载体，加强区级国有资产营运，构建政府投融资平台。盘活非经营性国有资产。保持单位原房产使用、管理权不变，集中行政事业单位房产所有权、收益权，盘活现有行政事业单位房产，做大投融资平台。

【强化财政监管】 加强基本建设投资监督管理。对重大政府投资项目(概算金额500万元以上)执行建设项目预算审核制度。全年完成工程预算项目评审19个，总造价2.18亿元。审核工程竣工结算项目286个，送审额1.06亿元，审定额9458万元。实施财政绩效评价。组织开展2008～2010年度全区农村安全饮用水工程资金等财政支出绩效自评项目10个，共计5101万元。完成瞿溪中心农贸市场提升改造工程等3个财政部门重点评价项目。开展“小金库”清理。在全区396个党政机关和事业单位开展“小金库”治理“回头看”工作，自查面100%。将“小金库”治理延伸到社会团体、国有及国有控股企业，完成27家国有及国有控股企业、110家社会团体自查工作。开展强农惠农资金专项清查。从制度政策落实、项目申报审批、资金下达、拨付和使用等环节实施全面检查，涉及金额累计1.84亿元。强化国有资产监管。加强国有资产报废和调拨审批工作，受理资产报废审批1138万元，资产报废备案120万元，资产调拨审批721万元。对区属78家行政事业单位房产、不动产等使用情况进行摸底调查，防止国有资产流失。

【提升队伍素质】 深化“文明单位”创建。加强制度建设、效能建设、综治管理，被温州市委、市政府评为“温州市文明单位”，下属事业单位瓯海区会计核算中心被评为2010年度浙江省财政系统先进集体。开展“转作风优环境”专项活动。以破解难题、治庸治懒为重点，推行“一线工作法”，办结梧田街道塘西村三产出让金收缴及返回等9项难题，被中共瓯海区委评为“转作风优环境”专项活动先进集体。创建学习型党组织。开展向沈浩学习活动，鼓励干部职工参加各类学历教育、继续教育、职称考试，提升队伍综合素质，被中共瓯海区委评为党建先进集体。发挥工青妇作用。组织开展团支部书记、妇委会主任两岗位竞争上岗，完成党工青妇的集体换届。开展庆“五四”户外军事拓展训练、“转作风优环境，从我做起”演讲比赛等活动，推进财政机关文化建设。

(温州市瓯海区财政局供稿　杨海慧执笔)

龙湾区

【概况】 2010年，温州市龙湾区(不含温州经济技术开发区)实现生产总值为233.33亿元，按可比价格计算，比上年增长9.0%。其中：第一产业增加值3.43亿元，下降2.4%；第二产业增加值159.71亿元，增长7.9%；第三产业增加值70.19亿元，增长12.1%。三次产业结构比由上年的1.5:68.6:29.9调整为1.5:68.4:30.1。城镇居民人均可支配收入27255元，增长11.1%；农村居民人均纯收入15294元，增长12.0%。当年实现财政总收入26.69亿元，增长6.2%，其中地方财政收入11.50亿元，增长6.6%；财政支出6.18亿元，增长5.9%。全年财政收支平衡。

【组织财政收入】 鼓励再生资源回收企业做大做强，多次到再生资源企业协调解决存在的难题，发放财政扶持资金678万元，计40家企业受惠，全年再生资源企业净入库税费9610万元。抓税收社会化征管，落实税收社会化征管激励资金510万元，调动各镇、街道抓收入的积极性，堵塞税收漏洞，全年10个代征点共入库税收2167万元，增长70.8%。抓金属市场税收，跟踪落实62家金属企业，入库税收948万元。抓政府非税收入管理，推行票款分离，做到以票促管源头控管，组织政府非税收入2.40亿元。

【支持经济发展】 加大扶持企业力度，安排中小企业发展资金及外贸发展资金3400万元，增长45.9%，科技专项经费2029万元，增长8.9%。主动联系企业，送政策上门，并向上级有关部门申报争取到补助资金6540万元。筹措基建资金，建立统筹与分散相结合的资金监管模式，全年区本级财政性建设资金实施项目投入11.00亿元，重点用于中心区建设、东片排污管网和新区道路网一期工程等建设，提高公共投资的经济效益、社会效益、带动效益，增强拉动经济增长的社会合力。

【确保民生需要】 全年用于民生支出9.28亿元，剔除不可比因素，占财政总支出的71.3%。保障“三农”支出，预算内安排支农支出3050万元，增长7.3%，争取到省市财政补助资金2892万元；积极筹措资金，安排8个项目“一事一议”财政奖补390万元，地方水利资金2250万元，农业特色产业扶持资金606万元。做好种粮农户综合直补工作，通过“一卡通”直接发放给农民503万元，发放率为99.9%。保障教育支出，一般预算安排教育支出2.23亿元，重点保障义务教育阶段教师绩效工资的全面落实；安排校舍安全维护资金2000万元，校园安全工程资金555万元。保障低保支出，安排低保支出923万元，增长8.6%。保障卫生支出，配合医药卫生体制改革工作的推进，安排药物零差价财政资金1232万元；加大农村合作医疗支出力度，安排资金1786万元，较上年增长54.9%。

【财政管理改革】 扩大集中核算范围，将沿海办、流动人口服务管理局等11家单位纳入会计集中核算，并做好账务交接与平稳过渡，截至年底纳入中心集中核算的单位153家，全部实现远程报账。制定国库集中收付制度改革试点方案和计划，为2011年实施试点工作做好准备。拓展政府采购范围，将污水处理、河道保洁、环保绿化工程等项目纳入政府采购范围。当年完成政府采购预算金额1.49亿元，节约资金2560万元，节约率17.2%。开展家电、汽车摩托车下乡财政补贴工作，全年下拨家电、汽车下乡资金总计1622万元，家电下乡产品销量增加50%，6000余户次农民得到实惠。

【强化财政监督】 推进绩效评价，全年组织14个项目进行绩效评价，涉及资金3137万元，其中评价结果为优秀8个，良好6个。开展“小金库”治理，对全区204家行政事业单位开展“小金库”治理“回头看”工作，涉及违纪单位2户，违纪金额7100元。加强国有资产监管，对挂靠行政单位的“温州市龙湾区建设工程质量检测中心”等3家国有企业的违规行为进行调查并提出处理建议，规范行政事业单位与下属企业间的行为。加强工程预决算评审，全年完成财政预算评审47项共11.00亿元，纠正投资偏差5830万元；财政决算评审246项共2.30亿元，核减2057万元，核减率为8.8%。加强会计管理，组织继续教育培训21期，办理会计管理事项共计11000件。

【加强队伍建设】 以“财税文化”为特色贯穿队伍建设始终，以求知、爱国、帮扶、健康和品牌五大工程为主要内容。通过开展国学讲座、书法摄影兴趣小组系列活动、“展财政风采立岗位新功”演讲比赛，组织综合与业务培训，倡导干部职工“求知”；开展重温入党誓词活动，引导干部职工“爱国”；开展为旱灾地震泥石流等灾区捐款、慰问贫困户和退伍军人、与区贫困儿童结对助学、送书下乡，提倡乐于“帮扶”；组织区财税羽毛球比赛等体育活动，促进干部职工身心健康；开展文明单位、青年文明号、巾帼文明示范岗等创建和“机关文化理念”征集、干部岗位职责上墙等活动，树立财政“品牌”。2010年，区会计核算中心获省级青年文明号，区财政局通过省级文明单位复评。

(温州市龙湾区财政局供稿　黄君畅执笔)

瑞安市

【概况】 2010年,瑞安市实现生产总值457.22亿元,比上年增长14.2%;人均生产总值38454元。其中:第一、二、三产业增加值分别为15.17亿元、237.18亿元、204.87亿元,增幅分别为5.7%、16.5%、12.0%。三次产业结构比例由上年的3.3:50.6:46.1调整为3.3:51.9:44.8。社会消费品零售总额184.52亿元,增长20.2%。全社会固定资产投资139.62亿元,增长28.5%。城镇居民人均可支配收入31268元,农村居民人均纯收入12538元,分别增长12.3%和13.4%。全市财政总收入60.21亿元,增长18.0%,占生产总值的13.2%,其中地方财政收入32.70亿元,增长19.3%,占财政总收入的54.3%。全年地方财政支出36.16亿元,增长33.8%。财政运行情况良好,全年收支平衡。

【组织财政收入】 加强税收收入定期分析预测,及时向市领导及综合经济部门通报相关数据。推进信息管"税",按月通报基层分局日常税源管理质量;实施税收专业化管理,完善重点税源集中管理模式,全面实行已竣工房地产项目土地增值税结算;开展税收漏征漏管户专项整治行动,大规模排查整改3405户,补办税务登记2543户,补缴税款306万元;制定出台税收征管查互动工作方案及9项配套制度,规范操作流程,加强查管协作;建立6个村级协税护税组织,推行"双定户"三方联合评税制度,强化社会化综合治税。规范社保费征缴工作,设计推行社保费年度结算电子模板,共入库社保费13.95亿元,增长14.7%;规范各项政府非税收入征缴,全年入库非税收入67.50亿元。

【服务经济发展】 保障政府投资。落实积极的财政政策,安排重点工程建设资金12.32亿元,安排政府土地划拨成本7.00亿元,新调度财力4.65亿元,以"拨改投"、安排资本金等形式支持政府融资27.80亿元,做好政府性企业债券发行的前期准备工作,加快资金拨付进度,保障滨海大道、温瑞塘河治理、海涂围垦等重点项目的资金需求。助推经济转型升级。修订完善《进一步扶持工业企业发展的若干政策意见》,转变先进制造业基地专项资金投向,拨付企业技改补助资金2849万元,落实高新技术企业税费优惠2.66亿元,鼓励企业自主研发和技术创新。安排专项资金3575万元,支持科技创新平台搭建和创新人才培养,鼓励小额贷款公司支持小企业发展的激励措施,为企业发展提供技术、资金等要素保障。支持现代物流等新兴产业发展,加快改造提升传统商贸市场,全年新分离发展服务业企业10家,新增税费收入计200万元。扩大消费需求。兑现汽车摩托车和家电下乡补贴资金5633万元,全面推行家电下乡销售网点代办申领并垫付补贴资金办法;及时兑付农资综合直补、粮食直补等涉农补贴资金4402万元,落实政策性农村住房保险补助资金,引导农村消费升级。

【保障民生支出】 支持新农村建设。建立财政支持新农村建设的稳定增长机制,预算内支农支出1.23亿元,增长21.1%,重点支持农民饮用水工程、农业功能园区建设和农业综合开发。开展"一事一议"财政奖补试点工作,促进农村基础设施建设和现代农业发展。加大对欠发达地区的支持力度,安排生态补偿财政专项资金和扶贫项目资金各5000万元,支持欠发达地区生态环境保护、农村环境综合治理等项目。支持社会事业协调发展。优先发展教育事业,统筹安排教育经费10.55亿元,增长27.3%,保障中小学日常公用经费、"校安工程",资助贫困学生基础教育。推进医药卫生体制改革,安排卫生事业资金2.86亿元,增长49.5%,提高新型农村合作医疗筹资标准,支持实施药品"零差率",加快城乡社区卫生服务机构建设,并在卫生部门推行绩效工资改革。投入资金2.26亿元,保障"省级示范文明城市"创建经费和"文化大市"、"平安瑞安"、"生态市"建设资金需求。加大社会保障投入。制定《扩大失业保险基金支出范围的实施意见》,利用失业保险结余支持"零就业家庭"实现就业和再就业;出台困难群众临时救助办法,为全市23000名困难群众发放基本生活价格补贴共500万元,对农村"五保"、城镇"三无"对象按城乡合作医疗规定内自负部分给予100%的救助;推行医疗救助"一站式"结算办法,对在乡重点优抚对象的医疗补助费实现即时结算;支持残疾人"爱心城市"创建,促进社会保障事业加快发展。

【深化财政改革】 推进国库集中支付改革。开展教育系统国库集中支付改革试点,开通国库支付"一窗式"服务平台,简化国库支付中心操作流程,确保国库集中支付改革稳步推进;出台《市级财政国库集中支付预算单位会计核算暂行办法》,加强预算单位财务管理和会计核算,建立国库单一账户体系,尝试由会计集中核算向国库集中支付转轨。深化"乡财市管"改革。完善乡镇财政预算编制,强化集中记账管理,加强各项支出审核,建立乡镇财政赤字考核机制;提出乡镇街道财政体制调整方案及塘下镇"强镇扩权"方案,完善乡镇财政管理机制。推进财政支出绩效评价改革。开展21个自评项目、3个财政部门评价项目的绩效评价,健全项目评价指标体系。完善公务员津补贴发放。取消按部门分档政策,全面清理各类考核奖励制度,建立由市级工作目标责任综合性工作考核、重点专项工作奖励、部门单位内部人员考核等三个层面组成的系统性考核激励机制。

【强化财政监管】　控制行政运行成本，全市行政事业单位公用经费核减313万元。开展强农惠农资金专项清查工作，接受财政部对瑞安市的专项检查，加强乡镇涉农项目实地核查，举办全市农村财会人员财政支农政策培训班10期，建立健全强农惠农专项资金监管长效机制。继续强化国有资产监管，开展行政事业单位资产租赁检查，加强商城集团国有产权管理，参与水务集团兼并重组，优化国有经济布局和结构。试行财政资金存款银行协商制度，促进财政资金存款的公开化、规范化和效益最大化。加大政府投资项目"概、预、结"算审核力度，全年共审查项目322个，核减金额4159万元。开展政府采购诚信管理、联动采购和专项检查工作，全年共组织政府采购8.33亿元，节约资金1.45亿元。开展行政事业单位、国有企业及社会团体"小金库"专项治理工作，加强会计信息质量检查和会计类中介机构监督管理，规范财经秩序。

【加强队伍建设】　以提升干部队伍活力为目标，开展以精神文化、制度文化、廉政文化、行为文化、物态文化为内容的财税文化建设活动。加强学习教育。开展学习型党组织创建活动，推出"强支部建设，树党员形象"实践活动，举办"领导讲堂"、"专家课堂"、"党员论坛"等特色活动；加强财税前瞻性调查研究，全年共完成调研论文53篇；设立基层分局税收法制管理岗和纳税服务管理岗，作为锻炼年轻干部、培养青年骨干的两大平台；建立管理岗位准入考试制度，引导干部职工提高业务能力和综合素质。优化管理制度。建立民主议事、考勤管理、临时人员管理、公务接待、公车管理等办法，完善内部管理制度。修订和落实首问责任制、主办责任制等服务制度，着力解决职责不清、推诿扯皮等问题。转变工作作风。以"创先争优"、"转作风优环境"等活动为契机，开展"办事提速增效"活动，梳理交叉职能，优化内部流程，提高办事效率。加大治庸治懒力度，加强作风建设，发现问题切实整改。组织学习《廉政准则》，形成知廉、守廉、助廉、促廉的良好环境。搭建活动平台。发挥工青妇组织作用，开展财税青年讲坛、"读书明理，求知成才"读书月等系列活动，邀请专家做文明礼仪和心理健康讲座，倡导健康文明的生活方式，营造温馨和谐的财税文化氛围。市财政局获全省财政系统会计工作先进单位称号，并连续六年在瑞安市行风评议中名列前五，局工会还被评为"全国模范职工之家"。

（瑞安市财政局供稿　谢钦袖执笔）

乐清市

【概况】　2010年，乐清市实现生产总值495.84亿元，比上年增长12.1%。其中：第一产业增加值16.62亿元，增长4.0%；第二产业增加值306.21亿元，增长13.7%；第三产业增加值173.01亿元，增长10.2%。三次产业结构调整为3.4:61.8:34.9。财政总收入68.72亿元，增长16.6%，其中地方财政收入34.36亿元，增长26.2%；全市地方财政一般预算支出38.92亿元，增长19.7%。当年财政收支平衡。

【组织财政收入】　实现财政收入较快增长和结构的优化，地方财政收入占财政总收入的比重、税收收入占地方财政收入的比重分别为50.0%和93.5%，分别比上年提高3.8和1.4个百分点。深入重点税源企业调研，科学分析税收收入趋势，积极构建大企业税收风险管理体系，做好税收征管工作。加强行业重点税源户管理，重点税源监控企业扩大至433户，对年度用电量超标的部分娱乐业企业实行重点监控和稽查。开展年所得12万元以上个人所得税自行纳税申报工作，截止申报期结束全市自行申报人数3981人。完成契税、耕地占用税征管职能划转，落实车船税保险公司代收代缴工作，开展土地增值税清算和房产税税源清查。加强土地出让金、海域使用金等非税收入管理，完善"五费合征"征缴管理，开征企业和灵活就业人员门诊医疗保险费，全面应用新版非税收入软件，升级交警罚没系统。

【支持经济发展】　引导产业结构优化。做优"一产"。投入2223万元农业综合开发资金，受益农田1万亩；安排6923万元资金支持粮食生产，发展特色农业，鼓励农村土地流转和农业防灾救灾体系建设。做强"二产"。落实5295万元资金推进七大特色优势产业转型升级、培育新兴产业，加快工业规模化、集群化、科技化发展步伐。做大"三产"。完善促进服务业发展政策，安排商贸流通业发展引导资金，分离发展服务业，服务业总部经济贡献地方税费3000多万元。引导需求结构优化。全年拨付18.10亿元建设资金，增长31.0%，推进城市中心区、乐清湾港区围垦、交通设施、城乡防洪、污水处理和环境卫生重大项目建设。落实扩大内需政策，发放家电、汽车下乡等政策补助资金1604万元，鼓励农民种粮的补贴规模增加至4742万元。继续实行社保费临时性下浮，为企业减负3157万元，落实企业稳定就业岗位补贴1945万元。筹措解决外向型经济引导资金1409万元，加大对外经贸结构调整的扶持力度，推动外贸出口恢复性增长。引导要素结构优化。支持科技创新，投入4418万元建设科技孵化创新园；减免高新技术企业所得税1.04亿元，研究开发费加计扣除金额1.71亿元。再生资源增值税退税1752万元。整合投融资平台，通过股权划转和资产整合，将全市14家国有投资公司和52项国有投资项目资产整合并入市国投公司及所属子公司。推荐发放中小企业专项信用贷款1.90亿元，缓解中小企业融资困难。

【保障和改善民生】 当年财政支出增量资金中民生支出比重为75.5%。加快教育事业发展。义务教育经费支出10.21亿元，落实和完善城乡义务教育各项政策措施，小学、初中生均日常公用经费分别提高至430元和590元，义务教育教师绩效工资改革全部实施到位。安排5400万元资金继续对81所中小学校实施"校舍安全"工程，职教学生国家助学金1200万元。支持深化医疗卫生改革。全年安排新型农村合作医疗、农村公共卫生服务、城乡医疗救助经费1.37亿元；提高城镇居民基本医疗保险标准并实行门诊医疗统筹。市财政支出6000万元，支持医疗卫生体制改革，实施基层医疗机构基本药物制度和药品零差价销售，实施基层医疗卫生站所标准化建设。支持完善社会保障体系和实施积极的就业政策。市财政补助1.20亿元，落实新型农村社会养老保险政策，符合条件的老人按月领取60元基础养老金。落实离退休人员工资改革和企事业离休人员津补贴改革支出4859万元。发放城乡低保补助资金及物价补贴2077万元。落实1947万元资金稳定就业岗位和提高企业退休人员基本养老金水平。拨付高校毕业生到村任职基础报酬1052万元。加快文化体育事业发展。投入4129万元，启动市图书馆、文化中心等文化设施建设；安排支出2700万元，支持数字电视整体转换、"2131"农村数字电影、"广电低保"、创建"中华诗词之乡"以及乡镇综合文化站建设。支持省体育强市复评和举办第三届全民运动会。支持生态环保建设。投入3360万元资金，推进村庄整治示范工作，实施"811"环境保护新三年行动；统筹安排6400万元资金，推进生态市、(公)园林绿化以及"治脏治乱、绿化美化"环境大整治。保障社会公共安全。支持政法系统基层基础年建设，做好禁毒、"世博"安保、消防安全、计划生育、信访维稳、平安村居、食品安全监管和非法金融案件化解等各项工作的资金保障工作。

【深化财政改革】 深化以"收入一个笼子、预算一个盘子、支出一个口子"为重点的预算管理制度改革，继续推进部门预算、国库集中收付和政府采购制度改革。国库集中支付改革试点单位扩大至25家；开展预期绩效目标细化论证工作，在部门(单位)绩效自评的基础上，抽取3个项目进行重点绩效评价，对10个项目实施温州市级联动重点绩效评价。政府采购规模3.13亿元，资金节约率17.5%，落实公务车辆定点保险政策。预算支出执行进度加快，预算执行的均衡性和效率逐步提高。实施《行政事业单位国有资产管理暂行办法》和《行政事业单位国有资产出租管理暂行办法》，行政事业单位资产管理信息系统上线运行。

【强化财政监督】 制定《规范行政处罚自由裁量权行使规则》和《行政处罚自由裁量权执行标准(试行)》，组织开展税收执法督察和案卷评查工作，规范重大税务案件审查，做好规范性文件会签和清理工作，推进行政审批流程再造。规范服务业、农村饮用水安全工程、生态补偿等专项资金管理。部署开展行政事业单位结余资金清理，统筹资金2338万元。财政周转金催收取得进展，回收500多万元。配合做好强农惠农资金专项清理工作。开展"小金库"治理"回头看"和社会团体、国有及国有控股企业"小金库"治理工作。加强重点工程项目审查结算，核减资金3743万元，核减率16.3%。出台《国有资产管理若干规定》，全面规范国有资产处置、投资、担保、房产出租等经济行为。

【加强队伍建设】 开展教育培训工作。坚持能力教育为主线，分层分类抓好教育培训工作。启动"书香财税·月读一书"活动。实行"请进来，走出去"的培训方式，邀请专家作专题讲座，继续在温州财校开展干部岗位轮训。完善学习激励制度，举办实务技能大比武，6人入选省财政厅、省地税局人才库。推进党风廉政建设和作风建设。深化廉政教育和廉政文化建设，落实党风廉政建设责任。组织干部职工学习《党员领导干部廉洁从政若干准则》。以"治庸治懒，提能增效，狠抓落实"为重点，执行各项廉政规定和效能制度。开展财税文化建设。举办系统迎春晚会；组队参加温州市财税系统诗文朗诵比赛、乐清市第三届全民运动会等文体活动，编发内部文化刊物《清风集》。做好文明创建工作。开展"创先争优"、"群众满意科室"和星级"四好科室"等主题创建活动。机关会计核算中心在获得温州市级"品牌服务示范岗"和乐清市群众满意基层站所(窗口)的基础上，又获得国家级"巾帼文明示范岗"称号。

(乐清市财政局供稿　徐宣建执笔)

永嘉县

【概况】 2010年，永嘉县实现生产总值205.05亿元，按可比价计算，比上年增长11.0%。其中：第一产业增加值7.84亿元，增长8.8%；第二产业增加值126.12亿元，增长10.8%；第三产业增加值71.09亿元，增长11.4%。三次产业结构比由上年的3.5:60.8:35.7调整为3.8:61.5:34.7。人均生产总值为21805元，增长9.6%。城镇居民人均可支配收入22188元，农村居民人均纯收入8688元，分别增长9.5%和14.0%。全县财政总收入26.75亿元，增长13.5%，其中地方财政收入13.74亿元，增长18.6%；财政总支出24.47亿元，增长26.3%，其中省市补助及本级上年结转支出7.17亿元，全年本级支出17.30亿元。全县财政收支平衡，预算执行情况良好。

【组织财政收入】 健全收入分析机制。通过按旬预测、按月通报分析、按季召开收入分析会，做好收入情况分析和经济税源调查工作，提高收入实时监控水平。落实税源管理举措。选取321户企业开展纳税评估，入库税款531万元；建立交通运输业、邮政业的行业指标体系，完善税源监控体系；组织年度纳税人税费结算，累计补缴费款总额3333万元，补缴税收2790万元；提高日常税收征管质量，堵塞征管漏洞。加大地方税种管理力度。贯彻新的《营业税暂行条例》及实施细则，加大营业税征管；继续做好企业所得税税源普查，完善汇算清缴交叉检查机制；推进年所得超12万元以上个税自行申报，抓好股权转让个税征缴工作；落实房产新政，强化耕地占用税和契税征管，做好车船税由保险机构代扣代缴工作。完善非税征缴系统。在温州市首先推进自由职业者社保费征缴模式改革，搭建实时联网系统，制订《永嘉县社会保险缴费登记和参保登记管理制度》，实现社保费实时联网；做好国有土地出让金收支管理信息系统更新应用工作，土地出让金入库10.84亿元。

【支持转型升级】 加快科技创新步伐。围绕"创新强工、品牌强县"战略，加大科技投入，全县R&D(研究与试验发展)经费支出4827万元；新认定高新技术企业10家，全县高新技术企业享受税收优惠3592万元，促进企业科技创新和技术改造，推动县内工业企业转型升级。推进企业分离发展服务业。总结典型经验，继续开展企业分离发展服务业工作，2010年新增7家企业分离发展服务业，全县分离企业税费收入1236万元，其中营业税600万元。落实税费优惠政策。全年减免税、费、基金9689万元，其中减免税7839万元，社保费减征1340万元，减轻县内中小企业负担。

【促进社会和谐发展】 支持新农村建设。县本级支农专项资金支出1.69亿元，增长15.0%，重点保障农业农村水利基础设施建设，继续实施粮食补贴、农机具补贴及农业保险等措施，推进现代农业产业体系建设，促进农业发展和农民增收。支持教育事业发展。全县教育支出6.54亿元，增长23.6%。推进义务教育绩效工资改革，提高教师工资水平；落实义务教育"两免一补"政策，确保全县农村中小学生均公用经费达到省定额；实施中小学校舍安全工程，职业教育攻坚项目计划，支持职教园区建设。支持新型社会保障救助体系建设。全县社会保障和就业支出7645万元，增长21.7%；其中支持五保对象和城镇"三无"对象集中供养资金440万元，集中供养率97.0%。继续实施以大病统筹为主要形式的新型农村合作医疗制度，共拨款新型农村合作医疗配套资金1.03亿元，其中县本级拨款4327万元，累计参保人数68万人，参合率98.9%。支持"和谐永嘉"建设。环境保护支出1973万元，加大节能减排工作投入力度，改善民众生活环境；文化体育与传媒支出4408万元，保护传统特色文化资源，支持文化永嘉建设；投入1147万元用于生态公益林建设，支持森林永嘉创建。支持重点工程建设。全年拨付资金7.84亿元，支持铁路站场配套工程、瓯江北片防洪堤、排涝应急工程、实验中学、公安三所建设等顺利推进。

【深化财政改革】 开展国库集中支付试点工作。结合实际，拟定国库集中支付改革方案、实施办法和工作流程；选取4家代表性单位，试点改革方案，完善相关配套制度，为全面实施国库集中支付奠定基础。推进银企联网改革。通过会计核算中心、支付银行及财务软件公司三方开展银企联网改革，102个县本级和基建单位全部进入联网，提高财政资金支付速度，保障资金支付安全，为国库集中支付奠定基础。推进"三位一体"财政改革组织框架。深化"收入一个笼子，预算一个盘子，支出一个口子"财政管理改革，参照省财政厅模式搭建预算编制、预算执行、预算监督"三位一体"的财政管理框架，安排部门预算编制工作，提高预算编制的科学性、规范性和完整性。

【规范财政管理】 加强专项资金清查。开展强农惠农专项资金清查"回头看"活动，共发现问题35起、涉及金额272万元；配合省扶贫资金检查组、科技推广资金绩效评价组的重点检查，针对潘坑乡个别村虚报下山移民资金进行查处，提出整改方案。清理财政结余资金。按财政结余资金的不同性质，分别处理，共收归财政统筹安排8521万元。专项整治"小金库"。面向全县377个行政事业单位、89个社会团体和72个国有企业，分阶段开展自查自纠及重点检查，自查自纠面100%，查处"小金库"29起，涉及资金274万元，清退处理174万元。

【加强队伍建设】 深化学习型组织建设。开辟网上读书专栏，成立读书俱乐部，推荐优秀书目，全年在永嘉财税网专栏中上传交流学习心得65篇；全年组织各类培训班28期，参训人员343人。开展"转作风，优环境"专项活动。按照"月检查、季考评、年总评"的方式，实行百分制全员量化考评，考评得分列入党风廉政建设责任制年度考核，推进机关效能改革。推进"创先争优"专项活动。实施"党员服务品牌创建"行动，开展党员示范岗、示范窗口评比活动，宣传推广典型事迹和先进人物；建立分类管理模式，对退休党员实行"联系式"管理，对基层党员实行"挂靠式"管理，对困难党员实行"结对式"管理。探索建立利益冲突回避机制。完成全系统个人信息录入，建立利益冲突回避信息库，明确财税岗位职权，设计制定利益冲突回避的规范化程序，做好落实审查纠错机制和公开公示制度，促进财税工作人员廉洁、高效、依法行政。

（永嘉县财政局供稿　王晓森执笔）

洞头县

【概况】 2010年，洞头县实现生产总值34.35亿元，比上年增长9.1%。其中：第一产业增加值为3.34亿元，下降9.7%；第二产业增加值为13.03亿元，增长7.6%；第三产业增加值17.98亿元，增长13.7%。三次产业结构从上年10.2:33.5:56.3调整为9.7:37.9:52.4。人均生产总值26889元，增长13.7%。全县财政总收入5.22亿元，增长21.6%，其中地方财政收入2.74亿元，增长20.5%；财政总支出8.56亿元，增长33.6%。全年财政收支平衡。

【组织财政收入】 当年地方财政收入占财政总收入的比重为52.5%。完善纳税20强月排行榜制度，调动企业依法纳税的积极性，全年纳税额前20名企业缴纳税款3.36亿元，占财政总收入64.4%，增长25.9%。开展重点税源调查，加强对年收入12万元以上的个人所得税自行申报和全员管理；落实二手房转让征免、娱乐业税率调整等税收政策，委托保险机构代征车船税；加强企业股权变更登记税收征管，规范临时发生纳税义务的税收征管；开展土地增值税清算，加强城建税及教育费附加、地方教育附加等异常信息比对等，促进各小税种增收，组织税收收入1.80亿元，增长11.3%。开展社保五费清欠工作，加强缴费登记、缴费申报等基础工作，完善“五费合征”，全年规费(基金)收入9521万元，增长21.2%。落实海域使用金的收入预算管理政策，加强国有资产(资源)有偿使用、行政事业性收费等非税收入的征收，增加政府可用财力，组织各项非税收入7593万元，增长47.3%。

【支持经济发展】 减轻企业负担。落实下岗职工再就业营业税减免、二手房转让税收减免、企业社保费减征等优惠政策，减免各类税费1233万元。扶持企业发展。安排服务业发展专项资金1150万元，中小企业发展专项资金700万元，支农专项资金1650万元，旅游发展基金300万元，推进经济转型升级；落实油价补贴和家电下乡补贴工作，发放油价补贴资金5342万元，家电下乡政策资金217万元。落实重点建设资金。筹措3000万元专项资金，为创建国家级卫生县城提供资金保障；筹措重点工程建设资金3.54亿元，支持城乡配水管网、“村村通”、“户户通”、连港环岛公路等重点项目建设，完善海岛基础设施建设。

【保障民生支出】 2010年，全县民生支出6.59亿元，占财政总支出77.0%，增长50.1%。实施农村危房改造工程，安排174万元用于全县165户农村困难群众住房救助，缓解农村困难群众的住房难问题。实施农村中小学危旧校舍改造工程，安排1368万元，对17所农村中小学校的32幢危旧教学楼和食堂宿舍进行改造。实施城乡居民养老保险制度，对未参加社保60周岁以上的城乡居民按月发放60元基础养老金，对90岁以上老人继续发放每月80元的生活补助金，缓解农村“养老难”问题。实施“世博安保”和“校园安保”工程，安排190万元用于公安和边防的警力配备及海上巡防；安排284万元用于中小学校、幼儿园监控系统建设和安保人员的配备，确保中小学生的就学安全。实施促进就业再就业工程，安排促进再就业专项资金100万元，落实零就业家庭和就业困难人员援助政策，支持创建充分就业社区。实施新医药卫生体制改革，拨付1000万元，重点保障基层社区卫生服务中心的机构建设、标准化创建和国家基本药物制度的实施等。落实义务教育学生学杂费及教科书费免除、义务教育教师绩效工资改革、城乡居民最低生活保障、困难群众物价补贴、数字电视改造工程、文化洞头建设等工作的经费需求。

【推进财政改革】 调整乡镇财政管理体制。对乡镇实行分税制和包干制相结合的财政管理体制，调整和提高对乡镇的税收分成及专项政策补助比例，全年县对乡镇体制补助和税收分成4200万元，增长16.3%；争取省级化解债务奖励资金200万元，用于化解乡村两级历年债务。开展国库集中支付改革试点工作。选择4家单位试点，试点工作从7月开始。加强财政专项资金的整合。重点整合支农资金，经整合各类支农资金2140万元，用于扶持第一批18个推进村基础设施建设。规范干部职工收入分配秩序。7月1日起在全县行政机关推行“阳光工资”；兑现离退休老干部生活补贴和住房补贴，启动公共医疗卫生事业单位的绩效工资改革。规范行政事业单位财务核算。出台《关于印发洞头县机关事业单位财务开支标准补充规定的通知》，规范行政事业单位有关费用的开支标准。

【强化财政监管】 完善财政资金的调剂及增值机制。从预算外财政专户和会计核算中心统一账户调剂7000万元，支持重点工程建设；继续对社保基金实行定期定存方式，提高社保基金利息收益。开展财政预算内外往来款清理工作。全年清理核销财政预算内外暂存、暂付款4679万元，理清财政资金，夯实财政基础。加强政府性投资项目监管。注重事前、事中审价管理，规范政府性投资项目造价管理，全年完成222个工程项目审价，送审金额3.16亿元，净核减991万元，净核减率3.2%。规范政府采购工作机制。全年政府采购预算3577万元，实际采购金额2932万元，节约资金645万元，节约率22.0%。发挥财政监督职能。重点开展对各项优惠政策和民生工程投入的绩效评价，全县完成项目单位自评、主管部门评价、财政部门评价三层次的绩效评价项目13个，涉及财政资金5830万元；开展“小金库”清理工作，重点对国有及国有控股企业、社会团体进行“小金库”检查。

【加强队伍建设】 作风建设。整治不良风气，建立“罚懒奖勤”机制，健全工作人员岗位职责体系，强化和完善目标考核机制，构建以年度考核、经常性考核和专项考核相互衔接、互为补充的干部考核体系；整治文风会风，减少发文份数，控制会议规格、数量、规模、会期、经费；推行行政审批改革，减少审批环节，提高行政效率，促进审批提速增效。创建“学习型党组织”。结合党员、干部思想和工作实际，开展“读书月，学习周，研讨日”、“一个班子一个龙头”、“一个支部一个堡垒”、“一名党员一面旗帜”、“一个讲坛一个平台”等系列活动，转变干部思想和工作作风。搭建活动平台。举办第五届文化体育节、“五四”登山等活动，组建游泳、登山、乒乓球等兴趣小组，培养财税干部的参与意识、进取意识和团队意识。党风廉政建设。强化廉政教育和宣传，每月编印一期廉政期刊，发送廉政警言短信，观看廉政电教片；聘请行风监督员，开展明察暗访活动，营造廉洁从政氛围。2010 年，县财政地税局获全县行风评议满意单位称号。 （洞头县财政局供稿　朱红波执笔）

平阳县

【概况】 2010 年，平阳县实现生产总值 202.59 亿元，比上年增长 11.0%。其中：第一产业增加值 10.95 亿元，增长 2.4%；第二产业增加值 101.81 亿元，增长 13.3%；第三产业增加值 89.83 亿元，增长 9.3%。三次产业结构由上年的 7.7:49.1:43.2 调整到 5.0:49.9:45.1。全年财政总收入 22.01 亿元，增长 24.2%，其中地方财政收入 13.35 亿元，增长 34.3%。地方财政收入占财政总收入比重 60.7%，比上年提高 4.6 个百分点。全年财政总支出 22.75 亿元，增长 24.3%。当年预算执行情况良好，财政收支平衡。

【组织财政收入】 开展税收调研、分析和预测，加强对房地产、制造、建筑安装等重点行业的税源监控；通过开展国地税征管数据比对、完善协税护税网络建设、加强委托代征和欠缴税费管理等手段，完善收入征管机制；完善股权转让所得税征管政策，做好企业所得税汇算清缴，加强年收入 12 万元以上人员个人所得税自行申报和全员管理，落实二手房转让征免、娱乐业税率调整等营业税政策，实施保险机构代收代缴车船税和土地增值税清算，开展房产税税源清查，并加大对契税、耕地占用税挖潜堵漏力度，促进各税种增收及结构优化。规范税收秩序，科学组织税收专项检查，开展打击发票违法犯罪活动，全年查补入库税费 2288 万元。完善社会保险费征管，启动门诊医疗保险费征缴和工会经费依法收缴工作，加强土地出让金收缴，夯实政府财力基础，增强财政调控能力。全年社保基金入库 7.38 亿元，增长 33.9%；土地出让金入库 24.19 亿元，增长 113.3%。

【支持经济转型升级】 落实税费优惠帮扶企业做大做强。贯彻落实中小企业、服务性企业、高新技术企业等税收优惠政策，及时审批减免各项税收优惠 1.32 亿元；将全县企业基本养老保险费费率从 16.0%降至 14.0%，为企业减负 935 万元；对企业社会保险费缴纳比例实行临时性下浮，惠及企业 2215 户，减免金额 1126 万元；返还失业保险金 317 万元，帮助 111 户经营困难企业稳定用工。完善扶持政策推动产业优化升级。县财政共拨付各种扶持企业的专项资金 3380 万元，包括企业技改，技术创新等财政补助 500 万元；外贸出口，工业 30 强、外贸出口 20 强等奖励 600 万元；节能降耗财政专项资金 260 万元；外贸发展专项资金 720 万元；支持企业改制、企业上市资金 1100 万元。

【保障民生支出】 实行城镇职工基本医疗保险门诊统筹制度，全县新型农村合作医疗人均筹资水平提高到 200 元；及时发放 60 岁以上老人基础养老金计 7000 万元，城乡居民最低生活保障标准提高到每人每月 360 元和 220 元；实施积极的就业政策，重点做好农民工、高校毕业生、就业困难人员就业，扶持残疾人就业；加强公共卫生服务体系建设，投入 2700 万元用于乡镇卫生院、村卫生室建设以及其他农村公共卫生配套，增强公共卫生服务能力。强化经费保障力度，加大对农村文化繁荣工程、文化培育与精品工程、历史文化保护工程等扶持力度，支持乡镇综合文化站及配套设施建设，建立覆盖城乡的公共文化服务体系。支持缓解低收入家庭住房困难，县财政安排专项资金推进城镇低收入家庭廉租住房保障体系建设，全年共招投标廉租房 3254 平方米，并落实廉租住房租赁补贴 249 户，困难救助 800 户，改善低收入群众居住条件。

【促进教育优质均衡发展】 当年县财政教育经费投入 5.00 亿元，增长 27.3%，增长幅度高于经常性财政收入增长及当年经常性支出增长的比例；提高初中生、小学生预算内生均公用经费至 645 元、435 元，均超过省定标准。落实《平阳县义务教育学校绩效工资实施办法》，全年投入 2.34 亿元用于实施义务教育学校教师绩效工资；重视中小学校舍建设，安排 6400 万元用于农村薄弱学校改造和中小学校舍安全工程。加大农村义务教育经费保障力度，落实各项学杂费减免政策；提高农村中小学爱心营养餐标准至每人每年 350 元；免除年人均收入 4000 元以下家庭子女就读中等职业学校的学费；对低收入农户子女义务教育阶段食宿费、交通费给予资助。

【深化财政管理改革】 深化部门预算，执行“收支两条线”政策，加强预算内外资金统筹力度。推进国库集中支付改革，16 个单位纳入国库集中支付管理范围,全年累计支付9347万元。在鳌江镇实行“划分收入,核定支出、收支包干、递增分成”的财政管理体制,理顺县和乡镇的财力分配关系,探索建立与中心镇经济社会发展相适应的稳定增长的财政保障机制。出台《平阳县购买公共服务实施意见》,积极探索政府花钱买“服务”的有效途径,逐步实现公共服务由“政府养人”转变为“政府花钱”的供给模式,降低公共服务成本,提高效率和质量。

【强化财政监督管理】 加强财政支出绩效评价,提高资金使用效益;开展“小金库”专项治理工作,构建防治“小金库”长效机制。全年对下乡搬迁、职业教育、技术改造等15个项目实施绩效评价,涉评资金1.45亿元,其中:全省上下联动项目一个,涉评资金1154万元;全市上下联动项目一个,涉评资金340万元;县重点绩效评价项目3个,涉评资金2523万元;自评项目10个,涉评资金1.05亿元。配合县纪委等相关单位,抓好2009年“小金库”重点检查中存在问题的8家单位进行相关整改工作;要求全县312家党政机关和事业单位开展“小金库”治理“回头看”;选取31个乡镇机关、行政事业单位、县重点工程建设指挥部开展“小金库”重点检查;全面开展社会团体、国有及国有控股企业的“小金库”治理工作,全县共有127家社会团体,44家国有及国有控股企业上报自查自纠报表及报告。成立财政项目预算审核中心,制定出台《平阳县基本建设财务管理办法》,强化对财政项目建设资金的管理,全年共审核项目概算、预算、结算97个,送审金额11.87亿元,审定造价10.96亿元,核减9084万元。

【加强国有资产管理】 健全投融资平台相关制度。参与制定《平阳县政府性投资公司(企业)机构设置和人员配置监督管理暂行办法》、《平阳县国有公司财务人员委派制度管理办法》、《平阳县国有公司财务管理管理》等文件,规范国有公司运转。加强行政事业单位国有资产管理。对21家行政事业单位公房进行公开拍租,租金成交价451万元,资金用于各行政事业单位固定资产更新改造或弥补办公经费不足;强化行政事业单位国有资产处置监管,全年40家行政事业单位各种车辆报废67辆,账面价值1017万元;对5家单位相关固定资产审批报废,涉及账面价值329万元;无偿调拨行政事业单位国有资产3宗,涉及账面价值1419万元。拓宽融资渠道,支持重点工程建设。支持全县重点项目建设,全年共融资6.20亿元,用于昆鳌快速联系通道、鳌江火车站站前道路网、疏港大道等项目建设。

【加强干部队伍建设】 开展星级学习型组织创建活动,共组织安排135名财政地税干部职工分21期参加财税系统岗位业务技能以及新录用公务员初任等培训。建立优化载体机制,加大经费投入,完善图书阅览室、视频会议室、人手一机(计算机)等硬件设施,完善“平阳财税网”,开辟“学习园地”,培养一专多能的复合型人才。按照“高效财政”的要求,整合审批职能,优化办事流程,提高工作效能;深化“和风惠民”行动,强化服务职能,开展“走千企访万户,财税上门送服务”活动。推进财政信息公开,自觉接受人大、政协、纪检、审计及社会各方面监督。贯彻落实党风廉政建设责任制,结合财政工作实际,创新党风廉政教育形式,开展“学准则、保廉洁、促跨越”主题教育活动,推进惩治和预防腐败体系建设。

(平阳县财政局供稿 许映月执笔)

苍南县

【概况】 2010年,苍南县实现生产总值254.80亿元,比上年增长12.6%;人均生产总值19800元。其中:第一产业增加值20.33亿元,增长4.3%;第二产业增加值123.05亿元,增长13.5%;第三产业增加值111.42亿元,增长12.9%。三次产业结构由上年的7.9:47.4:44.7调整为8.0:48.3:43.7。全县财政总收入24.25亿元,增长11.2%,其中地方财政收入14.95亿元,增长15.6%;全年一般预算支出28.12亿元,增长29.2%。全年财政运行状况良好,财政收支平衡。

【组织财政收入】 扩大重点税源分析与监控,全年重点税源占税收收入比重51.5%,提高1.5个百分点。推广社会化征管模式,加强与国税、工商、国土、房管等部门协作和沟通,实施保险机构代收代缴车船税,做好年度税费结算,推广应用电脑版发票,推进“信息管票”和“以票管税”,强化税收征管基础。实现契税、耕地占用税两税征管职能转划,制订股权转让税收征管办法,做好企业所得税汇算清缴,开展房产税、城镇土地使用税清查,加强个人所得税全员管理及年收入12万元以上人员个人所得税自行申报。县政府出台《加强苍南县国有土地使用权出让收缴管理》等规定,健全非税收入征管体系,增加地方政府财力。地方财政收入占财政总收入61.7%。

【支持转型升级】 落实支持现代农业产业体系、农业基础设施、农业科技创新和农业龙头企业等各项政策,下拨农业发展补助资金2.10亿元,推动农业转型升级和产业化发展。围绕工业转型升级,完善财税扶持政策,支持企业技术改造、科技创新以及外向型经济、循环经济的发展,兑现财政扶持资金8200万元,落实高新技术企业税收优惠政策4300万元,引导创新要素向企业集聚。落实社会保险费缴费比例临时下浮减征工作,惠及企业2596户,减征社保费1006万元。落实促进商贸流通业、旅游业、金融业、总部经济等服务业发展的财税政策措施，全县企业分离发展服务业新增6家，兑现服务业税收优惠政策减免3375万元，小企业信贷风险金补助900万元，商贸流通服务业财政扶持资金588万元。

【加大民生投入】 保障全县48个重点建设项目资金需求，安排基础设施建设资金2.10亿元。加大新农村建设投入，安排下山异地脱贫、清洁家园、村庄整治、农村公益事业一事一议奖补、柴油价格补贴等资金1.68亿元。落实种粮农户综合直补政策，直接发放补贴金额1804万元，惠及农户15万户。做好家电下乡、汽车摩托车下乡及"以旧换新"工作，落实补贴资金2753万元，资金兑付率95.0%，超全省平均水平5.0个百分点。加大社会事业发展投入，落实教育支出8.59亿元，增长14.6%；落实文化体育与传媒资金5089万元，增长17.3%；落实医疗卫生资金2.33亿元，增长20.3%；落实社会保障和就业资金2.28亿元，增长94.0%。

【深化财政改革】 推进国库集中支付改革，制定改革整体方案，第一批县级预算单位开始试点。出台《政府性债务管理暂行办法》，规范政府性债务的举借和偿还行为，安排偿债准备金9750万元。制定《财政专项资金管理暂行办法》，建立预算单位专项资金项目库。加强政府性资金监管，规范政府性资金的审批程序、使用过程、责任追究，确保政府性资金自上而下的全程监督。推进国有企业管理体制改革，将29家国有企业作为首批划归监管企业，按不同行业特点，整合重组为国有资产营运、城市投资开发、沿海投资开发、社会公共事业、交通运输集团等五大产业板块公司。

【强化财政监管】 从严从紧编制预算，将县级党政机关和全额事业单位公用经费压缩5.0%；修订会议费开支标准，健全公务车辆管理制度，严格控制一般性支出；完善政府性资金管理办法，将全县17家基本建设单位和工程指挥部财务，纳入核算中心统一核算，规范财政资金使用行为。加强政府采购监管，全年政府采购预算1.33亿元，实际采购金额1.15亿元，资金节约率13.6%。深化财政支出绩效管理，全年完成绩效评价项目34个，涉及财政资金1.35亿元。组织乡镇纪委、财政总会计等人员进行财务会计知识培训，并开展乡镇财务交叉检查。县预算会计核算中心开通远程查询功能，对24家单位实行远程报账，并加强对分中心管理，规范会计审核和监督行为。规范财政性资金银行账户管理，对同一性质资金专户予以清理归并。成立县财政项目预算审核中心，全年审核政府性投资项目工程结算309户，核减造价2326万元，核减率8.8%。继续开展"小金库"专项治理工作，全年组织检查49户，查处违规金额66万元。

【加强队伍建设】 加强干部学习教育。开展"财税讲坛"、"周一夜学"活动；组织安排全员轮训、优秀干部选送深造及推荐人才库选拔等工作；加强后备干部和新录用人员思想教育；发放励志类书籍，引导干部树立正确的世界观、人生观和价值观。建立后备干部管理制度，通过考核选拔30名优秀的青年干部充实到后备干部人才库。制定《一般干部轮岗交流办法》，确定在同一岗位连续工作5年以上作为轮岗交流的对象，多岗位培养锻炼干部。加强内部监督检查。安装网上行为管理软件，对县局内网进行改造升级，增设电子去向牌，方便外来办事人员查看和监督。成立局作风督查组，定期开展检查；聘请26位社会各界人士担任特邀监督员，开展明察暗访，并及时通报检查情况。强化廉政建设。学习贯彻《廉洁从政若干准则》，召开与检察院的预防职务犯罪联席会议，建立重点岗位、重点人员信息库，促进"机关廉政文化示范点"创建。推进精神文明建设。发挥工青妇作用，组织开展篮球赛、登山等有益健康活动，举办系统趣味运动会和迎新春联欢晚会等文体活动。 （苍南县财政局供稿 陈青友执笔）

文成县

【概况】 2010年，文成县实现生产总值40.89亿元，比上年增长10.2%。其中：第一产业增加值4.52亿元，增长7.6%；第二产业增加值13.98亿元，增长12.7%；第三产业增加值22.39亿元，增长9.2%。全县人均可支配收入为18326元，增长8.7%；三次产业结构为11.0:34.2:54.8。全年实现财政总收入4.74亿元，增长28.4%，其中地方财政收入3.48亿元，增长30.1%；财政总支出14.70亿元，增长34.6%。全县财政收支平衡，预算执行情况良好。

【组织财政收入】 推行月度收入分析制度。加强税源分析与预测，强化收入计划管理，按月分析收入预算执行情况，有针对性地提出征管措施，把握组织收入主动权，防范组织收入风险。强化税源管理。加强与工商、国税、国土、房管等部门及代征代扣代缴单位的协作配合，利用各部门的涉税信息对重点税源进行全面监控，推进个人所得税全员管理，组织年所得12万元以上个税自行申报工作。完善非税收入征管机制。拓宽政府非税收入征管范围，探索国有资源（资产）类非税收入征管办法；执行非税收入考核制度，发挥部门单位的征收积极性。

【服务经济发展】 支持经济转型升级。统筹安排资金6000万元，用于企业技改贴息，支持企业技术创新、新产品研发和落实节能减排。加大科技投入力度，支持科技创新，当年全县科技支出1219万元，增长26.7%。统筹安排专项资金2600万元，支持旅游宣传和配套设施建设。安排创业创新基金900万元，扶持来料加工、家庭工业等特色产业发展。落实各项税费优惠政策。推进家电、汽车摩托车下乡和以旧换新工作，兑付补贴资金1105万元，激活农村消费市场，拉动和扩大内需。支持重点项目建设。安排项目前期专项资金500万元，用于项目包装、论证和招商选资。加大政府性投资力度，整合资金，支持交通、水利、工业、旅游、市政等基础设施建设，县财政全年用于基础设施建设的财政性资金4.70亿元。

【保障民生支出】　支持“三农”发展。统筹安排资金4110万元，用于农村饮用水工程、生活污水治理和实施“百村整治、十村示范”工程，支持农业综合开发、防洪堤和小型农田水利设施建设，实施“千库保安”工程；统筹安排资金6030万元，支持“康庄工程”和公路养护、安保设施建设；统筹安排资金1100万元，支持农业产业化发展，扶持农民合作经济组织；统筹安排资金2550万元，用于村干部补贴、聘任大学生村官报酬，支持农村公益事业发展、农村基层组织建设；统筹安排资金1200万元，用于农民下山脱贫、农村劳动力素质培训和扶持少数民族地区发展。支持科教文卫事业发展。全年教育支出3.36亿元，增长26.7%。重点支持创建“教育强县”、实施中小学校舍安全工程、改善办学条件，提高生均公用经费、免除义务教育阶段学生课本费、作业本费和学杂费，落实义务教育教师绩效工资政策，扶持职业教育、民办教育和学前教育发展；统筹安排资金7000万元，用于城乡居民健康体检、突发公共卫生事件应急处置，支持社区卫生服务中心和乡镇卫生院标准化建设，实施城乡合作医疗制度；统筹安排资金2100万元，支持乡镇文化站等基础设施建设，实施广播电视“村村通”工程和文化繁荣工程。支持社会保障体系建设。统筹安排资金1.21亿元，用于城乡居民最低生活保障、“五保”集中供养以及农村住房困难、自然灾害和医疗救助，支持养老保险体系建设，实施残疾人共享小康工程和促进再就业工程。支持“平安文成”建设。统筹安排资金3100万元，用于政法机关基础设施建设和执法装备更新，完善公检法司公用经费保障机制。安排粮食储备费用及粮食风险金440万元，支持粮食安全体系建设。支持生态环境保护。统筹安排资金1.26亿元，支持环境治理及生态公益林保护等生态县建设项目。

【推进财税改革】　推进财政体制改革。深化预算管理改革，细化部门预算编制，加强预算资金统筹力度，强化项目预算管理。推进国库集中支付改革，扩大国库集中支付改革试点范围；完善财政专户集中管理、分账核算、统一调度的管理模式，优化资金拨付流程，提高专项资金专户管理的效益。加强财政支出绩效评价，探索项目支出绩效自评和重点项目评价方式，探索建立评价结果在预算安排中的激励与约束机制。扩大政府采购规模和范围，加强政府采购监管力度，规范政府采购行为。强化财税监督管理。组织开展强农惠农等专项资金检查和“小金库”治理专项工作，规范资金使用。加强乡镇暂存、暂付资金的清理与整合，出台《文成县县级财政周转金清收处理实施办法》，对财政周转金清收处置程序进行规范。出台《文成县政府性债务管理暂行办法》，强化政府债务监管，防范政府债务风险。强化税务稽查，开展房地产、建筑安装、交通运输等行业的税收专项检查。完善财税内设机构和职能配置。落实耕地占用税、契税征管职能划转和行政审批职能整合、集中工作，确保“两税”征管顺利纳入地税统一管理框架。

【队伍建设】　开展财税文化建设。以培育“五种文化、搭建六大平台、树立七种意识、实现五大目标”的“5675”财税文化建设为总体目标，通过“学习、制度、情感、激励、宣传、活动”等六个平台建设，组织开设“文成财税讲坛”及内外网学习专栏、开展“书香财税一月读一书”活动，以“财税文化建设”为主题的演讲比赛等一系列文化活动，形成以人为本、以实为首、以干为乐、以廉为荣、以绩为上的良好风尚。学习实践科学发展观。组织干部职工学习科学发展观相关理论，以财税文化建设为载体，举办干部综合素质培训班、知识更新班，提高干部队伍综合素质。组织开展领导班子专题民主生活会和各支部组织生活会，提高对本职工作的责任感和使命感，增强服务意识。开展省级文明单位创建活动。做好“巾帼示范岗”、“青年文明号”等创建工作，招募志愿者，组建纳税志愿者服务队，开展实施“结对帮扶”、“文明共建”、“挂钩扶弱”、“春泥计划”、“关爱未来”救助失学儿童等系列活动；不定期开展一把手与班子成员、分管领导与中层干部、中层干部与一般干部的交流谈心，增进感情，促进和谐队伍建设。2010年，局机关获省市县先进27项，科室和基层单位获省市县先进8项，个人获省市县先进35人次。(文成县财政局供稿　刘世多　郑珊珊执笔)

泰顺县

【概况】　2010年，泰顺县实现生产总值39.81亿元，按可比价格计算，比上年增长11.9%。其中：第一产业增加值4.61亿元，增长6.1%；第二产业增加值14.50亿元，增长12.8%；第三产业增加值20.7亿元，增长12.3%。三次产业结构比例为11.6:36.4:52.0。人均生产总值11044元，增长10.6%。全年财政总收入4.65亿元，增长27.8%，其中地方财政收入3.43亿元，增长30.2%；财政总支出15.42亿元，增长46.6%。全县财政收支平衡，预算执行情况良好。

【组织财政收入】　提高分析预测水平。加强重点税源监控，掌握企业生产经营情况，做好收入情况分析和通报。关注财政、国税、地税各征收部门的收入进度和动态，协调组织收入进度。推进税种管理。加强房地产、建筑安装等重点行业的营业税征管，完善纳税评估体系，规范运输业、娱乐业、邮政业、饮食业等行业的税收管理。开展房产税、土地使用税税源清查工作；加强税务稽查，深化金融性机构、社会中介机构、广告业等行业的税收专项检查，打击各种偷、漏、逃税行为，查补各种税（费）、罚款、滞纳金计 539 万元。规范非税收入征管。完善“收支两条线”和“票款分离”管理规定，对非税收入实行收缴分离，确保财政收入应缴尽缴。加强社会保险费收入管理，全面推进“五费合征”及扩面征收等工作，开展欠费催缴。全年组织社保费入库 1.65 亿元，增长 20.4%。

【助推经济发展】 支持重点项目建设。安排和投入 2.24 亿元，用于县城新城区配套设施建设，县体育中心、县公共卫生大楼等公建项目，新 58 省道至雪溪公路、52 省道金竹坑至双坑口公路等道路建设。助推生态产业协调发展。安排 1415 万元，支持氡泉、廊桥文化园、乌岩岭等重点景区建设，扶持农家乐加快发展，支持开展三月三畲族风情节和廊桥文化旅游节等活动。完善彭月产业基地招商选资财税政策，追加投入彭月产业基地开发资金 5000 万元。安排 2130 万元用于建设仕阳镇等乡镇山区小流域农业生态工程，立项农业综合开发土地治理项目 2 个，全年农林水事务支出增长 39.7%。申报扶持企业资金 809 万元，取消和暂停部分行政事业性收费项目 18 个。助推城乡统筹发展。投入 2.36 亿元，重点用于城乡供水、垃圾、农村公路安保工程、体育设施等建设，并落实 255 个行政村村级组织运转补助经费及支持四川震区生产发展。分配下达 650 万元直补资金，受益农民 6 万户。兑付家电、汽车摩托车下乡等补贴资金 500 多万元。助推生态文明建设。投入生态环境保护各项资金 6171 万元，支持千百工程创建，加大乡镇垃圾、污水处理等生态环保基础设施投入，运用财税政策，支持节能减排重点工程建设，发展低碳经济和循环经济。

【保障民生支出】 支持发展教育、卫生事业。安排教育投入 3.43 亿元，落实改造薄弱学校，建设新农村新校园，化解农村义务教育债务，完善义务教育经费保障机制，提高生均经费标准，减免学杂费和书本费，安排 1.20 亿元用于实施义务教育学校教师绩效工资。安排医疗卫生资金 1.12 亿元，完善乡镇和村级医疗卫生机构基础设施改造和建设，新农合人均财政补助标准从 110 元提高到 145 元，安排 4103 万元推进医药卫生体制改革。支持发展社会保障事业。全年落实社会保障和就业资金 1.40 亿元。支持城乡居民社会养老保险，60 岁以上未参加社保的老人月均享受 60 元基础养老金。安排 107 万元用于农村独女户纳入社会养老保险和家庭奖扶资金，落实婚前免费检查和孕前免费体检的资金补助；加强农村困难群众危旧房改造。支持创建平安县。安排 508 万元用于治安卡点和电子眼建设、派出所建设、治安巡逻队建设和司法救助金等。完善监测预警系统建设。

【深化财税改革】 试行国库集中支付改革。设立国库科，出台国库管理制度改革方案和集中支付管理、会计核算、集中支付资金银行清算等三项具体办法。确定 4 家国库集中支付改革试点单位，依照国库集中支付会计核算要求，实施信息系统升级。加强乡镇财政管理改革。设立乡镇财政管理中心、8 个片区乡镇财务管理中心。加强对乡镇财政干部和农村财会人员财政政策培训。新招和调动 16 名片区中心人员，做好乡镇会计移交工作。实施支农资金监管模式改革。针对财政支农资金管理存在部门条块分割、效率不高等问题，创新支农资金监管模式，探索实施事前绩效管理。牵头开展全县强农惠农专项资金清理检查，清查面 50%以上。

【加强财政监管】 落实厉行节约政策。执行党政机关和全额拨款事业单位公用经费预算压缩 5.0%的规定，加强预算执行约束与监督，从严控制“三公”经费支出，建立行政经费支出月报制度。加强预算管理。深化、细化部门预算，安排部门用款计划，依法推进预算信息公开。压缩财政资金结余结转规模，降低结转率；实行预算资金时序拨付制度，压缩办事时限，加快财政支出进度。优化项目管理。推行财政支农资金项目网上申报；加强项目概算管理、标前审价和标后监管工作；强化项目前期论证，杜绝浪费和投资失效；执行政府项目竣工必审制，降低成本、提高效益。开展财政支出重点项目绩效评价、财政专项资金检查；鼓励和吸引民资及县外资金投入重点项目建设。规范资金监管。加强乡镇政府性债务管理，执行乡镇政府采购和乡镇项目建设资金审批制度。加大项目资金整合力度，改进分配办法；建立健全资金拨付管理操作规程，加强预算执行控制；严控新增专户，科学制定资金专户的收付流程，加强审核把关。开展财政专项资金立项评审和绩效考评，全程监控资金使用情况；清理出借资金。开展 47 户国有企业“小金库”专项治理“回头看”工作。

【加强队伍建设】 开展争先创优目标管理。明确财税工作重要责任目标、职能目标和系统的共性目标及争先创优目标，将局机关各部门分财政科室、地税科室和基层站所三大类，实行同类单位对比考核。出台 2010 年度工作目标难度系数评定办法、评定原则和评定细则，成立督查考核组，实行交叉督查考核。把考核结果与干部提拔使用、评先评优、经济奖惩、行政问责等相挂钩。开展专项活动。推进“文明单位”、“基层满意单位”创建，开展“春雨帮扶”、“和风惠民”等活动。加强党风廉政建设，强化干部廉政监督检查；建立健全机关考勤、请销假等制度，推行实时评价、效能奖惩等机制。加强学习培训。以“求知、健康、生活”三大工程为平台，开展思想教育活动，加强学习培训力度，提升干部队伍综合素质。全年共举办各类学习培训 18 期，培训人员 400 多人次。建立财政地税人才管理系统。丰富业余文化生活。开展各项兴趣活动，陶冶生活情趣，增强团队凝聚力。 （泰顺县财政局供稿　薛　杨执笔）

嘉兴市财政工作概况

嘉兴市

【概况】 2010年,嘉兴市生产总值2296.00亿元,按可比价计算,比上年增长13.7%。人均生产总值67410元,增长13.1%。其中第一、二、三产业增加值分别为126.30亿元、1342.12亿元、827.58亿元,增幅分别为3.3%、15.4%、12.5%。三次产业结构由上年的5.6:58.0:36.4调整为5.5:58.5:36.0。社会消费品零售总额799.36亿元,增长18.9%。全社会固定资产投资1518.56亿元,增长23.1%。进出口总值228.20亿美元,增长32.6%,其中出口总值160.41亿美元,增长30.0%;进口总值67.80亿美元,增长39.3%。城镇居民人均可支配收入27487元,增长11.3%;农村居民人均纯收入14365元,增长13.2%。全市财政总收入334.33亿元,增长19.7%,占生产总值的比重14.6%;地方财政收入176.83亿元,增长24.8%,占财政总收入的比重52.9%;全市财政支出199.06亿元,增长23.6%。市本级财政总收入107.25亿元,增长21.7%,其中地方财政收入60.19亿元,增长26.7%;市本级一般预算支出69.94亿元,增长26.0%。财政运行情况良好,全市及市本级财政收支平衡。

【保持收入稳定增长】 加强收入预测和分析,增强组织收入的主动性和科学性,完成对458户市级以上重点税源企业税收收入调查摸底。扩大重点税源监控面,全市列入重点税源监控的企业6197户,增长11.2%。实现地税部门与社保部门数据实时联网和共享,加快提升社保费征管水平,实现社会保险基金收入71.23亿元,增长19.7%。加强非税收入征管,强化对重点执收单位、执收项目、票据使用单位的动态监管,除土地出让金外,市级累计缴入财政专户非税收入4.70亿元,其中:政府专项收入1.17亿元,行政事业性收费及其他收入3.53亿元。推进土地出让信息系统建设,加强土地出让资金管理,全年市级缴入专户的土地出让金55.11亿元。

【助推经济发展方式转变】 出台《嘉兴市"五个一百"示范工程项目资金管理实施细则(试行)》和《2010年市财政支持农业和农村经济发展导向目录》,制定《嘉兴市区财政支农资金整合方案》,加强支农资金整合,引导资金、项目向粮食生产功能示范区、现代农业综合园区集中,确保园区建设重点,推动现代农业发展。完善《嘉兴市级工业发展资金管理暂行办法》,将原工业发展、节能、装备制造业等专项资金进行整合,安排专项资金5960万元,重点支持自主创新技术进步、产业结构调整、创业创新平台建设、重大节能降耗循环经济发展等项目,推动工业转型升级。修订完善《嘉兴市级第三产业发展专项资金补助操作细则》,重点支持现代物流业、旅游业等服务业发展。加强对海宁皮革产业群及全市13家工业龙头骨干企业的分离辅导,稳步推进分离发展服务业工作。制定出台《关于努力确保开放型经济稳定健康发展的若干意见》,支持企业实施"走出去"战略。落实浙江省有关加快促进经济发展方式转变的税收优惠政策,对先进制造业等符合产业结构调整方向的企业实行社会保险费临时性集中减征,将市本级企业养老保险费征收率由15%降至14%,为企业减负近1亿元。

【优化财政支出结构】 控制一般性支出,控制行政成本,各级党政机关公用经费预算继续压缩5%,会议费、公务接待费、出国(境)经费等实行零增长。市财政2010~2011年新增1亿元用于"校安工程"建设,提高学校安全水平。加快民办教育发展,完善《市本级民办教育财政补助办法》,扩大并提高就读民办学校的学生补助范围和标准。出台民办博物馆财政扶持政策,保护文化遗产。实施"三补一奖"公交扶持政策,支持城乡公交改革与发展。强化世博安保和省运会经费保障。安排领军人才和创新团队专项资金3250万元,支持领军人才及创新团队的引进和培育。建立文化产业发展专项资金,安排专项资金600万元用于扶持文化创业产业园建设。支持农村社区建设,首次对农村社区安排560万元财政补助。加强新居民基层服务管理,将市财政对新居民服务管理"以奖代补"经费标准,由年人均15元提高到20元。支持生态文明建设,争取中央太湖流域水污染防治专项资金补助2.40亿元和市地方政府债券发行额度1.40亿元,加快生态绿道网项目建设。

【支持新农村建设】 推进"两新"(现代新市镇、城乡一体新社区)工程建设,建立稳定财政投入增长机制,市财政自2009年始每年增加投入1000万元,当年投入资金5000万元。研究制定《村级公益事业建设一事一议财政奖补实施办法》,并在市本级全面实施,全年各级财政安排奖补资金5389万元,建立以村民出资出劳和村集体经济组织投入为基础,财政奖补资金为引导,企业和社会捐助为补充的多元投入的村级公益事业建设新机制。探索新型农业经营主体发展现代农业与壮大村级集体经济的有效结合,创新"以农业综合开发项目建设为载体,项目工程作价参股组建新型农业经营主体,参与现代农业园区建设,壮大村级集体经济,带动农民致富"的嘉兴模式。

【支持医疗卫生事业发展】 支持公立医院改革,研究提出基层医疗机构药品销售零差率改革对策和公立医院改革试点的财政政策框架。实施导师带教财政补助制度，导师带教专项补助资金，医院按1:1配套落实培训经费，激励导师带教积极性，激励医学专家培养年轻医生。继续深化并推进县以上医院药品使用结构调整试点，兑现2009年药品结构调整奖励资金232万元，预拨当年奖励资金232万元，鼓励医院提升甲类药品占比，加大药品结构调整力度，缓解看病贵问题。启动城镇职工基本医疗保险和城乡居民合作医疗保险两套医疗保险制度整合。

【深化财政管理改革】 深化部门预算制度改革，全面完成基金预算编制；市文化局、水利局等部门预算（草案）提交市六届人大五次会议进行重点审查的同时，向人代会提交20个市级部门预算（草案）进行上会审查，并提交10万元以上的部门专项经费进行审查。完善财政管理体制，出台扶持国际商务区与湘家荡联合开发区发展的财政政策。深化国库集中支付改革，社保资金的国库集中支付向纵深推进，扩大国库集中支付规模，集中支付中的财政直接支付比重逐步提高；全面实施公务卡制度，规范公务支出管理。深化财政支出绩效评价，组织市级部门单位绩效自评重点项目43个，财政部门重点评价项目8个。稳妥推进财税机构改革，制定“三位一体”组织机构改革的总体框架。

【规范政府采购管理】 推进政府采购“扩面增量”，先后将卫生系统药品和医疗耗材等纳入政府采购范围，政府采购规模较上年增长1倍。全市实施政府采购预算金额24.47亿元，增长111.0%；实际采购金额21.52亿元，增长105.0%，节约资金2.95亿元，资金节约率12.1%，提高2.6个百分点。推进政府采购信息化建设，建成覆盖各类采购项目和整个采购过程、可参与全省政府采购信息资源共享的“政府采购信息管理系统”。

【强化财政监督管理】 加强政府投资项目监管，修订《嘉兴市政府投资项目资金管理办法》，对市级所有政府投资项目建设资金实施全过程监管。开展工程建设领域物资采购和资金安排使用突出问题的专项治理。强化“三公”管理，加强会议和公务招待定点管理，加强公房出租管理，推进公务用车管理改革。加强政府性债务管理，增强风险防范意识。组织开展对党政机关、事业单位“小金库”专项治理“回头看”和对社会团体、国有及国有控股企业“小金库”专项治理。成立嘉兴市注册会计师协会，加强注册会计师行业党建工作。全面启动“金财工程”改造提升建设，提高财政信息化管理水平。

【加强干部队伍建设】 *开展创先争优活动*。组建“和谐财税”品牌服务队，建立局党委成员联系点制度，局领导班子到联系点指导创先争优活动。开展先锋承诺活动，通过公开栏、网络、台账等形式，将开展创先争优活动的实施方案和具体打算向群众公布，并开展“万名党员网上先锋承诺”签名活动。开展闪光点评议活动，采取“个人自亮、党员互议、支部评语”的方法开展评议，在亮出自身闪光点的同时，发现他人的闪光言行。开展惠民专项行动，走访慰问生活困难党员和群众；深化党员志愿服务，开展城乡基层党组织结对共建，帮扶党员群众创业。*深化财税文化建设*。推进“六大平台”建设，举办“七一诗·歌会”和全市财税青年文明礼仪大赛等活动。加强领导班子建设，强化党委中心组学习、中层干部培训和知识更新等制度，提高调研能力和参谋水平，全年撰写15篇《调研与建议》，得到市委、市政府主要领导肯定批示，推动工作开展。抓好全省财政系统三个人才库人员的选拔推荐；开展竞争性选拔干部工作。*加强机关作风效能建设*。制定下发《关于加强作风效能和执行力建设的实施意见》，加强对制度执行的督查。加强党风廉政建设，开展廉政作风效能建设案例分析和深化岗位廉政风险排查活动。2010年，市财政（地税）局连续第九年被评为“工作目标责任制考核先进单位”，并获“市级文明单位”、“调查研究工作先进集体”等。

（嘉兴市财政局供稿　刘　俊执笔）

南湖区

【概况】 2010年，嘉兴市南湖区实现生产总值309.80亿元，比上年增长14.2%。其中：第一产业增加值12.46亿元，增长3.4%；第二产业增加值145.71亿元，增长16.8%；第三产业增加值151.62亿元，增长12.4%。三次产业结构比例为4.02:47.04:48.94。人均生产总值65552元。全区财政一般预算收入34.20亿元，增长33.6%，其中区级地方财政收入14.19亿元，增长42.6%；财政一般预算支出11.59亿元，增长24.7%。全年财政收支平衡。

【促进经济发展】 支持工业经济发展，疏理完善政府扶持政策体系，全年安排1700万元工业发展资金对符合政策扶持条件的企业进行补助。支持现代服务业发展，安排900万元三产发展资金对符合条件的三产企业进行补助。支持科技和环保，安排350万元环保专项资金对企业减排投入进行补助；安排2500万元科技专项，推进全区产业转型升级，重点培育南湖区产业集群，推进百亿工程。争取上级支持，落实配套资金，保障教育、交通、水利、民生等方面项目建设的需要。落实财税减负政策，结合实施增值税转型改革，营造宽松的政策环境；提高出口退税的速度和效率，促进出口平稳增长；强化各项税费减免政策，执行取消和停征140项行政事业性收费和基金规定。筹措资金1500万元，为区创投公司注入资本，促进创业企业发展壮大。注重金融服务与创新,在全市率先推出财政资金存贷挂钩管理办法, 加大对区内重点基础设施和企业的金融支持力度,激励金融机构放款。推进企业分离发展服务业,培植财源; 完善中小企业贷款担保体系和担保机构风险补偿机制,缓解中小企业融资难的矛盾。

【加强收入管理】 以促进财政增长为目标, 重点在财税征管上下功夫,完善重点税源监控机制,对重点区域、重点行业、重点企业依法加大征管力度,完善综合治税机制。关注宏观经济形势变化,加强税源分析,搭建税收分析平台,坚持财税部门不定期工作通报制度,认真分析财源结构变化以及增、减收入因素,协调税务部门加强税收征管,确保财政收入合理稳定增长; 关注重点税源变化, 关注增值税改革实施情况和农业“两税”征管职能移交后的征管情况,确保国家财税政策调整顺利实施。加强非税收入管理,严格执行“收支两条线”的具体规定,规范各类行政事业性收费、政府性基金和罚没收入等非税收入的管理。

【支持新农村建设】 制定《关于财政支农资金整合工作的实施意见》,完善对“三农”的财政支持保护机制,优化支农支出结构,确保“三农”投入的稳定增长。集中财力突出支持新农村建设的重点领域和关键环节。当年预算安排 21860 万元,重点支持农业综合开发、标准农田整理建设用地复垦等项目建设以及对种粮农民的直接补贴,完善粮食生产财政支持政策,提高农业生产综合能力。安排支出 4000 万元,重点支持农村新社区建设、河道整治、农村面源污染治理、绿化造林及小型灌区改造等项目建设,加大农村公益设施投入,改善农村生产生活条件。安排支出 100 万元,重点支持农村劳动力培训工程以及农业信息网络的建设, 完善农村公共服务建设财政支持政策,拓宽农民就业致富渠道。支持完善农村流通体系,做好“家电和汽车、摩托车下乡”财政补贴工作。

【保障和改善民生】 优化财政支出结构,保障和改善民生。增强财政公共服务职能,加大对公共产品和公共服务领域支出的保障力度,重点保障教育、文化、卫生、社会保障等民生支出,三分之二以上的新增财力用于改善民生。加大对教育的支持力度。巩固和完善城乡义务教育免费政策,全年减免学生课本费共 1755 万元;落实生均公用经费基准定额,中小学生均公用经费分别为 550 元 / 年和 400 元 / 年;安排 3500 万元推进“校安工程”建设。促进就业和社会保障制度建设。落实税费减免、小额担保贷款等优惠政策,当年补助社会就业困难人员社会保险补贴 800 万元;探索新型农村养老保险办法,全年安排 3000 万元用于农民参保及高龄老人补贴,建立覆盖城乡的养老保险制度。继续完善城乡居民最低生活保障制度,提高低保补助水平。支持廉租住房建设。支持医疗卫生事业发展。推进农村合作医疗制度建设,全年安排合作医疗基金 1577 万元用于医疗补助,补助基层公共卫生经费 2300 万元, 预拨 800 万元用于基本药物制度实施,支持完善城乡基层医疗服务体系建设。

【推进财政改革】 深化部门预算改革。完善专项经费零基预算管理模式,优先安排上年“结转项目”,重点安排区委、区政府已研究确定的新增项目,对“其他一次性项目”量力而行、尽力而为,区分轻重缓急合理安排。同时,根据国库集中支付改革要求,细化项目预算编制。采用“两上两下”程序,使项目经费核准更贴近实际。深化国库集中支付制度改革。建立和健全区级国库集中收付会计核算办法、用款计划办法、现金管理办法、工资直接支付、政府采购资金直接支付、国库资金支付办法等一系列办法。继续扩大国库集中支付试点范围,规范和优化大额资金财政直接支付的方式、程序,加强执行监管,提高执行效率,提高资金使用效益,完善财政资金的集中申拨系统。加强非税收入管理。搭建信息平台,对非税收入缴存国库及财政专户、票据领用结报等情况实行资源共享, 提升管理的质量和效率。实施国有土地使用权出让收入、公安等行政事业性收费收缴分离改革,加强收缴财政监管。加强政府采购管理。按照市本级“管采分离”要求,将区政府采购事项全部委托市管理,形成“决策—管理—执行”三分离的政府采购管理体制。

【完善财政监督】 加强对扩内需保增长调结构政策资金的监督管理。从科学决策入手,事前规范项目储备、比选、审批程序,严格预算审核监督,把好资金投向关,确保资金真正用于民生工程、基础设施、生态环境等方面的建设;事中通过对资金拨付情况、项目单位预算执行情况的重点跟踪监控,把好资金使用关,防止资金损失浪费;事后通过竣工财务决算的审核审批,以及对已完工重点项目的监督检查,严肃查处贪污挪用、索贿受贿、弄虚作假等行为。加大预算信息公开力度。在一定范围内重点公开政府预算、部门预算、预算执行以及财政转移支付等内容,逐步细化、规范和完善报送人民代表大会审批的政府预算体系,加大涉及群众切身利益的重点支出公开力度,增强财政性资金使用情况的透明度,依法自觉接受人大监督,以及审计和社会各界的监督。全面推进绩效评价和会计信息质量检查。在政府投资、民生项目等领域继续开展绩效评价,完善评价体系、办法和工作机制,逐步建立以结果为导向的预算管理机制。做好企业、行政事业单位会计信息质量监督检查,建立覆盖财政财务会计管理事前、事中、事后全过程的监督机制。

【加强干部队伍建设】 加强干部教育培训工作, 提高干部的综合素质和依法理财水平。完善《局党组理论学习制度》、《党员学习教育制度》,结合财政文化建设、全员读书活动、岗位培训等形式，促进机关干部树立与时俱进、终身学习的理念，增强学习能力和工作创新能力。加强党风廉政学习教育，开展岗位风险防控深化月活动，推进财政廉政文化建设，增强党员干部廉洁自律意识。立足创新发展，抓好“创先争优”活动。巩固和拓展深入学习实践科学发展观活动成果，培养树立一批发挥先锋模范作用的优秀共产党员，提高党组织在推进财政科学发展中的执行力。

（嘉兴市南湖区财政局供稿　杨琼菲执笔）

秀洲区

【概况】　2010年，嘉兴市秀洲区实现生产总值190.41亿元，按可比价格计算，比上年增长13.6%。其中：第一产业增加值13.81亿元，增长3.3%；第二产业增加值115.14亿元，增长15.2%；第三产业增加值61.46亿元，增长12.9%。人均生产总值73979元。全区财政总收入26.28亿元，增长23.8%，其中区级地方财政收入9.04亿元，增长24.3%；全区一般预算支出10.64亿元，增长3.8%。当年财政收支平衡。

【组织财政收入】　强化财政部门在收入管理中的组织协调作用，按照科学化精细化管理要求，加强税收收入预测和分析，利用第三方信息，做好房产税、土地使用税等税种的分析比对和清理。践行“抓大评中定小”税源管理思路，加强对重点税源监控和重点行业的纳税评估，从源头控制税收流失。加强非税收入征管，完善非税收入计划执行情况分析预测，强化对重点执收单位、执收项目、票据使用单位的动态监管。推进土地出让信息系统建设，加强土地出让资金管理。2010年实现国税收入15.38亿元，增长17.0%。地税收入8.42亿元，增长31.1%。

【支持经济发展】　落实各项财政扶持政策，重点项目专项资金支出52575.26万元，其中：工业资金954.03万元、三产资金450.11万元，招商引资专项资金481.12万元、“两新工程”专项资金2000万元、建筑业发展专项资金200万元、竞争力龙头企业专项奖励资金100万元、集镇提升工程专项资金66万元、项目提升奖励83万元、扶持重大项目建设专项资金48241万元。落实各项税费减免政策，包括出口退税、增值税转型、国家高新技术企业所得税、再生资源利用、产业结构调整扶持支出等825亿元。向上争取和利用区级财政间隙资金，累计调度6.81亿元，缓解企业资金运行困难。争取扶持政策支持地方经济发展，通过区财政协调、配合有关部门向上级财政申请扶持项目60个，向上争取补助资金1.69亿元。利用区级融资平台，为“两新工程”建设融资2.40亿元，办理各类融资担保31笔，担保额22.99亿元。

【保障民生支出】　财政支出向公共服务领域倾斜，全年用于民生支出52365万元，占总支出63.7%。支持新农村建设，投入都市型农业发展资金556万元，“两分两换”（“两分”指将宅基地与承包地分开，搬迁与土地流转分开；“两换”指以承包地换股、换租、换保障，以宅基地换钱、换房、换地方）扶持政策和现代新农村建设专项资金2000万元，北部防洪工程及圩区整治工程1064万元，农村饮用水安全保障工程700万元，河道清淤及专项整治工程573万元，村级一事一议项目扶持资金173万元，村干部及大学生村官报酬补助资金669万元，经济薄弱村补助资金200万元，农村劳动力培训转移资金100万元，投入100万元实施水稻、油菜、能繁母猪、奶牛、生猪、种鸡等政策性农业保险。通过“一卡通”发放综合直补资金1472万元，种粮大户补助资金543万元，扩大农村消费，兑现家电下乡、汽车摩托车下乡、以旧换新补助资金2102万元。加大教育投入，全年教育经费支出3.43亿元，其中：中小学校安工程专项支出3451万元、教育装备专项资金支出720万元，住校学生补助支出132万元，资助中小学困难学生和中等职业学校学生29.6元，资助812人次。落实城乡居民养老保险政策，区财政安排3843万元对城乡居民养老保险实施补贴，全区参加社会保险总人数23.58万人，社保覆盖率95.3%。提高城乡合作医疗标准，区财政安排1650万元补助基金和10%风险基金，人均300元，全区参保283311人，参保率97.7%。再就业专项支出483万元，向符合条件的人员发放再就业优惠证。落实困难群众城乡医疗救助政策，全年对1795人次困难群众实施医疗救助。落实最低生活保障，发放低保救助金1016万元，2599户低保户4392人受益，农村五保和城镇“三无”对象集中供养率99.7%。投入养老服务事业资金100万元，全区建成18个居家养老服务站和4个示范服务站。投入医疗卫生经费7272万元，计划生育经费1070万元。

【深化财政改革】　全面实施公务用车改革，规范公务用车补贴。深化细化部门预算编制，简化基本支出预算编制，改进经常性项目编审程序，向区七届四次人代会提交两个单位的部门预算上会审查。推进国库集中支付改革，在第一批20家单位试点的基础上，又增加24家单位为第二批国库集中收付试点单位。启用财政国库集中支付远程报账系统，实现财政国库与各预算单位数据和资源共享。深化政府采购改革，运用全省协议定点联动采购“统一招标、结果共享、联合监督”的集中采购新机制，推进政府采购“扩面增量”。强化供应商履约监管，建立供应商档案库，实施协议定点项目履约情况定期检查和评估。

【加强财政管理】　开展强农惠农资金专项清理和检查工作，全面梳理2007～2009年中央、省、市、区财政安排的四十大类涉农补贴资金，清理强农惠农资金9.02亿元。开展对234户党政机关、事业单位、54户社会团体、77户国有及国有控股企业"小金库"专项治理工作,撤销"小金库"账户,整改"小金库"金额49万元。组织区级部门绩效自评项目11个,财政部门重点评价项目4个。加强政府投资项目监管,制定《秀洲区政府投资项目资金管理办法》、《浙江科技孵化城(嘉兴)专项资金管理暂行办法》,对区级所有政府投资项目实施全程监管。

【国有资产监管】 理顺区、镇两级国资公司投资关系,强化对企业重组改制、资本运营、产权交易、投资担保、营销采购、项目招投标等环节的监管。建立健全国有资产损失责任追究制、国有企业预决算制度、经营性国有资产考核和国有企业财务报表报送制度。建立行政事业单位资产管理长效管理机制,启动全区行政事业单位国有资产管理系统建设。加强公房出租管理,完善公房招租办法。规范产权管理,全年通过公开拍卖处置国有资产3项,成交金额312万元。

【乡镇财政监管】 全区8个镇(街道、秀洲新区、工业园区)财政总收入22.72亿元,同比增长33.72%,占全区财政总收入的86.4%。各镇(街道、秀洲新区、工业园区)一般预算总支出4.16亿元,同比增长28.7%。强化镇级财源管理,协调镇(街道)与国地税部门的关系,坚持每季召开护税协税联席会议,每半年召开财政形势分析会,强化财政经济预测和分析,利用征管共享信息平台,推进个体税收社会化管理。制订镇(街道)财政工作考核办法,并将考核结果纳入区政府考核范围。开展基层财政干部业务培训,提升财政干部的管理水平和履职能力。

【干部队伍建设】 以"创先争优"活动为契机,开展"创新实干、清廉奉献"集中教育活动和"支部晒目标、党员亮承诺"、"勤廉双优"、"闪光点评议"等系列活动,营造文明、和谐、向上氛围,促进干部职工综合素质和工作效能的提升。加强党风廉政建设,组织开展"廉政防控月"系列活动,深化岗位廉政风险排查,对排查出的43个风险点分类梳理,制定39条防范措施。组织干部参观警示教育基地,建立公务员和事业中层干部廉政档案,增强干部自我防御能力。完成事业单位岗位设置管理工作,区财政局连续4年被区政府评为年度目标责任制考核区级部门一等奖,连续七年被区党工委评为先进党支部,连续六年获得市国资监管先进集体称号,2010年被省财政厅评为全省财政系统先进集体。

(嘉兴市秀洲区财政局供稿 沈志荣执笔)

海宁市

【概况】 2010年,海宁市实现生产总值455.09亿元,按可比价计算,增长15.3%。人均生产总值69196元,增长14.5%。其中:第一产业增加值21.11亿元,增长3.4%;第二产业增加值279.29亿元,增长17.6%;第三产业增加值154.69亿元,增长12.9%。三次产业结构比为4.6:61.4:34.0。全市财政总收入59.17亿元,增长22.3%,其中地方财政收入30.33亿元,增长26.6%;财政一般预算支出32.55亿元,增长23.8%。全年财政收支平衡。

【组织财政收入】 优化收入结构,地方财政收入占财政总收入的比重为51.3%,比上年提高1.77个百分点,实现"做大总量、做优结构"的目标。深化经济税源预测分析。跟踪重要经济指标变动情况和宏观调控政策变化,多层面开展预测分析。加强税收收入精细化管理。落实营业税差额征税管理办法,探索企业所得税分行业信息化管理新方法,抓好年所得12万元以上个人所得税自行申报和限售股转让所得计征个人所得税管理,开展房产税、土地使用税税源清查,加强土地增值税预征管理。做实非税收入征管。深化社保五费合征和扩面征缴管理,全年社会保险费入库12.97亿元,增长19.4%;加强土地出让金收支管理,实现国有土地出让金收入69.60亿元;拓宽非税收入征收范围,对纳入市级财政预算管理的国家机关、社会团体、财政拨款事业单位税后房租收入缴入财政专户;抓好票据日常管理,纠正用票违规行为,从源头上抓好各项非税收入征管。

【推进经济转型升级】 落实扶持经济转型升级政策,发挥财政资金支撑、保障和引导作用,全年兑现财政扶持奖励资金2.79亿元。全年用于科技项目财政资金4442万元,鼓励企业自主创新,做大发展平台,推进高新技术产业化。设立600万元专项扶助资金,鼓励创业创新。实施"一票否决制"规范财政扶持政策兑现。破解融资难题,设立扶持中小企业发展专项信用贷款资金,市财政调度财政间隙资金1亿元专储于协作银行,由协作银行按1:1比例配套,共同组成专项贷款资金2亿元,解决企业小额、短期的流动资金贷款,并建立专项信用贷款损账补偿制度。设立节约集约用地专项奖励基金,鼓励节约集约利用土地,提高"亩产贡献"。落实扩内需政策,深化家电下乡和"以旧换新"、汽车和摩托车下乡活动,全年兑现补贴资金3422万元。

【支持现代农业发展】 全年一般预算农业支出2.70亿元,增长24.9%。全年投入1.17亿元加强农业农村基础设施建设,设立乡村公路大中修工程建设资金,支持现代农业向"特色型、效益型"转变。开展强农惠农资金专项清理和检查,在财政部和省财政厅的重点检查中获得好评。加大强农惠农资金投入力度,支持"特色基地、龙头示范、休闲观光、生态环保"四大现代农业平台建设,鼓励农村土地实施综合整治,扶持农户创建绿色家园。优化农业发展政策,建立和完善现代农业保障体系,鼓励农业科技创新,大力发展沿江特色农业产业带。扶持村级经济发展，制定《海宁市村级公益事业"一事一议"建设财政奖补试行办法》，筹集495万元市级奖补资金专项用于村级公益事业。推进"两新"工程建设，安排2009海宁国资债中的1.60亿元作为专项借款，用于全市8个镇和4个街道的"两新"建设。

【加大民生保障力度】 保障和改善民生，推进公共服务均等化。对建设支出和民生支出做到统筹兼顾，落实三分之二以上的新增财力用于改善民生的要求。落实校舍建设、学前教育、校园安全、职业教育"六项行动计划"、教师绩效工资等经费保障，全年一般预算教育支出8.11亿元，增长29.0%。加大公共财政对文化事业的投入力度，保护物质文化遗产和非物质文化遗产，设立体育竞赛和输送人才专项奖励基金，全年一般预算文化体育与传媒支出1.01亿元，增长79.4%。落实卫生强镇创建、国家卫生城市创建、公共卫生体系建设的资金，开展城乡居民合作医疗，支持城乡社区卫生服务机构建设，全年一般预算医疗卫生支出2.22亿元，增长24.9%。实施居家养老服务，对困难人群参保缴费实行补助，完善新型社会救助体系，实施困难群众物价联动机制，全年发放物价补贴245万元。贯彻落实新一轮就业再就业政策，全年一般预算社会保障和就业支出1.32亿元，增长44.0%。

【深化财政管理改革】 深入推进"收入一个笼子、预算一个盘子、支出一个口子"的公共财政管理体制改革，建立健全全口径预算制度，实行人大监督和社会监督等多种形式，试行财政预算编制公开审议，实行市级所有部门预算的全面"上会"，增强部门预算的透明度。深化国库集中支付改革，开展国库集中支付信息化系统操作全员培训，全市所有市级部门预算单位实现"全覆盖"，有效规范资金使用。深化政府采购制度改革，创新政府采购监管机制，推行网上采购，实行行政事业单位的采购预算与部门预算同步编制。全年通过政府采购节约资金3432万元，资金节约率14.0%。推进绩效评价工作，全市对77个50万元以上的项目资金实行绩效自评。对"村村通、户户响"农村广播维护费2009年使用情况、2009年度计生事务支出等4个重点评价项目实施绩效评价。

【创新财政监管方式】 强化专项资金管理，加强专项资金清理整合，建立健全财政专项资金分配合理、使用规范的管理机制，形成对项目资金全方位、全过程的监控。加强地方政府性债务管理，强化政府投融资平台监管，防范债务风险。建立政府投资项目审价制约机制，突出政府投资项目事前、事中、事后的监督。全年评审项目231个，送审金额112.13亿元，审定金额107.16亿元，核减金额4.97亿元，核减率4.43%。加强"小金库"治理，实施国有及国有控股企业"小金库"治理工作，建立健全"查、处、建"三管齐下的"小金库"治理工作长效机制。建立财政会计管理与税务工作协作机制，使财政、税务部门之间形成职能互补、资源共享的"大会计"监管格局。

【健全乡镇财政管理体制】 制订《海宁市镇(街道)财政管理业务工作考核办法》，提高镇(街道)财政管理水平。根据中心镇、综合改革试点镇建设实际，合理制订乡镇财政管理体制，划分增收分成比例，增强重点区域的自我发展能力。健全镇(街道)财务审批制度，强化财政预算编制、执行和监督"三位一体"的管理机制，提升精细化管理水平。推行镇(街道)财政统管所有政府性资金，规范所属部门预算编审和镇(街道)政府性债务管理，建立镇(街道)政府债务风险控制机制。通过调整与完善，形成"划分收支范围、核定收支基数、超收比例分成、欠收相应赔补、自求财力平衡"的财政管理体制。

【强化国有资产管理】 优化国资结构，推进扁平化管理。对34户国有企业实施国资整合，组建海宁市社会发展投资集团公司，增强国资公司经营和投融资能力。对4家市属国资营运公司实行负责人经营业绩考核，核定工资总额，加强国有企业薪酬管理。做好国有企事业单位改革和行政事业单位国有资产动态管理，健全"统一权属管理、统一调配使用、统一出租经营"的管理体制。健全《国资营运公司财务总监管理暂行办法》、《市属国有企业负责人离任经济事项交接办法》、《关于进一步加强市级机关办公用房管理的补充意见》等制度，强化国资监管。

【加强干部队伍建设】 开展创先争优活动。以基层党组织争创"五个好"(领导班子好、党员队伍好、工作机制好、工作业绩好、群众反映好)、共产党员争做"五带头"(带头学习提高、带头争创佳绩、带头服务群众、带头遵纪守法、带头弘扬正气)为主要内容，开展"潮乡先锋"、"财税先锋"创先争优活动，推出八大品牌服务。加强党风廉政建设。推进岗位廉政风险防范管理工作，健全廉政风险防范管理长效机制和权力运行监控机制；利用各种宣传平台和活动载体进行廉政专题教育。组织多形式的教育培训。实施学习积分制度，开展网络视频学习、积分学习、"周一夜学"等分层分类的培训学习；开展"制度执行年"活动，做到学用结合，完善制度体系，提升制度执行力；组织中层干部到中央财大培训，请专家来局辅导，做好公务员初任和知识更新培训；完善干部选拔考核机制，调动干部工作积极性和创造性。以夯实"六个平台"为抓手，推进财税文化建设。通过开展青年礼仪比赛、运动会、组建兴趣小组、书画摄影展示等各类文体活动，浓郁财税文化氛围。

(海宁市财政局供稿　许立锋执笔)

平湖市

【概况】 2010年,平湖市实现生产总值342.13亿元,按可比价格计算,比上年增长14.5%,按户籍人口计算,人均生产总值达到70390元,比上年增加11861元。分产业看,第一产业增加值15.99亿元,增长3.0%;第二产业增加值219.06亿元,增长16.2%;第三产业增加值107.09亿元,增长12.7%。三次产业占生产总值的比重分别为4.7%、64.0%和31.3%,三次产业占比提高0.3个百分点。全年财政一般预算总收入和地方一般预算收入分别为51.64亿元、25.51亿元,分别增长18.2%、22.5%,增幅分别提高6.9、11.0个百分点。当年全市财政一般预算支出27.31亿元,增长21.4%。预算执行情况良好,财政收支平衡。

【组织财政收入】 加强税源分析和监控,召开季度税收形势分析会,监控重点行业、重点企业、重点税种,开展关联税种比对分析、入库数与税源登记比对分析,并分析差异原因。强化纳税评估和稽查管理,规范行业税收管理。规范非税收入管理。启动社会保险费"五费合征"征缴机制,设置申报前置条件、事后比对分析,开展社保费30%汇缴面,社会保险费收入11.23亿元,增长22.3%;加强国有土地出让金征收管理及预算指标管理,全年累计供地面积为334.4公顷,实现国有土地出让金收入35.25亿元;开展审核行政事业性收费工作,规范行政事业性收费项目及收费标准。

【助推经济转型升级】 全年下达激励创新创业财政专项补助资金1.05亿元,其中:工业发展资金4348万元,外经贸发展资金1050万元,服务业发展资金1777万元,科技发展资金2730万元,节能减排专项资金380万元,信息化专项资金200万元,鼓励工业平台建设、技术进步和自主创新、中小企业发展、品牌创建、节能减排降耗和生态发展。落实高新技术企业税收优惠、技术开发费加计扣除、国产设备抵免及减免等优惠政策,全年减轻企业负担2.42亿元。支持企业转型升级,巩固和推进企业分离发展服务业工作,壮大服务型经济。

【支持农业发展】 建立"三农"投入稳定增长机制,全年农财口预算内外安排支农资金1.27亿元,支持水利基础设施建设、农村基础设施建设、农业产业化发展和农民素质培训等。提高支农资金使用效益,开展以农业主导产业、村庄整治重点项目和土地治理项目区建设三大领域为整合平台,对相关联的规划、资源、资金"三位一体"进行整合。加大农业综合开发力度,完成姚浜合作社试点项目、海滨项目两个土地治理项目,扶持蘑菇示范基地新建项目等3个产业化项目。

【支持社会事业发展】 支持文教卫事业发展。全面落实和完善义务教育经费保障机制改革。提高生均公用经费定额标准,小学、初中生均公用经费450元和580元;实施中小学校舍安全工程,当年实际到位资金1.36亿元;安排免费教科书经费1750万元;安排国家助学金及困难资助资金1100万元;关注外来务工人员子女就学问题并予以适当补助;建立健全学前教育投入机制,设立学前教育发展专项经费;全面保障学校校园安保所需人员、器材等经费。做好十四届省运会、西瓜灯文化节、第三次全国文物普查等大型文体活动的资金保障工作,做好图书馆、博物馆、纪念馆等公共文化设施、爱国主义教育示范基地的免费开放经费保障工作和"广电低保工程"实施等项工作。支持社会保障事业发展。落实困难群体城乡居民养老保险参保补助政策,提高民政重点优抚补助对象和低保各项补助标准,落实被征地农民保障等。安排"平安平湖"专项资金2950万元,覆盖全市社会治安视频监控系统已全部建成,保障司法救助、法律援助、社区矫正和人民调解工作资金需求,联合出台《平湖市医患纠纷人民调解机制》。安排上海世博会"环沪护城河"安保经费专项资金2577万元。

【实施基本药物制度改革】 12月25日全面实施基本药物制度,所有药品实行进价销售,即药品销售"零差率"。实施基本药物制度的单位包括9家农村社区卫生服务中心(镇及街道卫生院)、1家城市社区卫生服务中心和所有实行人、财、物一体化管理的社区卫生服务站(村卫生室)。

【深化财政改革】 推进国库集中支付改革。制定《财政国库管理制度改革方案》、《市级财政国库集中支付管理暂行办法》和《市级财政国库集中支付会计核算暂行办法》"一方案二办法"。按照"先试点、后推广"的原则,选定财政局、国土资源局、教育局、博物馆、社会保险管理中心和市政管理处6家单位为第一批国库集中支付试点单位。深化部门预算改革。按照"收入一个笼子、预算一个盘子、支出一个口子"的要求,建立和调整预算单位人员、财政供养人员、支出标准等基础数据信息库,规范基本支出范围和定额标准,加强项目支出审查,优化公共资源配置,提高财政资金运行质量和效率。推进政府采购信息化建设和管理。按照"以省为主、分级组网、高效链接、资源共享"的原则,拟定实施工作计划,积极组织落实,全年完成政府采购支出3.08亿元(包括卫生系统药品和器械1.93亿元),节约资金3662万元,节约率10.6%。

【加强财政监督】 开展全市行政事业单位"小金库"专项治

理"回头看"工作，分别对全市社会团体、国有及国有控股企业"小金库"进行专项治理，建立长效监管机制。开展财政绩效评价。采取自评和重点抽查相结合方式，对当年预算资金超50万元的45个项目进行财政支出绩效自评，涉及财政专项资金1.51亿元，对6个民生项目进行重点评价，涉及资金2615万元。开展规范性文件清理。对2009年底前制发的行政规范性文件进行全面清理，保留55个文件。规范行政中心审批职能工作。制定财政(地税)局关于行政审批职能整合工作实施方案；梳理行政许可事项和非行政许可事项，其中：行政许可4项，非行政许可13项，规范许可项目审批流程。

【国有资产动态监管】 启用行政事业单位资产管理信息系统，全市261户行政事业单位的资产管理实行动态监管。各行政事业单位固定资产购置、处置、使用等管理业务都在资产管理信息系统中申报审批。全年共办理资产核销12起，核准评估结果5起，办理经营性房屋公开招租17起，涉及单位15家、租金标的644万元。

【干部队伍建设】 开展"金平湖"先锋创先争优活动。设立财税专题网站、宣传专栏，重点抓好党员承诺、履诺践诺和闪光点评议活动，使创先争优活动落到实处。深化党风廉政建设。制订《2010年党风廉政建设和反腐败工作意见》、《2010年党风廉政建设和构建惩防体系牵头工作实施方案》，开展岗位风险防范体系建设深化月活动。完善选人用人机制，通过中层干部竞争上岗、外派干部挂职锻炼、一般干部轮岗等方式，优化人力配置。加强财税文化建设。加强学习型组织建设，组织承办2010年嘉兴市财税运动会。2010年度市财政局被市委、市政府评为优秀部门和党风廉政建设责任制考核优秀单位。

（平湖市财政局供稿　陆卫忠执笔）

桐乡市

【概况】 2010年，桐乡市实现生产总值409.10亿元，比上年增长14.3%，人均生产总值60830元，增长13.8%。第一、二、三产业增加值分别为24.40亿元、227.90亿元、156.80亿元，分别增长3.2%、16.4%、12.8%，三次产业结构由上年的5.98:54.85:39.17调整为5.96:55.71:38.33。全市财政总收入53.00亿元，增长19.25%，其中地方财政收入28.30亿元，增长25.4%；全市一般预算支出30.20亿元，比上年增长20.3%。全年财政收支平衡。

【组织财政收入】 加强收入预测分析，建立财政收入旬报制，分析财政收入的变化趋势，掌握收入动态。加大税收收入征管力度，制订重点税源监控管理办法，扩大重点税源监控范围，监控户数从上年度的1189户增加到1279户，增长7.6%，监控企业全年入库税收收入占全部地方税收收入74.3%。实施税收精细化管理，开展税源专项调查和信息比对，开展纳税评估，推广电脑发票和数字证书应用，强化建筑业、房地产业项目管理。加强非税收入征管，完善社会保险费征缴管理办法，推进各类用人单位社会保险参保全覆盖；加强非税收入预算管理，完善土地出让金财政监督制度，实施土地出让金全过程监管。

【推进经济转型升级】 整合财政扶持政策，配合市委、市政府出台《关于推进2010年全市经济转型升级创新发展的若干政策意见》，引导扶持创业创新，推进经济转型升级。当年安排2.60亿元财政资金支持经济发展，惠及企业2000多户次，以经济开发区、濮院针织产业园区、高桥新区、临杭经济区、崇福皮草产业园、乌镇旅游区等平台建设为抓手，重点支持新能源新材料、机械电子、光电信息、生物医药等新兴产业以及现代服务业发展，鼓励金融机构加大对中小企业的金融支持，扩大中小企业多元融资渠道，落实完善促进外经贸发展的各项政策，鼓励和支持企业开拓国际市场，促进外贸出口。为高新技术、资源综合利用等各类符合产业导向的企业减免税收1.66亿元，减轻企业负担；调整社会保险政策，共减征社保费5110万元。

【支持现代农业发展】 制定《财政支持农业和农村经济发展导向目录》，明确财政支持项目及其标准等；建立健全现代农业生产发展资金绩效考评制度，实行以评价结果为导向的现代农业生产发展资金分配机制；建立财政与农经、水利、农业综合开发等相关部门的沟通协调机制。以扶持粮食功能区和现代农业园区内的主导产业发展为抓手，加大对优势特色农产品基地建设、规模化标准化生产、先进实用技术推广应用及农产品加工等重点环节的财政支持力度，推进农业规模化、组织化、标准化、机械化和农业产业化经营，发展农业循环经济，全市农林水事务支出2.59亿元，增长31.1%。支持农村土地承包经营权流转，促进农业规模经营；支持现代农业生产发展资金项目与小型农田水利重点县项目建设，加大小型农田水利设施的建设力度，改善农业生产条件。

【保障民生支出】 按照"保增长、保民生、保稳定"的要求，优化支出结构，保障各项重点需求和民生支出，履行公共财政的保障职能。保障民生的各项投入为24.02亿元，增长31.5%，占一般预算总支出的79.6%。支持科学教育事业发展，推行义务教育绩效工资改革，实施校舍安全工程建设，加快科技政策兑现，推动产业转型升级。全市教育支出8.56亿元，增长

25.7%，科学技术支出1.35亿元，增长32.2%。支持社会保障和医疗卫生事业，构筑社会保障、社会救助体系，促进城乡社区均衡发展，推进农村合作医疗，加大公共卫生保障投入。社会保障和就业支出1.59亿元，增长32.9%，医疗卫生支出2.34亿元，增长45.6%。支持文化事业发展，推进文体场馆建设，支持群众性文体活动开展。文化体育与传媒支出1.00亿元，增长58.6%。支持生态建设，加大节能减排和环境整治的投入，发展节能和循环经济，环境保护支出1.39亿元，增长34.1%。

【推进财政改革】 深化预算管理改革。实践“收入一个笼子、预算一个盘子、支出一个口子”的财政管理模式，实现所有政府性资金纳入财政统管范围，所有政府性资金支出全面纳入预算管理，分别编制一般预算、政府性基金预算、社保基金预算、债务收支计划等四类预算，并将国土、环保等两个部门预算提交人代会审议。加强预算执行管理，做好预算执行情况通报工作。开展国库集中支付改革试点。38家预算单位试行国库集中支付改革，试点单位的部门预算资金、全市所有单位统发工资和企业扶持资金纳入国库集中支付范围。规范政府采购。执行采购预算管理，全年行政事业单位预算采购金额22330万元，实际采购金额20007万元，节约资金2323万元，资金节约率10.4%；扩大政府采购规模，修订政府采购目录和限额标准，政府集中采购目录由35个增加到74个，部门集中采购目录由18个增加到67个。加强政府投资项目监管。控制项目概算，跟踪新建项目，力求零超概。组织开展财政基本建设资金使用情况专项检查，并对重点部门基本建设项目资金使用、缺口、预算等情况进行清理摸底。

【强化财政监督管理】 推进绩效评价工作。确定11个绩效评价项目，制订评价工作方案，相关主管部门和项目单位开展自评，各财政业务科室参与辅导、跟踪评价工作进度和质量；完成嘉兴市上下联动绩效评价项目——2009年度全市人口和计划生育事务支出绩效评价工作。开展“小金库”专项治理工作。抓好党政机关和事业单位“小金库”治理“回头看”和排查摸底工作；组织开展社会团体、国有及国有控股企业“小金库”专项治理工作，全市119个社会团体、132户国有及国有控股企业进行自查，自查面100%；成立由财政局、审计局、民政局等部门组成的重点检查组，对全市6个社会团体、1户国有企业及其下属3户子公司进行重点检查。

【加强国有资产管理】 组织开展国有公司年度经营业绩、收益收缴、国有股退出、综合管理等工作的考核；完善制度建设，出台《国有(国有控股)公司财务总监管理办法(试行)》，并选调3名财务总监分别委派至公投、水务集团和振东新区开展工作。加强政府债务管理，制订政府性债务收支计划，规范举债审批手续，调研全市土地资产和政府性债务的对应关系，降低债务风险；出台《桐乡市政府性债务考核实施细则（试行)》，并选择部分债务规模较大的单位试行。加强行政事业单位国有资产管理，做好行政事业单位出租房屋的管理，全面实行公开招租；做好公务用车制度改革后公车处置工作，公开拍卖307辆公务用车，拍卖金额2156万元，高出评估价51.3%。

【深化支农资金整合】 编制《2010年财政涉农资金整合工作实施方案》，明确整合的范围和重点、方法和步骤。完善财政支农资金整合工作机制，引入中介机构对项目的实施进行管理和监督，建立市、镇(街道)、实施单位三级工作网络体系，保障项目的有序运行和顺利实施。重点对农业示范性项目和水利示范性项目等两类建设资金进行整合。整合粮食生产功能示范区建设资金770万元，其中：省以上补助资金108万元，市财政资金100万元，引导社会投入562万元。整合现代农业示范园建设资金2191万元，其中：省以上补助资金499万元，市财政资金276万元，引导社会投入1416万元。整合小型农田水利重点县建设资金2449万元，其中：省以上补助资金1338万元，市财政资金670万元，引导社会投入441万元。通过资金整合，新增高标准农田7839亩，增加土地流转2579亩，建立无公害设施农业237亩，吸引社会资金投资效益农业1300多万元。

【加强干部队伍建设】 开展“菊乡先锋”创先争优活动。各支部针对本部门工作作风、工作实绩等方面存在的问题，提出整改目标和措施加以改进；党员干部结合岗位，制定争先创优的目标，作出党员服务承诺，并将此活动开展情况作为年度党建工作重点考核内容之一。推进财税文化建设。举办“中层干部学习论坛”，组织开展迎春游园暨爱心拍卖会、迎“七一”美文朗诵大赛、财税人之歌大合唱、“爱岗敬业，提升能力”辩论赛。组织开展合唱团、摄影、乒乓球、羽毛球和书画等兴趣小组活动，丰富干部业余生活。组织开展慈善募捐、党员爱心捐款、结对帮扶等爱心活动，开展义务献血、义务植树、志愿者等活动。加强干部教育培训。制定干部教育培训计划，开展业务培训，全年举办各类财税业务培训17期、综合业务培训9期，培训系统内干部职工423人次。组织公务员开展更新知识培训和初任培训。组织财政业务知识考试，举办中层干部读书会和文化素养塑造培训班。加强党风廉政建设。落实全系统中层以上干部个人重大事项报告制度、个人收入申报制度以及礼品登记制度；组织全体党员干部学习《廉政准则》，提高拒腐防变的能力；坚持领导干部述职述廉、个人重大事项报告、中层干部考察回访和任前廉政考试、党员干部廉政谈话、提醒谈话、诫勉谈话等制度；组织开展内部财务审计、风险点排查监督检查和领导班子成员带队进行作风、劳动纪律、廉洁自律专项督查等活动，严肃处理违反纪律的行为。2010年，市局机关获得嘉兴市级文明单位、桐乡市级先进部门称号，其下属的支付中心获嘉兴市级巾帼文明岗、桐乡市级文明单位荣誉。

（桐乡市财政局供搞　沈荣民执笔）

嘉善县

【概况】 2010年，嘉善县实现生产总值275.37亿元，按可比价格计算，比上年增长15.4%。人均生产总值71804元，增长15.1%。第一产业增加值20.72亿元，第二产业增加值164.21亿元，第三产业增加值90.44亿元，分别增长3.6%、18.5%、12.6%。三次产业结构从上年的7.7:58.7:33.6调整为7.5:59.6:32.9。全县财政总收入38.00亿元，增长13.9%，其中地方财政收入18.82亿元，增长17.8%；全县地方一般预算支出20.74亿元，增长14.4%。财政预算执行情况良好，财政收支平衡。

【组织财政收入】 加强收入预测分析。健全收入科学预测机制，完善财政、国税、地税联席会议制度，定期召开收入形势分析会，研究强化收入征管措施，按月编印《嘉善县财政预算执行情况》，全面分析收支运行情况。完善税收征管，加强重点税源、重点行业、重点环节税源管理。强化社保费征缴工作。调整企业基本养老保险单位缴费比例和征缴比例，扩大社会保险覆盖面。开展对用人单位社会保险费专项检查，加大社会保险费缴费空白户清理力度，清理空白户1000多户，夯实社保费缴费基数。县行政审批服务中心财税窗口、各分局办事大厅设立社保服务窗口，实现地税、社保登记“一站式”服务。强化土地出让收支管理。围绕依法征收、源头控收、以票管收，推进应收尽收和规范管理。推广实施浙江省国有土地出让收支管理信息系统，科学编制年度土地出让收支基金预算，严格执行土地出让金收入缴库制度，全县土地使用权出让收入27.20亿元。

【推进经济转型升级】 创新服务举措。组织开展“政企同心、共谋转型—‘春风’专项行动”，整合政策资源，落实服务举措。利用1.50亿元财政间隙性资金，建立嘉善县中小企业债权型信托基金，累计发放贷款3.52亿元，受益企业228家。成立纳税服务志愿者队伍，全面推广网上申报纳税CA认证。落实优惠政策。研究制订《关于加快推进产业协调发展实现经济转型升级的若干政策意见》，整合财政扶持政策。支持传统产业转型升级和新兴产业发展，拨付财政扶持资金1.22亿元。加快税费减免、出口退税速度，全年国地税减免税费3.30亿元，其中地税减免8109万元，办理出口退税10亿元，再生资源增值税退税1.02亿元，支持企业发展。支持新农村建设。健全财政支农投入稳定增长机制，全县支农投入2.04亿元，用于农业产业化、精品农业和粮油安全生产6915万元。全年共发放种粮农民综合直补资金1565万元，惠及农户近6万户。落实家电、汽车下乡补贴政策，加强家电以旧换新监管。

【保障民生支出】 支持社会保障事业。支持城乡居民社会养老保险制度全国和全省试点县建设。加大社会保障投入力度，提高职工养老保险等各类养老保障待遇和最低生活保障标准。支持县、镇、村三级养老服务网络体系建设。落实城乡困难群众、高校毕业生就业政策，支持村（社区）社会保障和就业管理服务平台建设。提高合作医疗筹资标准和保障水平，人均筹资标准提高至300元。支持社会事业发展。完善义务教育经费保障机制，小学、初中生均公用经费标准分别提高至470元和590元。支持公共科技创新平台和创新体系建设，落实新一轮人才政策，全年拨付科技专项经费4090万元，科技人才引进专项资金400万元。支持文化重点项目、文化产业发展，推进“文化名县”建设。支持医药卫生体制改革，研究出台基层医疗卫生机构实行药品零差价后财政保障办法。支持“平安嘉善”建设，拨付上海世博会环沪护城河安保工程资金3829万元。支持城乡基础设施建设，抓好中央扩大内需项目申报和政府性投资项目资金安排，全年拨付建设资金11.78亿元。支持交通和城市基础设施、城乡供水一体化中小学校安工程、省运会体育场馆、县第一人民医院迁建、科创中心二期等工程建设。加大生态环保投入，支持国家级生态县建设。

【深化财政管理改革】 推进公共财政管理改革，出台加快推进公共财政管理改革意见及相关配套文件。按照“三个子”的改革要求，推进预算编制、执行、监督“三位一体”组织机构改革，并编制由一般预算、政府性基金预算、社会保障资金预算、国有资本经营预算以及政府性债务收支计划组成的2011年公共预算。推进国库集中支付改革，县农经局、县妇联首批试点实施。深化政府采购改革，依托信息化平台，实现与年初预算实时比对，严格实行网上竞价。委托第三方开展质量检测，加强监督检查，规范政府采购秩序。全年实行政府采购招标503批（次），政府采购预算3.37亿元，实际采购金额2.92亿元，节约资金4493万元，节约率13.3%。强化财政监管和绩效评价。制定和落实财政支出绩效评价结果应用的操作性与严肃性。推进预算编制与绩效评价挂钩，50万元以上预算项目全部建立预期绩效目标。开展对党政机关、行政事业单位和社会团体、国有及国有控股企业的“小金库”专项治理工作，督促整改私设“小金库”问题。

【加强国有资产管理】 强化行政事业单位资产管理。加强行政事业单位资产处置和有偿使用。完善和执行资产出租审批制度,规范行政事业单位资产出租行为。全面实施行政事业单位资产动态管理系统,为政府采购、部门预算编制等工作提供数据支持。加强国有企业投融资管理。加强13亿元企业债券资金使用监管,重点支持城市、交通基础设施和重大民生事业等政府投资项目建设。执行国有企业担保管理办法,规范国有企业对外担保行为。依托国资投融资平台,直接为镇(街道)融资6.80亿元,提供担保13.15亿元。建立健全国企监管机制。推进国资管理信息化建设,实现企业间的高效协同和国资监管的动态化、实时化和标准化。制定出台县级国有集团公司用工、物资采购、内部审计、业务招待费、职务消费、收入分配等管理制度。

【强化乡镇财政管理】 2010年,各镇(街道)财政总收入29.00亿元,增长10.2%,占全县财政总收入的76.3%;各镇(街道)地方财政收入11.69亿元,增长14.6%,占全县地方财政收入的62.1%。落实强农惠农各项政策,全年各镇(街道)预算内支出3.54亿元,增长33.1%,基金支出6.73亿元,增长131.0%。全面加强乡镇财政管理,出台《关于进一步加强乡镇财政管理的意见》,开展乡镇财政规范化建设,明确组织机构规范化、业务工作规范化、内部管理规范化、队伍建设规范化和服务设施规范化“五个规范化”建设目标。将镇(街道)财政办更名为财政所,属政府行政单位,增设财政支付(核算)中心,属政府事业单位。

【深化干部队伍建设】 开展创先争优活动。打造“服务、民生、创新、法治、廉洁、人文”六大财税综合型机关,开展“学沈浩、树新风、比贡献、争当勤廉好干部”系列主题实践活动,举办创先争优活动图片展。组织评选10名身边最亮闪光点党员。加强干部教育培训。创新教育形式,在浙江财经学院开设中青年干部培训班,建立“科长讲坛”,选调业务骨干组建内部讲师团,开展业务知识培训。深化财税文化建设。构建“学习、制度、激励、情感、宣传、活动”六大平台,开展文明创建活动,展示财税文化建设成果。完善行政执法岗位责任制考核办法和年度先进评选办法。推进党风廉政建设。落实党风廉政建设责任制,深化岗位廉政风险防范体系建设。深化行风效能建设,推进服务民生满意站所(办事窗口)、十佳优秀驻镇(街道)站所负责人、群众满意岗位等系列创建活动。当年县财政局获全国财政系统先进集体称号。(嘉善县财政局供稿 尤晓啸执笔)

海盐县

【概况】 2010年,海盐县实现生产总值238.29亿元,按可比价格计算,比上年增长8.0%;人均生产总值64070元。第一、二、三产业增加值分别为17.87亿元、151.66亿元、68.76亿元,可比增长分别为3.1%、6.7%、12.1%。三次产业结构由上年的7.2:64.9:27.9调整为7.5:63.6:28.9。全县实现财政总收入25.26亿元,增长18.6%,其中地方财政收入13.68亿元,增长25.7%,地方财政收入占财政总收入的比重为54.1%,提高3个百分点。全县财政一般预算支出18.66亿元,增长34.7%。财政预算执行情况良好,财政收支平衡。

【组织财政收入】 完善收入预测分析机制。围绕“法治、务实、有为”的组织收入原则,及早安排收入计划,每月通报收入情况,实时跟踪收入进度,加强经济税源调研和预测分析,增强组织收入工作的前瞻性和主动权。完善税源管理机制。深化“信息管税”工作,依托信息化加强重点税源跟踪管理。加强部门协作,加大第三方信息采集力度,完善数据采集、税源监控、税收分析、纳税评估、税务稽查“五位一体”的税源管理机制。当年全县重点税源户入库税收7.3亿元,占全部税收收入的67.3%。完善非税收入管理机制。加强非税收入的预测分析和动态管理,建立分类管理和定期申报制度,规范执收单位对非税收入征收情况的分析编报,确保征管工作有序运行。

【推进转型升级】 围绕“稳定优化一产,主攻调整二产,提升扩展三产”的工作思路,发挥财政政策和资金的引导、扶持作用,促进产业优化升级。持续完善现代农业发展政策,兑现现代农业项目补助资金1664万元,培育壮大现代农业主体,加快农业转型升级。加大对工业转型升级的财政扶持力度,当年兑现财政扶持工业、外经贸发展资金7467万元,重点用于产业集群培育、企业技术改造、节约能源资源、开拓国内外市场等。及时兑现三产发展资金908万元,推进现代服务业与先进制造业融合发展;支持海盐港区4个万吨级泊位、杭平申线航道改造等项目建设,提升现代物流业发展水平;引导重点企业实施主辅分离3户,累计分离企业18户,新增地方税费247万元。

【服务企业发展】 深入开展“优化服务年”活动,以“帮扶、减负、送温暖”为主题,落实重点联系企业,走访调研、宣传辅导、征求意见,落实各项扶持措施。全年共辅导企业向上申报财政扶持资金项目24大类,获得省级以上各项财政扶持资金2712万元,办理再生资源增值税退库1.48亿元。依法依规落实各项税费减免政策,优化减免审批流程,全年减免各项税费4072万元。落实企业社会保险费集中减征政策,集中减征社会保险费1550万元,惠及企业3644户;落实基本养老保险费缴费比例调整政策,全年减轻企业负担1123万元。

【支持农村改革发展】 设立海盐县两新建设投资有限公司,

完成城乡统筹一体化农民安置房建设一期国开行融资项目，融资授信额度32亿元，当年取得融资资金1.56亿元，推进“两新”(现代新市镇、城乡一体新社区)工程建设。以规划为龙头，项目为平台，财政支农政策导向为抓手，梳理整合支农资金1.28亿元，支持粮食功能区和现代农业园区建设。加强支农资金立项申报管理，107个项目争取省以上财政补助资金1.03亿元。全县财政支农支出2.53亿元，增长43.0%。

【保障改善民生】 支持医疗卫生服务体系建设。制定深化医药卫生体制改革实施意见，建立健全覆盖城乡居民的基本医疗卫生制度。提高大病补偿标准，扩大特殊疾病报销范围和比例。全年全县筹集城乡居民合作医疗保险基金8329万元，参保人员25.7万人，参保率96.8%，城乡居民累计报销医疗费用8710万元。加快社会保障体系建设。参与制定落实《海盐县城乡居民社会养老保险办法》，加大财政补贴支出力度。至年底，城乡居民社会养老保险累计参保人数9.5万人，发放社会养老保险资金7074万元，全县享受最低生活保障金人数4068人，发放最低生活保障金840万元，困难人员物价动态补贴161万元。农村五保和城镇“三无”对象集中供养率100%。继续做好保障性住房工作，多渠道筹措廉租住房保障资金4026万元，对全县102户住房保障家庭核拨租赁补贴34.8万元，解决困难群众基本住房需求。全面发展社会事业。争取政府投资项目财政补助资金1.35亿元，政府债券资金8000万元，用于千亩荡水源保护、秦山大道一期拓宽及核电大道等建设项目。支持“科教兴县”发展战略，继续完善义务教育经费保障机制，全年地方教育支出4.30亿元，增长19.9%。加大文化投入，重点支持新农村文化建设九项工程，加快城乡文化一体化建设。保障行政政法及“平安海盐”建设。当年全县财政用于民生支出12.87亿元，增长27.5%，民生支出占全部支出的比重为70.2%。

【财政管理改革】 深化部门预算改革，完善预算管理机制，加快定员定额标准体系建设，细化基本支出和项目支出预算编制。加大对专项资金的清理和整合力度，抓好部门预算历年结余资金的清理和统筹。扩面推进国库集中支付改革，确定第二批15个扩面推行部门，累计20个部门24个单位纳入改革范围。完善绩效评价工作机制，探索绩效目标申报制度，建立绩效评价结果运用与年度部门预算编制相衔接的工作机制。围绕部门预算管理要求和评价工作重点，关注民生领域，共实施财政绩效评价项目58项，涉及评价资金5228万元。科学管理资金调度，在确保财政资金安全运转的前提下，通过对资金进行合理归并和配置，实现财政资金收益最大化。

【规范政府采购】 推进政府采购信息化建设，推行定期统一集中采购制度，扩大协议采购范围，实现区域采购成果共享，提高政府采购的质量和效率。联合相关部门出台《关于加强政府采购工程类项目管理的通知》和《县级行政事业单位零星维修工程定点采购管理暂行办法》，加强对工程建设项目的政府采购监管。全年完成政府采购金额1.14亿元，增长58.0%，节约资金1715万元，资金节约率13.1%。

【加强财政监管】 加强政府投资项目管理。成立财政项目预算审核中心，全面参与政府投资项目评审，全年审核财政投资项目27项，核减概算投资1709万元。出台加强镇级政府投资项目管理意见，规范镇级政府项目投资管理。深化国有企业监管。组织实施国有企业业绩考核；出台董事会、监事会工作章程，规范国有公司法人治理结构。推进国有企业综合信息管理平台建设，实现核算数据大集中，确保各层次数据口径一致，合并汇总高效。强化政府债务管理。建立债务变动汇报制度，及时掌控政府债务情况；抓好政府投资项目的计划、程序管理，防止债务短期行为和过度举债；启动清理政府融资平台及其债务工作，控制债务规模，加强常效监督和追踪问效，防范地方债务风险。完善乡镇财政工作机制。出台乡镇(街道)财政管理指导性意见，从制度上规范乡镇(街道)财政收支管理和财务收支行为。加强对基层的业务指导，组织开展乡镇财会人员支农政策培训。实施财政票据、非税收入、会计核算、财务管理等方面的检查，强化落实整改。

【干部队伍建设】 打造“服务型财税”。围绕“转作风 优服务”这一总体目标，以创先争优工作为抓手，以服务品牌建设为载体，开展“红船先锋”创先争优活动，做到在培植壮大财源、加强收入征管、转变发展方式、整合财政资源、完善财税机制、提升队伍素质等六个方面创先争优，全面提升财税工作水平。打造“廉洁型财税”。全面落实党风廉政建设责任制，明确各级廉政主体，层层落实廉政责任。强化制度监督，在廉政风险排查的基础上，组织开展“权力梳理流程再造”工作，出台权力运行节点化管理实施办法，健全廉政风险防控体系。创新廉政教育方式，开展廉政文化建设活动，县财政局被推荐为“市级廉政文化进机关示范点”。打造“活力型财税”。坚持把财税文化建设融入到干部队伍建设之中，通过打造和完善六大财税文化建设平台来引导、激励、凝聚和发展队伍。完成“财税文化走廊”创建工作，启动构建“海盐财税学习网”，组织开展趣味运动会、“好书伴我行”读书征文、廉政演讲比赛、财税青年文明礼仪知识竞赛、“巾帼风采”广场排舞大赛等活动，展现财税队伍活力。县财政局在全县工作目标责任制考核中被评为先进部门。 (海盐县财政局供稿 郭 涛执笔)

湖州市财政工作概况

湖州市

【概况】 2010年，湖州市实现生产总值1301.56亿元，增长12.1%。其中：第一产业增加值104.61亿元，增长4.0%；第二产业增加值714.61亿元，增长11.6%；第三产业增加值482.34亿元，增长14.5%。全年实现社会消费品零售总额516.09亿元，增长18.3%。全市对外贸易进出口总额69.28亿美元，增长43.3%，其中出口总额58.61亿美元，增长43.8%；进口总额10.67亿美元，增长40.9%。市区城镇居民人均可支配收入25572元，增长10.0%；农村居民人均纯收入13288元，增长13.1%。全市财政总收入172.35亿元，增长17.5%，其中地方财政收入97.27亿元，增长21.6%；全市财政支出127.12亿元，增长16.8%。市本级财政总收入74.23亿元，增长12.3%，其中地方财政收入42.38亿元，增长17.1%；市本级财政支出55.00亿元，增长10.8%。全市及市本级财政收支平衡。

【促进经济转型发展】 市本级在经营性土地出让收入中提取1.5%，专项用于南太湖产业集聚区建设和企业转型升级，通过支持企业股改上市等途径促进企业做大做强，引导信贷资金向科技型、创业型、成长型和导向型小企业倾斜。鼓励企业加大科技投入，全市38家企业被新认定为国家重点扶持的高新技术企业。引导企业设立科技型中小企业集合贷款，率先在全省开展科技保险试点，缓解中小企业融资困难。落实养老保险费单位缴费比例下调、对部分企业临时性下浮社会保险费缴纳比例政策，全年为企业减负57.74亿元。支持服务业“双百”计划(即实施103个服务业重大项目，投资170亿的计划)实施，推动休闲旅游、现代商贸、现代物流、文化创意等重点服务业快速发展，推进企业分离发展服务业。筹措资金支持湖州生态旅游节、中日韩部长会议和接轨世博等重大活动，促进旅游业发展。做好“家电下乡”和汽车、摩托车“以旧换新”工作，全市共兑付各类补贴资金2亿元。落实国家外经贸政策，支持企业开拓国际市场。扶持农业龙头企业和农民专业合作社发展，提高农业综合生产能力。落实对种粮农户的各项补贴政策，向全市45.23万户种粮农民发放粮食综合直补资金7329万元。

【确保收入增长】 完善税收经济预警机制，提高税收收入预测准确率。加强对房地产业、建筑业等重点税源行业管理。开展以“培育财源、扩大税基、促进发展”为主题的专题调研，对特色重点产业、块状经济、房地产市场，以及工业企业分离发展服务业、管查互动等开展调研，完善和细化相关政策措施。推进税源管理互动机制建设，加强部门沟通协作，完善部门数据信息交互平台建设，提高工作质量和效率，堵塞征管漏洞。坚持“以票管税”，抓好增值税、营业税征管。加强企业所得税管理，完善企业所得税核定征收和按应税所得率预征办法。加强个人所得税管理，做好个人所得税全员全额管理工作。加大土地增值税、房产税、车船税等地方小税种的征收力度，优化税收收入结构。提高“五费合征”覆盖面，完善社保费自行申报制度，提高征缴水平。规范非税收入征缴管理工作，清理规范执收项目，建立征缴激励机制，完善非税收入征缴管理考核办法。全市地方财政收入占财政总收入的比重为56.4%，比上年提高1.9个百分点。

【保障改善民生】 全市财政支出增量中民生支出占75%以上。增加对“三农”支出。推进“百千工程”，支持省级全面小康示范村建设和村镇环境整治，支持美丽乡村建设。全市“三农”支出45.78亿元，增长26.57%。全面推进村级公益事业一事一议财政奖补工作。多渠道筹措建设资金，推进城乡基础设施建设，加快中心城区更新改造步伐。加强环境保护和生态文明建设，争取到太湖水污染治理项目补助资金2.45亿元，重点支持污水处理设施和管网建设。做好2010年中央代发地方债券工作，全市发行额度3.5亿元，债券资金主要用于长湖申线航道扩建、环太湖公路大堤加固、南浔新区路桥工程等项目建设。全市争取到92个项目的中央基建补助资金2.57亿元。保障校园安保工程实施，继续实施义务教育免杂费和免费教科书制度，落实义务教育学校教师绩效工资制度和各项学生资助政策。发展职业教育，推进职业院校助学奖学、新农村致富带头人培养培训等“五大工程”。安排资金支持公共文化服务体系建设，发展文化事业和文化产业。推进农村文化建设，让群众有演出看、有电影看、有广播听、有电视看、有书读、有报读、有文体活动室、有室外文体活动场所等“八有”保障工程。支持举办第五届湖笔文化节和第十一届全国极限运动大赛。保障维护社会稳定工作经费，落实上海世博会“环沪护城河”安保经费。安排第六次人口普查经费。对老虎潭水库自来水价实行财政补贴4000万元；安排资金支持市区生活垃圾分类收集处置及直运试点工作。推进医药卫生体制改革，全市落实财政补助资金4.48亿元。加快推进医疗保障制度体系建设，新型农村合作医疗人均筹资标准提高到240元，城镇居民基本医疗财政补助标准提高到人均

120元。支持廉租房和经济适用房等保障性住房建设，推动农村住房改造。加快推进养老服务体系建设，全市落实城乡居民养老保险财政补贴资金3.39亿元，保障农村“五保”对象集中供养、居家养老服务等所需资金。对困难群众、低保人员实行物价补贴。

【提高财政监管水平】 深化部门预算改革管理，采用“三下两上”编制程序，50个部门预算报市人大财经委审查，其中4个单位部门预算提交市人代会审查。推进国库管理改革，国库集中支付范围扩大到市级100多家事业单位；部分行政单位实施公务卡制度改革试点。深化“收支两条线”改革，规范政府非税收入预算管理。深化政府采购改革，降低采购成本，全市采购金额比预算节约1.32亿元，节约率13.4%；建立政府采购供应商库，对集中采购机构进行考核，加强政府采购监管。加强项目绩效管理，对部分民生项目进行重点评价，注重评价结果运用，全市评价项目94个，涉及财政资金15亿元。加强政府投资项目预算审核，推进政府投资项目“代建制”试点。加强行政事业单位国有资产出租、出借及对外投资行为监管，建立行政事业单位国有资产信息管理系统，出台《关于进一步加强行政事业单位国有资产管理工作的意见》，建立行政事业单位有偿使用资产的市场化运作机制。开展强农惠农资金专项清理和检查。开展社会团体和国有及国有控股企业“小金库”治理。严格控制行政成本，公务接待费、公务用车购置及运行费、出国（境）经费按中央政策要求实现“零”增长，压缩会议、文件、通信等一般性支出。做好2010年市级部门政府性债务预算编制工作，严格债务审批程序，实施债务借贷备案制度；清理规范地方政府融资平台公司，实行债务分类管理，加强债务风险控制。

【提升队伍素质】 以“围绕大局强保障，提能增效优服务”为主题，开展“三个年”（转型升级加速年、城乡建设提升年、作风建设加强年）活动，倡导“微笑服务、提速服务、规范服务、廉洁服务”，促进工作作风转变。开展创先争优活动，建立领导干部联系点。贯彻执行重大事项《议事规则》；开展“创业创新好班子”创建活动；强化理论中心组学习、中层干部培训等制度；推进学习型组织建设，全年撰写重点财税调研报告30余篇。贯彻落实干部选拔任用条例，开展中层岗位竞争性选拔工作。发挥工青妇组织作用，关心干部生活。落实党风廉政建设责任制，制定《进一步推进廉政文化建设的实施意见》。建立资金、项目等重点环节风险防范机制，推进惩防体系建设。制定优化纳税服务实施意见，落实首问责任制、一次性告知制、窗口服务限时承诺制、预约服务制、提醒提示服务等便民措施。

（湖州市财政局供稿　陈洪全执笔）

吴兴区

【概况】 2010年，湖州市吴兴区实现生产总值267.46亿元，增长12.2%。全社会固定资产投资158.51亿元，增长23.1%；全社会消费品零售总额123.98亿元，增长18.5%。三次产业结构比例为6.1∶50.1∶43.8。全区财政总收入22.19亿元，增长19.5%，其中地方财政收入12.12亿元，增长25.99%。财政总收入占GDP的比重为8.2%，比上年提高0.33个百分点。全区财政支出9.98亿元，增长25.7%。全区财政收支平衡。

【组织财政收入】 做好对收入的预测和分析工作，建立收入异常变动预警机制，增强组织收入的预见性，把握组织收入的主动权，拓宽重点税源监控范围，加强重点税源监控，落实征管措施，提高企业税收征管质量和效率。调动乡镇、街道协助征收的积极性，加强区域性块状经济税收、外来建筑税收和运输业税收的代征协征工作，全年实现社会化征管税收收入2.67亿元，增长43.2%。完善非税收入征收管理，清理各种收费项目，对全区行政事业性资产收益实行“收支两条线”管理，及时入库非税收入。加大对财政性收入的统筹与调控力度，抓好土地出让金、采矿权出让金等各项资源性收入的筹集与管理，加大资金的统筹力度。做好耕占税征收工作，加强协作，强化征管，压缩欠税，促进财政收入持续稳定增长。在确保收入稳定增长的同时，着力优化收入结构，提高地方可用财力所占的比重。当年全区地方财政收入占财政总收入的54.6%，比上年提高2.82个百分点，其中税收收入占地方财政收入的96.5%。

【推动经济社会统筹协调发展】 围绕转变经济发展方式，促进转型升级，筹措财力4837万元，用于科技进步、企业技术创新和引导三产发展，培育壮大财源。加大对“三农”的投入，支持新农村建设，全区“三农”支出3.85亿元，占当年财政支出的38.5%，筹措农业发展资金4810万元，用于种粮大户、农机具、粮种补贴、粮农柴油补贴、森林生态补偿和支持农业龙头企业、小型水利建设等。建立村级组织运转保障机制，实施农民培训工程。落实惠农政策，通过农民网一卡通直接发放农资综合补助等七大项财政直补资金1572万元。落实义务教育经费保障机制，确保中小学生均公用经费、教师工资统发等支出的需求，财政全额补助义务教育阶段免费教科书资金1024万元。完善家庭困难学生的资助政策，推进中、小学校舍安全工程建设。筹措1441万元专项用于校园安保的设备、设施建设。加大对街道社区的投入力度，完善社区服务功能，提高社区工作者待遇。支持城乡公共卫生和基层医疗卫生事业发展，筹措7110万元财政资金用于农村公共卫生体系建设、新型农村合作医疗、城镇居民医疗保险、添置公共卫生装备等。筹措1244万元用于“百千工程”、农村道路、桥梁建设及西部山区林间道路的改造。稳步推进城乡居民社会养老保险的实施工作，筹措5457万元用于安排城乡居民社会养老保险，确保基础养老金等各项待遇按时落实到位。关注弱势群体，完善新型社会救助体系专项资金管理办法，统筹各类救助资金3023万元用于最低生活保障、贫困家庭危房改造、就业再就业等十一类救助支出，落实为民办实事项目。当年全区民生改善支出占区级财政支出的比重为81.1%，比上年提高2.06个百分点，当年新增财力的87.8%用于民生支出。

【推进财政改革】 完善区级部门、街道、乡镇综合预算，整合财政业务，提升政府性债务统一核算系统，促进农村综合改革。乡镇财政管理方式改革向着制度化、规范化方向推进。拓展“金财工程”应用领域，选择12家行政事业单位开展国库集中支付改革试点，实现“金财工程”对所有财政业务的全覆盖，区财政局连续八年被省财政厅命名为“金财工程”应用先进单位。做好医药卫生体制改革工作，支持区被列入省首批实施基本药物制度试点的工作，做好改革平稳有序推进的资金保障工作，适时预拨专项经费，确保基层医疗卫生单位的正常运行。根据“积极推进农村医疗卫生基础设施和能力建设，在每个乡镇办好一所卫生院”的医改精神，结合乡镇卫生院现行产权模式实际，采取“理顺关系，统一模式，区别情况，分类实施”的办法，深化乡镇卫生院产权制度改革。完善财政资金高效利用机制，提高财政资金使用绩效。加强《政府采购法》的宣传，拓宽政府采购项目，加大政府采购覆盖面，规范政府采购办事程序，提高采购效率。

【强化财政监督】 建立健全覆盖财政运行全过程的监督机制，强化对涉及群众切身利益的资金监督检查。加强财政制度建设，完善内控机制，开展财政专项资金的监督检查。对2007～2009年安排的支农惠农资金进行专项清理和检查工作。做好“小金库”专项治理工作。规范行政事业单位资产处置，严格处置程序，对单位的资产转让、出售、置换等按照公开、公平、公正原则，实现国有资产处置的“阳光操作”。加强会计核算的内控制度，控制不合理、不合规范的支出发生，强化支出结报监督，严格规范票据使用，对会计核算和账务处理中不规范的事项，采用告知制度，以“规范意见书”的形式，进行纠正和规范。加强政府性债务管理，做好政府性债务核算，动态反映，实时监控，引导乡镇化解政府性债务。

【加强队伍建设】 以开展“创先争优”活动为抓手，重点在建立规章制度、完善监督体系、突出工作重点，提高干部素质上下工夫。开展解放思想大讨论活动、“南太湖先锋党员标准”大讨论活动和“南太湖先锋践行承诺”活动。提炼“爱岗敬业、与时俱进、服务基层、弘扬正气”的机关党员先锋标准。在深入调研的基础上，完成《进一步完善城市财政体制的对策与措施》、《关于提升基层财政信息化水平的对策与措施》等调研课题。结合财政工作实际，完善内部管理制度。加强财政干部队伍建设，转变工作作风。全面落实预防与惩处相结合的党风廉政建设机制，确保财政事业健康发展。区财政局在区委、区政府年度综合目标考核中，连续第八年被评为一等奖。区机关会计核算中心被评为省级巾帼文明示范岗。

（湖州市吴兴区财政局供稿　倪志伟执笔）

南浔区

【概况】 2010年，湖州市南浔区实现生产总值229.87亿元，增长11.5%。其中：第一产业增加值21.03亿元，增长3.8%；第二产业增加值146.37亿元，增长10.9%；第三产业增加值62.47亿元，增长15.4%。全区财政总收入20.35亿元，增长12.0%，其中地方财政收入10.01亿元，增长18%；全区财政总支出9.62亿元，增长24.2%。全区财政预算执行情况良好，收支平衡。

【组织财政收入】 增强组织收入的主动性，健全收入目标管理责任制，细化分解目标责任，及时下达收入目标到各镇（开发区），强化征收责任。增强组织收入的预见性，关注宏观经济和企业经营形势变化，全面加强重点税源分析、预测预警分析和收入风险分析，把握税收走势，科学评定收入质量，查找薄弱环节，采取应对措施，确保应收尽收。增强组织收入的针对性，推行纳税评估等一系列征管措施，加强对营业税、房产税、土地增值税等地方税收的管理，规范非税收入管理，加强土地出让金收入结算和监管，优化收入结构。

【服务经济发展】 实施积极的财税政策，加大财税政策宣传力度，落实增值税转型、资源综合利用等优惠政策，减轻企业负担，支持企业发展。加大科技创新投入，扶持企业发展，支持规模企业技术改造和培育“新象新牛”* 企业。支持节能减排工作，落实资金，推进污水处理工程建设。向上争取工业转型升级、“三河三湖”水污染防治、中央扩大内需等项目和资金以及争取地方政府债券资金，支持重点项目建设。助推农业经济发展，财政支农支出较快增长，“三农”支出占一般预算支出的

60.5%,同比增长34.7%。申报农林水项目,争取上级补助资金。支持服务业发展,落实服务业发展专项资金和旅游发展专项资金,重点扶持旅游、物流、市场和商贸企业发展,提升服务业发展水平。

【改善民生支出】 优化财政支出结构,增强财政保障能力。调度资金保证区级各项重点支出需求和镇(开发区)财政支出。保障民生支出和社会事业发展。全区新增支出79%用于民生,完善义务教育经费保障机制,保障教师绩效工资和中小学义务教育阶段"两免一补"、校园跑道"煤改塑"建设、"校安工程"等补助资金及时到位。落实最低生活保障、残疾人共享小康工程、优抚对象抚恤等经费。完善新型农村合作医疗增长机制,实施城乡居民社会养老保险制度,及时发放养老保险资金。支持新农村建设,落实资金完成"中国魅力水乡"示范村建设和行政村村庄整治工作。加快农业农村设施建设,拨付资金完成老鱼塘改造、河道清淤、堤防加高加固等各项水利工程设施。落实各项惠农政策。通过"一卡通"及时发放粮农综合直补资金;兑付家电下乡和汽车摩托车下乡政策资金。落实资金用于农村劳动力技能培训和"阳光工程"培训,提高农民综合能力。

【深化财政改革】 深化部门预算改革。细化预算编制,完善编制定额,扩大部门预算审查范围,全区16个单位报送区人大财经委审查,区城交局、区水利局两个预算单位的部门预算提交人代会审查。推进国库集中支付改革。在全区一级预算单位全面实施国库集中支付,增强财政资金的宏观调控能力,提高财政资金使用效率。完善乡镇(开发区)财政财务管理。制定《完善南浔经济开发区财政体制的意见》,在确定收入基数、专项分成等方面进行适当调整,调动开发区增收积极性。加强镇财政财务管理,指导监督各镇(开发区)中央资金的规范使用;在各镇财政实行"金财工程",加强指标控制,规范预算管理。加强政府性投资项目财政资金审核工作。财政项目审核中心严把工程项目审核程序关,控制基本建设项目支出规模,实现财政项目资金支出规范化管理。

【提升财政监管水平】 加强对单位预算执行的监督与管理,按照单位预算指标和用款计划来控制日常经费与专项资金支出,按季进行预算执行分析,强化预算约束。定期对教育、卫生、文体、社会保障等财政专项资金使用情况进行监督检查,为下年编制部门预算提供依据。加强政府债务管理,制订全区政府性债务收支计划,建立地方债务预算,严格政府性投资项目债务审批;完善偿还机制。结合融资平台清理工作,加强地方政府融资平台公司管理。加强国有资产管理,充实国有企业委派会计人员,加强资产监管。组织会计人员业务培训,提高会计行业执业质量和管理水平。做好"小金库"专项治理工作,会同区相关部门开展党政机关和事业单位、社会团体"小金库"专项治理工作。

【加强队伍建设】 深化学习型组织建设,营造浓厚学习氛围,创新学习方式,提高财政干部队伍整体素质;强化乡镇财政干部业务素质培训,提高乡镇财政干部业务水平和工作能力。推行精细化管理,深化ISO管理体系,转变工作作风,巩固创先争优活动成果。加强党风廉政建设,健全各项廉政规章制度,建立反腐倡廉长效机制,增强财政干部拒腐防变能力。

(湖州市南浔区财政局供稿　马君君执笔)

注:

*新象新牛企业:"新象"企业指当年区内制造业销售收入15亿元以上,比上年增幅20%以上,或产量比上年增幅20%以上;当年实缴税金2000万元以上;当年工业性技改投入3000万元以上的企业。"新牛"企业指当年区内制造业销售收入5亿元以上,比上年增幅20%以上,或产量增幅20%以上;当年实缴税金1000万元以上;当年工业性技改投入1000万元以上的企业。

德清县

【概况】 2010年,德清县实现生产总值239.74亿元,比上年增长12.2%。其中:第一产业增加值17.92亿元,增长4.3%;第二产业增加值141.63亿元,增长12.2%;第三产业增加值80.20亿元,增长13.7%。第一二三产结构比例为7.5:59.0:33.5,人均生产总值55853元。全县财政总收入34.51亿元,增长21.6%,其中地方财政收入18.60亿元,增长25.5%;财政总支出21.44亿元,增长13.3%。全县财政收支平衡,略有结余。

【组织财政收入】 开展经济税源调研,分析经济、政策、征管等对收入的影响,掌握税源基础和变化因素。加大税源控管力度,推进"抓大、评中、定小"分类管理,扩大重点税源监控面,监控税源占全部税款67%。加强主体税种征管,试行营业税差额征税管理办法,实施企业所得税工资薪金税前扣除金额和个人工资薪金所得信息比对,完善行政事业单位个人所得税全员管理,营业税、企业所得税、个人所得税三大主体税种增幅分别为54.2%、82.4%和23.7%。加强小税种和非税收入征管,全面开展房产税税源清查,推进土地增值税清算,完善保险机构代收代缴机动车车船税工作，深化房地产税收一体化管理，平稳划转耕地占用税和契税征管职能。全年地方财政收入占财政总收入比重53.9%。

【支持经济转型发展】 落实扶持经济发展的各项措施，支持产业结构调整和转型升级，巩固经济回稳势头。支持工业转型升级，安排技术创新和科技三项经费4570万元，落实高新技术企业所得税优惠2374万元，兑现企业各类财政补助资金1.67亿元，审批减免企业各类税费1688万元，批准企业财产损失税前扣除和国产设备投资抵免企业所得税3055万元，集中减征企业社会保险基金1687万元。加大财政支农惠农力度，当年农业支出2.95亿元，加强林区道路、标准鱼塘等农业农村基础设施建设，支持现代农业园区和粮食生产功能区建设，落实农业政策性保险、农机购置、农资综合直补、村级公益事业等涉农补贴。安排各类平台建设资金3.33亿元，加快推进三大工业园区平台和城东新区建设。落实中心镇培育资金，加快中心镇建设。拨付基本建设项目资金5.97亿元，支持重点基础设施建设。完善促进服务业发展财税政策措施，落实三产发展专项资金1600万元，兑现服务业财政补助政策资金675万元，执行娱乐业营业税税率调低政策，推进企业分离发展服务业。拨付家电、汽车、摩托车下乡和家电以旧换新补贴资金1782万元，支持扩大内需。

【保障社会民生】 优化支出结构，控制和降低行政运行成本，保障民生支出需要，全年民生支出13.2亿元，增长22.7%。开展"和美家园推进年"活动，支持和美家园精品村、特色村和景观带建设。支持农村环境连片整治和新社区住房改造。完善生态补偿机制，加大对西部生态保护型乡镇的财政保障力度。加大财政教育投入，完善义务教育经费保障机制，提高义务教育公用经费保障水平，落实义务教育在职教师绩效工资和退休教师生活补贴，安排免费教育政策资金3372万元。加大重大科技项目资金投入力度，安排5000万元支持科技新城建设；县级科技支出5068万元，增长37%。加大文化项目建设经费保障力度，支持城乡公共文化基础设施建设，县级文化体育与传媒支出3468万元，增长33%。争取地方政府债券资金8000万元，支持文化中心建设。完善医改财政经费保障机制，拨付医改财政补助资金2500万元，保障基本药物制度实施。加大基本医疗保障投入，安排新型农村合作医疗补助资金2590万元，人均筹资标准从180元提高到240元，完善城镇职工和居民医疗保险制度，实施困难群众医疗救助。拨付就业再就业专项资金1513万元，支持就业和基层劳动保障平台建设。全面推进覆盖全县的城乡居民社会养老保险制度实施，落实资金8605万元。保障政法经费，落实平安创建资金，支持"平安德清"建设。

【加强财政管理】 推进依法行政工作，开展财税普法和执法监督，规范行政处罚裁量权行使，推进信息公开。深化部门预算管理改革，合理调整部门预算定额标准。保障政府工作项目化管理经费，整合和安排政府工作项目经费1.16亿元。编制政府性债务计划，实行政府性债务动态管理。加强预算执行分析，完成国库集中支付改革试点工作。开展财政监督检查，完成对河口水库等11个项目的现场监督检查。完成行政事业单位"小金库"治理"回头看"工作，开展社会团体、国有及国有控股企业"小金库"专项治理。加强政府投资项目管理和资金运行监管，审减43个项目概算投资额2961万元。加强新增中央投资项目资金管理，拨付上级补助资金和落实地方配套资金。清理核实融资平台公司债务，规范融资平台公司管理。调整和新建乡镇、开发区、临杭工业区财政管理体制，提高财政保障力度。加强财政工作考核，提高基层财政财务管理水平。完善《德清县土地出让金收支管理信息系统》，明确土地出让税费计提及收入分配标准。完善政府采购制度，扩大政府集中采购范围，全年实际政府采购金额10879万元，节资率15.6%。

【推进队伍建设】 开展创先争优活动，创建服务型财税基层党组织。实行领导班子、领导干部绩效公示制，加强岗位目标责任制考核，落实机关效能督查制度，参与"千人评议机关"活动，开展"岗位服务明星"评选。开展形式多样的文化创建活动，推进财税文化"六个平台"建设。健全学习保障制度，加强学习型组织建设，争创"学习型领导班子"。开展"能力素质提升年"活动，组织"岗位·能力·素质"大讨论和授课授书等学习活动。加强干部教育培训，组织干部参加各类人才库选拔培训。实施中层干部竞聘轮岗制度。全面梳理财税业务和内部行政管理权力，强化对行政权力运行的规范和监督。层层签订《党风廉政建设责任书》，责任分解、落实到人。整合机关执行力督查资源，实施特邀监察员制度，健全内外监督机制。

（德清县财政局供稿　褚洁滢执笔）

长兴县

【概况】 2010年，长兴县实现生产总值283.71亿元，比上年增长12.0%。其中：第一产业增加值25.65亿元，增长4.2%；第二产业增加值158.54亿元，增长11.9%；第三产业增加值99.52亿元，增长14.1%。三次产业结构从上年的9.2:55.8:

35.0 调整为 9.0:55.9:35.1。人均生产总值 45629 元，增长 16.6%。全县财政总收入 40.10 亿元，增长 18.3%，其中地方财政收入 22.36 亿元，增长 21.1%；财政总支出 28.75 亿元，增长 25.0%。全县财政当年收支平衡。

【组织财政收入】 加强经济税收分析，深化科学化、专业化、精细化征管，建立多部门信息共享机制。加强房地产、建筑业等营业税征管，全年营业税入库 6.13 亿元；加强企业所得税汇算清缴力度，全年企业所得税入库 7.28 亿元；抓好年所得 12 万元以上个人所得税申报工作，加强对股权转让和清算环节个人所得税的征管，全年个人所得税入库 3.14 亿元；加强个人私房出租征管，全年征收 785 万元；全年委托公管、航管部门代征入库税收 5410 万元；开展房产税清查，全年比对 3579 户，增加税额 1001 万元。推进工业企业主辅分离，全年新增分离 4 家。推广机打发票使用和企业 CA 认证网上申报，全年分别新增 252 户和 106 户。强化专项纳税评估，评估入库金额 928 万元。实现契税、耕占税征管职能划转，全年"契、耕"两税完成 17049 万元。加强社保费等非税收入征缴，全年组织收入 1.76 亿元，比上年增长 17.7%，占财政总收入比重为 4.4%，比上年下降 0.02 个百分点。加大稽查力度，完善"一案双查"制度，全年查补税费入库 3494 万元，增长 58.7%。财政收入结构持续优化，税收收入和地方财政收入占财政总收入的比重分别为 95.6%和 55.7%，比上年分别提高 0.02 个和 1.26 个百分点。

【支持经济发展】 发挥财税支撑、引导、保障作用，帮企业，促转型，出台各类惠企措施，落实增值税转型改革和高新技术企业税收优惠、技术研发费加计扣除等政策，社保费临时性比例下浮减征 1740 万元；落实企业税费"减免缓"政策，全年为企业直接减负 1.20 亿元。落实积极的财政政策，及时下达中央新增投资和地方政府债券资金，指导企业用好用足财政政策，推动全县经济在保增长中加快转型升级。全年县财政兑现财政扶持政策资金 4.91 亿元，其中：工业经济政策奖励资金 5989 万元；农业产业化补助资金 4871 万元；旅游业、房地产业等专项资金 1353 万元；外贸出口奖励资金 1170 万元；家电下乡、以旧换新等补贴资金 2816 万元；全年科技投入 7997 万元。加大对"三农"支持力度，全年预算内用于"三农"支出 13.05 亿元，增长 18.1%，兑付良种补贴、农机购置补贴等 1225 万元，拨付粮食综合直补资金 2302 万元，提高农业综合生产能力。

【加大民生投入】 支持教育文化事业发展。完善义务教育经费保障机制，实行农村义务教育学校免住宿费政策，落实义务教育学校教师绩效工资制度，完善中等职业学校学生资助政策，全年财政预算内教育支出 6.48 亿元，增长 27.1%。文化体育与传媒事业支出 4637 万元，增长 18.4%。完善社会保障体系建设。全年投入 6852 万元，全面实施城乡居民基本养老保险。调整企业退休人员基本养老金，平均每人增加养老金 155 元，全县企业养老金的支付能力提高到 24.2 个月。深化医药卫生体制改革，完善医改财政经费保障机制。全年投入基本医疗 6965 万元，继续完善城镇职工基本医疗保险、城镇居民基本医疗保险、新型农村合作医疗三大体系。支持生态环保建设。加大环境保护和生态建设的投入，全年落实专项用于生态建设性资金 1.22 亿元，占地方财政支出的 6.7%，提高 2.1 个百分点；建立完善生态补偿、排污权有偿使用和交易财政监督机制。

【推进财政改革】 深化财税管理改革，完善以部门预算为龙头的预算编制体系、以国库集中收付为龙头的预算执行体系和以绩效评价为龙头的预算监督体系的"三位一体"的财政运行机制。深化部门预算改革。健全预算定额标准体系，继续推行部门预算人代会报告制度，提高预算编制的民主化和透明度。加快推行财政国库集中支付。选择县社会保障局等 5 个单位进行试点，在试点基础上加快推行县级国库集中支付改革。完善预算编制、预算指标、预算申拨、预算会计核算、非税收入管理和财政收入分析系统，建立与公共财政体制相适应的财政综合管理信息系统，提升财税信息化水平。完善乡镇财政管理体制。遵循保障、激励、兼顾、稳定的原则，制定新一轮乡镇财政体制，理顺县与乡镇的财政利益分配关系。完善绩效评价制度。规范操作流程，提升评价效果，全年对县贸粮局等 3 个单位财政支出有关项目进行了绩效评价。

【加强财政监督】 健全内控机制。规范预算指标管理、资金拨付程序，建立相互监督、相互牵制的工作机制，确保资金安全。强化资金管理。加强对预算执行情况的监督与管理，强化预算刚性约束。加大对项目资金管理力度，严格审核项目投资预算，落实中央基本建设投资项目地方政府配套资金。健全监管制度。做好政府采购和控办工作，全年节约采购资金 1750 万元，节约率 14.8%。加强国有资产监督管理，对国有资产进行调查、登记，加强国有资产处置审批管理，进行国有公司八大投融资平台结构调整，实现国有资产保值增值。完善政府性债务审批制度，开展控制和化解乡村债务、义务教育负债工作，防范财政风险。强化财政监督检查。对卫生监督所等 5 个单位进行财政监督检查，查处违规资金 1260 万元。对住房公积金、社会保障金进行检查，对长兴县个体劳动者协会等 27 个社会团体和国有及国有控股企业进行重点检查，对查出的问题进行纠正。强化会计基础管理。开展多层次教育培训，处罚涉税违法案件财务人员2人。

【加强队伍建设】 做好干部教育培训工作。开展“周一夜校”集中学习、周末邀请专家讲座，参加系统内外各种培训，帮助提升干部素质和工作能力。开展“创先争优”主题教育活动。推进党员志愿者服务社区活动、党员闪光行动、机关党(总)支部与农村党（总）支部结对共建及廉政文化进机关等党建工作。加强党风廉政建设。全面落实党风廉政建设责任制，开展党风廉政教育，深化和落实具有财政特色的惩防体系建设。2010年，县局协助承办首届“浙江省财政改革与发展座谈会”；当年县财政系统获省级基层文明单位称号1个，市级基层文明单位5个；县局机关获县部门“一讲二评三服务”一等奖，县“效能建设提速年”活动先进单位，县机关党建工作先进单位等。 （长兴县财政局供稿 殷 巍执笔）

安吉县

【概况】 2010年，安吉县实现生产总值190.02亿元，比上年增长12.8%。其中：第一产业增加值21.70亿元，增长3.9%；第二产业增加值95.96亿元，增长12.9%；第三产业增加值72.36亿元，增长15.3%。人均生产总值41515元，增长12.7%。全年完成财政总收入23.51亿元，增长28.4%，其中地方财政收入13.93亿元，增长32.1%；财政总支出21.93亿元，增长27.1%。全年财政收支平衡。

【组织财政收入】 规范征管，挖掘潜力，优化结构。坚持税源管理“抓大不放小”，加强税源调查和重点税源监控。开展实地巡查，清除征管盲点，堵塞征管漏洞。完善《税费清算办法》，提高企业所得税汇算清缴和税费评估质量，清算补缴税费4672万元。落实个人所得税全员申报和年所得12万元以上纳税人自行申报制度，开展企业投资者信息采集，加强股权转让税收征管，全年个人所得税入库2.03亿元，增长38.7%。开展对专业市场的清理整顿，规范专业市场税收管理。开展房产税、土地使用税普查，完善税源登记制度，做好土地增值税清算，挖掘小税种增收潜力，全年入库地方税2.53亿元，增长39.4%。税费并重，统筹兼顾，做大“蛋糕”。实行社保基金“五费合征”，建立参保登记、征收机构、缴费基数、征缴流程、数据信息等“五统一”的社保费征缴模式，完善政策措施，全年征收五项保险基金5.94亿元，增长38.3%。征收地方教育附加、残疾人保障金和水利建设专项资金等1.48亿元，增长48.3%。实施金财工程“一体化”信息平台建设，非税收入征管信息系统和土地出让金管理信息系统上线运用，完善非税收入征管机制，规范非税收入管理，挖掘非税收入潜力，增强政府财力。

【支持经济转型发展】 支持企业转型升级，推进工业强县。拨付园区建设资金4277万元，落实工业经济发展三十条政策奖励资金3181万元，先进制造业基地建设资金1386万元，落实企业优惠政策资金1109万元，办理企业政策性减免税费2538万元，支持工业平台扩容提升，鼓励企业加快技术改造，扶持重点企业做优做强。拨付科技专项资金1936万元，兑现企业转型升级奖励资金1860万元，加大科技投入，鼓励科技创新和技术改造，加快产业优化升级。拨付外贸发展专项资金978万元、办理出口退税12.75亿元，提高外向型经济国际竞争力。拨付招商引资专项资金1413万元，支持招商引资。拨付人才专项资金507万元，鼓励企业实施人才培养和引进战略。做好社保费集中下浮，减征678家企业社保费1142万元。全年制造业入库税收11.31亿元，增长33.3%。围绕结构优化，促进服务业集聚发展。拨付服务业发展专项资金376万元，落实服务业发展财税扶持政策，促进旅游休闲、商贸流通、现代物流、金融服务、科教服务等集聚发展。拨付旅游发展专项资金355万元，提升景区(点)品质、服务水平，推动观光旅游向休闲度假旅游转型。拨付文化专项资金和文化创意产业发展专项资金420万元，支持文化产业发展。

【优化支出结构】 以保障和改善民生为重点，优化财政支出结构，财政支出向“三农”、社保、教育、卫生等民生工程倾斜，推进基本公共服务均等化。

保障“三农”投入。当年支农支出2.73亿元，增长48.5%。拨付大中型水库移民补助资金2933万元，粮食、农资综合直补资金2365万元，生态公益林保护补偿资金1143万元，促进农民增收。拨付农业发展专项资金2610万元，支持农业综合开发，支持农民专业合作组织发展，促进农业增产增效。安排县校合作专项资金310万元，推广农林科技创新应用。拨付补助资金485万元，落实农村土地承包经营权流转补助政策。拨付地方水利建设、农田水利设施建设专项资金2176万元。完善村级组织运转经费保障机制，落实村干部基本报酬财政补助政策。落实家电下乡、汽车摩托车下乡补贴资金2620万元。

保障“中国美丽乡村”建设。落实中国美丽乡村建设资金1.19亿元、村庄环境整治专项资金921万元、生态县建设专项资金1360万元、农民饮用水工程专项资金558万元。建立“美丽乡村建设风险专项资金”，引导金融资金支持美丽乡村建设。建管并重，建立村庄环境卫生长效管理机制。支持万里清水河道治理、林道建设、农村联网公路、生态修复工程建设，改善农村生态环境和群众生产生活设施。

加大社会保障投入。落实城乡居民社会养老保险政策，拨付60岁以上老人基础养老金5583万元，实现城乡社会养老保险全覆盖。安排专项资金5713万元，加大新型农村合作医疗和城镇居民医疗保险投入，将城乡新型合作医疗人均筹资标准从160元提高到240元，实现城乡居民医疗保险全覆盖。加快城乡统一的人力资源市场建设，完善城乡一体化就业服务网络。做好社会救助、社会福利、优抚安置工作，发放城乡居民最低生活保障金1814万元、农村困难群众物价补贴252万元、义务兵家属优待金、退伍军人和"二战"人员生活补助资金885万元、困难群众危房改造资金382万元。实施残疾人共享小康工程，拨付残疾人共享小康工程补助457万元，创业贷款贴息33万元。

领导考察安吉"中国美丽乡村"建设

保障公共事业建设。完善以县为主的义务教育经费保障机制，支持"校安工程"、"安保工程"、"交通安全工程"；全面化解义务教育学校债务；全年教育投入4.44亿元，增长20.1%。支持医药卫生体制改革，建立基层医疗单位实施基本药物制度补助机制。拨付文化体育事业专项资金2415万元，支持群众文化设施、公共文化服务体系建设，保障安吉(中国)生态博物馆建设和龙山体育中心运行。支持县城"洁美亮绿"工程，保障省示范文明县城、省级森林城市创建。争取中央财政太湖流域污染治理、病险水库除险加固、城乡供水设施建设等扩内需国债补助资金4275万元，争取地方政府债券资金5000万元，推动城乡基础设施建设。

【推进财政改革】 深化"收支两条线"改革，完善"收入一个笼子，预算一个盘子，支出一个口子"管理机制。推进部门预算、国库集中支付、绩效管理"三位一体"公共财政管理改革。完善部门预算编制制度，提高项目预算编制质量，健全预算定额标准体系，部门预算分别由县人代会、县人大常委会、人大主任会议及人大常委会财经工委全体成员会议进行审查。推进国库集中支付制度，在54家一级预算部门全面实施国库集中支付制度，规范预算执行，提高财政资金使用效率。全年完成政府采购预算1.46亿元，节约资金2794万元。加强政府投资项目绩效目标管理，拓宽绩效评价的广度和深度，推进评价结果应用。强化非税收入管理，推进非税收入征管信息系统建设，加强部门配合，改进征缴方式，完善政府非税收入征管体系。

【强化财政监督】 加强对政府投资项目财务与投资评审管理，严格资金拨付程序，确保资金安全有效。开展18家部门预算执行情况专项检查，强化预算执行监督。开展"小金库"专项治理，组织行政事业单位、社会团体及国有控股企业进行自查，重点检查41户。制定《安吉县政府债务管理实施暂行办法》，开展融资平台债务专项清理，建立偿债准备金制度，防范和化解债务风险。稳定现行乡镇财政管理体制，加大转移支付力度，提高乡镇经济活力和财政实力。逐步建立以绩效评价为主导的财政监督机制，全年完成生态示范县建设、园区平台建设等25个财政支出项目绩效评价，涉及财政资金2.20亿元。开展会计信息质量检查，建立会计从业人员综合评估制度，提高会计从业人员诚信度和会计信息质量。加强国有资产管理，做好国有资产清理登记，保证资产安全。组织农村财会人员支农惠农政策培训，提高农村基层财务队伍素质。

【干部队伍建设】 以提高创新力、执行力为重点，增强干部爱岗敬业、廉洁奉公意识，提高干部队伍的凝聚力和战斗力。开展"省级文明单位"、"效能机关"、"群众满意站所"、"青年文明号"创建活动，加强学习型组织建设，推进财税文化建设。实施中层干部竞聘上岗，一般干部双向选择的聘任制度，优化人力资源配置。完善党风廉政建设责任制，加强惩防体系建设。

(安吉县财政局供稿　饶立新执笔)

绍兴市财政工作概况

绍兴市

【概况】 2010年，绍兴市实现生产总值2782.74亿元，比上年增长11.0%。其中：第一产业增加值149.28亿元，增长3.8%；第二产业增加值1582.87亿元，增长10.0%；第三产业增加值1050.59亿元，增长13.4%。三次产业比调整为5.3:56.9:37.8。全市人均生产总值63486元，增长16.9%。全市全年实现社会消费品零售总额852.89亿元，增长19.1%。完成全社会固定资产投资1253.60亿元，增长18.8%。全市外贸进出口总额270.16亿美元，增长31.8%，其中：进口总额59.27亿美元，增长25.3%；自营出口总额210.89亿美元，增长33.8%。金融机构本外币存款余额4948.32亿元，增长19.5%。城镇居民人均可支配收入30164元，增长12.2%；农村居民人均纯收入13651元，增长13.5%。全年全市财政总收入349.25亿元，增长17.0%；地方财政收入193.23亿元，增长20.4%。市本级财政总收入83.45亿元，增长11.7%；地方财政收入48.33元，增长12.4%。全年财政支出221.95亿元，增长30.9%，其中市本级财政支出55.57亿元，增长36.9%。全市和市本级均实现当年财政收支平衡，并略有结余。

【支持经济发展方式转变】 全面梳理涉及财税扶持的74项市委、市政府产业发展政策的条款，整合出台《2010年全市农业农村工作配套政策》和《关于促进二、三产业转型升级的若干政策的意见》两大政策。市本级拨付产业转型升级扶持资金3.60亿元，受惠企业2000多家。其中：商贸重点建设项目资助3826万元、工业重点建设项目2313万元、外向型经济2187万元、自主创新项目1397万元、专利项目1013万元、节能降耗项目880万元、总部经济资金809万元、院校科技合作项目459万元、上市项目398万元。

【落实扩大内需财政政策】 组织做好家电下乡补贴工作，资金兑付率99.1%，持续保持全省第一。全市兑付家电下乡补贴5434万元，汽车(摩托车)下乡补贴6131万元，家电以旧换新补贴1.10亿元，汽车以旧换新补贴4082万元。

【帮助中小企业融资】 组建绍兴中小企业创业融资组团，参与设立绍兴觊泰科技投资基金。继续实行中小企业专项信用贷款政策，协调银行实行利率优惠，发放资金62亿元，增长18.0%，惠及企业330家次。配合有关部门做好市区二环内工业企业搬迁转型发展的签约、权属认定和腾空验收工作，审核拨付34家企业的搬迁补偿款5.40亿元、转型补偿款1.30亿元。

【保障政府投资项目资金】 围绕“三年建设计划”，市本级安排财政性基本建设资金86.57亿元，支持重要基础设施、城乡统筹发展和民生工程等重大项目建设。开展融资平台公司清理核实工作，规范全市108家融资平台公司的运行管理。协调组建滨海新城投资公司，累计落实资本金24.40亿元。全市改造建设农村住房28770户，完成投资35亿元；农村困难家庭危旧房改造1250户，动工建设200户以上集中连片示范性项目9个；全年市本级廉租房实物配租25户、租赁补贴26户。

【确保支农支出增长】 市本级预算内用于农林水事务支出2.12亿元。支持发展现代农业，全市发放种粮农民农资综合补贴1亿元，市本级发放政策性粮油等各类种粮补贴和奖励资金1628万元；拨付森林休闲旅游、林业生态、茶叶强市、菜篮子基地等建设资金2350万元。拨付农村社区服务中心和村级公益事业建设资金3750万元。支持新农村建设，市级财政出资3000万元和实物资产5000万元组建新农村建设公司；拨付重点村庄环境整治资金1260万元。每年投入1000万元支持汤浦水库水源保护。推进“蓝天工程”建设，按脱硫设备总投资额的70%给予补助。支持“清水工程”建设，每年安排资金300万元。

【支持促进教育均衡发展】 市本级预算内用于教育支出10.08亿元，增长21.9%。按小学生均600元/年、初中生均800元/年标准安排公用经费；落实扶困助学政策，发放市配套国家励志、助学资金1134万元，教育资助和助学贷款贴息406万元；保障实施中小学“校舍安全工程”和校安资金，市本级支出5076万元；制定《民办教育补助政策》。

【支持社会保障和就业】 改善各类群体保障待遇。企业退休人员月均增资152元。落实最低生活保障制度，拨付“低保”资金1120万元，发放企业退休或下岗军转干部生活困难慰问金1000余万元。筹措落实医疗救助资金3907万元，全市85000多名困难群众得到医疗救助。推进新型社会福利体系建设。拨付622万元支持农村老年“星光之家”建设，拨付194万元支持开展社区居家养老服务试点。落实优抚政策，全市安排3460万元资金保障伤病残军人生活和退役士兵的安置工作。市本级实际支出再就业资金5770万元，促进下岗失业人员、农村转移劳动力、困难群体的就业。

【支持医疗卫生体制改革】 推进城镇职工基本医疗保险市级统筹，实施参保人员门诊补贴。继续推进城镇居民医保、未成年人医保和新农合制度建设，市本级城镇居民医保、未成年人医保和新型农村合作医疗财政补贴标准分别提高到600元、130元和250元；安排专款1050万元保障参保的城镇居民和未成年人进行健康体检。支持推行跨县市医保“一卡通”。7月1日起在全市所有政府举办的城乡社区卫生服务机构全面实施国家基本药物制度，城乡公共卫生服务项目人均补助标准20元，其中市区人口25元，流动人口12元。支持计划生育事业发展，促进计生利益导向和公共服务机制建设，发放农村计生家庭奖扶特扶资金161万元。

【支持文化体育事业】 安排文化产业发展专项资金1000万元，补助绍兴大剧院运行资金270万元、绍剧越剧保护发展资金200万元、非遗专项200万元、文化惠民专项资金120万元。出台扶持民办博物馆事业发展办法，落实鲁迅纪念馆、博物馆免费开放补助资金4234万元。落实世界合唱节、世博会“环沪护城河”安保经费。全市落实文化体制改革税收优惠1760万元，其中市本级1573万元。支持体育事业发展，落实体育专项资金2016万元，安排省运会、全运会补助资金594万元。

【推进预算编制改革】 完善综合预算管理模式，将部门预算与罚没收入、行政事业性收费收支脱钩改革扩大到所有全额拨款事业单位。深化零基预算编制改革，加大对部门单位的人员基本信息、办公设备、车辆、办公用房等实物资产信息与部门预算编制的整合力度。开展社会保险基金预算和国有资本经营预算试编工作，基本建立政府公共预算、政府性基金预算、国有资本经营预算、社会保险基金预算和政府性债务计划管理的“4+1”全口径政府预算体系框架。

【推进国库集中支付改革】 制订市本级财政国库集中支付改革实施计划，全额拨款事业单位从7月1日起、其他有财政资金拨款的预算单位从10月1日起先后实现国库集中支付，并稳妥推进网银支付改革，代理银行全部实现网银支付。选择8个部门开展预算单位公务卡改革试点。

【推进财政绩效管理】 开展项目预期绩效目标评审，预评审项目24个，共核、调、减资金3131万元。组织年度绩效评价项目186个，涉评财政性资金31亿元。组织开展22个以前年度的绩效评价项目评价意见整改落实情况的“回头看”。

【推进政府采购改革】 制订市本级政府采购预算管理暂行办法，新增4个协议供货项目，并首次实现省、市、县三级区域联动；开展“金财工程”政府采购管理系统的应用试点，首批4家单位实行采购建议书编报、审批、确认书发放和备案的网上执行；推动医疗卫生机构集中采购，首次对办公用纸协议供货进行公开招标；强化公务车辆编制控购管理。全市实现采购预算金额29亿元，采购合同金额26亿元，节约率11.4%。其中，市本级实现采购预算金额7.40亿元，采购合同金额6.80亿元，节约率7.4%。

【推进财政监督】 开展资金清理集中工作，撤销银行账户215个。加强财政专项资金专户管理，撤销财政资金专户11个、合并账套1个。组织专项资金暂存暂付清理工作，撤销各类银行账户18个，完成10个专户资金的清理工作。监管审核政府投资项目166个，核减金额1.60亿元，核减率4.4%。向市建设局、迎恩门工程建设办公室、越城区城改办等3家单位派驻财务总监，加强财务监管。

【推进国有资产监管】 开展行政事业单位房产情况清查；组织开展资产管理信息系统试点工作，对370家政务网联网单位的资产管理员和财务人员进行信息系统培训；加强行政事业单位房产出租管理和国有资产处置管理，行政事业资产管理中心接收处置单位报废资产1407万元。

【加强队伍建设】 开展“勤政讲责任”、“廉政讲作风”、“善政讲方法”系列集中教育，推进创先争优活动。以“勤政、廉政、善政”为载体，开展“双服务”专项行动，帮助解决企业实际问题。实施廉政套餐“六个一”，做到每月一片、每月一文、每周一言、每节一信、每人一铭、每人一屏，开辟局机关“走廊廉政文化”。落实谈心谈话工作制度，收集到69条意见建议，由职能单位限期整改反馈。建立全市基建、预算编制、预算会计、应用与维护、网络与安全人才库，吸收成员39名。组织开展“学有所成学有所用”财税文化建设理论调研评选、“勤政、廉政、善政”才艺展示、“学沈浩事迹促财税工作”演讲比赛等一系列活动。

（绍兴市财政局供稿　丁　玲执笔）

越城区

【概况】 2010年，绍兴市越城区实现生产总值466.40亿元（行政区域口径），增长14.5%。其中：第一产业增加值7.33亿元，增长13.8%；第二产业增加值221.32亿元，增长13.8%；第三产业增加值237.75亿元，增长15.1%。三次产业增加值结构比重为1.6:47.4:51.0。全区财政总收入5.12亿元，其中地方财政收入5.12亿元，增长5.9%；财政支出9.66亿元，增长58.2%。全年财政收支平衡。

【统筹协调增加政府财力】 做好向上争取资金工作。根据有关政策及工作要求，通过各种项目申报，向上争取财政补助资金，全年得到省市财政补助资金3.56亿元。做好出租房税收代征工作。协调全区个人出租房税收代征管理工作，分析解决征管中存在的问题和对策，当年全区八镇街累计征收入库税收1755万元。做好对镇街2009年度的分成结算、资金拨付工作，拨付分成资金838万元和考核奖励资金144万元。做好非税收入征管工作。当年非税收入10929万元，增加2294万元。

【加大民生支出】 优化财政支出结构，提高教育、农业、卫生等民生支出比重，当年全区财政支出中民生支出7.46亿元，占总支出的77.2%，增长60.7%。

保障教育支出。完善义务教育经费保障机制，做好1283万元学校安保经费的测算及资金争取落实工作，做好1735万元教师住房公积金差额资金的测算与争取落实工作。继续加大对农村中小学家庭经济困难学生的资助力度，全年教育券、营养餐券受助学生5344人次，资助金额89万元。全年共拨付教育资金5.08亿元，增长61.6%。

保障“三农”支出。全年安排支农资金1463万元，用于农田基础建设、河道整治、高效农业发展等项目；安排新农村建设项目资金4951万元，用于村庄整治、公厕垃圾房建设、农村生活污水处理等项目；安排粮农补贴资金422万元，用于落实2010年农资增支综合补贴、种粮大户、水稻良种补贴等政策，共涉及农户4.49万户，种植面积13.59万亩。

保障公共卫生事业经费。当年公共医疗卫生支出3350万元，增长49.9%。按照市本级标准追加基层公共卫生服务人员经费122万元，安排皋埠镇卫生院建设经费300万元和疾控中心建设经费197万元，以及社区卫生服务机构补助机制改革经费160万元和医改经费250万元。

保障社会事业资金需求。当年社会保障支出3889万元，增长49.1%。落实低保标准自然增长机制，9月1日起，城市低保标准从人均每月340元提高到400元，农村低保标准从人均每月238元提高到300元，全区2789名低保对象实现应保尽保。

【强化财政监管】 加强政府债务管理。制订《政府性债务管理暂行办法》、《国有投融资公司管理暂行办法》，规范政府债务的日常管理。建立财务预警机制、国有投资公司财务季度例会制，清理化解债务，控制债务规模，健全地方政府性债务管理体制。至年底，全区国有公司账面总资产为67.71亿元；总负债为38.52亿元；所有者权益为29.19亿元。资产负债率56.9%。各公司贷款余额19.42亿元。

开展“小金库”治理工作。明确区年度“小金库”治理的范围和内容、总体要求、各阶段的工作重点和具体要求及治理“小金库”的政策规定。组织全区41家党政机关、87家事业单位、28家社会团体和17家国有及国有控股企业进行自查，自查面100%。区治理办对51家事业单位、2家社会团体和4家国有及国有控股企业组织开展重点检查，提出整改意见。

加强财政支出绩效评价。创新重点项目绩效评价方式，对资金较大项目采取化整为零方式，对资金量小的项目采取化零为整方式，确定计生、文化教育、新农村建设等方面17个财政支出项目为评价重点，共涉及项目资金8688万元，其中财政资金7373万元。加强国有资产管理。做好国有资产使用、调拨、报废、处置等环节的管理工作，全年核销资产530万元，公开拍卖公务用车1辆、公开处置房产2处；划拨资产47万元。做好政府采购工作。加强对行政事业单位车辆的控购审批，在2006～2008年三年平均购车额压缩15%基础上实现零增长。政府采购信息采用“政府采购执行情况基础数据”实时录入方式，全区政府采购预算金额5899万元，中标金额5495万元，节约资金404万元，节支率6.9%。

加强财政监督检查。根据会计人员岗位设置、银行存款余额和未达账项等情况，对财政资金进行内部审计。对两家单位2009年度的会计信息质量进行检查。对越城区文教局等22个基本建设项目的资金来源和落实情况、皋埠镇卫生院等3项预算标的进行审核。对皋埠镇畜牧站、鉴湖镇人民医院等项目的286万元中央国债资金进行全过程跟踪监督。

【深化财政改革】 研究财政体制。根据《越城区区级财政体制的方案》，对“划分收支、确定基数、超收分成”体制两年来的运行情况进行调研，针对体制在运行过程中的刚性需要，分析与研究可支配财力、民生保障、税收收入等情况，提出意见和建议。抓好部门预算上会工作。深化部门预算改革，在10月编制2011年度预算时，做好区民政局部门预算上会试点工作，逐步推开区预算信息公开工作。抓好国有企业债务计划管理工作。对全区7家国有公司29个政府投资项目的资金及债务收支计划进行编制审批，控制无偿债来源的建设项目、未列入政府性债务年度收支计划建设项目的开工建设。

【加强干部队伍建设】 开展“优质服务年”活动，在全局干部职工中开展“上岗明示、微笑服务、一次性告知、首问责任、限时办结、“AB 岗”等优质服务活动。抓好“精细管理年”活动，各科室、各岗位根据法律、法规和三定方案进行岗位梳理，工作职责明确。利用“互学互动、调查研究”等方式，结合财政工作实际，确定研讨主题，制订集中学习计划、安排理论研讨会，组织全局中层及以上干部每月集中一次研讨。结合各项规章制度，制定局内办事流程，并将有关流程上墙公示。抓好监督检查，结合主题活动，成立专门的考核领导小组，核定相关的考核标准，开展“定期评议、广泛评星”活动。对机关作风建设每月开展一次内评，每季开展一次外评，通过向各阶层、各服务对象发放意见、建议征求表，征求部门、群众、服务对象和本单位干部群众的意见，并进行梳理、汇总、反馈、整改。

（绍兴市越城区财政局供稿　楼杨燕执笔）

绍兴县

【概况】　2010 年，绍兴县实现生产总值 776.10 亿元，按可比价计算增长 10.6%。其中：第一产业增加值为 28.70 亿元，增长 4.1%；第二产业增加值 476.13 亿元，增长 8.5%；第三产业增加值为 271.27 亿元，增长 15.1%。三次产业结构比由上年的 3.7:62.3:34.0 调整为 3.7:61.3:35.0。全年实现财政总收入 93.50 亿元，增长 15.1%，其中地方财政收入 51.76 亿元，增长 18.8%；全年一般预算支出 51.87 亿元，增长 23.3%，其中用于民生支出 35.33 亿元，增长 21.7%。全年财政收支平衡。

【组织财政收入】　加强税收分析和计划管理，开展房地产业、纺织业经济税源专题调研，提高预测判断的准确性；推进中小企业所得税预警率征收，落实营业税差额征税管理办法，理顺房地产项目属地管理，加强对非居民企业的企业所得税征管，做好年所得 12 万元以上个人所得税申报、个人所得税全员全额扣缴申报管理工作，加强股权转让个人所得税征管，全年征收入库 2000 余万元，堵塞税款流失漏洞；实现契税、耕地占用税征管由财政部门向地税部门的平稳划转；以税源监控为重点，建立以“土地税收”为核心的税种管理机制，开展房产税、城镇土地使用税税源清查和土地增值税清算工作，将二手房计税价格体系调整为“实时评价机制”，二手房计税价格整体提高 40%；推进分离发展服务业工作，87 户企业实施分离，分离企业当年入库地方税费 3500 万元；开展委托代征工作，绍诸高速、杭甬铁路客运专线代征入库税款 6000 多万元；全年地方小税种入库 12.10 亿元，增长 23.9%，拉动地方财政收入 5.4 个百分点；完善社保费长效筹资机制，征收五项社会保险基金 14.60 亿元，增长 23.8%；加强非税收入征管，政府非税收入实行绩效考核，实现政府性基金收入 113.05 亿元，增长 170.7%，其中土地出让金入库 109.06 亿元。

【促进经济转型升级】　统筹政府预算内外综合财力，加大整合力度，保障经济转型升级政策资金需求，全县一般预算用于经济转型升级的支出 5.92 亿元，增长 36.8%，向上争取“保增长、促转型、扩内需”各类补助资金 5.36 亿元，重点支持工业结构调整优化、印染产业集聚升级、清水工程建设、发展现代服务业、做优现代农业等。发挥财政政策、资金激励引导作用，设立 2.90 亿元专项资金，推动工业转型升级，鼓励企业增加有效投入、支持传统产业提升，壮大新兴产业，促进管理创新；设立 9000 万元服务业专项资金，支持商贸、旅游业发展，推进轻纺城“二次创业”，发展金融、保险、中介服务、会展、物流等生活性服务业。

【落实扩大内需政策】　争取地方政府债券 2.30 亿元，通过预算安排、资金调度等多种方式筹集重点建设资金 9.14 亿元，保障杭甬客运专线、口门治江围涂、防洪排涝河道整治等县内重大工程建设；落实家电下乡、汽车摩托车下乡、家电以旧换新等促进消费政策，全年对家电补贴 31611 台，计 943 万元；汽车、摩托车补贴 9213 辆，计 2011 万元；家电以旧换新 31808 台（件），补贴资金 940 万元，促进农村消费。

【支持城乡统筹发展】　加大对农业的投入力度，一般预算用于农林水事务支出 5.37 亿元，增长 22.0%，其中：安排 1300 万元，用于落实各类涉农补贴，稳定粮食生产；安排 2000 万元培育提升农业精品基地；安排 3240 万元用于河道疏浚以及引水工程；安排 2100 万元用于全国小型农田水利重点县建设；安排 5000 万元用于农民公寓建设、农村生活污水集中收集处理项目等。加大转移支付力度，全年对镇街预算内专项补助 2.17 亿元；根据全县经济运行情况和社会事业发展需要，追加调整支出预算 7.80 亿元（含地方政府债券 2.3 亿元），用于解决城乡道路、体育馆、农村新社区改造等重点建设支出。

【保障民生支出】　全年一般预算中用于民生支出 35.33 亿元，增长 21.7%，占财政支出的三分之二以上，围绕公共服务均等化行动计划要求，重点保障就业、教育、住房等十方面重点实事工程建设的配套资金。以支持“六个所有”（即让所有适龄孩子都能接受 15 年的优质普及教育，让所有有劳动力的家庭都能创业就业，让所有群众都能享受基本医疗卫生服务，让所有老年居民都能享受基本生活保障，让所有住房困难家庭都能改善居住条件，让所有困难群众都能得到相应的社会救助)民生计划为抓手，结合公平教育改革、医药卫生体制改革、社会保障体制改革，落实城乡居民社会养老保险制度，协调有关银行，配合社保部门发放全县12万城乡居民的基础养老金。调研、测算、拟订对基层医疗机构的政府投入政策，配合卫生部门推进医药卫生体制改革，支持全县19家卫生院实施基本药物制度，改善基层卫生院"以药养医"现象，减轻百姓"看病贵"负担。年末，社会保障基金滚存积余66.03亿元，基本养老金支付能力提高到107个月。

【深化财政改革】 推进国库集中支付改革，确定县府办、财政局、民政局、交通局、林业局5个部门及民政局下属3个二级单位，从7月1日起实施国库集中支付制度改革试点，逐步实现会计集中核算向国库集中支付的转型；推进综合预算改革，按照"收入一个笼子、预算一个盘子、支出一个口子"的预算管理模式，推进财政管理改革，实现所有政府性资金全部纳入财政统管范围，所有政府性支出全面纳入预算管理，并建立绩效评价结果与部门预算编制相挂钩的联动机制。强化非税收入征管，在105个部门单位推广应用新版政府非税收入征管信息系统，完善"收支彻底脱钩"的非税收入管理体制，规范政府非税收入退付和往来款拨付，将预算外资金财政专户全额上缴财政统筹安排，增强政府宏观调控能力。加强乡镇财政管理，按照财权与事权相适应、自主与统筹相协调、需要与可能相平衡、服务与监管相促进等原则，结合2010年政府公益性、基础性投资项目建设计划，调整和明确县与平台的出资责任，理顺各平台的财政责任和管理关系，从加强组织建设、完善内控制度等方面入手，强化乡镇财政工作的指导管理，夯实乡镇财政资金监管基础，提高镇街财政规范化水平。

【强化财政监督】 加强部门预算延伸管理，对项目支出用款计划进行科学管理，控制财政资金现金流量，严格项目资金的审核拨付，对部分重点项目实行报支费用抽查分析，健全部门财务内控制度。深化财政监督和绩效评价，全年完成财政支出绩效评价项目104个，其中财政部门评价16个，部门和项目单位评价88个，完成财政检(调)查大项21个，其中专项资金(含国债资金)检查项目14个，财务收支情况检查项目3个，调查项目3个，会计信息质量检查项目1个。开展"小金库"专项治理，对92家党政机关、222家事业单位开展"小金库"自查、排查，对156个社团和公募基金会及80个国有及国有控股企业开展"小金库"自查工作，对15个社团和16个国有及国有控股企业进行重点检查。加强政府投资项目审核，全年共审核拆迁项目评估、搬迁补偿103项，审核政府工程标底预算191项，核减金额1.10亿元。加强政府性债务管理，完成地方政府债务及融资平台清理工作，对全县政府性债务进行分析，防范财政风险。

【加强财会监管与服务】 按照"县镇联动、部门联动、财税联动、上下联动、中介机构联动"方式，健全财务会计监管与服务机制，完善"绍兴县企业监测预警平台"，及时掌握企业异常信息，编印简报《监管与服务》17期。5月份开展"会计法宣传月"活动，在《绍兴县报》专版宣传《会计法》相关知识，建立"绍兴县会计网"、成立绍兴县会计QQ群，营造"经济越发展，会计越重要"的社会氛围。加强对会计人员管理，当年颁发会计从业资格证书1581本，办理会计人员变更、调转计913人次，会计继续教育和业务培训6055人次，组织"鉴湖会计论坛"2期，举办继续教育培训32期。

【加强干部队伍建设】 实施全员培训计划，提升干部能力。分层次分批次组织干部赴中南财大、江西财大、西南财大、东北财大等高校学习，培训面占全系统干部的52%。增强队伍活力。组织开展以"弘扬财税文化，争当岗位先锋"为主题的创先争优活动，各基层单位参与文明单位、文明窗口、文明示范岗的创建活动。提高团队合力。建立干部职工重大疾病互助保障计划，完善慰问探望制度，组织开展登山、演讲等文体活动，培养干部健康文明情趣。增强廉政意识。围绕"人、财、物"管理的权力运行和监督制约，探索建立廉政风险防控机制，查找出全局重大廉政风险点23个，科室单位类廉政风险点234个，岗位类廉政风险点870个，制订相应防控措施。2010年县财政局获"全省财政系统先进集体"荣誉。

(绍兴县财政局供稿　曾晓琴执笔)

诸暨市

【概况】 2010年，诸暨市实现生产总值621.52亿元，按可比价格计算比上年增长11.6%。其中：第一产业增加值37.56亿元，增长4.1%；第二产业增加值366.08亿元，增长10.4%；第三产业增加值217.88亿元，增长15.0%。人均生产总值58186元，增长11.3%。全市财政总收入65.51亿元，增长19.8%，其中地方财政收入37.33亿元，增长26.3%；全市财政一般预算支出43.76亿元，增长35.5%。全年财政收支平衡。

【组织财政收入】 完善税源管理机制。加强对纳税大户风险监测预警，对全市12家纳税大户涉税异常情况进行分析和监控。完善对建筑业、房地产业等重点税源监控，对涉及娱乐业、运输业等344户企业进行纳税评估，补缴地方税费576万元。创新征管措施。选定12个房地产项目开展土地增值税清算，对1万余户企业开展房产税、土地使用税清查，贯彻落实营业税差额管理办法，重视年收入12万元以上个税申报，强化限售股转让和个人股权转让等个人所得税的征管。加强非税收入征管。制订《政府非税收入征收管理考核办法》，推行非税收入征收激励政策，实现与国土等部门网络数据共享，全年征收非税收入总额93.90亿元，增长133.5%。深化“五费合征”征缴改革。推进税费管理联动，当年征缴五项社保基金11.95亿元，增长15.1%。

【推进经济转型升级】 落实各类财政扶持政策。累计兑现扶持企业发展的技改奖励、节能减排、循环经济等各项市本级财政贴息奖励资金1.52亿元，增长19.2%。落实政策为企业减负。落实税费优惠政策，减免企业所得税等各类税收1.79亿元，落实临时性下浮社会保险费缴纳比例，涉及5860户单位，减负3410万元。推进工业企业分离发展服务业。当年新增分离发展服务业35户，累计已分离企业158户，当年新增地方税费4774万元。落实扩大内需政策。全市兑付家电下乡补贴1737万元，汽车(摩托车)下乡补贴2521万元，家电以旧换新补贴3723万元，兑付率99%以上，被财政部及相关部委评为全国先进集体。

【保障重点支出】 市本级用于民生等社会发展事业支出27.80亿元（不含地方国债支出），增长23.7%，占总支出的69.1%。

确保支农投入增长。清理整合财政支农政策，强化对新农村建设项目及资金管理，开展村级公益事业建设一事一议财政奖补，推进农业转型升级，全年财政支农支出3.85亿元，增长21.1%，其中新农村建设专项资金支出2.93亿元。坚持教育优先发展。完善义务教育经费保障机制，支持推进中小学校舍安全工程，落实义务教育阶段教师绩效工资制度，推动教育信息化和优质教育资源共享，教育支出9.79亿元，增长19.9%。

支持社会保障事业和促进就业。稳步扩大城乡居民社会养老保险覆盖面，将农村“三老”人员(新中国成立前农村老党员、老游击队员、老交通员)纳入零起步救助范围，支持残疾人共享小康工程，落实低收入群众动态物价补贴新机制，企业退休养老金、失业金、最低生活保障、知识青年养老保险等均有提高，社会保障和就业支出2.93亿元，增长63.9%。

支持医疗卫生体制改革。在社区卫生服务机构全面实施基本药物制度，拨付基本药物零差价所需资金5033万元。

支持文化事业发展。继续支持博物馆免费开放，推进农村电影、学校电影、周末剧场和农村体育设施补助等重点文化惠民工程，文化体育和传媒支出5870万元，增长5.8%。

保障公共安全投入。深化政法经费保障体制改革，落实第六届世界合唱节和世博会“环沪护城河”安保经费2107万元，公共安全支出3.28亿元，增长37.0%。支持“生态市”建设。扶持重点行业和企业节能减排、清洁生产，推进城镇污水处理设施配套管网建设，增加农村环境保护资金投入，环境保护支出1.04亿元，增长11.0%。

【深化财政改革】 深化预算编制改革。规范年度预算资金安排及补助支出报批程序，制订《行政事业单位会议费培训费管理暂行规定》等制度，开展行政事业单位历年结余资金清理，将全市行政事业单位人员工资纳入工资统发系统，加大对部门单位的人员基本信息、办公设备等实物资金与部门预算编制的整合力度，建立“全口径”政府预算体系框架。推进国库集中支付改革。全市217家行政事业单位实行国库集中支付。清理规范行政事业单位资金及银行账户，探索预算单位公务卡在国库集中支付中的运用。实施财政一体化查询平台项目的开发与测试，建立预算执行动态监控系统。推进绩效评价工作。实施绩效评价项目88个，将绩效评价工作列入市委市政府对部门的岗位目标责任制考核。推进政府采购改革。加强政府采购分散采购管理，实行全省协议定点供货联动采购，应纳入政府采购范围的项目全部进入政府采购“笼子”，全年政府采购规模7.40亿元，节约资金6833万元，节资率为9.2%。

【强化财政监管】 厉行节约。减少会议、接待、差旅和公车使用等日常支出，对部门预算基本支出实行定额编制，部门公用经费统一压缩5%。加强财政资金监管。开展财政票据使用、强农惠农资金等专项检查，推进政府性投资项目监管，完成政府投资项目审核94项，送审金额11.30亿元，净核减额2.40亿元。开展“小金库”专项治理，加强财政专项资金账户管理。制订落实《市本级财政资金存放商业银行评价激励暂行规定》，确保财政资金安全和保值增值。完善国资监管。规范国有公司经营者年薪考核，重新制订《行政事业单位资产管理办法》，完成行政事业单位不良不实资产核准工作。开展财政周转金的清理整顿回收，减少资金流失。创新财会监管与服务。探索会计人员继续教育网上培训新途经，通过“诸暨市会计服务网”为会计人员提供零距离会计服务。

【加强队伍建设】 实施基层干部岗位目标责任制考核，试行干部职工绩效考核。全面导入财政 ISO9001 质量管理体系标准，推进财税工作精细化管理。成功上线应用档案软件，枫桥分局通过省二级档案达标验收。完成《“十二五”优化地方财政收入结构体系研究》等 32 个调研课题，部分课题成果应用于实际。开展创先争优活动，组织干部到江西财经大学进行业务培训，参加省财政厅人才库考试，4 名同志入选预算执行人才库和计算机信息管理、网络安全人才库。当年 50 岁以下干部全部取得大专以上学历，其中本科以上占 57%。加强廉政风险防控机制建设，通过组织干部学习《廉政准则》、与干部签订廉政承诺书、组织干部赴省六监现场警示教育、上廉政党课、节前短信提示等方式，对干部进行多方位的廉政教育。2010 年，共获得省级荣誉 33 项，市级荣誉 18 项，县级荣誉 27 项，被省人力资源和社会保障厅和省财政厅授予全省财政系统先进集体称号。　(诸暨市财政局供稿　斯　巍执笔)

上虞市

【概况】　2010 年，上虞市实现生产总值 436.15 亿元，增长 13.5%；人均生产总值 56269 元。其中：第一产业增加值 31.29 亿元，增长 3.7%；第二产业增加值 254.32 亿元，增长 13.8%；第三产业增加值 150.54 亿元，增长 14.7%。三次产业结构由上年的 7.1:58.9:34.0 调整为 7.2:58.3:34.5。全市财政总收入 54.13 亿元，增长 23.1%；地方财政收入 29.16 亿元，增长 28.1%。全市财政支出 32.20 亿元，增长 20.3%。当年财政收支平衡，并实现净结余 1.02 亿元。

【组织财政收入】　围绕做大做优财政收入，深化税源监控和管理，推进税收筹划，出台股权转让个人所得税管理办法，落实限售股减持税收征管，加强土地增值税清算，实施契税新政，开展房产税税源普查，探索出租房产动态管理机制。深化“五位一体”税源管理模式，开展运输业纳税专项评估，实施征管查互动工作机制，开展税收专项检查和假发票专项整治，净化税收执法环境。实施“财税政策村村行”活动，组建 5 支纳税服务志愿者队伍，创建“同心汇聚”地税服务品牌。构建非税收入动态管理机制，加强土地出让收支管理，处置政府回购房、拆迁安置余房等政府闲置资产，回笼资金 2.30 亿元，拓展非税收入范围，开征排污权有偿使用费，增收 2815 万元，增强政府可用财力。

【支持经济转型升级】　完善财政政策，支持新兴产业发展，推动技改投入和科技创新；落实节能减排，鼓励发展循环经济和清洁能源；调整完善新一轮现代服务业扶持政策，重点支持传统商贸业提升、现代物流业破题、新兴服务业发展，培育“四季仙果之旅”品牌建设，推进商贸旅游业与现代农业互动，累计兑现各类奖励补助资金 3.15 亿元。帮助企业解困，全年为企业提供应急转贷资金 12.20 亿元，维护区域金融生态安全和社会稳定。推进企业分离发展服务业，当年新增服务业企业 16 家，累计分离 86 家，实现地方税收 5242 万元，增长 88%；建立边界经济集约发展评价体系，实施相应的财税激励政策，引导边界企业健康发展。落实家电、汽车摩托车下乡和家电以旧换新等政策，发放补助资金 4306 万元。落实税费法定优惠政策，实施结构性减税，做好社保费降率和集中减征，支持社会就业创业，减轻企业负担 3.30 亿元，提高企业竞争力。

【优化支出结构】　全年民生支出 22.52 亿元，占财政支出 70%，比上年增加 4.2 个百分点。投入资金 1.30 亿元，落实粮食直补、农机具购置补贴等各类强农惠农政策，推进农村宅基地置换改革和中心村培育，加强公共服务中心建设，开展村级公益事业一事一议财政奖补试点；投入资金 2851 万元，推进中小学校舍安全工程建设，实行农村义务教育免费住宿；新增资金 4155 万元，提高企业退休人员待遇；投入资金 1.35 亿元，实施城乡居民社会养老保险；推进医药卫生体制改革，投入资金 2860 万元，实施基层卫生机构基本药物“零差率”，落实医疗保险绍兴市级统筹，推动城乡社区卫生服务机构建设；投入资金 154 万元，做好农村困难群众住房救助、城镇低收入家庭廉租住房保障，落实经济适用房分配保障政策；投入资金 2915 万元，提高城乡低保补助水平，发放困难群众物价补贴；投入资金 628 万元，支持魅力文化行动和有线电视数字化整体转换；支持安全生产、安全消费、世博安保及防洪减灾体系等建设，重点实施“环沪护城河”、校园安保，推进“平安上虞”和省级示范文明城市创建，提高城市品位。

【保障重点项目资金】　支持交通重点工程、城市功能项目和商贸旅游项目推进，重点保障核心区块征迁和滨海、滨江、高铁等“三大新城”建设。多渠道向上争取资金，争取地方政府债券额度 0.9 亿元，争取 2010 年新增中央投资 1.12 亿元，重点支持农民集中居住区、污水处理二期等项目建设。注重融资协调，加大应急资金储备规模，向 14 家银行申报授信 24.1 亿元，完成流动资金转(还)贷 3.20 亿元。出台上虞滨海新城财政体制和投融资运作机制，到位资本金 4.60 亿元，完成投融资平台组建。

【推进管理创新】　深化部门预算改革，实施教体、规划、安监等3部门预算提交人代会审议，落实厉行节约举措，压缩公用经费5%，出台结余资金管理办法，提高资金使用效率；推进国库集中支付改革，健全财政国库管理制度体系，整合优化财政业务流程，构建预算执行新机制；出台新一轮乡镇（街道）、“两区”财政体制，调整完善中心镇基本建设以奖代补政策，加大转移支付力度，构筑基层加快发展的新平台。开展“小金库”专项治理，推行项目预期绩效目标管理，实施政策、项目、资金绩效评价，加大结果应用力度；加强公务用车购置审批和日常管理，规范政府采购程序和采购行为，提高政府采购效能；出台进一步加强国有资产管理工作的意见，建立乡镇（街道）、部门国资管理考核制度，盘活闲置资产，实施国企经营者年薪制考核，开展国企招工计划管理，核准定编定员方案；建立乡镇债务月报制度，动态监管乡镇债务运行情况，防范乡镇财政风险。

【加强队伍建设】 以财税文化建设为抓手，以“支部争先进、党员争优秀”为活动目标，开展“娥江先锋”创先争优活动，在职党员亮明身份并作公开承诺，自觉接受监督；推进学习型组织建设，开展局党委中心组学习、周一学习、中层干部读书会、全员读书活动等特色性学习，深化财税网络学校应用，开展干部应知应会培训，组织“十佳学习型干部”评比，提高干部岗位适应度；深入推进行风效能建设，加强党风廉政建设，组织开展“机关党员星期六义工日”、“每月行风效能和工作纪律督查日”等活动，继续规范财税权力运行，，构建面向全社会的惩防体系，确保系统安全、干部安全。

（上虞市财政局供稿　丁光兴执笔）

嵊州市

【概况】 2010年，嵊州市实现生产总值273.27亿元，比上年增长12.8%。其中：第一产业增加值28.32亿元，增长4.1%；第二产业增加值146.14亿元，增长13.7%；第三产业增加值98.81亿元，增长13.4%。人均生产总值37230元，增长12.8%。全市财政总收入24.51亿元，增长17.7%，其中地方财政收入13.15亿元，增长21.1%；财政支出19.81亿元，增长35.8%。当年财政收支平衡。

【组织财政收入】 加强重点行业、重点企业、重点工程税收征管，对房地产业、建筑安装业、交通运输业等开展专项检查。强化个人所得税监控，推广个人所得税全员申报。有序开展土地增值税清算，应用不动产项目管理软件，19个开发项目补征土地增值税1570万元。契税、耕地占用税由财政部门划转至地税部门，实现房地产交易税收“一体化”征收。引导企业分离发展服务业，全年成功分离5家企业。完善社会保险费“五费合征”措施，全年征收社会保险基金7.43亿元，增长22.9%，支付能力42个月。拓展非税收入征管范围，优化收入结构，地方财政收入占财政总收入的比重为53.6%，提高1.5个百分点。

【服务经济发展】 参与制订全市各类扶持企业转型升级发展政策，围绕工业转型升级，引导企业加大技术改造，财政扶持资金由上年的5800万元提高到1亿元，兑现工业经济又好又快发展政策和领带服装、机械电机、电器厨具等三大主导产业扶持资金2200万元；为企业“减负”，集中减征企业社保费2200万元。落实家电下乡、汽车摩托车下乡、家电以旧换新政策，合计兑付财政补贴1942万元。审核发放小企业贷款风险补偿资金70万元。争取中央财政新型农村金融机构定向费用补贴600多万元。配合相关部门做好项目申报和审核，为企业向上争取专项资金9090万元。发放政策性农村住房保险补助资金140万元，引导全市20.7万农户参保。开展“服务企业、服务基层”专项行动，帮助企业了解各类扶持政策，用足用好税费优惠政策。

【保障民生支出】 全年民生和社会事业支出14.59亿元，占财政总支出的73.6%。*增加“三农”支出*。安排支农支出1.80亿元，增长17%。开展村级公益事业建设和村级集体经济发展财政奖补试点，发放农机购置补贴、水稻机插秧补贴等各类涉农惠农补贴1.1亿元，惠及农户19万多户。*支持教育发展*。安排学校重点工程经费660万元，下拨校安工程资金2500万元，落实义务教育阶段免杂费、免教科书、爱心营养餐等经费5200万元。开通335条学生接送线路，按时发放义务教育学校教师绩效工资，保障幼儿园公办教师工资。*支持医疗卫生事业发展*。实施基本药物制度和农村医疗卫生体系改革，安排1400万元，推进门诊统筹和健康体检工程。建立医疗保险基金市级统筹和异地结算“一卡通”制度，提高城镇居民医疗保障财政补贴标准，补助新型农村合作医疗7600万元。*提高社会保障水平*。安排专项经费9000万元，促进养老保险城乡统筹。完善社会救助运行机制，城镇最低生活保障标准由每月340元提高到392元，农村最低生活保障标准由每月240元提高到292元。

【推进财政管理改革】 实行“三个子”财政管理改革。推行政府性收入进入“一个笼子”管理，政府性资金“一个盘子”统筹安排，纳入预算盘子支出“一个口子”支付。构建预算编制、执行、监督“三分离”的预算管理体系。推进国库集中支付改革。从9月1日起全市66家行政和"参公"事业单位，全部实行国库集中支付制度。完善乡镇财政体制。明确乡镇(街道)收入范围、分成比例、支出责任，激励乡镇发展经济。继续推进行政事业单位财政财务管理改革。加强预算执行拨付环节资金管理，根据各单位实际用款需求，掌控拨付资金进度；建立切块专项资金使用管理办法，加强专项资金使用审核，部门历年项目资金净结余纳入部门预算，减少资金沉淀；控制行政经费开支，规范会议、接待、差旅和办公用房装修及车辆配备标准，降低行政成本。完善政府采购制度。制订完善政府采购方式及变更审批制度、采购信息发布和采购结果公告管理制度。开展供应商网上注册登记，建立政府采购电子化平台，强化政府采购预算执行。全年政府采购规模3.28亿元，节约资金3625万元，节约率为9.9%。

【强化财政监管】 强化财政支出绩效评价。研究制订财政支出绩效评价结果应用实施意见、财政支出项目绩效预期目标管理实施意见，实行绩效评价事前管理，促使评价工作关口前移；组织开展"校园安防工程"等三个项目绩效预期目标评审试点，节约财政资金1300万元。加强政府投资项目管理。制定政府投资项目审价业务管理办法，组织开展对交警大队综合业务用房等126个项目工程结算审价，节约财政资金3400万元。开展清查"小金库"工作。对行政事业单位、国有及国有控股企业和社团组织的检查，查处各类违规资金816万元。对14个乡镇开展财政财务检查，纠正违规资金181万元。加强国有资产监管。完善行政事业单位及企业国有资产监督管理办法，房产出租全部进入市公共资源交易中心实行公开招标；建立行政事业单位资产管理信息系统，对资产处置事项实行网上申报审批管理。

【财务会计监管】 推进会计服务信息化。推行会计考试报名管理信息化，全市2400名考生首次实现网上报名。组建浙江省会计师学会嵊州工作委员会，开通嵊州会计网，为全市会计人员提供学习交流平台。组织开展会计人员继续教育培训，全年培训各类会计人员5129人次。对23家企业单位实施会计信息质量检查，纠正违规金额185万元，补缴税款55万元。建立企业财务预警机制，及时发现企业财务问题、规避企业经营风险。

【加强干部队伍建设】 组织教育培训。采取"请进来"、"送出去"等多种形式，对干部开展业务技能培训。安排50周岁以下干部参加财税业务知识考试，鼓励干部参加与财税工作相关的技术职称和各类资格考试，以考促学。当年5位同志通过高级会计师资格考试。加强廉政建设。坚持周一政治学习制度，组织观看廉政教育片，对中层正职以上干部开展诺廉评廉工作。健全廉政风险防控机制，建立一整套廉政防控制度，形成以重大事项集体决策为核心的制度体系。开展创先争优活动。开展向沈浩同志学习活动，号召干部"讲奉献，当先锋"。以创建"文明单位"、"青年文明号"等活动为载体，强化岗位练兵，完善工作制度，加强团队建设，在各级评先评优中取得好成绩。26个单位获嵊州市委市政府以上表彰奖励，嵊州市财政局在政府部门年度综合考评中获总分第一名。

(嵊州市财政局供稿　黄小明执笔)

新昌县

【概况】 2010年，新昌县实现生产总值215.07亿元，增长11.3%。其中：第一产业增加值15.98亿元，增长3.5%；第二产业增加值118.97亿元，增长11.5%；第三产业增加值80.12亿元，增长12.3%。全社会固定资产投资78.71亿元，增长17.8%；城镇居民人均可支配收入27396元，增长9.6%；农民人均纯收入11263元，增长13%。人均生产总值49373元，增长15%。全县财政总收入28.13亿元，增长21.8%，其中地方财政收入13.50亿元，增长26.8%；全县财政支出18.81亿元，增长41.7%。全年财政收支平衡。

【组织财政收入】 加强重点税源管理，按月通报纳税大户的税收入库情况，掌握重点行业、重点企业、重点环节生产经营和税源变化情况。加强国地税协作，联合开展纳税信用等级评定，联合办理税务登记，委托国税代征零星地方税费，堵塞税收征管漏洞。提高土地增值税核定征收率与预征率，加强土地增值税清算，强化地方小税种征管，优化税收结构，全年地税部门组织税收收入10.73亿元，增长25.8%，其中地方税收5.67亿元，增长31.2%，地方税收占税收收入的比重提高到52.9%。强化规费征收，调整社会保险费申报方式，推行用人单位自行申报，形成多样的征收格局，全年规费收入8.49亿元，增长12.6%，其中社会保险费收入7.10亿元，增长11.3%。

【支持经济发展】 实施各项财政扶持政策，鼓励企业做强做大，实施技术改造和技术进步，培育优势产品，发展循环经济、外向型经济，支持中小企业上规模，扶持建筑业，为企业及个人兑现各类扶持资金5616万元。为符合条件企业向上争取专项资金1.5亿元。通过产业扶持、财政贴息、财税优惠等措施，上下联动，点面结合，共同推进企业分离发展服务业，累计分离服务型企业56户，其中2010年23户，分离企业实现销售收入7.31亿元。落实企业设备融资租赁贴息政策，做好中小企业融资平台工作，扩大成长型、科技型中小企业贷款和信用担保规模，促进中小企业持续稳定发展。用足用好税收优惠政策，对试点物流企业和从事代理企业的业务收入，实行差额征收营业税；落实企业所得税相关优惠政策，全年减征企业所得税1.75亿元；落实社会保险费缴纳比例临时性下浮政策，为2704户企业减征社会保险费2456万元；实施下岗失业人员再就业、残疾人员自谋职业等其他税收优惠政策，为136家企业减免各类税费1177万元，助推经济转型升级。

【推进“三农”建设】　财政资金投入向“三农”倾斜，当年财政一般预算中“三农”资金投入8185万元，增长28.8%。加强资金整合，推进村庄建设和整治；落实种粮直补、农资直补等强农惠农政策，调动农民发展生产的积极性，稳定粮食生产；支持发展效益农业、生态农业等现代农业，做强做大主导产业，助推农业优化升级；提高农业综合开发水平，加快农田水利建设，推进农业基础设施建设，巩固农业基础地位；完善村级组织运转保障机制，落实资金解决农村主职干部基本报酬和农村退职老干部生活补助，巩固农村基层工作基础；深化农村综合改革，推进村级公益事业一事一议财政奖补工作，促进城乡统筹发展。

【保障民生支出】　加大财政对科技、文化、医疗卫生等基本事业发展的支持力度，逐步增加民生财政支出，全年安排民生支出11.35亿元，增加2.45亿元，当年新增财力86.6%用于民生事业。

加大教育投入力度。继续推进义务教育经费保障机制改革，落实和完善城乡义务教育各项政策措施，保障中小学校公用经费；加大对职业教育的支持力度，做好家庭困难学生扶困资助工作，推进中等职业教育发展；全年生均教育事业费财政补助10071元，提高1793元。

支持医疗卫生改革。参与医药卫生体制改革，政府举办的基层医疗卫生机构全面实施基本药物零差率，当年拨付基本药物零差率财政补助资金1270万元。落实城镇居民医疗保险制度，提升新型农村合作医疗保障水平，完善城乡医疗救助制度，提高医疗救助的惠及范围和补助水平，全年直接用于城乡居民各类医疗保障支出5744万元。

提高社会保障水平。实施新的城乡居民养老保险办法，拨付城乡居民养老保障财政补助5385万元，实现社会保险全覆盖。实施积极的就业政策，支持职业技能培训，引导农村剩余劳动力有序转移，推进大中专毕业生就业。健全社会救助体系，做好城乡低保、城镇“三无”对象和农村“五保”户集中供养工作，落实专项资金支持农村“固房工程”，推进政策性农村住房保险工作，保障和改善困难群体的基本生活。做好家电下乡工作，财政补贴资金1070万元。关注社会事业发展。完善基层公共文化设施，支持农村公共文化服务网络建设，逐步建立覆盖城乡的公共文化服务体系。加大环境保护和生态建设投入，完善公益林保护和补偿机制，加强饮用水源保护，加大环境污染整治力度。

【深化财政改革】　实施综合预算改革，加强项目预算管理，提高预算编制的科学性、准确性和精细化程度。完善预算定额标准，加强支出标准和项目库建设，完善定员定额标准体系，准确反映预算单位机构编制、人员、经费类型等基础数据及变化。深化国库集中支付制度改革，扩大国库集中支付范围，7月1日起选择科技局、统计局等6家单位试行财政国库集中支付，10月起实行集中支付扩面工作，至年底27家单位纳入国库集中支付。改进政府性投资公司的投融资管理，规范融资行为，控制政府性债务规模，防范和化解债务风险。深化土地出让金管理改革，按规定提取新农村建设、失土农民保障等专项资金，规范收缴程序，实施动态控管。

【强化财政监督】　规范行政执法程序，加快财税法制建设，细化执法自由裁量标准，预防和化解行政争议，推进依法行政、依法理财、依法治税工作。完善行政事业单位国有资产管理暂行办法及相关配套制度，严格资产配置、使用和处置整个流程的监管。加强政府采购资金监管，规范行政事业单位会计核算，严格报账管理，加大会计监管力度，提高监管覆盖面和检查效率。开展“小金库”专项治理，完善专项资金运行机制。扩大绩效考评工作的范围和领域，选择重点项目、民生项目推广预算支出绩效评价，深化评价结果应用，增强财政调控能力。加强会计法规宣传，做好会计职称考试、教育、培训工作，开展会计信息质量检查和会计师事务所执业质量检查。

【加强队伍建设】　坚持每周一学习制度，深化网上自学、专题调研、集中辅导等学习方式，举办中层干部读书会，构建多层次、全方位的终身学习体系。创新工作制度，开展“群众满意机关”、“群众满意窗口”、“文明单位”等创建工作。创新干部教育培训方式，注重干部业务技能等软实力的提升。创新文化建设载体，丰富干部业余生活，营造健康和谐的工作氛围。加强法律法规和政策的咨询辅导，拓展网税系统办税功能，推行POS机刷卡缴税等便民措施，组建纳税服务志愿队，成立税企俱乐部，拓宽纳税服务领域。履行领导干部“一岗双职”的规定，推行廉政承诺公示制和述廉评廉制，建立中层干部廉政档案。

（新昌县财政局供稿　梁晓富执笔）

金华市财政工作概况

金华市

【概况】 2010年，金华市实现生产总值2094.70亿元，按可比价计算，比上年增长12.5%。其中：第一产业增加值107.19亿元，增长4.7%；第二产业增加值1085.46亿元，增长12.6%；第三产业增加值902.05亿元，增长13.3%。全市人均生产总值45031元，增长11.9%。全市完成全社会固定资产投资777.71亿元，增长22.4%。实现社会消费品零售总额916.23亿元，增长18.9%。完成进出口总额131.99亿美元，增长41.3%。市区城市居民人均可支配收入25029元，增长9.2%，全市农村居民人均纯收入10201元，增长13.3%。全市财政总收入272.68亿元，增长17.2%，其中地方财政收入155.93亿元，增长20.6%；市区财政总收入63.24亿元，增长20.1%，其中地方财政收入38.99亿元，增长23.8%。全市一般预算支出211.52亿元，增长27.9%；市区一般预算支出59.62亿元，增长29.5%。全年全市及市区财政收支平衡。

【组织财政收入】 优化财政收入结构。全市地方财政收入占财政总收入的比重为57.2%，高于上年1.6个百分点；全市税收收入(构成地方财政收入部分)占地方财政收入的比重为91.9%，高于上年2.4个百分点。加强地方税费征管。全市地税税收收入(含契税、耕地占用税)135.24亿元，增长26.1%。完善个人股权转让所得税征管办法，实现契税和耕地占用税职能划转。强化房地产税收征管，推广不动产建筑业项目管理软件，全市土地增值税清算增收3.83亿元。深化五费合征工作，全市社保基金收入56.03亿元，增长18.1%。强化税务稽查，对房地产、交通运输等行业开展专项检查，开展打击发票犯罪行动，全市稽查查补金额2.91亿元，增长88.0%。优化非税收入征管。严格土地出让金管理，全市入库土地出让金收入271.70亿元，增长2.6倍。加强机动车特殊牌号竞拍管理，扩大牌号范围，完善窗口标价竞买程序。

【支持经济发展方式转变】 支持优化产业结构。集中财税政策、资金等资源投向汽摩配、电子信息、现代五金制造、饰品等主导产业。加快产业集群转型升级，市区先后建立了国家级科技园创业服务中心、省级电子信息产业基地等公共平台。市本级实行财政扶持资金与企业地方财政贡献挂钩的办法，共兑现涉企扶持资金3.77亿元。支持现代服务业发展，市本级安排服务业发展引导资金4000万元。深化企业分离发展服务业工作，全市新增分离企业32家，累计已分离146家。扩大内需，落实各项结构性减税政策。为全市企业减轻负担8.02亿元；开展财政税收政策宣讲，引导企业扩大投资。支持举办浙中购物节及各类展会，加快浙中购物中心建设，做好家电、汽车摩托车下乡、以旧换新补贴兑付工作，鼓励居民消费。积极向上争取、多方筹措建设资金，加大交通、城市建设等基础设施建设投入，稳定政府投资。支持自主创新。全市科学技术支出7.55亿元，增长21.4%。市本级整合科技创新等9项专项资金，设立科技发展引导资金。支持实施海内外英才引进计划，完善科技孵化器政策。

【加大民生保障投入】 全市民生支出149.14亿元，增长27.4%，民生方面的增支额占总增支额的71.3%。完善社会保障体系。全市社会保障和就业支出增长68.1%。全面实施城乡居民养老保险制度，全市共计发放基础养老金5.36亿元。支持创建国家级创业型城市，出台鼓励全民创业政策。全市医疗卫生支出增长38.9%。推进医药卫生体制改革，支持实施国家基本药物制度；市区新农合筹资标准提高至200元，其中财政补助140元。加快城乡统筹发展。全市农林水支出增长31.0%。各地加大农村生活污水治理等基础设施投入，整合建立现代农业发展资金，支持现代农业园区和粮食生产功能区建设。市本级投入2686万元支持农房改造，筹集7350万元用于水利建设、农业土地开发。市区安排1800万元公交专项经费、筹措调度7200万元支持城乡公交统筹发展。提高各类群体基本生活水平。市区落实义务教育教师绩效工资改革，对企业退休人员实施社会化管理，推进困难群众"一站式"实时医疗救助办法，提高城乡最低生活保障标准。保障各类社会事业稳步发展。全市教育支出增长16.7%。全市全面完成义务教育债务化解工作；免除农村义务教育阶段学生住宿费，减轻其家庭负担3200万元。市区安排870万元保障义务教育阶段学生免费使用教辅资源。全市环境保护支出增长54.4%，支持生态市建设，对列入"811"环境整治任务的镇级污水处理项目进行补助。全市文化事业支出增长14.6%。推进文化体制改革和文化产业发展，加强非物质文化遗产保护。

【推进财政改革】 推进"三位一体"财政改革组织体系构架。根据省财政厅机构改革思路形成改革方案，建立健全与之相适应的内部衔接运转机制。深化财政管理体制改革。市本级在所有纳入预算管理的行政事业单位中实施公务卡制度改革。制定国有资本经营预算管理办法，从2011年起试编国有资本经营预算。实施执法单位收支脱钩改革，罚没收入全额上缴财政。出台《行政事业单位国有资产管理暂行办法》。降低政府债务风险。调度间隙资金，进行贷款置换，利用相对宽松的金融环境和银行激励机制，减少债务利息支出。开展政府融资平台清理，规范政府融资渠道。提高财政资金效益。开展绩效评价，全市绩效自评 293 个项目，重点评价 40 个项目。加强财政项目审价管理，全市完成审核项目 2315 个，核减造价 7.74 亿元，核减率 6.9%。全市政府采购金额 18.85 亿元，节约资金 4.11 亿元，节约率 17.9%。开展社会团体和国有及国有控股企业“小金库”专项治理。

【深化干部队伍建设】 开展财税文化建设。建立财税文化建设考评激励机制，提升活动开展的规范性、经常性和长效性。新成立“悦读社”等文体活动小组，丰富干部业余生活，激发队伍活力。召开全市财税系统运动会，市局和各县（市、区）局共 10 个代表队参加比赛。开展创先争优活动。深化服务型基层党组织建设，全部党员干部做出创先争优承诺。指导注册会计师行业开展“诚信服务先锋”创先争优活动。持续优化服务。精心组织税收宣传月和优质服务月系列活动，“创业税收行”活动被评为 2010 年全国税收宣传月活动优秀项目。深化纳税服务志愿者活动，在大学校园设立“纳税服务站”，帮助大学生自主创业。开展效能建设和党风廉政建设。开展财税规范性文件清理，对部分权力事项制作权力运行流程图。在党员领导干部中开展《廉政准则》学习教育活动。优化干部培养和提拔任用机制。组织中层干部到厦门会计学院培训，开展以“淡泊明志、宁静致远”为主题的中层干部集中教育活动，组织全体干部到上海财经学院轮训；全年共举办各类培训班 40 余个，受训 5600 人次。 （金华市财政局供稿 杨 柳执笔）

婺城区

【概况】 2010 年，金华市婺城区实现生产总值 191.06 亿元，按可比价计算，比上年增长 13.2%。其中：第一产业增加值 13.46 亿元，增长 4.7%；第二产业增加值 67.91 亿元，增长 12.8%；第三产业增加值 109.69 亿元，增长 14.4%。第一、二、三产业结构比重由上年的 7.1:35.8:57.1 调整为 7.1:35.5:57.4。全区人均生产总值 39960 元。全区财政总收入 13.42 亿元，增长 26.9%，其中区级财政收入 4.26 亿元，增长 25.7%；全区财政总支出 13.98 亿元，增长 38.5%；区级财政支出 7.12 亿元，增长 15.6%。当年财政收支平衡。

【组织财政收入】 坚持把支持经济发展和组织财政收入放在财政工作的突出位置，加大对重点纳税行业监管和收入征管力度。建立婺城区税收工作联系协调领导小组，加强与国税、地税部门，园区及乡镇的沟通、协调与配合，及时分析税收动态，研究各阶段税收重点工作。落实乡镇财政收入任务，强化税收工作责任制。加强政府非税收入管理，千方百计挖掘增收潜力，增加政府非税收入，全年政府非税收入 1.28 亿元。

【落实“扶工惠农”政策】 支持企业技术改造，当年拨付包括节能降耗、清洁生产、名优品牌、知名商标等在内的企业技改专项资金 674 万元。扶持外贸企业做大做强，支持企业出口创汇，发放外贸出口奖励资金 377 万元。加大企业科技投入，支持企业科技创新，兑付企业科技创新项目补助资金 473 万元。加快产业结构调整步伐，扶持第三产业发展，落实财政推进服务业发展措施，兑付服务业扶持奖励资金 65 万元。落实强农惠农政策，确保预算内财政支农支出按法定比例增长。审核拨付生态公益林补偿、农机具购置以奖代补、粮食直补和水利工程等各项支农资金 1.19 亿元。做好种粮农户化肥、柴油财政综合直补工作，通过“一折通”发放综合补贴资金 1349 万元。落实家电、汽车、摩托车下乡政策，发放财政补贴资金 2600 万元。兑付政策性农村住房保险保费 93 万元。做好政策性农业保险资金的落实工作，拨付资金 56 万元。兑付农业奖励扶持资金 118 万元。开展村级公益事业“一事一议”财政奖补试点工作，申请省财政奖补资金 450 万元。争取农业项目资金，扶持粮食生产和现代农业生产的发展，全年会同有关部门向省市申报项目 124 个，争取农林水等支农专项资金 2.32 亿元，增长 32.4%。确保重点项目和重点工程的资金需要。全区争取扩大内需中央国债投资项目 16 个，争取国债资金 3386 万元。全年拨付建设资金 1.61 亿元。

【保障和改善民生】 支持教育事业发展。教育支出 3.59 亿元，增长 22.6%。实施义务教育教师绩效工资制度，保证义务教育学校绩效工资发放。落实免费义务教育经费和义务教育生均公用经费，落实贫困寄宿生生活费补助，免除中等职业学校困难家庭学生的学费。实施“农村中小学四项工程”、农村义务教育“爱心营养餐”、“资助家庭贫困学生”和“教师培训”工程，积极化解义务教育债务。

支持卫生事业改革和发展。2010 年全区医疗卫生费支出 1.47 亿元，增长 50.0%。支持卫生服务体系标准化、规范化建设。提高农村和社区公共卫生服务能力，提高对新型农村合作医疗的补贴标准，筹资标准从人均 150 元提高到 200 元，全区参合农民 28.7 万人，全年累计为参合农民支付医疗费 5993 万元，增长 48.1%。

支持社会保障体系和社会救助体系建设。全区社会保障和就业支出 8204 万元，增长 14.8%。全年累计拨付城镇低保资金 554 万元，保障城镇低保户的基本生活。落实五保户供养政策，当年全区财政供养五保户 853 人，其中集中供养 841 人，发放五保户供养财政补助资金 553 万元。支付医疗救助资金 495 万元，就业补助支出 180 万元，残疾人安居工程支出 141 万元，落实救灾资金 170 万元，用于受灾群众的基本生活救助。确保重点优抚对象抚恤和最低生活保障资金安排到位，安排资金补助农村特困户解决住房困难问题。推进中心镇改革发展和中心村建设，推动城镇基础设施建设和公共服务向农村延伸覆盖。

【强化财政监督管理】 开展“小金库”治理“回头看”工作，组织开展对 13 个重点检查单位的整改，完成国有及国有控股企业和社会团体“小金库”清理自查自纠和重点检查工作，重点检查面为 24.0%。开展对财政支出项目的绩效自评、联评和会计信息质量检查。按上级部署完成全区 2007 年至 2009 年强农惠农资金专项清查，收回虚报种粮面积结存资金 9 万元。开展家电下乡补贴资金专项检查，追回骗补资金 16 万元。出台《关于进一步加强国有资产监督管理的意见》，明确国有资产的监管体系、目标和方向，理顺国资的管理职能。印发《行政事业单位国有资产处置管理暂行办法》，规范全区行政事业单位资产的调拨(划转)、出售(出让)、对外捐赠、置换、报废、报损以及资产损失核销等行为。完善行政事业单位资产管理的基础建设。全区 200 余家行政事业单位资产信息全部输入信息系统，对资产配置、使用、处置、申报和审批等环节进行全程跟踪，实现资产管理的动态化，预算编制的精细化。规范政府采购管理，全年政府集中采购预算金额 2720 万元(其中：财政性资金 2429 万元，其他资金 291 万元)，实际采购金额为 2528 万元（其中：财政性资金 2273 万元，其他资金 255 万元)，节约资金 192 万元，节约率为 7.1%。控制行政成本，加强小汽车专项控制工作。

【加强干部队伍建设】 加强财政文化建设，推进学习型机关创建。以“创建全国巾帼文明岗”活动为载体，开展服务型机关建设。以“创先争优”活动为抓手，营造“学先进、赶先进、争先进”的良好氛围，推进基层党建工作，争创“党建工作先进单位”。加强党风廉政建设和作风建设，落实党风廉政建设责任制，完善教育、制度、监督并重的惩治和预防腐败体系，加大反腐倡廉源头治本工作力度，提高干部职工廉洁自律意识，增强拒腐防变能力。开展“廉政文化进机关”活动，以“治庸问效、治懒问责、治腐问廉”为主要内容，强化干部廉洁自律、勤政为民的思想教育，开展“学《廉政准则》，做廉洁干部，树良好形象”主题教育活动。 (金华市婺城区财政局供稿　程　智执笔)

金东区

【概况】 2010 年，金华市金东区实现生产总值 95.95 亿元，增长 12.8%。其中：第一产业增加值 10.01 亿元，增长 4.4%；第二产业增加值 54.83 亿元，增长 14.7%；第三产业增加值 31.11 亿元，增长 12.0%。第一、二、三产业比重为 10.4:57.2:32.4。全区人均生产总值 30961 元。全区财政总收入 8.30 亿元，增长 26.5%，其中地方财政收入 3.25 亿元，增长 27.7%；财政一般预算支出(含省市补助指标)11.54 亿元，增长 36.0%。其中区级财政支出 4.31 亿元，增长 7.6%。全年财政收支平衡。

【组织财政收入】 完善工作机制。按照“抓早、调优、做实”的总体思路，做到计划早安排、任务早下达、措施早落实。召开税源分析会，举办乡镇领导财税业务交流会，加强财政、国税、地税、经贸、工商以及乡镇的协调配合，建立经常性的沟通协调和信息共享机制，增强组织收入合力。遵循“确保总量、优化结构”的原则，加大对乡镇(街道)及有关部门的考核力度，强化收入工作责任制。强化税源管理。加大房地产开发企业本地税务登记管理，全面加强土地使用税清理征收，开展汽车城、农产品、二手车等专业市场税源调查，对 700 多家企业开展闲置用地清理，对开发区等重点区块内 150 多家股权结构调整企业和 400 多家“零申报”企业进行重点调查和税务评估，促进低效企业补报产值、补缴税款，挖掘地方税源。完善非税收入管理。加强土地出让金收缴，全年入库 7.06 亿元，增长 86.6%。

【助推经济发展】 支持工业经济加快发展。全面梳理 2007 年至 2009 年工业企业财政扶持政策，明确财政重点扶持的范围和条件，会同有关部门修订完善工业经济发展、工业考核、项目落地考核等政策，全年审核兑付工业技改、外贸补助、工业考核奖励资金 599 万元。支持企业提高自主创新能力。全年财政科技投入 1851 万元，增长 22.3%。设立专利专项资金，鼓励发明创造。加强对高新技术企业的申报辅导。推进第三产业发展。专题调研加快第三产业发展，兑付服务业发展资金 165 万元，重点支持专业市场建设、农家乐提档以及信息产业园发展。落实积极财政政策。继续落实家电、汽车摩托车下乡政策，提高预拨乡镇资金额度，加强销售网点检查，全年家电、汽摩下乡销售额 1.39 亿元，兑付补贴 1399 万元，受益农户 1.9 万户。拨付农民种粮综合直补资金 293 万元，受益农户 3.6 万户。完善考核激励机制，加强项目包装，全年争取上级各类补助资金 3.08 亿元，增长 128.5%。统筹政府资金 4.18 亿元，保障杭长客专、金温扩能、曹塘澧公路等重点工程建设。

【加强民生保障】 调整财政支出结构，区级财政民生支出3.35亿元，增长11.5%，比上年提高3.2个百分点。支持卫生事业发展。全年投入9085万元，增长52.1%。完善新农合制度提高财政补助标准；落实2641万元实施基本药物零差价改革，门诊均次费用同比下降24.6%，药品直接让利2200万元，减轻群众就医负担。支持社会保障体系建设。投入财政资金900万元启动实施城乡居民养老保险制度，全区4.6万名60周岁以上老人享受政府发放的基础养老金，实现养老保险制度全覆盖。支持教育优先发展。完善义务教育经费保障机制，落实义务教育教师绩效工资，支持"校安工程"建设，促进教育均衡发展。支持新农村建设。财政支农投入2.56亿元，增长34.7%。落实各项强农惠农政策，支持水利基础设施建设和现代农业发展，推进39个村的农村住房改造和105个村的生活污水治理，对155个村实施财政扶贫和组织运转补助，组织58个村开展农村公益事业"一事一议"财政奖补试点，推进农村改革发展。

【夯实管理基础】 加强预算指标管理。制定出台《关于加强预算支出指标内部操作管理的意见》，启用预算指标管理软件系统，实现预算指标管理的信息化、规范化，提高预算执行的准确性、安全性。加强预算管理基础工作。明确公用经费定额标准，开展预算单位业务流程、预算外收支情况调研，收集整理预算单位有关基础数据，完善预算单位专项资金项目库。开展财政专户往来款项清理。以上年底结余数为准，对建区以来暂存暂付款项进行全面清理核对，分类作出处理意见，共核销、调整往来挂账86笔，金额6614万元。加强结余结转资金管理。清理出项目沉淀资金1043万元，在压缩结余结转资金规模的同时提高资金的有效性。加强财政资金安全管理。出台《财政性资金存放管理实施办法(试行)》，开展全区预算单位财政资金安全和账户管理情况的清理检查，完善账户开户审批程序，强化部门单位资金安全意识。

【化解债务风险】 加强债务日常管理。出台《政府性债务月报报送考核办法》，规范债务报表报送，强化债务分析预警。组织开展政府融资平台清理。建立健全债务管理台账。对乡镇债务实行分类管理，设计借入款项、工程项目建设等6类债务台账，在岭下镇进行试点并召开现场会，指导各乡镇(街道)建立健全债务台账，夯实债务管理基础。缓解乡镇债务压力。调度财政间隙资金1.10亿元，帮助乡镇调整债务结构，缓解债务压力，江东、澧浦等乡镇基本走出债务困境。

【加强财政监督】 加强政府投资项目管理。出台《政府投资项目标后监督管理办法》，从合同履行、合同变更、施工分包、设计变更、现场施工等方面规范项目标后管理。全程参与曹塘澧公路、金武公路项目监管，配合做好杭长客专、金温铁路扩能工程前期工作，加强项目预算审核，全年审核政府投资项目163个，送审造价3.71亿元，核减造价2452万元。推进"小金库"专项治理。开展"小金库"专项治理"回头看"，重点对28家国有企业和55家社会团体进行检查。推进财政绩效评价。组建绩效评价专家库和联络员队伍，举办全区绩效评价业务培训班，组织31个项目开展自评，并对4个项目实施重点评价。提高专项资金使用绩效。委托中介机构对部分支农项目实施审计检查，完成中央统一部署的强农惠农资金专项清查，涉及资金7.93亿元，整改存在问题资金1037万元。加强国有资产管理。对公有房产实行统一审批出租、统一合同格式、统一收入管理、统一支出管理的"四统一"管理模式。启动行政事业单位国有资产管理信息系统，做好国有资产处置，拍卖9辆更新公车获拍卖款28.6万元，比评估价提高62.6%。坚持依法理财。完成财政"五五"普法总结验收，推进政务信息公开，梳理行政许可和非许可事项，邀请基层人大代表参与监督活动。

【推进队伍建设】 深化财政文化建设。制订年度财政文化建设实施方案，以"勤学善思、细致严谨、亲历践行、协作互进、廉洁高效"为建设理念，组织开展形式多样的创建活动，增强队伍凝聚力、向心力。开展创先争优活动。全局党员作出创先争优承诺，组织学习沈浩、孙炎明等先进事迹，建立"周一夜学"制度，举办"创先争优作表率、治庸治懒提业绩"演讲比赛。深化机关效能建设。开展"治庸治懒"专项活动，推行不让服务对象在这里受气、不让工作差错在这里发生、不让工作事项在这里耽搁、不让财政形象在这里受损的"四个不让"服务承诺制度。优化干部培养机制。支持干部参加各类学习培训，全年接受培训48人次。加强党风廉政建设。落实党风廉政建设责任制，组织学习《廉政准则》，落实各项党风廉政建设牵头工作，持续深化惩防体系建设。深化文明单位创建活动。国库支付中心获省"工人先锋号"称号，局机关被评为金华市财政系统先进集体，连续第四年获全区岗位目标责任制考核综合先进。 (金华市金东区财政局供稿 洪 俊执笔)

兰溪市

【概况】 2010年，兰溪市实现生产总值178.62亿元，比上年增长12.7%。其中：第一产业增加值17.66亿元，增长4.5%；第二产业增加值107.17亿元，增长14.2%；第三产业增加值53.79亿元，增长12.0%。三次产业增加值结构由上年的10.1:59.8:30.1调整为9.9:60.0:30.1。人均生产总值

27001元,增长12.2%。全年完成财政总收入20.33亿元,增长18.4%,其中地方财政收入11.22亿元,增长24.3%;地方财政支出13.01亿元,增长30.0%。当年全市财政收支平衡,并消化历年赤字150万元。

【支持经济转型升级】 落实资源综合利用企业退税、高新技术企业税收优惠、社会保险费企业缴费部分临时性下浮等各项税费优惠政策,为企业减负,全年共减、免、退各项税费9.20亿元。及时兑现各项推动工业经济转型升级扶持政策,鼓励科技创新等,财政支出1.32亿元,比上年增加2990万元,增长29.3%。着力缓解企业融资难问题,中小企业转贷资金规模由5000万元提高到1亿元,累计为全市111家中小企业安排转贷资金5.50亿元。推进企业分离发展服务业,全年分离企业5家,实现各项税费收入5.62亿元。抓好"总部经济",红狮、科华、声威等公司"总部纳税"增加税收4000万元。支持经济开发区建设,拆借资金1.20亿元用于开发区建设资金周转,预付土地出让金2亿元,支持开发区项目融资1亿元。完善促进消费的财政政策,全年发放家电下乡、汽车摩托车下乡和以旧换新财政补贴资金2350万元。

【组织财政收入】 地方财政收入首超10亿元、财政总收入首超20亿元。收入结构进一步优化,地方财政收入占财政总收入的比重为55.2%,比上年提高2.7个百分点。加强经济税源形势分析,强化重点税源监控,科学把握收入进度,做到税收收入"均衡入库、持续增长"。实施税源专业化管理试点,完善行业税源管理模式。加强税费申报管理评估,做好非正常户、零申报企业的调查核实工作,扩大申报面。加强企业自建房营业税征管,入库税款1979万元。抓好营运车辆定额税费代征工作,调整营运车辆税费定额标准及征收管理办法并实现平稳过渡,代征营业税146万元。强化国地税协作,开展数据信息分析比对,堵塞征管漏洞。严格税收执法,发挥税务稽查作用,查补各项地方税费980万元。强化社会保险费征缴,实施社保登记、缴费登记源头管理,加大催报催缴力度,对全市2374家企业开展社会保险费汇算清缴审核,全年完成社会保险费征缴收入4.56亿元,增长22.0%。加强国有土地使用权出让金征收,全年完成土地出让金收入11.50亿元,增长2.1倍。

【保障民生支出】 全年民生支出占地方财政支出比重为76.0%,比上年提高1.5个百分点;当年新增地方财政支出3亿元,其中用于民生2.44亿元,占新增支出的81.2%,比上年提高1.4个百分点。加大"三农"投入。落实强农惠农政策,支持农村基础设施建设,推动土地流转,完善村级组织运转经费保障机制,推进农村改革发展。全年财政投入"三农"资金7.39亿元,增长31.5%。支持"教育创强"。落实义务教育绩效工资改革,实施校园安保工程建设,全年地方财政预算内增加教育支出1.01亿元,占地方财政当年新增支出的33.7%。完善社会保障体系。加大社会保障投入,推行城乡居民养老保险制度,全市近9万名60岁以上老年人领到基础养老金,地方财政相应增加支出4300万元。提高企业退休人员非统筹部分待遇,多方筹措资金,确保企业退休职工养老金及时足额发放。加大基本医疗保障投入。新型农村合作医疗人均筹资标准189元,其中财政补助提高到129元。推进城乡基础设施建设。积极筹措资金,支持实施城乡公交一体化。确保330国道外迁工程、第二水源、城北立交扩孔、农房改造、中洲公园改造、体育中心等重点工程和实事项目的实施。加强部门协作,积极向上争取资金补助,全年争取上级专项补助资金7.73亿元,同口径增长22.8%;争取地方政府债券资金9000万元,为民生改善和社会事业建设提供支持。

【推进财政改革】 推进全市国有资产管理改革,建立相关管理制度,落实资产监管责任;清理核查全市行政事业单位和国有企业资产,摸清资产家底,并做好资产确权工作;以加强制度执行、健全基础工作为抓手,规范资产处置行为,严格资产审批制度;推行国有资产公开招租,盘活国有资产。加强预算管理,完善预算定额标准体系,细化部门预算,增强预算执行刚性。实施国库管理制度改革,在部分单位试行国库集中支付,增强财政收支透明度,提高资金使用效率。推进公务员津补贴改革。

【加强财政监管】 加强政府性投资项目概算、预算及结算审核监管,提高审核效率,全年审核各类政府性投资项目394个,核减投资额7800万元。开展"小金库"治理工作,抓好上年度"小金库"治理"回头看",对全市129家社会团体和39家国有及国有控股企业开展"小金库"专项治理。加强财政资金绩效评价,开展下山搬迁、农村饮用水工程等项目绩效评价,提高资金使用效益。加强政府性债务管理,根据上级要求全面清理核实各政府融资平台及其债务;义务教育学校2007年9月底前形成债务已基本化解。开展强农惠农资金检查,确保上级有关政策、资金落实到位。

【干部队伍建设】 开展党员干部政治理论学习、创先争优活动,通过加强教育、完善机制、作风建设、解困帮扶等多项举措,提高党员干部的服务意识和水平。加强学习型组织建设,开展"月月读"读书活动,分批组织全局干部到国家会计学院参加更新知识培训,提高干部综合素养。完善考勤制度,加强考勤检查和监督。制定中层以上干部"一岗双责"制度,领导干部在抓好业务工作的同时，抓好分管部门、联系人的党风廉政建设和作风建设。完善政府信息公开制度，规定信息主动公开的操作程序和职责，推动财税信息公开化，打造“阳光”财税。

（兰溪市财政局供稿　章承枫执笔）

义乌市

【概况】　2010年，义乌市实现生产总值614.10亿元，比上年增长11.5%。其中：第一产业增加值17.20亿元，增长5.0%；第二产业增加值265.50亿元，增长10.4%；第三产业增加值331.40亿元，增长12.7%。三次产业比重由上年的2.8:43.8:53.4调整为2.8:43.2:54.0。人均生产总值83539元。城镇居民人均可支配收入35220元，农村居民人均纯收入14755元。全年财政总收入76.98亿元，增长8.7%，其中地方财政收入42.76亿元，增长10.7%；财政一般预算支出41.96亿元，增长17.6%。全年财政收支平衡。

【支持经济发展】　落实各项财政扶持政策，推动企业自主创新，促进企业转型升级，全年兑现财政扶持企业发展资金3.56亿元，审核审批减免税121户，减免金额3823万元。做好社会保险费临时性减免工作，集中减征金额1895万元，涉及企业4897户。加大对关键领域改革和重点环节支持，向上争取补助项目126个，资金3.67亿元，筹措建设资金23.80亿元，保障行政服务中心等市级重点工程建设；支持国际贸易综合改革和统筹城乡综合配套改革；保障世博会、义博会等重大活动的维稳经费。全年投入支农资金4.46亿元，加强农村基础设施建设，扶持农业龙头企业和农民专业合作社发展，培育新型农业经营主体，促进现代农业多元化发展。合理安排支农转移支付资金，推进中心镇建设。开展“家电下乡”、“汽车下乡”、家电以旧换新、汽车以旧换新工作，全年兑现财政补贴资金7176万元。

【组织财政收入】　优化收入结构。全年地方财政收入占财政总收入比重为55.6%，比上年提高1个百分点；税收收入占财政总收入的比重为96.2%，比上年提高2.1个百分点。加强地税征管。全年税收收入34.73亿元，增收4.37亿元，增长14.4%；契税、耕地占用税收入3.67亿元，增收5208万元，增长16.6%。强化市场商位转让、集装箱运输车辆税收征管等税源专题调研分析，着力提高预测判断的准确性，加强收入计划与进度管理，实现有序入库。加强挖潜堵漏，强化考核；开发应用税源监控平台，实行组织收入科学管理和预警。小税种实现增收，营业税、土地增值税、城建税分别增长24.9%、149.6%和16.4%。加强依法治税能力，开展交通运输、房地产等行业税收专项检查和涉税违法案件查处，共查补税费款1.25亿元。

【保障民生改善】　全年民生事业支出57.92亿元，同比增长28.6%。整合优化财政资源，合理安排支出，严控一般性支出，部门一般性项目经费预算压缩5.0%，切实把有限的财政资金用在社会民生支出等关键领域。提高社会保障水平。扩大失业保险基金享受范围；支持大学生就业，加快推进城乡统一的人力资源市场建设，促进建立就业长效机制；安排城乡最低生活保障支出1231万元，城镇居民、农村居民最低生活保障标准分别由原来的每人每月340元和205元提高到每人每月400元和240元；落实残疾人事业保障资金2022万元，加大残疾人事业支持力度，改善残疾人生存状况；提高被征地农村居民养老保险待遇，设立两个缴费档次和待遇标准，即一次性缴费7000元到达法定退休年龄享受205元／月，一次性缴费36000元到达法定退休年龄享受340元／月；加大基本医疗与公共卫生投入。推进医药卫生体制改革。拟定基层医疗卫生机构实行基本药物制度经费补助办法，推进实施国家基本药物、省增补非基本药物目录药品零差率销售；建立健全基层医疗卫生机构财政保障机制，推进基层医疗卫生服务体系建设；实施城乡一体的公共卫生项目财政补助办法，促进基本公共卫生服务均等化。全年一般预算医疗卫生支出增加9801万元。

【深化财政改革】　试行项目预算绩效目标管理改革，出台项目绩效目标评审办法，编制全口径政府预算，率先在全省实施国有资本经营预算和国有资本收益收缴工作。加强行政事业单位资产管理体制改革，构筑产权管理、信息管理、配置管理和处置管理“四大平台”，建立以产权登记、监督管理、资产配置和资产处置“四个统一”为特征的资产管理新模式。全市完成产权统一登记90%以上；开展镇(街)清产核资工作，推进镇(街)国有资产管理改革。出台罚没物品管理和处置暂行办法，逐步放开非税收入代收银行，代收网点扩大到215个；清理并取消94个收入过渡户。推进教育系统授权支付改革，国库集中支付改革取得明显进展。制定工业园区财政管理体制，完善“镇财市管”预算管理办法。

【推进科学化精细化管理】　夯实管理基础。开展会计从业资格无纸化试点考试，推进“金财工程”一体化试点，强化信息管理。完善管理措施。控制一般性支出，加大“小金库”治理力度，全年一般性项目经费预算压缩5.0%。严格预算执行，严管支出进度。加强基建项目资金监管，全年审核项目668个，核减资金1.71亿元。完善绩效评价体系，评价范围扩大到78个项目。提升管理绩效。完善部门预算上人代会审议制度及人大在线监督系统，强化人大对政府预算的监督。全年清理部门资金结余项目2390个，资金3.14亿元。强化政府性债务和融资平台清理，政府债务管理与风险控制的做法被国务院研究室专家称为地方政府性债务管理的“义乌模式”。

【加强队伍建设】 *开展主题活动*。开展“创新创优，提质提效”主题活动和“商城先锋”创先争优活动，推进工作创新与发展。*完善制度建设*。完善工作目标责任制考核办法和基层二级考核办法，重新修订效能建设和效能监察等制度，创新责任追究和帮促制度，建立健全队伍建设长效机制。*加强督查考核*。组织开展“比学赶帮超”工作竞赛，实行年度重点工作挂牌销号和项目化管理，重点强化“三督查”（即季度工作督查、专项工作督查、重点工作督查），完成4项向全市承诺的工作事项。严格工作纪律，采取明查与暗访相结合、常规督查与突击检查相结合等多种方式，开展会场纪律、公车使用、上下班纪律、中餐饮酒和着装规范情况等专项检查。深化基层单位二级考核，实行与干部奖励、评优评先、提拔晋升“三挂钩”。*打造特色财税文化*。开展业务知识竞赛等系列活动，提升干部素质能力；发挥工妇团组织作用，开展多项兴趣活动，培养干部健康、文明、向上的生活情趣，增强团队聚合力。学习型兴趣小组被评为“义乌市学习型党组织建设典型案例”。

（义乌市财政局供稿 朱雅婧执笔）

东阳市

【概况】 2010年，东阳市完成生产总值288.11亿元，比上年增长13.6%。其中：第一产业增加值13.91亿元，增长4.8%；第二产业增加值151.06亿元，增长14.8%；第三产业增加值123.14亿元，增长12.9%。人均生产总值23250元，增长16.5%。完成财政总收入32.30亿元，增长26.4%，其中地方财政收入19.40亿元，增长28.0%；财政总支出24.75亿元，增长31.5%。全年财政收支平衡。

【支持经济转型升级】 *促进产业结构调整*。集中财税政策、资金向主导产业倾斜，配合市政府制定和完善加快工业经济发展、促进建筑业健康发展、加快发展商贸服务业等财政奖励政策，实行财政奖励资金与企业贡献度相挂钩的办法，安排奖励扶持资金1.73亿元。深化企业分离发展服务业工作，全年完成分离5户，累计完成17户。加快培育现代农业产业化发展，重点支持画水洪塘片中低产田改造项目等现代农业园区和粮食功能区建设，投入农业综合开发财政资金1813万元。*着力优化需求结构*。加大重点工程建设投入力度，实施“东阳人经济回归工程”，支持城北工业新区、白云商贸园区、江北高新产业园区等产业平台建设，建立财税引导机制，提升产业平台集聚能力。贯彻落实各项结构性减税政策，减轻企业负担1.48亿元。落实家电下乡等鼓励消费的政策措施，在全市范围内推行家电下乡销售网点代垫直补工作，兑现财政补贴4954万元。加大对外经贸结构调整的扶持力度，外贸出口奖励资金规模增至1067万元。*支持高层次人才引进计划*。参与制定《关于进一步加强高技能人才工作的实施意见》、《关于实施“东阳人智力回归工程”的若干意见》，推进科技人才支撑，支持“人才强市”建设。

【组织财政收入】 *壮大地方财力*。全市地方财政收入占财政总收入比重为60.1%，同比提高0.8个百分点。地税部门组织的税收收入中，县市级收入为11.26亿元，同比增长22.3%，对地方财政收入贡献度不断增强。*改善税源管理*。强化收入预测分析，提高预测水平，全市地方税收收入预测误差率为6.8%。契税和耕地占用税征管职能平稳过渡。出台《个人出租房税收管理方法》，推广应用机打发票及应用CA证书办理涉税事项。*推进依法治税*。对房产税、土地使用税等12个方面税收政策执行情况开展执法督查。推行征管查互动机制，开展房地产业、交通运输业、建筑安装业等行业专项检查以及技改项目购置发票、“大小非”限售股减持企业等税收专项检查，查结各类案件110项，查补税费2585万元。*加强非税收入管理*。严格土地出让金管理，入库土地出让金收入41.32亿元，增长83.7%。完善社保费“五费合征”机制，统一用人单位基本养老保险缴费比例，推行企业“自行申报”社会保险费个人部分，全市共征收社会保险基金收入8.13亿元，增长19.5%。

【改善社会民生】 *支持社会保障事业*。全年社会保障支出13.72亿元，增长33.0%。用于支持稳定就业和促进就业、推进城乡居民社会养老保险制度实施以及新型社会救助。*支持城乡基础设施建设*。全年农林水事务支出1.91亿元，增长13.6%，用于农村生活污水治理等基础设施建设。开展村级公益事业“一事一议”财政奖补试点工作，投入财政资金1900万元，直接带动建设项目投资3524万元，受益人口5.8万人。*支持社会事业发展*。全年教育支出6.56亿元，增长15.9%，提高义务教育阶段绩效工资水平，对义务教育阶段学生继续实行“三免一关怀”政策（即免学杂费、免住宿费、免费提供教科书；关怀贫困学生，资助贫困生就学），全面完成义务教育债务化解任务。全年医疗卫生支出2.23亿元，增长44.8%，支持医药卫生体制改革以及城乡社区卫生服务机构建设。全年文化体育与传媒支出4879万元，增长63.1%，推进乡镇综合文化站、村级文化活动室等文化重点项目建设。完成世博安保经费保障任务。

【深化财政改革】 推进组织机构改革。根据省财政厅机构改革思路，按照“三个子”公共财政管理要求，制定设立预算局、预算执行局、财政监督局的组织机构改革方案，并获市委、市政府同意。推进综合预算管理改革。扩大综合预算范围，把13家市属高中和16家国土所纳入市财政综合预算体系。加大对专项资金的清理和整治力度，将部门结余纳入预算统筹。加强政府采购监管，细化政府采购预算编制，建立乡镇预算编制系统、部门预算编制系统与政府采购系统有机结合的管理平台。推进预算执行管理改革。出台《财政国库集中支付管理试行办法》，建立国库集中单一账户体系，对6家单位实施国库集中支付改革试点工作。组织开展财政性资金存贷挂钩考核，优化存款定期转存方案，提高财政资金的使用效益。推进政府性债务管理改革。打破单纯依靠银行贷款的传统政府融资模式，开启从资本市场直接融资的大门，发行总额12亿元的企业债券“10东城发债”。加强政府性债务信息化管理，开发政府性债务管理信息系统。推进镇乡财政管理改革。完成财政体制调整、镇乡干部激励制度等方案的拟定工作。

【加强财政监督】 加强财政监管和绩效评价，全市实行绩效评价项目34个，涉及财政资金3.07亿元。开展强农惠农资金专项清理，自查清理项目资金13.53亿元，开展强农惠农政策培训，培训900余人次。开展对社会团体、国有企业的“小金库”专项治理工作。加强政府性投资项目审核管理，净核减资金2.37亿元，核减率6.6%。加强国有资产监督管理，完善行政事业单位资产管理工作。健全国有企业经营者考核激励机制，优化经营者目标考核指标体系，确保国有资产保值增值。加强会计队伍建设和监管力度，开展会计从业资格无纸化考试试点工作。

【强化队伍建设】 加强财税文化建设。通过搭建学习调研等六大平台，开展学习型党组织建设。以提升能力素质为核心分层次、分专业进行岗位培训，组织全体干部到上海财经大学进行业务轮训。启动《东阳市财税志》编纂工作。发挥工团妇作用，组织开展健美操、羽毛球、摄影等各项文体活动，提高干部身体素质，在金华市财税系统运动会上夺得团体总分第一名，在东阳市机关首届健身运动会获团体总分第二名。加强党风廉政建设。开展《廉政准则》主题教育活动，组织全体中层干部到看守所接受“现身说法”教育，召开干部家属会，筑牢廉政“后防线”。开展廉政风险点排查，确定廉政风险点24个，并制定防范、监督、制约措施。全面梳理各项内控制度，并汇编成册分发至人大代表、政协委员以及纳税人，重新聘任特邀监察员，强化社会监督。开展“执行力建设年”活动。结合创先争优、“文明在东阳”等活动，开展工作流程再造工程，精简审批流程37项，其中13项审批时限压缩40%以上，新增随到随办4项，其中农业科的“农业和农村工作项目流程再造服务”被评为全市“十大优化服务举措”。（东阳市财政局供稿　徐宏刚执笔）

永康市

【概况】 2010年，永康市实现生产总值307.43亿元，比上年增长12.7%。其中：第一产业增加值7.48亿元，增长4.0%；第二产业增加值199.54亿元，增长11.8%；第三产业增加值100.41亿元，增长15.0%。人均生产总值5.39万元，增长18.7%。全市财政总收入41.34亿元，增长22.7%，其中地方财政收入22.40亿元，增长26.5%；财政一般预算支出24.34亿元，增长26.5%。全年财政收支平衡。

【组织财政收入】 关注经济形势发展变化，加强经济税收联动分析，把握经济形势和税源动向，增强组织收入的前瞻性和主动性。优化财政收入结构。全市地方财政收入占财政总收入的比重为54.2%，税收收入占地方财政收入的比重为91.2%，营业税和地方小税种占地方税收收入的比重为61.0%，分别较上年提高1.6个百分点、3.9个百分点、2.1个百分点。营业税全年入库5.23亿元，同比增长61.2%，增幅位列全省第一，获省财政厅体制性奖励。加强地方税费征管。地税部门组织各项收入27.54亿元，增长33.1%，其中税收收入16.09亿元，增长34.7%，社保费等其他各项收入8.71亿元，增长24.3%，农业两税（契税、耕地占用税）收入2.74亿元，增长57.8%。加强与工商、国税、土管、建设等部门合作，收集第三方涉税信息，重点对门业、建筑业、房地产业等行业进行税源实时监控。制定《餐饮行业纳税评价指标管理实施办法（试行）》、《联托运行业税收定额管理办法》，规范餐饮行业、交通运输业税收管理；开展房产税、土地使用税税源清查；构建与保险机构信息共享的车船税数据监控平台，堵塞车船税征管漏洞；深化与国税部门的合作机制，抓好城市维护建设税、教育费附加、地方教育附加、水利建设基金征管工作，以上四项税费总额同比增长36.3%。加强股权转让税收管理，下发《关于进一步加强股权转让税收管理的通知》，与工商、国土、房管等部门建立信息沟通长效机制，提前介入股权转让税务管理，全年办理股权转让涉税审查480户，征缴各税1480万元。拓宽政府非税收入征收范围。加强对国有资产有偿使用收入、国有资本经营收益管理，将方岩风景管理局门票收入重新纳入财政专户管理，实现收入591万元。

【支持经济转型发展】 稳定一产。全市“三农”支出15.73亿元，增幅超一般预算支出增长幅度。调整现代农业扶持政策,新增沼液利用补贴、大学生农业就业补贴、扶持农业灾后重建等内容,鼓励发展现代农业。设立大学生“村官”创业风险担保基金、创业奖励基金,鼓励大学生村官扎根农村。投入6.18亿元重点支持农田水利等基础设施建设。优化二产。出台《关于调整补充工业经济发展的若干奖励政策意见》,全年投入工业发展专项资金1.56亿元,用于工业企业技术改造、科技创新、企业上市、品牌培育和外贸拓展等,引导企业走现代化、规模化道路。支持节能减排,对获得资格认定的废旧金属回收企业累计退税1.79亿元;出台《永康市建设环境友好企业促进污染物减排奖励办法》,对企业抓环保实行奖励。提升三产。落实第三产业发展引导资金1200万元,用于扶持总部经济、生产性服务业、通关、物流等发展。全年分离发展服务业新增企业13家,分离企业总数为50家,带动地方税收增收超过8400万元。

【保障民生改善】 发挥财税的宏观调控职能和公共服务职能,保障民生改善与社会和谐,全年民生投入18.20亿元,新增4.36亿元,占一般预算支出的比例为74.9%,占支出增量85.2%,分别比上年提高3个和8个百分点。加大强农惠农支持力度。投入1.10亿元整治改善农村环境,投入925万元推进农村住房改造工程,划拨家电下乡、汽车下乡、家电以旧换新资金5950万元,完成全市15万户农户政策性农村住房保险续保工作。推进基础教育均衡化。全市教育支出7.24亿元,增长28.7%。加大学校基础设施投入,建立义务教育阶段中小学校舍维修改造长效机制,安排校舍维修改造专项资金1650万元,妥善处置农村闲置校产。提高全市中小学公用经费保障标准,强化农村教育经费保障力度。落实4.59亿元支持全市义务教育学校教师绩效工资改革,对教师山区任教进行补贴。全面推进各类政府办学债务化解,实现全市教育“零负债”。推进医药卫生体制改革。全市医疗卫生支出1.66亿元,增长19.3%。提高新型农村合作医疗资金筹资标准;加大医疗救助资金投入力度;增加农村公共卫生服务经费投入,实现与城市公共卫生服务项目经费标准一致;补助新建、改建卫生服务站、卫生室,全年共有51家社区卫生服务站开工建设,5家社区卫生服务中心改扩建工程竣工。加大社会保障力度。全年投入社会保障和就业资金1.50亿元,增长110.8%。安排城乡居民社会养老保险资金7162万元,参保人数计21万人,其中:参保缴费14万人,领取基础养老金7万人。安排最低生活保障支出1396万元,用于农村、城市低保、五保户供养及危旧房改造。扩大就业困难人员补助范围,补助见习高校毕业生,资助先进见习基地,补贴从事来料加工失业人员。支持文化事业发展。全年文化体育与传媒支出2791万元,增长23.7%。新设宣传文化发展专项资金,扶持市级重点文化产业项目及村级文化体育基础设施建设。设立专门资金推进全市数字电视整体转换工作。

【深化财政改革】 按照“干部队伍、管理基础、基层建设”三基建设的要求,做好财税体制调整准备工作。完成国库集中支付改革前期调研和准备工作。继续推进预算公开,4个部门、街道的预算提交人民代表大会审议。出台《永康市部门财政拨款结余资金管理办法》,继续抓好部门历年结余资金清理,先由财政部门收回结余资金,再在下年度预算安排时重新统筹分配。严格控制新增专项资金,继续做好取消、归并、整合现有专项资金,加强对专项公用类项目支出的管理。加强绩效评价管理,建立评价结果在部门预算安排中的激励与约束机制,绩效评价结果与下年预算安排挂钩。增强财政抗风险能力,从预算外收入中统筹政府预算稳定调节资金3.18亿元,同时建立预算稳定调节基金2.40亿元。大力提升中心镇承载力,深入中心镇进行改革和发展调研,对深化中心镇财政和投资体制改革提出可行性建议。规范政府投资行为,建立由市府办、财政、审计、建设、发改等部门参与的政府投资项目工程变更联席会议制度,1000万元以上的拟建项目须经人大常委会审议。

【加强财政监督】 严格控制行政运行成本,压缩公用经费、经常性专项经费、非经常性专项经费、会议、车辆运行经费等方面支出。制定《永康市2010年度政府采购集中采购目录及标准》,扩大政府采购范围,规范政府采购行为,实际采购金额1.64亿元,节约资金4006万元,节约率19.6%。制订行政事业单位资产管理信息系统建设方案,开展行政事业单位资产管理信息系统建设工作。继续组织8个批次的公开招拍租,成交年租金1602万元,总租金3628万元,年租金增长率56%。配合做好书记、市长经济责任制审计工作。对国有企业薪酬发放情况进行摸底调查,提出绩效考核方案。继续实行财政周转金清欠工作,收回财政周转金600万元。压缩千万元以上新增政府投资项目投资规模1.86亿元。配合市政府对工程招投标制度进行改革,对政府投资项目造价、工程变更、资金使用效益等加强管理,审核工程项目概算、预算、结算308个,核减资金1.28亿元。推广应用政府非税收入征管信息系统,将公安、国土、学校等44个站点纳入系统开票。强化财政票据日常监管,规范整顿“非税收入待清算账户”。“小金库”专项治理工作取得阶段性成果,共查出“小金库”25个,涉及金额454万元。加强对会计师事务所和注册会计师的行政监管,开展会计师事务所执业质量检查。

【加强干部队伍建设】 把创先争优活动作为党建工作的一项重点,局直属机关党委成立创先争优领导小组,制定开展创先争优活动的实施方案、先进党员评比办法,成立创先争优党员志愿者服务队，确定每个月第一周的星期六为志愿者活动日，开展以“品位书香•提升素养”为主题的创先争优读书讲述会活动。开展“倡廉洁、提效能”专题教育活动，将党风廉政建设和行风效能建设引向深入。制定《廉洁自律和行风效能责任追究办法(试行)》，签订《个人廉政承诺书》，编写廉政格言警句，组织参观省法纪教育基地。制订《2010 年教育培训计划》，在上海财经大学分三期举办财税业务全员培训。开展和参加各类比赛活动，将“财税文化艺术周”作为文化建设的主阵地。当年获省级以上先进集体 17 项，先进个人 9 人次；金华市级先进集体 8 项，先进个人 10 人次；市级先进集体 7 项，先进个人 6 人次。 (永康市财政局供稿　韩余鹏执笔)

武义县

【概况】　2010 年，武义县实现生产总值 127.09 亿元，增长 14.1%。其中：第一产业增加值 11.49 亿元，增长 4.0%；第二产业增加值 73.03 亿元，增长 16.2%；第三产业增加值 42.57 亿元，增长 13.0%。三次产业结构比例为 9.0:57.5:33.5。全县人均生产总值 37729 元，增长 13.6%。全县财政总收入 16.72 亿元，增长 16.4%，其中地方财政收入 8.87 亿元，增长 20.8%；财政总支出 15.85 亿元，增长 24.5%。全县当年财政收支平衡。

【组织财政收入】　关注经济运行态势和财税政策变化，加强税收分析和预测。推进行业建模和纳税评估体系，提高税源监控水平和税源管理效率。制定出台新的工业资产转让财政奖励政策，引导股权转让向资产转让转变。细化行业税收定额管理，实施住宿餐饮业、娱乐业、美体美容美发足浴业等行业税收定额管理办法，推广应用分行业参数定额法。推进房产税、土地使用税税源清查，完善《税友 2006》系统登记资料，加强日常税源管理和年度税款清缴，推广应用建筑、房地产项目系统管理。加强与工商、国税、国土、房管、保险等部门联系与沟通，继续抓好股权清算、耕地占用税和契税的源头控管、车船税委托代征等工作。调整土地使用税税额标准，重新划分征税范围及土地等级，改纳税期限按年计征、分季缴纳，定于 2011 年开始执行。加大企业分离发展服务业辅导工作，当年分离 1 家，累计分离发展 8 家。规范政府非税收入征管行为，加强政府非税收入征收管理。当年实现非税收入 8.02 亿元，增长 51.6%。

【支持经济发展】　安排财政资金 9200 万元，引导企业创业创新，激励工业经济转型升级。审核兑现工业发展专项资金 3400 万元，商贸流通业发展专项资金 207 万元，受惠企业及村级便利店 276 家。整合财政支农资金 1.49 亿元，用于加强农业基础设施建设、培育农业经营主体等项目，兑现 2010 年度农资综合直补等补贴资金 1638 万元，推进新农村建设。落实中央、省扩大消费、拉动内需政策，做好家电下乡、汽车摩托车下乡、家电以旧换新工作，全年发放财政补贴 1376 万元，拉动内需消费 1.28 亿元。当年落实高新企业税收优惠、职工保险费减免、土地使用税减免等减负政策 2465 万元。实施社会保险费缴纳比例临时性下浮集中减征，惠及企业 2008 户，合计减免金额 859 万元。加强政府性投资项目管理，全年实际完成投资额 5.74 亿元，支持“雨污分流”等一批民生工程建设。开展“企业服务月”活动，定期召开税企例会辅导企业财会人员，成立纳税服务志愿者队伍，完成地税视觉识别系统建设，开发新版财税网站等，提高服务企业水平。

【保障民生投入】　当年全县财政民生支出 11.58 亿元，占财政总支出的 73.1%，其中财政预算内安排教育、社会保障、医疗卫生、农林水事务、环境保护等民生支出 6.45 亿元，增长 5.1%。完善教育、养老、医疗和社会保障投入机制，提高保障标准，保障“三农”投入，推进城乡基本公共服务均等化。继续强化义务教育经费保障，实施中小学校舍安全工程建设。实施武义县城乡居民社会养老保险制度，对全县符合条件的 46273 名老人按月发放 60 元基础养老金，缴费人员每人每年由政府补贴 30 元。完善城镇职工基本医疗保险制度，提高参保职工的报销水平。提高城乡居民最低生活保障标准，从 6 月 1 日起，城市居民最低生活保障标准由原来的每人每月 310 元调整为 360 元，农村居民最低保障标准由原来的每人每月 190 元调整为 215 元。筹措资金支持新农村建设，支农资金投入增量、比重高于上年，确保预算内财政支农支出按法定比例增长。支持公共安全服务体系建设。当年预算内安排公共安全支出 1.16 亿元，增长 21.4%。

【推进财政改革】　加强预算资金统筹能力，完善综合预算管理模式，健全预算定额、支出标准体系，加强财政资金核算管理和预算收支执行分析工作。研究财政供养人员收入分配方案，解决津补贴规范后的收入相对平衡问题；配合有关部门做好医改工作，推行卫生事业人员的绩效工资改革。推行国库集中支付改革试点工作，选定县农办、司法局、安监局、社保局等 4 家单位为第一批试点单位，定于 2011 年上线运行。制订出台《武义县工业项目履约保证金管理办法》，规范工业项目用地；统一全县工业扶持政策的归口管理，设立产业发展资金专户，统一政策兑现的审核拨付。农资立项管理实行由财政和主管部门联合下达项目计划的办法，实施导向目录公布、项目申报、审核立项、资金下达、项目验收、资金拨付等程序；推行资金县级报账制和资金直拨制，加快资金拨付速度。加强政府投资项目计划和过程管理,强化项目概预算审核、工程变更及建设资金筹措计划安排,严格控制超概预算等违规行为。加强政府债务管理,防范和化解地方财政的债务风险。

【加强财政监督】　根据相关科室涉及和当前需重点管理的专项资金项目,编制年度财政专项检查计划表并组织检查。加大对农业、水利、公安、城建等部门下属单位的监督检查。对一些游离于财政管理、监督之外的单位开展定期和不定期的自查、重点检查。由原来的事后监督向事前、事中监督转变,实现检查型监督向管理型监督转变。做好行政事业单位“小金库”治理“回头看”工作,开展全县118个社会团体、45个国有企业“小金库”专项治理工作,规范调整教育、林业等系统专项资金1431万元,移送纪检部门案件1宗。对上年度财政支出50万以上项目进行绩效评价,结合预算科、综合科、农财科、经建科等相关科室,设立当年度绩效评价项目28个,涉及财政投入资金1.88亿元。

【加强国资监管】　出台国有企业资产财务管理和业绩考核制度,健全国有资产保值增值考核机制,完善国有企业用工及工资收入分配制度。完成行政事业单位国有资产信息管理系统建设工作,对全县行政事业单位的国有资产实行动态监管。全面推行国有资产公开招租工作,提高行政事业单位出租资产使用效益,规范招租运作程序。全年审批出租资产300宗,进行20场公开招租拍卖会,成交租金收入2133万元。加强投融资平台建设,发挥武义县国有资产经营有限责任公司、浙江武义江南农业投资发展有限公司的政府投融资功能。加大财政周转金清收力度,全年收缴财政周转金118万元。摸清全县国有企业基本信息与上年度财务收支情况,建立国有企业基本信息档案。

【干部队伍建设】　开展“两提两优”(提升执行力,提高满意度,优化干部队伍形象,优化经济社会发展环境)暨执行力建设和“武川先锋”创先争优主题活动,建立以绩效考评体系为载体的队伍建设平台,以制度建设规范财税执行力建设。完善班子成员分工协调机制,建立健全单位绩效评估体系,对单位科室的日常性工作、创新性工作和工作效能建设方面加强考核评估。抓干部队伍工作风貌、作风建设,加强党风廉政建设和党员先进性教育,完善特邀监督员队伍建设,开展面向服务对象民主考评活动。加强公务员业务培训,加强“学习型”组织建设,成立内部政策业务学习小组,提高财税工作主动性和实效性。开展工、妇、团等各项活动,参加各级体育、文艺等团体比赛,承办金华市财税系统运动会。当年在全县机关部门(单位)考核中名列第一。　(武义县财政局供稿　陈红波执笔)

浦江县

【概况】　2010年,浦江县实现生产总值130.69亿元,比上年增长12.8%。其中:其中第一产业增加值7.29亿元,第二产业增加值80.64亿元,第三产业增加值42.76亿元,分别增长5.3%、12.9%、13.8%。三次产业结构由上年的5.7:61.5:32.8调整为5.6:61.7:32.7。按户籍人口计算人均生产总值33505元,增长18.8%。全县财政总收入15.74亿元,增长19.5%,其中地方财政收入9.01亿元,增长24.9%;财政总支出13.65亿元,增长35.3%。全年财政收支平衡。

【支持经济发展】　突出扶持重点,完善工业科技、现代农业、旅游业发展财税扶持政策,服务经济发展方式转变。*调整产业结构*。增加工业科技发展扶持资金,全年兑现9106万元,其中再生资源企业财政补助3989万元,国有工业建设用地使用权转让财政补助484万元;落实新产品新技术新工艺的研发费用加计扣除、上年度临时性下浮社会保险费缴纳比例集中减征等优惠政策1687万元;办理再生资源企业增值税退税1.9亿元,为企业退税期间融资8802万元;帮助企业向上级部门争取资金,实际到位1149万元,增长50.4%;行政事业性收费通过清理和规范后,与上年相比下降25.1%。安排旅游业专项资金500万元,支持旅游开发建设、展会服务等;推进企业分离发展服务业,已成功分离8家,其中当年完成2家。*优化需求结构*。落实家电、汽车摩托车下乡和以旧换新财政补贴政策,通过“一卡通”共拨付补助资金1578万元,比上年增加842万元。*支持重点项目建设*。探索资金筹措和管理新模式,开展政府投资项目的预算编制工作;筹措建设资金12.37亿元,争取到拆迁项目融资2.1亿元和地方政府债券7500万元,优化融资结构的同时降低财务成本支出760万元。

【组织财政收入】　*优化收入结构*。地方财政收入占财政总收入的比重为57.2%,比上年提高2.4个百分点;构成地方财政收入的税收收入5.24亿元,增长36.1%,占地方财政收入的58.2%。*加强地方税费征管*。地税部门共组织各项收入10.79亿元,增长28.0%。其中:税收收入6.34亿元,增长35.5%;社保基金收入2.80亿元,增长18.9%;耕地占用税、契税收入7643万元,增长1.1%;其他收入8844万元,增长37.9%。加强建筑劳务、房地产转让税收管理,做好保险机构代收代缴车船税督导、土地增值税政策调整及清算、契税和耕地占用税职能划转及其软件的推广应用、城镇土地使用税税源管理等工作,规范和加强对股权转让所得、企业年金所得、高收入行业和人群个人所得税的征收管理。*推行税收社会化管理*。以推进全县水晶产业提升及污染治理为契机,建立县乡两级协税护税组织，委托乡镇(街道)代征税费，并加强与国税、工商、供电等部门联系配合，规范和加强零散税收管理。

【保障民生支出】 加大“三农”投入。加大财政支农惠农投入和政策实施力度，安排专项资金2000万元提升现代农业发展水平，落实村级公益事业建设“一事一议”财政奖补支出1200万元，推进农村改革发展。推动教育事业健康发展。教育支出3.83亿元，增长28.5%。提高义务教育学校离退休人员生活补贴支出3980万元，实施义务教育免费教科书政策支出1250万元，落实中小学生均公用经费总支出784万元，“校舍安全工程”及校舍维修改造支出2331万元，推进义务教育学校教师绩效工资工作，加强校园安全保卫，启动浦江四中、新华幼儿园建设。支持公益性文体事业建设。支持档案馆迁建、县体育中心建设、“江南第一家”和广电中心等项目建设，发展文化事业和文化产业。推进医药卫生体制改革。医疗卫生支出1.21亿元，增长55.0%。实施国家基本药物制度补贴支出1005万元，落实新型农村合作医疗及城镇居民医疗保险支出3816万元，基本公共卫生服务专项资金人均标准从15元提高到20元，落实基层医疗卫生院基本建设及设备购置经费。促进社会保障事业发展。社会保障和就业支出1.17亿元，增长57.6%。城乡居民社会养老保险财政补助5200万元，实施新一轮就业再就业政策，落实城区低收入家庭廉租住房租赁补贴。推进生态文明建设。镇级污水处理设施支出1743万元，污水处理厂建设支出2000万元，支持全县水晶产业提升及污染治理、饮用水源地保护、“森林浦江”建设，改善生态环境。

【深化财政改革】 着手准备推进预算编制、执行、监督“三位一体”的组织机构改革及地税机构的设立和干部的配备工作；国库集中收付制度改革在上年试点基础上，新增公安局、农业局、民政局、国土局等10家作为扩面单位，共计16家单位实行国库集中支付改革；调整和完善乡镇财政体制，实行新一轮“核定收支、超收分成、两保两挂、一定三年”的乡镇财政体制；组织实施农民饮用水项目绩效评价，引进中介机构参与绩效评价重点项目，探索绩效目标管理工作。

【强化财政监督】 出台《关于规范土地出让收入分成资金管理和账务处理的通知》等制度，加强土地出让收入、政府投资基本建设项目资金管理，保障财政资金安全规范使用。加强财政专项资金清理整合，重点做好支农、卫生等专项资金的整合工作。审核财政支出项目115个，涉及金额6.58亿元，核减6361万元，平均核减率为9.7%。对社会团体和国有及国有控股企业进行“小金库”专项治理，建立健全防范“小金库”问题的长效机制。严格控制政府债务规模，强化政府融资平台管理。开展会计信息质量检查，强化财政票据使用和代理记账机构的监管，加强整顿和规范财经秩序。

【加强国资监管】 完善国资监管体系。落实国有企业管理者薪酬绩效考核、国有企业工资总额管理两个暂行办法，对全县国有企业组织审计，根据企业经营情况实行分类监管。规范和加强国有资产管理。规范国有资本出资，对6家国有企业注资1.60亿元；规范国有资产产权管理，对部分性质为集体企业的国有资产进行产权界定；对行政事业单位的国有资产实施产权集中管理，强化行政事业单位经营性国有资产出租、出借监管。

【干部队伍建设】 开展创先争优活动，完善“制度、学习、服务、活动、廉政”五个平台建设，全年获13项县级以上集体荣誉和19项县级以上个人荣誉。建立健全干部选拔任用和监督机制，实行中层干部竞聘上岗，完善干部办事档案和道德档案制度，完成局直属机关党委的选举和团委换届。深化学习型组织建设，建立健全学习例会制度，制订干部教育培训计划，组织全员岗位轮训，与苏州大学合作开办“财税知识更新班”。开展各种有益身心健康的集体活动，如交通安全法规业务培训、汽车驾驶技能比赛、乒乓球比赛、军事教育和登山等，组织参与县“文明交通”劝导、自愿献血、结对扶贫等公益活动，培养健康文明的生活方式和奉献社会的道德品质。开展“攻坚破难、提能增效”、“百日攻坚”、“强服务、增效益”和“创建涉企服务最佳(部门)单位”群众评议等活动，在15个涉企部门服务企业满意度测评活动中名列第二，在全县机关部门年度考核中保持A类单位荣誉。推行以“我诺我行”为主要内容的先锋承诺制，公示党组织和党员公开承诺书，接受群众监督和领导点评，落实全县集中开展治理赌博问题专项行动并进行自查自纠，全面开展廉政风险点大排查，签订党风廉政建设责任书，加强效能作风建设。（浦江县财政局供稿　沈淑琦执笔）

磐安县

【概况】 2010年，磐安县实现生产总值48.01亿元，比上年增长13.7%。其中，第一产业增加值7.27亿元，增长4.7%；第二产业增加值25.81亿元，增长15.0%；第三产业增加值14.93亿元，增长15.3%。三次产业结构由上年的15.1:54.1:30.8调整为15.1:53.8:31.1。人均生产总值22886元，增长17.9%。全县财政总收入6.02亿元，增长15.8%，其中地方财政收入3.28亿元，增长20.6%；一般预算支出10.64亿元，增长34.7%。全年财政收支平衡。

【支持经济发展】 优化产业扶持政策。制定新一轮扶持农业、工业、服务业发展的财税政策，优化扶持方式，加大奖补力度，发挥财税政策的引导激励作用，推进“三大产业”协调发展和经济发展方式转变。落实财税政策。开展乡镇财政管理、支农政策培训辅导，在县电视台制播《公共财政政策解读》专栏

45期,《今日磐安》专题刊出财税政策33期。及时兑现扶持二、三产业发展政策奖补资金累计4380万元;落实科技投入2646万元;减免企业各种税费1012万元,向上申请企业再生资源利用增值税退税682万元;兑付家电、汽车摩托车下乡和家电以旧换新财政补贴资金845万元。保障重点项目建设。统筹拨付资金2.24亿元,推进以"十大重点工程"、"十大实事"等政府性投资项目建设。

【组织财政收入】 优化收入结构,全年地方财政收入增幅高于财政总收入增幅4.8个百分点,地方财政收入占财政总收入的比重为54.5%,比上年提高2.2个百分点。健全"五位一体"税源控管机制,重点税源监控企业为573户,新增104户。完善与国税、国土、房管等部门的涉税信息共享机制,推广应用"电脑版普通发票开票软件"等3个征管软件,开展建筑、驾校、房地产等行业税收专项检查和打击使用假发票专项行动,全年地税税收2.71亿元,增长33.9%。全县73家行政事业单位上线应用新版非税收入征管信息系统,在金华市范围内率先应用"浙江省国有土地出让收支管理信息系统",建立拖欠土地出让金联合清收机制,全年各部门非税收入4.43亿元,增长37.0%。

【保障民生改善】 全年民生事业支出7.11亿元,增长40.1%,财政增量资金用于民生支出占比74.2%。加大"三农"投入。加大支农资金整合力度,支农投入1.33亿元,增长20.8%,重点保障"一乡一品一园"、示范整治、农业综合开发等支农项目实施。支持社会保障体系建设。社会保障和就业支出5677万元,增长22.2%;医疗卫生支出8270万元,增长40.4%。新型农村合作医疗人均筹资标准提高到200元、门诊报销比例提高到30%,受益群众16.9万人;城乡居民社会养老保险支出2432万元,实现养老保险全覆盖;落实医疗卫生体制改革财政投入,全面实施国家基本药物制度;完善新型社会救助体系,特困对象实行零起点、按比例救助;落实积极的就业政策,发放"4050"就业困难人员补贴156万元。保障社会事业发展。教育支出2.01亿元,增长17.0%。小学、初中生均公用经费标准提高到400元、600元,义务教育学校教师绩效工资实现县财政全额统发,筹措资金3110万元完成义务教育债务化解任务,落实资金828万元免除教科书费和农村学校学生住宿费、提供爱心营养餐。加快乡村公共文化服务体系建设,文化体育与传媒支出2164万元,推进文体事业发展。加大对环境保护和国家生态县创建的投入力度,环境保护支出5925万元,增长213.5%,重点支持台口垃圾填埋场、污水管网等建设和农村环境连片整治。加快推进住房保障。落实低收入家庭廉租房保障财政补助政策,住房保障支出2409万元,新增经济适用房90套、廉租房48套。

【深化财政改革】 完善财政管理体制。对乡镇、经济平台实行"分类分档激励奖补"财政管理体制,调动乡镇和平台理财积极性,全县19个乡镇完成地方财政收入1.38亿元,增长34.6%;金磐开发区、磐安工业园区、新城区合计完成税收收入1.95亿元,增长42.6%。启动财政管理组织架构改革。参照省财政厅机构设置,拟定以预算编制、执行、监督"三位一体"为重点的财税组织架构改革方案,经县委书记办公会议研究通过,提交县编委会研究落实。健全预算管理体系。开展《部门预算编制系统》推广试点,细化部门预算编制标准,整理汇编部门预算编制定额标准和费用支出标准,出台财政拨款结余资金和项目支出预算管理暂行办法。规范政府性债务管理。出台《关于加强政府性债务管理的实施意见》,开展融资平台的债务摸底工作,为试编政府性债务计划、防范政府债务风险奠定基础。加强乡镇财政管理工作,公开招聘10名乡镇总会计。

【强化财政监管】 完善财政支出项目绩效评价体系,开展重点项目评价20个;开展会计信息质量和会计人员从业资格检查,深化"小金库"专项治理,没收违法、违规所得17万元;开展强农惠农资金专项检查,全县重点检查面为70%;完成政府性投资项目"概算、预算、结算"审核386个,核减资金2851万元,结算核减率14.5%;完善中小学、公立医疗卫生机构等政府采购管理制度,节减政府采购资金546万元,资金节约率13.4%。完善财政性资金存贷挂钩考核办法,每季对5家商业银行实行存贷挂钩考核,累计调度财政性资金1亿元,激发商业银行服务地方经济发展和项目建设的积极性;利用间歇性资金为有关单位提供周转及还贷资金累计1.12亿元,节减贷款利息支出900万元。

【国有资产管理】 完善国有资产公开拍租协作、防止国有资产流失工作联席会议等机制,加强国有投融资公司监管,国有资产管理信息系统在行政单位实现全覆盖。公开拍卖6宗国有资产,实现收益4647万元;公开拍租部分单位经营性资产,年租金收入143万元,比原租金提高113.43%;完成龙山区块、教育印刷厂及宿舍楼等有关房产收储工作。

【加强队伍建设】 开展财税文化建设,制定《关于深入开展财税文化建设的实施意见》,建立财税文化建设长效机制,开展财税人文精神大讨论、开办政策解读电视专栏等活动,举办财税文化建设汇报演出和成果图片展。深化学习型机关建设,以中心组季度学习会、周一学习例会、支部微型学堂等为载体,巩固学习实践科学发展观活动成果;开展全员业务轮训,提高干部综合素质。推进作风和廉政建设,以"县人大专项工作评议"、"作风建设提升年"、创先争优等活动为契机,开展"大评议、大调研、大整改"效能提升行动,落实党风廉政建设责任制,构建教育引导、制度规范、检查督促、责任追究为框架的廉政建设工作机制。全局获县级以上荣誉51项。

(磐安县财政局供稿 胡志锋执笔)

衢州市财政工作概况

衢州市

【概况】 2010年，衢州市实现生产总值752.78亿元，增长13.3%。其中：第一产业增加值64.25亿元，增长4.0%；第二产业增加值413.99亿元，增长16.0%；第三产业增加值274.54亿元，增长12.2%。三次产业增加值结构调整为8.5:55.0:36.5。人均生产总值30045元，增长12.8%。全社会固定资产投资489.62亿元，增长17.9%。社会消费品零售总额290.82亿元，增长18.1%。进出口总额18.89亿美元，增长59.6%，其中：出口12.05亿美元，增长65.1%；进口6.84亿美元，增长50.8%。市区城市居民人均可支配收入21811元，增长11.6%；农村居民人均纯收入8270元，增长12.7%。全市财政总收入75.35亿元，增长20.9%，其中地方财政收入46.98亿元，增长24.1%；市本级财政总收入41.27亿元，增长24.8%，其中地方财政收入24.79亿元，增长29.1%。全市财政支出107.09亿元，增长11.8%，其中市本级财政支出44.01亿元，增长7.8%。全年全市及市本级财政收支平衡。

【支持经济转型发展】 市财政设立工业转型升级专项资金1亿元，支持工业企业主导产业培育、技术改造、技术创新、平台提升等。出台支持重点企业加快发展财政奖励实施办法，鼓励引导企业健康发展。市财政安排1200万元服务业发展引导资金、500万元旅游业发展专项资金、1250万元外经贸促进资金，推动服务业、新兴产业和外贸经济发展。落实结构性减税、临时性下浮社保费缴纳比例、出口退税和财政奖励补助等扶持政策，全年为企业减负16.60亿元。落实积极财政政策，全市争取到3.30亿元地方政府债券资金保障重大项目建设。完善促进消费的财政政策，全市拨付家电、汽车下乡补贴资金1.70亿元，28.9万台家电、4.27万辆汽车获财政补贴。全市各级财政安排农业转型升级专项资金1.10亿元，支持现代农业园区建设，促进全市现代农业、精品农业和设施农业发展。加强农业基础设施建设，全市实施土地治理项目12个，总投资1.23亿元。全市兑现粮农综合直补资金7035万元，受益农户54万户136万余人。市财政在全省率先开展农业龙头企业贴息资金和科技投入示范项目预申报制度，重点扶持具有明显竞争优势和辐射带动作用的产业化经营项目，全年申报贷款贴息项目5个，科技推广项目5个。

【组织财政收入】 深化市、县联动税源分析机制，完善内部联席分析机制。加强对个人立项建房销售税源，杭长客专、西气东输等重点项目以及专业市场的税收征管。推行企业财务报表“银税互审”制度，委托工商部门代办个体税务登记，在工商变更环节实行企业股权转让税收控管，委托保险公司代收车船税。探索分级分类检查方式，开展重点税源企业专项检查。在全省率先完成耕地占用税、契税征管职能划转。全市组织税收收入39.37亿元，增长29.0%。制定土地出让金统筹政策，加强非税收入集中调剂资金管理。强化基金（费）收入征管，推进“税社联网”，实现劳动保障、税务、财政、银行等相关部门信息数据共享，全市征收规费20.60亿元，增长21.7%。

【优化支出结构】 全市财政民生支出75.70亿元，增长19.1%，占同口径财政支出的74.1%。加大新农村建设支出，各级财政投入“三农”资金43.9亿元，增长22.3%。全市投入村庄整治资金4.50亿元，新启动的286个整治村全面完成整治任务。推进农民素质培训，全市培训农民10万人次。全市社会保障和就业支出7.81亿元，增长31.2%；推进城乡居民社会养老保险，全市32.5万名60周岁以上城乡居民领取基础养老金。市财政安排3200万元，补助企业职工基本养老保险基金缺口。提高市直各义务教育学校退休人员生活补贴标准。全年安排3350万元，用于下岗失业人员就业和再就业专项资金、城镇居民最低生活保障等支出，城镇新增就业3.2万人，再就业1.4万人。全市城乡社区和住房保障等支出5.90亿元，增长38.8%。全年建成农民工公寓4.4万平方米，公共租赁房1.5万平方米，在建经济适用房5万平方米，新解决廉租房1172户。加强教育投入，全市教育支出21.66亿元，增长19.0%。推进“校安工程”建设，市财政安排3069万元用于中小学校安工程及校园建设、改造、维修经费。支持中等职业教育资源整合，推动衢州学院与衢州职业技术学院分设办学，安排1.15亿元用于衢州学院归还建设债务。全市科学技术支出2.70亿元，增长26.0%；文化体育与传媒支出2.30亿元，增长23.9%。全市医疗卫生支出8.04亿元，增长22.2%。市财政专项安排1500万元财政资金，保障医疗卫生体制改革等支出。完善新型农村合作医疗制度，新型农村合作医疗财政补助标准每人每年135元以上。落实困难群众医疗救助资金、应急机制建设经费等1200万元。全市环境保护支出3.95亿元，按可比口径计算增长13.5%。全市公共安全支出7.60亿元，增长20.6%，公检法司等部门执法经费得到保障。

【深化财政改革】 深化部门预算改革，建立地方财政预算执行情况分析制度，出台市级部门预算调整暂行办法和财政结转结余资金管理办法。规范预算指标管理，将2010年市本级所有预算单位的预算指标数据，全部纳入预算指标管理系统。出台《进一步推进衢州市财政科学化精细化管理的实施意见（操作版）》，推进财政科学化精细化管理。在市级123家行政单位实施国库集中支付改革，全年办理直接支付业务6.7万余笔，直接支付比例99%。在市协作办等6家单位推行公务卡改革试点。开展部门绩效评价试点，建立市级财政专项支出项目预期目标申报制度。建立采购单位基本情况信息库，对扫描仪和传真机等通用设备类项目实行全省联动采购，将市级单位公务用车定点维修纳入政府采购范围。全市完成采购金额11.74亿元，节约资金2.09亿元，资金节约率15%。推进非税收入征管新系统应用。调整出让土地项目配套费征收办法和土地出让金业务费计提办法，规范土地出让收入管理。

【强化财政监管】 清理规范性文件，全年废止、修改相关文件68件。完成行政审批职能归并，在会计管理处和税政处分别增挂财政局和地税局的行政审批服务处牌子，财政地税行政审批职能分别集中到行政审批服务处。推进党政机关、事业单位、国有及国有控股企业“小金库”治理，全市共查处“小金库”58个，涉及金额1836万元。开展财政周转金清理清欠，通过落实“贷转投、借改拨、转核销”等各项措施，实现市本级财政周转金放款零余额。加强国债资金和政府基建资金管理，开设国债项目专项资金专户，对项目资金实行单独建账、单独核算、专人专账管理。加强财政直接支付管理，按项目实施进度和施工合同约定，将项目资金直接拨付给项目建设单位或项目施工单位。加强政府投资项目评审，全年审核项目248个，核减6934万元，平均核减率8.5%。完善偿债准备金制度，年底市级偿债准备金余额8950万元。清理规范地方政府融资平台，加强政府性投资公司（单位）债务收支管理，市级各政府性投资公司年末债务余额比年初减少9.10亿元。

【提升队伍素质】 开展“思想政治工作大家谈”金点子征集活动、财税文学作品征集活动和全员读书活动。开展全员培训，组织干部分批赴浙江大学参加培训。出台助学奖励办法，激励干部职工参加学历进修、专业资格和人才库考试。全局14名中层领导干部和部分一般干部进行岗位交流。开展深化作风建设年活动，制订《关于严明工作纪律加强作风建设的通知》，加强对执行纪律情况的监督检查。完成机关党委、工会、妇委会和团委换届工作。组织办理人大建议、政协提案53件，办复率、满意率均为100%。承办全省财税系统2010年运动会。市财政局在2010年度市级机关满意不满意单位评选中被评为最佳满意单位。（衢州市财政局供稿　郑成岗　王燕萍执笔）

柯城区

【概况】 2010年，衢州市柯城区实现生产总值76.32亿元，按可比价计算，比上年增长13.1%。其中：第一产业增加值6.97亿元，增长3.2%；第二产业增加值22.6亿元，增长16.5%；第三产业增加值46.75亿元，增长13.9%。三次产业增加值占全区生产总值比重分别为9.1%、29.6%和61.3%。全社会固定资产投资45.22亿元，增长23.2%；社会消费品零售额90.11亿元，增长19.3%。全区财政总收入4.96亿元，增长31.8%，其中地方财政收入3.4亿元，增长32.6%；全区财政总支出7.78亿元，增长26.3%。全年财政收支平衡。

【支持经济发展】 完善财政奖励政策，将有限的财政资金用于扶持重点工业企业，全年安排财政资金249万元，用于企业科技创新、工业经济转型升级等项目。建立企业还贷周转资金制度，加大对企业还贷周转帮扶力度，区财政全年安排周转金4120万元，专项用于工业企业归还银行流动资金贷款到期的“还旧贷新”临时性资金周转。支持工业园区平台建设，加大对开发区和航埠工业园区的扶持，帮助解决征地周转资金9962万元，落实工业发展专项资金600万元，并从土地出让收入中安排1.63亿元用于园区基础设施建设，保持对工业和园区发展投入稳定增长。争取上级项目建设及转移支付资金，全年争取省市对区各项专项补助和转移支付资金4.44亿元，增长26.5%。发放家电下乡、汽车摩托车下乡补贴资金2993万元，拉动农村相应消费4亿元。

【加强民生支出】 优化支出结构，财力向民生工程倾斜。加大对“三农”的投入，全年财政用于教育、农林水、医疗卫生等涉及“三农”民生支出3亿元，占财政总支出的35.5%。落实社会保障有关政策，全年安排城乡居民医保、扶贫、困难学生资助、城乡居民社会养老保险资金等补助资金7951万元。提高城乡低保补助标准，对城乡低保等各类补助对象实现应保尽保。

【推进财政改革】 按照省财政厅“三位一体”组织机构改革的要求，结合区实际推行组织机构改革，提出区财政局（国资委）职能配置、内设机构和人员编制方案；按照省政府关于加强乡镇财政建设的要求，提出建立乡（镇、街）财政所的具体建议。这两个方案分别由区政府发文实施。推行国库集中支付改革，出台《柯城区财政国库管理制度改革方案》，制定指标和用款流程、清算模式、支付方式等国库集中支付制度，并对相关人员进行业务培训。规范政府非税收入管理，严格把好票据购领、核销、资金缴存三个关口，确保财政各类票据使用安全；按照“单位开票、银行代收、财政监管”的征收模式，加大对非税收入的源头控管，确保政府非税收入及时足额缴入财政专户，全年缴纳财政专户管理资金8.19亿元，财政专户支出8.83亿元。规范会计集中核算，建立经费使用预警制度，实行收支定期监控，提高核算水平。区核算中心全年纠正各类不合法、不合规票据340笔，节减支出225万元。

【财政监督】 强化国有资产监管，将全区120家行政事业单位资产纳入资产动态管理，将各单位对外投资、出租、出借、出售的资产，进行公开竞价拍租、拍卖，实现资产处置价值最大化。在全区129家党政机关和事业单位，以及46个社会团体和8个国有企业中开展“小金库”专项治理及“回头看”，查出3家单位存在“小金库”问题，涉及“小金库”资金105万元。组成专项检查组，对全区18个涉农部门和15个乡镇（街道）2007～2009年强农惠农资金使用和管理情况进行清理和检查，涉及项目582个，金额7.97亿元。针对检查中发现的问题，督促部门、乡镇（街）逐项落实整改措施。开展会计信息质量检查，重点对柯城区计生指导站和白云学校的会计信息质量进行检查，查出违规违纪金额54万元。开展财政资金绩效评价，完成省联评2008～2009年下山搬迁项目评价，涉及资金5295万元，其中财政资金965万元，完成校安工程排查鉴定经费等9个项目支出的绩效评价，涉及资金1291万元。开展政府采购监督检查，对政府采购中心工作在自查基础上，接受全省统一检查，针对检查中指出的问题，提出“采管分离”具体意见和建议，规范政府采购管理。全年全区完成政府采购金额1516万元，节约资金204万元，节约率13.5%。

【队伍建设】 开展学习实践科学发展观活动、“制度建设年”活动以及“创先争优”活动。以健全民主集中制为重点加强班子建设；以增强政治意识和大局意识为重点加强思想建设；以造就高素质的干部队伍为重点加强组织建设；以狠抓落实、增强执行力为重点加强作风建设；以完善惩治和预防腐败体系为重点加强反腐倡廉建设；以落实为民理财、为民服务的财政工作宗旨为重点加强财政文化建设。在区所有部门联评中区财政局获政府系列年度最佳满意单位。加强勤政廉政教育，推进教育、制度、监督并重的惩治和预防腐败体系建设，在全局开展权力搜索，建立《党员公开承诺栏》和党员干部《廉情百宝箱》，营造务实为民的良好作风和风清气正的工作环境。深入基层调研，全年完成财政调研课题11个，其中7个分别获省市财政学会特别奖和一、三等奖。区财政局被评为部门帮扶结对先进单位。 （衢州市柯城区财政局供稿 徐良书执笔）

衢江区

【概况】 2010年，衢州市衢江区实现生产总值81.43亿元，比上年增长14.3%。其中：第一产业增加值14.54亿元，增长4.5%；第二产业增加值38.87亿元，增长18.9%；第三产业增加值28.02亿元，增长15.1%。人均生产总值20583元，增长13.8%。三次产业结构比为17.85:47.73:34.42。全区财政总收入5.54亿元，增长33.1%，其中地方财政收入3.57亿元，增长39.6%；全区财政支出11.57亿元，增长15.57%。全年财政收支平衡。

【支持经济转型发展】 支持工业经济发展。加大开发区及乡镇工业功能区基础设施投入，优化投资发展环境。兑现财税优惠政策、安排财政贴息和工业发展基金，支持高档特种纸、机械制造业、区域特色产业和新兴产业发展，促进工业转型升级。落实企业帮扶措施，加大企业金融服务，33家企业授信贷款3.6亿元。规模工业总量进一步扩张，新增规模企业30家，累计183家，增长19.6%。安排科技创新资金，实施省级技术改造和科技创新项目16个，新获国家专利106项、新增省级名牌产品1个、工业新产品17个、市级企业科技中心3家。

加大农业投入。全年区级财政支农支出5780万元，增长36%。兑现农机购置、粮农综合直补2873万元。支持粮食、柑橘、毛竹、生猪等传统农业转型发展，粮食总产量16.87万吨，增长0.8%。生猪产值12.28万元，增长5.6%，巩固省级粮食先进区、全国生猪调出县的地位。加大农业园区化建设扶持力度，全区流转土地7万亩，流转率27%，提高农业规模化、机械化水平，创建省级现代农业综合区和千里岗省级现代农业综合区。增加现代农业基础设施投资3000万元，新增钢架大棚30万平方米，新发展玫瑰、百合等精品农业基地3000亩。支持农业服务体系建设，当年发展省市级示范性农民专业合作社84家。

扶持第三产业发展。落实促进服务业加快发展政策措施，支持现代服务业发展。推进衢州综合物流园区建设，衢州综合物流中心被列为全省首批现代服务业集聚示范区，全年实现物流业营业额36.5亿元，增长25.9%。兑现家电、汽车、摩托车下乡补贴1234万元，增长55.8%。发展旅游业，支持创建天脊龙门国家4A级景区和乌溪江国家水利风景区，峡川镇东坪村被命名为省级旅游特色村，全年实现国内旅游总收入9.85亿元，增长24.4%。服务业增加值增幅高出地区生产总值0.8个百分点。全年服务业税收入库1.53亿元，增长26.1%。

【加强财政收入管理】 加强与国税、地税等部门的工作协调，完善政府税收收入目标责任制，调动税收征管部门积极性。按季度召开财政、国税、地税部门联席会议，分析税收形势，落实重点税源控管措施。完善开发区、土地、建设、规划等部门参加的协税护税网络。全年主体税种营业税、耕地占用税、契税收入分别增长41.9%、52.8%、104.3%。完善政府非税收入管理办法，加强政府性基金、行政事业性收费等政府非税收入征管，优化收入结构、提高收入质量，增强政府调控能力。

【保障重点支出】 统筹政府财力，优化支出结构，保障各项重点支出，全区新增财力91%用于保障改善民生。全年区财政用于教育、医疗卫生、科技、文体传媒、社保和就业支出分别为2.43亿元、3626万元、2423万元、880万元和5798万元，分别增长33.9%、8.5%、22.4%、31.7%、36.2%。重视教育事业发展。农村义务教育经费保障机制落实到位,实施农村中小学校宿舍安全工程4.2万平方米。实施"职业教育六项行动计划",完善中等职业学校资助政策,区职业中专升格为国家级重点职业技术学校。落实医改财政保障机制,加大基本医疗保障投入。基本完成杜泽、莲花、大洲、横路等4家乡镇卫生院扩建工程,区人民医院异地扩建开工。全区农民参加新型农村医疗29.49万人,参合率94%。加大公共文化服务体系建设,完善乡镇文化站设施。推进文化"百千万"工程,开展送戏、送电影、送图书下乡活动。全区广播人口覆盖率94.7%、电视人口覆盖率96.2%、有线电视用户9.39万户,新增8560户,农村有线电视入户率93%。支持社会保障和社会救助体系建设。年末基本养老保险参保36711人,增长20.7%,城乡居民社会养老保险综合参保率81.6%。全区6.24万名60周岁以上符合条件的城乡老人按月领取基本养老金60元。完善最低生活保障制度和困难群众基本生活价格补贴政策,城镇和农村低保人均月补差167.8元和95.3元,农村五保、城镇"三无"人员集中供养率分别为95%和100%。新增被征地人员实现即征即保。城镇新增就业岗位1199个,安置城镇失业人员599人次,年末城镇登记失业592人,失业率3.7%,城镇零就业家庭动态消零。

【支持新农村建设】 整合支农资金,支持行政村规模调整、农村基础设施建设以及生态环保等。加强集镇基础设施投入,廿里、高家被列为省级中心镇。实施农村住房改造,完成改造5475户,其中危旧房改造877户。实施村庄整治,完成50个整治村环境整治。落实异地安置政策措施,加快推进廿里后山小区、黄坛口摇篮小区、上方立模小区建设。实施移民扶持项目212个,落实资金2923万元。新解决2.79万农村人口的安全饮水问题,加固病险水库7座、干堤10.3公里,整治河道56公里、完成通村公路路基改造37.1公里,路面硬化23.3公里。全年向省申报获批村级公益事业建设"一事一议"财政奖补项目31个,总投资3684万元,受益4.77万人。实施农民素质培训工程,加强农民劳动技能培训,农村劳动力转移9603人,农村居民人均收入7912元,增长12.9%。

【支持环境保护】 筹措资金,加大生态环保投入力度,推进全省"811"环境保护新三年行动计划实施。完成高家、后溪、大洲等6家镇级污水处理厂建设,10个建制镇污水处理设施全面建成使用。继续开展农业农村面源污染治理,完成850个规模养殖场排泄物治理,加强钱塘江上游水资源保护工作。落实森林生态补偿制度,全年兑现重点公益林补偿资金920万元。支持绿化造林工作,完成造林更新面积4280亩、零星植树32万株,全区森林覆盖率达72.9%。增加生态区建设投入,完成7个省级生态乡镇、10个市级生态示范乡镇创建,湖南镇被评为国家级环境优美乡镇。落实节能降耗政策,扶持清洁生产,完成"十小"行业整规工作。全区工业烟尘排放达标率55%,工业二氧化硫排放量778吨,下降1.8%,规模以上工业每万元产值综合能耗0.34吨标准煤,下降28.3%。万元工业增加值能耗下降7%、化学需氧量和二氧化硫排放量分别削减4.3%和3.2%,全区空气质量达标天数300天。

【推进财政改革】 深化"收支两条线"改革,完善政府性基金、行政事业性收费等政府非税收入预算管理制度。推进部门预算改革,编制政府公共预算、政府性基金预算,试编社会保障基金预算。制定国库集中支付改革实施方案获区政府批准。完善政府采购制度,扩大采购范围。深化预算编制、执行、监督"三位一体"财政管理体制改革,构建"三位一体"组织架构。组建政府投资项目评审中心并配备工作人员。

【强化财政监管】 完善财政性资金拨付规程和内部管理制度,建立财政性资金拨付联席会议制度。对2007年至2009年财政支农资金管理使用情况进行专项检查,整改落实存在的问题,完善管理制度。加强资产配置、使用、处置和收益等环节监管,全年划拨资产342万元、转让674万元、报废359万元。开展"小金库"治理,对7家社会团体、24家国有及国有控股企业进行清理检查,及时纠正存在的问题。贯彻厉行节约方针,全年区、乡党政机关公用经费预算压缩5%,出国(境)经费、公务用车购置及运行费、公务接待费等总额"零增长"。完善财政支出绩效评价制度,对下山搬迁、村道公路养护、生态养殖等10个项目实施绩效评价,涉评资金4908万元。加强政府性债务管理,开展区、乡政府性债务清理并做好债务化解工作,全年化解义务教育债务4823万元。至此,省政府确认的义务教育债务全部化解完毕。加强会计管理,举办会计人员继续教育培训班20期,培训会计人员1650人次。对衢江区第一小学、区妇幼保健院等进行会计信息质量检查。编发《行政事业单位会计集中核算工作手册》,加强会计核算中心监督管理。

【加强队伍建设】 推进学习型机关建设,严格学习考评制度。开展争先创优活动,以"科学理财、为民理财"为实践载体,创新管理服务模式,完善岗位目标责任制,首问责任制及AB岗制度等,干部职工责任意识、服务意识增强。深化财政文化建设,继续向干部职工推荐阅读书目并撰写读书心得。强化党风廉政建设,组织学习《中国共产党党员领导干部廉洁从政若干准则》并邀请区纪检监察部门专业人士上课辅导。局主要领导与分管领导、分管领导与科室负责人签订党风廉政建设目标管理责任书,中层以上干部人人作廉洁自律承诺。2010年度,区财政局被评为区争先创优综合先进集体、区"四评"(评环境、评部门、评干部、评窗口)活动第一名,并获区政府集体嘉奖一次。 (衢州市衢江区财政局供稿 舒雪贵执笔)

江山市

【概况】 2010年，江山市实现生产总值170.96亿元，比上年增长14.1%，人均生产总值28976元，增长21.6%。其中：第一、二、三产业增加值分别为16.34亿元、100.28亿元、54.34亿元，分别增长4.1%、16.0%、14.3%。全市财政总收入12.92亿元，增长20.0%，其中地方财政收入8.04亿元，增长22.0%；全市财政总支出19.37亿元，增长16.6%。全年财政收支平衡。

【助推经济发展】 完善政策减轻企业负担。参与全市各项涉企相关发展规划和政策研究制定工作，引导社会资金投向高新技术产业和现代服务业。开展对取消暂停征收和降低收费标准的行政事业性收费项目执行情况专项检查。简化税费减免审批程序，落实困难企业房产税、城镇土地使用税、水利建设专项资金减免等政策措施，共审批减免地方税费3280万元。提请再次下调养老保险费费率，减轻企业负担1800万元。落实资金助推经济发展。落实江山市"工业提升36条"、"保稳促调12条"等政策，全年拨付制造业、旅游业、商贸流通发展和节能减排、生态环保等专项扶持资金1.85亿元。调度财政资金3.60亿元，帮助企业转贷5.70亿元，节减企业财务费用650万元。简化家电下乡补贴兑付流程，兑付家电、汽车摩托车下乡补贴资金3000万元。调度资金2.20亿元，支持工业园区开发、城市公共基础设施、旅游景点开发等项目建设。筹措资金提升旅游基础设施建设，为江郎山申遗成功提供财力保障，促进旅游业等第三产业加快发展。借力引资增强发展后劲。与省国家开发银行等市内外金融机构合作，通过廿八都古镇保护与旅游开发等项目，引进市内外信贷资金1亿元。支持以杭长客运专线、垃圾填埋场为重点的基础设施和民生工程建设，其中杭长客运专线、垃圾填埋场项目分别融资1.30亿元、5000万元。拨付3.88亿元，支持农村基础设施建设、农业综合开发、现代农业发展、农民直补等新农村建设项目。

【组织财政收入】 落实娱乐业营业税税率调整政策，推进企业分离发展服务业。制定加强股权转让个人所得税征管的实施意见，落实车船税征管方式转变措施，开展房产税税源清查工作，平稳推进契税、耕地占用税征管职能划转，调整并细化二手房交易最低计税价格。全年实现税收收入6.86亿元（含两税），占财政总收入的53.1%，占地方财政收入的85.3%。继续完善源头控管和委托代征等征管方法，完善残疾人就业保障金和工会经费征缴管理办法，推进企业养老保险费自行汇算清缴工作。规范土地成本核算，严格执行土地出让收入缴库制度，全年实现非税收入25.10亿元，增长126.6%。加强国有资产处置管理，全年收取处置收入2863万元。

【优化支出结构】 预算安排教育、文化、卫生、社保、公共安全等9项民生支出13.65亿元，增长24.6%，占年度一般预算支出的70.5%。深化社保体系建设。完善离休干部医疗保障实施办法、城镇居民医保办法和新农合政策；出台城乡居民医疗救助办法、扩大失业保险基金支付范围的实施意见；制订促进就业、稳定就业局势有关政策，继续开展"充分就业行政村"工作；做好基层卫生机构体制改革试点方案及改革成本测算；做好城乡居民社会养老保险各项基础性工作。落实各项弱势群体的救济救助和优抚资金，推进城乡居民社会养老保险工作。统筹财政性资金5000多万元，推进廉租房建设。支持社会事业发展。支持城南中学新建和培智学校迁建，推进中小学安保工程建设，推进农村学校布局调整和"食宿改造"工程建设扫尾工作。支持职业中专实训基地建设和职教中心示范专业建设，推进职业教育发展。加大基层文化设施建设投入，完成文化中心一期建设。加大环境保护和生态建设投入，落实节能减排、环境整治等专项资金，筹措污水处理、垃圾收集处理等运行费用。推进幸福乡村建设。落实各项惠农政策，兑现各项强农惠农资金1024万元。足额安排幸福乡村创建经费2600万元，兑现以奖代补等资金1816万元，筹措五村联创启动资金500万元。设立专项资金500万元支持农村住房改造建设。补助1080万元加强村级基层组织建设。

【深化财政改革】 推进"收入一个笼子"的财政改革。加强政府资源性收入、国有资产收入和其他财政性资金的统一管理，同步编制政府税收和非税收入计划，扩大年初固定预算范围。编制全市政府性债务收支计划。推行省项目资金优先使用办法。做好公务员津贴补贴改革工作，对所有公务员实施津补贴专户发放管理；开展全市财政供养人员数据统计和预算编排人员数据统计，完善人员费用支出标准。启动财政国库集中支付改革试点，同步推广国库集中支付软件，扩大远程报账范围。分类设立政府采购评审专家库，启动供应商库建设和供应商诚信评估，开展供应商网上注册登记，推进部门集中采购及中介代理采购。开展贺村镇扩权改革、小城市培育试点方案的政策调研。

【强化财政监管】 开展全市党政机关、行政事业单位、社会团体、国有及国有控股企业"小金库"治理和专项资金绩效评价工作。开展强农惠农资金专项清查工作。编制全市国有投融资公司政府性债务计划，实施国有投资公司机构营运经费支出预算化管理；严把行政事业单位国有资产报废核销审核、抵押贷款审核关，开展闲置房地产清查，运行国有资产动态管理信息平台。加强对政府投资项目投资规模和投资估算的审核，推行全程式投资控制，合理控制项目工程的投资规模，全年完成估算审定总投资额2.70亿元、概算审定总投资额2.10亿元、资金来源审核9.90亿元、批复财务决算数1.65亿元；预算审查、设计变审查、结算审核分别节约投资438万元、177万元、886万元。

【加强队伍建设】 制订年度党员干部学习培训计划，组织干部赴上海财经大学开展全员培训，组织中层干部军训。继续开展科学发展"点子"征集活动，并注重"点子"成果的转化应用。组队参加江山市全运会，取得团体总分第七名的佳绩。在江山信息网增设网上行风评议窗口，并纳入岗位责任制考核。组织开展纳税人满意度调查和服务承诺兑现情况检查。开展自荐公推任用中层干部工作，扩大基层与机关、财政与地税的岗位交流力度。加强乡镇财政干部队伍建设，公开招考招聘4名事业干部充实乡镇财政队伍。落实党风廉政建设责任制，签订新一轮党风廉政建设责任书。继续加强党组织建设，按计划完成机关总支和各支部换届工作。全年全局获衢州市级以上先进集体42项，先进个人27人次；市级先进集体23项，先进个人16人次。市财政局获省财政工作先进集体称号，并连续第五年获江山市最佳满意部门(单位)称号。

（江山市财政局供稿　王成诗执笔）

常山县

【概况】 2010年，常山县实现生产总值74.34亿元，按可比价格计算，比上年增长13.0%。其中，第一、二、三产业增加值分别为6.11亿元、41.26亿元、26.97亿元，分别增长3.7%、15.0%、13.2%。人均生产总值22500元，增长12.3%。全县财政总收入6.45亿元，增长13.9%，其中地方财政收入4.49亿元，增长18.0%；全县财政支出13.70亿元，增长14.0%。全年财政收支平衡。

【助推经济转型发展】 全年共拨付扶持企业转型发展资金2870万元，办理政策性税收减免3376万元、再生资源企业增值税退税2903万元，减征社会保险费377万元、水利专项资金61万元。建立1亿元企业发展专项资金，全年共为企业提供41笔计1.79亿元的资金周转服务，缓解中小企业资金周转困难。全年县财政对"三农"的各项投入为7.55亿元，增长20.6%。建立土地流转专项资金，推进农业规模化、集约化经营。建立1000万元服务业发展资金，支持现代服务业集聚发展。推进国有公司体制改革，优化政府投资公司资产质量，提升政府投融资公司持续融资能力。

【依法组织财政收入】 健全收入分析机制。关注经济运行、税收政策的变化对税收的影响，调研分析税收收入，把握税收收入的变化趋势，增强组织收入工作的前瞻性。完善税源管理机制。落实"抓大、评中、定小"的税源管理思路，加强税源监控管理。加强与国税、工商、保险等部门的协作，健全各部门之间的信息共享机制。改进税收征管方法，契税和耕地占用税征管职能平稳过渡，车船税委托保险机构代收代缴，推广不动产建筑业项目管理软件，开展企业房产税专项清查工作，对碳酸钙行业税收征管实行"以电定产、以产核销、以销控税"的预警管理方式。规范非税收入征管。完善社会保险费"五费合征"，开展社保费清缴工作，社保基金入库1.70亿元，增长25.4%。规范国有资产出租、处置行为，确保国资营运收入及时足额入库。

【保障和改善社会民生】 2010年，全县用于民生支出9.03亿元，占财政总支出65.9%，增长19.4%；财政增量资金的85.0%用于民生支出。加大支农投入。安排新农村建设专项资金2970万元，增长20.2%。建立村级组织运转经费保障机制，将村主职干部基本报酬列入财政预算。加强涉农资金整合力度，推进农村住房改造建设。完善家电、汽车和摩托车下乡补贴机制，全年发放财政补贴1612万元。落实粮食种植大户生产扶持政策，全年兑现农资综合直补资金707万元，受益农户79817户。加快教育事业发展。深化义务教育教师绩效工资改革，免除农村义务教育阶段学校住宿费，足额安排小学、初中生均公用经费，实施第二轮"农远工程"，努力改善中小学办学条件。安排学前教育专项经费200万元，支持学前教育发展。继续实施经济困难家庭学生资助扩面工程和困难家庭大学生资助政策，支持校园安保建设。支持医药卫生体制改革。落实城乡人均公共卫生服务经费20元，人均增加5元。对基层医疗卫生机构实施基本药物制度。完善社会保障体系建设。全面启动新型城乡居民养老保险工作，向城乡60周岁以上居民发放基础养老金2800万元。提高新型农村合作医疗和城镇居民基本医疗保险财政补助标准。向城乡低保对象发放180万元的临时价格补贴，缓解物价上涨对低收入群体造成的生活压力。支持城镇廉租住房和经济适用房建设，改善居住条件。为残疾人免费进行实用技术和职业技能培训，扶持残疾人就业创业。推进"平安常山"建设。加强政法经费保障，建立解决疑难复杂信访问题专项资金。

【推进财政管理改革】 深化部门预算编制改革。完善预算编制办法，细化预算编制，将部门所有收支纳入部门预算。推进按支出功能分类和经济分类编制预算的"二维"预算编制模式。启动国库集中支付改革试点。制定改革方案及配套办法，选择县民政局、经贸局、水利局和规划建设局4家单位作为第一批改革试点，建立国库单一账户体系，严格执行部门预算，完善分月用款计划管理制度，规范支出拨付程序，加快预算支出执行进度。完善财政支出绩效评价制度。加大绩效评价宣传力度，组织落实部门单位绩效自评和重点项目评价工作，全年对20个项目开展绩效自评，并对下山搬迁项目、油茶产业发展提升项目等10个重点项目开展绩效评价。规范政府采购管理。强化政府采购规范化管理，扩大政府采购范围，建立大宗商品政府采购专家评审制度，对政府采购供应商实施网上注册管理。全年政府采购预算4073万元，实际采购3426万元，资金节约率为15.9%。

【加强财政监督管理】 加强国有资产管理。开展行政事业单位资产清产核资工作，推广应用资产管理信息系统，规范资产配置、使用、收益、调剂、处置等环节的管理，提升国有资产管理水平。开展财政投资评审工作。加强政府性投资项目的事前审核和监督，全年审核政府投资项目151个，净核减资金3467万元(其中核增资金350万元，核减资金3817万元)。开展强农惠农资金专项清查工作。梳理常山县2007～2009年强农惠农专项资金，牵头对全县19个涉农部门和15个乡镇(办事处)3年间用于“三农”的各项财政资金使用管理情况进行清查，确保强农惠农政策落到实处。开展“小金库”治理工作。在“小金库”治理“回头看”阶段，对14家社会团体和国有及国有控股企业进行重点检查，对发现的违规行为及时做出处理。加强会计管理。贯彻实施新的会计从业资格管理办法，开展农村财会人员财政支农政策培训工作，规范会计行业秩序。

【提升干部队伍素质】 以“深化作风建设年”、“实干高效年、项目推进年”、“创先争优”等活动为契机，深化财税文化建设，提高财税干部队伍综合素质。深化干部学习教育。鼓励干部职工参加各类学历教育和职称考试，全局本科以上学历99人，占全局干部的79.2%；取得技术职称人员100人，其中，取得高级职称人员23人，中级职称人员45人。组织部分干部职工到上海财经大学进行业务知识培训，举办企业所得税汇算清缴、国库集中支付等培训班15期。完善工作管理制度。制定机关效能投诉办理制度、工作人员违反机关效能建设行为责任追究办法，完善岗位责任制、服务承诺制、限时办结制等制度，规范干部言行。推进党风廉政建设。全面落实党风廉政建设责任制，组织党员学习贯彻《廉政准则》，坚持每月组织党员观看党风廉政教育片，增强财税干部廉洁自律意识。加强财税文化建设。发挥团工妇组织的作用，组织干部职工参加省财税系统运动会、县机关单位趣味运动会等活动，增强干部的凝聚力和向心力。当年县财政局被省财政厅评为全省财政系统先进集体；在县委县政府对全县部门单位的综合考核中名列第一；在县纪委开展的涉企部门“三评”(企业评环境、评部门、评个人，每半年评一次)活动中两次综合得分名列第一，并有6人次进入前10名。(常山县财政局供稿　李慧卿执笔)

龙游县

【概况】 2010年，龙游县实现生产总值118.11亿元，比上年增长14.1%，人均生产总值29300元，增长14.1%。其中：第一产业增加值10.27亿元，增长4.1%；第二产业增加值70.18亿元，增长16.4%；第三产业增加值37.66亿元，增长13.3%；三产增加值结构为8.7:59.4:31.9。全县财政总收入8.93亿元，增长12.6%，其中地方财政收入5.81亿元，增长16.2%；财政支出16.07亿元，增长24.2%。全年财政收支平衡。

【助推经济转型升级】 提升产业结构。安排5000万元工业企业转型升级专项资金，重点扶持主导产业和龙头骨干企业发展，增强工业内生动力。用好500万元服务业发展专项资金，促进现代服务业发展。加大财政支农力度，整合2040万元资金推进省级现代农业综合区和粮食生产功能区建设，提升现代农业发展水平。

落实各项财税政策。全年为企业减免税费4456万元，拨付财政奖励贴补3038万元，引导企业资金投入新产品研发、技术改造、节能降耗等领域。用活4000万元企业还贷周转金和200万元中小企业信用担保资金，全年为企业转贷资金6.47亿元，缓解中小企业资金周转困难。做好家电、汽车下乡和以旧换新财政补贴工作，发放补贴资金1908万元，扩大消费需求。

支持重点项目建设。争取地方政府债券6000万元，落实国债项目地方配套资金3680万元，支持塔石农民饮用水、七都防洪堤等项目建设。发挥国资融资平台作用，全年争取信贷支持5.4亿元，到位资金4.3亿元，推动城南新城、工业园区二期拓展等项目顺利进行。

【组织财政收入】 优化财力结构。强化对重点税源、行业和企业的监控和分析，准确把握税源发展趋势。创新税收征管手段，完善协税护税网络，提升税收管理水平。开展税收执法检查，打击各种税收违法行为，优化税收环境。全年税收收入占地方财政收入的比重90.5%，比上年提高1.2个百分点。

增强政府综合财力。推广新版政府非税收入征管信息系统，重点推广应用国有土地使用权出让收支管理信息系统，规范土地出让收支管理。加强社会保险费“五费合征”管理，加大欠费清理力度，全年组织社会保险费2.28亿元。加大政府存量资产盘活力度，全年取得国有资产收益8627万元，土地折抵指标款1.47亿元，沙滩出让金3040万元。

【保障民生支出】 坚持“民生优先”战略，全年民生支出11.69亿元，其中新增民生支出2.31亿元，占新增财政支出的73.8%。支持新农村建设。全年投入支农资金3亿元，重点实施村级公益事业“一事一议”财政奖补、农民饮用水工程建设、农房改造和危房救助等工作。鼓励和支持村镇银行、农村资金互助社等新型农村金融机构发展，多渠道促进农民增收，提高农民消费能力。

完善社会保障体系。建立城乡居民社会养老保险制度，

5.6万人享受基础养老金待遇。提高新型农村合作医疗保障水平，完成城镇居民基本医疗保险、新型农村合作医疗、城乡困难人员医疗救助三项制度建设，实现"一站式"结报。完善城镇廉租住房制度，改善城乡困难家庭和低收入居民居住条件。

支持社会事业发展。推进医药卫生体制改革，落实基本药物制度，加快乡镇中心卫生院和规范化社区卫生服务站建设，落实城乡公共卫生服务经费保障机制。调整优化城乡教育布局，完成龙游第三中学迁建项目，安排4886万元支持28项中小学校舍安全工程，完善义务教育学校教师绩效工资制度，促进城乡教育均衡发展。健全就业服务体系，促进就业再就业。

【深化财政改革】 *深化部门预算编制改革*。行政单位及义务教育学校的非税收入、罚没收入以及省一般转移支付补助全额纳入预算管理，人员经费按标准全额保障，公用经费分类、分档安排，专项经费重点保障上级财政硬性配套和县委、县政府确定的社会经济发展领域。根据"项目综合化、标准零基化、管理规范化"的原则，清理部门专项资金结余。

完善绩效评价制度。要求建设、教育等17个编制部门预算的单位以及8个事权较多的单位申报经常性项目绩效目标。开展部门单位绩效自评和重点项目评价工作，对其中的13个公益民生类项目实行年终绩效报告和评价，并将绩效评价结果作为下年度预算安排的重要依据。

推进国库集中支付改革。加快财税库银横向联网建设，完善国库集中支付网络通讯、资金支付、资金清算等业务操作，将试点单位扩大到12家，对项目资金实行财政直拨制。

【强化财政监管】 开展强农惠农资金专项清查工作，梳理2007～2009年强农惠农专项资金的使用管理情况。加强政府投资项目管理，确立"先审核、后立项；先审核、后工程招标；先审核、后订施工合同"的工作机制，实现工程造价的全程监控，全年核减项目资金1.13亿元，核减率8.6%。执行国债资金监管制度，开设国债项目专项资金专户，项目资金实行单独建账、单独核算、专人专账管理。完善政府债务管理，实现对政府债务的全口径统计和动态监控。实施"小金库"治理，责成324家行政事业单位、社会团体、国有及国有控股企业进行自查，对其中的34家单位进行重点检查。加强国有资产管理，开展行政事业单位资产清产核资，推广应用资产管理信息系统，规范资产使用、收益、处置等环节的管理。强化会计队伍管理，编印《会计人员继续教育辅导读本》，组织规模以上企业和行政事业单位财务负责人进行财会知识培训，规范会计行业秩序。

【加强队伍建设】 *建设学习型组织*。健全局党委理论中心组和党支部学习小组制度，倡导建立学习型科室、学习型分局、学习型兴趣小组等。鼓励干部职工利用业余时间接受学历学位、业务技能、职称资格考试等再教育。注重年轻干部培训，邀请财经领域的专家、教授讲课，帮助年轻干部拓展思维，更新观念。*干部作风建设*。干部深入园区和企业，听取和采纳纳税人的意见和建议，中层以上干部与困难企业"结对子"，帮助企业解决实际困难。加强对制度执行情况的检查和监督，确保首问责任制、AB岗制、限时办结制等服务制度落实到位。开展纳税人满意度调查，提高办事效率和服务水平。培育"谦虚、低调、务实"为核心价值的财税文化，开展"青年文明号"、"群众满意基层站所"等创建活动，引导干部职工内强素质、外树形象。*反腐倡廉建设*。学习贯彻中央及省市县的反腐倡廉精神，落实党风廉政建设责任制，签订新一轮党风廉政建设责任书。围绕行政权力的配置、运行和行使结果等关键环节，全面开展权力"搜索"，规范权力运行。以政府信息公开工作为契机，拓宽党务政务公开渠道，增强财税工作的透明度。自觉接受人大、政协以及审计、监察部门的监督，建立多层次的监督网络。

（龙游县财政局供稿　李　鑫执笔）

开化县

【概况】 2010年，开化县实现生产总值70.98亿元，比上年增长13.5%。其中第一、二、三产业增加值分别为9.71亿元、36.27亿元和25.00亿元，分别比上年增长4.7%、16.4%、13.6%，三次产业结构为13.7:51.1:35.2。人均生产总值20206元。全县财政总收入5.77亿元，增长18.1%，其中地方财政收入3.85亿元，增长18.3%；财政总支出13.94亿元，增长4.0%。全年财政收支平衡。

【夯实经济企稳回升基础】 落实各类财税扶持政策，拨付企业奖扶资金2989万元，落实高新技术企业所得税优惠等政策，减免各项税收2108万元。将企业基本养老保险费单位缴费率由16%调整为14%，继续减征1个月的单位部分社会保险费，落实水利金、残保金减免政策，减轻企业负担558万元。扶持中小企业融资担保机构，推动各担保机构为各经济主体提供融资担保3.36亿元。落实工业企业还贷周转金政策，为53家企业转贷6.34亿元。发挥县国资公司融资平台作用，根据政府投资项目资金需求合理融资，保障旧城改造、工业园区、生态县等项目建设。启动现代农业园区、粮食生产功能区建设，推进农业转型升级。加大农业综合开发力度，完成桐村华山山区中低产田改造和裴源山区小流域农业生态工程建设，治理土地1万亩，扶持农业产业化项目2个。落实旅游业发展扶持政策，支持举办根雕艺术文化节，根博园晋升4A级景区，打造“钱江源头、根雕佛国、生态开化”旅游品牌。落实家电下乡、汽车摩托车下乡和以旧换新政策，发放财政补贴1368万元。

【强化增收管理】 坚持“一月一例会，一税一专题”的税收分析制度，开展重点税源监控，加强组织收入的针对性。完善综合治税机制，深化与国税、工商、质监、国土、规建等部门的协作。调高房屋交易最低计税价格，加强房地产交易环节税收征管。做好契税和耕地占用税的职能划转，实行车船税由保险机构代征。开展房产税税源清查，对建筑业企业所得税采取核定征收，提高建筑、房地产行业等重点行业税收征管的精细化管理水平。开展房地产、建筑安装和交通运输等行业专项检查，规范税收秩序。实行社会保险五费、残保金、工会经费自行申报制度，深化“五费合征”、“七费同基”改革。全年组织税收收入(含契耕两税)2.99亿元，增长11.5%;组织各项规费收入1.71亿元，增长15.1%。制定非税收入考核办法，加强非税收入收支计划管理，联手国土、人民银行等部门加强对土地出让收入管理，增强政府可用财力。

【优化支出结构】 筹措并调度财政资金，在保工资、保运转、保稳定的基础上，加大对民生领域和社会事业的投入力度。全年民生支出9.95亿元，增长18.3%，财政支出中民生支出比重71.4%，新增财力的94.5%用于民生支出。*加大对“三农”的支持力度*。落实各项强农惠农政策，开展村级公益事业一事一议财政奖补试点工作，落实村级组织运作经费保障机制，提高新农村建设水平。“三农”支出7.72亿元，增长22.2%。*加快教育事业发展*。落实城乡义务教育经费保障机制，推进“校安工程”建设，支持教育资源布局调整，教育支出2.64亿元，增长13.1%。*支持文化事业发展*。健全覆盖城乡的公共文化服务体系，文化体育与传媒支出2530万元，增长41.3%。*支持医疗卫生事业发展*。预拨医改经费2400万元，支持乡镇卫生院实行基本药物“零差价”销售和医药卫生体制改革，提高城镇居民基本医疗保险和新型农村合作医疗保障水平，新型农村合作医疗筹资标准由每人140元提高到185元，医疗卫生支出1.09亿元，增长42.2%。*加大对社会保障事业投入*。60周岁以上老人均可领到基础养老金，累计发放城乡居民社会养老保险3000万元;保障经济适用房、廉租住房、保障房建设和农村住房改造、困难群众住房救助资金需求;完善被征地农民基本生活保障制度，完善新型社会救助体系，加大对困难弱势群体的帮扶救助，支持残疾人共享小康工程建设，社会保障和就业支出1.16亿元，增长50.3%。*改善城乡生态环境*。支持乡镇生活污水处理、生态示范村建设等生态县七大工程建设，开化县通过国家级生态县考核验收。

【深化财政改革】 实施“收入一个笼子、预算一个盘子、支出一个口子”的预算管理改革。制定新一轮机构改革方案，搭建预算编制、执行、监督“三位一体”运行框架。调整预算格局，对人员经费按照规定标准全额保障，强化预算刚性。制定预算编制管理办法，完善费用标准体系，推进预算编制科学化、精细化。推进国库集中支付试点扩面，资金支付和清算运行顺畅。修订财政支出绩效评价实施办法和指标体系，对50万元以上财政资金项目开展绩效自评和重点评价。开展计算机类设备、公务用车协议供货市场调查，加强政府采购监管，提高政府采购效益，全年采购4511万元，节约资金552万元，资金节约率12.2%。

【加强财政监管】 开展强农惠农资金专项检查，制定农业专项资金项目管理实施办法，整合财政支农资金1.59亿元，加强财政支农资金管理。加强政府性投资项目的计划管理，按照项目进度拨付财政资金。推进国库资金调度常态化管理，增加财政存款利息收入，全年实现财政收益1696万元。对22个行政事业单位开展财政监督检查，规范财政财务管理。开展社会团体、国有及国有控股企业的“小金库”治理，严防财政资金“体外循环”。建立财政内部审计办法，开展内部审计，规范财政内部管理。加强行政事业单位国有资产出租、出借及对外投资行为的监管，建立国有资产有偿使用的市场化运作机制。开展涉企、涉教、涉农收费检查，确保各项优惠政策落实到位。推行家电下乡财政补贴资金委托商家垫付现场直补机制，加强补贴资金的审核，方便农民享受补贴。举办农村财会人员财政支农政策培训班，提高农村财会人员政策执行水平。

【提升队伍素质】 开展“深化作风建设年”、“千局万站优化发展环境”等活动，提升干部队伍服务意识和服务水平。完善人大代表建议、政协委员提案办理制度，全年办理人大代表建议、政协委员提案22件，面商率、答复率、满意率均为100%。建立健全内部管理制度，完善岗位责任制考核机制。开展行政管理权力搜索，规范财政税务权力运行，深化惩防体系建设。完善党风廉政建设责任制，落实“一岗双责”，坚持教育、制度、监督并举，实现“事办好、人不倒”的目标。成立工作作风和工作纪律督查小组，每月开展督查，转变机关作风。搭建学习培训平台，深化周一学习制度，采取“请进来”与“走出去”相结合的方式，开展各类培训，提升干部队伍综合素质。搭建文体活动平台，设立多个兴趣小组，开展比赛、联谊等活动，提升精神文明建设水平。县财政局机关在县部门综合争先考核中获第一名;蝉联开化县政府部门序列最满意单位。在全县企业“四评”活动中评部门名列第二。全局当年获县级以上集体荣誉55项、个人荣誉30人次。 （开化县财政局供稿 叶黎明执笔）

舟山市财政工作概况

舟山市

【概况】 2010年,舟山市实现生产总值633.45亿元,按可比价计算,增长11.1%,人均生产总值65458元。第一、二、三产业增加值分别为62.44亿元、288.55亿元、282.46亿元,分别增长6.3%、11.4%、11.8%。三次产业结构比例由上年的9.6:46.6:43.8调整为9.9:45.5:44.6。全社会固定资产投资413.84亿元,增长3.3%。社会消费品零售总额212.54亿元,增长18.0%,扣除物价因素,实际增长13.1%。外贸进出口总额107.33亿美元,增长52.8%。城镇居民人均可支配收入26242元,渔农村居民人均纯收入14265元,扣除价格因素,分别增长4.7%和8.6%。舟山港域完成港口货物吞吐量22084万吨,增长14.4%。全年旅游接待人数2139万人次,增长22.0%。全年财政总收入98.53亿元,增长28.0%,其中地方财政收入61.04亿元,增长25.1%。全市一般预算支出(包括石油价格补贴和中央代发地方债券,下同)105.03亿元,增长26.9%。市本级地方财政收入26.60亿元,增长27.6%;市本级一般预算支出33.75亿元,增长23.6%。全年财政收支平衡。

【组织财政收入】 依法加强税收征管。加强税收计划管理,强化重点税源监控;完善部门信息共享机制,强化"信息管税";扩大电脑版发票应用范围,强化"以票控税"。推进企业分离发展服务业,全市分离发展服务业企业累计43户,新增地方税收3923万元。加强自然人股东股权转让个人所得税管理,全市征收股权转让税款2898万元;开展2009年度所得税汇算清缴工作,全市补缴企业所得税2.80亿元。调整娱乐业营业税税率,加强非居民企业管理。全市地税部门组织税收收入(含契税、耕地占用税)57.49亿元,增长30.8%。组织非税收入。完善社保费"五费合征"征缴机制,全市地税部门组织非税收入19.84亿元,增长24.0%;深化"收支两条线"管理,加强政府非税收入汇缴专户管理,提高非税收入收缴率;推进非税收入征管信息系统建设。当年全市政府非税收入6.21亿元(剔除国有企业计划亏损补贴),增长15.1%。

【支持经济转型发展】 培植海洋经济。围绕"以港兴市、工业强市、服务富市"战略部署,强化政策扶持,完善促进港口物流业、航运业和建筑业等产业发展的一系列政策。整合各项专项资金,全市投入促进海洋经济发展资金6.89亿元,其中:投入工业转型升级专项资金1.55亿元,现代服务业发展专项资金4800万元,航运业发展专项资金1.20亿元,旅游发展专项资金5600万元。帮扶企业发展。开展"企业服务年"活动,贯彻落实结构性减税政策,支持第三产业、高新技术及资源综合利用等企业发展,继续对部分企业的社会保险费缴纳比例实行临时性下浮,全市共计减免税费3.24亿元,其中减征社会保险费3719万元,受惠企业7179户;再生资源回收利用增值税退税2850万元;全市共计补助205家困难企业就业补贴资金1351万元。帮助企业缓解融资困难,市本级继续安排1.30亿元企业应急(临时)周转资金,为60家企业解决转贷资金25.30亿元;与5家银行协作设立总规模4亿元的"舟山市区中小企业专项信用贷款资金",发放专项信用贷款5.80亿元,惠及企业160家;注资7600万元支持市中小企业担保公司做大做强;注资1000万元设立市工商联转贷扶持资金。保障项目建设。围绕"项目推进年"活动,多渠道筹措政府投资项目建设资金,当年全市筹措建设资金57.12亿元,其中向上争取到中央扩大内需补助资金2.04亿元和中央代发地方政府债券3.50亿元,推进政府投资项目的建设。

【优化支出结构】 保障各项民生支出的需要,全年全市民生支出53.79亿元,增长22.9。加大"三农"投入。全市财政支农支出24.64亿元,增长24.6%。用于渔农村基础设施建设资金10.72亿元,确保强塘固房、农村困难群众住房改造救助和渔农村饮用水安全工程等重点工程需要,其中:用于渔农村治污改厕5087万元,小康社区创建补助6495万元,渔农村饮用水安全工程3929万元,新农村公路建设6054万元,统筹城乡区域协调发展;用于现代渔农业发展资金2.22亿元,促进渔农业增产、渔农民增收。

加大社会事业投入。全市财政教育支出11.64亿元,增长10.7%。健全义务教育经费保障机制,扶持学前教育和职业教育发展,推进校舍安全工程建设,确保义务教育阶段教师绩效工资推行。科学技术支出2.44亿元,增长15.8%,支持浙江大学舟山海洋研究中心等产学研和公共技术服务平台建设,增强海洋科技创新能力。文化体育与传媒支出3.48亿元,增长79.9%,保障海洋文化名城建设,促进公益性体育事业发展。医疗卫生支出6.99亿元,增长14.9%,保障医疗卫生体制改革,完善新型渔农村合作医疗市级统筹,推进实施国家基本药物制度和规范化社区卫生服务机构建设。城乡社区事务支出6.55亿元,增长51.5%,提升城乡一体化水平。公共安全支出6.72亿元,增长15.9%,做好上海世博会"环沪护城河"安保经费的保障工作,支持"平安舟山"建设。环境保护支出2.25亿元，增长23.7%，做好节能减排工作，推进重点区块、行业和企业的污染整治。

加大社会保障投入。全市财政社会保障和就业支出5.28亿元，增长18.4%，实施城乡居民社会养老保险制度，扩大社会养老保险覆盖面。实行积极就业政策，稳定就业局势，促进城乡就业工作。完善新型社会救助体系建设，确保城镇低保标准每人每月360元，农村低保标准每人每月220元。住房保障支出2.83亿元，增长49.0%，推进旧城改造和渔农村住房建设改造，改善群众居住条件。

压缩一般性支出。当年党政机关公用经费预算继续压缩5%，严格控制公务接待费、因公出国(境)经费、公务用车购置及运行费和会议费支出规模。

【深化财政改革】 完善市区财政体制。新体制在确定市、区财政收支范围的前提下，结合舟山实际，实行以"属地征收、核定基数，比例分享、超收分成"为主的财政收入分成办法，并逐步建立和完善市对区转移支付制度。同时完善市区地税征管体制，调整地税征管范围，全面实行"属地征管"原则，基本实现收入级次与税收管辖的同步。

深化国库管理改革。4月份开始全面实施公务卡制度改革，至年底，纳入市级会计核算中心管理的140家行政事业单位全部使用公务卡结算，累计发放公务卡6496张，通过公务卡账户结算资金8384万元。深化国库集中支付改革，对市新城公安局、市中心血站和市交通质量检查局等单位实施财政集中支付，对浙江海运学院实施国库集中支付。

深化政府采购改革。扩大采购范围和规模，全面实施全省2010～2011年度通用类协议定点项目的全省联动采购工作，加强对政府采购各项活动的监管，做好车辆控购的政策解释和采购控制工作，降低行政成本。全市政府采购预算7.69亿元，节约采购资金9988万元，节约率13.0%。

【加强财政监管】 按照"收入一个笼子、预算一个盘子、支出一个口子"综合预算管理要求，完善管理制度，强化财政监督管理。加强财政专项资金管理。完善专项资金管理办法，归并、整合各类专项资金，清理历年专项结余，盘活存量资金，提高资金使用绩效。开展强农惠农资金专项清查工作，共清理2007～2009年强农惠农资金26.26亿元。

加强政府投资项目管理。统筹政府投资项目资金，支持重点工程建设，落实重点项目专人负责制，加强对政府重点投资项目的财政管理。严把审核关，推进工程结算审核和竣工财务决算审核。对165个项目进行工程结算和竣工财务决算审核，审定投资6.58亿元，审减资金5792万元，审减率8.1%。

加强政府性债务管理。强化债务计划管理，全市负债率和偿债率均控制在省定警戒线内。舟山大陆引水应急工程6682万元的国债转贷资金转为财政拨款，缓解项目还贷压力；清理核实政府融资平台公司及其债务，加强政府性债务和融资平台管理。

加强行政事业单位国有资产管理。制定《舟山市本级行政事业单位国有资产管理暂行办法》，实施国有资产管理信息系统建设，实现对资产的动态监管；加强行政事业单位国有资产出租出借管理，全市行政事业单位国有资产公开出租成交342起，出租收入4093万元，增长37.0%，促进行政事业单位国有资产保值增值，国有资产管理纳入制度化、规范化轨道。

加强财政和会计监督检查。开展"小金库"治理"回头看"和社会团体"小金库"专项治理工作。开展会计信息质量检查工作。严格会计从业资格管理，加强会计人员继续教育。

加强油价补贴资金管理。明确成品油财政补贴的对象、范围和标准，加强申请者资格审查，规范补助申请程序，加强资金的发放、监管工作，中央油价补贴资金5.34亿元落实到位。

【加强队伍建设】 开展"深化作风建设年"和创优争先活动。组织学习沈浩同志先进事迹，倡导求真务实、廉洁高效的优良作风，形成创先争优良好氛围。推进财税文化建设。深化学习型组织建设，组织稽查业务知识、纳税评估业务、中层干部海洋经济管理能力、公务员知识更新、新录用人员上岗等多层次、多形式的干部教育培训。推进以"人为师荣，帮带争先"为主要内容的以师带徒、岗位大练兵活动，开设处长讲坛、青年干部读书会、青年论坛。举办全市财税系统体育运动会，组织参加全省财税系统运动会和市级机关运动会。加强机关效能建设。组织开展纳税服务志愿者活动，实施"纳税服务之星"考评，推进CA证书网上办税。做好行政审批职能集中整合各项工作，进驻市审批中心实现"一个窗口对外"。加强党风廉政建设。推进惩防体系建设，开展"财税干部不得从事或者参与营利性活动"的自查等；加强行风建设，推进依法行政工作；落实厉行节约、节能降耗各项措施，控制行政成本。市局被评为全国军粮供应管理工作先进单位及全市依法行政工作优秀单位、"企业服务年"活动先进单位、新渔农村建设先进单位。

(舟山市财政局供稿　徐颖娜执笔)

定海区

【概况】 2010年，舟山市定海区实现生产总值250亿元；人均生产总值66708元；城镇居民人均可支配收入29161元，农渔民人均纯收入14341元。其中第一、二、三产业增加值分别为0.9亿元、21.01亿元、19.04亿元，分别增长12.5%、24.4%、

16.4%。全区财政总收入33.66亿元,增长31.6%,其中:地方财政收入19.39亿元,增长20.6%;区本级地方财政收入8.10亿元,增长30.7%。一般预算支出17.26亿元,增长15.2%,其中本级支出11.90亿元,可比增长8.3%。全年财政收支平衡。

【培育地方财源】 投入6016万元支持农渔村经济发展,支持农业"338"工程(指区重点建设的马岙、白泉、东海农场等3大现代农业示范区,大沙无公害蔬菜基地等3大主导产业示范基地,以及白泉杨梅等8大特色产业精品园)建设,加强农产品质量标准体系和品牌建设,发展壮大农民专业合作社和农业龙头企业。完成5个2010年农业综合开发产业化经营贷款贴息项目,贴息总资金337万元。兑现海运中小企业发展扶持专项资金5884万元,涉及企业221家。

【缓解中小企业融资困难】 区担保公司共办理转贷及新增担保业务86笔,增长39.3%;担保金额2.54亿元,缓解中小企业融资担保困难。启动中小企业专项信用贷款、转贷基金贷款项目,总额度9000万元。累计向全区23家中小企业发放专项信用贷款5500万元。

【城乡统筹建设】 投入财政资金2.72亿元,加大农渔村基础设施建设,改善生产生活条件。投入3456万元深化小康社区创建和村庄整治建设。投资1125万元支持西码头中心渔港、金塘沥港渔港等一批渔港建设及维护项目。筹集各级财政资金7715万元支持全区44座水库和28座山塘除险加固。投入3634万元推进"绿色生态定海"建设,创建省级生态乡镇7个、市绿化示范村22个、"绿色社区"9个。开展家电以旧换新、家电下乡、汽车摩托车下乡财政补助工作,兑现财政补贴资金3174万元。

【降低行政运行成本】 细化部门预算编制,其中公用经费定额在上年的基础上压缩10%,车辆费用不递增,项目经费从严从紧控制。加强区公务接待费控制力度,拟定了《舟山市定海区公务消费卡管理办法》,实行公务卡管理。

【保障教科文支出】 投入教育经费2.78亿元,完善义务教育经费保障机制,落实义务教育学校绩效工资制度,全面实施中小学校舍安全工程,加大学前教育资金投入力度,落实外来务工人员子女就学各项政策。投入1289万元推进企业科技创新,提高高新技术产业产值在工业总产值中的占比。投入630万元支持文化事业发展,满足人民群众的文化生活需要。

【完善社会保障体系】 参与全区医药卫生体制改革实施,合理确定医药卫生体制改革财政投入机制。加大对残疾人扶助力度,支持爱心城市创建。发放最低生活保障资金1300万元,城乡居民养老金3965万元,被征地农民基本养老生活补助8834万元,新型农渔村合作医疗补助资金3404万元,落实城乡医疗救助资金426万元。发放145名退役士兵安置费310.9万元。

【保障社会和谐稳定】 深化"平安定海"建设,投入公共安全资金1.35亿元,深入实施重大事项社会稳定风险评估机制,完成上海世博会"环沪护城河"安保任务。完善突发公共事件财政应急预案。开展工程建设领域突出问题等专项整治。开展校园周边监控设施建设,加强校园周边地带安全,维护社会稳定。

【加强预算管理监督】 探索"三个子"财政管理模式,建立预算编制、执行、监督三位一体的财政管理体系。将预算外资金纳入预算管理。完善国库集中支付内控制度,规范业务操作。推进部门结余资金及往来款清理,提高财政资金使用效益。

【控制政府性债务风险】 下发《关于做好2009年地方政府性债务报表编制工作及2010年政府性债务收支计划编报工作的通知》,对全区政府性债务进行统计分析和汇总、审核并提出建设性意见报区政府。同时做好融资平台清理工作。按上级部门关于加强地方政府融资平台公司管理工作要求,清理规范14家地方融资平台,有效防范财政金融风险,确保地方政府融资平台公司规范运行、健康发展。

【加强社区财务信息化管理】 利用"金财工程—会计核算"模块,通过政府内网,探索社区账务远程记账管理模式,将双桥镇、城东街道社区列为第一批试点。

【加强专项资金管理】 制订《定海区学前教育专项资金使用管理办法》、《定海区中小学公用经费管理暂行办法补充规定》等一系列专项资金管理制度,规范资金使用和管理。在全区范围内开展强农惠农资金专项清查自纠工作,清理2007～2009年强农惠农专项102项,涉及强农惠农专项资金5.21亿元。

【强化绩效评价制度建设】 加大绩效评价宣传力度,组织落实部门单位绩效自评和重点项目评价工作。项目评价类型拓宽到事中评价和事后评价两大类型。制订年度财政支出项目绩效评价计划,完成绩效评价项目8个。加强对基本建设项目立项资金来源审批,累计送审并审结政府投资基本建设项目33个，资金节约率11.7%。完成局内部审计工作。做好村级公益事业建设“一事一议”财政奖补试点工作，在小沙镇、干览镇开展试点项目7个。

【深化政府采购管理】 全区实施政府集中采购项目705起，节约资金900万元，资金节约率11.3%。着手政府采购信息系统建设，完成政府采购外网设备及网页迁址工作。开展政府采购服务反馈制度。拟定并发布《定海区政府采购协管员管理暂行办法》。

【开展“小金库”治理工作】 按照“小金库”治理工作的要求，组织37家国有独资企业和国有控股企业，101家民间社团开展“小金库”自查自纠工作。

【推进行政审批改革】 区局2项行政许可事项和6项非行政许可事项集中进入定海区审批办证服务中心的综合窗口统一办理，共受理各项审批371个，办结率100%。做好契税征管职能划转工作，实现平稳移交。实施定海区行政事业单位资产管理信息系统项目，实现全区行政事业单位固定资产数据集中、动态管理。规范行政事业单位国有资产处置行为，全区各单位报批处置国有资产27批，通过竞卖、竞租房屋等39批次，成交额累计1.53亿元。

【干部队伍建设】 开展“做合格的财政干部”、“治庸治懒”等机关作风建设专项活动。加强局机关内部管理，严肃劳动纪律，开展机关效能检查。开展《廉政准则》主题教育月活动，推进重点岗位廉政风险防范及二级廉情预警系统构建。参加全市财税系统运动会、组织“弘扬沈浩精神、奉献财税事业”主题演讲比赛等活动。对中层干部、部分年轻干部及部分乡镇街道总会计开展多主题的集中培训。推进创先争优活动，开展“公开承诺”。落实2009～2010年省级文明单位创建计划。开展“慈善一日捐，济困献爱心”、“城乡结对、共创文明”等活动。

（舟山市定海区财政局供稿　任　挺执笔）

普陀区

【概况】 2010年，舟山市普陀区实现生产总值199.23亿元，比上年增长10.2%，人均生产总值62006元，增长22.6%。其中第一、二、三产业增加值分别为25.05亿元、87.17亿元、87.01亿元，增幅分别为8.1%、9.3%、11.7%，三次产业的比重调整为12.6:43.8:43.6。全区财政总收入25.88亿元，增长16.7%，其中地方财政收入15.58亿元，增长22.1%；全区财政总支出26.44亿元，增长32.7%。全年财政收支平衡。

【组织财政收入】 *加强收入征收管理。*全面启用非税收入征收管理信息系统，将所有收费项目以及所有单位包括工会和社团的票据，纳入新的非税征管系统，实现在线开票；启动减免程序调查工作，规范非税收入减免行为；加强对执罚单位罚没财物的登记申报管理，及时提出处理意见并统一实施拍卖。全年到位上级补助资金5.20亿元，增加5000万元，争取地方政府债券5000万元。*加强税收收入动态监控。*强化财政、国税、地税等多部门协作，实现信息共享。落实对重点行业、重点纳税大户税源监控责任制度，掌握基本税源变动和收入变化情况。引入电子化管理模式，完善收入动态监控办法，反映区级及乡镇(街道)收入完成进度。*完善财政体制机制。*结合市区财政体制调整，界定企业税收管辖权限变动引起的基数变化，调整出口退税市区负担机制，完善区与乡镇(街道)财政收入分享办法，理顺乡镇财政管理体制。

【支持经济发展】 *加大产业扶持力度。*梳理整合各项产业扶持政策，重点扶持船配业发展和万吨级以上海运船只打造；支持开拓水产品国内市场、开发休闲食品；支持现代服务业、旅游业的发展，注册落户新业态服务企业12家，旅游接待人次增长20%；全年下达各项扶持资金近1亿元。采取“以存换贷、存一贷二”的新措施，为49家中小企业增加无抵押、无担保贷款1.10亿元；继续采取重点企业融资周转金措施，全年累计为企业转贷13亿元。

*加大国资运作力度。*参与组建舟山群岛国际邮轮码头公司，推进对台直航点建设与陆岛交通拓展；参与组建武港航运公司，培育航运龙头企业，助推航运业规模化发展；参与组建环岛客运公司，整合提升岛际客运交通。向钓梁围垦公司增资4900万元，为海洋发展战略提供土地储备。加快大型山水实景“印象普陀”公演的基础设施建设。

*加大资产配置力度。*细化闲置公有资产调配处置方案，优先用于社区用房、公共卫生用房和老龄事业。推进闲置公有资产的开发处置，公开拍卖东港海之格地块、行政2号楼，实现国有资产有效配置和保值增值。

【保障民生支出】 *支持教育、卫生事业发展。*普陀中学、职教中心、社会福利中心、南北线排污工程等项目相继建成；推进天吴隧道、普陀大剧院、人民医院(中医院)东港院区等项目建设。完成普陀三中、芦花中学、台门中心学校等7所中小学教学楼加固改造项目；开展校园安保工程建设，在全区所有中小学和幼儿园安装校园监控报警系统，配备专职安保人员。开展渔农村公共卫生服务体系建设，新建改造10所卫生服务中心，完成74家卫生服务站（室）标准化建设，实施基本药物制度，减轻城乡居民医疗负担。全年本级财力安排社会事业支出9.10亿元，增长37.5%。

支持社会保障事业发展。分配经济适用房5417平方米，扩大廉租房租金补贴范围，发放补贴196万元；提高廉租房实物配租比例，新增廉租住房217套，完成66户实物配租；兑现首次购房90平方米以下财政补贴政策，全年共计1077户480万元。落实城乡居民社会养老保险办法，建立居民参保政府补助机制，11.5万名城乡居民参保，参保率90%。做好被征地农民基本养老保障工作，2.8万名被征地农民参保。提高城乡居民医疗保险待遇，调增新型渔农村合作医疗、城镇居民医疗保险和城乡医疗救助人均筹资水平；提高各项社会救助标准，保障救助对象基本生活。全年本级财力安排社保事业支出7499万元，增长20.2%。

支持渔农业发展。推进绿色生态、村庄整治、改厕治污、小康社区、强塘工程、标准渔港、农业综合开发、农业产业化经营、渔业“十百千万”工程等建设，提升现代渔农业发展水平。继续实施油价补贴、农资综合直补、种粮农民补贴、“家电下乡”补贴工作，减轻渔农民负担，增加渔农民收入。全年本级财力安排“三农”支出1.70亿元，增长18.3%。

【深化财政改革】　实施国库管理制度改革，出台国库集中支付改革方案，在3家行政事业单位进行试点。推进公务卡改革，在全区范围全面推广公务卡制度。合理确定津补贴水平，规范公务员津补贴标准。执行上级厉行节约规定，采取措施控制行政成本增长。加强政府采购管理，扩大政府采购范围，全年政府采购预算1.80亿元，实际采购金额1.55亿元，资金节约率13.9%。

【加强财政监管】　完善国资监管机制。规范国有产权交易处置，加强资产评估事项监管，强化产权转让监控。做好24家国有和国有控股企业财务规范化建设，严格投资担保管理。量化企业考核指标，完善国有企业收入分配机制，规范企业经营层与职工之间的收入差距。强化财政监督管理。按照财政支出绩效评价和项目支出跟踪问效相结合的管理模式，促进财政支出项目实现预期目标；探索建立与预算安排相结合的评价结果应用制度，提高资金分配的合理性、科学性。加大专项资金清理整合力度，取消不符合支持方向的项目，归并用途相同的项目，整合不同部门管理的项目，提高专项资金使用效益。清理融资平台，加强政府性债务管理。开展社会团体、国有及国有控股企业“小金库”专项治理工作，开展村级财务规范化建设以及财政支农政策培训，规范乡镇财务行为。

【加强队伍建设】　加强廉政建设及机关效能建设。开展以“服务三大转型升级、发挥先锋模范作用”为主题的创先争优活动，提升机关效能，改善机关作风；开展党风廉政建设警示教育活动，组织全局中层以上干部到普陀看守所接受警示教育；组织开展“深化作风建设年”活动，提升干部队伍勤政、廉政、善政形象；结合“学准则、查风险、促廉政”集中教育活动，邀请市纪委宣教室领导开“党风廉政建设教育”专题讲座，增强干部队伍廉洁自律意识。加强素质能力建设。组织干部赴厦门国家会计学院参加综合能力提升培训班。开展学习型党组织创建，结合学习型财政组织创建成果及经验，提出学习型党组织创建活动实施方案，丰富学习内容，拓宽学习渠道，强化学习效果，培育学习型党员，打造学习型领导班子。制定“财政干部读书会”相关活动等方案，举办读书沙龙，推进全局全员读书活动的开展，巩固财税文化建设成果。

（舟山市普陀区财政局供稿　郑　忠　丁钰钰执笔）

岱山县

【概况】　2010年，岱山县实现生产总值124.31亿元，比上年增长13.1%，人均生产总值65005元，增长21.7%。其中：第一产业增加值17.70亿元，增长5.8%；第二产业增加值71.06亿元，增长15.1%；第三产业增加值35.55亿元，增长12.6%。产业结构调整为14.2:57.2:28.6。全县财政总收入13.43亿元，增长44.2%，其中地方财政收入6.76亿元，增长32.3%；财政总支出17.59亿元，增长41.9%。当年财政收支平衡。

【推进经济转型升级】　落实税费减免政策，减免企业所得税1508万元，减免社保费497万元，减轻企业负担，支持企业发展。落实支持集装箱运输业、海运业、旅游业发展资金共3012万元。支持工业经济转型，推动产业结构升级，安排工业经济转型升级发展专项资金620万元，汽配、开发区及其他企业贴息补贴资金527万元。争取各项渔农业专项资金27383万元，扶企资金3780万元。做好村级公益事业一事一议财政奖补工作，加强农村基础设施建设、支持农业结构调整，促进效益农业和农业产业化经营。加大对乡镇财政的转移支付力度，完善财政奖补政策，调动各级政府共同发展经济、培植财源的积极性。

【组织财政收入】　按照“法治、务实、有为”的原则，以组织收入为中心，创新工作思路。加强重点税源和重点行业管理，强化税务登记和发票管理，加大税务稽查力度，完善行业纳税评估办法，推进企业分离发展服务业，探索和完善小税种征管新办法。继续加强营业税差额征税和建筑业甲供材料的税收管理，完善修造船企业所得税分类管理办法，落实个人住房转让税收政策。按照"五位一体"税源管理原则，做好征管基础数据的采集、审核、清理工作，提高外部信息交流、共享的有效性。组织政府非税收入，利用系统信息化优势，对全县180家行政事业单位232个收费点，按新版非税收入征管系统要求实行实时征管，完善财政票据系统化管理。加强土地出让金、海域使用金等非税收入征收，全年非税收入2.18亿元，增长53.3%，土地出让金收入10.69亿元。推进社会保险费"五费合征"，建立税费同评、同查工作机制，在社保费减征降率的形势下，继续保持稳定增长。

【确保民生需求】 优化支出结构，全年新增财力七成以上用于民生支出，当年民生支出11.38亿元，增长38.3%。加大"三农"投入。确保强塘固房、千村示范万村整治、渔农村饮用水安全、中心渔港等重点工程需要。支持粮食生产安全体系建设和"菜篮子"工程建设。当年支农支出5.07亿元，增长44.3%。加大各项社会事业投入，优化公共服务。完善贫困家庭学生教育资助体系，推行义务教育阶段教师绩效工资，保障非义务制教师津补贴，提高退休教师生活性补贴，推进校舍安全建设。支持全民健身工程，促进公益性体育事业发展，完善城乡居民医疗保障制度，推进新型渔农村合作医疗制度，健全抚恤保障制度，推进医疗卫生体制改革，拟定实施基本药物零差价财政补助方案，缓解渔农村群众看病难、看病贵。全年用于科教文卫等社会事业发展资金3.87亿元，增长25.9%。加大社会保障投入。推进新型社会救助体系建设，完善城乡居民养老保障方案，实施就业、再就业、船舶工业免费培训，解决城镇失业人员及渔农村劳动力就业问题，促进城乡就业，社会保障和就业支出8045万元，增长64.4%。加强公共安全和生态环保投入。全面实施"环沪护城河"世博安保工程，加强"平安岱山"建设。公共安全支出9474万元，增长37.7%。加大节能减排、生态建设等环境保护的投入，环境保护支出4831万元，增长55.8%。

【深化财政改革】 推进"三个子"公共财政管理体制改革。深化部门预算改革，实行按综合预算原则编制部门预算，完善"两上两下"预算批复制度，增强部门预算的刚性。加强政府性专项资金管理，出台《县本级财政资金专户归口统一管理暂行办法》。强化财政资金监管，实现财政专项资金管理电算化和标准化。推进财政国库管理制度改革，选择县水利水务局、县图书馆、县环境保护局三个财政全额拨款单位进行试点。深化政府采购制度改革，细化政府采购预算和计划编制，扩大政府采购的范围和规模，加强政府采购的制度建设，全年节减政府采购资金1805万元，资金节约率12%。

【强化财政监管】 加强政府投资项目的工程概、预、决算审查，完成审价项目57个，节减资金1247万元，核减率12%。出台《关于进一步加强地方政府性债务管理的通知》，规范对政府性债务的监督与管理，将债务控制在警戒线以内。加强行政事业单位国有资产管理，开展资产出租清理，严格国有资源有偿使用收入管理。深化国有资产管理制度建设，拟定国有企业财务管理办法，启动国有企业财务审计工作，加强对部分国有企业绩效工资管理。加强财政和会计监督检查。全面开展"小金库"专项治理工作。严格会计从业资格管理，加大会计监督工作力度。加强财政支出绩效评价，对海水淡化、最低生活保障资金两个项目进行绩效评价。

【加强队伍建设】 以"深化行风建设年"活动为契机，转变工作作风，营造良好的政务环境。完善干部监管机制，开展中层干部述职述廉，聘请行风监督员，健全干部队伍的约束激励机制。加强干部廉政警示教育，全面落实党风廉政建设责任制，强化廉政主体责任，推进廉政文化建设，规范财税权力运行，全面开展岗位廉政风险防范工作，确定101个廉政风险防范重点岗位和150个风险点。开展财税业务论坛、争先创优、帮扶结对等主题实践活动。实施中层干部竞聘上岗。发挥工青团妇等群团组织作用，开展各类文体兴趣活动，在全市财税系统运动会上取得团体总分第二名的好成绩。构建城乡统筹基层党建工作新格局，打造城乡合作的基层党组织互帮互助体系。

（岱山县财政局供稿　金　乔执笔）

嵊泗县

【概况】 2010年，嵊泗县实现生产总值67.39亿元，比上年增长25.0%。其中：第一产业增加值11.32亿元，增长7.9%；第二产业增加值31.63亿元，增长2.7倍；第三产业增加值24.44亿元，增长11.9%。三次产业结构调整为16.8:46.9:36.3。全县人均生产总值84698元，增长25.2%。全县财政总收入5.03亿元，增长11.8%，其中地方财政收入4.0亿元，增长8.4%；财政总支出9.99亿元，增长23.1%。当年财政收支平衡。

【千方百计抓收入】 依法加强税收征管。加强税收计划管理，强化对房地产、建筑、海运、港口等重点行业及税源企业的日常税源监管。贯彻落实新《企业所得税法》，做好企业所得税汇算清缴，全年企业所得税入库6526万元，增长185.4%；个人所得税入库2676万元，增长16.5%。探索土地使用税、房产税等地方小税种征管新办法，土地使用税、房产税等地方小税种收入6402万元，增长37.4%。拓展税源。加强与有关方面沟通，协调解决马迹山港区二期运营税收问题，规范马迹山港区等落户项目的税收管理，马迹山港区全年缴纳税费3931万元，净增2638万元，保障税收收入可持续增长。组织规费收入。完善社保费征管机制，加强与社保等相关部门的配合，推进社会保险费"五费合征"扩面征缴工作，健全完善征缴程序，全年八项规费收入1.02亿元。

【服务经济促发展】 保障政府重点项目。全年共投入2.42亿元用于城乡供水一体化、县人民医院综合楼、马关经济适用房、沈家湾客运码头、中心渔港(新港区)扩建工程和再造绿岛工程等县政府重点和实事项目建设。兑现财政优惠政策。执行《嵊泗县水路客运发展交通补贴资金管理暂行办法》，投入1717万元支持水路客运业发展。贯彻"以旅兴县"战略，加强风景旅游发展基金拨付和监管，投入843万元支持旅游业发展，细化旅游发展资金项目指标。缓解企业融资困难。及时为海运、水产加工等中小企业提供转贷资金，缓解企业融资困难，为14家企业办理贷款应急转贷金额1亿元；发挥信用担保作用，为中小企业提供融资担保2900万元，为水产加工企业流动资金贷款安排3000万元担保额度，并实行担保费减半收取，减轻企业负担。

【优化支出重民生】 优化财政支出结构，推进基本公共服务均等化，重点保障新渔农村建设、教育、科技、卫生、社保、环保等以改善民生为重点的社会建设。围绕新渔农村建设，加大"三农"扶持力度。全年投入"三农"资金3.65亿元，扣除油价补贴和地方政府发行债券同比增长6.2%，实施村庄整治、暖促工程、再造绿岛、渔农业综合开发等项目，提升渔农村综合经济实力；开展村级公益事业"一事一议"财政奖补项目，扶持村级集体经济发展，增强村级经济的自身"造血"功能。加大社会事业投入。投入5500万元用于沈家湾客运码头建设，解决制约经济发展的交通瓶颈问题。投入1859万元用于海水淡化、饮用水安全建设，缓解海岛群众喝水难，改善群众饮用水条件。完善社会养老保险体系，投入868万元用于城乡居民养老保险，建立覆盖城乡、惠及全民的城乡居民社会养老保险制度。加大对教育事业支持力度。按照省义务教育经费机制实行城乡统筹、同步推进的改革要求，投入3893万元用于校舍安全工程、教学设备和设施改善。深化医药卫生体制改革。结合实际，落实医改财政投入，完善财政经费保障机制，加大基本医疗保障投入。对县人民医院、县中医院和7个乡镇卫生院的人员、资金运行、药品收入等情况进行调研分析，研究制定实施基本药物制度和绩效工资后，基层卫生服务机构财政补助的具体实施办法，探索公立医院改革试点，多渠道筹集配套资金，保障医改各项惠民政策落到实处。

【深化改革强管理】 完善乡镇财政体制。对乡镇财政的收入范围、收支基数、财力保障等方面作了适当调整，突出乡镇财政专项资金预算管理，实施人员全额保障，并完善县对乡镇转移支付。推进国库集中支付和公务卡改革。探索预算执行新举措，建立和完善动态监控体系，严格预算执行，规范财政支出，将试点单位所有财政性资金全部纳入"国库单一账户体系"，进行集中统一核算管理；全面推进公务卡结算改革，利用公务卡信息支持系统强化公务支出管理，严肃财经纪律。

【强化监督促规范】 强化部门预算编制，压缩一般性支出。压缩行政事业单位公用经费预算10%，压缩预算资金294万元；严格控制公务用车购置及运行费、公务接待费、国(内)外考察经费等一般性行政支出。制定公务接待经费控制指标，当年公务接待费支出减少335万元。加强专项资金管理。通过优化和整合现有资金，降低资金使用成本，提高资金使用效益。严控新增专项资金，先行安排历年结余的财政专项资金。强化财政专项资金预算执行，对省市补助的专项资金予以整合，并相应核减本级财政安排的资金，核减的专项资金优先用于民生项目。强化财政专项资金预算监督，加大财政专项资金绩效评价力度，建立健全绩效评价结果与下年度预算安排相结合机制。加强专项资金拨付审核与管理，执行《嵊泗县财政项目资金管理暂行办法》。通过资金整合及合理调配，减少政府投资项目贷款利息支出，仅交通建设一项，节约财政资金500万元。加强政府采购监督管理。从程序上监督采购预算执行的规范性，从支付上把握财政资金使用的有效性。全年政府采购预算3615万元，实际采购金额3168万元，节约资金447万元，预算节约率12.4%。

【注重素质强队伍】 拓展教育培训内容。紧扣争先创优活动主题，开展"学习型党组织"建设，在全县"读书周"活动期间组织集中学习、心得交流和主题演讲；学习《廉政准则》，邀请专家授课，防范职务犯罪。组织全局干部职工分批前往税校参加业务知识更新培训，获2009年度"全省财政系统干部培训教育工作先进集体"荣誉。完善制度建设。落实党风廉政建设责任制，将反腐倡廉主要任务细化分解，落实到各责任科室、基层分局，增强责任主体意识。开展"作风建设年"活动，采取集中学习、知识测试、聘请特邀监督员、发送廉政短信等形式，引导财税干部正确对待和运用手中权力。在县海洋文化中心举办"创财税先锋、促经济发展"第二届财税廉政文艺汇演，展现嵊泗财税人的精神风貌。(嵊泗县财政局供稿 章 耀执笔)

台州市财政工作概况

台州市

【概况】 2010年，台州市实现生产总值2415.12亿元，比上年增长13.1%。其中：第一产业增加值159.99亿元，增长4.4%；第二产业增加值1262.66亿元，增长14.6%；第三产业增加值992.47亿元，增长12.4%；三次产业结构由上年的6.5:51.8:41.7调整为6.6:52.3:41.1。全市人均生产总值为41582元，增长12.3%。社会消费品零售总额960.45亿元，增长18.0%。全社会固定资产投资950.24亿元，增长13.9%。进出口总额170.01亿美元，增长41.3%。城镇居民人均可支配收入27212元，增长11.4%，农村居民人均纯收入11307元，增长13.0%。全市财政总收入310.62亿元，增长18.04%，其中地方财政收入164.88亿元，增长21.22%；全市财政支出147.21亿元，增长18.2%。市本级财政总收入134.94亿元，增长20.2%，其中地方财政收入72.36亿元，增长22.6%；市本级财政支出58.09亿元，增长10.8%。全市及市本级财政收支平衡。

【服务经济建设】 开展"千名财税干部进万家企业"活动。与全市龙头企业、骨干企业、高新技术企业结对帮扶，提高服务基层、服务企业水平。开展全市会计先进工作者评选活动，帮助企业提升财务管理水平。落实财税优惠政策。在前几年大幅度减税基础上继续加大对企业的扶持力度，帮助企业解决实际困难，当年全市减免营业税1.60亿元，减免困难企业、福利企业和节能减排、高新技术、服务业企业房产税和土地使用税计0.70亿元，减免企业所得税1.73亿元，减免增值税地方分享部分0.80亿元。贯彻落实省政府减负政策，对部分企业的社会保险费企业统筹部份继续实行临时性下浮，全市共减征社保五费1.20亿元，涉及企业28400户。全市共减免水利建设专项资金0.30亿元。全年各类税费减免合计7亿元。整合财税资源，发挥财税在调整优化产业结构、需求结构等方面的作用，安排并向上争取各类专项资金，完善资金管理办法，促进转型升级和产业优化。全市安排扶持经济发展如先进制造业、科技、服务业、农业等专项资金6.03亿元，向上争取各项资金8.03亿元。筹措资金，推动台金高速东延段等重点工程建设进度。落实促进消费政策。全市拨付汽车下乡资金4263万元，家电下乡资金5713万元，汽车以旧换新资金5100万元，家电以旧换新资金3346万元，拉动消费30.23亿元。推进融资平台建设。正确处理好适度负债与加大政府投入的关系，对全市167家融资平台公司进行归类，做好对融资平台公司的清理规范工作。累计发行企业债券28.80亿元，台州市客运总站等项目采用BT等新型融资方式，获1.87亿元政府性投资资金，促进沿海产业带和基础设施建设。筹措3.5亿元资金支持台州湾循环经济产业园区建设。

【组织财政收入】 根据"均衡入库、持续增长、优化结构、调控有力"四位一体的工作思路，加强收入分析预测。抓好重点税源管理。开展重点行业、新兴行业税源调研，全面把握行业税源动向，扩大税源监控户数和监控面，全市重点监控户数540户，监控面扩大6%。抓好重点税种管理，完善股权转让所得税征管政策，做好企业所得税汇算清缴，加强个人所得税12万元自行申报和全员管理，全市个人所得税申报人数22360人。落实二手房转让营业税免征、娱乐业税率调整等营业税政策，实施保险机构代收代缴车船税和土地增值税清算，开展房产税税源清查，加强城建税、教育费附加、地方教育附加的异常信息比对，促进各税种增收及结构优化。抓好工业企业主辅分离工作，重点做好组织架构分离和整合、壮大现有服务企业两篇文章，新分离企业39户。推广黄岩区"以电控税"征管模式，联合电业工商等职能部门，在全市推行"以电控税"，变无序限电为有序控电，提高节能降耗工作质量，推动转型升级，增加财税收入。抓好"五费合征"，加强部门协作，完善社保费核定办法，促进费负公平。

【保障民生支出】 优化财政支出结构，确保民生支出需要，当年民生支出占总支出的比重为79.7%。加大对污水处理、廉租房、农房改造、水环境整治等民生资金到位情况的检查督促力度，保障各项资金及时落实到位。完善和落实各项涉农财税政策，全年全市农业支出15.16亿元，增长39%(剔除2.8亿元国债，增长13.8%)，促进城乡公共服务均等化。保障义务教育教师绩效工资资金到位，安排文化艺术生产发展专项资金扶持文化项目，促进文化事业繁荣，当年教育支出46.16亿元，增长15%，文化事业支出3.42亿元，增长6.1%。支持完善就业和社会保障体系，按时启动城乡居民养老保险，全市合计享受人数76.5万人，落实财政补助资金6.80亿元。落实"新医改五项重点工作"，开展"基本药物零差率"试点。加强城乡居民低保补助，健全社会保障体系，全市社会保障和就业支出8.50亿元，增长28.8%。支持深化"平安台州"建设，按照"环沪护城河"的要求，加大公共安全投入，全市公共安全支出11.17亿元，增长24.2%。支持"清洁家园"行动，加强环境保护投入,全市环保支出2.77亿元,增长44.3%。

【深化财政改革】 深化部门预算改革。扩大预算范围,完善预算编制办法,推行综合预算,细化项目预算。严格预算执行,规范预算追加。扩大国库集中支付范围,市级已全面实现国库集中支付;各县(市)区已开始试点。构建业务处室管理指标、国库集中管理资金的模式,撤消重复开立的银行账户。推进财政绩效评价改革。联动开展下山搬迁、现代服务业等专项资金绩效评价,全市纳入评价的专项资金为4.80亿元。加强政府采购管理。制订政府采购目录及限额标准,完成政府采购专家库建设和管理工作,探索市区联动采购工作模式,开展会议、公务住宿酒店统一招标。全年全市共完成采购金额23.56亿元,节约资金3.93亿元,节约率为14.28%。

【强化财政监督】 以专项资金整合为重点,对各类财政专项资金使用情况进行检查。以中介机构为重点,开展"小金库"清理工作,健全防治"小金库"的长效机制。开展行政事业单位"小金库"清理回头看,组织对全市1700多家社会团体与国企及控股企业开展专项治理,查出违规违纪金额400万元。做好政府投资项目结算评审工作,完成结算评审项目2878个,送审造价119.47亿元,核减资金5.35亿元。

【加强队伍建设】 开展创先争优活动,提出"讲理想,树立社会主义核心价值观;创一流,努力争第一创特色;比贡献,创造财税工作新业绩"的口号。加强财税文化建设,以学习、制度、情感、激励、宣传和活动"六个平台"建设为载体,组织开展核心价值观讨论。加强廉政建设,落实党风廉政建设责任制,加强廉政教育,构建惩防体系。组织全局干部学习各种规章制度及政策法规。推进"权力搜索",正确界定权力、完善权力运行规程、实现权力制衡。当年市局各处室共获省、市各项表彰80多项,市局获浙江省文明单位荣誉。

(台州市财政局供稿　卢云芬执笔)

椒江区

【概况】 2010年,台州市椒江区实现生产总值305.91亿元,比上年增长12.2%。其中一、二、三产增加值分别为11.78、137.46、156.67亿元,人均GDP60100元。全区财政总收入38.69亿元,增长19.0%,其中地方财政收入22.65亿元,增长25.4%;财政支出18.43亿元,增长24.0%。全区财政收支平衡。

【促进经济转型升级】 支持现代农业发展,建立健全财政支农资金稳定增长机制。实施土地经营权流转补助,增强区域农业综合生产能力。落实企业转型升级财政专项资金5000万元,累计拨付各类工业补助资金7488万元,支持工业转型升级。出台《关于扶持企业上市工作的若干意见》,落实奖扶政策推进大型企业股权改革和上市工作。与商业银行合作推出无担保、无抵押的中小企业"专项信用贷款",初定授信额度1亿元,财政首批出资2000万元,向21家企业放贷3800万元。扶持三家小额贷款公司,解决"三农"和小型企业融资问题。设立"三产"发展财政专项资金,促进物流业、金融业、信息咨询和电子商务等现代服务业发展。成功推进10家工业企业主辅分离,发展生产性服务业。

【引导投资与消费】 落实引导消费的国家政策,做好财政补贴兑付工作,继续实施家电下乡、汽车摩托车下乡以及家电以旧换新政策。累计销售家电下乡产品53128台,销售汽车、摩托车7244辆,家电以旧换新52673件,共补贴资金4078万元。结合家电下乡工作运行情况,推行"家电下乡补贴网点直接兑付"工作,简化申领手续,提高政策便民惠民效益,直接兑付率近100%。

【精细管理增加财力】 按照"均衡入库、持续增长、优化结构、调控有力"的目标,做好组织收入各项工作。做好收入预测。加强财政收入精细化管理研究,关注经济发展走势、宏观政策调整和税收政策变化对财政收入的影响,与国税、地税密切配合,建立信息互通、数据互享、情况互晓的工作机制,收入预测的准确性逐步提高。做好重点税源监管。扩大重点税源监控范围,认真做好重点税源跟踪分析,有效防止税源流失。重点稳固房地产、建筑业、商贸业等传统税源,扶持挖掘沿江造船、物流仓储等新兴税源,确保财政收入增长。优化收入质量。2010年全区税收收入占财政总收入的比重达到98.5%,地方财政收入占财政总收入的比重达到58.5%,分别比上年提高0.5和3个百分点,收入结构持续优化。加强零星税收和非税收入的征管。发挥镇、街道税收征收组作用,做好各类税收的拾遗补缺。参与土地出让管理,实行分阶段按计划梯度出让,实现国有土地收益最大化。完善政府性基金征管机制,加强土地出让金收缴管理,促进基金收入稳定增长,全年组织政府性基金收入58.34亿元,组织社保基金收入4.52亿元。

【优化支出结构保障民生改善】 压缩机关公用经费、公务接待费等支出,降低行政成本。调整优化财政支出结构,保障民生和推进社会事业发展。当年安排民生支出占财政总支出的比重88.1%。支持教育优先发展。加快农村义务教育经费保障机制改革，借区对镇街道财政管理方式改革之机，实行"以区为主"的教育经费负担机制。完善义务教育教师绩效工资制度，提高中小学公用经费保障水平；在经费安排上城乡学校一视同仁，推动全区义务教育均衡发展。当年全区安排教育事业支出7.29亿元，其中预算内支出4.29亿元，比上年增加4579万元。

完善社会保障体系。提高优抚金、低保金、各类医保标准，增加退休人员基本养老金。全面实施基础养老金制度，全区60周岁以上老人按月领取60元基础养老金。扩大和促进就业，尝试利用失业保险基金向8家困难企业发放稳定就业岗位补助194万元。建立健全城乡基本公共卫生经费保障机制，重点支持农村医疗卫生服务体系建设和基层医疗卫生机构基本药物制度、医卫人员绩效工资改革实施。从2月25日起全区各镇、街道卫生院及其卫生服务站全部实行药品零差价销售。

加大文化事业投入。引导扶持文化产业发展；增加群众体育和竞技体育的财政投入，健全城乡体育场馆设施。

支持城乡公共事业发展。投入3300万元，支持全面建成城市公共自行车系统，200个站点10000辆自行车遍布全城。投入200万元，建成"庆达12号"大陈岛际交通船。开展村级公益事业"一事一议"财政奖补试点工作，支持农村公益事业发展。

【推进财政改革】 完善政府预算体系，编制部门预算、政府性基金预算、预算外收支计划、政府投资债务预算、全部政府性资金预算及土地出让金收支预算、新农村建设预算、科技三项经费预算。深化部门预算改革，一级预算单位实现全覆盖，逐步向二级预算单位深入，33所义务教育学校纳入部门预算。完成乡镇财政体制调整，按照"划分收支、核定基数、超收分成、短收赔补"与"三保一挂"的原则，出台新一轮区对镇、街道财政体制，科学合理划定收入分配比例、财政支出范围，稳固基层政权。推行国库集中支付改革，开展首批国库集中支付试点运行并获成功，增强对财政资金的调控力度。推进金财工程建设，启动财政管理信息一体化项目，推进财政各应用服务和管理平台大集中建设。加强和改善建设资金管理，加强重大民生工程项目的预算审核与跟踪管理力度，出台管理办法，规范工程变更签证程序和审价中介机构管理。深入开展"小金库"专项治理。

【干部队伍建设】 开展创先争优和"满意科长工程"主题教育，在机关干部中开展"讲理想、比贡献、创一流"活动，干部精神面貌呈现新气象。开展单位标识和品牌名称征集活动，推出"蓝色椒江、绿色财政"的鲜明标识和"财系民生、政通人和"的财政服务品牌。重视财政文化建设，注重发挥团工妇和老干部作用，引导干部职工开展健康、文明的业余活动。区局在机关单位工作目标考核定量单位中排名第一。区局被评为"全省财政工作先进集体"，区创建"人民满意机关"示范单位，区级机关工作目标考核优秀单位，获得区以上集体荣誉50多项。

（台州市椒江区财政局供稿　王永斌执笔）

黄岩区

【概况】 2010年，台州市黄岩区实现生产总值235.67亿元，比上年增长13.0%。其中：第一产业增加值12.31亿元，增长2.6%；第二产业增加值127.04亿元，增长14.6%；第三产业增加值96.32亿元，增长12.2%。三次产业结构由上年5.1:53.5:41.4调整为5.2:53.9:40.9。人均生产总值39581元，增长12.5%。全区财政总收入32.68亿元，增长14.9%，其中地方财政收入16.60亿元，增长16.2%；地方财政支出18.31亿元，增长19.6%。"十一五"期间，全区地方财政收入占财政总收入比重从2005年的47.8%提高到2010年的50.8%，可用财力所占比重逐年提高。当年全区财政收支平衡。

【支持转型升级】 落实一系列扶持企业发展的优惠政策，助推经济转型升级。贯彻落实各项财政优惠政策，兑现全区加快经济发展财政扶持资金8789万元；做好家电、汽车、摩托车下乡及家电以旧换新工作，补贴资金2378万元。依法减免退各项税费，切实减轻企业负担，减免小型微利、农林牧渔业及24家高新技术企业企业所得税6341万元，办理福利企业政策性退税5735万元，减免企业水利建设基金306万元，减免房产税、城镇土地使用税298万元。扶持第三产业发展，推进工业企业主辅分离，9家企业实施分离发展服务业。拓宽融资渠道，创新扶持企业载体，通过区国有资产经营公司为政府性重点工程项目提供39.80亿元的融资担保抵押，区财政投入2000万元，设立股权投资引导基金。

【加大"三农"投入】 落实强农惠农政策，发放各类强农惠农资金补贴3353万元。完善村级组织运转经费保障机制，推进农村改革发展。全年农林水事务支出2.27亿元，其中投入9912万元资金完成黄岩秀岭水库等7座水库除险加固工程，疏浚河道73公里，完成农房改造5311间，投入农村生活污水治理以奖代补资金2060万元。支持农业产业发展。推进农业综合开发项目建设，报省级立项6个，补助资金1897万元，完成投资3807万元。

【着力改善民生】 注重民生支出，全年民生支出占地方财政支出的88.4%。促进科教文卫事业发展。加大教育投入,完善义务教育经费保障机制,实行农村义务教育学校免住宿费政策,落实义务教育学校教师绩效工资制度,全面实施"校安工程"建设。支持稳定就业、预防失业和促进就业工作。支持实施重大公共卫生服务项目,统一城乡基本公共卫生服务财政补助政策,城乡公共卫生服务经费标准达到人均20元。完善社会保障体系。推进城乡居民社会养老保险制度实施,全年兑现城乡居民养老保险资金6916万元。落实"基本药物零差率"医改试点财政投入,完善医改财政经费保障机制,兑现"基本药物零差价"财政补助资金1500万元,确保基本药物制度实施后基层医疗卫生机构正常运行。加大基本医疗保障投入,全区新农合人均筹资200元,财政人均补助129元。完善新型社会救助体系,设立道路交通事故社会救助基金,全年兑现老年人乘车优待金430万元。实施残疾人共享小康工程。落实城乡居民最低生活保障补助,调整提高离退休人员生活补助标准,调整提高村主职干部和大学生村官生活待遇支出。出台加快构建养老服务体系政策,对社区困难老人提供每月50元的养老服务消费券。加强社会管理。完善经费保障机制,支持公正执法、化解社会矛盾,推进"平安黄岩"建设,完成公安派出所规范化功能区改造。

【推进财政管理改革】 深化部门预算改革,细化项目预算,强化预算约束,严格预算追加。规范乡镇财政管理,调整完善乡镇体制分配制度,建立统一的乡镇财务信息化软件管理平台,加强乡镇财政财务管理。扩大国库集中支付范围,政府性工程项目支出纳入国库集中支付范围。规范清理融资平台公司,加强政府债务管理。完善土地出让金管理制度,与区国土部门搭建信息化软件平台,联网操作,实现信息资源共享。开展全区"小金库"专项治理工作。组织强农惠农专项资金清查,检查涉及资金3700万元。加强财政项目预结算编制审核工作,完成项目429项,涉及金额8.60亿元,结算核减资金3500万元,核减率10.0%。加强政府采购管理,完成政府采购预算1.04亿元,实际支付9001万元,节约资金1389万元,节约率13.4%。规范行政事业单位经营性国有资产管理,对50家单位进行专项联合检查,同时加强行政事业单位资产管理信息系统建设,健全资产基础管理。

【加强队伍建设】 分层次、分岗位为干部提供个性化的学习平台,组织参加清华大学举办的局长培训班和上海财大举办的中层干部培训班、基层分局长、政工干部培训班,及台州市委党校举办的窗口服务人员培训班。干部职工受训面100%。开展"橘乡先锋"创先争优活动、"讲理想、创一流、比贡献"主题教育活动、"两服务两促进"活动和"治庸提效"行动。落实惩防体系评估试点工作,规范财税权力运行。全面梳理思想道德、岗位职责、制度机制等方面存在和隐藏的廉政风险,确定干部人事、行政许可、税务稽查、税费减免、财物管理五个环节和税收稽查、税费减免、审批审核、政府采购、财务管理五个重点岗位为全局重点监控廉政风险点,科学评定风险等级,制定落实预防措施。举办黄岩财政地税论坛,在黄岩财税网站(内网)开辟论坛专栏,利用每周一次的学习日(夜)活动,登台演讲交流政治理论学习、业务技能学习心得。举办"迎国庆 展风采"文化周活动,发挥工青妇在财税文化建设上的作用。黄岩财政地税局妇委会获浙江省"三八红旗手"荣誉称号和台州市"三八红旗手"荣誉称号。

(台州市黄岩区财政局供稿 夏智敏 彭 颖执笔)

路桥区

【概况】 2010年,台州市路桥区实现生产总值313.82亿元,比上年增长12.0%,人均生产总值71113元,增长16.2%。第一、二、三产业实现增加值分别为8.72亿元、152.54亿元和152.55亿元,分别增长3.6%、10.9 %和13.9%。三次产业结构由上年的2.7:49.1:48.2调整为2.8:48.6:48.6。全区财政总收入44.14亿元,增长22.2%,其中地方财政收入22.56亿元,增长26.3%;地方财政支出17.87亿元,剔除历年结余、省市专项当年支出数后,为13.31亿元,增长25.8%。全年财政收支平衡。

【加强收支管理】 加强收入分析和计划管理。健全经济、财政、税收指标相统一的经济税源分析和税收预测体系,开展GDP统计数据、财政收入增长与税收增长的联动分析,提高收入工作的计划性和预见性。强化收入目标责任制管理。加强与各执收部门配合协作,定期召开分析例会,抓好重点行业、重点企业和主体税种管理的同时,强化小税种征管,确保各种税源的足额征缴。严格"收支两条线"管理。进一步完善政府非税收入的征缴办法,加强土地出让金、罚没收入等政府性非税收入管理,确保财政收入任务完成。控制一般性支出。树立"节支就是增收"和"过紧日子"的理财思想,在预算支出编制和执行上,严格控制会议接待、出国、公车等经费开支,执行和落实好规范公务员津补贴政策,加强预算执行和监督管理,确保收支平衡。

【保障民生支出】 调整和优化支出结构,全年新增财力2.43亿元,其中用于民生的支出2.12亿元,占新增财力的比重为87.5%。实施城乡居民社会养老保险,全年发放养老金

4823万元，按时发放率100%。完善企业职工基本养老保险制度，减征部分企业社保费、发放困难企业稳定就业岗位补贴，妥善解决流动人口参保人员养老保险关系的接续问题。支持就业再就业，重点支持农民工、高校毕业生、就业困难人员就业。从失业保险基金中划拨839万元，对就业容量大、就业贡献率高的51家企业，实施政府补贴。完善社会救助体系建设，加大社会救济力度，提高城镇、农村低保财政补助，取消镇(街道)配套，由区财政全额安排列入预算，解决城乡困难居民的突发性、临时性生活困难。提高城乡居民大病医疗救助筹资标准，加大医疗救助力度。支持医药卫生体制改革，每月预拨270万元资金用于基层医疗卫生机构医改支出，提高基层基本医疗和公共卫生服务能力。推进新农村建设，当年投入"三农"资金6.55亿元，增长43.0%。支持城乡环卫体制改革，加大环境卫生资金投入，设立农村环卫建设专项资金1000万元，专项用于农村环卫建设补助。拨付城区环卫一体化建设资金2928万元，改善人居环境，提升城市形象。推进城乡供水一体化建设和农村供水管网改造工程，提高城乡污水处理和农村供水能力。加强产品质量和食品药品安全监管工作的经费保障，支持做好食品、药品等市场监管工作。加强公检法司、纪检、政法等各项经费保障，推进"平安路桥"建设。

【支持经济发展】 落实中央和省市的各项财税政策，及时兑现家电、汽车下乡财政补贴3236万元，拉动全区家电和汽车消费总额3.84亿元。做好中央扩大内需项目申报工作，全年新增中央预算内投资项目5个、政府投资项目4个，争取中央预算内投资补助资金6131万元。组织2010年度地方政府性债券的申报工作，争取到滨海污水工程项目地方政府债券5000万元。及时下达成品油价格补贴款3232万元，降低因成品油价格上涨对交通、渔业、农业等行业带来的负担。落实好地方党委、政府出台的一系列政策措施，兑现各类奖补资金1.04亿元，助推企业技术改造和转型升级，推动经济发展方式转变。加大科技投入力度，全年科技预算经费5846万元，增长25.8%。完善中小企业信用担保机制，拨付小企业贷款风险补偿214万元，缓解企业融资难。加强与上级财政部门联系，争得中央、省、市各类专项资金4945万元，支持制造业、金融业和服务业发展。加强与金融机构的合作，科学调度项目建设资金，拓宽融资渠道，确保全区政府工程项目建设资金需要。

【深化财政管理改革】 加强政府投资项目管理。试编政府投资项目资金计划，提高全区政府投资项目的计划性和可控性，建立"一本预算管吃饭、一本预算管建设"的政府投资项目管理机制。完善国有基本建设项目管理。从四月份起将全区各重点工程指挥部(管委会)、公投公司及下属国有公司的基建财务，实行集中财务核算，加大闲置资金的调度力度。强化单位出租房管理。对所有合同期满的行政事业单位房屋出租，实行公开招租，14家单位140余处房产进入区政府采购中心，由社会拍卖机构进行阳光招租，规范行政事业单位资产收益管理。推进国库集中支付改革。确定区发改局等5家单位为首批国库集中支付改革试点单位，试点工作平稳有序。建立国有土地出让收支管理信息系统。成立土地收储中心，加大信息技术运用，通过应用数据库技术，提供基于政务外网的协同办公，加强国有土地出让收支管理。强化投融资平台管理。对政府融资平台进行清理规范，对融资债务实行全口径管理和动态监控。

【强化监管职能】 按照"收入一个笼子，预算一个盘子，支出一个口子"的要求，完善基本支出定额和预算支出项目管理，完善综合零基预算制度，扩大预算内容，编细编实部门预算，增强预算约束力和执行力。建立和健全管理制度，先后制订和出台《行政事业单位国有资产处置管理暂行办法》、《区属国有企业对外担保管理暂行办法》、《农村环境卫生长效管理建设资金使用管理暂行办法》、《关于进一步加强行政事业单位财务管理的意见》等8个规范性文件和制度，夯实财政财务管理基础。搭建预算编制、执行、监督"三位一体"的运行模式，选择区创建办等单位的61个项目为财政支出绩效必评项目，推进绩效自评工作。开展社会团体和国有企业"小金库"专项治理工作，加强对行政事业单位和国有企业会计信息质量检查，规范财经秩序。把好基建项目审核关，全年送审投资金额2.23亿元，核减2356万元，节约率10.6%。健全政府采购监管体系，变事后监督为事前预防，全年政府采购预算5900万元，实际采购额4988万元，节约资金912万元，节约率15.5%。加强会计集中核算工作，全区116家部门(单位)纳入会计集中核算，覆盖率100%。

【推进形象建设】 开展创先争优和"讲理想，创一流，比奉献"两个主题教育活动，树立核心价值观。加强党风廉政建设，落实反腐倡廉建设组织责任分工制和项目化管理，开展领导干部述职述廉和中层干部公述民评活动，开展专题教育，强化干部队伍廉洁自律意识。加强业务培训，组织干部职工到上海财经大学和上海国家会计学院进行业务培训，提高综合素质。组织各类文化活动，增强队伍凝聚力。区财政局连续四年获区级机关单位工作目标责任制侧重定量考核第一名，当年获路桥区先进集体等19项荣誉。

（台州市路桥区财政局供稿　郑宣彬执笔）

临海市

【概况】 2010年，临海市实现生产总值330.55亿元，比上年增长14.1%。其中：第一产业增加值28.40亿元，增长5.3%；第二产业增加值178.84亿元，增长16.3%；第三产业增加值123.31亿元，增长12.6%。三次产业占比由上年的8.5:52.7:38.8调整为8.6:54.1:37.3。全市财政总收入40.19亿元，增长22.0%，其中地方财政收入22.13亿元，增长27.6%；财政支出31.03亿元，增长24.9%。2010年财政收支平衡。

【服务经济建设】 支持重点工程建设。突出扶持重点，筹措落实头门港区开发、宜居城市建设、生态文明等建设资金7.52亿元，增强经济发展的内在活力和动力。落实财税优惠政策。坚持以服务企业为己任，综合运用税收优惠、财政奖补和贴息等政策支持企业发展。全年兑现“1217”(指到2011年全市有1家以上企业销售收入50亿元以上，20家以上企业销售收入10亿元以上，100家以上企业销售收入1亿元以上，700家以上企业销售收入500万元以上) 工程政策资金9428万元，办理出口企业退税9.73亿元，为2447家企业减征社会保险费2229万元；落实24家高新技术企业所得税优惠政策4348万元，减免90家企业土地使用税1028万元，落实14家成长型小企业融资担保5970万元，解决3家拟上市企业税收问题涉及税款800多万元，促进企业转型升级。发挥财政资金的导向作用，落实财政支农惠农政策，加大“六百+1工程”(“六百”指：百所中小学校舍改造工程、百所医疗机构改扩建工程、百个基层综合文化中心及文化站建设、百村帮扶工程、百个农村班车候车亭建设、百套经济适用房及廉租房建设，“1”指：农村饮用水安全工程)、康居工程、农业综合开发等财政投入，全年支农支出3.80亿元，增长55%。推进第三产业加快发展。参与发展服务业36条政策的修订，落实支持地方性商业银行、农村信用联社和小额贷款公司等金融业发展专项资金870万元，当年完成12家企业分离发展服务业，全市第三产业入库税收9.79亿元，增长33.1%，占税收比重从46.3%上升至48.5%，第三产业税收成为地方财政收入新的增长点。

【组织财政收入】 全年地税部门共组织各项收入29.87亿元，增收6.62亿元，增长28.5%，其中地方税收收入18.10亿元，增长27%。房地产、股权转让税收一体化管理工作。在市政府办事大厅设立产权交易管理股，契税、耕地占用税和股权转让个人所得税专设窗口征收；开发使用房产交易税征管新模式，全年入库税款5700万元；强化个人股权转让信息管理，个人所得税纳税信息网上查询系统投入使用；加强餐饮、旅馆、美容、休闲和娱乐等行业个体税收管理，组织开展个体漏征漏管户专项清理并取得成效。开展纳税评估工作。建立日用化工、医药化工、汽摩配件、机械配件和机械制造的评估指标体系，组成检查组，对城区、杜桥等广告、住宿、租赁业等行业企业开展纳税评估。加强“五费合征”工作。开展税费同管、同查及欠费清理，清算企业(个人)社保费2985户，补缴各类规费1071万元。全年各项规费入库9.13亿元，增长19.6%，其中社会保险费收入7.04亿元，增长20.1%。

【保障民生支出】 全年民生支出24.70亿元，占财政支出的82.3%。推进社会和谐稳定。统筹财政资金，加大对教育的财政投入力度，落实校舍安全、校园安保、义务教育免杂费免课本费、职教奖学助学和化解义务教育债务等政策措施，全年教育支出10.68亿元，增长35.2%。落实基本药物实行零差价的医药卫生体制改革财政补助资金，全年医疗卫生支出2.02

支持科技创新

亿元,增长30.6%。加大"平安临海"建设等公共安全投入,安排公共安全支出2.32亿元,增长5.9%。完善社会保障制度。全面实施城乡居民社会养老保险制度,扩大失业保险金支付范围,发放60岁以上老人基础养老金12885万元,城乡新型合作医疗人均筹资标准从140元提高到185元,城市和农村居民低保标准分别提高到392元、236元,全年社会保障支出2.81亿元,增长89.5%。支持低收入群众增收行动计划的实施,落实物价补贴政策,发放城乡低保对象物价补贴353万元,拨付油价补贴9097万元。推进城乡一体化发展。加大财政对"三农"的投入,保证农民饮用水工程及百家农村空巢老人帮扶服务中心、百家农村医疗机构建设等工程的资金及时到位。落实种粮直补、家电下乡、现代农业、农业综合开发、"清洁家园、和谐乡村"建设等涉农、惠农政策,新增20家"家电下乡"直接兑付点,发放"家电下乡"财政补贴2516万元和农资综合补贴1788万元,落实村干部报酬及村级组织运转补助1967万元。

【深化财政改革】 推进部门预算改革。完善部门预算编制制度,提高项目预算编制质量,健全预算定额标准体系,实现"一个部门一本预算"。完善镇(街)财政管理体制,加大对困难镇(街)财政转移支付力度,调动镇(街)增收节支积极性。推进国库集中支付改革。成立国库科,建立"临海市财政国库支付中心",国库管理制度及配套办法等正式实施,在9家一级预算单位和部分项目资金实行国库集中支付改革试点,提高财政资金使用绩效。推进行政事业单位资产管理改革。制订行政事业单位资产管理办法和办公用房装修标准,启用资产管理信息系统,实现对行政事业单位国有资产的动态监管,提高行政事业单位资产管理水平。推进事业单位绩效工资改革。完善义务教育学校绩效工资制度,规范各部门特殊岗位公务员津贴和各种考核奖励,推进事业单位绩效工资改革。

【强化财政监管】 加强政府性债务管理。加强镇(街道)项目融资和债券资金监督管理,组织清理规范市级投融资平台,科学调度债券资金,对政府性债务实行计划平衡管理,化解义务教育债务8814万元。积极开展"两项检查"。对全市110家社会团体、33家国有及国有控股企业"小金库"开展检查,查出"小金库"4个,存在问题企业6家,查处违纪违规资金71万元。检查强农惠农资金4大类55项,涉及农业、林特、水利等9个部门资金11.6亿元。加强专项资金管理。落实村级公益事业一事一议财政奖补政策,有效加强小型农田水利资金管理,规范中小学学杂费结解方式,全年清理各类预算外资金4371万元。加强重点工程资金管理,审核财政投资或承担经济责任的市级重点工程和重点项目资金8.39亿元,核减3848万元。加强会计管理工作。组织会计质量专项检查,举办全市农村财政支农政策培训班3期、会计电算化培训14期、会计继续教育培训24期。扩大政府采购规模。举行政府采购招标1174批(次),实际采购22520万元,节减3437万元,平均资金节约率13.2%。

【加强队伍建设】 开展创先争优活动。把创先争优活动与财税工作结合起来,开展争创"青年文明号"和"文明单位"活动,全系统获省级、台州市级和临海市级各项集体荣誉50多项。加强财税文化建设。以文化促工作、以文化兴财税,采取"分级、分类、分批"培训模式,组织中层干部知识更新培训和"干部读书月"活动,举办"财税文化建设年"和"诚信、有序、和谐"税法宣传文艺晚会,全局有100多篇文章发表在全国及省级报刊上。注重发挥工青妇和老干部作用,引导干部职工开展健康、文明的业余活动。深化党风廉政建设。用制度管人、靠制度理财、按制度办事,完善《加强作风效能建设处理规定》,组织监督员开展6次明查暗访"治庸、治懒、治散",强化干部勤政意识。加强领导班子和中层干部建设,年中对部分中层干部进行调整和轮岗。举办的《态度改变人生,做一个快乐财税人》、《做好人生核算》等专题讲座,增强干部勤政廉政意识。

(临海市财政局供稿　沈卫山执笔)

温岭市

【概况】 2010年,温岭市实现生产总值581.81亿元,比上年增长11.1%;人均生产总值48946元,增长10.3%。其中:第一产业增加值41.97亿元,增长3.0%;第二产业增加值312.67亿元,增长11.8%;第三产业增加值227.17亿元,增长11.3%。三次产业比例由上年的7.2:52.4:40.4调整到7.2:53.7:39.1。全市财政总收入57.01亿元,增长19.9%,其中地方财政收入30.59亿元,增长22.3%;全市财政支出34.04亿元,增长17.8%。全年财政收支平衡。

【组织财政收入】 加强税源分析控管。扩大重点税源监控范围,监控户数940户,总监控面68.6%,税收预测综合误差率控制在1.6%。整合税务登记办证流程,实施工商、税务办证一体化。夯实税收征管基础。开展交通运输业、邮政业和重点工业行业专项纳税评估;开展电耗与纳税比对、国地税定额比对,按行业(产品、设备)统一定额标准,完善以电控税征管办法。调整存量房交易计税价格,完善计税价格体系。深化应用电脑版普通发票和开票软件新增功能,实施以票控税。创新税种管理手段。开展房产税、土地使用税税源清查。开展城建税、教育费附加信息比对。建立每周股权转让登记信息交换制度,入库股权转让个人所得税3576万元。加强非税收入征管。重新制定非税收入考核激励办法。加强土地出让金收入管理,对到期未付清地价款的中标企业加大清欠力度,征收滞纳金2948万元。

【助推经济发展】 加大扶持力度。参与"退二进三"(中心城市主要地段不再安排二产项目,对已有的二产企业通过多种途径进行迁移,为第三产业发展腾出空间)、服务业、工业转型升级等财税扶持政策的调研和制订,及时兑现拨付政府鼓励企业发展的各项财政补贴资金1.02亿元。减轻企业负担。开展所得税汇算清缴,为593户企业减免税收9332万元;落实其他税收优惠政策,为符合条件的3024户纳税人减免税费7152万元。继续对部分企业实行规费减征政策,减轻企业负担2053万元。鼓励开拓市场。兑付家电、汽车、摩托车下乡以及家电以旧换新补贴资金6287万元,拨付油价补贴资金2.87亿元。发挥担保公司作用,为中小企业担保2.27亿元。增加项目投资。争取到省级及以上项目补助资金8.79亿元,完成公共基础设施建设项目支出15.98亿元。

【优化支出结构】 坚持以公共财政为导向,调整和优化支出结构,当年用于民生支出29.02亿元,占财政总支出的85.3%。推进新农村建设。共拨付支农资金2.49亿元。支持现代农(渔)业综合区和粮食生产功能区建设。设立"中心村培育工程"专项奖补资金,启动第一批20个中心村建设。加强"村村新"与"菜单式"工程项目的复核与结算,拨付各项补助资金3467万元。支持社会事业建设。继续加大公共教育投入力度,完善义务教育学校绩效工资政策。落实"平安温岭"等工作经费,支持城乡公共文化服务体系建设,加大环境保护力度,支持生态文明建设,支持城市新区建设、东部产业集聚区建设和城乡统筹发展。深化社会保障体系建设。启动城乡居民养老保险,参加和享受城乡居民养老保险人数分别为17.6万人、16.8万人。完善新型农村合作医疗制度,职工医疗保险参保人数为养老参保人数的45%以上。推进医药卫生体制改革,全市16个镇(街道)卫生院和下属的19个分院、门诊部以及31个社区卫生服务站开始实施国家基本药物制度,507种基本药物实行零差价销售。加大就业扶持力度,扩大失业保险基金支出范围,实施小额借款贴息、创业补贴、灵活就业补贴、就业培训等一系列就业补助政策。提高弱势群体最低生活保障标准,保障困难群众基本生活。建立健全困难群众医疗救助即时结报系统,实现市区城镇重点优抚对象医疗保险、医疗补助、医疗救助"一站式"结算服务。

【深化财政改革】 调整并实施镇、街道新一轮财政体制。将原镇(街道)实行的单一"分税制"财政管理体制调整为"综合财政管理体制"和"分税制"两种财政管理方式。深化部门预算改革。对3个部门预算开展专题民主恳谈,对12个部门预算进行"一对一"专题审议,对20个部门预算实行网上公开,推进参与式预算改革进程。扩大国库集中收付制度改革范围。将市青少年、妇女儿童活动中心纳入国库集中支付试点单位,国库集中支付试点单位共24个。推进国有资产管理改革。启用温岭市行政事业单位国有资产管理信息系统,监管范围覆盖全市包括学校、医院在内的315家行政事业单位。深化国有资产营运体系改革,整合归并政府性投资融资公司,组建温岭市国有资产投资集团。划转"两税"征管职能。将契税和耕地占用税征管职能从财政部门划转至地税部门。

【加强财政监管】 加强国有资产监管。开展国有资产集中处置,处置闲散国有资产31宗,资产处置收入1.34亿元。制定下发《温岭市行政事业单位办公设备配置标准》。加强对产权市场国有产权交易监管,提高国有产权、资源转让的透明度。加强国有投资项目监管。做好建设领域突出问题专项治理。加强项目预算管理,做好财政投资项目的全过程监管,审核项目947个,核减资金7825万元。加强财政资金使用监管。规范财政追加资金审批管理,出台专项资金管理办法。实施村级公益事业建设一事一议。对16个财政资金使用项目开展绩效评价。对2007～2009年的强农惠农资金进行全面检查。开展行政事业单位"小金库"治理"回头看",对全市189家社会团体、42家国有及国有控股企业"小金库"进行检查。改进家电下乡等补贴资金的审核兑付办法,提高兑付率。加强政府采购监管。开展供应商注册登记和审查,继续扩大协议供货范围,组织政府采购招标116批(次),节减财政支出1658万元。加强行政运行成本控管。控制人员支出不合理增长,从严控制机关办公用房建设及装修费用,实现行政事业单位公用经费、接待费、考察费、公务车辆运行费等"零增长"。加强会计管理。开展会计信息质量抽查。举办各类会计人员继续教育培训,受训9388人次。至年底,全市持有会计从业资格证书人员有9757名。推进财税法制建设。出台财政、税务行政处罚自由裁量实施办法,规范财税执法行为,全年未发生税务行政复议案件和行政诉讼案件。

【提升部门形象】 开展多样主题活动。开展机关服务基层、干部服务群众"双服务"活动;开展"学先进、比业绩、创一流"争做"曙光先锋"活动;开展"四联共建"活动,献爱心、送温暖。加强廉政建设。通过专题讲座、党课教育、廉政短信、在线廉政自学等载体,增强廉政教育的感染力,开展廉政书法、摄影、小小说创作比赛，举办《廉政准则》知识测试，增强廉政文化的渗透力，实施查摆督廉，开展公务人员参与营利性活动自查自纠，不定期组织明查暗访，增强廉政制度的约束力。干部队伍管理。提拔11名干部，增强中层干部队伍活力；选拔7名业务骨干到局机关及稽查局工作，录用6名公务员充实基层分局。鼓励干部通过各种载体进行学历或业务培训，在全局上下营造学习的良好氛围。

（温岭市财政局供稿　潘方军　蒋丽娜执笔）

玉环县

【概况】　2010年，玉环县实现生产总值308.21亿元，按可比价格计算，比上年增长21.4%，人均生产总值73892元，增长20.1%。其中：第一产业增加值19.79亿元，增长5.5%；第二产业增加值196.73亿元，增长26.7%；第三产业增加值91.69亿元，增长13.5%。全县实现财政总收入40.12亿元，增长8.5%，其中地方财政收入18.25亿元，增长10.2%；财政支出22.07亿元，增长15.4%。当年财政收支平衡，并略有节余。

【组织财政收入】　坚持“均衡入库、持续增长、优化结构、调控有力”的组织收入要求，加强收入预测分析，实行重点税源分等级、分层次、分行业监控，细化“抓大、评中、定小”内容标准。对27家交通运输业、邮政通讯业、金融业和规模企业开展专项纳税评估。实行纳税人分层次管理，重点加强年所得12万元个人所得税自行申报、高收入阶层和行政事业单位个人所得税全员申报管理，完成“地方两税”征管职能无缝交接，推广“地方两税”征管应用系统。通过开展房产税税源清查、加强城镇土地使用税后续管理、强化社会借款利息税收征管、启动征管查互动机制、建立国地税业务协作联席会议制度、加强国地税信息互通交换等多项举措，强化税源监管。推进企业分离发展服务业，完成3家企业主辅分离任务，强化运费控管，延伸控管范围。规范非税收入收缴管理，加强国有资源有偿使用收入、行政事业性收费和政府性基金征管；规范社保费“五费合征”，五项社保基金入库5.07亿元，增长42.8%。优化财政收入结构，地方财政收入占总收入比重为45.5%，比上年提高0.73个百分点。

【引导经济发展方式转变】　当年兑现落实工业转型升级专项资金、三产发展资金、外贸发展资金、科技三项费用等各类财政奖励扶持资金7394万元，争取上级各类项目资金4566万元，支持产业转型升级。落实上市专项基金1366万元，支持2家骨干企业成功上市；拓展融资渠道，为46家中小企业提供信用担保，担保金额7022万元。结合汇算清缴、年度结算申报工作，通过审批、减免、抵免及兑现优惠政策等多种方式，落实有关税费优惠政策，累计为企业减负1.77亿元；落实临时性下浮社会保险费缴纳比例集中减征政策，调整企业重大疾病医疗保险费征缴比例，实施企业职工岗位培训补助，涉及企业12632户次、4518名职工受惠。

【保障社会民生支出】　坚持保压相济，突出“民生财政”，建立新增财力重点投向民生的长效机制，提高民生支出占比，支持三农、教育、卫生、社会保障、生态环保、公共服务等民生事业发展，当年民生支出18.63亿元，占财政总支出的84.4%。安排资金11070万元支持“清洁家园、和谐乡村(社区)”活动。发放油价财政补贴7924万元，家电和汽车下乡及家电“以旧换新”补贴4060万元，粮食综合直补资金270万元。提高新型农村合作医疗人均筹资水平到180元以上。支持村级集体经济发展和农村公益事业建设“一事一议”试点，并获省补资金128万元；4个农业综合开发项目获省财政资金960万元。通过双港路延伸工程等项目平台，共争取地方政府债券7500万元。实行中小学校舍安全工程建设收费减免政策，落实经济适用房、廉租房建设相关免收项目等优惠政策，为群众减轻负担。

【加强财政监管】　按照“三个子”改革要求，推动部门预算改革深化，扩大预算范围，完善预算编制办法，推行综合预算，细化项目预算。扩大国库集中支付制度改革试点范围，新增1家试点单位。开展全县行政事业单位财务大检查，清理、归并、整合财政专项资金，重点检查强农惠农资金使用情况，及时整改落实存在问题。开展“小金库”治理“回头看”和自查自纠工作，查处党政机关和事业单位“小金库”账户7个，违规资金26万元，157家社会团体与国有及国有控股企业进行自查自纠；重点检查20家社会团体与国有企业。加强投融资监管，扩宽筹资渠道，审批融资20.2亿元，临时调度建设资金7.97亿元，支持基础设施、重点工程和民生项目建设。对5个政府投资项目实行财政直接拨付监管，完成25个工程竣工结算审查，核减资金291万元，核减率9.7%。规范国有资产处置行为，通过公开拍卖、对外出让、资产置换等多种方式，盘活存量资产1.75亿元。规范政府采购监管，制定采购规范流程，扩大集中采购规模、协议采购范围，全年节约资金2290万元，节约率12.3%。组织开展2009年度农村改水和村庄整治工程财政专项资金支出绩效评价，完成重点工程委派会计年度考核，推进基层会计师事务所党建工作。

【加强干部队伍建设】　开展创先争优活动和“讲理想、创一流、比贡献”主题教育活动，打造“阳光服务、理财为民”党建服务品牌，创建党员志愿者服务队。坚持“标本兼治、综合治理、惩防并举、注重预防”的原则，落实各项廉政建设责任制，加强党风廉政制度建设，落实惩防体系2008～2012年实施规划，邀请县纪委领导上廉政党课，讲解《廉政准则》；深化关键岗位绩效考评，扩大关键岗位、执法岗位到8个科室、分局。制定《2010年教育培训计划》，分批组织中层干部、普通干部开展素质培训，安排部分业务骨干参加各类对口业务学习培训，鼓励系统内骨干参加硕士等高学历进修。组织开展财税文化活动，先后举办第二届财税系统羽毛球比赛、干部职工素质拓展训练、军事训练等多项活动。县局系统获省市县级先进荣誉23项，县局连续五年获县级机关事业单位工作目标管理责任制考核优秀单位、创建县“人民满意机关”优秀单位称号。

（玉环县财政局供稿　盛杰星　赵静思执笔）

天台县

【概况】 2010年，天台县实现生产总值118.62亿元，比上年增长11.8%。其中：第一产业增加值10.09亿元，增长4.1%；第二产业增加值52.67亿元，增长12.7%；第三产业增加值55.85亿元，增长12.2%。三次产业占比由上年的7.6:44.8:47.6调整为8.5:44.4:47.1。全县财政总收入14.01亿元，增长12.6%，其中地方财政收入7.81亿元，增长19.3%；财政总支出16.99亿元，增长31.3%。全年财政收支平衡。

【促进经济转型升级】 推动出台《2010年天台县工业经济奖励办法》，参与制定《关于继续减轻企业负担稳定就业局势有关工作的通知》、《关于加快发展现代服务业的若干意见》，为促进企业转型升级，推进经济社会可持续发展提供政策保障。全年减轻企业税负1.20亿元，减免18户高新技术企业所得税税负4199万元，对部分企业社保费缴费比例实行临时性下浮政策，为全县1199户企业减免社会保险费804万元，落实调整用人单位基本养老保险费缴费比例政策，减轻企业负担1700万元，全年拨付技术改造、技术创新等各类专项资金9495万元，促进企业技术创新和产业结构升级，推动经济发展方式转变。帮助企业争取到中央级项目11个、省级项目53个，争取到上级各类专项资金6100万元。争取到中央新增投资国债资金5394万元；争取到地方政府债券6000万元，扩大投资需求。落实家电、汽车、摩托车下乡政策。

【组织财政收入】 完善征管举措，抓好精细化管理。开展具名发票专项检查，推广应用电脑发票，对旅游、广告业发票实行实时上传，实现即时监控、信息管税。创新纳税评估模式，实施交叉纳税评估。规范个人股权转让所得个人所得税管理，从源头上掌握股权转让的税收征管，堵塞征管漏洞。加强个体工商户税收管理，对纯地税个体工商户实行分类管理，促进个体税收征管精细化。完善个人出租房税收委托代征工作，全年8个镇(街道)代征房产税入库515万元，增长72.2%。完善“五费合征”工作机制，推进社会保险费征缴扩面工作，强化税费同步催报催缴，全年组织社保费收入3.45亿元，增长27.9%。全年财政收入结构进一步优化，地方财政收入占财政总收入比重55.7%，提高3.1个百分点；全年实现营业税及地方八税收入3.82亿元，增长34.0%，占地税收入的60.9%，提高6.7个百分点。加强土地出让金收支管理，全年共征收土地出让金9.62亿元，增长85.7%；政府非税收入13.84亿元，增长46.9%。

【保障民生支出】 推动新农村建设和社会事业发展，提高基本公共服务均等化水平。全年用于民生支出13.38亿元，占财政总支出的78.7%。健全支农投入增长机制。全年安排支农支出9385万元，增长29.2%。其中支农项目支出4235万元，增长76.0%。筹集2900万元，用以改善农村生活、生产环境，推进新农村建设。财政投入5985万元，实施5个国家农业综合开发项目，包括完成土地治理17000亩，扶持农业产业化项目3个。

支持公共文化建设。投入3000余万元，落实文化产业发展基金，支持基层文化阵地建设，实施“文化低保工程”。

支持教育事业发展。完善义务教育经费保障机制，全部免除城乡义务教育阶段学生课本费、作业本费1179万元，落实义务教育学校绩效工资制度。实施“校安工程”、改善办学条件3841万元；发放教育扶困补助和营养餐券373万元；教师素质提升和外来务工人员子女教育投入439万元；完善中等职业学校学生资助政策，发放国家助学金838万元。

实施城乡居民社会养老保险制度。安排新型农村社会养老保险资金5555万元，实现养老保险全覆盖。全面提高城乡低保标准和补助水平，城市低保标准由每人每月312元提高到360元，农村低保标准由每人每月190元提高到220元；拨付复员、退伍军人生活补助、义务兵优待金1500万元，加大社会救济力度，落实城乡最低生活保障资金1136万元；支持就业和再就业，落实补助资金442万元。

支持医疗卫生事业发展。推进新型农村合作医疗改革，全年落实补助资金7223万元；落实基本公共卫生服务经费1129万元；提高困难群众医疗救助标准，安排城乡居民医疗救助基金689万元，提高医疗保障水平。全年全县医疗卫生、环境保护、社会保障和就业支出分别为1.16亿元、3811万元、1.12亿元，分别增长24.3%、27.5%、23.7%。

【财政管理改革】 深化部门预算改革。按照“三个子”的管理模式，完善部门预算指标体系，以支出项目的标准化推进部门预算编制的规范化，提高部门预算编制质量。在县科技局、县水利局试行部门绩效预算，促进各部门提高管理效率、资金使用效益和公共服务水平。

完善乡镇财政管理体制改革。完成第二批乡镇（街道）财务结算进会计结算中心工作，在全县推行“乡财县管乡用”改革。

推进国库集中支付制度改革。按照《县级财政国库管理制度改革方案》的总体要求，在全县64家一级预算单位全面推行国库集中支付制度。

完善政府采购监管制度。出台《2010～2011年度通用设备协议供货采购工作实施意见》，完善《天台县政府采购评审专家管理暂行办法》，完善政府采购监管体系。全年实现政府采购预算2.62亿元，采购总额2.26亿元，节约率13.5%。

强化政府投资项目财政财务监管。做好全县政府投资项目资金来源审查和使用监管，提高资金使用效益。开展财政性投资项目工程概预（结）决算评审、委托评审，注重项目全程管理。建立“一公开、两分离、三交叉、四明确”财政评审机制，全年共审查项目预结算96项，送审2.92亿元，审定2.75亿元，核减1727万元；审核项目前期22项，审核金额4.54亿元。

推进财政绩效评价工作。完善《县级部门绩效评价工作考核办法（试行）》，开展县级部门绩效评价年度考核，对全县64个部门的66个财政支出项目布置绩效自评，并对社会关注度高、涉及民生的20个项目进行抽查，引起全县各单位对绩效评价的高度关注和重视，提高各单位的绩效意识。“小金库”治理实行“回头看”，扩大“小金库”治理范围，全年共清理“小金库”17个，收缴违规金额88万元；收缴违规发放津补贴5万元。开展财政专项资金检查，重点检查全县重点工程建设项目，涉及财政资金9.78亿元。

加强政府性债务管理。编制县地方政府性债务收支计划，并严格按计划执行。加强地方政府融资平台清理，清理2家融资公司，整改1家，规范县域融资平台建设。

加强国有资产监管。在全县推广应用国有资产管理信息系统，对各行政事业单位国有资产从来源、使用到处置各个环节实行动态监管。

【加强队伍建设】 开展创先争优和“双服务”活动。以“发挥财税职能，建设生态名县”为主题、“绿色财税、绿色服务、绿色经济”为活动载体的实施方案。开展财税文化建设。以“做特色文化、创一流财税”为总体目标，构建以“依法治税、为民理财、务实创新、廉洁高效”为主要内容的财税系统核心价值体系，组建“财税文联”，从“学习、制度、情感、激励、宣传、活动”六个方面，围绕“搭一台、造一景、组一联”载体，开展财税文化建设。编辑《清风税月》、《画里财税》、《翰墨财税》，举办《财税杯》书法篆刻展，举办《流金税月踏歌行》税收宣传文艺晚会。形成“以文化促工作、以文化兴财税”的局面。加强党风廉政建设。制订出台《惩治和反腐败工作的组织领导和责任分工》、《惩防体系建设工作要点》，将任务和责任分解到每个班子成员。开展廉政文化进机关活动，强化党风廉政建设，落实党风廉政建设责任制，深化惩防体系建设。

（天台县财政局供稿　蔡　斌执笔）

仙居县

【概况】 2010年，仙居县实现生产总值100.74亿元，按可比价格计算比上年增长13.8%。其中：第一产业增加值10.88亿元，增长6.0%；第二产业增加值45.65亿元，增长17%；第三产业增加值44.21亿元，增长12%。全县人均生产总值20405元，增长20.5%。全县财政总收入10.66亿元，增长14.1%，其中地方财政收入5.67亿元，增长14.8%；财政支出14.66亿元，增长18.9%。全年财政收支平衡。

【支持经济发展】 支持农业稳基础。加大财政支农投入，落实各项强农惠农政策，加强农业综合开发，全年农林水事务支出1.59亿元，增长4.9%。扶持企业促转型。发挥财政资金和财税政策的引导作用，兑现各项工业奖励资金1276.1万元，促进企业进行技术改造和技术创新。修改完善《仙居县工业企业技术改造财政扶持资金管理办法》，突出扶优扶强和对新兴产业的培育。落实各类税费优惠政策，全年减征免征各类税费3500多万元，减轻企业负担。推进企业分离发展服务业和发展总部经济工作，培育地方税源。扩大需求保增长。落实积极的财政政策，争取中央预算内基建资金4187万元和地方政府债券7500万元，保障县人民医院扩建、孟溪北段整治等重点工程建设；下达种粮农民农资综合直补资金、家电汽车摩托车下乡及以旧换新财政补贴资金、低收入农户创业增收工程资金等，增加对农民的补贴；拨付2009年度欠发达地区第二批外向型经济专项资金，加大对外经贸结构调整的扶持力度。

【组织各项收入】 开展税源调查，加强收入分析和预测，规范重点税源监控，做好组织收入工作。加强货物运输和个人住房转让营业税管理，推进企业所得税专业化管理，完善个人股权转让行为个人所得税征管措施，开展房产税和城镇土地使用税税源清查工作，推进土地增值税清算管理，实现契税和耕地占用税征管职能平稳划转，应用契耕两税征管软件，建立房地产交易环节税收一体化征管模式。组织开展交通运输业和邮政业专项纳税评估工作。加强国地税协作，召开国地税联席会议，做好国地税联合办证和个体工商共管户定期定额信息共享工作。加强委托代征管理，优化纳税服务，提高纳税人满意度。组织实施房地产、建筑安装、交通运输等行业的税收专项检查，开展打击整治发票犯罪专项行动，全年查补入库税款1228万元。加强非税收入管理，严格财政票据使用，加强行政事业单位房租收入管理，将房租收入纳入财政专户。加强“五费合征”，所得税核定征收企业的单位统筹基本养老保险费、失业保险费、工伤保险费改按工资总额申报缴纳。

【推进社会事业发展】 推进生态县建设。加大生态环保资金投入，完成全县19个乡镇(街道)104村的污水处理设施建设，推进“清洁优美家园、文明和谐乡村”行动，改善生态环境，确保生态县建设完成省级验收。推进重点工程建设。安排项目资金1.53亿元，用于孟溪北段整治、穿城南路二期、环城北路西延段、城乡供水一体化、县经济开发区基础设施、城关四小迁建等工程建设，完善城市基础设施。推进民生事业发展。完善义务教育经费保障机制，实行农村义务教育免住宿费政策；继续实施义务教育绩效工资，保障教师的工资福利待遇；启动校安工程建设，继续实施扶困助学政策，对义务教育阶段学生免杂费和课本费，职业教育三大专业免学费，职业学校高一、高二学生发放国家助学金等。支持实施“文化三下乡”，改造乡镇文化站，创建村级文化活动室、文化示范户和小康体育村，建设“文化低保”工程等，丰富群众业余文化生活。支持社会保障和就业工作，开展城乡居民养老保险工作，提高医疗救助资金筹资标准，加强残疾人共享小康工程和康复工程建设。支持医疗卫生事业发展，提高农医保筹资标准和医药费报销比例，开展城镇居民医疗保险工作，支持实施重大公共卫生服务项目，加强社区卫生服务中心、服务站和村卫生室建设等，为老百姓提供更好的卫生服务和卫生安全保障。推进社会各项管理。完善政法经费保障机制，保证公检法司的公用经费达到省定标准；做好世博安保经费的落实工作；加强基层政权组织建设；支持“平安仙居”建设，维护社会和谐稳定。

【深化财政改革】 开展“三位一体”财政组织体系改革。按照“三个子”的公共财政管理要求，理顺职能，优化流程，制定改革方案，探索建立财政运行有效机制。改革乡镇财政管理体制。通过调整乡镇(街道)财政体制，提高乡镇(街道)财政的保障水平，调动乡镇(街道)理财积极性。针对全县地域面积广、乡镇个数多、乡镇财政会计人员短缺及老化等实际情况，提出“分片核算、集中管理”的乡镇财政管理模式，并经县委和县政府审议通过。加强国有资产管理。起草《仙居县投融资平台搭建实施方案》，夯实投融资平台搭建的前期准备工作；完善国有资产监管制度，对医药公司等企业委派新的董事、监事，建立仙居县行政事业单位资产管理信息系统，将县属181家行政事业单位纳入系统监管，加强行政事业单位资产管理。

【加强资金监管】 深化部门预算改革，细化预算编制，严格预算执行，规范预算追加；在三个单位开展国库集中支付制度改革试点；扩大协议采购范围，提高政府采购效率和采购节约率；整合财政支农资金，对强农惠农专项资金进行清理和检查；加强财政支出项目审核，节约政府性资金；开展行政事业单位“小金库”清理“回头看”和社会团体、国有及国有控股企业“小金库”专项治理工作，建立健全防治“小金库”的长效机制。

【加强干部队伍建设】 从抓教育学习入手，以完善制度为重点，开展以学习实践科学发展观建设服务型基层党组织为主要内容的“时代先锋”创先争优活动和“讲理想、创一流、比贡献”主题教育活动。深化学习型党组织建设，开展多种形式的理论教育和业务培训，并将财税论坛与学习实践活动相结合，丰富讲课内涵。深入开展财税文化建设，发挥工、青、妇等团体作用，鼓励干部参与各类文体活动，形成人和、心齐、劲足、气正的干事氛围。县局被县政府授予“县级单位工作目标考核优秀单位”、“党建工作先进单位”、“人民满意机关示范单位”等称号，获市对县考核全市第一名，全系统全年获得各类集体荣誉58项、个人荣誉45项。

(仙居县财政局供稿　赵利伟执笔)

三门县

【概况】 2010年，三门县实现生产总值106.54亿元，比上年增长13.5%；人均生产总值24914元。其中：第一产业增加值16.13亿元，增长6.0%；第二产业增加值49.16亿元，增长17.2%；第三产业增加值41.25亿元，增长11.9%。三次产业增加值结构由上年的15.5:43.3:41.2调整为15.1:46.2:38.7。全县财政总收入13.67亿元，增长17.5%，其中地方财政收入8.07亿元，增长22.2%。财政总支出15.92亿元，增长12.9%。

当年财政收支平衡。

【支持经济社会发展】 着力优化产业结构。加大财政支农惠农投入和政策实施力度，加强农业农村基础设施建设，支持现代农业园区和粮食生产功能区建设，扶持农业产业化经营项目，加大农业综合开发力度。当年投入支农资金8.16亿元。加大工业转型升级扶持力度。安排专项资金1785万元，推进工业龙头企业技术创新和技术改造。支持中小企业信息、技术、融资平台建设。保障重点工程和基础设施建设。支持三门新行政中心、铁路站场、“74”省道南延、佃石水库、海游至沙柳公路改扩建等重点工程和重大基础设施建设。落实税费优惠政策。全年审批减免水利建设专项资金295万元，减征“社保五费”799万元。审核批准5家企业国产设备抵免企业所得税499万元，审核同意10家企业资产损失税前列支408万元，对纳税困难、自主创新高新技术、环境保护、安置残疾人员等企业减免房产税523万元，城镇土地使用税426万元，支持县域经济良性持续发展。

【促进地方财政收入结构优化】 抓好组织收入工作。开展经济税源调研，加强对三门核电、建筑房地产等行业区块的税收跟踪分析，对重点税源实行动态监测，合理把握收入规模和收入进度，客观分析收入工作的整体形势，做好收支旬、月报和预算执行情况分析。收入结构持续优化，当年三门核电入库税收1.1亿元，建筑房地产行业入库营业税2.10亿元，核电和建筑房地产行业入库税收占财政总收入的23.4%，占地方财政收入的39.7%；地方财政收入占财政总收入的比重为59%，同比提高2.2个百分点，地方税收收入占地方财政收入的比重为92.8%，同比提高4个百分点。提升服务水平。推广应用数字证书办理涉税事项，完成个人社保缴费委托银行扣款“一户通”工作。强化协税护税网络。加强与国税、工商、土管、消防、房管、乡镇政府以及保险公司等部门的协作，强化税收征管。

【保障重点支出】 完善社会保障体系。安排财政资金503万元，支持企业职工就业和再就业工作。促进“三无”人员和农村“五保”对象集中供养，做好城乡困难人员医疗救助工作。完善被征地农民养老保险制度，加强残疾人就业保障金的使用管理；保障60岁以上老人基本养老金按时足额发放；安排资金1022万元，巩固完善农村住房保险和粮食综合直补工作。支持教育、卫生事业发展。完善义务教育经费保障机制，落实义务教育学校绩效工资制度，支持公共教育资源向农村倾斜，做好中小学校舍安全检查整改工作，加强教育负债管理。贯彻落实农村卫生事业补助政策，完善农村公共卫生和基本医疗服务网络，贯彻实施城乡合作医疗制度工作。配合人事部门做好公共卫生、基层卫生医疗机构工作人员绩效工资方案，做好医药卫生体制改革准备工作。支持文化事业发展。加强文化基础设施建设投入，支持基层文化俱乐部和东海明珠工程建设。

【深化财政管理】 对全县32家国有投资性公司及26家国有经营性公司的运营情况进行调查，建立国有投资性公司以及国有经营性公司运营情况定期向县政府报告制度。组织财政、审计部门对2009年公务员津贴补贴发放情况进行核查，结果未发现有违规发放津贴补贴现象。开展行政事业单位银行账户清理，对全县各行政事业单位及其下属单位（社会团体）、乡镇政府的银行结算账户进行清理整顿，采集银行账户信息637个，清理撤销银行结算账户146个。启动国库集中支付改革工作，制订《三门县财政国库管理制度改革方案》及《支付管理办法》、《会计核算办法》等配套文件，明确试点单位、代理银行、清算方式和银行结算账户开设工作。推进会计继续教育网络化，实行网络与面授教育双轨并行，自行编制考试软件，实现行政事业单位会计人员继续教育无纸化考试。开展基本建设负债情况核查，重点对园区管委会及教育系统的基本建设负债情况进行调查核实，并提出分期消化负债建议，着手建立基本建设项目库，拟订维修项目改造计划。调查清理政府融资平台公司，建议县政府引进民间投资，促进投资主体多元化，改善融资平台公司股权结构。加强财政绩效评价，对全省联动的“下山搬迁”项目和台州市联动的“现代服务业财政补助资金”项目进行绩效评价。开展对59家社会团体、39户国有及国有控股企业“小金库”治理检查工作，做好全县会计信息质量大检查及“小金库”治理重点检查的后续处理、处罚工作。

【干部队伍建设】 围绕“学先进”主题活动，组织学习沈浩等典型人物的先进事迹，树立核心价值观，开展讨论交流。开展领导干部“心系发展、问计于民”下基层抓落实专项行动。围绕“行风建设”，开展行风评议。围绕“承诺活动”，组织开展党员公开承诺与宣誓活动。组织开展各项文体活动，参与结对帮扶和各类赈灾捐款活动。开展“文明单位”、“基层满意站所”、“青年文明号”、“人民满意机关”等创先争优活动。完善制度建设，完善《岗位目标责任制考核办法》，出台《各科室（基层单位）满意度测评工作办法（试行）》和《作风建设补充规定》。组织开展系统干部业务考试“网试化”，与高校的远教平台对接，建立“网络大学堂”。鼓励干部参加研究生学历等高学历教育。加强党风廉政建设，开展《廉政准则》的学习与讨论，组织开展廉政风险点排查防范试点工作，提高财税干部自律意识。

（三门县财政局供稿　叶照虎执笔）

丽水市财政工作概况

丽水市

【概况】 2010年，丽水市实现生产总值663.29亿元，比上年增长12.9%。其中：第一产业增加值62.93亿元，第二产业增加值328.60亿元，第三产业增加值271.76亿元，分别增长4.0%、15.4%和12.0%。三次产业结构从上年的10.7:47.8:41.5调整为9.5:49.5:41。人均生产总值31296元，增长13.1%。全年全社会固定资产投资320.38亿元，增长14.8%，其中限额以上固定资产投资298.01亿元，增长16.1%。社会消费品零售总额266.13亿元，增长18.3%。外贸进出口总额15.33亿美元，其中出口13.49亿美元、进口1.84亿美元，分别增长38.0%、44.3%、4.8%。全市城镇居民人均可支配收入21093元，农村居民人均纯收入6537元，扣除价格因素，分别增长6.6%和10.2%。全市财政总收入76.84亿元，增长17.2%，其中地方财政收入44.94亿元，增长20.1%。市本级（包括开发区、莲都区，下同）财政总收入28.58亿元，增长22.8%，其中地方财政收入16.41亿元，增长28.1%。全市财政总支出135.20亿元，增长19.8%；市本级财政总支出33.15亿元，增长14.2%。全市地方财政收支平衡，并消化历年赤字120万元。

【组织财政收入】 全市地税部门组织各项收入59.81亿元，增长21.4%，其中税收收入（不含契耕两税收入）33.22亿元，增长21.6%；市本级地税部门组织各项收入21.22亿元，增长26.6%，其中税收收入（不含契耕两税收入）12.04亿元，增长23.0%。完成契税和耕地占用税地方“两税”征管职能划转，全市契耕两税收入4.99亿元，增长35.6%，其中市本级2.19亿元，增长99.3%。加强非税收入征管，在教育系统、市执法局、交警部门推广应用新的政府非税收入征管信息系统，对出让土地实行按首期不低于全部土地出让价款的50%比例缴纳。全年全市非税收入首次突破100亿元大关，达109亿元，增长100.2%，其中市本级51.73亿元，增长140.4%；全市土地出让金收入68.95亿元，其中市本级40.69亿元。推进社保费“五费合征”工作，全市地税部门组织社保费收入17.51亿元，增长14.9%，其中市本级5.70亿元，增长16.6%。在财政收入总量持续稳定增长的同时，收入结构得到优化，全年全市地方财政收入占财政总收入的比重为58.5%，比上年上升1.4个百分点；税收收入占地方财政收入的比重为87.6%，上升2.7个百分点；地方税占税收收入比重为61.9%，上升3.3个百分点。市本级地方财政收入占财政总收入的比重为57.4%，上升2.3个百分点；税收收入占地方财政收入的比重为91.9%，上升5个百分点；地方税占税收收入比重为65.6%，上升7.6个百分点。

【支持企业转型升级】 落实财政扶持政策，帮助企业转型升级。全市财政拨付企业扶持专项资金5.87亿元，增长70.2%，其中市本级拨付企业扶持专项资金2.67亿元，增长93.5%。市本级财政继续安排服务业引导资金1000万元、旅游发展资金500万元。对符合条件的困难企业拨付稳定就业岗位补贴，全市拨付稳定就业岗位补贴357万元，其中市本级197万元。市本级安排2000万元转贷应急资金，共为51家企业转贷98笔，累计转贷4.72亿元。落实税费减免政策，减轻企业负担。全市地税部门减免地方税费4.04亿元，增长11.2%，其中减免地方税收3.38亿元（含“耕契”两税9905万元）、水利建设专项资金3308万元、社保费3005万元；市本级减免地方税费2.03亿元，增长30.2%，其中减免地方税收1.65亿元（含“耕契”两税4395万元）、水利建设专项资金2275万元、社保费1347万元。落实再生资源企业增值税退税政策，全市共审核退税3.97亿元，其中市本级221万元。落实家电、汽车、摩托车下乡等扩内需政策。全市发放家电下乡、汽车摩托车下乡补贴资金分别为3638万元、4821万元；发放家电以旧换新、汽车以旧换新补贴资金分别为1329万元、1757万元。其中市本级发放家电下乡、汽车摩托车下乡补贴资金分别为745万元、578万元；发放家电以旧换新资金913万元。

【保障民生支出】 当年全市民生支出86.36亿元，占一般预算支出的63.9%，民生支出增幅为23.6%。其中：新增支出中民生支出16.51亿元，占财政支出增量的73.9%。

新农村建设投入。支持中心镇、中心村建设，全年全市新农村建设财政预算内投入58.77亿元，增长23.0%，其中市本级投入7.93亿元，增长12.5%。全市财政用于农民增收“6+1”工程（“6”是指农民异地转移、农民转移就业、林权抵押贷款、农村社会保障、低收入农户增收、农民人均纯收入增幅；“1”是指农村危房旧房改造）和农村“135”工程（重点培育100个中心村，转化300个后进村，创建500个生态文明村）建设资金分别为8.60亿元、3477万元。市本级继续安排农民异地转移资金3000万元。落实支持农民种粮政策，全市拨付农民综合直补资金6000万元，其中市本级670万元。推进集体林权制度改革，从2010年开始，连续三年市、县（市、区）财政分别按照林权抵押贷款余额1‰和3‰的比例对金融机构进行奖励，全年市财政兑付补贴资金182万元。开展村级公益事业建设“一事一议”财政奖补工作，全年全市拨付“一事一议”财政奖补资金2.34亿元，其中市本级2663万元。

教科文事业投入。支持义务教育经费保障机制改革，全年全市拨付免学杂费、课本费、作业本费资金1.24亿元，其中市本级423万元；资助义务教育阶段贫困生13.75万人，拨付资金2951万元，其中市本级1216人、69万元；爱心营养餐享受学生13万人次，拨付资金2380万元，其中市本级5197人次、99万元。支持“校安工程”建设，全市财政投入资金6.47亿元，其中市本级1.42亿元。扶持民办教育发展，市本级对民办教育投入1195万元，增长79.6%。全市教育支出23.99亿元、科技支出2.45亿元、文化体育与传媒支出3.67亿元，分别增长11.2%、16.1 %、52.9%；其中市本级教育支出5.65亿元、科技支出6907万元、文化体育与传媒支出1.04亿元，分别增长13.0 %、5.8 %、99.8%。

社保事业投入。全面实施城乡居民养老保险制度，1月始，对全市符合条件的60周岁以上的城乡居民每月发放60元基础养老金，全年全市32.29万人领取基础养老金，拨付资金2.31亿元，其中市本级4.16 万人，拨付资金3000万元。完善市本级被征地农民基本生活保障制度，按照“谁受益谁承担”的原则，明确政府出资主体。提高新农合筹资水平，全市新农合人均最低筹资水平为185元，比上年提高45元。全市社会保障和就业支出8.06 亿元、医疗卫生支出10.97亿元，分别增长37.8%、27.0%；其中市本级社会保障和就业支出1.77亿元、医疗卫生支出2.62亿元，分别增长11.0%、14%。

民生项目建设投入。当年市直基本建设预算中用于重大民生项目财政支出5.5亿元，其中：用于住房保障、菜市场建设、校安工程等2010年市区“十件实事”项目支出3.53亿元。

【支持重点项目建设】 市本级基本建设预算收入45.11亿元，支出41.76亿元。向上争取中央扩大内需投资项目资金3150万元，争取地方政府债券1亿元，主要用于50省道莲都段改建、中医院扩建及新农村建设等项目。加强与各类金融机构的联系与沟通，扩大融资合作范围，采取BT、BOT等方式筹措资金，完善融资平台建设。抓好债务落实工作，优化债务结构，控制债务规模。至年底市本级政府性债务中长期贷款比重为58%，比上年提高13个百分点，融资成本下降0.5个百分点，减少利息支出5000万元，债务余额减少5.23亿元。实行项目财务收支进度月报制、预算执行情况季度分析预测制、项目用款需求月报制。

【公共财政管理改革】 推进“收入一个笼子、预算一个盘子、支出一个口子”公共财政管理改革，12月，市政府印发《关于加快推进市本级公共财政管理改革的实施意见》，至年底，缙云、青田、云和、景宁、松阳、龙泉6个县（市）预算编制、执行、监督“三位一体”组织机构改革方案获批。加强预算编制和进度管理，市直2010年部门预算编制功能科目细化到项，经济科目细化到款，基金预算细化到具体单位和具体项目。推进国库集中支付改革，市直在222家行政事业单位全面推行国库集中支付制度，全市各县（市、区）已全部启动改革，市、县两级252家预算单位纳入国库集中支付。实施公务卡改革，9月，市府办转发《市财政局市监察局市人行关于丽水市预算单位公务卡制度改革实施方案》的通知，市财政局、市监察局、市人行联合印发《市级预算单位公务卡管理办法》，市直在10个预算单位开展试点。加强政府采购扩面增量工作，全年全市实际采购金额8.06亿元，增长18.5%，资金节约率15.1%，其中市本级实际采购金额2.14亿元，增长26.5%，资金节约率13.0%。完善市区财政管理体制，制定重大政策性增支市区分担、市区土地出让金分成以及对莲都区城镇职工基本医疗保险基金缺口部分分担机制。

【财政监督管理】 加强财政资金绩效评价管理，制定印发《财政支出绩效评价工作暂行办法》、《财政支出绩效评价工作规程》。控制新增专项资金，整合现有专项资金，制定《民办教育扶持资金管理办法》、《律师业发展资金管理办法》、《人民调解案件补助资金管理办法》等专项资金管理办法。继续组织开展“小金库”专项治理工作，全市重点检查阶段共查出社会团体、国有及国有控股企业“小金库”违纪金额152万元，其中市本级140 万元。加强对项目资金的审核和监管，全年市审核中心共审核各类项目218个，审核金额10.64亿元，净核减不合理资金5952万元，对重点项目和营运机构委派财务总监。加强财税执法监督，在全省财税系统率先制定出台《规范性文件评估暂行办法》。加强会计管理和注册会计师行业指导。

【国有资产管理】 6月，市财政局增设资产管理处，撤销非经营性国有资产管理办公室。加强国有资产基础管理，市政府办公室印发《行政事业单位国有资产管理暂行办法》，明确财政部门履行行政事业单位国有资产管理职责，规范市直单位国有资产配置、使用、处置等环节管理。着手建立资产管理信息系统，通过竞争性谈判完成系统软件采购。做好市直单位国有房产管理，规范市直单位存量房产出租经营。开展公有房屋销售，对欣苑、东苑拆迁安置小区中的公有房屋，向市区无房户分三批公开销售，回笼销售资金22569万元。委托城投公司完成市机关事务局周转房的公开拍卖处置工作，盘活收益792

万元。加强国资营运机构监管，联合营运机构主管局对营运机构进行经营目标责任制考核，修订营运机构2010～2012年经营目标责任制考核办法，加强资金安全运行监管。

【化解乡镇债务】 5月，市局印发《关于下达化解乡镇债务指标的通知》，明确各有关县化解乡镇债务的具体任务。至年底，缙云、庆元、松阳3县30个乡镇化解历史债务1540万元，全市实现乡镇“零负债”目标。

【干部队伍建设】 开展创先争优活动。组织开展“廉洁高效先锋”、“讲党性、重品行、作表率”、争创“共产党员示范岗”、“巾帼文明岗”、“青年文明号”、“优秀公务员”、“先进共产党员”等活动，选派16名干部，参与“驻乡进村、组团服务”、挂钩扶贫、房地产企业帮扶和清算、援疆等工作。加强党风廉政和干部作风建设。先后制定印发《“深化作风建设年”活动的实施方案》、《关于开展岗位廉政风险防范教育工作的实施方案》、《2010～2012年党风廉政建设和反腐败工作组织领导与责任分工》，签订新一轮党风廉政建设责任书，完善党风廉政建设工作机制和廉政风险排查防控机制；制定《干部职工绩效考评暂行办法》，试行开展干部职工绩效考核；组织开展“遵纪守法、廉洁从政”主题教育活动、典型案例大讨论活动、勤政廉政专题教育活动以及“推进反腐倡廉建设科学化”征文活动。推进财税文化建设。组织领导干部素质提升、干部心理健康、宏观经济形势、音乐鉴赏等专题讲座。加强干部教育培训工作，全年共组织各类培训班21个，培训2000余人次。加强人才库建设，有16名干部入围省财政厅预算执行、基本建设财政财务管理、信息化管理等人才库。组建全市财政地税系统预算编制、预算执行、基建财政财务管理、信息化等人才库。搭建活动平台，开展“青春献财税”、全市财税系统2010年运动会，“携手同行 精彩2010”新春联欢晚会，税企联谊会，乒乓球、羽毛球、文艺、登山比赛等活动，增强干部职工的归属感和团队凝聚力。市财政局获市委、市政府2010年度综合考核优秀单位称号。

（丽水市财政局供稿　阮美莲执笔）

莲都区

【概况】 2010年，丽水市莲都区实现生产总值175.03亿元，比上年增长12.8%。其中：第一、二、三产业增加值分别为12.21亿元、73.99亿元、88.83亿元，分别增长4.0%、15.3%、12.1%。全区人均生产总值39275元，增长9.8%。区级财政总收入10.26亿元，增长18.1%，其中地方财政收入5.34亿元，增长24.2%。财政总支出12.16亿元，增长15.1%，其中地方财政支出10.28亿元，增长21.2%。全年财政收支平衡。

【促进区域经济发展】 发展工业企业，继续把工业园区建设作为提升内生性财源建设的突破口。鼓励企业技术革新和管理创新，全面提升企业竞争力，优化税源结构。落实企业扶持政策，全年兑付企业扶持资金1.13亿元，64家企业获得技改资助和创新奖励。继续实施家电下乡、汽车摩托车下乡政策，全年补助家电下乡产品24636台，汽车（摩托车）下乡产品7262辆，兑付补贴资金1302万元，受惠农户24507户。

【加强收入征管】 加强和国地税部门的协作，落实收入目标，定期召开收入分析例会，把握税收收入进度，研究分析税收增长点和可挖潜力。加强非税收入征管。规范行政事业性收费行为，强化收缴分离，实行网络系统核销财政票据，确保非税收入及时足额收缴入库。当年征收政府非税收入1.56亿元，其中财政专户资金收入1.13亿元，财政专户资金支出1.22亿元，上年财政专户结余0.73亿元。

【加大“三农”投入】 落实强农惠农政策，全年支出各类支农资金2.80亿元，增长33%。其中：土地开发资金8613万元，旧村改造及中心村建设资金2400万元，村庄整治及50、53省道沿线整治资金3000万元，农业各类扶持资金4600万元，水利各类扶持资金3170万元，林业各类扶持资金2800万元，扶贫资金3400万元。整合支农资金扶持农业龙头企业、优质农产品基地发展，结合区农业产业发展规划筛选项目争取上级支持，全年向上级部门申报项目80个，争取各类支农资金2.15亿元，增长29%。执行各项强农惠农政策，采取“一卡通”方式，及时兑付种粮农民综合直补资金670万元，惠及6.7万农户。深化农村综合改革，突出抓好“一事一议”财政奖补试点工作。共完成项目投资1200余万元，建设“一事一议”项目16个，建立财政奖补发展农村公益事业的新机制。

【民生支出】 健全和完善社会保障体系，推进改善民生和维护社会稳定，全年新增支出的三分之二以上用于民生。加大财政对教育的支持力度，投入资金2.80亿元，同比增长2.9%。落实农村义务教育学校免住宿费政策，全面实施义务教育学校绩效工资制度；推进“校安工程”建设，安排资金5700万元，力保校园安全；注重教育教学质量提升，安排560万元资金用于教育教学质量提升、名师名校奖励和教师培训。落实城乡居民社会养老保险财政补助资金1500万元，全面推进城乡居民社会养老保险制度实施。增加医改及新农医城镇居民医保资金6133万元。加大医改投入，提高城镇居民和新农医的医疗保险待遇，出台《农村孕产妇住院分娩补助经费实施方案》，提高农村孕产妇分娩补助标准，在农村孕产妇分娩费用列入新农医报销范围的基础上，再每人补助500元。城镇居民医疗保险在不增加个人缴费标准的情况下，提高医疗保障待遇，住院报销待遇每个档次提高8个百分点，年度最高支付限额从10万元提高到13万元。加强乡镇卫生院和村卫生室建设，落实基本医疗药物制度改革和基层卫技人员绩效工资改革工作。完善新型社会救助体系，保障人民群众最低生活水平，发放最低生活保障金1438万元，5648户6784人得到低保救助；安排城乡医疗救助资金640万元，1832位城乡困难居民得到医疗救助。完善"五保"、"三无"对象集中供养机制，全区555名农村五保、城镇"三无"对象实行集中供养，集中供养率92%。落实各项促进再就业政策，当年支出465万元，其中用于社保补贴支出339万元，涉及失业人员1712人；对下岗失业和外来务工人员进行免费技能培训；对职业介绍、公益性岗位就业、小额担保贷款等项目进行补贴。推进残疾人共享小康工程，以保障残疾人基本生活和基本康复为重点，实施残疾人基本生活保障、康复和重度残疾人托（安）养工程；对家庭人均收入低于区低保标准150%的持证重度残疾人单独施行最低生活保障，全额享受最低生活保障金，全区享受重度残疾人基本生活保障的有2362人。推进生态公益林建设，拨付生态公益林补偿资金1459万元。

【深化财政改革】 完善财政资金出借管理办法，确保出借资金的安全。启动国库集中支付制度改革，完成区农办、区司法局、区卫生局三家单位国库集中支付改革试点。加强乡镇财政建设，出台《乡镇（街道）新一轮（2010～2012年）财政管理办法》，调动乡镇（街道）培植财源的积极性。制定《中心镇财政管理办法》（试行），加大对中心镇培育扶持力度。设立财政投资评审机构，出台《政府投资项目评审实施暂行办法》，对政府投资项目实行财政评审。当年完成项目评审74个，送审造价35122万元，审定造价32373万元，净核减2749万元，净核减率7.8%。规范政府采购工作，从严控制商品购置，全区计划采购资金4061万元，实际采购资金3620万元，节约资金441万元，节约率10.9%。

【加强财政监督】 出台《工业发展专项资金使用管理暂行办法》和《科学技术研究与开发经费使用管理暂行办法》，规范全区专项资金管理。强化专项资金监督检查，组织公检法司四部门对2007～2009年省级政法转移支付资金使用情况进行检查，规范政法专项资金的使用和管理。开展全区各项涉农财政资金使用管理情况自查，联合监察、审计及各涉农部门进行重点检查，涉及资金3.05亿元。出台《行政事业单位资产预算定额化管理办法》，统一规范全区行政事业单位资产配置标准和程序。组织对164家行政事业单位房屋资产专项清查工作。深化党政机关和事业单位"小金库"专项治理，开展全区18家国有企业和32家社会团体"小金库"自查自纠，重点检查7家社会团体和17家国有企业，对存在问题在规定时间内进行整改。

【干部队伍建设】 开展创先争优活动，把深入开展创先争优活动与推动机关单位工作结合起来，围绕转变作风、提高效能、规范管理，以建设服务型党组织为重点，明确目标要求，教育和引导全体党员干部立足本职岗位，干一流工作，创一流佳绩，争当"恪尽职守、践行宗旨"的先锋。开展创先争优党员承诺公开活动，提振广大党员的精神风貌，提高工作的积极性和主动性。推进学习型机关建设，坚持每周五下午政治学习，加强思想教育、廉政教育，强化宗旨服务意识。每月编发《警钟》刊物，作为廉政教育材料，并在每个周末编发廉政短信，做到警钟长鸣。组织全体干部职工到市看守所接受法纪警示教育。组织党员干部观看党风廉政教育电教片。2010年，在区政府年度目标责任制考核评比中，区财政局第十二次获得优胜单位称号。 （丽水市莲都区财政局供稿 刘禹斌执笔）

龙泉市

【概况】 2010年，龙泉市实现生产总值61.06亿元，比上年增长13.5%。其中：第一产业增加值9.28亿元，增长3.2%；第二产业增加值27.46亿元，增长17.6%；第三产业增加值24.32亿元，增长12.7%。三次产业结构从上年的17.1:42.4:40.5调整为15.2:45.0:39.8。全市实现财政总收入5.16亿元，增长26.6%，其中地方财政收入3.21亿元，增长28.9%；全市财政总支出14.61亿元，增长47.8%，其中本级支出6.91亿元，增长18.5%。全年财政收支平衡。

【支持经济发展】 落实好市委、市政府关于加快工业转型升级各项文件精神，兑现财政扶持资金2428万元。发挥国有资产经营担保有限公司平台作用，为64家企业担保融资2.17亿元。用足用好各项财税政策，全年共为企业减免养老保险费、城镇土地使用税和水利建设资金等各项税费677万元。做好再生资源增值税政策落实工作，全年审核退还6家符合退税企业增值税2256万元。统筹政府财力，安排政府性投资项目资金11.50亿元，保障市委、市政府重点工程和民生工程资金需要。做好家电和汽车摩托车下乡补贴各项工作，全年累计兑付补贴资金897万元。支持第三产业发展，制定出台

《龙泉市关于加快发展服务业的实施意见》。

【落实"三农"政策 支持新农村建设】 支持现代农业发展，筹措2300万元资金，重点扶持毛竹、茶叶、蔬菜、食用菌等农业主导产业发展，以及现代农业综合园区建设、粮食多功能区建设。筹措安排4900万元资金，支持村庄综合整治、农村危旧房改造和中心村建设。制定出台《种粮农民粮食综合直补资金发放管理办法》，兑现发放粮食综合直补资金1004万元，惠及农户58690户，22万人受益。做好农业综合开发工作，全年有6个土地治理项目1个科技示范项目和1个产业化经营项目上报国家农业综合开发办立项；筹措资金1589万元，做好2010年屏南、城北、岩樟土地治理项目和浙江大学龙泉农业科技稻菜轮作科技示范推开等项目的实施。

【组织财政收入】 全年地税部门共组织各项收入4.84亿元，增长41.2%。其中，地方税收收入2.73亿元，增长42.7%；组织各类基金、费等非税收入2.10亿元，增长39.3%。深化精细化管理，做好收入征管工作，扩大重点税源监控面，全市监控企业146户。出台《贯彻落实〈房地产开发经营业务企业所得税处理办法〉及相关问题的通知》和《龙泉市建筑业地方税收管理办法》，加强建筑业税收的征管。加强与国税、社保、银行、工商等部门的合作。2010年，地方七税入库6665万元，增长32.3%。推进社保费"五费合征"工作，全年度累计征收入库社会保险五费1.51亿元，增长17.1%。做好农业两税征管工作，全年累计征收入库2841万元。

【保障民生支出】 优化财政支出结构，优先保障民生支出，全年民生支出11.39亿元，占财政总支出的78.1%，增长39.3%。支持义务教育经费保障机制改革。优先保证义务教育教师绩效工资改革，全年共安排7586万元资金保障教师绩效工资发放；安排1595万元维修资金用于"校安工程"、"领雁工程"等建设。筹措1.40亿元用于东升小学、中职校等工程续建。加大对文化事业支持力度。筹措安排资金，推进人民公园、青少年宫、青瓷博物馆及青瓷创意基地等项目建设。支持社会保障事业发展。做好社会养老保险工作，筹措安排1000万元地方配套资金，缓解支付困难；筹措安排463万元资金，支持就业工作；加强社会救助、社会福利和优抚安置及残疾人等工作，全年发放低保资金1269万元。制定出台《城乡居民社会养老保险实施细则》以及资金兑现管理等办法，全面实施城乡居民养老保险制度，全年兑现发放资金2794万元。支持医药卫生体制改革。参与制定《龙泉市深化医疗卫生体制改革实施意见》，重点做好农村医疗卫生服务体系建设和改革工作。提高新型农村合作医疗保障水平，筹措4253万元资金，确保全市人均筹资标准185元。争取上级7000万元地方政府债券资金，支持人民医院迁建和岩樟溪饮水工程等民生项目建设。

【深化财政改革】 按照"收入一个笼子、预算一个盘子、支出一个口子"财政运行机制改革要求，做好国库集中支付改革，制定出台《财政国库管理制度改革方案》、《市级财政国库集中支付管理暂行办法》等配套制度，确保国库集中支付于10月份试点运行。深化政府采购制度改革，全年组织政府采购657次，采购资金7657万元，节约资金1986万元。

【加强财政监管】 加强各专项资金管理，制定完善惠农、社保、教育、卫生等一系列资金管理办法，严控新增专项资金，归并现有专项资金，有效提高资金使用效益。做好政府性投资项目的资金管理，编制全年财务收支计划，保障全市120多个续建项目及80多个新建项目资金需求。做好全市20个部门(单位)评价项目和8个财政评价重点项目的资金评价工作。深化会计集中核算和委派审核等工作，其中全年核算中心共退回不符合规定的结报业务涉及金额459万元；委派管理中心办理审核业务4158笔，退回不合规定单据135笔，金额1809万元；财政项目预算审核中心共送审标底、工程变更、项目建议书、可行性研究和初步方案评审205个，核减金额3168万元。根据中央和浙江省《关于做好2010年"小金库"治理工作的通知》要求，做好全市党政机关和事业单位开展"小金库"自查自纠"回头看"工作。全市自查自纠单位226户，国有及国有控股企业和社会团体自查单位128户。加强国有资产管理，制定出台《行政事业单位固定资产管理暂行办法》，组织做好行政事业单位国有资产处置和出租工作，全年累计出租国有资产114起，处置国有资产40起，累计取得国有资产收益728万元；审核拨付国有资产收益支出369万元。加强会计监管力度，开展会计人员继续教育培训。

【干部队伍建设】 制定《深化作风建设年实施意见》、《创先争优活动方案》和《三治一创实施方案》，开展"绿色发展先锋"创先争优和深化作风年建设教育活动。开展以优服务提效率为内容的专项服务活动，为企业送服务、送政策、解难题等。贯彻落实《廉政准则》各项规定，制定出台《廉政风险防控机制建设实施意见》，通过"找、防、控"三个环节，在全局每个岗位和每个干部职工中开展以岗位为点、以程序为线、以制度为面的廉政风险防范管理工作。加强干部教育培训，制定出台考核到岗位、量化到人的年度工作目标考核办法。推进财税文化建设，在龙泉财税网站上建立财税业务、公文写作等知识库，供干部学习，对45周岁以下干部进行考试。创建文明单位，做好基层单位文明创建工作，会计核算中心通过省级文明单位验收，下属单位全部通过市级文明单位验收。

（龙泉市财政局供稿　张伟龙执笔）

缙云县

【概况】　2010年，缙云县实现生产总值107.84亿元，比上年增长12.9%。第一、二、三产业增加值分别为6.75亿元、64.58亿元、36.51亿元，分别增长2.5%、14.1%、12.8%。人均生产总值23868元，增长12.2%。三次产业结构从上年的7.2:59.4:33.4调整为6.3:59.9:33.8。全社会总投资36.70亿元，增长21.8%。全县财政总收入10.10亿元，增长12.0%，其中地方财政收入5.14亿元，增长15.5%；全县财政总支出14.81亿元，增长18.4%。全年财政收支平衡。

【支持经济发展】　落实各项财税扶持措施，为15家企业办理再生资源企业增值税退税12857万元，补助企业扶持资金1857万元；累计兑现2009年工业奖励等资金3891万元；减免企业所得税、房产税、土地使用税等1340万元；按照培育上市企业相关政策，为两家企业落实专项补助资金441万元；落实企业临时性下浮社会保险费缴纳比例，减征286万元。多渠道为企业争取扶持资金，全年共争取省以上财政扶持企业资金4032万元。推进工业转型升级和结构优化。通过贷款置换、担保、贴息等形式，帮助250多家（次）企业解决资金周转难题，建立全市首个国地税纳税服务平台，引进“企税通（ECP）”综合互动型服务系统，将国税窗口业务整合引进地税办税大厅，共同建立纳税自助服务平台，实现资源共享、信息互换，为纳税人提供一站式综合纳税服务，节省办税费用。

【组织财政收入】　当年财政收入结构进一步优化，全县地方财政收入占财政总收入的50.9%，地方财政收入中税收收入占比92.2%。强化税源管理。对重点行业、重点企业税收入库数据进行分析比对，建立国地税联合经济税源调查机制；运用不动产建筑业税收项目管理等软件，对照同行业税负及各类相关信息进行综合分析，挖掘重点税源的增收潜力。重点行业、重点企业税收收入比重同比上升3.0%。强化日常征管。建立国地税征收考核机制，调动征收单位的工作积极性。创新个人出租营业用房房产税征收模式，组建专职代征队伍，完善监控追缴措施，建立长效管理机制。全年入库房产税1706万元，增长6.8%。对娱乐业营业税税率、饮食业定额进行调整，推进教育系统个人所得税全员全额扣缴工作，增收工资薪金所得个人所得税1007万元。全年入库个人所得税8283万元，增长55.8%。加强社保费的征收管理。夯实缴费基础，规范社会保险缴费登记，控制缴费漏洞，制定《社会保险缴费登记管理实施办法》。加强与社保费相关管理部门的联系与沟通，及时处理日常业务问题。全年入库社保收入26428万元，增长19.7%。

【支持重点项目建设】　完善基本建设预算编制管理，在编制2010年基本建设预算过程中，突出保障公共服务、教育卫生等重点民生项目。克服资金紧张等困难，筹措项目建设资金，确保42省道改线、舒洪农民异地转移安置房等一大批民生重点建设项目有序推进。开发应用“缙云财政基建管理系统”，实现项目、指标、支付、核算一体化管理，提高基建资金拨付效率。当年争取到地方国债项目资金7000万元，累计筹措拨付项目建设资金（含还本付息）11.3亿元，审核各类项目概算117个。

【加大“三农”投入】　支持农业基础设施建设。拨付农田水利资金1354万元，落实扶贫开发资金3198万元，投入村庄整治资金1053万元，安排困难群众危房改造资金1873万元，投入村庄整治资金1053万元，安排困难群众危房改造资金1873万元等。全年投入各类建设资金1.10亿元，改善农村基础设施和村容村貌，巩固农业基础地位。加快农业产业化发展。实施农业综合开发项目21个，完成土地治理面积5.46万亩，完成600亩太空蔬菜基地扩建项目和缙云县林业技术推广站油茶低改示范项目建设。调整优化支出结构，着力向“三最”（农民最关心、最直接、最现实的利益问题）领域倾斜。加大新农村在科技、教育、文化、卫生、社保、生态环保等事业发展的投入，“十一五”时期成为全县农村环境改善最明显、社会事业发展最快、人民群众得到实惠最多的五年。

【支持社会保障事业】　落实基础民生保障。实现社救优抚民政定期补助对象资金社会化发放，提高城镇居民医疗保险筹资标准和农村低保户补助标准，筹措资金兑现退休干部住房补贴，落实被征地农民基本生活保障缴费资金，建立军烈属、伤残军人抚恤补助标准，落实全县经济发展同步增长机制经费63万元。加强教育投入。落实义务教育教师津贴补助，提高教师待遇。落实对新碧初中等重大教育基础设施的资金保障。积极促进内需。做好家电、汽车摩托车下乡和家电以旧换新财政补贴工作，全年累计发放补贴资金1758万元。强化“平安建设”经费保障工作。全年安排经费742万元，促进全县“平安建设”。

【加强财政管理】　执行《财政专项资金管理办法》，按照“指标控制、分项预算、滚动实施、跟踪问效”的原则，加强专项资金管理;组织开展专项资金和结余资金清理,按有关规定进行规范和整合、处置,提高资金使用效率。加强项目库建设,统筹安排项目支出预算。抓好财政监督、会计监督等工作,规范单位财政财务管理。

【加强财政监督】 探索重点项目财务总监委派制度,发挥财务总监在政府投融资、基础设施建设中心监督作用,强化重点项目的科学管理和有效监督。对全县移民资金和好溪水利枢纽工程资金进行专项检查,确保重点项目资金安全。对有捐赠收入的县慈善总会、红十字会等四家单位开展检查,纠正违规行为。出台《一事一议财政奖补实施办法》,开展2006年至2008年中央财政农业科技推广示范项目绩效评价工作及2009年度现代农业油茶产业提升项目绩效评价。

【深化财政改革】 推进国库集中支付改革,出台《财政国库集中支付办法》等制度,确定建设银行、中国银行两家试点银行和五家试点单位,开展国库集中支付改革试点工作。强化预算外收费管理,开展《新非税收入征管软件(一体化)》试点应用工作,推广应用《土地出让金收入管理系统》等非税收入管理软件。按照"三个子"改革要求,探索完善财政内部机构、职责划分和流程设置的办法和措施,搭建预算编制、执行、监督"三位一体"组织框架。建立完善部门基础数据库,推进支出标准和项目库建设,逐步完善预算定额体系、费用标准体系和资产配置标准体系,夯实预算管理基础。推进中心镇建设,有针对性地改进乡镇财政管理,完善乡镇财政管理体制,加强乡镇财政建设。强化乡镇债务管理,按照"核实底数、分类处理、彻底化解"的原则,做好清理化解乡镇债务工作。

【干部队伍建设】 开展"基层组织建设年"活动。制订出台"基层组织建设年"活动方案、党组理论学习中心组学习计划和创先争优活动方案。着重就"基层党建基础夯实月"活动展开自查自纠,对各支部、党小组民主评议党员、组织生活会、发展党员、党员教育学习等情况开展检查整改,夯实基层党建工作。推进财税文化建设。举办以"理财、强税、谋新篇"为主题的财税新春晚会,挖掘财税干部的文艺潜能。组织全体干部职工为青海玉树地震灾区、西南干旱灾区捐款3万多元。引导干部职工参与健身运动,丰富业余文化生活。推进党风廉政建设和机关效能建设。开展廉政风险防控机制建设工作,不定期发送"廉政短信"和"效能提醒短信",增强干部职工廉洁自律意识。应用实时监控系统,加强机关效能和作风方面的检查监督;延伸监督触角,建立干部家属从业情况档案,推进家庭助廉工作。

(缙云县财政局供稿　田晶晶执笔)

青田县

【概况】 2010年,青田县实现生产总值111.38亿元,比上年增长12.8%。其中:第一产业增加值5.32亿元,增长4.3%;第二产业增加值68.54亿元,增长15.2%;第三产业增加值37.52亿元,增长9.7%。第一、二、三产业结构为4.8:61.5:33.7。全县人均生产总值22081元,增长10.7%。全县实现财政总收入12.30亿元,增长7.1%,其中地方财政收入8.13亿元,增长9.9%;财政总支出19.43亿元,剔除列支地方政府债券因素,增长13.0%。全年财政收支平衡。

【支持经济发展】 整合专项资金,盘活存量资金,保障全县重点项目和基础设施建设资金需要,全年拨付建设资金6.80亿元。支持中、西部工业园区建设,优化工业产业布局,因地制宜建设产业集聚中心。投入1000万元农业产业化专项资金,提升杨梅、油茶、田鱼三大主导产业品质,培育农业龙头企业8家、农民专业合作社16家。加大旅游基础设施和旅游宣传营销投入,推进城区欧陆风情改造、石门洞4A旅游区创建等工程。运用税费优惠、财政贴息、以奖代补、直接补贴等政策措施,减轻企业负担,引导企业转型升级,全年为企业减免房产税210万元,减征社保费355万元、水利建设专项资金219万元,落实纳税贡献奖、功勋奖、节能奖、中小企业补助等企业发展扶助资金5457万元。

【组织财政收入】 强化税源管理。加强房地产业、建筑业、采矿业、制造业等重点行业的税源调查,强化税收分析预测,加强税源和收入管理。委托工商部门在办理个体工商户营业执照的同时代办税务登记证,提高个体工商户税务登记率。开展电脑版普通发票推广应用工作,促进"以票控税"。强化税收征管。开展全县企业厂房、小水电税源清查工作,对未按规定申报缴纳房产税、建筑业营业税的纳税户责令补缴,全年补缴税款480万元。加强企业股权转让环节税收征管,安排专人受理该项业务,全年入库股权转让个人所得税488万元。强化非税收入征管。深化非税收入征管信息系统应用,加强财政票据管理和资金结报,全年政府非税收入13.03亿元,增长131%。主抓社保费登记率、申报率,同时抓好企业申报质量,提升社保费征管水平,全年社保费收入1.88亿元,增长15.9%。

【支持新农村建设】 全年投入各级各类"三农"资金9.81亿元,比上年增长21.1%。安排2000万元新农村建设专项资金,实施"美丽乡村"计划,完成50个村环境整治,启动中心村培育15个,创建生态文明村65个。推进村级公益事业建设“一事一议”财政奖补试点工作,争取省财政奖补资金800万元,落实县财政配套资金1600万元,引导、支持全县30个村公益事业项目建设,改善试点村基础设施和村容村貌。投入资金5513万元,推进农村危旧房改造工程,全年改造农村危旧房9901间。投入资金2681万元,推进小规模自然村整体搬迁工作,87个村实现整体搬迁。落实以奖代补、贷款贴息等扶持政策,支持农村发展特色种养业和来料加工业,促进农民增收。

【加大民生支出】 全年民生支出8.60亿元,占全县一般预算支出的71.5%。提高社会保障水平。投入医疗卫生和社会保障资金1.60亿元。提高新型农村合作医疗筹资标准和城镇居民基本医疗保险报销比例,新型农村合作医疗和城镇居民基本医疗保险参保率分别为90.2%和90.7%。实施城乡居民养老保险制度,发放基础养老金4681万元。推进医疗卫生体制改革,实现基本药物零利润。投入2590万元加大城乡居民最低生活保障力度,扩大基本生活价格补贴发放范围。加快社会事业发展。教育事业投入3亿元,推进中小学校舍安全工程,新建校舍7万平方米;支持学前教育发展,学前三年幼儿入园率92.7%;推进教师绩效工资改革工作,提高教师待遇。科技事业投入4193万元,支持科技创新、科技兴农和人才强县等工作。文化事业投入3054万元,推进“中国石文化之都”建设,支持名人文化工程建设;落实广电低保工程,推进有线电视数字化转换工程;加大基层文体设施、文化下乡和民间文艺保护开发投入。

【深化财政改革】 深化预算管理改革。细化部门预算编制,减少预算调整和经费追加,强化预算编制、执行的严肃性。推进政府非税收入预算管理,规范非税收入收缴程序。试编社保基金预算。推进“三位一体”组织机构改革。制定组织机构改革方案并获县编委批准,预算科、国库科、监督检查科更名为预算局、预算执行局和财政监督局。开展国库集中支付改革试点。在县国土局等5家预算单位进行试点,完善制度建设、加强业务培训,国库集中支付系统如期上线,试点工作进展顺利。

【加强财政管理】 加强乡镇财政管理。加强乡镇报账员业务培训,提升乡镇财务管理水平。坚持“零账户”和经费提醒制度,强化乡镇资金管理。开展乡镇财政管理改革前期调研工作。加强国有资产管理。通过调剂、拍卖转让等方式,盘活存量国有资产,提高国有资产使用效率。完善国有资产收益收缴制度,加强国有资产收益管理。加强财政支出绩效评价工作。全年实施自评项目112个、重点评价项目11个,涉及财政资金6.75亿元。针对绩效评价实施新办法,开展业务培训,提高工作质量。加强政府投资项目资金管理。建立政府投资项目全过程评审机制,规范项目资金使用,避免资金浪费。全年完成评审项目323个,审定造价9.57亿元,净核减造价9731万元。深化政府采购改革,改革管理模式,参加协议供货全省联动采购,推行供应商网上注册,完善集中采购项目的采购程序。全年实际采购金额8087万元,节约资金1601万元。

【深化干部队伍建设】 财税文化建设。开展财税文化建设大讨论活动,总结成绩,查找不足,探讨拓展财税文化建设的方法和路径,理清思路,建立长效机制。实施干部素质提升工程,组织基层干部到高校学习培训,邀请专家学者举办知识讲座,创建财税沙龙,开展读书活动。开展“感恩回报”主题活动,发动干部职工为灾区和困难群众捐款,组织青年干部爱心助学,开展“关爱革命老区温暖行动”,以善举践行感恩之心。举办迎春晚会、职工趣味运动会等团队活动,增强队伍凝聚力。创先争优活动。以“三争一创”(即争做学习型组织建设的先锋、争做机关作风建设的模范、争做文明财税人建设的榜样、创一流工作业绩)为主题推进“创先争优”活动。局机关党委和全局10个党支部、109名党员均作出公开承诺,领导对干部履行承诺情况点评率100%。开展基层党建结对帮扶活动,帮助发展油茶基地、养猪合作社,修建村际道路。党风廉政建设。开展廉政风险筛查预警机制建设,排查各岗位廉政风险点,建立廉政预警和问责制度,确保财税权力公正运行。举行党风廉政责任书签订仪式,强化党风廉政责任意识。邀请县检察院领导讲授预防职务犯罪知识,组织干部观看警示教育片,筑牢拒腐防变思想防线。2010年,青田县财政局获全国财政系统先进集体、全省财政系统干部教育培训先进集体、县直部门考核先进单位、全县党建工作先进单位、全县十佳学习型党组织等多项荣誉。

(青田县财政局供稿 张 毅执笔)

云和县

【概况】 2010年,云和县实现生产总值33.32亿元,按可比价格计算,比上年增长13.0%。其中:第一产业增加值3.23亿元,增长2.4%;第二产业增加值17.59亿元,增长17.4%;第三产业增加值12.50亿元,增长10.4%。人均生产总值29194元,增长12.9%。全县财政总收入3.46亿元,增长5.0%,其中地方财政收入2.03亿元,增长6.9%;全县财政支出8.23亿元,增长19.5%。全年财政收支平衡。

【依法组织收入】 优化收入结构。全年完成税收收入1.53亿元,增长12.5%;其中地方税入库9869万元,占总入库数比重64.4%,比上年提高6.6个百分点。推进“五费合征”工作。完善征缴协作联席会议制度,加强与社保、就业等部门的联系与沟通,提高社保费征管质量和效率。做好水利建设专项资金、教育费附加、残疾人就业保障金征收工作,全年组织社会保险基金收入8921万元。加强和完善土地出让收入管理。土地出让收入实现收支两条线管理,加强全程监督,做好土地出让收入的成本核算、收益分配与资金调度,全年土地出让收入1.68亿元。规范税收征收管理。规范征管工作流程,完成重点税源监控、年收入12万元以上个人所得税自行纳税申报等各项工作。建立财、税、企联席会议制度,增强调控能力。加大对"12366"特服系统宣传力度,建立多元化、多触角、多层次、多渠道的税务服务平台。强化税务稽查工作,全年查补入库税、费、滞纳金与罚款430万元。

【支持经济发展】 培育财源。创新服务方针,开展"企业服务月"活动。针对企业生产经营实际情况,优化涉企服务,破解"帮扶发展"难题,推动经济转型升级。设立"云和县中小企业转贷临时周转专项资金",全年37户企业享受这项优惠扶持政策,资金总额1.40亿元。为企业解决资金临时周转问题,维护金融秩序稳定、扶持中小企业持续、健康发展。分离发展服务业。转变工作重心,将分离工作向重点领域推进,尝试从多角度、深层次实现分离,全年分离企业三家,新增运输企业一家。加大对第三产业的财税扶持力度,增强地方经济的发展后劲和对地方财政的贡献率。

【优化支出结构】 合理确定财政支出范围,优化财政支出结构,强化公共服务。加大对社会事业投入力度,确保农业、教育、科技等法定支出和公共卫生、文化体育事业等重点项目支出,促进社会事业全面进步。全县社会保障和就业、医疗卫生、公共安全分别支出4720万元、8778万元、6816万元。加大"三农"投入。2010年,农林水事务支出1.04亿元,支持农业生产发展;加大农业综合开发力度,黄溪、栗溪山区小流域农业生态工程等8个列入当年县重点建设项目,完成投资2046万元,完成年度计划投资的112.0%;开展家电下乡等活动,兑付补贴资金232万元;兑付汽车、摩托车下乡补贴资金228万元。推进基本建设,按照"促发展、抓重点、重民生、保续建、控规模"的原则,把有限的资金集中投向工业、旅游、城市基础设施、民生以及能有效撬动民间投资的项目,通过盘活存量资金、多渠道融资等措施保障项目资金需求。严格控制行政成本和机关公务经费,压缩一般性和非正常性支出,采取压缩公用经费以及专项经费的措施,公用经费标准下降,各部门、各单位会议费、接待费"零增长"。

【深化财政改革】 抓好国库集中支付改革。6月1日正式启动改革运行良好,全年办理集中支付业务569笔,资金629万元。抓好"三位一体"组织机构改革。制定《云和县财政局、地方税务局主要职责内设机构和人员编制规定》,经县人民政府批准已组织实施。做好会计集中核算工作。强化监控措施,提高财政资金使用效率,全年县会计核算中心共退回不合法、不合格单据285笔,累计金额287万元。以乡财中心为依托,巩固乡镇财政管理体制改革成果,2010年,乡财中心共办理10133笔结算业务,支付金额累计1.58亿元。推进绩效评价工作。构建绩效评价考评体系,召开绩效评价联席会议,组织开展下山搬迁项目、残疾人共享小康工程等项目的绩效评价工作,提高资金使用效益。做好政府采购工作。通过公开招标、询价等方式,支付采购资金6095万元,节约资金1055万元,节约率14.8%。

【强化财政监管】 加强专项资金管理。执行《云和县财政资金管理办法》,加强政府投资项目等重点专项资金监管。加强政府投资项目预算评审工作,全年完成项目评审111个,送审额2.28亿元,核减2218万元,核减率9.7%。开展财政支农资金整合工作和农村公益事业"一事一议"财政奖补试点工作,获2009年度支农资金整合工作考评全省第一。加强国有资产监管。完善国有资产管理、监督、营运体系,加强国有股权管理,推进国有股权改革,确保国有资产保值增值。通过国有资产整合优化配置,提高融资能力,服务县域经济。加强政府债务管理。制定政府举债总体规划、政策和目标,严格举债审批程序,实行债务统一管理和总量控制。完善建设资金筹措机制,融资渠道多元化,加强政府性资金投资和债务管理,提高资金使用效益。深化非税收入"收支两条线"管理。完善非税收入支出预警机制,对单位预算外支出指标和余额实行动态监控,化解支出风险。强化会计监督管理。加强会计从业资格管理,把好会计从业资格准入关,建立健全会计从业资格证管理档案,做好会计专业技术资格的考试组织工作。

【干部队伍建设】 注重干部政治思想和业务水平的提高。通过理论学习和业务知识学习,提升财税干部的思想政治水平和业务能力,完善考核激励机制。开展十七届四中、五中全会主题学习教育活动,加强税收业务培训,开展专项岗位练兵,做到学习工作化、工作学习化。开展创先争优活动。研究制定实施方案,确定以"深化财税科学发展、服务经济改善民生"为主题,明确创先争优活动指导思想、工作重点、方法措施和责任要求。创先争优活动接受社会、群众监督,实现公开承诺全覆盖。开展"比服务技能看谁最强、比服务形象看谁最美、比服务业绩看谁最佳"的"三比三看"活动,转变工作作风,提高工作效能。加强党风廉政建设和作风建设。加强对干部的党风廉政建设教育和警示教育,提高干部防腐拒变的能力。以"深化作风建设年”活动为契机，开展公开承诺和岗位廉政风险防范教育工作，巩固和推广作风建设成果。加强财税文化建设。把财税文化建设作为提升财税部门形象的重要措施来抓，以廉政文化建设为抓手，找准廉政文化与财税文化建设的契合点。2010 年，县财政局被评为“全市廉政文化‘六进’示范点”。

（云和县财政局供稿　王丽华执笔）

遂昌县

【概况】　2010 年，遂昌县实现生产总值 57.45 亿元，比上年增长 12.5%。其中：第一产业增加值 7.11 亿元，增长 4.2%；第二产业增加值 26.81 亿元，增长 13.9%；第三产业增加值 23.53 亿元，增长 13.3%。三次产业结构由上年的 13.5:45.3:41.2 调整为 12.4:46.6:41.0。全县人均生产总值 26694 元，增长 12.4%。全县财政总收入 6.80 亿元，增长 15.4%，其中地方财政收入 3.69 亿元，增长 15.7%，地方财政收入占财政总收入 54.3%。财政总支出 12.45 亿元，增长 31.1%。全县当年财政收支平衡。

【支持经济发展】　落实各项财税优惠政策，全年共审批减免各项税费 3870 万元，拨付各类企业扶持资金 7933 万元。出台废旧物资回收企业办理增值税退税期间的抵押融资办法，开辟税务登记证办理、涉税房产税收等行政许可和审批事项纳税服务“快车道”，将“承诺制”改为“即办制”。落实积极的财政政策，全年共争取到省专项补助 71898 万元。多渠道筹措资金，重点保障城市基础设施、工业平台、城乡卫生医疗、教育强县、交通网络等政府主导性建设项目，全年共拨付政府性基本建设资金 93359 万元。筹措落实各类旅游业发展资金 3504 万元，加快旅游配套设施建设，扶持农家乐发展。调整工业企业转贷临时周转金管理办法，为企业提供 3231 万元的临时周转借款。

【依法组织收入】　加大收入预测分析力度，对重点企业、重点行业以及重点工程进行跟踪监测。对各项涉税信息进行系统整理，完善与国税、工商、国土、城建等部门信息共享，提升税收征管信息化水平。推进地税大户建账工作，规范运输业、餐饮业、住宿业等行业的税收征管。开展社会保险费与税款合查，建立社保筹资长效机制，巩固“五费合征”成果，社保基金收入稳定增长。地税部门共组织各项收入 5.44 亿元，增长 16.2%；征收各项社会保险费 1.51 万元，增收 2604 万元，增长 20.9%。加强非税收入征管，以财政票据管理为抓手，开展行政性收费执行情况检查。

【保障社会事业发展】　筹措资金，确保新增财力三分之二以上用于民生，全年用于民生保障 81673 万元，增长 28.3%。加大涉农投入。全年共拨付农村基础设施建设资金 22433 万元，重点在小型农田水利、农业综合开发、村庄整治、农村危旧房改造等方面。推行村级公益事业建设“一事一议”财政奖补试点工作，全县 12 个乡镇 20 个村 22 个项目参与试点，项目总投资 2833 万元，惠及人口 13819 人。对 9 个乡镇 500 余名乡镇、村干部进行财政支农政策培训，增进基层干部对财政支农政策的了解和掌握。农村危旧房改造工程加速推进，全县实施农村危旧房改造 4487 户，启动旧村改造 26 个村。促进教育事业发展。全面实施义务教育教师绩效工资，免除农村义务教育阶段学生的住宿费；至年底，全县所有义务教育学校的历年负债 2237 万元全部化解；筹集资金 2378 万元用于校安工程和校舍维修，全县所有中小学校安装校园监控设施并配备校园保安。加大文化体育事业投入。保障“节庆文化常态化、传统文化产业化、群众文化职业化”，促进文化体育事业发展。增加生态环保支出。落实环境保护资金 3111 万元，启动洁净乡村工作，实施农村生活垃圾集中处理和河道保洁、河道采砂、渔业渔政和水域占用“四位一体”的河道管理新机制，推进乡镇村污水处理设施建设、生态公墓建设、村庄整治、生态乡镇村创建、防污减排等各项工作。

【健全社会保障体系】　全面铺开城乡居民社会养老保险，60 周岁以上老人享受每人每月 60 元的基础养老金。完善社会救助体系，农村合作医疗筹资标准从 140 元提高到 185 元，最低生活保障应保尽保，农村“五保”和城镇“三无”对象集中供养率 95.1%。实施残疾人康复工程，对残疾人分类实行集中供养和居家安养。实施基本药物零差价制度，对基层卫生院和公共卫生部门实行绩效工资，建立基层医疗机构财政补偿机制，支持乡村两级医疗机构建设。

【深化财政改革】　开展“三位一体”组织机构改革，推进“三个子”改革。深化国库集中支付管理制度改革，试点单位扩至 18 家。加强乡镇财政管理，制定出台新一轮乡镇财政体制，注重调动乡镇当家理财积极性。出台《国有公司人事及财务管理办法》、《国有公司工作人员薪酬管理办法》，完善国有营运机构内部管理制度和绩效考核办法。完善单位账务远程查询平台，推出单位远程报账功能。

【规范财政管理】　执行政府性投资项目工程造价管理和待决事项联席会议制度，不定期将政府性投资项目的相关内容进行通报，严格把好基建项目审价质量关，全年完成工程预、决算审价 171 个，建设单位送审造价 23524 万元，审定造价 21769 万元，净核减 1755 万元，平均核减率 7.5%。开展“小金库"专项治理工作,治理范围扩大到社会团体和国有及国有控股企业。强化项目绩效目标,创新项目支出绩效自评和重点项目评价工作。加强政府性债务管理,对全县政府性债务进行清理,对融资平台公司的资产情况、经营收入、负债情况进行清查,加强对融资平台公司的动态监管,促进各融资平台公司稳健经营。贯彻落实新会计准则,会计人员继续教育实行网络教育与面授教育相结合,全年组织会计人员培训1250人次,提升会计基础管理。加强政府采购管理,当年预算采购资金7180万元,实际支付采购资金6271万元,节约采购资金928万元,资金节约率12.9%。

【干部队伍建设】 加强党风廉政建设。坚持集中教育与日常教育、正面示范教育与反面警示教育相结合,开展典型案例、软环境建设大讨论,对照正反典型,找差距、查不足、转作风,增进干部廉政意识。将党风廉政建设列入局工作目标岗位责任制,并与负责人签订责任状。完善内控机制建设。制定《财政资金拨付及管理办法》、《预算指标管理办法》和《财政资金项目申报管理办法》,全程监督财政资金分配、拨付、使用情况。加强干部队伍建设。开展中层干部"一次学习农村先进典型、一次送温暖慰问、一次文体联谊、一次为村民办实事、一次送政策下乡、一次帮扶项目对接"的"6个1"结队帮扶活动;所有干部职工照片上墙,接受监督。鼓励财税干部多渠道参加学习,不定期开展有关财税知识考试。加强财税文化建设。组织参加各类文体活动,开展"税收征管金点子"征集、"万人健步走"、"微笑遂昌·洁净乡村"等活动。县财政局连续两年获全县部门综合考核先进单位,并在项目推进、生态县建设、企业服务等方面分别被评为县先进集体。

(遂昌县财政局供稿 项国英执笔)

松阳县

【概况】 2010年,松阳县实现生产总值46.28亿元,比上年增长13.3%;按户籍人口计算,人均生产总值19523元,增长12.9%。第一产业、第二产业、第三产业增加值分别为9.40亿元、18.84亿元、18.04亿元,分别增长5.0%、19.3%、11.9%。全县财政总收入4.04亿元,增长12.1%,其中地方财政收入2.55亿元,增长16.2%;全县财政总支出10.81亿元(包括省专项,本级支出为6.32亿元),增长22.7%。全县财政收支平衡。

【依法组织财政收入】 建立全方位的税收社会化征管协作机制,与国税局、检察院、工商局、交通局、建设局、国土局、金融保险机构等部门及乡镇、主要行业协会建立协作机制,组建社会化协税组织,推进行业税收征管及小税种征管。推行纳税评估和查前辅导等制度,通过宣传、辅导、沟通等手段促进和谐征纳关系的形成。优化纳税服务,提升纳税人满意度,通过实施纳税服务标准化建设、开展志愿者服务、推进信息化建设、简化办税流程等措施,提高服务质量。加强基金征管,共征收各类基金1.67亿元,增长34.7%,增收4230万元。其中:养老、医疗、工伤、失业、生育保险1.41亿元,增长30.2%,增收3262万元。征收教育费附加、地方教育附加、文化事业建设费、水利建设专项资金2558万元。加强对行政事业单位罚没收入、一般预算外收入和专项收入的征收管理,共征收预算外资金7.30亿元。

【支持企业转型升级】 支持工业企业生产发展,审核享受优惠政策企业105家,兑现财政技改贴息资金2751万元,对企业财产损失、加计扣除、税收优惠共计288万元。贯彻执行《关于扶持再生资源回收经营企业若干意见》,为5家企业进行11批次退税资格认证报批,办理退税5886万元。落实鼓励节能减排相关税费政策,为县供排水公司减免城镇土地使用税5万元,支持循环经济发展。贯彻落实高新技术企业所得税优惠政策。支持培育以企业为主体、市场为导向、产学研相结合的技术创新体系,为科技型企业减免企业所得税150万元,鼓励企业自主创新。做好对部分企业临时性下浮社会保险费缴纳比例工作,落实水利建设专项资金减免等政策,全年为185户企业减免127万元,为企业发展减负。支持现代服务业发展。

【优化财政支出结构】 全年民生类支出7.26亿元,比上年增加1.40亿元,增长23.9%,占财政总支出的比重67.2%。全面实施"控、压、保"各项措施,一般公共服务支出占一般预算总支出的比重逐年下降,从上年的16.7%下降到15.1%,比2008年下降3.8个百分点,集中财力加大对农业、科技、教育、公共卫生和社会保障等重点支出的保障力度,统筹推进社会各项事业的发展。财政支农支出1.71亿元,增长21.5%,争取农口专项资金2.53亿元,促进农村社会经济的发展。县财政在社会保障和就业、医疗卫生、农林水、环境保护等方面的支出分别增长45.1%、77.3%、21.5%、58.9%。

【推进财政管理改革】 加强预算编制管理。按照"三个了"要求,强化非税收入管理和结余资金管理,增强收入"笼子"统筹力度;执行"二上二下"预算编制程序,将基本支出预算和项目支出预算的编制和批复细化到基层预算单位,优化预算"盘子"使用的科学性。实施全口径财政支出预算调整,增强预算的完整性。加强预算执行管理。推进国库集中支付制度改革,在试点的基础上启动扩面工作,将试点单位从2家扩至9家,代理银行从1家增至2家,扩面单位已上线运行。加强财政资金安全和财政资金用款计划管理，严格按照流程办理资金拨付。强化执行分析，提高预算编制的科学性。加强预算监督绩效管理。实现绩效评价向绩效管理转变，提高财政资金使用绩效，探索部门绩效评价的有效途径和方法，增强评价工作的客观性和科学性，建立多层次的评价考核体系，注重评价结果应用。加强预算外资金管理。对全县所有预算外资金收入实行“收支两条线”管理；完善征管体系，加强征管信息化建设，查处违规收费和财政票据违章等行为，提高非税收入征缴率。加强政府采购管理。当年实施采购56批次，采购预算金额5636万元，实际支付金额4897万元，节约资金739万元，节约率13.1%。推进“三位一体”机构改革。改革方案获县编委批准，设预算局、预算执行局、财政监督局。

【化解乡镇债务】 规范乡镇政府举债行为，建立负债责任追究制，落实偿债责任。加强债务管理考核，将乡镇政府债务管理列入乡镇年度综合考核内容之一，对举借新债、化解旧债等行为采取奖惩措施，提高乡镇政府化解旧债的积极性，控制举借新债行为。建立债务管理长效机制，出台新一轮乡镇财政管理体制，将债务管理与经济利益挂钩，从体制上予以保障。全年化解乡镇债务113万元，实现乡镇“零负债”。

【队伍建设】 加强学习培训。组织干部坚持每月一次夜习，组织符合条件的干部参加省财政厅、省地税局组织的人才库考试，1名干部成为预算执行人才库成员；抓好干部队伍的业务素养、政治理论、依法行政和职业道德教育；组织全体干部参加公务员知识更新培训、普法培训和考试，提高干部素质。加强廉政教育。开展党风廉政建设宣传教育月活动，开展学习贯彻《中国共产党党员领导干部廉洁从政若干准则》活动；局领导上廉政党课，开展廉政知识考试；组织学习体会征文活动，评选出优秀文章并予奖励；利用反面教材，提高拒腐防变能力，做到警钟长鸣；向干部职工征集反腐倡廉书画摄影作品、廉政小小说、读书思廉征文和廉政红色短信，将优秀作品上报县纪委。开展创先争优活动。通过集中辅导和自学相结合、室内活动和户外运动相结合、学习和实践相结合等多种方式开展创先争优活动。组织干部开展社会调查，走访结对村和各类企业，帮助解决生产经营难题，征集“我为松阳发展献一计”金点子90余条。开展“入党纪念日”活动，全体党员作出先锋承诺，发挥党员先锋模范作用。开展基层文明单位创建工作。县财政局被评为全省财政系统先进集体、浙江省民族团结进步先进单位、县委县政府年度综合目标考核先进单位一等奖，获省财政厅、省地税局以上各项先进集体荣誉11个，市级以上各项先进集体8个，县级各项先进集体9个。

（松阳县财政局供稿　毛兰香执笔）

庆元县

【概况】 2010年，庆元县实现生产总值31.22亿元，比上年增长12.9%。其中：第一产业增加值5.05亿元，增长4.3%；第二产业增加值13.89亿元，增长17.5%；第三产业增加值12.28亿元，增长11.5%。人均生产总值18340元。三次产业增加值结构由上年的17.8:42.0:40.2调整为16.2:44.5:39.3。全年实现财政总收入2.60亿元，增长21.3%，其中地方财政收入1.55亿元，增长20.0%；财政总支出9.22亿元，增长26.3%。全年预算收支平衡。

【依法组织收入】 以组织收入为中心，加强税费征管，完善数据采集—税源监管—税收分析—纳税评估—税务稽查“五位一体”的税源管理互动机制；实现契税和耕地占用税征管职能划转平稳过渡，启用“地方两税”征管应用系统，提升“地方两税”征管水平。全年地税部门组织税收收入1.06亿元，增长20.9%。耕、契两税累计入库1457万元，增长31.6%。以提升社保费缴费登记率和申报率为重点，对企业缴费工资占工资总额比例情况进行重点监控，完善社保费“五费合征”日常征管机制。全年社保基金入库1.01亿元，增长18.1%。加强非税收入征缴，深化“收支两条线”管理改革，完善非税收入征管体系，应用国有土地出让收支管理信息系统，提升土地出让金管理水平，促进非税收入平稳增长。盘活国有资产，提出国有资产盘活计划，增强政府可用财力。

【助推经济转型】 筹措落实县本级政府性资金3.95亿元，重点保障城乡基础设施、工业平台、大交通网络、教育强县战略、香菇博物馆迁建等项目顺利实施。创新“一窗式”服务方式，落实家电下乡、汽车摩托车下乡及家电以旧换新等政策，全年共兑付补贴资金717万元。设立促进企业转型升级专项资金，食用菌、笋竹、锥栗等产业发展基金以及扶持发展村级集体经济专项资金，并及时拨付各项财政资金，加快产业培育步伐。整合落实财政支农资金，促进农业产业转型升级，加快现代农业发展。优化产业结构，研究创新财政政策体系，培育发展内生机制，重点支持低碳经济以及竹木、铅笔、食用菌、汽摩配件、生物制药等特色产业发展，推进工业转型升级。

【保障民生事业支出】 优化财政支出结构，当年财政总支出中民生支出6.10亿元，占比为66.2%，增长22.6%；地方财政安排支出中民生支出3.34亿元，占比为66.7%，增长28.6%。支持“三农”发展。加大财政支农惠农投入和政策实施力度,县财政安排"三农"支出 2.54 亿元,增长 22.3%。加强农业农村基础设施建设,全年完成农业综合开发投资 1320 万元,推进隆宫溪、岭头乡、月山溪等 3 个省级山区小流域农业生态工程建设,实施土地治理 1.3 万亩。支持社会事业发展。加强对教育、文化、卫生、社保等重点支出的资金保障,促进基本公共服务均等化。按法定增长要求加大教育投入,完善义务教育经费保障机制,确保义务教育教师绩效工资足额到位,支持校安工程建设等支出需要。加大医改财政保障力度,加快乡镇卫生院建设;新型农村合作医疗人均筹资 191 元,财政人均补助 141 元,城乡公共卫生服务经费标准人均 20 元。完善社会保障体系,落实财政资金 1864 万元实施城乡居民社会养老保险制度,60 周岁以上城乡居民均领到每人每月 60 元的基础养老金。加快保障性安居工程建设,落实资金推进廉租住房、农村危旧房改造、公共租赁住房等规划和政策实施。加大生态环保财力转移支付,建立乡镇生态补偿机制,推进生态县建设。控制行政成本。坚持有保有压,公用经费预算压缩 5%,会议费、公务接待费、公务用车购置及运行经费、出国(境)经费按政策要求实现有效控制,把有限的财力用于解决人民群众最关心、最直接、最现实的利益问题。

【特扶项目规划】 省委、省政府确定对庆元等 6 个重点欠发达县实施特别帮扶政策,县财政局参与制定规划、审定项目、调研资金管理办法等前期工作,上报庆元县农民增收致富奔小康特别扶持项目实施方案,并制定庆元县群众增收致富奔小康项目资金管理办法。

【深化财政改革】 深化"收入一个笼子、预算一个盘子、支出一个口子"财政管理改革,启动以国库单一账户体系为基础的国库集中支付改革,分设国库科,成立国库集中支付中心,选定 3 家试点单位,开展试点工作。制定庆元县 2011 年预算编制改革实施方案,为 2011 年正式实施预算编制改革奠定基础。完善乡镇财政管理体制,增强乡镇对生态建设以及自求发展的激励作用,提升乡镇财政管理水平。深化政府采购制度改革,加强政府采购业务监管,落实通用设备协议供货全省联动采购新机制。全年实际采购金额 5270 万元,节约资金 768 万元,节约率 12.7%。全面推行规范公务员津贴补贴制度,完善相关配套措施。

【加强财政监督】 以规范高效为标准,推进财政科学化精细化管理,完善财政运行体系。开展人民医院改造项目"代建制"试点,探索政府投资项目运行新模式。加强资金资产财务管理。严格专项资金监管,推进专项资金的清理整合,顺利通过中央检查组对国债资金使用情况的检查。联合多部门出台加强财务管理、国有企业银行结算账户管理以及会计人员教育管理等规范性文件,开展社会团体和国有及国有控股企业"小金库"专项治理,严肃财经纪律,构建防范"小金库"的长效机制。加强财政支出管理。修订出台行政事业单位差旅费管理办法,完善行政事业单位国有资产管理体制,规范资产配置、使用、处置和收益等各个环节的管理,推进行政事业单位房地产出租市场化,收缴行政事业单位资产处置收益 521 万元,提升国有资产监管水平。加强地方政府性债务和融资平台管理。多渠道化解乡镇债务,至年底实现乡镇"零负债";全面清理核实地方政府投融资平台及其债务,三项债务风险指标均控制在省警戒线范围内。

【注重队伍建设】 以文化建设为引领,建设学习型、服务型、效能型、节约型、廉洁型"五型"机关。结合财政管理体制改革要求,加强与机构编制和人事部门的沟通衔接,做好预算编制、执行、监督"三位一体"组织机构改革前期工作。立足财税工作开展"菇乡先锋"创先争优活动,完善党的组织建设,夯实党建工作基础,推动党务业务双促进、共提升。加强城乡共建,6 个党支部分别结对帮扶黄土垟村 6 名低收入群众,开展党员公开承诺,争当"效能服务先锋","同心汇聚优化服务,税企共建生态文明"主题活动并被评为全县十个最佳党日实例之一。拓展财税文化。加强机关作风建设,以"治庸治懒、提能增效、狠抓落实"为重点,加强制度梳理完善,修订目标责任制考核等一系列内部管理制度,全面推行"干部身份证制度"。组织参加百名股(所)长大评议活动,深化行政审批制度改革,设立行政审批服务科,优化发展软环境。落实党风廉政建设责任制,完善财税权力运行流程,深化惩防体系建设,确保干部队伍安全。

(庆元县财政局供稿 吴寒宇执笔)

景宁畲族自治县

【概况】 2010 年,景宁县实现生产总值 26.64 亿元,比上年增长 12.2%,人均生产总值 15577 元。其中:第一产业增加值 4.39 亿元,增长 4.9%;第二产业增加值 10.17 亿元,增长 16.3%;第三产业增加值 12.08 亿元,增长 11.5%。全县财政总收入 3.80 亿元,增长 35.2%,地方财政收入 2.24 亿元,增长 31.7%;全年一般预算支出 12.5 亿元,增长 39.6%。当年财政收支平衡。

【组织财政收入】 加强国地税等部门协作,开展打击发票违法犯罪专项行动,优化税收征管环境,提高社会化征管水平;强化主体税种管理,加强房地产业营业税欠税清缴和企业所得税、个人所得税管理;加强地方小税种控管,开展个人出租房产税征收和土地增值税清理，完成契税、耕地占用税职能划转工作；建立健全政府非税收入管理体系，对政府性非税收入实行统一管理；完善社保基金征缴体系，实现社保费“五费合征”制度全覆盖，社保费收入1.02亿元，增长21.5%。当年税收收入1.96亿元，增长46.2%，税收收入占地方财政收入的比重为87.5%，比上年提高8.7个百分点，全县地方财政收入占财政总收入的比重为58.9%，下降1.6个百分点。

【落实税费减免政策】 落实分离发展服务业政策，深入重点税源企业调查走访，开展优惠政策上门服务，贯彻落实国家税收优惠政策，及时做好税收减免审批工作。落实社保费减征等减负政策，联合社保部门统一执行减负政策，全年共减征社保费75.5万元，受惠中小企业200多家。出台专门政策加速企业扶持资金兑付，全年审核拨付各类企业扶持资金1922万元，争取省以上扶持资金1681万元。

【保障重点工程建设资金】 筹集资金支持丽景工业园、云景高速、外舍防护工程、大际4A景区等重点建设，全年安排基本建设地方配套资金4.37亿元，涉及农林水、交通、卫生、教育、建设、文化及旅游等61个项目，保障推进重点工程建设。

【培育新的经济增长点】 投入9200万元加快建设丽景工业园，突破区域限制发展“飞地经济”；支农资金支出2.77亿元，其中投入1500万元继续扶持农业七大产业化建设，惠明茶再次获上海世博会金奖；县财政调度资金3860万元建设风景旅游景点，加快以旅游业为龙头的第三产业发展。

【建设民生财政】 优化支出结构，全年民生支出5.98亿元。全县财政投入各项支农资金2.77亿元，其中争取中央和省财政各项支农资金1.52亿元；落实“全国畲族文化发展基地”纲要，推进乡镇文化中心建设，广播电视双向网改造，畲族文化中心及畲族博物馆工程。全年文化体育与传媒支出3128万元，增长40.5%。加快畲乡教育均衡发展，全年教育支出1.5亿元，占财政总支出的12%。支持卫生事业发展，开展新型农村合作医疗扩面工作，筹资标准提高到每人每年315元，推进城乡社区卫生服务体系改革，全年医疗卫生支出5887万元。安排社保和就业资金5394万元，增长68.7%，推进城乡居民参加养老保险，全县5.1万人参保，全年累计发放60周岁以上基础养老金1613万元，24万人次受益；发放最低生活保障1135万元，临时物价补贴98万元，低保和重点优抚对象一次性补贴和慰问金102万元。

【规范支出管理】 探索和完善符合景宁实际的预算编制计划和操作程序，深化部门预算管理改革，科学编制非税收支预算、基本建设预算以及社保资金预算等。完善“乡财县管”机制，巩固“乡财县管”和财务集中核算制度，对乡镇财政的收支平衡、化解债务、消化赤字和健全制度等方面进行量化考核。推进国库集中支付改革，确定县林业局、县经贸局、县文化局、县妇联等4家预算单位作为首批财政国库集中支付改革试点单位。拓宽政府采购的渠道，试行公开、邀请、询价、谈判、定点等采购方式，全年政府采购预算6346万元，实际采购支出5407万元，节约资金938万元，节约率14.8%。出台《财政资金申报审批拨付办法》，组织开展财政支出绩效考评，开展强农惠农资金和“小金库”专项治理等工作，确保各类财政资金安全高效运行。开展增收节支工作，各级党政机关公用经费按照预算定额压缩5%，出国（境）经费、公务用车购置及运行费、公务接待费支出实现零增长。加强国有资产管理，加大国有资产监管调控力度，加快推进资产性资源配置市场化，确保国有资产安全增值。

【落实扶持政策】 落实财政专项补助、财政转移支付等财政优惠政策，协助有关部门向上级财政争取政策、资金和项目支持。重点安排使用好省财政5000万专项资金，争取省级“西部大开发”政策和原宁波市鄞景扶贫开发区税收实行属地管理后每年1500万元转移支付的政策延续。

【配合做好定点扶贫工作】 继续配合省财政厅做好鹤溪镇三枝树、敕木山、包凤及外舍管理区王金洋、小金洲等低收入农户集中村的挂钩帮扶工作，落实8个帮扶项目，168万元帮扶资金；帮扶英川镇隆川村、寨后村低收入农户增收致富，完善农村公益设施，加快新农村建设步伐，并派出1名专职干部负责结对帮扶工作。

【队伍建设】 深入开展“深化作风建设年”、“创先争优”及“庄式学习法”*活动。推行干部身份公示制度，实行干部“一人一牌一卡”，公开干部的照片、姓名、岗位、职务、联系方式及县效能办的监督电话等基本信息；结合公务员津补贴改革率先推出“设岗定分”工作目标考核，将工作任务分解落实到岗到人；层层签订廉政责任书，健全廉政责任追究体系；以学习型党组织为抓手，以党支部为单位推行“庄式学习法”；借鉴外地经验，推出网络学校新形式，加强干部业余学习。加强作风建设，优化办事流程，开展文明县城创建等活动，树立财政部门的社会形象。县财政局连续两年被评为全县综合目标考核先进集体，局直属机关工委荣获先进基层党组织称号，同时被评为全县运用“庄式学习法”推进学习型党组织建设先进集体。

（景宁畲族自治县财政局供稿　刘小明执笔）

注：

*庄式学习法：指一个团队在组织开展集体学习活动时，全体成员共同参与，主持人、主讲人、学习汇报人随机择定，主讲内容、形式开放自主，点评过程多向互动，充分体现人人参与的一种新型学习方式。

财政支持『生态鄞州』建设

清洁的河道

生态农业不断发展

宁波市鄞州区在经济高速发展的同时，以污染防治与生态保护并重，环境保护与生态区建设并举，推进环保事业发展，2010 年投入 8.68 亿元资金专项用于环保事业。为引导社会资金参与生态建设，区财政安排 1 亿元专项资金启动“森林鄞州”建设以募集社会资金。2010 年，鄞州区获“生态中国城市奖”。

生态保护区——章水

鄞州公园

外滩大桥

宁波市财政支持城市基础设施建设

路西延

明州大桥

湾头大桥

青林湾大桥

宁波市创新财政支持方式，整合各类财政资金，支持城市基础设施建设，近期完工的"五路四桥"建设项目构筑起城市交通快速路网，缓解了城市拥堵状况。

"五路四桥"——即宁波市新一轮城市建设重大交通组合项目，五路：通途路西段，惊驾路—城庆路，机场路北延，南外环路东延，东外环路。四桥：湾头大桥，青林湾大桥，外滩大桥，明州大桥。

绕城高速连接线通途路北仑段

富阳市财税文化建设

富阳市财政局紧紧围绕“抓廉政、送温暖、谋规划、树形象、讲传统、凝团队”6个主题，以党支部为单位，组织系统财税干部参加演讲比赛、篮球赛、辩论赛、计算机操作比武、硬笔书法比赛等20多项系列文化活动。通过各类比赛和活动，丰富了干部业余文化生活，提高了财政干部团队协作能力。

森林桐庐　绿满富春

罗溪

桐庐县财政支持省级森林城市创建，着力推进森林资源保护和发展。将森林城市建设资金纳入公共财政预算，五年来县财政累计投入7386万元，着力做好城市绿色的“培育、拓展、保护”三篇文章，如今城区、近郊、远郊“三位一体”，水网、路网、林网“三网合一”，林木覆盖率、生态功能、绿化空间得到大幅提升，成功创建“浙江省森林城市”，实现“天更蓝、山更绿、水更清、景更美”的城市生态和谐发展。

广场绿色氧吧

美丽乡村

中日友谊林

富春江小三峡

建德市支持社保事业发展

建德市多渠道筹措社保资金，支持社保事业发展。2010 年全市社会保障和就业支出 1.89 亿元，比上年增长 98.2%，医疗卫生支出 1.52 亿元，比上年增长 19.5%。全市共有 68807 名 60 岁以上老人享受到每月 70 元的基础养老金政策；调整城乡居民医疗保险筹资标准和享受待遇，落实相关就业扶持政策。新建村卫生室 156 家，市第一人民医院整体迁建并正式投入运行，推进医药卫生体制改革，实施基本药物零差价，全市医疗卫生水平得到进一步提高。

城乡养老

疾控中心

三都中心敬老院

莲花卫生院

迁入新址的第一人民医院全貌

淳安县财政支持生态经济发展

鱼苗放养

蚕农喜获丰收

淳安县财政注重扶持生态经济发展，一方面支持企业技术改造节能降耗，另一方面推进环境污染集中处理工程建设，南山、坪山两个日处理能力各为 2 万吨的污水处理厂和日处理能力 1 万吨的汾口污水处理厂已建成运行。县财政还制定出台淳安县茶叶、蚕桑、水果、干果、竹木、蔬菜、中药材、油茶、畜牧业等特色产业扶持政策，加大农业产业化投入，增加了农民收入，实现经济效益生态效益双丰收。

生态工业：农夫山泉

南山污水处理厂

千岛湖啤酒

有机鱼生产基地：鱼种培育

有机茶生产基地

区文化中心

社区服务

家门口找岗位

江干财政加大社会民生事业保障力度

杭州市江干区财政局坚持以人为本、以民为先的执政理念，统筹兼顾，将新增财力的三分之二以上财政资金用于保障和改善民生，加快社会公共事业发展。多项民生保障工作从配套完善向适度超前、从抓覆盖向抓质量提升转变，做到“发展为了人民、发展依靠人民、发展成果由人民共享、发展成效让人民检验”，使社会各项事业得到长足的发展。

新市民大讲坛

区体育中心

2010 年 12 月 24 日，在农村公益金现场捐赠仪式上，市委、市政府主要领导为捐赠企业代表颁发奖状和证书

杭州市财政局出台政策 促进杭州城乡统筹发展

杭州市财政局为促进统筹城乡发展，出台财税引导政策，构建“以工促农、以城带乡”的财税支持长效机制。其中创新设立的农村公益金，通过政策导向，有效整合社会各方面资源，用于当前社会重点关注、广大农民急需的农村社会公益项目的建设和农业特大灾害的救助。农村公益金募集活动从 2010 年 6 月份正式启动，经过广泛的社会宣传，12 月 24 日举行农村公益金现场捐赠仪式，市委书记黄坤明、市长邵占维等主要领导为现场捐赠的企业家代表颁发荣誉证书和奖状。截至 12 月底，共有 253 家企业参与捐赠。

实地调研农村公益金项目需求情况

研究鼓励企业捐赠农村公益金的财税政策

围绕如何用好农村公益金展开调研

镇海区财政推进农房“两改”提升农民生活品质

2010 年，宁波市镇海区财政局把全面推进农村住房制度改革和住房集中改建（简称农房“两改”）作为扩内需、惠民生、促转型的重要工作来抓，创新体制机制，完善政策措施，构建了财政投入为引导，农民投入为主体，社会力量多方参与的筹资模式，全面推进农村集中居住区（点）建设。全年安排新农村建设专项资金 9000 万元，比上年增长 25%，其中农房“两改”专项补助资金 1500 万元，增长 50%。在财政资金的引导下，全区累计投入资金 30 亿元，先后启动 11 个农村集中居住区建设，其中通过 BT 融资的农房“两改”资金 10 亿元。至 2010 年底镇海区农村集中居住区建设总建筑面积 110 万平方米，已经竣工、交付的面积 94 万平方米，安置农户 5500 余户。

骆驼街道新建的农民集中居住区

蛟川街道农民集中居住区

庄市街道光明村农民集中居住区

居住区新建的活动中心

民联村农民集中居住区

大榭连岛第一通道——大榭大桥

大榭游泳中心

宁波大榭开发区社会事业同步发展

宁波大榭开发区在经济快速发展的同时，探索新型城市化建设之路，协调社会各项事业同步发展，建设新城区、持续惠民生，已累计投入各类资金80亿元，营造群众安居乐业的生产生活环境。

市民休闲广场——沁园

大榭中学全景

生活居住区

浙东大峡谷

宁海县财政加大旅游投入 助推申报“中国旅游日”

公元 1613 年 5 月 19 日，明代地理学家、旅行家徐霞客在其游记开篇写下“癸丑之三月晦，自宁海出西门，云散日朗，人意山光，俱有喜态”。为配合宁海县申报“5·19 中国旅游日”，宁海县财政部门支持旅游业发展，加快城市休闲集散中心建设，积极打造宁海湾滨海休闲、温泉度假、森林养生、户外拓展、文化体育和乡村旅游。2010 年，县财政投入 3508 万元支持旅游产业发展，主要用于 5·19 旅游节庆活动、旅游宣传和旅游景区开发。全年实现旅游总收入 46.4 亿元，比上年增长 20%。

佳田农场：生态旅游与生态农业的结合——农家乐

开游节广场表演

温泉度假

森林养生

象山县财政大力支持海洋经济发展

象山县财政局落实海洋经济提升工程，着力构建海洋经济产业体系，重点发展临港装备、海洋能源、滨海旅游和海洋新兴产业四大战略性支撑产业，以建设“海上象山”。推进象山港、石浦港等港口岸线开发，依托石浦港一类开放口岸，培育港口物流业，扶持发展海洋运输业。加快临港项目开发，建设中石化大型设备制造、檀头山风力发电等项目。

海岛船厂

乌沙山电厂

晒苔条

鱼排养殖

奉化市财政助推文化事业发展

奉化市财政部门全力落实扶持文化产业发展政策，调整财政支出结构，持续加大对文化事业投入，鼓励社会各方面力量参与文化建设，重点支持基层文化设施建设、有线电视网络改造、非物质文化遗产申报、“万场电影千场戏”、对接世博各项文化活动等项目投入，推动城乡融合，共同繁荣。

送电影下乡

浙江民间艺术汇演

国际舞龙邀请赛

奉化市岳林广场夜景

瓯海区财政局

推进机关文化建设

温州市瓯海区财政局以破解难题、治庸治懒为重点，推行“一线工作法”，被中共瓯海区委评为“转作风优环境”专项活动先进集体。组织开展向沈浩同志学习活动，鼓励干部职工参加各类学历继续教育、职称考试，提升队伍综合素质，开展庆“五四”户外军事拓展训练、“转作风优环境，从我做起”演讲比赛等活动，推进机关财政文化建设。2010 年被温州市委、市人民政府评为“温州市文明单位”，被中共瓯海区委评为党建先进集体。

“转作风优环境”暨学习型党组织创建活动推进会

专题学习《廉政准则》

竞争上岗

新官上任演讲

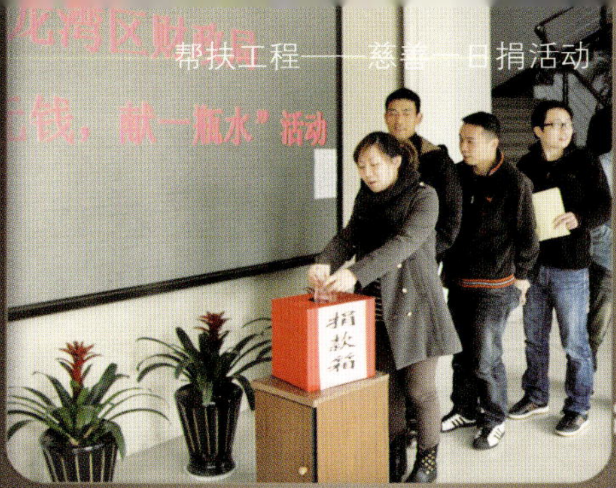

帮扶工程——慈善一日捐活动

求知工程——国学讲座

爱国工程——3·12 植树节活动

传承财政文化 激发队伍活力

品牌工程——党团员示范岗

2010 年，温州市龙湾区财政局以丰富多样的“财政文化年”活动为抓手，使财政干部队伍建设走上精品化、品牌化的道路。活动分五大工程：求知工程、爱国工程、帮扶工程、健康工程和品牌工程，每个工程设置相应活动，体现财政文化的“凝聚、激励、导向和约束”作用。

扶工程 ——结对民工子弟

求知工程——参观弘一法师书法展

健康工程——区财税系统羽毛球比赛

苍南县财政支持休闲旅游产业开发

碗窑古村落

玉苍山蘑菇岩

渔寮大沙滩

玉苍山玉龙湖

渔寮大沙滩

近几年苍南县以“休养身心，接近自然，感受文化，体验生活”为特色的休闲旅游知名度明显提高，2010年，苍南县财政安排旅游业发展专项资金1300万元。旅游业全年接待国内外游客180万人次，实现旅游总收入14.48亿元，分别比上年增长13.9%和15.1%。渔寮入选“浙江省最值得去的50个景区”，碗窑入选“浙江美丽乡村”，玉苍山、渔寮获“温州十大避暑胜地”称号。

古老廊桥

泰顺县财政支持“旅游强县”

乌岩岭竹海

氡泉山庄

斗牛表演

2010年，泰顺县立足生态优势，加大财政对旅游业的投入力度，统筹安排6171万元，比上年增长55.7%，用于生态旅游景区基础设施和配套设施建设，加强生态保护和环境治理，支持国家级生态县创建，打造“旅游强县”。全年累计接待游客340万人次、旅游综合收入15.8亿元，分别比上年增长26%、33%。

瑞安财政支持“省示范文明城市”创建工作

瑞安市加大财政资金投入，先后投入资金6.56亿元，大力支持文明城市创建工作，着力打造健康向上的人文环境、安居乐业的生活环境、可持续发展的生态环境。2010年，瑞安市获得“省示范文明城市”称号。

展示文明形象

美化城市环境

倡导文明出行

瑞安童谣进小

安阳新区

永嘉县加快水利设施建设推进民生环境改善

瓯江北片防洪堤瓯北东向标准堤

2010年，永嘉县针对农民饮用水工程、山塘水库建设和城镇防洪排涝工程，增加公共财政投入，其中：饮用水工程投入资金2850万元、山塘水库除险加固投入资金3074万元、瓯江北片防洪堤工程投入资金7867万元、县排涝应急工程投入资金4600万元、城防工程投入资金1568万元、三江标准堤塘工程投入资金1269万元、乌牛水闸工程投入资金450万元。这些水利基础设施的建设，切实起到了改善居民用水条件，保障居民生命财产安全的作用。

楠溪江西向供水工程

中塘水闸

中塘溪防洪堤

雁荡九安塘

乐清市财政支持重大民生工程建设

白石水库

城市中心区

清江至白溪公路

乐清市财政局多渠道筹集基础设施建设资金，推进重大民生工程建设。全年共拨付18.10亿元建设资金，比上年增长31.0%，确保城市中心区、乐清湾港区围垦、交通设施、城乡防洪、污水处理和环境卫生重大项目建设顺利推进。

湖雾公路

发展来料加工业

农家乐

文成县三大扶农政策 促农增收

2010年，文成县结合山区县实际，加大财政对“三农”的投入，以促农增收为目标，大力实施“激励创业”促增收、“提升能力”促增收、“合力扶贫”促增收的三大扶农政策。全年安排“全民创业基金”500万元，鼓励农民转产转业，大力发展农产品加工、来料加工、“农家乐”旅游服务业等二、三产业，千方百计帮助农民就地就近就业，增加农民非农收入；统筹资金1356万元支持农民下山脱贫和扶持少数民族地区发展；积极筹措资金，支持实施“欠发达乡镇奔小康工程”，扶持低收入农户发展。

棚花种植

农家风味旅游

观赏农业——草莓基地

嘉兴市财政大力推进“两新”工程建设

村貌鸟瞰

2010 年，嘉兴市财政整合财政资金和政策，大力推进“两新”(现代新市镇、城乡一体新社区)工程建设，重点支持基础设施建设和公共服务配套设施建设，如农村河道整治、村庄绿化、道路硬化、路灯亮化、卫生改厕、垃圾和生活污水处理等项目，改善农村人居环境。全市各级财政安排"两新"工程建设资金 3.85 亿元，其中基础设施补助 3.69 亿元，农房改造贷款贴息 745 万，新市镇建设担保风险补偿 860 万元。

南湖区凤桥三星村

南湖区江南新家园

南湖区财政加强农业面源污染治理

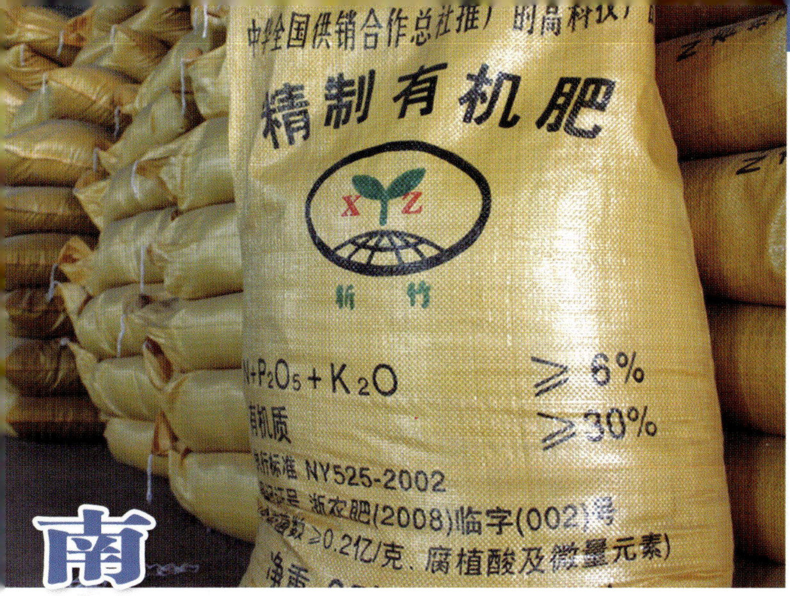

成品有机肥

“十一五”期间，嘉兴市南湖区财政助推农牧结合、生态循环、综合利用的循环农业模式发展，共投入近亿元资金推进农业面源污染治理，使畜禽养殖污染治理取得重大突破。生猪养殖业排泄物全部完成“两分离”、“三配套”设施建设。全区累计建设雨污分离设施 29.3 万米，沼气池 18.8 万立方米，鲜粪堆积池 2.9 万立方米，沼液储存池 34.01 万立方米。全区建有 29 个畜粪收集处理中心，3 个有机肥加工厂，累计生产有机肥 6.84 万吨，其中区内使用 2.74 万吨，畜粪综合利用率 96.5%。

畜粪收集处理中心

有机肥生产车间

畜粪的发酵、晒干

沼气池、沼液储存池

平湖市西瓜灯节活动

平湖市财政推进文化事业发展

平湖市财政支持文化事业发展，推进平湖市文明素质提升、文化阵地建设、文化生活繁荣、文化产业促进、文化遗存保护和文化人才培育等“六大工程”。2010年做好十四届省运会、西瓜灯文化节、第三次全国文物普查等大型文体活动资金保障工作；做好图书馆、博物馆、纪念馆等公共文化设施、爱国主义教育示范基地免费开放经费保障；加大对城乡一体化公共图书馆投入力度，所有镇（街道）图书馆分馆已相继建成；全年免费送戏下村253场、送电影1644场次、广场文艺演出40场次、送书下村14115册，丰富群众文化生活。

施奇烈士塑像

李叔同纪念馆

市图书馆

市体育馆

海宁财政支持国家卫生城市创建

海宁市加大财政投入支持创建国家卫生城市，2010 年用于爱国卫生、“五小”行业治理、改水改厕、河道整治、道路绿化与保洁、病媒生物防制等各项投入 1.10 亿元。绿化造林面积不断扩大，全年完成造林面积 104.7 公顷，有效改善了城市面貌，提升了居民生活幸福指数。2010 年，全国爱卫办专家通过对海宁创建国家卫生城市的技术评估。

创先争优 推进财税文化建设

嘉善县财政局以开展创先争优活动为强大动力，围绕“服务、民生、创新、法治、廉洁、人文”六大财税目标，推进各项工作，公共财政管理改革顺利进行，财税文化建设深入推进，2010年获全国财政系统先进集体荣誉。

联合县经贸局、工商联举行政策沟通

自行编排的配乐诗朗诵《勤廉者之歌》

“我说我的闪光点”——党员闪光评议

海盐财政支持临港产业发展

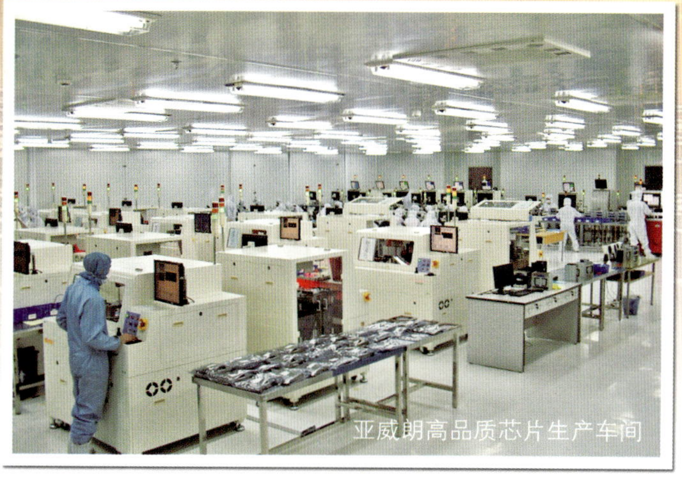

亚威朗高品质芯片生产车间

港区引进首家中央企业——中国航空工业标准件有限公司

海盐县财政部门支持海盐港区建设，发挥港区围涂资源效应和港口效应，支持和培育临港产业发展。到2010年底，港区先后引进内外资项目120个，其中外资项目53个，累计合同利用外资9.14亿美元，实际利用外资3.95亿美元。海盐港区是嘉兴港所辖自然岸线最长的港区，可供建设生产性码头岸线9.2千米，其中深水岸线5.4千米，前沿可布置30个万吨级泊位，发展前景良好。

海盐东段围垦区新建成的百年一遇的海塘

建设中的海盐港区万吨级码头

湖州市财政局加强机关作风建设

深入企业专题调研，完善和细化相关政策措施，努力培植有效税源。

湖州市财政以“围绕大局强保障，提能增效优服务”为主题，倡导“微笑服务、提速服务、规范服务、廉洁服务”，开展创先争优活动，建立领导干部联系点，深入基层调查研究，完善财税政策制度，促进机关工作作风转变。

利用“行风热线”节目畅通与企业群众的沟通渠道

组织干部参观廉政书画展

召开特邀监察员座谈会，面对面征询意见改进作风

分离发展服务业调研

长兴财政支持经济转型升级

2010 年，长兴县完善各项财政扶持政策，支持经济结构调整和产业转型升级。全年兑付财政扶持资金 4.91 亿元，推进大平台、大产业、大项目、大企业建设，其中科技投入 7997 万元，鼓励企业技术创新和技术改造，淘汰落后产能，重点支持科技平台建设、高新技术企业、高效生态农业、现代服务业等。长兴县获“中国绿色动力能源中心”、“中国新能源产业百强县”、“浙江省现代产业集群转型升级示范区”等称号。

浙江大学国家大学科技园揭碑

若力新型机械设备

海信惠而浦生产车间

绍兴财政支持办好世界合唱比赛

绍兴市推进文化强市建设，相继获中国人居环境奖、联合国人居奖，成为全省地级以上城市唯一的国家可持续发展实验区，城市知名度、美誉度不断提升。2010 年，第六届世界合唱比赛在绍兴举行，来自 80 多个国家和地区的 400 多个合唱团、2 万多名选手参赛。按照"政府引导、部门承担、社会参与、市场运作"的总体方针，绍兴市财政积极创新财政扶持方式，以借贷、补贴、奖励、购买服务、购买产品等方式，多渠道保障演出场馆、合唱村建设改造和安全保卫等所需资金。

第六届世界合唱比赛

新昌县财政保障教育事业发展

新落成的新昌南岩小学

新昌县优化财政支出结构，加大对教育投入，强化义务教育保障责任，实施义务教育免费教科书制度，提高中小学生均公用经费保障水平，加快城乡中小学校标准化建设和学校布局的调整优化，推进城乡教育的均衡发展。

幼儿学前教育

新昌中学

民办教育机构(新昌南瑞实验学校)

嵊州新貌

沈家坎村

嵊州市财政支持新农村建设

2010年，嵊州市安排财政资金3800万元，完成340个村庄整治，硬化村内道路181.81公里，新建无害化卫生公厕158座，新建集中式污水处理池1560立方米，分散式污水处理池500多只，新辅设污水收集管网30.2千米，新种植绿化苗木近8万多株，新增村庄整治受益农村人口12.56万人，农村人居环境进一步改善，成为全省“千村示范万村整治”20个优秀县市之一。

甘霖倪家村

八里洋

沈湖村

中层干部举办行政知识培训班，切实提高服务能力

弘扬财税文化 争当岗位先锋

绍兴县财政局以创建领导班子好、党员队伍好、工作机制好、工作业绩好、群众反映好的“五好”先进基层党组织和争做自觉学习的表率、爱岗敬业的表率、弘扬正气的表率、服务群众的表率、遵纪守法的表率的“五个表率”优秀共产党员为目标，部署开展“弘扬财税文化，争当岗位先锋”为主题的创先争优活动，发挥系统党组织的战斗堡垒作用和共产党员的先锋模范作用，积极开创财政工作新局面。

举办“牢记入党誓言、实践科学发展”红歌赛

深入基层调查研究

了解企业生产经营情况

工作间隙

参观省法纪教育基地

诸暨财政支持农业产业化经营

枫桥香榧

赵家樱桃

璜山竹笋

2010年，诸暨市财政局按照发展现代农业的要求，结合全市农业主导产业发展现状，优化财政支农支出结构，落实各级支农惠农政策，扶持农业产业化经营，全年财政支农支出3.85亿元，比上年增长21.1%，其中直接投入农业产业化经营5631万元，推进农业生产规模化、资源节约化、经营产业化、主体市场化发展，增强农业市场竞争力、可持续发展能力和抗风险能力。

同山蜜桃

山下湖珍珠

马剑绿茶

金华市扶持主导产业推进工业转型升级

金华市立足“工业强市”战略，重点扶持汽摩配、生物医药等主导产业。2010年，市本级财政整合资金设立工业发展引导资金，市财政安排扶持资金3.77亿元，比上年增长25.2%。通过各项扶持措施和保障要素的倾斜，汽摩配作为金华市第一大主导产业的地位逐步确立，产业在自身取得稳步增长的同时，引领全市工业转型升级的作用也日益突显。

尼奥普兰中标北京奥运会服务用车

青年集团总装车间

青年集团生产的超长公交车

婺城区财政

推进新农村建设加快发展

蒋堂污水处理厂

九峰水库汤溪安置点

金华市婺城区围绕农业增效、农民增收目标加大财政投入，2010年全区财政“三农”资金投入5.2亿元，其中区级财政投入2.88亿元，争取上级资金2.32亿元，推动城镇基础设施建设和公共服务向农村覆盖。出台一系列扶持政策，调整产业结构，乳产品生产再展雄风，特色经营异军突起，主导产业逐步形成，产业化经营步伐加快，农业和农村经济呈现蓬勃向上的发展态势。

佳乐九峰牧场

枝支秀有机稻米基地

义乌市财政支持商贸服务业发展

交易洽谈

挑选商品

义乌国际商贸城外景

义乌国际物流中心

义乌国际小商品博览会场馆内景

义乌市坚持“兴商建市”发展战略，以专业市场的繁荣发展，推进市场化、工业化、城市化、城乡一体化和国际化，走出了一条区域经济社会快速协调、富有义乌特色的发展之路，构建了“市场先发、商贸主导、多元涌动”的互促互荣体系，实现了商贸服务业发展和财政收入共同增长的“双赢”局面。2010 年，财政拨付商贸服务业专项资金 2296 万元，全市共实现社会消费品零售额 289.02 亿元，同比增长 19.0%。

2010年，磐安县委县政府出台《关于实施"一乡一品一园"工程加快发展现代农业的意见》，计划三年内建成2个现代农业综合区、5个主导产业示范区、20个特色农业精品园，力争每个乡镇培育1个以上主导农业产业。当年落实财政资金1100万元，吸引业主投资3000万元，各乡镇农业园区初步建成，其中1个现代农业综合区、1个主导产业示范区、3个特色农业精品园已被列入省级创建试点。

有机还肥

磐安县大力支持农业发展

葡萄园

沼气利用

生态循环农业精品园

武义县财政支持农村『换新貌』

至 2010 年底，武义县财政累计投入 2.74 亿元对全县农村实施了村庄整治、生态村建设、农村垃圾处理和农房改造工程，共 10 个村被授予省全面小康建设示范村，20 个村被授予市全面小康建设示范村，8 个村被授予市村庄整治建设示范村；324 个村实施生态村建设，省级生态乡镇 13 个、市级生态乡镇 15 个、市级生态村 14 个，共有 389 个自然村（其中 54 个行政村）、16279 户、49503 人实现下山搬迁。

果园春色

西联乡乌坛下新居

黄家滩下山脱贫小区

省领导视察居家养老工作

兰溪市加大财政投入，完善社会保障体系，支持居家养老服务业发展，提高老年人生活水平，保障老年人“老有所养”。2010 年，全市投入养老事业各项支出 4.18 亿元，比上年增长 42.0%。

兰溪市财政支持居家养老服务业发展

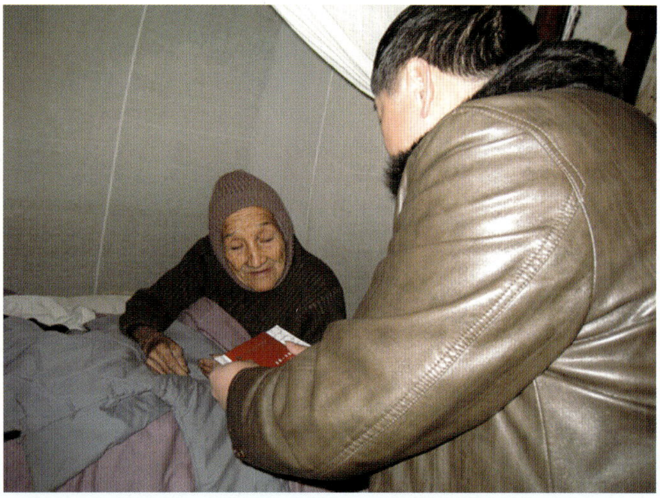

上门将基础养老金存折送到卧病在床的老人手中

丰富多彩的社区老年生活

易地建设中的灵洞乡敬老院

衢州市财政支持城市生态文明建设

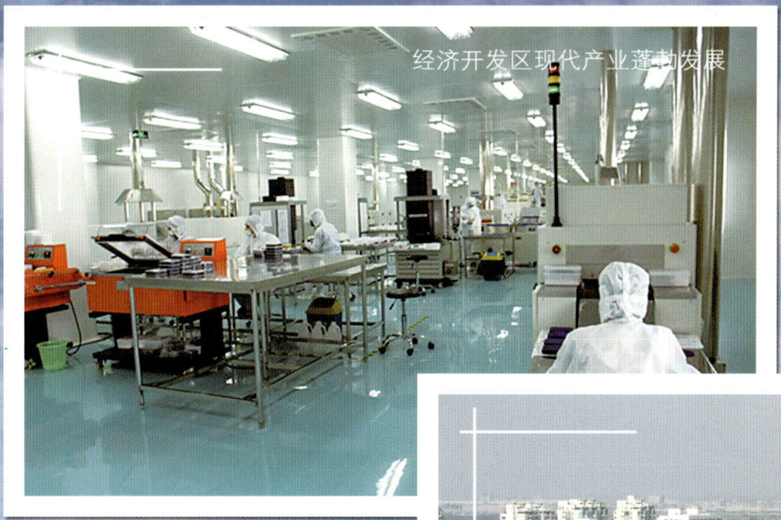

经济开发区现代产业蓬勃发展

城市交通四通八达

衢州市财政围绕打造“生态衢州、人居福地”目标，加快推进城市改造，提升城市功能，彰显城市文化。2010年，全市投入文化体育与传媒资金2.33亿元、环保资金3.95亿元、城乡社区及住房保障资金5.90亿元，支持西安门大桥改造、斗潭公园、府山公园、南湖中公园等景观提升工程，西区月亮湾公园、石梁溪、紫薇南路等一批公园和路桥改造建设，推进城市主干道综合治理、城市供水管网改造等。衢州市先后被评为“国家园林城市”和“国家卫生城市”。

保障性住房建设

衢江区财政支持教育事业发展

衢州市衢江区实施教育优先战略，统筹安排财政资金，优化财政支出结构，增加教育投入，特别是增加山区、库区教育投入，促进教育事业均衡发展。2010年，全区15年基础教育普及率97%，标准化学校覆盖率92%。义务教育区域均衡发展共同体获“中国地方教育制度创新优胜奖”，区职业中专升格为国家重点职校。

周家幼儿园

衢州三中科技楼

东港学校化学实验室

上方镇初中公寓楼

杜泽中学美术教室

湖南镇初中教学楼

湖南小学教学楼

杜泽中学综

龙游县财政支持美丽乡村建设

2010年，龙游县财政局以支持“美丽乡村”建设为主题，筹措资金3100万元，重点支持精品农业、休闲旅游、生态保护、和谐平安、综合创建等五个品牌工程建设，全面改善农村面貌。

黄花梨基地

红提基地

城南茶山

来料加工

开化财政着力支持教育事业发展

群山、芹江环绕中的新开化中学

开化县职教中心

开化县池淮镇明德小学

百年大计，教育为本。2010 年，开化县落实城乡义务教育经费保障机制，实行农村义务教育学校免住宿费政策，落实义务教育学校教师绩效工资制度，推进"校安工程"建设，支持教育资源布局调整，推进城乡教育均衡发展。落实中等职业学校学生资助政策，实施"职业教育六项行动计划"，加快职业教育发展。全年教育支出 2.64 亿元，增长 13.1%，是 2005 年的 2.5 倍。

"爱心营养餐"

开化县马金中学教学楼

一路村歌一路喜

文化飞地

江山市财政支持幸福乡村建设

江山市建立多元化的投入机制，财政每年安排 2000 多万元以奖代补资金，大力推进以创建富裕、美丽、满意、文明、和谐为内容的“幸福乡村建设”，在全市农村大力实施产业增收提升、公共服务提升、农民素质提升、环境整治提升、基层基础提升等五大提升工程，以期通过 10 年的努力，把江山乡村建设成为“富裕、美丽、满意、文明、和谐”的幸福乡村。至年底，全市共建成“幸福乡村” 精品村 7 个、“幸福乡村”27 个。

乡村文化大手笔

小桥流水如画里

舟山市财政支持“交通畅通提升工程”建设

新建汽车站

舟山本岛交通主干道

舟山市财政积极支持海岛“交通畅通提升工程”建设，2010 年全市财政用于交通运输支出 7.41 亿元，比上年增长 24.4%。提升主干线道路网络的畅通能力，改善城区交通状况，完善岛际交通建设，深入推进城乡公交一体化进程。进一步统筹城乡、区域交通发展水平，构建安全、畅通、便捷、高效的海陆交通网络体系。

新建隧道通车

便捷畅通的城乡公交

岛际交通

普陀区财政支持渔农业基础设施建设

舟山市普陀区财政局坚持“多予、少取、放活”的原则，落实各项强农惠农政策。重点支持标准渔港建设、强塘工程建设、渔农村小康社区建设、渔农村生态建设等工程，进一步加大财政对渔农业基础设施投入。2010 年，区本级财政安排“三农”支出 1.7 亿元，比上年增长 18.3%。

白沙岛渔村

朱家尖街道渔家小院

朱家尖街道渔农村住宅小区

大黄鱼养殖场

嵊泗县财政加大海洋生态保护投入

嵊泗县财政加大海洋生态保护的投入，采取各项有效措施，使海洋资源恢复取得显著成效。成立嵊泗县马鞍列岛海洋特别保护区管理机构开展海洋生态保护工作。建造人工岛礁，投放到海洋特别保护区内有利于鱼类繁衍生息；投入资金建造鱼苗繁育基地，不定期放流各类鱼苗；发展海水养殖业，减轻捕捞强度。经过一段时期的休养生息，不经见的野生大黄鱼、野生无针墨鱼重现海洋。

投入人工礁

鱼苗放流

万亩贻贝养殖

台州市财政局完善文体活动平台

台州市财政局在创建多样化“文体俱乐部”的基础上，采取走出去、请进来的方式，举办或参与各项赛事，激发各兴趣小组的活动积极性，让文体俱乐部真正成为丰富和提升全局干部职工的业余文化生活和文化素养的有效载体。同时发挥工会、团组织、妇委会等团体的积极作用，开展干部职工喜闻乐见、活泼有益的文体活动，激发干部职工工作和生活热情。

下赵巷(永安街)新貌

中心菜场新景

仙居财政支持城市建设

穿城南路南段新貌

仙居县财政局支持城市基础设施建设，安排项目资金1.53亿元用于县城孟溪北段整治工程、穿城南路二期工程、环城北路西延段工程、城乡供水一体化工程、城关四小迁建工程等建设；争取中央预算内基建资金4187万元和地方政府债券7500万元，保障县人民医院扩建等重点工程建设。

孟溪两岸整治

新花园中路

温岭市财政支持社会保障建设

温岭市按照科学发展观和构建和谐社会的要求，坚持以公共财政为导向，积极整合政府财力，不断调整和优化支出结构，深化社会保障体系建设，使更多的财政资金用于民生。2010 年，全市启动城乡居民养老保险，完善新型农村合作医疗制度，加大就业扶持力度，扩大失业保险基金支出范围，提高弱势群体最低生活保障标准，建立健全困难群众医疗救助即时结报系统，社会保障体系趋于完善。

志愿者帮扶残疾人

环境优美的温峤敬老院

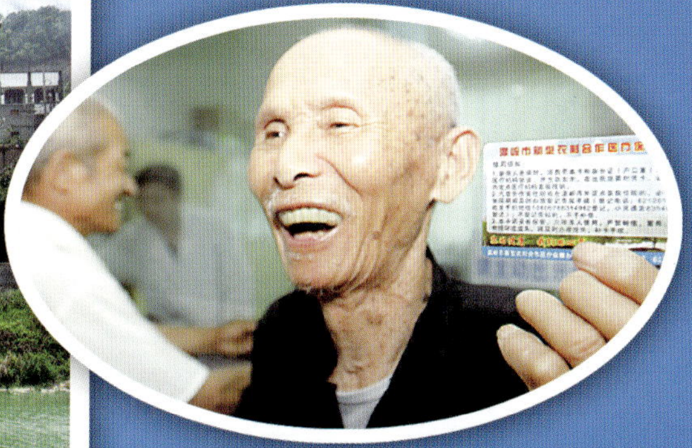

农医保实现异地刷卡报销

全国养老与护理示范基地——温岭三心美德颐乐园

支持新农村建设

支持农村学校建设

成功举办第二届中国·玉环海岛文化节

玉环县财政支持民生事业发展

玉环县财政突出“民生财政”，优化资源配置，进一步建立财政新增财力重点投向民生的长效机制，提高民生支出占比，支持“三农”、教育、卫生、社会保障、生态环保、公共服务等民生事业发展，全县民生支出 18.63 亿元，占财政总支出的 84.4%。

实施慈善减灾安居工程

支持乡镇学前教育

丽水大剧院

送戏下乡

丽水市财政大力支持文化事业发展

丽水市财政重视文化事业发展，加大文化事业基础设施投入，先后建成丽水市广播电视大楼、丽水大剧院、摄影博物馆、网络图书馆等一批文化标志性基础设施。其中丽水市网络图书馆被列入浙江省 2010 年度十大民生工程。同时，大力开展“送戏、送电影、送书”等文化下乡活动，进一步加大对文保单位的保护力度，提升丽水文化事业发展水平。“十一五”期间，全市财政累计投入文化支出 4.91 亿元，年均增长 25.8 %。

省保单位处州府城墙

摄影博物馆

莲都区财政局助推新农村建设

选果流水线

设施大棚

2010 年，丽水市莲都区财政全面落实各项强农惠农政策，全年各类支农资金支出 2.8 亿元，比上年增长 33□。用好农业产业化专项资金，发展高效生态农业，促进农业增收。整合支农资金扶持农业龙头企业、优质农产品基地等发展。深化农村综合改革，深化旧村改造、中心村建设及村庄整治，抓好"一事一议"财政奖补试点工作。初步建立通过财政奖补发展农村公益事业的新机制。

瓯柑基地

桃基地

茭白

村庄整治

2010 年，青田县财政局以多种形式开展各项服务，以实际行动履行“创先争优”承诺。组织干部到企业走访、上街头宣传，与服务对象面对面交流，宣讲政策，倾听意见，优化服务措施。以基层党建“百千工程”为载体，送政策到联系乡，帮助发展生产、修建道路。开展“关爱老区温暖行动”，提供帮扶资金，促进革命老区发展。与县电视台联合举办“温暖民生共建和谐”大型新闻行动，引导全社会关心和帮助困难群体。发动干部职工为困难群众捐款，组织干部到偏远乡校开展爱心助学活动。

“关爱老区温暖行动”启动仪式

青田县财政局立足服务推进创先争优

爱心助学

给联系乡农户送猪仔

深入企业宣传优惠政策

上街宣传家电下乡政策

捐款献爱心

遂昌县财政支持文化事业和文化产业发展

庆祝“班春劝农”入选第三批国家级非物质文化遗产名

遂昌县注重保护和传承优秀传统文化，挖掘文化资源，打造以汤显祖文化为核心的仙县文化品牌，围绕“节庆文化常态化、传统文化产业化、群众文化职业化”的目标，加大对文化事业和文化产业的投入力度。县财政设立文化建设专项资金，重点扶持各类文化赛事、文化节庆，开展文化研究、保护文化遗产，引导社会力量兴办文化产业（民间剧团、戏曲坐唱班、婺剧促进会等）、创建东海山花工程和兴建公共文化基础设施。遂昌县被评为“中国民间文化艺术之乡”，成功举办三届“中国遂昌·汤显祖文化节”，“昆曲十番”、“班春劝农”入选国家级非物质文化遗产名录。2010 年全县财政用于文化建设及文化传播工程 2868 万元，支持文化事业和文化产业发展。

“班春”典礼——鞭春

民间文化大集

庙会

国家级非物质文化遗产——遂昌昆曲十

民族体育摇铁锅

民间菇民戏

景宁县财政支持畲族文化基地建设

畲族妇女织彩带

畲族传统婚礼

畲族博物□

“十一五”期间，景宁畲族自治县紧紧围绕建设全国畲族文化基地的工作目标，统筹政府财力，加大财政投入，畲族文化基地建设初见成效。投资6000多万元畲族博物馆成了县城一道亮丽的风景，畲族传统文化项目如织彩带、菇民戏、押加、枪猪和滚石等民间传统文化得到了开发和保护，畲族民间艺术团红红火火，文物及非物质文化遗产也得到了发掘、保护与弘扬。

云和县财政力推木制玩具文化创意产业发展

召开税企恳谈会助力木玩产业发展

深入企业调研

云和县素有“中国木制玩具城”称号，云和县财政局围绕县委、县政府的“小县大城”核心战略，强化职能，打造“中国童话休闲旅游城”。将文化创意元素融入木制玩具产业，通过设立文化创意产业发展专项资金，对推进玩具产业与幼儿教育、动漫结合的文化创意产品、服务和项目予以扶持，保障项目建设，实现产业联动。建设木制玩具文化创意产业基地，实现木制玩具文化元素与旅游产业融合，打造“山水家园、童话世界”。成立玩具文化创意研发中心，带动企业研发新产品。强化企业自主创新能力，对技术改造投入大、创建有“创意品牌”和名牌商标的企业，县财政予以一定奖励。

帮助玩具企业成功分离服务业

玩具超市

财经统计资料

zhejiangcaizhengnianjian

1978～2010年浙江省财政收支情况

年份	财政总收入（亿元）	地方财政收入（亿元）		财政支出（亿元）	增长速度（%）				全省GDP值（亿元）	总收入占GDP比重（%）	人均财政支出（元）
			其中税收收入（亿元）		总收入	地方财政收入	其中税收收入占比%	支出			
1978	27			17					124	21.8	46
1979	26			18	-5.8			1.8	158	16.4	47
1980	31			17	20.3			-2.3	180	17.3	45
1981	34			17	10.3			-1.3	205	16.8	44
1982	37			19	6.7			10.3	234	15.7	48
1983	42			22	14.1			16.2	257	16.3	55
1984	47			29	11.7			31.3	323	14.5	72
1985	58			37	24.8			29.9	429	13.6	93
1986	69			51	17.8			36.3	502	13.7	125
1987	76			51	11.3			0.5	607	12.7	124
1988	86			63	12.0			23.2	770	11.1	151
1989	98			75	14.8			18.4	849	11.6	178
1990	102			80	3.4			7.3	905	11.1	189
1991	109			88	7.2			10.2	1089	10.2	208
1992	118			95	8.6			7.8	1376	8.7	222
1993	167			125	40.8			31.2	1926	8.7	290
1994	209	95		153	25.7			22.4	2689	7.9	353
1995	249	117		180	18.7	23.4		17.8	3558	7.0	413
1996	292	140		214	17.4	19.5		18.5	4189	7.0	486
1997	341	157		249	16.7	12.7		12.4	4686	7.3	543
1998	402	198		287	18.0	25.9		19.4	5053	8.1	645
1999	477	245		344	18.8	23.9		20.0	5444	8.8	770
2000	658	343		431	37.4	39.6		25.4	6141	10.7	958
2001	918	418		597	30.5	46.1		38.5	6898	12.4	1322
2002	1167	567		750	36.3	13.2		25.5	8004	14.6	1653
2003	1469	707		897	25.9	24.6		19.6	9705	15.1	1970
2004	1805	901		1063	22.9	27.5		18.5	11649	15.5	2322
2005	2115	1067		1266	17.2	18.4		19.1	13418	15.7	2750
2006	2568	1298	1184	1472	21.4	21.7	91.2	16.3	15718	16.3	3179
2007	3240	1650	1535	1807	26.2	27.1	93.0	22.8	18754	17.3	3878
2008	3730	1933	1792	2209	15.1	17.2	92.7	22.2	21463	17.4	4711
2009	4122	2143	1984	2653	10.5	10.8	92.6	20.1	22990	17.9	5626
2010	4895	2608	2465	3208	18.8	21.7	94.5	20.9	27722	17.7	6756

2008～2010年浙江省一般预算收支决算

单位:万元

收入				支出			
预算科目	2008年	2009年	2010年	预算科目	2008年	2009年	2010年
一、税收收入	17920894	19838146	24649571	一、一般公共服务	3724556	3976905	4342936
增值税	3489164	3685473	3988233	二、外交	13		534
营业税	5743030	6636158	8166778	三、国防	50048	54828	64276
企业所得税	3030972	2950644	3741279	四、公共安全	1996246	2169814	2606680
企业所得税退税	-8160	-51		五、教育	4539902	5193303	6065431
个人所得税	1157086	1241136	1510831	六、科学技术	867928	993037	1214005
资源税	67501	66750	63554	七、文化体育与传媒	637593	640943	771484
固定资产投资方向调节税		2	3	八、社会保障和就业	1415223	1530802	2063942
城市维护建设税	1104714	1141346	1430569	九、医疗卫生	1428690	1770527	2245289
房产税	601248	686297	719652	十、环境保护	465183	554210	820725
印花税	279484	289457	403732	十一、城乡社区事务	1939499	2246114	2723020
城镇土地使用税	578304	721471	675433	十二、农林水事务	1774175	2360813	2903745
土地增值税	402641	489370	1066951	十三、交通运输	594234	2463553	2333680
车船税	97132	111109	161983	十四、资源勘探电力信息等事务		1051836	1256681
耕地占用税	205723	273851	440533	十五、商业服务等事务			855818
契税	1170966	1544225	2279372	十六、金融监管等事务支出		20439	42249
烟叶税	811	908	668	十七、地震灾后恢复重建支出	126185	178033	186809
其他税收收入	278			十八、国土资源气象等事务			209599
二、非税收入	1412996	1586985	1435084	十九、住房保障支出			295972
专项收入	726397	671114	837489	二十、粮油物资储备管理事务		550914	117526
行政事业性收费收入	331009	419374	445931	二十一、预备费			
罚没收入	710137	789732	706026	二十二、国债还本付息支出		1506	26518
国有资本经营收入	-468413	-463799	-729092	二十三、其他支出	805957	775909	931911
国有资源(资产)有偿使用使用收入	104552	114732	167681				
其他收入	9314	55832	7049				
收入合计	19333890	21425131	26084655	支出合计	22085756	26533486	32078830

注：此表以2010年的收支科目为基础,未对2008年、2009年的收支作同口径调整。

2010年浙江省一般预算收支决算分级

单位：万元

预算科目	决算数合计	省级	地级	其中：地级直属乡镇	县级	乡镇级
一、税收收入	24649571	1935840	3707160	34126	12801502	6205069
增值税	3988233	241469	447348		1855534	1443882
营业税	8166778	1029296	939628	10308	4338176	1859678
企业所得税	3741279	512111	465938	5435	1808047	955183
企业所得税退税						
个人所得税	1510831	72874	197937	2675	800333	439687
资源税	63554		3396		25041	35117
固定资产投资方向调节税	3		139		-136	
城市维护建设税	1430569	52714	355884	4933	628041	393930
房产税	719652	13197	113740	3992	349011	243704
印花税	403732	12678	62914	1774	206421	121719
城镇土地使用税	675433	1196	80054	4551	252692	341491
土地增值税	1066951	242	134810	458	727016	204883
车船税	161983	63	25249		128943	7728
耕地占用税	440533		76291		347195	17047
契税	2279372		803832		1334520	141020
烟叶税	668				668	
其他税收收入						
二、非税收入	1435084	430241	187071		764939	52833
专项收入	837489	115560	170703		500146	51080
行政事业性收费收入	445931	267897	63404		112930	1700
罚没收入	706026	34257	173422		498298	49
国有资本经营收入	-729092	-32526	-255114		-441452	
国有资源（资产）有偿使用收入	167681	43511	31903		92263	4
其他收入	7049	1542	2753		2754	
收入合计	26084655	2366081	3894231	34126	13566441	6257902
一、一般公共服务	4342936	301843	896852	4191	2316979	827262
二、外交	534	534				
三、国防	64276	12737	11695		37256	2588
四、公共安全	2606680	396935	598378		1561278	50089
五、教育	6065431	612156	767748	90	3952888	732639
六、科学技术	1214005	220225	262507		676931	54342
七、文化体育与传媒	771484	129774	216173	66	378608	46929
八、社会保障和就业	2063942	69189	472107	436	1299407	223239
九、医疗卫生	2245289	295699	392131	586	1426202	131257
十、环境保护	820725	23118	150400		577578	69629
十一、城乡社区事务	2723020	7976	685957	949	1725537	303550
十二、农林水事务	2903745	394103	303178	2306	1727212	479252
十三、交通运输	2333680	744544	569509		1006721	12906
十四、资源勘探电力信息等事务	1256681	85838	156570		896927	117346
十五、商业服务业等事务	855818	25049	146277		654599	29893
十六、金融监管等事务支出	42249	2530	17916		21774	29
十七、地震灾后恢复重建支出	186809	52450	41413		92709	237
十八、国土资源气象等事务	209599	50461	51910		100428	6800
十九、住房保障支出	295972	6000	65692		184868	39412
二十、粮油物资储备管理事务	117526	51614	21857		42840	1215
二十二、国债还本付息支出	26518		4541		21977	
二十三、其他支出	931911	19421	382845	1671	485188	44457
支出合计	32078830	3502196	6215656	10295	19187907	3173071

2010年浙江省政府性基金收支决算分级

单位：万元

项　　目	决算数合计	省级	地级	其中：地级直属乡镇	县级	乡镇级
地方教育附加收入	590796	67502	118984		394606	9704
新增建设用地土地有偿使用费收入	359770	297369	353		62048	
地方水利建设基金收入	747113	106273	144446		496213	181
残疾人就业保障金收入	150100	10948	21086		118066	
政府住房基金收入	27298		13324		13974	
城市公用事业附加收入	66869		31171		35366	332
国有土地使用权出让金收入	40163357	121643	17437379		21995878	608457
国有土地收益基金收入	1408117		569620		830524	7973
农业土地开发资金收入	125542	19490	32827		72479	746
彩票公益金收入	182312	77165	70007		34883	257
城市基础设施配套费收入	27394		6345		21049	
车辆通行费收入	16861	12374	4487			
其他各项政府性基金收入	371800	91989	151719		127826	266
本年收入合计	44237329	804753	18601748		24202912	627916
地方教育附加支出	557796	4950	109180		385877	57789
新增建设用地土地有偿使用费支出	349522	3330	28834		303067	14291
地方水利建设基金支出	690511	12732	142802		494109	40868
残疾人就业保障金支出	130699	4241	22803		96685	6970
政府住房基金支出	12858		9652	81	3206	
城市公用事业附加支出	54276		19918		33440	918
国有土地使用权出让金支出	38196664	47121	12357149		23176021	2616373
国有土地收益基金支出	1047829		480489		555803	11537
农业土地开发资金支出	98607		11270		74827	12510
彩票事务	154332	37058	52900		57569	6805
城市基础设施配套费支出	24083		6209		17874	
车辆通行费支出	24310	16081	8229			
其他各项政府性基金支出	525290	61270	294840		166539	2641
支出合计	41866777	186783	13544275	81	25365017	2770702

2010年浙江省政府性基金等收支决算

单位:万元

预算科目	政府性基金	国有资本经营预算	预算外财政专户资金
政府性基金收入	44237329		
国有资本经营收入		137407	
行政事业性收费收入			3017157
国有资源(资产)有偿使用收入			473096
其他收入			2421475
收入合计	44237329	137407	5911728
一、一般公共服务			808772
二、外交			
三、国防			51073
四、公共安全			169346
五、教育			1898560
六、科学技术			20561
七、文化体育与传媒			184453
八、社会保障和就业			186124
九、医疗卫生			271879
十、环境保护			74405
十一、城乡社区事务			1144487
十二、农林水事务			406644
十三、交通运输			299073
十四、资源勘探电力信息等事务			125215
十五、商业服务业等事务			40125
十六、金融监管等事务支出			1972
十七、地震灾后恢复重建支出			3778
十八、国土资源气象等事务			317476
十九、住房保障支出			114484
二十、粮油物资储备管理事务			5003
二十二、国债还本付息支出			
二十三、其他支出			714470
支出合计			6837900

2006～2010年浙江省社会保险基金收支

单位：万元

科目		本年收入	上级补助收入	省补助计划单列市收入	下级上解收入	计划单列市上解省收入	本年支出	补助下级支出	省补助计划单列市支出	上解上级支出	计划单列市上解省支出	按规定核减基金结余	本年收支结余
一、企业职工基本养老保险基金	2006年	3155800	7604		22082		1898934	7604		22043			1256905
	2007年	3746099	7859		25435		2229043	7859		25419			1517072
	2008年	4523968	15825		30773		2761984	15825		30755			1762002
	2009年	4792916	28910		38292		3250632	28910		38292			1542284
	2010年	5529269	17628		51076	1000	3790134	17628		51076	1000		1739135
二、失业保险基金	2006年	227984	20		13204		62447	20		12797			165944
	2007年	288340			14983		82094			15048			206181
	2008年	363428	170		18449		100204	170		18384			263289
	2009年	439995			21638		177755			21638			262240
	2010年	520578			23152	2557	236489			23152	2557		284089
三、城镇职工基本医疗保险基金	2006年	1003882					720338						283544
	2007年	1294627					749519						545108
	2008年	1889823					1216736						673087
	2009年	2017036					1575890						441146
	2010年	2761660			1026		2198232			1026			563428
四、工伤保险基金	2006年	66860					38582						28278
	2007年	99881					54075						45806
	2008年	141213					87155						54058
	2009年	170934					106915						64019
	2010年	219752					140777						78975
五、生育保险基金	2006年	38782					26989						11793
	2007年	53642					42158						11484
	2008年	77155					59267						17888
	2009年	95450					79109						16341
	2010年	125423					97901						27522
合计	2006年	4493308	7624		35286		2747290	7624		34840			1746464
	2007年	5482589	7859		40418		3156889	7859		40467			2325651
	2008年	6995587	15995		49222		4225346	15995		49139			2770324
	2009年	7516331	28910		59930		5190301	28910		59930			2326030
	2010年	9156682	17628		75254	3557	6463533	17628		75254	3557		2693149

2010年浙江省财政一般公共服务支出

单位:万元

科　　目	决算数	科　　目	决算数
人大事务	110222	商贸事务	177034
政协事务	74947	知识产权事务	4294
政府办公厅(室)及相关机构事务	1502054	工商行政管理事务	255012
发展与改革事务	154035	质量技术监督与检验检疫事务	103847
统计信息事务	90921	民族事务	3880
财政事务	262705	宗教事务	7423
税收事务	417774	港澳台侨事务	18954
审计事务	56801	档案事务	31070
海关事务	9104	共产党事务	417672
人力资源事务	99841	民主党派及工商联事务	34031
纪检监察事务	65812	群众团体事务	84731
人口与计划生育事务	231816	其他一般公共服务支出	128956
一般公共服务支出合计		4342936	

2010年浙江省财政教育支出

单位:万元

科　　目	决算数	科　　目	决算数
教育管理事务	137669	留学教育	
普通教育	4547990	特殊教育	21572
职业教育	528035	教师进修及干部继续教育	99237
成人教育	26486	教育费附加支出	553947
广播电视教育	14601	其他教育支出	135894
教育支出合计		6065431	

2010年浙江省科学技术支出

单位：万元

科　目	决算数	科　目	决算数
科学技术管理事务	42937	社会科学	11546
基础研究	14775	科学技术普及	43421
应用研究	62825	科技交流与合作	11707
技术研究与开发	648109	科技重大专项	500
科技条件与服务	92868	其他科学技术支出	285317
科学技术支出合计		1214005	

2010年浙江省文化体育与传媒支出

单位：万元

科　目	决算数	科　目	决算数
文化	352592	广播影视	93761
文物	103496	新闻出版	11225
体育	127896	其他文化体育与传媒支出	82514
文化体育与传媒支出合计		771484	

2010年浙江省社会保障和就业支出

单位：万元

科　目	决算数	科　目	决算数
人力资源和社会保障管理事务	221193	残疾人事业	56435
民政管理事务	142537	城市居民最低生活保障	38050
财政对社会保险基金的补助	371376	其他城镇社会救济	48139
行政事业单位离退休	198810	自然灾害生活救助	21452
企业改革补助	1872	红十字事业	5129
就业补助	99812	农村最低生活保障	116203
抚恤	154912	其他农村社会救济	83320
退役安置	70879	补充道路交通事故社会救助基金	
社会福利	80619	其他社会保障和就业支出	353204
社会保障和就业支出合计		2063942	

2010 年浙江省医疗卫生支出

单位：万元

科　　目	决算数	科　　目	决算数
医疗卫生管理事务	97222	医疗保障	994753
公立医院	346725	中医药	8906
基层医疗卫生服务	223236	食品和药品监督管理事务	73411
公共卫生	353787	其他医疗卫生支出	147249
医疗卫生支出合计		2245289	

2010 年浙江省环境保护支出

单位：万元

科　　目	决算数	科　　目	决算数
环境保护管理事务	53652	退牧还草	
环境监测与监察	11542	已垦草原退耕还草	
污染防治	253345	能源节约利用	152424
其中：排污费支出	106549	污染减排	131379
自然生态保护	138798	可再生能源	28753
天然林保护		资源综合利用	22814
退耕还林	10	能源管理事务	260
风沙荒漠治理		其他环境保护支出	27748
环境保护支出合计		820725	

2010 年浙江省城乡社区事务支出

单位：万元

科　　目	决算数	科　　目	决算数
城乡社区管理事务	579281	城乡社区环境卫生	312466
城乡社区规划与管理	64089	建设市场管理与监督	13446
城乡社区公共设施	1197938	其他城乡社区事务支出	555800
城乡社区事务支出合计		2723020	

2010年浙江省农林水事务支出

单位:万元

科　目	决算数	科　目	决算数
农业	1543432	扶贫	122117
林业	240730	农业综合开发	146377
水利	562326	农村综合改革	176070
其中:水资源费支出	11156	其他农林水事务支出	112693
南水北调			
农林水事务支出合计		2903745	

2010年浙江省交通运输支出

单位:万元

科　目	决算数	科　目	决算数
公路水路运输	1723898	石油价格改革对交通运输的补贴	87804
铁路运输	381484	邮政业支出	50
民用航空运输	9524	其他交通运输支出	130920
交通运输支出合计		2333680	

2010年浙江省资源勘探电力信息等事务支出

单位:万元

科　目	决算数	科　目	决算数
资源勘探开发和服务支出	31773	工业和信息产业监管支出	33873
制造业	219379	安全生产监管	54800
建筑业	4928	国有资产监管	9938
电力监管支出	327	支持中小企业发展和管理支出	416269
其中:三峡库区移民专项支出		其他资源勘探电力信息等事务支出	485394
资源勘探电力信息等事务支出合计		1256681	

2010年浙江省商业服务业等事务支出

单位:万元

科　　目	决算数	科　　目	决算数
商业流通事务	485948	涉外发展服务支出	165751
旅游业管理与服务支出	102572	其他粮油物资储备管理等事务支出	101547
商业服务业等事务支出合计		855818	

2010年浙江省地震灾后恢复重建支出

单位:万元

科　　目	决算数	科　　目	决算数
倒塌毁损民房恢复重建		工商企业恢复生产和重建	
基础设施恢复重建	624	党政机关恢复重建	
公益服务设施恢复重建	4400	军队武警恢复重建	
农业林业恢复生产和重建		其他恢复重建支出	181785
地震灾后恢复重建支出合计		186809	

2010年浙江省国土资源气象等事务支出

单位:万元

科　　目	决算数	科　　目	决算数
国土资源事务	127157	其中:海域使用金支出	29276
其中:矿产资源补偿费支出	8276	测绘事务	13242
探矿权采矿权使用费和价款支出	8128	地震事务	2248
海洋管理事务	44491	气象事务	22461
国土资源气象等事务支出合计		209599	

2010年浙江省住房保障支出

单位:万元

科　　目	决算数	科　　目	决算数
保障性住房支出	28578	城乡社区住宅	31872
住房改革支出	235522		
住房保障支出合计		295972	

2010年浙江省市县级一般预算收支情况

单位：万元

项目 \ 地区	杭州市	市本级	富阳市	桐庐县	临安市	建德市	淳安县	上城区
一、收入合计	6713412	776820	326503	130775	169673	120060	71987	502201
(一)税收收入	6520916	761856	303910	121587	166591	115015	66846	491381
增值税	892292	71346	67055	23768	30179	18613	7010	38667
营业税	2213139	41835	82662	39473	46984	33790	27744	238437
企业所得税	992319	46639	35759	13250	17316	13820	11739	66931
个人所得税	392018	7058	13862	7313	9943	8489	3753	54427
资源税	10298	0	3420	1162	898	2611	35	0
城市维护建设税	393579	99455	18091	6666	10967	7405	2768	25768
耕地占用税	136115	31104	12088	2316	1296	3412	1063	0
契税	718207	449295	26563	14668	17073	8953	4118	0
烟叶税	0	0	0	0	0	0	0	0
其他各项税收收入	772949	15124	44410	12971	31935	17922	8616	67151
(二)非税收入	192496	14964	22593	9188	3082	5045	5141	10820
专项收入	166645	39601	15010	4588	5611	4439	1821	9511
行政事业性收费收入	11876	6915	0	94	0	940	1044	0
罚没收入	108274	41966	10037	4153	4945	4136	1955	1262
国有资本经营收入	-105338	-76400	-3000	0	-7810	-4700	0	0
国有资源(资产)有偿使用收入	11009	2882	546	353	336	230	321	47
其他收入	30	0	0	0	0	0	0	0
二、支出合计	6164885	1545257	362254	177689	258552	186581	191411	219946
一般公共服务	763209	226007	43914	23781	39075	25001	29721	18650
外交	0	0	0	0	0	0	0	0
国防	9498	2178	33	492	427	430	398	0
公共安全	415879	129548	21361	12643	15241	11112	11536	17063
教育	1058826	197869	108158	36804	55445	43011	43158	41755
科学技术	288559	108585	14912	6551	10549	8184	3885	8643
文化体育与传媒	153938	60620	5116	3898	4091	3034	3087	1234
社会保障和就业	639153	242983	38032	16149	19847	18931	15217	25377
医疗卫生	417085	136106	24000	14926	18271	15156	20722	10354
环境保护	137829	33289	13601	7770	22168	7674	6246	269
城乡社区事务	982966	144405	15854	8907	7818	7518	5922	67186
农林水事务	318454	46339	46369	19485	25465	26357	26552	0
交通运输	175849	65603	7329	8676	18614	8059	12346	0
资源勘探电力信息等事务	320721	43193	6703	5748	8947	2501	4501	2291
商业服务业等事务	159164	35926	6310	6604	9645	3385	2894	4540
金融监管等事务支出	18347	13661	25	65	210	25	0	488
地震灾后恢复重建支出	33541	11520	2757	0	1404	0	0	0
国土资源气象等事务	28593	11847	1671	448	698	1356	773	390
住房保障支出	31932	1111	5060	3912	239	3244	913	270
粮油物资储备管理事务	10718	5400	140	730	140	92	1083	0
国债还本付息支出	711	0	0	0	5	0	25	0
其他支出	199913	29067	909	100	253	1511	2432	21436

（续表一） 单位：万元

项目＼地区	下城区	江干区	拱墅区	西湖区	滨江区	萧山区	余杭区	开发区
一、收入合计	638984	429464	352044	628907	460248	981659	760010	333634
（一）税收收入	626608	419396	341394	611771	451819	946391	738082	328835
增值税	57101	39334	69235	46432	49594	184237	87503	101529
营业税	282449	178833	124487	289384	161206	269990	297788	79650
企业所得税	103834	89370	61383	112826	97839	138290	90677	89361
个人所得税	60882	16766	18497	41605	56657	44450	29958	16302
资源税	0	0	0	0	0	999	1173	0
城市维护建设税	28841	18780	20470	29699	20262	54004	39419	9639
耕地占用税	0	0	0	0	0	71134	13702	0
契税	0	0	0	0	0	101199	96338	0
烟叶税	0	0	0	0	0	0	0	0
其他各项税收收入	93501	76313	47322	91825	66261	82088	81524	32354
（二）非税收入	12376	10068	10650	17136	8429	35268	21928	4799
专项收入	10520	6824	7744	10781	7384	22831	15970	3511
行政事业性收费收入	0	0	0	1995	0	0	380	292
罚没收入	1490	2808	2708	4256	815	16678	10222	574
国有资本经营收入	0	0	0	0	0	-6428	-7000	0
国有资源（资产）有偿使用收入	366	436	198	104	230	2157	2356	422
其他收入	0	0	0	0	0	30	0	0
二、支出合计	192468	234068	178274	320648	317111	811509	739228	252397
一般公共服务	26697	24936	25515	35775	17764	95731	97795	25898
外交	0	0	0	0	0	0	0	0
国防	311	34	62	590	78	2932	1501	32
公共安全	15951	20688	16871	27974	9184	47499	42686	10188
教育	36895	36987	30675	57175	28188	178967	150814	11168
科学技术	6744	10052	6753	10328	30605	24397	23470	14235
文化体育与传媒	1739	2211	1593	4773	2102	16227	14932	2745
社会保障和就业	28545	20079	17102	37247	21567	64639	70889	1476
医疗卫生	9822	11973	12705	16426	6608	58422	59389	1640
环境保护	141	4	944	1806	2625	17304	18739	3585
城乡社区事务	31008	42947	52106	79275	113402	125623	71691	110938
农林水事务	58	3162	1105	6061	6399	54486	54867	896
交通运输	0	0	0	70	0	31249	23903	0
资源勘探电力信息等事务	6294	1917	8414	16181	63896	59402	24234	64617
商业服务业等事务	24071	7312	3848	13966	4892	13446	21399	578
金融监管等事务支出	1091	670	20	1992	80	0	20	0
地震灾后恢复重建支出	1990	2555	0	0	3584	6953	0	2583
国土资源气象等事务	399	72	411	1403	2393	1488	3986	1086
住房保障支出	0	406	0	130	3155	10408	2870	95
粮油物资储备管理事务	702	0	0	0	40	604	1787	0
国债还本付息支出	0	0	0	0	0	0	681	0
其他支出	10	48063	150	9476	549	1732	53575	637

（续表二） 单位：万元

项目 \ 地区	西湖风景名胜区	临平工业园区	宁波市	市本级	慈溪市	余姚市	奉化市	象山县
一、收入合计	30443	0	5309278	546990	571910	440379	179077	200893
（一）税收收入	29434	0	5079743	465656	541027	440330	168002	184934
增值税	689	0	913414	125165	108939	87242	36609	32994
营业税	18427	0	1540186	64058	161724	120582	50188	64214
企业所得税	3285	0	805667	146377	60690	46013	15824	23579
个人所得税	2056	0	344034	13224	41820	34593	11318	12406
资源税	0	0	5224	0	116	349	321	640
城市维护建设税	1345	0	304222	87001	29807	19201	10926	8855
耕地占用税	0	0	83879	0	8534	18909	3833	1853
契税	0	0	462362	0	34693	33093	17651	21560
烟叶税	0	0	0	0	0	0	0	0
其他各项税收收入	3632	0	620755	29831	94704	80348	21332	18833
（二）非税收入	1009	0	229535	81334	30883	49	11075	15959
专项收入	499	0	163350	38890	16565	14214	6325	7220
行政事业性收费收入	216	0	81316	30908	12000	4375	1270	2686
罚没收入	269	0	113140	20987	13147	10365	8064	7630
国有资本经营收入	0	0	-165665	-23500	-15708	-33737	-9523	-3537
国有资源（资产）有偿使用收入	25	0	36603	13660	4879	4669	4939	1960
其他收入	0	0	791	389	0	163	0	0
二、支出合计	131304	46188	6006639	1418297	618425	505467	263594	276619
一般公共服务	2945	4004	832951	154169	93570	78082	44825	41129
外交	0	0	0	0	0	0	0	0
国防	0	0	10239	2495	1268	964	298	541
公共安全	6334	0	445571	114459	56136	41645	20593	23257
教育	1757	0	892737	157051	130410	90057	49110	51247
科学技术	356	310	221456	37123	28520	16269	8043	8672
文化体育与传媒	26536	0	110983	27114	9277	12772	3370	4764
社会保障和就业	1073	0	344275	70406	41870	35684	13634	15124
医疗卫生	565	0	365933	76169	47269	40356	18080	20097
环境保护	0	1664	193880	29467	16140	18033	3243	5177
城乡社区事务	90089	8277	724354	256850	38847	26486	22490	8803
农林水事务	812	41	430142	58011	57185	72207	36575	55152
交通运输	0	0	351702	176568	21282	26342	15561	10239
资源勘探电力信息等事务	114	1768	369077	21582	37907	15522	5496	8091
商业服务业等事务	348	0	245770	26441	17065	12659	8987	8060
金融监管等事务支出	0	0	6967	135	761	616	241	506
地震灾后恢复重建支出	195	0	35359	10041	4910	3945	1442	1671
国土资源气象等事务	172	0	36272	11559	1035	3670	1852	3140
住房保障支出	0	119	131941	27656	11973	8946	8810	5842
粮油物资储备管理事务	0	0	17841	6734	3000	871	400	2447
国债还本付息支出	0	0	7658	2129	0	0	127	588
其他支出	8	30005	231531	152138	0	341	417	2072

（续表三） 单位：万元

项目＼地区	宁海县	鄞州区	镇海区	北仑区	江东区	江北区	海曙区	开发区
一、收入合计	210058	878242	268709	223532	311898	295639	361807	281526
（一）税收收入	191979	825559	285622	210445	308638	299012	365048	277299
增值税	43127	124655	49978	35216	14838	32016	23374	73528
营业税	53348	241135	93893	62291	148071	113862	172351	58785
企业所得税	27092	117752	46845	30066	35869	34690	50557	58255
个人所得税	16450	51491	18072	15225	24418	21749	34256	20268
资源税	204	2215	99	853	0	264	0	0
城市维护建设税	11892	37524	14109	10583	12637	13198	17086	8805
耕地占用税	2813	18151	3444	12244	1333	5556	539	4000
契税	14904	134322	25702	21770	42031	38420	29003	15136
烟叶税	0	0	0	0	0	0	0	0
其他各项税收收入	22149	98314	33480	22197	29441	39257	37882	38522
（二）非税收入	18079	52683	-16913	13087	3260	-3373	-3241	4227
专项收入	10836	18556	8287	9052	5350	6359	7552	4137
行政事业性收费收入	2000	17402	300	570	1907	0	0	0
罚没收入	9226	20471	4779	9106	2718	1114	2936	10
国有资本经营收入	-4331	-6500	-31000	-5700	-6961	-11218	-14000	0
国有资源（资产）有偿使用收入	293	2754	692	57	246	372	271	80
其他收入	55	0	29	2	0	0	0	0
二、支出合计	287610	760828	255460	226247	186989	234035	186100	247723
一般公共服务	46087	104022	39320	28208	27646	50740	32599	34715
外交	0	0	0	0	0	0	0	0
国防	533	1178	753	650	304	432	537	206
公共安全	27676	44351	20759	18207	21787	17826	18586	9988
教育	56938	135987	40903	47816	36556	33763	33971	12209
科学技术	8702	34337	12562	11795	9958	9886	8058	10900
文化体育与传媒	5730	19731	6097	5941	6949	3151	1760	3151
社会保障和就业	19486	28869	14514	14556	15223	10233	16912	10397
医疗卫生	21997	47298	13791	14589	10130	11768	9017	27941
环境保护	6447	74120	6107	7725	274	7834	334	0
城乡社区事务	9678	73859	20794	16954	25300	22504	26634	68864
农林水事务	39133	46160	13192	17473	677	12646	1207	5009
交通运输	13865	21988	6694	9542	26	11380	30	5944
资源勘探电力信息等事务	9046	67051	41042	12960	5043	20892	12988	43162
商业服务业等事务	8942	38021	7157	9202	8822	6488	15232	11633
金融监管等事务支出	442	0	50	205	3092	284	365	30
地震灾后恢复重建支出	1791	0	0	1301	1196	1780	1232	2240
国土资源气象等事务	1568	4165	1714	1375	294	380	289	0
住房保障支出	9240	17421	7317	6325	8973	3689	6280	1333
粮油物资储备管理事务	0	2104	833	741	159	462	0	0
国债还本付息支出	220	156	0	0	4374	0	64	0
其他支出	89	10	1861	682	206	7897	5	1

（续表四）

单位：万元

项目 \ 地区	大榭开发区	宁波保税区	东钱湖区	高新开发区	杭州湾新区	温州市	市本级	平阳县
一、收入合计	192406	123562	70980	151670	0	2284927	552955	133471
（一）税收收入	187362	113131	69180	146519	0	2118303	523933	121874
增值税	86212	21344	4348	13829	0	375576	24460	18465
营业税	29369	25570	27268	53477	0	622399	183613	38682
企业所得税	41321	32216	10942	27579	0	281029	52470	12412
个人所得税	7653	11515	2233	7343	0	150193	44038	7759
资源税	76	0	87	0	0	1099	40	33
城市维护建设税	8945	5599	2056	5998	0	145436	34203	5985
耕地占用税	0	0	1986	684	0	19458	0	3235
契税	1090	1216	13702	18069	0	234654	106214	19655
烟叶税	0	0	0	0	0	0	0	0
其他各项税收收入	12696	15671	6558	19540	0	288459	78895	15648
（二）非税收入	5044	10431	1800	5151	0	166624	29022	11597
专项收入	3986	2414	901	2706	0	80312	17808	4007
行政事业性收费收入	182	6849	0	867	0	4839	0	1064
罚没收入	570	100	692	1225	0	106270	36073	7431
国有资本经营收入	50	0	0	0	0	-54935	-28470	-1600
国有资源（资产）有偿使用收入	254	918	207	352	0	28618	3611	633
其他收入	2	150	0	1	0	1520	0	62
二、支出合计	205066	117637	64151	152391	0	3107766	598580	227514
一般公共服务	9964	10329	26426	11120	0	457801	93897	31923
外交	0	0	0	0	0	0	0	0
国防	1	0	1	78	0	6804	1604	895
公共安全	3859	130	2696	3616	0	263806	59495	17048
教育	5143	0	6480	5096	0	793395	115690	63999
科学技术	5000	3338	380	7913	0	66690	22802	4011
文化体育与传媒	471	0	352	353	0	62921	19780	5979
社会保障和就业	27155	2216	4760	3236	0	178812	31493	16595
医疗卫生	2185	0	3170	2076	0	233041	32905	18875
环境保护	11967	3080	28	3904	0	65838	4853	6334
城乡社区事务	36278	55483	7432	7098	0	222084	79016	3860
农林水事务	10557	0	4293	665	0	291432	26339	30714
交通运输	29324	1450	1364	103	0	163805	47823	12192
资源勘探电力信息等事务	25176	11385	2185	29549	0	56063	5463	2357
商业服务业等事务	28684	22646	1977	13754	0	78673	15864	4196
金融监管等事务支出	95	145	0	0	0	1648	844	40
地震灾后恢复重建支出	1285	849	501	1175	0	10823	4768	0
国土资源气象等事务	1459	3142	187	443	0	20428	6534	1730
住房保障支出	3873	904	1362	1997	0	40293	23070	717
粮油物资储备管理事务	90	0	0	0	0	7311	2212	1167
国债还本付息支出	0	0	0	0	0	10202	413	0
其他支出	2500	2540	557	60215	0	75896	3715	4882

（续表五）

单位：万元

地区 项目	苍南县	瑞安市	永嘉县	乐清市	文成县	泰顺县	洞头县	鹿城区
一、收入合计	149518	326992	137436	343622	34822	34278	27352	187485
（一）税收收入	134748	303534	127267	321203	22183	22543	23902	179268
增值税	19427	58760	29545	77671	2184	1868	4437	34230
营业税	44047	80633	35020	74598	7874	10952	8623	65645
企业所得税	13721	42060	19957	49623	2344	3041	2208	24588
个人所得税	9349	23569	7460	22070	1617	1295	1161	11674
资源税	98	173	142	374	47	2	63	9
城市维护建设税	7057	19699	8454	23188	1424	1065	1475	12172
耕地占用税	1138	3388	1136	2737	352	73	1234	35
契税	20411	28445	13409	38991	3133	1690	2706	0
烟叶税	0	0	0	0	0	0	0	0
其他各项税收收入	19500	46807	12144	31951	3208	2557	1995	30915
（二）非税收入	14770	23458	10169	22419	12639	11735	3450	8217
专项收入	6475	10396	6214	12667	1274	1544	783	5259
行政事业性收费收入	1711	0	0	0	1750	217	97	0
罚没收入	9160	20299	4928	15097	1602	1475	1616	2873
国有资本经营收入	-2926	-11000	-1350	-8500	0	-210	21	0
国有资源（资产）有偿使用收入	350	3763	377	3155	6569	8709	933	85
其他收入	0	0	0	0	1444	0	0	0
二、支出合计	281286	361575	244710	388903	146990	154203	85629	222614
一般公共服务	36227	59352	38434	47507	21016	21965	15669	35920
外交	0	0	0	0	0	0	0	0
国防	440	650	462	860	84	66	444	554
公共安全	20163	32107	20091	27878	8035	7801	7005	31934
教育	85931	105496	70240	133589	33560	34325	14134	55828
科学技术	3171	7574	4827	6812	1219	1058	1732	2623
文化体育与传媒	5152	4432	5374	4890	3434	5195	2089	3116
社会保障和就业	22834	17661	18503	20975	9911	14003	3283	8731
医疗卫生	23328	28552	21832	30605	11742	11230	4524	19339
环境保护	4288	4780	4367	7326	6511	6171	2024	2713
城乡社区事务	7448	10733	4787	15884	3022	4744	9757	11897
农林水事务	39527	39626	31176	45301	16762	17840	13785	10676
交通运输	12080	27470	14888	10791	12751	13404	3408	3231
资源勘探电力信息等事务	2743	4859	4333	5662	310	992	1722	2733
商业服务业等事务	4819	10913	2733	9032	2596	2721	1322	11469
金融监管等事务支出	321	0	443	0	0	0	0	0
地震灾后恢复重建支出	0	334	0	0	0	0	0	1695
国土资源气象等事务	1978	2550	168	3540	1477	996	958	0
住房保障支出	392	523	728	1178	336	2192	66	3249
粮油物资储备管理事务	162	239	79	1177	1079	362	296	0
国债还本付息支出	9784	0	0	0	1	0	4	0
其他支出	498	3724	1245	15896	13144	9138	3407	16906

（续表六）

单位：万元

项目 \ 地区	瓯海区	龙湾区	开发区	嘉兴市	市本级	海宁市	桐乡市	平湖市
一、收入合计	141240	114980	100776	1768297	369573	303272	283049	255125
（一）税收收入	134879	105653	97316	1778613	385703	304927	289122	258502
增值税	41278	38209	25042	342916	52025	66537	53727	58864
营业税	30229	16438	26045	565451	125849	95723	88247	68155
企业所得税	26258	16864	15483	244318	50800	44210	42740	42604
个人所得税	7463	8024	4714	96578	31315	14663	14133	12245
资源税	51	67	0	981	0	646	0	0
城市维护建设税	12063	11307	7344	100969	32285	17686	15239	14703
耕地占用税	517	3035	2578	31870	2008	6544	5820	4191
契税	0	0	0	146428	53677	18341	27424	20594
烟叶税	0	0	0	55	0	0	55	0
其他各项税收收入	17020	11709	16110	249047	37744	40577	41737	37146
（二）非税收入	6361	9327	3460	-10316	-16130	-1655	-6073	-3377
专项收入	5352	5582	2951	60529	9332	9789	8723	8611
行政事业性收费收入	0	0	0	17338	8835	2868	1211	517
罚没收入	1836	3692	188	38862	4634	9207	5612	7058
国有资本经营收入	-900	0	0	-129949	-39839	-23800	-22000	-20000
国有资源（资产）有偿使用收入	73	53	307	2855	890	281	381	437
其他收入	0	0	14	49	18	0	0	0
二、支出合计	176285	150280	69197	1990633	440413	325476	301962	273125
一般公共服务	25962	22888	7041	288691	62547	56606	35118	45382
外交	0	0	0	0	0	0	0	0
国防	712	33	0	3793	844	897	552	821
公共安全	15584	14414	2251	175364	44128	23467	24952	22339
教育	42431	35773	2399	429316	45647	81147	85645	55962
科学技术	2246	2503	6112	75362	14190	14707	13517	9832
文化体育与传媒	1800	1311	369	54748	17830	10081	10010	6240
社会保障和就业	9040	5234	549	102703	22910	13209	15917	14154
医疗卫生	16360	13401	348	130215	29143	22227	23445	12880
环境保护	3146	6770	6555	76795	24319	6019	13897	5502
城乡社区事务	24821	21940	24175	229173	85253	33004	24679	31086
农林水事务	10566	7578	1542	153429	11362	26985	25894	21470
交通运输	3965	1802	0	103123	36411	11060	13614	10161
资源勘探电力信息等事务	3691	7043	14155	71889	11883	14412	4829	25204
商业服务业等事务	5575	5253	2180	42365	7609	6681	6518	6274
金融监管等事务支出	0	0	0	1183	330	177	49	379
地震灾后恢复重建支出	964	2224	838	13347	2932	2395	2257	2082
国土资源气象等事务	107	291	99	5683	2209	273	193	664
住房保障支出	7519	0	323	2385	393	37	0	1368
粮油物资储备管理事务	488	50	0	4230	1870	698	362	425
国债还本付息支出	0	0	0	549	7	4	317	0
其他支出	1308	1772	261	26290	18596	1390	197	900

（续表七） 单位：万元

项目 \ 地区	嘉善县	海盐县	南湖区	秀洲区	湖州市	市本级	长兴县	德清县
一、收入合计	188182	136780	141894	90422	972656	202415	223602	186022
（一）税收收入	186155	135814	136610	81780	932580	212492	205954	173951
增值税	43723	27406	19721	20913	157794	16877	38197	34690
营业税	47338	46888	65847	27404	294969	87817	61332	47527
企业所得税	27980	9491	14410	12083	112324	15661	29158	24793
个人所得税	11444	10549	1367	862	55698	14832	12561	10328
资源税	0	335	0	0	20687	90	10724	5406
城市维护建设税	8647	12409	0	0	50762	14666	9873	7808
耕地占用税	6332	2972	1	4002	29639	6785	1500	796
契税	15642	10750	0	0	85048	25020	15549	15818
烟叶税	0	0	0	0	0	0	0	0
其他各项税收收入	25049	15014	35264	16516	125659	30744	27060	26785
（二）非税收入	2027	966	5284	8642	40076	-10077	17648	12071
专项收入	6180	8526	5147	4221	29423	7242	7194	5069
行政事业性收费收入	903	2119	0	885	0	0	0	0
罚没收入	5647	3204	11	3489	54112	15794	10286	7337
国有资本经营收入	-11260	-13050	0	0	-44304	-33516	0	-450
国有资源（资产）有偿使用收入	557	136	126	47	845	403	168	115
其他收入	0	31	0	0	0	0	0	0
二、支出合计	207405	183266	152595	106391	1271209	324121	287533	214350
一般公共服务	31201	27381	14711	15745	177671	44692	39081	40696
外交	0	0	0	0	0	0	0	0
国防	45	543	46	45	1835	688	316	202
公共安全	20871	14541	15903	9163	106580	47213	17797	16009
教育	46350	47723	38461	28381	251107	33150	64843	38085
科学技术	6514	8221	4948	3433	36729	12414	8219	5286
文化体育与传媒	3577	4316	1367	1327	30337	7080	4637	11831
社会保障和就业	12772	7723	11462	4556	76999	13699	19519	14106
医疗卫生	15441	11351	7936	7792	82892	16711	14235	16173
环境保护	8385	5781	9186	3706	67306	16409	12871	9279
城乡社区事务	13468	9748	22597	9338	78711	26006	13611	8348
农林水事务	20444	18212	12763	16299	113295	25920	27299	12503
交通运输	10815	15705	2329	3028	104194	43152	32461	9145
资源勘探电力信息等事务	9828	3302	1302	1129	61016	12443	15292	20864
商业服务业等事务	3477	3906	5779	2121	38867	14786	9512	5202
金融监管等事务支出	143	105	0	0	2351	110	2036	205
地震灾后恢复重建支出	1597	1089	995	0	7012	3617	1912	1483
国土资源气象等事务	938	1184	46	176	3466	1794	873	538
住房保障支出	113	364	80	30	1014	122	56	481
粮油物资储备管理事务	498	371	6	0	5285	1398	1253	2497
国债还本付息支出	221	0	0	0	1789	0	372	1305
其他支出	707	1700	2678	122	22753	2717	1338	112

（续表八）

单位：万元

项目 \ 地区	安吉县	吴兴区	南浔区	湖州经济开发区	绍兴市	市本级	绍兴县	上虞市
一、收入合计	139268	121237	100112	0	1932305	483297	517568	291582
（一）税收收入	126320	116983	96880	0	1876029	477463	497221	286405
增值税	20597	23518	23915	0	335630	63181	94439	54834
营业税	38785	36079	23429	0	521041	149622	135613	83940
企业所得税	14269	14593	13850	0	244985	57807	67148	40257
个人所得税	8100	5005	4872	0	99471	30405	19676	15461
资源税	1341	3126	0	0	3470	952	511	332
城市维护建设税	7003	6303	5109	0	98488	27868	22958	13473
耕地占用税	3837	9623	7098	0	35723	4963	4184	6987
契税	15419	6161	7081	0	197055	50051	54852	32449
烟叶税	0	0	0	0	468	0	0	0
其他各项税收收入	16969	12575	11526	0	339698	92614	97840	38672
（二）非税收入	12948	4254	3232	0	56276	5834	20347	5177
专项收入	4328	3016	2574	0	52706	12317	14809	7116
行政事业性收费收入	0	0	0	0	11644	2936	2086	2095
罚没收入	18834	1222	639	0	48810	11612	8282	7287
国有资本经营收入	-10338	0	0	0	-62275	-23000	-7000	-11675
国有资源(资产)有偿使用收入	124	16	19	0	5391	1969	2170	354
其他收入	0	0	0	0	0	0	0	0
二、支出合计	219315	99806	96239	29845	2219473	459098	518692	321821
一般公共服务	27906	11426	9522	4348	297489	71423	64962	45291
外交	0	0	0	0	0	0	0	0
国防	289	101	239	0	3444	413	688	404
公共安全	15901	4169	3908	1583	183600	56602	39797	20981
教育	44395	33492	31841	5301	450571	53683	87980	68366
科学技术	5948	2300	2012	550	95542	23335	25105	13112
文化体育与传媒	5049	693	914	133	53811	25086	10818	4196
社会保障和就业	14900	6856	6019	1900	145072	21433	38555	25439
医疗卫生	14661	10689	10128	295	152493	30377	31925	17579
环境保护	16755	7271	3346	1375	57549	4341	8426	24645
城乡社区事务	7588	6439	8598	8121	129182	15530	57027	8129
农林水事务	27275	9150	9364	1784	206999	18691	53669	42798
交通运输	15829	779	781	2047	119151	36836	18620	17973
资源勘探电力信息等事务	5798	3176	3415	28	76062	10917	24226	13073
商业服务业等事务	5161	1306	2335	565	64344	10365	9836	12614
金融监管等事务支出	0	0	0	0	2852	851	0	743
地震灾后恢复重建支出	0	0	0	0	13892	4301	4358	2276
国土资源气象等事务	261	0	0	0	7848	3684	756	497
住房保障支出	329	0	0	26	9557	0	4937	1325
粮油物资储备管理事务	137	0	0	0	4454	578	2193	0
国债还本付息支出	3	0	0	109	1617	543	354	323
其他支出	11130	1959	3817	1680	143944	70109	34460	2057

（续表九）

单位：万元

项目 \ 地区	嵊州市	新昌县	诸暨市	越城区	金华市	市本级	兰溪市	永康市
一、收入合计	131523	135008	373327	0	1559255	389850	112166	224036
（一）税收收入	127180	130297	357463	0	1432610	352899	106770	204344
增值税	27002	35148	61026	0	244002	41203	22568	42277
营业税	32919	29992	88955	0	440353	123313	27339	52333
企业所得税	14482	20252	45039	0	165044	36698	11912	24792
个人所得税	7074	6935	19920	0	99863	23490	3692	11784
资源税	117	31	1527	0	2399	366	940	140
城市维护建设税	7701	7611	18877	0	97283	22307	9144	17114
耕地占用税	3332	2776	13481	0	27304	4946	4466	5223
契税	10850	8454	40399	0	142284	42194	9070	22221
烟叶税	159	309	0	0	0	0	0	0
其他各项税收收入	23544	18789	68239	0	214078	58382	17639	28460
（二）非税收入	4343	4711	15864	0	126645	36951	5396	19692
专项收入	4016	4605	9843	0	52803	12227	7431	8263
行政事业性收费收入	1091	783	2653	0	23471	8590	230	4053
罚没收入	6048	5166	10415	0	62445	17658	3085	7887
国有资本经营收入	-7000	-6000	-7600	0	-15759	-2300	-5580	-977
国有资源（资产）有偿使用收入	188	157	553	0	3070	776	230	466
其他收入	0	0	0	0	615	0	0	0
二、支出合计	198140	188129	436976	96617	2115178	301652	206982	243355
一般公共服务	29087	25968	48377	12381	291526	42266	20196	33045
外交	0	0	0	0	0	0	0	0
国防	478	377	730	354	3966	914	174	553
公共安全	14010	13811	32797	5602	183617	37020	11602	19696
教育	57517	38029	97856	47140	483663	42243	49946	72411
科学技术	8799	5977	18186	1028	75525	11745	6240	12829
文化体育与传媒	4196	3251	5870	394	41957	15490	2972	2791
社会保障和就业	12728	13804	29224	3889	156427	20210	26057	15039
医疗卫生	14134	10581	44547	3350	164357	14517	19401	16615
环境保护	4576	5055	10424	82	56115	5009	3508	5381
城乡社区事务	7747	11553	18621	10575	99117	20320	7713	12125
农林水事务	22164	29205	37965	2507	220357	28755	23841	25103
交通运输	8650	8159	28878	35	139947	25368	4340	10099
资源勘探电力信息等事务	5720	6132	15606	388	47478	7101	9095	3836
商业服务业等事务	4788	4029	14351	8361	65005	8029	5128	9985
金融监管等事务支出	1087	81	90	0	2229	456	25	619
地震灾后恢复重建支出	0	0	2957	0	10292	3214	0	1700
国土资源气象等事务	434	1167	905	405	10498	1076	205	1083
住房保障支出	1556	1328	411	0	10299	3365	736	11
粮油物资储备管理事务	289	179	1215	0	2734	428	455	300
国债还本付息支出	4	4	389	0	505	445	0	5
其他支出	176	9439	27577	126	49564	13681	15348	129

（续表十）

单位：万元

项目 \ 地区	武义县	东阳市	磐安县	义乌市	浦江县	金东区	婺城区	开发区
一、收入合计	88712	193974	32800	427600	90117	0	0	0
（一）税收收入	82330	176162	30263	398076	81766	0	0	0
增值税	18285	26556	6319	71212	15582	0	0	0
营业税	19530	59104	12228	121471	25035	0	0	0
企业所得税	10101	19093	3025	49986	9437	0	0	0
个人所得税	5651	13726	2589	34813	4118	0	0	0
资源税	332	200	24	353	44	0	0	0
城市维护建设税	6113	10467	1475	25267	5396	0	0	0
耕地占用税	1492	5967	935	4175	100	0	0	0
契税	6907	20695	1158	32496	7543	0	0	0
烟叶税	0	0	0	0	0	0	0	0
其他各项税收收入	13919	20354	2510	58303	14511	0	0	0
（二）非税收入	6382	17812	2537	29524	8351	0	0	0
专项收入	3344	5586	1125	11693	3134	0	0	0
行政事业性收费收入	503	4702	632	4161	600	0	0	0
罚没收入	2374	9053	1486	15369	5533	0	0	0
国有资本经营收入	0	-2000	-1400	-2502	-1000	0	0	0
国有资源（资产）有偿使用收入	149	471	93	801	84	0	0	0
其他收入	12	0	601	2	0	0	0	0
二、支出合计	158502	247500	106445	419629	136531	115395	139834	39353
一般公共服务	24106	34147	14086	76191	17269	11536	14744	3940
外交	0	0	0	0	0	0	0	0
国防	405	351	59	819	292	323	76	0
公共安全	11586	20072	6476	43159	10778	7404	10389	5435
教育	34613	65647	20075	94976	38284	19988	35885	9595
科学技术	5644	9730	2646	17105	4090	1851	1242	2403
文化体育与传媒	2895	4897	2164	5685	2229	1265	1406	163
社会保障和就业	13569	19914	5677	29754	11652	4818	8204	1533
医疗卫生	13865	22278	8270	31634	12139	9085	14679	1874
环境保护	4762	9357	5925	7943	4928	4279	4470	553
城乡社区事务	5949	7642	2777	28650	1538	3524	5378	3501
农林水事务	19454	19098	13348	24418	17871	25090	22269	1110
交通运输	7521	10117	9844	31443	9410	16517	15288	0
资源勘探电力信息等事务	3707	7725	2564	8587	2289	278	238	2058
商业服务业等事务	5778	11189	1768	10524	2394	3109	4001	3100
金融监管等事务支出	200	303	0	442	184	0	0	0
地震灾后恢复重建支出	0	1515	0	3863	0	0	0	0
国土资源气象等事务	744	2089	674	3883	674	50	20	0
住房保障支出	3469	121	2409	0	0	26	162	0
粮油物资储备管理事务	73	366	392	490	90	94	46	0
国债还本付息支出	3	5	4	6	37	0	0	0
其他支出	159	937	7287	57	383	6158	1337	4088

(续表十一)

单位：万元

项目 \ 地区	衢州市	市本级	龙游县	常山县	江山市	开化县	柯城区	衢江区
一、收入合计	469780	178153	58121	44921	80392	38473	34027	35693
(一)税收收入	432221	167135	52600	37541	74544	31884	34009	34508
增值税	58439	25995	6970	4777	10134	3804	2817	3942
营业税	147246	44533	18024	14363	28132	13366	18471	10357
企业所得税	42155	17586	4481	2051	7611	3659	2916	3851
个人所得税	21346	8823	2379	1444	3572	1557	2160	1411
资源税	3500	9	263	1838	587	130	3	670
城市维护建设税	27098	14179	2579	2042	4719	1617	0	1962
耕地占用税	18905	7555	2772	3183	1095	1323	0	2977
契税	47123	23753	5779	2172	9262	2126	0	4031
烟叶税	0	0	0	0	0	0	0	0
其他各项税收收入	66409	24702	9353	5671	9432	4302	7642	5307
(二)非税收入	37559	11018	5521	7380	5848	6589	18	1185
专项收入	18512	8750	2193	2773	2689	1182	16	909
行政事业性收费收入	6395	899	1189	1697	666	1944	0	0
罚没收入	20736	9818	2031	2869	2352	3391	0	275
国有资本经营收入	-9073	-8990	0	0	-83	0	0	0
国有资源(资产)有偿使用收入	987	541	108	41	222	72	2	1
其他收入	2	0	0	0	2	0	0	0
二、支出合计	1070911	246666	160764	136967	193700	139393	77769	115652
一般公共服务	178973	41552	23366	21048	32298	25781	12529	22399
外交	0	0	0	0	0	0	0	0
国防	2270	569	477	160	382	286	65	331
公共安全	73315	32447	9945	8055	9415	7376	3537	2540
教育	216583	29582	36474	27606	44341	26357	26590	25633
科学技术	27460	5693	3785	3993	5736	4271	1559	2423
文化体育与传媒	23289	5384	3751	3520	5489	2530	836	1779
社会保障和就业	78117	12556	12205	9954	17060	11555	6771	8016
医疗卫生	80364	9871	14018	12143	15742	10925	5928	11737
环境保护	39536	12093	6649	2719	6043	7573	1508	2951
城乡社区事务	52244	24242	4261	8897	6750	2189	1603	4302
农林水事务	141191	10322	25295	21443	25531	25837	9315	23448
交通运输	76774	33354	8974	8320	13235	7485	0	5406
资源勘探电力信息等事务	33644	17713	4331	3097	3539	2082	1962	920
商业服务业等事务	28748	6924	2613	2264	5871	2804	5490	2782
金融监管等事务支出	1031	745	34	50	196	0	0	6
地震灾后恢复重建支出	0	0	0	0	0	0	0	0
国土资源气象等事务	5680	1150	1112	1928	515	711	17	247
住房保障支出	6712	1249	2570	778	970	877	0	268
粮油物资储备管理事务	2442	269	638	636	293	309	0	297
国债还本付息支出	1618	566	205	237	294	316	0	0
其他支出	920	385	61	119	0	129	59	167

（续表十二）　　单位：万元

项目＼地区	舟山市	市本级	岱山县	嵊泗县	定海区	普陀区	台州市	市本级
一、收入合计	610396	177900	67566	40033	152729	172168	1648845	105566
（一）税收收入	595125	164926	83337	37621	143369	165872	1554142	925000
增值税	68691	7649	11237	1227	25632	22946	293775	6697
营业税	228655	53769	28310	21571	57824	67181	432931	37058
企业所得税	75705	16110	18135	3287	16510	21663	224035	16938
个人所得税	30590	8099	3870	1070	9107	8444	115832	9642
资源税	10218	1939	1765	618	4488	1408	3440	0
城市维护建设税	28236	6985	3020	1256	7797	9178	104067	7779
耕地占用税	23379	18704	4671	0	0	4	25612	0
契税	51844	29349	5128	4064	3872	9431	153125	3188
烟叶税	0	0	0	0	0	0	0	0
其他各项税收收入	77807	22322	7201	4528	18139	25617	201325	11198
（二）非税收入	15271	12974	-15771	2412	9360	6296	94703	13066
专项收入	24289	12969	2220	767	4097	4236	55462	6900
行政事业性收费收入	4698	3864	0	101	460	273	1074	0
罚没收入	15890	3499	4113	888	2367	5023	81517	7108
国有资本经营收入	-46800	-14000	-25800	0	-3000	-4000	-55067	-3599
国有资源（资产）有偿使用收入	14848	4296	3696	656	5436	764	11563	2657
其他收入	2346	2346	0	0	0	0	154	0
二、支出合计	1050303	337545	175856	99900	172596	264406	2227592	334116
一般公共服务	148928	58867	22770	17734	21460	28097	381781	56532
外交	0	0	0	0	0	0	0	0
国防	1885	571	451	215	141	507	4218	644
公共安全	67176	22839	9474	6899	13454	14510	194623	32289
教育	121429	25135	19464	11316	30237	35277	515679	37723
科学技术	24390	11547	3099	2348	2103	5293	57589	10662
文化体育与传媒	34815	21454	4029	2488	2789	4055	38206	8035
社会保障和就业	52799	20542	8045	5295	8905	10012	139781	8442
医疗卫生	74919	25149	12059	6751	12655	18305	138565	7976
环境保护	22530	7473	4831	1261	3304	5661	50134	5947
城乡社区事务	65520	11792	11453	5251	9639	27385	83846	11097
农林水事务	194688	46997	50720	23297	28773	44901	260585	17389
交通运输	74073	38578	7826	7138	7656	12875	130805	37092
资源勘探电力信息等事务	36645	8015	4568	3932	13197	6933	52006	8125
商业服务业等事务	26709	7146	2671	2237	4753	9902	55969	10247
金融监管等事务支出	657	395	55	20	15	172	1879	389
地震灾后恢复重建支出	120	120	0	0	0	0	9953	880
国土资源气象等事务	24449	8704	9812	581	4308	1044	7176	1395
住房保障支出	28301	7732	3994	2756	8888	4931	12706	112
粮油物资储备管理事务	3147	1976	513	280	0	378	2868	260
国债还本付息支出	283	182	22	21	29	29	335	0
其他支出	46840	12331	0	80	290	34139	88888	78880

(续表十三)

单位:万元

项目 \ 地区	临海市	温岭市	玉环县	三门县	仙居县	天台县	椒江区	黄岩区
一、收入合计	221272	305918	182530	80734	56698	78081	226478	166018
(一)税收收入	206062	296024	170748	74930	49353	71927	214718	160643
增值税	38420	48413	55838	11266	11370	12278	34185	37489
营业税	57181	76737	38050	31025	12752	23905	61656	38571
企业所得税	27985	42636	21571	7003	6202	8568	25105	21078
个人所得税	13302	29935	11491	6336	4268	4346	12303	10506
资源税	817	434	272	862	111	121	0	243
城市维护建设税	14199	17535	11632	3835	2773	4032	15899	13339
耕地占用税	3658	4723	2915	1130	731	971	2310	2673
契税	22468	32005	9544	3837	5925	7526	37714	13597
烟叶税	0	0	0	0	0	0	0	0
其他各项税收收入	28032	43606	19435	9636	5221	10180	25546	23147
(二)非税收入	15210	9894	11782	5804	7345	6154	11760	5375
专项收入	6713	8870	7233	2537	2023	2631	5915	5786
行政事业性收费收入	0	537	0	537	0	0	0	0
罚没收入	11182	11317	6998	4913	5003	5814	9926	9614
国有资本经营收入	-3500	-13025	-4000	-4500	0	-2413	-4806	-10306
国有资源(资产)有偿使用收入	815	2195	1551	2317	319	122	725	127
其他收入	0	0	0	0	0	0	0	154
二、支出合计	310345	340441	220746	159201	146619	169988	184321	183081
一般公共服务	45620	52081	47821	31211	22315	30350	33078	33098
外交	0	0	0	0	0	0	0	0
国防	623	236	155	649	223	376	342	920
公共安全	23224	23662	19220	16518	11546	13967	16526	17783
教育	85578	85057	48460	37089	36419	47838	42917	47377
科学技术	8675	4263	6677	1934	2142	2983	7805	6594
文化体育与传媒	6008	3882	3450	3154	2464	3500	2830	2368
社会保障和就业	28060	32473	12777	9581	7875	11202	7932	8625
医疗卫生	20180	22610	14577	15560	15391	11645	12161	8073
环境保护	4127	5698	3160	4366	6475	3811	1888	4361
城乡社区事务	14087	9275	14582	5566	6713	3653	8514	6131
农林水事务	39851	61357	26833	16192	15893	18956	26337	22683
交通运输	12784	13232	9292	6994	11645	12078	7229	12934
资源勘探电力信息等事务	10890	6598	2033	4866	1589	3726	5915	3641
商业服务业等事务	6656	8922	5859	2508	2923	4918	4775	4448
金融监管等事务支出	6	120	1024	111	0	65	47	117
地震灾后恢复重建支出	1796	600	1656	0	0	0	1807	1428
国土资源气象等事务	286	257	497	1772	373	249	889	568
住房保障支出	340	9216	1361	181	861	100	331	204
粮油物资储备管理事务	1027	162	275	625	110	330	79	0
国债还本付息支出	88	6	0	3	4	70	0	79
其他支出	439	734	1037	321	1658	171	2919	1649

（续表十四） 单位：万元

项目 \ 地区	路桥区	丽水市	本级	缙云县	景宁县	莲都区	龙泉市	青田县
一、收入合计	225550	449423	110712	51350	22412	53406	32067	81270
（一）税收收入	217237	393449	102597	47370	19575	48288	30917	62170
增值税	37819	64235	12750	11116	2261	10498	4532	8205
营业税	55996	131112	28161	13877	6572	20039	13102	22043
企业所得税	46949	41587	8852	5491	1446	8021	2033	7027
个人所得税	13703	32334	7011	3313	4446	2999	1743	4348
资源税	580	2238	0	265	120	465	289	665
城市维护建设税	13044	27715	9156	3967	730	2092	2273	3687
耕地占用税	6501	8649	226	2374	368	46	153	3450
契税	17321	41242	21091	2491	2062	537	2688	6715
烟叶税	0	145	0	0	23	0	0	0
其他各项税收收入	25324	44192	15350	4476	1547	3591	4104	6030
（二）非税收入	8313	55974	8115	3980	2837	5118	1150	19100
专项收入	6854	17898	4667	2616	675	1331	1247	2750
行政事业性收费收入	0	15383	457	987	1094	2519	720	5658
罚没收入	9642	21713	4273	3263	891	1173	1222	3770
国有资本经营收入	-8918	-7401	-1500	-2949	0	0	-2225	0
国有资源（资产）有偿使用收入	735	8381	218	63	177	95	186	6922
其他收入	0	0	0	0	0	0	0	0
二、支出合计	178734	1352045	209911	148060	124976	121636	146058	194315
一般公共服务	29675	222073	44900	20356	17599	17156	20982	37227
外交	0	0	0	0	0	0	0	0
国防	50	3587	775	156	402	459	483	465
公共安全	19888	100214	22338	11388	6945	10848	7701	12404
教育	47221	239969	29975	38829	15035	26520	21622	39758
科学技术	5854	24478	4411	2915	1188	2496	2566	4363
文化体育与传媒	2515	36705	8300	2767	3128	2131	4719	4996
社会保障和就业	12814	80615	7433	10091	5394	10260	8852	14754
医疗卫生	10392	109726	13207	9688	5886	12961	14843	18331
环境保护	10301	30095	7200	4086	1890	525	3954	1390
城乡社区事务	4228	47847	11446	4372	1324	7158	2576	4556
农林水事务	15094	179070	13053	21240	16224	14383	26281	20234
交通运输	7525	149713	28724	11853	23058	1569	21623	16380
资源勘探电力信息等事务	4623	46242	10135	4244	5721	7201	3502	3917
商业服务业等事务	4713	25155	2940	3918	1211	3789	2474	2395
金融监管等事务支出	0	575	0	158	0	0	284	133
地震灾后恢复重建支出	1786	20	20	0	0	0	0	0
国土资源气象等事务	890	9045	1958	271	585	13	1367	1273
住房保障支出	0	14832	882	106	2788	3397	1833	5001
粮油物资储备管理事务	0	4882	732	450	156	519	373	1100
国债还本付息支出	85	1251	256	297	0	0	3	689
其他支出	1080	25951	1226	875	16442	251	20	4949

（续表十五）

单位：万元

项目 \ 地区	庆元县	松阳县	遂昌县	云和县	
一、收入合计	15533	25476	36885	20312	
（一）税收收入	12145	19429	33147	17811	
增值税	2309	3219	6165	3180	
营业税	4002	7134	10102	6080	
企业所得税	1172	1887	4088	1570	
个人所得税	1086	1541	4267	1580	
资源税	13	78	217	126	
城市维护建设税	737	1573	2111	1389	
耕地占用税	773	2	1128	129	
契税	684	10537	1954	1483	
烟叶税	86	36	0	0	
其他各项税收收入	1283	2422	3115	2274	
（二）非税收入	3388	6047	3738	2501	
专项收入	791	1156	1536	1129	
行政事业性收费收入	1321	1718	315	594	
罚没收入	1105	3054	1845	1117	
国有资本经营收入	-155	0	-132	-440	
国有资源（资产）有偿使用收入	326	119	174	101	
其他收入	0	0	0	0	
二、支出合计	92215	108135	124477	82262	
一般公共服务	14746	16313	17022	15772	
外交	0	0	0	0	
国防	70	248	250	279	
公共安全	7027	7070	7677	6816	
教育	16376	20211	19921	11722	
科学技术	1848	1710	1667	1314	
文化体育与传媒	3631	2281	2868	1884	
社会保障和就业	5105	6357	7649	4720	
医疗卫生	6335	11854	7843	8778	
环境保护	1794	2708	3574	2974	
城乡社区事务	1972	3045	7264	4134	
农林水事务	16909	17116	23210	10420	
交通运输	11507	11678	15384	7937	
资源勘探电力信息等事务	1683	3979	2764	3096	
商业服务业等事务	1840	1513	4095	980	
金融监管等事务支出	0	0	0	0	
地震灾后恢复重建支出	0	0	0	0	
国土资源气象等事务	558	520	1978	522	
住房保障支出	32	232	446	115	
粮油物资储备管理事务	342	452	316	442	
国债还本付息支出	2	0	4	0	
其他支出	438	848	545	357	

2006～2010年浙江省11市及市本级地方财政收入排序

单位：万元

地　区	2006年		2007年		2008年		2009年		2010年	
	地方财政收入	排序	地方财政收入	排序	地方财政收入	排序	地方财政收入	排序	地方财政收入	排序
杭州市	3013888	1	3916195	1	4553531	1	5207899	1	6713412	1
其中市本级	756671	1	922319	1	498269	1	566154	1	776820	1
宁波市	2573800	2	3291218	2	3903874	2	4328003	2	5309278	2
其中市本级	319017	3	399960	3	415911	4	423326	5	546990	3
温州市	1287787	3	1570271	3	1801456	3	1956445	3	2284927	3
其中市本级	353454	2	410375	2	464847	2	497605	2	552955	2
嘉兴市	815470	6	1052352	6	1268694	5	1417039	5	1768297	5
其中市本级	284279	4	361196	4	427090	3	475050	3	369573	6
湖州市	497923	8	616780	8	716116	8	800106	8	972656	8
其中市本级	235339	6	289302	6	335595	6	361736	6	202415	7
绍兴市	945465	4	122169	4	1435954	4	1604310	4	1932305	4
其中市本级	268302	5	338583	5	389598	5	430134	4	483297	4
金华市	814462	7	1019684	7	1197047	7	1292755	7	1559255	7
其中市本级	202669	7	238792	7	282218	7	314800	7	389850	5
衢州市	235250	11	293530	11	343893	11	378521	10	469780	10
其中市本级	116656	8	144233	9	169213	9	192062	9	178153	8
舟山市	242578	10	350636	9	431534	9	487786	9	610396	9
其中市本级	114463	9	165687	8	190958	8	210201	8	177900	10
台州市	861115	5	1088551	5	1260498	6	1360227	6	1648845	6
其中市本级	58863	10	69953	11	85086	11	88037	11	105566	11
丽水市	249411	9	326640	10	361476	10	374198	11	449423	11
其中市本级	58036	11	116497	10	124179	10	125530	10	110712	10

2006～2010年浙江省县(市、区)地方财政收入排序

单位:万元

地区		2006年		2007年		2008年		2009年		2010年	
		地方财政收入	排序	地方财政收入	排序	地方财政收入	排序	地方财政收入	排序	地方财政收入	排序
杭州市	富阳市	159616	16	204533	17	235770	18	275699	16	326503	19
	桐庐县	57291	56	66815	59	82241	59	95011	59	130775	58
	临安市	80385	46	97935	46	116599	46	140369	44	169673	45
	建德市	67657	51	84236	49	96900	54	105736	56	120060	61
	淳安县	32855	68	41273	68	49179	69	55893	69	71987	73
	上城区	146434	20	212112	14	369074	9	389886	9	502201	8
	下城区	224843	8	264336	10	527208	3	575339	4	638984	4
	江干区	133197	23	197776	19	265291	14	298945	13	429464	11
	拱墅区	139114	21	188524	21	272943	13	290758	15	352044	15
	西湖区	199671	11	268795	9	391430	6	464546	6	628907	5
	滨江区	204965	10	283249	8	315882	11	369136	11	460248	9
	萧山区	399298	1	538828	1	631802	1	695281	1	981659	1
	余杭区	274625	4	367923	3	482039	4	596701	3	760010	3
	开发区	121235	28	0		196963	27	262600	19	333634	17
	西湖风景名胜区	16010	81	19092	80	21928	83	25845	82	30443	90
	临平工业园区	21	90	9	89	13	90	0		0	
宁波市	慈溪市	289508	3	355068	4	434376	5	491037	5	571910	6
	余姚市	242306	6	302937	7	333331	10	390273	8	440379	10
	奉化市	87205	44	108897	43	129255	44	144213	42	179077	43
	象山县	87820	42	113490	39	148420	38	167067	37	200893	36
	宁海县	99192	38	129042	36	156576	36	179067	32	210058	35
	鄞州区	308303	2	430834	2	589236	2	661218	2	878242	2
	镇海区	131577	24	162966	26	198969	26	216618	27	268709	27
	北仑区	105116	34	145333	30	160095	32	186373	29	223532	33
	江东区	164812	15	205410	16	220504	21	247057	22	311898	20
	江北区	147969	19	196269	20	227824	20	247458	21	295639	23

（续表一）

单位：万元

地区		2006年		2007年		2008年		2009年		2010年	
		地方财政收入	排序	地方财政收入	排序	地方财政收入	排序	地方财政收入	排序	地方财政收入	排序
	海曙区	212346	9	259177	11	297124	12	325218	12	361807	14
	开发区	149140	18	174429	23	213401	23	240525	23	281526	26
	大榭开发区	104797	35	125953	37	138982	40	130657	46	192406	38
	宁波保税区	68781	50	83335	51	100756	51	106155	55	123562	59
	东钱湖区	14311	86	27550	76	40253	74	50050	71	70980	74
	高新开发区	41600	66	70568	57	98861	53	121691	49	151670	48
	杭州湾新区									0	
温州市	平阳县	56744	57	70746	56	88044	57	99451	58	133471	56
	苍南县	72775	49	100112	45	117226	45	129345	47	149518	49
	瑞安市	174825	13	211574	15	239671	17	274038	17	326992	18
	永嘉县	74424	48	92111	48	107966	50	115877	50	137436	53
	乐清市	176828	12	216305	13	250666	16	272332	18	343622	16
	文成县	15355	82	19057	81	23231	81	26770	80	34822	85
	泰顺县	15008	84	18688	82	22800	82	26327	81	34278	86
	洞头县	15176	83	17652	84	21135	84	22707	84	27352	91
	鹿城区	111788	32	142510	31	158216	34	169557	36	187485	40
	瓯海区	78494	47	97848	47	113808	48	130754	45	141240	51
	龙湾区	81450	45	100513	44	114495	47	107873	53	114980	62
	开发区	61466	54	72780	55	79351	61	83809	61	100776	64
嘉兴市	海宁市	134661	22	179028	22	213920	22	239510	24	303272	22
	桐乡市	128904	25	170598	24	204037	24	225734	26	283049	25
	平湖市	118480	30	150646	29	186712	28	208229	28	255125	28
	嘉善县	87420	43	110227	42	140045	39	159700	39	188182	39
	海盐县	61726	53	80657	53	96890	55	108816	51	136780	54
	南湖区					0		0		141894	50
	秀洲区					0		0		90422	66

（续表二）

单位：万元

地区		2006年		2007年		2008年		2009年		2010年	
		地方财政收入	排序	地方财政收入	排序	地方财政收入	排序	地方财政收入	排序	地方财政收入	排序
湖州市	长兴县	120443	29	153620	27	163039	30	184703	30	223602	32
	德清县	92953	40	111500	41	134732	42	148235	41	186022	41
	安吉县	49188	60	62358	61	82750	58	105432	57	139268	52
	吴兴区			0		0		0		121237	60
	南浔区			0		0		0		100112	65
	经济开发区			0		0		0		0	
绍兴市	绍兴县	256531	5	327923	5	385212	7	435832	7	517568	7
	上虞市	122353	27	167056	25	202334	25	227646	25	291582	24
	嵊州市	64596	52	83830	50	100045	52	108594	52	131523	57
	新昌县	59681	55	76278	54	93530	56	106438	54	135008	55
	诸暨市	174002	14	227499	12	265235	15	295666	14	373327	13
	越城区					0		0		0	
金华市	兰溪市	54198	58	69198	58	81249	60	90218	60	112166	63
	永康市	116966	31	133528	34	157981	35	177160	34	224036	31
	武义县	45390	62	62661	60	69288	62	73445	63	88712	68
	东阳市	89170	41	113258	40	135710	41	151531	40	193974	37
	磐安县	18600	78	225158	78	25286	79	27200	79	32800	88
	义乌市	242256	7	322806	6	377929	8	386255	10	427600	12
	浦江县	45213	63	56923	63	67386	64	72146	64	90117	67
	金东区			0		0		0		0	
	婺城区			0		0		0		0	
	开发区			0		0		0		0	
衢州市	龙游县	32459	69	40495	70	46992	71	50011	72	58121	76
	常山县	23600	75	29566	74	35539	75	38056	75	44921	80
	江山市	44335	64	53703	64	62121	65	65879	66	80392	71
	开化县	18200	79	25533	77	30028	78	32513	77	38473	82

（续表三）

单位：万元

地区		2006年		2007年		2008年		2009年		2010年	
		地方财政收入	排序	地方财政收入	排序	地方财政收入	排序	地方财政收入	排序	地方财政收入	排序
	柯城区					0		0		34027	87
	衢江区					0		0		35693	84
舟山市	岱山县	21712	77	31000	72	42535	73	51058	70	67566	75
	嵊泗县	24685	73	29809	73	33530	76	36928	76	40033	81
	定海区	27751	72	42011	67	53602	68	62018	68	152729	47
	普陀区	53967	59	82129	52	110909	49	127581	48	172168	44
台州市	临海市	106651	33	136172	33	161023	31	173388	35	221272	34
	温岭市	158013	17	204069	18	233759	19	250238	20	305918	21
	玉环县	103888	37	137582	32	158308	33	165568	38	182530	42
	三门县	34156	67	45679	66	61111	66	66069	65	80734	70
	仙居县	30822	70	40626	69	48023	70	49377	73	56698	77
	天台县	42547	65	51610	65	60533	67	65442	67	78081	72
	椒江区	125449	26	150971	28	164540	29	180667	31	226478	29
	黄岩区	96266	39	118769	38	132707	43	142843	43	166018	46
	路桥区	104460	36	133120	35	155408	37	178598	33	225550	30
丽水市	缙云县	28471	71	38384	71	42700	72	44467	74	51350	79
	景宁县	13238	88	14071	86	16241	87	17022	87	22412	93
	龙泉市	17453	80	21862	79	24785	80	24870	83	32067	89
	青田县	47390	61	59802	62	68987	63	73922	62	81270	69
	庆元县	9290	89	11944	87	12525	88	12941	88	15533	95
	松阳县	14473	85	17858	83	20045	85	21933	85	25476	92
	遂昌县	23824	74	27752	75	30906	77	31879	78	36885	83
	云和县	13717	87	16518	85	18402	86	19003	86	20312	94
	莲都区	23519	76	1952	88	2706	89	2631	89	53406	78

2010年浙江省市、县(市、区)财政总收入

单位:万元

地区名称	财政总收入	地区名称	财政总收入	地区名称	财政总收入	地区名称	财政总收入
杭州市	12454322	开发区	650460	德清县	345088	衢江区	55413
市本级	2021850	大榭开发区	790276	安吉县	235128	**舟山市**	985282
富阳市	602537	宁波保税区	253724	吴兴区	121237	市本级	241700
桐庐县	233007	东钱湖区	103788	南浔区	100112	岱山县	134320
临安市	301186	高新开发区	245590	经济开发区		嵊泗县	50250
建德市	210158	**温州市**	4114302	**绍兴市**	3492469	定海区	272502
淳安县	119170	市本级	935767	市本级	834568	普陀区	286510
上城区	801644	平阳县	220145	绍兴县	935035	**台州市**	3106246
下城区	1061588	苍南县	242468	上虞市	541333	市本级	194257
江干区	707148	瑞安市	602114	嵊州市	245103	临海市	401886
拱墅区	679634	永嘉县	267503	新昌县	281330	温岭市	570123
西湖区	1001818	乐清市	687214	诸暨市	655100	玉环县	401427
滨江区	840805	文成县	47378	**金华市**	2726789	三门县	136675
萧山区	1822983	泰顺县	46488	市本级	632370	仙居县	106582
余杭区	1208196	洞头县	52195	兰溪市	203348	天台县	140142
开发区	802076	鹿城区	308468	永康市	413442	椒江区	386899
西湖风景名胜区	40522	瓯海区	278996	武义县	167228	黄岩区	326821
临平工业园区		龙湾区	240686	东阳市	323000	路桥区	441434
宁波市	11717470	开发区	184880	磐安县	60213	**丽水市**	768355
市本级	2808146	**嘉兴市**	3343272	义乌市	769768	市本级	232352
慈溪市	1048828	市本级	840146	浦江县	157420	缙云县	100980
余姚市	820674	海宁市	591684	金东区		景宁县	38039
奉化市	331818	桐乡市	530024	婺城区		莲都区	53406
象山县	351616	平湖市	516449	开发区		龙泉市	51581
宁海县	406002	嘉善县	380034	**衢州市**	753543	青田县	122987
鄞州区	1508272	海盐县	252619	市本级	306866	庆元县	26019
镇海区	515811	南湖区	141894	龙游县	89343	松阳县	40429
北仑区	396230	秀洲区	90422	常山县	64500	遂昌县	67979
江东区	447170	**湖州市**	1723457	江山市	129230	云和县	34583
江北区	476666	市本级	520904	开化县	57741		
海曙区	562399	长兴县	400988	柯城区	50450		

2010 年浙江省乡镇地方财政收入排序

单位：万元

排序	所属地区	县(市、区)	乡镇(街道)	地方财政收入	排序	所属地区	县(市、区)	乡镇(街道)	地方财政收入
1	杭州市	西湖区	三墩镇	68192	31	杭州市	江干区	彭埠镇	28567
2	绍兴市	绍兴县	马鞍镇	60467	32	杭州市	江干区	丁桥镇	27735
3	杭州市	江干区	九堡镇	57327	33	金华市	东阳市	横店镇	26715
4	温州市	永嘉县	瓯北镇	55384	34	宁波市	慈溪市	周巷镇	26522
5	宁波市	东钱湖旅游度假区	东钱湖镇	54280	35	宁波市	鄞州区	古林镇	26083
6	杭州市	余杭区	良渚镇	53880	36	杭州市	余杭区	塘栖镇	25725
7	湖州市	安吉县	递铺镇	53119	37	宁波市	慈溪市	横河镇	24630
8	温州市	乐清市	乐成镇	52850	38	温州市	平阳县	鳌江镇	24386
9	杭州市	萧山区	宁围镇	50199	39	宁波市	鄞州区	姜山镇	24291
10	杭州市	拱墅区	祥符镇	42744	40	宁波市	鄞州区	五乡镇	23934
11	杭州市	余杭区	闲林镇	42615	41	宁波市	慈溪市	龙山镇	23318
12	杭州市	江干区	笕桥镇	39378	42	湖州市	吴兴区	织里镇	23229
13	温州市	乐清市	柳市镇	38768	43	台州市	玉环县	楚门镇	22900
14	温州市	苍南县	灵溪镇	38512	44	台州市	温岭市	泽国镇	22643
15	杭州市	余杭区	余杭镇	36857	45	宁波市	鄞州区	高桥镇	22558
16	绍兴市	绍兴县	钱清镇	35777	46	温州市	乐清市	北白象镇	22510
17	杭州市	萧山区	衙前镇	35308	47	杭州市	余杭区	中泰乡	22485
18	温州市	苍南县	龙港镇	35248	48	杭州市	余杭区	乔司镇	22038
19	杭州市	萧山区	闻堰镇	34124	49	宁波市	余姚市	泗门镇	21958
20	绍兴市	绍兴县	齐贤镇	33877	50	台州市	临海市	杜桥镇	21939
21	宁波市	江北区	慈城镇	33876	51	绍兴市	绍兴县	杨汛桥镇	21874
22	湖州市	德清县	武康镇	33028	52	宁波市	鄞州区	集士港镇	20779
23	杭州市	拱墅区	上塘镇	32125	53	温州市	鹿城区	双屿镇	20686
24	宁波市	慈溪市	观海卫镇	31792	54	嘉兴市	平湖市	独山港镇	20561
25	台州市	三门县	海游镇	31426	55	绍兴市	绍兴县	福全镇	19962
26	湖州市	南浔区	南浔镇	31041	56	台州市	温岭市	大溪镇	19556
27	舟山市	普陀区	六横镇	29861	57	温州市	平阳县	昆阳镇	19298
28	绍兴市	诸暨市	店口镇	29697	58	绍兴市	诸暨市	大唐镇	18671
29	杭州市	萧山区	瓜沥镇	29215	59	宁波市	鄞州区	云龙镇	18173
30	嘉兴市	海宁市	长安镇	28977	60	宁波市	奉化市	溪口镇	17925

注：本年鉴从2010年卷起，本表收录的“浙江省乡镇财政收入排序”为“浙江省乡镇地方财政收入”数据的排序。

（续表一）

单位：万元

排序	所属地区	县（市、区）	乡镇（街道）	地方财政收入	排序	所属地区	县（市、区）	乡镇（街道）	地方财政收入
61	绍兴市	绍兴县	平水镇	17699	91	温州市	鹿城区	南郊乡	12721
62	绍兴市	绍兴县	安昌镇	17636	92	湖州市	德清县	新市镇	12456
63	嘉兴市	平湖市	乍浦镇	17519	93	温州市	瑞安市	塘下镇	12452
64	湖州市	吴兴区	八里店镇	17495	94	杭州市	余杭区	崇贤镇	12322
65	杭州市	萧山区	益农镇	17490	95	湖州市	德清县	乾元镇	12265
66	宁波市	鄞州区	邱隘镇	17135	96	宁波市	鄞州区	东吴镇	12251
67	杭州市	拱墅区	半山镇	17045	97	杭州市	富阳市	灵桥镇	12185
68	金华市	义乌市	佛堂镇	16961	98	嘉兴市	桐乡市	濮院镇	12111
69	宁波市	象山县	石浦镇	16848	99	杭州市	富阳市	高桥镇	12108
70	宁波市	慈溪市	庵东镇	16555	100	宁波市	慈溪市	长河镇	12058
71	杭州市	萧山区	新街镇	16554	101	湖州市	长兴县	李家巷镇	11951
72	杭州市	余杭区	仓前镇	16355	102	宁波市	鄞州区	横街镇	11695
73	湖州市	长兴县	煤山镇	16041	103	嘉兴市	桐乡市	崇福镇	11622
74	宁波市	余姚市	马渚镇	15989	104	宁波市	慈溪市	逍林镇	11491
75	杭州市	萧山区	临浦镇	15709	105	宁波市	余姚市	丈亭镇	11476
76	杭州市	拱墅区	康桥镇	15604	106	台州市	玉环县	清港镇	11293
77	杭州市	余杭区	仁和镇	15067	107	绍兴市	绍兴县	夏履镇	11220
78	台州市	路桥区	金清镇	14854	108	杭州市	萧山区	所前镇	11206
79	杭州市	余杭区	瓶窑镇	14489	109	金华市	婺城区	白龙桥镇	11008
80	温州市	乐清市	虹桥镇	14324	110	绍兴市	绍兴县	兰亭镇	10958
81	杭州市	萧山区	义桥镇	13754	111	湖州市	德清县	钟管镇	10947
82	嘉兴市	嘉善县	西塘镇	13445	112	嘉兴市	桐乡市	洲泉镇	10862
83	绍兴市	上虞市	道墟镇	13302	113	宁波市	慈溪市	掌起镇	10859
84	绍兴市	诸暨市	枫桥镇	13288	114	丽水市	缙云县	五云镇	10831
85	湖州市	长兴县	知城镇	13196	115	金华市	浦江县	黄宅镇	10744
86	台州市	温岭市	松门镇	13054	116	嘉兴市	平湖市	新埭镇	10691
87	宁波市	宁海县	西店镇	12993	117	绍兴市	上虞市	松下镇	10663
88	嘉兴市	海宁市	许村镇	12948	118	杭州市	萧山区	党山镇	10057
89	嘉兴市	嘉善县	姚庄镇	12870	119	宁波市	镇海区	蟹浦镇	10025
90	宁波市	象山县	西周镇	12722	120	温州市	永嘉县	上塘镇	9884

（续表二） 单位：万元

排序	所属地区	县（市、区）	乡镇（街道）	地方财政收入	排序	所属地区	县（市、区）	乡镇（街道）	地方财政收入
121	绍兴市	上虞市	沥海镇	9868	151	舟山市	岱山县	高亭镇	7932
122	杭州市	萧山区	坎山镇	9786	152	宁波市	慈溪市	匡堰镇	7801
123	湖州市	安吉县	高禹镇	9756	153	嘉兴市	海宁市	黄湾镇	7769
124	嘉兴市	平湖市	新仓镇	9723	154	宁波市	鄞州区	咸祥镇	7768
125	宁波市	宁海县	黄坛镇	9614	155	宁波市	鄞州区	洞桥镇	7745
126	宁波市	鄞州区	横溪镇	9606	156	杭州市	富阳市	新登镇	7741
127	湖州市	南浔区	练市镇	9595	157	台州市	温岭市	新河镇	7703
128	金华市	兰溪市	灵洞乡	9541	158	宁波市	余姚市	黄家埠镇	7662
129	绍兴市	诸暨市	草塔镇	9401	159	台州市	路桥区	新桥镇	7630
130	宁波市	奉化市	莼湖镇	9302	160	嘉兴市	海宁市	斜桥镇	7628
131	丽水市	缙云县	壶镇镇	9194	161	舟山市	定海区	金塘镇	7590
132	嘉兴市	秀洲区	王江泾镇	9188	162	台州市	路桥区	横街镇	7535
133	嘉兴市	海宁市	袁花镇	9180	163	温州市	瑞安市	莘塍镇	7500
134	宁波市	慈溪市	新浦镇	8982	164	绍兴市	诸暨市	牌头镇	7498
135	台州市	温岭市	箬横镇	8936	165	嘉兴市	海宁市	盐官镇	7415
136	杭州市	桐庐县	富春江镇	8710	166	绍兴市	上虞市	小越镇	7381
137	杭州市	西湖区	双浦镇	8697	167	绍兴市	诸暨市	璜山镇	7359
138	宁波市	余姚市	陆埠镇	8641	168	杭州市	富阳市	大源镇	7236
139	湖州市	南浔区	双林镇	8631	169	宁波市	慈溪市	胜山镇	7210
140	宁波市	余姚市	小曹娥镇	8601	170	宁波市	慈溪市	崇寿镇	7196
141	杭州市	萧山区	浦阳镇	8574	171	嘉兴市	嘉善县	天凝镇	7188
142	舟山市	岱山县	长涂镇	8468	172	宁波市	慈溪市	附海镇	7149
143	宁波市	余姚市	临山镇	8443	173	温州市	瓯海区	瞿溪镇	7007
144	宁波市	镇海区	九龙湖镇	8382	174	金华市	义乌市	苏溪镇	6980
145	金华市	武义县	桐琴镇	8343	175	金华市	义乌市	大陈镇	6822
146	温州市	平阳县	水头镇	8296	176	嘉兴市	嘉善县	大云镇	6808
147	湖州市	德清县	雷甸镇	8156	177	宁波市	慈溪市	桥头镇	6728
148	嘉兴市	秀城区	余新镇	8104	178	湖州市	长兴县	和平镇	6600
149	绍兴市	诸暨市	山下湖镇	8043	179	宁波市	奉化市	尚田镇	6591
150	杭州市	萧山区	党湾镇	8010	180	绍兴市	越城区	灵芝镇	6489

（续表三）

单位：万元

排序	所属地区	县(市、区)	乡镇(街道)	地方财政收入	排序	所属地区	县(市、区)	乡镇(街道)	地方财政收入
181	嘉兴市	海宁市	周王庙镇	6486	211	杭州市	余杭区	运河镇	5456
182	舟山市	定海区	马岙镇	6478	212	金华市	永康市	古山镇	5452
183	温州市	龙湾区	瑶溪镇	6460	213	绍兴市	绍兴县	陶堰镇	5450
184	绍兴市	越城区	马山镇	6434	214	金华市	义乌市	义亭镇	5450
185	嘉兴市	秀洲区	王店镇	6391	215	湖州市	南浔区	菱湖镇	5444
186	舟山市	定海区	干览镇	6387	216	湖州市	长兴县	夹浦镇	5399
187	绍兴市	绍兴县	漓渚镇	6322	217	舟山市	嵊泗县	菜园镇	5366
188	湖州市	吴兴区	环渚乡	6306	218	温州市	龙湾区	沙城镇	5339
189	温州市	平阳县	萧江镇	6256	219	金华市	永康市	芝英镇	5227
190	绍兴市	绍兴县	孙端镇	6195	220	杭州市	桐庐县	横村镇	5190
191	温州市	瓯海区	郭溪镇	6181	221	温州市	泰顺县	罗阳镇	5172
192	湖州市	德清县	洛舍镇	6169	222	宁波市	鄞州区	鄞江镇	5167
193	杭州市	富阳市	受降镇	6117	223	温州市	平阳县	郑楼镇	5156
194	台州市	路桥区	蓬街镇	6055	224	金华市	金东区	孝顺镇	5150
195	宁波市	慈溪市	天元镇	6036	225	嘉兴市	海宁市	丁桥镇	5045
196	宁波市	鄞州区	瞻岐镇	6003	226	绍兴市	越城区	斗门镇	5039
197	宁波市	余姚市	河母渡镇	6002	227	杭州市	临安市	高虹镇	5012
198	嘉兴市	嘉善县	干窑镇	5928	228	温州市	鹿城区	仰义乡	4957
199	绍兴市	上虞市	丰惠镇	5852	229	宁波市	宁海县	深甽镇	4929
200	嘉兴市	桐乡市	乌镇镇	5808	230	温州市	乐清市	翁洋镇	4916
201	嘉兴市	海盐县	百步镇	5754	231	舟山市	岱山县	秀山乡	4910
202	绍兴市	上虞市	章镇镇	5745	232	绍兴市	越城区	东浦镇	4863
203	温州市	龙湾区	状元镇	5730	233	台州市	临海市	涌泉镇	4860
204	湖州市	吴兴区	杨家埠镇	5710	234	温州市	永嘉县	桥头镇	4851
205	金华市	义乌市	上溪镇	5640	235	舟山市	岱山县	东沙镇	4842
206	台州市	临海市	东塍镇	5617	236	嘉兴市	秀洲区	新塍镇	4793
207	宁波市	余姚市	三七市镇	5587	237	舟山市	岱山县	衢山镇	4785
208	杭州市	萧山区	戴村镇	5582	238	嘉兴市	嘉善县	陶庄镇	4773
209	绍兴市	越城区	皋埠镇	5512	239	嘉兴市	秀城区	大桥镇	4753
210	绍兴市	诸暨市	应店街镇	5479	240	湖州市	长兴县	小浦镇	4747

（续表四）

单位：万元

排序	所属地区	县（市、区）	乡镇（街道）	地方财政收入	排序	所属地区	县（市、区）	乡镇（街道）	地方财政收入
241	湖州市	南浔区	和孚镇	4746	271	宁波市	余姚市	梁弄镇	3910
242	湖州市	长兴县	洪桥镇	4676	272	温州市	乐清市	象阳镇	3876
243	嘉兴市	桐乡市	石门镇	4675	273	湖州市	南浔区	旧馆镇	3817
244	宁波市	鄞州区	塘溪镇	4618	274	宁波市	宁海县	长街镇	3811
245	台州市	温岭市	滨海镇	4591	275	舟山市	定海区	册子乡	3760
246	杭州市	淳安县	千岛湖镇	4585	276	湖州市	长兴县	泗安镇	3677
247	台州市	黄岩区	院桥镇	4580	277	湖州市	长兴县	林城镇	3677
248	宁波市	宁海县	强蛟镇	4550	278	台州市	温岭市	温峤镇	3647
249	湖州市	长兴县	槐坎乡	4523	279	杭州市	临安市	太湖源镇	3634
250	金华市	武义县	泉溪镇	4500	280	绍兴市	上虞市	梁湖镇	3628
251	台州市	临海市	汛桥镇	4497	281	宁波市	北仑区	春晓镇	3621
252	台州市	温岭市	石塘镇	4435	282	嘉兴市	秀城区	凤桥镇	3598
253	绍兴市	诸暨市	次坞镇	4420	283	绍兴市	越城区	东湖镇	3540
254	宁波市	余姚市	牟山镇	4418	284	嘉兴市	桐乡市	河山镇	3530
255	嘉兴市	秀洲区	洪合镇	4404	285	嘉兴市	海盐县	通元镇	3519
256	台州市	玉环县	龙溪乡	4384	286	湖州市	安吉县	梅溪镇	3493
257	湖州市	安吉县	孝丰镇	4371	287	嘉兴市	平湖市	林埭镇	3486
258	绍兴市	上虞市	汤浦镇	4364	288	衢州市	江山市	贺村镇	3457
259	杭州市	萧山区	河上镇	4343	289	嘉兴市	桐乡市	高桥镇	3455
260	杭州市	余杭区	径山镇	4326	290	金华市	东阳市	南马镇	3371
261	湖州市	德清县	新安镇	4272	291	杭州市	桐庐县	江南镇	3361
262	嘉兴市	海盐县	沈荡镇	4245	292	金华市	永康市	象珠镇	3354
263	杭州市	萧山区	进化镇	4211	293	台州市	三门县	健跳镇	3349
264	舟山市	定海区	白泉镇	4125	294	台州市	临海市	尤溪镇	3332
265	杭州市	富阳市	渌渚镇	4116	295	绍兴市	诸暨市	安华镇	3329
266	台州市	玉环县	芦浦镇	4086	296	温州市	苍南县	金乡镇	3310
267	台州市	临海市	沿江镇	4062	297	湖州市	德清县	禹越镇	3300
268	湖州市	吴兴区	埭溪镇	4021	298	衢州市	龙游县	湖镇镇	3281
269	绍兴市	嵊州市	甘霖镇	4006	299	台州市	温岭市	城南镇	3266
270	台州市	三门县	沿赤乡	3939	300	嘉兴市	桐乡市	屠甸镇	3242

（续表五）

单位：万元

排序	所属地区	县(市、区)	乡镇(街道)	地方财政收入	排序	所属地区	县(市、区)	乡镇(街道)	地方财政收入
301	金华市	浦江县	白马镇	3240	331	绍兴市	上虞市	驿亭镇	2787
302	舟山市	定海区	岑港镇	3223	332	宁波市	北仑区	白峰镇	2777
303	杭州市	建德市	梅城镇	3191	333	温州市	永嘉县	乌牛镇	2756
304	金华市	兰溪市	诸葛镇	3177	334	绍兴市	嵊州市	长乐镇	2737
305	嘉兴市	海盐县	澉浦镇	3172	335	温州市	洞头县	北岙镇	2714
306	丽水市	松阳县	西屏镇	3169	336	宁波市	象山县	贤痒镇	2712
307	杭州市	桐庐县	分水镇	3163	337	丽水市	莲都区	仙渡乡	2711
308	绍兴市	绍兴县	富盛镇	3145	338	衢州市	开化县	华埠镇	2660
309	宁波市	宁海县	茶院乡	3122	339	金华市	金东区	曹宅镇	2634
310	绍兴市	嵊州市	黄泽镇	3104	340	温州市	瑞安市	飞云镇	2600
311	金华市	磐安县	安文镇	3098	341	宁波市	象山县	定塘镇	2600
312	杭州市	富阳市	新桐乡	3095	342	嘉兴市	秀城区	七星镇	2596
313	金华市	永康市	石柱镇	3090	343	嘉兴市	平湖市	广陈镇	2585
314	舟山市	普陀区	虾峙镇	3087	344	湖州市	吴兴区	道场乡	2565
315	舟山市	岱山县	岱西镇	3080	345	宁波市	余姚市	大隐镇	2558
316	杭州市	建德市	寿昌镇	3061	346	嘉兴市	海盐县	于城镇	2549
317	宁波市	奉化市	裘村镇	3045	347	台州市	玉环县	沙门镇	2544
318	嘉兴市	秀洲区	油车港镇	3042	348	台州市	天台县	平桥镇	2532
319	湖州市	吴兴区	东林镇	3041	349	湖州市	长兴县	白岘乡	2531
320	金华市	金东区	付村镇	3010	350	台州市	临海市	上盘镇	2527
321	宁波市	奉化市	松岙镇	3007	351	杭州市	富阳市	胥口镇	2506
322	湖州市	德清县	三合乡	2997	352	宁波市	鄞州区	龙观乡	2506
323	金华市	永康市	龙山镇	2983	353	温州市	乐清市	黄华镇	2485
324	杭州市	富阳市	环山乡	2957	354	金华市	永康市	花街镇	2455
325	温州市	乐清市	七里港镇	2939	355	湖州市	安吉县	溪龙乡	2440
326	衢州市	常山县	辉埠镇	2930	356	宁波市	象山县	大徐镇	2430
327	嘉兴市	秀城区	新丰镇	2866	357	绍兴市	上虞市	上浦镇	2400
328	舟山市	普陀区	桃花镇	2865	358	湖州市	安吉县	天荒坪镇	2393
329	绍兴市	诸暨市	阮市镇	2858	359	金华市	东阳市	巍山镇	2384
330	杭州市	建德市	乾潭镇	2834	360	宁波市	宁海县	岔路镇	2370

（续表六）

单位：万元

排序	所属地区	县（市、区）	乡镇（街道）	地方财政收入	排序	所属地区	县（市、区）	乡镇（街道）	地方财政收入
361	台州市	三门县	珠岙镇	2369	391	宁波市	象山县	东陈乡	1861
362	杭州市	临安市	於潜镇	2360	392	宁波市	象山县	茅洋乡	1857
363	舟山市	定海区	小沙镇	2320	393	台州市	玉环县	干江镇	1852
364	温州市	龙湾区	天河镇	2297	394	绍兴市	嵊州市	仙岩镇	1846
365	嘉兴市	桐乡市	大麻镇	2281	395	杭州市	萧山区	楼塔镇	1841
366	湖州市	长兴县	虹星桥镇	2278	396	温州市	瑞安市	汀田镇	1833
367	温州市	平阳县	腾蛟镇	2267	397	金华市	婺城区	汤溪镇	1826
368	湖州市	长兴县	吴山乡	2254	398	绍兴市	嵊州市	崇仁镇	1822
369	绍兴市	越城区	鉴湖镇	2250	399	湖州市	南浔区	善琏镇	1816
370	杭州市	临安市	板桥乡	2244	400	绍兴市	绍兴县	稽东镇	1807
371	金华市	婺城区	乾西乡	2226	401	绍兴市	上虞市	谢塘镇	1791
372	金华市	义乌市	赤岸镇	2197	402	宁波市	余姚市	鹿亭乡	1773
373	台州市	温岭市	石桥头镇	2193	403	宁波市	宁海县	前童镇	1766
374	杭州市	余杭区	黄湖镇	2188	404	宁波市	象山县	墙头镇	1704
375	绍兴市	绍兴县	王坛镇	2149	405	台州市	三门县	六敖镇	1702
376	金华市	磐安县	尖山镇	2144	406	金华市	东阳市	歌山镇	1698
377	宁波市	象山县	泗洲头镇	2120	407	杭州市	富阳市	场口镇	1683
378	舟山市	嵊泗县	洋山镇	2116	408	宁波市	鄞州区	章水镇	1675
379	温州市	苍南县	钱库镇	2114	409	宁波市	宁海县	胡陈乡	1654
380	绍兴市	嵊州市	三界镇	2097	410	温州市	乐清市	大荆镇	1640
381	金华市	金东区	赤松镇	2066	411	宁波市	象山县	鹤浦镇	1619
382	杭州市	临安市	昌化镇	2044	412	湖州市	吴兴区	妙西镇	1603
383	温州市	乐清市	雁荡镇	2036	413	台州市	黄岩区	宁溪镇	1593
384	温州市	乐清市	城北乡	2005	414	台州市	临海市	白水洋镇	1587
385	衢州市	开化县	城关镇	2005	415	金华市	婺城区	罗店镇	1586
386	温州市	永嘉县	桥下镇	2001	416	温州市	乐清市	蒲岐镇	1568
387	丽水市	云和县	云和镇	1881	417	杭州市	建德市	大同镇	1560
388	金华市	婺城区	安地镇	1881	418	杭州市	余杭区	百丈镇	1560
389	杭州市	桐庐县	瑶琳镇	1865	419	宁波市	奉化市	大堰镇	1550
390	温州市	瓯海区	丽岙镇	1863	420	宁波市	北仑区	梅山乡	1544

（续表七）

单位：万元

排序	所属地区	县（市、区）	乡镇（街道）	地方财政收入	排序	所属地区	县（市、区）	乡镇（街道）	地方财政收入
421	衢州市	常山县	天马镇	1536	451	杭州市	临安市	西天目乡	1377
422	杭州市	临安市	横畈镇	1532	452	杭州市	建德市	大洋镇	1355
423	金华市	浦江县	郑家坞镇	1532	453	宁波市	宁海县	力洋镇	1351
424	杭州市	建德市	李家镇	1514	454	杭州市	建德市	下涯镇	1335
425	温州市	鹿城区	藤桥镇	1508	455	金华市	兰溪市	游埠镇	1334
426	温州市	瓯海区	仙岩镇	1505	456	金华市	兰溪市	马涧镇	1332
427	金华市	婺城区	竹马乡	1498	457	金华市	浦江县	郑宅镇	1329
428	杭州市	桐庐县	凤川镇	1486	458	丽水市	缙云县	东渡镇	1327
429	金华市	武义县	茭道镇	1483	459	湖州市	长兴县	水口乡	1322
430	绍兴市	诸暨市	东白湖镇	1478	460	温州市	瓯海区	潘桥镇	1303
431	杭州市	富阳市	永昌镇	1468	461	杭州市	富阳市	里山镇	1299
432	宁波市	宁海县	越溪乡	1466	462	金华市	永康市	西溪镇	1286
433	台州市	三门县	高枧乡	1463	463	衢州市	柯城区	航埠镇	1283
434	杭州市	富阳市	常安镇	1461	464	衢州市	江山市	上余镇	1281
435	金华市	金东区	岭下镇	1456	465	舟山市	岱山县	岱东镇	1254
436	温州市	平阳县	宋桥镇	1455	466	湖州市	安吉县	昆铜乡	1243
437	绍兴市	诸暨市	街亭镇	1454	467	温州市	洞头县	大门镇	1225
438	绍兴市	诸暨市	王家井镇	1448	468	绍兴市	诸暨市	江藻镇	1216
439	温州市	苍南县	宜山镇	1440	469	绍兴市	诸暨市	五泄镇	1214
440	湖州市	安吉县	良朋镇	1434	470	温州市	乐清市	清江镇	1210
441	台州市	黄岩区	头陀镇	1432	471	金华市	武义县	履坦镇	1208
442	金华市	永康市	唐先镇	1426	472	杭州市	淳安县	汾口镇	1205
443	绍兴市	新昌县	儒岙镇	1425	473	杭州市	临安市	藻溪镇	1199
444	绍兴市	新昌县	城南乡	1410	474	杭州市	富阳市	万市镇	1198
445	绍兴市	诸暨市	同山镇	1406	475	湖州市	长兴县	吕山乡	1194
446	宁波市	余姚市	大岚镇	1403	476	金华市	武义县	王宅镇	1175
447	温州市	瑞安市	仙降镇	1397	477	丽水市	缙云县	舒洪镇	1168
448	台州市	黄岩区	北洋镇	1390	478	金华市	婺城区	蒋堂镇	1153
449	宁波市	宁海县	大佳河镇	1387	479	宁波市	余姚市	四明山镇	1152
450	宁波市	宁海县	一市镇	1384	480	湖州市	德清县	莫干山镇	1146

（续表八）

单位：万元

排序	所属地区	县（市、区）	乡镇（街道）	地方财政收入	排序	所属地区	县（市、区）	乡镇（街道）	地方财政收入
481	绍兴市	上虞市	盖北镇	1137	511	湖州市	安吉县	上墅乡	956
482	金华市	永康市	方岩镇	1132	512	绍兴市	诸暨市	赵家镇	951
483	金华市	金东区	澧浦镇	1132	513	台州市	黄岩区	上垟乡	949
484	宁波市	象山县	涂茨镇	1124	514	宁波市	宁海县	桑洲镇	945
485	温州市	乐清市	石帆镇	1115	515	温州市	瑞安市	陶山镇	942
486	衢州市	衢江区	廿里镇	1099	516	杭州市	临安市	太阳镇	939
487	温州市	苍南县	桥墩镇	1099	517	衢州市	龙游县	小南海镇	937
488	杭州市	临安市	龙岗镇	1097	518	绍兴市	诸暨市	浬浦镇	930
489	宁波市	象山县	晓塘乡	1096	519	衢州市	衢江区	上方镇	926
490	台州市	黄岩区	沙埠镇	1083	520	杭州市	临安市	潜川镇	913
491	金华市	婺城区	罗埠镇	1080	521	舟山市	定海区	双桥镇	906
492	丽水市	缙云县	东方镇	1074	522	杭州市	临安市	河桥镇	902
493	丽水市	遂昌县	妙高镇	1059	523	杭州市	富阳市	洞桥镇	896
494	湖州市	安吉县	皈山乡	1049	524	杭州市	建德市	航头镇	895
495	绍兴市	诸暨市	直埠镇	1047	525	金华市	东阳市	千祥镇	871
496	台州市	三门县	泗淋乡	1045	526	台州市	天台县	白鹤镇	867
497	台州市	椒江区	大陈镇	1035	527	台州市	临海市	括苍镇	865
498	丽水市	庆元县	松源镇	1035	528	温州市	乐清市	天成乡	850
499	杭州市	临安市	三口镇	1028	529	金华市	磐安县	深泽乡	844
500	杭州市	富阳市	渔山乡	1023	530	金华市	金东区	江东镇	840
501	台州市	黄岩区	上郑乡	1009	531	绍兴市	新昌县	澄潭镇	838
502	湖州市	安吉县	杭垓镇	1003	532	金华市	磐安县	新渥镇	821
503	湖州市	南浔区	石淙镇	987	533	宁波市	象山县	新桥镇	804
504	湖州市	德清县	筏头乡	985	534	温州市	龙湾区	灵昆镇	803
505	台州市	临海市	桃渚镇	982	535	温州市	乐清市	芙蓉镇	799
506	温州市	乐清市	淡溪镇	980	536	杭州市	建德市	大慈岩镇	796
507	金华市	东阳市	画水镇	975	537	台州市	天台县	三合镇	794
508	杭州市	富阳市	春建乡	969	538	金华市	婺城区	洋埠镇	793
509	台州市	临海市	永丰镇	969	539	金华市	东阳市	湖溪镇	790
510	金华市	金东区	塘雅镇	958	540	丽水市	庆元县	竹口镇	781

（续表九）

单位：万元

排序	所属地区	县（市、区）	乡镇（街道）	地方财政收入	地方财政收入	所属地区	县（市、区）	乡镇（街道）	地方财政收入
541	温州市	乐清市	南岳镇	766	571	丽水市	缙云县	新建镇	620
542	温州市	瑞安市	马屿镇	763	572	杭州市	建德市	杨村桥镇	616
543	温州市	乐清市	磐石镇	758	573	舟山市	嵊泗县	嵊山镇	613
544	温州市	乐清市	南塘镇	753	574	温州市	洞头县	东屏镇	611
545	台州市	黄岩区	茅畲乡	752	575	杭州市	余杭区	鸬鸟镇	605
546	温州市	苍南县	巴艚镇	749	576	台州市	三门县	亭旁镇	597
547	舟山市	普陀区	蚂蚁岛乡	736	577	衢州市	常山县	何家乡	595
548	台州市	天台县	坦头镇	730	578	温州市	平阳县	麻步镇	589
549	温州市	鹿城区	七都镇	729	579	杭州市	临安市	清凉峰镇	581
550	台州市	仙居县	下各镇	721	580	衢州市	江山市	峡口镇	578
551	宁波市	象山县	黄避岙乡	717	581	绍兴市	新昌县	沙溪镇	578
552	台州市	黄岩区	屿头乡	708	582	绍兴市	新昌县	梅渚镇	578
553	金华市	婺城区	苏孟乡	706	583	金华市	永康市	前仓镇	574
554	杭州市	桐庐县	钟山乡	701	584	杭州市	临安市	湍口镇	574
555	金华市	磐安县	尚湖镇	691	585	金华市	磐安县	仁川镇	574
556	绍兴市	新昌县	镜岭镇	689	586	杭州市	桐庐县	莪山畲族乡	573
557	温州市	瓯海区	泽雅镇	685	587	舟山市	普陀区	东极镇	568
558	绍兴市	嵊州市	石璜镇	678	588	绍兴市	新昌县	大市聚镇	567
559	衢州市	柯城区	石梁镇	678	589	杭州市	临安市	乐平乡	556
560	丽水市	莲都区	碧湖镇	674	590	衢州市	衢江区	湖南镇	555
561	温州市	鹿城区	上戍乡	674	591	杭州市	建德市	钦堂乡	543
562	金华市	东阳市	东江镇	660	592	绍兴市	上虞市	永和镇	539
563	金华市	兰溪市	横溪镇	656	593	衢州市	常山县	青石镇	537
564	金华市	东阳市	虎鹿镇	656	594	金华市	磐安县	双峰乡	531
565	金华市	磐安县	冷水镇	653	595	温州市	苍南县	藻溪镇	530
566	湖州市	南浔区	千金镇	635	596	杭州市	建德市	三都镇	525
567	温州市	平阳县	钱仓镇	633	597	温州市	永嘉县	沙头镇	518
568	舟山市	定海区	北蝉乡	629	598	温州市	鹿城区	临江镇	514
569	金华市	兰溪市	梅江镇	628	599	湖州市	安吉县	报福镇	514
570	衢州市	江山市	清湖镇	622	600	衢州市	龙游县	横山镇	513

（续表十）

单位：万元

排序	所属地区	县（市、区）	乡镇（街道）	地方财政收入	排序	所属地区	县（市、区）	乡镇（街道）	地方财政收入
601	金华市	磐安县	万苍乡	507	631	绍兴市	新昌县	小将镇	400
602	杭州市	建德市	莲花镇	503	632	丽水市	莲都区	大港头镇	398
603	台州市	温岭市	坞根镇	502	633	金华市	兰溪市	黄店镇	393
604	台州市	三门县	沙柳镇	500	634	衢州市	江山市	淤头镇	392
605	金华市	磐安县	玉山镇	500	635	衢州市	江山市	四都镇	388
606	金华市	兰溪市	香溪镇	498	636	金华市	磐安县	窈川乡	387
607	绍兴市	诸暨市	陈宅镇	494	637	台州市	仙居县	大战乡	387
608	金华市	磐安县	方前镇	490	638	丽水市	庆元县	屏都镇	386
609	金华市	磐安县	双溪乡	487	639	杭州市	淳安县	威坪镇	385
610	杭州市	富阳市	龙门镇	482	640	衢州市	常山县	招贤镇	382
611	温州市	泰顺县	月湖乡	479	641	衢州市	常山县	球川镇	382
612	金华市	磐安县	维新乡	477	642	温州市	泰顺县	雅阳镇	381
613	湖州市	长兴县	二界岭乡	472	643	湖州市	安吉县	章村镇	380
614	湖州市	安吉县	鄣吴镇	466	644	杭州市	桐庐县	新合乡	379
615	温州市	泰顺县	南院乡	465	645	温州市	泰顺县	彭溪镇	378
616	金华市	婺城区	雅畈镇	463	646	丽水市	莲都区	联城镇	378
617	衢州市	柯城区	石室乡	462	647	舟山市	嵊泗县	黄龙乡	377
618	台州市	仙居县	白塔镇	458	648	温州市	苍南县	芦浦镇	373
619	台州市	临海市	河头镇	455	649	温州市	平阳县	榆洋镇	368
620	温州市	苍南县	炎亭镇	439	650	杭州市	富阳市	上官乡	368
621	台州市	仙居县	横溪镇	424	651	金华市	东阳市	佐村镇	366
622	温州市	苍南县	浦亭乡	423	652	金华市	磐安县	盘峰乡	363
623	温州市	乐清市	四都乡	419	653	绍兴市	上虞市	长塘镇	360
624	衢州市	常山县	宋畈乡	415	654	丽水市	松阳县	古市镇	360
625	温州市	文成县	珊溪镇	411	655	台州市	临海市	小芝镇	358
626	金华市	婺城区	莘畈乡	409	656	温州市	苍南县	矾山镇	356
627	杭州市	临安市	岛石镇	408	657	衢州市	江山市	石门镇	351
628	温州市	平阳县	南雁镇	404	658	金华市	磐安县	大盘镇	350
629	温州市	乐清市	岭底乡	403	659	温州市	乐清市	白石镇	348
630	温州市	苍南县	凤池乡	402	660	金华市	东阳市	马宅镇	344

（续表十一）

单位：万元

排序	所属地区	县(市、区)	乡镇(街道)	地方财政收入	排序	所属地区	县(市、区)	乡镇(街道)	地方财政收入
661	温州市	洞头县	元觉乡	344	691	绍兴市	诸暨市	岭北镇	275
662	金华市	金东区	源东乡	343	692	绍兴市	诸暨市	东和乡	274
663	衢州市	衢江区	高家镇	343	693	台州市	仙居县	官路镇	270
664	金华市	磐安县	高二乡	341	694	温州市	苍南县	望里镇	268
665	金华市	兰溪市	水亭畲族乡	337	695	绍兴市	诸暨市	马剑镇	264
666	衢州市	龙游县	溪口镇	335	696	杭州市	临安市	千洪乡	253
667	台州市	天台县	洪畴镇	327	697	杭州市	临安市	大峡谷镇	251
668	衢州市	衢江区	大洲镇	313	698	衢州市	开化县	马金镇	250
669	湖州市	安吉县	山川乡	312	699	衢州市	常山县	芳村镇	249
670	丽水市	庆元县	黄田镇	309	700	台州市	三门县	浬浦镇	245
671	温州市	苍南县	南宋镇	308	701	衢州市	龙游县	塔石镇	244
672	温州市	泰顺县	司前畲族镇	307	702	丽水市	景宁畲族自治县	鹤溪镇	242
673	温州市	平阳县	山门镇	307	703	杭州市	淳安县	文昌镇	242
674	衢州市	常山县	同弓乡	306	704	温州市	泰顺县	仕阳镇	242
675	温州市	泰顺县	龟湖镇	303	705	衢州市	衢江区	杜泽镇	238
676	绍兴市	嵊州市	金庭镇	301	706	衢州市	常山县	大桥头乡	235
677	金华市	浦江县	前吴乡	295	707	温州市	文成县	百丈漈镇	235
678	丽水市	莲都区	双黄乡	293	708	衢州市	龙游县	石佛乡	231
679	金华市	武义县	柳城镇	293	709	衢州市	开化县	桐村镇	229
680	杭州市	富阳市	湖源乡	290	710	台州市	黄岩区	富山乡	229
681	丽水市	遂昌县	云峰镇	289	711	温州市	文成县	巨屿镇	228
682	杭州市	桐庐县	百江镇	289	712	宁波市	象山县	高塘岛乡	227
683	金华市	磐安县	胡宅乡	289	713	杭州市	临安市	马啸乡	224
684	舟山市	定海区	长白乡	289	714	温州市	文成县	大峃镇	224
685	金华市	磐安县	九和乡	288	715	温州市	永嘉县	徐岙乡	223
686	金华市	婺城区	琅琊镇	287	716	杭州市	淳安县	大墅镇	222
687	温州市	乐清市	雁湖乡	283	717	杭州市	临安市	新桥乡	219
688	温州市	泰顺县	三魁镇	283	718	绍兴市	新昌县	双彩乡	216
689	丽水市	松阳县	望松乡	282	719	丽水市	庆元县	隆宫乡	215
690	台州市	玉环县	鸡山乡	280	720	舟山市	嵊泗县	五龙乡	208

（续表十二）

单位：万元

排序	所属地区	县（市、区）	乡镇（街道）	地方财政收入	排序	所属地区	县（市、区）	乡镇（街道）	地方财政收入
721	杭州市	富阳市	常绿镇	205	752	温州市	泰顺县	泗溪镇	165
722	绍兴市	上虞市	丁宅乡	205	753	丽水市	莲都区	老竹镇	163
723	台州市	临海市	汇溪镇	205	754	衢州市	衢江区	莲花镇	156
724	温州市	苍南县	马站镇	205	755	金华市	婺城区	长山乡	156
725	丽水市	龙泉市	上垟镇	204	756	杭州市	临安市	横路乡	155
726	温州市	苍南县	观美镇	202	757	温州市	永嘉县	西溪乡	153
727	杭州市	桐庐县	合村乡	200	758	金华市	浦江县	岩头镇	153
728	衢州市	开化县	池淮镇	200	759	丽水市	莲都区	雅溪镇	152
729	衢州市	龙游县	詹家镇	199	760	温州市	乐清市	双峰乡	152
730	衢州市	衢江区	峡川镇	197	761	温州市	鹿城区	双潮乡	151
731	衢州市	衢江区	后溪镇	196	762	丽水市	松阳县	大东坝镇	151
732	杭州市	淳安县	临岐镇	196	763	台州市	仙居县	湫山乡	151
733	绍兴市	新昌县	巧英乡	195	764	衢州市	江山市	凤林镇	147
734	杭州市	淳安县	姜家镇	193	765	衢州市	龙游县	沐尘乡	144
735	金华市	东阳市	三单乡	192	766	温州市	苍南县	腾垟乡	142
736	衢州市	常山县	白石镇	191	767	绍兴市	嵊州市	谷来镇	141
737	绍兴市	嵊州市	下王镇	190	768	温州市	泰顺县	岭北乡	141
738	杭州市	淳安县	梓桐镇	185	769	丽水市	遂昌县	石练镇	141
739	温州市	苍南县	霞关镇	184	770	台州市	仙居县	田市镇	141
740	金华市	浦江县	花桥乡	183	771	绍兴市	新昌县	回山镇	140
741	衢州市	江山市	大桥镇	182	772	温州市	文成县	南田镇	139
742	温州市	泰顺县	筱村镇	181	773	台州市	三门县	小雄镇	136
743	衢州市	柯城区	万田乡	178	774	衢州市	江山市	大陈乡	135
744	丽水市	松阳县	裕溪乡	176	775	丽水市	莲都区	高溪乡	135
745	温州市	永嘉县	岩头镇	175	776	温州市	文成县	樟台乡	133
746	温州市	泰顺县	仙稔乡	167	777	杭州市	淳安县	安阳乡	132
747	温州市	乐清市	湖雾镇	166	778	台州市	三门县	蛇蟠乡	131
748	温州市	平阳县	宋埠镇	166	779	杭州市	淳安县	枫树岭镇	128
749	台州市	玉环县	海山乡	166	780	金华市	兰溪市	柏社乡	127
750	丽水市	龙泉市	塔石乡	166	781	丽水市	龙泉市	查田镇	125
751	衢州市	江山市	长台镇	165	782	衢州市	衢江区	全旺镇	122

（续表十三）

单位：万元

排序	所属地区	县(市、区)	乡镇(街道)	地方财政收入	排序	所属地区	县(市、区)	乡镇(街道)	地方财政收入
783	丽水市	龙泉市	安仁镇	121	814	衢州市	江山市	坛石镇	90
784	温州市	泰顺县	西旸旸镇	119	815	温州市	洞头县	霓屿乡	89
785	温州市	泰顺县	松垟垟乡	119	816	温州市	泰顺县	竹里畲族乡	89
786	温州市	苍南县	渔寮乡	118	817	台州市	天台县	石梁镇	88
787	衢州市	开化县	村头镇	115	818	台州市	天台县	街头镇	88
788	衢州市	开化县	音坑乡	115	819	温州市	永嘉县	五尺乡	87
789	金华市	婺城区	塔石乡	111	820	衢州市	开化县	苏庄镇	87
790	温州市	泰顺县	柳峰乡	111	821	衢州市	江山市	碗窑乡	87
791	丽水市	庆元县	安南乡	107	822	衢州市	衢江区	云溪乡	86
792	丽水市	莲都区	太平乡	107	823	衢州市	江山市	塘源口乡	86
793	衢州市	开化县	长虹乡	104	824	丽水市	缙云县	大洋镇	86
794	台州市	三门县	花桥镇	104	825	温州市	文成县	龙川乡	86
795	金华市	武义县	桃溪镇	103	826	温州市	泰顺县	凤垟垟乡	85
796	金华市	永康市	舟山镇	103	827	温州市	泰顺县	垟溪乡	81
797	衢州市	江山市	新塘边镇	102	828	绍兴市	嵊州市	通源乡	81
798	温州市	泰顺县	碑排乡	101	829	温州市	泰顺县	九峰乡	81
799	温州市	泰顺县	黄桥乡	101	830	温州市	泰顺县	洲岭乡	80
800	丽水市	遂昌县	湖山乡	100	831	台州市	仙居县	埠头镇	80
801	金华市	武义县	俞源乡	100	832	温州市	永嘉县	鹤盛乡	76
802	丽水市	松阳县	象溪镇	99	833	温州市	永嘉县	黄南乡	76
803	温州市	平阳县	闹村乡	98	834	温州市	文成县	金垟乡	76
804	温州市	泰顺县	百丈镇	97	835	温州市	平阳县	凤卧镇	75
805	衢州市	衢江区	黄坛口乡	97	836	温州市	泰顺县	峰文乡	74
806	丽水市	庆元县	淤上乡	95	837	温州市	泰顺县	大安乡	74
807	衢州市	常山县	东案乡	95	838	温州市	泰顺县	横坑乡	74
808	温州市	苍南县	莒溪镇	95	839	绍兴市	上虞市	下管镇	74
809	衢州市	龙游县	模环乡	95	840	丽水市	景宁畲族自治县	东坑镇	74
810	衢州市	衢江区	灰坪乡	94	841	丽水市	龙泉市	八都镇	74
811	衢州市	江山市	廿八都镇	94	842	金华市	武义县	白姆乡	74
812	绍兴市	嵊州市	北漳镇	93	843	温州市	泰顺县	雪溪乡	74
813	温州市	泰顺县	下洪乡	92	844	舟山市	普陀区	登步乡	74

（续表十四）

单位：万元

排序	所属地区	县（市、区）	乡镇（街道）	地方财政收入	排序	所属地区	县（市、区）	乡镇（街道）	地方财政收入
845	丽水市	龙泉市	小梅镇	71	876	温州市	苍南县	大渔镇	59
846	绍兴市	新昌县	东茗乡	71	877	温州市	泰顺县	新浦乡	59
847	温州市	文成县	黄坦镇	70	878	衢州市	常山县	新昌乡	58
848	温州市	永嘉县	潘坑乡	70	879	丽水市	龙泉市	锦溪镇	58
849	杭州市	淳安县	浪川乡	70	880	丽水市	龙泉市	住龙镇	58
850	金华市	浦江县	中余乡	70	881	台州市	黄岩区	平田乡	58
851	舟山市	嵊泗县	花鸟乡	69	882	丽水市	遂昌县	大柘镇	58
852	温州市	文成县	周壤乡	69	883	温州市	平阳县	鹤溪镇	58
853	丽水市	缙云县	七里乡	68	884	温州市	洞头县	鹿西乡	56
854	温州市	泰顺县	万排乡	68	885	丽水市	云和县	石塘镇	56
855	衢州市	柯城区	姜家山乡	67	886	金华市	武义县	大田乡	56
856	温州市	泰顺县	翁山乡	66	887	丽水市	缙云县	大源镇	56
857	丽水市	莲都区	峰源乡	65	888	杭州市	淳安县	界首乡	56
858	丽水市	景宁畲族自治县	沙湾镇	65	889	衢州市	龙游县	庙下乡	55
859	温州市	文成县	十源乡	64	890	丽水市	莲都区	丽新乡	54
860	衢州市	衢江区	太真乡	64	891	温州市	泰顺县	峰门乡	53
861	温州市	泰顺县	东溪乡	63	892	金华市	浦江县	杭坪镇	52
862	丽水市	松阳县	赤寿乡	63	893	绍兴市	上虞市	岭南乡	52
863	温州市	永嘉县	巽宅镇	63	894	丽水市	景宁畲族自治县	梧桐乡	52
864	杭州市	淳安县	石林镇	62	895	温州市	苍南县	沿浦镇	52
865	衢州市	开化县	杨林镇	62	896	温州市	永嘉县	枫林镇	51
866	温州市	泰顺县	包垟垟乡	62	897	丽水市	景宁畲族自治县	大均乡	51
867	温州市	永嘉县	岩坦镇	62	898	温州市	乐清市	仙溪镇	51
868	衢州市	开化县	中村乡	62	899	衢州市	柯城区	九华乡	49
869	金华市	浦江县	檀溪镇	61	900	衢州市	衢江区	双桥乡	49
870	温州市	苍南县	云岩乡	61	901	台州市	仙居县	步路乡	49
871	温州市	泰顺县	联云乡	61	902	杭州市	淳安县	王阜乡	48
872	丽水市	龙泉市	岩樟乡	60	903	衢州市	开化县	林山乡	45
873	绍兴市	新昌县	新林乡	60	904	丽水市	松阳县	玉岩镇	45
874	台州市	三门县	横渡镇	59	905	丽水市	景宁畲族自治县	大地乡	44
875	舟山市	嵊泗县	枸杞乡	59	906	衢州市	开化县	齐溪镇	44

（续表十五）

单位：万元

排序	所属地区	县（市、区）	乡镇（街道）	地方财政收入	排序	所属地区	县（市、区）	乡镇（街道）	地方财政收入
907	台州市	仙居县	淡竹乡	44	938	衢州市	开化县	金村乡	33
908	丽水市	缙云县	前路乡	43	939	丽水市	景宁畲族自治县	雁溪乡	33
909	丽水市	松阳县	板桥乡	42	940	温州市	苍南县	新安乡	33
910	丽水市	景宁畲族自治县	标溪乡	42	941	杭州市	淳安县	金峰乡	33
911	金华市	武义县	西联乡	42	942	温州市	永嘉县	岭头乡	33
912	温州市	平阳县	顺溪镇	41	943	温州市	平阳县	梅溪乡	32
913	杭州市	淳安县	屏门乡	40	944	舟山市	普陀区	白沙乡	32
914	衢州市	江山市	保安乡	40	945	丽水市	遂昌县	王村口镇	32
915	温州市	永嘉县	张溪乡	40	946	衢州市	衢江区	周家乡	32
916	丽水市	莲都区	黄村乡	40	947	台州市	仙居县	朱溪镇	32
917	衢州市	开化县	何田乡	40	948	丽水市	龙泉市	兰巨乡	31
918	绍兴市	嵊州市	雅璜乡	40	949	台州市	仙居县	上张乡	30
919	绍兴市	嵊州市	里南乡	40	950	温州市	平阳县	吴洋乡	30
920	温州市	文成县	西坑镇	39	951	丽水市	松阳县	叶村乡	30
921	杭州市	淳安县	瑶山乡	39	952	衢州市	衢江区	举村乡	30
922	衢州市	开化县	张湾乡	38	953	丽水市	遂昌县	三仁乡	30
923	温州市	文成县	二源乡	37	954	丽水市	遂昌县	金竹镇	29
924	金华市	浦江县	虞宅乡	37	955	丽水市	景宁畲族自治县	九龙乡	29
925	丽水市	景宁畲族自治县	澄照乡	37	956	温州市	永嘉县	界坑乡	29
926	杭州市	淳安县	中洲镇	37	957	衢州市	常山县	新桥乡	28
927	杭州市	淳安县	左口乡	36	958	绍兴市	嵊州市	贵门乡	28
928	金华市	婺城区	沙畈乡	36	959	杭州市	淳安县	宋村乡	28
929	衢州市	江山市	张村乡	36	960	杭州市	淳安县	里商乡	27
930	杭州市	淳安县	富文乡	35	961	丽水市	松阳县	三都乡	27
931	丽水市	龙泉市	宝溪乡	35	962	丽水市	遂昌县	安口乡	26
932	温州市	苍南县	石砰乡	34	963	衢州市	衢江区	岭洋乡	26
933	温州市	文成县	双桂乡	34	964	丽水市	缙云县	胡源乡	26
934	丽水市	景宁畲族自治县	大际乡	34	965	温州市	文成县	峃口乡	26
935	绍兴市	嵊州市	竹溪乡	34	966	温州市	乐清市	智仁乡	25
936	台州市	仙居县	皤滩乡	34	967	衢州市	柯城区	七里乡	25
937	温州市	永嘉县	溪下乡	33	968	绍兴市	嵊州市	王院乡	25

（续表十六）

单位：万元

排序	所属地区	县（市、区）	乡镇（街道）	地方财政收入	排序	所属地区	县（市、区）	乡镇（街道）	地方财政收入
969	温州市	文成县	金星乡	24	1000	丽水市	缙云县	三溪乡	16
970	温州市	平阳县	凤巢乡	24	1001	温州市	鹿城区	岙底乡	16
971	温州市	文成县	里阳乡	24	1002	丽水市	松阳县	斋坦乡	16
972	台州市	仙居县	双庙乡	24	1003	丽水市	景宁畲族自治县	毛洋乡	16
973	温州市	永嘉县	碧莲镇	23	1004	温州市	永嘉县	鲤溪乡	16
974	丽水市	遂昌县	新路湾镇	23	1005	丽水市	遂昌县	龙洋乡	16
975	温州市	永嘉县	大岙乡	23	1006	台州市	仙居县	溪港乡	15
976	绍兴市	上虞市	陈溪乡	23	1007	金华市	武义县	新宅镇	15
977	温州市	文成县	金炉乡	23	1008	台州市	仙居县	广度乡	15
978	温州市	文成县	平和乡	23	1009	丽水市	缙云县	方溪乡	15
979	温州市	文成县	东溪乡	23	1010	丽水市	遂昌县	蕉滩乡	15
980	丽水市	缙云县	溶江乡	22	1011	丽水市	遂昌县	黄沙腰镇	14
981	杭州市	淳安县	鸠坑乡	21	1012	温州市	苍南县	仙居乡	14
982	衢州市	龙游县	社阳乡	20	1013	丽水市	缙云县	双溪口乡	14
983	丽水市	景宁畲族自治县	梅歧乡	20	1014	丽水市	松阳县	竹源乡	13
984	丽水市	龙泉市	竹垟畲族乡	20	1015	丽水市	松阳县	四都乡	13
985	温州市	永嘉县	西源乡	20	1016	丽水市	龙泉市	屏南镇	13
986	金华市	婺城区	岭上乡	19	1017	温州市	文成县	桂山乡	13
987	丽水市	松阳县	新兴乡	19	1018	温州市	文成县	仰山乡	13
988	丽水市	景宁畲族自治县	秋炉乡	19	1019	衢州市	江山市	双溪口乡	13
989	丽水市	遂昌县	濂竹乡	19	1020	丽水市	遂昌县	柘岱口乡	12
990	衢州市	龙游县	罗家乡	19	1021	台州市	仙居县	安岭乡	12
991	温州市	文成县	富岙乡	19	1022	丽水市	松阳县	枫坪乡	12
992	温州市	永嘉县	东皋乡	18	1023	丽水市	景宁畲族自治县	景南乡	12
993	衢州市	开化县	塘坞乡	18	1024	丽水市	景宁畲族自治县	家地乡	12
994	温州市	永嘉县	渠口乡	18	1025	丽水市	龙泉市	城北乡	12
995	温州市	永嘉县	下寮乡	17	1026	温州市	永嘉县	大若岩镇	12
996	温州市	平阳县	南几镇	17	1027	丽水市	云和县	赤石乡	12
997	衢州市	开化县	大溪边乡	17	1028	温州市	文成县	玉壶镇	11
998	丽水市	景宁畲族自治县	英川镇	17	1029	温州市	文成县	石垟乡	11
999	温州市	平阳县	晓坑乡	17	1030	温州市	文成县	公阳乡	11

（续表十七）　　单位：万元

排序	所属地区	县（市、区）	乡镇（街道）	地方财政收入	排序	所属地区	县（市、区）	乡镇（街道）	地方财政收入
1031	金华市	浦江县	大畈乡	11	1062	丽水市	遂昌县	应村乡	7
1032	衢州市	柯城区	华墅乡	11	1063	丽水市	遂昌县	西畈乡	7
1033	温州市	永嘉县	溪口乡	11	1064	温州市	平阳县	梅源乡	6
1034	温州市	苍南县	中墩乡	10	1065	温州市	永嘉县	应坑乡	6
1035	温州市	文成县	上林乡	10	1066	丽水市	云和县	紧水滩镇	5
1036	温州市	文成县	岭后乡	10	1067	丽水市	遂昌县	蔡源乡	5
1037	温州市	文成县	云湖乡	10	1068	金华市	婺城区	箬阳乡	5
1038	台州市	天台县	泳溪乡	10	1069	台州市	天台县	南屏乡	5
1039	丽水市	景宁畲族自治县	渤海镇	10	1070	温州市	永嘉县	表山乡	4
1040	丽水市	龙泉市	龙南乡	10	1071	温州市	文成县	周山乡	4
1041	温州市	苍南县	括山乡	10	1072	温州市	永嘉县	陡门乡	4
1042	丽水市	遂昌县	北界镇	10	1073	丽水市	云和县	安溪乡	4
1043	金华市	武义县	三港乡	10	1074	温州市	苍南县	龙沙乡	4
1044	金华市	武义县	大溪口乡	9	1075	温州市	苍南县	蒲城乡	4
1045	丽水市	松阳县	安民乡	9	1076	温州市	乐清市	镇安乡	3
1046	温州市	平阳县	南湖乡	9	1077	丽水市	松阳县	谢村乡	3
1047	丽水市	遂昌县	高坪乡	9	1078	丽水市	云和县	雾溪乡	3
1048	衢州市	龙游县	大街乡	9	1079	丽水市	龙泉市	道太乡	3
1049	温州市	平阳县	西湾乡	9	1080	温州市	平阳县	怀溪乡	3
1050	温州市	苍南县	赤溪镇	8	1081	温州市	乐清市	福溪乡	3
1051	温州市	乐清市	龙西乡	8	1082	衢州市	柯城区	沟溪乡	3
1052	丽水市	松阳县	樟溪乡	8	1083	温州市	永嘉县	茗岙乡	2
1053	丽水市	景宁畲族自治县	鸬鹚乡	8	1084	温州市	文成县	下垟乡	2
1054	丽水市	景宁畲族自治县	葛山乡	8	1085	温州市	永嘉县	山坑乡	2
1055	温州市	永嘉县	西岙乡	7	1086	台州市	天台县	雷峰乡	2
1056	温州市	文成县	黄寮乡	7	1087	温州市	永嘉县	石染乡	2
1057	温州市	文成县	朱雅乡	7	1088	丽水市	缙云县	石笕乡	2
1058	温州市	永嘉县	花坦乡	7	1089	丽水市	云和县	崇头镇	2
1059	台州市	天台县	龙溪乡	7	1090	温州市	平阳县	青街乡	1
1060	丽水市	松阳县	新处乡	7	1091	金华市	武义县	坦洪乡	1
1061	丽水市	景宁畲族自治县	郑坑乡	7	1092	温州市	永嘉县	昆阳乡	1

（续表十八）

单位：万元

排序	所属地区	县（市、区）	乡镇（街道）	地方财政收入
1093	温州市	苍南县	昌禅乡	1
1094	丽水市	云和县	云坛乡	1
1095	温州市	苍南县	岱岭乡	1
1096	温州市	平阳县	朝阳乡	0.4
1097	温州市	苍南县	五凤乡	0.4
1098	丽水市	云和县	朱村乡	0.3
1099	温州市	平阳县	维新乡	0.08
1100	温州市	苍南县	凤阳乡	0.06
1101	温州市	平阳县	龙尾乡	0.02
	温州市	瑞安市	平阳坑镇	–
	温州市	瑞安市	龙湖镇	–
	温州市	瑞安市	碧山镇	–
	温州市	瑞安市	曹村镇	–
	温州市	瑞安市	湖岭镇	–
	温州市	瑞安市	荆谷乡	–
	温州市	瑞安市	梅屿乡	–
	温州市	瑞安市	顺泰乡	–
	温州市	瑞安市	大南乡	–
	温州市	瑞安市	桐浦乡	–
	温州市	瑞安市	潮基乡	–
	温州市	瑞安市	鹿木乡	–
	温州市	瑞安市	永安乡	–
	温州市	瑞安市	桂峰乡	–
	温州市	瑞安市	芳庄乡	–
	温州市	瑞安市	林溪乡	–
	温州市	瑞安市	金川乡	–
	温州市	瑞安市	北龙乡	–
	温州市	瑞安市	北麂乡	–
	温州市	瑞安市	营前乡	–
	温州市	瑞安市	东岩乡	–
	温州市	瑞安市	枫岭乡	–
	温州市	瑞安市	高楼乡	–
	温州市	瑞安市	宁益乡	–
	台州市	天台县	三州乡	–
	丽水市	青田县	鹤城镇	–
	丽水市	青田县	温溪镇	–
	丽水市	青田县	东源镇	–
	丽水市	青田县	船寮镇	–
	丽水市	青田县	北山镇	–
	丽水市	青田县	山口镇	–
	丽水市	青田县	海口镇	–
	丽水市	青田县	高湖镇	–
	丽水市	青田县	腊口镇	–
	丽水市	青田县	仁庄镇	–
	丽水市	青田县	章村乡	–
	丽水市	青田县	舒桥乡	–
	丽水市	青田县	贵岙乡	–
	丽水市	青田县	石溪乡	–
	丽水市	青田县	祯埠乡	–
	丽水市	青田县	祯旺乡	–
	丽水市	青田县	万山乡	–
	丽水市	青田县	黄垟乡	–
	丽水市	青田县	季宅乡	–
	丽水市	青田县	海溪乡	–
	丽水市	青田县	高市乡	–
	丽水市	青田县	巨浦乡	–
	丽水市	青田县	万阜乡	–
	丽水市	青田县	汤垟乡	–
	丽水市	青田县	方山乡	–
	丽水市	青田县	吴坑乡	–
	丽水市	青田县	仁宫乡	–
	丽水市	青田县	章旦乡	–
	丽水市	青田县	阜山乡	–
	丽水市	青田县	岭根乡	–
	丽水市	青田县	小舟山乡	–
	丽水市	云和县	黄源乡	–
	丽水市	云和县	云丰乡	–
	丽水市	云和县	大湾乡	–
	丽水市	云和县	沙铺乡	–
	丽水市	云和县	大源乡	–
	丽水市	庆元县	左溪镇	–
	丽水市	庆元县	荷地镇	–
	丽水市	庆元县	贤良镇	–
	丽水市	庆元县	百山祖乡	–
	丽水市	庆元县	官塘乡	–
	丽水市	庆元县	合湖乡	–
	丽水市	庆元县	江根乡	–
	丽水市	庆元县	举水乡	–
	丽水市	庆元县	岭头乡	–
	丽水市	庆元县	龙溪乡	–
	丽水市	庆元县	四山乡	–
	丽水市	庆元县	五大堡乡	–
	丽水市	庆元县	张村乡	–

2010年浙江省乡镇财政基本情况

单位:万元、个、人

项 目	决算数	项 目	决算数
一、本年乡镇数	1296	支出总计	8696650
其中:实行"乡财县管"的乡镇数	623	一般预算支出	3183366
二、乡镇财政机构数	943	上解上级支出	5150873
其中:财税所数	519	财政部代理发行地方政府债券还本	
三、已建立乡镇国库的乡镇数	8	安排预算稳定调节基金	
四、税务所机构数	238	调出资金	
国家税务所数	81	年终结余	362411
地方税务所数	157	其中:净结余	273578
其中:一乡(镇)一所数	17	十二、乡镇政府性基金预算收支平衡情况	
五、乡镇财政所总人数	4270	收入总计	3269640
1.行政编制实有人数	1720	政府性基金收入	627916
2.事业编制实有人数	2186	上级补助收入	2364662
3.以工代干人数	304	其中:地震灾后恢复重建补助收入	
4.集体财务人员人数	60	上年结余	276101
六、乡镇财政供养人数	198001	调入资金	961
1.一般预算财政拨款开支人数	85450	支出总计	3269640
2.一般预算财政补助开支人数	112551	政府性基金支出	2770783
其中:教师	74433	上解上级支出	29099
七、赤字乡镇个数	38	调出资金	2369
八、乡镇年末总人口	37664372	年终结余	467389
城镇人口	9704948	十三、乡镇国有资本经营预算收支平衡情况	
乡村人口	27959424	收入总计	
九、乡镇财政一般预算收入分档		国有资本经营预算收入	
100万元(不含)以下的乡镇数	316	地震灾后恢复重建补助收入	
100万元(含)~500万元的乡镇数	250	上年结余	
500万元(含)~1000万元的乡镇数	111	支出总计	
1000万元(含)以上的乡镇数	619	国有资本经营预算支出	
十、村民委员会个数	26882	调出资金	
十一、乡镇一般预算收支平衡情况		年终结余	
收入总计	8696650	十四、乡镇预算外财政专户资金收支平衡情况	
一般预算收入	6292028	收入总计	1373129
税收收入	6239195	预算外财政专户资金收入	1043952
非税收入	52833	上级补助收入	273694
上级补助收入	2124163	上年结余	55483
其中:地震灾后恢复重建补助收入		支出总计	1373129
上年结余	265337	预算外财政专户资金支出	1361272
转贷财政部代理发行地方政府债券收入		上解上级支出	11330
调入预算稳定调节基金		政府调剂资金	12604
调入资金	15122	其中:调入一般预算资金	11643
地震灾后恢复重建调入资金		年终结余	-12077

2010年各省、市、自治区财政收支占全国财政收支 税收收入占地方财政收入比重及排序

单位名称	地方财政收入（亿元）	约占全国地方财政收入的比重（%）	排序	税收收入（亿元）	约占地方财政收入的比重（%）	排序	一般预算支出（亿元）	约占全国财政支出的比重（%）	排序
北京市	2354	2.83	6	2252	95.7	1	2717	3.02	10
天津市	1069	1.29	15	777	72.7	24	1377	1.53	27
河北省	1332	1.60	10	1074	80.6	11	2820	3.14	9
山西省	970	1.17	17	693	71.4	25	1931	2.15	19
内蒙古自治区	1070	1.29	14	753	70.4	26	2274	2.53	15
辽宁省	2005	2.41	7	1517	75.7	15	3196	3.56	8
吉林省	602	0.72	24	439	72.9	23	1787	1.99	21
黑龙江省	756	0.91	23	557	73.7	21	2253	2.51	16
上海市	2874	3.46	3	2708	94.2	3	3303	3.68	6
江苏省	4080	4.91	2	3313	81.2	9	4914	5.47	2
浙江省	**2608**	**3.14**	**5**	**2465**	**94.5**	**2**	**3208**	**3.57**	**7**
安徽省	1149	1.38	12	867	75.5	17	2588	2.88	12
福建省	1151	1.39	11	966	83.9	6	1695	1.89	24
江西省	778	0.94	21	585	75.2	18	1923	2.14	20
山东省	2749	3.31	4	2150	78.2	13	4145	4.61	4
河南省	1381	1.66	9	1017	73.6	22	3416	3.80	5
湖北省	1011	1.22	16	778	77.0	14	2501	2.78	13
湖南省	1082	1.30	13	731	67.6	28	2702	3.01	11
广东省	4517	5.44	1	3803	84.2	5	5422	6.03	1
广西壮族自治区	772	0.93	22	534	69.2	27	2008	2.23	18
海南省	271	0.33	28	237	87.5	4	581	0.65	29
重庆市	952	1.15	19	622	65.3	30	1709	1.90	22
四川省	1562	1.88	8	1181	75.6	16	4258	4.74	3
贵州省	534	0.64	25	396	74.2	20	1631	1.81	25
云南省	871	1.05	20	702	80.6	12	2286	2.54	14
西藏自治区	37	0.04	31	25	67.6	29	551	0.61	31
陕西省	958	1.15	18	711	74.2	19	2219	2.47	17
甘肃省	354	0.43	27	220	62.1	31	1469	1.63	26
青海省	110	0.13	30	89	80.9	10	743	0.83	28
宁夏回族自治区	154	0.19	29	127	82.5	8	558	0.62	30
新疆维吾尔自治区	501	0.60	26	416	83.0	7	1699	1.89	23
合计	40613			32705			73884		

全省国民经济和社会发展总量与速度

指　　标	1978年	1990年	1995年	2000年	2005年	2006年	2007年
人口							
年末总人口(万人)	3750.96	4234.91	4369.63	4501.22	4602.11	4629.40	4659.30
年末从业人员数(万人)	1794.96	2554.46	2621.47	2726.09	3100.76	3172.38	3405.01
全省生产总值(亿元)	123.72	904.69	3557.55	6141.03	13417.70	15718.47	18753.73
第一产业	47.09	225.04	549.96	630.98	892.80	925.1	986.02
第二产业	53.52	408.18	1854.52	3273.93	7164.75	8511.51	10154.25
第三产业	23.11	271.47	1153.07	2236.12	5360.10	6281.86	7613.46
人均生产总值(元)	331	2138	8149	13415	27062	31241	36676
交通运输							
旅客周转量(亿人千米)	66.68	257.29	483.06	606.73	848.49	929.15	1010.60
货物周转量(亿吨千米)	164.19	400.65	874.29	1199.74	3416.90	4363.71	4701.30
全社会固定资产投资总额(亿元)	23.23	186.96	1357.90	2267.22	6696.25	7593.66	8420.43
财政收支							
财政总收入(亿元)	27.45	101.59	248.50	658.42	2115.36	2567.70	3239.89
# 地方财政收入(亿元)	27.45	101.59	116.82	342.77	1066.60	1298.20	1649.5
财政支出(亿元)	17.43	80.23	180.29	431.3	1265.53	1471.86	1806.79
贸易							
社会消费品零售总额(亿元)	46.86	353.75	1472.66	2553.59	4645.85	5357.97	6271.32
进出口总额(亿美元)	0.7	27.73	115.12	278.34	1073.91	1391.47	1768.56
# 出口总额(亿美元)	0.52	21.89	76.98	194.44	768.04	1008.94	1282.73
价格指数							
居民消费价格指数(上年=100)		102.1	116.6	101.1	101.3	101.1	104.2
城乡居民收入							
城镇居民人均可支配收入(元)	332	1932	6221	9279	16294	18265	20574
农村居民人均纯收入(元)	165	1099	2966	4254	6660	7335	8265
教育和文化							
高等学校在校学生数(万人)	2.4	6	9.3	22.2	67.70	74.7	80.9
普通中学在校学生数(万人)	214.7	169.6	210.5	249.6	261.10	262.3	266.6
小学在校学生数(万人)	501.4	372.4	353.8	353.8	342.40	339.4	335.5
报纸出版数量(万份)	24080	66865	113514	173526	264913	280261	291048
杂志出版数量(万份)	393	4716	8417	8736	9016	8009	8082
图书出版数量(万份)	12033	19596	22608	27014	27443	27026	25656

（续前表）

2008 年	2009 年	2010 年	指数（2010 年为以下各年%）			1979～2010 年平均增长（%）	2006～2010 年平均增长（%）
			1978 年	2005 年	2009 年		
4687.85	4716.18	4747.95	126.6	103.2	100.7	0.7	0.6
3486.53	3591.98	3636.02	202.6	117.3	101.2	2.2	3.2
21462.69	22990.35	27722.31	4945.2	175.2	111.9	13.0	11.9
1095.96	1163.08	1360.56	348.9	116.9	103.2	4.0	3.2
11567.42	11908.49	14297.93	10372.0	173.5	112.4	15.6	11.7
8799.31	9918.78	12063.82	6140.8	187.3	112.3	13.7	13.4
41405	43842	51711	3448.0	162.1	109.5	11.7	10.1
1071.33	1152.38	1250.74	1875.7	147.4	108.5	9.6	8.1
4883.46	5659.78	7117.04	4334.6	208.3	125.7	12.5	15.8
9323.00	10742.32	12376.04	53276.1	184.8	115.2	21.7	13.1
3730.06	412.04	4895.41	17833.9	231.4	118.8	17.6	18.3
1933.39	2142.51	2608.47	9502.6	244.6	121.7	15.3	19.6
2208.58	2653.35	3207.88	18404.4	253.5	120.9	17.7	20.4
7533.30	8622.26	10163.20	21688.4	218.8	119.0	18.3	17.0
2111.09	1877.35	2535.33	362190.0	236.1	135.0	29.2	18.7
1542.67	1330.10	1804.65	347048.1	235.0	135.7	29.0	18.6
105.00	98.50	103.80					
22727	24611	27359	1212.4	148.6	106.9	8.1	8.2
9258	10007	11303	1357.1	149.4	108.6	8.5	8.4
86.80	91.00	93.30	3851.1	137.8	102.5	12.1	6.6
269.80	262.30	255.20	118.9	97.7	97.3	0.5	-0.5
332.30	325.10	333.30	66.5	97.4	102.5	-1.3	-0.5
298677	314033	325048	1349.9	122.7	103.5	8.5	4.2
7407	7596	7201	1832.3	79.9	94.8	9.5	-4.4
29564	31221	28179	234.2	102.7	90.3	2.7	0.5

注：1. 本表价值量指标按当年价格计算，发展速度按可比价格计算。

2. 城镇居民人均可支配收入、农村居民人均纯收入发展速度均已扣除价格变动因素。

2010年浙江省国民经济和社会发展统计公报

浙江省统计局 国家统计局浙江调查总队

2011年1月28日

2010年，浙江深入贯彻落实科学发展观，认真执行中央宏观调控政策，全面实施“八八战略”和“创业富民、创新强省”总战略，扎实推进“全面小康六大行动计划”，全省经济社会协调发展，人民生活不断改善，各项事业加快推进，科学发展水平明显提高，全面小康社会建设取得丰硕成果。

一、综合

初步核算，2010年，全省生产总值为27227亿元，比上年增长11.8%(见图1)。其中第一产业增加值1361亿元，第二产业增加值14121亿元，第三产业增加值11745亿元，分别增长3.2%、12.3%和12.1%。人均GDP为52059元(按年平均汇率折算为7690美元)，增长10.1%。三次产业增加值结构由2005年的6.7:53.4:39.9调整为2010年的5.0:51.9:43.1(见图2)。

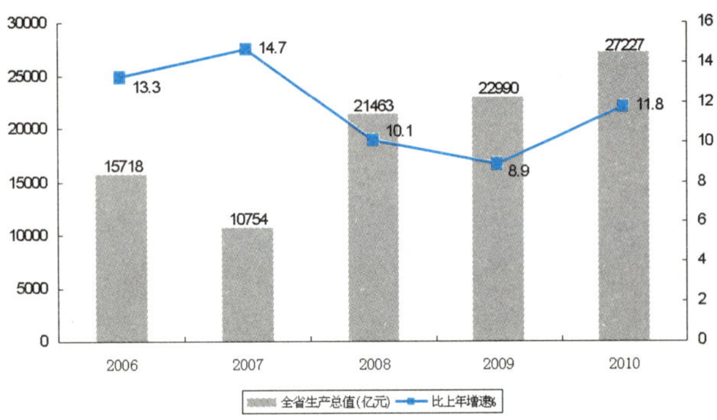

图1 2006～2010年全省生产总值及其增长速度

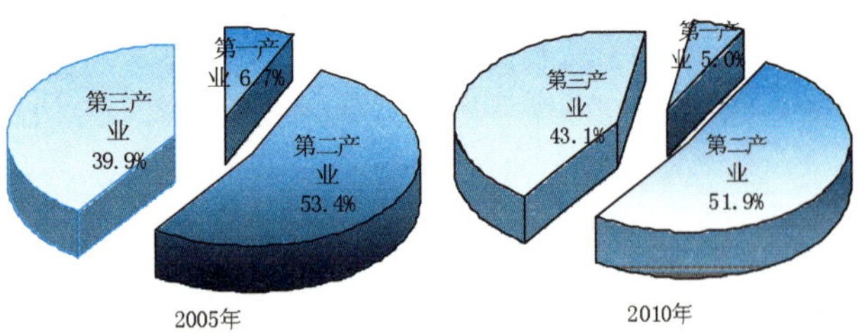

图2 2005年和2010年三次产业增加值结构图

全省居民消费价格比上年上涨3.8%，其中居住类上涨6.0%，食品类上涨7.3%(见图3、表1)；商品零售价格上涨3.9%，农业生产资料价格上涨2.9%，工业品出厂价格上涨6.2%，原材料、燃料、动力购进价格上涨12.0%，固定资产投资价格上涨4.7%。

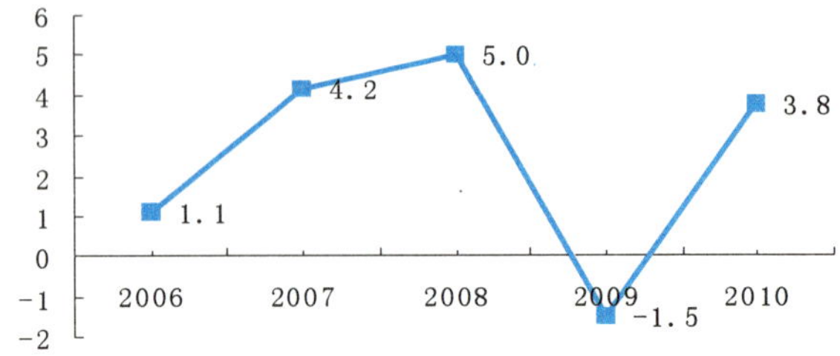

图3 2006～2010年居民消费价格涨跌幅度

表1 2010年居民消费价格变动情况(上年=100)

	全省	城市	农村
居民消费价格总指数	103.8	104.0	103.7
食品	107.3	107.5	107.0
# 粮食	114.3	115.2	113.4
烟酒及用品	100.7	101.1	100.5
衣着	99.3	98.5	100.1
家庭设备用品及服务	100.4	101.3	99.7
医疗保健及个人用品	105.4	105.4	105.3
交通和通信	100.3	100.6	100.0
娱乐教育文化用品及服务	101.6	101.5	101.6
居住	106.0	106.4	105.5

2010年，财政一般预算总收入4895亿元，比上年增长18.8%，地方一般预算收入2608亿元，增长21.7%，增速分别比上年提高8.3和10.9个百分点。

全年新增城镇就业人数90.65万人，其中40.68万名城镇失业人员实现再就业。年末城镇登记失业率为3.2%，比上年末下降0.06个百分点。

二、农业和农村建设

2010年，粮食播种面积和单产分别比上年下降1.1%和1.3%，粮食总产量为770.67万吨，下降2.3%，其中晚稻总产量为584.71万吨，下降2.4%(见表2、图4)。

主要经济作物播种面积保持稳定。其中，油料播种面积

表 2　2010 年主要农产品产量

	绝对数(万吨)	比上年增长(%)
粮食	770.67	-2.3
春粮	59.07	0.9
早稻	63.44	-6.5
秋粮	648.16	-2.2
油料	39.46	-8.7
花生	5.36	-0.5
油菜籽	33.26	-10.2
棉花	2.88	2.5
糖料	74.89	-8.0
茶叶	16.05	-4.1
水果	726.39	2.0
蔬菜	1772.13	0.4

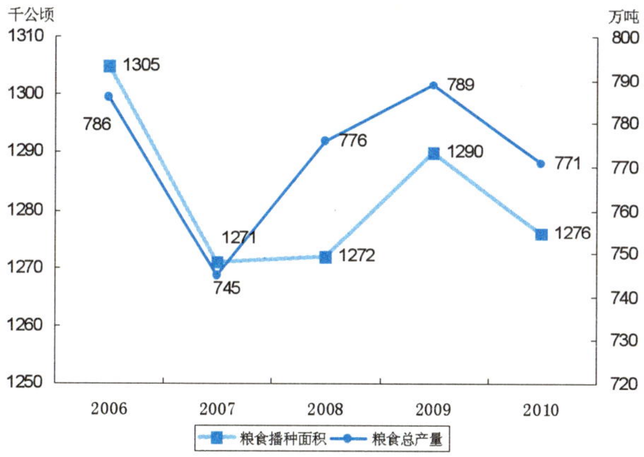

图 4　2006～2010 年粮食播种面积和总产量

208.75 千公顷，比上年下降 0.7%；蔬菜 618.59 千公顷，与上年持平；棉花播种面积 20.8 千公顷，比上年增长 3.5%。

畜牧业生产形势好转，渔业生产增幅明显。全年肉类总产量为 175.13 万吨，比上年增长 2.8%；国内渔业产量 461.4 万吨，增长 7.4%，其中海水捕捞产量 282.1 万吨，海水养殖产量 82.6 万吨，淡水产品产量 96.7 万吨。

现代农业继续发展。全年净增有效灌溉面积 3.5 千公顷，新增旱涝保收面积 3.9 千公顷。农业机械总动力 2428 万千瓦，比上年增长 2.0%。

新农村建设成效明显。实际已完成环境综合整治村 3197 个，全省 85%以上的村实现生活垃圾集中收集处理，74%农户家庭实现卫生改厕，45%村庄开展了生活污水治理。完成各类农村劳动力培训 108 万人。农家乐休闲旅游业发展较快。累计发展农家乐休闲旅游特色村(点)2490 个，从业人员 8.77 万人，营业收入 54.43 亿元。低收入农户奔小康工程进展顺利。据对 2007 年人均纯收入低于 2500 元的 111 万低收入农户统计监测调查，2010 年人均纯收入已达到 4220 元。农民下山搬迁工程稳步推进，欠发达地区完成山区农民和库区移民下山搬迁累计 10.78 万户，37.2 万人。

三、工业和建筑业

2010 年，规模以上工业增加值 10397 亿元，增长 16.2%，轻、重工业增加值分别增长 14.6%和 17.4%(见表 3)。规模以上工业销售产值 50368 亿元，增长 30.2%。国有及国有控股工业企业增加值 1811 亿元，比上年增长 11.6%。规模以上工业企业完成出口交货值 10683 亿元，增长 27.6%；出口交货值占销售产值的比重为 21.2%，比上年下降 0.4 个百分点。

表 3　2010 年规模以上工业增加值

指标名称	绝对数(亿元)	比上年增长(%)
工业增加值总计	10397	16.2
在总计中：轻工业	4443	14.6
重工业	5954	17.4
在总计中：国有企业	857	11.9
有限责任公司	1641	14.2
股份有限公司	859	12.2
私营企业	4252	18.4
港澳台商投资企业	1187	17.7
外商投资企业	1476	16.3
在总计中：国有及国有控股企业	1811	11.6

规模以上工业企业新产品产值为 10143 亿元，比上年增长 42.9%，新产品产值率为 19.6%，比上年提高 1.7 个百分点。制造业中，高新技术产业增加值 2396 亿元，比上年增长 18.5%，占规模以上工业的比重为 23%。汽车产量为 31.9 万辆，增长 15.2%，其中轿车产量为 27.4 万辆，增长 25%(见表 4)。

全年规模以上工业企业实现利润 3003.6 亿元，比上年增长 47.3%。其中，国有及国有控股企业 368.2 亿元，增长 27.3%；股份制企业 322.1 亿元，增长 24.5%；外商及港澳台投资企业 944.3 亿元，增长 53.8%；私营企业 1090.4 亿元，增长 54.2%。工业企业产品销售率 97.5%，比上年下降 0.3 个百分点。

全年建筑业增加值 1633 亿元，比上年增长 17.4%。资质以上建筑企业利润总额 355 亿元，比上年增长 29.4%；税金总额 385 亿元，增长 31.4%。

四、固定资产投资和房地产业

2010 年，全社会固定资产投资 12488 亿元，比上年增长

表 4　2010 年主要工业产品产量

	单位	绝对数	比上年增长(%)
纱	万吨	214.9	12.6
布	亿米	159.0	14.5
化纤	万吨	1366.1	21.2
卷烟	亿支	851.0	5.8
房间空调器	万台	510.8	80.4
发电量	亿千瓦小时	2496.2	14.0
钢材	万吨	2832.6	19.8
水泥	万吨	11275.3	5.4
化肥(折 100%)	万吨	32.7	-26.4
汽车	万辆	31.9	15.2
# 轿车	万辆	27.4	25.0
集成电路	亿块	30.4	-54.4
电子元件	亿只	476.8	27.4
移动电话机	万台	2406.1	-2.8
微型电子计算机	万台	157.3	76.4

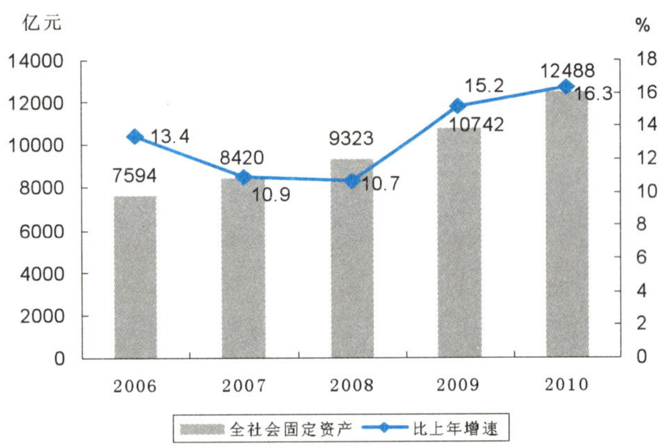

图 5　2006～2010 年固定资产投资及其增长速度

16.3%(见图 5),其中限额以上投资 11564 亿元,增长 16.7%;限额以上非国有控股投资 7615 亿元,增长 21.6%,占全部限额以上投资的 65.9%。

在限额以上固定资产投资中，第一产业投资 60.3 亿元,比上年增长 5.3%;第二产业投资 4698 亿元,增长 9.6%,其中工业投资 4650 亿元,增长 9.3%;第三产业投资 6806 亿元,增长 22.4%。

全年限额以上投资项目 31780 个，比上年增长 6.2%,其中,新开工项目 16963 个,增长 6.6%。

全年房地产开发投资 3030 亿元,比上年增长 34.4%。商品房销售额 4449 亿元,增长 2.6%。

五、国内贸易

2010 年，社会消费品零售总额 10163 亿元，比上年增长 19.0%,扣除价格因素,实际增长 14.5%(见图 6)。其中,城镇消费品零售额 8932 亿元,比上年增长 19.2%;乡村消费品零售额 1231 亿元，增长 17.9%。分行业看，批发零售贸易业零售额 9105 亿元,增长 19.2%;住宿餐饮业零售额 1058 亿元,增长 17.0%。

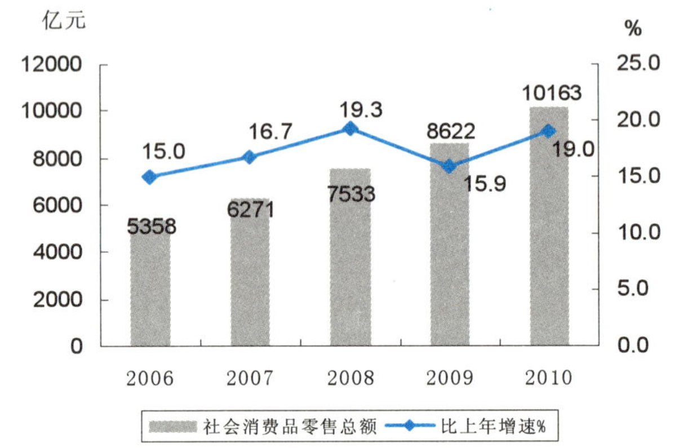

图 6　2006～2010 年社会消费品零售总额及增速

在限额以上批发零售贸易业销售额中，汽车类零售额比上年增长 37.2%,石油及制品类增长 33.6%,食品饮料烟酒类增长 14.4%,服装、鞋帽、针纺织品类增长 25.3%,中西药品类增长 18.3%,家用电器和音像器材类增长 22.2%,日用品类增长 21.2%,金银珠宝类增长 52.8%,通讯器材类增长 42.7%,家具类增长 24.2%。

年末全省有商品交易市场 4146 家,全年有形市场成交额 12717 亿元,比上年增长 18.4%。成交额超亿元的市场 675 个,超十亿元的市场 202 个,超百亿元的市场 22 个。

六、对外经济

2010 年,进出口总额为 2535 亿美元,比上年增长 35%,其中进口 730 亿美元，增长 33.4%；出口 1805 亿美元，增长 35.7%(见表 5)，出口占全国的比重从上年的 11.1%提高到

表 5　2010 年进出口主要分类情况

	绝对数(亿美元)	比上年增长(%)
进出口总额	2534.7	35.0
出口额	1804.8	35.7
# 一般贸易	1450.2	36.0
加工贸易	330.1	32.5
# 机电产品	791.3	42.6
# 高新技术产品	147.4	49.2
进口额	729.9	33.4
# 一般贸易	493.8	31.9
加工贸易	157.6	34
# 机电产品	163.2	37.2

11.4%。

月度出口规模创历史新高。月均出口 150.4 亿美元，其中 7 月当月出口 180.4 亿美元创历史新高。主要出口市场全面恢复，欧盟仍为第一大贸易伙伴。新兴市场出口份额稳步提高，东盟成为第三大出口市场(见表 6)。机电产品、高新技术产品出口比重提高，能源资源类等初级产品进口增加，外贸结构得到优化。

表 6 2010 年对主要市场进出口情况

国家或地区	出口额(亿美元)	比上年增长(%)	进口额(亿美元)	比上年增长(%)
欧盟	483.2	34.0	93.8	45.8
东盟	110.1	37.0	68.7	54.7
美国	304.6	32.1	61.2	51.3
日本	105.5	18.5	100.0	26.4
俄罗斯	51.1	81.1	12.2	0.7
韩国	45.4	27.8	63.5	8.6
中国香港	64.4	43.2	2.5	15.3
中国台湾	20.1	52.5	101.8	31.4

新批外商直接投资项目 1944 个，比上年增加 206 个，合同外资 200.5 亿美元，实际到位外资 110 亿美元，分别比上年增长 25.2%和 10.7%。第三产业利用外资继续保持良好势头，合同外资 81.1 亿美元，实际外资 41.4 亿美元，分别比上年增长 41.9%和 21.8%，各占外资总额的 40.5%和 37.7%。

对外承包工程、对外劳务合作、对外设计咨询完成营业额 29.1 亿美元，比上年增长 21.6%；经审批和核准的境外企业和机构共计 630 家，投资总额 40.2 亿美元，中方投资 33.6 亿美元，同比分别增长 2.6 和 2.2 倍。全年实际对外直接投资为 26.2 亿美元，继续居全国各省市第一。

表 7 2010 年铁、公、水路运输方式完成运输量

	单位	绝对数	比上年增长(%)
货物周转量	亿吨公里	7112	25.7
铁路	亿吨公里	342	5.8
公路	亿吨公里	1299	9.3
水运	亿吨公里	5471	31.9
旅客周转量	亿人公里	1251	8.5
铁路	亿人公里	363	24.5
公路	亿人公里	882	3.3
水运	亿人公里	6	-19.0
沿海港口货物吞吐量	亿吨	7.8	9.1

七、交通运输、邮电和旅游

2010 年，交通运输、仓储和邮政业增加值为 1041 亿元，比上年增长 13.9%。

全年铁路、公路和水运完成货物周转量 7112 亿吨公里，比上年增长 25.7%；旅客周转量 1251 亿人公里，增长 8.5%。港口完成货物吞吐量 11.2 亿吨，增长 8.0%，其中，沿海港口完成 7.8 亿吨，内河港口完成 3.4 亿吨，分别增长 9.1%和 5.3%(见表 7)。

全年邮电业务总量 1972.0 亿元，比上年增长 18.3%。其中，邮政业务总量 57.4 亿元，电信业务总量 1914.6 亿元。

全年本地电话交换机容量 3062 万门，比上年减少 48 万门。移动电话交换机容量 8666 万户，比上年增加 693 万户。年末本地电话用户 1998.5 万户，其中城市电话用户 1213 万户，农村电话用户 785.5 万户；移动电话用户 5047 万户，全年新增 611 万户。年末全省互联网用户数为 3670 万户。

全年实现旅游总收入 3312.6 亿元，比上年增长 25.3%。其中，接待国内旅游者 2.95 亿人次，增长 20.8%，实现国内旅游收入 3045.5 亿元，增长 25.7%；接待入境旅游者 685 万人次，增长 20%，实现旅游外汇收入 39.3 亿美元，增长 21.9%(见表 8)。

表 8 2006～2010 年全省接待旅游人数

年 份	入境旅游人数(万人次)	国内旅游人数(亿人次)
2006	427	1.61
2007	511	1.91
2008	540	2.09
2009	571	2.44
2010	685	2.95

八、金融、证券和保险

2010 年末，金融机构本外币各项存款余额 54478 亿元，比上年末增长 20.8%，其中人民币存款余额增长 20.5%。全部金融机构本外币各项贷款余额 46939 亿元，比上年末增长 19.7%，其中人民币贷款余额增长 19.2%。年末城乡居民本外币储蓄存款余额 21094 亿元，比上年末增长 16.1%(见表 9)。

全年新增上市公司 56 家，其中境内上市 45 家，境外上市 11 家。到 2010 年末，全省共有境内上市公司 186 家，位居全国第三，累计融资 1820 亿元；其中中小板上市公司 91 家，占全国中小板上市公司总数的 17.1%，位居全国第二；创业板上市公司 16 家，占全国创业板上市公司总数的 10.5%。全省现有境外上市公司 56 家，累计融资 490 亿元。

全年保险业实现保费收入 834.4 亿元，比上年增长

表9　2010年全部金融机构本外币存贷款情况

指　标	年末数(亿元)	比上年增长%
各项存款余额	54478	20.8
其中:企业存款	20047	19.4
储蓄存款	21094	16.1
其中:人民币	20612	15.6
各项贷款余额	46939	19.7
其中:短期贷款	26045	20.1
中长期贷款	18800	22.7

29.3%。其中,财产险公司保费收入334.5亿元,比上年增长30.9%;人身险公司保费收入499.9亿元,增长26.2%。支付各类赔款及给付216.1亿元。其中,财产险公司赔付支出147.5亿元,人身险公司赔付支出68.6亿元。

九、教育和科学技术

2010年,全省拥有普通高校80所(含筹建1所)。全年研究生招生?16575人,在学研究生47991人,毕业生11156人;普通本专科招生26.01万人,在校生88.49万人,毕业生23.37万人。普通高考录取率83.8%,比上年提高1.3个百分点;高等教育毛入学率为45%,比上年提高2个百分点。各类中等职业教育(不含技工学校)招生24.15万人,在校生64.22万人,毕业生18.74万人;普通高中招生30.09万人,在校生88.02万人,毕业生27.37万人;初中招生53.2万人,在校生167.13万人,毕业生58.6万人。初中入学率、巩固率均为99.88%,初中毕业升高中段的比例为97.97%,比上年提高0.27个百分点。小学招生60.21万人,在校生333.33万人,毕业生54.13万人,小学毕业生升学比例为99.99%。义务教育入学率99.94%,巩固率99.94%,完成率99.14%。特殊教育招生1904人,在校生1.3万人。全省拥有幼儿园9863所,在园幼儿183.05万人。

全年全社会科技活动经费支出830亿元,比上年增长15.7%;相当于生产总值的3.06%。研究和发展(R&D)经费支出相当于生产总值的比例为1.82%,比上年提高0.09个百分点。财政科技投入121.4亿元,比上年增长22.3%;财政科技拨款占财政支出的比重为3.8%。

年末拥有县及县以上独立的研究开发机构147家,省级以上重点实验室、工程技术研究中心202家,其中国家重点实验室12家,省部共建国家重点实验室培育基地6家,省级重点实验室(含工程技术研究中心、试验基地)136家,省级高新技术企业研发中心1146家,企业研究院35家,国家认定的企业技术中心48家,拥有省级区域科技创新服务中心(生产力促进中心)124家,国家级示范生产力促进中心12家。全年专利申请12.07万件,专利授权11.46万件,分别比上年增长11.2%和43.4%。全年技术市场合同登记12826份,技术交易额59.1亿元。

年末有128家产品质量检验机构,其中国家检测中心24个,产品质量、体系认证机构5个。有5881家企业获得强制性产品认证41974张,有29547家企业获得了管理体系认证。法定计量技术机构77个,全年强制检定计量器具111万台件。全年测绘生产总值15.14亿元,测绘基础经费总投入3.62亿元,完成1:10000比形图测制与更新1819幅,1:5000比形图124幅。

十、文化、卫生和体育

年末共有艺术表演团体72个,群艺(文化)馆、文化站1611个,公共图书馆97个,博物馆90个。省市级广播电台、电视台各12座,县级广播电视台66家。广播影视业经营收入140亿元,比上年增长15.7%。广播、电视综合覆盖率分别达到99.17%和99.35%。有线电视用户数1190.74万户,比上年增加80.64万户,入户率为74.23%,全省所有乡镇和99.3%以上的行政村实现了有线电视联网,农村有线电视入户数810万余户。有27部影片取得公映许可证,电视剧颁发发行许可证34部1185集,动画片颁发发行许可证2105集22410分钟。全年城市影院共放映电影69.35万场,观众2020.8万人次,票房收入7.15亿元,比上年增长69.53%。共完成27.2万场农村电影放映任务。

全省14家图书出版社,共出版图书9509种,总印数3.03亿册;公开发行的报纸有70种,年发行量32.08亿份,平均每千人每天拥有166份报纸;出版期刊219种,年发行量0.77亿册。全省共有综合档案馆98个,已开放各类档案10832个全宗,共计221.8万卷,159万件。

年末共有卫生机构1.6万个(不包括村卫生室),其中医院、卫生院2260个。医院和卫生院床位16.69万张,卫生技术人员27.74万人,其中执业医师和执业助理医师11.09万人,注册护士9.35万人。已设置城乡社区卫生服务中心1349个、服务站7334个,分别完成规划目标数的95.0%和82.9%。

公共卫生体系建设工作和重大传染病防控工作进一步加强。2010年,累计报告发生甲、乙类传染病13.5万例,发病率为262.77/10万,比上年同期下降2.94%。"五苗"接种率保持在95%以上。孕产妇和5岁以下儿童死亡率分别为7.44/10万和6.07‰。

2010年,我省运动健儿共取得世界冠军6个、亚洲冠军36个、全国冠军79个。共举办国际性体育竞赛43项次、全国

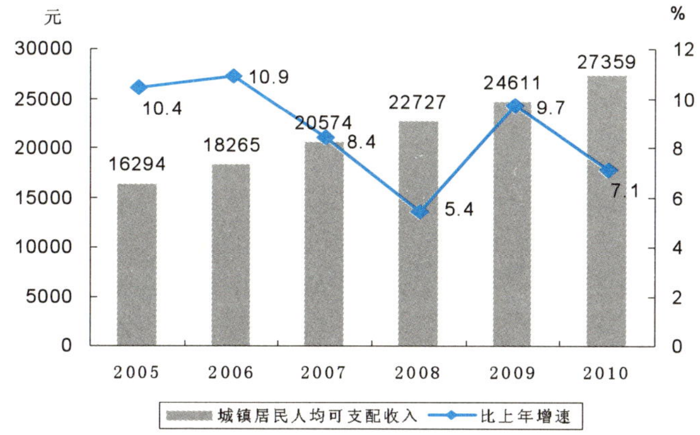

图7 2005～2010年城镇居民人均可支配收入及实际增长速度

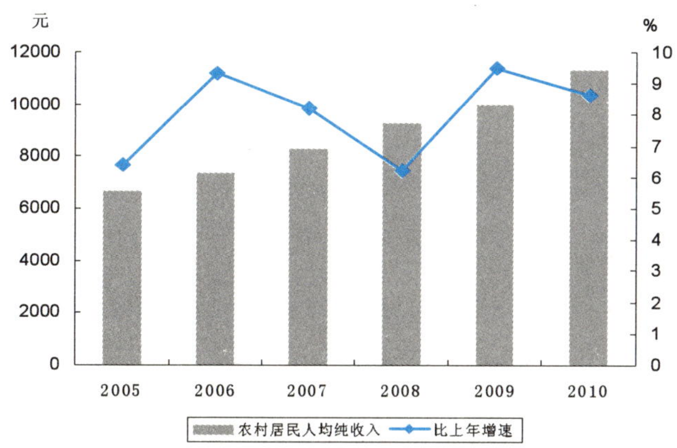

图8 2005～2010年农村居民人均纯收入及实际增长速度

性竞赛87项次、全省性竞赛396项次。共有3个县(市、区)和146个乡镇通过省级体育强县、强镇的检查验收。全年发行体育彩票52.7亿元,比上年增加7.4亿元,增长16.4%。

十一、人民生活和社会保障

据对城乡住户抽样调查,全省城镇居民人均可支配收入27359元,农村居民人均纯收入11303元,扣除价格因素,分别比上年实际增长7%和8.6%。城镇居民人均可支配收入连续10年居全国第3位、农村居民人均纯收入连续26年列各省区第1位(见图7、8)。城镇居民人均消费支出17858元,比上年实际增长3.1%;农村居民人均生活消费支出8390元,实际增长9.4%。城镇居民家庭恩格尔系数（居民家庭食品消费支出占生活消费总支出的比重)为34.3%,比上年上升0.7个百分点;农村居民家庭恩格尔系数为35.5%,比上年下降1.9个百分点。

城乡居民居住条件继续改善。城镇居民人均住房建筑面积35.3平方米,农村居民人均居住面积58.53平方米。城乡居民家庭主要耐用消费品拥有量继续增加(见表10)。

社会保障体系不断完善。2010年,全省企业职工基本养老保险参保人数新增148万人,累计达到1580万人,基本实现企业全覆盖;城镇职工基本医疗、居民基本医疗保险参保人数新增160万人、52万人,累计达到1334万人、540万人;工伤、失业、生育保险参保人数分别新增134万人、80万人、105万人,累计达到1465万人、864万人、856万人。城乡居民社会养老保险参保人数累计达到1170万人,其中农村1029万人,城镇141万人,已有578万人领取基础养老金。418万名被征地农民参加社会保障。社会保障待遇稳步提高。企业退休人员基本养老金达到月人均1595元,居全国省区前列。

新型农村合作医疗机制进一步完善,社会保障水平不断提高。2010年,参合人数2965.5万人,参合率为92%,人均筹资水平237元,所有县(市、区)人均筹资全部达到185元以上。所有县(市、区)全部实行门诊统筹,最高支付限额均达到全国农民人均纯收入6倍以上,新农合政策范围内住院补偿率达41.6%,较上年提高5个百分点。其中统筹区域(县域)内报销比例达46%。第三轮参合农民健康体检率达33.9%。

社会救助工作机制进一步健全。2010年,全省在册低保对象70万人,其中城镇9万人,农村61万人,平均保障标准

表10 2010年城乡居民每百户主要耐用消费品拥有量

	单位	城镇居民	比上年增长(%)	农村居民	比上年增长(%)
洗衣机	台	94.26	1.5	68.34	4.1
电冰箱	台	100.36	1.2	89.43	4.8
空调器	台	186.62	3.7	78.60	12.9
摩托车	辆	25.82	0.2	53.96	-3
家用汽车	辆	26.43	11.9	7.79	24.9
彩色电视机	台	185.70	2.2	161.43	2.8
固定电话	部	89.13	-0.6	88.36	-1.8
移动电话	部	198.01	3.4	189.09	7
家用电脑	台	89.84	6.4	35.64	24.4

为城镇376.7元/月人、农村245.2元/月人。全面实施医疗分类救助模式，开展即时救助。81个县(市、区)已实现即时救助，各级共安排医疗救助资金6.03亿元，支出6.15亿元，救助困难群众58.79万人次，资助困难群众参加新农合和城镇居民基本医疗保险105.74万人。五保、“三无”对象集中供养率分别为96.9%和99.4%。新增各类养老机构床位数1.51万张，新建市、县(市、区)养老服务指导中心40个、乡镇(街道)养老服务中心313个、城市社区居家养老服务站521个、农村“星光老年之家”3220个。年内共发行各类福利彩票73.39亿元，增长48.8%，筹集公益金21.7亿元。

十二、资源、环境保护和社会安全

资源保障状况良好。2010年，全省水资源量为1403亿立方米，比上年增加51%。总供用水量215.2亿立方米。完成造林面积104.33万亩，其中完成人工造林20.78万亩；更新造林20.5万亩，低产低效林改造面积38.24万亩。年末实有封山(沙)育林面积1152.89万亩，森林覆盖率为60.58%(含灌木林)。万元GDP用地量从2009年末的49.7平方米/万元下降到2010年的41.9平方米/万元，单位建设用地GDP从2009年末的13.4亿元/万亩上升为2010年的15.9亿元/万亩。

环境质量继续改善。2010年，有气象雷达观测站点9个，卫星云图接收站点25个，区域自动气象观测站1225个。全省霾平均日数39.9天，比上年少6天。32个省控城市环境空气质量均达到二级标准占93.8%，与2009年相比下降3.1个百分点。11个设区城市空气质量达到二级标准天数均在85%以上，设区城市空气二氧化硫平均浓度为0.029毫克/立方米，比2009年下降3.3%。到2010年，八大水系、运河和湖库地表水省控断面Ⅰ～Ⅲ类水质比例达到74.3%，比2009年下降0.6个百分点，达到2010年度目标。全省八大水系、运河和湖库地表水省控断面高锰酸盐指数平均浓度为3.26毫克/升，比2009年下降5.8%。2010年，全省跨行政区域河流交接断面满足功能要求比例为61.1%，与2009年相比上升了7.4个百分点。

2010年末，共有县以上城市污水处理厂96座，建成设计能力762.7万吨/日。县以上城市污水处理率达到78%，比上年提高77.29个百分点。生活垃圾无害化处理率96%。

能源利用效率不断提高，“十一五”期间单位GDP能耗降低20%的目标任务圆满完成。全省规模以上工业单位增加值能耗同比下降6.7%(见图9)；千吨以上和1311家重点用能企业能源消费比上年分别增长5.8%和5.7%，单位工业增加值能耗分别下降5.9%和3.7%。化学需氧量、二氧化硫两项主要污染物超额完成“十一五”减排任务。

生态文明建设成效显著，生态示范创建活动继续推进。2010年，全省累计建成1个国家生态县、30个省级生态县、43个国家级生态示范区、7个国家环境保护模范城市、7个省级环保模范城市、238个全国环境优美乡镇。完成更名的国家级生态乡镇232个，国家级生态村9个，省级生态乡镇835个。现有全国绿色学校49所、省级绿色学校1095所，国家级绿色社区27个、省级绿色社区561个，省级绿色企业477家，省级绿色饭店340家，省级绿色医院121家，全国绿色家庭22户、省级绿色家庭1463户。国家园林城市(县城、镇)21个，省级园林城市32个。推进城乡绿化一体化进程，对1.8万个村庄开展绿化建设，共创建省、市、县三级绿化示范村5657个，其中省级绿化示范村1352个。生态修复和保护工作取得阶段性成效。废弃矿山生态环境治理率由上年的80%提高到90%，生态葬法行政村覆盖率由上年的82.1%提高到83.2%。城市建成区绿化覆盖率达37.5%，人均公园绿地面积10.9平方米。2010年，新增治理水土流失面积812平方公里。全年近岸海域共发生赤潮22次，累计面积约3682平方千米，与上年相比，赤潮发生次数和面积均有所下降。

各类事故总量继续下降，?连续7年实现“零增长”的目标。全年共发生各类事故26230起、死亡6220人、直接经济损失30061万元，分别比上年下降7.8%、5.1%和3.3%。其中，道路交通共发生事故21698起、死亡5382人、受伤23296人，分别比上年下降7.3%、5.4%和8.6%；火灾事故共发生3773?起、死亡71人，直接经济损失8152万元，分别下降11.7%、7.8?%和4.4%。

注：(1)本公报所列各项数据为年度初步统计数据。

(2)全省生产总值和各产业增加值绝对数按现行价格计算，增长速度按可比价格计算。

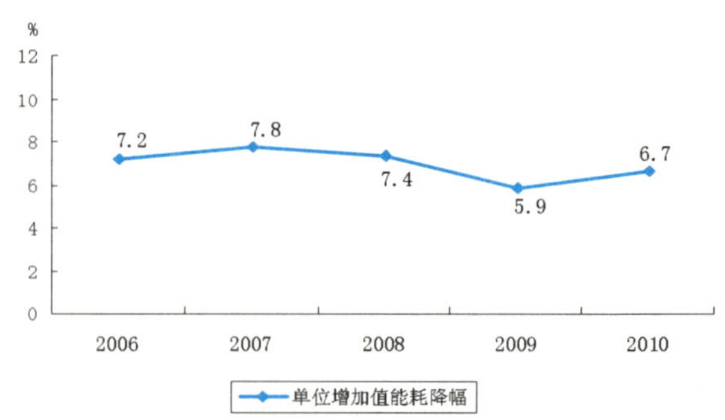

图9　2006～2010年规模以上工业单位增加值能耗下降幅度

财经法规选编

浙江省人民政府办公厅关于进一步做好增收节支工作的通知

2010 年 4 月 2 日　浙政办发〔2010〕40 号

各市、县(市、区)人民政府,省政府直属各单位:

近年来,面对国际金融危机的严峻挑战,各地、各部门坚持科学发展不动摇,坚决贯彻中央应对危机的一揽子计划,全面落实"标本兼治、保稳促调"各项措施,全省经济呈现持续回升向好的态势。2010 年是经济形势十分复杂的一年,经济运行中的不稳定、不确定因素仍然较多,财政持续增收的基础尚不稳固,财政支出刚性强、规模居高不下,财政收支平衡压力加大,特别是一些地方财政潜在风险不容忽视。为确保经济社会持续平稳健康发展,经省政府同意,现就进一步做好增收节支工作通知如下:

一、积极组织收入,增强财政调控能力

各地、各部门要认真贯彻落实科学发展观,围绕转变经济发展方式,加快推动产业结构调整,扎实推进大平台、大产业、大项目、大企业建设,切实解决经济运行中的突出矛盾和问题,不断提高经济增长的质量和效益,进一步夯实财税稳定增长的基础。坚持依法治税,加强税收征管,保持税收收入持续稳定增长。进一步完善政府非税收入征收范围和征收渠道,加大非税收入征缴力度,确保非税收入稳定增长。科学研判财税运行趋势,及时研究应对措施,防止财政和税收收入大起大落,确保平稳健康运行。要着力优化税收收入结构、地方财政收入结构,增强财政调控能力。

二、合理安排支出,确保财政收支平衡

各地、各部门要牢固树立厉行节约、勤俭办事的理念,严格遵循"量入为出、量力而行、收支平衡"的原则,合理安排财政支出,确保财政收支平衡。要严格控制一般性支出,今年各级党政机关公用经费预算压缩 5%,出国(境)经费、公务用车购置及运行费、公务接待费支出按中央政策要求实现零增长。要努力降低行政成本,把有限的财力用于调整转型和改善民生。

为缓解欠发达地区(含部分海岛地区及少数困难市、县,下同)财政收支困难,省财政在整合现有财政资金的基础上,一次性安排欠发达地区扶持资金 10 亿元,按照一般性转移支付分配,增强欠发达地区统筹发展能力。欠发达地区要结合本地实际,统筹安排资金,确保机关事业单位工资发放和正常运转,保障义务教育、公共卫生、社会保障等民生支出。在此基础上,用于现代农业发展、新农村建设和基础设施建设。

三、深化公共财政体制改革,提高资金使用绩效

各地、各部门要深入推进收入一个"笼子"、预算一个"盘子"、支出一个"口子"的公共财政管理体制改革,加快建立全口径预算制度。进一步加大资金统筹力度,既要管住一般预算收入,又要管住基金预算收入;既要管住预算内收入,又要管住政府性债务及预算外收入,确保所有政府性收入进一个"笼子"。推进政府公共预算(含一般预算、基金预算)、国有资本经营预算、社会保险基金预算以及政府性债务计划编制,健全政府预算体系,实现预算一个"盘子"统筹安排。加快推进国库集中支付、公务卡、财税库银横向联网等制度改革,实现支出一个"口子"。进一步加强专项资金清理整合,加大归并、整合财政专项资金的力度,严格控制新增专项资金,清理结转结余资金。加强财政资金的监管和绩效评价,切实提高财政资金使用绩效。进一步加强地方政府性债务管理,强化政府投融资平台监管,防范债务风险。进一步加强财政法制建设,加大监督检查力度,严肃查处各种违反财经纪律、浪费财政资金的行为,确保财政资金使用方向和支出绩效。

四、加强组织领导,抓好各项措施落实

进一步加强增收节支,圆满完成全年预算任务,确保财政收支平衡,对于促进经济社会持续平稳健康发展,全面完成"十一五"各项目标任务,为"十二五"发展打下扎实基础都具有十分重要的意义。各地、各部门要进一步统一思想,充分认识做好增收节支工作的重要性和紧迫性,切实加强组织领导,采取有效措施,扎实做好增收节支保平衡的各项工作,为全省经济社会持续平稳健康发展提供财政保障。

浙江省人民政府办公厅关于进一步加强农业综合开发工作的意见

2010 年 8 月 20 日　浙政办发〔2010〕105 号

近年来,全省各地大力实施农业综合开发,不断完善项目管理,积极创新工作机制,在强化农业基础、增强农业综合生产能力、促进农业产业化经营等方面发挥了积极作用。为进一步提升农业综合开发水平,根据《国务院办公厅转发财政部关

于加强农业综合开发工作若干意见的通知》(国办发〔2009〕63号)和省委十二届七次全会精神，经省政府同意，现就进一步加强农业综合开发工作提出如下意见：

一、总体要求

以科学发展观为指导，深入实施“创业富民、创新强省”总战略，按照建设高效生态的现代农业要求，以实施土地治理、产业化经营等项目为重点，结合现代农业园区、粮食生产功能区建设，坚持基础设施建设和完善运行管理并重，坚持工程措施和农业技术相结合，增加投入，完善政策，规范管理，创新机制，突出解决农业发展中的基础性、瓶颈性问题，着力增强农业综合生产能力，为保障粮食等主要农产品供给，促进现代农业发展和农民增收提供有力支撑。

二、主要任务

(一)加强农业基础设施建设。坚持田、水、路、林、山综合治理，结合现代农业园区、粮食生产功能区和农田水利、标准农田质量提升、土地治理等工程项目，突出抓好农田水利基础设施、以解决关键性制约因素为目的的水利控制性工程、中型灌区骨干工程续建配套与节水改造、农田林网等建设，着力建设高标准农田，增强农业综合生产能力和抗灾能力。

(二)促进农业产业化经营。加大对农业主导产业种植养殖基地、良种繁育基地和农产品加工、贮藏保鲜、产地批发市场等基础设施建设的支持力度。支持合理开发利用山地资源，发展木本粮油及特色农业产业带建设。积极引导农业综合开发项目区土地承包经营权流转，支持农民专业合作社规范发展和农业龙头企业做大做强，促进农业规模化、集约化、产业化经营。

(三)推动农业科技进步。支持农业科技进村入户，加强对农民的技术培训和服务，大力推广优良品种、标准化生产等农业先进适用技术，加快推广应用种养结合、农牧结合、林牧结合的生态立体农业循环模式，积极发展无公害农产品、绿色食品和有机产品，提高农民科学种养水平。

(四)保护和改善农业生态环境。实施山区小流域农业生态工程项目，加大山区耕地水土流失综合整治力度，完善流域受益耕地旱灌涝排设施，提高小流域防洪抗旱能力，优化小流域农业生态环境。

三、多渠道增加资金投入

各级财政要继续增加资金投入，按照省财政厅《关于农业综合开发资金若干投入比例的通知》(浙财农发字〔2008〕26号)要求，落实各级财政配套资金。财政配套资金列入当年预算，确保及时足额到位。充分发挥农民群众在农业综合开发中的主体作用，引导项目区农民群众、农民专业合作社和农业龙头企业为其直接受益的项目投资投劳。完善财政资金投入方式，以项目为平台，引导信贷资金和社会资金增加对农业综合开发的投入。

四、创新扶持方式

(一)探索“先建后补、边建边补”扶持方式。开展农业综合开发项目“先建后补、边建边补”试点，有条件的项目县可根据国家农业综合开发政策和当地农业综合开发规划，编制项目可行性研究报告或实施方案，经省农业综合开发办公室审批后，先行筹集项目资金，开展项目建设。

(二)完善土地治理与产业化经营项目有机结合的扶持方式。按照“依托龙头建基地，围绕基地扶龙头”的思路和优势农产品区域布局，明确重点产业和与该产业发展相关的农业龙头企业，统筹安排土地治理项目和产业化经营项目，重点扶持与企业关联的农产品原料基地建设，形成土地治理与产业化经营两类项目相互促进的机制。

(三)探索建立农业综合开发项目与其他支农项目统筹实施的平台。农业综合开发项目要注重与现代农业园区、粮食生产功能区相结合，努力促进现代农业园区、粮食生产功能区建设。要与小型农田水利重点县建设等其他支农项目相衔接，按照“统一规划、渠道不变、各司其职、形成合力”的要求，整合支农资金，加强工作协同，提高财政资金使用绩效。同时，探索扶持农业龙头企业、农民专业合作社、社会化服务组织等现代农业经营主体的财政资金由集体经济组织持有股份的办法，壮大集体经济，增加农民收入。

五、规范项目资金管理

农业综合开发项目资金实行专户储存、专账核算、专人管理，确保专款专用。土地治理项目实行县级核算制，农业产业化经营项目和科技推广项目财政资金实行县级报账制。加强农业综合开发财政资金专户和工程资金专户管理，健全内部监督机制，规范财务行为，确保资金安全。严格项目管理，农业综合开发项目实行自下而上逐级申报制度。省农业综合开发办公室根据国家农业综合开发政策，发布项目年度申报指南。项目县根据申报指南，择优申报项目，按规定经省农业综合开发办公室组织项目评审、省农业综合开发协调小组审定后，报国家农业综合开发办公室审批或备案。农业综合开发相关政策及项目立项情况适时向社会公开。严格执行农业综合开发项目专家评审制、招投标制、工程监理制、资金和项目公示制。加强土地治理项目建后管护工作，落实管护责任、措施和资金，确保项目设施长期发挥作用。

六、加强组织领导

各级政府要高度重视农业综合开发工作，切实加强组织领导，加大工作力度。项目县要落实与农业综合开发任务相适应的工作机构、经费，配备较高素质的工程技术、财务等专职人员，并加强对工作人员的教育、培训和管理，引导农业综合开发工作人员强化为农服务意识，规范工作行为，提高业务水平。健全省对市县农业综合开发工作的绩效考核机制，引导各地进一步抓好农业综合开发工作。项目县农业综合开发办公室要加强与水利、农业、林业、渔业、国土资源、审计等部门的协调配合，充分发挥部门职能优势和行业技术优势，形成工作合力。有关乡镇（街道）要做好农业综合开发项目实施前的组织发动及政策处理等相关工作，为实施农业综合开发创造条件。

浙江省财政厅
浙江省县级财政支农资金整合工作考评实施细则（试行）

2010年1月15日　浙财农〔2010〕19号

第一章　总　则

第一条 为进一步推动财政支农资金整合工作，建立对县级财政支农资金整合的奖励机制，提高财政支农资金使用效益，根据财政部《县级财政支农资金整合工作考评暂行办法》（财农〔2008〕114号），制定本实施细则。

第二条 中央财政和省级财政对县级财政支农资金整合工作进行考评，并给予适当奖励。

县级财政支农资金整合，是指在县级人民政府的领导下，立足本地实际，以支农资金整合规划为指导，以提高财政支农资金使用效益为目标，以主导产业、重点项目或优势区域为平台，在不改变资金性质和用途的前提下，把投向相近、目标基本一致、但来源不同的各项财政支农资金进行归并，统筹安排，集中使用。

第三条 县级财政支农资金整合工作考评，是指按一定的程序，运用一定的指标和方法，对开展财政支农资金整合的县（市、区，以下简称资金整合县）的整合工作进行综合性考核和评价。

第四条 考评遵循以下原则：

（一）统一领导、分级实施的原则；

（二）县级自愿申报的原则；

（三）客观、公正、规范的原则；

（四）定性考评与定量考评相结合的原则；

（五）突出成效、奖惩分明的原则。

第二章　考评的依据、主要内容与评分标准

第五条 考评的依据：

（一）中央和省委、省政府关于支持“三农”的各项方针政策；

（二）财政支农资金相关管理制度和资金拨付文件；

（三）财政部和省财政厅印发的有关财政支农资金整合的规范性文件和规章制度；

（四）县级财政支农资金整合方案、资金申请文件、整合工作总结、整合项目实施和资金使用情况等有关文件资料；

（五）县以上财政部门有关批复文件、检查结论，审计部门出具的有关审计报告或委托中介机构出具的有关项目评审或竣工验收报告、考评意见等；

（六）其他相关资料。

第六条 考评的内容：

县级财政支农资金整合方案制定、体制机制创新、保障措施、整合资金规模、引导社会投入、资金管理、项目建设以及整合效益等情况。

第七条 考评实行百分制，计分采用量化指标，满分为100分。具体考评量化指标见附表。

第三章　考评的程序

第八条 支农资金整合工作考评实行县级申请、市级复评和省级重点考评的方式。

（一）申请县在每年1月25日前完成对上一年度财政支农资金整合工作的自评，并向市级财政部门提出复评申请。申请复评材料包括自评报告、上年度财政支农资金整合工作开展情况、整合项目实施和资金使用情况、组织自评情况、自评结果及县级财政支农资金整合工作考评量化指标表。

（二）市级财政部门组织农口有关部门在每年2月10日前完成对资金整合县的自评复核，并将复评材料上报省财政厅，复评材料包括复评报告、复评意见、县级财政支农资金整合工作考评量化指标表及本市所辖资金整合县自评材料。

（三）省财政厅将根据各市上报的复评材料，确定重点考评对象，于每年2月底前组织省级农口有关部门开展重点考评，并形成全省考评报告上报财政部。

第九条 考评可以邀请有关部门、专家以及中介机构参加，参与考评的机构或个人要对所做结论的真实性负责。与财政支农资金整合项目有直接利益关系的，不得参与考评工作。

第四章　考评的组织与管理

第十条 县级财政支农资金整合工作考评实行“统一组织、分级实施”的管理方式，按照财政部统一部署，省市县财政部门分级实施。

第十一条 资金整合县的主要工作职责：

（一）按照县级财政支农资金整合工作考评的有关规定，对照考评量化指标开展自评工作；

（二）及时向市级财政部门报送工作总结、自评结果及相

关资料；

（三）积极配合上级财政部门对本县（市、区）进行工作考评；

（四）对所报送材料的真实性、准确性和完整性负责。

第十二条 市级财政部门的主要工作职责：

（一）组织、指导所辖资金整合县开展自评工作；

（二）及时向省财政厅报送工作总结、资金整合县自评情况和市级财政部门复评结果；

（三）对检查或复评中发现的问题，责成资金整合县认真进行整改，并对整改落实情况进行监督检查。

第十三条 省财政厅的主要工作职责：

（一）加强对县级财政支农资金整合工作和考评工作的指导；

（二）制定考评的有关制度和办法；

（三）组织对资金整合县进行检查和重点考评；

（四）及时向财政部报送工作总结、资金整合县考评结果，并根据考评结果申报中央财政资金整合县奖励资金；

（五）根据考评结果和财政部有关规定，制定奖励资金的具体分配办法。

第十四条 资金整合县对自评结果的真实性负责，市级财政对资金整合县复评结果的真实性负责。

第十五条 各市、县（市、区）在考评过程中如存在弄虚作假或其他违规违纪行为的，一经查实，除追回奖励资金外，还将给予通报批评。

第五章　考评结果的应用

第十六条 考评结果分为4个等级：总分在90分（含90分）以上为优秀，80～89分（含80分）为良好，70～79分（含70分）为合格；70分以下为不合格。

第十七条 根据对资金整合县的重点考评结果，省财政厅择优推荐中央财政奖励县，并确定省财政奖励县。

第十八条 根据中央和省级考评情况，考评结果将以适当的方式予以公布。

第十九条 中央财政奖励资金按照财政部有关规定全部用于现代农业生产发展，并按照现代农业生产发展资金管理使用。省级财政奖励资金按照《浙江省现代农业生产发展资金和项目管理实施细则》的规定，统筹安排用于支持现代农业生产发展。

第二十条 省财政将对受奖励县（市、区）的奖励资金使用情况进行绩效考评。对未按规定使用奖励资金及在考评过程中存在弄虚作假或其他违规违纪行为的县（市、区），3年内取消申报资金整合县奖励资金资格。

第六章　附　则

第二十一条 各市财政局可参照本实施细则，制定本市县级财政支农资金整合工作具体考评办法。

第二十二条 本实施细则由省财政厅负责解释。

第二十三条 本办法自发布之日起施行。

附表：县级财政支农资金整合工作考评量化指标表（略）

浙江省财政厅 浙江省国土资源厅
浙江省用于农业土地开发的土地出让金使用管理办法

2010年2月22日　浙财农〔2010〕30号

第一条 为加强用于农业土地开发的土地出让金的使用管理，实现我省耕地占补平衡，切实做好扩大内需、促进经济平稳较快发展的用地保障工作，根据财政部、国土资源部《关于印发〈用于农业土地开发的土地出让金使用管理办法〉的通知》（财建〔2004〕174号）和省财政厅、省国土资源厅《转发财政部国土资源部关于印发〈用于农业土地开发的土地出让金收入管理办法〉的通知》（浙财综字〔2004〕99号）以及《浙江省人民政府关于实施"百万"造地保障工程的通知》（浙政发〔2009〕33号），特制定本办法。

第二条 本办法所称用于农业土地开发的土地出让金（以下简称农业土地开发资金）是指市、县（市、区）从土地出让金收入中按规定比例计提划出的专项资金。

第三条 我省各市、县（市、区）土地出让金用于农业土地开发的比例，为土地出让平均纯收益的15%；各市、县（市、区）从土地出让金收入中计提划出的农业土地开发资金按20%的比例上缴省级。

第四条 本办法所称土地出让平均纯收益标准是指各市、县（市、区）人民政府出让土地取得的土地出让纯收益的平均值，由财政部、国土资源部根据全国城镇土地等别、城镇土地级别、基准地价水平、建设用地供求状况、社会经济发展水平等情况制定、联合发布，并根据土地市场价格变动情况适时调整。

第五条 农业土地开发资金纳入财政预算，实行专项管理。农业土地开发资金应按规定的标准和用途足额划缴及使用，不得截留、坐支和挪用，并实行社会公示制度。

第六条 本办法所称的农业土地开发主要包括：土地整理和复垦、宜农未利用地的开发、基本农田建设以及改善农业生产条件的土地开发。

土地整理和复垦是指：按照土地利用总体规划和土地开发整理规划，有组织地对农村地区田、水、路、林及村庄进行综合整治；对在生产建设过程中挖损、塌陷、压占及污染破坏的土地和洪灾滑坡崩塌、泥石流等自然灾害损毁的土地进行复垦。

宜农未利用地的开发是指：在保护和改善生态环境、防治水土流失的前提下，对滩涂、盐碱地、荒草地、裸土地等未利用的宜农土地进行开发利用。

基本农田建设是指：采取相应措施对基本农田进行改造、改良和保护，促进基本农田综合生产能力提高和持续利用。具体包括：经国务院、省有关主管部门或者县级以上地方人民政府批准确定的粮、棉、油生产基地内的耕地的建设；有良好的水利与水土保持设施的耕地建设；对中低产田的改造；蔬菜生产基地建设；国务院、省规定应当划入基本农田保护区的其他耕地的建设等。

改善农业生产条件的土地开发是指：为改善农业生产条件而独立进行的农田道路、电力通讯、水源、给排水等生产设施的建设。

第七条 为贯彻落实最严格的耕地保护制度和最严格的节约用地制度，要围绕低丘缓坡开发、滩涂围垦造地、农村建设用地复垦、土地整理等“百万”造地保障工程建设，合理安排农业土地开发资金。

第八条 农业土地开发资金必须专项用于本办法第六条规定的项目建设支出，不得用于与项目建设无关的任何支出，不得用于平衡财政预算，也不得用于其他与农业土地开发资金使用范围不相符的支出。

第九条 财政部门负责农业土地开发资金的预算审批、资金的拨付和资金的监督管理工作；国土资源和相关主管部门根据年度预算，负责项目预算的编报、项目实施的监督检查及竣工验收等项目管理工作。

第十条 农业土地开发资金的使用，实行“统一领导、分工负责、项目管理”的原则。年初，财政、国土资源部门根据上一年度农业土地开发资金的收缴情况，结合农业土地开发工作的实际需要，会同相关主管部门提出农业土地开发资金年度使用计划，经同级保护耕地和造地改田领导小组讨论审核后，报同级人民政府批准。财政、国土资源和相关主管部门按照批准的资金使用计划和财政支农资金管理的具体规定，组织项目申报、评审、立项，确定资金分配方案。

第十一条 按照项目管理的要求，农业土地开发资金扶持的项目立项程序为：项目申请单位按有关资金和项目管理办法或项目立项指南的规定向所在市、县（市）财政部门和主管部门提交项目可行性研究报告或项目申报标准文本、项目申报书及必要的附件，并按规定提供本单位的组织形式、财务状况、自筹资金以及项目实施管理和项目绩效分析等有关情况。财政部门和主管部门组织有关专家，或委托专门的项目评审机构按照项目立项指南的规定对项目申请单位提交的项目可行性研究报告或项目申报标准文本进行评审，依据专家或项目评审机构出具的项目评审报告，对拟本级立项或上报上级立项的项目，实行社会公示制度。

农业土地开发资金可以实行“以奖代补”分配方式，“以奖代补”资金申请单位，必须符合有关“以奖代补”资金管理办法规定的资格或条件，财政和主管部门按照相关考核办法进行考核，并根据考核结果兑现“以奖代补”资金。各级财政部门和相关主管部门应加强对“以奖代补”资金的管理，严格按照相关“以奖代补”资金管理办法规定的用途使用资金，不得挪用、移用或滥发奖金、补贴。

第十二条 各级财政部门和主管部门要建立农业土地开发资金绩效考评制度，加强对农业土地开发支出项目事前、事中、事后的监督和管理，提高农业土地开发资金使用效益。

建立农业土地开发资金项目绩效评价工作信息库，系统收集项目立项决策、项目实施协议、资金到位和使用情况、项目建设进度和实施结果、竣工财务决算和验收报告、投资效益及存在问题等监测数据和评价资料，建立和完善自我评价、自我监督与外部评价、外部监督相结合的约束、监管机制。

第十三条 各市、县（市、区）要加强对农业土地开发资金收缴的监督，保证从土地出让收入中足额计提划缴农业土地开发资金。要根据中央和省委、省政府关于“三农”工作的方针政策，按照公共财政和统筹城乡经济社会、人与自然和谐发展的要求，科学合理地安排和使用农业土地开发资金，建立健全财务管理制度和会计核算制度，加强项目成本核算和资金管理，切实提高资金使用效益。

第十四条 省财政厅将会同省国土资源厅、省监察厅、省审计厅等有关部门，对农业土地开发资金的计提划缴、预算管理、支出范围和资金使用等进行定期或不定期的监督检查。各级财政和国土资源部门会同有关部门于每年 3 月底前将农业土地开发资金计提划缴、使用和管理情况报省财政厅和省国土资源厅。

对于违反规定的，除通报外，对提取比例及划缴数额不足的，省财政厅将会同省国土资源厅督促其限时足额计提划缴，督促未果的，除停止安排相关支农专项资金外，将通过省与市县年终结算予以扣回；对于超出支出范围的，除督促其在 7 个工作日内纠正外，对超出本办法规定支出范围的资金，将予以收回；对挪用资金和滥发奖金、补贴的，省财政厅、省国土资源厅将会同相关部门严肃查处，并追究有关人员责任。

第十五条 各地可结合本地的实际情况，制定具体的资金使用管理办法。

第十六条 本办法自印发之日起施行。省财政厅、省国土厅《关于印发＜浙江省用于农业土地开发的土地出让金使用管理办法＞的通知》(浙财农字〔2005〕45号)同时废止。

省财政厅 省农业厅 省林业厅 省海洋与渔业局
浙江省现代农业生产发展资金和项目管理实施细则(试行)

2010年2月22日　浙财农〔2010〕39号

第一章　总　则

第一条 为加强和规范现代农业生产发展资金和项目管理,提高资金使用效益,根据财政部《中央财政现代农业生产发展资金使用管理办法》(财农〔2009〕342号)和省政府《关于加快发展农业主导产业推进现代农业建设的若干意见》(浙政发〔2007〕17号)等文件精神,以及财政资金和项目管理的有关规定,特制定本实施细则。

第二条 现代农业生产发展资金主要用于支持各地稳定发展粮油战略产业,加快发展省政府《关于加快发展农业主导产业推进现代农业建设的若干意见》确定的蔬菜等十大农业主导产业。

第三条 现代农业生产发展资金来源:

(一)中央财政安排我省的现代农业生产发展资金;

(二)省财政安排和整合相关财政支农资金设立的现代农业生产发展资金;

(三)各市、县(市、区)财政安排或整合用于支持现代农业生产发展项目的支农资金。

第四条 各地要以现代农业生产发展资金为引导,深化支农资金整合,统筹安排和整合使用,集中财力办大事,并且引导社会各方面增加资金投入,不断提高财政支持现代农业生产发展的整体投入水平。

第五条 现代农业生产发展资金要以粮油战略产业和农业主导产业发展规划为引导,以现代农业园区和粮食功能区建设为重点,推进项目区集中连片、规模化开发,加快培育形成具有较强市场竞争力、产业覆盖面大、对农民增收效果明显的特色优势农业产业带和设施装备良好、技术模式先进、产品质量安全、经营机制创新、管理服务到位的现代农业园区,不断提高现代农业生产的示范引导效应。

第六条 财政部门主要负责项目资金使用的分配、管理、监督检查和绩效评价;农口有关部门主要负责项目组织实施和监督检查,配合财政部门做好项目资金使用监管和绩效评价。

第二章　支持对象、环节和方式

第七条 现代农业生产发展资金的支持对象为:农民专业合作社、专业种养大户、与农民建立紧密利益联结机制直接带动农民增收的农业龙头企业等现代农业生产经营主体,以及开展农技推广应用的农技推广机构。对推进村级集体经济发展壮大有较大作用的优先。

中央财政资金对农业龙头企业的支持,必须遵循以农民为受益主体的原则,并且只对农业龙头企业直接带动农民增收的农产品生产基地的生产环节给予支持。

第八条 现代农业生产发展资金主要支持以下关键环节:

(一)基础设施建设:项目区土地平整、土壤改良,作业道、蓄水灌溉、田间水利,滴喷灌设施、大棚温室、育苗设施,鱼塘改造,标准化养殖畜禽舍,养殖专用生产设施及防疫设施等基础设施建设。

(二)设备购置:农(林、渔)业机械,质量安全检测检验仪器设备,农产品产地加工、储藏、保鲜、冷藏等设备购置。

(三)技术推广:良种引进、繁育,品种优化改良,先进实用技术和生态循环农业发展模式推广应用与技术培训。

对已纳入农机购置补贴目录范围的农机不再重复给予补助。其他农机实行补助比例和补助数额“双控制”。

第九条 现代农业生产发展资金在加大对种子种苗、科技推广、机械化、产业化与合作经营机制培育、基础设施建设等扶持力度的同时,根据不同产业,重点支持以下具体内容:

粮油产业(主要包括水稻、小麦、玉米、油菜、油茶等产业):重点支持基础设施、土壤改良和新品种新技术推广等;

蔬菜产业:重点支持“微蓄微灌”和大棚设施建设等;

茶叶产业:重点支持低效低产茶园和初制茶厂优化改造等;

果品产业(主要包括柑橘、杨梅、梨、桃、葡萄、枇杷、李、蓝莓、山核桃、香榧等产业):重点支持果品优化改造和产后处理等;

畜牧产业(主要包括养猪、养牛、养羊、养鸡等产业):重点支持生态循环养殖小区建设和良种引进等;

水产养殖产业(主要包括养鱼、养虾蟹贝藻、养龟鳖等产业):重点支持标准化养殖塘和现代水产养殖示范基地等;

竹木产业:重点支持林区作业道路等基础设施建设和竹

木高效集约经营利用项目等；

花卉苗木产业：重点支持大棚等设施设备和产品推广等；

蚕桑产业：重点支持蚕桑优化改造工程和种养加工设施等；

食用菌产业：重点支持集约化生产基地和循环生产模式等；

中药材产业：重点支持药材规范化基地建设和产地加工等。

第十条 按照突出扶持重点、提高政策针对性和有效性的要求，各地申报的现代农业发展资金项目，省以上财政补助资金只能重点支持其中一到两个关键环节，杜绝“撒胡椒面、平均用力、分散投入”的行为，严禁搞形象工程。

第十一条 财政补助资金要综合运用补助、贴息、以奖代补等支持方式，避免采用容易形成刚性支出和体制性补助的方式。其中对农业龙头企业和农产品加工环节主要以贴息方式予以支持。

各地要积极探索村集体参股等方式，支持村集体经济的发展和壮大。

第十二条 现代农业生产发展资金严禁用于平衡预算、偿还债务、改造办公场所（培训学校、基层事业场站服务设施）、购置车辆、通讯器材及发放人员工资补贴等与产业发展无关的支出。

第三章 项目库管理制度

第十三条 现代农业生产发展资金项目实行项目库制度。各地应建立现代农业生产发展资金项目库，并按农业、林业、渔业等实行分类管理。向中央和省财政申报的现代农业生产发展资金项目，应当从项目库中择优选择。

第十四条 入库项目要符合当地农业农村发展重点领域重点项目扶持导向目录的要求。各级财政部门与农口主管部门要紧密配合，切实做好现代农业生产发展资金项目的前期论证和评审工作，将符合评审要求的项目纳入项目库，并按照评审得分高低进行排序。

第十五条 项目库实行动态管理，各地根据政策变化和其他客观情况要对项目库进行适时调整。

第四章 项目申报和立项

第十六条 现代农业生产发展资金分为中央立项和省级立项的现代农业生产发展资金。中央立项现代农业生产发展资金每年重点扶持1～2个产业发展；省级立项现代农业生产发展资金，根据我省年度现代农业产业发展重点和区域产业带建设布局进行扶持。

第十七条 现代农业生产发展资金的申报立项程序：

（一）省财政厅会同省级农口部门，根据中央财政与省财政安排的资金额度和主导产业发展目标方向、优势区域、布局规划，制定并下发年度现代农业生产发展资金项目立项指南，明确项目建设目标、扶持重点、支持环节、项目实施区域、项目选择条件及工作要求等。同时，以各地产业发展状况、财政状况和上年工作绩效评价结果等因素为依据，将现代农业生产发展项目补助资金控制指标下达各地。

（二）项目县财政部门和农口有关部门，根据立项指南的要求，在项目库中择优选择项目，编写项目实施方案和《标准文本》（见附件），联合上报省财政厅和省级农口有关部门。实施方案内容包括产业发展状况、建设目标、项目建设内容、资金投入概算（总投入、申请省及省以上补助资金、地方财政投入、建设单位自筹）、省以上补助资金重点扶持环节和使用范围、地方支农资金整合方案（整合支农资金的渠道、具体名称和数额）、组织保障措施、项目预期效益和促进农民增收情况等，并附拟实施项目区的图片资料（用于项目竣工验收和绩效评价时项目实施效果对比）。对单个农业龙头企业支持额度超过100万元的，必须在项目实施方案中单独列示资金的补助方式及资金的具体用途等。

（三）省财政厅会同省级农口有关部门，对各地上报的项目实施方案和《标准文本》组织审查，综合各地申报项目建设内容和规模、基础条件、当地财力状况及项目带动力情况等因素，核定项目投资规模、省以上补助资金方案，在履行相关立项审批程序后，将项目实施计划和省以上补助资金下达各地。

（四）项目县农口相关部门要根据省下达的项目实施计划，组织项目实施主体编制项目初步设计方案，对项目建设内容和投资资金进行进一步的细化和量化，做到建设区位明确、建设内容清楚、设计规范科学、投资准确合理。

第十八条 各地要规范资金补助标准，按照“看得见、可操作、有标准、能考核”的要求，明确现代农业生产发展资金项目各项支持内容的具体面积（数量）及补助标准。

第十九条 现代农业生产发展资金项目要实行公示制度，阳光操作，规范管理。积极利用农民信箱等媒体进行信息公开，接受公众监督。

第五章 项目实施管理

第二十条 项目所在地农口有关部门要明确职责，落实措施和内部责任制度。落实项目实施监管负责人，对项目建设进度、质量等全面负责，加强项目实施的检查指导和监管。各有关部门要密切协作配合，合力抓好项目建设。

第二十一条 各地财政部门、农口有关部门要积极推行项目招投标制度和工程项目监理制度，落实政府采购制度的有关规定，确保项目资金使用的公开、公平、透明。

第二十二条 各地必须严格按照省下达的项目计划组织实施，项目建设资金必须按计划落实到位，财政补助资金必须用于规定建设内容，不得擅自调整项目建设计划和资金使用方案。如确需调整，必须按原申报程序报批。

第二十三条 各地财政部门和农口有关部门应当督促项目实施单位遵循勤俭办事原则，降低项目工程建设成本，发挥资金的最大效益。项目工程因此而产生的结余资金，按照“使用方向不变、扶持环节不变”的原则，由项目单位按原申报程序报批后使用。

第二十四条 各项目实施单位要建立项目档案，定期向当地财政部门和农口有关部门报送项目建设和资金使用情况，按时完成各项建设任务。当地财政部门和农口有关部门要定期将项目实施情况上报省财政厅和省级农口有关部门，并及时报送项目实施和管理中的典型经验和做法。

第二十五条 现代农业生产发展项目建设计划下达后，一年内未启动项目实施的，取消该项目立项资格，收回财政补助资金，并暂停下年度项目立项安排。未按规定期限完成项目建设任务的，须提出书面延期申请报省财政厅、省级农口主管部门审批，除因客观原因并报经省审批同意以外，其他未按规定期限完成项目建设的情况暂停下年度项目立项安排。

第二十六条 各地财政部门和农口有关部门要督促项目使用单位坚持建设和管理并重，立足本地实际，建立工程管护机制，加强对已建工程所形成资产的管理，落实管护责任，发挥各项资产的最大效益。

第六章 资金使用的监管

第二十七条 各地财政部门要按项目建设进度及时拨付项目资金，保证项目顺利实施。积极推行项目资金国库集中支付和县级财政报账制。各地财政部门、农口有关部门和项目实施单位要切实加强资金使用监管，健全财务核算制度，规范管理，确保专款专用，积极配合有关部门做好审计、稽查等工作。

第二十八条 在项目实施完成后一个月内，各地财政部门、农口有关部门要根据《浙江省现代农业生产发展资金项目检查验收办法（试行）》（浙财农字〔2009〕76 号）和《浙江省现代农业生产发展资金绩效评价实施细则（试行）》（浙财农字〔2009〕62 号），及时做好项目的检查验收和绩效评价工作，将项目总结、验收和绩效评价报告等报送省财政厅和省级农口有关部门，省里将适时组织重点抽查。绩效评价结果将作为下一年度项目立项和资金分配的重要因素，对评价结果好的地区在立项时给予优先考虑，并将评价结果通过适当的方式进行通报。

第二十九条 各地财政部门要积极会同农口有关部门，对现代农业生产发展资金使用管理情况进行监督检查，省里将进行不定期检查和重点抽查。任何单位和个人不得以任何名义挤占、挪用、骗取、滞留财政补助资金。对不按规定建设内容使用资金的，财政部门要停拨资金，并责令整改，对拒不整改的收回财政补助资金。对违法、违纪行为，按照《财政违法行为处罚处分条例》等有关法律法规，追究相关单位和个人的法律责任。

第七章 附 则

第三十条 各地要根据本实施细则，结合本地实际，制定现代农业生产发展资金的具体管理规定，并向省财政厅和省级农口部门报备。

第三十一条 本实施细则自发布之日起实施。2008 年印发的《浙江省现代农业生产发展资金和项目管理实施细则（试行）》（浙财农字〔2008〕221 号）同时废止。

附：省级现代农业生产发展资金项目申报标准文本（略）

浙江省财政厅 浙江省经济和信息化委员会
浙江省中药现代化专项资金管理办法

2010 年 5 月 4 日 浙财企〔2010〕119 号

第一章 总 则

第一条 为了加强浙江省中药现代化专项资金（以下简称“专项资金”）的使用和管理，贯彻落实省政府办公厅《转发省经贸委、省科技厅关于加快实施中药现代化工程意见的通知》（浙政办发〔2003〕32 号）精神，充分发挥专项资金的产业导向作用，进一步促进浙江省中药现代化的发展，结合《浙江省工业转型升级财政专项资金管理暂行办法》（浙财企字〔2009〕60 号）精神，特制定本办法。

第二条 专项资金由省财政按年度统筹安排，主要用于扶持符合中药产业发展政策导向、由中药企事业单位建设的中药材现代化种植、中药技术创新和中药科技成果产业化项目。

第三条 坚持以市场为导向，以中药新产品为龙头，以效益为中心，以技术创新和科技成果产业化为重点，促进医药技术、产品的创新和创制。遵循以下原则：

（一）符合浙江省医药（中药和少数民族药）产业政策和中长期发展规划；项目的投入以申请单位为主体，政府给予适当的资金补助；

（二）资金安排坚持“择优扶强、保证重点和适当向欠发达地区倾斜”的原则；

（三）专项资金的申报、使用、管理和监督等过程实行公开、公正和公平的原则。

第四条 专项资金重点扶持以下领域：

（一）中药新药创制研究和中药科技成果产业化项目；

（二）中药现代化生产装备改造提升项目；

（三）中药饮片加工的新技术、新工艺；

（四）为中成药、饮片加工企业配套建设的中药材现代化种植项目，特色中药材种植基地项目。

第五条 按照项目申报、项目立项、中期评估、资金补助、项目结题的流程进行管理。中期评估根据项目实施内容分为专家评审和现场考核两种。

第六条 专项资金安排：根据中药现代化项目资金投入规模，按照一定比例给予补助。

第二章 组织管理

第七条 省财政厅、省经信委负责专项资金的组织管理，主要职责：

（一）省经信委负责项目的审查备案，并分批下达中药现代化专项项目计划，明确中期评估类别；

（二）省财政厅、省经信委根据项目实施情况，共同研究并联合下达中药现代化专项资金；

（三）省经信委会同省财政厅组织开展对中药现代化专项项目实施监督检查。

（四）省经信委会同省财政厅负责省级直属单位项目的专家评审和现场考核。

第八条 市、县（市）经贸、财政部门负责承担本地区项目的管理和监督，主要职责：

（一）组织本地区中药现代化专项项目的申报，并做好申报项目的初审工作；

（二） 负责本地区中药现代化项目的专家考核和中期评审；

（三）负责本地区中药现代化专项资金的申报；

（四）负责本地区中药现代化项目实施情况的监督检查。

第九条 省经信委会同省财政厅建立中药现代化专项专家库。参与项目评审和现场考核的专家应从专家库中抽取产生。

第三章 项目申报及资金下达程序

第十条 中药现代化专项项目申报单位的基本条件：

（一）在浙江省范围内依法设立的企业法人或事业法人单位，并具有良好的信誉；

（二）主要从事中药材种植、中药饮片生产、中成药生产、中药产业技术创新；

（三）申报项目的投资结构合理，银行贷款或单位自筹资金落实，财务管理规范合理；具备项目实施所需的各种设施、设备、技术和人员；

（四）具备良好的产学研合作基础和可持续发展前景。

第十一条 中药现代化项目申报材料要求：

（一）经市、县（市）财政局、经贸主管部门初审同意的中药现代化专项项目申报表（见附 1）；

（二）浙江省中药现代化专项可行性研究报告（见附 2）；

（三）种植项目和科研单位创新项目应附与企业签订的项目分工合同或合作协议。

第十二条 项目申报实行常年受理，省经信委每季末进行集中审查，并下达项目计划。项目计划三年内有效，并以文件下达日期为准。

第十三条 专项资金每年安排一次。列入计划并在有效期内的项目，实施工作量达到二分之一的申报单位可以向市、县（市）经贸管理部门申请中期评估。通过中期评估的项目方可申请资金补助。

第十四条 专项资金申报材料要求：

（一）市、县（市）财政，经贸部门联合上报的专项资金申请文件；

（二）浙江省中药现代化专项资金申请表（见附 3）；

（三）浙江省中药现代化专项可行性研究报告；

（四）浙江省中药现代化专项项目中期评估意见，药材种植项目需附 7 寸现场照片两张；

（五）上年度企业财务审计报告；

（六）项目投资情况的专项审计报告；

（七）技术创新、科研成果等证明材料；

（八）其他需报送的相关材料。

第十五条 申报程序：由项目承担单位按照财政隶属关系向当地经贸局、财政局提出申请；当地经贸局、财政局联合会审后，正式行文向省经信委、省财政厅申报。

第十六条 资金下达：经专家审核通过后，省经信委、省财政厅充分参考专家意见后确定当年补助项目和补助金额；省财政厅会省经信委下达资金。

第四章 监督管理

第十七条 项目承担单位在项目实施过程中，应及时向属地财政和经贸部门报告项目进展情况和资金落实情况。项目完成后，项目承担单位应当及时规范编写结题报告（见附 4）。省财政厅、省经信委不定期地对项目进行随机检查。

第十八条 项目承担单位收到补助资金后，应专项用于项目实施，专款专用，并严格按现行的财务会计制度进行专项核算。

第十九条 申请单位应对提供的材料的真实性负责。对弄虚作假或侵犯他人知识产权行为的，按照国家有关法律法规查处。

第二十条 项目承担单位应对项目实施和资金使用情况认真进行自查，把好项目资金使用关，切实提高资金使用效率；市、县(市)经贸、财政部门应定期和不定期开展监督检查。在项目实施过程中，如发现擅自改变资金用途的，除全部追缴拨付资金外，取消承担单位五年内专项资金的申报资格。

第二十一条 加强项目结题管理：

市、县(市)财政，经贸部门要督促承担单位及时进行项目结题，并在检查核实后上报省经信委、省财政厅。对逾期恶意不结题的项目，取消承担单位五年内专项资金的申报资格。

第五章 附 则

第二十二条 本办法自发布之日起执行，《浙江省中药现代化专项资金管理暂行办法》(浙财建字〔2003〕102 号)同时废止。

附 1：浙江省中药现代化专项项目申报表(略)

附 2：中药现代化专项项目可行性研究报告内容要求(略)

附 3：浙江省中药现代化专项资金申请表(略)

附 4：浙江省中药现代化专项项目结题报告内容要求(略)

浙江省财政厅 浙江省商务厅
浙江省散装水泥专项资金征收和使用管理暂行办法

2010 年 5 月 31 日 浙财综〔2010〕59 号

第一条 为积极推进“资源节约型、环境友好型”社会建设，促进我省散装水泥、预拌混凝土和预拌砂浆的发展和应用，切实加强对散装水泥专项资金的征收和使用管理，根据《浙江省促进散装水泥发展和应用条例》(省人大常委会公告第 12 号)和财政部、原国家经贸委《关于发布〈散装水泥专项资金征收和使用管理办法〉的通知》(财综〔2002〕23 号)及财政部《关于延续农网还贷资金等 17 项政府性基金政策问题的通知》(财综〔2007〕3 号)规定，经省政府同意，制定本办法。

第二条 散装水泥专项资金(以下简称专项资金)是国家为促进散装水泥发展和应用而专门设立的政府性基金，收入全额纳入地方财政预算管理。

第三条 本省行政区域内水泥生产企业销售袋装(包括纸袋、覆膜塑编袋、复合袋等，下同)水泥的，按本办法规定缴纳专项资金。

建设单位应当在办理施工许可证前，按本办法规定预缴专项资金。

第四条 专项资金由各级散装水泥管理机构负责征收或者预收。

浙江三狮水泥股份有限公司、浙江新天建材有限公司等 2 家省属水泥生产企业的专项资金，由省散装水泥管理机构直接征收；其他水泥生产企业的专项资金，按属地管理原则，由同级散装水泥管理机构负责征收。

省(部)属单位建设工程的专项资金，由省散装水泥管理机构负责预收；其他单位建设工程的专项资金，按分级管理原则，由同级散装水泥管理机构负责预收。

各级散装水泥管理机构也可委托发改、经信、建设、规划、交通、水利等部门代征或预收专项资金。代征手续费按实际缴入国库专项资金的 2‰，由各级财政部门通过专项资金支出预算安排和拨付，纳入预算管理。

第五条 专项资金的征收、使用和管理应当接受财政、审计、散装水泥行政主管部门和上级散装水泥管理机构的监督检查。

第六条 水泥生产企业根据袋装水泥销售量(含自用)，按每吨 1 元缴纳专项资金。

第七条 建设单位在办理施工许可证前，按以下标准预缴专项资金。

(一)铁路、公路、机场、港口、桥梁、矿井、水库、电站、通讯线路等，按预算水泥使用量每吨预缴 3 元；

(二)按建筑面积计算的建设工程，全钢架结构的按每平方米预缴 1 元，非全钢架结构的按每平方米预缴 1.5 元。

建设单位应持专项资金预缴款凭证向有关部门办理建设工程规划许可证或者建设施工许可证等证件。

第八条 建设单位应自建设工程决算完成之日起三个月内，凭工程决算报告以及散装水泥、预拌混凝土和预拌砂浆销售发票复印件和发货小票原件等有效证明，到散装水泥管理机构办理预缴专项资金的结算手续。

建设工程决算依法需经有关部门批准的，办理结算手续的起始时间自决算批准之日起计算。

建设单位未在规定期限内办理结算手续的，散装水泥管理机构应当自期限届满之日起一个月内书面通知其及时办理。

第九条 禁止现场搅拌混凝土、砂浆区域内的建设工程散装水泥使用率达到 85%以上，或者禁止现场搅拌混凝土、砂浆区域外的建设工程散装水泥使用率达到 70%以上的，按照散装水泥实际使用量每吨退还 3 元预缴的专项资金。

有以下情形之一的，建设单位预缴的专项资金不予退还，缴入国库：

（一）散装水泥使用率达不到前款规定标准的；

（二）未在规定期限内办理预缴专项资金结算手续的建设单位，经散装水泥管理机构书面通知后，自建设工程决算完成之日起超过两年仍未办理结算手续的；

（三）禁止现场搅拌混凝土、砂浆区域内的建设工程，违反规定擅自现场搅拌混凝土、砂浆的。

第十条 专项资金属于政府性基金，除国务院、财政部规定外，任何单位和个人不得改变专项资金的征收对象、范围和标准，不得减征、免征或者缓征。

第十一条 水泥生产企业缴纳的专项资金在企业管理费中列支；建设单位缴纳的专项资金计入建安工程成本。

第十二条 向水泥生产企业征收专项资金，必须使用省财政厅统一印制的“浙江省散装水泥专项资金专用票据（结算）”。

向建设单位预收专项资金时应开具省财政厅统一印制的“浙江省散装水泥专项资金专用票据（预收）”。在办理预缴专项资金结算手续后，扣转专项资金必须开具“浙江省散装水泥专项资金专用票据（结算）”。

第十三条 水泥生产企业应于每月10日前，将上月的专项资金及时、足额上缴同级财政部门指定的非税收入账户，同时向主管散装水泥管理机构报送专项资金月报表。

代征、预收的专项资金应直接解缴到同级财政部门指定的非税收入账户。

第十四条 各级散装水泥管理机构凭“预缴散装水泥专项资金退款申请表”（见附表）、“浙江省散装水泥专项资金专用票据（结算）”复印件，每月15日及月末前集中向同级财政部门申请退付资金，财政部门必须在5个工作日内将资金直接退还缴款单位。

第十五条 各级散装水泥管理机构应及时对代征或者预收的专项资金进行结算，结算后的专项资金由各级财政部门定期缴入国库。

专项资金缴入国库，填列政府收支分类科目第103类“非税收入”第01款“政府性基金收入”第18项“散装水泥专项资金收入”。财政部门拨付专项资金，填列政府收支分类科目第215类“采掘电力信息等事务”第02款“制造业”第60至69项。

第十六条 各县（市）财政部门应将结算后的专项资金分别按5%的比例上缴市级财政和省级财政；各市财政部门应将市本级征收的专项资金结算后按10%的比例上缴省级财政。

第十七条 专项资金必须专款专用，年末结余可结转下年度使用。其使用范围包括：

（一）散装水泥、预拌混凝土和预拌砂浆新技术、新工艺、新产品研究开发的补助和标准体系建设；

（二）散装水泥农村中转配送站建设的补助；

（三）散装水泥、预拌混凝土和预拌砂浆示范项目的补助；

（四）发展和应用散装水泥、预拌混凝土和预拌砂浆的宣传、培训；

（五）对发展和应用散装水泥、预拌混凝土和预拌砂浆作出突出贡献的企业事业单位的奖励；

（六）经同级财政部门批准的与发展散装水泥、预拌混凝土和预拌砂浆有关的其他开支。

前款第一项至第四项的开支合计，不得少于当年专项资金支出总额的90%。

第十八条 列入当年财政预算的专项资金用于散装水泥、预拌混凝土和预拌砂浆项目补助的，按下列程序办理：

（一）项目实施单位提出书面申请及项目可行性报告；

（二）散装水泥管理机构对项目进行审查；

（三）对审查合格的项目，散装水泥管理机构报同级财政部门审核确认，确定补助资金安排方案；

（四）财政部门根据安排方案将补助资金拨付至项目承担单位。

第十九条 各级散装水泥管理机构工作经费纳入同级财政部门预算管理。

第二十条 各级散装水泥管理机构应按同级财政部门的要求，编制年度专项资金预、决算，报同级财政部门审批。并报同级散装水泥行政主管部门和上一级散装水泥管理机构备案。

第二十一条 对不按规定缴纳或预缴专项资金的，由同级散装水泥管理机构责令限期缴纳；逾期仍未缴纳的，按日加收未缴专项资金万分之五的滞纳金；拒不缴纳的，散装水泥管理机构可以依法申请人民法院强制执行。

第二十二条 有关行政机关和散装水泥管理机构及其工作人员、委托单位不按本办法规定征收或预收、使用和管理专项资金的、不按规定退还预缴专项资金的、不按规定使用省财政厅印制的专用票据的，以及单位和个人截留、挤占、挪用专项资金的，由同级财政部门责令改正，并按照《财政违法行为处罚处分条例》（国务院第427号令）、《浙江省促进散装水泥发展和应用条例》（省人大常委会公告第12号）以及其他有关法律法规的规定给予行政处分或处罚；构成犯罪的，移交司法机关依法追究刑事责任。

第二十三条 本办法自颁布之日起施行。浙江省财政厅、原浙江省经济贸易委员会《关于印发〈浙江省散装水泥专项资金征收和使用管理实施意见〉的通知》（浙财综字〔2002〕139号）同时废止。

附：预缴散装水泥专项资金退款申请表（略）

浙江省财政厅 浙江省海洋与渔业局 浙江省海洋经济和渔业新兴产业补助项目与资金管理办法

2010年6月12日 浙财农〔2010〕149号

第一章 总 则

第一条 为加强我省海洋经济和渔业新兴产业补助项目与资金管理，促进我省海洋与渔业经济又好又快发展，根据《浙江省财政农业专项资金管理规则实施办法》(浙财农字〔2004〕107号)等规定，制定本办法。

第二条 省财政设立海洋经济和渔业新兴产业补助专项资金(以下简称“专项资金”)，主要用于支持我省海洋经济增长、加快渔业新兴产业发展。

第二章 资金补助对象、范围及标准

第三条 专项资金的补助对象为海洋与渔业主管部门及从事海洋与渔业相关工作的单位。

第四条 专项资金的使用范围：

(一)海洋与渔业新兴产业发展类：用于补助海洋与渔业经济相关的基础设施建设，设施渔业、生态渔业、休闲渔业、水产品精深加工等海洋和渔业新兴产业。主要扶持环节为养殖专用生产设施建设、渔业机械、质量安全检验检测仪器设备、水产品加工、储藏设备购置等，已列入农机购置补贴目录的机械设备不再重复补贴。

(二)海洋与渔业管理及技术服务类：用于扶持新技术应用推广、信息服务体系建设、统计、资源调查与保护、防灾减灾、应急处置等。主要扶持环节为技术培训、数据采集分析、资料与图件编制处理、设备购置、信息网络维护、信息发布、应急物资购置、救灾补助等。

(三)其他类：用于经省海洋与渔业局、省财政厅共同认定的与海洋经济和渔业新兴产业发展相关的项目。

第五条 补助标准和补助方式：

(一)海洋与渔业新兴产业发展类项目：补助比例最高不超过总投资额的25%；投资额不超过100万元的项目，可采用以奖代补方式，项目完成后省财政按不高于投资额25%的标准给予补助。

(二)海洋与渔业管理及技术服务类项目：单个项目补助额一般不超过30万元。

(三)其他类项目：单个项目补助额不超过30万元。

第三章 项目申报与审批

第六条 统计、渔技信息服务项目，需提交申请补助报告，申请报告应包括项目单位从业情况、项目内容、实施方案、资金概算等内容；其他海洋经济和渔业新兴产业补助项目均按《农业财政资金申报标准文本》的格式要求申报。项目单位对所提交的申报材料真实性负责。

申请补助金额在50万元以上的海洋与渔业新兴产业发展类项目，还应提交项目可行性研究报告。

第七条 海洋经济和渔业新兴产业补助项目由市或县(市、区)海洋与渔业主管部门、财政局联合于每年6月30日前向省海洋与渔业局和省财政厅申报(省海洋与渔业局2份，并通过“浙江省海洋与渔业项目管理系统”网上申报；省财政厅1份)。

第八条 省海洋与渔业局会同省财政厅对上报的材料进行审核、筛选。根据海洋与渔业事业发展需要确定当年度海洋经济和渔业新兴产业补助项目实施计划，并于每年9月底之前联合行文下达，省补助资金由省财政厅按预算级次拨付。

第四章 项目及资金监督管理

第九条 专项资金的安排、使用应注重绩效，充分考虑项目的现实需要、执行情况和效果。专项资金的安排、使用必须严格按照有关财务制度执行，任何单位或个人均不得截留、挤占或挪用。

第十条 市、县(市、区)财政局应及时拨付省补助资金，并加强对项目实施情况及资金使用状况的监督检查和管理。如有财政违法行为的，将按照《财政违法行为处罚处分条例》等有关法律法规进行查处。

第十一条 统计、渔技信息服务体系建设项目完成后，项目单位应向省海洋与渔业局和省财政厅提交项目实施和资金使用情况的书面报告。其他项目完成后，由所在地海洋与渔业主管部门会同财政部门向省海洋与渔业局和省财政厅提出验收申请，省海洋与渔业局会同省财政厅组织或委托当地进行验收。上年度项目未完成或验收未通过的，对该项目所在地的市、县(市、区)不再安排下年度同类项目。

第十二条 项目所在地海洋与渔业主管部门、财政局应按照《浙江省财政支出绩效评价实施办法》(浙财绩效字〔2009〕5号)的要求，对海洋经济和渔业新兴产业补助项目执行情况和专项资金使用情况进行绩效评价，并向省海洋与渔业局、省财政厅报送《浙江省财政支出项目绩效评价报告》。评价结果作为下年度项目安排重要依据。

第十三条 凡出现以下情况之一者，将取消该单位下年度本专项项目及专项资金安排。

(一)未履行海洋经济和渔业新兴产业补助项目及资金管理要求的；

(二)因违法、违规行为受到有关部门查处的；

(三)经查实，谎报、虚报项目实施状况、未完成项目任务或挪用、截留专项补助资金的；

(四)对项目、资金例行检查不予配合的；

(五)未按规定报送项目绩效评价报告的；

(六)其他违反本办法规定，拒不纠正的。

第五章 附 则

第十四条 本办法自发文之日起实施，有效期至2015年12月31日止。

浙江省财政厅
浙江省省级行政事业单位国有资产使用管理暂行办法

2010年6月21日 浙财资产〔2010〕61号

第一章 总 则

第一条 为规范和加强省级行政事业单位国有资产使用管理，维护国有资产安全和完整，提高国有资产使用效益，根据《浙江省行政事业单位国有资产管理暂行办法》(浙政办发〔2009〕178号)有关规定，制定本办法。

第二条 本办法适用于省级各类行政、事业单位国有资产的使用和管理。

其他社会团体和民办非企业单位占有的国有资产使用和管理参照本办法执行。

第三条 本办法所称的国有资产使用，是指行政事业单位国有资产的自用、出租以及事业单位对外投资和担保等行为。国有资产使用应首先保证本单位履行职责和事业发展的需要。

第四条 行政事业单位国有资产使用应遵循权属清晰、安全完整、风险控制、注重绩效的原则。权属不明确或者存在权属纠纷的资产不得进行出租、对外投资以及担保。

第五条 行政事业单位国有资产出租以及事业单位对外投资和担保应严格履行审批手续，未经主管部门和省财政厅批准，行政事业单位国有资产不得出租、对外投资和担保。主管部门、省财政厅对行政事业单位资产使用事项的批准文件，是单位订立资产出租、对外投资、担保合同(协议)和账务处理的重要依据。单位账务处理按照现行行政、事业单位财务和会计制度的有关规定执行。

第六条 行政事业单位对出租资产以及事业单位对外投资和担保资产应建立专门台账，实行专项管理，并在单位财务会计报告中对相关信息进行披露。

第七条 行政事业单位应当建立健全各项国有资产使用管理制度，规范国有资产使用行为，加强资产日常管理，防止因资产使用不当或管理不善造成损失和浪费，充分发挥国有资产的使用效益。

第二章 自用资产管理

第八条 自用资产管理具体包括：资产购置、资产入库登记、资产领用交回、资产清查盘点、资产处置、资产统计报告、资产管理考核、资产共享共用、无形资产管理等。

第九条 资产购置。行政事业单位应按照省财政厅批准的资产购置预算办理资产购置事项。对列入控购范围的资产，应按规定办理控购审批手续，属于政府采购项目的，应当编制政府采购预算并依法实施政府采购。各单位要严格按照申购、审批、合同订立、验收、付款等流程购置资产，不得超标准购置。

第十条 资产入库登记。对通过购置、接受捐赠、无偿划拨等方式获得的资产，单位资产管理部门应严把数量、质量关，验收合格后及时办理入库手续；自建资产应及时办理竣工验收、竣工财务决算编报以及按相关规定办理资产移交和产权登记。单位财务管理部门应根据资产的相关凭证或文件及时进行账务处理。

第十一条 资产领用交回。行政事业单位应在资产使用明细账中，全面反映本单位资产的领用、交回、占用情况。资产领用必须经主管领导批准，资产出库应及时进行账务处理。使用人员离职，所用资产必须按规定交回。

第十二条 资产清查盘点。行政事业单位应定期对国有资产进行清查盘点(至少每年一次)，单位资产管理部门要与财务部门定期进行账目核对，做到账账相符、账卡相符、账实相符。

第十三条 资产处置。行政事业单位资产需要处置时，应按照《浙江省省级行政事业单位国有资产处置管理暂行办法》(浙财资产〔2010〕1号)的规定办理。

第十四条 资产统计报告。行政事业单位应当按照国有资产信息化管理的要求，及时将资产占有、使用情况及增减变动信息录入资产管理信息系统，对本单位国有资产实行动态管理，并按要求定期向主管部门和省财政厅报送资产统计报告。

第十五条 资产管理考核。行政事业单位应建立资产使用管理责任制，将资产管理责任落实到使用部门和使用人。资产使用部门和使用人对所用资产负有保管、维护、确保资产安全完整的责任。行政事业单位对资产丢失、毁损等情况应实行责任追究，并对资产管理、使用岗位相关人员结合年度工作进行考核。

第十六条 资产共享共用。对行政事业单位之间或单位内部可以实行共享共用的大型仪器、设备等资产，要积极推进国有资产共享共用工作，提高国有资产使用效益。

第十七条 无形资产管理。事业单位应加强对专利权、商标权、非专利技术、商誉等无形资产的管理，依法保护，合理运用，并结合国家知识产权战略的实施，促进科技成果转化。

第三章 资产出租管理

第十八条 资产出租是指行政事业单位在保证履行行政职能和完成事业任务的前提下，经批准以有偿方式将占有、使用的国有资产让渡给公民个人、法人或其他组织使用的行为。

行政事业单位的国有资产不得以无偿方式出借给公民个人、法人或其他组织使用。行政事业单位之间因工作需要确需无偿占用对方资产的，应报省财政厅批准。省政府另有规定的从其规定。

行政事业单位的货币资金不得用于出借。法律、法规另有规定的除外。

行政事业单位公有住房由本单位干部职工租住的，按现行房改政策执行。

行政事业单位将房产、车辆等国有资产承包给他人经营且不承担经营风险而获取收益的，视同租赁行为，应按本办法规定程序报经批准。

第十九条 行政事业单位拟对外出租资产，期限在6个月以内(含6个月)的，由主管部门负责审批(无主管部门的由单位自行审批)，并于批复之日起1个月内由资产出租单位将主管部门审批文件及租赁合同(或协议)等报省财政厅备案。出租期限在6个月以上的，主管部门在对单位申报材料的完整性、决策过程的合规性进行审查后，转报省财政厅审批。省财政厅对资料齐全、理由充足且符合规定的申请，出具批复文件。

第二十条 行政事业单位申请办理资产出租事项的，应提交如下材料，并对材料的真实性、有效性、准确性负责：

(一)拟出租事项的书面申请；

(二)行政事业单位国有资产出租申报审批表(附1)；

(三)拟出租资产的价值凭证及权属证明，如购货发票或收据、工程决算副本、记账凭证、固定资产卡片、国有土地使用权证、房屋所有权证、股权证、专利权证等凭据的复印件(加盖单位公章)；

(四)其他有关资料(包括单位法人证书复印件、其他产权共有人同意出租的证明，采用非公开方式招租的承租方法人证书复印件或企业营业执照复印件、身份证复印件等)。

第二十一条 行政事业单位资产有下列情形之一的，不得出租：

(一)已被依法查封、冻结的；

(二)未取得其他共有人同意的；

(三)权属不清或产权有争议的；

(四)其他违反法律、法规规定的。

第二十二条 行政事业单位资产出租应按照公开、公平、公正原则，委托合法的产权交易机构实行公开招租，因特殊情况无法公开招租的，须在申请文件中详细说明理由，经主管部门或省财政厅审批同意后方可以其他方式出租。

第二十三条 行政事业单位资产出租必须签订符合相关法律、法规规定的合同或协议，房产租赁期限最长不得超过5年；其他资产租赁期限最长不得超过3年。通过非公开方式招租的，租金价格不得低于市场平均价格，其中房产的租金价格应参照同类地区同类房产的出租价格确定，如无法提供的，必须委托中介机构进行评估。

第四章 对外投资资产管理

第二十四条 行政单位不得以任何形式用占有、使用的国有资产兴办经济实体或对外投资。

本办法实施前已经用占有、使用的国有资产举办经济实体的行政单位，应当严格按照党政机关与所办经济实体脱钩的有关规定进行脱钩。脱钩之前，行政单位应按照国家有关规定对举办的经济实体的经济效益、收益分配及资产使用情况等进行管理和监督检查。

第二十五条 事业单位利用国有资产对外投资或对原控股、参股公司增加股份的，应在维持本单位事业正常发展、保证完成事业任务的前提下，进行必要的可行性论证，科学、谨慎决策，并向主管部门提出申请。主管部门在对单位申报材料的完整性、决策过程的合规性、拟投资项目资金来源的合理性等进行审查后，转报省财政厅审批。省财政厅对资料齐全、投向合理且符合规定的申请，出具批复文件。

第二十六条 事业单位申请办理对外投资或在原股份上增资扩股的，应提交如下材料，并对材料的真实性、有效性、准确性负责：

(一)对外投资事项的书面申请；

(二)对外投资申报审批表(附2)；

(三)对外投资的可行性论证报告；

(四)拟对外投资资产的价值凭证及权属证明，如购货发票或收据、工程决算副本、记账凭证、固定资产卡片、国有土地使用权证、房屋所有权证、股权证、专利权证等凭据的复印件(加盖单位公章);

(五)拟开办经济实体或投资单位的章程;

(六)与拟合作方签订的合作意向书、协议草案或合同草案;

(七)本单位近期的会计报表以及拟对外投资资产使用情况说明;

(八)控股或参股公司增资扩股董事会决议;

(九)经中介机构审计的拟合作方上年年末会计报表及近期会计报表;

(十)本单位法人证书复印件、拟合作方法人证书复印件或企业营业执照复印件、身份证复印件等;

(十一)其他需要提交的文件、证件及材料(包括其他产权共有人同意对外投资的证明)。

第二十七条 事业单位经批准用非货币性资产对外投资或在原股份上增资扩股的,应聘请具有相应资质的评估机构,对拟投资资产进行资产评估。资产评估事项经主管部门审核后报省财政厅核准或备案,并以不低于核准或备案后的评估价出资。

第二十八条 事业单位不得从事以下对外投资事项:

(一)买卖期货、股票,购买各种企业债券、各类投资基金和其他任何形式的金融衍生品或进行任何形式的金融风险投资,国家另有规定的除外;

(二)其他违反法律、行政法规规定的。

第二十九条 事业单位应严格控制货币性资金对外投资。不得利用财政拨款和财政拨款结余对外投资。同时,应加强无形资产对外投资的管理,防止国有资产流失。

第三十条 事业单位利用国有资产进行境外投资的,应遵循国家境外投资项目核准和外汇管理等相关规定。

第三十一条 事业单位应加强对外投资形成的股权的管理,依法履行出资人的职能。事业单位应依照《中华人民共和国企业国有资产法》、《中华人民共和国公司法》、《企业财务通则》和《企业国有产权转让管理暂行办法》等企业国有资产监管的有关规定,加强对所投资全资企业和控股企业的监督管理。

第三十二条 事业单位对外投资,享有对外投资收益分配权,并承担对投入资产的安全完整和保值增值的监督责任。主管部门和事业单位要加强对对外投资的风险控制,对对外投资资产的经营和收益分配应进行严格考核和监督检查,发现可能出现资产损失的,要及时采取措施加以控制,防止国有资产流失。

第五章 对外担保资产管理

第三十三条 行政单位不得用占有、使用的国有资产对外担保,法律、法规另有规定的除外。

第三十四条 事业单位原则上不得用占有、使用的国有资产对外担保。确需对外担保的,应按照《中华人民共和国担保法》的规定,在严格论证的基础上向主管部门提出申请。主管部门在对单位申报材料的完整性、决策过程的合规性等进行审查后,转报省财政厅审批。省财政厅对资料齐全、理由充足且符合规定的申请,出具批复文件。

第三十五条 事业单位申请办理利用国有资产对外担保的,应提交如下材料,并对材料的真实性、有效性、准确性负责:

(一)事业单位对外担保事项的书面申请;

(二)事业单位对外担保申报审批表(附 3);

(三)拟对外担保资产的价值凭证及权属证明,如购货发票或收据、工程决算副本、记账凭证、固定资产卡片、国有土地使用权证、房屋所有权证、股权证、专利权证等凭据的复印件(加盖单位公章);

(四)拟担保对象法人证书复印件或企业营业执照复印件等;

(五)其他需要提交的材料(包括其他产权共有人同意担保的证明)。

第六章 资产使用收入管理

第三十六条 行政事业单位国有资产出租收入以及事业单位对外投资和担保等取得的收入,按照政府非税收入管理有关规定上缴省财政,纳入预算管理。

第七章 附 则

第三十七条 行政事业单位应认真执行国有资产使用的各项规定,切实履行国有资产管理职责,保障国有资产的安全完整。

第三十八条 财政、审计等有关部门要加强对行政事业单位国有资产使用的监督、检查,坚持单位内部监督与财政监督、审计监督、社会监督相结合,事前监督、事中监督、事后监督相结合,日常监督与专项监督相结合,制止国有资产使用中的各种违法违纪行为,防止国有资产流失,维护国有资产的合法权益。对于资产使用中的违法违纪行为,按照《财政违法行为处罚处分条例》(国务院令第 427 号)等有关规定进行处理。

第三十九条 对涉及国家安全的行政事业单位国有资产使用管理活动,应按照国家有关保密制度的规定,做好保密工作,防止失密和泄密。

第四十条 与省级行政单位尚未脱钩的经济实体、实行企业化管理并执行企业财务会计制度的事业单位以及事业单位创办的具有法人资格的企业,按照企业国有资产使用管理的规定执行。

第四十一条 本办法自2010年7月1日起施行。此前颁布的有关规定与本办法不一致的,以本办法为准。

附:1. 浙江省省级行政事业单位国有资产出租申报审批表(略)

2.浙江省省级行政事业单位国有资产对外投资申报审批表(略)

3.浙江省省级行政事业单位国有资产对外担保申报审批表(略)

浙江省财政厅 浙江省商务厅
浙江省流通业发展专项资金使用管理办法

2010年7月16日 浙财企〔2010〕225号

第一章 总 则

第一条 为贯彻落实省人民政府《关于促进流通业发展的实施意见》(浙政发〔2005〕8号)和省政府办公厅《关于搞活流通扩大消费的实施意见》(浙政办发〔2009〕65号),加强省流通业发展专项资金的管理,充分发挥财政资金的引导作用,加快培育发展现代商贸流通服务业,特制定本办法。

第二条 浙江省流通业发展专项资金(以下简称专项资金),由省财政预算统一安排,专款专用。

第三条 专项资金的扶持对象为在浙江省行政区域内(不含宁波)工商管理部门登记注册,依法纳税、管理规范,符合我省商贸流通发展规划和产业政策要求的企业,或服务我省商贸流通业的行业协会等社会团体。

第四条 专项资金的使用和管理应遵守国家有关法律、行政法规和相关规章制度,遵循公开透明、择优扶持、专款专用、加强监督的原则,确保资金使用规范、安全、高效。

省财政厅、省商务厅共同负责专项资金的使用管理。

第二章 专项资金使用原则、支持范围和方式

第五条 专项资金使用原则。

(一)公共财政的原则。充分发挥财政资金对于推进流通现代化的引导和促进作用,重点扶持社会效益好、服务功能强、满足群众生活和流通产业发展新需求的项目。

(二)协调、可持续发展的原则。以优化结构和资源配置为重点,促进流通领域技术进步,提高流通现代化水平。支持在全省有示范引导作用的项目,以点带面,提高流通产业整体竞争力。

(三)公开、公正、公平的原则。严格执行国家有关法律、法规和财务规章制度,按照年度确定的专项资金支持重点,在全省范围内,科学、规范地选定扶持项目。专项资金实行分类分档差别补助,省补资金逐步推行因素法切块下达。

(四)择优扶强、保证重点和适当向欠发达地区倾斜的原则。原则上不支持单纯的基本建设项目和传统流通业态扩建项目。

第六条 专项资金使用范围。

(一)大型流通企业培育。支持具有竞争优势的流通企业整合资源,做强做大,培育商贸流通领域各行业的龙头企业。

(二)推进流通现代化。支持发展连锁经营、电子商务、物流配送等现代流通方式。

(三)提升发展传统商贸业。支持百货商场开展连锁经营;支持商品交易市场的物流中心建设、电子商务应用和商场化改造;支持发展餐饮业、商业老字号和商业特色街建设。

(四)完善便民服务体系建设。培育社区商贸龙头企业;支持社区商贸服务连锁网点、"早餐示范工程"建设;扶持家政就业培训;支持具有公益性的社区便民服务平台建设。

(五)开拓国内市场。支持中小企业通过电子商务平台拓展国内市场;支持品牌企业开设省外连锁网点和商场专柜;培育有产业依托的品牌展会。

(六)推广商贸流通科技应用。支持商贸流通企业应用节能、物流、射频等现代技术,提高流通领域科技水平。

(七)其他。支持商贸流通领域人才培训、标准编制;支持开展商贸流通业专项调研;省委、省政府确定的相关工作。

第七条 专项资金采取贷款贴息、无偿补助和奖励3种支持方式。同一年度,每个项目只能申请1种支持方式。

(一)对于投资规模较大,能够获取银行贷款的新建项目以及年度贷款1000万元以上的更新改造项目,采取贷款贴息方式。

(二)对盈利性弱、公益性强的改、扩建项目,根据项目实际投入额度,给予一定比例的无偿补助。

(三)对经有关部门认定的省级商贸流通重点(示范)企业、省级社区商业示范社区(企业)给予一定的奖励。

第三章 专项资金的申请、审批和拨付

第八条 确定专项资金使用重点。根据省经济发展总体规划和商贸流通服务业发展规划等,每年年初由省商务厅会同省财政厅研究提出年度专项资金扶持重点、扶持计划和组织实施方案,6月底前联合下发项目申报通知,确定年度专项资金的申报重点及相关事项,布置申报工作。

第九条 申请条件和申报材料。凡符合本办法规定的使用原则和使用范围的省内商贸流通企业及相关单位,均可申请

专项资金补助。

（一）申请企业或单位须同时具备下列条件：

1. 具有独立的法人资格；

2. 财务管理制度健全；

3. 会计信息准确完整，纳税信用和银行信用良好；

4. 申报项目符合本办法和年度申报通知规定的支持内容。

（二）申请时应提供以下材料：

1. 流通业专项资金申请文件及申请表；

2. 项目承担单位法人执照副本及章程（复印件）；

3. 银行贷款合同（凭证）复印件及具有一定资质的会计师事务所出具的项目实施、投资额度等情况专项审计报告书；

4. 当地财政提供配套资金的项目，应提供财政部门配套资金的证明文件；

5. 申请补助项目所产生的绩效情况说明材料；

6. 其他要求提供的材料。

第十条 项目申报实行属地化管理，项目单位应按照本办法的规定和年度申报通知的要求，在规定时间内向所在地商务主管部门和财政部门上报申请文件和有关材料。各市、县（市）商务主管部门和财政部门对项目申请单位报送的材料，要明确职责分工，认真进行审核并签署意见，于7月底前正式行文联合上报省商务厅、省财政厅。省属企业上报材料需经省级主管单位审核签署意见并汇总后，于7月底前正式行文报送省商务厅、财政厅。逾期或材料不齐的项目将不予受理。

第十一条 省重点流通企业、省级社区商业示范社区（企业）奖励方案由省商务厅提出，经省财政厅审核后下达奖励资金。

省重点流通企业考核奖励按照《浙江省商务厅关于印发<浙江省重点流通企业联系和考核制度>的通知》（浙商务商发〔2010〕94号）文件规定提交相关考核材料。

第十二条 省商务厅、省财政厅收到企业申报材料后，根据各自职能对材料进行审核，必要时对重点项目进行论证，提出项目安排及补助资金的审核意见。8月底前由省财政厅会同省商务厅联合下达专项资金。

第四章 专项资金的使用、监督和管理

第十三条 各级财政、商务主管部门要加强配合，严格把好项目审核关，财政部门侧重于项目的投资额度、资金使用绩效等审核；商务主管部门侧重于项目的申报条件、建设内容等审核。

第十四条 各市、县（市）财政部门应及时、足额地将省财政下达的专项资金拨付到项目申请单位。任何部门和单位不得以任何理由截留、挤占和挪用专项资金。

第十五条 各市、县（市）财政部门应根据财力可能，相应建立支持流通业发展专项资金。各地组织申报专项资金补助的项目，当地财政部门已按一定比例配套扶持的，省专项资金给予优先扶持。

第十六条 项目承担单位收到财政部门拨付的资金后，应严格按规定使用，并按现行财务会计制度进行处理。

第十七条 各级财政、商贸部门要加强对项目执行和资金使用情况的监督检查。省商务厅要会同省财政厅建立健全绩效评价制度，切实提高财政资金使用效益。

第十八条 对于发现擅自改变资金用途或弄虚作假骗取财政专项资金行为的，除全部追缴拨付资金外，从次年度开始3年内取消该企业专项资金扶持资格。

第五章 附 则

第十九条 本办法由省财政厅和省商务厅负责解释。

第二十条 本办法自2010年度开始执行。省财政厅、原省经贸委联合下发的《浙江省流通业发展财政专项资金使用管理暂行办法》（浙财企字〔2006〕105号）、《浙江省社区商贸服务业发展专项资金使用管理暂行办法》（浙财企字〔2007〕183号）同时停止执行。

浙江省财政厅 浙江省农村综合改革办公室 浙江省农业厅 浙江省村级公益事业建设一事一议省级财政奖补项目和资金管理暂行办法

2010年7月20日 浙财基〔2010〕10号

为支持和推动村级公益事业建设一事一议财政奖补试点工作（以下简称一事一议财政奖补试点）开展，做好省级财政奖补项目和奖补资金管理工作，根据国务院农村综合改革工作小组、财政部、农业部《关于做好2010年扩大村级公益事业建设一事一议财政奖补试点工作的通知》（国农改〔2010〕1号）、财政部《关于村级公益事业一事一议中央财政奖补事项的通知》（财预〔2009〕5号）和省农村综合改革办公室、省财政厅、省农业厅《关于全面推行村级公益事业建设一事一议财政

美丽乡村建设

奖补试点工作的通知》（浙财基〔2010〕6 号）等文件精神，结合我省实际，特制定本办法。

一、奖补范围

省级财政奖补范围按《关于全面推行村级公益事业建设一事一议财政奖补试点工作的通知》（浙财基〔2010〕6 号）规定的范围执行。

二、奖补原则

省级财政奖补资金安排坚持以下原则：

（一）财政奖补与筹资筹劳结合，鼓励多渠道投入。

（二）择优选项，务求实效，力争投资省、见效快。

（三）资金县级统筹，省与地方财政合理负担。

三、奖补因素

省级财政奖补资金主要考虑以下因素：

（一）县级一事一议财政奖补试点工作的组织和开展情况；

（二）地方财政奖补资金安排数额、地方财力状况；

（三）村经济条件、项目工程量、受益人口、劳动力及筹资筹劳等情况。

四、奖补比例

根据省级财政奖补资金年度规模，对经审核列入省级奖补计划的项目，省级奖补资金一般按省与地方财政 1:1 的比例安排，具体视项目情况确定。

五、项目申报和审批

（一）申报要求。各地申报省级一事一议财政奖补资金项目必须符合以下要求：

1. 县级制定有一事一议财政奖补工作实施办法，地方财政积极安排奖补资金；

2. 筹资筹劳符合《浙江省村民一事一议筹资筹劳实施办法》规定；

3. 主要从开展试点工作的重点乡镇中选择项目；

4. 村两委有较强的号召力，能带领村民议好事、办成事；

5. 具有村民认可的项目筹资筹劳方案和管理措施。

（二）申报程序。对拟开展一事一议财政奖补的项目，由村民委员会填写《浙江省村级公益事业一事一议财政奖补项目建设申请表》，由乡镇政府对项目筹资筹劳方案、可行性等进行审核，提出意见后，报县级农村综合改革办公室、财政、农业部门复审，审核列入当年县级财政奖补项目计划。县级从中筛选出若干个项目于 7 月底前向省级报送立项申请报告。省农村综合改革办公室、省财政厅、省农业厅从中择优选项后列入省级财政奖补项目年度计划。

六、奖补资金预拨与清算

（一）实行奖补资金预拨制。根据省级确定的年度项目计划，省财政将奖补资金预拨到市、县财政，与地方财政安排的奖补资金统筹管理使用。

（二）实行项目验收和奖补资金清算制。年度终了，省级开展对奖补项目验收和考核。根据地方财政承诺的项目奖补资金到位情况和年度财政报表中的相关支出数，进行省级奖补资金具体清算。对达不到规定要求的，省财政将相应调减补助资金。

七、奖补资金的财政收支分类核算

奖补资金实行财政逐级收支分类核算。

市、县（市、区）财政收到上级财政的一事一议奖补资金拨款时，作“1100224 农林水转移支付收入”；市、县（市、区）财政将奖补资金转拨给下级财政时，作“2300224 农林水转移支付支出”。

地方财政安排一事一议财政奖补资金预算支出时，列报“213 类农林水事务”下的“2130701 对村级一事一议的补助”支出科目。

八、管理要求

一事一议财政奖补资金是政府对村级公益事业一事一议建设项目的补助，实行专款专用。项目的奖补资金使用权归议事主体，与村民筹资筹劳、村集体经济投入、社会捐助等一并专项用于项目建设。财政奖补资金不得用于项目管理费用开支，不得用于本议事项目以外的其他项目，也不得返还给出资人。

对涉及一事一议财政奖补项目和资金的其他管理工作，按照《关于全面推行村级公益事业建设一事一议财政奖补试点工作的通知》（浙财基〔2010〕6号）规定执行。各市、县（市、区）可结合本办法要求，具体制订当地一事一议财政奖补项目和资金管理办法。

附表：申报省级"一事一议"财政奖补试点项目基本情况表（略）

浙江省财政厅 浙江省商务厅
浙江省中小企业国际市场开拓资金实施细则

2010年8月6日　浙财企〔2010〕254号

第一章　总　则

第一条 为进一步规范我省中小企业国际市场开拓资金管理，提高财政资金使用绩效，支持中小企业开拓国际市场，根据财政部、商务部《关于印发〈中小企业国际市场开拓资金管理办法〉的通知》（财企〔2010〕87号）要求，结合我省实际，特制定本实施细则。

第二条 本实施细则所称中小企业国际市场开拓资金（以下简称"市场开拓资金"）指中央财政切块下达我省，专项用于支持中小企业开拓国际市场各项业务的资金。

第三条 市场开拓资金的管理遵循公开透明、突出重点、专款专用、注重实效的原则。

第四条 我省市场开拓资金由各级财政和商务（外经贸）主管部门共同管理。

省商务厅负责全省市场开拓资金的业务管理，提出市场开拓资金的支持重点，负责市场开拓资金有关管理规定的宣传和培训，年度预算及资金安排建议，省级单位的资质审核、网上注册、项目申报和审核，会同省财政厅组织项目的申报和评审。

省财政厅负责全省市场开拓资金的预算管理，审核资金的支持重点和年度预算建议，确定资金安排方案，办理资金拨付，会同省商务厅对市场开拓资金的使用情况进行监督检查。

市县商务（外经贸）部门负责本地区中小企业的资质审核、网上注册，根据当地实际在本实施细则范围内确定年度重点支持内容，会同当地财政部门组织企业申报项目，并对申报的项目进行初审。

市县财政部门负责本地区年度中小企业项目资金预算指标的管理，会同当地商务（外经贸）部门组织项目申报和初审、检查和监督市场开拓资金使用情况和效果，根据省里最终审定项目名单拨付资金。

第二章　支持对象

第五条 中小企业独立开拓国际市场活动的项目为企业项目；企、事业单位和社会团体（以下简称"项目组织单位"）组织中小企业开拓国际市场活动的项目为团体项目。

第六条 申请企业项目的中小企业应符合下列条件：

1. 在浙江省内（不含宁波，下同）注册，具有进出口经营资格的或依法办理对外贸易经营者备案登记的企业法人，上年度海关统计进出口额在4500万美元以下；

2. 近三年在外经贸业务管理、财务管理、税收管理、外汇管理、海关管理等方面无违法、违规行为；

3. 具有从事国际市场开拓的专业人员，对开拓国际市场有明确的工作安排和市场开拓计划；

4. 未拖欠应缴还的财政性资金。

第七条 申请团体项目的项目组织单位应符合下列条件：

1. 具有组织企业赴境外参加或举办经济贸易展览会的资格；

2. 具有组织中小企业培训资格；

3. 在浙江省内工商管理部门登记备案；

4. 未拖欠应缴还的财政性资金；

5. 申请的团体项目经省商务厅认定，具有国家贸促会的出国参展批准文件；

6. 申请的团体项目应以支持中小企业开拓国际市场和提高国际竞争力为目的，参展的我省中小企业不能少于10家；

7. 申请的团体项目的支持企业需符合本办法第六条的规定。

第八条 参加已批准支持的团体项目的中小企业，不得以企业项目名义重复申请市场开拓资金支持。

第三章　支持内容

第九条 市场开拓资金主要支持内容包括：境外展览会；企业管理体系认证；各类产品认证；境外专利申请；国际市场宣传推介；电子商务；境外广告和商标注册；国际市场考察；境外投（议）标；企业培训；境外收购技术和品牌等。

第十条 市场开拓资金优先支持下列活动：

1. 拓展面向拉美、非洲、中东、东欧、东南亚、中亚等新兴国际市场；

2. 取得质量管理体系认证、环境管理体系认证和产品认证等国际认证。

第四章 资金管理

第十一条 市场开拓资金对属于本办法支持内容且实际支出金额大于1万元人民币的项目予以支持，支持金额原则上不超过项目支持内容所需金额的50%；符合本办法第十条第一项要求的支持比例可提高到70%。

第十二条 对不同内容项目，市场开拓资金采用按比例、最高限额相结合的方式予以支持（具体规定附后）。

第十三条 中小企业申请的企业项目，每个项目支持金额最高不超过50万元人民币；项目组织单位申请的团体项目，每个项目支持金额最高不超过300万元人民币。

第十四条 中小企业当年度累计获得市场开拓资金支持最多不超过100万元人民币。

第十五条 以外币为计算单位发生的费用支出，按费用支出凭证发生日中国人民银行公布的外汇牌价，折算为人民币。

第十六条 中小企业获得的项目资金，应按国家相关规定进行财务处理。

第十七条 任何单位不得以任何形式骗取、挪用和截留专项资金，对违反规定的，按照《财政违法行为处罚处分条例》（国务院令第427号）等有关法律法规进行查处。

第五章 项目管理

第十八条 各市、县（市）年度市场开拓资金额度，由省财政厅会同省商务厅采取因素法的方式确定，并将预算指标预下达至各市、县（市）财政部门。

第十九条 项目申报、审核管理

1. 各级财政、商务（外经贸）主管部门应在预算指标额度内组织企业申报项目。

2. 中小企业、项目组织单位申请市场开拓资金项目均要通过“中小企业国际市场开拓资金网”（http://smeimdf.mofcom.gov.cn/index.html）申报。

3. 省级单位完成当年度项目申报后直接行文上报省财政厅、省商务厅；各市、县（市）财政、商务（外经贸）部门完成本地区项目的初审后联合行文上报省财政厅、省商务厅。

4. 市场开拓资金项目每年组织申报、审核、兑现2次，申报时间分别为当年的7月和次年的1月。

5. 在委托中介机构（会计师事务所）对市场开拓资金项目进行审计后，省财政厅、省商务厅最终审定。

6. 各级财政、商务（外经贸）主管部门收到省财政厅、省商务厅联合下发的项目审定文件后，应在15日内联系企业并将资金及时兑现到企业。

第二十条 中小企业、项目组织单位申请市场开拓资金项目应提交的材料：

1. 项目申请表（具体要求见市场开拓资金网）；

2. 项目实施的有关证明材料（如：展位确认资料、签证、注册证书、项目合同等）；

3. 项目实际发生费用的合法凭证复印件（包括费用支出的银行付款凭证、对应发票、用汇核销单等）；

4. 申请单位法人营业执照副本、进出口经营资格证或依法办理对外贸易经营者备案登记证的复印件。

以上材料要求装订成册并加盖单位公章。

第六章 附 则

第二十一条 中小企业或项目组织单位组织中小企业开拓香港、澳门、台湾地区市场参照本实施细则执行。

第二十二条 本实施细则由省财政厅会同省商务厅解释。

第二十三条 本实施细则自印发之日起实施。原省外经贸厅、省财政厅《关于中小企业国际市场开拓资金使用管理若干问题的通知》（浙外经贸联发〔2002〕43号）同时废止。

附：浙江省中小企业国际市场开拓资金支持内容说明（略）

浙江省财政厅 浙江省海洋与渔业局
浙江省海域海岛管理利用项目与资金管理办法

2010年8月6日 浙财农〔2010〕225号

第一章 总 则

第一条 为加强对海域和海岛管理，科学合理地开发利用海洋与海岛资源，根据财政农业专项资金管理和海洋与渔业项目管理有关规定，制定本办法。

第二条 省财政设立海域海岛管理利用补助资金（以下简称“专项资金”），用于对海域、海岛管理以及海洋科技推广应用项目的补助，以推进我省海洋经济和海洋事业的可持续发展。

第二章 补助对象、支持环节及标准

第三条 专项资金补助对象：

（一）管理类：海洋行政主管部门，以及具备海域、海岛管理和使用相关资质的单位；

(二)保护与利用类:海洋行政主管部门,承担海洋、海岛保护及利用相关项目的单位;

(三)科技推广应用类:具备海洋与海岛管理利用研究、管理成果推广条件的企事业单位和科技成果应用主体。

第四条 专项资金支持环节:

(一)管理类:

1. 海洋与海岛调查。包括海岛、海籍、海底调查,养殖用海调查,浙江近外海主要渔场资源分布及蕴藏量调查。

2. 编制或修订全省性海域和无居民海岛开发利用规划,制定相关区域规划技术标准,海域管理坐标系转换。

3. 开展海域使用权流转试点。

4. 建设海洋与海岛管理信息系统。

(二)保护与利用类:海洋海岛资源保护与生态修复,海域利用评价体系与动态监测体系建设。

(三)科技推广应用类:海洋科技成果应用推广以及省级以上"科技入户"示范工程建设。

第五条 省补助资金使用范围

补助资金使用范围为因项目实施所产生的委托业务、租赁费、信息网络购建、专用设备购置以及专用燃料费支出。

第六条 补助标准:

(一)管理类:海洋与海岛管理信息系统建设项目补助标准不超过 50 万元,其余管理类项目补助标准不超过 20 万元,全省性资源调查和重点规划项目补助标准另行确定。

(二)保护与利用类:全省性重大项目补助 100 万元以下,一般项目补助标准不超过 50 万元。

(三)科技推广应用类:每个项目补助 15 万～40 万元。

第三章 项目申报与审批

第七条 申报要求:

海域海岛管理利用项目按《农业财政资金申报标准文本》的格式要求申报。申报材料应真实反映项目单位基本情况、项目内容、实施方案、资金概算、省补资金使用环节、效果预测分析等内容。

科技推广应用项目的项目主持人应具备副高以上技术职称,并有三年以上相关研究与开发的工作基础。省级以上"科技入户"示范工程建设项目由示范县的海洋与渔业主管部门或"科技入户"专家组组长单位申报。

项目所在地海洋与渔业专管部门和财政局应对申报材料进行审核,并对审查上报内容的真实性负责。

第八条 海域海岛管理利用项目由市或县(市、区)海洋与渔业主管部门、财政部门于每年 3 月底前向省海洋与渔业局和省财政厅联合申报(省海洋与渔业局 2 份,并通过"浙江省海洋与渔业项目管理系统"网上申报;省财政厅 1 份)。申报材料包括联合申报文件、《农业财政资金申报标准文本》。海洋与无居民海岛管理信息系统项目在省定建设规划框架内申报。

第九条 省海洋与渔业局会同省财政厅对各地申报项目经过评审择优确定后,于每年 6 月底前联合行文下达当年度项目实施计划。

省补资金由省财政厅拨付。

第四章 项目及资金监督管理

第十条 专项资金的安排、使用应注重绩效,充分考虑项目需要、执行情况和效果。专项资金的安排、使用必须严格按照有关财务制度执行,任何单位或个人均不得截留、挤占或挪用。

第十一条 市、县(市、区)财政局应及时拨付省补资金,并加强对项目实施情况及资金使用状况的监督检查和管理。如有财政违法行为,将按照《财政违法行为处罚处分条例》等有关法律法规进行查处。

第十二条 管理类项目完成后,由项目所在地海洋与渔业主管部门会同财政局对项目情况进行检查验收,并向省海洋与渔业局和省财政厅报送项目实施和资金使用情况的书面报告。其他项目完成后,由项目所在地海洋与渔业主管部门会同财政局提出申请,省海洋与渔业局会同省财政厅组织验收。

第十三条 项目所在地海洋与渔业主管部门、财政局应按照《浙江省财政支出绩效评价实施办法》(浙财绩效字〔2009〕5 号)的要求,对项目执行情况和专项资金使用情况进行绩效评价,并向省海洋与渔业局、省财政厅报送《浙江省财政支出项目绩效评价报告》。评价结果作为下年度项目安排重要依据。

第十四条 专项资金的使用,应自觉接受各级审计和监察部门的监督,对违纪违法行为为严格实行责任追究。凡出现以下情况之一者,将取消该单位下年度本专项的项目及资金安排。

(一)未履行本项目及资金管理要求的;

(二)因违法、违规行为受到有关部门查处的;

(三)经查实,谎报、虚报项目实施状况、未完成项目任务或挪用、截留专项补助资金的;

(四)对项目、资金例行检查不予配合的;

(五)未按规定报送项目绩效评价报告的;

(六)其他违反规定,拒不纠正的。

第十五条 项目结余资金应按照"使用方向不变,扶持环节不变"的原则,由申报单位按原审批程序报批后使用。

第五章 附 则

第十六条 本办法自发文之日起实施,有效期至 2015 年底止。

浙江省财政厅 浙江省海洋与渔业局
浙江省海洋环保项目与资金管理办法

2010年8月16日　浙财农〔2010〕240号

第一章　总　则

第一条 为加强我省海洋环保项目及资金管理，促进海洋环境保护工作开展，根据财政农业专项资金管理等有关规定，制定本办法。

第二条 省财政设立海洋环保补助资金，用于海洋环保项目的补助，以提高我省海洋环境保护综合管理能力、推动和开展海洋生态环境保护、建设生态文明为目的。

第二章　资金补助对象、标准和使用范围

第三条 补助对象为：各级海洋行政主管部门、从事海洋环境保护事业的单位、海洋保护区管理机构。

第四条 专项资金主要用于：

(一)海洋环保基础设施建设。支持海洋环境监测点和监控分析平台建设，海洋环保监管能力建设，省级海洋保护区建设。

(二)海洋环境监测评价。支持开展专题海洋环境监测与评价、省管海洋工程跟踪监测监视、重大工程后评估、海洋倾倒区环境监察与评估。

(三)海洋环境调查。开展海洋环境专项调查，省级海洋保护区选划、调查。

(四)海洋环保管理机制建设。支持省级及以上海洋环保及专项规划编制与修订，海洋保护区建设管理规划编制与修订，海洋环境污染损害赔(补)偿制度建设试点。

(五)海洋环境治理项目。支持海洋工程和海洋倾废环境损害防治、重点海域环境容量研究与污染物总量控制试点，局部海域环境整治专项行动。

第五条 资金补助标准：

根据项目类型、规模和管理需要，海洋环保项目分为重大项目、重点项目和一般项目。

(一)海洋环保基础设施建设项目：重大项目单项补助不超过200万元，其余项目不超过50万元。

(二)海洋环境监测监视评价项目：重大项目单项补助不超过70万元，其余项目不超过50万元。

(三)海洋环境调查项目：重大项目单项补助200万元以下，其余项目不超过50万元。

(四)海洋环保管理机制建设项目：重大项目单项补助不超过150万元，重点项目单项补助不过超50万元，一般项目单项补助不超过20万元。

(五)海洋环境治理项目：重大项目单项补助不超过150万元，重点项目单项补助不超过50万元，一般项目单项补助不超过25万元。

第六条 补助资金使用范围

补助资金使用范围为因项目实施所产生的基础设施建设、委托业务费、专用燃料费、租赁费、专用设备购置、信息网络购建等费用。

第三章　项目申报与审批

第七条 海洋环保项目由各地根据省确定的各项规划，按《农业财政资金申报标准文本》的格式要求申报。其中，申请省级财政补助50万元以上的项目还需提供项目可行性研究报告。

项目所在地海洋和财政主管部门应对申报材料进行认真审查，并对上报材料的真实性负责。

第八条 项目由市或县(市、区)海洋主管部门、财政部门联合于每年3月底之前向省海洋与渔业局和省财政厅申报。申报材料(一式3份，省海洋与渔业局2份，并通过“浙江省海洋与渔业项目管理系统”网上申报；省财政厅1份)包括联合申报文件、《农业财政资金申报标准文本》、按本《办法》规定需提供的可行性研究报告等。符合条件的省级单位可直接向省海洋与渔业局和省财政厅申报。

第九条 省海洋与渔业局会同省财政厅对各地申报材料进行评审，择优确定后，于每年的6月底前联合行文下达当年度项目实施计划。省补资金由省财政厅另行拨付。

对申请要求省级财政补助50万元以上的项目，由省海洋与渔业局会同省财政厅组织专家进行评审。

第四章　项目及资金监督管理

第十条 专项资金的安排、使用应注重绩效，充分考虑项目需要、执行情况和效果。专项资金的安排、使用必须严格按照有关财务制度执行，任何单位或个人均不得截留、挤占或挪用。

第十一条 市、县(市、区)财政局应及时拨付省补资金，并加强对项目实施情况及资金使用状况的监督检查和管理。如有财政违法行为，将按照《财政违法行为处罚处分条例》等有关法律法规进行查处。

第十二条 专项资金的使用应自觉接受各级审计和监察部门的监督，对违纪违法行为严格实行责任追究。凡出现以下情况之一者，将取消该单位的项目及专项资金安排。

（一）未履行海洋环保项目及资金管理要求的；

（二）因违法、违规行为受到有关部门查处的；

（三）经查实，谎报、虚报项目实施状况、未完成往年项目任务或挪用、截留专项补助资金的；

（四）对项目、资金例行检查不予配合的；

（五）未按规定报送项目绩效评价报告的；

（六）其他违反本规定，拒不纠正的。

第十三条 各级海洋与渔业和财政主管部门要加强项目实施过程中的指导、协调、服务工作，随时掌握进度、督促项目实施。项目所在地海洋与渔业主管部门于翌年1月底前向省海洋与渔业局和省财政厅上报本年度项目检查情况。

第十四条 项目结余资金应按照“使用方向不变，扶持环节不变”的原则，由申报单位按原审批程序报批后使用。

第十五条 项目承担单位应在项目完成后按规定报送项目实施工作报告和完整的技术业务验收材料，并由项目所在地海洋与渔业主管部门会同财政部门提出申请，省海洋与渔业局会同省财政厅组织验收。

第十六条 项目所在地海洋与渔业和财政主管部门应按照《浙江省财政支出绩效评价实施办法》（浙财绩效字〔2009〕5号）的要求，对项目执行情况和专项资金使用情况进行绩效评价，并向省海洋与渔业局、省财政厅报送《浙江省财政支出项目绩效评价报告》。评价结果作为下年度项目安排重要依据。

第五章　附　则

第十七条 本办法自发文之日起实施，有效期至2015年底。

浙江省财政厅
关于切实加强乡镇财政资金监管工作的实施意见

2010年9月27日　浙财基〔2010〕16号

随着社会主义新农村建设的推进和公共财政职能的不断加强，国家财政用于乡镇的资金大幅度增加。加强乡镇财政资金管理工作，关系到党的民生政策的贯彻落实，关系到广大人民群众的切身利益，关系到统筹城乡发展，意义十分重大。为充分发挥乡镇财政职能作用，发挥就地、就近资金监管优势，根据财政部《关于印发切实加强乡镇财政资金监管工作的指导意见的通知》（财预〔2010〕33号），结合我省实际，现就切实加强乡镇财政资金监管工作提出如下实施意见。

一、乡镇财政资金监管范围和工作目标

1.监管范围。各级财政安排和分配用于乡镇及以下的各种财政性资金，以及部分乡镇组织的集体经济收入等，全部纳入乡镇财政监管范围。包括：对人员和家庭的补助性资金，支农惠农和农村社会事业项目建设资金，对村级组织运转补助资金；乡镇财政本级安排资金，上级财政部门或主管部门下达到乡镇范围的各项政府性资金。

2.监管工作目标。通过加强对乡镇财政资金的分类监管，切实提高财政资金的安全性，防止数据不实、虚假立项、骗取套取、挤占挪用财政资金等行为；不断提高财政资金的运行质量，推进资金使用的绩效评价工作，提高资金使用效益，努力提高基层财政科学化规范化管理水平。

二、加强对补助性资金的监管

财政补助性资金，是指以人口、耕地面积、粮食产量、牲畜头（只）数、购买行为等为主要分配依据，直接或间接补助到农民的财政资金。包括鼓励农民发展农业生产、增加农民收入、建立农村社会保障和支持农村教育、文化、卫生事业运转方面的财政补助资金。

乡镇财政要建立健全财政补贴农民资金管理和发放工作责任制，重点把好“三关”：一是公示关。乡镇财政按照有关要求，联系或配合有关站所、单位、村组，及时公开各种补助政策、补贴对象、补贴依据、补贴标准、补贴金额、联系电话等，并通过“村务公开栏”或“财务公开栏”进行公示，使农民群众及时了解各项惠农政策。二是核实关。乡镇财政对公示中有举报、有反映的案例，要派人及时到当地核实真伪。对比较容易发生变化的在校学生人数、寄宿生生活补助人数、农村贫困家庭大学生补助人数、五保户供养人数、优抚对象人数、低保救助人数、农业保险补贴面积等，在向县级财政或主管部门汇总上报补贴名册前，乡镇财政要有重点地派人到现场进行清点抽查，并将抽查结果及时向上级财政和主管部门报告。三是发放关。乡镇财政要按照各项补助资金管理办法的规定，结合本地区实际情况，采取国库集中支付与“一折通”（或“一卡通”）相结合等有效的资金发放制度，保证补助资金及时、安全、便捷地落实到户，不得以任何理由克扣农民补贴资金。

三、加强对项目资金的监管

项目资金是指用于改善农村生产生活条件、自然生态环境、教育、医疗、文化条件和基础设施项目建设的财政补助资金。

乡镇财政要从项目申报、工程实施、工程监理、竣工验收、资金报账等各个环节参与和实施全程监管，重点抓好四个环节：一是项目申报环节。乡镇财政要按照本乡镇的经济社会发展规划，参与做好本乡镇范围内的项目库建设。乡镇财政对项目申报和项目安排提出合理化建议，对项目申报的真实性、可行性进行实地察看，在全面审核的基础上向县级财政和项目主管部门进行申报，避免随意申报和重复申报项目。二是项目公示环节。乡镇财政要参与对项目招投标的管理，了解招投标信息。在收到上级项目批复后，要对项目名称、实施范围、资金来源、受益人、项目责任人、施工单位等情况进行公示，鼓励农民群众参与，加强社会监督。三是项目实施环节。参与实地检查项目的开工建设和进展情况，定期或不定期向县级财政及相关主管部门报告，根据项目建设进度，做好项目支出审核和资金拨付工作。四是评估验收环节。参与做好项目评估验收和档案管理工作，提出项目运转和维护管理建议等，对已完工项目要进行档案管理，跟踪项目效益。

四、加强乡镇财政预算管理

要将税收收入、政府非税收入等所有收入全部纳入预算管理，实行综合预算。要加强收入征管，对乡镇组织的财政收入，按规定及时、足额缴入国库，严格执行“收支两条线”规定，不得截留、坐支、挪用和私设“小金库”。要逐步完善乡镇基本支出定员定额管理，建立项目库管理制度。要认真及时编报预算，按规定程序报送人大审议，并强化预算执行管理。严格乡镇财政支出和会计核算管理，加强县级财政对乡镇的监督检查。

五、工作要求

1. 加强领导，明确责任

乡镇财政资金监管工作涉及部门多、资金量大、环节复杂，各级政府要高度重视监管工作，加强领导和督促，进一步明确各相关部门的职责分工，大力支持乡镇财政实施资金监管工作。各级财政部门要加强指导，赋予并健全乡镇财政履行资金监管工作的职责，在下达的有关资金和项目管理的文件中要明确规定乡镇财政的监管责任。各级财政要主动加强与相关部门的协调和配合，加强工作指导，为乡镇财政实施有效资金监管创造良好条件。

2. 充分发挥县级财政作用

县级财政是强化乡镇财政资金监管工作的关键，是上级部门与乡镇财政间监管信息反馈交流的枢纽，担负着承上启下和横向协调的重要任务。县级财政要明确乡镇财政的具体监管范围，量化、细化监管职责和任务。县级财政部门主要领导要亲自抓落实，各科（股）要把上级财政或主管部门下发的项目资金文件、制度办法、拨款文件等及时下发、抄送给乡镇财政管理机构，让乡镇财政全面掌握上级下达到乡镇范围各类资金的政策信息，以便于开展监管工作，更好地调动和发挥基层财政部门的积极性、主动性，提高财政资金使用效益。

3. 建立信息通报和反馈机制

县乡财政要建立和完善工作联系机制，规范信息沟通制度，县级财政要经常征求和听取乡镇财政的意见，对于乡镇财政在资金监管工作中发现的问题和情况，要建立反馈渠道，逐级上报至负责资金和项目分配、管理的财政部门，以利于完善有关政策，规范资金分配和财政管理。

4. 建立乡镇财政工作联系点制度

按照中央财政建立联系点的做法，省财政厅选择若干个乡镇财政管理工作基础较好的县和乡镇，作为乡镇财政工作联系点。各工作联系点要深化财政管理改革，规范预算管理制度，认真落实乡镇财政资金监管的各项责任，切实发挥排头兵作用。要在资金监管上先走一步，积极探索乡镇财政资金监管的有效模式，加强信息公开公示工作，做好基础信息的核实和整理，分析、研究监管工作中遇到的困难和问题，及时将政策和项目落实情况以及监管工作中的问题及建议等上报给上级财政部门。

5. 加强乡镇财政管理能力建设，建立完善监督检查和考核机制

各级财政要加强乡镇财政管理能力建设，保障乡镇财政实施监管工作必要的人力、经费和工作条件。县级财政部门要将乡镇财政资金监管工作纳入对乡镇财政重点工作目标管理考评范围，对乡镇财政资金操作程序、运行质量、使用效益等进行全面考评。对乡镇财政资金监管工作成效明显的给予表彰奖励，对乡镇财政资金监管工作不力的给予通报批评，并责令整改。

各地要根据财政部财预〔2010〕33号文件精神和本实施意见，以县级为单位，结合当地实际，制定具体实施办法。请各地及时总结乡镇财政资金监管工作落实情况，形成书面材料，并填写《乡镇财政监管工作落实情况表》和《乡镇财政监管中所涉及的各项财政资金情况表》（详见附件），于11月15日前一并上报省财政厅。其中：各县（市、区）上报材料统一报至各市财政局，由各市财政局集中报省财政厅；部、省工作联系点乡镇财政所上报材料直接报省财政厅。联系人：省财政厅基层财政处苗林炯，联系电话：0571-87056573。

附：1. 乡镇财政资金监管工作落实情况表（略）

2. 乡镇财政资金监管中所涉各项财政资金情况统计表（略）

浙江省财政厅 浙江省交通运输厅
浙江省交通资金管理暂行办法

2010 年 10 月 15 日　浙财建〔2010〕211 号

第一章　总　则

第一条 为科学、规范和有效管理交通资金，保障和促进全省交通运输事业持续平稳健康发展，根据国家和省有关法规制度，结合我省实际，制定本办法。

第二条 本办法所称交通资金是指通过各级财政、交通部门筹措安排并用于本省交通运输事业发展的各项资金，包括中央财政转移支付的成品油价格和税费改革转移支付资金、各级财政一般预算安排的资金、政府性基金、专户资金和通过交通运输部门举借的政府性债务资金等。

前款规定的各项资金统称交通资金。交通资金是专门用于交通运输事业发展的专项资金，未经同级政府批准不得移作他用。

第三条 交通资金由财政部门和交通运输部门共同管理。按照部门职能划分，财政部门主要负责管理交通资金预算和决算，包括会同交通部门制定资金管理办法，审核批复预算，监督检查预算执行，审核批复决算，监督检查资金使用情况和组织绩效评价；交通运输部门主要负责编制和执行交通资金预算，包括编制部门预算和项目计划，组织本部门及所属单位财务会计管理，实施项目计划，编制交通资金年度财务决算和项目竣工决算，监督检查项目执行情况，实施绩效评价，以及会同财政部门建立健全规范的投融资机制。

第四条 按照合理划分事权和职责，财力与事权相匹配、集中与分散相结合的原则，交通资金实行统一领导、分级负责的预算管理体制。

省交通运输部门及其所属单位履行职责所需资金，由省财政负责安排，纳入省级财政预算管理。

市县交通运输部门及其所属单位履行职责所需资金，由市县财政负责安排，连同省财政转移支付安排市县的交通资金，一并纳入市县财政预算管理。

交通运输部门的政府性债务资金实行计划管理，逐步纳入财政预算管理。

第五条 交通资金应当按照“统筹安排、综合预算，量力而行、量入为出，优化结构、突出重点，规范透明、注重绩效”的要求进行管理。

第二章　资金收入安排

第六条 交通运输部门应当根据上年各项政府资金收入水平、政策变化和其他相关因素，合理预计和科学安排各项资金收入，并全面纳入预算管理。

第七条 中央财政转移支付的成品油价格和税费改革转移支付资金，分为替代性返还基数和增长性补助两部分，分别按以下规定安排和分配。

（一）替代性返还基数部分

1. 原在公路养路费和公路客货运附加费中提取的水利基金和公安补贴经费，以 2007 年度实际提取数作为固定基数，每年从成品油价格和税费改革转移支付资金基数中定额划转，其中水利基金的提取期限按国家有关规定执行。

2. 通过一般性转移支付给市县的固定基数包括：

(1) 原拖拉机、摩托车养路费的全部和原公路运输管理费征收留用 90%部分，以省财政厅浙财预字〔2009〕37 号文件核定的数额为准。

(2) 市县交通运输部门基本支出，省按照相关办法合理测算后核定。

(3) 农村公路大中修：按照省政府办公厅《关于印发浙江省农村公路管理养护体制改革方案的通知》（浙政办发〔2008〕4 号）规定的标准核定。

每年新增里程在下一年初经省级财政和交通运输部门认定后调整下达。

(4) 原市县养路费超收分成的专项资金，按照 2007 年实际安排情况由省适当调剂后分配，作为市县交通运输部门养护、管理和建设支出的综合配套资金。

(5) 宁波市按照省财政厅浙财预字〔2009〕36 号文件核定的数额。

3. 扣除上述(1)、(2)项规定的数额后，剩余的成品油价格和税费改革转移支付资金基数部分由省统筹安排分配和使用。

（二）增长性补助部分

中央财政转移支付的成品油价格和税费改革转移支付资金增长性补助部分，扣除宁波按比例分成部分后，其余资金由省统筹安排分配，重点用于消化历年地方普通公路建设所形成的债务和普通收费公路取消收费后的省级补助等支出。

第八条 各级财政部门应当根据有关政策规定，积极筹措、安排和落实本级财政用于交通运输事业发展的一般预算资金。其中,按照省政府《关于印发浙江省农村公路管理养护体制改革方案的通知》(浙政办发〔2008〕4号)规定的补助标准和渠道,各级财政必须及时足额安排落实农村公路养护资金。

省级财政一般预算按照1000元/公里•年安排的农村公路日常养护资金,作为基数,通过一般性转移支付给市县。每年新增里程在下一年初经省级财政和交通运输部门认定后予以调整下达。

第九条 交通部门政府性基金、专户资金,按照"收支两条线"政策和现行规定安排分配。

省财政厅要会同省交通运输厅对现有的船舶港务费等交通规费项目进行梳理,逐步研究和建立省与市县分成的收入分配办法,改进项目资金下达的分配方式,提高市县交通运输部门征收和管理的积极性。

第十条 省财政对市县的专项转移支付,按照现行财政体制分类分档规定,结合交通运输行业特点,合理计算分配。

为加强市县财政预算的统筹管理,对现有省财政专项转移支付中符合一般转移支付条件的项目资金,将逐步改为实行一般转移支付。

第三章　支出预算编制

第十一条 交通运输部门的各项支出,应当按照部门预算编制的规定,科学合理进行分类,并逐步整合各类专项支出。各项支出的主要分类如下:

(一)基本支出。包括工资福利支出、商品和服务支出及对个人和家庭的补助支出。

(二)管理支出。包括会议培训类项目、信息化项目、宣传活动类项目、课题调研规划类项目、执法办案类项目、印刷类项目、房租类项目、物业管理类项目、修缮类项目、房屋购建类项目、办公设备购置类项目和其他行业管理性支出项目。

(三)交通基础设施养护支出。包括公路水路养护管理支出和养护工程支出。其中:养护管理支出主要包括养护管理设备设施购置支出、养护管理站房屋建设维护和港航水上安全搜救中心建设维护、信息化建设和维护等支出;养护工程支出包括日常养护、大中修及改建工程支出。

(四)取消普通公路收费项目支出。主要包括取消政府还贷二级公路收费项目以及其他普通收费公路项目的人员安置、债务余额处置等一次性支出。取消收费后的普通公路养护和管理等经常性支出,列入相关支出项目管理。

(五)交通基础设施建设支出。主要包括公路水路基础设施建设支出、客运站场建设支出、交通物流建设项目和政府还贷高速公路资本金支出。

(六)还本付息支出。包括安排用于归还贷款本金和利息的支出。

(七)其他支出。包括应急救灾专项和不可预见项目的支出。

第十二条 交通运输部门的各项支出,根据财力可能,分别轻重缓急,在优先保证基本支出和运转支出的前提下,重点突出养护支出,统筹兼顾建设支出。具体排序如下:

(一)基本支出;

(二)管理支出;

(三)交通基础设施养护支出;

(四)取消普通收费公路支出;

(五)交通基础设施建设支出;

(六)还本付息支出;

(七)其他支出。

第十三条 交通运输主管部门应当按照人员编制数和财政部门确定的支出标准,组织编制基本支出预算。

第十四条 交通运输部门各类项目支出预算,按照下列规定编制:

(一)管理支出,由交通运输部门按照既定的开支标准和资产配置标准编制。省财政一般财政转移支付资金中涉及市县的管理支出,由市县交通运输部门按照当地预算编制要求和相关标准编制。

(二)养护支出,由交通运输部门根据公路、内河航道养护计划和有关标准编制。

国省道和内河航道养护计划及所需支出预算,分别由省级公路和港航部门编制,经省交通运输厅会省财政厅审批后执行。市县养护计划及所需支出预算,由当地交通运输部门会同同级财政部门确定,并报省交通运输厅和省财政厅备案。

(三)取消普通收费公路支出,按照批准计划和有关政策规定编制。

(四)建设支出,应当在保证各项资金落实的基础上编制。省级建设支出,由省级财政和交通部门根据事权划分、财力可能及相关标准给予安排,纳入省级预算管理。

市县建设支出,除省规定补助外,其余资金由市县财政部门会同同级交通运输部门筹措落实,连同省补助一并纳入市县预算管理。

对开展项目建议申报、勘察设计、可行性研究、标底编制、招标管理以及征地拆迁等前期工作所需经费,按照总额控制原则编制项目概算后,按照事权分别纳入省和市县建设支出预算管理。

(五)还本付息支出,由财政部门和交通运输部门根据交通负债情况足额安排利息支出,并根据财力可能安排偿还本金支出。

第十五条 省交通运输部门结余资金的管理,按照省财政厅《关于印发浙江省省级部门财政拨款结余资金管理暂行办法的通知》(浙财预字〔2007〕12号)的规定执行,其中对项目支出的净结余资金应当优先安排用于债务还本付息支出。

市县交通运输部门的结余资金，应当统筹用于当地交通运输事业发展。市县财政部门可结合当地实际情况，会同同级交通运输部门制定具体管理办法。

第十六条 交通运输部门的支出预算，按照部门预算编制“二上二下”有关程序的规定执行。

第十七条 市县财政部门应当充分考虑交通运输行业的特点，切实保障交通运输行业可持续发展的正常支出需要。对交通运输部门的基本支出，按照人员定编数和当地支出标准予以核定；对项目支出，结合当地财力状况和交通建设、养护和管理及其他专项工作任务等情况，给予必要的保障。

第四章 预算执行

第十八条 省交通运输部门执行的预算包括列入省交通运输厅部门预算和省对市县专项转移支出预算，分别按照下列规定执行：

（一）省交通运输部门的预算支出，按照国库集中支付规定执行。

（二）省对市县专项转移支付支出，由省财政厅会同省交通运输厅另行制订相应的专项资金管理办法，并根据办法有关规定执行。

第十九条 市县交通部门执行的预算包括省财政一般性转移支付、专项转移支付资金安排的预算和自有财力安排的预算，必须按照有关资金管理办法的规定拨付使用。资金拨付方式，按照当地财政部门国库管理制度执行。

市县财政部门对省一般性转移支付和专项转移支付的资金，必须按照规定及时足额拨付给交通运输部门，不得用于平衡一般预算。

第二十条 交通运输部门应当严格按照批准的预算执行。执行过程中因客观原因确需变更预算的，应当按照规定的预算管理权限和规定程序报经批准。

第二十一条 交通资金决算报告，由交通运输部门按照预算级次，于年度终了后及时完成编制，报送同级财政部门审批。

市县交通运输部门决算报告报送同级财政部门审批的同时，报送省财政厅、省交通运输厅备案。

第五章 债务管理

第二十二条 交通运输部门政府性债务收支的管理，按照省政府《关于加强地方政府性债务管理的通知》（浙政发〔2005〕5号）、省政府办公厅《关于印发浙江省地方政府性债务管理实施暂行办法的通知》（浙政办发〔2006〕6号）精神以及“适度举债、讲求效益、加强管理、规避风险”的债务管理总体要求，实行“建立机制、计划管理、总量控制、余额调节”的管理办法。

第二十三条 交通运输部门举借的债务资金，必须安排用于事关区域整体发展所急需但暂时存在资金缺口的公益性基础设施项目，并优先保证在建和续建项目，控制新建和扩建项目。债务资金不得用于交通运输部门的经常性支出。

第二十四条 交通运输部门应当会同财政部门研究建立交通投融资新体制，构建规范的交通建设融资平台，逐步引入招投标机制，确定合理的融资规模、期限和利率，降低债务成本，提高资金效益。

第二十五条 交通运输部门应当根据经济社会发展需要、交通建设项目规划和财力状况，本着科学、规范、谨慎的原则，编制一定期限内的政府性债务收支计划，经同级财政部门审核后报同级人民政府批准。未经政府批准，不得举债。

交通运输部门政府性债务收支计划，分为长期债务收支规划和短期债务收支计划。长期债务收支规划的编制期限一般为5年，与本地经济社会发展5年计划相衔接。短期债务收支计划为年度计划。

债务收支计划编制的主要内容包括债务资金收入的规模、渠道和期限，债务资金支出的安排去向、规模和方式，还本付息资金来源、规模和期限等。

省交通运输部门编制债务收支计划中债务资金的支出，原则上全部安排用于项目前期工作已完成的国省道建设、国省主干航道和省政府批准的其他重大项目。

第二十六条 交通运输部门的债务规模按照“总量适度、结构合理、风险可控”的原则，实行长期总量规模控制。

长期总量规模控制的期限，依据交通项目建设规划所要求的建设周期等因素拟定，一般为5年期限。

债务总量规模，依据省政府和省财政厅相关规定加以合理控制。

借款期限的长短，应当按照各类项目不同建设周期，综合考虑资金成本等因素后合理搭配。

第二十七条 根据政府批准的债务规模总量和计划管理要求，由交通运输部门会同财政部门对年度之间的债务余额进行合理必要的调节，实行债务余额动态管理。

第二十八条 凡需财政预算安排拨款偿还的债务本金和利息支出，由交通运输部门编入相应的部门预算和政府性债务收支计划，报经同级财政部门审核同意后执行。

对本办法实施前已有的交通运输部门政府性债务余额，交通运输部门应当会同同级财政部门编制分年偿还计划。

第二十九条 交通运输部门应当建立债务统计制度，全面掌握债务收支执行情况，并及时报送财政部门。

市县交通运输部门应当于每年年初将上年度交通建设政府性债务收支情况报送省交通运输厅备案。

第六章 监督管理

第三十条 财政部门和交通运输部门应当严格按照预算管理的规定，加强资金使用的监督管理，定期开展资金使用绩效评价工作。绩效评价结果作为安排预算的重要依据。

第三十一条 对交通资金的使用情况，省财政厅和省交通运输厅应当定期或不定期地开展全面检查或专项检查。

财政部门可以根据需要，指派财政项目预算审核机构或者委托社会中介机构，对交通投资项目的投资估算、项目概算、施工图预算和竣工财务决算等进行评审。委托社会中介机构所需费用，列入财政预算。

第三十二条 交通运输部门及其所属单位，应当加强内部审计工作，建立健全各项资金管理内控制度。

第三十三条 对部门、单位和个人违反国家法律法规、方针政策等有关规定，截留、挤占、挪用交通资金等违法违规行为的，按照《中华人民共和国预算法》、《财政违法行为处罚处分条例》等相关法律法规查处。

第七章 附 则

第三十四条 按照清理、规范和整合专项资金和科学化精细化管理的要求，由省财政厅依据本办法规定，会同省交通运输厅分别制定重大专项资金管理和债务收支管理实施细则。

市县财政部门可以依据本办法规定，会同同级交通运输部门制定实施细则。

第三十五条 本办法自公布之日起施行。

省财政厅、省交通厅印发的《浙江省省级交通规费资金拨付使用管理暂行办法》(浙财建字〔2004〕73 号)同时废止。

第三十六条 本办法由省财政厅、省交通运输厅负责解释。

浙江省财政厅
关于将按预算外资金管理的收入纳入预算管理的通知

2010 年 11 月 12 日　浙财预〔2010〕24 号

省级各部门、单位，各市、县(市)财政局(宁波不发)：

为贯彻落实全国人大、国务院有关规定，根据财政部《关于将按预算外资金管理的收入纳入预算管理的通知》(财预〔2010〕88 号)精神，从 2011 年 1 月 1 日起，将按预算外资金管理的收入(不含教育收费，以下简称预算外收入)全部纳入预算管理。现结合我省实际，将有关事宜通知如下：

一、预算管理方式

自 2011 年 1 月 1 日起，各部门、各单位(以下简称各部门)的教育收费(包括目前在财政专户管理的幼儿园保育费、代管费，义务教育住宿费，成人教育收费，高中以上学费、住宿费，高校委托培养费，党校收费，教育考试考务费，函大、电大、夜大及短训班培训费等，以下简称教育收费)作为本部门的事业收入，纳入财政专户管理，收缴比照政府非税收入收缴管理制度执行。

事业单位国有资产出租收入、对外投资收益纳入财政专户管理，收缴比照政府非税收入收缴管理制度执行。

各部门预算外收入(含以前年度欠缴、未缴财政专户的资金)全部上缴同级国库，支出通过一般预算、政府性基金预算或国有资本经营预算安排。根据各项收入的性质，纳入预算管理的具体方式如下：

(一)交通部门的货物港务费、旅客港务费、“四自”航道通行费(限于政府投资)、引航移泊费、交通船闸过闸费(限于政府投资的船闸)、公路路产赔(补)偿费等专款专用性质的收费收入纳入政府性基金预算管理。

(二)水利部门的占用水域补偿费、滩涂围垦资源使用费、钱塘江辖区内河道取土管理费、水利船舶过闸费(限于政府投资的船闸)，海洋渔业部门的渔港费收、渔业资源赔偿费，文化部门的文物考古、勘探发掘费，建设部门的风景名胜区维护管理费、城市易地绿化补偿费、集镇配套设施建设费、超计划超定额用水加价费、城市“四自”工程车辆通行费，国土部门的采矿权拍卖所得、探矿权出让所得等资源补偿性收入或有专门用途的收费收入纳入政府性基金预算管理。

(三)各部门收取的主管部门集中收入、行政事业单位国有资产处置收入及行政单位国有资产出租收入、广告收入、捐赠收入、回收资金、国库利息收入等纳入一般预算管理。

(四)国有资本经营收入按《政府收支分类科目》分别纳入一般预算和国有资本经营预算管理。

二、收入预算级次和支出安排原则

预算外收入纳入预算管理后，收入预算级次保持不变。市县上缴省级的分成收入，先上缴省级财政结算账户，再由该账户缴入省级国库。省级直接征收的需要与市县结算的政府非税收入，先缴入省级财政结算账户，清算后通过该账户结算返还至市县财政结算账户，再由各市县财政分别缴入当地国库。需要与中央结算的政府非税收入通过省级财政结算账户上缴中央。国家另有规定的除外。

财政部门要及时核拨预算资金，保障相关部门的正常运转经费和相关事业开支。纳入政府性基金预算的，执收单位所需支出按政府性基金方式管理。纳入一般预算的，原执收单位为财政补助事业单位的，支出由同级财政安排；原执收单位为经费自理事业单位的，由同级财政通过安排其上级主管部门相关项目支出解决。

教育收费、事业单位国有资产出租收入和对外投资收益的资金拨付，由财政部门根据部门预算和用款申请，按国库集中支付制度规定从财政专户中拨付清算。

三、2011 年政府收支分类科目修订

全部预算外收入纳入预算管理后，相应修订《2011 年政府收支分类科目》，取消全部预算外收支科目，具体修订情况如下：

（一）收入分类

1. 删除下列收入科目

（1）10304 款“行政事业性收费收入”所有项级科目下的 99 目“其他缴入财政专户的××行政事业性收费”和 103044467 目“农科院研究生院研究生培养费”。

（2）11006 款“预算外转移收入”及其下的 01 项“预算外补助收入”和 02 项“预算外上解收入”。

（3）1100804 项“预算外上年结余收入”。

（4）1101003 项“调入预算外资金”。

2. 增设有关收入科目

（1）增设 1030170 项“长江口航道维护收入”，科目说明为“中央收入科目。反映交通运输部集中的航道维护收入”。

（2）在 1030299 项“其他专项收入”下增设 01 目“广告收入”、99 目“其他专项收入”，科目说明统一为“中央与地方共用收入科目”。

（3）在 10304 款“行政事业性收费收入”下除教育、党校外的其他项级科目下新增 71 目“教育收费”，科目说明为“中央与地方共用收入科目，反映缴入财政专户、实行专项管理的高中以上学费、住宿费，高校委托培养费，函大、电大、夜大及短训班培训费等教育收费”。

（4）在 10304 款“行政事业性收费收入”下我省增设以下政府非税收入科目：

收入科目编码	收入科目名称
103040194	非机动车辆补牌证费
103040195	戒毒人员戒毒费
103040196	被收容教育人员生活费
103040198	《杭州机场控制区通行证》工本费
103040398	基层法律服务工作者执业资格考试费
103040798	会计电算化初级知识考试收费
103041198	独生子女病残儿鉴定费
103041697	条形码检测费
103041698	棉花品级实物标准收费
103041798	印刷经营许可证工本费
103042697	借书证遗失补证工本费
103042698	借书证年度注册费
103042794	普通高校招生体检费
103042795	招生电子档案制作费
103042796	幼儿园保育费、代管费
103042797	义务教育住宿费
103042898	专利纠纷案件收费
103042998	水上救生员上岗考试收费
103043098	行政事业收费年审费
103043198	统计从业资格考试费
103043396	建设系统考试注册收费
103043698	旅行社经理资格认证考试费
103044294	船名牌工本费
103044295	驾驶培训教练员证工本费
103044296	道路运输经营及相关业务经营许可证工本费
103044297	车辆营运证工本费
103044298	营运驾驶员从业资格考试
103044793	药品包装材料检验费
103044794	机动车驾驶员体检费
103044795	职业病诊断费
103044796	职业病鉴定费
103044797	干部职工健康体检费
103044798	医疗仪器质量检测费
103045096	人事考试考务费
103045097	职工伤残医务劳动鉴定费
103045098	医疗保险 IC 卡遗失补发工本费
103049995	政府采购招标文件制作工本费
103049996	农产品及药肥测试推广费
103049997	农产品及药肥测试鉴定费
103049998	评审推荐费

3. 修改部分科目的说明，将预算外专户收入科目全部调整为一般预算科目。

（1）删除以下科目说明中“一般预算和预算外专户收入科目，根据具体文件确定”的内容：

1030705 项“利息收入”下的 02 目“财政专户存款利息收入”、03 目“有价证券利息收入”、99 目“其他利息收入”，1030706 项“非经营性国有资产收入”，1030707 项“出租车经营权有偿出让和转让收入”，1030799 项“其他国有资源（资产）有偿使用收入”，1039901 项“捐赠收入”及其下的 03 目“汶川地震捐赠收入”，1039999 项“其他收入”。

（2）删除以下科目说明中“预算外专户收入”的内容：1039904项“主管部门集中收入”、1039905 项“国际赠款有偿使

用费收入”、1039906 项“乡镇统筹和自筹收入”。

(3)将 1039910 项“彩票发行机构和彩票销售机构的业务费用”的科目说明调整为“中央与地方共用事业收入科目。反映缴入财政专户的彩票发行机构和彩票销售机构上缴财政的业务费用”。

(4)将 10304 款“行政事业性收费收入”的科目说明调整为“中央与地方共用收入科目。反映依据法律、行政法规、国务院有关规定、国务院财政部门会同价格主管部门共同发布的规章或者规定以及省、自治区、直辖市的地方性法规、政府规章或者规定,省、自治区、直辖市人民政府财政部门会同价格主管部门共同发布的规定所收取的各项收费收入”。

(5)将 11010 款“地震灾后恢复重建调入资金”的科目说明调整为“反映因汶川地震灾后恢复重建调入一般预算的预算稳定调节基金等”。

(二)支出分类

1. 删除下列支出科目

(1)23006 款“预算外转移支出”及其下的 01 项“预算外补助支出”和 02 项“预算外上解支出”。

(2)2300904 项“预算外年终结余”。

2. 增设 2140191 项“长江口航道维护支出”,科目说明为“反映用交通运输部集中的长江口航道维护收入安排的支出”。

3. 修改 22102 款“住房改革支出”的科目说明,删除“预算外资金”的内容。

四、其他事项

(一)各部门应抓紧清理目前仍作为预算外资金管理的各项收入。2011 年 1 月 1 日以后发生的以前年度超缴、欠缴、漏缴的各项收入,按修订后的科目办理清退和补缴手续。

(二)各执收单位要继续严格按照规定及时足额征收各项收入,除国家另有规定外,不得擅自减免、不收、缓收、少收或截留、挤占、挪用。

浙江省财政厅 浙江省海洋与渔业局
浙江省标准渔港建设专项资金管理办法

2010 年 12 月 3 日　浙财农〔2010〕535 号

第一章　总　则

第一条 根据省政府关于加快标准渔港建设的有关要求和省财政农业专项资金管理相关规定,为加强标准渔港建设专项资金管理,特制定本办法。

第二条 标准渔港建设的责任主体是渔港所在地市、县(市、区)政府。各地要落实渔港建设专项资金,列入当地财政预算,保证资金足额到位,及时按进度拨款。

省财政设立标准渔港建设补助资金(以下简称省补助资金),支持全省标准渔港建设。

第三条 标准渔港建设项目执行基本建设有关财务、会计管理制度。各地要严格按照《浙江省政府投资项目管理办法》、省财政厅《转发财政部关于印发〈基本建设财务管理规定〉的通知》(浙财建字〔2003〕2 号),加强标准渔港建设项目的管理。

第四条 各地要创新渔港建设管理机制,实行渔港建设业主负责制,促进渔港的建设、管理和维护,充分发挥标准渔港效益。

第五条 各级财政、海洋与渔业主管部门要密切配合,各司其职,按照专款专用、专账核算、专人管理的原则,共同做好标准渔港建设专项资金的管理工作,并监督建设单位按规定使用资金。

第二章　补助对象、范围和标准

第六条 省补助资金的补助对象为列入省标准渔港规划近期目标的新立项建设的标准渔港。

第七条 省补助资金的补助范围为防波堤、护岸、码头和包括港池航道疏浚、道路、系泊、消防、监控、通讯、导航、测报及监管设施等公益性基础设施建设。

第八条 标准渔港建设资金实行“分级承担、分类补助”。

一、二类渔港建设项目的省补助资金,以经省财政项目预算审核中心审核的工程概算中符合本办法第七条规定的建设内容作为计算依据,一类渔港(一级渔港、中心渔港)建设项目市、县(市、区)投入 60%,省级以上补助 40%(欠发达县市和海岛县市投入 30%,省级以上补助 70%);二类渔港(二、三级渔港)建设项目市、县(市、区)投入 70%,省级以上补助 30%(欠发达县市和海岛县市投入 40%,省级以上补助 60%)。

三类渔港(三级以下渔港及避风岙口)建设项目,以经省财政项目预算审核中心审核的竣工决算中符合本办法第七条规定的建设内容为计算依据,由省财政按 25%的比例“以奖代补”(欠发达县市和海岛县市,省级以上补助 40%)。

第九条 为鼓励各地积极申报中央补助项目,对 2011 年以后中央立项的符合省标准渔港建设规划的渔港项目,省财政酌情给予奖励。渔港等级如有变化,以中央批准文件为准。

第三章　省补助资金的申报和拨付

第十条 一类、二类渔港建设项目的省补助资金，由当地财政、海洋与渔业主管部门联合采用《财政农业专项资金标准文本》向省财政厅、省海洋与渔业局申报，申报文件需附工程初步设计或工可批准文件。

列入省财政补助的一、二类渔港建设项目采用资金预拨方式，具体为：已经省财政项目预算审核中心审定的渔港项目，可预拨省补助金额的90%，余额在工程完工并通过竣工决算审计后拨付。工程初步设计已批准，但未经审核的项目，最多可预拨计划补助金额的75%；项目工程已批准，最多可预拨省补助金额的50%，上述项目经省财政项目预算审核中心审核后，再预拨省补资金到90%，余额在工程完工并通过竣工决算审计后拨付。

第十一条 三类渔港建设项目的省补助资金，由当地财政、海洋与渔业主管部门在工程建设完工并经省财政项目预算审核中心审核后，联合向省财政厅、省海洋与渔业局申报。

申报文件需附省财政项目预算审核中心的竣工决算审核意见。

三类渔港建设项目，列入省补助资金计划后一次性拨付。

第十二条 各地申报的渔港建设项目经省财政厅、省海洋与渔业局审批后列入省补助资金计划。

第四章　监督检查

第十三条 各市、县（市、区）财政局要切实履行职责，加强对补助资金的监管，按项目进度拨付补助资金，确保项目按计划实施。

第十四条 各项目单位应按照标准渔港分年度建设计划认真组织项目实施，确保完成计划任务。除自然灾害等不可抗力因素外，对不能按期完工的渔港项目，将扣减5%的省补助资金。

第十五条 各地必须严格按本办法第七条的规定使用省补助资金，严禁任何单位和部门截留、挤占、挪用省补助资金。

第十六条 省财政厅、省海洋与渔业局将不定期对标准渔港建设专项资金使用情况进行检查。对违反规定的将依照《财政违法行为处罚处分条例》和相关法律法规进行查处。

第十七条 发现项目单位有下列情形之一的，财政部门可以暂缓或停止拨款：

1. 财务机构不健全，会计核算不规范；
2. 变更建设内容未按规定程序报批；
3. 自筹资金不落实；
4. 拒不接受财政部门或海洋与渔业主管部门监督检查。

第十八条 标准渔港建设项目完工后，所在地海洋与渔业主管部门和财政部门应按照《浙江省财政支出绩效评价实施办法》的有关要求共同组织绩效评价，并向省海洋与渔业局和省财政厅报送《浙江省财政支出项目绩效评价报告》。

第五章　资产管理

第十九条 项目通过竣工验收后，建设单位必须及时办理资产移交和产权登记手续。

对项目建设形成的固定资产，未经项目原审批机关及国有资产管理部门审批同意，任何单位不得随意变更用途或擅自处理。

第二十条 建设、经营、管理单位要严格按照国有资产管理的有关规定，完善管理制度，落实管理人员，管好用好渔港设施，充分发挥渔港各项功能。

第六章　附　则

第二十一条 各有关市、县（市、区）财政、海洋与渔业主管部门应根据本办法，结合当地具体情况制定标准渔港建设资金管理制度，并报省财政厅、省海洋与渔业局备案。

第二十二条 本办法自2010年10月1日起施行。原《浙江省标准渔港建设专项资金管理办法》（浙财农字〔2007〕199号）同时废止。

平阳县财政支持滨海经济建设

浙江省财政厅
浙江省省级行政事业单位国有资产收入收缴管理暂行办法

2010年12月15日　浙财资产〔2010〕81号

第一条 为了加强省级行政事业单位国有资产收入管理，维护国有资产权益，确保国有资产收入及时足额上缴省财政，根据《浙江省行政事业单位国有资产管理暂行办法》(浙政办发〔2009〕178号)、《浙江省省级行政事业单位国有资产处置管理暂行办法》(浙财资产〔2010〕1号)、《浙江省省级行政事业单位国有资产使用管理暂行办法》(浙财资产〔2010〕61号)以及《关于将按预算外资金管理的收入纳入预算管理的通知》(浙财预〔2010〕24号)等有关规定，制定本办法。

第二条 本办法所称行政事业单位是指省级党的机关、人大机关、行政机关、政协机关、审判机关、检察机关、各民主党派机关、参照公务员法管理的事业单位和社会团体(以下统称行政单位)和其他各类事业单位(以下统称事业单位)。

第三条 本办法所称国有资产收入包括：

(一)资产处置收入。是指行政事业单位在出售、出让、转让、置换、报废报损等处置国有资产过程中获得的收入，包括：出售实物资产和无形资产的收入、置换差价收入、报废报损残值变价收入、拆迁补偿收入或赔偿收入、保险理赔收入、转让股权和土地使用权收益等。

(二)资产出租收入。指行政事业单位将其占有的国有资产出租所取得的收益。

(三)对外投资收益。指事业单位将其占有的国有资产对外投资取得的股利、红利、利润等收益。

(四)对外担保收入。指事业单位以本单位占有的国有资产对外提供担保取得的收入。

第四条 行政事业单位在处置国有资产以及利用国有资产出租、对外投资、对外担保时，应按照《浙江省省级行政事业单位国有资产处置管理暂行办法》(浙财资产〔2010〕1号)、《浙江省省级行政事业单位国有资产使用管理暂行办法》(浙财资产〔2010〕61号)的规定，办理有关审批手续。

第五条 省财政厅是国有资产收入收缴的主管机关，负责省级行政事业单位国有资产收入的收缴和监管。

第六条 行政事业单位国有资产处置收入、行政单位国有资产出租收入属于政府非税收入，纳入一般预算，实行"收支两条线"管理。

事业单位国有资产出租收入、对外投资收益、担保收入纳入财政专户管理，收缴比照政府非税收入收缴管理制度执行。

政府非税收入来源中按照国家有关规定需要依法纳税的，应当按税务部门的规定使用税务发票，并在缴纳税款后的7个工作日内，将政府非税收入全额上缴省财政。

第七条 行政事业单位按规定向省财政厅申请执收项目编码。上缴国有资产收入时，开具"浙江省政府非税收入一般缴款书(四联式)"，统一缴入浙江省财政厅政府非税收入汇缴结算账户。

第八条 行政事业单位不得自行设立国有资产收入过渡性账户。行政事业单位执收国有资产收入所发生的相关费用(资产评估费、技术鉴定费、交易手续费等)，应纳入单位预算，不得直接在国有资产收入中扣除。

第九条 实行集中处置的国有资产收入，由省级行政事业单位国有资产处置中心负责办理具体收缴手续。

第十条 国有资产收入分列以下政府收入分类科目：

行政单位国有资产出租收入，列103070601目"行政单位国有资产出租、出借收入"；

行政单位国有资产处置收入，列103070602目"行政单位国有资产处置收入"；

事业单位国有资产处置收入，列103070603目"事业单位国有资产处置收入"；

事业单位国有资产出租收入，列103070698目"事业单位国有资产出租收入"；

事业单位对外投资收益，列103070697目"事业单位对外投资收益"；

事业单位担保所得收入，列103070696目"事业单位担保所得收入"；

行政事业单位因处置土地取得的收益(包括对地上建筑物的补偿)，列1030799项"其他国有资源(资产)有偿使用收入"；因处置房产产生的收入，不区分土地收益，列"行政单位国有资产处置收入"或"事业单位国有资产处置收入"。

第十一条 行政事业单位国有资产收入及支出预算必须按照部门预算编报、审批程序执行。对年度预算执行中需要追加(减)预算的，也必须按预算追加(减)程序办理。

第十二条 行政事业单位应当建立健全国有资产收入收

缴辅助账簿，逐一记录国有资产收入收缴情况，按规定及时办理缴款手续，不得违反规定隐瞒、滞留、坐支、截留、挪用国有资产收入。不得以应收的国有资产收入直接抵顶债务，不得以发放奖金福利、承担费用等形式抵顶应上缴的国有资产收益，确保国有资产收入应收尽收、应缴尽缴，并自觉接受财政、审计、监察等部门的监督检查。

第十三条 行政事业单位于每月终了后5个工作日内，将当月和当年累计国有资产收入收缴情况，通过"浙江省省级行政事业资产管理信息系统"如实报省财政厅。

第十四条 各主管部门要切实履行职责，加强对国有资产收入监管，维护国有资产的安全完整，防止国有资产流失。

第十五条 违反本办法规定的单位和个人，按照《财政违法行为处罚处分条例》（国务院令第427号）等有关法律法规规定进行查处。

第十六条 行政事业单位占有的公有住房按现行房改政策出售、出租取得的收入，按国家有关规定执行，不执行本办法。

第十七条 执行《民间非营利组织会计制度》的社会团体和民办非企业单位占有、使用国有资产的，参照本办法执行。

与行政单位尚未脱钩的经济实体、实行企业化管理并执行企业财务会计制度的事业单位以及事业单位创办的具有法人资格的企业，由省财政厅按照企业国有资产管理的有关规定实施监督管理，不执行本办法。

第十八条 本办法自2011年1月1日起施行。此前有关行政事业单位国有资产收入管理规定与本办法相抵触的，以本办法为准。

浙江省财政厅 浙江省科学技术厅
浙江省省级科技研发和成果转化项目经费管理暂行办法

2010年12月28日　浙财教〔2010〕382号

第一章　总　则

第一条 为进一步加强省级科技研发和成果转化项目经费的管理，规范经费使用，提高使用绩效，根据财政部、科技部、国家发改委《关于印发〈民口科技重大专项资金管理暂行办法〉的通知》（财教〔2009〕218号）和省财政厅、省科技厅《关于印发〈浙江省省级科技项目经费管理暂行办法〉的通知》（浙财教字〔2002〕20号）等有关规定，制定本办法。

第二条 本办法适用于由省财政安排的科技研发和成果转化项目经费的使用和管理。

本办法所指科技经费主要是指科研院所、高等学校和企业等研究机构或经济主体在我省科技发展的重点领域，开展市场机制不能有效配置资源的基础和应用基础性研究、公益性研究和重大关键技术研究开发以及科技成果转化活动所获得的省级项目支持经费。包括自然科学基金、重大科技专项、科技成果转化工程、公益性技术应用研究、科技型中小企业创新基金、农业科技成果转化、软科学研究、钱江人才等专项资金安排的科技研发和成果转化项目。创新团队、重大平台和产业技术创新联盟运用省级财政资金实施的研发和成果转化项目，参照本办法执行。

第三条 省级科技研发和成果转化项目经费的使用和管理原则：

（一）集中财力，突出重点。科技研发和成果转化项目经费主要用于反映我省经济社会发展重大科技需求、对引领和支撑经济社会发展有重要影响、能够明显提高我省自主创新能力的科技活动的支持。

（二）分类支持，多元投入。根据科技研发和成果转化的特点和规律，省级科技项目经费分类采用分期拨款、事后补助、贷款贴息等资助方式。积极探索实践风险投资、偿还性资助等方式。充分发挥财政资金的引导作用，带动社会资金参与科技项目的实施。

（三）科学安排，合理配置。按照科技研发和成果转化项目的目标和任务，科学合理地编制和安排预算。突出企业作为技术创新的主体，突出拥有自主知识产权，突出自主创新能力培育。

（四）单独核算，专款专用。科技研发和成果转化项目经费应当纳入单位财务统一管理，专账核算，确保专款专用。专项经费管理和使用要建立面向结果的追踪问效机制。

第四条 科技研发和成果转化项目经费实行国库集中支付制度。省级预算单位科技项目经费由省财政核定后直接拨付，非省级预算单位科技项目经费由省财政核定至省科技行政部门，再由省科技行政部门按照国库集中支付相关规定拨付。需实行政府采购的项目经费按省级政府采购资金拨付程序办理。

第二章　分期拨款及开支范围

第五条 对由高等学校、科研院所承担的，处于研发阶段，实施不能直接取得经济效益的项目，一般以分期拨款方式予以支持,在项目立项后拨付补助总经费的60%,通过中期检查后再拨付40%。补助资金低于30万元(含30万元)的,可视项目实际情况实行一次性补助。

第六条 分期拨款项目经费包括在项目组织实施过程中与研究开发活动相关的直接费用和间接费用。

第七条 直接费用是指在项目组织实施过程中与研究开发活动直接相关的、由专项补助经费支付的各种费用,包括设备费、材料费、测试化验加工费、燃料动力费、差旅费、会议费、合作协作研究与交流费、出版/文献/信息传播/知识产权事务费、劳务费、专家咨询费等。

(一)设备费:是指项目研究过程中购置或试制专用仪器设备,对现有仪器设备进行升级改造,以及租赁和使用外单位仪器设备而发生的费用。

(二)材料费:是指项目研究过程中消耗的各种原材料、辅助材料等低值易耗品的采购及运输、装卸、整理等费用。

(三)测试化验加工费:是指项目研究过程中支付给外单位(包括项目承担单位内部独立经济核算单位)的检验、测试、化验及加工等费用。

(四)燃料动力费:是指项目研究过程中相关大型仪器设备、专用科学装置等运行发生的可以单独计量的水、电、气、燃料消耗费用等。

(五)差旅费:是指项目研究过程中开展科学实验(试验)、科学考察、业务调研、学术交流等所发生的外埠差旅费、交通费用等。差旅费的开支标准应当按照有关规定执行。

(六)会议费:是指项目研究过程中为组织开展学术研讨、咨询等活动发生的会议费用。项目承担单位应当按照有关规定,严格控制会议规模、会议数量、会期和会议开支标准。

(七)合作协作研究与交流费:是指项目研究过程中支付给国际、国内合作协作科研机构的费用。项目研究人员出国及外国专家来华工作的费用。国际合作与交流费由项目承担单位统一管理,应当严格执行国家和省外事经费管理的有关规定。

(八)出版/文献/信息传播/知识产权事务费:是指项目研究过程中,需要支付的出版费、资料费、专用软件购买费、文献检索费、专业通信费、专利申请和购买(许可)及其他知识产权事务等费用。

(九)劳务费:是指项目研究过程中支付给直接参加项目研究人员中没有工资性收入的相关人员和临时聘用人员等劳务性费用。项目承担单位聘用的参与项目研究任务的优秀高校毕业生在聘用期内所需的劳务性费用,可以在劳务费中列支。

(十)专家咨询费:是指项目研究过程中支付给临时聘请的咨询专家的费用。专家咨询费不得支付给参与项目管理的工作人员。

以会议形式组织的咨询,专家咨询费的开支参照以下标准执行:具有或相当于高级专业技术职称人员第1、2天为500~800元/人天,第3天及以后为300~400元/人天;其他专业技术人员第1、2天为300~500元/人天,第3天及以后为200~300元/人天。以通信形式组织的咨询,专家咨询费的开支参照以下标准执行:具有或相当于高级专业技术职称人员60~100元/人次,其他专业技术人员40~80元/人次。

第八条 间接费用是指在项目组织实施过程中无法在直接费用中列支的相关费用,包括管理费用和用于科研人员的激励费用。间接费用一般不超过直接费用扣除设备购置费的16%。其中用于科研人员激励的相关支出一般不超过直接费用扣除设备购置费的8%。

管理费用主要包括承担单位为项目实施提供现有仪器设备和房屋,日常水电气暖消耗和其他有关管理费用的补助支出,参照国家有关科技项目经费管理办法,按分段超额累退比例法核定,按实列支。核定比例如下:

项目财政补助经费预算在100万元及以下的部分按照8%的比例核定;

超过100万元至500万元的部分按照5%的比例核定;

超过500万元至1000万元的部分按照2%的比例核定;

超过1000万元的部分按照1%的比例核定。

项目管理费实行总额控制,由项目承担单位管理和使用,不得以提代支。

用于科研人员的激励费用,应当在对科研人员进行绩效考核的基础上,结合科研实绩,由所在单位根据国家和我省津补贴有关规定统筹安排。

第九条 在项目研究开发和成果转化过程中发生的除上述费用之外的其他支出,应当在预算申请时单独列示,单独核定。

第十条 申请分期拨款的项目,承担单位应当在项目立项前分期编制经费预算。编制要求是:

(一)应当根据项目研究的合理需要,坚持目标相关性、政策相符性和经济合理性原则。

(二)完整编制经费来源预算与经费支出预算。经费来源预算除申请专项财政经费外,有自筹经费来源的,应当提供出资证明及其他相关财务资料。经费支出预算应当对各项支出的主要用途和测算理由等进行详细说明。

(三)有多个单位共同承担一个项目的,应当由项目负责人协调其他承担或参加单位共同编制预算。

(四)编制项目预算时,应当同时申明项目承担单位的现有组织实施条件和资源,以及从单位外部可能获得的共享服务。同时应当针对项目实施预期形成的科技资源和成果，提出社会共享的方案。

第十一条 按照《浙江省科技计划项目经费预算评审办法(试行)》规定，由省财政厅和省科技厅共同组织专家对申请财政补助50万元(含)以上的项目进行预算评审，出具项目预算审核报告。

省级财政部门、科技行政部门根据预算审核报告和项目公益性程度，核定每个项目的财政补助经费。

第十二条 省科技厅根据我省急需实施项目的需要，必要时可以简化经费预算评审程序，但经费预算须报省财政厅确认。

第三章 事后补助和贷款贴息

第十三条 对由企业为主承担的，预期能取得直接经济效益的成果转化和产业化项目，原则上以事后补助方式予以支持。尚无实力自筹资金投入成果转化活动的初创期和成长期科技型中小企业承担的项目、企业牵头承担的会商项目和支持重点块状经济转型升级项目可采取分期拨款的支持方式。

企业先行利用自有资金投入成果转化产业化活动、并符合省科技创新导向和立项要求的，视企业创新成果情况，省财政科技资金按不高于企业自行研发投入的15%予以一次性补助。事后补助资金允许全额核销企业当年研究开发费支出，或用于后续项目的研究开发。

第十四条 事后补助项目应当在项目完成后，编制项目经费决算书，报告企业研发投入和创新成果情况。

企业研发投入是指企业在该项目执行期内发生的用于研究开发的各项费用。编制决算时可参照国家税务总局关于《企业研究开发费税前扣除管理办法》(国税发〔2008〕116号)规定的企业研发投入范围执行。企业创新成果是指企业开展成果转化产业化活动即项目实施的效果。

第十五条 由省科技厅委托会计师事务所对企业自行申报的研发投入进行审计，并结合项目验收，组织财务专家和技术专家，对企业申报的研发投入进行审核。省财政厅与省科技厅根据专业机构和专家出具的审核报告，核定每个项目的财政补助经费。

第十六条 对由企业为主承担的，利用银行贷款实施科技成果转化和产业化的项目，主要采取贷款贴息的方式给予支持。贷款贴息补助一般按不高于项目实施期实际发生利息的50%，贴息时间不超过3年。贷款贴息补助允许企业弥补已经支付给银行的贷款利息，直接冲转财务费用。

第十七条 贷款贴息项目由企业在项目实施完成后，根据项目实施期与银行签订的科技专项贷款合同、银行实际贷款额和利息支付凭证，提出贷款项目贴息补助申请。

由省科技厅委托会计师事务所对企业自行申报的贷款和利息支付情况进行审计，并结合项目验收，组织财务专家和技术专家，对项目实施相关的利息支出进行审核。由省财政厅和省科技厅根据专业机构和专家出具的审核报告，核定财政补助经费。

第十八条 积极探索与风险投资、科技担保等相结合的资助方式，引导社会资金进入科技领域。

第四章 支出管理

第十九条 项目立项实施后，项目承担单位应当对项目经费支出单独列账，单独核算。

在项目经费财务审计中，会计师事务所应当对此进行重点审查和明示。对未进行单独建账、独立核算的分期拨款项目，给予项目承担单位和项目负责人不良科研信用记录；未进行单独建账、独立核算的事后补助和贷款贴息项目，一般不予核定财政补助资金。

第二十条 科技项目经费必须专款专用。分期拨款经费的开支范围应当按照本办法第七条和第八条规定执行，不得超范围使用，也不得将经费用于与项目实施无关的支出。与项目研究活动相关的必要支出，也要勤俭节约，严格执行有关的开支标准。

第二十一条 各项目承担单位应当严格按照经批准的项目预算和合同约定支出相关费用。分期拨款项目一般在实施过程中不作调整。

由于项目研究目标、重大技术路线或主要研究内容调整以及不可抗力造成意外损失等原因，对项目经费预算造成较大影响的，可以允许调整。调整幅度超过10%的，应当按原程序上报省科技厅批准后执行；调整幅度不足10%的，需在项目结题报告中详细说明调整理由，并在项目验收时予以确认。事后补助和贷款贴息项目自有资金投入预算可自行调整。

第二十二条 项目结束后，项目承担单位应当在3个月内对项目经费的使用情况进行财务决算。尚未实行国库支付的项目承担单位，结余经费可以留存单位用于补助科研发展支出，由项目承担单位根据科研活动需要进行统一管理和使用，但不得用于与科研创新活动无关的支出。

第二十三条 由于技术路线选择失误、产业政策变化、项目主要负责人调离和其他不可抗力等客观原因造成项目实施失败或不能继续实施的，或由于技术迅速发展造成项目继续实施无意义或意义不大的，可以及时中止实施，剩余资金按原渠道退回。

由于违反财经纪律、违规使用财政资金情节严重，被勒令中止实施的项目，全额追回财政补助资金。

第二十四条 承诺提供配套资金和自筹资金的项目，项目承担单位应当履行合同的约定，各有关单位应当及时足额提供配套资金，落实自筹资金，以保障项目正常实施。配套资金和自筹资金应当与财政补助资金一并纳入项目预算，统一管理、核算和审计。

配套资金、自筹资金一般以货币资金形式投入。

第二十五条 建立与会计年度和国库集中支付制度相适应的科技项目立项制度。由科技行政部门提前收集项目源并进行立项审核进入项目库，提前进行项目储备，在人代会和财政部门批复预算后尽早组织预算执行和项目实施。科研项目经费预算应当以年度为单位，分期预算。实施期较长的项目，需编制滚动预算分年实施。鼓励项目立项后，利用自有资金、配套资金先行启动实施，次年安排拨款的方式，提高财政补助资金的使用绩效。

第二十六条 项目形成的知识产权等无形资产的归属，有合同约定的，按合同约定执行，没有合同约定的，按现行有关法律、法规的规定执行。

行政事业单位在项目实施过程中形成的固定资产属国有资产，一般由项目承担单位进行使用和管理，在保障单位合法权益的基础上，按照国家有关规定开放共享，提高使用效率，必要时政府可进行调配。企业在项目实施过程中使用财政资金形成的固定资产，按照《企业财务通则》等相关规章制度执行。

第五章 监督与检查

第二十七条 实行项目验收财务审计制度。补助总额在50万元（含）以上的，由省科技厅委托第三方会计师事务所进行审计；总额在20万元（含）以上，项目承担单位有内审机构的，可以由内审机构进行审计，没有内审机构的，由省科技厅委托第三方会计师事务所进行审计；总额在20万元以下的，应当由项目承担单位财务部门编制决算书。

第二十八条 建立经费使用监督检查制度。各级财政部门、科技行政部门和有关主管部门要加强对本地和本部门所归口的省级科技项目经费使用情况的监督，进行定期或不定期的检查，及时发现问题，提出整改意见，以保证科技项目经费使用的合规性。

第二十九条 项目执行过程中，项目承担单位和项目负责人应当在项目中期评估自查时，对照科技项目合同约定如实报告项目研究经费的使用和结余情况。

分期拨款项目首期经费使用未超过80%的，后期经费暂缓拨款。如存在经费违规使用问题或结余资金较大的，省科技厅可根据中期检查或评估结果，调减项目经费预算。

第三十条 建立经费绩效考评与追踪问效制度。省财政厅和省科技厅对项目责任人和项目依托单位进行监督检查和绩效考评。考评结果作为以后年度立项的重要依据。

第三十一条 建立经费使用监督约束机制。项目承担单位应做到审批手续完备，账目清楚，内容真实，核算准确，确保资金的规范和合理使用。

第三十二条 建立科技项目信用管理制度。由省科技厅按照《浙江省科技计划信用管理和科研不端行为处理办法》，建立科研诚信数据库，从项目申报、评审、实施到结题验收全过程，对项目执行者、评价者和管理者实行信用管理。对于弄虚作假、截留、挪用、挤占项目经费等违反财经纪律的行为，按照有关规定，视情节轻重，对项目责任人和项目承担单位，给予通报批评、停止拨款、追回经费、终止项目、取消项目资助资格等处理，项目负责人在两年内不得申报省级和国家科技计划项目。

第六章 附 则

第三十三条 本办法自下发之日后1个月起实施。以往有关规定与本办法不一致的，按本办法执行。此前已签订合同或省财政厅已下文补助经费的省级科技项目仍按原有办法、规定执行。

第三十四条 本办法仅适用于由省财政科技专项经费支持的省级科技研发和成果转化项目。国家各类科技计划项目按国家相关管理办法执行。市、县（市、区）科技项目经费的管理可参照本办法执行。

第三十五条 本办法由省财政厅和省科技厅负责解释。

浙江省财政厅 浙江省环境保护厅
浙江省排污权有偿使用收入和排污权
储备资金管理暂行办法

2010年12月30日 浙财综〔2010〕143号

第一条 为顺利推进我省排污权有偿使用和交易试点工作开展，切实加强和规范排污权有偿使用收入和排污权储备资金管理，根据省政府《关于开展排污权有偿使用和交易试点工作的指导意见》（浙政发〔2009〕47号）和省政府办公厅《关于印发浙江省排污权有偿使用和交易试点工作暂行办法的通知》（浙政办发〔2010〕132号）等有关规定，制定本办法。

第二条 本办法所称排污权有偿使用收入包括初始排污权有偿使用费和政府储备排污权出让收入。初始排污权有偿使用费，是指在区域主要污染物排放总量控制的前提下，排污单位依法取得初始排污权指标并按规定缴纳的费用。政府储备排污权出让收入，是指政府储备的排污权指标，以公开拍卖、挂牌和协议等方式出让给排污单位所取得的收入。

本办法所称排污权储备资金，是指各级财政安排用于收储排污权的专项资金。

第三条 排污权有偿使用收入属于国有资源类政府非税收入，资金全额上缴财政，纳入政府性基金预算管理。

第四条 初始排污权有偿使用费由县级以上财政部门负责征收管理，同级环境保护行政主管部门负责执收。

第五条 初始排污权有偿使用费的征收对象，是指我省实施排污权有偿使用和交易试点范围内，按排污许可证要求实施主要污染物排放总量控制的工业排污单位（以下简称排污企业）。

第六条 总装机容量30万千瓦以上燃煤发电企业的初始排污权有偿使用费，由省环境保护行政主管部门委托省排污权交易中心代为执收。其他排污企业的初始排污权有偿使用费，根据管理权限由县级以上环境保护行政主管部门委托相应负责排污权交易业务的机构代为执收。

政府储备排污权出让收入，由县级以上环境保护行政主管部门委托相应负责排污权交易业务的机构代为执收。

第七条 为加强对排污权交易市场的调控，确保重点建设项目的需要，排污权有偿使用和交易试点地区可安排一定数量的排污权储备资金，专项用于政府对排污权（包括排污企业未用尽的排污权指标以及排污单位因破产、注销、吊销、责令停产等原因腾出的排污权指标）的收储和调控等。

第八条 排污权交易机构的工作经费，纳入同级财政部门预算。

第九条 依法取得初始排污权指标的排污企业，应持环境保护行政主管部门开具的《初始排污权有偿使用费缴款核定通知单》（样式附后，以下简称《通知单》），按照本省政府非税收入收缴管理有关规定办理初始排污权有偿使用费缴纳事宜。

通过公开拍卖、挂牌和协议等方式受让政府储备的排污权指标的排污企业，应在排污权交易合同生效之日起七个工作日内如数缴纳政府储备排污权出让收入。

第十条 排污权交易机构执收或收取排污权有偿使用收入，应向排污企业开具由省财政厅统一监制的《浙江省政府非税收入一般缴款书》（以下简称《缴款书》）。同城缴纳排污权有偿使用收入的排污企业，应按《通知单》或排污权交易合同规定的内容，持有关排污权交易机构开具的《缴款书》将资金及时、足额上缴财政。

异地缴纳排污权有偿使用收入的排污企业，应按《通知单》或排污权交易合同规定的内容，通过银行汇兑结算方式将资金上缴财政。排污企业缴讫排污权有偿使用收入后，有关排污权交易机构应在两个工作日内及时补开《缴款书》确认收入。

第十一条 排污企业向环境保护行政主管部门提交的排污许可证年度书面核查报告中，应一并提交《缴款书》收据联复印件。

排污企业进行排污权交易的，应按规定缴纳排污许可证期限内的初始排污权有偿使用费。

第十二条 排污企业缴纳初始排污权有偿使用费，不免除其缴纳排污费的义务。

第十三条 排污权有偿使用收入，列政府收支分类科目“非税收入”类“政府性基金收入”款“其他政府性基金收入”项。

第十四条 排污权有偿使用收入专项用于：

（一）排污权交易平台建设及运行维护；

（二）排污权指标核定工作及排污权交易技术应用研究；

（三）排污权储备资金；

（四）主要污染物排放总量监测监控技术研究和设施建设；

（五）省财政、环保部门确定的用于污染减排工程建设、重点污染源治理以及生态环境保护等方面的支出；

（六）其他法律、法规规定的使用范围。

第十五条 排污权有偿使用收入安排的支出，列政府收支分类科目政府性基金支出科目“其他支出”类“其他政府性基金支出”款。

第十六条 排污权交易机构应自觉接受财政、环保、价格、审计等部门对排污权有偿使用收入征收行为和排污权交易行为的监督检查，确保资金及时足额收缴。

第十七条 排污权有偿使用收入征收过程中的违法违规行为，按照《财政违法行为处罚处分条例》（国务院令第427号）等有关法律、法规进行查处。涉嫌犯罪的，移交司法机关依法处理。

第十八条 各市、县（市）财政部门可会同同级环境保护部门，结合各地实际，制定实施细则，并报省财政厅、省环保厅备案。

第十九条 本办法自印发之日起施行。

2010年财政规章及相关规范性文件目录

序号	文件名称	发文单位	文号	发布日期
1	关于试行社会保险基金预算的意见	国务院	国发〔2010〕2号	2月4日
2	关于统筹推进新一轮“菜篮子”工程建设的意见	国务院	国办发〔2010〕18号	4月14日
3	关于进一步做好利用外资工作的若干意见	国务院办公厅	国发〔2010〕9号	5月4日
4	关于做好农村最低生活保障制度和扶贫开发政策有效衔接扩大试点工作意见的通知	国务院办公厅	国办发〔2010〕31号	5月28日
5	关于进一步加强村级会计委托代理服务工作指导意见的通知	财政部	财会〔2010〕4号	2月24日
6	关于印发《利用住房公积金发放保障性住房建设贷款财务管理办法》的通知	财政部	财综〔2010〕12号	3月15日
7	关于印发《切实加强乡镇财政资金监管工作的指导意见》的通知	财政部	财预〔2010〕33号	3月19日
8	关于地方财政部门积极做好融资性担保业务相关管理工作的意见	财政部	财金〔2010〕23号	3月30日
9	关于清理规范涉企行政事业性收费的通知	财政部	财综〔2010〕32号	5月25日
10	关于切实做好治理教育乱收费工作的通知	财政部	财综〔2010〕37号	5月27日
11	关于浙江省大中型水库库区基金征收使用管理实施细则的批复	财政部	财综〔2010〕43号	6月9日
12	关于进一步加强注册会计师行业行政监督工作的意见	财政部	财监〔2010〕50号	6月9日
13	关于印发《中小企业国际市场开拓资金管理办法》的通知	财政部	财企〔2010〕87号	6月12日
14	关于进一步做好农业保险保费补贴工作有关事项的通知	财政部	财金〔2010〕54号	6月12日
15	关于印发《关于开展强农惠农资金专项清理和检查工作的实施意见》的通知	财政部	财农〔2010〕176号	6月17日
16	关于印发《地方特色产业中小企业发展资金管理暂行办法》的通知	财政部	财企〔2010〕103号	6月22日
17	关于印发《无居民海岛使用金征收使用管理办法》的通知	财政部	财综〔2010〕44号	6月23日
18	关于切实加强县乡财政监督检查工作的通知	财政部	财监〔2010〕58号	6月30日
19	关于进一步规范中央直属高等院校财政票据使用管理的通知	财政部	财综〔2010〕53号	7月5日
20	关于印发《中央补助城市棚户区改造专项资金管理办法》的通知	财政部	财综〔2010〕46号	7月7日
21	关于做好强农惠农资金专项清理有关工作的通知	财政部	财农〔2010〕269号	7月8日
22	关于对玉树地震重灾区学生实施特别资助政策的通知	财政部	财教〔2010〕191号	7月13日

（续表一）

序号	文件名称	发文单位	文号	发布日期
23	关于进一步做好地方财政教科文预算执行工作的通知	财政部	财教〔2010〕197 号	7 月 16 日
24	关于印发《中央补助公共租赁住房专项资金管理办法》的通知	财政部	财综〔2010〕50 号	7 月 19 日
25	关于加强国有及国有控股金融企业境外资产和财务管理有关问题的通知	财政部	财金〔2010〕81 号	7 月 21 日
26	关于进一步规范和加强中央级事业单位国有资产管理有关问题的通知	财政部	财教〔2010〕200 号	7 月 27 日
27	关于印发《农业综合开发资金若干投入比例的规定》的通知	财政部	财发〔2010〕46 号	9 月 6 日
28	关于确定乡镇财政资金监管工作直接联系点的通知	财政部办公厅	财办预〔2010〕15 号	4 月 6 日
29	中共浙江省委关于加大统筹城乡发展力度加快农业农村发展的若干意见	中共浙江省委	浙委〔2010〕34 号	4 月 1 日
30	中共浙江省委关于推进生态文明建设的决定	中共浙江省委	浙委〔2010〕64 号	6 月 30 日
31	关于加快推进产业集聚区建设的若干意见	浙江省委办公厅	浙委办〔2010〕74 号	7 月 21 日
32	浙江省政府非税收入管理条例	浙江省人民代表大会常务委员会	第 62 号	12 月 16 日
33	关于进一步加强城市住房保障促进房地产业平稳健康发展的若干意见	省政府	浙政发〔2010〕1 号	1 月 15 日
34	《浙江省收费公路管理办法》	省政府	令第 267 号	1 月 18 日
35	浙江省人民政府关于调整全省最低工资标准的通知	省政府	浙政发〔2010〕11 号	2 月 21 日
36	关于下达 2010 年浙江省国民经济和社会发展计划的通知	省政府	浙政发〔2010〕13 号	2 月 26 日
37	关于促进中小企业加快创业创新发展的若干意见	省政府	浙政发〔2010〕4 号	3 月 12 日
38	关于坚决遏制部分城市房价过快上涨促进房地产市场平稳健康发展的实施意见	省政府	浙政发〔2010〕23 号	5 月 17 日
39	浙江省人民政府关于加快推进公共财政管理改革的意见	省政府	浙政发〔2010〕38 号	8 月 27 日
40	关于印发《浙江省固定资产投资项目节能评估和审查管理办法》的通知	省政府	浙政发〔2010〕35 号	9 月 6 日
41	关于进一步加快块状经济向现代产业集群转型升级示范区建设的若干意见	省政府	浙政发〔2010〕44 号	10 月 19 日
42	关于印发《浙江省新能源产业发展规划》的通知	省政府	浙政发〔2010〕59 号	11 月 15 日
43	关于进一步做好利用外资工作的若干意见	省政府	浙政发〔2010〕65 号	11 月 21 日
44	关于进一步加快旅游业发展的实施意见	省政府	浙政发〔2010〕56 号	11 月 30 日

（续表二）

序号	文件名称	发文单位	文号	发布日期
45	关于全省取消政府还贷二级公路收费实施意见的通知	省政府办公厅	浙政办发明电〔2010〕13号	1月25日
46	关于加强粮食生产功能区建设与保护工作的意见	省政府办公厅	浙政办发〔2010〕7号	2月25日
47	关于开展现代农业园区建设工作的意见	省政府办公厅	浙政办发〔2010〕6号	2月26日
48	关于进一步做好增收节支工作的通知	省政府办公厅	浙政办发〔2010〕40号	4月2日
49	关于印发《浙江省种粮农民农资综合补贴政策实施办法》的通知	省政府办公厅	浙政办发〔2010〕58号	5月28日
50	关于浙江省基本公共服务均等化行动计划2010年度实施计划的通知	省政府办公厅	浙政办发〔2010〕65号	6月7日
51	关于资源节约与环境保护行动计划2010年实施方案的通知	省政府办公厅	浙政办发〔2010〕69号	6月11日
52	关于进一步加强湖泊水库水环境保护工作的意见	省政府办公厅	浙政办发〔2010〕75号	7月12日
53	关于印发《浙江省低收入群众增收行动计划2010年度实施计划》的通知	省政府办公厅	浙政办发〔2010〕84号	7月19日
54	关于做好跨境贸易人民币结算试点工作意见的通知	省政府办公厅	浙政办发〔2010〕91号	7月29日
55	关于加快推进残疾人社会保障体系和服务体系建设的通知	省政府办公厅	浙政办发〔2010〕95号	8月9日
56	关于浙江省对口支援新疆阿克苏地区和兵团农一师（阿拉尔布）建设资金管理办法的通知	省政府办公厅	浙政办发〔2010〕94号	8月9日
57	关于加快发展公共租赁住房实施意见的通知	省政府办公厅	浙政办发〔2010〕92号	8月10日
58	关于浙江省道路交通事故社会救助基金管理试行办法的通知	省政府办公厅	浙政办发〔2010〕97号	8月16日
59	关于创建浙江省现代服务业集聚示范区意见的通知	省政府办公厅	浙政办发〔2010〕98号	8月20日
60	关于进一步加强农业综合开发工作的意见	省政府办公厅	浙政办发〔2010〕105号	8月20日
61	关于加强地方政府融资平台公司管理有关问题的通知	省政府办公厅	浙政办发〔2010〕131号	9月30日
62	关于印发《浙江省排污权有偿使用和交易试点工作暂行办法》的通知	省政府办公厅	浙政办发〔2010〕132号	10月9日
63	关于加快发展浙江省注册会计师行业意见的通知	省政府办公厅	浙政办发〔2010〕137号	10月23日
64	关于财政支农专项资金检查情况的通报	省财政厅	浙财农〔2010〕11号	1月5日
65	关于印发《浙江省政策性农业保险财政补贴结算办法》的通知	省财政厅	浙财外金〔2010〕4号	1月12日
66	关于印发《浙江省金财工程建设三年规划（2010～2012年）》的通知	省财政厅	浙财办〔2010〕2号	1月12日

（续表三）

序号	文件名称	发文单位	文号	发布日期
67	转发财政部 商务部关于调整汽车以旧换新补贴标准有关事项的通知	省财政厅 省商务厅	浙财企〔2010〕18 号	1 月 13 日
68	关于印发《浙江省县级财政支农资金整合工作考评实施细则（试行）》的通知	省财政厅	浙财农〔2010〕19 号	1 月 15 日
69	关于明确农业综合开发项目和资金管理若干问题的通知	省财政厅	浙财农〔2010〕24 号	1 月 21 日
70	关于印发《浙江省小型农田水利重点县建设资金项目绩效评价实施细则》的通知	省财政厅 水利厅	浙财农〔2010〕32 号	2 月 10 日
71	转发财政部关于加强中央基建投资预算执行管理工作的通知	省财政厅	浙财建〔2010〕30 号	2 月 20 日
72	关于印发《浙江省用于农业土地开发的土地出让金使用管理办法》的通知	省财政厅 省国土资源厅	浙财农〔2010〕30 号	2 月 22 日
73	关于印发《浙江省现代农业生产发展资金和项目管理实施细则》的通知	省财政厅 省农业厅 省林业厅 省海洋与渔业局	浙财农〔2010〕39 号	2 月 22 日
74	转发财政部等七部门关于继续实施汽车下乡政策的通知	省财政厅等七部门	浙财企〔2010〕 58 号	2 月 22 日
75	转发财政部 国家税务总局关于非营利组织免税资格认定管理有关问题的通知	省财政厅 省国家税务局 省地方税务局	浙财税政〔2010〕3 号	2 月 22 日
76	关于印发《浙江省中央财政农作物良种补贴资金管理实施细则》的通知	省财政厅 省农业厅	浙财农〔2010〕43 号	2 月 25 日
77	关于印发《浙江省“强塘”工程专项资金管理办法》的通知	省财政厅 省水利厅	浙财农〔2010〕48 号	3 月 8 日
78	转发财政部 国家税务总局关于通过公益性群众团体的公益性捐赠税前扣除有关问题的通知	省财政厅 省国家税务局 省地方税务局	浙财税政〔2010〕8 号	3 月 24 日
79	关于上报浙江省 2009 年小型农田水利重点县建设绩效自评的报告	省财政厅 省水利厅	浙财农〔2010〕61 号	3 月 29 日
80	关于进一步加强政府外债项目管理工作的通知	省财政厅	浙财外金〔2010〕20号	4 月 6 日
81	关于印发《〈浙江省创业风险投资引导基金管理办法〉补充规定》的通知	省创业风险投资引导基金管理委员会办公室	浙创投办〔2010〕1 号	4 月 8 日
82	关于印发《浙江省“千万农村劳动力素质培训工程”项目和资金管理办法（试行）》的通知	省财政厅 省委省政府农业和农村工作领导小组办公室	浙财农〔2010〕77 号	4 月 19 日
83	关于进一步规范土地指标调剂收入资金使用管理的通知	省财政厅 省国土资源厅	浙财综〔2010〕48 号	4 月 19 日
84	转发财政部等部门关于印发新增家电下乡补贴品种实施方案及确认新增补贴品种等有关问题的通知	省财政厅 省商务厅 省经济和信息化委员会	浙财企〔2010〕123 号	4 月 30 日
85	关于印发《浙江省中药现代化专项资金管理办法》的通知	省财政厅 省经济和信息化委员会	浙财企〔2010〕119 号	5 月 4 日
86	关于做好 2010 年农业财政支出预算执行进一步规范财政支农资金管理的通知	省财政厅	浙财农〔2010〕98 号	5 月 6 日

（续表四）

序号	文件名称	发文单位	文号	发布日期
87	转发财政部 环境保护部关于印发《家电以旧换新拆解补贴办法》的通知	省财政厅 省环境保护厅	浙财企〔2010〕127号	5月6日
88	关于做好2010年农业财政支出预算执行进一步规范财政支农资金管理的通知	省财政厅	浙财农〔2010〕98号	5月6日
89	关于进一步明确家电下乡补贴兑付工作若干事项的通知	省财政厅 省商务厅	浙财企〔2010〕129号	5月7日
90	转发财政部关于推进涉农资金整合和统筹安排加强涉农资金管理的意见	省财政厅	浙财农〔2010〕101号	5月10日
91	关于印发《浙江省基层医疗卫生机构财政财务管理暂行办法》的通知	省财政厅 省卫生厅	浙财社〔2010〕78号	5月14日
92	关于印发《浙江省森林资源资产抵押贷款财政贴息资金管理办法》的通知	省财政厅 省林业厅	浙财农〔2010〕114号	5月26日
93	转发财政部关于印发《行政事业单位资金往来结算票据使用管理暂行办法》的通知	省财政厅	浙财综〔2010〕63号	5月27日
94	关于印发《浙江省散装水泥专项资金征收和使用管理暂行办法》的通知	省财政厅 省商务厅	浙财综〔2010〕59号	5月31日
95	转发财政部 国家税务总局关于部分国家储备商品有关税收政策的通知	省财政厅 省地方税务局	浙财税政〔2010〕15号	6月1日
96	关于调整中央财政太湖流域水污染防治专项补助资金预算的通知	省财政厅	浙财建〔2010〕95号	6月11日
97	关于印发《浙江省省本级政府还贷高速公路资本金补助管理若干规定》的通知	省财政厅 省交通运输厅	浙财建〔2010〕96号	6月11日
98	关于印发《浙江省海洋经济和渔业新兴产业补助项目与资金管理办法》的通知	省财政厅 省海洋与渔业局	浙财农〔2010〕149号	6月12日
99	关于印发《浙江省省级行政事业单位国有资产使用管理暂行办法》的通知	省财政厅	浙财资产〔2010〕61号	6月21日
100	关于印发《浙江省大中型水库库区基金征收使用管理实施细则》的通知	省财政厅等五部门	浙财综〔2010〕75号	6月24日
101	关于做好2010年财政支持现代农业生产发展工作的通知	省财政厅	浙财农〔2010〕171号	6月28日
102	转发财政部关于切实做好治理教育乱收费工作的通知	省财政厅	浙财综〔2010〕76号	6月28日
103	关于开展清理化解其他公益性乡村债务试点工作的通知	省财政厅	浙财基〔2010〕9号	6月29日
104	关于进一步加强中央财政小型农田水利重点县建设管理的通知	省财政厅 省水利厅	浙财农〔2010〕185号	7月8日
105	关于开展2009年度现代农业生产发展资金项目绩效评价工作的通知	省财政厅	浙财农〔2010〕193号	7月14日
106	关于印发《浙江省流通业发展专项资金使用管理办法》的通知	省财政厅 省商务厅	浙财企〔2010〕225号	7月16日
107	转发财政部关于印发《中央财政农村金融机构定向费用补贴资金管理暂行办法》的通知	省财政厅	浙财外金〔2010〕44号	7月16日
108	转发财政部 国家税务总局关于农村金融有关税收政策的通知	省财政厅 省国家税务局 省地方税务局	浙财税政〔2010〕17号	7月19日

（续表五）

序号	文件名称	发文单位	文号	发布日期
109	关于印发《浙江省合同能源管理财政奖励资金管理实施细则》的通知	省财政厅 省经济和信息化委员会	浙财企〔2010〕232号	7月19日
110	关于开展浙江省下山搬迁项目绩效评价工作的通知	省财政厅	浙财绩效〔2010〕9号	7月19日
111	关于印发《村级公益事业建设一事一议省级财政奖补项目和资金管理暂行办法》的通知	省财政厅 省农村综合改革办公室 省农业厅	浙财基〔2010〕10号	7月20日
112	关于印发《浙江省地方特色产业中小企业发展资金管理操作办法》的通知	省财政厅	浙财企〔2010〕235号	7月21日
113	关于在省级预算单位推行单位公务卡的通知	省财政厅	浙财预执〔2010〕12号	7月23日
114	关于印发《2010年浙江省农业农村发展重点领域重点项目扶持导向目录》的通知	省财政厅	浙财农〔2010〕210号	7月26日
115	关于印发《浙江省强农惠农资金专项清理和检查工作重点检查方案》的通知	省财政厅	浙财农〔2010〕217号	7月27日
116	关于印发《2010年小型农田水利设施建设补助专项资金项目立项指南》的通知	省财政厅 省水利厅	浙财农〔2010〕216号	7月27日
117	关于印发《浙江省国家核高基重大专项资金配套管理办法（暂行）》的通知	省财政厅 省经济和信息化委员会	浙财企〔2010〕249号	7月29日
118	关于进一步加强金财工程软件推广应用管理工作的通知	省财政厅	浙财办发〔2010〕104号	7月30日
119	关于印发《浙江省少数民族发展资金和项目管理办法》的通知	省财政厅 省民族宗教事务委员会	浙财农〔2010〕226号	8月3日
120	关于印发《浙江省中小企业国际市场开拓资金实施细则》的通知	省财政厅 省商务厅	浙财企〔2010〕254号	8月6日
121	关于印发《浙江省海域海岛管理利用项目与资金管理办法》的通知	省财政厅 省海洋与渔业局	浙财农〔2010〕225号	8月6日
122	关于印发《浙江省海洋环保项目与资金管理办法》的通知	省财政厅、省海洋与渔业局	浙财农〔2010〕240号	8月16日
123	关于浙江省世界银行贷款钱塘江流域小城镇环境综合治理项目评审意见的报告	省财政厅	浙财外金〔2010〕49号	8月17日
124	关于印发《浙江省滩涂围垦专项资金管理办法》的通知	省财政厅 省水利厅	浙财农〔2010〕254号	8月18日
125	关于进一步做好强农惠农资金专项清查有关工作的通知	省强农惠农资金专项清查工作领导小组办公室	浙清查办〔2010〕2号	8月20日
126	关于积极推进全省国有土地出让收支管理信息系统实施应用工作的通知	省财政厅 省国土资源厅 人行杭州中心支行	浙财综〔2010〕100号	8月20日
127	关于印发《浙江省国有及国有控股企业"小金库"专项治理实施办法》的通知	省纪委 省财政厅等五部门	浙财监督〔2010〕8号	8月23日
128	转发财政部、国家发展改革委关于免收全国中小学校舍安全工程建设有关收费的通知	省财政厅 省物价局	浙财综〔2010〕101号	8月23日
129	关于印发《浙江省中央补助城市棚户区改造专项资金管理实施细则》的通知	省财政厅 省住房和城乡建设厅	浙财综〔2010〕112号	9月10日
130	关于印发《浙江省省级部门预算绩效管理工作考核办法（试行）》的通知	省财政厅	浙财绩效〔2010〕11号	9月13日

（续表六）

序号	文件名称	发文单位	文号	发布日期
131	关于印发《浙江省中央补助公共租赁住房专项资金管理实施细则》的通知	省财政厅 省发展和改革委员会 省住房和城乡建设厅	浙财综〔2010〕115号	9月14日
132	关于2009年度财政扶贫资金专项检查情况的通报	省财政厅	浙财农〔2010〕312号	9月18日
133	关于深化省级预算单位公务卡改革有关事项的通知	省财政厅	浙财预执〔2010〕20号	9月25日
134	关于印发《关于切实加强乡镇财政资金监管工作的实施意见》的通知	省财政厅	浙财基〔2010〕16号	9月27日
135	转发财政部关于推动地方开展试编国有资本经营预算工作的意见	省财政厅	浙财企〔2010〕340号	9月30日
136	关于印发《浙江省交通资金管理暂行办法》的通知	省财政厅	浙财建〔2010〕211号	10月15日
137	关于印发《浙江省省属文化集团国有资产管理暂行办法》的通知	省委宣传部 省财政厅	浙财教〔2010〕283号	10月23日
138	关于完善中职学生资助政策的通知	省财政厅 省发展和改革委员 省教育厅 省人力资源和社会保障厅	浙财教〔2010〕292号	11月1日
139	关于印发《浙江省广播电视惠民服务工程专项资金使用管理办法》的通知	省财政厅 省广播电影电视局	浙财教〔2010〕293号	11月1日
140	关于修订《浙江省外来务工人员子女教育专项资金管理办法》的通知	省财政厅	浙财教〔2010〕305号	11月1日
141	关于浙江省外国政府贷款项目2008～2010年绩效评价工作总体情况的报告	省财政厅	浙财外金〔2010〕56号	11月1日
142	关于印发《浙江省财政厅厅机关及所属事业单位国有资产管理暂行办法》的通知	省财政厅	浙财办〔2010〕23号	11月3日
143	关于进一步做好社会团体"小金库"专项治理工作的通知	省财政厅	浙财〔2010〕	11月3日
144	转发财政部 国家税务总局关于城市和国有工矿棚户区改造项目有关税收优惠政策的通知	省财政厅 省地方税务局	浙财税政〔2010〕24号	11月7日
145	关于印发《浙江省政府采购评审专家管理办法》的通知	省财政厅	浙财采监〔2010〕44号	11月11日
146	关于将按预算外资金管理的收入纳入预算管理的通知	省财政厅	浙财预〔2010〕24号	11月12日
147	关于2010年地方政府债券发行有关工作的通知	省财政厅	浙财预执〔2010〕29号	11月18日
148	关于印发《浙江省中高级农村"两创"实用人才培训项目和资金管理办法（试行）》的通知	省财政厅 省农科教协调领导小组办公室	浙财农〔2010〕488号	11月24日
149	关于浙江省2009年度财政扶贫资金绩效考评情况的报告	省扶贫办 省财政厅	浙财农〔2010〕124号	11月29日
150	关于设立《浙江省行政事业单位非经营服务性收入收款收据》的通知	省财政厅	浙财综〔2010〕136号	11月29日

(续表七)

序号	文件名称	发文单位	文号	发布日期
151	关于印发《浙江省标准渔港建设专项资金管理办法》的通知	省财政厅 省海洋与渔业局	浙财农〔2010〕535号	12月3日
152	关于印发《浙江省提升地方高校办学水平专项资金管理办法(试行)》的通知	省财政厅	浙财教〔2010〕347号	12月3日
153	关于印发《浙江省财政支出绩效评价档案管理暂行办法》的通知	省财政厅	浙财绩效〔2010〕12号	12月7日
154	转发财政部 国土资源部矿产资源节约与综合利用专项资金管理办法的通知	省财政厅 省国土资源厅	浙财建〔2010〕331号	12月8日
155	转发财政部关于印发地方金融企业财务监督管理办法的通知	省财政厅	浙财外金〔2010〕70号	12月8日
156	关于印发《省级产业集聚区财政政策实施办法(试行)》的通知	省财政厅	浙财预〔2010〕31号	12月10日
157	关于小额贷款公司和村镇银行税收有关预算管理问题的通知	省财政厅	浙财预〔2010〕26号	12月13日
158	关于进一步加强政府采购进口产品管理的通知	省财政厅	浙财采监〔2010〕51号	12月14日
159	关于印发《浙江省省级行政事业单位国有资产收入收缴管理暂行办法》的通知	省财政厅	浙财资产〔2010〕81号	12月15日
160	关于浙江省2010年财政支持现代农业生产发展资金项目实施情况的报告	省财政厅	浙财农〔2010〕564号	12月15日
161	关于进一步创新管理 提高政府采购工作效率和服务水平的意见	省财政厅	浙财采监〔2010〕52号	12月16日
162	关于建立健全长效机制加强财政支农资金管理的意见	省财政厅	浙财农〔2010〕571号	12月17日
163	关于印发《浙江省小型水库移民扶助基金征收使用管理暂行办法》的通知	省财政厅 省水库移民安置办公室	浙财综〔2010〕145号	12月20日
164	关于省小城市培育试点专项资金管理若干问题的通知	省财政厅 省发展和改革委员会	浙财建〔2010〕353号	12月20日
165	关于浙江省下山搬迁项目(2008～2009年度)绩效评价情况的报告	省财政厅	浙财绩效〔2010〕13号	12月27日
166	转发财政部 国家发展改革委 国家能源局关于规范水能(水电)资源有偿开发使用管理有关问题的通知	省财政厅 省物价局 省能源局	浙财综〔2010〕147号	12月27日
167	关于印发《浙江省省级科技研发和成果转化项目经费管理暂行办法》的通知	省财政厅 省科学技术厅	浙财教〔2010〕382号	12月28日
168	关于贯彻落实《浙江省政府非税收入管理条例》的通知	省财政厅	浙财综〔2010〕148号	12月28日
169	关于印发《浙江省排污权有偿使用收入和排污权储备资金管理暂行办法》通知	省财政厅 省环境保护厅	浙财综〔2010〕143号	12月30日

重要财政文选

省领导论财政

在省财政厅调研时的讲话

省委常委、组织部长　蔡　奇

省财政厅、地税局作为省委、省政府的重要得力助手，在全省经济社会发展中作出了卓越贡献。改革开放30年，我省能有今天的物质基础，与财税部门的理财、管家、聚财是分不开的。在遭遇国际金融危机、浙江企业和经济最困难的时候，全省各级财税部门全面贯彻落实中央应对金融危机一揽子计划和省委、省政府"标本兼治、保稳促调"等一系列政策措施，主动出手，打出一套漂亮的"组合拳"，很好地应对了危机，有力推动了我省经济持续回升向好。与此同时，财税部门认真贯彻落实科学发展观，更加注重改善民生，初步建立起以人为本的公共财政框架体系，从过去的"吃饭财政"、"建设财政"逐步转为今天的"民生财政"、"公共财政"，这是最根本的转变，也是老百姓最得实惠的转变。在此，对全省广大财税干部长期以来所付出的辛勤劳动表示衷心的感谢。

刚才钱巨炎厅长讲到了"持续、平稳、健康"和"支撑、保障、引导"两篇文章，我觉得做得很好，既保证了省委、省政府确定的财税收支计划的完成，又注重以改革为抓手，加强整个系统队伍建设。比如预算编制、执行、监督"三位一体"的组织机构改革，就是进一步创新完善财税新体制的硕果，已经走在财政部和全国省级财政部门的前列。作为省编委成员单位，省委组织部将继续予以关注和支持。下面，我就进一步做好财税工作谈几点体会。

第一，要千方百计执行好预算，切实提高GDP含金量。按照科学发展观的要求，经济发展不能片面追求GDP的增长，而应该是以人为本、全面协调可持续的科学发展，提高GDP含金量。财政收入结构最能体现GDP含金量，我们的地方财政收入占财政总收入比重50%以上，税收收入占地方财政收入比重94%以上，说明我省财政收入结构比较理想。

第二，财政支出要进一步转向以民生为重点。"十一五"期间，财政预算安排向民生支出倾斜，充分体现了民本理念。随着近年来改善民生的任务越来越重，我省财税部门所面临的压力将越来越大。对此，财政部门要做到心中有数，早作谋划，进一步做好这项工作。

第三，要充分发挥财政资金"四两拨千斤"的作用，促进经济转型升级。近年来财税部门在保稳促调、改善民生等方面做了很多工作，资金安排压力确实很大。所以，要继续调整和优化财政资金支出结构，充分发挥应有的作用。省财政厅有很多很好的做法，比如整合专项资金和设立创投基金等，特别是创投基金，虽然数额不大，但在引导社会资金投入方面起到了很好的作用，是财税工作的一大亮点。

第四，要更加注重人才投入。目前，我省经济发展面临着传统产业改造提升的问题，同时要大力发展一些战略性的新兴产业，越来越体现出依靠科技人才发展的重要性。我们要积极实施人才强省战略，不断引进人才包括海外人才。这方面的财政投入，短期看没有直接的产出，但从长期看其回报远比一般的物质投入高。在安排人才经费方面，省财政厅一直考虑得很周到，安排得很充裕，较好地保障了人才工作、干部培训、党建活动的顺利开展，希望今后继续给予支持。

在认真做好财税工作、在财税系统大力开展创业争优活动并取得显著成绩的同时，财政厅党组还认真指导注册会计师行业开展创先争优工作，各项活动开展得有声有色，确实做到了"五个真"，即"思想上真重视、组织上真落实、作用上真发挥、实践上真探索、保障上真到位"，为面上的创先争优活动提供了很好的示范和经验。下面，我就如何做好注册会计师行业创先争优工作提几点建议。

一是进一步提高对注册会计师行业创先争优活动的认识。注册会计师行业属于现代服务业的形态之一，是新型社会组织的重要一支，是经济社会建设、管理的重要力量。按照党建工作的要求，新型社会组织发展到哪里，党建工作就要跟进到哪里，这次注册会计师行业创先争优活动也要着重依托基层党组织和党员来开展。要通过行业创先争优活动来拓展行业基层党组织的覆盖面、基层党建工作的覆盖面，以注册会计师行业的创先争优活动来带动整个系统、整条线的党建工作和创先争优活动。

二是注册会计师行业要始终坚持立足本职岗位开展创先争优活动。当前，注册会计师行业创先争优活动要贯穿"立足本职岗位，创一流、争优秀"的精神，动员基层组织和党员以事务所为单位开展活动，并为确保实现本单位的发展目标提供动力和保障。

三是突出注册会计师行业服务功能。注册会计师行业本身就属于现代服务业，是在服务中发展壮大的。在创先争优活动中突出服务功能与整个行业的特征、工作性质是相吻合的。当前要以行业公开承诺为抓手，做到“具体承诺、实事承诺、服务承诺”，促进注册会计师行业更好地服务经济、服务发展、服务群众。

四是各级财税机关的基层党组织要带头开展创先争优活动。通过党内的创先争优活动，带动全系统、全社会的创先争优，使创先争优成为全系统、全社会的时尚和价值取向。从厅党组到各级党委（组），都可以确定一批联系点，并力争将联系点建设成示范点，通过以点带面充分发挥先进典型的榜样作用。（2010年9月　根据录音整理，未经本人审阅）

在民营企业发展环境及转型升级专项集体民主监督座谈会上的讲话

省政协副主席　斯鑫良

今天上午，省财政厅、省地税局、省国税局就我省财税系统支持民营经济发展特别是民营经济转型升级情况作了全面系统的介绍，听了以后深受教育和鼓励。

财税部门是地方利益和中央利益的交汇点，是经济社会发展和民生事业发展的交汇点，是多种矛盾的结合点，工作很辛苦。财税部门在正确处理好各种关系，落实科学发展观，支持经济发展方面做得很好。改革开放30年，我省经济发展特别是民营经济发展取得很大成绩，并在国际金融危机中较早地走出低谷，转型升级出现好的势头，财税部门功不可没。从开始的减税让利、放水养鱼到现在的扶优扶强，特别是这两年，财税部门按照中央和省委、省政府的要求，在支持民营经济转型升级方面采取了许多有效的政策举措，从政策上、服务上、工作上对民营经济予以大力扶持，给民营经济发展及转型升级创造了很好的环境。可以说，没有财税部门的大力支持，民营经济不可能发展到今天这一步。

集体民主监督是政协履行职能的重要形式，是浙江政协的一项创新工作，政协每年选择一个课题组织调研，了解情况，听取建议，并通过政协常委会向省委省政府提出意见建议，推动相关工作的落实。这次我们选择“民营企业发展环境及转型升级”的题目进行调研，对全省经济特别是民营经济的发展状况有了更系统全面的了解，对你们提出的目前正在做的、感到靠自身力量推动有难度的工作，我们将从全局考虑采用适当的方式与省政府作沟通和商量，提出意见和建议。对在支持民营经济转型升级中如何更好地落实各项政策措施，提出以下几点建议。

一、坚持两个毫不动摇，为支持转型升级再立新功

浙江省是民营经济大省，经济总量和税收贡献占2/3以上，今后民营经济发展份额还将继续加大，主要从以下几个方面来判断：

一是我国已进入社会主义市场经济体系，社会主义市场经济体制正逐步健全。市场经济体制的核心是竞争，要符合市场规律。同时，随着加入WTO过渡期的基本结束，经济全球化水平将越来越高。

二是从世界发达国家看，除关系到国家命脉行业、少量垄断性行业是国有外，其他基本上都是民营企业，如美国、日本、欧盟体等发达国家都是这个模式。而市场经济从经济发展的趋势上来看是具有共性的，中国要进入发达国家行列，必须要发展民营经济。

三是从全国情况来看，国家历来关注和支持民营企业发展，十五大指出民营经济是国民经济的重要组成部分，十六大指出民营经济是国民经济的基本组成部分，十七大提出两个毫不动摇。胡锦涛总书记最近指出，民营经济进入了新的历史起点。贾庆林去年年底到浙江考察时指出，浙江省要在改善民营经济发展环境上创造一些经验。在浙江这个民营经济发展大省，离开了民营经济发展浙江改革开放的经验将无从谈起，浙江下一步的发展更离不开民营经济。现在兄弟省市扶持民营企业的政策非常优惠，而且力度更大，对我省冲击很大。我省原有的先发优势已消失，要有紧迫感，大力发展民营经济。

四是从市场经济的基本规律来看，企业要搞好，要自主经营，要有活力，最根本的是所有制问题，产权要清晰。民营企业发展符合市场经济的基本规律。

因此，在新的历史发展阶段，财税部门要加深对新时期发展民营经济的理解，坚持两个毫不动摇，从浙江民营经济发展的现状出发，立足民营经济的转型升级，进一步研究完善办法，支持民营经济平稳健康较快发展。

二、充分发挥财政职能，为民营企业转型升级提供新的有力支持

厅(市)领导谈财政

在省财政学会第六次会员代表大会上的讲话(摘要)

省财政厅厅长　钱巨炎

一、准确定位,充分发挥学会服务实践工作的职能

财政学会作为群众性的学术团体,是财政实践工作与理论研究交融结合的最佳平台,是财政工作的智囊团、生力军、宣传队和人才库。财政学会围绕经济、财政中长期发展战略,积极建言献策,为经济决策发挥“智囊团”作用;围绕财政中心工作,开展相对超前的课题研究,加强和改进财政实际工作,为推进财政事业发展发挥“生力军”作用;利用学会贴近财政实际又超脱实际工作的优势,加强财政宣传,营造良好的舆论环境,为顺利推进各项财政改革发挥“宣传队”作用;利用学会的理论平台,培养既有理论功底又有实践经验的复合型人才,为财政实践工作发挥“人才库”作用。归根结底,财政学会的主要职能就是为财政实践和财政中心工作服务,这是财政学会活动的根本目的,也是财政学会保持旺盛活力的关键所在。

财政学会作为务虚的部门,汇集了系统内外热衷于财政改革研究的业务骨干和专家学者,借用他们的智力,可以发挥拾遗补缺的作用,立足于财政实际工作,又高于实际工作,梳理、总结、提炼源于财政实践的管理理论,进而又为财政实践工作的改进、提升提供强大的理论支撑和智力支持。在过去4年间,我们依托财政学会这个平台,围绕财政中心工作,开展了一些较有成效的工作。通过相对超前的课题研究,有效地指导了财政实际工作;通过举办学术交流活动,开拓了财政实际工作的思路;通过课题成果的有效转化,为领导的科学决策发挥了“智囊团”的作用。

当前我国经济社会发展正面临前所未有的困难和挑战,全省财税经济运行也进入最为困难的阶段,财政减收增支的矛盾十分突出,收支平衡面临严峻考验,各项财政改革也进入

近年来财税部门为推动民营经济发展采取了大量的措施,发挥了“四两拨千斤”的杠杆作用,为推动经济发展作出了重要贡献。下阶段,财税部门要在继续落实现有政策的基础上,着重加强以下几方面研究:

一是协调有关部门进一步解决民营企业融资难的问题。融资难是民营企业发展中比较突出的问题,也是世界性的难题,这个问题不解决,要推动民营经济发展上新的水平很难。财税要积极协调银行等部门,在成立再担保公司等事项上迈出实质性步伐。

二是财政资金分配上要以产业为准入条件。从有利于转型升级出发,不以所有制为界限,支持民营中小企业发展。

三是税费负担上要一视同仁。要在财税政策上对不同所有制性质的企业一视同仁,走出给民营企业减免税就会惹麻烦的认识误区。

四是要尽可能地将民营企业的产品列入政府采购目录。列入政府采购就相当于是品牌效应,有利于企业发展。要将民营企业与国有企业一视同仁,列入政府采购范围。

三、深化作风建设年活动,深入研究财税支持转型升级新举措

一是发挥政策引导作用。政策引导包括以下几个方面:第一,进一步研究完善支持民营企业转型升级的举措。要主动协调有关部门,完善政策措施。第二,抓好现有政策落实。这两年财税部门都制定了很多促转型的政策,要确保落到实处。第三,按照集中财力办大事的原则整合专项资金。要加强研究,拿出有效措施,整合专项资金,加强使用管理,为省政府当好参谋,推进转型升级。

二是发挥干部作风推动作用。财税干部作风一直以来都很好,要进一步发扬好的传统和作风。第一,要宣传政策。要到企业、基层宣传财税政策,让企业充分了解税收减免、支持转型升级的优惠政策。第二,要了解情况。要加强调研,深入企业,了解生产经营情况,开展指导帮助,加强和改善企业管理。第三,继续做好“双服务”。财税部门在“服务企业、服务基层”方面搞得很好,要继续深入推进,并作为常态工作。

三是发挥典型带动作用。要发现一批通过财税部门扶持转型升级成效明显的典型进行宣传,既宣传企业,也宣传自身,树立良好的部门形象;要宣传财税系统内部,基层税务所、市县财税局如何支持转型升级的做法和经验。

(2010年3月　根据录音整理,未经本人审阅)

攻坚阶段。在如此严峻的形势下，财政学会更应该认清形势，进一步准确把握好为财政实践、为中心工作服务的定位，强化服务意识，充分发挥财政学会的理论平台和人才优势，紧密联系财政中心工作，研究解决制约财政改革发展的瓶颈，积极为财政实际工作出谋划策，实现学会为财政实践服务、实践促进学会发展的良性循环。

二、洞察形势，着力攻坚当前亟须解决的几个难题

新时期、新形势对财政工作提出了很多新的命题，财政改革的任务十分繁重，能否在理论上首先突破，直接影响到工作的成效、改革的成败。学会要深入领会中央、省委省政府的各项新战略、新部署，深入探讨研究当前财政经济领域中的重大理论和现实问题，集中力量对当前实践工作中的几个难题进行深入研究。

（一）积极应对金融危机，促进经济和财政收支稳定增长机制研究

世界金融危机严重冲击了全球经济，对我国经济的负面影响进一步显现。面对危机，中央及时调整宏观经济政策取向，实施积极的财政政策和适度宽松的货币政策，出台扩大内需的有力措施；我省积极贯彻中央扩内需、保增长、调结构的各项决策部署，实施"标本兼治、保稳促调"的举措；各级财政部门也积极响应，出台应对之策。如何贯彻落实好中央、省委省政府各项举措，在应对金融危机、提振经济方面充分发挥好财政政策积极有效的作用，是当前迫切需要解决的重要议题。广大学会工作者应当密切关注当前的经济形势，跟踪调查在应对金融危机方面财政政策的实施情况和收支运行情况，及时发现问题，提出进一步应对危机、促进经济和财政收支稳定增长的对策措施。

（二）转变发展方式，推进经济转型升级的财税政策研究

国际金融危机使我国转变经济发展方式的问题更加凸显出来，中央明确要求，要把加快经济发展方式转变作为深入贯彻落实科学发展观的重要目标和战略举措，从制度安排入手，以优化经济结构提高自主创新能力为重点，以完善政绩考核评价机制为抓手，增强自觉性和主动性，不断取得实质性进展。近几年来，我省经济虽然取得了长足发展，但长期积累的素质性、结构性矛盾尚未根本解决，制约了经济的进一步发展。省委十二届四次全会通过的《加快转变经济发展方式推进经济转型升级的决定》指出，我省经济要破解各种矛盾、实现新的飞跃，就必须切实加快转变经济发展方式、推进经济转型升级。财政学会要积极发挥智囊团的作用，从体制、政策、资金等角度研究如何充分发挥好财政对经济结构的改善、优化和升级的调节作用，积极有效地促进我省经济转型升级。

（三）深化财政管理改革，建立健全"三位一体"的财政运行机制研究

深化财政管理改革，是深入贯彻落实科学发展观的客观要求。我们要进一步研究推进"收入一个笼子、预算一个盘子、支出一个口子"的财政管理改革，提高公共资源的配置效率的路径和办法。为拓展"三个子"的改革空间，我们还要积极研究以部门预算为龙头的预算编制体系、以国库集中收付为龙头的预算执行体系和以绩效评价为龙头的预算监督体系的"三位一体"的财政运行机制，推进预算编制、执行、监督管理框架改革，切实加强财政预算管理，提高科学理财水平。

（四）推进财政科学化精细化管理，切实提高财政管理水平研究

在2009年全国财政厅（局）长座谈会上，财政部提出了全面推进财政科学化精细化管理的总体要求和主要任务，省委副书记、省长吕祖善也要求我们在总结这几年加强财政管理做法的基础上，深入研究如何进一步推进财政科学化、精细化管理，使我省财政管理迈上一个新水平。我们要深刻领会财政部和省领导对财政管理工作的重要指示，从流程设计、岗责体系、运行机制、配套制度、技术手段等多维角度寻求科学化精细化管理的操作路径。

（五）加强财税文化建设，提高科学发展能力研究

文化代表了一个部门、系统的价值取向，是构建和谐社会的重要精神力量，不仅有助于部门、系统整体形象的提升，更重要的是有利于增强单位的凝聚力、向心力、竞争力和推进力，对单位的发展和建设起到极其重要的作用。当前我们正在进行财税文化建设，积极探索符合科学发展观、有利于财税系统高效运作的精神文化。学会要充分调动各方面力量，形成合力，成为财税文化建设的一个重要战场。要积极利用人才优势，把全系统有写作积极性的青年人调动、组织起来，充分发挥他们的聪明才智，为财税文化建设作出应有贡献。

三、务实创新，创造性地做好新形势下学会工作

今后几年是我省经济改革与发展的一个重要机遇期，"十一五"规划已进入最后攻坚阶段，"全面小康六大行动计划"、"两创"总战略和转型升级战略全面深入实施，这为财政学会工作提供了难得的机遇和广阔的发展空间，同时也提出了新的、更高的要求。我希望与会代表要进一步总结经验，明确目标和任务，务实创新，创造性地做好新形势下学会工作。

（一）两依托、一借助，切实提高学会服务效能

学会作为群众性学术组织，不仅要充分调动系统内有才之士搞好研究、服务大局的积极性，更要有效借助理论界、教育界、工商界等专家学者的聪明才智，建设一支资深的专家型智囊团，为财税事业发展献计献策，使学会成为名副其实的"思想库"和"咨询台"。具体来讲，主要是"两依托、一借助"。"两依托"，一是财税平台，要依托这一平台开展超前的科研工作，指导财税实践工作；二是高校平台，比如浙江大学、浙江财

经学院等，这些财经院校和财经研究机构都有一支研究能力较强的团队，每年都有不少的研究成果，都是学会可以很好利用的平台。“一借助”，就是借助财经专家的科研力量，就是所谓的“借脑”，像财政部科研所、浙江大学、浙江财经学院的专家，借助他们的力量做些高屋建瓴的研究，为我省财政工作出谋划策。要通过“两依托、一借助”，把学会科研工作和实际工作有机结合起来，找到两者的契合点，正确处理好务虚和务实的关系，切实提高学会服务效能。

（二）求真务实、开拓创新，努力培养学会科研新风尚

务实创新是财税系统的优良传统，也是学会的会风之根本所在。今后财政学会工作，必须秉承求真务实、开拓创新的精神，努力培养学会科研新风尚。一是深入实际，大兴调查研究之风。要主动深入基层、深入实际，扎扎实实搞调研。不急功近利，不人云亦云，以实事求是的态度，认真分析现实状况，以翔实的资料支撑观点，及时发现问题，有针对性地提出解决问题的思路和方法。二是不断创新研究方法。科学运用研究方法是提高分析和解决问题能力的根本之策。学会课题研究不能局限在“现状、问题、对策”等老套路上，要发挥系统这几年新进的一批高学历、高素质的年轻人的优势，在研究方法、分析方法上引入新的内涵，如定性和定量分析，规范和实证研究，哲学和经济学视角等，提升课题研究的质量和实用性。

（三）加强组织、搭建平台，进一步提升学会凝聚力、影响力

社团组织的生命力在于缜密的组织工作和富有吸引力的活动。财政学会的作用能否充分地发挥出来，关键在于组织工作和协调是否到位。一是归并整合各相关学会力量，提高学会凝聚力。预算会计研究会、农村财政研究会、行政事业财务研究会等学会，曾经在各业务领域发挥了积极作用。但是随着改革的推进，学会多头设置、力量难整合的弊端逐步显现。为提高学会工作效率，加强组织工作，借助财政学会大平台，有必要将财政部门下设的各业务领域学会进行归并整合，在财政学会的牵头协调下，围绕中心工作和各业务工作积极有序地开展活动。二是搭建各类平台，进一步提升学会影响力。财政学会不只是推动财政理论研究的渠道，更要成为团结和组织财政工作者的平台。要通过搭建各种平台，组织活动，形成一种团结、融洽、奋发向上的氛围，成为财政工作者的精神家园。首先是搭建有利于学术交流与合作平台，形成一种“学会搭台、学术唱戏”的工作格局，千方百计为广大会员提供形式多样、主题突出的良好学术服务。其次是搭建财税人才培训平台。通过各种类型的培训，提升实务部门干部的理论素养和科研人员的感性认识，充分挖掘会员潜力，为财政事业的健康发展储备人才和提供智力支持。再次是搭建优秀成果激励平台。通过建立发表论文目标考核机制，激励各类会员潜心研究、多出成果，积极打造学习型、研究型财税系统工作作风。

（2010年1月）

提高认识 服务大局
谱写中华会计函校事业新篇章（摘要）

省财政厅厅长、省中华会计函授学校校长　钱巨炎

一、适应我省经济社会发展需要，函校教育培训取得可喜成绩

函校自1989年3月成立以来，受到全省财政系统各级领导的高度重视，省、市两级分别成立校务委员会，加强对函校工作的领导。历届校务委员会领导及其成员带领函校办学人员，艰苦创业，开拓创新，坚持依托财政与面向市场相结合，坚持学历教育与在职培训相结合，坚持苦练内功与巧借外力相结合，取得可喜成绩。多次荣获财政部总校嘉奖，其中1996～2003年连续荣获“先进办学单位”，2004～2008年连续获得“教育培训先进单位”荣誉。累计为社会培养财会函授中专毕业生101227名；2002年开始与大专院校联办会计专业大专班，至今已有12558名学生毕业；积极开展以会计人员继续教育为主的会计人员培训和财税干部培训，1999年以来，累计开展各类培训185万人次，其中60%是会计人员继续教育，部分函授站已成为财税、财会人员的综合培训基地；各项管理日趋规范。2006年以来“浙江省财政教育培训网”、“教务考务管理软件”先后投入使用，开始用现代信息技术管理教学。目前函校仍有在校学生9150人，无论是在校生规模还是各项工作，在全国现有的十几所省级函校中处于领先地位。

总之，函校办学20年来，凭着较高的教学质量和科学的管理在社会上形成了较好的品牌效应，提高了全省会计人员和财税干部的整体素质，为浙江经济特别是民营经济的发展输送了很多人才，为推进全省财税改革和经济社会发展、夯实我省财政基础工作作出了积极的贡献，完成了普通大中专院校难以完成的任务，起到了全日制学校所不可替代的作用。

二、进一步认识加强会计在职教育培训、提高会计人员素质的重要性

“经济越发展，会计越重要”，会计工作是保证经济建设有

序、有效、健康发展的基础，也是财政工作的基础。我国正处在经济社会发展重要战略机遇期和社会矛盾凸显期，改革发展稳定任务艰巨繁重，经济要上去，会计工作必须跟上，加强会计工作是我国社会主义市场经济发展的客观要求。首先，会计影响政府决策。会计信息是经济领域的基础信息，是政府部门决策的重要依据，会计信息质量的好坏直接影响政府对经济形势的判断。如果会计质量不高，会计信息失真严重，政府依据制定的宏观调控措施将会与实际情况发生较大背离，随之出台的各项经济政策的有效性、针对性会大打折扣，政府对市场经济的驾驭力将会相应下降。其次，会计影响财政监管。随着积极财政政策的实施、公共财政体系的逐步建立，财政支出的覆盖面越来越广，对经济社会的调节力度也越来越大。会计工作的好坏将事关财政科学化精细化管理能否全面推进，会计信息质量的高低将直接影响财政支出的合理性和项目绩效的真实情况。今日的公众已有了强烈的纳税人意识，政府对每一分钱应承担起诚实、善意、高效使用的责任。财政部门肩负财政资金筹措、分配和监管之职责，如果会计信息不实、管理机制传导失真，在很大程度上会削弱财政对资金的监管力度和资金绩效的发挥。再次，会计影响市场秩序。从现实看，作为市场经济的各种主体，其会计信息失真往往以攫取不正当利益为前提，如有的是为了偷税，有的是为了小集体利益而私设小金库或虚报业绩等，尽量使自己在社会再分配中处于相对有利的地位，这是对公平竞争环境的严重破坏，影响市场秩序，妨碍社会主义市场经济的健康发展。

“国以才立，政以人治，业以人兴”。会计行业也不例外，会计人员是会计工作中最直接、最能动的因素。没有高素质的会计人才，就不可能有高水平的会计工作。就我省而言，尽管会计从业人数有了较大增加，但总体素质与我省的经济社会发展要求相比仍有差距。从学历上看，在现有的近70万人的会计队伍中至今仍有50%的会计人员未达到大专学历水平；从职称上看，中级以上约占7%(其中高级会计师仅有6501人，不到1%)，初级职称占16%，没有职称的占77%；从现实来看，会计信息的整体质量与社会各方的期望仍有一定的差距，特别是作为我省经济主体的中小企业的会计工作不能满足其发展壮大的需要。同时，财政部门作为政府的大管家，构建完善的公共财政体系和履行好监管职责，对财政干部的素质是个考验。因此，随着经济社会的发展和知识更新的日益加快，提高财税、会计队伍素质，加强对财税、会计人员在职教育培训工作任重道远。而函校从设立开始，就担负着会计在职教育培训，提高会计人员素质和能力的重任。如何提高现有会计人员素质，其实不光是函校，也包括会计处和注册会计师协会等在内的与会计行业管理相关的部门值得重视、思考和研究的问题。

三、做到“一个理念、两个到位、三个不放松”，努力谱写函校事业新篇章

1. 一个理念：即牢固树立“财政大教育”理念

提高会计队伍素质和职业道德水平，在职教育培训是重要的一个抓手。财政部门是会计工作的主管部门，加强会计人员教育培训工作，不断提高其履行职责的能力，是财政部门的责任。此外，宣传、贯彻各项财政政策也是新时期财政部门应该要做的一项长期性工作。所以，财政教育培训工作不仅仅要对在职财税干部开展教育培训，还要对全省近70万会计人员进行继续教育培训和对农村财会人员开展财政支农政策培训，这就是“财政大教育”的理念。

20年的实践证明，函校是践行“财政大教育”理念的一个重要载体。因为会计主管机构由于管理、监督的任务太重，难以顾及具体培训任务；而三所国家会计学院当前主要培养高级人才，中、初级以下财会人员近段时间难以进入；普通高等院校接纳在职财会人员的空间又十分有限。所以，需要一所“家门口”的学校为广大会计人员提供服务。函校作为财政部门的下属单位，可以填补上述三者的空当；也有条件负起这个责任，通过20年的办学，全省现有11所市级分校、59个县级函授站、16个省校直属教学点，建立了遍布全省、三级管理、有效运转的成人财会职业教育网络，拥有丰富的办学经验，形成了规范的办学程序和方法，“中函”品牌已有相当影响力。

全省各级财政部门要在“财政大教育”理念下，重视函校工作，把函校教育融入整个财政教育培训之中，进一步发挥函校在成人财会教育培训事业中的示范效应和主渠道作用，为在职人员提供就地、就近提升学历层次和系统学习专业知识服务。函校是财税系统不可或缺的一部分，函校不是要不要继续办的问题，而是在新形势下如何办好、如何更好地为中心工作服务的问题，办好函校是各级财政部门义不容辞的责任，希望大家对此有高度认识。

2. 两个到位：即发挥函校在会计人员继续教育中的主渠道作用要到位，农村财会人员财政支农政策培训工作要到位

一是发挥函校在会计人员继续教育中的主渠道作用要到位。《会计人员继续教育规定》明确指出要充分发挥国家会计学院、中华会计函授学校、会计学术团体等教育资源在会计人员继续教育中的主渠道作用。中华函校是财政部门创办的，承担着引导和规范会计培训市场的重任。搞好在职会计人员的教育培训工作、提高会计人员综合素质是会计主管机构和函校的共同责任，两者目标是一致的。会计主管机构是行政部门，主要进行会计队伍的整体规划管理和实施中的指导监督等；函校是从事在职会计人员培训和教育的实施机构，应按照财政部门的规划和有关规定，具体开展培训、教育工作。现实表明，函校工作做得好的地方一个成功经验就是会计和函校两家分工明确，紧密合作，相得益彰。

从全省看，目前函校承担了一定的会计继续教育量，但到具体的市县，函校参与度不一。有的地方虽有函校，却仍指定由社会力量来实施会计继续教育，函校没有或只是少量承担，这是值得关注的现象。希望设有函校的各财政局领导能过问一下此事，到底原因何在。需要指出的是，省财政厅在2009年12月下发了实施会计人员网络继续教育的文件，这是一种现实需要和有效途径，应发挥互联网教育成本低、针对性强和效果好的作用。但在推进过程中，要循序渐进，各级财政部门要积极探索新形势下如何继续发挥函校在会计人员培训教育中的主渠道作用。各级财政会管部门应充分利用函校资源，让函校承担一些具体的网络教育事务，并在函校设立考核（考试）中心，对参加网络教育的会计人员进行考核（考试），确保网络继续教育质量。

二是农村财会人员财政支农政策培训工作要到位。党中央把解决好“三农”问题作为重中之重的工作来抓，各级政府出台了一系列强农惠农的财政政策。财政投入资金不断增加，投入领域从注重农业生产环节为主转向农业生产、农村社会事业发展并重，有力地支持了农业生产、教育、医疗卫生、农村社保和农村文化事业等各项事业和民生问题的解决，让广大农民共沐公共财政的阳光、共享改革发展的成果。随着支农资金规模的不断扩大，宣传财政支农政策，让政策深入人心、家喻户晓，管好用好资金，加强村级财务就越显重要。财政部门作为支农资金的分配、使用、监督、绩效评价的管理者，有责任和义务利用好函校的教育培训资源和业务处室的资源，帮助农村财会人员了解掌握支农惠农政策的内容及具体操作程序和方法，并起到宣传政策和确保政策落实的作用；同时在广大农村培养一批财政政策的宣传员、信息员和监督员。

财政部于2008年底印发了《关于开展农村财会人员财政支农政策培训工作的通知》（财办〔2008〕43号），省财政厅也在去年9月印发了浙财办〔2009〕104号文件，专门布置财政支农政策培训工作。但到目前，各地对这项工作认识不一，总体进度较慢。财政部和省财政厅的文件都明确了各级财政部门负责这项工作，函校只是具体承办单位。为此，希望各地切实行动起来，做好这项工作。一是思想认识要到位，充分认识开展财政支农政策培训工作的重要性和紧迫性。二是组织保障和培训经费要到位，确保培训工作有序进行。三是具体实施要到位。承办培训任务的函校或科室同志要把握“实际、实用、实效”的指导思想，出色地做好培训工作。四是督促检查要到位。省财政支农政策培训工作办公室要组织人员不定期地深入各地进行检查指导，同时尽快出台考评办法，作为今后工作表彰的依据。

3.三个不放松：即支持不放松、质量不放松和服务不放松

一是在新形势下，对函校工作的支持不放松。函校自成立以来，就得到了各级财政部门的重视，函校今后的发展，更离不开领导的支持。成立函校有它的特殊性，应该继续发挥它的特殊作用。随着经济社会的发展和教育体制改革的不断深化，各级财政部门要从整个经济和财政工作大局出发，按照“财政大教育”理念，珍惜和利用好函校这个资源，继续发挥好这支队伍的作用。要切实重视函校工作，从人、财、物上予以支持。第一，要形成一种氛围。局主要领导要经常过问函校的工作，分管领导要亲自抓，其他领导要积极配合，解决函校工作中遇到的困难。第二，要改善办学条件。就总体布局而言，函校是一个“没有围墙的学校”，但具体到函授站，还是要有必需的教育场地和设施。随着人们生活水平的提高，大家对学习条件的要求也越来越高，各级财政部门应安排经费支持函校改善办学条件。第三，要充实人员。总体上讲，各级分校的力量比较强，县级函授站比较弱，没有专门的编制，办学人员专职的少兼职的多，且是退居二线的科室同志或是临聘人员。函授站是函校办学的基础和主体，办学总要有一定的专职人员，各地应努力落实编制和人员。有的地方采用函校和“财税或财会培训中心”两块牌子、一套人马的做法，值得借鉴。各级财政部门应将函校作为锻炼人才的一个阵地去选配函授站站长。就目前的就业形势，财政部门要进一些高学历、高素质的人，是一个最好的时机，当然，进人方式上可多种多样，可灵活些。

二是在满足多方需求下，教育培训质量不放松。要继续做好函校现有的各层次的学历教育工作，提高办学水平，稳定办学规模。要做好“知识更新教育”这篇文章，以满足财税系统干部和会计人员提升业务素质的需要，形成相互配合、相互促进、共同发展的一个良性运行机制，把函校办成财政部门教育资源利用充分、运作高效、特色鲜明的集会计学历教育、会计继续教育和财政政策培训为一体的综合培训基地。这是函校今后的发展目标。要加强这方面的工作，多协调、多沟通，学会多条腿走路，实现可持续发展。在满足多方需求下，始终清醒地认识到保证办学质量是办学者的职业操守，一如既往地贯彻“从严治学、质量第一”的办学方针。要根据成人的文化基础、心理特征和家庭状况等特点，围绕财政中心工作和财政改革，来安排教学和培训内容，注重方式方法的多样性和灵活性，确保教育培训质量，坚定不移地维护好函校的良好声誉，珍惜20年办学形成的“中函”品牌。

三是在现有管理体制下，服务水平不放松。党的十七大报告指出，要加快行政管理体制改革，建设服务型政府。函校现有的管理体制多种多样，市级分校都在财校，县级函授站既有在财政会管部门的，也有在财政人教部门的，还有的是委托给党校或其他单位的。我们不强调统一，但不管何种管理体制，都要始终清醒地意识到函校最终是财政部门主办的，是财政部门服务社会的一个重要窗口，函校工作体现了财政部门的

形象。函校系统也要响应党中央的号召，树立强烈的服务意识，不断提升自身素质，大力改进服务方式，提高服务质量。一方面，要从服务于经济、财政中心这个大局出发，怎样在经济发展、财政改革深入过程中扮演好角色、发挥好作用上，多动脑筋，多想办法，多出一份力量；另一方面，不管是办学人员还是教职员工都要强化服务意识，提高服务水平，要想学员之所想，急学员之所急，要把各项工作纳入制度化、规范化轨道。总之，要根据财政科学化、精细化的要求做好函校的各项工作，通过优质的服务，将函校建成一个展示财政部门良好风貌的窗口。

（2010年1月）

在省财政厅处长会议上的讲话（摘要）

省财政厅厅长　钱巨炎

一、充分认识“持续、平稳、健康”、“支撑、保障、引导”12字指示的重要意义

吕祖善省长在认真研究财税经济形势和发展趋势的基础上，审时度势，适时提出“推动财税自身发展方式转变，实现财税持续、平稳、健康发展；贯彻落实科学发展观，发挥财税支撑、保障和引导功能”要求，具有十分重要的现实意义。

第一，这是对财税工作的历史总结。财政厅历届厅党组一直以来认真贯彻落实省委省政府各项战略部署，强调“量力而行、量入为出、收支平衡”，确保可持续发展。本届厅党组提出的“实、稳、优”，无论是内涵还是外延，都秉承了“持续、平稳、健康”的理念，并在把握财政收支、推进财税改革、抓好队伍建设等方面得到了较为理想的体现。

第二，这是对财税部门职能作用的明确定位。1月8日，胡锦涛总书记在主持中央政治局18次集体学习时指出：财政是政府履行职能的重要物质基础，是国家宏观调控的重要手段，也是推动经济发展、促进社会和谐、维护国家安全的重要保障。随着我国经济社会不断发展和人民生活水平不断提高，财税工作的地位和作用越来越重要。胡锦涛总书记的重要讲话是今后一个时期做好全国财税工作的总指导方针。吕省长提出的“持续、平稳、健康”、“支撑、保障、引导”，是对我省财税部门职能作用的明确定位，也是我省财税部门在市场经济条件下地位不断提高的一个标志。我们要切实增强历史使命感和责任感，发挥好财税支撑、保障和引导经济社会发展的功能。

第三，这是对今后一个时期财税工作的明确要求。吕省长继2003年提出“一要吃饭、二要建设、三要有所积累、四要增强调控能力”和2007年提出“收入一个笼子、管理一个盘子、支出一个口子”等财政管理改革要求后，再一次对财税工作作出12字重要指示，明确了今后一个时期我省财税部门的工作目标和任务，从而也为我们指明了努力方向。

二、实现财税自身持续、平稳、健康发展，发挥支撑、保障、引导作用，促进经济社会事业发展

（一）不断完善财政体制

1. 客观分析和评价现有财政体制的利弊。财政体制是处理各级政府之间利益关系的最重要的制度之一。现有体制是以1994年开始实施的“两保两挂”体制为基础的，2003年作了完善，2008年作了调整。从运行情况看，我省财政体制适应了经济社会的发展并在第一轮促进浙江经济发展过程中起到了不可磨灭的作用。但随着经济水平的提高、经济规模的扩大和发展方式的不断调整，按照科学发展观的要求，原有体制的边际效用在递减，体制的负作用已经慢慢显现。

2. 客观判断县级财力状况。近年来，县级财政在诸多民生政策的压力下，已举步维艰。特别是近期国家出台一系列增支政策以后，加上金融危机影响，县级财政增长乏力，支出又比较迅猛，不少县级财政收支平衡难度很大。在这种形势下，要进一步完善财政体制，必须先摸清县市财力的真实情况，分析判断县级财力状况。

3. 适应新一轮发展的要求，研究完善财政体制。要学会思考如何在现阶段保持基调不变的情况下进一步完善财政体制。并通过财政体制的进一步完善，加快推进经济转型升级，加大对中心镇、产业集聚区、海洋经济以及欠发达地区的支持力度，促进企业做大做强，推动大平台、大产业、大项目、大企业建设。

（二）科学把握财政盘子

财政盘子主要有三个方面，即收支规模、收支结构和收支平衡。

1. 收支规模。收入方面，要确保完成省人代会明确的今年全省地方财政收入预算增长6%以上、实现地方财政收入2270亿元的目标任务。从1月份情况看，全省地方财政收入完成327.49亿元，增长23.7%，完成年度预算的14.4%。虽然财政运行开局良好，但我们不宜盲目乐观。今年是财税经济形势十分复杂的一年，下半年的情况很难判断清楚。中央强调继续实行积极的财政政策和适度宽松的货币政策，但强调要作结构性调整，而且在货币政策上已有所体现，这为今年下半年增加了很多不确定性。因此在收入方面上半年要应收尽收，不要怕增速高，先争取主动，下半年可以视情再作调整。支出方面，已经明确的资金要抓紧下达，这也是改变现有

专项资金格局的措施之一。专项资金问题产生的原因是多方面的，等到年底集中下达也是其中一个因素。如果完善了专项资金管理办法，减少了资金分配的随意性，可能会减少部门对专项资金的兴趣，从而在一定程度上又反过来推动专项资金的规范管理。

2. 收支结构。主要是优化非税收入结构、税收收入结构、地方财政收入结构，这也是我们始终强调的一个问题。要在税收收入比例保持现有水平的前提下，不断优化地方财政收入结构，做实、做优地方财政收入，确保地方财政收入平稳、持续、健康增长。

3. 收支平衡。今年财政盘子比较紧，平衡压力很大，合理安排和执行好预算至关重要。从年初的预算来看，很多欠发达地区面临收支平衡难题。为此，我们要贯彻落实好吕省长在财政厅党组民主生活会上的指示，将支持欠发达地区的10亿元资金，按照一般转移支付办法进行分配。采取这种方法，可以增加市县可用财力，增强市县统筹的余地。如果以专项资金方式分配，市县不仅没有余地，而且还要增加配套，反而增加了负担。

(三)深化财政管理改革

1. 深化“三个子”改革。“三个子”改革的关键是一个盘子编预算。要加快步伐，真正把政府财力全部纳入综合预算。从去年来看，基金和预算外收入合计数超过地方预算收入。现在条件已经逐步具备，“收支两条线”也趋于成熟，要抓紧加快推进“三个子”改革进度，统筹一般预算收入与预算外收入。

2. 推进“三位一体”改革。“三位一体”改革是推进“三个子”改革的组织保障。“三位一体”是既相互分离、又相互制约、互为循环的组织框架体系。要强化预算编制、预算执行和预算监督，按照“三个子”的要求，所有收入来源全部编进，确保“一个笼子进、一个盘子编、一个口子出”。

3. 编好四本预算。除一般预算外，现在编得较好的是国有资本经营预算。下一步，要编实、编细基金预算，确保数据准确。要把握社会保障预算编制的主动权，社会保障预算应该包括社保基金预算以及一般预算里用于社会保障的支出。

4. 加强专项资金整合。每个业务处室都要把专项资金整合作为今年的一项重要工作来抓，要化决心为实际行动，至少在一个部门里要有较大的整合力度；要善于借助于各类平台建设等机会，在确保所有权不变的情况下，把不同部门的专项资金整合到一起。

5. 加强政府性债务管理。近日财政部召开有关债务管理的专题会议，研究出台政府性债务管理的办法。这是加强政府性债务管理的历史机遇，我们要在客观分析政府性债务产生原因的基础上，根据国家有关政策，提出切实有效的管理措施。

总之，各业务处室都要围绕自身业务，提出改革创新的举措。

(四)加快推进经济转型升级

1. 支持四大平台建设。要积极开展调查研究，围绕省委省政府的决策部署，提出解决问题的方法，处理好各方利益，鼓励加快建设。对省委省政府作出的重大决策部署要以积极的态度、创新的思维去认真落实。财税部门比较守规矩，这是很好的传统，要继续保持，但态度要积极，要想法子、出点子，帮助提出可行的方案或解决问题的办法。

2. 支持中心镇发展。中心镇是引领未来浙江经济发展的增长点。中心镇无论是心理距离还是空间距离对农民进城都是最合适地方，也是当前有效拉动投资和促进消费的最佳结合点，是消除城乡二元结构，推进城市化，提高农村公共服务水平的有效途径。对于中心镇建设，我们要力争主动，积极配合，早作研究，抓紧提出详细的方案。涉及资金的分配使用，财政部门都要主动牵头、主动参与。

3. 支持欠发达地区发展。欠发达地区发展是浙江实现全面小康社会的一个难点，也是财政职能所在。财政部门要通过引领、引导作用，实现地区之间、不同社会层级之间、经济与社会发展之间的平衡，对欠发达地区财政部门给予关心、关注。除了10亿元欠发达地区扶持资金如何分配外，更重要的是给予发展的思路，出思路比给资金管用。对欠发达地区扶持了多年，但大的格局没有变化，因为经济发展具有马太效应。要根本改变这种利益格局，必须发挥财政体制的导向作用，鼓励欠发达地区保护好青山绿水，形成青山绿水也是金山银山的观念。

4. 支持生态省建设。生态文明是引领未来生活很重要的方面，省委主要领导也十分重视此项工作。省委近期将召开全委会就如何推动生态省建设进行部署。当前我们要认真完善生态文明建设的子课题，从体制机制方面细化推进生态文明建设的意见建议。

三、不断加强财税自身建设，努力实现自身发展方式转变

加强自身建设必须要“两手抓”，尤其是财政部门，要一手抓队伍、一手抓业务。抓业务，大家都是强手，但也不均衡。带好队伍，有思想认识上需要提高的方面，也有工作上需要到位的地方。省纪委来我厅进行党风廉政建设责任制和反腐倡廉工作检查的反馈意见中提到，我厅处级干部现状总体较好，但也有部分处长、有些同志对惩防体系建设和落实党风廉政责任制的重要性认识不足；一些处室工作不够主动，措施不够有力；有的处长服务意识有待进一步改进，口气大、自我感觉好。虽然我们在加强和完善专项资金管理上取得了较好成绩，但项目过多，切块过细，企业重复申报等情况仍存在，资金使用

绩效有待进一步提高；政府采购效率、价格等方面有较多反映，政府采购制度需要进一步完善。上述问题，需要高度重视。对于这些问题，大家都要逐条对照，要“有则改之、无则加勉”。

今天各位处室负责人的发言，在一定程度上也是一场“考试”，总体来讲，大家精神状态都很好，但在谈问题、谈观点的时候，水平也有高有低，也有部分同志工作作风比较散漫，业务水平能力有待提高，领导能力水平和方式方法有待改变。

加强自身建设，我认为需要做到以下三个方面：善于带队伍、善于抓业务、善于作表率。

(一)善于带队伍

今天在座的是各个处室的主要负责同志，都有一个带队伍的问题。陈敏尔常务副省长在全省财政地税工作会议上指出，财税部门要做到“坚定清醒有作为，团结廉洁出实绩”。任何一个单位，领导班子是基础和核心。财税事业的发展，离不开一个坚定清醒有作为的班子，离不开一个拼搏奋发向上的团队，必须要加强班子建设和队伍建设。作为处室“一把手”，处长要担当起处室首脑作用，善于带好队伍。一方面，要自己先兴奋起来，务实创新，有足够的智慧和丰富的思想，来应对本部门的许多难题。另一方面，要带动处室团队，带动分管的整条线，使工作更有活力和创意。陈敏尔常务副省长提出的要“善于当家、善于管家、善于持家”的理念对处室也适用，每个处室管好了，整个单位也就强了。

(二)善于抓业务

作为处长，抓业务应是强项。我认为，处长应具备三种能力：坐下来能写，站起来能讲，走出去能干。提倡处长们要“眼高手低”，即眼界要高，从大处着眼，有宏观思维和发散性思维；从低处着手，善于微观操作，坚持“数字实、工作实、为人实”，扎扎实实做好各项工作。要用心，要全身心投入，对分管的事务烂熟于心，大到党的路线方针政策、省里的重大决策和部署、厅党组的主要工作思路等心中有数，细到处内政策出台背景和具体内容、相关指标数据、实施情况等了如指掌，能脱口而出。要用脑，经常思考，善于问个为什么，特别是面对工作中出现的新问题、棘手问题，敢于迎难而上，搞清事实、抓住要害、理出头绪，提出自己的思路和观点，真正做到思维清、业务精、业绩优。要用力，善于抓关键，找准突破口，解决关键问题和难点问题，带动和促进其他工作的落实。要在统筹兼顾的前提下，善于抓住主要矛盾，即对全局有决定意义、牵一发动全身的大事，集中力量重点突破，以抓重点带一般，抓薄弱促平衡，抓局部带全盘。要善于用人，营造健康和谐的工作环境，把副处长、全处室、整条线的人的积极性调动起来，充分发挥整体效能。要敢于放手，鼓励副处长们在其职权范围内充分发挥才干，在实践中经受磨炼，不断增强自信心和责任感；调研员和副调研员有多年的工作经历，在做好本职工作方面都有丰富的经验，要侧重发挥他们的长处，做好传帮带的工作，发扬好传统；要严格管理、教育和培养好干部，对干部取得的成绩要鼓励、肯定，不足之处要帮助提高，对于缺点和错误要及时指出并进行批评，使干部在竞争中快速成长提高。

(三)善于作表率

处长在厅机关处于承上启下的位置，在财政厅这个大家庭中，对加强干部队伍建设、凝聚人心、增强战斗力，地位和作用都很重要。处长们既是业务高手，又是道德模范、作风表率，这也是做好财政工作“两手抓”的关键。这两年省财政厅地税局能连续被评为优胜单位，与有一支高素质的干部队伍尤其是优秀的处长队伍分不开的。

处长要勤政、廉政、善政。财政作为管钱管物的部门，廉政方面要求更高，出了问题影响面更大。廉政是财政部门的生命线。处级干部手中有一定的建议权、决策权，一定要树立正确的世界观、人生观、价值观和政绩观，正确对待权力、位置、群众，切实做到依法治税、为民理财、务实创新、廉洁高效。要勤于政事，务实做事，低调为人，厚道待人。要廉洁奉公，时刻审慎地反思自己的言行，慎之又慎地对待自己手中的权力，随时警醒，勿以善小而不为，勿以恶小而为之，不仅要管好自己，还要管好处室的人。要优化服务，提高工作效率，塑造为民理财，为民服务的良好形象。

处长要以身作则，树“权威”不树“权势”。权威是一种潜移默化、使人接受的影响力。正人先正己，以身作则，用实际行动做出榜样，凡要求同志们做到的自己首先做到，凡要求同志们不做的自己首先不做，只有这样，才能赢得真正的尊重和拥护。一个人的水平高、威望高体现在多方面。处长要大气，不与部下争利益；要公平、公正，尽量讲“普通话”少讲“地方话”。一碗水端平，实事求是，一视同仁，不搞亲亲疏疏，不拉帮结派；要真诚，坚持与人为善，诚恳待人，关心和爱护下属，以优良的作风和人格魅力去带好队伍。

处长要民主团结，做“班长”不做“家长”。以民主作风团结处室班子成员，发挥每个成员的积极性，驾驭部门全局工作。在政策制定过程中，尤其是遇到人、财、物的使用和资金审批等重大或较敏感的事项时，要充分调研，反复论证，集思广益，提高决策民主性，增强决策科学性。

处长们善于带队伍、善于抓业务、善于作表率，就一定能担当起吕省长对我们提出的重任。财政厅的干部素质很好，水平很高，氛围也很好，正是做事情的最好时机。我们要利用这个大好的时机，承载起省委省政府赋予我们的职能和作用，在做好自身持续、平稳、健康发展的同时，支撑、保障和引导全省的经济社会事业的发展。　　(2010年2月　根据录音整理)

在市地财政局长座谈会上的讲话

省财政厅厅长　钱巨炎

一、关于援疆工作

新一轮援疆工作是中央为加快新疆发展、维护新疆稳定所作出的重要举措，是资金、人才、技术、管理的综合援疆，是干部援疆、人才援疆、教育援疆的全面援疆，不仅具有重大的经济意义和现实意义，而且具有重大的政治意义和历史意义。各级财政部门要充分认识对口支援新疆工作的重要性和迫切性，以高度的责任感和使命感，按照省委、省政府的统一部署，扎实做好各项相关工作。

1. 足额筹措资金。这次对口支援新疆阿克苏地区和兵团农一师，中央对我省有明确的资金筹措要求，即按照上年地方财政一般预算收入的 0.5%筹措。根据中央核定的资金计划，我省 2011 年筹措资金 10.56 亿元，预计前三年为 34.3 亿元。而我省初步制定的对口支援规划，确定了前三年 40 亿元、2011 年 17 亿元的建设任务。因此，资金筹措和任务实施、年度资金筹措规模和项目建设任务不完全匹配，各级财政部门不仅要落实当年的筹措任务，还要提前垫付下一年度部分资金。各级财政部门务必从“全省一盘棋”的角度出发，根据“资金一个盘子”的要求，按照省财政核定的筹措额度，及时足额筹措资金。确实存在缺口的，可申请省财政调剂垫付。

2. 强化资金管理。这次对口支援资金投入力度大，时间跨度长。各市财政部门要充分发挥财政部门职能作用，认真履行职责，加强管理，统筹安排，管好、用好援疆资金，发挥资金最大效益。一是制定援疆资金具体管理办法。这次会议后，省财政将尽快制定《浙江省对口支援新疆阿克苏地区和兵团农一师资金管理办法》。各市要根据省里确定的资金管理要求，结合当地对口支援工作，制定相应的具体管理办法。二是切实加强对口支援项目投资控制。此次援疆由中央确定分县对口支援规模，这是与对口支援青川最大的区别。各市实施的对口支援项目如超过概算投资，将无法在全省对口支援总盘子中调剂，只能从受援县以后年度的支援规模中解决。因此，各市财政部门一定要按照省下达的项目和资金计划，严格建设成本管理，规范成本核算，加强项目投资控制。三是择优选拔财政部门赴援建指挥部工作人员。各市指挥部负责对口支援项目的具体实施，指挥部财务管理是援疆资金管理的第一线。由于基建财务管理专业性较强，各市财政部门要选派懂基建财务管理、肯吃苦、能力强的优秀干部赴援建指挥部。四是强化监督检查。财政部门要与监察、审计等部门密切配合，加强对援疆资金使用的全过程监督检查，切实防止挤占、挪用和损失浪费，确保资金安全有效。五是尽快落实对口支援管理部门。对口支援工作全省一盘棋，省与市之间在政策把握、资金调度、数据统计等方面联系紧密，为确保对口支援资金管理工作的高效开展，省厅已确定由经建处负责援疆资金管理工作，建议各市在管理部门设置上尽量做到上下对口。

3. 落实经费保障。阿克苏地区自然环境恶劣，指挥部工作任务艰巨，各级财政部门一定要做好援建指挥部经费保障工作。参照援川管理模式，各市指挥部工作经费由同级财政部门负责安排，不得挤占对口支援项目资金。财政部门要本着保证需要、勤俭节约的原则，在办公场所、车辆配备、办公设施等经费保障上为指挥部创造良好的条件，确保对口支援工作顺利开展。

二、关于对口支援我省欠发达地区加快发展

推进我省欠发达地区加快发展，既具有经济意义，更具有政治意义。赵书记在加快欠发达地区发展工作座谈会上明确指出，无论是全面建设惠及全省人民的小康社会，还是加快经济发展方式转变以及作为经济大省地位，加快欠发达地区发展都不能再怠慢。对此，全省各级财政部门要进一步统一思想，以强烈的现实紧迫感和政治责任感，从推进科学发展、构建和谐社会、全面建成小康社会的高度，充分认识推进欠发达地区加快发展的重大意义。

近年来，全省各级财政部门积极贯彻落实省委、省政府决策部署，完善财政体制机制，不断加大对欠发达地区的扶持力度，努力提升欠发达地区基本公共服务能力，有力促进了欠发达地区经济社会协调发展。但由于受客观因素的制约，总体来说目前我省欠发达地区经济社会发展水平依然较低，各项社会事业发展的基础仍较薄弱，摆在面前的困难还很多。为此，我们要在支援新疆、西藏、青川发展的同时，进一步完善扶持我省欠发达地区发展的财政体制机制，充分发挥省级财政的主导作用，通过集中部分财力，加大对欠发达地区的扶持力度。

日前，省委、省政府已决定对我省欠发达地区实行对口支援的政策，参照中央对口援川援疆援藏的办法，由省按全省地方财政一般预算收入的 0.4%（即保持原援川资金筹资比例 1%不变的基础上，扣除援疆 0.5%和援藏 0.1%后所余）筹措资金，并结合地方政府债券资金、省级财政资金安排等途径，建立扶持欠发达地区发展资金。重点扶持最困难的部分欠发达县。争

取通过三至五年的努力，加快欠发达地区发展，缩小地区之间差距，实现区域统筹协调发展，全面建设惠及全省人民的小康社会。

三、关于今年的财税工作

(一)贯彻落实“十二字”精神，推动经济发展方式转变

年初，在省财政厅党组民主生活会上，吕祖善省长在研判我省财税经济形势的基础上，提出了“财税部门自身要实现持续、平稳、健康发展，为贯彻落实科学发展观，加快经济发展方式转变，发挥支撑、保障和引导作用”，即“十二字”要求。这是吕省长继2003年对财税工作提出“一要吃饭、二要建设、三要有所积累、四要增强调控能力”的要求，2007年提出“三个子”改革要求之后，又一次对财税工作作出重要指示。“十二字”既是对财税工作的历史总结和财税部门职能作用的准确定位，也是今后一个时期财税工作的主要任务。各级财政地税部门要充分认识新形势下财税的地位、职能和作用，进一步强化加快经济发展方式转变的紧迫感、危机感和责任感，按照科学发展观的要求，围绕大局，突出重点，创新财政体制机制，发挥好财政的支撑、保障和引导作用，加快推进我省经济发展方式转变。

一是要着力发挥财政支撑作用，加快经济结构调整。调整财政扶持政策，支持现代农业发展，加快工业转型升级，大力发展第三产业；调整要素投入结构，重点加大对科技、人才等扶持力度，缓解要素制约，实现可持续发展；认真落实积极的财政政策，大力推进“全面小康六大行动计划”，支持内外贸发展，实现投资、消费、出口协调增长。

二是要着力发挥财政保障作用，加快改善社会民生。积极调整优化财政支出结构，加大财政对教育、文化、卫生、社保、就业等公共服务领域的资金保障力度，确保全省财政支出的三分之二以上用于民生，更好地发挥财政资金在改善民生、扩大消费中的重要作用。

三是要着力发挥财政引导作用，统筹区域协调发展。按照基本公共服务均等化的要求，加大财政转移支付力度，加快欠发达地区发展；加快推进产业集聚平台建设，建立支持产业集聚区建设的引导机制，引导产业集聚提升；加大财政资金扶持，支持中心镇建设，大力推进新型城市化、统筹城乡发展。

(二)加强干部队伍建设，增强财税持续发展能力

财税工作千头万绪，而干部队伍建设是做好财税工作的前提和保障。当前，全省财税系统干部队伍建设面临着许多新的问题，如规范津补贴、干部职级、领导职数配备等问题，在一定程度上影响了干部职工的精神状态和工作积极性。对此，我们必须要高度重视，切实采取措施，多渠道解决好事关财政地税干部个人切身利益、事关财政地税事业改革和发展的问题。

一是加快财税机构改革。当前各地即将全面开展政府机构改革，各级财政地税部门要紧紧抓住这一契机，利用“财政、地税一家”的体制和机制优势，积极发挥主观能动性，向当地党委、政府做好汇报，主动献计献策，使机构调整与财税管理体制改革相结合，逐步建立起适应新形势要求的财税管理体制机制。财政方面：参照省厅建立预算编制、执行、监督“三位一体”财政管理组织框架，强化预算编制、执行和监督职责，并努力争取高配，一步到位。各业务口设置不强求上下对口，但预算编制、执行、监督的组织框架和乡镇财政管理机构一定要搭建起来。地税方面：参照台州市局在2009年基层编制公务员不占职数主任科员配备试点经验的基础上，通过与地方政府、组织人事部门的沟通、协调，采取以点带面的形式，比较稳妥地逐步解决全省地税基层主任科员配备问题。省厅、省局也将进一步加大协调和指导力度，帮助市县财政、地税部门解决一些实际问题。

二是加强机关作风建设。以“治庸治懒，提能增效，狠抓落实”为重点，以“勤政、廉政、善政”为目标，扎实开展“深化作风建设年”活动，激发广大干部职工的工作积极性和创造性，做到勤于政事，务实做事，优化服务，提高工作效率，塑造为民理财、为民服务的良好形象。对违反效能建设各项制度规定尤其是给财政地税形象抹黑的行为，一经发现，要按照《浙江省影响机关工作效能行为责任追究办法》等规定严肃处理，追究相关人员责任，绝不姑息。

三是加强财税文化建设。首先，要通过搭建财税文化建设平台，开展丰富多彩的财税文化活动，使财税文化核心理念深入人心，并转化为每位财税干部的自觉行动，全面提振干部队伍精神风貌。其次，要紧密结合财税业务建设和财税队伍建设实际，进一步做精、做深、做透财税文化，产生“文化生产力”，促进财政地税部门自身“持续、平稳、健康”发展和“支撑、保障、引导”职能作用的充分发挥。最后，也是最重要的一条，在财税文化建设中，财政地税部门的领导同志也要以身作则、做好表率，发挥引领、示范作用，引导干部职工树立正确的人生观、世界观和价值观，增强“先天下之忧而忧，后天下之乐而乐”的使命感，积极倡导“快乐地工作，认真地生活”，不断增强队伍的凝聚力、向心力。

(三)加强乡镇财政建设，夯实基层财政组织体系

我省自1985年建立乡镇财政以来，经过20多年的努力，乡镇财政已取得长足的发展，乡镇财政收支规模不断扩大，乡镇财政体制不断完善，乡镇财政管理也日趋规范，有力地保证了基层政权组织的正常运转，促进了农村各项社会事业的健康发展。2009年，全省(不含宁波，下同)乡镇财政一般预算收入290.30亿元，占全省地方财政收入的17%，乡均一般预算收入为2636.64万元；全省乡镇财政支出182.77亿元，占全省财政支出的8.5%，乡均财政支出为1660.02万元。全省决算统计的1101个乡镇中，一般预算收入超过1000万元的乡

镇有399个，其中：超过5亿元的有1个；3亿～5亿元的有16个；1亿～3亿元的有60个；5000万元至1亿元的有79个；1000万～5000万元的有243个；乡镇财政一般预算支出超1000万元的乡镇有469个。

当前，乡镇财政管理工作出现了新情况、面临着新挑战。一是管理方式方面。前些年，由于农村税费改革和农村义务教育等事权上收到县级管理，很多市县对乡镇"减人、减事、减编制"，财政上推行"乡财县管"。但是，现在乡镇政府职能发生了重大变化，承担的农村社会管理职能和农村公共服务任务日益繁重。随着统筹城乡发展、缩小二元差别步伐的推进，公共财政阳光加快向农村辐射，村庄建设、涉农贴补、农民养老保险和新农合、文化卫生公共服务等事关农村民生事业发展的新农村建设财政支持政策接连出台，乡镇财政收支规模将大幅增加，为此，"乡财县管"等管理方式需要作相应调整和完善。二是管理力量方面。乡镇财政建立初期，组织和业务建设得到快速发展，机构设置较为统一，人员配备也基本到位。但目前乡镇财政管理力量较为单薄，一般乡镇只有2人(1个负责人，1个总会计)，不少乡镇只设1个总会计，难以满足乡镇财政资金监管工作需要。

为此，各地要密切关注乡镇财政建设问题，认真贯彻落实财政部下发的有关加强乡镇财政管理工作的一系列文件精神，在摸清乡镇财政管理现状的基础上，按照省级加强指导、市级大力推动、县级抓好落实的工作思路，有针对性地制订加强和改进乡镇财政管理的意见，落实乡镇财政管理具体措施。同时要积极发挥典型引路的作用，分类指导做好乡镇财政管理工作。这项工作省厅已着手作重点调研。各级财政要共同努力，在乡镇财政机构设置、队伍建设、管理方式和业务培训上进行积极有效的探索，切实加强乡镇财政建设，发挥乡镇财政资金监管作用，进一步开创乡镇财政管理工作新局面。

(四)科学把握收支进度，圆满完成全年预算任务

从收入来看，1～5月，全省地方财政收入1228.98亿元，增长27.8%，完成年初预算的54.1%。虽然收入实现了较快增长，结构也不断优化，但剔除上年同期历年养路费结余缴库退库影响，今年1～5月累计增幅比1～4月下降2.0个百分点，收入增幅已呈回落态势，且当前的较快增长是在物价上涨、楼市火暴、同期基数低共同作用下的恢复性增长。随着欧洲主权债务危机的不断升级，外需恢复仍存在很大的不确定性，而国内经济又面临着生产成本急涨、通胀预期加强、人民币升值压力加大、楼市受调控面临调整等影响，财政收入后期形势不容乐观。因此，面对复杂多变的宏观经济形势，我们要科学研判收入增减趋势，未雨绸缪，及早研究应对措施，在依法治税、规范管理的前提下，把握好组织收入的节奏、力度和方向，不断增强组织收入的前瞻性、主动性和科学性，牢牢把握组织收入主动权，确保财税收入持续平稳健康增长。

从支出来看，1～5月，全省地方财政支出1004.89亿元，增长13.7%，完成年初预算的37.2%，落后序时进度4.5个百分点，其中科学技术、交通运输仅完成年初预算的26.0%、22.4%，支出进度明显偏慢。支出不均衡，进度慢，不仅不利于尽早发挥财政资金效益，更令预算的严肃性、权威性大打折扣。各地要密切关注财政支出情况，采取切实有效的措施，加快财政支出进度。要建立财政部门内部相关处室、财政部门与预算单位的协调机制，保证预算执行的顺畅运行；建立财政部门与各级人大的沟通机制，争取人大对财政工作的理解与支持；建立部门决算对部门预算的约束机制，包括对部门预决算数据进行适度公开，倒逼部门提高预决算编制水平，从而构建部门预算科学化精细化编制长效机制；改进超收收入使用办法，建立预算稳定调节基金，减少当年支出结转；清理结转资金，建立部门消化结余资金约束机制，并加大统筹使用力度；建立支出进度通报制度，促使各部门、各预算单位关注执行进度，提高执行效率。

(2010年6月)

在强农惠农资金专项清理和检查工作全省电视电话会议上的讲话

省财政厅厅长　钱巨炎

日前，财政部、监察部、国务院纠风办、审计署联合下发了《关于开展强农惠农资金专项清理和检查工作的实施意见》，并专门召开电视电话会议进行专题布置。省委、省政府对做好强农惠农资金专项清理和检查工作非常重视，省委常委、副省长葛慧君将作重要讲话。为贯彻落实好财政部等四部门的实施意见和省政府领导的指示精神，根据省级领导小组统一部署，下面，我代表省财政厅先讲几点具体意见。

一、提高认识，把强农惠农资金专项清查工作摆上重要议事日程

这次在全国范围内布置开展的强农惠农资金专项清查工作，覆盖面之广、涉及内容和部门之多，前所未有。省委、省政府高度重视，成立了由省委常委、副省长葛慧君挂帅、25个省

级部门参加的省级领导小组。会前，葛省长又专门听取省财政厅关于我省强农惠农资金专项清查工作方案的汇报，并与省财政厅、省监察厅、省纠风办、省审计厅等部门共同研究我省专项清查工作的实施方案。各级财政部门要进一步提高认识，切实增强责任感和使命感，充分认识开展强农惠农资金专项清查工作的重要意义，按照深入贯彻落实科学发展观的要求，把专项清查工作作为推进财政科学化精细化管理的重要举措，作为贯彻落实"依法治税、为民理财、务实创新、廉洁高效"核心理念的实际行动，作为健全预算编制、执行、监督"三位一体"财政管理的具体体现，切实做好专项清查工作，更好地实现财政自身持续、平稳、健康发展，充分发挥财政支撑、保障和引导作用。通过专项清查，进一步落实各项支农惠农政策，切实保护农民的合法权益和切身利益。

二、建立机制，明确任务，扎实推进专项清查的各项工作

强农惠农资金专项清查工作政策性强、要求高，各级财政部门要明确任务，把握重点，认真抓好落实。今天电视电话会议后，省里将下发我省《实施意见》，各地要按照《实施意见》确定的目标任务、范围重点、步骤要求，切实抓好各项工作，确保专项清查工作扎实推进并取得实效。

(一)建立工作机制。专项清查工作要建立"领导小组统一领导，财政部门综合协调，相关部门各司其责"的工作机制，在当地强农惠农资金专项清查工作领导小组的统一领导下，抓紧研究明确专项清查工作的有关政策规定和工作要求，加强各环节工作的指导、协调、督促，加强沟通，密切配合，积极协调专项清查工作中遇到的问题和困难。

(二)明确专项清查任务。本次专项清查的任务是两个方面：一是清理，即对全省各级财政安排用于县级及以下的强农惠农资金，包括对农民的补贴、支持农业生产和农村社会事业发展、改善农民生活条件等方面的资金(含政府投资)进行全面清理，摸清底数。清查工作实行分级负责，逐级汇总。二是检查，即对各项强农惠农资金，从资金安排、分配、拨付、使用、项目实施等环节进行全面检查。主要检查2007～2009年各级财政预算安排用于"三农"各项资金的使用情况(包括基建投资用于"三农"的支出)。各地、各有关部门要认真进行全面清理，不重复、不遗漏，确保内容全面、数据准确。按照要求，认真开展自查，及时进行整改。

(三)把握专项清查重点。本次专项清查采取自查自纠与重点检查相结合的方式。自查面必须达到100%，省级领导小组重点检查面要达到50%。省级领导小组将根据各地区、各有关部门自查自纠情况，制订重点检查方案。省级部门的重点检查，由省财政厅、监察厅、纠风办、审计厅联合开展，抽查面达到纳入清查范围省级部门的50%；市县的重点检查，按照省级明确的工作机制，分片区实行重点检查，抽查面不低于片区内县(市)数的50%。省级领导小组重点检查四个方面的内容，即对农民的补贴资金、农业和农村基础设施建设投入、农村社会事业投入、其他重点专项资金。各地应在各部门和单位自查自纠的基础上，对资金投入比较集中、近年来问题反映比较多、管理不规范的部门和单位作为重点对象进行抽查。根据部级领导小组分片负责的原则，这次专项清查，我省被列为财政部负责的重点检查地区，希望各地、各有关部门根据实际情况，准确把握清查重点，富有成效地开展专项清查工作。

特别要注意检查和纠正强农惠农资金使用管理中存在的问题。一是管理制度是否完善。二是对农民的各项补贴资金是否及时足额拨付到户。三是是否存在多头申报、虚报冒领、套取资金的问题。四是是否存在截留、挤占、挪用资金的问题。五是是否存在滞留、资金使用效率较低的问题。六是财政预算安排的强农惠农资金相关账户设置和资金划转存在的问题。七是违反制度规定的其他问题。

(四)做好各阶段工作。此次专项清查工作自2010年6月开始至2010年底结束，分为四个阶段：一是部署启动阶段，要求6月底前部署完毕。重点是成立本级强农惠农资金专项清查工作领导小组，结合本地实际制定具体实施方案，组织实施专项清查工作。二是自查自纠阶段，要求7月底前结束。各地、各部门要按照专项清查的范围、内容和要求，组织开展自查自纠。三是重点检查阶段，将于8月底前结束。省级领导小组办公室根据各地、各有关部门自查自纠情况，制定重点检查方案，确定重点检查的省级部门、市县，并组织开展重点检查。四是整改总结阶段，要求9月底前完成。各地、省级各有关部门根据自查自纠情况和省级重点检查反馈意见，对存在的问题进行认真整改，及时报送省级领导小组办公室。

三、落实责任，做好强农惠农资金专项清查工作

各级财政部门要按照会议部署和省里下发的《实施意见》的要求和规定，在当地领导小组的统一领导下，切实履行职责，会同监察、纠风、审计等部门认真制定专项清查工作的具体实施方案。积极组织开展强农惠农资金项目清理，对以前年度发现的问题开展"回头看"。会同各成员单位扎实开展重点检查，对重点部门、重点项目资金进行抽查。同时，对检查中发现的问题要深入进行分析，提出具体整改意见和措施，通过完善制度，规范管理，不断提高强农惠农资金的管理水平。

各级财政部门要将专项清查工作作为今年加强财政资金管理的重点工作，切实采取有效措施，落实责任，确保专项清查各项工作顺利完成。一是成立专项清查的组织机构。要结合当地强农惠农资金安排和使用的实际情况，在财政部门内部成立由主要领导为首的组织机构，确保专项清查工作的有序、有效开展。二是落实专门人员，明确责任。在组织机构中要明确具体部门和具体人员，同时要明确具体分工和责任，切实提

高专项清查工作的效率。三是统筹安排，注重质量。由于此次专项清查工作时间跨度长、工作要求高，各级财政部门要合理安排，做好各项工作之间的衔接。同时，要特别注重专项清查工作的质量，真实、客观地反映专项清查的实际情况，对于专项清查工作中发现的问题，不回避，不隐瞒，要对可能存在的违法违纪行为产生一定的震慑作用，起到防止腐败的作用。针对专项清查中发现的问题，各级财政部门要强化资金监管的制度和措施，不断提高强农惠农资金的使用绩效。

四、密切配合，确保强农惠农专项清查工作的有序开展

按照省政府对我省强农惠农资金专项清查工作的统一部署和要求，各级财政部门作为专项清查工作的牵头部门，要在当地领导小组的统一领导下，在做好本职工作的同时，强化服务意识，主动加强与各成员单位的沟通与配合，认真开展好强农惠农资金专项清查工作。一是要努力牵好头。各级财政部门要充分认识专项清查牵头部门的工作职责，扎实开展工作，积极做好牵头部门需要完成的各项基础性工作和组织、协调工作，并会同相关成员单位，为当地组织开展专项清查工作当好参谋。二是要切实加强与各成员单位的沟通与配合。各级财政部门在专项清查工作开展过程中，要树立全局观念和大局意识，充分发挥牵头部门的协调作用，主动加强与各成员单位的沟通，积极协调专项清查工作中碰到的困难和问题。三是加强宣传和信息报送。各级财政部门要加强与省级领导小组办公室的交流与沟通，积极报送当地开展专项清查工作的具体情况，要注意收集当地开展专项清查工作的好做法、好经验，并及时向省级领导小组办公室反馈，以发挥对全省专项清查工作的引导示范作用。

(2010年6月)

加强“三基”建设 深化财税改革 推动全省经济社会持续平稳健康发展(摘要)

省财政厅厅长、省地税局局长　钱巨炎

省委、省政府领导十分重视财政地税工作，近日在省财政厅报送的全国财政厅(局)长座谈会精神及当前我省财税有关情况的报告上，就做好财政地税工作作出重要批示。赵洪祝书记批示：全国财政厅(局)长座谈会特别是谢旭人部长的讲话精神很重要，一定要结合浙江实际认真贯彻落实。省财政厅提出的工作安排很好，要在上半年工作取得显著成绩的基础上，继续围绕“八八战略”和“两创”总战略，按照加快转变经济发展方式的要求，加强财税科学化精细化管理，加强财税文化建设，加强财税干部队伍建设，进一步提高财税管理水平，充分发挥财税在四大建设、调整经济结构、统筹城乡发展、改善群众生活中的支撑、保障和引导作用，为推动全省经济发展、建设生态文明、促进社会和谐作出新的贡献。吕祖善省长批示：讲话很好，特别是提出推进财税科学化、精细化管理，加强基础、基层和队伍基本建设，促进财税持续、平稳、健康发展；实施百亿工程，发挥财税支撑、保障、引导作用，思路很清晰。望这次培训班达到预期效果。省领导的批示精神非常重要，各地一定要认真学习，及时向党委政府作好汇报，并在实际工作中加以贯彻落实。

一、审时度势，全面把握财税工作形势

近年来，在省委、省政府的正确领导下，全省各级财政地税部门深入贯彻落实科学发展观，按照“依法治税、为民理财、务实创新、廉洁高效”的总体工作思路，念好“实、稳、优”三字诀，牢固树立六大意识，扎实开展财税文化建设，切实提高干部综合素质，财税系统自身建设不断加强。同时，积极发挥财税职能作用，不断创新财税体制机制，推进经济转型升级，统筹改善社会民生，有力促进了全省经济社会事业全面发展。但随着国内外经济发展环境的变化、公共财政管理改革的不断深入，财政地税工作面临诸多新情况和新问题，需要认真分析、全面把握、积极应对。

(一)财税收支形势不宜盲目乐观

得益于全省经济总体良好的运行态势及去年的低基数，今年以来全省财政收入实现较快的恢复性增长，结构持续优化。上半年全省地方财政收入1468.71亿元，增长29.7%，其中税收收入1381.65亿元，增长33.2%，税收收入占地方财政收入的比重为94.07%，比去年同期提高2.45个百分点；市县级收入快速增长，全省11个市本级和58个县(市)中仅17个县(市)收入增幅低于20%，区域发展的协调性进一步增强。全省财政支出增长较快，支出结构继续优化，重点支出保障有力，上半年全省地方财政支出1271.91亿元，增长16.8%，完成年初预算的47.1%，支出进度为近五年最快；全省社会保障和就业、教育、医疗卫生、文化体育与传媒等公共服务领域的支出分别增长49.0%、22.8%、23.6%、22.0%，民生支出得到较好保障。

但必须看到，当前及今后一个时期财税经济发展环境仍十分复杂。国际金融危机影响的严重性和经济复苏的曲折性超出预期，国内经济面临“两难”问题较多，经济运行仍存在不确定性。随着国内外宏观环境的深刻变化，我省推动经济发展方式转变、保持经济持续平稳较快增长的任务十分艰巨，全年

经济增长将呈现前高后低的态势。从财税收支总体形势看，收入存在不确定性，支出凸显刚性，财政收支矛盾未有效缓解，收支平衡难度将更加突出，部分市县财政潜在风险不容忽视。收入方面，上半年全省地方财政收入与2008年同期相比，增长33.1%，折算到两年中平均增长15.4%，属恢复性增长。7月份地方财政收入完成255.08亿元，增长11.8%；1～7月份累计完成1723.78亿元，增长26.7%，均已出现明显回落。随着通胀预期加大、融资环境趋紧，原材料、劳动力及环境成本进一步上涨，企业利润空间趋窄；外需恢复尚难确定，出口拉动作用不稳；宏观调控政策对内需动力带来新影响，尤其是加强房地产调控政策将带来传导效应；加上去年下半年高基数及新的税收增长点尚待培育，今年后期收入增幅回落态势将更为明显，预计今年财政收入增速将呈前高后低态势，收入的不确定性较大。支出方面，完善义务教育经费保障机制、推进"校安工程"建设、深化医疗卫生体制改革、深入实施低收入群众增收计划、加大"两房"建设力度等民生支出刚性很强；支持全省重大基础设施项目建设、扶持中心镇和欠发达地区发展、推动生态文明建设、支持"海洋经济"发展、援疆援藏工作等都需要投入大量财力。清理规范地方政府融资平台，也将对后期地方基础设施融资带来较大压力。

（二）财税机构有待进一步健全

公共财政管理不仅需要完整的制度体系作为规范运转的基础，更要有科学的组织体系和管理模式作为高效运转的保障。随着我省公共财政改革的不断深入，现行财政管理模式和组织架构面临新的情况。

从横向管理层面看。近年来，我省公共预算改革不断向纵深推进，"收入一个笼子、预算一个盘子、支出一个口子"的公共财政运行机制逐步建立，公共财政体系日益健全。但随着改革的逐步深入，传统的以部门（单位）性质分块对口管理模式的弊端日益显现，原有的财政管理组织架构越来越不能适应财政业务建设的需要，一定程度上阻碍了"三个子"改革的深化。要实现所有政府性收入一个"笼子"进，预算一个"盘子"排，支出一个"口子"出，必须健全全口径预算制度，强化预算编制、预算执行和预算监督，构建相互循环、互为前提、一体运行的"三位一体"财政管理框架，支撑财政运行机制的良性运转。基于此，省厅努力突破原有财政体制性和机制性障碍，重构组织框架，再造业务流程，设立总预算局、预算执行局、财政监督局，建立预算编制、执行、监督"三位一体"的组织管理框架，切实推进财政科学化精细化管理。吕祖善省长对"三位一体"组织管理改革给予了充分肯定，誉之为"是一个真正的发展方向，是体制上的一大创新"。

今年以来，省厅着眼于进一步强化总预算局、预算执行局、财政监督局的龙头作用，加快推进预算编制、执行、监督的各项改革，积极向省编委申请总预算局等三局职位高配，筹建省级部门预算编制中心；规范内部制度流程，推动预算执行管理机构一体化运作；转变财政监督理念，逐步建立财政大监督工作格局，进一步完善"三位一体"组织管理体系，使之成为支撑"三个子"改革的有力组织保障。部分市县结合政府机构改革，根据省厅的指导意见，着手制订"三位一体"组织机构改革方案，积极实施建立"三位一体"财政组织管理框架。

从纵向管理层面看。财政方面，按照"一级政府、一级财政"的原则，建立和完善省、市、县、乡镇四级财政组织机构是加强财政管理的客观要求。目前，我省省、市、县三级财政组织机构比较健全，功能比较完善，但处于最基层的乡镇财政，由于农村税费改革的实施、乡镇事权调整、部分职能划转等原因，在对乡镇实行"减人、减事、减编制"的大背景下，机构日渐萎缩，人员逐渐减少，职能逐步弱化。全省决算统计的1101个乡镇中，只有20%的乡镇单独设置乡镇财政工作机构，其余乡镇实行财政机构与其他机构合并设置，具体从事财政管理人员只有1～2人。一些乡镇的财政工作大都停留在"发发钱、报报账"上，作为一级政府资金综合管理部门的财政职能作用被弱化为财务职能，乡镇财政资金监管职能未得到有效发挥。近年来，随着新农村建设和统筹城乡经济社会发展的加快推进，公共财政向农村覆盖的步伐不断加快，国家和省的各项支农惠农补贴资金逐年增多，乡镇财政收支规模越来越大。同时，乡镇政府承担的社会管理和公共服务任务越来越重，强镇扩权的呼声越来越高，乡镇财政职能已发生深刻变化，乡镇财政管理和机构队伍建设亟待进一步调整和完善。

地税方面，全省地税系统组织体系按照精简、效能、统一的原则设置，实现集约化管理，基层税务机构主要按经济区域设置，总体运作高效、有序，符合当前地税事业科学发展对组织的要求。这是历次征管改革的成果，绝大多数地方十分珍惜、维护这来之不易的良好局面。但近期也有个别地区未按规定程序报批，擅自在经济开发区违规设立税务分局，省局对此进行了严肃查处，责令其限期改正。其他市县需引以为戒，绝不能擅自违规设立税务分局。

（三）财税队伍建设面临新挑战

近年来，全省财政地税系统以财税文化建设为抓手，大力开展"学习型组织"建设，深入推进以提升能力素质为核心的岗位培训以及系统专业人才库建设，全省财税干部队伍的综合素质进一步提高。但用发展的眼光看，干部的专业技能和综合素质正面临新的挑战，同时，各种社会文化的交融汇合，多元价值的交错冲击，也使干部队伍建设中存在的一些新老问题交织显现：

一是总体年龄偏大。因编制偏紧、新录用人员较少、交流途径较少，导致干部流动性差、年龄整体偏大。乡镇财政管理机构变动频繁，队伍不稳定，人员素质参差不齐，年龄偏大问题更为突出。二是高层次人才缺乏。主要是高学历人才比例偏低，“一专多能”的复合型人才紧缺，在业务上有影响力、号召力的领军人物亟待加快培养。三是激励机制有待进一步健全。因实施规范公务员津贴补贴，近年来财政地税系统干部福利待遇较以前有所降低；同时，受干部职级、领导职数配备等限制，财政地税系统干部的职务提升平台有限，一定程度上影响了干部的精神状态和工作积极性。通过各地努力，目前全省地税基层增配主任科员工作取得一定进展，但受现有政策限制，配备比例偏低，全省市、县(市)地税系统不占职数的主任科员占总编制数的4.56%，且地区、部门之间也不平衡。四是作风建设有待进一步深化。目前，全省财政地税系统工作作风总体上是好的，但也有一些干部仍存在不少问题。如不能客观、正确地认识公务员津补贴清理、规范工作；不思进取，工作缺乏创新性；效率不高，提不出有效的思路举措；不守工作纪律，慵懒散乱，甚至吃拿卡要等。特别是前段时间个别市县的财税干部因效能纪律等问题被媒体曝光，对财政地税部门形象造成了严重的负面影响。还有个别干部对廉洁从政问题有些麻痹、有所放松，违纪违法案件仍有发生，2009年，全省财政地税系统发生案件7起，受党纪政纪以上处分共13人，惩治和预防腐败体系有待进一步健全。

总之，我们要辩证地看待当前财税经济形势和财税自身建设形势，既看到经济持续回升向好的基础进一步巩固，更加坚定发展信心；又看到当前发展中的新情况、新问题，始终保持清醒头脑，绝不能盲目乐观、掉以轻心。要进一步把思想统一到中央和省对当前形势的分析判断上来，把行动统一到中央和省的决策部署上来，把力量凝聚到加快转变经济发展方式、保持经济社会平稳较快发展上来，采取更加有效的措施，不断提高财税自身的可持续发展能力，充分发挥财税职能作用，扎实推进各项财税工作，努力开创全省财政地税事业科学发展的新局面。

二、与时俱进，着力做好“两篇文章”

当前，我省正处在转变经济发展方式、加快经济转型升级和全面建设小康社会的关键阶段。省委十二届七次全会通过的《中共浙江省委关于推进生态文明建设的决定》，明确了我省今后一个时期生态文明建设的总体要求、工作重点和主要目标。财政地税是政府履行职能的重要职能部门和物质基础，是国家宏观调控的重要手段，也是推动经济发展、促进社会和谐的重要保障。吕祖善省长在今年年初省财政厅党组民主生活会上提出“财税部门自身要实现持续、平稳、健康发展，为贯彻落实科学发展观，加快经济发展方式转变，发挥支撑、保障和引导作用”，即“持续、平稳、健康”、“支撑、保障、引导”的“十二字”要求。这是对财政地税工作的历史总结，是对财政地税部门职能作用的准确定位，也是今后一个时期财政地税工作的主要任务。全省各级财政地税部门要充分认识新形势下财税的地位、职能和作用，按照科学发展观的要求，与时俱进，积极发挥主观能动性，切实做好“财税部门自身实现持续、平稳、健康发展”和“发挥财税支撑、保障和引导作用”这两篇文章，推动全省经济社会持续平稳健康发展。

(一)以加强“三基”建设为抓手，做好“持续、平稳、健康”的文章

“天下大事，必作于细。”全面推进财税科学化精细化管理，是推动财税管理改革走向深入的重要保障，是进一步提高财税管理水平的客观要求，也是财税事业持续平稳健康发展的必然选择。加强财税科学化精细化管理，干部队伍是基本，管理基础是重点，基层建设是关键。各地要立足干部队伍这一基本，以夯实财税管理基础和基层建设为抓手，全面推进财税管理各项工作。

1.立足基本，加强干部队伍建设，增强财税持续发展能力。“才以业聚、业以才兴”。一支综合素质高、精神状态好、务实廉洁、创业干事的优秀财税干部队伍，是支撑和推进财税事业可持续发展的基本保障和重要基石。要坚持两手抓，既要坚持先进的文化导向，以财税文化核心价值为引领，强调精神境界的塑造和激励，营造和谐向上的工作氛围，持续提升财税干部队伍“软实力”；又要坚持解决实际问题，采取有效措施，多渠道解决好事关财税事业改革和发展、事关财税干部队伍长远发展的问题，进一步激发干部职工的工作积极性。

一是加快推进财税机构改革。各地要抓住地方政府机构改革的契机，积极发挥财政、地税部门的体制机制优势，增强主观能动性，主动向当地党委、政府献计献策，使机构调整与财税管理体制改革相适应，为实现财税自身发展方式转变提供组织保障。财政方面，各地要积极稳妥推进“三位一体”组织机构改革。首先，要参照省厅模式搭建预算编制、执行、监督“三位一体”的组织框架，并努力争取预算编制、执行、监督部门负责人配置一步到位；其次，要积极争取进一步强化财政部门的职责，如复式预算编制职责，预算执行、监督职责；第三，要把预算编制、执行、监督组织框架的“三只脚”即预算编制中心、会计核算中心、财政项目预算审核中心搭建起来，已有的要巩固和加强。下一步再着手对财政内部职责进行划分。机构设置不强制要求上下对口，但预算编制、执行、监督“三位一体”的组织框架要搭建起来，功能必须强化。地税方面，各地要进一步理顺全省地税系统机构编制管理工作。首先，要加强对市县局机构改革的指导。省局将按照上下对口的原则，规范市、县(市)地税局内设机构、直属机构的设置和职责划分，稳步推进全省地税系统机构的调整优化。其次，要加强市县局领导班子建设。各地要根据地税工作实际，明确一名地税局副局

长协助局长主持地税日常工作。加强对后备干部动态管理，并适时进行调整充实。第三，要在非领导职务增配工作上有所突破。要努力争取解决规费局和收入任务重、规模较大或中心镇基层税务分局负责人的高配问题；同时，要参照国税系统的相关做法和有关市县局非领导职数增配工作的经验，通过与地方政府、组织人事部门的沟通、协调，采取以点带面的形式，稳妥解决全省地税基层主任科员增配问题。各地还要积极争取部分具有监督管理职能的事业单位参公管理，解决部分干部的身份问题。

二是不断深化机关作风建设。干部素质是机关作风的内在根本，机关作风则是机关干部素质的外在表现。抓班子、带队伍，一把手是关键。各级财税部门领导要以身作则，率先垂范，以“勤政、廉政、善政”为目标，以“深化作风建设年”为契机，以“治庸治懒，提能增效，狠抓落实”为重点，以财税文化建设为抓手，激发广大干部职工的工作积极性和创造性，争做“想干事”、“会干事”、“干成事”、“能共事”、“不出事”的好干部。扎实开展机关效能建设，对违反效能建设各项制度规定尤其是给财政地税部门形象抹黑的行为，一经发现，要按照有关规定严肃处理，绝不姑息，藉此树立敬畏理念。古人云：“凡善惧者，必身有所正，言有所规、行有所止”，作为财税干部，有了敬畏之心，才会有如履薄冰的谨慎态度，战战兢兢的体察之心，如负泰山的神圣责任，才会明白什么事该做，什么事不该做。要扎实开展“之江先锋”创先争优活动，充分发挥党支部的战斗堡垒作用和党员先锋模范作用，通过各种平台、渠道，表扬先进典型，弘扬新风正气，塑造财税部门的良好形象。

三是持续推进党风廉政建设。廉政是底线，也是一种文化、氛围和信仰。廉政建设最根本的在于教育和预防。要加强党风廉政教育，拓展廉政文化内涵，教育干部树立正确的世界观、人生观和价值观，唤起干部的自律意识，自觉遵守廉政纪律；唤起干部的监督意识，自觉接受监督，主动实施监督。要加强组织领导，确保《廉政准则》贯彻实施到位，全省财政地税部门各级党组织要不断规范党员领导干部理财、治税、从政行为，着力解决廉洁自律方面存在的突出问题，建立健全领导干部廉洁从政长效机制，着重抓好制度建设，提高制度约束力和执行力，从源头上、机制上加强反腐倡廉工作。要明确责任主体，加强检查考核，落实党风廉政建设责任制；注重制度创新，强化制度执行刚性，加快推进财政特色惩防体系建设，重点开展好“权力搜索”和规范权力运行工作。健全岗责体系，完善工作流程，加大政务公开力度；完善监督制约机制，铲除腐败滋生的条件和土壤。财税系统纪检监察干部要认真履职，提高执纪水平，提升财税业务素质，更好地服务于财税中心工作，确保资金、干部双安全。

四是积极拓展财税文化建设。财税文化建设是全面提振干部队伍精神风貌的重要平台。要深化拓展全省财税系统文化建设，坚持“一把手”工程，形成领导重视、常抓不懈、齐心协力、上下联动的创建格局；坚持以人为本、全员参与，充分调动财税干部参与财税文化建设积极性、主观能动性和创造性；坚持整体规划，个性发展，体现财税特色、地域特征、阶段特点，树立各地财税文化建设品牌；坚持标本兼治，内外兼修，既要在全省财税系统内部广泛开展文化建设活动，还要加大对外财税文化传播，在全社会范围内树立优秀的财税文化品牌。通过进一步做精、做深、做透财税文化，逐步由制度管理模式向文化管理模式转变，使财税文化核心理念转化为每位财税干部的自觉行动，努力形成“文化生产力”。

2. 夯实基础，加强管理基础工作，推进财税管理科学化精细化。管理基础工作是为实现财政管理目标提供基础资料、基础标准、基本手段等相关工作的统称，是推进财税科学化精细化管理的重要支撑。各地要围绕财税中心工作，从大处着眼，小处着手，以求真务实、精益求精的态度，做细、做实、做好各项管理基础工作。

一是加强财税法制建设。加强与省人大有关部门、省法制办的配合协调，加快推进《政府非税收入管理条例》的立法进程，完善财税管理法规体系。认真做好政府规章和行政规范性文件的清理工作，加强规范性文件制定管理。深入开展财税法制宣传教育，深化财税行政审批制度改革，积极推进行政执法责任制，认真做好行政复议应诉和行政处罚案件合法性审查工作，依法化解行政争议，推进依法行政、依法理财治税。

二是加强预算编制管理。建立完善部门基础信息数据库，逐步实现对本级行政事业单位机构、编制、人员、资产、经费类型等数据的动态管理。强化支出标准和项目库建设，完善预算定额体系、费用标准体系、资产配置标准体系，规范资产配置、使用、处置等各个环节的管理，建立资产、绩效、执行与预算相结合的机制，夯实预算管理基础。严格控制部门结余资金规模，统筹安排使用部门结余资金，建立结转和结余资金管理与预算编制相衔接的激励约束机制。编制2011年度部门预算时，必须先动用历年结余资金。细化政府性基金预算编制，完善国有资本经营预算编制，推进社会保险基金预算编制改革，加强政府性债务计划管理，健全政府预算体系。

三是加强预算执行管理。建立健全预算执行机构，制订标准化操作规范，加快建设预算执行动态监控系统，夯实预算执行基础。压缩待分配资金规模，严格结转和结余资金管理，改进超收使用办法，改革现行转移支付资金管理和分配方式，推进省级专项资金“切块分配法”改革。完善沟通协调机制，建立预算单位支出进度考核、通报和奖惩机制，建立健全支出责任制度，将责任落实到项目主管单位、具体执行单位和负责人。严格预算追加，加快预算资金拨付，建立健全限时下达预算制度，切实加快预算执行进度。

四是加强财税监督管理。突出大监督理念，逐步建立"全员参与、全程控制、全面覆盖、全部关联"的日常监督与专项监督紧密融合，财税部门与纪委、审计等部门、财税部门内部各处室密切配合的大监督工作格局。推进财税监督信息化建设，强化财税监督基础保障。优化财税业务流程，积极推进政务公开，扎实开展规范行政处罚裁量权工作，推进财税权力在阳光下运行。

五是推进信息化建设。完善和推广应用金财工程一体化软件，加强信息网络安全保障，推进市县一体化运作，实现软件统一、信息共享。深化"抓大、评中、定小"税源管理理念，继续推进分行业、分规模、分税种管理，强化数据采集－税源监控－税收分析－纳税评估－税务稽查"五位一体"横向互动机制。大力实施"大集中"工程，实行系统力量统一调配，加强对集中开发人员工作生活的保障。加大部门信息共享力度，推进税源管理科学化、专业化、精细化。

3. 着眼基层，加强乡镇财政建设，健全基层财税组织体系。基层建设是各级财税组织体系建设的重要组成部分，是推进财税科学化精细化管理的重要依靠力量和组织保障。基层建设既包括乡镇财政建设，也包括各级财税部门内部基层单位建设。

一是加强乡镇财政建设。作为财政体系中最基层的乡镇财政，是整个财政管理业务链上的重要节点。各地要按照"省级加强指导、市级大力推动、县级抓好落实"的工作思路，在摸清乡镇财政管理工作现状的基础上，有针对性地制订改进乡镇财政管理、加强乡镇财政建设的工作意见，落实工作措施。要遵循财权与事权相结合的原则，从因地制宜、分类指导和有利于调动乡镇政府积极性出发，进一步完善乡镇财政体制。要调整完善县对乡镇财政管理方式，对经济发展水平较高、税源基础较好、自身财力能保证基本支出需要的乡镇实行"乡财乡管"；对经济欠发达、财政收支规模小、自身财力不能保证基本支出需要的乡镇，仍可实行"乡财县管"，由县（市、区）财政局直接管理并监督乡镇财政收支，并根据实际情况适时作进一步调整和完善。要按照精简、效能，事权与财权相对应的原则，加强乡镇财政机构队伍管理。在县（市、区）局的机构改革方案中，各地要统筹安排，尽可能单独设置乡镇财政管理机构；确实难以单设的，可将乡镇财政管理机构与其他机构合署，确保有机构和力量专门承担乡镇财政管理工作。在乡镇一级的财政机构，要在分类管理的基础上，争取适当增加编制，增强乡镇财政管理力量。建立健全乡镇财政内部管理制度，加快乡镇财政信息化建设，加强对乡镇财政干部和农村财会人员财政政策培训，提高其能力素质。在强化乡镇财政就地、就近监管财政资金职能的同时，进一步提升其服务"三农"的意识和能力。

二是推进财税基层单位建设。结合"三位一体"组织机构改革目标，推进财政基层单位建设，强化预算编制、执行、监督职能。加强和稳定地税基层队伍，注重地税干部的基层工作经历，新录用公务员一般要安排到基层税务分局工作不少于三年。完善分级管理、分类实施的教育培训体制，加强财税系统人才库建设。完善单位内部管理，健全和优化管理工作流程，科学设置工作岗位，明确界定岗位职责，确定工作衔接的节点和程序，做到分工明确、各司其职、协调配合，确保单位内部高效有序运转。

（二）以实施"百亿工程"为载体，做好"支撑、引导、保障"的文章

作为我国经济领域的一场深刻变革，加快经济发展方式转变既是一场攻坚战，也是一场持久战，需要通过坚定不移深化改革来推动，在重要领域和关键环节实现新突破、取得新成效。财政地税部门要积极创新体制机制，发挥财税支撑、引导、保障作用，优化政府资源配置，努力形成有利于经济发展方式转变的利益导向机制，扎实推进"四大建设"，增强经济发展的内在活力和动力，夯实财税收入可持续增长的基础。为此，按照省委、省政府的决策部署，省财政将进一步推进实施"百亿工程"，即在前期筹集110亿元用于推进现代化铁路建设的基础上，2010年至2012年省财政每年筹集扶持欠发达地区发展资金20亿元、扶持中心镇发展资金10亿元、扶持海洋经济发展资金10亿元，总计投入230亿元。

1. 扶持欠发达地区发展，加快推进基本公共服务均等化。推进欠发达地区发展是实现区域统筹协调发展、全面建设惠及全省人民小康社会的重点和难点，也是我省发展的潜力所在。根据赵洪祝书记"要在支援新疆、西藏、青川发展的同时，进一步完善扶持我省欠发达地区发展的财政体制机制"的指示精神，省里将加大对欠发达地区的财政支持力度。一是在整合利用现有财政资金的基础上，2010年至2012年，省财政每年安排欠发达地区财政运行和发展补助资金10亿元，以增强欠发达地区的财政统筹能力。二是从2011年起的三年内，省每年筹措援助资金约10亿元，重点扶持最困难的6个欠发达县。着眼于通过内生机制的建立，以增加农民收入和提高公共服务均等化为主要任务，实现欠发达地区增收致富奔小康。

2. 扶持中心镇建设，加快推进城乡统筹发展。中心镇建设是扩大投资和消费的结合点，也是提高基本公共服务水平、统筹城乡均衡发展的有效途径。要改革完善乡镇财政管理体制，进一步理顺县（市、区）与乡镇的财力分配关系。在确定财政收入分成比例和转移支付时，要充分考虑中心镇的功能定位和发展规划，建立与中心镇经济社会发展相适应的稳定增长的

财政保障机制。省财政也将进一步加大转移支付力度，2010年至2012年，每年安排10亿元资金，专项用于支持中心镇特别是具备发展成小城市功能中心镇的改革与发展。在此基础上，整合城市公用设施建设、教育、科技、文化、就业、医疗、社会保障、生态环境保护等各类专项资金，适度向中心镇倾斜，促进中心镇经济社会事业的发展和小城市的培育，提升基本公共服务均等化水平，增强对农村的辐射带动能力，促进城乡经济社会的统筹发展。

3. 扶持海洋经济发展和产业集聚区建设，加快推进经济结构调整。充分发挥财税职能，大力发展海洋经济，支持舟山率先设立省级"海洋综合开发示范区"，积极推动"海上浙江"建设，加快形成具有浙江特色的海洋经济核心竞争力。2010年至2012年，省财政每年安排海洋经济扶持发展资金10亿元，专项用于海洋经济建设。贯彻落实好促进产业集聚区发展的财政政策，加快推进产业集聚区建设。"十二五"时期，省对集聚区内符合规定条件的新投资企业（包括省外引进的和省内企业在集聚区的新办企业），经规定程序审核认定，其项目投产后三年内缴纳的增值税、营业税、所得税所形成的地方财政收入，按当年增收上交省部分予以奖励性补助；对跨行政区域设立的产业集聚区，实行单独管理，建立"共同投入、统一管理、比例分享、分别入库"的财税管理体制，发挥市县的积极性。同时，整合设立产业集聚区发展专项资金，加大扶持力度。充分发挥税费杠杆效应，落实结构性减税政策，大力培育新材料、新能源、物联网等九大战略性新兴产业。深入推进企业分离发展服务业，大力发展生产性服务业，推动现代服务业集聚区建设。

三、突出重点，圆满完成全年目标任务

1. 支持生态文明建设。坚持生态文明与经济发展相结合，加大财政投入，创新扶持方式，优化区域布局，调整产业结构，积极推进节能减排，大力发展生态经济；认真落实"激励性"和"限制性"税收政策，形成税收政策、征管、服务合力，引导企业走生态文明发展道路，逐步形成以生态经济为主导的增长方式，加快推动经济发展方式转变。坚持生态保护和环境整治相结合，着力推进重点流域、重点区域、重点行业、重点企业的污染整治和农业农村面源污染防治，积极开展环境综合整治，全面改善城乡和区域生态环境。坚持政府主导和市场机制相结合，发挥市场配置资源的作用，完善绿色采购制度，推进排污权有偿使用交易，进一步推进生态文明建设。

2. 做好对口支援工作。一是及时足额筹措资金。根据中央和省委、省政府的要求，分别按照上年地方财政收入的0.5%、0.1%、0.4%筹措援疆、援藏和欠发达地区扶持资金。各地要从"全省一盘棋"的角度出发，根据"资金一个盘子"的要求，按照省财政核定的筹措额度和时间要求，及时足额上缴资金，保障对口支援工作顺利开展。二是加强对口支援资金的管理、指导和监督，规范对口支援资金使用管理，确保对口支援资金安全、高效使用。三是继续认真做好我省对口支援青川县灾后恢复重建工作，强化援建项目决算审核和投资控制，确保我省对口支援青川县灾后恢复重建工作圆满完成。

3. 保障改善社会民生。以开展强农惠农资金专项清查工作为契机，加强支农专项资金监管，确保支农惠农政策落到实处。严格落实法定增长要求，加大财政教育投入，完善义务教育经费保障机制，支持"校安工程"建设，促进全省教育均衡发展。加快基层文化设施建设，健全覆盖城乡的公共文化服务体系，加大文化惠民力度。优化就业资金支持结构和重点，促进实施积极的就业政策。贯彻落实医改卫生投入政策，重点围绕"保基本、强基层、建机制"的要求，支持全省县乡医疗卫生管理体制改革、基本药物制度改革和公立医院改革试点。提高城镇居民基本医疗保险和新型农村合作医疗的筹资水平与财政补助水平。继续深化完善新型社会救助体系，不断提高保障标准和救助水平。推进新型社会福利体系建设。进一步扩大农村住房保险和农业保险保费补助规模。完善应急救援体系，建立道路交通事故社会救助基金；加大食品安全及消防、交通管理投入，支持公共安全体制机制建设；完善政法经费保障体制，促进"平安浙江"建设。

4. 加强政府性债务管理。正确处理好发展速度与财力可能、债务规模与偿债能力之间的关系，切实加强政府投融资平台和政府性债务管理，防范财政风险。严格控制政府性债务规模，把负债率、债务率、偿债率控制在规定的警戒线以内。实行政府性债务统一归口管理，编制地方政府性债务收支计划并加快推进报同级政府、人大审批进程。强化偿债责任，按照"谁举债、谁偿还"的原则，严格确定偿债责任单位，确保落实偿债资金来源。全面清理核实融资平台公司债务，按照分类管理、区别对待的原则，妥善处理债务偿还和在建项目后续融资问题，坚决制止地方政府违规担保承诺行为，切实加强融资平台管理。

5. 加强专项资金清理整合。加大财政专项资金历年结余清理力度，制定管理办法、建立长效管理机制。严格控制新增专项资金，加大现有专项资金取消、归并、整合力度，并确定量化目标，确保近年有所减少。加强财政专项资金规范管理，完善财政专项资金预算编制机制。建立健全使用情况报告制度，实施全过程监督。加大专项资金绩效评价力度，拓宽评价广度和深度，建立健全绩效评价结果与下年度预算安排相结合的应用机制。

6. 深化财税管理改革。强化预算公开工作指导，建立完善预算公开责任制度，积极、稳妥、有序推进预算信息公开。深化部门预算改革，扩大省级部门预算上会单位，2011年除涉密单

位外，将所有政府序列部门纳入上会部门预算。规范省级国库集中支付运行，扎实推进县级国库集中支付改革，完成今年新增43个单位改革试点工作任务。积极推进地方公务卡改革试点，扩大省级公务卡结算范围。加快财税库银横向联网系统建设和应用。加强预算绩效管理，实施省级部门绩效自评和重点项目评价工作。完善政府采购制度，理顺集中采购监管方式和业务体制，继续扩大协议定点采购范围。加强对行政事业单位国有资产出租、出借及对外投资行为的监管，建立行政事业单位有偿使用资产的市场化运作机制。建立地方津贴补贴水平动态增长机制和不同地区平衡调控机制，确保公务员津贴补贴工作规范有序推进。继续做好"小金库"治理工作，开展对社会团体和国有及国有控股企业"小金库"治理。全面开展村级公益事业建设一事一议财政奖补工作，积极稳妥抓好清理化解其他公益性乡村债务试点工作。认真贯彻实施企业内控制度，加强会计监管。积极稳妥做好市、县(市)"两税"征管职能划转后续工作，确保"两税"征管职能平稳交接。探索社保费个人缴费的征缴方式改革，开展企业缴费职工个人实名申报试点。加大推广应用机打发票力度，推广网络开具发票，从根本上打击制售假发票行为。

7. 圆满完成预算任务。按照"收支平衡、年度平稳"的原则，对组织明年上半年收入工作做到心中有数、早作准备，牢牢把握组织收入工作主动权，努力实现收入的均衡入库和可持续增长。密切关注经济发展走势、宏观经济政策和税收政策变化，全面开展经济税源、政策效应、收入进度分析，构建"立体式"的税收分析预测体系；认真落实结构性减税政策，支持战略性新兴产业优先发展，推进企业自主创新，培育更丰富优质的后续税源；完善"五费合征"，建立可持续的社保费长效筹资机制；加快推进政府非税收入征管体系建设，强化土地出让金管理和海域使用金征收。继续贯彻落实中央和省委省政府厉行节约各项决定，严格控制行政成本，确保财政收支平衡。密切关注财政支出情况，切实加快财政支出进度，确保年初预算目标顺利完成。

(2010年8月)

五财并举　支撑、保障和引导经济社会事业科学发展

省财政厅厅长　钱巨炎

加快经济发展方式转变是我省实现可持续发展的重大战略性任务，全省财政地税部门应当秉承"持续、平稳、健康"的发展理念，以改革促转型，以转型促发展，在做好财税自身发展方式转变的同时，更好地承载起省委省政府赋予我们的职责和使命，倾注全力履行好"生财、聚财、用财、理财、管财"等各项职能，更好地支撑、保障、引导经济社会事业科学发展。

一、生财

众所周知，财政与经济是相互依存、相互制约的关系。经济是"源"，财政是"水"，经济决定财政，生财的基础在于发展经济。经济发展方式转变是推进财政健康发展的重要因素，只有经济不断发展了，财政的实力才会不断壮大；只有经济发展方式转变了，才能形成健康多元的政府财力之源和高效有序的经济运行实体。同时，财政对经济具有反作用。稳健合理的收支规模是经济发展的保障阀，积极有效的财政政策是经济发展的助推器，持续平稳健康的财政运行机制是经济发展方式转变的体制机制保障。

要培植财源，做到生财有道，财税部门应该也必须在加快经济发展方式转变上有所作为。

(一)要在调整和优化产业结构上有所作为

经济发展方式转变的一大任务就是经济结构调整，而产业结构调整和优化是经济结构调整的重点。财税部门围绕提高产业的竞争力和可持续发展能力这两个目标，找准切入点，抓好突破口，及时对财税政策进行梳理整合，发挥政策合力，切实增强财税政策对产业薄弱环节的支撑作用、对优势产业的提升作用。按照"稳定优化一产、主攻调整二产、提升扩展三产"的思路，打造层次分明、重点突出的财政政策支撑体系。

在调整和优化产业结构上，要注意处理好四大关系。

第一、要处理好保增长和调结构的关系。调整和优化产业结构在一定程度上会影响GDP的增长，影响财政收入的增长，这是经济发展方式转变的"阵痛"，也是未来经济健康可持续发展所必须付出的代价。我们要科学地判断形势，把保增长与调结构紧密结合起来，忍住暂时速度的放缓，忍住暂时收入的减少，矢志不移地推动转型升级，实现从"阵痛"到"涅槃"的转变，使浙江经济发展更富活力，更可持续。

第二、要处理好工业经济和现代服务业的关系。工业的发展为服务业创造了市场，服务业尤其是为生产服务的现代服务是提高工业生产效率与效益、实现产业组织优化与产业升级的重要条件和保证。国际经验表明，经济发展从以制造业为主导到以服务业尤其是现代服务业为主导的过程，就是"三高"(高人力资本含量、高技术含量和高附加值)、"三新"(新技术、新业态、新的增长方式)逐步形成的过程。这是一个长期的(多则30～40年，少则10～20年)、痛苦的过程。这一过程中的一个典型现象就是"产业的空心化"。目前，我省处在加快经济发展方式的重要战略转型期，扩大经济总量和调整产业结

构的任务艰巨，不会一蹴而就。因此，我们加快发展服务业，不能脱离现实，放弃工业发展，而是要正确理解和把握发展服务业与发展工业的辩证关系，实现二、三产业联动并举，实现动态的平稳过渡与和谐发展，使之相互促进、共同发展，这既是一个重要的认识问题，也是一个重要的实践过程。

第三、要处理好房地产业与其他实体经济的关系。房地产业对地方财政收入增长可谓功不可没，有效推动了地方经济，但当前某些地方存在经济过度依赖房地产业的倾向。近几年来，由于资本逐利的本性导致部分地区很多企业实业资本转移到房地产市场，导致企业提升主业欲望下降、研发能力明显不足，直接影响了企业的竞争力。同时，由于房地产业的不稳定和土地资源的不可持续，房地产业一旦风吹草动，就会导致财政收入的大起大落，造成政府财源的不稳定和不可持续。作为地方政府、作为财政部门，应当有“旱则资舟，水则资车”的危机感，及早谋划，积极加以引导。

第四、要处理好“四大”建设与中小企业发展的关系。大而强、小而精都是浙江发展所需要的。作为省、市两级，可以通过推进大平台大产业大项目大企业建设，引领全省经济发展方式转变；但作为县级政府，主要还是应该发挥浙江经济特色，通过创业投资引导基金、担保再担保等方式，扶持民营中小企业的发展，使民营中小企业的特色优势焕发出新的生机和活力。

(二)要在推进新型城市化、统筹城乡发展上有所作为

城市化是解决“三农”问题的重要途径，要加快中心镇和小城镇建设发展步伐。中心镇和小城镇是引领未来浙江经济发展的增长点，也是扩大投资和消费的最佳结合点。公共财政在城市化建设方面着重要支持中心镇建设，通过改革完善乡镇财政管理体制，进一步理顺县(市、区)与乡镇的财力分配关系，建立与中心镇经济社会发展相适应的稳定增长的财政保障机制。省财政也将进一步加大转移支付力度，2010～2012年，每年安排10亿元资金，专项用于支持中心镇建设。

同时，公共财政要加大向农村覆盖、向农村倾斜。要高度重视农村教育，推进城乡教育均衡发展。强化农村公共卫生服务，推进新农村文化建设，重视农村生态环境改善，加快美丽乡村建设步伐，提升基本公共服务均等化水平，促进城乡经济社会的统筹发展。

(三)要在构筑发展平台、培育新的增长点上有所作为

第一、扶持海洋经济发展。我省海洋经济已经上升为国家战略，被国务院确定为全国海洋经济发展试点地区，其中舟山将率先建立省级“海洋综合开发示范区”。发展海洋经济必将成为全省经济新的重要增长点和转型升级的重要推动力。财税部门要充分发挥职能作用，大力支持海洋经济发展，积极推动“海上浙江”建设，加快形成具有浙江特色的海洋经济核心竞争力。2010～2012年，省财政每年安排海洋经济扶持发展资金10亿元，专项用于海洋经济建设。

第二、支持产业集聚区发展。建设产业集聚区是产业结构调整基础上集群发展的重要推力，也是“四大建设”的重要抓手。“十二五”时期，省里将对产业集聚区实施含金量极高的新的财税政策，即：省对集聚区内符合规定条件的新投资企业(包括省外引进的和省内企业在集聚区新办企业)，经规定程序审核认定，其项目投产后三年内缴纳的增值税、营业税、所得税所形成的地方财政收入，按当年增收上交省部分予以奖励性补助；对跨行政区域的产业集聚区，实行单独管理，建立“共同投入、统一管理、比例分享、分别入库”的财税管理体制，以发挥市县积极性。

第三、扶持欠发达地区发展。欠发达地区的发展是全省经济社会发展的潜力所在。推进这些地区加快发展，既是区域协调发展、全面建设惠及全省人民小康社会必须把握的重点，也是加快经济发展方式转变必须攻克的难点。省委省政府决定加大对欠发达地区的财政支持力度。一是在整合利用现有财政资金的基础上，2010～2012年，省财政每年安排欠发达地区财政运行及发展补助资金10亿元，以增强欠发达地区的财政统筹能力。二是从2011年起三年内，省每年筹措援助资金约10亿元，重点扶持最困难的6个欠发达县。

第四、大力发展生态经济。省委十二届七次全会作出了加快生态文明建设的决定，把生态文明建设作为浙江今后发展新的重大契机和转变发展方式最根本、最重大、最长远的抓手。财政将围绕这一决定，进一步完善生态环保财力转移支付办法，全面推行污水处理和排污收费制度，积极推进排污权有偿使用和交易试点。从体制层面建立一个激励和约束相结合的生态环境保护的长效机制，推进生态文明建设。要将“七山一水二分田”这个经济发展的劣势变成发展生态经济、建设美好生活的优势。

在推动经济发展方式转变、培植财源过程中，我们要注意三个问题。

一是要坚持以市场为主导，充分发挥财政资金的乘数效应。要明确转变经济发展方式的主体是企业，财政政策措施主要通过市场机制发挥支撑、保障、引导作用。在推进经济发展方式转变的总投入中，必须依靠市场、依靠全社会，财政资金主要通过创投基金、担保再担保等方式积极有效引导社会资金，注重发挥财政资金的乘数效应。起“四两拨千斤”的效果。

二是要坚持分类指导，充分发挥财政资金的使用效率。我们要追求区域之间尤其是发达与欠发达地区之间的均衡协调发展，但更要正视各地区间经济发展水平和自然资源禀赋条件的差异，实施分类指导。同样的投入，发达地区与欠发达地

区的产出应该是不同的。对此，从财政角度讲，首先要真心实意保护好、调动好发达地区加快发展的积极性。只有发达地区更发达了，省里才会有更多的转移支付能力；其次是发达地区的财政有责任也有条件带动欠发达地区发展。省内对口援助就是最好的体现了。最后是欠发达地区在争取省里和发达地区支持的同时，要更加着力于培养发展的内生机制。单纯依靠外部力量的支持，终究是难以永久持续的。

三是坚持公平、公正、公开，进一步优化财税环境。优化财税环境不等于减税免税，而应该更多地体现在财税政策的公平、公正和公开上。政策优惠上要注意避免“一厂一策”，应以普惠制为原则，分配财政资金时要体现公正，操作程序上要公开，接受社会监督，以程序公开来保证内容公平和公正。只有如此，才能“栽得梧桐树、引来金凤凰”。

二、聚财

生财是为了聚财，生财是聚财的前提，而聚财是生财的目的。只有聚财，政府职能的实现才有可能，才能为经济发展方式转变提供支持、提供财力保障。聚财要在依法征收的前提下，秉成“实、稳、优”三字诀，合理把握好收入的总量和结构。

(一)“实”字当头，进一步做实做大财政蛋糕

一是财政收入要做实。财税收支都是真金白银，来不得半点“虚”，不能盲目攀比，过度追求“数字”上的漂亮，而是要实事求是，将财政收入增长建立在经济持续稳定发展的基础之上。

二是财政蛋糕要做大。要加强税收征管，严格执行税收法律、法规和国家统一的税收政策，做到依法征收、依法减免，切实维护国家税法的统一性和严肃性，保持税收收入持续增长。要进一步完善政府非税收入征收范围和征收渠道，加强土地出让金、海域使用金等征管，完善社会保险费“五费合征”征缴管理，确保非税收入的稳定增长。

三是财政收入的预算管理要加强。过去由于预算体系不健全，讲到财力总量时往往就是一般预算内的概念，很难把所有政府性收入都涵盖进来。现在政府预算体系比较完整了，包括四本预算，即：公共预算、政府基金预算、社会保障预算及国有资本经营预算。按照“预算一个盘子”的要求，这四本预算理所当然都要纳入其中，统筹安排。

(二)“稳”字为先，推动收支平稳、可持续发展

稳就是平稳、可持续，要做到年度之间的平稳、月份之间的平稳。实现财政收支平稳、可持续，收入方面就是要强化税收分析预测，坚持定性与定量分析结合，短期和长期分析并重，科学预测税源变化趋势，认真研究经济、征管、政策等因素对税收收入的影响；把握内在的规律性，掌握收入的主动权，及时采取有针对性的措施，不断增强组织收入工作的前瞻性、主动性和有效性，保持地税收入持续稳定增长。支出方面，特别要杜绝一次性收入用于安排一般经常性支出。

当前，我省有些地方财政收入结构单一，存在产业过度依赖，给财政的发展带来风险，这应引起高度重视。

(三)“优”字为要，推动收入结构的优化

收入结构有两个指标：地方财政收入占总收入的比例，税收收入占地方财政收入的比例。

一是地方财政收入占总收入的比重。地方收入是地方可用资金，提高这个比重的意义不言而喻。这几年各地对提高地方收入占比的意识普遍得到增强，并且经过上下共同努力，这个比重也稳中趋升，2007～2009 年分别为 50.91%、51.83%、51.97%，今年 1～8 月 53.85%。按照去年总收入计算，提高一个百分点，地方可用财力就能增加 41 亿元。

二是税收收入占地方收入的比重。税收是完全意义上的公共财政收入，提高税收占比就意味着增强政府调控能力。我省这个比重是走在全国各省区前列的。2008 年我们调整了省管县财政体制，实施了营业税地方增收上交返还奖励和金融业 20%的营业税比例下放给地方等措施，其目的就是鼓励市县把营业税的蛋糕做大。希望各地能进一步贯彻落实好这一政策措施，通过优化产业结构，引导企业主辅分离发展服务业，发展壮大第三产业，从而做大做强营业税。

从优化的角度来看，不能单纯地看地方收入结构多少，必须把地方财政收入占总收入、税收收入占地方收入两个结构联系起来。如果非税收入提高，地方收入肯定高，但这没有意义，因为非税收入本来就是地方的收入，属于虚高。所以必须在税收收入结构优化的情况下看地方收入结构。从这两个结构来看，浙江应该是比较理想的，我们不求绝对数多少，而求结构好。在 2010 年这种情况之下尽量把数字做实，做实的前提就是两个结构要优，而不是绝对数字的多少。

三、用财

生财、聚财最终还是为了用财，用财当求实效，还须注意有度，有侧重点。改革开放以来，我省财政在用财方面经历了“吃饭财政”、“建设财政”、“民生财政”等阶段，当前，要注意处理好几个问题。

(一)要处理好经济建设与民生建设问题

经济建设与民生建设两者是辩证统一的关系。前者是手段和基础，后者是目的和归宿。加快经济建设和发展将改善民生，而民生的不断改善，反过来又要求经济建设在更高质量水平上发展。两年来，为了应对金融危机，中央通过一系列积极财政政策，扩内需、保增长，取得了较好的效果。当前，按照科学发展观和公共财政的要求，我们认为用财原则必须体现民本位，在财政安排总盘子时对建设支出和民生支出要统筹兼顾、突出重点，量力而行、尽力而为。要进一步转向以民生为重点，确保每年财政增量资金的三分之二以上用于民生支出。对

财政需要考虑安排的经济建设支出，要把着眼点和着力点更多地放在机制创新上。

在民生用财的重点上，一是坚持教育优先投入。加大教育的财政投入促进全省教育均衡发展，努力实现“学有所教”。二是积极支持文化体制改革，健全覆盖城乡的公共文化服务体系。三是保障医疗事业投入。积极推动医药卫生体制改革，努力实现“病有所医”。四是支持社会保障和促进就业。加快覆盖城乡居民的社会保障体系建设和新型社会救助体系，努力实现“老有所养”。进一步贯彻落实各项就业再就业政策，稳定和扩大就业。

（二）要处理好支出中财政缺位与越位问题

一方面，要改变“财政缺位”问题。民生问题面广量大，千头万绪，历史欠账多，矛盾多、任务重，势必需要政府进一步调整和优化财政支出结构，加大民生领域的财政投入，确保新增财力三分之二以上用于解决民生问题。财政支出向人民群众最关心、最直接、最现实的问题倾斜，向低收入人群倾斜，向农村和农民倾斜，向欠发达地区倾斜。同时，我们要注意到改善民生是一项长期的任务，要区分轻重缓急，逐步改善。要始终遵循“低起步、广覆盖、迈小步、可持续”原则，既不超越经济发展水平，统筹各项事业发展需要，又根据让人民共享发展成果和“民生优先”的原则，保证民生支出和财政经济增长相适应。

另一方面，也要注意“财政越位”的问题。要划清政府与市场的界限，政府应当提供“非竞争性”和“非排他性”的公共产品，并视财力可能提供准公共产品。要防止以“民生财政”为由，将本应由市场为主提供的私人产品也转由政府负责，导致政府“大包大揽”，政府支出范围无限扩大，财政压力进一步加剧。

（三）要处理好收支平衡与政府性债务问题

收支平衡是财政持续、平稳、健康发展最起码的要求，无论是经济发达还是欠发达地区，财政收支的供需矛盾是长期存在的，我们不要总是强调困难，而应该采取有效措施积极化解困难。事实上，在供需矛盾情况下实现收支平衡、协调运行，更能体现财政部门的工作艺术和水平。财政要实现收支平衡、略有结余，收入上要广开源、深挖潜，支出上要分清轻重缓急，要在统筹预算盘子、盘活结余资金等方面多动脑子、多想办法，要在财政状况好的时候守得住，在财政状况不理想的时候兜得转，在关键时刻、紧要关头，能够保障党委、政府重大决策资金需要。

这几年，我省城乡面貌发展变化很大，如基础设施、城市建设、公共服务、社会发展等，成绩非常大，但是这个成绩的取得也付出了很大代价，其中代价之一是政府的负债，它不是一个小数。负债是“双刃剑”，用得好加快经济发展，用得不好危及经济发展稳定。国际经验表明，大量财政负债特别是地方一级的大量财政负债的存在，对宏观经济稳定和政府财政的宏观调控能力将造成极为不利的影响，并且最终损害国民经济的健康发展。为此，各地当前要继续认真贯彻落实国务院和省委、省政府关于加强债务管理政策精神，进一步完善政府性债务管理制度，规范地方政府和融资平台的融资行为，切实防范债务风险。

四、理财

理财能力是财政管理的核心，聚财的有限性和用财的无限性是一对永恒的矛盾。理财当有效，就是如何巧当家、善理财，在财力有限的情况下，实现财政收支平衡，争取效益的最大化；在资金运作捉襟见肘的情况下，做到运筹帷幄，充分体现了政府和财政部门的工作艺术和水平。

随着经济社会发展步伐的不断加快，财政收支规模不断扩大，尤其是近年来随着科学发展观的全面贯彻落实和社会主义和谐社会建设步伐的不断加快，迫切需要我们不断适应新形势、新任务的要求，使各项财政管理工作更加科学、精细和高效，提高理财水平。

一是加强预算编制、执行管理。积极推动项目预算基础资料库建设，做到“预算有依据、计算有标准”。建立部门决算对部门预算的约束机制，包括对部门预决算数据进行适度公开，倒逼部门提高预决算编制水平，切实提高预算分配的效能。建立健全预算支出责任制度，严格预算追加，加快预算资金拨付，建立健全限时下达预算制度。加快专项转移支付下达进度；改革省级专项资金分配方式，推进“切块分配法”，按因素法分市县先行下达切块资金；提早下达省级一般转移支付资金。

二是进一步加强专项资金清理整合。整合的关键在于理解，要有共识。要在部门内部整合取得成效的基础上，借助各类平台建设的机会，逐步扩大范围和领域，打破部门界限，将部门“条条”资金整合为平台建设“块块”资金，由“张开的五指”转变为“紧握的拳头”，有力推进经济发展方式转变。同时，市县也可参照省里的做法，给予乡镇一定的自主权。

三是提高财政资金的效益。近年来，我省全面推行了财政国库集中支付，使原来分散在部门、单位的财政资金都集中到财政国库，这对增强财政的调控能力，实现集中财力办大事提供了可能。提高资金的周转率和使用效益，是当前理好财的一大学问。根据审计报告，全省各级政府有巨额财政性存款，同时又背负沉重的债务。政府财政资金结余和债务并存，但两者之间的利息是不同的，因此如何在依法而又安全的前提下，用好财政国库资金，这里是有文章可做的。我省最早推行“三个子”改革的义乌，在这方面有过成功的实践，通过创造性地利用财政间隙资金置换镇街银行借款，逐年缩减了镇街负债规模。近年，为消化高校、交通的债务，省本级也做过成功的实践。全省各地可以作些探索，在政策上行得通、风险可控的前提下，有效地运作好财政国库间隙资金，提高财政资金的使用效益，为政府当好家、理好财。

五、管财

管财必须做到有力，要不断创新机制体制，扎实推进财政各项改革，依靠科学的体制、制度、程序管财。

(一)深化“三个子”改革

2007年，吕祖善省长在总结义乌市财政综合预算管理改革取得实质性突破的经验基础上，提出了“收入一个笼子、预算一个盘子、支出一个口子”这个著名的“三个子”财政管理思想。经过几年改革探索，总体看，目前我省“三个子”管理模式已具雏形。但“三个子”的深化改革必然触动部门利益格局，因此进一步深化完善改革的阻力较大、难度不小。为了加快推进“三个子”改革，省政府即将出台《关于加快推进“三个子”公共财政管理改革的意见》。希望各地政府领导对此给予关注、重视和支持，按照省政府文件的要求，结合当地改革进展情况，找准突破口，精心设计方案，采取有力措施，动员并协调相关部门大力配合，扎实推进。

(二)推进“三位一体”改革

传统的财政管理组织模式，是以部门(单位)的性质分块对口管理。一定程度上阻碍了“三个子”改革的推进。必须构建与之相匹配、相依托的组织架构，形成预算编制、执行和监督相互循环、互为前提、一体运行的财政良性运转机制，从而保证财政整体运行的科学、规范、安全和高效。这就是我们所说的“三位一体”改革。吕省长对“三位一体”组织管理改革给予了充分肯定，誉之为“是一个真正的发展方向，是体制上的一大创新”。

去年，省财政厅已经设立总预算局、预算执行局、财政监督局，初步建立预算编制、执行、监督“三位一体”的组织管理框架。今年以来，省财政厅着眼于进一步强化总预算局、预算执行局、财政监督局的龙头作用。当前，各地要抓住政府机构改革的契机，参照省财政厅模式搭建预算编制、执行、监督的组织框架，并努力争取一步到位。“三位一体”改革事关财税事业的长远发展，希望各地党政领导高度关注。

(三)加强乡镇财政建设

目前，我省省、市、县三级财政组织机构比较健全，功能比较完善，但处于最基层的乡镇财政，由于农村税费改革、乡镇事权调整、部分职能划转以及“乡财县管”等原因，乡镇财政管理普遍有所弱化。作为一级政府资金综合管理部门的财政职能作用被弱化为财务职能，乡镇财政资金监管职能未能得到有效发挥。

而随着经济社会发展和公共财政阳光加快向农村辐射，乡镇政府承担的农村社会管理职能和农村公共服务任务越来越重。为此，省财政厅报请省政府出台加强乡镇财政管理的意见，总体思路是“省级加强指导、市级大力推动、县级抓好落实”。希望在进一步明确乡镇财政职能基础上，因地制宜、分类指导，抓好乡镇财政机构设置、队伍建设和管理方式的调整和完善，切实增强基层公共服务能力。

(四)加强财政监督力度，打造廉洁财政

财政本身就是“聚众人之财、理众人之事”，应当做到信息公开，接受社会的监督，从而打造廉洁政府、廉洁财政。

一方面，要增强预算透明度。阳光是最好的防腐剂。要按照《政府信息公开条例》的相关规定，建立完善预算公开责任制度，积极、稳妥、有序推进预算信息公开。省本级将扩大省级部门预算上会单位，2011年除涉密单位外所有政府序列部门纳入上会部门预算。各地经同级人大或其常委会审议批准的预算、决算也要主动向社会公开，接受社会的监督。

另一方面，要突出大监督理念，逐步建立财政部门与纪委、审计等部门以及财政部门内部各处(科)室密切配合的大监督工作格局。建立健全预算绩效管理信息系统，逐步实现预算绩效信息化管理。建立与部门预算和行政问责相结合、多渠道应用的评价结果应用机制。 (2010年9月)

依法行政 依法理财 努力建设法治财政

省财政厅厅长 钱巨炎

一、充分肯定近年来依法行政依法理财工作取得的成绩

近年来，在省委、省政府的正确领导下，全省各级财政部门深入贯彻落实科学发展观，认真贯彻落实省委《关于建设“法治浙江”的决定》和财政部有关精神，按照“依法治税、为民理财、务实创新、廉洁高效”的总体工作思路，切实做好“财政部门自身实现持续、平稳、健康发展”和“发挥财政支撑、保障和引导作用”两篇文章，念好“实、稳、优”三字诀，扎实推进依法行政依法理财工作。

(一)财政制度建设更加深入

积极推动地方财政立法。结合“三个子”公共财政改革的要求，不断加强地方财政立法工作。加强预算审查监督立法，《浙江省省级预算审查监督条例》于2007年经省第十届人大常委会审议通过并实施。政府非税收入立法取得阶段性重要成果，立法工作得到省政府主要领导批示并列入2010年省人大常委会一类立法计划。今年8月，省政府第56次常务会议讨论通过了《浙江省政府非税收入管理条例(草案)》；9月省十一届人大常委会第20次会议已对《浙江省政府非税收入管理条例(草案)》进行了初步审议，预计年内将审议通过。

加强地方财政制度建设。推动《浙江省人民政府关于加快推进公共财政管理改革的意见》、《浙江省生态环保财力转移支付试行办法》等一系列重要财政制度出台。根据“一项专项资金制定一个管理办法”原则，五年来先后制定和完善了支持中小企业、关注民生、扶持“三农”、社会保障等专项资金管理的行政规范性文件350余件。2007年，全面开展财政行政规范性文件清理工作，梳理了建国以来制发的所有财政行政规范性文件，废止其中已经过时、失效或与法律法规不符的财政行政规范性文件105件，并将保留的财政行政规范性文件汇编成册，印发给全省财政系统和行政相对人。各地财政局也大力开展规范性文件清理工作，杭州市、绍兴市财政局还出台《规范性文件管理办法》，对规范性文件的立项、起草、审查、清理等进行规范。

积极参与国家财政立法工作。完成财政部政府非税收入管理条例、国家赔偿费用管理办法、财政资金支付条例的立法研究，将我省在公共财政建设上的经验和做法加以提炼和总结，为国家财政立法提供高质量的立法建议。

（二）财政行政权力运行机制更加健全

修订《浙江省财政厅工作规则》，对领导职责、科学民主决策、依法行政、政务公开等九个方面作出了明确规定。积极探索确保权力在“阳光”下运行的新途径，全省各级财政部门组织开展规范权力运行工作，对本单位所行使的权力根据岗位分工和职责进行梳理，编制权力事项目录并将权力事项固化，掌握权力运行的关键环节，达到明确岗位职责和强化责任的目的。省厅共梳理出权力事项434项，制定出台了工作规则和管理制度63项，制作权力流程图416张，汇总形成了《浙江省财政厅工作规程》并予以公开。通过开展规范权力运行工作，促进了财政工作的制度化与规范化，财政干部依法行政依法理财的意识进一步增强。

（三）财政审批制度改革更加到位

围绕贯彻落实行政许可法和省有关文件精神，大力推进行政审批制度改革。经过认真组织清理，省厅保留9项行政许可审批事项和8项非行政许可审批事项，并将项目名称、依据、收费等事项在办公场所和有关网站上予以公示。同时，加强行政许可法配套制度建设，严格执行行政许可工作制度，组织开发“浙江省财政厅审批在线监察系统”，实现所有行政许可审批和非行政许可审批事项在线办理。各地财政局也深入开展审批制度改革，衢州市财政局将财政行政执法依据、审批事项等信息予以公开，将保留的财政行政许可与行政审批事项集中办理，方便群众办事；舟山市财政局按照行政审批、行政监管、行政执法职能相对分离的原则，积极做好行政审批职能集中整合各项工作，将有关行政审批项目统一划归局行政审批处办理，实现“一个窗口对外”。

根据省委十二届五次全会精神和省委省政府办公厅有关通知要求，组织落实财政扩权强县改革工作，依法下放到义乌市经济社会管理权限事项26项（其中新增事项13项），下放到其他县市25项，扩大了县（市）财政管理权限。各地开展扩权强县改革工作效果也十分显著，如湖州市财政局做好财税扩权项目下放、跟踪、总结和督查，共下放县级财政部门管理权限23项，其中减少层级放权事项11项，直接交办放权事项12项。

（四）财政行政执法行为更加规范

全面深化行政执法责任制。组织行政执法职权和执法依据梳理工作，确定35项主要行政执法法律依据，215项行政许可、行政监管、行政处罚、行政强制等具体执法职权，并将行政执法职权和执法依据予以公布，接受社会公众监督。

建立健全行政执法监督机制。省财政厅制发了《行政复议和应诉工作规程》，统一了财政行政复议法律文书格式，并建立行政复议、行政应诉、行政处罚和行政许可案件统计报告制度，定期进行案件总结分析。五年来全省共办理了27起行政复议案件，全部严格依法定程序和法定期限作出了复议决定，没有因不服行政复议引起行政诉讼事项；行政应诉案件16起，没有出现败诉的案件，较好地维护了财政部门的社会形象。

开展规范行政处罚裁量权工作。结合我省财政执法实际，制定了《浙江省财政行政处罚自由裁量权指导意见》和《浙江省财政行政处罚自由裁量权执行标准》，印发全省财政系统贯彻执行。对《政府采购法》等7部法律法规中有关行政处罚条款予以细化，明确了处罚自由裁量基准，有效地控制了行政处罚的主观随意性。

开展行政执法检查工作。连续五年组织开展全省财政系统行政执法情况监督检查，对《行政许可法》、《政府采购法》、《会计法》、《财政违法行为处罚处分条例》等法律法规贯彻执行情况进行全面检查。开展治理商业贿赂、“小金库”专项治理工作，切实规范财经法律秩序，解决广大群众关心的财政热点、难点问题。

（五）财政法制宣传教育成果更加丰硕

全省财政“五五”普法规划全面实施以来，各级财政部门高度重视财政普法依法治理工作，将其纳入财政工作重要议事日程，坚持“机构、人员、经费、内容、时间、阵地”六落实，组织规划突出“早”、基础保障突出“实”、组织实施突出“新”、依法理财突出“严”，财政法制宣传教育力度不断加大。2006-2010年，省厅每年举办一次全省财政法制培训班，实现了从法制业务骨干到法制处（科）长、分管法制工作局领导直至财政局长的全方位、立体式法制培训；开办全省财政系统在职法律硕士学位班，邀请国内知名的专家教授进行系统专业的法律教育，实现基层财政法制力量跨越式发展。通过组织知识大赛、制作财政法制公益广告、组织财政法制宣传板巡展等活动，普及有关财经法律知识，宣传我省公共财政改革发展与依法行政依法理财理念，取得良好的社会反响。各地在按省厅要求完成财政“五五”普法各项工作的同时，也结合本地实际开展特色普法，如杭州市、台州市、温州市财政局创新方式方法，通过建立财税网络学校、开展“财税情、社区行”活动、拍摄财政“五五”普法专题片等形式，不断加强财政法制宣传教育，取得较好效果。

总体来看，过去的五年，是全省财政部门全面落实依法治国基本方略和“法治浙江”建设要求，加快推进依法行政依法理财的五年；是加强财政宏观调控，更好地保障政府履行各项职能的五年；是进一步深化财税制度改革，完善公共财政体系的五年；也是强化财政科学化精细化管理，不断提升财政管理绩效的五年。在这五年中，全省财政系统广大干部依法行政依法理财的自觉性、能力和水平都有显著提高，并为推动财政改革与发展、服务经济社会发展大局作出了积极的贡献。

在充分肯定成绩的同时，我们也要清醒地认识到，财政系统依法行政依法理财工作还存在不足之处，主要表现在：财政法律制度体系尚待进一步完善；财政行政执法人员依法执法、规范执法的能力和水平尚待进一步提高；有些财政行政决策程序需要进一步健全；监督制约机制需要进一步加强等。对于这些问题，我们一定要高度重视，并在今后的工作中通过不断努力加以解决。

二、切实增强依法行政依法理财工作的责任感和紧迫感

依法行政是建设法治政府的核心，也是现代政治文明的重要标志。依法理财是依法行政的重要组成部分。随着我国社会主义法治建设进程加快，《物权法》、《政府信息公开条例》等法律、法规的颁布实施，对财政部门依法行政依法理财提出了更高的要求。我们要以更新的角度，更宽的视野，正确审视和积极推进依法行政依法理财工作。要认真贯彻落实省委、省政府和财政部的决策部署，充分认识依法行政依法理财工作的重要性与紧迫性，全面提高依法行政依法理财工作水平。

首先，加快推进依法行政依法理财，是深入贯彻落实科学发展观的根本保证。财政预算反映了政府活动的范围和方向，加快推进依法行政依法理财，及时将落实科学发展观、推进财政改革与发展的好经验、好做法，通过法定程序转化为财政法律法规，形成法治、完整、透明的预算制度体系，建立健全有利于科学发展的财政体制、运行机制和管理制度，不仅有利于促进经济社会又好又快发展，维护社会公平正义，推动构建社会主义和谐社会，还有利于保障公民的知情权、参与权、监督权，推进社会主义民主政治建设。

其次，加快推进依法行政依法理财，是进一步完善公共财政体系的内在要求。市场经济是法治经济，没有完备的法制保障，就没有成熟的市场经济。公共财政是与社会主义市场经济发展相适应的财政运行模式，法治性是公共财政的基本特征之一。加快推进依法行政依法理财，将财政收支活动纳入法制化轨道，进一步突出财政运行的公共性、公平性、公益性和规范性，不仅有利于约束、规范和监督政府行为，确保公共财政活动更加符合社会公众的根本利益，还有利于规范财经秩序，促进经济财政健康可持续发展，加快完善公共财政体系和社会主义市场经济体制。

第三，加快推进依法行政依法理财，是财政管理改革发展的基础保障。财政法律法规是财政管理的依据和基础，依法理财是财政管理工作的核心和灵魂。加快推进依法行政依法理财，强化财政法制建设，使各项财政工作有法可依、有章可循，同时严格财政执法，加强执法监督，做好执法考核，切实按法律法规行使权力、履行职责，做到用法制管权、按法制办事、靠法制管人，有利于深入推进财政科学化精细化管理，进一步提升财政管理水平，提高财政管理绩效，保障财政改革与发展顺利进行，不断开拓财政工作新局面。

第四，加快推进依法行政依法理财，是加强财政反腐倡廉建设的重要措施。财政是党和政府履行职能的物质基础、体制保障、政策工具和监管手段，也是从源头上、机制上惩治和预防腐败的重大举措。加快推进依法行政依法理财，从源头上构筑起拒腐防变的防线，不仅关系到财政事业自身的健康发展，也关系到财政系统和全社会反腐倡廉建设的深入推进。

加快推进依法行政依法理财，不仅非常重要，而且十分紧迫。目前，世界经济正温和复苏，我国经济继续朝着宏观调控的预期方向发展，经济平稳较快发展的势头进一步巩固。我省“四大建设”、发展海洋经济、建设产业集聚区、培育战略性新兴产业、培育中心镇等新措施正在加快实施，经济发展的内生动力不断增强。但随着国际市场格局的深刻调整和资源环境制约的日趋强化，当前及今后一个时期，经济社会发展的国内外环境依然错综复杂，财政经济运行中不稳定不确定因素依然较多。财政改革与发展面临的形势迫切需要加快推进依法行政依法理财工作。

一是财政收支规模越来越大。改革开放以来，特别是1994年财税体制改革以来，我省财政收入快速增长，不断迈上新台阶。2009年，全省地方财政收入达到2143亿元，是1994年的22.6倍；全省地方财政支出达到2653亿元，是1994年的17.3倍。不断扩大的财政收支规模，需要财政干部进一步提高依法行政依法理财的能力和水平。

二是公共财政涉及面越来越广。特别是近年来随着科学发展观的深入贯彻落实和社会主义和谐社会建设步伐的不断加快，保障和改善民生等方面的财政政策措施陆续出台，财政部门服务的对象也由过去主要面向部门和企业，扩展到现在

面向全社会、面向千家万户，由主要涉及经济领域扩展到经济社会生活各个领域，迫切需要加快推进依法行政依法理财，努力实现好、维护好、发展好广大人民群众的根本利益。

三是社会各界对财政监督的意识越来越强。随着社会主义民主政治建设的不断推进，无论人大代表、政协委员，还是广大纳税人、财政补贴对象、普通老百姓，民主意识不断提高，参与意识和监督意识不断增强，对财政工作的关注度越来越高，要求广大财政干部都必须依法依规开展财政工作。

总之，财政形势的这些变化，反映了财政工作的地位和作用越来越重要，复杂性和艰巨性越来越突出，迫切需要广大财政干部继续深入贯彻落实科学发展观，加快推进依法行政依法理财工作，以更好地适应形势发展变化的客观需要。

三、在新的起点上全面推进依法行政依法理财工作

推进依法行政依法理财是一项系统工程，必须统筹兼顾，全面推进。结合当前面临的新形势和新任务，今后一个时期全省各级财政部门要着重做好以下几方面工作：

(一)进一步推进地方财政法制建设

一是积极推动地方财政立法工作。加强与有关立法工作机构的沟通，争取人大和政府立法工作机构的支持，推动财税立法项目适时列入地方人大及政府立法工作计划，及早制定并颁布施行，为我省公共财政体系建设提供法制保障。

二是加强国家财政立法协调配合和衔接工作。一方面，要发挥主观能动性，积极配合国家层面的财政立法工作，同心协力、共同参与，为财政立法工作出谋献策。另一方面，要及时了解和掌握财政部立法工作动态，针对预算法、政府采购法、会计法等法律修订早做安排，结合浙江实际，做好地方财政配套制度和具体实施措施等方面的准备工作，确保财政法律法规顺利实施。

三是加强规范性文件管理。要建立健全财政规范性文件管理制度。严格遵守法定权限和程序，加强备案和审查，确保规范性文件依法依规制定。同时，要抓好财政规范性文件制定和清理工作。针对特定时期浙江经济发展中的重点、热点问题，紧紧围绕财政中心工作出台财政规范性文件，促进财政管理工作的规范化和科学化。

(二)进一步建立健全财政决策机制

一是要规范财政决策程序。加强财政决策程序建设，健全重大决策规则，推进决策科学化、民主化、法制化，把公众参与、专家论证、风险评估、合法性审查和集体讨论决定作为重大决策必经程序。完善重大决策听证制度和领导班子会议集体讨论决定制度。

决策科学与否取决于管理基础是否强化、体制机制是否完善。为此，我们要加强决策支撑体系建设，尤其是做好各种财政管理基础数据收集整理，建立健全基础数据动态采集机制，为财政管理决策提供依据；同时，完善财政运行体制机制。加快推进公共财政管理改革，按照“三个子”要求，推进“三位一体”组织体系建设，充分发挥预算编制、执行、监督相互制约、相互监督作用，从体制机制上为依法行政依法理财提供保障。

二是要推行财政决策风险评估机制。凡是有关涉及经济社会发展和人民群众切身利益的重大政策等决策事项，都要进行合法性、合理性、可行性和可控性评估。建立完善部门论证、专家咨询、公众参与、专业机构评测等相结合的风险评估工作机制，要把风险评估结果作为决策的重要依据。

三是要建立重大决策跟踪反馈和评估制度。在重大决策执行过程中，决策机关要跟踪决策的实施情况，全面评估决策执行效果，并根据评估结果决定是否对决策予以调整或者停止执行。对违反决策规定、出现重大决策失误、造成重大损失的，要按照谁决策、谁负责的原则追究责任。

(三)进一步规范财政执法行为

一是要规范财政执法程序。规范执法主体和执法权限，细化执法流程和环节，建立健全财政行政执法证据规则和行政裁量权的基准制度，加强对程序违法行为的监督审查力度，健全财政执法案卷评查制度，着力改变当前行政执法中存在的重实体、轻程序现象。

二是要规范财政执法主体资格。财政执法由财政机关在法定职权范围内实施，未经法律、法规授权或者财政机关的合法委托，非财政机关的组织和个人不得行使财政执法权。实行财政执法人员资格制度，没有取得执法资格的，不得从事财政执法工作。

三是要规范财政行政处罚自由裁量权。及时组织对执法人员特别是一线执法人员的培训学习，重点增强规范行政处罚自由裁量权的自觉性和主动性，准确掌握程序规范、制度要求和标准内容，确保规范行政处罚自由裁量权工作落到实处。

四是要加大财政执法力度。要采取有效措施，坚决做到财政执法“有法必依、执法必严、违法必究”。要针对执法重点，加强执法监督检查，有计划地开展专项执法活动。同时，要充分发挥审计、监察等其他部门行政监督作用，借势而为，促进、推动财政执法工作。

规范财政执法，特别要关注基层财政部门。县乡财政部门处在财政工作的第一线，是财政法律法规和政策的重要执行者。要建立健全县乡依法行政依法理财的各项制度和机制，加强上级财政部门对县乡财政指导和政策培训，充分发挥县乡财政在执行财政政策、服务人民群众中的优势，树立良好的财政形象。

(四)进一步加强财政执法监督

一是要严格财政行政问责。要积极落实《关于党政干部问责的暂行规定》，继续将问责要求纳入机关目标责任制考核范围，探索制定财政部门党政干部问责的相关办法，不断推进财政行政问责工作的制度化法制化。

二是要加大执法监督力度。重点加强基层财政部门执法工作的监督，组织开展专题执法案卷评查工作，及时发现和纠正财政行政活动中存在的问题，促使财政机关及其执法人员进一步增强执法程序意识和责任意识。

三是要完善财政行政复议制度。严格依法办案，提高办案质量；完善财政行政复议工作体系，建立和谐办案机制；做好修订和完善财政行政复议制度相关工作，适时修订财政行政复议法律文书格式；完善行政复议的统计报告制度。

四是要认真做好行政应诉工作。完善财政行政应诉工作规则，重大行政案件由财政机关负责人亲自出庭应诉，并自觉履行人民法院做出的生效判决、裁定。

财政执法监督中，要特别注重信访和行政调解的作用。信访和行政调解是化解社会矛盾纠纷的重要渠道和手段，对保障人民群众合法权益，维护社会和谐稳定具有重要作用，在依法行政依法理财工作中有着重要意义。全省各级财政部门要高度重视，充分发挥信访和行政调解在防范化解矛盾纠纷中的作用，认真落实有关法律规定，做到渠道畅通、案结事了。

（五）进一步做好政务公开工作

公开透明、让权力在阳光下运行，是现代政府机关的重要特征。通过这些年的实践，我们深刻地认识到，无论是规范权力运行、方便群众监督、有效防治腐败，还是提供高效便民服务，政务公开都是十分有效的措施。

一要加大预算信息公开力度。《政府信息公开条例》实施以来，各地财政部门预算信息公开范围不断扩大，公开方式不断创新。要继续坚持以公开为原则、不公开为例外，凡是不涉及国家秘密、商业秘密和个人隐私的预算信息，都要向社会公开。明年开始，我们要按照财政部要求把政府所有收支全部纳入预算管理，所有公共支出、基本建设支出、行政经费支出预算和执行情况都将公开透明。要建立健全政府信息公开的监督和保障机制，做好相应的服务工作。同时也要注意处理好信息公开与保守秘密的关系，对依法应当保密的信息，切实做好保密工作。

二要深入推进办事公开。这是政务公开的重要方面，与人民群众的关系最为密切。要进一步拓宽办事公开领域，依法公开办事的依据、流程和结果，利用公共媒体、互联网、公告栏、12366 电话咨询等各种方式，实现办事项目有关信息的充分告知，便于群众知情、参与和监督。

三要创新政务公开方式。要加快电子政务系统建设步伐，充分利用现代信息技术，把政务公开与行政审批制度改革结合起来，开展网上电子审批、一个窗口集中办理和“一站式”服务等，方便人民群众办事。对与企业、社会和人民群众密切相关的行政管理事项，要尽可能优化工作流程，改善服务质量，提高服务效率，降低行政成本。

（六）进一步加强干部队伍建设

省委十二届八次全会强调，实现“十二五”发展的目标任务，关键在于加强和改善党的领导。推进依法行政依法理财工作，必须加强财政系统党的建设，用党的建设带动队伍建设。

一是要切实加强学习。要引导广大干部职工自觉把学习作为一种生活态度、一种工作责任、一种精神追求，进一步提高实践科学发展观的能力和水平。各级领导干部要自觉成为学习的模范，带头学习和掌握法律和法规的规定，不断增强法律意识、提高法律素养。要加强财政干部法制培训，特别是强化依法行政知识培训，并着力强化财政干部的法律意识和法制观念。同时，要将加强学习与财政普法结合起来，科学规划财政“六五”普法，不断创新财政普法的载体与内容，拓展多种平台，丰富财政普法内容，为依法行政依法理财营造良好氛围。

二是要切实加强财政法制机构建设。各级财政部门的法制工作机构是推进依法行政依法理财工作的重要力量。要加强财政法制队伍的建设，充实力量，重视财政法制干部的培养和使用，充分发挥财政法制机构在推进依法行政依法理财方面的组织协调、参谋和督促指导作用，确保依法行政依法理财工作的顺利开展。

三是要加强作风建设。总体而言，全省财政机关干部精神面貌很好，但也有一部分同志在行政执法时口气比较大，工作方式方法存在一定的不足之处。对此，我们要高度重视，以创先争优活动为载体进一步加强机关作风建设，发挥基层党组织在科学发展中的战斗堡垒作用，增强广大党员干部的使命感和责任感，展示财政系统干部职工良好的风尚，协调与行政相对人关系，依法公平和公正行政，努力实现财政事业和谐发展的目标。

四是要加强反腐倡廉建设。财政部门手中有人民赋予的神圣权力，但是这种权力必须在法律监督下依法行使。江苏省财政厅副厅长张美芳事件、福建屏南财政局量身定做招聘事件，无疑是给全国财政干部敲起警钟，这也是我们加强廉政教育很好的教材。我们要不断创新党风廉政教育形式，推进廉政文化建设，持续深化具有财税特色的惩防体系制度建设，进一步规范财政权力运行，加强党风廉政建设。

五是要抓好财税文化建设。要紧紧围绕财税中心工作开展各项财税文化建设活动，引导广大财政干部树立正确的世界观、人生观、价值观，形成健康向上的工作氛围，提升财税干部队伍的综合素质和战斗力，建立一支懂财政、通法律、政治强、作风硬的高素质人才队伍。（2010 年 12 月）

在全省公安边防派出所、工作站公安业务经费保障管理工作座谈会的讲话

省财政厅副厅长　罗石林

一、全省公安边防派出所、工作站公安业务费保障管理工作已取得明显成效

近年来，浙江沿海边防治安形势日趋严峻，总队立足部队的本职，主动有为，通过积极主动履行职责，完成了各项任务，得到了省委、省政府和地方党委、政府的高度肯定。同时，有关地方各级财政部门，在地方党委政府的领导下，进一步提高公安边防派出所、工作站经费保障问题的认识，加大财政投入力度，经费逐年有所增加，为公安边防派出所、工作站履行职责提供了有效保障。

（一）理清思路，认真贯彻中央文件精神，着力完善公安边防派出所、工作站公安业务费保障体制

各级财政部门不断提高边防对地方经济发展和社会稳定作用的认识，认真贯彻落实两部委、省财政厅和总队文件精神，加大经费保障。2007年财政部、公安部联合下发了《关于加强公安边防派出所、工作站公安业务费管理有关问题的通知》，首次对公安边防派出所、工作站的经费保障管理工作作出了系统阐述。我省积极行动，省财政厅主动与省边防总队协商，拟定了全省贯彻中央文件的工作计划，制定了我省的实施政策。为了更好地确定全省公安边防派出所、工作站承担公安业务所需经费纳入地方财政预算的范围和标准，省财政厅和边防总队联合开展了调研活动，全省7个地级市、24个县（市、区）财政部门和120个边防单位介入了调研，听取意见建议，形成了比较全面、详实的调研报告。在此基础上，联合召开了座谈会，全面分析了全省公安边防派出所、工作站公安业务费保障现状，剖析存在的问题，提出了统筹解决问题的思路，做到既全面贯彻中央文件精神，又充分兼顾省情，切实解决基本保障问题，印发了《转发财政部、公安部关于加强公安边防派出所、工作站公安业务经费管理有关问题的通知》，将公安边防派出所、工作站公安业务经费纳入地方财政预算，保障管理工作有了规范依据。

（二）加大投入，切实提高全省公安边防派出所、工作站公安业务费保障管理水平

全省各级财政部门根据不同地区公安边防派出所、工作站承担不同公安业务的实际，由当地财政部门确定切合实际的基本支出经费标准，满足基本工作需要，明确、细化公安业务经费的保障范围和标准。2009年全省地方政府共安排边防派出所、工作站公安业务费1.26亿元，较2008年1.03亿元增加0.23亿元，增长22%。宁波市开展“平安宁波”、“宁波口岸大通关”等重点工作，加大公安边防派出所、工作站公安业务费的保障力度，前三年累计投入6900万元。

为改变公安边防派出所、工作站基础设施和业务装备落后的状况，各地财政部门积极筹措资金，加大装备投入，省本级从2005年开始，对全省104个边防派出所实行转移支付政策，2005～2007年每年安排补助416万元，2008年开始调整为624万元，6年累计安排3120万元。舟山市财政局2008～2010年安排边防支队指挥中心和边检站业务用房建设经费5000万元。温岭市财政局积极落实经费，帮助当地公安边防派出所购置了执勤用车和执勤装备，有效改善了执法办案条件。为维护浙北渔场治安秩序，省财政每年安排600万元，舟山市财政每年安排“浙北渔场整治专项经费”60万元，打造“平安海区”。在加大经费投入的同时，全省财政部门也相应加强了经费的使用管理，加大了监督检查力度，确保经费专款专用，不断提高经费使用效益。这方面的工作成效和经验，希望大家学习借鉴。

近年来，由于全省财政和边防的密切合作、沟通、理解、支持，进一步夯实了财政和边防合作的基础。通过财政的不断投入，经费保障管理工作得到有效加强，边防基层单位履行公安业务的能力明显提高，为维护全省辽阔的沿边、沿海安全稳定，促进经济社会发展，发挥了重要作用。

二、充分认识加强公安边防派出所、工作站公安业务费保障管理工作的重要意义

加强公安边防派出所、工作站业务费保障管理工作，对于确保公安边防派出所、工作站有效履行职责，保障沿海地区和谐安宁，维护人民群众生命财产安全具有十分重要的意义。公安边防派出所、工作站既是人民武装警察部队，又是公安机关的派出机构，既担负边境管控、防范打击敌对势力和跨境犯罪等中央事权任务，同时也担负公安派出所全部职能，履行辖区社会治安、户籍管理、海上治安、打击刑事犯罪等任务。按照财权与事权相统一的原则，公安边防派出所、工作站工作性质的双重性质，决定了其经费的双重保障方式。中央财政负责养兵和执行中央事权经费保障，地方负责执行地方公安事务的经费保障。因此，各级财政部门一定要从深入贯彻落实科学发展

观、不断推进“平安浙江”建设的高度，充分认识加强公安边防派出所、工作站公安业务经费保障管理工作的重要性和必要性，完善保障措施，落实保障责任，切实提高经费保障管理水平。

三、贯彻落实242号文件精神，严格执行相关政策，进一步加强保障管理工作

（一）全面理解、准确把握、严格执行242号文件精神，明确地方财政保障范围。凡是公安边防派出所、工作站执行地方公安业务所需的业务费、装备经费，属于地方财政保障范围，要纳入地方财政预算。

（二）合理确定公安边防派出所、工作站公安业务费保障标准。一个部门两个经费渠道，这一性质决定了制定合理的标准相当困难。公安、边防、财政对此可以作些探索。但从原则上讲，财政部门一定要把经费落实好，特别是为地方治安服务，地方政府有交办任务的，一定要安排好相应的经费。

（三）各级财政部门要严格执行“收支两条线”政策。各项罚没性收入、行政性收费要上缴财政，按照“三个子”的要求统一处理。

（四）严格执行边防派出所、工作站公安业务费的具体列支范围。各级财政部门要切实负起责任，认真调研，加强协调沟通，协商公安边防派出所、工作站严格遵守242号文件规定的具体列支范围，合理安排使用公安业务费。

（五）切实加强服务和监督，不断提高资金使用绩效。各级财政部门要深入公安边防派出所、工作站，调查、了解他们担负的公安业务工作状况和装备情况，积极想方设法帮助解决存在的困难和问题，满腔热情地为他们做好服务。同时，要不断加强对公安边防派出所、工作站公安业务费的监督和指导，帮助他们健全完善相关的规章制度。希望公安边防派出所、工作站要采取有力措施，认真做实、做细、做深相关基础性工作，积极提供真实、可靠的基础数据，配合各级财政部门做好预算的编制、执行和监督工作，努力提高资金使用效益。

（2010年7月）

开拓创新 科学引导 健全机制 规范保障 努力开创全省政法财务管理工作新局面

省财政厅副厅长　罗石林

一、肯定成绩，总结经验，共同提高

政法部门岗位重要，责任重大。加大资金投入，搞好经费保障，是财政政法财务工作的重点。近年来，全省各级财政行政政法部门按照财政部和省委、省政府的要求，深化财政改革，调整支出结构，不断提高对政法经费的保障程度，政法财务管理工作取得了新的进展、新的成效，有力保障了全省经济建设、事业发展和社会和谐稳定。

（一）经费保障机制进一步完善

1. 创新经费投入机制。以前政法经费收支挂钩，“吃杂粮”的多，“吃皇粮”的少，由此产生了乱收费、乱罚款等诸多问题，经费管理上也存在铺张浪费的现象。近几年，实行收支彻底脱钩，政法机关履行职能必需的经费由财政预算安排，建立了稳健的经费保障机制。据统计，2007～2009年全省各级财政政法经费投入511亿元，年均增长11%。在加大财政投入的同时，我省大力推行对欠发达地区的转移支付，到2008年止，政法补助专款实施了三期，共计投入7.32亿元，其中省级投入4.52亿元，有力支持了欠发达地区政法机关的基层基础建设，提高了技术装备水平，改善了执法办案条件。2009年，省级建立政法奖励性补助专项资金，根据各市县财力状况、对政法机关经费保障的努力程度和管理绩效等情况，采取因素法分配政法奖励性补助4.32亿元，进一步完善了全省各市县的政法经费保障机制。

2. 健全经费管理制度。近几年来，财政部门制定了《中央政法补助专款补助办法》、《浙江省社区矫正经费使用管理办法》、《浙江省人民调解补助经费管理暂行办法》、《浙江省法律援助经费使用管理办法》、《浙江省中央和省补助人民法院办案专款管理办法》等一系列管理制度，确保政法经费合理、合法、合规地使用，专款专用。各级财政、政法部门积极探索实践，积累了不少成功的经验和做法，如丽水市、云和县、武义县等财政局将各项装备经费纳入专账核算，设备采购经费采取集中支付，确保资金使用效益；丽水市、衢州市公安局出台了《省级转移支付装备资金管理实施办法》，保证了装备资金专款专用；金华市司法局出台了《法律援助经费使用管理制度》，完善了法律援助经费审核制度及办案费用补助方法。

3. 建立经费保障标准。各级财政部门严格执行中央政策，政法机关公用经费基本按高于一般行政机关1倍以上标准落实。为进一步提高保障水平，从2007年开始陆续实施了政法机关公用经费的最低保障标准，县级每人每年3万元，城区每人每年3.5万元。量化标准下达后，全省各级财政部门都能严格按照标准安排预算，按规定期限达标，相关工作落实到位。

(二)经费监督力度进一步强化

全省各级财政部门通过财务检查、会计信息核查、绩效评价等多种手段,采取日常检查与重点检查相结合的方式,对政法经费的使用实行事前、事中、事后的财政监督。今年3月至5月,对2007年至2009年省级政法转移支付资金进行全面检查,先由各市、县(市、区)财政局,对本辖区进行全面自查,再由省厅牵头抽调省级政法机关组成2个联合检查组,对10个市及20个所属县(市、区)进行实地重点检查。这次检查有三个特点:一是检查的切入口选得准,以政法转移支付资金为切入口,表面上看内容有限,仅限于2007年至2009年的省级政法转移支付资金,但由于获得的信息真实可靠而有深度,基本反映了政法经费使用管理的全貌。二是检查方式比较好,既有自查,又有抽查;既看账目凭证,又看实物;特别是联合检查的方式好,对实际工作的推动作用大,联合检查实行现场办公,既解决了业务问题又解决了财务问题。三是各级财政部门和政法机关高度重视,组织自查富有力度,配合联合检查态度端正,加上检查人员认真仔细,检查达到了预期效果,确实推动了全省财政政法财务工作的发展进步。检查中发现,金华市、天台县的原始凭证所附资料明细详实,三门县建立备用账制度,德清县月度会计报表基本数字表能详细反映政法机关主要装备实物数量;丽水市、武义县、龙游县、柯城区、云和县公安局等单位自查工作仔细认真,材料齐备,说明这些单位政法经费使用管理比较到位,基础工作比较扎实。

(三)经费使用绩效进一步提高

各级财政部门严格按照部门预算的改革要求对政法经费进行全程管理,认真审核政法机关部门预算,按标准从严把关,从源头上落实对政法经费的有效管控,不断提高财政资金使用绩效。我省在全国政法专款绩效考核中连续两年得分名列第三名,得到了财政部的充分肯定和高度评价。与此同时,全省各地在提高政法经费使用绩效方面也涌现了许多成功的经验,取得了明显成效。比如杭州市、永康市、台州市在预算管理、监督检查、提高绩效管理等方面都有很好的做法。特别是绍兴市公安局,该局经验最大亮点是:既有效地整合全局内部资源,同时也积极整合全市的有关公共资源,做到了少花钱多办事办好事,圆满地完成了“世合赛”的安保任务,这是这次会议最重要的经验之一。

(四)执法能力进一步加强

全省各级财政部门以发展的眼光和战略的高度,积极调整优化政法经费支出结构,大力支持政法机关基层基础和科技建设,提高装备配备水平,全面改善执法办案条件,有力推进了“平安浙江”建设,巩固了全省经济社会发展的良好局面。一是科技装备水平日益提升。2007~2009年全省政法科技经费投入103亿元,其中科技强警76亿元、科技兴院16亿元、科技强检6亿元。通过实施公安机关“科技强警”项目,单警装备配备全部达到国家标准,现代化警务机制初步建立,动态防控网络不断完善,防控和指挥调度能力得到提升。通过实施检察院机关“科技强检”项目,全省检察专线网、局域网全面建成,科技装备体系基本形成。通过实施法院机关的“科技兴院”项目,建成数字法庭1017个,占全省审判法庭的74.2%。二是社会矛盾化解工作有效开展。省财政设立人民调解、法律援助专项转移支付资金,实行“以奖代补”政策,并设立“创新奖”,全面激励人民调解工作的开展,2009年全省调解案件数量达到了33.2万件,较上年增长38.5%,调处成功率达96%以上。三是基层基础建设不断强化。实施全省法院诉讼费省级统筹,将统筹资金用于补助市县法院的“两庭”建设,以省财政补助带动市县政府加大投入,全省共计投入45亿元,完成250个“两庭建设”项目,其中103个法院中,已有82个法院的审判用法庭符合国家标准;212个人民法庭中,已有205个达到“省级五好法庭”软硬件标准。

(五)世博安保取得阶段性成效

为落实中央提出的“大事不出、小事也不出”的世博安保工作总目标,省委、省政府制定了浙江省上海世博会“环沪护城河”安保工作总体方案,并与各市委、市政府以及省级各责任单位签订责任状。省财政厅成立了上海世博会“环沪护城河”安保经费保障工作领导小组。截至2010年6月30日,全省已安排各项世博安保经费约10亿元,其中省本级1.3亿元。目前,上海世博会进程已经过半,从全省情况来看,世博安保总体情况比较良好,取得了阶段性成效。但由于世博会时间长、任务重、安保投入大,必须做好打持久战的准备。各级财政部门要及时总结经验,取长补短,巩固前期工作成果,密切关注各种动向,周密部署,积极主动与相关部门协调沟通,毫不懈怠。世博安保无小事,我们都要在第一时间作出回应,合理的、该安排的要及时作出安排,不能由于财政部门工作的原因影响世博安保。世博安保工作结束后,对经费保障工作做得好的,经费开支比较大的市县将给予适当奖补。

过去几年,全省政法财务管理工作面临的大事多、改革多,取得的成效多、亮点多,应该说取得了很好的业绩。2007~2009年,公安机关“三基工程”建设、法院“两庭建设”、检察院“两房建设”均在全国名列前茅;公安破案绝对数位居全国第二位,民警人均破案数连续11年占据全国首位;2009年法院办结案件数为77.9万件,法官人均办案112.1件,为全国平均数的2.2倍;检察院批捕、起诉案件均列全国前茅,人均办案数是全国的2倍多;法律援助、人民调解、社区矫正都处于全国领先水平。2009年度“平安浙江”考核,全省11个市全部达标,90个县(市、区)有89个达标。

这些成绩的取得,是在省委、省政府正确领导下,各部门团结协作、共同努力的结果，凝结了各地各部门政法财务工作者的心血和汗水。回顾几年来的工作，感受最深的就是财政与各部门之间建立了相互理解、团结协作的良好关系。无论是部门预算编制，还是日常财务管理；无论是推进财政财务管理体制改革，还是处理突发事件，各部门都能从大局出发，体谅财政的困难，同舟共济、共渡难关，为做好政法财务管理工作做出了突出贡献，也为进一步加强合作、开创工作新局面奠定了坚实基础。在此，我代表省财政厅党组，对各地、各部门长期以来给予政法财务工作的理解和支持，表示衷心的感谢！

二、认清形势，提高认识，明确责任

当前政法经费保障水平明显提高，管理体制机制也已初步理顺，各方面对政法经费保障工作非常重视，为下一步开展工作打下了良好基础，创造了很多有利条件，但面临的新情况、新矛盾也很多，工作的困难和压力都很大。我们一定要深入分析、准确把握当前形势，提高思想认识，明确工作责任，切实增强做好新形势下政法财务工作的责任感和紧迫感。

(一)认清形势

1. 维稳形势严峻。近几年来，全省各级政法机关深入贯彻落实科学发展观，认真落实中央有关维护稳定工作的指示精神，紧紧围绕上海世博会安全保卫工作，扎实推进“平安浙江”、“法治浙江”建设，并取得了显著的成效。当前全省人民群众安居乐业，社会和谐稳定，有关上海世博会的安保工作运行良好。但我们也要清醒地看到，当前国际局势风云变幻，国内正处于经济转轨、社会转型的特殊历史时期，各种社会矛盾的交错性、利益关系的复杂性、价值观念的多样性、人财物的流动性、信息传播的便捷性都在进一步增强，各种不稳定不确定因素明显增多。收入差距扩大，社会矛盾大量堆积，群体性事件诱发因素多，违法犯罪主体存量大，流动人口引发的“输入型”犯罪不断增多，非法组织犯罪、黑社会犯罪、毒品犯罪势头凶猛，高科技条件下的违法犯罪时有发生，政法机关肩负维稳任务的艰巨性、复杂性、挑战性前所未有，维护社会稳定工作面临着严峻的形势。

2. 收支矛盾仍然严峻。今年以来，在物价持续上涨、前期楼市火暴、同期基数低的共同作用下，地方财政收入累计增幅持续回升，结构持续优化。1～6 月全省地方财政收入 1468.71 亿元，增长 29.7%，预计全年增幅达到 20%左右；全省地方财政支出 1271.91 亿元，增长 16.8%，完成年初预算的 47.1%，支出进度创近五年最快，其中公共安全 110.75 亿元，增长 17.1%。但必须看到，当前及今后一个时期财政经济发展环境仍十分复杂。国际金融危机影响的严重性和经济复苏的曲折性超出预期，国内经济面临“两难”问题较多，经济运行存在不确定性，全年经济增长将呈现前高后低的曲线，下半年财政收入形势不容乐观，收支矛盾突出。从收入来看，经济形势的进一步好转，将有利于财政收入增长，但受通胀预期加大、融资环境趋紧的夹击，原材料、劳动力及环境成本的上涨，企业利润空间正在趋小，相关税收增长压力很大；外需恢复尚难确定，出口拉动作用不稳；宏观调控政策对内需动力带来新影响，尤其是加强房地产调控对房地产市场影响较大，由此带来的传导效应不容忽视，地方财政收入要保持年度间的平稳面临较大的压力。从支出来看，促转型、扩内需、保增长、惠民生的支出刚性很强。支持全省重大基础设施项目建设后续资金需继续投入；扶持中心镇和欠发达地区发展、推动生态文明建设、援疆援藏工作都需要投入大量财力；完善社会保障体系、深化医疗卫生体制改革、深入实施低收入群众增收计划、支持“海洋经济”发展、加大“两房”建设力度等民生支出较大；清理规范地方政府融资平台，将对后期地方基础设施融资带来较大压力。地方财政收支矛盾和收支平衡难度将更加突出，而财政收入中能够分配到政法部门的经费增量，还是有限的。对此，我们要有清醒的认识。

3. 财务管理任务繁重。随着我省政法经费保障水平的提高，社会各界对政法经费的合理、规范使用高度关注，要求公开预算信息的呼声很高。2011 年开始，部门预算将要向全社会公开，这对政法经费管理的科学化、精细化提出了更高的要求。而目前我省政法经费使用管理中仍存在着一些问题，如公共财政的理念不够牢固，预算管理的认识有待进一步提高；资源利用不够，部门之间、部门内部各自为政，如信息系统建设，不能充分整合利用社会公共资源；会计核算不够精细，财政监管不够严格，政法机关内控制度不够健全和完善；政法经费支出结构不够合理，“四项费用”占比偏大，业务费、装备配备费占比偏小；政法财务工作人员紧缺，综合素质和科学化、精细化、规范化理财能力有待进一步提高等等，这都有待于我们去努力、去研究、去完善。

(二)提高认识

1. 财政政法工作关系到政权运转的顺畅。政法工作是我们党执政的一种载体和重要方式，也是我们国家政权建设的重要组成部分。支持政法工作对于巩固党的执政地位，维护国家安全和人民的权益，服务和保障经济、政治、文化和社会建设都具有十分重要的意义。在整个财政支出体系中，政法支出是财政最基础的支出和最必需的支出。因为任何政府在依法行使国家权力，组织和管理国家事务的职能时，都需要建立一整套管理机构来确保其职能的实现。而为保证这套机构履行职能所支出的行政管理经费由此也就成为政府参与社会经济生活的必然结果。可以说，没有必需的经费供给，国家政权不能顺畅的运行，政府就谈不上对社会经济生活的有效调节和干预。因此，政法支出的合理安排，是建立高效政权机关，充分发挥政府对社会经济的积极作用的重要前提，也是社会资源得到有效配置的重要保证。

2. 财政政法工作关系到社会的稳定和谐。稳定是和谐的基本要求，和谐是稳定的更高境界。政法机关既是和谐社会的保障力量，也是和谐社会的建设力量。当前由于社会深刻变化，刑事犯罪、民事行政纠纷、群体性事件和各种治安事件持续高发，大量矛盾纠纷以案件的形式不断汇聚到政法机关，大多数社会矛盾和问题也因涉及社会稳定最终进入政法工作领域，政法工作已成为调节社会矛盾的重要渠道。财政部门作为政法机关的后勤保障部门，保障政法机关经费需要是我们的基本职能，经费保障是否到位直接关系到政法机关能否正常地、正确地履行职能，也关系到社会主义和谐社会建设的成效。因此，在构建社会主义和谐社会的进程中财政部门担负着重大历史使命和政治责任，我们要从政治的、全局的、党性的、政权的高度，充分认识政法经费保障问题的极端重要性，把保障政法经费放在重要位置。

3. 财政政法工作关系到财政部门的形象。财政部门与其他部门不同，是一个综合经济管理部门，工作涉及到经济社会的方方面面，财政政策的执行、财政资金的分配、财政的管理和监督，特别是当前各项财政改革举措，都涉及到各个部门、单位和个人利益，是社会关注的综合部门。作为财政部门重要组成部分的行政政法处(科)，其工作服务对象是党政机关，我们的业务水平、工作能力、业务素质、服务态度，直接影响着财政部门在党委政府系统中的形象。而财政部门的形象则是通过每一位财政干部个人的形象表现出来，因此要树立财政部门的良好形象，就必须把各项工作的重点落实到具体的每一个财政干部身上，切实提高财政干部的政治、业务素质，进一步规范财政干部的行为，努力维护财政部门的良好形象。

(三)明确责任

为认真贯彻落实中央《关于加强政法经费保障工作的意见》，省委办公厅、省政府办公厅出台了《关于加强政法经费保障工作的实施意见》，省财政厅制定了《浙江省政法经费分类保障办法实施细则（试行)》，进一步完善了具有浙江特色的“明确责任、分类负担、收支脱钩、全额保障”的政法经费保障体制。各级财政部门和政法部门必须充分认识政法经费保障体制改革工作的重要意义，认真贯彻落实好中央和省里的有关文件精神，进一步明确责任，建立完善的经费保障责任机制。省政府在做好省本级政法经费保障的同时，继续实施省级财政转移支付政策，建立健全完善经费分类保障机制，促进市、县(市、区)政府加强政法机关经费保障，实现政法机关经费保障工作的科学化、规范化和精细化。市、县(市、区)政府要切实承担起政法经费保障责任，认真做好本级政法机关的经费保障工作，不得以省财政安排的转移支付资金抵顶本级政府应安排的支出。各级财政部门要把完善政法经费保障体制与“三个子”财政预算管理有机结合起来，总体把握、通盘考虑，将省级政法转移支付资金按来源和项目设置明细账，完善财务核算体系，确保各级政府把政法经费保障责任落实到位。各级政法机关要切实加强内控制度的建设和有效执行，牢固树立专款专用理念，严格执行财务规章制度，真正将转移支付资金用到当前的维稳、社会治安综合治理的要务上来，用到推进“平安浙江”、“法制浙江”建设的关键项目上来。

三、创新思路，创新机制，创新业绩

今后一个时期，全省政法财务管理工作要以科学发展观为统领，按照建设公共财政的要求，发挥财政支撑、保障、引导作用，创新思路、创新机制、创新业绩，用改革创新的办法，不断破解难题，努力推动全省政法财务管理工作再上新台阶。

(一)创新思路

政法财务管理工作是一项政策性很强的系统性工作。这几年，我省虽然在政法财务管理工作方面积累了不少好的经验、好的做法，但随着形势和任务的发展变化，在思维方式和工作方法上还存在着用老观念看待新情况，用老办法解决新问题的情况。要实现政法财务管理事业平稳持续健康发展，就必须要勇于解放思想，创新工作思路，摒弃教条主义、经验主义、部门主义的思维定式和工作方法，紧密结合实际，着眼于新形势、新任务、新要求，努力在工作理念、工作方法上求突破，见成效。

1. 创新工作理念。工作要有思路，没有思路，工作就没有头绪、没有重点、也不可能有激情；要有计划，即细化思路，通过人和时间这两个要素，把一年要完成的工作任务计划化，确保工作思路和任务完成；要有方法，即解决问题的路径，按照找适用的原则、政策、规章制度、弄清实情、借鉴经验、沟通协调、请示领导这样一条路径去求解决问题的答案，相对就比较容易。

2. 创新工作举措。

一是完善分配方法。以《浙江省政法经费分类保障办法实施细则(试行)》为主线，梳理法律援助、社区矫正、人民调解、交警规费、法院诉讼费及办案专款等管理新情况、新问题，按照清理整合专项经费的总体要求，进一步完善因素分配法，选取比较切合各政法机关实际的因素和权重，并进一步提高业务装备经费的分配比重。积极探索转移支付资金的监管模式，逐步建立健全转移支付的绩效评价制度，强化激励约束机制，加强绩效评价结果运用。同时，针对2008年省级政法专款补助欠发达地区检察院和司法机关包含了2009年提前到位的资金，致使2009年省级政法奖励性补助欠发达地区检察院和司法机关绝对量减少的问题，继续研究完善因素分配法的科学使用，使资金分配更加科学、合理、精细。

二是改进下达方式。针对各地跨年使用专项资金现象较为普遍的实际，省级政法转移支付资金下达时间进一步前移，具体方法可根据财政部上年下达资金额度，加上省级配套资金，在当年二季度先给市县下一个预分配方案，市县根据预分配方案编制资金使用计划上报省厅，省厅争取在三季度尽早将资金正式下达。今年由于时间紧，7 月 31 日前省级政法奖励性补助资金分配文件需报送财政部，省财政厅采取先下达经费指标，再由各市、县(市、区)在 9 月 30 日前上报“2010 年政法业务装备购置计划表”给我厅备案，并作为 2011 年检查依据，对各地进行跟踪考核。

三是实行精细管理。强化政法经费管理，着力在科学分配和提高资金使用效益上下功夫。要调整优化结构增效益，全面掌握政法机关经费保障基础数据信息，跟踪政法装备设施设备使用及绩效情况，建立财政政法财务工作信息系统，掌握政法机关的现状和发展情况，着眼强基础、保重点，进一步调整优化支出结构。要强化预算管理定效益，按照“三个子”财政管理的要求，将部门预算、国库集中支付、政府采购、绩效评价等工作有机结合起来，形成上下互动、左右联动、环环相扣的有机链条，真正实现各环节间的无缝对接，规范财政资金分配、下达及支出程序，保证财政资金安全有效。要加强财政监管重效益，全面健全政法经费管理制度，规范政法机关支出行为，严格执行各项财务制度，严格执行各项经费开支范围和标准；强化监督检查，建立健全覆盖的所有政法经费和资金运行全过程的监督机制。要强化资产管理保效益，细化资产配置标准，稳步推进资产配置与部门预算编制相结合；规范资产处置、使用，严格执行“收支两条线”。要推行绩效考评显效益，建立健全专项资金的追踪问效和反馈机制，为编制下年度预算提供可靠依据。加强政法经费转移支付资金的绩效考评，并将考核结果与下一年度的奖励性补助资金分配挂钩。

(二)创新机制

一个好的工作想法，如果没有一个强有力的制度或机制来作保证，那么，再好的想法和工作方式也只能是说在嘴上、写在纸上，失去实际意义。全国政法经费保障体制改革，是党的十七大作出的重大战略部署，是建设社会主义法治国家的重大举措，我们要全面理解、准确把握政法经费保障体制改革的主要精神，积极创新机制，通过制度的建设和机制的创新，不断实现全省政法经费保障工作的规范化、制度化、长效化。

1. 建立分类保障机制。政法经费划分为人员经费、公用经费、业务装备经费和基础设施建设经费四大类，实行分类保障。各级政法机关的人员经费、公用经费、业务装备经费由同级财政负担，基础设施建设经费和各类基础设施维修经费由同级政府负担。人员经费按编内实有人员实际安排预算；公用经费按高于一般行政机关 1 倍以上的标准安排预算；业务装备经费按省级财政部门牵头制定的业务装备配备标准、装备配备规划和年度实施计划安排预算。

2. 建立标准保障机制。我省已建立政法机关公用经费定额标准，今后随着社会发展，不断予以完善。按照“分类指导、分步实施、资源共享、确保基本需要”的原则，逐步建立起符合省情的、规范的、分部门、分类别的政法机关业务装备配备实施标准；结合政法业务工作重点和市县实际情况，制定全省政法机关业务装备配备规划和年度实施计划。各级财政部门和政法机关要继续深化支出管理改革，进一步推进政法机关各级、各部门间业务装备的共建、共享、共用，提高设施设备的综合利用能力，避免重复建设。

3. 建立收支脱钩机制。切实加强政法机关的收支管理，确保收支脱钩。各地不得向政法机关下达或变相下达罚没收入指标，不得将政法机关的经费支出与其行政性收费和罚没收入挂钩。各级政法机关要确保应收尽收、应罚尽罚，收取的行政性收费和罚没收入按预算级次全部上缴国库；建立内控机制，制定切实可行的制约措施和监督考核办法，防止出现因收支脱钩可能产生的执法不严、应收不收、应罚不罚等问题，造成行政性收费和罚没收入的非正常减少。

4. 建立监督管理机制。各级财政部门要切实按照要求承担政法经费管理责任，保证政法经费所需资金的及时筹措和规范分配；健全政法经费管理机构，增加必要的管理人员，加强对政法机关经费管理使用的指导，控制和压缩一般性支出，努力降低司法成本；确保办案(业务)和基层一线经费需要；加强对政法经费使用的监督检查，及时制止和处理各种经费使用中的违法乱纪行为。各级政法机关要落实政法经费使用管理责任，切实加强内部财务管理，制定和完善内部财务管理办法，建立符合政法经费管理特点的财务核算体系，切实将各项收支纳入规定的账簿统一核算，保证政法经费的安全有效使用；保证经费向基层倾斜，完善对基层政法机关的绩效考评办法；要严格执行各项经费开支范围和标准，严禁超标准建设基础设施和配备业务装备。

5. 建立考核奖励机制。建立健全政法经费保障激励约束机制，省厅负责制定全省政法经费绩效考核办法，对各级政法经费保障的努力程度、管理绩效、政法机关办案(业务)工作量，以及政法基础信息报表报送等情况进行综合考核，并依据考核结果按因素法对办案(业务)经费和业务装备经费进行奖励性补助。

(三)创新业绩

1. 加强学习。新的历史时期，对财政干部的政治素质、业务技能、管理方式、工作作风等都提出了新的更高要求。加强学习，是做好新时期政法财务工作、不断创新业绩的一个重要途径。这两年财政改革进度比较快，财政业务政策每年都有变动，因此对财务人员的业务素质、业务水平要求比较高。从事政法财务管理工作的同志，一方面要加强专业知识的学习，特别要学习预算编制、预算管理、预算执行以及国库集中收付、政府采购、税务等方面的知识，努力提高专业技能和专业水平；另一方面要加强法律、管理、文学、科学和政治经济形势等知识的学习，建立科学合理的知识结构，不断增强自身的综合素质，提高解决问题的能力。

2. 强化保障。一是强化人员保障。健全机构，充实管理人员。针对政法财务人员紧缺的情况，要通过各种途径选调品质好、业务精、作风优的人员来从事政法财务工作，各级财政部门要督促政法机关进一步健全财务管理机构，充分发挥财务部门的职能作用，切实加强财务管理力量。二是强化制度保障。健全完善政法财务规章制度，切实加强人员管理和内控机制建设，对照要求对本地区相关经费使用管理制度进行梳理，进一步规范内部控制制度，对经费使用要形成一套行之有效的监管办法，抓好各项制度的贯彻落实，严格按规定使用好、管理好各项经费。

3. 坚持专业。坚持专业就是要维护职业的尊严。在职责和专业范围内的问题应由财政部门主动研究提出解决办法，涉及财政的政策意见和建议，必须由财政部门提供。坚持专业很难，但是我们必须要勇于坚持、善于坚持，同时要讲究方法、策略，只有坚持专业而不固执，才能赢得领导的肯定、部门的尊重与理解。

4. 开拓创新。创新是人类进步的源泉，是一个民族进步的灵魂，是国家兴旺发达的不竭动力。一个部门或单位要有生机，事业要有活力，必须有创新、有亮点。做好政法财务管理工作，我们要勇于和敢于创新，要善于和能够创新，要创造性地工作，提出有创新性的意见建议，不断创造政法财务管理工作的新经验、新业绩，努力开创我省政法财务工作新局面。

(2010 年 7 月)

深化改革 夯实基础 强化管理 努力做好 2011 年省级预算编制工作

省财政厅副厅长　罗石林

一、2010 年省级预算编制和改革成效显著

(一)厉行节约，关注民生，重点支出得到有效保障

2010 年是新世纪以来我省经济社会发展最为困难的一年。面对复杂严峻的经济财政形势，省财政在省委、省政府的正确领导下，坚持以科学发展观为指导，全面贯彻落实中央应对金融危机一揽子计划和省委、省政府“标本兼治、保稳促调”等一系列政策措施，按照“依法治税、为民理财、务实创新、廉洁高效”的总体工作思路，统筹兼顾，突出重点，大力优化支出结构，严格控制一般性支出，切实保障民生。认真贯彻落实中央和省厉行节约有关文件精神，2010 年省级党政机关公用经费预算压缩 5%、出国(境)经费、公务用车购置及运行经费、公务接待经费预算“零”增长。切实保障重点支出，2010 年省本级教育支出、科技支出、农林水事务支出预算安排高于省本级经常性收入增长幅度，全部达到法定支出要求。同时，省财政积极完善相关政策措施，优化配置各类财政资源，着力推动经济转型升级，扎实推进大平台、大产业、大项目、大企业建设。发挥财税支撑、引导、保障作用，统筹城乡区域协调发展，加大对欠发达地区、中心镇和海洋经济扶持力度，省财政安排欠发达地区发展资金 10 亿元、中心镇培育资金 10 亿元、海洋经济发展专项资金 10 亿元，推进跨越式发展。筹措落实“三个千亿工程”省级财政性资金，支持以铁路现代化为重点的基础设施和民生工程建设。落实外经贸发展各项政策，继续安排省级外贸发展资金 3.5 亿元，突出支持中小企业开拓国际市场，促进外贸出口稳步回升。全面实施“校舍安全工程”，2009～2011 年省财政专项安排 15.7 亿元。进一步完善社会保障体系，省财政筹措安排 14 亿元，推进全面实施城乡居民养老保险制度。2010 年筹措资金 37 亿元，积极推动医药卫生体制改革。完善财政生态补偿政策，全面推行排污权有偿使用和交易，加大对环境保护和生态建设的投入，2010 年省财政计划安排 45.83 亿元，推进生态省建设。

(二)创新体制，规范管理，“三个子”预算管理改革进一步深化

深化和稳步推进“收入一个笼子、预算一个盘子、支出一个口子”预算管理改革。进一步细化和完善了预算编制、执行、监督的管理框架，保障“三个子”顺畅运行。严格执行“收支两条线”政策，加大了预算资金统筹力度。2010 年，重点对行政单位预算资金来源进行了规范，全部省级党政机关实行严格的收支脱钩，部门履行正常业务所需资金由财政预算内资金安排，收取的各项预算外资金，上缴省财政，不与单位支出挂钩，统筹安排用于发展建设类项目。同时，在 2009 年对单位自行发放福利资金来源进行调整的基础上，进一步规范了单位津补贴及包干结余提取福利费政策。加强非税收入的管理，建立执收岗位责任考核制度，确保应收尽收，并全额上缴财政。在总结前阶段探索实践“三个子”改革经验的基础上，代省政

府草拟了《浙江省人民政府关于加快推进“三个子”公共财政管理改革的意见》。对今后一个时期推进“三个子”公共财政管理改革的指导思想、基本原则、主要目标、具体措施都做了明确规定，该意见将于近期由省政府下发。

整合国库部门与会计核算中心职能，建立以国库集中收付、财政资金安全管理、预算执行动态监控、信息集成等为主要内容的预算执行管理新机制，不断提高预算执行质量和效率。深化政府采购制度改革，不断完善政府采购制度体系，加快推进全省政府采购信息系统一体化建设，加强对政府采购代理机构的监督管理，稳步扩大政府采购范围和规模，有效发挥政府采购政策功能。

(三)清理整合，完善标准，预算编制科学性进一步提高

积极开展专项资金清理、整合和规范工作。认真贯彻落实省政府办公厅《关于清理整合和规范财政专项资金管理的意见》精神，继续严格控制新增专项资金，对新设专项资金，省财政严格把关，统筹安排，从紧掌握。取消、归并、整合现有专项资金。对已经实现项目目标或已经到期的项目，以及支持方向与党委、政府工作目标相偏离的项目，坚决取消；对符合党委、政府工作目标，但支持方向、扶持对象和用途相同或相近的项目，予以归并；不同部门管理但支持方向、扶持对象和用途相同或相近的项目，予以整合。2010年，省级重点对文化、卫生、林业等三大类专项资金进行了初步的整合，文化从16个项目整合为5个项目，林业从37个项目整合为4大类11个项目，卫生除医改新设项目外，将原18个项目整合为14个项目。继续加大力度清理历年结余，督促部门单位加快结余资金使用，减少资金沉淀。2010年预算，共有2646.58万元结余资金统筹编入预算，同时，通过对2009年以前结余的清理审核，按规定回收各部门结余资金2.75亿元，用于重大新增项目支出。

继续完善支出标准体系。以市场定价和财政测定相结合的费用支出标准体系、实物配备标准体系初步建立，并逐步完善。在制定和完善办公设备购置费、会议费、办公用房装修改造费、差旅费、物业管理费、培训费和办公用房建设费等费用支出标准的基础上，继续扩大费用支出标准范围，增设了基建项目代建费标准。

(四)细化预算，协调配合，预算管理进一步精细化

2010年，省级部门预算编制的精细化水平进一步提高。制定了2010～2012年深化省级预算编制改革三年规划，明确了中期预算改革目标，滚动实施预算编制改革。启用了新版“E财部门预算管理信息系统”，实现了基础资料库、项目库、预算编审三大模块的一体化运行；省级部门预算基础资料库、项目库初步建立，预算编审更加准确、高效。预算细化程度稳中有升，有预算分配权资金和二次分配专项资金年初细化率进一步提高。项目设置逐步规范，项目类别与经济科目实现挂钩，项目支出预算用途更加明细。

2010年预算编制还体现了“三个结合”：一是与结转和结余资金管理相结合。要求部门优先动用2006年国库集中支付改革前结余下来的结转资金，作为预算安排的首要来源；对部门截至2009年底两年未动用或项目结束形成的结余资金，原则上全部收回财政统筹用于2010年预算支出。二是与资产管理相结合。试编了资产配置预算，完善了审核机制和流程，加强了对资产配置支出预算安排的审核。三是与政府采购管理相结合。按照政府采购管理要求，细化政府采购预算编制，准确反映政府采购的规模、内容和结构。

(五)强化目标，完善体系，财政资金使用效益进一步提升

确立预算绩效观念，完善绩效管理体系，实现绩效与预算管理全过程结合。2010年，重点加强了绩效评价目标设置和结果应用管理。规范绩效目标设置，300万元以上的项目，必须根据项目可行性论证报告和工作规划，明确量化项目预期社会效益、经济效益、生态环境效益等绩效目标；省财政强化绩效目标的审核，凡未明确绩效目标的项目，不予安排财政资金。完善激励约束机制，实现评价结果与预算编制的有机衔接。各主管部门将下属单位绩效评价结果，作为审核2010年预算的重要依据；财政部门将财政组织评价项目的评价结果与2010年预算安排挂钩；建立项目资金使用情况报告制度，在报送2010年部门预算的同时，一并报送上年部门项目支出预计执行情况。继续扩大绩效评价自评范围，2009年共对41个部门的128个项目进行自评，涉及财政资金11.15亿元；加强财政组织绩效评价工作，2009年组织力量对21个项目实施了绩效评价，涉及财政资金16.65亿元。

(六)明确责任，狠抓落实，预算执行的时效性和均衡性进一步增强

财政部和省政府领导对预算执行进度问题高度重视，多次指示要求加快支出进度，确保预算均衡执行。为此，在认真研究分析的基础上，我们采取了一系列措施加快支出执行进度。一是建立限时下达预算制度。加快省级预算核定进度，及时将预算批复给部门、单位；年初待分配项目预算，规定9月30日前必须落实到具体承担单位，超过期限仍未细化到具体承担单位而无法执行的预算，作调减处理。二是加快省级专项转移支付下达进度。省级专项转移支付项目，除部门年终据实结算项目及中央下达项目外，9月30日前必须下达完毕；据实结算等特殊项目，可先下达、后清算或分季下达；试行“切块分配法”，结合前三年市县分配情况和其他相关因素，按一定比例拟定分市县切块资金先行下达，由市县根据本地实际提出具体实施项目报省备案，项目实施结束由省组织绩效评价，奖优罚劣。三是提早下达省级一般转移支付资金。固定结算项目，以及专项转移支付转为一般转移支付的项目，原则上6月

30 日前要下达完毕。四是严格预算追加。除突发性事项外，财政部门 9 月底以前办理追加，10 月以后不再办理。五是切实做好预算执行基础工作。继续实施预算执行分析和通报考评制度。6 月份起在省财政厅内网实时公布各处归口部门的预算执行进度，加大对重点单位、重点项目特别是各类建设项目的监控力度，促进重点单位、重点项目在确保质量和效益的前提下，加快执行进度。

（七）完善制度，强化基础，预算民主化进一步推进

平稳有序促进预算公开透明，进一步扩大部门预算送省人代会审查范围，稳步推进预算民主化。2010 年，送省人代会审查的部门预算增加到 30 个。同时，从 2004 年开始，省人大每年选取 1～2 个部门预算进行重点审查，2004～2010 年已有省卫生厅等九个部门的部门预算接受专家评审和省人大代表的专题审查。按照中央的统一部署，从 2010 年开始，将加大预算信息公开的力度，初步拟定省级三年工作计划，明确预算公开主体，统一预算公开内容，建立健全协调机制，分步推进省级预算信息公开工作。

回顾一年来的工作，我们遇到的困难比预料多，但取得的成绩也比预期的好，这主要是省委、省政府坚强正确领导的结果，是省级各部门大力支持密切配合的结果，也是广大财务工作者辛勤劳动无私奉献的结果。

二、目前省级预算管理中存在的主要问题

一是基础性工作不够扎实。近几年，各部门在抓管理、推改革等方面做了大量工作，但一些基础性工作仍很薄弱。“重收入，轻管理”现象仍然存在；需求论证不充分，经费测算不明细，提供材料不完善的情况比较多；政策了解不充分，报表分析不透彻，软件使用不熟练，不按规定要求填报项目申报文本的情况也时有发生；还有些单位时间安排不合理，存在拖延报送的情况。

二是预算编制的完整性仍然不够。实行综合预算管理、统筹公共资源是部门预算编制和管理的一个基本原则。省政府提出了“三个子”综合预算管理改革的要求，省财政厅在布置预算编制工作时，对应纳入部门预算编制的资金范围作了明确。但从预算审核情况看，仍有一些部门编报预算资金范围不全，没有把所有收入、支出都纳入预算，存在漏报和少报现象。同时，部门决算与部门预算的差异较大，部门预算的完整性、准确性还有待提高。

三是项目支出管理仍存在不少问题。一些部门工作前瞻性不够，预算编制与部门工作计划结合不够紧密。项目用途交叉、重复设置的情况时有发生；可行性研究不够充分，资金测算过程不完整的情况比较普遍。有些部门年初预算编制不准确，执行过程中大量调整，年底又形成大量结转结余。重分配、轻绩效的观念不同程度存在，预期绩效目标设定流于形式，绩效评价结论科学性还需不断提高，评价结果应用机制还不够完善；资产管理与预算管理有机结合程度还需进一步提高，按部门存量资产状况决定资产购置预算的机制还需进一步完善。

四是预算执行进度不均衡和缓慢的问题比较突出。一直以来，省级存在支出进度落后于序时进度，年底支出相对集中的问题。2009 年 12 月，省本级完成支出 111.7 亿元，占全年支出总量的 34.3%，比重明显偏高。2010 年 1～7 月省本级完成预算 43.8%，仍落后于序时进度，预算执行进度缓慢和不均衡的问题仍然存在，影响了预算支出资金使用效益。

五是预算执行监督力度有待加大。近几年人大、审计等部门对省级预算的监督力度越来越大，但一些省级部门对人大、审计监督意见的落实情况并不理想，一些问题屡查屡犯。一些部门内部监督较为薄弱，部门财务内部控制机制不够完善，执行中挤占、移用、浪费财政资金和不注重资金使用效益等现象依然存在。

以上问题，有的是省人大、省审计厅和省财政厅多次提出要求整改、但仍屡查屡犯的老问题；有的是随着改革的深入暴露出来的新问题。出现这些问题，既有重视程度不够、对政策理解不到位等主观原因，又有相关监管机制不健全等客观原因。这些问题，需要我们在今后的工作中引起重视，切实采取措施，认真加以解决。

三、当前经济财政形势

1～7 月，全省地方财政收入累计完成 1723.78 亿元，比上年同期增加 363.65 亿元，增长 26.7%。其中，省本级收入 172.35 亿元，增长 11.1%。1～7 月收入增幅较高，除经济继续回升向好带动税收增长、价格水平上涨、年末年初房地产市场火暴等因素外，主要是去年同期收入基数很低形成的，上年同期全省财政收入累计增幅仅为 4.1%，省本级收入累计增幅为 5.1%。1～7 月，全省财政支出累计 1482.53 亿元，比上年同期增加 194.03 亿元，增长 15.1%。其中，省本级支出 149.69 亿元，增长 8.8%。1～7 月支出增幅相对较低，主要是今年预算安排支出增幅较低，同时去年同期加快落实积极的财政政策，安排扩大内需等方面的资金较多，基数较大，上年同期全省财政支出增长 17.2%，省本级支出增长 21.4%。

在经济财政运行出现积极变化的同时，我们也清醒地看到，2010 年是进入新世纪以来中国经济最为复杂的一年。经济发展环境虽然有可能好于去年，但面临的形势极为复杂。经济快速增长较大程度上还是政策刺激的结果，也有去年同期基数较低的原因，经济回升向好过程中还存在许多矛盾和困难，一些新情况、新问题也在显现。从国际看，世界经济缓慢复苏，但基础依然脆弱，金融危机影响仍在持续，一些国家主权债务风险凸显，国际大宗商品价格波动频繁，贸易保护主义明显抬头；从国内看，经济结构调整和发展方式转变任务紧迫，农业

稳定发展和农民持续增收的难度较大，通货膨胀预期较强，防灾抗灾形势严峻。

根据国内外经济运行趋势，结合财政实际，今年财政收支紧张的矛盾依然突出。收入方面，经济回升向好和企业经营状况好转，为财政收入增长打下基础。但通胀预期增大、融资环境趋紧、企业利润空间趋窄，将影响下半年财政收入增收；因欧美等市场的不确定性导致外贸出口形势的不确定，房地产市场调控等，将带来我省税收增长的不确定性。从全年财政收入走势看，由于去年5月份起收入回升，特别是8月份后回升加快，基数逐渐抬高。年初几个月财政收入高增长的趋势很难持续，全年收入增幅将呈明显的"前高后低"走势，形势不容乐观。支出方面，继续实施积极的财政政策，增加低收入群体收入，"三农"、教育、社会保障和就业、医疗卫生、保障性住房等经济社会发展重点环节，加强生态文明建设，支援新疆、西藏发展等，需要进一步加大财政投入，财政支出压力依然很大。

受各种不确定因素影响，2011年的经济财政形势将极为复杂，财政收支紧张的矛盾仍将持续。2011年省级部门预算编制要本着谨慎的原则，适当留有余地。对此，各部门要有一个清醒的认识，牢固树立过几年紧日子的思想，从增收节支、提高效率上下功夫，确保财政资金使用效益得到充分的发挥。

四、2011年省级预算管理和改革工作重点

2011年是实施"十二五"规划的开局之年，也是落实科学发展观、推动和谐社会建设的关键之年。2011年预算编制，要围绕"创业富民、创新强省"总战略，遵循"集中财力办大事"和"一要吃饭、二要建设、三要有所积累、四要增强宏观调控能力"的理财原则，贯彻吕省长提出的"推动财税自身发展方式转变，实现财税持续、平稳、健康发展；贯彻落实科学发展观，发挥财税支撑、保障和引导功能"要求，按照"依法治税、为民理财、务实创新、廉洁高效"的总体工作思路，重基础、抓管理，加快推进"三个子"公共财政管理改革，着力健全政府预算编制体系，调整优化财政支出结构，强化科学化管理力度，提升精细化管理水平，有序推进预算信息公开，提高资金使用效益，更好地推动我省经济社会事业全面健康发展。

（一）重基础，深入推进预算管理科学化精细化

深入推进预算管理科学化精细化是近阶段预算管理的中心工作。推进预算管理科学化精细化既是深入学习实践科学发展观的重要举措，也是深化财政改革、加强财政管理的迫切需要。全面推进预算科学化精细化管理，进一步提高预算管理水平，重点在基础，关键在基层，核心在基本。省级预算管理，要切实抓好管理基础工作。管理基础工作包括为实现财政管理目标而提供的基础资料、基础标准、基本手段等，覆盖了预算管理的方方面面，是预算管理的基石，直接影响预算管理的水平和效率。

要全面加强各项基础管理工作。建立健全各种基础数据动态采集机制，完善部门基础信息数据库，逐步实现对省级行政事业单位机构、编制、人员、资产、经费类型等数据的动态管理。积极推进预算项目库建设，充分运用信息化手段，加强年度间项目库衔接，推进项目滚动管理。展开项目基础资料库建设试点，2011年我们将要求下山脱贫、村庄整治、村级公益事业一事一议、强塘工程、万里清水河道建设、重点渔港建设、新型农村合作医疗、城乡居民社会养老保险、城乡居民最低生活保障补助、残疾人共享小康、村卫生室建设发展、农村困难群众住房救助、城镇廉租房补助、乡镇污染处理设施建设、校安工程、重中之重学科建设、农远工程、计生两免补助、高层次人才引进专项等事关民生的项目，建立项目的基础资料库。完善支出标准体系建设，着力强化科学化管理力度。2011年将重点调整行政预算定额体系，与省直机关津补贴规范方案相衔接。原"削峰填谷"部分并入定额，新定额直接反映年度实际人员支出。行政定额体系进一步细化，层级从原设置的省级、厅级、处级和其他4个细化成正省、副省等30个。完善费用标准体系，调整基建项目代建管理费标准，将代建费收费标准从分阶段收费模式调整为全过程代建收费模式。推进事业单位供给方式改革，逐步从"花钱养人"向"花钱买服务"方向转变。2011年在省级文化、科技和医疗卫生系统的公益类事业单位中进行探索试点。

（二）促创新，深化"三个子"预算管理改革

要深入推进"收入一个笼子、预算一个盘子、支出一个口子"预算管理改革。《浙江省人民政府关于加快推进"三个子"公共财政管理改革的意见》下发后，各部门要在2011年预算编制过程中切实加以贯彻。"三个子"预算改革的重要目标之一，是建立由政府公共预算、政府性基金预算、国有资本经营预算、社会保障基金预算以及政府性债务计划组成，有机衔接的政府预算体系。2011年，要继续深入推进建立健全政府预算体系工作。一是强化政府公共支出预算。2011年政府公共支出预算将向社会公开，部分支出将从类级科目细化到款级科目。这一变化，将极大影响现有预算管理方式，科目调整将受到严格控制。各部门、单位在编制2011年预算时，必须严格按照政府收支分类科目编列支出科目，做到准确、细化，执行时必须严格按所编科目执行，不得随意调整。否则在决算时就难以解释。预算执行率将受到严格约束。预算数与执行数之间的差距必须缩小，有预算分配权资金的年初分配率要逐步提高，待分配资金规模要逐步压缩。二是稳步推进国资经营预算编制。完善现有国资预算编制方法，着重做好下一步深化改革的准备工作。摸清省本级各主管部门所属的国有企业底数，清理因历史原因留存在主管部门的国有产权转让收入，为以后深化改革夯实基础。三是深化社会保险基金预算编制改革。加强沟通

协调，完善编制方式方法，提高基金预算编制质量。四是加强省级政府性债务计划管理。进一步细化债务计划报表，建立债务项目库，逐步推行债务计划滚动编制。五是积极开展预算外资金纳入预算管理工作。根据财政部文件要求，自2011年1月1日起，除教育收费、彩票发行销售机构业务费外，原按预算外管理的收入将全部纳入预算管理。希望各部门在编制2011年部门预算时，对照有关规定，积极配合，认真执行。

(三)优结构，严控"三项"经费促进资金有效使用

紧紧围绕省委、省政府决策部署，积极调整优化财政支出结构，切实做到有保有压。加大生态文明建设投入，创新扶持方式，优化区域布局，推进节能减排，发展生态经济。做好对口支援工作，根据中央和省委、省政府的要求，分别按照上年地方财政收入的0.5%、0.1%及时足额筹措援疆、援藏资金。保障改善民生，以开展强农惠农资金专项清查为契机，加强专项资金监管，确保惠农政策落到实处；加大财政教育投入，支持"校安工程"建设，完善义务教育经费保障机制；加快基层文化设施建设，加大文化惠民力度；贯彻落实医改投入政策，支持全省县乡医疗卫生体制改革、基本药物制度改革和公立医院改革试点；提高城镇居民基本医疗保险和新型农村合作医疗的筹资水平和财政补助水平。实施"百亿工程"，在前期筹集110亿元用于推进铁路现代化建设基础上，省财政今后三年再投入120亿元支持欠发达地区发展、海洋经济发展、中心镇发展等战略决策的实施。

同时，要切实推动财政改革，提高财政资金使用效益。一是继续严格控制行政经费。2011年，项目支出继续实行"零"增长，除党中央、国务院和省委、省政府已确定的重大支出以及教育、科学、农业等重点支出外，其他项目支出预算原则上按照"零"增长控制。从严控制出国费等三项经费规模，各部门2011年三项经费预算支出，不得超过2010年压缩后的规模。二是积极推进财政专项资金整合。按"增量优方向，存量调结构，增量调存量"要求，整合各种政府资源，加大专项资金清理和整合力度，盘活财政资金存量，提高财政资金配置效率，更好发挥财政资金的整体效能。三是加大历年结余清理力度。要积极采取措施，清理消化历年结余，盘活存量资金，加快资金周转速度。安排2011年新增项目，应首先动用历年结转资金。

(四)抓管理，强化预算与资产、绩效、执行的有机结合

抓管理，就要抓住关键点，抓住结合部。预算管理，不仅仅是预算编制的管理，还是预算执行的管理、预算绩效的管理、行政事业单位资产的管理、财务会计的管理。要从强化预算与资产、绩效、执行的"三结合"抓起，提升预算管理的水平。

一是强化资产与预算结合的机制。从2011年起，凡要购置符合固定资产标准的资产的，应先制定资产配置数量限额表，作为编制资产配置预算的依据。各单位在资产配置数量限额以内，根据财力可能和工作需要拟定下一年度购置资产的具体品目和数量，结合资产配置的费用标准，测算所需经费，并在部门预算中编报资产配置预算。二是强化绩效与预算结合的机制。各部门单位要根据《关于加强财政支出绩效评价结果应用的意见》的要求，加强绩效目标管理；申报预算时必须同时填报项目绩效目标，并明确评价指标和标准。省财政将加强对绩效目标申报情况的审核，并对部分省级支出项目进行绩效目标细化论证。三是强化执行与预算结合的机制。2011年，预算执行率(预算执行数占预算数的比重)将作为预算编制的重要依据，与预算编制挂钩。如部门的预算执行率低于80%，则其下年预算控制数按上年的90%安排；专项转移支付预算执行率低于80%的，省财政将相应核减该专项的预算安排数。建立预算限时下达制度，专项转移支付项目须在9月30日前下达完毕。改革省级专项转移支付资金分配方式，推进因素分配法和切块分配法，加大专项转移支付纳入一般转移支付力度。

(五)强监督，有计划按步骤推进政府预算信息公开

预算信息公开是公共财政的本质要求，也是推进政府信息公开的重要内容。省委、省政府领导对这项工作高度重视，多次做出重要指示。省级各部门要按照《政府信息公开条例》相关规定，加大力度，积极推动部门预算公开。一是要进一步提高思想认识，增强预算信息公开的主动性。预算公开是一项重要的改革，也是一项复杂的工作。社会各界关注度高，相当敏感。各部门务必高度重视，及早深入研究，提前做好充分准备。省财政厅将密切跟踪中央及兄弟省、市部门预算公开的进展情况，积极研究我省预算公开中的新情况新问题。通过大家的共同努力，不断改进预算公开工作，提高预算透明度。二是要切实履行预算公开的主体责任。省本级预算公开分为两个层面，一个是省本级总预算和总决算公开，另一个是各个部门的预算和决算公开。根据预算公开主体原则和有关规定，省财政厅负责省本级总预算、总决算的公开，各部门负责本部门预算、决算的公开。各部门要按照省里的统一部署，充分发挥部门预算公开的主体作用，有计划、按步骤，主动、准确地公开本部门预算。三是要积极稳妥推进预算公开。2011年，省财政将细化提交省人代会的政府预算、决算(一般预算、基金预算)，人代会审议通过后，将及时向社会公布。继续扩大部门预算上会单位，在2010年30个上会部门的基础上，除涉密单位外，2011年所有政府序列部门将纳入上会部门预算。同时，将调整细化上会部门预算表式。要按省人大财经委的工作要求，认真做好重点部门预算的审查工作。

(六)齐心协力，努力做好2011年的预算编制工作

一是要进一步加强领导，精心组织。各级各部门财务负责人，是预算编制的直接责任人，希望各位回去以后，积极向领

导汇报本次会议的精神，争取领导最大程度的支持。要在认真总结前几年经验的基础上，统一思想，提高认识，加强领导，精心组织，健全内部工作制度，切实重视省级预算编报工作。预算编报要明确责任人，责任人要对部门预算编报的真实性负责，要加强对本部门负责预算编报人员的管理和指导，加强培训。同时，也要注意对照预算报送时间要求，合理安排工作，及时报送预算，避免影响整个省级部门预算编制的工作安排。

二是要进一步严格要求，规范管理。预算编制是各部门的法定职责之一，预算规定了一个部门一年内的工作范围和方向，是一项十分严肃的工作。预算编制质量的好坏，直接决定了部门能否很好地履行自身职能，完成省委、省政府确定的工作任务。因此，各部门必须严格要求各基层预算编报单位和预算编制工作人员，规范管理，遵照国家法律法规和有关政策的规定，把好预算项目、基础资料的论证关、审核关，确保2011年省级预算编制工作的各项要求落到实处，确保各项工作任务能够保质保量按时完成。

三是要进一步加强沟通协调，密切合作。作为预算编制工作的牵头单位，省财政厅将与大家密切配合，共同做好2011年省级预算编制工作。在编制过程中，各处室一定会增强服务意识，积极主动与对口单位联络、协调，耐心做好有关政策、技术操作的解释与说明工作。同时，也希望省级部门能及时向我们反映预算管理中出现的新情况、新问题，提出加强省级预算管理工作的好意见、好思路，实现互动、信息对称，为推进预算管理改革工作上台阶而共同努力。 (2010年8月)

提高认识 锐意进取
努力推进省级行政政法财务管理工作再上新台阶(摘要)

省财政厅副厅长　罗石林

一、一年来省级行政政法财务管理工作取得显著成绩

2009年以来，省级行政政法单位以科学发展观为统领，按照财政部、省委、省政府的要求，深化改革，加强管理，厉行节约，扎实工作，行政政法财务管理工作取得了新成绩。

(一)四项经费控制成效明显

会议费、招待费、出国费、交通费作为部门预算的基础性指标，重要性和敏感性大大超过了资金指标。2010年省级行政政法机关公用经费预算压缩5%，会议费、招待费、出国费、交通费预算均要求在上年压缩后的基础上"零"增长。为做好四项费用控制工作，省财政采取了预算总量控制、加强经费支出审核、规范经费会计核算等措施，将四项经费控制指标层层分解到各预算单位，并在支付环节严格把关。各行政政法单位也采取了各种有效措施，会议费控制效果较为理想，另三项经费控制压力大，但各部门单位各出奇招，取得了很大的成绩，这主要得益于我们认识一致，思想统一。如省人大办公厅针对内宾接待任务重、规格高、要求多、层次差异大的情况，专门制定了《省人大内宾接待工作制度》和《省人大处室接待经费使用办法》，规范了接待标准，使接待费用得到了有效控制；省政府办公厅对机动车辆费用管理，推行"一账二定三同步"，"一账"即建立一套车辆管理台账，"二定"即确定派车原则、确定修配原则，"三同步"即单车油耗与行驶里程同步、驾驶员与日常保养同步、车辆大修与使用年限同步，并对油料实行统一购买、专人管理、统一结账，车辆运行经费得到有效控制。

(二)资金整合力度进一步加强

清理整合专项资金是预算编制改革的热点，也是人大、审计部门审查监督的重点。2010年各行政政法单位思想认识到位，积极开展专项资金清理、整合和规范工作，部分单位整合力度较大。如省质监局对机关本级15个专项，合并为执法及业务管理、综合管理两个专项；系统13个专项，合并为系统执法及业务管理、系统综合管理两个专项，整合力度较大。通过以上整合，改变了该单位财政资金分配使用小而散的状况，有利于集中财力办大事。省统计局本级2009年将原28个调查专项整合归并为一个，下属单位省地方统计调查局将原26个调查专项整合归并为一个；2010年又在2009年的基础上进一步对性质用途相近的专项进行了归并，实现单位内部专项资金的充分整合，目前统计局本级经常性专项只保留了两个项目；同时对专项资金的管理也同步跟进，除国家统一部署的大型周期性普查项目外，其他的一般性调查项目，做到"增项目不增资"，由省统计局在合并后的大专项资金中统筹解决。团省委将未成年人保护委员会工作经费、青少年工作领导办经费、少先队浙江省工作委员会经费、浙江省青少年犯罪预防办公室工作经费等整合为一个专项经费，通过整合，打破单位每个协调机构办公室都设一个专项资金的现状，有利于资金的统筹安排与使用。

(三)结余资金进一步激活

加大历年结余清理力度，对项目实施完成形成的结余；受政策变化、计划调整、项目绩效差等原因导致项目中止或撤销形成的结余；项目经费超过预算确定期限1年以上而未使用

完形成的结余；以及滞留账上超过3年以上不用的专项资金结余，收归财政统筹安排。2009年省级财政收回结余资金5.55亿元，重新安排急需项目。2010年省财政厅将统筹调剂使用结余资金作为一项重点工作来抓，要求预算年度结束后省级部门对本部门和所属预算单位的结余资金情况进行逐级汇总，并对形成结余的原因进行分析说明。对年初预算没有安排的、年中临时突发的活动任务以及单位提出的其他追加预算申请，原则上都要求先动用结余资金。上半年许多项目都利用结余资金，较好地完成了资金保障任务，其中世博安保卡点建设和装备购置、浙台经贸与文化合作交流活动以及部分单位的车辆购置三个项目就利用结余资金6000多万元。

(四)转移支付进一步规范

为规范对市县的资金转移支付分配行为，省财政厅会同政法部门和工商部门积极探索，采用因素法分配资金，取得较好成效。2009年省级建立了政法奖励性补助资金，根据各市县财力状况、政法部门的办案业务量、对政法机关经费保障的努力程度和管理绩效等情况，采取因素法分配政法奖励性补助资金，进一步完善了全省各市县的政法经费保障机制。今年7月，将科技强警、科技强检、科技兴院等省级专项转移支付资金一并整合为省级政法奖励性补助资金，强化了重点工作完成情况和资金使用绩效两个因素，调整了各因素的权重，进一步完善了因素分配方法，提高了一般转移支付资金的比重。工商部门个体工商户管理费、集贸市场管理费（以下简称“两费”)取消后，中央下拨了停征“两费”补助经费，为公正、公平、合理地分配转移支付资金，连续三年均按照因素法要求，收集大量基础数据，以业务量、地方财力状况、“两费”收入减收额、其他等因素，确定权重系数后进行分配。“两费”停止征收三年来，各地工商部门总体反映平稳。采用因素法分配转移支付资金后，改变了原来“各地跑相关省级部门要钱、省级部门跑地方分钱”的状况。通过因素法分配财政专项资金，引导各部门单位建立健全对基层管理的调控、监督、约束机制，加强基层对上级指示、要求、任务的执行力。

(五)资金监管水平进一步提高

一是完善建设资金监管流程。重大工程建设是积极财政政策的重要组成部分，省财政加强了资金支付审核，重点工程项目资金国库集中支付前由审核中心先行评审，实现了资金监管的前置控制。同时各部门单位在推进工程建设、加强建设资金管理方面做了大量工作，如省档案馆新馆建设工程、消防训练基地建设工程、省质监局实验室建设工程、武警医院扩建工程等建设资金实现了规范化管理。

二是加强资金绩效管理。自2007年开始，省本级要求对年度财政预算安排300万元以上的省级部门项目支出，进行支出绩效评价；2009年采取先部门申报后财政确定的方式选择自评项目。2009年行政政法口的部门单位共安排自评项目33个，涉及金额2.47亿元；2010年安排自评项目35个，涉及金额5.53亿元。为提高各部门单位自评质量，省财政选择部分自评项目进行重点抽评。通过绩效自评和重点抽评，各部门单位绩效评价意识逐步增强，普遍建立绩效评价组织机构，明确专人负责，认真落实项目支出绩效自评工作。省工商局主动委托中介机构实施评价，确保评价的客观公正；省司法厅、省旅游局根据自评项目特点，制订了细化、可行的评价指标和标准。

三是加强内控制度建设。去年以来，各行政政法单位普遍加强了内控制度建设，如省司法厅制定了七项内控制度，强化内部管理，创建共同理财氛围，推行了厅内信息公布制度，定期汇总、公布机关各处室专项经费和行政包干经费使用情况、办公用品领用情况、汽车公里数情况以及公务接待等“三公经费”支出情况，形成处室相互监督机制，并以此推动业务处室按进度、计划执行预算，提高经费的使用效率。省监狱局对系统内部审计监督工作非常重视，局机关和各监狱单位都设有审计处、科，新成立的监狱企业集团公司和下属监狱企业也都设立了审计处、科，人员配备也有了较大增加；审计业务逐步向监狱领导经济责任审计、监狱罪犯教育改造、罪犯生活医疗保障、建设工程招投标、专项经费支出等方面转变，取得了比较明显的监督效果。

一年来，省级行政政法财务管理工作面临的大事多、改革多，取得的成效多、亮点多，应该说取得了很好的工作业绩。行政单位资金保障有力，使用管理到位，有效地确保了省委、省政府各项中心工作的开展和党务、政务、事务顺畅的运行。公安机关“三基工程”建设、法院“两庭建设”、检察院“两房建设”均在全国名列前茅；公安破案绝对数位居全国第二位，民警人均破案数连续11年占据全国首位；法院办结案件数、法官人均办案数列全国前茅，为全国平均数的2.2倍；检察院批捕、起诉案件列全国前茅，人均办案数是全国的2倍多；法律援助、人民调解、社区矫正都处于全国领先水平。2009年度“平安浙江”考核，全省11个市全部达标，90个县(市、区)有89个达标。这些成绩的取得，是在省委、省政府正确领导下，各部门单位团结协作、共同努力的结果，凝结了各行政政法单位财务管理工作者的心血和汗水。

二、提高认识，进一步增强做好省级行政政法财务管理工作的紧迫感责任感

1.任务重。当前，我国正处于一个发展的关键时期，也处于一个安全的敏感时期，面临着内外交织、复杂多变的安全环境。从国际形势看，近年来随着我国综合国力的稳步提升，2010年二季度我国GDP超过日本成为世界第二大经济体，国际影响力与日俱增，国际安全环境变得对我们更加有利，围绕

中国和平崛起的话题越来越被世人关注。在这一系列成绩与繁荣的景象背后，我们要清醒认识复杂多变的国际形势给我国的国家安全带来的严峻挑战。“9•11”事件后，美国通过伊拉克战争、阿富汗战争，强力推行其全球反恐战略，其他许多国家尤其是一些大国纷纷调整彼此关系，增强谋略与谋势，使全球地缘战略格局出现重大变化。特别是近期，美韩以“天安”号事件为幌子，进一步强化美日韩军事同盟关系，开展了一系列军演，名为威慑朝鲜，但真正的目的明显是针对中国。此外，美国不断强化对我国周边地区的军事部署，加强对东南亚、南亚和中亚地区的战略影响，从东南西三边对我国形成合围的态势，使我国周边安全环境不断面临新的变数。从国内形势来看，随着我国改革开放的逐步深入和社会转型的加快，我国社会矛盾纠纷发生率和激化率也在急剧地上升，并且呈现出新的特点。从经济角度看，我国正处在从温饱到中等收入水平的社会转型时期。在这个阶段，经济结构、分配体系的调整，往往会引起社会关系变化和利益格局变动，导致社会矛盾多发，从而诱发各种群体性事件，各种矛盾很容易激化。从社会角度看，在开放、多元、动态的社会环境和信息化条件下，社会矛盾和问题很容易交织扩散。特别是在经济形势严峻时，社会心态比较敏感、脆弱，一些人会因下岗失业、生活困难等原因，产生悲观失望和不满情绪，遇事容易采取过激行为。从政治角度看，西方敌对势力分化、西化我国的图谋从未改变，并不断炒作自由、民主、人权、民族、宗教等议题，利用各种机会捣乱破坏，利用我国人民内部矛盾制造社会对立，对我国安全和社会稳定造成严重危害。综观之，经济方面的不稳定因素与政治方面、社会方面的不稳定因素相互影响，短期问题与长期积累的问题相互叠加，国内不稳定因素与国际反华势力相互交织，这些都直接或间接地对我省经济社会稳定带来不利影响。而行政政法机关的根本职责是维护稳定，促进和谐，促进发展，因此，在今后一段时期，各行政政法单位面临着维护社会和谐稳定的艰巨任务。

2. 要求高。一是公共管理模式的转变客观上对行政政法财务管理提出了更高的要求。目前，在立党为公、执政为民的执政理念引领下，各级政府部门的决策机制趋向科学化、民主化，具体表现在重大决策的专家咨询制和公众意见征求制。各行政政法单位使用的资金是公共财政资金，是公众向政府缴纳的用于提供公共产品的资金。这就要求资金的使用必须遵从整体公共管理决策，体现公共管理理念，使各项经费支出具有科学性、民主性和透明性。二是全社会民主意识的强化对行政政法财务管理提出更高的要求。近年来，公众对财政资金使用状况的评价越来越多，特别是《政府信息公开条例》颁布之后，社会各界对预算透明、政府信息公开的呼声比较强烈，尤其对于交通费、出国费、招待费等三项经费，社会关注度很高。必须承认，无论从法律上说，还是从行政管理框架上说，公众都有权知晓各部门单位收支的具体情况。面对这种形势，各行政政法单位只有加强财政资金使用全过程的精细化管理，确保财政资金使用合理、合法、有效，才能经得起社会公众的监督。三是财政改革对行政政法财务管理提出了更高的要求。步入本世纪之后，财政改革重心转向财政管理体系的完善，前期推出了部门预算、国库集中收付、收支两条线、政府采购、政府收支分类等多项改革，效果显著。虽然当前财政管理中仍存在着预算约束力不强、预算编制较粗、预算执行迟缓、管理基础工作比较薄弱等问题，但改革犹如逆水行舟、不进则退，财政部门也将不断推出新的举措，如在预算执行管理、资产配置管理、结余资金使用等方面，今年省财政都有新的要求。财政改革的目标就是要实现财政管理的“科学、公平、规范、透明、效率”，这是人民的利益所在，是历史的潮流，而各行政政法单位则必须而且也只有顺着这个潮流才能顺利完成各项工作任务。

3. 压力大。一方面，财政收支矛盾凸显，经费保障压力不断加大。行政政法单位涵盖党政领导机关、国家权力部门、政治协商机构、公检法司、民主党派、社会群团等国家机器和社会组织的方方面面。做好经费保障工作，满足各行政政法部门单位履行职能的需要，对于巩固党的执政地位、维护国家长治久安、保障人民安居乐业、促进经济社会科学和谐发展具有重要意义。从当前财税收支总体形势看，收入存在不确定性，而支出凸显刚性，如完善义务教育经费保障机制、推进“校安工程”建设、深化医疗卫生体制改革、深入实施低收入群众增收计划、加大“两房”建设力度、推进政法经费保障机制改革等支出刚性很强，支持全省重点基础设施项目建设、扶持中心镇和欠发达地区发展、推动生态文明建设、支持“海洋经济”发展、援疆援藏工作等都需要投入大量财力。财政收支矛盾未有效缓解，收支平衡难度突出，行政政法单位的经费保障压力不断加大。另一方面，厉行节约压力不断加大。近年来，中央和省委、省政府不断加大对一般性支出的控制力度，中央和省先后下发了有关加强厉行节约的文件，要求压缩公务购车用车、公务接待费、出国（境）经费等支出，从严控制各种庆典、节会、论坛等活动以及党政机关楼堂馆所建设，严禁超面积、超标准建设和装修，反对各种大手大脚花钱的铺张浪费行为，努力降低行政成本。从目前情况看，各行政政法单位对公务用车费用、公务接待费、出国（境）经费的控制任务相当艰巨。2011 年，三项经费预算支出仍从严控制，经费不超过 2010 年压缩后的规模。因此，在今后一段时期内，各行政政法单位要做好过紧日子的思想准备，从增收节支、提高效率上下工夫，正确处理好厉行节约与业务工作的关系，既要千方百计把各项费用支出降下来，又要想方设法把各项工作任务完成好。

三、锐意进取，努力推进省级行政政法财务管理工作再上新台阶

2011年是实施“十二五”规划的开局之年，也是落实科学发展观、推动和谐社会建设的关键之年。省级行政政法财务管理工作要以科学发展观为统领，围绕“创业富民、创新强省”总战略，按照公共财政的要求和加强党的执政能力的需要，解放思想、开拓创新、深化改革、强化管理，努力推进省级行政政法财务管理工作再上新台阶。

(一)统一思想，健全机制，稳步推进预算信息公开

预算信息公开是公共财政的本质要求，也是推进政府信息公开的重要内容。2008年5月，《政府信息公开条例》实施后，中央和各地预算信息公开工作不断推进。2010年3月，国土资源部、住房和城乡建设部、科学技术部等中央部门相继在各自官网公布了“2010年收支预算总表”。广州市、北京市等也先后陆续公开预算部门。我省省本级也将在2011年除涉密单位外，将所有政府序列部门预算纳入上会部门预算。可以说，预算信息公开已经成为大势所趋，在不远的将来，全国范围内的财政预算公开将成为看得见的现实。各行政政法单位对预算信息公开的工作要给予高度重视，扎实做好各项基础工作，时刻准备信息公开。

1.统一思想，步调一致。预算反映整个国家的政策，规定政府活动的范围和方向。当前，随着社会主义民主政治进程的推进，社会各界对预算信息公开的期望和呼声也越来越高。做好预算信息公开工作，有助于保障公民的知情权、参与权和监督权，推动社会主义政治文明与和谐社会建设；有助于建设高效廉洁政府，提高政府执政能力和办事效率；有助于促进依法理财、民主理财，加强财政科学化精细化管理；有助于提升预算管理水平，提高财政资金使用效益。对此，各行政政法单位要统一思想，充分认识当前推进预算信息公开工作的重要性和紧迫性，加强组织领导，认真研究，步调一致地做好落实《条例》及国务院、财政部、省政府关于推进政府信息公开、预算信息公开的有关要求。省财政也将密切跟踪中央及兄弟省、市部门预算公开的进展情况，积极研究我省预算公开中的新情况新问题。通过大家的共同努力，不断改进预算公开工作，提高预算透明度。

2.健全机制，扎实推进。一是明确部门预算信息公开主体。根据预算公开主体原则和有关规定，各部门单位负责本部门预算、决算的公开。各行政政法单位要按照省里的统一部署，充分发挥部门预算公开的主体作用，有计划、按步骤主动、准确地公开本部门预算。二是建立健全协调机制。加强与同级政府信息公开主管部门、人大、审计等部门的沟通协调。部门要加强与省财政厅的沟通协调，预算信息公开前，要先行与省财政厅核对相关预决算数据，工作中遇到的重大问题及时向省财政厅反馈。主管部门要加强对下属单位预算信息公开工作的指导。三是建立健全预算信息披露机制，充分利用政府门户网站、政府信息公告栏、部门法规汇编、部门信息刊物等多种途径，拓宽公开渠道。

3.强化责任，主动公开。各行政政法单位要按照《条例》相关规定，进一步强化预算信息公开考核机制，制定预算信息公开工作考核办法，落实责任，加强考核，确保预算信息公开工作顺利开展。凡是《条例》规定应该公开、能够公开的事项，都应及时、主动公开。按照温总理的要求，基本建设和行政经费的预算都要公开，“三公”经费是否公开还没有最后定，但一定要做好准备。同时，要大力推进重大民生支出政策公开，对涉及民生的重大财政专项支出的管理办法、分配因素等，要积极主动公开。

(二)夯实基础，强化管理，提高部门预算编制水平

近几年，各部门单位在抓管理、推改革等方面做了大量工作，但一些基础性工作仍很薄弱，“重收入，轻管理”现象仍然存在；需求论证不充分，经费测算不明细，提供材料不完善的情况比较多；有一些部门单位编报预算资金范围不全，没有把所有收入、支出都纳入预算，存在漏报和少报现象；部门决算与部门预算的差异较大，部门预算的完整性、准确性还有待提高。把部门预算编好、执行好，是做好行政政法财务管理工作的基础，各行政政法单位要在现有基础上，将部门预算管理工作做深、做细，进一步提高部门预算编制执行的规范化、科学化程度，充分发挥部门预算对资金管理的总源头作用。

1.夯实基础。掌握基础数据是做好基础工作的重点，做好基础工作则是提高预算编制水平的前提条件。各行政政法单位要从大处着眼，小处着手，以求真务实、精益求精的态度，了解掌握基础数据，做细做实基础工作。要加强各项基础数据管理，建立健全各种基础数据动态采集机制，完善部门基础信息数据库，逐步实现对单位机构、编制、人员、资产、经费类型等数据的动态管理，全省市县政法机关基础数据库先行一步已在建，接下来省级政法机关基础数据库要着手建。积极推进预算项目库建设，充分运用信息化手段，加强年度间项目库衔接，推进项目滚动管理。开展项目基础资料库建设试点，建立高层次人才引进专项项目基础资料库，内容包括资金使用情况、分配方法、分配因素、因素内容、实现目标情况等。要做实预算编制基础工作，检查今年项目预算使用情况，全面分析预算执行结果；清理历年结余资金，整合项目数量；理清各类人员身份；准确划分省级支付和市县补助项目，对市县的各项补助资金必须编制转移支付资金预算，对既有省级支出又有市县补助的项目，预算编制时分别编入省级支出预算和转移支付资金预算。

2.完整准确。由于明年将向社会公开政府公共支出预算，

部分支出将细化到款级科目。各行政政法单位在编制2011年预算时要全面理解预算科目内涵，严格按照政府收支分类科目的要求细化各预算收支科目，确保本部门预算编制完整准确。要保证收入项目的完整，即部门各类收入均应编入收入预算；要保证收入数额的准确，根据上年支出水平、上年收入数和政策变化及其他各项收入增减因素进行如实测算，不能故意隐瞒或少报预算外资金收入和政府性基金收入及其他各项收入。要按照部门单位工作职能和年度工作计划，准确编制支出需求。基本支出预算要按编制、实有人数和有关预算管理的制度规定进行编报；项目支出预算要按单位履行的职能或履行职能的具体活动、工作任务来设置项目，经济分类科目要细化到类、款两级，功能科目要细化到类、款、项三级，科目分类要使用准确。财政部门的主要职能是保障各个部门单位履行工作职能所需要的资金，因此不用担心没有履行职能所需要的经费，只要是正当的、合理的，一些临时突发性的，虽没有预算，我们也会适当考虑，因此在编制部门预算时一定要按当年合理的需求去确定预算额度，以免影响本部门单位的支出执行进度。要完善政府采购预算编制，时间跨度长的政府采购预算，要按进度分年编制采购预算。省级所有部门和单位预算中，凡涉及省政府规定的集中采购目录或集中采购目录外单项采购预算金额在规定限额以上的项目均须编制政府采购预算。

3. 强化管理。一是要强化资产管理。各行政政法单位要加强对资产的管理，清理现有资产，全面了解资产使用状况，完善资产配置预算编制，坚持资产配置与部门单位履行职能的实际需要相适应，与财力可能相结合。对购置有规定配置标准的资产，要严格按规定的配置标准执行；对没有规定配置标准的，要厉行节约，从严控制。要盘活存量资产，加强存量资产的调控力度，能通过调剂解决的，原则上不重新购置。二是强化预算执行管理，由于预算执行率（预算执行数占预算数的比重）与预算编制相挂钩，各行政政法单位要加快预算执行进度，通过建立部门单位支出进度考核、通报和奖惩机制，建立健全支出责任制度，将责任落实到项目主管单位、具体执行单位和负责人，加快预算资金拨付和执行进度。三是强化预算约束。要精心编制全年预算，按规定预留部门机动经费，以解决安排编制内增人、增编以及执行中不可预见的项目等支出，减少预算执行中的追加和调整。

（三）优化支出，加强整合，增强财政资金使用绩效

目前，我省财政资金使用管理过程中还存在着种种效率不高问题。一些部门单位往往注重财政资金的取得，却忽视其使用效果，从而导致财政资金使用分配往往受主观因素的影响和制约，结果造成支出结构和规模不合理，重复建设、损失浪费严重，致使有限的财力不能切实发挥作用。部分专项资金名目繁多，资源分散，效率极其低下。有的专项存在多年，当初设立的依据早已不存在，但项目依旧保留；有的专项使用范围较宽，面面俱到，天女散花，造成资金分散，起不到财政资金应有的导向作用。这些问题的存在，有历史的原因，也有体制的缺陷，各行政政法单位要积极采取措施，通过优化支出结构，加强资金整合，强化绩效评价，共同提高财政资金使用绩效。

1. 优化支出结构。要遵循“集中财力办大事”和“一要吃饭、二要建设、三要有所积累、四要增强宏观调控能力”的理财原则，结合行政政法单位工作任务需要，合理安排和使用各项资金，不断优化部门单位支出结构。一是要优先满足本部门单位基本支出需要。预算资金的安排要保证部门单位基本支出的合理需要，以保证行政政法工作的正常开展。二是要根据财力可能，按照量力而行和轻重缓急的原则对项目支出进行排序。首先要保证省委省政府既定政策规划安排的项目资金，其次要安排好经常性项目资金，第三是其他项目。未能纳入当年预算，经论证确需要的，下一年度预算优先考虑，实行滚动管理。同时，要从严控制行政经费和一般性支出，特别是四项经费，要构建厉行节约的长效机制。项目支出实行“零”增长，出国费等三项经费规模按不超过2010年压缩后的规模控制。要严格经费管理，防止超预算支出，规范和改革公务接待，

2. 加强资金整合。各行政政法单位要把专项资金清理整合作为重点工作，按“增量优方向，存量调结构，增量调存量”要求，整合各种政府资源，加大清理和整合力度，盘活财政资金存量，提高财政资金配置效率，更好发挥财政资金的整体效能。严格控制新增专项资金，加大现有专项资金取消、归并、整合力度，并确定量化目标，每个部门争取要减少20%以上的省级项目个数、10%以上的专项转移支付项目个数。同时，要加大历年结余清理力度。我们有专门的结余资金使用政策：即对项目实施完成后的结余；受政策变化、计划调整、项目绩效差等原因导致项目中止或撤销形成的结余；项目经费超过预算确定期限一年以上而未使用完形成的结余；以及滞留账上超过三年以上不用的专项资金结余，收归财政统筹安排。各行政政法单位要积极采取措施，清理消化历年结余，盘活存量资金，加快资金周转速度。在安排2011年新增项目时，应首先动用历年结余资金。

3. 加强绩效评价。绩效评价是加强政府预算绩效管理的核心，是公共财政管理改革的一项重要举措。各行政政法单位要充分认识财政支出绩效评价工作的重要性，切实加强组织领导，牢固树立使用财政资金必须讲求绩效的理念，并将绩效理念贯穿于预算编制、执行、监督的全过程。尚未建立绩效评价组织机构的部门，要抓紧建立并明确专人，同时将绩效评价工作作为本部门财务管理的一项日常工作来抓。要逐步建立绩效目标管理制度，充分重视项目的前期论证和可行性研究工作，结合年度部门预算的编报要求，对财政预算安

排300万元以上的项目认真编报项目绩效目标，并从数量、质量、时效和成本等方面进行细化和量化，明确评价指标和标准。完善绩效自评方式，科学规范实施评价，按要求提交绩效自评报告。要进一步加强评价结果的应用，增强绩效评价结果的约束力。

（四）总结经验，共同提高，提升财务管理工作水平

1. 领导要重视。《会计法》明确规定："单位会计资料和会计工作出现问题，单位负责人要承担法律责任。"各部门单位的主要负责人是会计工作的第一责任人，因此各行政政法单位的领导必须对财务会计工作予以高度重视，切实强化依法理财意识和经济责任意识。部门单位领导除要自觉学习国家有关财经法律法规，带头遵守各项财经法规，做维护财经秩序的表率外，还要坚决支持本部门单位的会计人员依法履行职责，严格按照规章制度办事，为财会人员干好本职工作创造有利条件。部门单位的财务负责人要进一步增强做好财务管理工作的责任意识，在工作中要敢于坚持原则，对领导负责，为领导当好参谋。同时，作为财政工作在部门的延伸，部门单位的财务负责人要充分发挥单位与财政部门沟通的桥梁作用，及时向本部门领导传达好宣传好财政政策、向财政部门反馈单位财务管理工作中遇到的情况和问题，通过加强部门间的沟通交流，共同推动行政政法财务管理工作。

2. 制度要完善。健全支出管理机制，强化财务管理措施，是缓解财政财务收支矛盾、提升财务管理水平的重要途径。各行政政法单位要加强财务制度建设，完善制度管理体系，没有财务管理办法的要抓紧制定，已有办法的要进一步完善，不断健全资金管理链条，切实建立起"先建制度、后用资金，依靠制度管人管事管资金"的良好机制。要完善监督检查机制，既加强事前控制，又加强事中监管和事后跟踪，并不断创新技术管理手段，把所有管理活动纳入规范化、自动化、电子化轨道，最大限度地减少人为因素的影响。要严格执行定额经费控制办法，通过对会议费、接待费和出国经费等预算指标进行内部分解、细化，增强单位广大干部职工主动节支的积极性和责任感。

3. 队伍要强化。一支素质好、业务精、能力强的财务干部队伍是推进财务管理规范化、提升财务管理工作水平的重要保证。在当前预算信息公开的形势下，各行政政法单位要高度重视财务干部队伍建设，加强财务人员配备，将具有良好思想政治、业务素质、职业道德的工作人员安排到财务管理工作岗位上来。虽然中央对各部门单位的财务机构人员没有明确要求，但我们可以先研究，对不同的部门单位提出建议，因系统管理的需要或者比较大的部门可以成立财务处或者财务科，小的部门也要确保有专门人员从事财务工作，以应对预算信息公开的要求。财务人员也要热爱专业、尊重专业、坚持专业，加强自身的学习和教育，通过在职学历教育和各类会计培训，加强学习、充实自己，提高专业知识水平，提高财务管理工作能力。财政部门也要与各部门单位互通信息、加强联系和业务指导。今年省财政厅在省司法厅、省工商局、省委党史研究室等部门的积极支持和配合下，编制了《省级预算单位财务业务流程手册》，这本手册有利于省级各部门单位从事财务管理工作同志快速地掌握行政政法财务管理工作的基本要领。在此，对这几个部门单位的支持、配合表示感谢。此外，为进一步提升行政政法财务管理工作水平，省财政厅行政政法处牵线搭桥，组织成立了5个行政政法财务研究小组，为各部门单位财务人员相互探讨交流业务创造了一个良好的平台，希望大家积极参与，通过学习交流，总结新经验，不断创造行政政法财务管理工作的新业绩，共同推动行政政法财务管理工作再上新的台阶。

（2010年9月）

聚财有道 理财有方
发挥预算龙头作用 开创"十二五"预算管理新局面

省财政厅副厅长 罗石林

一、总结经验，充分肯定"十一五"以来预算工作新成就

"十一五"以来，全省各级财政预算部门紧紧围绕中央和省委、省政府的决策部署，按照"依法治税、科学理财、务实创新、廉洁高效"的总体工作要求，积极创新理财思路，切实加强收支分析，努力优化收支结构，全面推进预算改革，加快完善体制机制，全省公共财政体系基本形成，预算管理水平大幅提升。

（一）财政收入规模和质量迈上新台阶。"十一五"以来，各级预算部门充分发挥职能作用，促进财政经济良性互动，夯实财源基础；加强税收和非税收入预测分析，优化政府财力结构，全省公共财政收入体系初步形成，财政收入规模不断壮大、结构不断优化、质量不断提升。2009年，全省财政总收入4122亿元、地方财政收入2143亿元，分别是2006年的1.6倍和1.7倍，年均分别增长12.6%和13.4%；地方财政收入占财政总收入的比重达到52.0%，比2006年提高1.4个百分点；地方财政收入中税收收入占比达到92.6%，比2006年提高1.5个百分点；全省财政总收入占GDP的比重由2006年的

16.3%提高到2009年的18.1%。财政收入总量、结构、规模、质量都迈上新的台阶，较“十五”时期有了明显进步。

（二）财政支出结构调整取得新进展。“十一五”以来，按照科学发展观、构建社会主义和谐社会及公共财政的要求，科学界定财政支出范围，不断调整和优化财政支出结构，完善和规范预算支持经济发展的政策措施，把更多的财政资金投向公共产品和公共服务领域，公共财政支出体系基本建立。积极完善相关政策措施，着力推动经济转型升级，扎实推进大平台、大产业、大项目、大企业建设。统筹城乡区域协调发展，加大对欠发达地区扶持力度，2006～2009年省财政对欠发达和海岛等市县下达转移支付801.72亿元，年均增长31.7%；2009年经济欠发达县（市）人均财政收入和支出与经济较发达县（市）的比率分别为1:2.31、1:1.09。筹措落实“三个千亿工程”资金，支持以铁路现代化为重点的基础设施和民生工程建设。“十一五”期间，全省共计划投入214亿元用于铁路现代化建设。落实外经贸发展各项政策，安排外贸发展资金，突出支持中小企业开拓国际市场。加大民生领域投入力度，全省财政民生支出占当年财政支出总量的比重从2006年的66.0%提高到2009年的68.8%；2006～2009年连续四年实现财政支出增量的三分之二以上用于民生。着力向“三农”倾斜，向低收入人群倾斜，努力使公共财政最大限度地惠及全省人民，2006～2009年全省财政共投入新农村建设资金2255.27亿元，年均增长19.4%。全面实施义务教育经费保障机制改革，积极开展农村教育“四项工程”建设。进一步完善社会保障体系，推进全面实施城乡居民养老保险制度。积极推动医药卫生体制改革。大力推进生态省建设，完善财政生态补偿政策，2006～2009年省财政共安排141亿元。2008年以来，贯彻落实中央和省厉行节约有关文件精神，各级党政机关公用经费预算压缩5%、出国（境）经费、公务用车购置及运行经费、公务接待经费预算实现“零”增长。

（三）预算管理改革取得新突破。部门预算、国库集中支付、绩效管理“三位一体”的公共财政管理改革稳步推进，运行有序、管理规范、约束有力、科学高效的财政运行机制日益健全。全省各级预算部门积极推进部门预算改革，到2008年全省所有市、县、区都已全面实施部门预算。深入推进“三个子”预算管理改革，建立由政府公共预算、政府性基金预算、国有资本经营预算、社会保障预算以及政府性债务计划组成的“全口径”政府预算体系；规范预算编制制度和编制程序，强化项目支出预算管理，改革事业单位财政供给方式，完善定员定额体系和支出标准体系建设，预算管理科学化、精细化水平有所提高；加强财政专项资金管理，建立长效管理机制。严控新增项目，加大现有专项资金取消、归并、整合力度，并确定量化目标，确保逐年减少。完善财政专项资金规范管理，加强项目立项的科学决策制度，健全财政专项资金预算编制机制。严格财政专项资金预算执行，建立使用情况报告制度，强化专项资金监督。

（四）财政体制引导取得新成效。坚持“省管县”财政体制，不断完善省对市县财政体制。2008年，在完善“两保两挂”、“两保一挂”财政政策的基础上，建立分类分档激励奖补机制，保证市县既得利益，增强省级财政调控能力。同时，实行市县营业税增收上交返还和省级金融保险业营业税增收奖励政策，促进产业优化升级，改善金融业投资环境，优化地方财政收入结构。不断加大一般转移支付力度，逐年增加因素法转移支付和生态环保财力转移支付的力度；将相对固定性的专项转移支付纳入一般性转移支付，规范专项转移支付类别档次，提高省转移支付补助的针对性。财政体制的完善，既调动了市县发展经济的积极性，又进一步增强了省级调控能力和调控针对性，2009年全省所有县（市）地方财政收入均上亿元，不含地级市财政收入上10亿元的县（市）达32个，县域经济活力和财政实力不断增强。

（五）债务管理水平实现新提升。加强政府性债务管理，2005、2006年连续两年提请省政府下发加强地方政府性债务管理规定，严格控制政府负债行为。按照“适度举债、讲求效益、加强管理、规避风险”的原则，科学编制政府性债务收支计划，构建政府性债务风险预警体系；建立健全债务风险监测指标体系，严格限制政府融资担保行为，清理消化乡镇政府性债务，加强政府性债务考核监督，全省政府性债务规模得到较好控制，整体上处于安全、可控范围之内。至2009年底，省财政安排化解义务教育债务以奖代补资金11亿元，全省共化解义务教育债务29.29亿元，化债率达83.2%。

（六）管理支撑体系实现新跨越。加强财税文化建设，推动健全组织机构，推进预算信息化管理，科学、高效、规范的预算管理支撑体系逐步健全。扎实开展以财税文化建设为主旨的政治学习、业务交流、知识拓展，推进学习型组织建设。积极参与和支持“三位一体”财政运行保障机构改革，省财政厅成立了以总预算局、地方预算处和预算编制中心为核心的预算编制组织体系，实行一体化运作，工作理念进一步转变，工作机制进一步调整，业务深度进一步拓展。市县机构改革也逐步展开，仙居、嘉善、磐安等部分市县已按照省里的要求，组建功能完善、职责明确、配置到位、运转有序的预算编制组织体系。制定信息化建设规划，明确预算信息化推进方向，以“预算编审、项目库、基础信息库和预算指标”为主要内容的一体化预算管理信息平台已基本建立，并正在逐步完善。

四年多来全省财政预算工作取得的显著成就，充分展示了预算作为财政的综合部门，在发挥财政职能、落实各项财政工作任务中的重要地位；充分展示了预算系统是促进经济建设、社会发展中不可或缺的重要力量；充分展示了广大预算系统干部想干事、能干事、干成事的良好风貌！

二、与时俱进，准确认识把握预算工作新形势、新变化

(一)清醒认识当前财政收支形势

今年以来，全省财政收入实现较快的恢复性增长，结构持续优化。1～8月份，全省地方财政收入累计1880.77亿元，增长24.3%，其中税收收入1768.54亿元，增长26.8%，税收收入占地方财政收入的比重为94.03%，比去年同期提高1.85个百分点；市县级收入快速增长，全省11个市本级和58个县(市)中仅20个县(市)收入增幅低于20%，区域发展的协调性进一步增强。全省财政支出增长较快，结构继续优化，进度有所加快，1～8月份，全省地方财政支出1713.97亿元，增长17.9%，完成年初预算的63.5%，支出进度为近四年最快；全省社会保障和就业、教育、医疗卫生、文化体育与传媒等公共服务领域的支出分别增长38.9%、23.3%、27.5%、17.5%，民生支出得到较好保障。

但是必须看到，今年以来的高增长除了有经济回升的因素外，还有一个主要原因是去年的低基数。当前及今后一个时期财政经济发展环境仍十分复杂，收入存在不确定性，支出凸显刚性，财政收支矛盾未有效缓解，收支平衡难度将更加突出。收入方面，从5月份开始，每月的累计增幅逐月下降，特别是8月份当月增幅从7月份的11.8%直线下降到2.8%，下行趋势明显。随着通胀预期加大，原材料、劳动力及环境成本进一步上涨，企业利润空间趋窄；外需恢复尚不稳定，出口形势难以把握；房地产宏观调控和近期的局部回暖交相作用，对收入影响较大，今年财政收入将呈前高后低态势。支出方面，推进“校安工程”建设、深化医疗卫生体制改革、深入实施低收入群众增收计划、加大“两房”建设力度等民生支出刚性很强；支持全省重大基础设施项目建设、扶持中心镇和欠发达地区发展、推动生态文明建设、支持“海洋经济”发展等都需要投入大量财力。在今后一个时期内，财政需要与可能的矛盾仍将十分突出。

(二)准确把握预算工作环境的新变化

随着经济社会环境的变化、财政管理改革的不断深入，预算工作面临着新的形势和诸多新的变化，需要我们在肯定成绩、总结经验的同时，认真分析、全面把握、积极应对。

首先是机遇更好。当前的预算工作，目标更加明确，环境更加宽松，条件更加完善，机遇比以前任何时候都要好。机遇来自于各级领导对财政预算工作更加理解和支持。当前，各级领导驾驭经济工作的能力普遍增强，对预算的职能作用认识更加到位，对预算工作面临的困难更加理解，支持预算改革的态度更加坚定，为预算工作创造了良好的政治环境。机遇来自于经济社会发展水平的不断提升。三十年快速发展，我省经济建设、社会事业取得了质的飞跃，财政运行与发展的基础进一步巩固，预算工作取得了更加从容、理性的发展环境。机遇还来自于财政管理体制改革的持续推进。经济社会发展的同时，财政管理体制改革在财政运行机制、组织架构、技术保障等方面也有了突破性进展，预算工作有了更好的体制、机制和物质保障。

其次是责任更重。责任来自于经济转型升级对预算工作提出了更高的要求。预算工作紧紧围绕省委、省政府战略决策，充分发挥财政预算职能作用，支持经济转型升级，责无旁贷。责任来自于改善民生对预算工作提出了更高的需求。近年来中央、省委、省政府出台了大量民生政策，财政预算必须千方百计筹措资金，确保这些民生政策落到实处，惠及百姓。责任还来自于依法行政的要求。预算作为推动预算管理规范化的牵头部门，在贯彻落实依法行政纲要，推动“法治浙江”建设，规范预算管理，推动信息公开等方面具有不可推卸的责任。

再次是挑战更多。挑战来自于经济社会发展对财政的需求不断增长。现阶段我国社会的主要矛盾仍然是人民群众日益增长的物质文化需要同落后的社会生产之间的矛盾。解决这一社会矛盾，必然要求财政预算提供强有力的保障和支持。挑战来自于预算管理与改革的难度不断加大。预算管理与改革必须更加适应新的经济社会环境，这既是外在环境的要求，也是预算工作的内在需要，这对预算工作带来了更高要求。挑战来自于社会公众对预算的关注度不断提高。近年来，社会公众希望享有对预算的知情权、表达权和监督权的热情大大提高，这给财政部门加快预算改革步伐、提高预算编制质量带来了挑战。挑战也来自于财政风险的管控。随着市场经济的不断发育，特别是在实施积极财政政策过程中，部分地区公共基础设施建设债务依存度过高，财政运行风险掌控的难度加大，规避财政风险，保障运行安全，成为预算部门面临的全新挑战。

(三)积极转变理财观念、工作重心和方法

面对新的形势和发展环境，迫切要求我们转变理财观念，转变业务重心，转变工作方法。

1.理财观念要从粗放理财向科学理财转变。财政工作发展到今天，我省各级财政面临的困难已从低层次保吃饭的困难转变为高层次保民生、促发展的困难。与此相应，理财观念也应从粗放理财转变为科学理财。具体要实现三个转变：一是由“重收入、轻管理”向“收入与管理并重”转变。随着财力状况的逐步改善和财政改革的稳步推进，理财观念不能仅仅停留在抓好收入，做大蛋糕上，而应全面考虑，统筹协调，既争取更多的财力，又管好、用好纳税人的钱；二是由“重收入、轻绩效”向“效益财政”转变。提高效益是缓解收支矛盾的重要手段，也是加强资金监管的重要目标，因此，效益将逐步成为今后衡量预算管理好坏的重要标尺；三是由“重钱轻物，重购轻管”向“资产与预算管理相结合”转变。与日益壮大的财力相适应，预算管理要与政府采购、国库集中支付、资产管理相结合，既重视“钱”的管理，又重视“物”的管理。

同时，在理财观念从粗放理财向科学理财转变的过程中，也应坚持两个不变：一是“量力而行”不能变。“量力而行”是预算法规定的基本理财原则。超越实际的发展是竭泽而渔，因小失大。不管预算管理的理念、方式如何变换，都不能抛弃“量力而行”的原则；二是“厉行节约”不能变。“厉行节约”既是社会主义基本道德规范，也是纪检监察部门规定的重要纪律。预算管理必须把“厉行节约”作为最重要的理财观念之一，坚持不懈，并贯彻到聚财、用财、管财的各个方面。

2. 业务重心要从改革搭建整体框架向优化完善运行机制转变。经过十多年的努力，公共财政框架基本搭建完毕。部门预算、国库集中支付、收支两条线管理、政府采购、绩效评价、政府收支分类等六大改革基本完成，并初见成效。但同时，各项改革之间、不同环节之间，协调运行方面的矛盾日渐突出。特别是预算编制、执行、监督之间存在运行不够顺畅，效率有待提高的情况，影响了部门单位对财政改革的信心和支持，也影响了改革的效力和向纵深推进。因此，要把业务重心从改革搭建整体框架向优化完善运行机制转变，以适应不断增长的财力和支出规模对运行机制的更高要求。

优化完善运行机制，要以“聚财有道、理财有方”为目标，具体从以下几方面抓起：一是抓“实”，促进预算管理健康发展。要坚持“为人实、工作实、数字实”。要以务实的态度，认真听取各方意见，特别是广大预算部门和单位的意见，从切实解决实际问题出发，从切实完善体制机制入手，以切实提高管理效率为先，采取各项措施，促进预算管理健康发展；二是突“稳”，推动预算管理平稳运行。创新管理方式，要稳中求新，稳中求进。要稳固财源基础，在经济平稳增长中实现财政稳定增收，促进收入结构优化。特别是当前财政经济形势异常复杂的情况下，要密切关注国内外经济发展趋势，科学把握财政收支运行态势，加强监测分析，防止收支大起大落。要稳定政策措施，科学把握政策实施的节奏、力度和重点，确保预算平稳运行；三是创“优”，保障预算管理可持续发展。要坚持优良的工作作风，善于掌握第一手资料，善于把握机会，善于学习借鉴。要有“精品”意识。要引进先进的理念和方法，把“优”放在各项工作的首位，以先进的理念，优良的措施来保障预算事业的可持续发展。

3. 工作方式要从“疲于应付”转变为“游刃有余”。“疲于应付”是预算系统的“通病”。不管哪一级、不管哪个地方，从事预算工作的同志都有这个感受。这种情况，既正常，也不正常。说正常，这是预算在财政工作中所肩负的职责所决定的，在这个岗位上工作，忙是必然的。说不正常，工作与人手之间的矛盾是长期存在的矛盾，如果一忙就心情烦躁，一烦就频出差错，必然会感到“疲于应付”。如果调整一下心态，转变一下方法，也许情况就大不一样。“疲于应付”与“游刃有余”的差别在于心态、工作机制、工作方法。好的制度，好的方法，既可以圆满完成工作任务，又可以使人保持好的心情，真正使人感到“游刃有余”。

“游刃有余”地工作，实质就是要实现有“道”聚财，有“方”理财，具体可以从以下几方面入手：一是要从机制入手，由预算一个龙头转变为预算、国库集中支付、绩效管理三个龙头。“三位一体”财政运行机制改革，改变了2000年机构改革提出的以预算为龙头、国库和监督为两翼的组织保障机制，建立了以部门预算为龙头的预算编制体系、以国库集中支付为龙头的预算执行体系、以绩效评价为龙头的财政监督体系。这项改革，将较大程度改善预算系统的人员配备，理顺现有工作机制，调动预算系统干部的工作积极性。二是要从全局入手，由着眼微观向大处着眼小处入手转变。要学会从琐碎的事务性工作中抽出身来，增强工作的前瞻性、主动性和有效性。同时，也要以微观事务为基础，做到全局与局部的有机结合，宏观与微观的合理互补。三是要从效率入手，由“算盘加纸张”向信息化管理转变。过去预算工作主要的工具就是算盘加纸张，效率很低。在信息技术高度发达的今天，要以技术变革解放预算系统干部，预算工作要实现高度的信息化，要以计算机技术替代原始的算盘加纸张，要以高效一体的信息管理系统替代低端分散的通用软件。

三、突出重点，扎实推进聚财有道、理财有方

吕祖善省长提出“财税部门自身要实现持续、平稳、健康发展，为贯彻落实科学发展观，加快经济发展方式转变，发挥支撑、保障和引导作用”，即“持续、平稳、健康”、“支撑、保障、引导”的“十二字”要求。这是对财税部门职能作用的准确定位，也是今后一个时期财政工作的主要任务。各级预算部门要认真学习领会吕省长“十二字”要求的精神实质，充分认识新形势下预算的地位、职能和作用，坚持聚财有道、理财有方，切实创新体制机制，推进预算管理科学化、精细化。

（一）坚持“聚财有道、理财有方”的目标

财政是“聚众人之财、理众人之事”。聚财、理财包括了生财、用财、管财的各个方面，涵盖了预算工作的各个环节，也囊括了预算部门的所有职责。“道”和“方”是规律论、方法论，也是价值观。聚财有道、理财有方就是在预算工作的各个环节，各个方面，坚持合理、有效的价值观念，遵循事物客观规律，努力寻找解决问题的最佳方法和途径。坚持“聚财有道、理财有方”的工作目标，既是由预算工作所面临的“需要与可能”这对主要矛盾所决定的，也是预算工作面临的新形势、新环境所决定的，更是预算改革自身的发展需求，这是今后一个时期我省预算工作的主要目标和行动指针。

（二）狠抓体制机制创新，切实做到聚财有道

聚财有道，要从机制创新上狠下工夫，促进财力提升，提高支出效益，盘活资金存量，千方百计争取地方可用财力最大

化。

1. 促进财力提升。一是促进收入稳定增长。要充分发挥预算收支综合优势，积极支持和促进优化产业结构，支持和推进新型城市化、统筹城乡发展，支持构筑发展平台、培育新的增长点。要全力落实好“百亿工程”，即在前期筹集110亿元用于推进现代化铁路建设的基础上，2011年起连续三年省财政每年筹集扶持欠发达地区发展资金20亿元、扶持中心镇发展资金10亿元、扶持海洋经济发展资金10亿元。要研究分析经济发展走势、宏观政策调整和税收政策变化对收入的影响，积极主动研究应对措施，确保完成收入目标任务，防止收入大起大落。二是优化收入结构。要密切关注收入走势，着力优化税收收入结构、地方财政收入结构，在现有财政体制下，努力提高地方财政收入质量，做实、做优地方财政收入。三是确保收支平衡。要守好预算盘子，分清轻重缓急，合理安排支出，严控行政成本。在财政状况好的时候守得住，财政状况不理想的时候兜得转，关键时刻能为保障党委、政府重大决策提供有力的资金支持。四是实现保值增值。要当好“管家”，在确保安全和不违反原则的前提下，为领导出谋划策，加强现金、资产管理，实现财政资源的保值增值。

2. 提高支出效益。提高支出效益是缓解收支矛盾的重要途径。各级预算部门要在预算绩效管理上下工夫，争取一分钱花出二分钱的效果。当前，要完善绩效评价指标体系和评价方式，提高绩效评价结果的科学性。要建立健全预算安排与执行率、绩效评价结果挂钩的新机制，对预算执行率低的部门，在次年预算安排时按一定比例减少预算额度；对绩效评价结果差的项目，在次年预算安排减少预算额度或取消项目。

3. 盘活资金存量。聚财有道，既要抓新增财力，也要抓盘活存量。结余资金规模过大，是当前各级财政部门普遍面临的问题。要进一步按照省政府文件精神，加强专项资金清理整合，继续严格控制新增专项资金，扩大清理、归并、整合财政专项资金的范围和领域。要采取措施提高预算编制质量，加快支出执行进度，确保结余资金规模有所压缩并发挥效益。

（三）狠抓科学精细管理，努力实现理财有方

理财有方，就是要以“三基”建设为抓手，在管财、用财的各个方面实现科学化、精细化管理。

1. 优化支出结构。在有限的财力条件下，优化支出结构是管好预算盘子的重中之重。安排预算要始终坚持体现党和政府的决策和意志，体现人民群众的利益和意愿，体现公共财政的原则和要求。要千方百计筹措资金保民生政策落实。要积极配合开展强农惠农资金专项清查，加强支农专项资金监管。加大财政教育投入，完善义务教育经费保障机制，支持“校安工程”建设，促进全省教育均衡发展。优化就业资金支持结构和重点，促进实施积极的就业政策。贯彻落实医改投入政策，支持全省县乡医疗卫生管理体制改革、基本药物制度改革和公立医院改革试点。提高城镇居民基本医疗保险和新型农村合作医疗的筹资水平与财政补助水平。进一步扩大农村住房保险和农业保险保费补助规模。完善应急救援体系，建立道路交通事故社会救助基金；完善政法经费保障体制，促进“平安浙江”建设。

2. 加强预算管理。全面推进“三个子”公共财政管理改革，构建完整统一、科学高效、规范透明的新型预算管理模式。省财政厅代拟的《浙江省人民政府关于加快推进公共财政管理改革的意见》近期已经下发，各地要严格按照通知要求，结合本地实际，做好贯彻落实。要完善支出标准体系，强化预算审核，规范预算分配，提高预算编制质量。推行项目基础资料库试点，推动项目预算滚动管理，强化可行性研究。要加强预算编制与执行、政府采购、绩效管理、资产管理的有机衔接。

3. 管控财政风险。贯彻落实国务院文件精神，全面清理核实融资平台公司债务，按照分类管理、区别对待的原则，妥善处理债务偿还和在建项目后续融资问题，坚决制止地方政府违规担保承诺行为，切实加强融资平台管理。建立动态监控和预警新机制，实施政府性债务动态监管。依托信息化平台，探索建立地方政府性债务管理动态实时报告制度，对地方政府性债务实行动态监控和预警。加强我省地方政府性债务的监督管理，健全管理机制，逐步推进地方政府性债务收支计划报同级人大审批。

4. 推进预算公开。社会各界对预算公开关注度高，相当敏感。各地要高度重视，及早研究，提前准备。省级预算公开工作将分三步进行。2011年，省财政将细化提交省人代会的政府预算、决算（一般预算、基金预算），人代会审议通过后，将及时向社会公布；扩大部门预算上会单位，在2010年30个上会部门的基础上，除涉密单位外，2011年所有政府序列部门将纳入上会部门预算。各地要按照省里的统一部署，充分发挥各类预算公开的主体作用，有计划、按步骤，主动、稳妥地公开预算信息。

5. 支持机构改革。要抓住地方政府机构改革契机，主动向局党委、行政献计献策，使机构调整与预算管理体制改革相适应，为实现预算管理可持续发展提供组织保障。贯彻落实年中全省财政局长座谈会要求，参照省厅模式搭建预算编制、执行、监督“三位一体”的组织框架；积极争取进一步强化预算部门的职能，组建预算编制中心，增强力量配备，理顺工作机制。

四、全面提升，切实发挥预算龙头作用

厅党组对预算系统期望很高，要求也很高。在年中的全省财政局长座谈会和厅党组中心理论组学习会上，钱厅长两次明确强调，要完善以部门预算为龙头的预算编制体系、以国库集中支付为龙头的预算执行体系、以绩效评价为龙头的财政监督体系，更要突出发挥预算系统的龙头作用。

（一）预算干部应具备哪些素质。预算工作的重要性和复

杂性决定了预算系统干部必须具备更全面的素质。具体而言：一是要有很高的政治素质和政策水平。包括领会党和政府重大方针政策，理解国家宏观调控政策，掌握财税政策措施等。二是要具备良好的业务素质。包括财政预算业务知识、金融知识、宏观经济知识、统计知识等。三是要有良好的沟通协调能力。预算是财政部门的综合业务科室，既要与其他科室进行沟通协调，也要与人大、审计进行沟通，还要与部门单位进行协调。四是要有较强的组织能力。作为预算编制业务的"源头"，预算干部一定要具备组织预算编制体系有效运转的能力。

（二）预算系统应在哪些方面发挥龙头作用。坚持"聚财有道、理财有方"目标，预算应从以下几方面发挥龙头作用：一是调控财力。财力平衡是财政工作的核心，也是预算工作的中心。预算应从"开源"和"节流"两个方面调控财力，确保本级财政的平衡。二是优化结构。优化结构包括收入结构的优化、财力结构的优化和支出结构的优化。预算掌握整个盘子，因此，优化结构只能也必然由预算处（科）来做。三是制定政策。预算处（科）制定统一的收支政策、体制政策，由各相关业务处（科）具体实施。四是设计流程。预算编制、指标管理等业务流程都必须由预算处（科）设计，流程设计的好坏，决定了运行是否顺畅。五是确定标准。经费支出标准和实物配备标准关系到预算的公平分配，关系到不同单位间的平衡，必须由预算部门统一牵头制定。

（三）预算系统应如何发挥龙头作用。预算系统应从以下三个方面入手，充分发挥龙头作用。

1. 提高素养。预算业务是专业的专业，基础的基础，预算干部一定要把政策、原则、方法搞清楚，不管哪个方面都比业务科室高一筹，才能真正成为龙头。财政是经验法则，新参加预算工作的同志，要把过去的预算体制、政策、制度理一遍，通过理的过程吸取营养，提高水平。在看懂文件的同时，还要懂为什么要这么规定，还要去研究有没有比这个更好的规定。要多实践、多动手，如以前的财政体制，可以自己试一试，算一算，通过研究分析就能有所悟。

2. 改善方法。工作要有条理，要学会统筹安排。首先要理思路。一年的工作、一月的工作、一天的工作、一项工作都要思路在先。做之前要先演练，看看上下左右可能会有什么反应。其次是做计划。具体到时间、人员、怎么做，都要周密安排。再次是找途径。工作中会碰到很多问题，每个问题都不一样，有的可能没有现成的做法可参照。因此，要学会找依据，看看手头这项工作符合哪条原则，哪个政策，哪项规定，这样解决问题的方法会有针对性，不至于有大的偏差。要与相关部门和人员沟通，多听听人家的建议，可取的意见拿来补正，不可取的再深入研究。通过这样的途径，能比较快捷地找到答案。

3. 坚持"九个字"工作要求。每项预算工作，无论是分配预算，还是制定政策，都必须坚持"细、深、精、准、全、高、早、勤、新"九个字的工作要求。一要细，考虑问题要细，基础工作要细，分配预算要细、测算过程要细、制定政策更要细。二要深，要沉下心研究问题，不能浅尝辄止，做"半桶水"。三要精，要做精通预算业务的专家，精通财税政策的行家。四要准，预算工作面对的是真金白银，差之毫厘，谬以千里，准是最起码的要求。五要全，考虑问题要周全，有此及彼，不能顾此失彼。六要高，要求要高，办法要高，质量要高，各方面都要高人一筹。七要早，发现问题要比别人早一点，考虑问题要比别人早一点，解决问题的方案也要比别人早一点。八要勤，纸上得来终觉浅，绝知此事要躬行。多看多想还要多做，有些事情，写在纸上比放在脑子里效果要好。九要新，要适应新的变化，勇于创新、善于创新，创新方法、创新制度。好的制度要管事管人，要让好人更好，坏人变好人。（2010年9）

抓住机遇 再接再厉 开创函校工作新局面

省中华会计函授学校副校长　金慧群

一、祝贺函校20年所取得的成绩

财政部成立函校有一定历史背景。20世纪80年代中期，会计人才与经济发展的矛盾日益突出：一是知识结构和专业水平与国家经济社会发展的要求有很大差距，当时在全民所有制单位会计人员中，具有中专以上学历的不到20%；二是每年大中专财会毕业生的总量还不够全国会计人员队伍的减少人数。提高会计人员队伍的素质和数量，单靠大中专院校远远满足不了需求。作为全国会计工作主管部门的财政部，深感有必要寻求大规模、正规化的会计在职教育途径。1986年12月，经国家教委批准，财政部中华会计函校正式成立，各个省的中华会计函校为其办学单位。我省市场经济发展较早，对会计人员数量与素质需求更为迫切，早在1986年8月就开展了中专财会专业自学考试，并自上而下开始建立考试组织管理体系，基本能满足会计人员的学习需要。但随着形势的发展和会计人员学习要求的多样化，当时的省财政厅领导经过多次研究后认为，自考和函授两种形式各有特点、各有优势，如同时举办自考中专和函授中专将更好地满足广大财会专业求学者的需要。为此，在征得省教委同意后，于1989年3月正式成立浙江省中华会计函授学校。

函校自成立以来，得到全省财政系统各级领导的高度重视，省、市两级分别成立校务委员会，加强对函校工作的领导。历届校务委员会领导及其成员带领函校办学人员，艰苦创业，开拓创新，坚持依托财政与面向市场相结合，坚持学历教育与在职培训相结合，坚持苦练内功与巧借外力相结合，取得了可喜的成绩，多次荣获财政部总校的嘉奖，其中1996～2003年连续8年荣获“先进办学单位”，2004～2008年又连续5年获得“教育培训先进单位”的荣誉。截至2009年底，函校累计为社会培养财会中专毕业生101227名；2002年开始与大专院校联办会计专业大专班，至今已有12843名学生毕业；积极开展以会计人员继续教育为主的会计人员培训和财税干部培训，1998年以来，累计开展各类培训186万人次，其中63%是会计人员继续教育，部分函授站已成为财税、财会人员的综合培训基地；各项管理日趋规范。2006年以来“浙江省财政教育培训网”、“教务考务管理软件”先后投入使用，开始利用现代信息技术工具辅助教学与管理。

函校办学20年来，凭着较高的教学质量和严格的管理，不仅在财政系统内树立了良好的形象和声誉，而且“中华函校”的品牌也得到了社会广泛认可，在提高全省会计人员和财税干部的整体素质的同时，为浙江经济特别是民营经济的发展输送了很多会计人才，为推进全省财税改革和经济社会发展、夯实我省财政会计基础工作做出了积极贡献。20年来，函校所取得的成绩与作出的贡献，是财政部总校指导、历届财政厅党组正确领导的结果，更是各市、县财政部门重视和支持的结果，是全省函校系统干部职工敬业奉献、奋发图强的结果。

二、抓住机遇，再接再厉，开创函校工作新局面

吕祖善省长在参加省财政厅党组民主生活会上的讲话，对全省财税系统提出了两大任务：一是如何推动财税自身发展方式的转变，实现财税持续、平稳、健康发展；二是财政如何为全省落实科学发展观，加快发展方式转变，推进经济结构调整发挥支撑、保障和引导功能。前者是财税自身建设，后者是财税职能如何发挥，互为因果。作为全省财税系统的每位干部都要认真、用心思考这两个问题，并贯彻落实到实际工作之中。函校的同志也不例外，要紧紧围绕新时期财政自身发展和财政职能作用更好发挥这个课题，服务财政中心工作，充分调动和发挥主观能动作用，再接再厉，开创函校工作新局面。

（一）大力开展会计人员的学历教育、继续教育，全面提升会计队伍素质

20年来，函校在会计人员的学历教育与继续教育方面所做的工作与取得的成绩有目共睹，也值得自豪。但会计人员的学历教育、继续教育是一项长期事业，还需要全省函校的同志再接再厉，继续大力做好这方面的工作。一是全面提升我省会计队伍素质需要。虽然我省会计人员的数量基本满足需要，但会计队伍的总体素质与我省的经济发展要求相比仍有差距，从学历上看，在现有的近70万人的会计队伍中至今仍有50%的会计人员未达到大专学历水平；从职称上看，中级以上约占7%(其中高级会计师仅有6501人，不到1%)，初级职称占16%，没有职称的占77%。二是提高会计工作质量需要。从现实会计工作来看，会计信息的整体质量与社会各方的期望仍有一定的差距，特别是作为我省经济主体的中小企业的会计工作不能满足其发展壮大的需要。三是适应经济社会发展的需要。随着新经济、新科技的产生和发展，需要会计人员既要专业上精，又要知识面上宽，才能更好地服务于企事业单位。四是会计改革的需要。会计工作为适应经济社会的发展，在不断地进行自我改革。特别是近几年来，财政、税收、会计上的改革和新政策不断推出，这些都需要会计人员与时俱进，不断更新知识和技能。函校要大力开展会计人员的学历教育、继续教育等工作，着力提升全省会计队伍整体素质，提高会计工作水平与质量。全省各级财政部门的会计职能处室要本着全局观念，继续积极支持函校开展工作特别是会计人员继续教育工作，各地分校或函授站有能力承担会计人员继续教育培训任务的，会管部门应当调动和发挥函校的作用并由其来承担培训任务。

（二）扎实做好农村财会人员财政支农政策培训工作，让党的支农惠农政策深入人心

财政部于2008年底印发了《关于开展农村财会人员财政支农政策培训工作的通知》，省财政厅也在去年9月印发了浙财办〔2009〕104号文件，专门布置财政支农政策培训工作。但到目前，各地对这项工作认识不一，总体进度较慢。这可能有较多因素，但关键在于不少地方的财政部门思想认识没有到位，对开展财政支农政策培训的重要性、必要性和紧迫性认识不够。开展农村财会人员财政支农政策培训工作有以下三方面的现实要求：

1. 开展农村财会人员财政支农政策培训工作，是落实科学发展观、推进新农村建设的要求。建设社会主义新农村是党中央从全面建设小康社会的大局出发作出的重大战略决策，是落实科学发展观的重大历史任务。党的十七届三中全会审议通过的《中共中央关于推进农村改革发展若干重大问题的决定》，进一步明确了推进农村改革发展是全党工作的重中之重。现在是“城市反哺农村、工业反哺农业”的重要和关键时期。财政投入资金不断增加，2009年我省“三农”投入达762亿元。随着支农资金规模的不断扩大，宣传财政支农政策，让政策深入人心、家喻户晓，管好用好资金，加强村级财务管理就越显重要。做好财政支农政策培训工作，有利于深入宣传、贯彻和落实各项财政支农方针、政策，让农民利用好各项财政政策，维护好自己的权益，把农民的智慧和力量凝聚到社会主义新农村建设的伟大实践上来，发展生产，拉动内需，从而更好地体现发展这个第一要义；切实把广大农民的各项权益实

现好、维护好、发展好，促进全面发展；有利于化解农村社会矛盾，促进和谐社会的建设。开展农村财会人员财政支农政策培训，直接服务“三农”，促进经济社会发展和社会和谐，正是贯彻落实科学发展观实践活动的具体体现，也是建设社会主义新农村的需要。

2. 开展农村财会人员财政支农政策培训工作，是财政科学化精细化管理的客观要求。财政职能作用的发挥都要通过一件件具体的工作去体现、去落实。做好财政工作，必须全面推进财政科学化精细化管理。财政部谢旭人部长指出，科学化就是要“抬头看路”，明确方向并选择有效的路径；精细化，就是要“埋头拉车”，一步一个脚印地按照科学确定的方向前进。财政科学化精细化管理既是党中央国务院对财政部门的要求，也是财政部门在新形势下新任务面前的内在需要和自觉选择，是实现全省财税持续、平稳、健康发展的保证。客观地讲，我省财政工作还有待于根据财政科学化精细化的要求进行全面加强。各项支农惠农政策陆续出台，如粮食直补、农资综合补贴、家电下乡和各项社保政策等。各地对这些财政支农惠农政策的理解程度参差不齐，操作环节上不衔接的情况也有，支农资金管理上也存在不少漏洞，甚至出现贪污、浪费行为，而作为享受主体的农民不清楚财政支农政策的主要内容、不清楚卡里给的钱到底是什么钱，只知道有笔钱到账了。如到现在有的农民还把粮食直补看成是农业税返还，这在一定程度上影响了财政支农惠农政策的效果。这也反映了政策从出台到落实、到具体执行，每个环节都有培训的现实需要。财政部门作为支农资金的分配、使用、监督、绩效评价的管理者，有责任和义务利用好函校的教育培训资源，为农村财会人员培训支农惠农政策做好具体工作。通过农村财会人员财政支农政策短期培训，让基层同志包括财政干部、乡镇干部、村干部和农村财会人员在较短时间内熟悉和掌握支农惠农政策的内容及具体操作程序和方法，并起到宣传政策和确保政策落实的作用；同时要在广大农村培养一批财政政策的宣传员、信息员和监督员，减轻财政部门的工作压力。

3. 开展农村财会人员财政支农政策培训工作，是提高农村财会人员管理水平的需要。国家对“三农”实行“多予、少取、放活”的方针，并重点在“多予”上下功夫，体现了党中央对农民利益的高度重视。现在不仅免收各种涉农税费，而且还出台了大量的支农惠农政策，投入领域从注重农业生产环节为主转向农业生产、农村社会事业发展并重，力度也比以前大得多。现在财政支农政策近60项，而且都是有标准、有对象、有程序和有要求。过去是向农民要，现在是给农民补，并要让农民普遍得到实惠。村干部和村财会人员也从过去的收钱为主转到发钱和宣传政策为主上来。随着经济社会的发展，农村财会人员队伍的素质与新形势、新要求相比，仍有一定甚至是较大的差距，农村财会人员呈现“两低一高”(即文化程度低、专业技术水平低和年龄偏高)的现象，知识能力欠缺，政策执行能力不强。他们中大多数没有机会参加正规专业培训，对财会知识掌握不多，财政政策知识则更少。同时，目前农村的财务规范性与广大村民的要求还有差距，迫切需要针对性和实效性的培训。通过对农村财会人员开展财政政策培训和财会知识培训，让他们及时、全面和准确地熟悉、理解政府出台的一系列支农惠农政策，提高财会专业知识和政策理解、执行能力。由函校牵头组织财政厅有关处室编写的《浙江省财政支农惠农政策解答》这本培训教材，内容涵盖了我省现行57项财政支农惠农政策，分八大类对每项政策以问答的形式解读，看看一目了然，理解起来也通俗易懂。有了这本教材，再通过三天的培训，相信对宣传、贯彻和落实各项财政支农政策，提高我省农村干部和财会人员的政策水平会取到较好效果。

开展对农村财会人员财政支农政策的培训，既有意义也很有必要。财政部门必须负起责任并把这项培训工作做好。各级财政部门领导要切实重视这项工作，建立一定的组织机构，并安排一定的经费，从组织上和经费上保障农村财会人员财政支农政策培训工作的需要。在省财政厅处长会议上，钱巨炎厅长明确要求加大对财政支农惠农政策的宣传报道，并要求厅农业处积极帮助函校开展这项培训工作，统筹安排使用农民培训经费，解决培训经费等一些实际困难。我们要抓住机遇，勇于承担任务，积极主动地协调和争取各有关方面的支持，并充分发挥主观能动性，克服各种困难，抓紧行动起来，保质保量地完成首轮培训任务。

三、加强学习，不断提高自身素质

函校20年的成绩有目共睹，来之不易。昨天已经过去，今天正成事实，明天任重道远。钱巨炎厅长在省校四届一次会议上明确指出，函校是我们践行“财政大教育”理念的重要载体，是财税系统不可或缺的一部分，函校不是要不要继续办的问题，而是在新形势下如何办好、如何更好地为中心工作服务的问题，办好函校是各级财政部门义不容辞的责任。全省函校的同志肩负着在新时期、新任务和新期望下具体办好函校的重任。希望大家切实加强政治和业务学习，在工作中做到“四用”。即：用心，就是要爱岗敬业，全身心投入工作；用脑，就是要勤于思考，善于谋划；用力，就是要使劲干，干成事；用人，就是要知人善任，充分调动和发挥每个人的作用，打造有战斗力的团队。同时通过工作的实际锻炼，培养与提高自己的三种能力：即坐下来能写、站起来能讲、走出去能干，从而不断提高自身素质，以适应经济社会发展的需要。既要为人师表，更要教书育人，除教授知识以外，还要教授职业道德等做人的道理。

(2010年3月)

在全省农业财政工作会议上的讲话（摘要）

省财政厅副厅长　金慧群

一、"十一五"时期财政支农工作取得的主要成绩

"十一五"以来，在省委、省政府的正确领导下，全省各级财政部门积极应对国际金融危机和自然灾害的不利影响，认真贯彻落实科学发展观，大力实施统筹城乡发展方略，全面推进社会主义新农村建设，有力地促进了农业农村的改革发展。过去五年，是我省现代农业发展取得新成效、农民增收呈现新气象、农村建设营造新面貌的五年，也是支农投入不断加大、工作机制不断创新、监督管理不断加强的五年。

（一）积极筹措资金，财政支农投入不断加大

"十一五"以来，全省各级财政部门认真贯彻中央和省委、省政府的决策部署，积极筹措资金，不断加大投入，切实保障农业和农村经济社会持续、健康发展。2006～2009年，全省预算内支农支出从114.8亿元增加到236.72亿元，年均增幅27.18%；财政支农支出占财政总支出比重从2006年的6.94%增加到2009年的8.92%，提升了近2个百分点。全省财政"三农"投入从2006年的373.5亿元增加到2009年的762亿元，年均增幅达到25.1%，财政"三农"投入占财政总支出的比重基本稳定在25%以上。"十一五"时期，面对国际金融危机冲击造成的经济增速持续放缓、发展困难明显增多等诸多挑战，虽然财政支农投入的增幅出现一定的波动，但各地积极采取有效措施，努力克服各种不利因素影响，切实把"三农"工作放到重中之重的位置，优先保障农业和农村发展支出，为加快我省社会主义新农村建设发挥了积极的作用。

同时，各级财政部门还积极运用财政补助、财政贴息、以奖代补、民办公助等方式，充分发挥财政资金的导向作用，吸引了社会资金和民间资本投入农业产业发展和农村基础设施建设、公益事业发展，促进建立全社会参与新农村建设的激励机制，逐步形成多元化、多层次、多渠道的农业投入机制。

（二）落实强农惠农政策，新农村建设成效显著

五年来，各级财政部门认真贯彻落实各项强农惠农政策，进一步规范管理、强化监督，有力保障新农村建设的顺利推进。

一是加大惠农直接补贴力度，促进农民直接增收。进一步加大对粮油种植大户、水稻良种、农机具购置及机械化作业、病虫害统防统治等粮食生产环节补贴以及森林生态效益补偿、能繁母猪补贴、生猪奶牛良种补贴、后备母牛补贴等惠农补贴的支持力度。

二是支持现代农业发展，促进农业增效。结合中央财政支持现代农业生产发展政策的实施，积极整合并加大对现代农业的投入，支持高效生态农业发展；启动实施现代农业园区和粮食生产功能区建设，进一步提升我省农业主导产业发展水平；支持农业标准体系建设和农业标准化生产，加大农业科技推广投入力度，进一步提升农业生产科技水平；支持农产品质量安全检测体系、动植物防疫体系建设，进一步提高农产品质量安全水平；支持培育新型生产经营主体，开展财政支持村级集体经济发展试点，探索农业发展方式转变的新形式。

三是支持农业基础设施建设，夯实农业产业基础。水资源保障等骨干工程稳步推进，强塘工程全面实施，千万亩十亿方节水等农田水利设施建设有序开展，小型农田水利重点县建设步伐不断加快，进一步提高了防洪保安能力，提升了水资源保障能力，改善了农业生产水利保障条件。标准农田建设加快推进，测土配方施肥面积不断扩大，耕地质量切实提高；农业综合开发项目扎实推进，极大地改善了项目区农业生产基本条件；富民兴林和林业现代化示范工程深入实施；百万亩标准鱼塘建设工程全面实施，气象事业发展顺利推进。

四是支持农业农村污染整治，提升生态环境质量。村庄整治工程扎实推进，支持待整治村环境综合治理和已整治村生活污水治理水平提升。农村面源污染治理加速推进，支持完成生猪存栏100头以上、牛存栏10头以上的规模化养殖场污染治理，循环农业发展成效显著。

五是支持扶贫开发，促进欠发达地区跨越式发展。加大下山搬迁支持力度，提高下山搬迁补助标准，积极改善低收入农户生活生产环境。积极扶持欠发达乡镇和"低收入农户集中村"因地制宜发展具有当地资源优势和市场竞争力的特色种养业，扶持低收入农户发展来料加工业，拓宽增收渠道，支持紧水滩、百丈漈、乌溪江库区脱贫工程和"小岛迁、大岛建"工程的启动实施，促进低收入群众有效增收。

（三）加强研究探索，财政支农资金整合深入推进

我省财政支农资金整合工作全面开展五年来，在各级党委、政府的统一领导下，在农口各部门的密切配合下，取得了良好的效果。2010年，省财政厅出台了县级财政支农资金整合工作考评实施细则，将试点县支农资金整合奖励政策调整为对所有自主开展支农资金整合县的择优奖励政策，促进了县级根据当地实际和相关资金使用管理要求，因地制宜选择

项目、产业、区域带动等多种形式来构筑平台，确定支农资金整合的有效方式。2010年，省财政对21个支农资金整合工作开展比较好、成效比较显著的县(市、区)给予了奖励。通过支农资金整合的不断深入，逐步形成和完善项目安排科学、投向重点突出、使用规范高效的支农资金管理运行机制。

(四)注重机制创新，财政支农管理方式进一步完善

“十一五”期间，各地财政支农资金的管理理念更加科学、规范和严格，财政资金“四两拨千斤”的作用进一步发挥，社会资金投入“三农”的数量大有增加。广泛运用合并、归类、清理的方式，对预算内外资金进行整合。进一步完善资金扶持方式，根据不同的支持对象和支持内容，综合采取补助、贴息、以奖代补和民办公助等多种有效方式。深化支农资金项目审批权限的下放改革，扩大审批权限下放改革的范围，积极推广公式法、因素法等分配方式。目前，省财政安排的扶贫资金、现代农业生产发展资金、农业科技示范推广资金等重点专项资金都按照因素法进行分配。大力推行专家评审制度和项目公示制度。2010年，省里对小型农田水利重点县实行公开竞选的方式，不仅丰富了支农资金管理的形式，更重要的是进一步突出了财政支农资金择优立项的理念。

(五)强化监督管理，支农资金使用效益不断提高

五年来，全省各级财政部门按照依法行政、依法理财的要求，在健全支农资金制度管理体系、强化预算编制、完善立项程序、规范支农资金分配的同时，高度重视支农资金的监督检查工作。2007年，围绕“提高支农资金使用管理的规范、安全、有效”这一主题，有计划、有步骤地开展了“财政支农资金管理年”活动。2009年，在全省范围开展了2006～2008年度支农专项资金管理使用情况的检查。特别是今年，按照中央统一部署，在全省范围内全面开展了强农惠农资金专项清查工作，重点对2007～2009年各级财政安排的强农惠农资金使用和管理情况进行全面清理和检查，清查的力度之大、涉及面之广、影响程度之深都是近年来所没有的。各地、各部门对今年的强农惠农资金专项清查工作给予了高度重视，认真按要求做好专项清查的各项工作，应该说，专项清查工作总体上进展顺利，取得了阶段性的成果。此外，继续委托中介机构对重点支农专项资金进行核查，对现代农业生产发展资金、下山搬迁资金等开展绩效评价。通过一系列监督管理制度、检查措施的落实和到位，进一步严格财政支农资金的使用和管理，切实提高支农资金的使用效益。

(六)加强政策研究，农业农村各项改革有序开展

财政支农政策对促进“三农”工作的持续、平稳和健康发展发挥着重要的引导作用。随着统筹城乡发展、农业经济转型升级的推进，一些原有政策的边际效应正在逐步递减。“十一五”以来，我省财政支农工作在政策研究、体制机制创新等方面做了些探索和尝试，一些好的做法和经验也得到了财政部和省政府领导的高度评价。一是支持国有农林渔场、水管单位体制改革，支持集体林权制度主体改革和配套改革；二是加大对基层农业技术推广、畜牧兽医体系改革的支持力度，提高基层公共服务保障能力；三是加强政策调研，进一步完善我省森林生态效益补偿制度，积极推进我省财政支持现代农业生产发展的政策落实；四是创新机制，探索财政支持村级集体经济发展的有效形式和财政支持欠发达地区发展的新机制，有力促进欠发达地区实现跨越式发展。

在肯定“十一五”时期财政支农工作成绩的同时，我们也要清醒地认识到当前财政支农工作中存在的一些突出问题，亟待进一步改进和完善。特别是财政支农投入的机制还不够完善；财政支农财权与事权的关系界定还不够清晰；支农支出进度慢、预算执行不规范的现象仍然存在；支农支出结构还有待于进一步优化，支农资金整合的广度和力度还需进一步深化。财政支农资金的使用和监管方面还存在一些薄弱环节，表现在：资金和财务管理不规范，影响支农资金使用效益；项目实施进度缓慢，造成支农资金结转和滞留；项目申报随意，资金拨付不规范，甚至出现弄虚作假、套取资金的现象。这些都严重影响了财政支农政策的有效落实和财政支农资金的安全运行和高效使用。对此，我们必须引起高度重视，要针对存在的问题，切实采取有效措施，认真加以解决。

二、准确把握新时期财政支农工作的基本形势

当前，我省“三农”领域正发生着深刻的变化，统筹城乡发展已从“全面破除城乡分割”进入到“全面推进城乡融合”的新阶段，“三农”发展出现了一系列具有阶段性特征的重大变化：现代农业加快发展的态势基本形成，公共服务向“三农”覆盖的格局基本构筑，劳动力就业城乡平等对待的制度基本建立，以工促农、以城带乡的发展机制基本构建。我们要站在新的历史起点上，准确把握财政支农工作的基本形势和要求，不断推动“三农”沿着正确的方向加快发展。

(一)产业转型升级，推动现代农业加快发展的任务更为紧迫

我省工业化、城市化进程较快，二三产业增加值占到了95%，城镇人口比重达到58%，对农产品的数量、质量及其功能需求提出了新的更高的要求。我们必须进一步发挥政府的主导作用，加大财政投入力度，健全激励机制，推动政府公共资源、城市生产要素更多地配置到农业领域，增强资本、技术、人才、管理对农业的支撑，提高资源利用率、土地产出率和劳动生产率，推动现代农业加速发展，形成工农差距不断缩小、三次产业日趋协调的产业结构。

(二)农民人均纯收入过万，促进农民增收的任务更为艰巨

我省农民人均纯收入突破了万元大关，连续25年居省区首位，但城乡居民收入差距缩小的趋势还不稳定，农民群体内部收入差距还在扩大，农业劳动者增收慢、低收入农户增收难的问题日益突出。目前我省低于2500元以下低收入农户还有51万户123万人，多方面的制约因素使这部分人群增收难度大，奔小康任务艰巨。我们必须加快促进农民增收方式转变，健全农民持续增收机制，促进农民在增加工资性收入、创业性收入和财产性收入中进一步提高总体收入水平；同时，必须进一步加大政府对农业的保护和补贴力度，增加农业劳动者的转移性收入；加大扶贫开发力度，帮助低收入农户改善生产生活状况。

(三)基本公共服务均等化，推进农村公共服务加快提升的任务更为繁重

我省社会事业、基础设施、人居条件等公共服务向农村延伸和覆盖的机制已初步建立，但公共服务“城高乡低”的问题十分突出。我们必须进一步强化政策的引导作用，健全公共资源向“三农”倾斜配置机制，将政府的公共资源更多地配置到农村，加快构建配置合理、功能完善、便捷高效的基本公共服务体系，进一步提升农村公共服务水平。

(四)科学化精细化管理，加强财政支农资金管理的要求更为迫切

“三农”工作既是各级党委、政府各项工作的重中之重，也是全社会关注的焦点。特别是近年来强农惠农领域暴露出的一些违规违纪甚至违法问题，引起社会各界的广泛关注，进一步加强支农资金管理的要求和呼声日益强烈。随着财政科学化精细化管理和财政预算信息公开的不断推进，对支农资金规范管理、高效使用的要求不断提高，对支农资金使用的监管更为严格，这对财政支农工作来讲，既是挑战，也是进一步加强管理的契机。对此，各级财政部门要有清醒的认识和充分的准备。

三、“十二五”时期财政支农工作的指导思想和主要目标

(一)指导思想

“十二五”时期财政支农工作的指导思想是：以科学发展观为统领，深入实施“创业富民、创新强省”总战略，加快城乡统筹发展，按照“深化改革、整体推进、转型升级、增收惠民”的基本要求，围绕“持续、健康、平稳、支撑、保障、引导”十二字精神，贯彻落实“依法治税、为民理财、务实创新、廉洁高效”的总体工作思路和“实、稳、优”三字诀，加强财政支农政策研究，加大财政支农投入，创新支农机制，突出支农重点，优化支出结构，强化支农资金管理，加强农财干部队伍建设，不断提高农业财政工作的管理水平，促进农民增收，保障农业农村经济和谐发展。

(二)主要目标

围绕上述指导思想，“十二五”时期的财政支农工作目标是：

1.财政支农投入机制进一步完善。财权事权关系进一步明晰，努力按照“三个高于”和“三个优先”以及《预算法》、《农业法》等要求筹措支农资金，充分发挥支农政策导向和财政资金引导作用，建立健全多元化支农投入机制。

2.财政支农工作进一步规范。预算编制公正、科学、合理；支出重点突出，程序规范；基础管理工作不断加强，科学化精细化管理水平不断提升。

3.财政支农资金整合进一步深化。以农业农村发展规划为抓手，开展省、市、县多级次整合，创新机制，加强监管，进一步巩固和深化支农资金整合的成果。

4.财政支农资金长效监管机制进一步健全。管理制度进一步完善，支农资金绩效评价制度进一步健全，支农资金监督检查机制进一步加强，项目、资金和财务管理进一步规范。

5.财政支农资金使用效益进一步提高。进一步转变财政支农资金管理理念，优化支农支出结构，突出农业农村发展重点，促进财政支农资金的高效使用。

四、今后两年财政支农工作的主要任务和工作重点

明年是“十二五”规划的开局之年，是体制机制进一步创新、城乡统筹力度进一步加大的关键时期，也是农业发展方式进一步转变、现代农业发展水平进一步提升的关键时期。做好明后两年的财政支农工作，对于促进农业农村经济社会健康发展和开启“十二五”农业农村发展规划的实施至关重要。

(一)多渠道筹措支农资金，建立健全稳定的农业投入机制

一是按照财政支农投入“三个高于”和“三个优先”的要求，加大公共财政对农业和农村投入的总量和比重。努力增加预算内财政支农资金，确保预算内财政支农支出按法定比例增长。

二是按照国家和省有关规定，配合做好造地改田资金、农业土地开发资金、水资源费、海域使用金等基金和行政性收费的筹集工作。同时，要关注今年地方水利建设基金征收到期的后续政策问题，从目前了解到的情况，中央基本同意水利建设基金继续征收，期限为10年。

三是发挥财政资金的引导作用，形成多元化的农业投入机制。积极发挥市场配置资源的基础性作用和财政支农资金“四两拨千斤”的杠杆作用，充分发挥财政支农政策的引导作用，建立和创新机制，吸引金融资本、工商资本和社会资金投入“三农”；创新支农资金的投入形式，逐步建立健全多元化的农业投入机制。

(二)优化支出结构，突出支持重点，促进农业农村发展转型升级

一是以支持“两区”建设为重点，促进现代农业转型升级。

现代农业园区和粮食生产功能区建设是当前及今后一段时期转变农业发展方式、推进农业现代化的有效载体，是创新农业发展体制机制的有效探索，是统筹城乡发展的有效途径。要按照“资金整合、优化投向、重点扶持”的要求，整合相关专项资金，统筹用于支持“两区”建设，加快推进农业产业的转型升级。要进一步突出科技对现代农业提升的重要作用，加快新品种、新技术的推广应用；进一步加大农业标准化生产的推广力度，加强农产品质量检验检测体系和动植物防疫体系建设，提升农产品质量安全水平；支持推进农业服务创新，加强农业公共服务和信息体系建设。同时，各地要关注财政支持木本油料生产政策。从明年开始，中央财政将重点加大对油茶、山核桃等木本油料生产的支持力度，努力将财政支持木本油料生产打造成整合资金投入的重要平台。

二是以农业农村基础设施建设为重点，促进城乡统筹发展。整合资源和资金，积极推进村庄整治；深入实施“千村示范万村整治”工程，支持中心村建设培育，进一步提升中心村生产生活条件。深入实施“强塘”工程，加快完成病险水库、“屋顶山塘”和海塘、堤防除险加固任务。继续推进农村安全饮用水工程和万里清水河道建设。扎实推进农田水利建设，加快小型农田水利重点县建设步伐。需要强调的是，明年中央的“三农”工作将重点突出水利建设，将出台强有力的措施，以农村水利建设为重点，大幅度增加对水利建设的投入，对此大家要积极研究，有所准备。继续支持“百万”造地保障工程建设，加大土地开发整理力度，科学合理利用滩涂、低丘缓坡和农村建设用地等资源；扎实推进农村土地综合整治。深入实施“千万亩标准农田质量提升工程”，推进农业综合开发高标准农田示范工程，加快中低产田改造。加强林区基础设施建设，进一步完善森林生态效益补偿机制，积极推进林区道路建设，支持林业生态和产业建设。支持标准渔港建设，提高渔业安全生产保障水平；以海洋经济建设为契机，支持远洋渔业发展。加强农业面源污染治理，深化畜禽养殖污染治理，推进循环农业建设，提高农业废弃物资源化利用水平。

三是以新型经营主体培育为重点，促进农业发展方式转变。支持规范化农民专业合作组织、农业龙头企业以及农业生产专业大户、职业农民等农业新型经营体的发展壮大，进一步提高农民生产经营组织化程度，有效带动农民增收和促进村级集体经济发展。通过支持土地、林地流转来促进农业规模化经营，促进新技术、新模式、新品种的推广应用。以实施农村“两创”实用人才培养计划为重点，深入推进“千万农村劳动力素质培训工程”，切实加强对农民专业合作组织、农业龙头企业和行业协会等各类人才培训，着力提升农民技能水平和创业就业能力。鼓励支持大学生到农民专业合作社等农业新型主体就业创业。

四是以村级集体经济发展壮大为重点，促进新农村建设。支持村级集体经济发展以增强村级“造血”功能为着力点，以扶持中低收入村为重点，充分发挥财政职能，因地制宜，促进村级集体经济实力的提升。按照创新机制、拓宽思路、规范管理的要求，发挥财政资金的引导和杠杆作用，在自愿前提下，充分整合利用集体资源，鼓励村级集体经济组织通过多种形式实现集体资产数量和质量的提高，并从中获取持续性收益。积极探索财政支持村级集体经济发展具有普遍意义和推广价值的合理模式，建立健全促进村级集体经济发展的长效机制。省财政将在今年推行财政扶持村级集体经济发展试点的基础上，积极探索财政支持村级集体经济发展的有效形式，努力将财政支持村级集体经济发展的有效模式打造成财政支农方式创新的亮点。

五是以低收入农户增收为重点，促进欠发达地区加快发展。贯彻落实省委、省政府关于“低收入群众增收行动计划”的各项政策，加大扶贫资金投入力度，突出扶持重点。加大下山搬迁的扶持力度，在扩面试点的基础上，进一步完善下山搬迁政策，扩大下山搬迁的支持对象；支持紧水滩（石塘）库区第二期困难群众异地脱贫工程和乌溪江库区脱贫致富工程建设。继续扶持“低收入农户集中村”因地制宜发展特色种养业，扶持低收入农户发展来料加工业。认真落实省委、省政府今年出台的对6个重点欠发达县的扶持政策，进一步体现特殊扶持政策的引导和推动作用，加强特别扶持资金使用的监督管理，切实将省委、省政府的特殊关怀落到实处，有力促进重点欠发达地区加快发展。

（三）深化各项改革，创新机制，建立健全支农资金监管的长效机制

1. 深化支农资金整合，促进支农资金统筹安排

通过五年来的探索和实践，我省的财政支农资金整合工作按照“政府主导、财政协调、部门参与”的思路稳步推进。围绕农业农村发展规划，在各级政府的主导下，财政部门和农口部门要进一步明确分工、协调配合，清晰界定各自的职责，按照“渠道不乱、用途不变、优势互补、各记其功、形成合力”的原则，形成协调配合、良性互动的工作机制。同时，要积极探索涉农资金整合的有效机制，促进涉农资金的结构优化和统筹安排。

一是以《农业农村发展重点领域重点项目扶持导向目录》为平台，进一步深化财政支农资金整合工作。贯彻落实《关于清理整合和规范财政专项资金管理的意见》（浙政办发〔2009〕82号）精神，在对现有财政支农专项资金来源渠道、规模、期限、支持对象和支持方式进行清理归类的基础上，根据省委、省政府确定的农业农村工作重点，突出《农业农村发展重点领域重点项目扶持导向目录》这一平台，进一步完善支农专项资

金的分类，突出现代农业园区、粮食生产功能区等重点项目，对各级财政支农专项资金进行整合，从源头上控制专项资金数量与投向。

二是以县级财政支农资金整合奖励机制为平台，进一步推动县级自主开展支农资金整合。全面推进县级支农资金整合考评工作。通过建立一套定性考评与定量考评相结合的指标体系，对年度县级支农资金整合工作进行考评，并按照评价结果，分档奖励有关市县。奖励资金由省财政切块安排，市县按照管理办法规定，自主立项，统筹安排。

2. 推进财政支农方式改革，创新支农资金管理形式

改革创新是推动财政支农的动力。没有改革创新，财政支农工作就不可能取得新成绩，就不可能再上新台阶。按照经济社会发展转型升级和社会主义新农村建设的要求，今后一段时期，要更加注重支农方式的改革和管理形式的创新。

一是改革和创新支农资金支持方式。不断改进支农资金扶持方式，根据不同的支持对象和支持内容，综合采取补助、贴息、以奖代补及按比例承担等多种有效方式，进一步提高支农资金扶持的针对性和有效性。同时，积极探索，创新支农资金的支持方式。对于欠发达地区林区道路建设项目，从今年开始，省财政将按照各欠发达地区林区道路的总规划和年度计划，将林区道路建设任务考核和省补助资金拨付方式改革相结合，采用因素考核办法分配资金，并根据省级专项性一般转移支付资金管理要求，督促各县（市、区）进行实施，以更好地体现支农资金的导向作用。

二是加快推进支农资金审批权限下放。在认真总结支农资金项目审批权限下放改革探索的基础上，适当扩大审批权限下放改革的范围，积极推广公式法、因素法等支农资金分配方式，进一步加快支农支出进度。继续实行扶贫资金、现代农业生产发展资金、农业科技示范推广资金等重点支农专项资金切块下达，推行千万农村劳动力素质培训工程专项资金实行因素分配，将项目立项权限下放给市县，省里将管理重点放在项目的监督检查和绩效考评。

3. 深化管理制度改革，建立和完善财政支农资金长效监管机制

加强财政支农资金监管，不仅是提高财政支农资金使用效益的需要，而且是衡量财政支农工作水平的重要标准，也是确保农业农村持续、平稳、健康发展的重要保障。因此，要重点建立和完善以下六个方面的制度：

一是进一步完善管理制度。按照依法行政、依法理财和加强支农资金管理制度建设的要求，各级财政部门要对支农资金管理制度进行一次全面的清查。对尚未出台资金管理办法的，抓紧制定资金管理办法；对已有的专项资金管理办法，视情况变化，适时修订和完善；尝试将性质相同、扶持对象和用途相近的专项资金，按类制定资金管理办法。同时，各地在严格执行中央、省有关资金管理制度和办法的基础上，结合本地实际，也要制订相应的实施细则或操作规程。原则上要求每项支农资金都有相应的管理制度或办法，逐步建立科学合理、层次清晰、分工明确、覆盖全面的财政支农资金管理制度体系。

二是进一步加强项目管理。实施财政支农项目库管理制度，从“十二五”开始，逐步将省级财政支农项目纳入项目库系统管理，所有省级以上财政立项的项目都应从项目库中择优选择，并以此为平台，加强项目基础资料管理，逐步建立项目建设前后相关数据、影像资料的搜集、整理和保管制度。进一步加强项目立项管理，提高项目申报工作的透明度，杜绝无序申报、重复申报和随意申请财政支农资金的行为，继续实行项目标准文本管理制度、专家评审制度和公示公告制度，继续推行小型农田水利重点县等公开竞选制度，进一步提高立项环节的公平性、公正性。

三是进一步规范资金管理。要积极推行财政支农资金国库集中支付制度，按规定实行支农资金县级报账制度，进一步减少中间环节，堵塞漏洞，杜绝项目资金移用或挤占，确保项目资金的安全运行。各级财政部门要按照支农资金管理制度，按项目实施进度及时审核、拨付资金。对应实行财政报账制的支农资金，要严格报账手续，规范报账程序。对项目实施进度缓慢、未按规定要求和内容实施项目的，可采取停止拨款、追回支农资金等处罚措施。

四是进一步完善公示公告制度。根据新形势下加强支农资金管理的要求，特别是近年来涉农补贴资金管理方面暴露出的一些问题，进一步加强涉农补贴资金的管理，完善公示公告制度，规范程序，加强监督，避免补贴资金被挤占、挪用。

五是建立以绩效为导向的资金分配制度。逐步建立财政支农资金安排与检查结果、绩效考评及财政支农工作实绩相衔接的资金分配制度。围绕重点领域以及社会关注度高、影响力大特别是事关民生方面的支出项目，如现代农业生产发展资金、小型农田水利重点县建设资金、财政扶贫资金等，建立完善考核机制和相应的考核指标体系，通过委托中介机构评价等方式，形成有效的奖惩机制。注重绩效评价结果的应用，发挥绩效评价工作实效，强化绩效评价工作的约束性，推进绩效评价结果的公开，把绩效评价结果作为支农资金整合的重要依据，真正实现追踪问效。

六是严格监督检查，建立健全责任追究制度。切实加强财政支农资金使用的日常管理，加强对财政支农项目事前、事中、事后全程的监督检查；各级财政部门要积极会同农口主管部门加强对项目建设中期的检查和对已完工项目的竣工验收工作；继续委托中介机构对财政扶贫资金和重点财政支

农资金进行检查。研究建立健全支农支出的责任追究机制，对有不良记录的市、县(市、区)在安排支农项目补助资金时予以调控。

(四)以财税文化建设为核心，加强自身建设，推进农财干部队伍的健康发展

长期以来，理论联系实际、密切联系群众的财政支农工作优良传统和作风，曾经造就了一大批特别能吃苦、特别能战斗的农财干部，为我省农业农村发展走在全国的前列，加快推进新农村建设，做出了重要贡献，也形成了农财系统特有的优良传统。但是当前农财干部队伍中也暴露出一些问题，如：工作责任心不强，没有用心去思考问题、研究政策、抓好落实；工作的积极性不高、服务意识不强，工作以应付为主，得过且过；工作的规范性和严谨性不够，对一些原则问题没有很好把握，造成了一些本可以避免的违规违纪现象的发生。

在新形势下，农财系统要坚持“依法治税、为民理财、务实创新、廉洁高效”的理念，念好“实、稳、优”三字诀，以“治庸治懒，提能增效，狠抓落实”为重点，以“勤政、廉政、善政”为目标，秉承和发扬农财系统的优良传统和作风，切实增强工作责任心和使命感，在联系群众中服务群众，在服务群众中改进作风，时刻摆正自己与农民群众的位置；深入基层、深入群众，走进矛盾、破解难题；多思农民群众之所想，多学为民办实事本领，真正为民理好财，把有限的资金和资源用到农民群众最需要的地方，真正为农民群众多办实事、办好事，把全面改善民生的各项工作任务落到实处；要加强廉政建设，谨小慎微，干净干事，通过完善制度、规范管理、加强监督、明确责任，牢固树立廉洁自律意识，确保“项目、资金、干部”三安全。

抓住机遇　努力工作
大力推进我省一事一议财政奖补试点工作(摘要)

省财政厅副厅长　金慧群

一、2009年试点工作取得了初步成效，为全省扩大试点提供了重要经验

根据中央的部署，2009年，浙江省在10个市县首先开展村级公益事业一事一议财政奖补试点工作。省农村综合改革办公室、省财政厅、省农业厅对试点工作做了具体部署，各试点市县积极响应，认真组织实施，试点工作取得了初步成效，为全省扩大试点积累了经验，探索了路子。

一是发挥了财政奖补资金的引导作用，探索了多渠道筹集村级公益事业建设资金的新途径。通过试点，我们探索了“财政资金引导、农民筹资筹劳、社会捐资赞助”的村级公益事业建设投入新机制。2009年，试点市县区在财政奖补试点补助资金的带动下，村民踊跃出资出劳，村集体经济加大投入，社会力量捐资相助。通过一事一议奖补措施，建成了一大批村内道路桥梁、村民饮用水、村庄环境整治、村民健身休闲中心、社区综合服务、村庄生活污水排放设施，小型农田水利设施等村级公益事业设施项目，有力地改变了试点村的村容村貌，改善了村民生产生活条件。

二是调动了农民群众参与村级公益事业建设的积极性，提高村民自治意识。一事一议财政奖补项目，坚持以村民筹资筹劳为基础，充分尊重农民意愿，使村级公益事业建设具备了广泛的群众基础，普遍受到农民的欢迎。通过试点，促进了村干部和村民观念的转变，增强了“在政府支持下，自己的事情自己办”的思想观念。村民群众自发组织议项目，主动要求搞试点，从“要我干”变成了“我要干”。村级公益事业建设项目从提出到实施，都是在村两委的组织下按议事程序进行，由村民大会(村民代表大会)民主决策，农民派代表全程参与监督，项目实施结果向全村公开，接受村民监督。在村公益事业建设上体现了一整套民主决策、民主管理、民主监督的村级事务自主自治机制。

三是密切了农村党群关系，增强了乡村组织的凝聚力和战斗力。一事一议财政奖补试点为乡村两级组织和广大村干部提供了一个良好的施展平台，实实在在地解决了一批村民最关心、最迫切的现实问题。基层干部找到了工作抓手，服务得到了认可，村民群众得到了实惠。试点村的干部群众普遍反映，通过一事一议财政奖补试点，村干部的形象和威望得到提高，干群关系更加密切，增强了村级组织的凝聚力和战斗力，促进了农村和谐稳定。

四是积累了经验，为全省扩大财政奖补试点工作奠定了基础。去年，各试点市县按照省里要求，结合实际，大胆探索，勇于实践，创造了许多好的经验。这些经验可归纳为“三个坚持”：

第一，坚持农民主体，自建自管。村级公益事业建设项目的提出，筹资筹劳方案的确定，都坚持以尊重农民自愿为前提，坚持民主议事、民主决策、民事民建、民事民管，村民充分享有村内公共事务的自主决策权和管理权。同时，注意充分发挥村党支部和村委会的组织领导作用，村组党员干部积极带

头，一心一意带领村民群众议成事，办好事。

第二，坚持议事程序，规范操作。县级和乡村能严格按照《浙江省村民一事一议筹资筹劳实施办法》的要求，规范议事程序，保障村民权益，防止违反农民意愿、加重农民负担的情况发生。对农民筹资和财政奖补资金实行专户管理、专账核算、公开公示，确保专款专用，阳光操作。项目完工后，及时将资金使用情况及时向全体村民公开，接受村民监督。同时，加强档案资料保管。注意对村民代表会议记录，筹资筹劳方案，原始票据凭证，项目改造前后的图像数据和验收报告等加以汇编成册，妥善保管。

第三，坚持多方投入，民办公助。试点地区十分注意坚持以村民筹资筹劳为基础，政府奖补为引导，鼓励社会各方投入，形成“财政适当补助、农民积极参与、社会力量支持”的村级公益事业多元投入新机制。从试点情况的统计看，村级公益事业建设项目资金来源主要由四块组成，即村民筹资及以资代劳款、村集体经济投入、社会各界捐助、各级政府奖补资金。此外，善于以新农村建设规划为平台，结合实际，将乡村道路、农村饮用水等支农专项资金，以及结对帮扶资金等，与一事一议奖补资金捆绑统筹使用，集中力量办大事，共同办好村级公益事业项目。

二、提高认识，把握重点，认真做好全省全面开展一事一议财政奖补试点工作

在去年试点取得经验的基础上，省里决定扩大试点范围。2010 年全省全面开展村级公益事业建设一事一议财政奖补试点工作，意义重大、机遇难得。

（一）充分认识扩大一事一议财政奖补试点工作的重要意义

开展村级公益事业建设一事一议财政奖补工作，是深化农村综合改革的一项制度创新，是统筹城乡发展、促进基本公益服务均等化、扩大公共财政向农村覆盖的重要举措，是按科学发展观要求，实现好、维护好、发展好农民群众根本利益的具体行动。中央对村级公益事业建设十分重视，今年中央 1 号文件明确指出：要认真总结一事一议财政奖补试点经验，加大财政奖补力度，扩大试点范围。前不久，国务院农村综合改革工作小组正式批复我省为全国村级公益事业一事一议财政奖补扩大试点省份，要求在全省范围开展试点工作。我省扩大试点范围，全面开展村级公益事业建设一事一议财政奖补试点工作的通知，已于 5 月初下发各地。省财政已安排奖补资金，加大对村级公益事业建设一事一议财政奖补的支持力度。当前，在全省范围开展村级公益事业一事一议财政奖补试点工作，政治有保障、工作有基础、财力有支撑。应该说，这样的局面对我们全面开展试点工作十分有利。

（二）准确把握一事一议财政奖补工作的重点

1. 坚持用制度办法推进一事一议财政奖补工作。全省扩大试点后，各地要从当地实际出发，认真制定切合本地农村经济社会发展实际的具体实施办法。不能把全省扩大试点简单地理解为只是向省级申报奖补项目。我们扩大试点的目的是，在全省普遍建立一种民办公助、筹资筹劳和财政奖补结合的村级公益事业建设新机制。这一机制的推广，需要用制度办法来保障，工作才能持久稳定地开展下去。

2. 坚持抓好重点，逐步推进。各县、市（区）开展试点的面，可结合当地实际，自行确定。但今年各地至少要选择 1 个以上群众有迫切要求的乡镇，作为试点工作重点乡镇，在其中选择若干村，进行广泛发动，下大力气重点开展试点工作。在此基础上，以后每年适当增加重点乡镇数量，逐步扩大试点范围。在试点过程中要充分尊重农民意愿，区别项目的轻重缓急，分期分批、有计划地推进村级公益事业建设，切忌一哄而上。

3. 牢牢把握奖补工作的关键环节。

一是准确把握奖补范围。财政奖补的对象是，以村民一事一议筹资筹劳为基础开展的“村内户外”公益事业建设项目。包括村内道路、小型水利、村民饮用水、村民文化健身场所，以及村级公共事务服务中心等。跨村和村级以上范围的公益事业建设项目由各级政府负责，不列入奖补范围。对不符合政策规定，以及当年列入“千村示范万村整治”、“农业综合开发项目”和“村办公场所建设”等补助计划的村，当年不列入一事一议财政奖补范围。

二是科学制订项目规划。村级公益事业一事一议财政奖补项目必须与新农村建设总体规划相衔接。在此基础上，优先支持村民需求最迫切、反映最强烈、利益最直接，而且投资较省、见效较快，能广泛发动村民群众参与的村内公益事业项目。

三是积极安排财政奖补资金。开展一事一议财政奖补工作是对全省各市、县（市、区）普遍性的要求。各级财政每年要专项安排资金，加大对一事一议财政奖补的支持力度。除列入省级奖补计划的项目需要地方财政相应安排奖补资金外，地方要在更大范围自行开展财政奖补试点。同时，鼓励各地将有关支农资金和一事一议财政奖补资金捆绑统筹使用，集中投入，各记其功。

四是严格执行奖补程序。各地要按照“农民主体、先批后建、边建边补和自上而下、分级负责”的原则有序推进。由开展筹资筹劳的村提出申请，乡镇对项目可行性和合规性进行初审，县级农村综合改革办公室、财政、农业部门负责项目审查，确定本级财政奖补项目计划。对拟报为省级财政奖补计划的项目，由县级负责审核后上报，省农村综合改革办公室、省财政厅、省农业厅择优列入省级一事一议财政奖补项目计划。

五是合理确定奖补标准。省里原则要求各级财政奖补资金原则上掌握在项目总投资的三分之二以内。具体补助标准不搞一刀切，各地要因地制宜，结合实际，合理确定。省财政奖补项目计划优先从重点乡镇中选项，并适当向经济欠发达地区倾斜。

六是加快支出进度。为开展一事一议财政奖补工作，中央财政在《政府收支分类科目》中专门设立“对村级一事一议的补助”科目。各级要在做好前期准备工作基础上，抓紧项目实施，加快奖补资金支出进度，认真按要求列报支出科目。中央和省级财政将严格按照项目奖补计划和国库报表中一事一议奖补资金的支出数，结算兑现对地方财政的奖补额。

4. 遵守筹资筹劳制度，完善管理办法。一是要严格遵守一事一议筹资筹劳制度。一事一议筹资筹劳是财政奖补工作的基础。各地要严格遵守《浙江省村民一事一议筹资筹劳实施办法》的规定，遵循村民自愿、民主决策、量力而行、先易后难的原则，帮助村级组织规范议事程序，合理引导村民出资出劳。二是要完善相关管理办法。包括奖补项目公示制度、督促检查制度、项目验收制度、档案管理制度、公益设施管护制度等等。这些都是做好一事一议财政奖补试点工作的重要方面，缺一不可。

三、切实加强对一事一议财政奖补试点工作的组织领导

村级公益事业建设一事一议财政奖补，是新形势下财政支农的一项全新工作，政策性强、涉及面广。各级各有关部门要高度重视，精心组织，全面理解把握政策，加强指导协调，实行科学化、精细化和规范化管理，把奖补工作做细、做实、做好，确保试点工作健康有序进行。

一要加强领导。领导重视是做好奖补试点工作的重要前提。一事一议财政奖补工作已写进今年中央1号文件，中央领导对推进这项工作有重要批示。各级政府和农村综合改革、财政、农业部门的主要领导要高度重视，亲自过问，认真把握。特别是对财政奖补试点工作还没有作出安排的地方，要抓紧认真研究，提出本地区试点工作的方案。

二要加强配合。一事一议财政奖补试点工作由各级农村综合改革办公室、财政、农业部门共同负责。部门之间要加强联系、密切配合、各司其职、各负其责，形成在当地政府统一领导下，各有关部门齐抓共管的工作机制。农村综合改革部门要抓好统筹协调、督促指导、精心组织实施；财政部门要完善奖补政策，安排好奖补资金，加强资金管理和监督；农业部门要健全一事一议制度，指导乡村开展筹资筹劳，加强对农民负担的监督检查。

三要扩大宣传。一事一议财政奖补是一项新制度，有利于扩大公共财政向农村覆盖，促进城乡基本公共服务均等化，直接关系农民的切身利益。各级农村综合改革办公室、财政、农业等部门要有计划、有针对性地开展基层干部培训，使他们掌握一事一议的相关政策，提高村级组织开展民主议事能力。要充分利用广播、电视、报刊等新闻媒体以及宣传标语等，多形式、多渠道广泛宣传报道一事一议财政奖补政策，做到进村、入户。同时，要加强调查研究，及时发现好做法、好典型，为深入推进全省村级公益事业建设一事一议财政奖补工作总结经验、探索路子。

(2010年7月)

抓住机遇 迎接挑战
努力创造全省金财工程建设新局面

省财政厅副厅长　魏跃华

一、今年以来我省财政运行和改革的总体情况

在经历了国际金融危机的严峻考验之后，今年全省经济发展已经步入平稳回升、稳定增长、持续向好的轨道。在此基础上，全省财政收支运行状况总体良好。收入方面，一是总量平稳增长。1～10月，全省地方财政收入2276.50亿元，完成年度预算的100.3%，增长20.3%，其中税收收入2138.55亿元，增长22.0%。年初我们估计全年收入增长将“前高后低”，现在看来是“前高后稳”，比预期要好。二是结构不断优化。1～10月，全省地方财政收入占财政总收入的比重为53.25%，税收收入占地方财政收入的比重达93.94%，比上年同期又有提高，表明全省收入质量在较高水平上得到进一步巩固和改善。支出方面，1～10月，全省财政支出2186.64亿元，完成年度预算的81%，增长19.6%。重点支出项目，尤其是重要民生支出得到有力保障。

为了有效发挥财政支撑、保障和引导的作用，促进经济社会和财政自身持续、平稳、健康发展，今年以来我省各项财政改革和管理工作也取得重要进展。首先，“三个子”财政管理改革向纵深推进。“三个子”是公共财政管理改革在我省的生动实践，是具有浙江特色的公共财政管理模式。省政府今年专门为此下发文件，全面推行这项改革，这在全国开创了先河。第二，“三位一体”财政组织机构框架正在全面搭建。“三个子”财政业务管理的改革，必须用预算编制、执行、监督“三位一体”

的组织机构加以支撑。这项改革去年由省厅率先实行，成立的总预算局、预算执行局、财政监督局一年来运转情况良好。今年这项改革已在全省各地全面启动，许多市县财政局机构改革获批的“三定”方案中就包含了“三位一体”的内容。第三，基层财政改革的步伐加快。随着公共财政进一步向农村覆盖，乡镇财政地位和作用的重要性日益突出。乡镇财政作为财政管理链条的重要一环，其职能将不断得到强化。这些财政改革和管理既离不开金财工程的支撑和保障，同时也给金财工程建设提出新的课题和新的任务。

二、前一阶段我省金财工程建设取得丰硕成果

经过几年金财工程建设，我省已经基本构建了以“一个公共平台、二级数据处理、三张网络、四大系统、五个统一”为主要内容和特征，管理与技术有机融合、处理流程顺畅、操作功能完善、辐射各级财政部门和预算单位的一体化政府财政管理信息系统。可以说，金财工程前一阶段的工作重点是一体化建设。而金财工程一体化建设并不单单是技术上的一体化，更重要的是做到管理一体化和业务一体化。在一体化建设过程中，各级财政部门高度重视，各职能部门密切配合，取得了丰硕的成果。

（一）助推财政改革，为“三个子”管理提供一条龙服务

“收入一个笼子、预算一个盘子、支出一个口子”的财政管理理念，从2007年提出一直到今天，可以说已经在全省各级政府、财政和部门形成共识。但即便是从信息化的角度看，要真正做到“三个子”，也绝非易事。首先是“三个子”的软件要打通，必须做到财政业务数据从收入、预算到支出采用统一的业务基础要素，“三个子”才有“共同语言”，才可以实现平滑衔接。所以，必须开发出一套建立在统一业务基础要素之上的一体化软件。围绕这个中心任务，几年来省财政厅在对原有的财政业务进行梳理和流程再造的基础上，构建了财政主体业务的一体化信息系统，实现了从项目库、指标管理到集中支付、非税收入、政府采购、会计集中核算等系统多要素、全过程的协同办公环境，并全部集成在财政综合办公平台和预算单位财政应用门户当中，实现了每一笔资金从预算指标到预算执行全过程的跟踪和回溯，为推进“三个子”财政管理改革和加强财政科学化、精细化管理提供了有力的技术支撑，初步实现了“管理一体化，业务一体化，技术一体化”的目标。

（二）加大推广力度，为各级财政运行提供技术支撑

随着我省财政改革的不断推进，一体化软件的推广力度得到了进一步加强。目前，财政主体业务一体化软件在省财政厅已得到全面应用，基本覆盖了所有省级预算单位和执收单位。在全省推广应用方面，财政综合办公平台作为主要一体化办公环境，已推广到65个市县区财政局；国库集中支付软件经过不断完善，已经推广到69个市县区财政局；非税收入征管软件在稳定性和可用性等方面不断加强，单位版已覆盖了所有省级执收单位，并已推广到22个市县区财政局；为加强全省土地出让金收支管理，实现财政、国土、人行三个部门数据共享，土地出让金收支管理系统已推广到62个市县区财政局；财政部强制推广的财政应用支撑平台也已经在省财政厅和湖州、温州等地实施完成，其他各市（包括义乌）的实施工作已经进入采购程序，春节前要完成。

一体化软件的推广应用，把财政科学化、精细化管理落到了实处，极大地推动了集中支付、非税收入收缴、政府采购等财政改革。推广应用的过程，也是一个技术和业务融合的过程。全省财政信息系统涌现了一批既懂业务又懂技术的复合型人才，他们积极参与到各项财政改革中，为全省一体化软件推广应用树立了很好的典范。

在金财工程运行维护建设方面，建设并完善了省财政厅和市财政局两级技术支持中心，落实了各级运维人员，明确了相应的工作职责。推广应用了省市县三级联动、一体化的浙江省金财工程运维平台，为全省金财工程建设提供了运行维护保障。

（三）加强网络安全，为全省金财工程建设夯实基础

信息系统的建设离不开网络安全建设。按照金财工程建设规划，预算单位和执收单位都必须与财政部门联网，以便单位能够通过网络进行预算编制、用款计划申请、票据开具、收入和支付信息查询等工作。财政部门已成为财政业务数据中心，整个财政资金的运转已经离不开网络，但系统对网络安全和信息安全也同时提出了更高的要求。

按照财政部金财工程网络建设规划，结合省政府电子政务网统一建设要求，基本形成了一个包括省电子政务内网接入、财政业务专网和因特网接入在内的较为规范的网络体系。财政业务专网实现了与各市县区财政局的纵向互联，构建了省市县三级财政纵向备份网络；通过省电子政务外网的资源共享区实现了与800多家省级预算单位和执收单位的横向互联，确保了国库集中支付、非税收入、政府采购、资产管理等省级财政应用的稳定运行。为满足全省会计考试网上报名等公众服务需要，统一构建了因特网公众服务平台，有效地保障了财政门户网站、全省会计考试网上报名和分数查询、非税收入综合查询等面向社会公众业务。全省有75个财政局购置了小型机等设备，绝大多数财政局建立了标准的中心机房，为财政业务软件的顺利实施提供了良好的硬件环境。

在安全建设方面，对原有网络和系统进行了合理的安全域划分，配备了防火墙、防病毒、入侵检测（IDS）、入侵防御（IPS）、网闸、防垃圾邮件等网络安全设备和软件，初步构建了财政应用系统的信息安全防御体系。按照“统一规划部署、统一备份软件、统一组织实施”的原则，成功构建了分级管理、分

工明确的省市县三级财政数据备份体系，实现了省市县三级财政本地数据的安全备份和部分核心数据的异地上传备份。按照财政部的统一部署，同时结合我省实际，启动了我省财政身份认证与授权管理系统建设，为进一步深入实施我省财政信任体系建设奠定了良好的基础。

总而言之，经过各级财政部门的共同努力，全省财政信息化工作取得了长足发展，金财工程一体化的建设理念已为广大财政部门的干部所接受，一体化的优势也已逐步显现。现在可以毫不夸张地说，财政部门的各项主体业务的运行和改革已一刻也离不开信息系统的支撑。金财工程一体化建设之所以取得这样的成效，其中一条很重要的原因就是：我们拥有一支素质高、业务强、作风好的财政信息管理干部队伍。长期以来，全省财政信息管理系统的同志们兢兢业业、任劳任怨，为金财工程、为财政信息化建设付出了辛勤劳动，作出了重大贡献。

当然，我们已经取得的成果还是阶段性的，我们的面前还有不少问题和困难。比如现在的一体化还是表层的，如何向深层推进值得认真研究；金财工程一体化的推广应用直到覆盖全省，越到后面难度越大；网络信息安全意识亟待加强以及财政数据综合利用率不高，等等。一句话，"革命尚未成功，同志仍需努力"。

三、下一阶段我省金财工程建设的工作重点

总体说，下一阶段金财工程建设要按照第二个三年规划的要求，重点围绕"三个库"的建设目标展开。

(一)第二个三年规划的主要建设内容

按照省财政厅制定的全省金财工程建设第二个三年规划，2010～2012年将在第一个三年规划建设的基础上，围绕"三大支撑体系、两大开发重点、一个推广应用"的建设目标，进一步推进和深化我省的金财工程建设。三大支撑体系，即运行维护体系、安全信任体系、灾难备份体系；两大开发重点，即财政收支分析系统和财政监督系统；一个推广应用，即一体化软件的推广应用。

第一，构建三大支撑体系。运行维护体系建设，包括运维考核管理的制度建设、运维平台软件的开发完善、运维人员队伍的建设及运维平台软件的推广应用等四个方面。运维考核管理制度已经下发，运维平台软件已经开发完成，经过半年多的试运行，省厅正在对界面和功能进行优化，明年全省推广应用。该系统的应用，可以多渠道地为市县财政部门和预算单位提供方便快捷的服务。安全信任体系建设，包括证书发放与管理系统和证书应用系统两个方面。财政主体业务将统一使用财政部的身份认证和授权管理系统，省厅已经在财政综合办公平台及一体化软件上成功实施身份认证系统，明年在全省推广应用。财政部强制推广的一个是应用支撑平台，一个就是身份认证和授权管理系统。该系统的实施，对保证财政资金安全有着非常重要的意义。灾难备份体系建设，在进一步巩固和完善本地数据备份体系的基础上，着力开展异地容灾体系建设。建设目标是省财政厅核心业务系统达到第六级（即应用级）灾备（数据零丢失、系统恢复分钟级），市县级财政核心业务系统达到第五级灾备（数据丢失分钟级、系统恢复小时级），省市县三级财政非核心应用系统达到第三、第四级灾备（数据丢失小时级）。异地容灾系统建设技术复杂，现在处在做方案和技术论证的阶段。

第二，重点开发两大软件。财政监督系统包括财政资金监督和财政检查两个子系统。财政资金监督系统包括横向资金监控和纵向资金监控，横向资金监控是指同级财政的各项资金，从预算编制到预算执行、绩效评价各环节的跟踪；纵向监控是指基于财政部的应用支撑平台，对中央和省财政厅下拨给各市、县(市、区)财政局的专项资金实行"即时、全程"监控。财政检查是指自动收集财政财务数据，通过各种数据勾稽关系进行自动分析甄别，并嵌入异常情况预警系统。绩效评价系统已经在开发当中，财政检查系统还在做需求。财政收支分析系统将通过与国地税联网，收集企业基本信息、国地税收入信息和支出数据，充分利用财税库银联网和支付管理系统的数据，建立数据分析模型，构建完善的财政收入和支出动态分析系统。在收入方面，主要包括收入规模、收入质量、收入结构、收入进度等方面的分析，同时提供分区域、税种、行业、企业类型等方面的数据挖掘分析；在支出方面，主要包括支出规模、支出结构、支出进度、支出效益等方面的分析。

第三，继续推广一体化软件。配合部门预算、国库集中支付、绩效评价、非税收入收缴、政府采购等各项财政改革，按照"三个子"的公共财政管理改革要求，在对现有一体化软件不断完善的基础上，进一步规范市县区的财政业务流程，规范财政资金和资产的管理，将"三个子"的公共财政管理理念和方法用软件的形式普及各市县区财政部门。今年我们推广的重点是集中支付，虽说有69个财政局系统上线了，但是离财政部要求的横向到边、纵向到底还有差距。明年重点推广非税收入征管、政府采购(内网)、财政综合办公平台4.0版等软件，以进一步促进全省财政的科学化、精细化管理。

(二)重点加强数据库、项目库和人才库"三库"建设

在今年部分市县财政局长座谈会上，省财政厅提出要建设"数据库、项目库和人才库"。这也是现阶段我省财政信息化发展的必然要求。

第一，全省数据库建设。我们理解，数据库建设就是要建立全省财政收入数据库、全省预算执行数据库、全省预算单位数据库、市县财政数据库以及一系列专业数据库。财政数据分析一直是财政的重要工作之一，但以往我们仅限于全省的业

务报表和决算分析，多数属于事后的统计分析，对业务数据之间的相互关联缺少必要的研究，在事中监控和事前预测方面也做得较少。因此，全省财政数据分析要上台阶，必须从事前预测、事中监控和事后分析三方面入手，才能更好地为全省财政决策服务。

金财工程建设到现阶段，数据库建设必须提到议事日程上来。数据库对财政决策会起到非常关键作用。比如，我们现在的收入分析，只能分析到税种，建立了全省财政收入数据库，我们就可以按行业、按企业性质、按企业规模进行分析。财政的数据都是真金白银，加以有效利用，对提高财政的决策水平和话语权都非常有利。

数据库建设是一个事关我省财政全局的工作，缺了哪个市县的数据都不行，需要全省财政系统的共同努力。现在全省一体化软件的推广应用工作还没完成，今年8月，省财政厅下发了《关于进一步加强金财工程软件推广应用管理工作的通知》，已经使用省厅一体化软件的地方要做好运行维护工作，厅信息中心要做好技术支持，没有使用省厅一体化软件的地方，要尽快切换过来。全省应用软件统一了，数据库建设就有了坚实的基础，这个过程可能需要几年时间，但是数据库建设不能等，这几年可以先做技术储备和试点。从长远看，数据库建设对全面提高财政管理科学化精细化水平具有十分重要的意义。

第二，全省项目库建设。目前，我们的项目管理还很不科学，财政资金被挤占挪用、重复安排的情况时有发生，个别地方甚至发生财政资金被骗的案子。我们准备拿支农项目作为突破口，对支农项目从项目申报、部门初审、财政批复、立项公示、预算安排、资金拨付、会计核算等全过程进行监管。该软件的开发已基本完成，明年试点。

第三，全省人才库建设。我省财政系统已经建立了预算编制、预算执行、基建财务和信息化四个人才库。全省选拔了50名从事信息化工作的同志进入信息化人才库。

我觉得人才库建设中要重点考虑两方面内容，一方面是如何培养人才，一方面是如何吸引并留住人才。关于培养人才问题，我们一直强调要提高信息部门同志的素质，培养技术和业务都精通的复合型人才。经过多年的锻炼和培养，全省财政信息系统已经涌现出一批优秀的人才，他们有的已经成为全省某个技术领域的尖子，有的已经成为某项财政业务的专家。部分市局搞信息化的同志，还承担了下属县区财政信息系统的实施和维护任务，大大加快了本地区软件推广的进度。这些成绩的取得，除了个人的努力之外，也与各级财政部门尤其是领导的重视和支持是分不开的。

关于吸引和留住人才。我省财政部门和地税部门是合署办公的，大部分市县财政局只有一个信息中心，既要搞财政的信息化，又要搞地税的信息化，人员安排十分紧张，基本上是一个萝卜一个坑，一旦这个人离开财税部门，我们的工作将非常被动。怎样留住人才？一是用事业留人，使每一个人都有用武之地；二是用感情留人，使每一个人都觉得你这个团队难舍难弃。干事业，财政部门是搞信息化最好的地方之一。至于生活待遇，可以说“比上不足，比下绰绰有余”，是很过得去的。但信息部门的同志工作相对比较辛苦，在不违反政策的前提下，各级财政部门的领导要给予充分考虑、优先考虑。例如职称问题，省厅目前解决得比较好，各地也要积极创造条件，合理加以解决。还有一个身份问题，厅里也非常重视，由于牵涉面太广，解决起来难度很大，但我相信这个问题终有一天会得到妥善解决。

总之，在人才问题上，一是要善待人才，多加呵护；二是要善用人才，多加培养。省厅将充分利用人才库这个平台，加强业务培训和能力培养，为全省财政部门培养更多的技术、业务、管理“三合一”的人才，并努力使他们在全省财政信息化工作中发挥引领作用。

四、上下一心，共同努力创造全省金财工程建设新局面

（一）统一思想，加强领导

金财工程建设不仅是技术问题，更是一个管理问题。希望各级财政部门的领导一如既往地支持金财工程建设，及时制定适合本地区实际情况的金财工程建设规划，沟通协调相关部门，为金财工程建设创造优良的内部环境和外部环境。

在金财工程建设过程中，市级财政部门的作用十分重要。市级财政部门在做好模范带头作用的同时，要强化市级技术支持中心的作用，有效利用全省金财工程运维平台，充分发挥本地区信息化人才的优势。通过各种途径，加强所属区县金财工程建设的沟通和交流，推广金财工程建设的先进经验，形成金财工程建设的良好氛围。同时，要重视和加强乡镇财政信息化管理工作。

（二）齐心协力，密切配合

金财工程建设是与财政业务紧密相关的，“皮之不存，毛将焉附”。信息部门的同志必须清醒地认识到这一点，积极主动地与业务部门的同志沟通协调，及时准确地掌握业务需求，从而正确把握信息化的发展方向。关于技术和业务融合的问题，这里提三点要求：一是要主动学习财政业务，二是要密切配合业务人员开展信息化工作，三是善于为财政管理的提升出谋划策。做到前面两点，你可以说合格了，能做到第三点，你就是一个优秀的财政信息干部。

各级财政部门要创造培养人才的环境，引导并鼓励业务部门和技术部门的同志成为复合型人才，进一步增强技术部门和业务部门的融合，齐心协力搞好财政信息化工作。

（三）抓住机遇，奋发有为

当前，我省金财工程一体化建设虽已初具规模，但完善和深化的任务还非常繁重，而且，如何提高财政部门决策能力的新课题也已经摆到我们面前。这是一项十分重要而艰巨的任务，没有成功的经验可以借鉴，也没有现成的模型可以简单套用。需要我们信息部门和业务部门一道，在复杂的财政业务中理清思路，找到工作突破口。这既是挑战，更是机遇。我省是最早提出金财工程一体化建设的省份，也是全国一体化建设领先的省份。从全国的财政部门看，决策支持方面的工作还做得不多，我省金财工程是否能够继续保持领先，有赖于在座各位的共同努力。

（2010 年 11 月）

在家电下乡补贴兑付工作会议上的讲话（摘要）

省财政厅副厅长　薛小杭

一、我省家电下乡政策实施一年来取得的成效

我省自 2009 年 2 月份开始实施家电下乡以来，经过各级政府和财政、商务部门的共同努力，从制订实施方案、建立组织机构、出台相关政策，到补贴资金兑现、销售网点监管以及宣传培训等各项工作均得到有序落实，政策初衷基本实现，政策效益初步显现，取得了明显的经济效益、社会效益、环境效益。据统计，2009 年 2 月至今，省财政共分解预拨给各市县财政家电下乡补贴资金 6.25 亿元。截至 2010 年 3 月 30 日，全省已销售家电下乡产品 153.35 万台，实现销售额约 33.57 亿元，其中销售给补贴对象 147.84 万台，各级财政部门已补贴 124.99 万台，发放补贴资金 3.57 亿元。具体取得的成效有以下几个方面：

一是有效扩大农村消费，缩小城乡差距，改善农民生活。我省有 3292 万农业人口，占到全省人口的 70%，农村市场是一个潜在的庞大的消费市场。随着家电下乡政策在我省的深入实施，农民购买积极性不断提高，农村市场消费活跃对全省经济的拉动效应大幅提升。2009 年度县及县以下农村市场消费品零售额累计增长 13.6%，与城市的增速已基本持平，城乡市场消费增幅的差距明显收窄。另据初步统计，通过近一年家电下乡补贴这项财政惠农政策的实施，我省农户户均购置新家电 0.15 台，有效改善了农民生活条件。

二是消化家电行业过剩产能，促进企业调整产品结构，为产业升级留出空间和时间。我国是世界上最大的家电生产国和出口国，行业发展很大程度上都依赖于出口。受金融危机影响，家电产品出口受阻，大量产品积压。2009 年 4 月，省政府开展家电下乡“保质量、优服务、讲诚信”活动之后，我省家电下乡产品销售出现井喷，一举扭转前三个月连续负增长的趋势，4-7 月连续四个月保持正增长，8、9 月份虽然出现短暂回调，在 10 月份的国庆节以及 2010 年春节期间又继续呈现上涨态势。家电生产企业借此次政策东风，迅速由外销转向内销，改变了单纯依靠外销的格局，采取内外销两个市场并齐的经济策略。如我省的飞龙集团 2009 年内销市场的销售量比 2008 年翻了一番；星星集团年销售量增幅达到 30%，国内市场销售占总销售近 80%。家电下乡政策的实施，不仅消化了家电行业的过剩产能，还促进了家电行业内部的产品结构调整，提高了企业自身抵御危机的能力，保持了稳定发展的良好势头。

三是农村市场的生产、流通体系逐步得到完善和规范，营造了良好的消费环境。目前，全省通过商务部门备案审核的家电下乡销售网点有 6400 多个，有一批质量和服务信得过的销售和服务网点扎根县乡，初步形成了覆盖全省各个县（区）、乡镇的销售服务网络体系，较好地解决了农民群众购买不方便、售后服务难的问题。在农村家电生产、流通体系的监管方面也得到了逐步加强，家电下乡产品由国家统一招标确定，家电下乡销售网点由政府部门备案核查，打击了原来农村市场上销售的假冒伪劣产品，淘汰一些技术薄弱、质量低劣的产品，使农村消费者能够方便地购买到质优价廉的名牌家电产品，进一步规范了市场秩序，改善了农村的消费环境。

四是家电下乡产品的推广，一定程度上推动了节能减排工作。根据中央统一招投标的要求，中标的家电下乡产品节能性能较为突出，如冰箱比市场同类产品节电 25%～30%，彩电比市场同类产品节电 20%以上。我省销量最好的下乡产品就是冰箱、彩电、空调，如按照我省截至 2010 年 3 月底前销售的彩电、冰箱、空调数量测算，这些产品寿命期内可节电约 10 亿度，减少二氧化碳排放 120 万吨，农民减少电费支出约 8 亿元。

二、我省家电下乡补贴兑付情况及存在的主要问题

财政部和省财政厅对家电下乡补贴兑付工作非常重视，省财政厅要求努力抓好家电下乡工作，切实提高补贴兑付率，争取达到全国先进水平。为做好相关的财政补贴资金兑付工作，省财政厅投入了大量的精力、人力、物力，取得了一定的成绩，但总体兑付率仍然不高。2009 年 7 月，财政部开始对全国家电下乡补贴兑付率进行通报以来，我省的兑付率一直在第 20 名左右徘徊，特别是 2009 年 12 月份，由于各种原因，虽然我省平均补贴兑付率提高到了 85%，但排名却下滑到了第 30 名。今年 1～2 月份，大部分市县由于春节的原因，补

贴兑付工作又有所放松，导致全省补贴兑付率又进一步下滑。

为了提高我省家电下乡补贴兑付率，省里及时查找原因，采取了相关措施：一是从2009年10月份开始，对全省各市县财政部门的家电下乡兑付情况进行通报，以鼓励先进、激励后进；二是印发了《关于进一步改进家电下乡补贴资金审核兑付工作的通知》，并在绍兴县召开汽车下乡工作会议时专门进行部署，要求各级财政部门及时改进兑付方式；三是在2010年1月底制定下发了《浙江省家电下乡销售网点代办申领并垫付补贴资金操作办法(试行)》，指导各地积极改变补贴资金兑付方式。各地也积极分析补贴兑付中存在的问题，采取了许多切实有效的措施，并取得了一定的成效。

但从3月底的数据来看，形势仍然不容乐观。截至2010年3月底，全省的平均补贴兑付率为84.55%，第一名仍然是绍兴，为92.24%，我省大部分市县的补贴兑付率都在80%左右徘徊，与全国的平均水平差距仍较大，要引起高度重视。如单独从2010年的补贴兑付率来看，1～3月份全省补贴兑付率为82.85%，比前两个月的66%上升了近17个百分点，但与政策实施以来的累计兑付率相比仍有所下滑，今年的补贴兑付工作仍然任重道远。

造成浙江省家电下乡补贴兑付率不高的原因既有政策设计和工作机制上的不足，也有实际操作上的问题，主要有以下几方面：

(一)部分市县对家电下乡补贴兑付工作仍不够重视。在当前应对全球金融危机影响，实施积极财政政策的背景下，有部分市县尚未充分认识到家电下乡补贴兑付工作的重要性，缺乏做好这项工作的自觉性和主动性。我省开展家电下乡补贴兑付工作以来，大部分的市县将补贴兑付工作落实到乡镇(街道)后，在日常的监督管理工作上没有抓实抓好，对于补贴进度偏慢的地区疏于督促，在人力、物力上也没有给予充分的支持，无法为补贴兑付工作提供良好的工作环境。

(二)补贴手续仍比较繁琐。2009年5～8月，根据省委实践办的安排，我带队在绍兴开展"服务企业、服务基层"双服务工作期间，也多次实地调研过家电下乡工作。据了解，提高补贴兑付率的关键还在于改进补贴资金兑付的工作方式、方法上。如果程序设计得太复杂，经过的环节太多，就更容易出错，也直接拉长了农民领取补贴的周期，影响补贴发放效率的提高。诸暨市采取的销售网点代审直补方式，新昌县采取的委托金融机构审核，由县里集中兑付的方式，都有效简化了补贴发放程序，值得大家借鉴。

(三)基层工作人员和销售网点业务能力有待进一步提高。家电下乡工作政策性强、业务量大、工作内容细，各级财政部门和销售网点的工作人员要为农民提供较好的补贴服务，须具备一定的软硬件操作水平。从目前了解的情况来看，部分市县具体负责家电下乡的经办人员对软件功能操作尚不熟悉，销售网点、乡镇的工作人员培训也不到位，操作出错、延时的现象严重。据统计，截至2010年3月底，全省补贴用户购买量147.8万台，已到财政部门申领的补贴量131.3万台，有16.5万台尚未到财政部门申领补贴，这16.5万台中有相当一部分是由于软件操作出错导致的补贴对象虚增，剔除这一因素，我省的补贴兑付率就可以提高7～8个百分点。

(四)宣传工作有待进一步推进，部分政策需要进一步明确。据我省某地区在家电下乡宣传月中的调研数据显示，30%的农民是通过电视新闻了解该政策，40%是通过集市上商家宣传了解的，很多农民买了下乡产品不知道该到哪里申领补贴。另外，部分市县对于城镇化进程中的失地农民，以及在户籍改革中身份发生变化的农民能否享受家电下乡政策的问题；实行销售网点代审直补后，能否给销售网点预拨补贴资金等问题一直存在疑惑，既没有及时向省里反映，又没有采取相应的对策措施，影响了补贴工作的顺利开展。

三、做好我省家电下乡补贴兑付工作的要求

(一)进一步统一思想，提高认识，充分认识做好家电下乡补贴兑付工作的重要性和紧迫性

家电下乡政策的实施有利于增强消费对经济增长的拉动作用，有利于中低收入农户改善生产生活条件，有利于家电及相关产业走出困境，促进产业结构调整与升级，是中央实施积极财政政策，促进经济平稳较快发展的一项重要举措。实践证明，其成效是明显的。财政补贴能否及时兑付，会在很大程度上影响农民对这项政策的信任度，进而影响政策的效应，因此，它不仅是一项经济工作，也是一项政治任务。无论是从积极贯彻中央决策的角度，还是从推进地方经济发展的角度，各级财政部门都需要进一步提高认识，精心组织，扎实推进。当前，要在认真调查研究和分析总结的基础上，采取切实有力的措施，进一步改进和完善各项工作，特别是在加快财政补贴兑付进度的问题上，更要不遗余力，力争兑付率在近期有明显提高。

(二)加强部门协作，建立良好的工作协调机制

家电下乡涉及的环节多，环环相扣，需要部门之间的密切协作，同时也要加强对相关企业的指导与监管。各地都成立了财政、商务等部门参加的工作小组，各部门如能从大局出发，从为农民办实事角度出发，团结协作，密切配合，就能保障家电下乡工作的顺利有序开展。另外，要提高家电下乡补贴兑付率，销售网点的监管很重要，虽然网点监管由商务部门负责，但直接影响到财政部门的补贴兑付工作。我省目前的销售网点量多面广，有6400多个，人员素质良莠不齐，很多网点监管不到位，工作人员缺少培训。各级财政部门要发挥自身的职能

优势，积极主动地与商务部门进行沟通协作，加强网点监管，清理、淘汰一批不符合要求的网点。据了解，龙游县财政部门已会同商贸部门对2009年备案的销售网点进行了清理，取消了一年来未销售家电下乡产品、软硬件水平达不到备案条件的销售网点，这既能有效降低家电下乡补贴用户虚增的问题，又能适度减少财政的工作量。

（三）认真研究问题，改进和完善办法

这次会上部分地区介绍了工作经验，在讨论中大家也分析提出了各方面的问题和改进完善的意见建议，会议开得很有成效。针对大家提出的问题和意见建议，省财政厅和市县财政部门都要抓紧进行梳理，逐项进行研究，制定完善意见，尽快予以落实。今年1月底，省里制定出台《浙江省家电下乡销售网点代办申领并垫付补贴资金操作办法》，这个办法是在总结学习省内外部分地区实践经验的基础上制定的。目前来看，家电下乡销售网点代办补贴办法是简化补贴兑付流程最直接、最简便的方法，农民在购买产品时当场就能领取补贴，深受广大农民群众欢迎。对解决补贴兑付率一直难以提升的问题具有非常明显的作用。对财政部门来说，也能在一定程度上减轻工作量。各地要加快进度，积极推行，今年要求有不少于80%的网点实施直接代办，有条件的地区应当全面实施。各地在实施当中可以结合实际加以完善，如网点垫付资金数额较大，影响资金周转的，各地可以根据销售网点的实际情况采取一定比例的资金预拨和定期结算的办法，以调动网点代办补贴的积极性。另外，对已登记销售还未兑付补贴的金额，各地也要进行认真的分析梳理，根据不同的情况尽快采取相应办法予以解决。

（四）广泛宣传，充分发挥财政政策效应

财政补贴家电下乡产品是一项惠农政策，真正落实好需要调动农民积极性。要做到农民家喻户晓，必须高度重视政策宣传工作。今年，国家又进一步加大了家电下乡的实施力度，一方面提高了各类下乡产品的最高限价，另一方面允许各省市自选一个家电下乡补贴品种，我省选取的抽油烟机已获批准。大家要把握时机，通过报纸、广播、电视等多种形式广泛宣传，采取多种方式答疑解惑，让农民真正了解政策、明白政策，方便农民购买家电下乡产品、领取补贴资金，调动农民的购买积极性，使这一政策效用充分发挥出来。

（五）及时总结交流经验，提供相关意见建议

各地情况有所不同，大家在实施家电下乡过程中要因地制宜地探索行之有效的工作机制与方法。在过去的一年中，不少市县同志深入基层调研，了解实际情况，及时发现问题，研究对策，也向省里提供了不少好的意见、建议。在家电下乡未来三年的工作中，各地要加强交流，不断完善操作办法，及时总结上报好的经验和做法，向全省各地推广；要主动建言献策，省级层面能够解决的，会抓紧时间进行解决，涉及国家层面的，我们也会进行专门研究，及时向财政部反映。

（2010年4月）

在全省政府集中采购机构考核工作会议上的讲话（摘要）

省财政厅总会计师　赵立妙

一、前阶段考核准备工作情况

对政府集中采购机构进行考核，是《政府采购法》赋予政府采购监督管理部门的职责。财政部、监察部早于2003年联合制定了《集中采购机构监督考核管理办法》，对考核的内容、要求、方法、考核结果和责任作出了规定。全国许多省市也相继出台了考核办法，开展考核工作。我们在这方面相对滞后，但省财政厅作为全省集中采购机构监督考核的主要责任部门，对此项工作一直十分重视，从去年初开始，就对考核工作进行了专题研究讨论，统一思想，积极、稳步地推进，目前各项工作进展良好。回顾前一阶段，我们着重抓了以下四个方面工作。

（一）开展调研，出台制度

为搞好集中采购机构考核工作，开展了两个方面的调研。一是学习借鉴兄弟省市在集中采购机构考核方面积累的经验。去年上半年，由省财政厅采监处组织，带领部分市县负责采购监管工作的同志，到四川、贵州等较早开展集中采购机构考核工作的省份取经；与省监察厅执法室一起，到山西、宁夏进行调研。此外，省财政厅采监处还多次与江苏、上海等省市沟通，吸收他们好的建议和做法。二是开展省内政府集中采购机构执业情况调研，摸清底数。省财政厅采监处与省监察厅执法室一起，走访温州、丽水、湖州等地，共同完成《浙江省政府集中采购机构工作现状、问题及对策建议》的调研报告。在有了上述两个方面的积累后，在今年1月上旬，省财政厅、省监察厅联合出台了《浙江省政府集中采购机构监督考核管理办法》，为本次考核工作打好了制度基础。

（二）搭建机构，落实人员

为确保本次考核工作的顺利开展，省财政厅、省监察厅、省审计厅三家多次沟通，积极配合，专门成立2009年度集中采购机构考核工作领导小组，人员由省财政厅、省监察厅、省审计厅和省机关事务管理局相关职能处室同志组成，由我任组长，具体办事机构设在省财政厅采监处，负责处理日常事

务。同时准备组建三个考核小组，具体负责对省市两级和义乌市集中采购机构的现场考核工作，考核小组主要拟由上述四个监管部门的工作人员和省级部门集中采购机构、社会中介代理机构的有关人员组成。目前各市财政部门也已相继成立领导小组及具体办事机构，并开展具体工作。

(三)反复修改，科学制定实施方案

政府集中采购机构考核工作在我省是刚刚起步。既然是考核，就要有一个具体的考核方案，明确具体的评分办法、标准和程序。去年6月份我们就拟定了一个考核工作实施方案，在7月份的全省政府采购信息化建设会议上进行了讨论，根据各地的反馈意见形成第二稿，去年11月份在诸暨召开的全省政府采购工作培训班上又征求了部分代表的意见，第三稿在今年年初的采购办主任会议上再次征求意见，最后修改后的第四稿于今年3月份以文件的形式下发，前后历时8个月，三上四下，充分听取了各地意见。按照这个方案，考核内容包括机构建设、制度建设、业务建设、队伍建设、社会评价等五个方面，分动员部署、单位自查、现场考核、反馈整改、总结表彰五个阶段，自今年2月下旬开始至9月结束。各市财政局负责县级集中采购机构的考核工作，实行地区交叉互考的原则。省里负责浙江省政府采购中心、11个设区市和义乌市集中采购机构的考核工作，并对部分县级集中采购机构的考核结果进行重点抽查复核。

(四)加强宣传，积极畅通意见渠道

为加大考核工作的宣传力度，更广泛地听取社会各界对集中采购机构的评价和意见，省财政厅通过浙江政府采购网发布了考核公告，公开征求采购人、供应商、专家等政府采购当事人的意见。同时，也向社会公布了监督电话和通讯地址，便于政府采购当事人和社会公众进行评价、提出意见、参与监督。各市县也应当在当地政府采购信息发布媒体上转载公告，并公布当地的监督电话和通讯地址。

二、对下阶段考核工作的几点要求

按照《浙江省2009年度政府集中采购机构考核方案》的要求，目前，全省集中采购机构自查阶段已基本结束，下一步将进入现场考核阶段。这次会议，既是对考核工作的再动员、再部署，也是对考核有关政策和业务的培训。为组织好这次考核工作，强调四点。

(一)统一思想，提高认识

这次考核工作是《政府采购法》实施以来我省对政府集中采购机构进行的首次全面考核，也是在我省政府采购改革关键时期进行的一次考核。经过十多年的改革历程，政府集中采购的规模、效益有了很大的提高，人员队伍进一步壮大，专业水平和服务质量明显提升，但十年改革实践也累积了众多的问题，社会对于政府采购的期盼与我们实际工作还存在较大差距，认为政府采购"质次价高效率低"的仍不在少数。因此，希望大家充分认识这次考核的作用和意义，在思想上、行动上切实予以重视，并以考核为契机，不断提高政府集中采购的公信力和满意度。

这次全省集中采购机构考核的主要目的有三点：一是总结全省各地政府集中采购工作的先进经验，在以后的工作中予以借鉴和推广；二是查找实践中存在的不足和问题，及时整改，通过考核化解存在的风险，将问题解决在萌芽状态；三是对各级集中采购机构进行一次客观的评价，奖优督后，促进全省集中采购工作更加规范、有序、健康地发展。总之，要通过考核，理顺政府采购的体制、机制，切实加强集中采购机构内部管理和工作制度，取长补短，改进工作方法和服务水平，不断提高政府采购的效率和质量，努力树立政府集中采购的示范和导向作用。

(二)精心组织，密切配合

这次集中采购机构考核，涉及单位多，考核范围广，考核任务很重。光靠财政部门，无论是人员组成的代表性，还是考核结果的客观性方面都是不够的。因此，我们这次集中采购机构考核工作是严格按照政府采购监管的有关规定，由财政、监察、审计三家联合组织开展，并创造性地拟邀请有关部门集中采购机构、社会中介代理机构和政府采购社会监督员参加，希望考核结果更加客观、独立、公平、公正，更经得起社会的评论，也希望考核更加有力、有效。各市财政局要精心组织，积极争取监察、审计等部门的支持和配合，紧紧依靠并广泛动员监察、审计部门和集中采购机构主管部门的领导、社会中介机构代表、行风监督员等方方面面的人员共同参与考核工作。同时，为充分发挥各成员的作用，一定要做到事先有预案、考核有分工、验收有依据，特别是各考核小组的组长，要理清工作思路，制订详细的工作计划，明确考核的方法、程序、重点内容、重点环节、时间安排和具体要求，做到人员落实、任务落实、职责明确、分工明晰，确保考核工作各项任务保质保量按时完成。各市、县(区)集中采购机构要对照考核方案，认真开展自评，认真搜集、整理和准备考核工作所需的各项文件、材料、资料，确保考核工作顺利进行。

(三)认真学习，严格把关

各考核小组人员要树立责任心和使命感，认真开展考核工作。要加强学习，政府采购工作政策性、法律性很强，对工作人员提出了较高的要求，各考核小组人员要学习掌握并正确运用政府采购的政策法规及具体业务知识，以法律法规制度为准绳开展考核工作。要严格把关。不仅要善于挖掘和发现各地集中采购工作的优点、亮点，更要对照有关法规制度查找问题和不足，并及时予以整理，如实予以反馈，坚决克服考核工作流于形式和走过场现象；考核结束后，各市财政局要形成全面、翔实的考核报告，报省集中采购机构考核工作领导小组，并抄送被考核集中采购机构及其行政主管部门和同级财政部门。对于考核中发现的问题，要认真进行梳理和分析，提出整改意见，督促有关单位整改落实。省里将对全省考核结果分县级、市级以上两个序列进行排名，并在浙江政府采购网上予以通报，同时对考核先进的单位予以表彰。

(四)谦虚谨慎，遵守纪律

各考核小组成员要严格遵守考核的有关程序、规则和纪律。考核前做好与被考核单位的联络衔接工作，将考核时间、组成人员和其他事项向被考核单位通报，以便被考核单位做好准备工作。要保持和发扬谦虚务实的工作作风，对在考核过程中发现的问题，充分听取并尊重被考核单位的意见，不能因考核工作影响或干预被考核单位的正常工作。要讲究工作方法，注意一言一行，自觉遵守廉洁自律的有关规定，展现监管部门的业务素质和良好形象，出色完成考核工作。

(2010年4月)

扎实推进县级国库集中支付改革

省财政厅总会计师　赵立妙

一、国库集中支付改革取得阶段性成果

(一)国库集中支付改革实施的背景及目标

国库集中支付制度是公共财政制度的重要组成部分。党的十六届三中全会《决定》明确将国库集中收付制度作为完善社会主义市场经济体制的一项重要内容。2000年，财政部成立了财政国库管理机构。2001年，财政部、中国人民银行制定了《财政国库管理制度改革试点方案》，要求建立以国库单一账户体系为基础、资金缴拨以国库集中收付为主要形式的财政国库管理制度。并要求按照总体规划、分步实施的原则，逐步推进改革。随后，财政部又提出了具体的工作目标：争取到2010年各地财政部门将所有财政性资金全部纳入国库单一账户体系运行管理，各级预算单位全面实行财政国库集中支付制度。截至2009年，全国36个省(区、市)本级，320多个地市，2100多个县(区)，超过31万个基层预算单位实施了国库集中支付改革。

(二)我省国库集中支付改革稳步推进

回顾我省的国库集中支付改革，大致可分为三个阶段。第一阶段为起步阶段。2003年，以嘉兴、台州、金华为代表的一些市开始积极探索实践国库集中支付改革。2005年省本级实施财政国库集中支付改革试点，当年实现集中核算向国库集中支付转轨。第二阶段为稳步推进阶段。省级在2005年改革试点的基础上，2006年扩大到在杭以外的非集中核算单位，2007年在省级所有部门预算单位全面推开。为进一步推进全省改革步伐，省财政厅于2007年专门召开全省国库工作会议，对市县改革进行专门部署。同年9月转发财政部关于《深化地方国库集中收付制度改革指导意见的通知》，并结合我省实际，提出了8项具体指导意见，为市县改革稳步推进提供了制度保证。2008年，11个市和部分县实行了国库集中支付改革。第三阶段为全面推进阶段。在省市两级实行国库集中支付改革的基础上，遵循“巩固、深化、提高、完善”的原则，从深度和广度上进一步推进国库集中支付制度改革。2009年，省财政厅在海宁召开了县级国库集中支付改革的工作会议。会后，20家列入2009年度改革计划的县(市、区)财政局积极行动，年终如期完成了省政府的年度考核目标。2009年底，全省11个市、27个县(市、区)、2000多个基层预算单位实施了国库集中支付改革。改革的资金范围涵盖了一般预算资金、政府性基金、预算外资金等各类财政性资金。

(三)取得的成绩和存在的主要问题

回顾几年来的改革历程，我省的国库集中支付改革可以说是“喜忧参半”。

改革成效显著此为“喜”。我省各级预算执行部门按照“依法治税、为民理财、务实创新、廉洁高效”的总体工作思路，深入学习践行科学发展观，着力构建以国库集中支付制度为核心的预算执行新机制。从已经实施国库集中支付改革的情况来看，改革取得了明显的成效。具体表现在：一是初步建立了国库单一账户体系，规范了财政资金的支出程序；二是增加了预算执行信息的透明度；三是提高了财政资金的运行效率和使用效益；四是强化了预算的约束力；五是与部门预算改革、政府采购、收入收缴、金财工程等其他财政工作互为推动，形成良性循环。2009年，国家审计署上海特派办在省长经济责任审计报告中，对浙江省省级国库集中支付改革给予了充分肯定，认为浙江省省级国库集中支付改革科学、规范、细致，在全国不多见。

但是改革中还存在一些问题，此为“忧”。一是改革进展不平衡，总体进度偏慢。目前我省已实施改革试点的各级财政部门共38个，占全省95个财政部门的40%，已实施国库集中支付的预算单位2776家(其中省级为769家)，仅占全部预算单位的19.86%，离财政部的要求还有很大差距。表明我省的国库集中支付改革还任重道远。二是部分县(市、区)财政部门对国库集中支付改革的认识不到位，缺乏改革的主动性和积极性。

诸如：认为国库集中支付和集中核算没什么大的区别；实行国库集中支付改革后资金集中在国库，对地方财政资金结存会有影响；财政内部配套改革不到位，实行国库集中支付改革条件不成熟、信息技术支撑不到位等。存在认识不到位、思想不重视、不想改、不愿改、等待观望等现象。三是运行机制、制度不完善。如预算编制管理细化程度不高，影响了预算执行水平的提升；实行国库集中支付后，一定时期内预算执行进度偏慢；预算执行动态监控体系还未真正建立；地方现金管理办法未出台，资金沉淀国库后，无法发挥资金效益等，不同程度上影响了地方国库集中支付改革的推进。

二、切实提高对国库集中支付改革工作的认识

国库集中支付改革是党中央、国务院和省委、省政府的重大决策，既是一项财政改革，又是一项政治任务。大家要充分认识到这项工作的严肃性和紧迫性，认识到实行国库集中支付制度是构建与社会主义市场经济体制相适应的公共财政管理制度的客观需要，是稳步推进符合浙江实际的"收入一个笼子、预算一个盘子、支出一个口子"财政管理改革的客观要求，不仅有利于财政管理科学化、规范化、精细化，也有利于从源头上反腐倡廉，具有重大的政治、经济和社会意义。

第一，实行国库集中支付制度是公共财政和效益财政的内在要求。公共财政和效益财政要求财政资金的使用公开、透明、高效，国库集中支付制度改革，是解决财政支出的"越位"和"缺位"、提高财政资金使用经济性、效率性和透明度的有效途径。国库集中支付制度，通过改革资金支付方式，预算单位的财政资金在使用前都存放在国库单一账户体系，有利于财政资金的集中优化配置，提高财政资金使用的经济性；通过直接将资金支付给商品供应者或劳务提供者等支付对象，为从根本上杜绝在预算执行中截留、挪用资金奠定基础，有利于加强财政资金管理，提高财政资金的使用效率；通过集成资金收付信息、会计核算及总账管理信息、动态监控及决算报告等，有利于促进预算执行信息对称，提高预算执行的透明度。因此，实行国库集中支付制度是公共财政发展的必然要求。

第二，实行国库集中支付制度是稳步推进"三个子"财政运行机制的重要保障。"收入一个笼子、预算一个盘子、支出一个口子"的财政管理改革，就是要求将所有政府性收入缴入财政国库或财政专户这个"笼子"，纳入部门预算一个"盘子"管理，支出通过国库集中支付这个"口子"拨付，"三个子"是对我省公共财政管理创新的形象概括。国库支付工作处于预算编制、预算执行、预算监督的中间环节，在"三个子"财政管理改革中起着"支点"的作用，"支出一个口子"的实质就是要建立以国库集中收付制度为核心的预算执行新机制，国库集中支付改革的推进速度和质量直接关系到"三个子"的纵深发展。因此，实践"三个子"财政管理改革，要求我们实行国库集中支付制度。

第三，实行国库集中支付制度是预算执行管理科学化、精细化的具体体现。财政国库管理是财政部门一项十分重要的基础性工作，而国库管理制度又是预算执行管理的基石，国库集中支付改革是财政管理的基础性、机制性创新，从中央到省、市级的国库集中支付制度改革实践已经证明，这种创新推动了财政管理水平的提高。一是促进了理财观念的变化，无论是财政部门还是预算单位，重分配、轻管理的现象明显改变，科学理财、依法理财的观念得到了机制保障；二是促进了财政宏观调控能力的增强，国库现金流量由财政部门统一持有和管理，较好地保证了重点支出和预算的正常执行，国库提供的预算执行数据也成为政府综合分析经济形势、做出正确决策的重要依据；三是促进了对预算执行全过程的控制，国库集中支付制度以国库单一账户体系为基础，实现了对财政收支运行的动态监控，对财政资金使用中的违规行为起到了有效的震慑作用。

三、真抓实干，圆满完成县级国库集中支付改革任务

2010 年是国库管理制度改革的第 10 个年头。根据年初确定的工作目标，我省要加快县级国库集中支付改革，力争 2010 年全省实施改革的县(市、区)新增 40 个。为了保证改革的有序开展，省财政厅在 1 月份发文进行改革任务部署，下达了 40 个县(市、区)改革任务，从任务分解反馈情况来看，各地改革的积极性有了很大提高，共上报 43 个县(市、区)，超过了省厅任务数。如杭州市，下达数是 7 个，上报数达到 11 个，值得肯定。接下来，就是要层层落实，扎实推进。

今年县级国库集中支付改革时间紧、任务重，为确保今年县级国库集中支付改革任务的如期完成，要做到"用心、用脑、用力"。

"用心"就是要有工作责任心。国库管理工作是开拓性的事业，是十分有意义的工作，我们要有强烈的使命感和紧迫感。改革就要有"舍我其谁"和"时不我待"的气概，古语说"有志者事竟成"。国库支付工作是预算执行的核心内容，"支出一个口子"的实质就是要建立以国库集中支付制度为核心的预算执行新机制。为此，各级财政部门要有清醒的认识，尽早抛弃"等、看、拖"的思想，更不要争论是否要进行国库集中支付改革。省财政厅对全省国库集中支付改革的计划不变，列入今年省财政厅改革计划的各财政部门必须如期完成改革任务。试点工作必须落到实处，各县财政部门必须保证试点单位在支付系统进行实质性运作，不能应付了事。届时，执行局要组织考核、验收，对工作不到位的地方要通报批评。

"用脑"就是要讲究工作方法。国库集中支付改革是一项

系统工程，推进过程中要积极稳妥，改革方案要周密，改革步骤要到位。国库集中支付既涉及财政内部协调，又涉及与预算单位协调，也包括与当地政府、人行的协调。要按照预算执行新机制的总体思路，以预算编制为龙头，以预算执行为核心，以预算监督为保障，建立协调机制。一是建立财政内部协调机制，建立由国库、信息、预算、业务科室相关人员组成的协调小组，不定期召开碰头会，商讨改革中遇到的问题，形成会议纪要作为以后执行中的依据。二是加强与外部协调，要制订细致的工作方案并及时向当地政府领导汇报，明确改革的必要性、重要意义，取得当地政府领导的支持。要注意和当地人行的沟通和协调，通过宣传得到他们的支持。三是建立与预算单位的协调机制。一方面，督促预算单位做好预算执行工作；另一方面，对预算单位反映的预算执行问题要及时研究解决，通过财政部门与预算单位的互动，不断提高财政部门公共服务水平和工作效率。

“用力”就是要真抓实干。国库集中支付改革的核心是建立健全国库单一账户体系。各地要围绕建立新的账户体系，进一步清理预算单位银行账户，建立健全预算单位银行开户财政审批和备案制度。要合理确定财政部门、预算单位、人民银行国库和代理银行的管理职责，所有财政性收支都按规范程序在国库单一账户体系内运作。各地在制订、实施本地区国库集中支付改革方案时，要按照省政府转发的《浙江省财政国库管理制度改革方案》的有关规定，会同当地人行通过招投标方式确定代理银行，选择服务优良、实力雄厚、设施齐全、运行安全、支付网络系统发达的商业银行代理财政支付业务，不允许从人行国库直接办理支付业务。

国库集中支付改革涉及面广、任务繁重，要想取得成功，必须发挥“知难而上、克难攻坚”的精神，充分调动各方面的积极性，形成工作合力，扎扎实实推进国库集中支付改革工作。实施改革不是简单地完成任务，而是要通过改革出成效、出实效，切实提高预算执行管理水平，使预算执行部门成为财政部门的“数据中心”和“资金中心”，从而更好地服务领导、服务部门、服务单位、服务公众，促进财税自身“持续、平稳、健康”发展和“支撑、保障、引导”功能的发挥。（2010年4月）

在全省“小金库”治理工作布置会上的讲话（摘要）

省财政厅总会计师　赵立妙

一、上一阶段治理工作回顾

2009年，“小金库”治理工作阶段性成果有目共睹。截至2009年底，全国共发现“小金库”23702个，涉及金额108.33亿元；我省共发现“小金库”803个，涉及金额4.13亿元。从总个数和总金额看，我省处于中等略偏上水平，和江苏、上海相比，整体金额差不多。我省“小金库”治理工作取得成效主要有三个方面：

1.“自查自纠”，是做好“小金库”治理工作的一大亮点。从自查自纠情况看，全国共上报“小金库”16984个，涉及金额56.62亿元，占全国被查处总数的1/2略强；我省共上报“小金库”583个，涉及金额2.7亿元，约占全省被查处总数的2/3。从处罚处分情况看，全国因设立“小金库”和使用“小金库”款项受到行政处罚501人，组织处理270人，党纪政纪处分595人，移交司法机关处理200人，通报案件462起；我省因设立“小金库”和使用“小金库”款项受到行政处罚40人，组织处理5人，党纪政纪处分24人，移交司法机关处理8人，通报案件8起。和全国情况相比，我省自查自纠的金额远远高于全国平均数，处罚处分数据远低于全国平均数。这说明，我省“自查从宽”的政策宣传比较到位，领导干部思想认识比较到位，自查自纠“回头看”工作措施及时而有效。同时，也体现了我省各级党委政府对干部的关心和爱护。省治理“小金库”领导小组组长、常务副省长陈敏尔同志在2009年第一次领导小组会议上强调，“要关心和爱护干部，干部的培养不容易”，“我们要尽量把问题解决在自查自纠阶段”。在治理过程中，我们把“自查从宽”的政策贯彻到底，落实到位，最后的结果也令人比较欣慰。

2. 领导重视，是做好“小金库”治理工作的一大法宝。从治理情况看，各地区基本做到党政主要领导负总责，重要工作亲自部署，重大问题亲自过问，重要环节亲自协调，治理工作稳步推进；各部门基本上是“一把手”负总责，分管领导具体负责，财务、内审、监察等部门具体实施，治理工作扎实有序。作为领导小组组长的陈敏尔同志对“小金库”治理工作十分重视，吕祖善省长也多次批示，提出具体要求，“一是要彻底查清；二是要明确加强管理的具体措施；三是要严格纪律，对今后违反者必须按纪论处”。

3. 工作方法得力，是做好“小金库”治理工作的有效举措。“查、处、建”三管齐下是我省前一阶段治理的主要方式，也将贯穿“小金库”治理工作始终。自查自纠突出“鼓励自查”原则，使大量问题在自查自纠阶段得到了有效纠正。重点检查阶段立足“综合整治”原则，我们提出“六个结合”，即：把“小金库”治理与深化财税体制改革、加快公共财政体系建设相结合，强化源头治理，从制度上实现权力运行制约机制；把“小金库”治理与专项资金整合相结合，研究如何对专项资金科学管理、追踪问效，如何通过激励约束机制将专项结余用活用好；把“小金库”治理与行政事业单位国有资产管理相结合，研究如何理顺资产管理体制，加强产权管理，盘活闲置资产；把“小金库”治理与规范津补贴相结合，研究津补贴实施过程中存在哪些问题，如何更好地体现公平，又能体现激励；把“小金库”治理与扩内需促增长的政策措施落实情况的检查相结合，研究分析政策效应；把“小金库”治理与国有资本金收益管理相结合，研究如何创新国有资本金管理机制，实现国有资本的保值增值。此外，我省还是全国第一个制定《“小金库”专项治理政策规定》，第一个对“小金库”治理长效机制提出较为系统的方案的省份。今年，财政部“小金库”治理长效机制的课题我省也承担了其中一个主要课题。应该说，我省的“小金库”治理工作还是很有特色的。

在充分肯定成绩的同时，我们也要清醒地看到，各地工作进展还不平衡，自查自纠“零申报”、重点检查“零问题”的地区还有 4 个，自查自纠“零申报”的地区有 12 个，重点检查“零问题”的地区有 28 个。对此，要引起重视，尤其是自查自纠“零申报”、重点检查“零问题”地区是中央严厉“督查”的对象，不要引火烧身。我们不想把矛盾上交，谁也不希望中央派工作组进驻到上述这些地方去“督查指导”。各市要对自查自纠“零申报”、重点检查“零问题”地区立即派出工作组进行督导检查，对自查自纠“零申报”或重点检查“零问题”地区在这次“回头看”中要加强督促指导，这不仅是省里的要求，更是中央的要求。对于工作不认真、措施不落实或瞒报“小金库”的，检查组要严肃处理；对于确实因管理严格、制度完善等原因不存在“小金库”的，要总结经验，及时上报省里。我们也打算由纪委、审计等部门牵头组织督查组对上述这些地区抽查验收，把这些确实不存在“小金库”的地区作为长效机制建设的联系单位，加以宣传推广，并组织各地学习取经，有必要的话也会作为典型上报中央。

二、进一步统一思想，提高认识

去年的成绩来之不易。成绩的取得，既鼓舞了人心，也让一些地区、一些人产生小胜即满的情绪。但不管是从“小金库”本身的治理任务而言，或是从与“小金库”有关的制度、改革措施等长效机制建设而言，或者是从反腐倡廉形势来说，今年的任务都异常艰巨。

首先，从“小金库”治理工作本身来说，有的地区去年查出的“小金库”问题可能尚未处理完毕，很多经验教训还未来得及总结，今年“小金库”治理任务又要开始了。今年，不仅要对党政事业单位进行“回头看”，还要在社会团体、国有及国有控股企业“铺开战线”，任务无疑会更重。在片刻的调整后，我们不能让小胜即满、畏难厌战的情绪延续下去，必须打起十二分精神继续上路，继续把中央的精神贯彻好落实好，把“小金库”治理工作抓好抓出成效。

中纪委副书记何勇同志提到的工作中存在的一些问题和薄弱环节，对照一下，其中的一些问题在我省的一些地区和部门也存在。我们必须看到，由于一些地区和部门不够重视、时间比较紧等原因，在“小金库”专项治理工作中还存在着一定问题，特别是与党的十七届四中全会和中央纪委四次全会彻底清理“小金库”的要求相比，工作还有一定差距。主要表现在，思想认识不够到位，个别地区、部门以及单位存在着畏难思想和厌战情绪，工作积极性、主动性不强；治理工作还不够平衡，地区与地区、部门与部门之间在一些方面还存在着较大差距，等等。这些问题必须要在下一阶段的治理工作中加以改正。

其次，从“小金库”治理发现的问题看，出租收入、经营收入等游离于预算管理之外的现象普遍存在，通过将主营业务剥离给下属单位或其他单位谋取小团体利益的现象层出不穷，以工会活动名义发放奖金、福利的现象屡见不鲜，在会议费、接待费上做“文章”的也不是个案，在规范的津补贴以外发放津补贴的单位仍然存在。因此，从省里到地区，从部门到单位，建立健全制度，加快加紧改革，从源头上防漏堵疏是一项复杂而艰巨的系统工程。每个单位要根据本单位发现的问题，研究落实具体整改的措施；每个部门要根据本部门或其他部门发现的问题，举一反三，加强预算管理，加强内控制度建设，加强财务培训；每个地区要汇总本地区发现的问题，找出“小金库”易发的环节和结点，对共性、普遍性、有代表性的问题进行分析，是法律、制度的缺失，是改革进程滞后，还是单位财务管理薄弱？通过对深层次原因的分析，制订切实可行的措施，从而达到中央彻底清理“小金库”的要求。既要分项分专题进行研究，比如，会议费问题，国有资产管理问题，等等；又要高瞻远瞩，有总体规划，比如“三个子”财政综合预算改革，要有具体计划，有步骤，统筹进行。

最后，从反腐倡廉形势看，温总理在第三次反腐倡廉会议上强调，反腐倡廉形势依然严峻。土地审批出让、矿产资源开发、公共工程建设、企业重组改制、金融等领域腐败现象仍然易发多发，教育、医疗、社保、环保等社会事业和民生领域腐败案件增多，少数中央企业的腐败案件影响恶劣，执法不公、行政不作为乱作为等问题比较突出，形式主义、官僚主义严重，奢侈浪费之风屡禁不止。根据党的十七届四中全会的部署，今年要把治理“小金库”作为反腐倡廉建设中人民群众反映强烈的突出问题之一着力加以解决。

因此，在这样的形势下，再次强调提高对“小金库”治理工作的重要性的认识还是很有必要。在中央纪委第五次全会上，胡锦涛总书记发表了重要讲话，明确提出了今年党风廉政建设和反腐败工作的总体思路和主要任务，并对开展"小金库"专项治理工作提出了具体要求。贺国强同志在讲话中指出，要深入开展"小金库"等专项治理工作，加大党政机关和事业单位"小金库"专项治理工作力度，并向社会团体和国有及国有控股企业延伸，坚决切断"小金库"的资金来源，完善治理工作长效机制。今年继续深入推进"小金库"专项治理工作是中央作出的重要部署，对于加强党的作风建设和执政能力建设具有重大而深远的意义。我们一定要从贯彻落实科学发展观、完善社会主义市场经济体制，加快转变经济发展方式、保持经济社会持续平稳健康发展，切实解决损害群众利益的突出问题、促进社会和谐稳定，建立惩治和预防腐败体系、推进党风廉政建设和反腐败工作的全局高度，进一步提高对继续深入开展"小金库"治理工作重要性的认识，切实抓好今年"小金库"治理工作。

葛慧君同志在电视电话会议上提出对"小金库"治理工作的艰巨性不能低估，对"小金库"问题带来的不利影响不能低估，对"小金库"治理面临的困难不能低估，这"三个不能低估"指出了今年"小金库"治理任务的艰巨性。但是，我们也要看到，经过近一年的努力，下一步"小金库"治理工作已有了坚实的基础，也创造了有利的条件。一是各级领导高度重视。从党中央到省委省政府领导，对"小金库"治理工作多次作出批示，对工作展开指导。二是政策措施扎实有效。去年的经验，今年同样适用。不仅对党政事业单位适用，对社会团体也适用。三是社会各界积极参与。随着"小金库"治理工作的深入开展，各地、各部门和社会各界对治理"小金库"问题重要性的认识不断深化，主动参与的积极性不断增强。现在不管是兄弟省市，还是省财政厅，都很重视"大监督"机制建设。"大监督"，更强调财政监督不是监督局一家的事，与财政部门别的业务处室以及别的部门之间的沟通协调、联动协作会更趋"常态化"，这次"小金库"治理为以后"大监督"积累了经验，这也是"小金库"治理的一个成效。

总之，前一阶段工作的基础还是十分扎实的，我们要有信心，克服懈怠思想和厌战情绪，趋利避害，把握时机，采取有效措施，继续下大力气把"小金库"治理工作抓紧抓好抓出实效。

三、下一阶段"小金库"治理工作任务

在电视电话会议上，何勇同志、葛慧君同志都对下一阶段"小金库"治理工作提出了要求。何勇同志提出要加强组织领导，这很重要。实践证明，凡是党政主要领导重视、认真负责、亲自过问的工作，推进就顺利，成效也明显；凡是主要领导不重视、敷衍塞责、不闻不问的工作，推进阻力和难度就大，结果也往往流于形式。治理"小金库"涉及一些地方、部门及其领导干部的直接利益，会触及一些深层次的矛盾，因而是一项政治性、政策性很强的工作，抓的成效如何，是对各级领导干部政治素质和执政能力的现实检验。各级党政主要领导一定要讲政治、顾大局、负总责，坚持做到重要工作亲自部署、重大问题亲自过问、重点环节亲自协调、重要案件亲自督办，加强督促和指导，确保治理工作不走过场、不留死角。

葛慧君同志提出要明确任务，突出重点，务求取得实效；围绕中心，注重结合，实行综合治理；多方联动，齐抓共管，进一步形成治理合力。很具体，也很重要。突出重点，是对治理内容的要求；综合治理，是对治理方法的要求；齐抓共管，是对治理工作机制的要求。我们要认真学习，深刻领会，将这些要求落到实处。

一是关于治理的范围和对象。《关于做好2010年"小金库"治理工作的通知》明确指出，6月30日前，要全面开展党政机关和事业单位"小金库"治理"回头看"工作。这个范围与去年的范围一致，自查面也要达到100%。各部门要统筹安排，根据下属单位自查情况，结合单位日常管理情况和去年自查、重点检查情况，有针对性地对下属单位开展重点检查，重点检查面不得低于50%。"回头看"工作要务必做到不走过场，不留死角。根据中央部署，社会团体"小金库"治理工作于下半年全面铺开，借鉴党政机关和事业单位"小金库"治理工作经验，按照宣传发动、自查自纠、重点检查、整改落实四个步骤有序推进，这项工作争取年底基本结束。国有及国有控股企业今年主要是调研和试点。企业作为自主经营、独立核算、自负盈亏的经济实体，其财务收支和会计制度与党政机关有明显差别。通过今年的调研、试点探索工作规律，要形成底数清楚、目标明确、重点突出、措施有力的治理方案，以便明年全面推开。有的地区提出，要把社会团体的"小金库"治理工作和这次党政机关和事业单位"小金库"治理"回头看"工作一并布置。对这种"不等不靠"的精神，我们予以支持和鼓励。但要将"小金库"问题与财务管理薄弱问题予以区分，对人的处理处分要慎重，待中央对社会团体的"小金库"治理政策明朗后再进行。

二是关于工作分工问题。根据中央部署，党政机关和事业单位"小金库"治理"回头看"工作还是沿袭去年的工作机制，由纪委牵头，财政与审计部门具体实施。社会团体"小金库"治理工作由民政部门牵头组织，国有及国有控股企业调研和试点由国资部门牵头组织。民政部门和国资部门要积极与民政部、国务院国资委相关人员联系，积极落实机构和人员，抓紧制订具体可行的实施方案。省财政厅各业务处室，主要负责归口业务部门的文件分发、报表统计工作，要做好自查发现"小金库"的部门的登记工作。中央现在要求上报自查自纠"零申报"、重点检查"零问题"地区，下一阶段可能会要求上报自查自纠"零申报"、重点检查"零问题"的部门，因此，要做好部门"小金库"的登记工作。省财政厅预算执行局主要负责省级部

门的账户管理工作以及“小金库”资金收缴及登记统计工作。

三是关于工作重点问题。在对党政机关和事业单位进行“回头看”时，重点抓好“五查五看”：一查宣传工作重视程度和宣传措施落实情况，看宣传发动是否到位；二查自查自纠覆盖面和自查自纠措施落实情况，看自查自纠是否到位；三查重点检查覆盖面和重点检查深入情况，看重点检查是否到位；四查严格执法执纪情况和责任人员处理情况，看责任追究是否到位；五查有关问题整改情况和长效机制建设情况，看整改落实是否到位。对社会团体的“小金库”治理工作，重点是代行政府部分职能特别是有行政性收费项目、有政府购买服务项目、政府资助或有财政拨款的社会团体。要通过专项治理，进一步完善社会组织与业务主管单位的关系，健全社会团体的管理制度和内控机制，促进社会团体健康发展，更好地发挥作用。对国有及国有控股企业的“小金库”治理工作，要选择具有代表性、典型性的国有及国有控股企业，深入调查研究，全面掌握情况，探索工作规律，形成底数清楚、目标明确、重点突出、措施有力的治理方案，并认真组织实施，努力取得显著的治理成效。

这里还要强调“小金库”的信访和举报问题。要继续保持畅通的举报渠道和规范的举报流程。经验表明，群众举报是破获重要案件的一个重要突破口。重视群众举报，畅通举报渠道，对增强“小金库”治理工作的威慑力、提高各部门自查自纠的积极性具有非常重要的作用。2009 年，我省共接到群众举报 168 件，受理 92 件。从去年情况看，各地对人民来信来访的处理基本上还是得当的，但也存在不尽如人意的地方。很多人民来信来访矛盾没有解决在原发地，这不符合“小金库”治理“分级负责”原则，各级政府是各地“小金库”治理的第一责任人。有些矛盾还很尖锐，造成了一些不好的影响。各地要高度重视、认真对待人民来信来访工作，要耐心倾听人民群众的诉求，想尽一切办法把矛盾解决在原发地，不让矛盾步步上交，阻止矛盾的升级激化，维护社会稳定局面。　(2010 年 6 月)

在 2010 年财政决算工作会议上的讲话(摘要)

省财政厅总会计师　赵立妙

一、正确把握当前财政形势，确保财政平稳运行、持续发展

2010 年以来，在省委、省政府的正确领导下，全省各级财税部门深入贯彻落实科学发展观，积极发挥支撑、保障和引导作用，财政收入实现较快的恢复性增长，结构不断优化，财政支出进度快于上年同期，重点支出保障有力，财政收支运行总体较好。

从收入执行情况来看，1～10 月，全省地方财政收入 2276.50 亿元，增长 20.3%，呈现较快的恢复性增长；完成年度预算 100.3%，提前 2 个月完成全年预算目标；税收收入占地方财政收入比重达到 93.94%，同比提高 1.33 个百分点，收入结构不断优化；二产税收占国地税税收收入的比重为 52.0%，增长 11.6%，增收贡献率 36.3%，二产税收呈现向好趋势；三产税收增长 24.8%，增幅比二产税收高 13.2 个百分点，增收结构较为理想。

从支出执行情况来看，1～10 月，全省财政支出 2186.64 亿元，增长 19.6%，完成年度预算的 81.0%，进度为近 9 年同期最快，虽仍落后序时进度 2.3 个百分点，但比上半年收窄 0.6 个百分点。全省用于教育、科学技术、文化体育与传媒、社会保障与就业、医疗卫生、环境保护、城乡社区事务、农林水事务、交通运输、资源商业粮油金融等事务、地震灾后恢复重建等支出占总支出的比重为 72.86%，比上年同期提高 0.21 个百分点；一般公共服务支出占比 15.01%，比上年同期降低 0.74 个百分点。支出结构进一步优化，重点支出保障有力。

总的来看，今年前 10 月全省财政经济保持了较好的运行态势。但我们必须清醒地认识到，今年财政收入的较快增长在一定程度上还是政策刺激的结果，也有去年基数较低的原因。从目前的财政经济运行态势看，收入方面，通胀预期增大、货币政策趋紧，在加息、人民币升值、房地产业调控等多重因素影响下，今年“前高后低”的收入走势已成定局，同时也给财政收入的平稳增长带来较大压力。支出方面，增加低收入群体收入，“三农”、教育、社会保障和就业、医疗卫生、保障性住房等经济社会发展重点环节，加强生态文明建设，大力发展海洋经济，支援新疆、西藏发展等，需要进一步加大财政投入，财政支出压力大、刚性强，收支紧张的矛盾仍将持续。

因此，各级财政部门在收入管理方面，要继续依法加强税收征管，做到应收尽收，杜绝随意减、免、缓缴税款，维护税法的公平和威严；在支出政策方面，要研究完善和落实各项支持经济社会发展的财税政策措施，积极支持生态文明建设，加快推动经济发展方式转变，切实保障和改善民生，充分发挥财政的支撑、保障和引导作用，保证财政经济稳定、可持续发展。当前，支出管理的重点是要进一步加快预算支出执行进度，推进支出管理的科学化，提高支出执行的均衡性和效率，同时进一步严格预算执行，不能单纯为了进度而加快执行。要加强财政结余结转资金的管理，根据我省财政结余结转资金管理办法要求，切实压缩结余结转资金规模，该收回的要坚决收回，纳

入总预算统筹管理或在编制下年度预算时统筹使用，切实提高财政资金使用的规范性和有效性。

二、深化国库管理制度改革，推进预算执行管理科学化精细化

吕省长年初在参加厅党组民主生活会上要求“财税要推动自身发展方式的转变，实现财税的持续、平稳、健康发展”。谢旭人部长在2010年全国财政厅(局)长座谈会上强调，各级财政部门要以加强管理基础工作和基层建设为重点，扎实推进财政管理科学化、精细化。这两方面要求是相辅相成、相互促进的关系，只有将加强财政管理基础工作与全面推进财政体制机制创新相结合，才能推动财税自身发展方式的转变，实现财政的持续、平稳、健康发展。预算执行管理是预算实施的关键环节，是财政基础管理工作的重要组成部分。因此，各级财政部门要根据省政府38号文件提出的“按照‘支出一个口子’，建立以‘国库单一账户体系’为基础的国库集中收付制度”规定，积极推进财政国库管理制度各项改革，夯实预算执行基础，实现预算执行管理科学化、精细化，促进财政持续、平稳、健康发展。

(一)深化完善国库集中支付改革，加快公务卡制度改革步伐，从机制上推进预算执行管理科学化精细化

国库集中支付制度和公务卡制度改革是预算执行管理制度的重大创新和根本性变革，是推进预算执行管理科学化精细化的基础。近年来，我省根据财政部和省委、省政府要求，积极推进国库集中支付制度和公务卡制度改革。截至2010年10月底，全省已实施国库集中支付改革的市、县(市、区)共76个(其中地级市10个，县级66个)，纳入改革的预算单位近4100家，直接支付资金量达到279亿元，授权支付资金量达到199亿元。杭州等13个市、县(区)已经实施公务卡改革，累计完成公务卡发放数量29149张，公务卡支出总额15508万元。

从财政管理层面来看，国库集中支付改革使得财政部门对单位预算执行的事后控制前移到事前控制和资金支付的全过程监控，保证了预算执行的刚性，使财政资金管理从分散化到集中化、从粗放化到精细化，大大提高了财政资金效率，增强了财政的调控力。从财政监督层面来看，大大增强了财政资金使用“透明度”，从源头上提高公共财政的监督力。从预算单位层面来看，大大推进了各部门的财务管理工作，强化了财务管理职能，促进了预算单位精编预算，规范了资金使用，减少了违规违纪现象，提高了资金运行效率。

肯定成绩的同时，我们也应当看到，改革中还存在着一些问题。一是改革进展不平衡，总体进度偏慢。全省部门预算单位15000余家，到10月底，已实施国库集中支付的仅4100家(其中省级为769家)，仅占全部预算单位的27.33%。而大部分市县公务卡制度改革还在起步阶段。二是部分市县财政部门对改革的认识不到位，思想上不重视，缺乏主动性和积极性，存在“等、看、拖”现象。部分已启动国库集中支付制度改革的市县停留在试点阶段，找几家预算单位作为试点应付了事，对公务卡制度改革更是存在抵触情绪。三是市县财政部门人少事多，国库、信息中心普遍人力资源薄弱，难以满足改革要求。

明年是我省全面启动国库集中支付制度和公务卡制度改革的关键之年，希望各级财政部门统一思想，提高认识，加快推进改革。

第一，加大力度，积极推进改革。国库集中支付制度和公务卡制度改革势在必行，2011年底前，全省各级财政部门要全面完成国库集中支付改革任务。各级财政部门要尽早抛弃“等、看、拖”的思想，加大力度，真抓实干。目前未实施国库集中支付改革的市县要早做计划，做好准备，明年推行改革；已实施国库集中支付改革试点的市县要在总结试点经验的基础上，深化改革、扩大改革面，使改革向广度和深度推进。2011年全面推进公务卡改革，力争2012年前全省所有预算单位实行公务卡制度。

第二，加强领导，注重协调各方关系。各级财政部门要有强烈的使命感和紧迫感，高度重视国库集中支付改革和公务卡改革工作，切实加强领导。要按照中央、省有关文件的精神，制订细致周密的工作方案，及时向当地政府领导汇报，取得当地党委、政府领导的支持。要注意和纪委、人行和兄弟部门的沟通、协调，通过宣传得到他们的支持和配合。要做好对预算单位的培训、宣传工作，取得预算单位的理解和支持。要注意与代理银行(发卡行)的沟通协调，在确保财政资金安全的前提下，尽量简化流程，提高服务效率和质量。要进一步理顺内部机构职责和工作流程，建立由国库、信息、预算、业务科室相关人员组成的协调小组，不定时召开碰头会，商讨改革中遇到的问题。

第三，规范业务，使用统一软件系统。从改革推行情况来看，各地国库集中支付业务主要流程大致相同，但涉及到具体业务，做法不尽相同，业务规范也不够统一。各地要认真梳理国库集中支付业务，对于一些不符合制度规定的业务尽快进行规范，按“金财工程”五统一原则，统一使用由省财政厅开发的财政国库集中支付管理信息系统。

第四，加强培训，夯实相关部门业务基础。要加大对财政部门管理人员、单位财务人员和代理银行相关人员的培训力度，确保各方熟悉国库集中支付和公务卡管理的相关业务流程，为深化国库集中支付改革、全面推行公务卡改革奠定坚实基础。

(二)建立预算执行动态监控机制，完善财政资金安全保

障机制，在运行中推进预算执行管理科学化精细化

确保财政资金安全是财政管理的生命线，是实现财政自身健康发展的基础和核心。近年来，随着财政国库管理制度改革的不断深入，各级财政部门在规范财政资金管理，确保资金使用安全等方面做了大量的基础性工作，并取得了一定成效。但随着财政国库集中收付制度改革的不断深入，加强预算执行管理，在资金运行中防范和控制财政资金支付风险，保障财政资金安全的要求日益突出。预算执行动态监控是在财政国库管理制度改革中建立的，以国库单一账户体系为基础，以信息化技术为支撑，保障财政资金规范、安全运行的新型财政管理监督机制。目前，我省预算执行动态监控机制建设明显滞后于国库集中支付改革进程，这不仅影响到国库集中支付改革的进一步深化和现代国库管理体系的完善，而且也不适应财政支出科学化精细化管理和健全公共财政管理体系的需要，亟须认真对待和加快改变。因此，我们要着眼大局，提高认识，结合财政资金安全保障机制，按照财政部的要求，在2012年前全面建立起预警高效、反馈迅速、纠偏及时、控制有力的预算执行动态监控体系。

一是开发建设完善的预算执行动态监控系统。预算执行动态监控系统是预算执行动态监控机制的工作平台和技术支撑。省厅将结合"金财工程"总体规划和财政信息化建设特点，充分利用现代信息网络技术，建立覆盖所有财政资金全过程支付活动，保持并实时更新交易记录，实现实时动态、智能预警、综合分析、实用兼容等为主体功能的监控系统。

二是健全预算执行动态监控运作机制。通过监控系统全面跟踪财政资金支付的申请、审核、支付、清算及核算的操作流程，动态监控每一笔财政资金支付的详细交易记录，包括付款人、付款金额、付款时间、付款方式、预算科目、支付方式、支付类型、收款人、收款人账号等。及时核实预警疑点，深入核查重大事项，迅速纠正查实问题，即时通报违规情况，并积极开展与预算管理及主管部门的联动协作，真正形成事前事中有效控制、事后跟踪问效的资金支付使用监控模式。

三是建立预算执行动态监控分析报告制度。通过建立月、季、年报及专项报告等各种形式，对监控发现的问题及新情况、新动态进行分类梳理、综合分析，挖掘根源、提出对策、反馈情况，充分发挥监控信息集中优势，及时快捷地为领导提供监控有效信息和决策参考，向预算管理部门和单位通报监控情况，促进预算编制、预算执行更加规范合理，进一步提高预算管理的科学化、精细化水平。

四是将所有财政资金纳入预算执行动态监控范围，确保财政资金安全。针对去年财政资金安全检查中发现的问题，各级财政部门不仅要从岗位责任制、内部制约机制和监督检查制度等方面采取切实有效措施外，还要在清理、整合、归并专项资金账户的基础上，将财政内部核算管理的所有财政资金纳入预算执行动态监控范围，在建立预算执行动态监控机制时，反映财政资金安全保障的内容和要求，实现动态监控全覆盖，确保财政资金安全。

（三）研究推进政府会计改革，努力实现政府财政财务信息管理科学化精细化

现行政府预算会计体系以收付实现制为基础，无法完整反映政府拥有的资源、政府各类债务、政府运营成本和费用，对政府的财政资源和财政责任不能进行科学有效的会计记录、分析评价和报告披露，存在较大缺陷，不利于加强政府财政财务管理，严重制约了财政管理科学化、精细化。针对这些现状，近几年财政部加快推进政府会计制度改革的研究步伐。对此，我们必须高瞻远瞩，结合我省实际，研究政府会计改革方案，就进一步推进权责发生制在政府会计中的运用、预算会计和财务会计有机结合、编制完整的政府会计报告等问题进行深入探索。为适应即将到来的政府会计改革，我对各市、县财政部门国库处、科长和总会计提三点要求：一是要加强学习，不仅要学习财政管理和预算执行方面的专业知识，而且要加强公共财政管理和政府会计方面理论学习，不断提高自身专业素质和能力，为应对改革新形势做好准备；二是要善于思考，要结合预算执行实践，对政府会计改革中的重点、难点问题深入思考探索，注重调查研究，为政府会计改革献计献策；三是要注重积累，结合政府会计改革的总体方向，了解发达市场经济国家在政府会计改革方面的通行做法。密切关注财政部、省厅及兄弟省市在政府会计改革领域的进展情况，为即将到来的政府会计改革打好基础。

（四）积极推进预算执行管理机构一体化运行，加强预算执行管理精细化科学化的组织保障

去年财政决算工作会议上我曾向大家介绍了省厅按照"三位一体"财政机构改革要求实行的预算执行局、国库支付处与会计核算中心一体化方案。省厅预算执行管理机构一体化运行一年来，取得了很好的成效。

一是解决了政策制订与执行两张皮的矛盾，提高了财政内部预算执行管理效率。在过去的组织架构和分工下，厅国库部门负责制定预算执行环节的相关政策与制度，如国库集中支付改革、公务卡改革等，核算中心具体负责政策与制度的执行。如果制定的政策、制度与实际不符，会导致执行的部门无所适从，对单位提出的要求很难解决又不好解释，难免出现一些矛盾。而且，由于预算执行职能分散在不同处室，造成一定程度上的预算执行信息分离、工作流程不畅、业务运行割裂。"一体化"管理后，对内、对外都是执行局一个口子，做到了执

行信息共享、工作流程融合、业务运行顺畅，提高了财政内部预算执行管理效率。

二是岗位设置及人员配备更为科学合理。近年来，财政部和省委省政府对财政管理的要求越来越高，按照省厅原国库处的岗位设置及人员配置，只能疲于应付日常业务，无法满足预算执行管理科学化、精细化的要求。实行"一体化"运行后，人员统一调配，归并重复岗位，为科学设置岗位、合理配备人员创造了条件。目前，预算执行局在保证财政资金及时有效支付的前提下，合理设置资金拨付、稽核会计、记账会计、支付审核等岗位，明确岗位职责，确保不相容岗位分设，完善了内部稽核、内部制衡和相互纠错机制。同时，分别配备专人负责部门决算、财政总决算及执行分析，为实现预算执行管理科学化、精细化、规范化提供了较强的组织保障。

三是优化了预算执行环节的各项业务流程。"一体化"运行后，执行局内部的业务流程按照科学、高效的原则重新进行了梳理，各项工作实现一条线贯穿，避免了过去架构下存在一些职能缺位、交叉和流程中的"掉链"现象，进一步提高了内部沟通与协调的效率。

四是优化了对预算单位的服务。执行局流程再造后，对预算单位申请办理的一般事项，都实现了"一个口子受理，内部流转办理"的模式，提高了工作效率，优化了服务，得到了省级预算单位的赞扬。

预算执行管理机构一体化运行，是统筹财政预算执行人力资源配置，是加强财政资金安全管理，实现财政预算执行管理科学化精细化的组织保障；是推进"收入一个笼子、预算一个盘子、支出一个口子"和预算编制、执行、监督"三分离"财政运行机制改革的要求。当前，景宁、云和、缙云、仙居、青田和衢江区财政局按照"三位一体"财政组织机构改革要求制定的三定方案已获批准，为市县财政部门启动"三位一体"机构改革开了好头。希望各级财政国库部门、会计核算中心、国库支付中心能统一思想认识，顾全大局，相互支持、积极配合，加快推进预算执行管理机构一体化运行。

三、加强财政决算工作，为财政管理科学决策提供依据

财政决算工作在预算执行管理中起到承前启后的作用，它既反映了上年度预算执行的结果，又是下一年度预算管理的可靠依据，是提高财政管理科学化精细化的一项重要的基础性工作。我省2009年度的财政决算工作，在各级财政部门领导的高度重视和有关处、科的密切配合下，经在座各位的共同努力，及时完成了各项编报任务，并且报表质量有所提高。从考核评比结果看，各地考评总得分非常接近，呈现出齐头并进状态。

虽然我省财政决算工作取得了一些成效和进步，但也要清醒地看到，跟兄弟省市比，距离在拉大，对照财政部的要求，差距不小。总结2009年度决算编报工作，主要存在以下四个方面的问题：一是个别地方决算审核不够仔细，决算数据质量有待提高。财政总决算报表的基本信息要与简表一致，收入数据必须与金库报表核对一致，这些要点在财政总决算报表布置会及汇审会上多次强调，但部分市县仍出现上述信息不一致的情况。部门决算编审人员力量薄弱，审核把关不严，报表提示报错信息较多。二是有的市、县、区预算管理不规范，预算执行不严格，应纳入预算管理的政府性基金仍在预算外管理；政府性基金调入、调出及科目调剂随意问题依然存在。三是报表填报口径不一致，同样的报表上报省财政厅各处的数据不一致，偏差大，如综合报表与总决算报表关于预算外收入存在较大差异，乡镇决算报表和总决算报表的一般预算收入偏差较大。四是决算分析利用工作没有新的突破，对决算分析重视程度不够，分析报告仍停留在"数字文字化"层面，分析缺乏深度。

以上这些问题的产生，既有管理和制度层面的问题，也有决算工作人员力量配备、工作责任心、工作方法、业务素质等方面的原因，希望大家引起重视，在2010年度决算工作中，采取切实有效措施加以改进。

2010年的财政决算报表总体保持稳定，根据预算改革进展情况和预算科目改进情况，局部作了调整完善。为做好2010年财政决算工作，我提三点要求：

（一）建立协调高效的决算工作机制，加强决算工作组织领导。决算牵涉财政工作的诸多环节，涉及财政部门内外很多单位。做好决算工作，需要相互间的支持与配合。因此，加强决算工作的组织领导，加大工作协调力度，非常重要。大家回去后，要及时将这次会议精神和决算工作开展情况向局领导汇报，争取局领导对决算工作的重视和支持，建立决算编审工作领导机制，制定并完善决算编审的相关制度规范，加大对决算工作人、财、物保障力度，及时解决决算工作中发现的问题。同时，要主动与预算、综合以及各归口业务处（科）沟通协调，建立分工明确、配合默契的工作机制，切实发挥好牵头组织决算编审的职能，与各相关处（科）相互配合，形成合力，共同把决算工作做好。

（二）加强决算培训和审核，提高决算数据质量。培训和审核是做好决算工作的两个重要环节，加强决算培训和审核，对提高决算报表质量起到事半功倍的效果。今年我们加大了培训力度，进一步增强了培训的针对性。会后将分头进行总决算和部门决算培训，讲解报表填报口径和要求，详细介绍总决算和部门决算软件的使用功能和操作技巧。今年的决算工作布置会还新增了一项内容，决算工作交流座谈，针对我省决算审核中发现的问题和决算工作中的薄弱环节，请各市县共同参与座谈，分析原因，并提出明确而具体

的解决措施。

希望大家珍惜这次培训机会，认真学习和领会，吃透政策，准确把握指标填列口径和含义，熟练掌握软件操作。同时，也希望大家在培训过程中，把学习的内容与工作实际联系起来，把工作中已遇到的或可能遇到的问题尽量解决在培训班上，确保培训的质量和效果。培训结束后，各市县要结合各地实际，制定重点突出的决算培训方案，做好培训的各项组织工作。同时要做好对新到决算岗位人员的“传、帮、带”，建立决算工作的人才梯队，为保证决算质量提供人员保障。

要不断加强决算审核工作。审核人员应切实用好审核公式和审核模板这两个审核工具，根据核实情况进行处理，把握好审核尺度，做到既要及时发现问题，减少数据填报错误，又要避免一见到审核公式提示，未经核实就盲目修改数据的现象发生，正确发挥决算审核对决算数据质量的保障作用。在这里还要特别强调报表统一口径问题，财政总决算报表中与乡镇相关的报表口径要与各地上报基层财务处的乡镇总决算报表一致，预算外资金财政专户收入情况要与上报综合处的数据核对一致。为了确保决算质量，财政部准备对各地的决算账表一致性情况进行抽查，省厅也将按照财政部的要求对决算质量进行抽查。

（三）注重决算数据分析利用，建立健全决算与预算相互反映、相互促进的机制。决算汇集了大量的财政数据。从资金性质分，包括预算内外资金、政府性基金以及国有资本经营预算资金；从统计范围看，不仅包括省本级，还包括所有市县区、乡镇及预算单位的情况；从统计内容看，不仅反映了财政收支情况，还包括了预算变动情况。可以毫不夸张地说，决算是一个信息宝库，如不加以充分利用，将是很大的资源浪费。通过决算可以发现很多情况，有的是决算自身的问题，有的是预算管理问题，有的是资产管理问题，有的是财务管理问题，有的是会计核算问题，甚至有的是机构编制管理问题，等等。

加强决算数据的分析利用，在这方面我省做得不够，有待加强和提高。分析利用决算数据，可以先易后难，循序渐进，由浅入深。比如，在两套决算报表审核汇总后，及时加工整理决算数据，或编报情况反映，或择要汇编成册，供领导参考和财政系统内部使用。更进一步的话，就是要好好利用决算提供的信息进行分析。财政决算分析，要注重研究决算收支的基本规律和特点，针对决算反映出来的问题，如结余结转资金规模偏大，暂存暂付款规模增大，决算事业收入与预算相差较大，事业基金和专用基金年末结余连年为负数等问题，认真研究提出解决的措施。特别是要对涉及财政财务管理体制和机制方面的问题，开展专题调研，撰写有分量的分析报告，有效地服务领导决策。通过对决算数据深入分析，及时发现和揭示预算编制与执行中存在的问题，使上年度决算成为下年度预算编制的参考依据，形成“预算——决算——预算规范”的预算管理链，发挥预决算相互反映、相互促进的作用。

决算工作业务性、政策性、技术性强，涉及面广，工作量大，是一项十分繁杂而又相当重要的基础性工作。希望各级财政部门继续发扬敬业奉献、团结协作的精神，精心组织，周密安排，协调配合，高质量地完成2010年度财政决算工作。

（2010年11月）

提高认识 开拓创新
实现预算绩效管理工作新突破（摘要）

省财政厅总会计师　赵立妙

一、预算绩效管理工作面临的主要任务

2005年以来，在全省各级财政部门的共同努力下，按照“先易后难、由点及面、稳步推进”的原则，绩效评价工作从建章立制、组建机构、实施评价、开展宣传等方面着手，取得了初步成果：制度框架初步构建，项目评价逐步推开，信息平台逐步建立，绩效宣传广泛开展，绩效意识明显增强，有效促进了财政资金使用效益的提高。如：湖州市等地在政府层面建立了协调领导小组，不定期听取、研究绩效管理工作；诸暨市在政府层面进行绩效问责的探索；湖州市、嘉兴市、天台县等建立了对部门的绩效管理工作考核机制；绍兴市、温州市、嘉善县、上虞市、嵊州市等开展了预算绩效目标管理工作，等等，成效显著。

从2009年起，按照财政部提出的加强预算绩效管理工作的总体要求，我省财政支出绩效评价工作逐步向预算绩效管理方向转变。2010年，全省预算绩效管理工作紧紧围绕财政中心工作，以绩效管理为主线，以绩效目标管理为重点，不断创新和完善绩效管理工作机制，制定了《浙江省省级部门预算绩效管理工作考核办法（试行）》，积极探索预算绩效目标管理的方式和评价结果应用的途径，着力规范中介评价操作，切实提高评价质量，着手研究和开发预算绩效管理信息系统，在预算绩效管理思路转换上走出了关键的一步。今年11月，根据

省编委批复，省财政厅将绩效评价处更名为绩效管理处，按照“三位一体”财政运行机制改革的要求，准确定位预算绩效管理职能范围，建立以绩效目标为导向，以绩效跟踪和绩效评价为手段，以制度建设为保障，以预算部门(单位)为主体，以提高财政资金使用绩效为核心的预算绩效管理体系，是当前预算绩效管理工作的主要任务。具体有：

一是构建预算绩效管理机制。以服务于预算管理、提高财政资金使用绩效为出发点和落脚点，通过预算绩效管理流程的合理构建，将绩效理念贯穿于预算的编制、执行和监督全过程，逐步形成切实可行的预算绩效管理机制。

二是建立绩效目标管理机制。探索和完善预算绩效目标管理的方法和途径，明确和规范项目单位绩效目标申报的制度要求，逐步构建科学合理的预算绩效目标管理机制。

三是建立评价质量控制机制。完善绩效评价指标体系，创新绩效评价方式方法，逐步建立绩效评价质量控制机制，规范社会中介机构和各类专家的评价行为，积极发挥部门和单位的主体作用，确保绩效评价结果的客观性和公正性。

四是完善评价结果应用机制。要积极探索绩效跟踪和评价结果应用的具体措施，完善绩效评价结果反馈整改机制，建立和完善对资金使用部门的绩效考核制度和通报制度，逐步建立与部门预算相结合、多渠道应用的评价结果应用机制。

五是建设绩效管理信息系统。按照“金财工程”大平台建设要求，着手开发预算绩效管理信息系统，建立全省项目评价数据库，实现全省预算绩效管理数据有效共享，并与预算管理系统、国库支付系统相结合，逐步实现预算绩效信息化管理。

二、切实提高预算绩效管理工作重要性的认识

预算绩效管理是加强政府绩效管理的重要组成部分。党中央和国务院多次提出要完善预算制度，推进预算绩效管理，提高财政资金使用效益和政府工作效率。党的十六届三中全会提出“建立预算绩效评价体系”，十七届二中全会提出“推行政府绩效管理和行政问责制度”，2010年1月8日，胡锦涛总书记在主持中央政治局第十八次集体学习时强调：“必须深化财税体制改革，完善公共财政体系，提高财政管理绩效，推进依法理财、民主理财、科学理财。”因此，大家要充分认识到预算绩效管理工作的重要性和紧迫性，具体有：

(一)加强预算绩效管理是完善公共财政管理体制的内在要求

长期以来，财政资金的管理使用过程中一直存在“重收入轻支出、重分配轻管理、重项目轻效益”的问题。特别是传统的财政管理模式，一直比较重视抓资金的规范安全和抓财经纪律的执行，但是资金使用的有效性却没有得到足够的关注。随着财政预算管理制度改革的不断深化，强化财政收支科学化、精细化管理，特别是提高财政资金使用绩效，已成为当前财政管理工作的一项重要任务。在今年召开的全省财政地税工作会议上，常务副省长陈敏尔同志对加强预算绩效管理工作提出了明确要求：绩效管理要从预算管理开始，然后跟踪评估绩效，并且根据绩效管理反过来反思支出结构，反思各项资金特别是专项资金的安排。专项资金要不断优化，优化的依据就是绩效管理的情况。因此，通过加强预算绩效管理，探索和建立科学规范的预算绩效管理制度，将绩效评价从事中、事后评价向事前——“上游”环节延伸，逐步建立以绩效为导向的部门预算编制模式，对财政资金投入情况进行绩效评价，把评价结果作为预算安排的重要依据，从资金分配源头上进行规范，管好财政支出的“闸门”，必将有力地提高财政科学化、精细化管理水平。

(二)加强预算绩效管理是化解财政收支矛盾的有效途径

解决收支矛盾是财政工作的永恒难题。当前社会经济发展已经进入到一个新的阶段，财政工作也被赋予了越来越多的工作职责，无论是应对国际金融危机的冲击，还是实践科学发展观，转变经济发展方式，调整经济结构，构建和谐社会，建设资源节约型、环境友好型社会等，没有一件事不需要财力做保障、财税政策做支持。各部门、单位对财政资金的需求十分强烈，财政收支矛盾在较长的一段时期内还不可能完全有效缓解。同时，财政支出还普遍存在着使用绩效不高的问题。要化解财政收支矛盾，在努力增加地方可用财力的同时，还要努力挖掘资金使用的潜力。加强预算绩效管理就是解决财政收支矛盾的一条有效途径。通过加强预算绩效管理，逐步在部门和单位树立“使用财政资金必须拿出对等效益”的理念，促使资金使用部门更加关注财政资金的使用效果，更加注重提高本部门的行政效率和效能，而不仅仅是一味的争资金、争盘子。

(三)加强预算绩效管理是推进政府廉洁高效建设的有力措施

“聚众人之财，办众人之事”，财政的钱主要是通过税收取得的，是纳税人的钱，纳税人对这些资金的用途和效果拥有知情权和监督权。随着市场经济和社会的发展，公民的参政意识不断增强，高效使用纳税人的钱，既是建立和完善公共财政管理体制的内在要求，更是纳税人对政府的要求，是政府提高自身执政能力和行政管理水平、构建和谐社会的需要和体现。同时，财政预决算信息也要逐步对外公开，如果我们不加强预算绩效管理，不从整体财政理财环境上改变以往的理念和方式，就难以回应预算公开之后将面对的多方质疑。通过加强预算绩效管理，变被动为主动，并与预算公开步骤、方式相衔接，把绩效评价结果通过一定的方式予以公布，必将有助于促进各级政府提高行政和服务的水平，从根本上推进政府廉洁高效建设。

三、开创预算绩效管理新局面

(一)广泛宣传预算绩效管理的新理念

以绩效目标为引导、绩效跟踪和绩效评价为主要手段的预算绩效管理机制的构建，就是要改变以往绩效评价“秋后算账”式的管理模式，融绩效跟踪、绩效评价等方法于预算管理之中，强调对财政资金绩效的要求在事前、事中、事后受到同等关注，充分发挥绩效目标的引导作用，切实提高绩效评价的公信力和结果的可应用度，使财政资金的绩效信息在预算管理活动中合理流动和良性互动。

因此，预算绩效管理宣传工作的开展，不仅在于通过新闻媒介、报刊、网络等工具大力倡导“使用财政资金必须讲究绩效”、“用钱必问效、无效必问责”等绩效管理的理念，努力扩大预算绩效管理的社会影响；更在于通过预算绩效管理机制的创新、激励约束政策的建立和具体工作的开展，宣传预算绩效管理流程的具体内容，明晰预算绩效管理工作的深刻内涵、操作流程和制度约束，促进各资金使用部门提高对预算绩效管理工作本身及其重要性的认识，并引导部门将预算绩效管理作为一项日常性的重要工作，像关注项目资金的取得一样关注绩效目标的设立和关注资金绩效的高低。也就是说，预算绩效管理的宣传，不仅在于说，也在于做，力求务虚宣传与务实工作的有机结合。同时，要积极向党委、政府、人大汇报预算绩效管理的情况及成效，加强与主管部门和相关处室的沟通交流，争取各方的理解和支持，将各种宣传形成合力，力求宣传工作取得实效，为推进预算绩效管理形成良好的外部工作氛围，改变资金使用部门忽视绩效的局面，避免财政资金“公地悲剧”的发生。

(二)积极创新预算绩效管理的新举措

预算绩效管理是一项全新的工作，从制度建设、工作规程、流程构建等都要重新思考。从事预算绩效管理工作的同志要紧跟形势，敢于突破旧框框、老思路，围绕提高财政资金使用绩效这个总目标，解放思想，开拓创新。

首先，要学一学，听一听。从绩效评价到绩效管理的转变，不仅需要工作思路上的变化，更需要思想观念的创新。要及时学习领会预算绩效管理的新观念、新动向，进一步加强业务培训交流和调查研究，多做前瞻性思考，在学习中实践，在实践中思考，在思考中提高。同时，要抽出时间，深入基层，深入部门，善于倾听资金使用部门和单位及专家的意见，善于吸纳财政管理、绩效管理领域专家的研究成果，善于总结社会中介机构具体操作人员的切实感受。通过“学”与“听”，更新思想观念，开拓工作思路，并寻求各方面的理解和支持。

其次，要变一变，试一试。预算绩效管理既要关心微观层面具体专项资金使用的实际效果，更要关心宏观层面政策措施出台后取得的社会效应，实现政策实施和资金使用的有机统一。在项目评价中，要善于选择项目并实施绩效评价，并且不拘泥于项目本身绩效优劣的把握，试试找寻项目评价和项目本身政策评价的结合点，把绩效评价工作做细、做深、做好，为党委、政府提出符合实际情况的政策建议。在制定绩效管理政策时，更多的把工作重点放在政策体系和机制的设计上，根据经济形势的发展走向、经济政策需要实现的目标，出台相应的制度规定和工作规程，同时结合各类专项资金管理办法的完善，明确资金分配使用中绩效管理的具体要求，并探索和建立各类专项资金与财政政策的有效退出机制。

最后，要扩一扩，建一建。预算绩效管理工作的开展，始终应突出资金使用部门和单位的主体作用，要进一步扩大部门绩效自评和重点评价的覆盖面，探索当地规定限额以下专项资金绩效管理的方式和方法；通过建立预算绩效管理考核机制，充分发挥资金使用部门实施预算绩效管理的积极性、主动性和创造性；并积极探索和完善部门绩效自评的抽查和审核机制，促使部门切实提高绩效自评工作质量。要建立社会中介机构绩效评价质量控制机制，加强对社会中介机构执业质量的指导、监督与检查，定期实施社会中介机构绩效评价报告评审，并与绩效评价业务委托相挂钩。同时，在“扩”与“建”的过程中创新工作方式，既要善于运用社会各界的力量为我所用，利用相关政府部门的资料，为绩效评价提供证据；又要具有“谋定而后动”的能力，善于创造条件和机会，让专家敢于说实话，让社会中介机构敢于真评价，让相关部门愿意提供真实数据资料，切实提高绩效评价报告的客观性和公正性，力求绩效管理工作取得实际效果。

(三)合理构建预算绩效管理的新机制

要研究建立切实可行的预算绩效管理新机制，努力构建“事前目标设立、事中绩效跟踪、事后绩效评价”预算绩效管理的合理流程，形成彼此衔接、环环相扣的整体合力，更好地为预算管理服务。

预算管理本身是一个流程，预算绩效管理新机制的构建，不是去打破原有的流程，而是要在预算管理流程中贯穿绩效的理念——在预算的编制中更关注绩效目标的设立，使目标细化、清晰、可衡量和具有绩效导向性；以设立的绩效目标为主要依据，形成绩效评价指标体系；以绩效目标和指标体系为导向，在预算的执行中实施必要的绩效跟踪和监控，对预算执行结果的绩效实施评价；并将绩效跟踪和绩效评价的结果作为预算决策和执行的依据。为此，2011 年预算绩效管理要做好几方面的工作：

一是开展绩效目标管理试点。从绩效评价转向绩效管理，一个关键的环节是必须加强预算绩效目标管理。2011 年将选择省级部门的 15 个项目进行绩效目标管理试点，以此推动资金使用部门实施预算绩效目标管理。各地也应积极关注预算编制中绩效目标的设立，勇于探索绩效目标管理的方式方法，目标管理重点在于切切实实为项目预算安排提出可行性意见和建议，要及时总结工作经验，努力探索目标管理、绩效评价和项目预算有机结合的合理途径，逐步建立预算绩效目标管理机制。

二是研究绩效跟踪方法途径。由于事后绩效评价工作的开展，具有明显的滞后性，难以较为迅速反馈财政资金绩效信息和及时为预算决策和执行提供参考，而事中绩效跟踪则显得更为灵活和更具有时效性。因此，要积极研究和探索绩效跟踪和监控的方法和途径，逐步明晰绩效跟踪在预算执行程序中的合理定位，切实提高财政资金整体的运行效率和部门使用财政资金的工作效率，加快财政资金支出进度，减少专项资金结转。

三是完善项目评价实施体系。要健全"部门自评一财政部门评价"二层次评价体系，创新绩效评价方式方法，与绩效目标管理试点相结合，更加关注对项目目标合理性的评价，逐步完善评价实施体系，不断提高评价工作质量。一方面，要分类别实施项目绩效自评，切实提高自评结果可用度，同时布置部门开展复评或互评，加强对绩效自评工作的指导和抽查，确保各部门规范实施绩效自评。另一方面，要深入实施财政部门重点评价，积极探索财政政策评价工作，不断改进评价方法，进一步提高重点项目评价质量。

四是创新评价结果应用途径。预算绩效管理程序的合理流动过程，也是预算绩效信息的逐步积累过程。要从预算绩效管理机制构建的全局出发，积极探索预算绩效管理流程各环节与预算管理结合的途径，更好地为预算管理服务。2011年，各地要积极创新结果应用途径，探索和完善评价结果通报制度、反馈整改机制和绩效问责机制，督促部门及时整理、归纳、分析绩效评价结果，切实提高财政资金的使用绩效。

五是发挥考核机制导向作用。目前，《省级部门预算绩效管理工作考核办法(试行)》已经出台，并将从2011年度起实施，明年要对此加以落实，适时培训考核机制的主要内容，切实发挥考核机制对省级预算绩效管理工作的导向作用。各地也要加快出台针对部门的考核办法，并逐步将预算绩效管理工作列入政府对部门的目标责任制考核范围，促使部门更加关注绩效目标的设立，更加关注指标体系的构建，更加关注绩效自评工作的质量，切实提高部门使用财政资金的责任意识。

(四)努力落实预算绩效管理的新支撑

预算绩效管理新机制的构建，在实践中肯定会遇到较多难题，如：绩效目标的设立、指标体系的构建、绩效跟踪方法的探索以及各环节的有效衔接等等，同时也需要机构队伍、相应制度和流程的信息化等作为新的支撑，因此，要按照"三位一体"公共财政运行机制改革的总体要求，以机构调整和工作职能转换为契机，转变思路，开拓创新，在今后实践中尽快予以明确和落实。

1. 明确机构职责，加强队伍建设。要做好预算绩效管理工作，机构、队伍的建设是关键。当前，较多地方从事绩效管理的人员严重不足，有些县(市)绩效评价科与3～4个科室合署办法，但实际人员只有2～3名，这与加强绩效管理工作的要求严重不适应。预算绩效管理工作困难多、难度大，这就更加需要各级财政部门的领导特别是"一把手"，加强对预算绩效管理工作的领导、关心和支持。希望各级财政部门在这一轮的机构改革中，按照"三位一体"财政运行机制改革的要求，2011年底前，各市、县(市、区)要全面建立绩效管理机构，明确工作职责，并抽调业务骨干充实人员队伍。另外，计划从2012年开始分步建立全省预算绩效管理人才库，共同推进预算绩效管理工作的开展。

2. 健全规章制度，规范绩效管理。要按照构建预算绩效管理新机制的要求，建立健全绩效目标管理、绩效跟踪、绩效评价、结果应用、工作考核、中介机构和专家管理等在内的预算绩效管理各项工作制度。一是明确预算绩效管理工作要求。2011年，要制定下发《预算绩效管理工作"十二五"规划》，明确绩效管理发展方向和分年度工作重点；结合全省工作实际，出台《关于加强预算绩效管理工作的意见》，明确预算绩效管理工作的目标和要求，指导各地、各部门扎实开展预算绩效管理工作。二是建立预算绩效目标管理制度。通过预算绩效目标管理试点，逐步积累工作经验，适时制定出台《浙江省省级预算绩效目标管理办法》。三是完善指标体系的构建机制。进一步完善绩效评价指标、标准和方法体系，对每年的评价报告进行系统整理，结合绩效目标管理，完善全省评价指标库，建立绩效目标管理与评价实施相结合的指标和标准体系。通过几年的制度探索与实践，适时建议省政府出台《浙江省预算绩效管理办法》，为预算绩效管理工作提供制度支撑和保障。

3. 建立信息系统，服务绩效管理。信息化水平是现代化管理水平的重要标志和体现，信息系统对预算绩效管理的实施至关重要。从我省的实践来看，尽管已在预算绩效管理的信息系统建设方面做了有益尝试，初步建立并不断完善"三库"(指标库、专家库、中介库)，但是与现实工作的要求仍有较大距离。因此，要坚持把信息系统的建设作为预算绩效管理的突破口，正确处理好技术支撑与业务需求的关系，建立健全预算绩效管理信息系统，明确绩效目标申报及审核程序和要求，建立全省项目评价数据库，实现全省预算绩效管理数据有效共享，并与预算管理系统、国库支付系统相结合，逐步实现预算绩效信息化管理，为预算绩效管理提供技术保障。同时，要注重预算绩效管理基础信息资料的积累，积极做好预算绩效管理的统计报表、信息报送等基础性工作，省财政厅已经出台了《浙江省绩效评价档案管理暂行办法》，各地要按照要求及时整理近年来绩效管理工作的基础信息资料，即时为预算绩效管理信息系统的运行提供第一手的数据资料。 (2010年12月)

处、县(市、区)领导议财政

加快大江东产业集聚区建设 打造财政持续发展新蓝海(摘要)

杭州市萧山区区长　盛阅春

一、主要做法

杭州大江东区域紧邻杭州主城区，与杭州经济开发区隔江相望，处于环杭州湾"V"字形产业带的拐点，现有总面积500平方公里，其中陆域面积421平方公里、钱塘江水域面积79平方公里。截至2009年底，区域范围内有户籍人口21.39万人，生产总值129.45亿元，财政总收入16.59亿元，其中地方财政收入8.3亿元，规模以上工业销售产值480.53亿元，规模以上工业企业406家，其中销售产值超亿元企业107家、超10亿元企业8家。2009年以来，不断完善规划体系，建立了"四统四分"的领导机制、"撤镇设街、一区一街(一区多街)"的行政体制和"以区带街、交叉任职"的委托管理模式。

在大江东产业集聚区建设过程中，萧山区十分重视财税职能的发挥，通过体制创新和政策扶持，充分发挥了财政资金"四两拨千斤"的调控引导作用，主要有以下三个方面：

(一)创新财政管理体制。按照"办事不出新城、资金自求平衡"的要求和"财权与事权相结合"的原则，对大江东新城内的江东、临江、空港新城实行了单独结算的财政管理体制和"自我筹资、自我建设、自我经营、自我还贷"的运作模式，并且规定五年内，大江东新城内新产生的地方财政收入、土地出让金的区级留成部分，全额返还相应的新城管委会；大江东新城规划范围内各街道的财政管理体制，由各新城管委会研究制定。规划范围内的配套公建设施和项目产权，各地块广告发布权、定点权、经营权和道路、桥梁、地名冠名权归各建设主体所有。通过财政管理体制创新，加大了对大江东产业集聚区的财政倾斜力度，提高了各园区加快建设的积极性。

(二)强化对基础设施建设的财政保障力度。坚持基础设施先行，多措并举推进集聚区内基础设施建设。一是创新了基础设施的开发建设机制。对大江东产业集聚区内配套的道路、排水、供水、供电、供热等城市基础设施和学校、医院等重大民生工程，由区政府负责统一规范、统一建设、统筹安排，建设资金则由集聚区内的"三城一区"按比例承担。二是加大投融资力度。加强融资平台建设，做大做强江东、临江、空港三个区级投资公司，健全基础设施建设的经营机制，按照"谁投资、谁所有、谁受益"原则，采取BOT、BT、TOT等多种方式，积极鼓励引导外资、民资和各类社会资本参与大江东产业集聚区的开发建设。三是突出交通路网建设。以机场公路改建、江东大道、钱江隧道、钱江大道为核心、"一桥两隧八纵八横一绕"为重点，计划用3年时间，投资428.6亿元，新建改建道路273公里。目前，机场公路改建、江东大道、钱江大道、钱江隧道等重大交通工程正加快实施。四是加强园区配套建设。出台了推进工业功能区建设及管理的有关政策，对工业功能区的基础设施建设、标准化建设、公共服务平台以及修编规划给予财政补助。目前江东工业园区已累计投入建设资金40.99亿元，首期11.29平方公里基本建成；临江工业园区已累计投入基础设施建设30多亿元，建成道路50公里；前进工业园区累计投入建设资金26亿元，5.35平方公里启动区块路网框架基本形成。

(三)强化对产业集聚的财税政策引导。按照大江东产业集聚区功能布局，充分发挥财税政策的调控作用，积极引导有关产业向园区集聚。出台了引导汽车产业集聚发展的扶持政策，对于汽车整车制造项目和总成及重要零部件制造业项目，最高分别给予300万元和100万元的奖励，同时每年安排500万元专项资金，用于推进技术攻关项目。目前，大江东已集聚了总投资20亿元的吉奥汽车、总投资36亿元的青年汽车、东风—裕隆汽车、吉利汽车全球研发中心、杭州依维柯－菲亚特－广汽集团投资30亿元的双离合器变速箱项目等一大批汽车整车及零部件产业。出台了扶持信息化应用和信息产业发展的政策，每年安排财政专项扶持资金达1000万元，目前总投资20亿元的浙江品森科技、一期总投资10亿元的移动TD产业园等一大批信息网络产业已落户园区。加大了对现代物流业的扶持力度，每年安排扶持资金1000万元，特别是对新引进注册的资产规模在500万元以上，并且承诺在萧山区域内落户5年以上的物流企业进行重点扶持，对其形成的地方财政留成部分，前3年分别给予80%、70%、60%的扶持。目前，娃哈哈集团营销中心、顺丰速运中国航空快件运输枢纽等一批现代物流企业已成功入驻。财税政策引导产业集聚的效果正逐步体现。

二、存在的问题

当前,大江东产业集聚区建设虽然取得了阶段性成果,但受各种因素影响,也存在着一些不容忽视的问题。

(一)资金保障压力沉重。大江东区域实行单独结算的财政体制,5年内所产生的财政地方分成部分和土地出让金实行全额返还。但是,由于前期开发建设需要大量的资金投入,2010年中央又对地方融资平台公司进行清理,地方政府融资渠道减少,各项基础设施建设正面临着巨大的支付压力,“资金自求平衡”的难度越来越大。

(二)用地指标偏少。由于严格控制新增建设用地总量,每年分配到大江东区域的新增建设用地指标相对偏少,难以满足大江东区域发展用地需求。同时,大江东区域基本农田保护率较高,耕地面积占区域总面积70%以上,用地空间和耕地占补平衡压力很大。

(三)环境压力加大。由于历史原因,大江东区域早期集聚了一些污染相对比较严重的企业。从现有数据看,该区域共有26家印染化工企业、5家热电厂,环境容量比较脆弱,节能减排的任务十分艰巨。

三、下一步工作举措

萧山将以科学发展观为统领,紧紧抓住全省海洋经济发展带规划建设的历史机遇,进一步创新体制机制,完善财税扶持,强化资金保障,努力把大江东产业集聚区打造成为全省“四大”建设的示范区,为推动经济转型升级作出更大的贡献。

(一)进一步强化财政扶持,缓解资金保障压力

1.加强地方财政扶持力度。认真落实单独结算的财政体制,全额返还区域内产生的地方财政收入和土地出让金,并结合实际不断对财政体制进行调整完善;设立产业集聚区开发专项基金,专项用于产业集聚区基础设施建设、重点项目推进、紧缺资金调剂、兑现各种奖励等;按照“自我筹资、自我建设、自我经营、自我还贷”的运作模式,做大做强各片区的融资平台公司,负责各自范围内的土地综合开发、基础设施建设及相关项目的经营管理,确保建设资金自求平衡。

2.拓宽融资渠道。在当前中央清理地方政府融资平台的背景下,积极采取有效措施拓宽融资渠道、缓解融资压力。加快制定金融支持产业集聚区企业发展的政策意见,从信贷政策、金融服务、保险理赔等方面全方位开展金融扶持。推进企业与金融机构的合作,向金融机构推介科技含量高、经济效益好、带动效应大、示范作用强的项目;发展多种融资方式,鼓励条件成熟的企业特别是民营中小企业上市融资、交易股权、发行债券,支持有条件的企业集团设立财务公司、金融控股公司等。积极探索和运用BT、BOT、TOT等投融资模式,引导社会力量参与区内的基础设施和公共事业建设。

3.争取上级支持。加快推进大江东集聚区内的基础设施、重大产业项目和战略性新兴产业项目建设,争取省级财政专项资金奖励和补助。

(二)进一步优化财税政策导向,推进产业集聚和转型升级

1.支持集聚区重大项目建设。一是用足用好总部经济、楼宇经济、服务外包、现代服务业、鼓励外商投资、引进外地投资等一系列扶持政策,并根据实际情况向大江东产业集聚区项目倾斜,同时加大对有关镇街的考核力度,做好重大项目的招商引资工作。二是创新项目协调服务推进机制,对大江东产业集聚区具有重大影响力和引导作用的项目,实施“一事一议”政策;对重大投资项目允许一次规划、分期建设;集聚区内凡涉及市、区的行政性收费项目,一律实行“零收费”。三是加大投入力度,坚持政府性投资、企业投资、民间投资“三力并举”,促进有效投资加快增长。计划“十二五”期间在大江东安排建设项目总投资近1120亿元,其中产业项目总投资超720亿元。

2.支持集聚区内重要产业转型升级。一是培育战略新兴产业。大力实施江东工业园区“四大百亿”工程和“服务业倍增计划”,整合财税政策和资金,推动临江工业园区汽车整车及零部件、装备制造等产业发展,加快空港物流和高新技术产业发展,做大做强新能源、新材料、生物医药等新兴产业。二是支持传统优势产业改造提升。大力实施九大重点产业升级培育规划,在产业导向不变的前提下加大对工业企业的技改扶持力度,积极运用高新技术和先进适用技术改造提升传统优势产业,鼓励和引导优势企业延伸产业链,提高产品的技术含量和附加值,鼓励企业兼并重组,淘汰落后产能。三是支持特色产业园区建设。以江东工业园区“一城二园三区五基地”和临江工业园区“五大新兴产业基地”为抓手,打造江东新能源国家高新技术产业化基地、台湾低碳产业园等7个战略性新兴产业功能区,大江东汽车产业基地等3个先进制造业功能区和空港物流综合园区、空港国际商贸区等5个现代服务业集聚区,努力为产业集聚创建良好的载体。

3.支持集聚区内企业创新体系建设。进一步加强对企业梯队建设的扶持力度,在做大做强一批大企业集团的同时,着力抓好中小企业培育升级,制订实施中小企业成长计划,强化政策引导、产业扶持、目标激励,推动一批具有行业龙头地位、自主创新能力强的优势成长型和苗子型企业跨越式发展。着力提升企业自主创新能力,进一步完善体制机制和政策,引导和鼓励企业加大研发投入,积极推进产学研合作,加快企业技术中心、研发中心建设,积极推进标准化战略、品牌战略和知识产权战略,大力实施各类人才培育引进计划。

(三)进一步优化财政支出结构,为产业集聚区建设创造良好环境

重点向三个方面倾斜:一是向基础设施建设倾斜,通过预

算安排、资金调度、平台融资、争取上级扶持资金等举措，大力支持集聚区内道路、通信、消防、环保、垃圾处理和水电气等重大基础设施项目；二是向生态文明建设倾斜，梳理、整合、完善支持生态文明建设的政策，大力推进沿江湿地保护、河道综合整治和生态带建设，加快发展循环经济和低碳经济，努力打造绿色、低碳、和谐的大江东；三是向公共服务体系建设等民生事业倾斜，坚持以民为本，加大民生保障力度，完善就业、困难救助、社会保障等民生体系，加快教育、卫生等社会事业配套，切实维护和谐稳定，让人民群众更好地共享大江东开发建设成果。

切实强化财政职能 加快推进经济转型升级(摘要)

宁波市鄞州区区长　薛维海

近年来，鄞州立足自身产业特色和发展阶段，以实施“竞争力提升行动纲领”为重要抓手，以大平台、大产业、大项目、大企业建设为主攻方向，着力推进新兴产业集聚化、传统产业高新化、高耗产业低碳化，有力地促进了经济发展质量的持续提高。一是工业经济加快升级。建成六大百亿元产业基地、两大国家级特色产业基地，拥有国家高新技术企业162家、上市企业8家，科技综合实力居全省第一位，工业产业发展能力名列2010年“中国产业十强县(市、区)”第二位。二是服务业经济快速崛起。服务业产业地位日益突出，社会消费品零售总额增幅领跑全市，服务业比重上升到34.8%，建成商务楼宇54万平方米，入驻商务企业900多家，属地注册率达到80%，成功创建成为省首批旅游经济强区。三是新兴产业异军突起。以总部、创意、孵化经济为标志的新兴产业从无到有、从小到大，软件产业总收入达到15亿元，动漫产量居全省第二位，迪士尼动漫、浪潮软件、东蓝数码、水木动画、卡酷动画等一批国内外知名企业签约落户。从财政层面来看，主要抓了四方面工作。

一、优化“三大体系”，着力构建推进转型升级的保障机制

坚持经济财政良性互动，建立健全更加有利于科学发展的财政管理体制机制，努力为转型升级注入新的动力和活力。

(一)优化财政增收体系。面对诸多减收增支因素，充分发挥方方面面增收创收积极性，积极组织财政收入，努力增加可用财力。一是强化征管。坚持定期分析收入形势，及时落实对策措施，在继续抓好一般预算收入的基础上，切实加大非税收入统筹力度，2009年全区非税收入达到93亿元，增长20.5%。二是创新体制。完善镇乡(街道)财政分成体制，实施土地出让金全额返还政策，大力激发镇乡(街道)当家理财积极性，2009年有18个镇乡(街道)财政收入超亿元，12个超2亿元。三是推进主辅分离。强化政策引领、典型示范，分离发展服务业企业58家，增加地方税收1400多万元。

(二)优化财政管理体系。坚持以新的理念、制度、方法、手段，大胆推进改革创新，切实提高财政管理水平。一是加快推进财政规范化建设。围绕建设公共财政体系，积极推进财政综合预算，实施国库集中支付改革，完善财政支出绩效考评制度，强化国有资产和政府负债管理，“收入一个笼子、预算一个盘子、支出一个口子”财政管理体制已建立。二是加快推进财政科学化建设。积极盘活存量资金，切实加强资金科学调度，支持和协助政府投资项目广开融资渠道，努力缓解财政收支矛盾。完善政府性投资项目负债管理办法，建立举债审批和偿债准备金制度，有计划、有控制地下达区级政府性建设(开发)公司、乡镇(街道)债务计划，确保负债规模不突破省定债务率与负债率两个警戒指标。三是加快推进财政信息化建设。充分利用现代信息网络技术，开发应用预算基础信息数据库、政策兑现数据库、非税收入收缴系统等，建成镇乡财政信息化管理平台，全面开展乡镇联网审计，财政管理效率不断提高。

(三)优化财政支出体系。坚持有所为有所不为的方针和集中财力办大事的原则，从增量安排和存量调整两方面入手，不断调整优化各项支出比重。一是严格压缩行政开支。牢固树立过紧日子的思想，大力压缩一般性行政支出，强化行政监察和审计监督，2009年全区机关经费、公车使用以及出国经费支出减少14%、22%和35%。二是着力保障民生投入。以落实“幸福民生40条”为抓手，坚持把新增财力的70%以上用于保障和改善民生，率先实施了一系列惠民利民政策，大力发展教育、卫生、文化等社会事业，加快推进供水、供电、道路、环保等基础设施建设，2009年区财政用于民生事业的资金达到49亿元，2010年区财政又安排资金53亿元，专项用于民生事业，确保让人民群众共享改革发展成果。三是加快转变财政扶持经济方式方法。重点是实现“三个转变”，即从“普降细雨”向突出扶持重点转变，从扶持具体企业向扶持重点行业转变，从扶持单个项目向搭建服务平台转变，最大限度地发挥财政资金的引导激励作用。近三年，区财政直接投入经济发展扶持资金14亿元，间接带动民间投入600亿元。

二、强化“三大优势”，着力构建转型升级的动力机制

发挥政策杠杆效应，利用市场倒逼机制，加快构建现代产业体系，努力培育经济发展新的增长点和新的税源财源。

（一）强化工业经济竞争优势。工业是鄞州经济发展的主导力量，也是加快经济发展方式转变的重要阵地。始终坚持“工业强区”战略，以高端新兴为目标，以集聚集群为方向，着力打造具有鄞州特色的先进制造业基地。一是壮大高新产业，拓展工业发展新空间。抓住国内外市场变化和国家调整产业政策的契机，大力发展光机电、新材料、新能源、电子信息、生物医药五大高新技术产业，深入实施高新技术“双十”工程，鼓励企业争创国家高新技术企业和国家级创新型企业，下大力气引进一批重大高新技术产业项目，2009 年高新技术产品产值达到 780 亿元，占规模以上工业的比重达到 45%。二是做强传统产业，提升工业发展新层次。重点发展装备制造、纺织服装、汽车配件、机械电子、文教文具五大传统优势产业，支持企业推进装备更新、工艺革新和产品创新，推进关键性技术和共性技术攻关，推动产业链向高端增值领域延伸，品牌家电、高档纺织服装列入市特色优势产业基地，纺织服装、设备制造、电气机械三大产业占规模以上工业比重从 2000 年的 32%、17%和 11%调整为 2009 年的 22%、25%和 14%。三是培育龙头企业，强化工业发展新支撑。把企业提升作为产业提升的重要抓手，深入实施以培育工业企业“五十强、五十佳”为核心内容的“双五十工程”，部署实施工业龙头企业培育计划，着力解决中小企业发展难题。目前全区年销售收入上亿元企业达到 264 家，上 10 亿元企业 12 家。

（二）强化开放经济领先优势。改革开放一直是鄞州发展的主要法宝和重要动力。针对当前对外开放的阶段性特点，利用国际需求带来的倒逼机制，着力推进开放型经济转型升级，带动全区经济发展方式转变。一是加快推进出口市场开拓和外贸产品提升。积极实施市场多元化战略，鼓励企业实施出口市场战略转移，积极开拓新兴市场，坚持走“品牌路线”，努力扩大高附加值产品、高新技术产品和品牌产品出口，大力发展服务外包，推动外贸出口从规模速度型向质量效益型转变。2009 年实现进出口总额 74.6 亿美元，机电产品出口占比达到 43.6%，新兴市场出口比重达到 28.5%，服务外包达到 8.3 亿元。二是加快推进“引进来”方式创新和“走出去”途径转型。按照“招大、引强、选优”要求，以先进制造业、现代服务业为重点领域，以大企业、大项目为重点对象，以先进技术、高端人才为重点目标，着力提升招商引资的质量和效益，2009 年，全区实际利用外资达到 2.7 亿美元，千万美元以上项目、高科技项目和“以民引外、以外引外”项目比重分别达到 95%、56%和 27%；新办境外企业 24 家，完成对外经济合作经营额 1.3 亿美元，与重庆、南昌等地签约产业合作项目 19 个，总投资 11.2 亿元。三是加快推进园区发展环境优化和发展模式转型。创新园区管理体制和开发模式，加快提升园区发展水平，“两中心两园区”实现产值 368 亿元。

（三）强化城市经济核心优势。发展城市经济、新兴产业是鄞州经济转型的战略重点。坚持以城市化为依托，积极培育发展新兴支柱产业，促进城市经济优先发展。一是打造商业商务中心。加快城市功能区块开发建设，成功引进万达广场、BEST、宜家、奥特莱斯、红星美凯龙等大型商业项目，城市商圈基本形成。二是打造动漫创意之都。强化国家动漫原创产业基地、服务外包示范园区集聚效应和带动效应，软件动漫、影视创意等特色产业优势初步形成。全区拥有软件动漫企业 200 多家，注册资金千万元以上 47 家。三是打造休闲旅游胜地。天童－阿育王、梁祝、它山堰、桃源湾四大旅游项目加快推进，环球城、城市摩尔等一批综合性休闲娱乐项目启动实施。2009 年，全区旅游总收入达到 82 亿元。四是打造现代物流重镇。栎社保税物流中心全面建成，引进了一批大型物流公司和货运航空公司，2010 年上半年进出园区货值达到 8300 万美元。

三、着眼“三大转变”，着力构建转型升级的激励机制

强化财政资源配置和宏观调控功能，优化财政投向结构和扶持模式，发挥财政政策导向和激励作用，不断增强企业内生动力、产业竞争实力和区域可持续发展能力。

（一）推动产业结构向互动融合转变。把产业联动作为构建现代产业体系重要举措。一是聚力发展现代服务业。成立服务业发展联席会议，制定出台加快现代服务业发展政策意见和发展规划，每年安排专项引导资金，通过开办补助、租房补贴、贡献返还等途径，重点扶持发展现代商贸、现代商务、现代物流、社区服务、中介服务等现代服务产业。2009 年，全区服务业扶持激励资金达到 1.70 亿元。二是聚焦发展新兴产业。成立新兴产业发展工作领导小组，建立“2.5 产业”园区，设立新兴产业专项发展基金，从 2008 年开始，每年安排资金近亿元，鼓励研发设计、软件开发、工程设计、动漫创意、总部经济等“2.5 产业”以及新能源、新材料等战略性新兴产业发展。三是聚心发展先进制造业。重点突出对技改投入、企业培育、品牌建设、节能降耗、节约集约、异地发展等方面的政策激励，对企业技改投入，按投资额度给予不超过 300 万元的补助，近三年技改投入累计达到 300 亿元。

（二）推动增长路径向创新驱动转变。把提升创新能力作为推进经济转型升级的核心环节。一是大力建设研发机构。允许企业按照当年实际发生的技术开发费用的 150%抵扣当年应纳税所得额，对年研发投入达到 50 万元以上且占当年销售收入 3%以上的企业给予一定比例的补助，对建立工程（技术）中心按不同级别分别给予 5 万～300 万元资助，对实施各级科技计划项目给予不超过 10 万元补助。目前，全区拥有市级以上工程技术中心 77 家，其中国家级 6 家。二是积极培育自主品

牌。深入实施"品牌、专利、标准、设计"四大战略，对知名商标、驰名商标、名牌产品分别给予10万～100万元奖励；对授权的国内外发明专利每件补助2万～6万元；对发明专利产业化企业，给予销售额1%的奖励；对参与或主持制订行业标准，每项分别给予1万～30万元奖励；对设立工业设计室和工业设计相关投入，给予10万元补助。近三年，累计获得授权专利6500多项，主持或参与制定行业标准70件，拥有中国驰名商标72件，市级以上品牌产品销售占规模以上工业的比重达到38%。三是切实加强产学研合作。对技术引进并拥有成果所有权的项目，按所支付的引进(开发)费用的10%～40%给予补助；对共建创新载体的，给予200万元的补助；对认定的高新技术企业减按15%的税率征收企业所得税。对列入国家、省、市创新型(试点)企业的，分别给予20万元、10万元、5万元的奖励。近三年，累计实施产学研合作项目218个，合同金额达到1.40亿元。四是不断完善科技公共服务体系。设立孵化器种子资金，对入驻孵化器的科技企业给予启动经费资助、租金减免、创收补贴等优惠，对科技创新服务平台和中介服务机构给予每家10万～50万元补助，全区科技孵化器面积达到9万平方米。

(三)推动发展模式向绿色低碳转变。把发展低碳经济作为未来经济增长的发动机和制高点。一是大力推进节能减排。强化产业导向，提高准入门槛，对低端产业实行"关迁式"淘汰，实施铸造业整治提升计划，投入资金5000万元，实行关闭转产90家，改造提升53家，腾出工业用地近500亩，关闭油脂化工等企业19家。对低效生产环节进行"剥离式"转移，160多家企业将基础生产环节迁移到外地。强化重点用能企业节能降耗激励，对通过能源审计或电平衡测试审核的企业，给予3万元补助，年度考核前三名的奖励10万元，对采用合同能源管理模式的节能项目和效果显著的节能项目分别按投资额的10%～20%给予补助。对被列入区级清洁生产示范企业的，每家补助3万元，获省绿色企业称号的给予10万元奖励。对列入循环经济重点建设项目、试点企业、试验园区，给予土地供应、贷款贴息、税收返还等政策扶持。二是深化环境综合整治。建立健全环境保护长效机制，加大环境整治投入力度，大力实施内河整治、污水处理等工程。三是抓好生态绿化建设。完善生态补偿机制，筹建成立绿色碳汇基金，每年安排资金1亿元，实施"森林鄞州"建设五年计划。

四、围绕"三大保障"，着力构建转型升级的服务机制

坚持以企为本，遵循产业发展规律和企业发展需求，不断创新财政服务方式，加快打造"创业者乐园"。

(一)强化平台保障。重点打造四大平台：一是"十大功能区块"。"十大功能区块"是鄞州区城市扩容的新板块、经济转型的新空间，总投资达到200亿元。目前，总建筑面积60万平方米的万达广场全面建成使用，成为宁波继天一广场之后的又一个核心商圈。总投资60亿元、建筑面积147万平方米的南部商务区一期基本建成，总投资30亿元二期工程将于近期开工，建筑面积7万平方米的长丰区块"舟宿夜江"项目将在下半年开门营业。二是"八大产业基地"。"八大产业基地"是鄞州区现代服务业、新兴产业发展的集聚区和示范区。建筑面积20万平方米的全市首家2.5产业园区"创新128"一二期顺利开园，已引进企业115家，注册资金达到15亿元。建筑面积9万平方米的中国工程物理研究院宁波军转民科技园启动建设，浙江清华长三角研究院宁波鄞州创新中心挂牌成立，总建筑面积15万平方米的清华浪潮科技园即将动工建设，国家动漫游戏原创产业基地成功落户，市级服务外包示范园区成功创立，鄞创孵化器创建成为国家高新技术创业服务中心。三是"四大产业园区"。"四大产业园区"是鄞州区发展先进制造业的主要载体，累计已投入开发资金60多亿元，配套面积达到50多平方千米。四是城镇化建设。自2008年启动"城镇建设年"活动以来，三年累计完成镇区拆迁220多万平方米、新建460多万平方米，拆除农村旧房210万平方米、建成新村住宅350万平方米。

(二)强化要素保障。围绕"保重点、促转型"，坚持把要素资源优先配置给总部型企业、航母型企业、龙头型企业、成长型企业和创新型企业。资金方面，强化金融机构考核激励，推动金融机构集聚发展，创新融资供求对接机制，构建多层次金融服务体系，全区金融机构及融资服务组织达到56家，2009年末存贷款余额达到1076亿元和889亿元，新增企业贷款183亿元，增长25%。人才方面，建立区级科学技术奖励制度，开工建设人才公寓，启动高层次紧缺人才集聚工程，近三年区财政累计安排专项人才资金2600万元，引进中高级人才3200名。土地方面，完善土地执法共管责任机制，全面推进"365"节约集约用地计划，强化闲置用地清理和违法用地整治，三年来消化转而未供土地1.2万亩，盘活存量土地7500亩，新建标准厂房30万平方米。

(三)强化服务保障。重点做好三篇文章：一是"提升"。围绕打造服务型政府，深入开展"效能建设提升年"活动，推进行政许可职能归并改革，推行重大项目政府代办制，行政审批项目进服务大厅比例达到90%以上，行政审批提速78%。二是"减负"。深入开展帮扶企业活动，全面落实增值税转型等结构性减税措施，率先实施166项行政事业性收费减免缓停政策，临时下浮企业社保费缴纳比例，2009年为企业减轻负担14亿元。同时，改变过去政策资金隔年兑现的做法，努力做到年内政策年内兑现。三是"创新"。深化服务企业活动，超前考虑企业发展的困难和需要，主动谋划促进企业发展的措施和办法，建立重点企业、重大项目领导联系制度，搭建企业百事灵、81890等综合服务平台，解决企业各类难题6900多项。

发挥财政职能作用　加快海洋经济发展(摘要)

洞头县县长　姜长才

一、洞头县海洋经济发展的现实基础

(一)良好的发展环境。21世纪是海洋世纪。海洋自古是人类生存和发展的基本环境,更是近现代人类发展的战略资源。在人口膨胀、资源短缺、环境污染等问题日益突出的今天,海洋已成为可持续发展的重要战略依托,也是未来国际经济竞争的主战场,世界各国纷纷把发展海洋经济提升到国家战略的层面进行部署,世界海洋产业发展迅速。党中央、国务院高度重视海洋工作,提出了建设"海洋强国"战略。浙江省是我国的海洋大省之一,省委、省政府一直高度重视海洋经济发展。最近,省委、省政府审时度势,作出了加快海洋经济发展的重大战略部署,提出全面推进"海上浙江"建设,致力于将海洋经济发展带上升到国家战略,而且将温州沿海产业带建设上升到省一级战略,摆上了重要议事日程。温州市委、市政府提出实施沿海产业带发展战略,并将全市固定资产投资20%以上用于开发建设沿海产业带和瓯江口新区。沿海产业带最核心的部分在瓯江口新区,最重要的组成部分是洞头,温州市委、市政府规划建设的360平方千里瓯江口新区,几乎覆盖了洞头全县,洞头大规模开发的崭新平台正在逐步形成。

(二)优越的自然条件。洞头县位于浙南沿海,瓯江口外,是我国海上南北交通要津。全县陆地面积100.3平方千里,海域面积792平方千里,拥有大小岛屿103个,素有"百岛县"美誉。境内风光旖旎,是国家唯一以县域全境命名的4A级旅游景区,所属洞头渔场是浙江省第二大渔场。全县海岸线总长约333.5千里,深水岸线总长达27.2千里,可建1万～20万吨级泊位上百个,是温州港理想的外延选址。全县-10米等深线以内的浅海水域26.6万亩,理论基准面以上滩涂10.16万亩,滩涂开发潜力巨大。此外,洞头蕴藏大量的花岗岩、砺壳等矿产资源,海洋风能及潮汐能资源也是极其丰富。丰富的海洋资源、优越的地理位置和自然环境,为发展海洋经济创造了良好条件。

(三)强劲的发展潜力。随着温州半岛工程灵霓海堤的建成通车,洞头实现了从海岛向半岛转变。状元岙深水港、大门石化基地的落户,确立了洞头未来发展的重要平台,洞头将作为温州滨海港口新区,承担起发展温州临港产业,特别是重化工业,推进温州进入工业化中后期的重要角色。2010年年初开工建设的省重点工程大门大桥和77省道延伸线将于四年后建成,届时洞头的区位优势将突出显现,洞头将迎来大开发、大建设的黄金机遇期。可以说,洞头已经站在了一个新的历史平台上,正处于由"原地跳"向"三级跳"发展的拐点,海洋经济发展进入了亟须突破的关键时期。洞头的发展将成为温州海洋经济发展的重要支撑,成为温州城市由"瓯江时代"向"东海时代"迈进的主阵地。

二、洞头县发展海洋经济的做法及取得的成效

近年来,洞头县紧紧把握发展海洋经济这一主题,加大海洋资源开发力度,积极发展临港工业、海洋渔业、滨海旅游,加快港口开发、围垦造地和基础设施建设,海洋产业呈现快速发展态势,海洋经济实力显著增强。2003～2009年,全县海洋经济总产出由21.5亿元增长到66.8亿元,2009年海洋产业增加值达23.5亿元,占GDP的70.5%,比2002年增加了4.4个百分点,海洋经济已成为全县经济发展主导力量。

(一)海岛基础设施建设不断完善。洞头财力薄弱,基础设施建设落后,历史欠账较多,近年来洞头县积极发扬艰苦创业、"小县办大事"的精神,千方百计筹措建设资金,加快海岛基础设施建设步伐,水、电、路等要素日趋完善,城市建设日新月异。2006～2009年,累计完成重点工程投资23.4亿元。洞头陆域引供水工程建成并投入使用,洞头不再靠天喝水。投资3亿多先后完成一批重大输变电项目的建设,积极推进110千伏输变电工程,启动大小门临港产业基地的220千伏工程前期工作。半岛工程灵霓北堤、五岛相连工程相继竣工,结束了海岛与大陆隔海相望的历史;连港环岛公路等城市路网和岛际岛内交通条件得到明显改善,实现了县域"半小时交通圈"。大力实施围涂造地,完成北岙后二期、状元南片等多项围垦工程,为城市建设提供发展用地,带来了显著社会经济效益。同时,温州半岛工程继续稳步推进,大门大桥、77省道延伸线等重大项目启动建设。随着基础设施的进一步完善,海洋资源得到综合开发,大力改善和优化了海岛投资环境,洞头海洋经济发展态势更趋强劲。

(二)临港工业发展亮点凸现。坚持走实业兴县之路,将临港工业作为发展海洋经济的重中之重,大力扶持和引进涉海实体型企业,重点突出石化行业发展,充分发挥财税政策激励和导向作用,鼓励企业做大做强,推动产业升级,提高经济发展的质量和效益。目前,大小门石化产业基地已初具规模,杨文、科技、南塘等三大基地建设全面推进,进一步扶持医药、化工、机械汽配、电子电器、建材等重点行业的发展,形成温州中

油燃料石化有限公司、浙江中油华电能源有限公司、浙江诚意药业有限公司等一批龙头骨干企业，有力地带动了临港工业经济的发展。2009 年，全县实现工业总产值 45.03 亿元，临港工业产值占全县工业总产值 77.6%，其中石化行业产值 30.9 亿元，占全部工业总产值比重的 68.6%，以港口资源为依托的石化产业显示出强有力的发展势头，成为洞头县临港工业的重要支撑。

（三）港口物流发展态势强劲。“十一五”以来，洞头县港口建设规模呈现，目前已开发的港区主要有大小门港区、状元岙港区、洞头港区、东沙港区、鹿西港区等。根据《温州港总体规划》，大力推进状元岙、大小门为核心的港区建设，着力形成港口物流互动发展。其中，大小门港区小门岛作业区现有 5 万吨级和 2000 吨级油气中转码头各一座，主要以油品化工的中转运输为主；状元岙港区一期 5 万兼靠 10 万吨的集装箱码头为浙南之最，以散货兼大型外海深水集装箱。2009 年，港口吞吐量为 382 万吨，其中外贸吞吐量 75 万吨，增幅达 415.6%，港口集装箱外贸吞吐量 0.94 万吨，集装箱吞吐量及外贸出口实现零的突破。随着水路运输物流平台的打造，海运业优惠扶持政策出台，海运业发展势头良好。近三年来兑现海运业优惠政策资金 2173 万元，2009 年海运业运力规模达到 23.2 万载重吨，较上年净增 5 万载重吨，实现营业税 769 万元，同比增长 13.1%。

（四）滨海旅游业发展迅速。2006 年半岛工程建成通车，打破了洞头对外交通瓶颈，洞头紧紧抓住机遇，以建设现代化港口旅游城市为目标，把发展旅游业放到更加突出的位置，加大对海洋旅游发展的财政投入，加快完善旅游设施建设，推进新型旅游精品开发和旅游品牌建设，创新旅游对外宣传手段，努力打造海洋旅游休闲岛。近年来，先后开发了“海岛风情游、休闲体验游、红色军旅游、宗教文化游”等特色精品，还获得了浙江省最值得去的五十个景区之一、中国最佳海岸摄影地、中国摄影十大发烧风景地、2009 年度国际最佳休闲度假胜地等旅游名片，“海上桃源、风情百岛”旅游新形象逐步显现。2009 年接待国内外游客达到 176 万人次，社会旅游综合收入达到 7 亿元，相当于全县 GDP 的 21%。旅游业的发展直接改善了产业结构，带动了餐饮服务、房地产、交通运输、住宿娱乐等第三产业发展，促进了渔农民转产转业。滨海旅游业已经成为洞头经济新的增长点。

（五）海洋渔业结构明显优化。针对海洋渔业资源不断衰退及国家海洋渔业政策的调整，洞头县积极采取有效对策措施，坚持“主攻养殖、调整捕捞”的发展思路，突出财政资金扶持引导政策，努力调整优化渔业结构，推动传统渔业向现代渔业发展取得成效。2009 年渔业总产量 15.1 万吨，产值 7.5 亿元。稳定近海捕捞生产，鼓励“走出去”发展，加快养殖新品种和新技术的开发引进及推广，引导多元化、工厂化养殖新模式。扎实推进渔业产业化水平，发展各类渔农民专业合作社 42 家，经营总收入 1.37 亿元，带动渔农户 2728 户收入 4627 万元。大力发展水产品加工业，扶持水产品加工龙头企业，全县共有市级以上农业龙头企业 11 家。积极助渔民减负，落实油补政策，发放油价补助资金 2544.5 万元，惠及渔民 5000 余人。积极培育发展渔港经济，浙南地区最大的渔港工程洞头中心渔港即将建成，东港休闲中心、游艇俱乐部、水产品交易市场等项目开发稳步推进。

三、存在的主要问题及下一步发展思路

近年来，洞头海洋经济发展虽然取得了一系列较为显著的成绩，但仍存在不少影响和制约发展大局的难点问题。一是海洋资源开发水平较低。洞头县虽然海洋资源丰富，但海洋资源开发利用总体水平仍然较低，综合效益不高，资源浪费、生态破坏等现象不同程度存在。二是海洋经济基础仍较薄弱。县域海洋经济总量偏小，产业低、小、散发展格局仍未根本扭转；基础设施仍相对滞后，开放型经济有待进一步提升。三是各种要素制约仍较明显。土地、资金、水、电等要素支撑仍较缺乏，基础设施建设投入仍相对不足。科技发展基础薄弱，科技创新能力落后成为海洋经济发展的软肋。

下一步，将主动对接省市海洋经济发展带规划，“以港兴城、以海促游”，统筹海陆发展，着力提升洞头海洋经济发展能力，加快推进现代化港口旅游城市建设。

（一）加大围垦造地力度，努力破解海岛经济发展面临的土地制约。一直以来，制约洞头经济发展的主要是水、电、土地等资源要素，通过近几年的不断努力，洞头的水、电等资源得到大大改善。但当前，土地资源仍是洞头县经济发展迫切需要解决的要素之一。“十二五”期间，洞头县委、县政府将着力加大围垦造地的工作力度，计划完成北岙后二期、状元南片和洞头环岛西片三大围垦区的围垦造地项目，县财政将积极筹措建设资金，通过市场化的有效运作方式，加快推进围垦项目建设，为洞头的工业化发展提供土地资源保障。

（二）以状元岙深水港开发为契机，大力发展港航运输、港口物流产业。温州状元岙深水港一期 255 万吨级泊位码头已于 2008 年 9 月建成试港，并于 2009 年 10 月 20 日经批准成为全国首批 63 个对台口岸之一，实现对台直航，但目前由于各种因素而未能正式开港运营。“十二五”期间，重点要做好以下几项工作，促进深水港经济效益的发挥。一是依托 77 省道延伸线的建设和深水港对台直航的契机，不断完善港口的综合配套服务功能，打造综合性的物流服务平台，通过港口功能的提升来吸引浙西南、闽东北、赣南等地的物流，逐步把状元岙深水港打造成为温州港的核心港区，加快推进“港航强市”战略的实施。二是参照宁波北仑港、舟山洋山港等地发展港口经济的一些先进经验和做法，研究制定财政支持港航服务业

发展的政策，设立港口物流发展专项资金，大力支持临港产业的发展。三是积极配合省、市向中央有关部门申请设立保税区或保税港区，争取中央有关港口发展的政策支持。通过港口经济的发展，使洞头积极融入长三角一体化、海西经济区和温台沿海产业带的发展。

（三）凸显海岛旅游特色，打造滨海休闲度假基地。作为国家4A级旅游区和浙江省唯一以县命名的省级重点旅游风景区，按照“发展大旅游、开拓大产业、形成大市场”的思路，“十二五”期间，将加大对海岛旅游产业发展的投入，县财政每年将安排1000万元以上的旅游发展基金，重点要加大旅游基础设施和配套设施的建设，加大旅游宣传工作力度，大力发展海洋风情游、海岛休闲游、海岛会展游、海岛文化游、海岛主题游，培育特色旅游休闲品牌，推动商旅文联动，逐步引导向综合性的有国内知名度的旅游区发展。推进洞头旅游景区的联动开发，延伸旅游产业链，加强与国内著名风景区的旅游合作，争取融入长三角和海西旅游区的旅游体系，把洞头打造成为国内有影响的休闲中心、海洋商务休闲中心。

（四）集智聚贤，积极打造温州科教研发基地。温州经济发展方式的转变需要在创新上有大的突破，需要在区域和科技方面寻找战略突破口，洞头县以其优美的海岛生态环境、适宜创意的环境、独特的区位条件成为温州主要的选择之一，温州规划在洞头打造科教研发基地。“十二五”期间，将抓住这一发展机遇，研究出台促进科教研发基地建设的财政资金和土地支持政策，加快推进中德生命科技园、浙江省海洋水产养殖研究所海水养殖科研基地以及温州医学院仁济学院、温州教育学院等项目落户洞头的建设工作，形成以科教研发为根本、以文化创意为载体，打造科教研发服务平台，营造适宜创新、创意的服务环境，重点培育教育培训功能、科教研发服务功能、创意设计功能，推动科技与文化创意的融合。同时着力挖掘科技、文化创意元素，逐步发展科教研发服务中心、海事研发与科技服务、海事教育与培训、创意产业园、服装设计中心、艺术村落、海洋文化馆等业态，打造科技海岛、文化海岛、创意海岛。

（五）以国家级生态县创建为抓手，推进海洋海岛生态保护。“十二五”期间，将围绕创建国家级生态县目标，着力提升洞头生态环境功能，以优美的滨海生态环境引导城市发展，促进产业结构升级。重点是做好生态功能区财税政策改革，加大对重要生态功能区的财政转移支付力度，增加对生态环境保护的投入，重视对岛礁、山体、滩涂、海域的保护，维护自然环境和生物多样性。积极开展生态和环境保护领域的区域合作，建立有效的协调机制，积极参与瓯江流域的综合整治和保护。加强海洋生物多样性保护，合理保护与发展滩涂养殖，组织生态产业示范，发展海洋生态经济，发展绿色海洋食品和有机食品，提高产业科技含量，控制发展高污染、高能耗企业，支持发展生态型企业。建立健全生态补偿机制，特别是对饮用水源生态功能区等重点区域采取财政补偿、资金补偿、项目补偿等生态补偿方式，以保护海洋生态环境。

强化财政政策调控　促进产业转型升级（摘要）

上虞市市长　丁如兴

一、当前产业转型升级的形势判断

当前，各级对产业转型升级都非常重视，特别是从“十二五”来看，将是我国调整转型的关键期，省委、省政府已明确把转型升级作为今后五年发展的主线。对于县域经济而言，推进产业转型升级显得更为重要而紧迫。

（一）推进产业转型升级，是发展步入新阶段的必然选择。从国际经验看，一个地区进入人均GDP5000～10000美元阶段，是新型工业化和新型城市化步伐进一步加快的特殊时期，资本密集型、技术密集型产业将加速崛起，结构优化、消费升级的趋势将越来越明显，特别是绿色低碳产业、现代服务业将迎来一个发展的大好机遇。2009年上虞市人均GDP已达到7000美元，近三年服务业增加值比重提高了1.9个百分点，高新技术产业产值年均增长22%。在这种新的形势下，调整优化产业结构，推动制造业和服务业提升发展，已是发展的大势所趋。

（二）推进产业转型升级，是化解发展新矛盾的根本之策。金融危机以来，外部市场持续低迷，资源、要素、环境制约瓶颈将日益突出，企业综合成本上涨的趋势将不可逆转，支撑传统劳动密集型产业发展的低成本优势也将进一步削弱，同时节能减排、安全环保的约束更趋刚性。这些都表明传统的外需驱动型、投资拉动型和规模扩张型的发展方式将难以为继，迫切需要整合各种政策资源，采取措施，推动产业素质提升，加快将发展动力转换到内需拉动和创新驱动上来，更加重视提升劳动者素质和促进精细化管理。

（三）推进产业转型升级，是抢抓发展新机遇的客观要求。目前，国家推进产业转型升级的导向更加明确，这是寻求经济新的增长点的大好机遇。就上虞而言，发展机遇更为难得。从外因来看，长三角“一核九带”的空间布局，全省打造海洋经济产业带，绍兴打造滨海新城等重大决策，特别是嘉绍跨江大桥、杭甬高铁等重大交通工程的建设，将为今后发展提供极为有利的外部条件。从内因来看，多年发展形成的一批规模优势企业，投资本土发展的热情逐步高涨，新引进项目的带动作用明显；中心城区和产业平台的支撑能力不断提升，特别是8万亩围涂工程的加快推进，发展空间变得更为广阔。

二、推进产业转型升级的主要实践

近年来，上虞市着眼于推进产业转型升级，突出制造业和服务业两大重点，充分发挥财税政策的杠杆作用，在加快构建“重点明确、导向清晰、资金可控、绩效可保”的政策体系方面，进行了积极的探索和实践。主要抓了三个方面：

（一）在制造业发展上，重抓扶大育新和提质创新。围绕打造先进制造业基地目标，重点支持新兴产业和优势企业的培育。编制工业转型升级产业发展规划和产业升级投资实施方案，出台加快产业转型升级实施意见，鼓励发展新兴产业，推动技改投入和科技创新。2010 年上半年规模以上工业新产品产值增幅达 52.2%，高出规模以上工业总产值增幅 17.6 个百分点。突出招商引资“一号工程”，大力开展“项目推进年”活动，切实加大招商引资和项目投入的支持力度。2010 年 1～7 月实到外资 1.35 亿美元，其中新引进总投资 1000 万美元以上项目 22 个；在建工业项目完成投资 71.12 亿元，增长 31.3%。实施“211”企业培育工程，重点扶持 20 家大企业大集团、100 家行业优势企业、100 家成长型企业。积极推动企业上市，鼓励实行股份制改造，上市企业累计达到 11 家，2010 年上半年已融资 50 亿元。严格落实节能减排，大力实施“三高一低”项目设备淘汰改造三年计划，积极开展循环经济和清洁生产，出台了一系列限批限产和淘汰改造政策，已淘汰改造项目 36 个，实施循环经济重点项目 28 个，完成清洁生产企业审核 23 家，有效倒逼了企业改造提升。

（二）在服务业发展上，重抓业态培育和产业互动。围绕打造“浙东新商都”目标，重点支持传统商贸业提升、现代物流业破题、新兴服务业培育和休闲旅游业互动。举办新商都购物节系列活动，鼓励商贸零售企业做大做强，大通、上百连续五年位列全省商场单店销售前十强，全市专业市场经营面积达到 120 万平方米。编制现代物流业发展规划，鼓励生产性物流业发展，特别是对综合性物流项目实行“一事一议”，杭甬运河曹娥作业区、沽渚高速物流区等项目正抓紧实施。出台“退二进三”激励政策，推动工业企业主辅分离，近三年累计完成 81 家。出台投资 2 亿元以上服务业项目扶持政策，大力发展总部楼宇经济，城区商务楼宇面积达 150 万平方米。鼓励发展金融、信息、中介、创意、会展等新兴服务业态，浦发、华夏、浙商、民生等银行分支机构先后落户，小额贷款公司成功组建。以“四季仙果之旅”为载体，推进商贸旅游业与现代农业的互动，2009 年共接待国内外游客 170 万人次，实现消费品零售总额 114.3 亿元。

（三）在发展环境营造上，重抓平台建设和要素保障。围绕打造宜居创业的现代化和谐城市目标，重点支持平台优化和要素保障。在平台建设上，把两个开发区和 15 个乡镇工业功能区作为发展的主阵地来抓，调整完善用地指标倾斜、财政超收分成政策，加大基础项目配套补助力度。杭州湾上虞工业园区东一区已完成基础投入 4.8 亿元，引进项目 32 个，计划总投资 164 亿元。把中心城区作为支撑制造业和服务业发展的重要平台，大力开展“城市提质年”活动，实施“城市建设三年计划”，启动开发杭州湾上虞滨海新城、经济开发区滨江新城、杭甬客专站前区域及大龙山区域等四大区块，着力拓展发展空间。在要素保障上，加大土地整理和复垦的奖励力度，鼓励企业通过加层翻建、改造标准厂房等形式提高土地利用率，2010 年已盘活存量土地 1750 亩。加大金融支持工业转型升级的考核力度，鼓励银行创新金融产品，2009 年全市工业企业贷款余额达 256 亿元。大力开展“引智强企”活动，加大职业培训力度，推进区域性劳务合作，2010 年上半年共引进各类人才 4200 余人，解决企业用工 2.5 万人。推行投资者和高端人才“绿卡”制度，落实子女优先入学等 18 项优待措施，投入 200 余万元建设网上审批和电子监察系统，不断优化投资创业环境。

三、推动产业转型升级的政策思考

当前，政府在资源配置、行政审批、市场监管上负有重要职能，如何进一步明确政策导向，提高政策绩效，直接关系到产业转型升级的成效。在具体财政政策的制订实施中，有以下几个问题需要重点关注：

（一）关于导向问题。随着经济阶段和宏观环境的深度变化，对政策导向也需作相应的调整优化。具体有这样三个方面：一是增量与存量如何互动。绿色低碳是发展的大趋势，现有政策对引进这方面新项目支持力度比较大，特别是当前对战略性新兴产业的扶持力度特别大，目的是通过引进优质增量来促进结构调整。但相对而言，对传统产业的改造提升支持的力度不够大，事实上这些传统产业仍然存在市场需要，最好的办法是通过改造提升和收购兼并，来逐步实现转型升级。因此，这方面的支持力度要进一步加大。二是重点与一般如何兼顾。由于条线管理原因，从上到下都有一些支持政策，特别是从整个经济社会发展角度来看，每一块工作都是十分重要的，都需要给予支持，但毕竟可调配的资源是有限的，支持方向上只能突出重点、有保有压。转型升级作为今后发展的主线，那么在考虑政策配套当中，需要体现这个重点。三是软件与硬件如何同步。从政府的角度，如何为产业转型升级创造良好条件，关键要解决要素制约，重点在优化配套服务。新一轮产业转型升级，对人才和科技是新的考验，而原有政策对硬件方面一般都比较重视，但对人才、科创等一些软件方面政策支持的力度不是很大，因此，今后在软平台方面要进一步加大支持力度。

（二）关于绩效问题。财政政策资源非常有限，如何发挥其最大效应，是各级政府共同面临的又一重大课题。有三个方面急需予以深化：一是绩效评估方面。各级政府和财税部门在产业转型的政策研究上一直比较重视，也出台了一系列政策，每年投入的资金也不在少数，但实际上享受政策与实际成效往往会有所偏差，极个别的政策也有出现放空的现象，解决这些问题的关键是要建立健全一整套政策绩效评估机制，及时有效地对政策作出适应性调整。二是时效把握方面。政策要跟着需求走，才会有好绩效。一般情况下，政策大多都是等着企业上门，如何在企业最需要的时候给予帮助支持，这是今后政策调整的主方向。比如当前有些企业受节能减排和绿色低碳要求倒逼，也非常希望借此机会实施淘汰改造，这个时候政府伸手帮一把，比平时补一点效果要好得多。三是方式创新方面。现在从县级政府来看，财政政策门类众多，有些是通过条线下去的，不同程度地存在"天女散花"、"撒胡椒粉"的现象，有效性值得探讨，特别是政策资源是否按照分线或者分块进行配置，哪种方式更有效，需要作深入研究。

(三)关于平衡问题。主要两个方面：一个是政策的平衡性问题。一般情况下，政策的导向没有错，实施的绩效也比较好，但实际操作当中，会出现许多无奈。比如在企业解困上，有些规模企业尽管产业层次不算很高，不属于转型升级的扶持范围，但由于员工众多、涉及面广，碰到经营风险，考虑到金融生态和社会稳定，不得不采取特殊政策实施救助，而这方面往往占有的资源比较多，造成新的不平衡性，这方面如何把握，需要深入研究。另一个是财力的平衡性问题。主要是收支矛盾在日益加大。收入方面，为了激发基层活力，需要优化财政体制，增加财力返还，可调控的资金在减少；同时分税制改革以来，利益分配格局调整，县域财力调控能力下降。支出方面，为了确保民生和谐，需要重抓基层基础，这方面的投入在增加，而且各种刚性支出又在持续增加，如近两年地方财政支出增幅分别高于收入增幅 4.5 个和 13.6 个百分点，特别是民生保障支出分别达到 15.1 亿元和 17.6 亿元。因此，地方可用财力与经济社会发展需求不匹配，只能靠举债来搞建设谋发展。因此，在进一步优化财源结构的同时，有必要深化财税体制改革，进一步壮大地方财力，保证有足够的资金用于支持产业转型升级。

自主有为 积极探索
深入推进欠发达地区的经济转型升级(摘要)

松阳县县长 林 康

松阳最大的优势是生态，最大的短板是产业，最大的问题是欠发达。经济转型升级应该正视现实、着眼长远、查漏补缺，扬长避短，做到"扩量成型与同步转型并进，保护生态与错位发展并重、服务均等与城乡统筹并举"，合理运作有限资金，全力构建"生态领先、产业现代、城乡融合"的发展新格局。围绕这个目标，近几年来，松阳县充分发挥财政的分配、监管、调控、保障功能，形成政策引导、资金支持、体制激励和环境优化有机统一的财政引导支持保障机制，促进经济转型升级加快推进。

一、优环境，激活经济转型升级的有效动能

欠发达地区的落后，根源在环境。要推动经济的转型升级，必须有效改善各项基础环境，不仅为经济发展起到重要的保障作用，而且通过环境优化，激发出强大的发展动能，创造更加有利的发展机遇。

(一)优化创业环境。松阳县 2009 年人均 GDP 才达到 2827 美元，生产总值不过 38.9 亿元；地方财政收入仅 2.19 亿元，城乡居民收入刚刚达到全国平均水平，在全省 26 个欠发达县排名倒数第五，是全省最欠发达的县之一。面对极为落后的经济条件以及日益增加的民生压力，松阳县始终坚持人是第一发展要素的理念，强化发展意识和赶超思想，通过连续开展"四商"(亲商、安商、帮商、富商)、"三创"(百姓创家业、能人创企业、干部创事业)、"居危思危、居危思进"解放思想大讨论等一系列活动，出台低收入农户创业扶持政策、鼓励人才引进等财政扶持政策，为全县干部群众谋发展、促发展、争发展提供了优良的外部环境。县委、县政府也很好地发挥了表率和引导作用，在办公设施非常落后，干部待遇低的情况下，坚持"勒紧裤带打基础"的思路，暂停了政府大楼建设等消费性项目，尽量压缩公务开支，将有限财政资金尽可能多地用于发展项目上。

(二)优化生态环境。松阳是国家级生态示范区，森林覆盖率达 75%，自唐宋以来就有"桃花源"的美誉，生态环境质量保持全省领先。作为发展的最大依靠，松阳县自始至终重视生态环境的保护优化，按照开发建设索取有度、资源环境保护有方的要求，坚持走好生产发展、生活富裕、生态良好的文明发展道路。2006 年以来，全县共投入 4.21 亿元资金用于生态环境的修复和保护，在经济发展的同时，确保了生态环境质量继续保持良好。目前县城环境空气质量达到二级标准以上天数占 95.6%，集中式饮用水源水质达标率 100%，水功能区水质达标率 100%，松阴溪出境水质达到Ⅱ类水质标准，全县森林覆盖率达 75.2%。

(三)优化开放环境。松阳是传统农业县，自给自足的经济形态一直占据主体地位。在市场经济高度发达的今天，封闭落后是经济发展的最大限制。为此，松阳县将"开放兴县"作为重要发展战略提出，并积极为外资注入和本地资源输出提供有效渠道，通过建立产业集聚平台，完善招商引资政策，实施农村劳动力转移培训工程等措施，争取了外力的有力助推和本地资源的合理转化。近五年，松阳县共引进外地企业167家，吸引投资43.59亿元，同时全县的农村劳动力输出每年达到4万余人，并形成了松香、超市、服装等具备一定规模的外出创业群体。

二、兴产业，打造经济转型升级的核心基础

松阳的欠发达，关键在于产业落后。1982年恢复建县时，全县没有主导产业，三次产业结构为67.7:12.3:20.0，工业几乎一片空白。为此，松阳县着力发挥财政资金"四两拨千斤"的作用，将主要精力集中于培育主导产业，着力构建具有松阳特色的山区现代产业体系，推动县域经济快速健康发展。2009年，三次产业已调整为21.9:38.3:39.8，产业结构得到有效优化。

（一）打造生态型产业。经济转型升级首先要符合可持续发展的需要，松阳的优势在生态，产业发展也必须立足于这一根本，走生态产业相结合的路子，走与发达地区错位发展的路子。为此，松阳县在产业的引进和培育上，注重生态经济的优先发展和生态要求的前置准入。在农业产业的发展上，加强产业结构的调整，逐步限制和缩小资源消耗型的食用菌等产业发展，大力培育生态效益和经济效益俱佳的茶叶、香榧、油茶等产业。2000年以来，松阳县共投入近2.2亿元，全力扶持的茶产业成为农业主导产业，扶持内容涵盖了茶叶种植、加工、质量安全、品牌建设、市场建设等各个环节。2008年起，县财政又专门设立了香榧、油茶专项扶持资金，全力培育新的山区农业支柱产业。目前松阳县平原农业和山区农业格局已得到全面优化，尤其是茶产业成为带动全县以及周边县市百万农民致富的富民产业。在工业发展上，既正视阶段发展的现实需要，也始终牢记可持续发展的根本要求，认真走好生态工业的新路子。在产业的引进上，强化"承接转移产业，必须承接提升产业"的理念，以生态要求设置准入门槛，并全力推进工业园区的生态化改造，努力实现经济发展与生态保护的共赢。2006年以来，全县共引导投入工业生态改造资金7800万元，完善了污染物收集、处理、回收、预警四大系统，建立了全国首家不锈钢废水集中处理中心，不锈钢产业生态化改造经验被国家环保部、国家工信部向全国推广。在第三产业发展上，立足生态资源丰富的优势，积极培育"田园风情、休闲养生、农耕文化"为主题的生态旅游产业，努力把旅游产业打造成为第三产业的龙头和未来的支柱产业。2008年，县财政专门出台加快旅游业发展的优惠政策，并安排了与工农业等量的发展基金，力促这一朝阳产业发展。

（二）打造集聚型产业。现代产业的特点是集约化、规模化，松阳的产业发展虽然起步较晚，但在开始阶段就牢牢把握了这个发展特点，为经济转型升级创造了良好条件。2006年以来，全县共投入3.39亿元，建成了面积达5.9平方公里、各项基础设施较为完善的工业核心功能区，用以承载各工业产业的落户和发展。在产业的选择上，松阳县摒弃了天女散花式的松散型引入模式，强调了关联型企业的打包式引进，力争通过产业的高度集聚，真正形成产业的规模效益。在短短几年内，松阳县已形成以不锈钢为主导、铜加工、机电制造、轻工轻纺为补充的产业发展结构。2010年松阳县被省经信委正式命名为"浙江省不锈钢管产业基地"，松古平原生态产业集聚综合平台被列入省级大平台建设规划。为扶持农业主导产业的发展，松阳县专门设立了茶叶深加工园区，推动茶叶加工企业的转型升级。此外，县财政还每年安排100万元专项经费，用于培育农业龙头企业和农民专业合作社，以此来提高农民的组织化程度，引导农业产业的规模化发展。目前全县已有省级农业龙头企业3家、市级农业龙头企业20家，年销售收入10多亿元。发展农民专业合作社183家，链接带动5万农户。

（三）打造创新型产业。创新是经济转型升级的核心动力。松阳县虽然产业基础还很薄弱，人才、资金等发展要素还很缺乏，但仍坚持以创新来推动产业转型升级。在工业上，以传统制造业提升为目标，以技改投入和品牌建设为重点，做好主导产业的提质增效文章。2006年以来，通过财政的技改贴息等引导政策，企业共投入技改资金5800余万元用于改进设备，提升产品品质。目前，全县有多家不锈钢企业通过船级社认证，获取了中石化、中石油、中海油等高端市场的供应商资格，其中1家企业还跻身中核集团供应商行列。2009年县工业园区成为浙江省十大创新型工业园区，并被国家质检总局列为全国8个"特种设备安全进企业"示范点之一。在农业上，注重产业链的延伸和产品的深度开发，茶叶、油茶产业已由初级加工逐步开始过渡到深加工领域。

三、聚人口，强化经济转型升级的要素支撑

人口高度集聚是经济转型升级的又一重要特征，不仅能有效增强基本公共服务均等化投入的单位效益和整体水平，而且能通过人口资源的合理统筹，为一产的规模化经营和二三产业的集聚发展提供可能。松阳是个平原、山区兼有的县，境内松古平原是丽水市最大的山间盆地，人口集聚坚持"平原重点开发，山区重点保护"理念，通过"山民下山，资本进山"，让平原的空间效益和山区的生态效益同时增长，以此促进经济结构的优化调整。

（一）增强城市承载力。城市是人口集聚的主体平台，也是二产和三产的主要发展空间所在。加快城市化进程，提高城市承载吸纳转移人口的功能，是聚人口的关键。松阳县近几年来坚持实施"小县大城"战略，围绕打造"西屏镇、古市镇城乡一体化发展核心区"的目标，积极推进"一主一副"（县城西屏镇

为主城，古市镇为副城）组合式城市发展，全力拉开城市框架，完善城市功能，提升城市品位。2006～2009年间，共投入城市基础设施建设资金4.87亿元，完成环城南路、江滨大道、松州大桥等一批关联度大、共享性高且事关全局的市政重点项目建设及100多项与百姓生活密切相关的“民心”工程建设。先后成功创建省级卫生县城、省级文明县城，并正在积极创建国家卫生县城，省级园林城市、省级森林城市。县城建成区面积从3.31平方公里扩大到7.7平方公里；城市化率从31.5%提升至41.8%。与此同时，通过县城周边的工业园区，以及伴生工业和城市发展的物流、商贸、餐饮等第三产业，增加就业岗位，提高进城人口的巩固率。

（二）增强政策拉动力。松阳县88%的人口是农民，分散生活在401个行政村、1071个自然村，9万多人生活在高山远山地区。为有效引导山区农民下山，农村居民进城，促进人口资源的良性流动和合理布局，提高基本公共服务均等化财政投入的绩效，提升公共服务的共享水平。2005年以来，松阳县以“松古平原万人下山脱贫工程”为抓手，整合省、市、县三级财政资金，给予整村搬迁农户每人补助3500元，低收入农户集中村整村搬迁农户每人补助10100元，大力推进山区农民下山脱贫，推动人口向中心镇、中心村集聚。截至2009年，县财政已累计投入3.35亿元，撤并行政村8个、自然村92个，建成安置小区7个、安置点14个，实现下山脱贫4749户17118人，筱铺小区成为全省最大的安置小区。在此基础上，还将下山脱贫政策与旧村改造、宅基地复垦等工程有机结合，积极探索跨村安置的新途径，积极推动工商资金进行山区闲置土地的规模化开发，加快山区农民转业转产转移的步伐。

（三）增强环境吸引力。按照“山区重点保护，平原重点开发”的思路，松阳县将基础建设资金的投放重点更多地向平原地区倾斜，着力提高平原地区的设施完善度，以此吸引更多的山区农民向平原转移。目前，平原路网、水网、电网、通讯网基本完善，松古平原城乡供水一体化工程建成投入使用，污水收集处理、垃圾收集处理、供气一体化网络建设也正在积极建设中。2008年以来，以平原村庄为重点的旧村改造工程，更加促进了平原地区的整体面貌改观，为吸引更多山区农民下山进城创造了有利环境。

转型升级是一个长期的概念，从松阳发展情况看，尽管做到了理念对接、思路对接、方法对接，但受经济基础、认识水平的客观制约，传统经济的惰性还很顽固，在一些方面也还不能完全操作到位，转型升级的步伐不够快速。下一步要力争在四方面进行提升，继续走好经济转型升级之路。

一是提升资金运作能力。按照吕祖善省长提出的“持续、平稳、健康，支撑、保障、引导”十二字要求，深化财政“三个子”建设，盘活国有资产，优化投入结构，有效提高存量资金的统筹能力和使用效益。用足用好上级的优惠政策，重点把握省委、省政府扶持六个重点欠发达县群众脱贫致富奔小康的历史机遇，做好规划，明确重点，将省财政扶持资金真正用于当前急需的、长远必需的内生型发展关键项目和民生类发展缺腿项目，通过三年的扎实工作，培育起具有一定规模和活力的产业基础，具有较高水平的社会事业基础，具有完备功能的城乡设施基础，为松阳县跨越发展、转型升级提供强大的助推力和引导力。

二是提升生态产业素质。树立绿色GDP理念，提高资源利用效率，大力发展生态效益型经济。坚持把茶产业安全质量品牌和市场提升作为农业结构调整的主攻方向，大力发展香榧、油茶、笋竹林、早熟梨、鹊山鸡等特色种养殖业；积极培育建设现代农业园、精品农业园；大力扶持农业龙头企业，不断推进农业品牌化建设，争取把松阳建设成为省级高效生态农业示范区。充分发挥松古平原空间优势，突出生态工业发展平台建设；大力选商引资，增强企业自主创新能力，扶持龙头企业做大做强；着重推动不锈钢主导产业由块状经济向产业集群的转变，逐步培育2～3个具有竞争优势的产业，争取把松阳建设成为丽水特色制造业重要基地。围绕打造“千年古县、田园松阳”品牌的要求，加快延庆、箬寮、卯山等大景区建设，大力发展茶乡游、红色游、摄影游、农家乐游等特色旅游；争取把松阳建设成为浙西南田园休闲旅游胜地。同时围绕城乡居民不断提高的消费需求，加快推动商贸流通、房地产、社区服务等生活型服务业和现代物流、文化创意、研发设计等生产性服务业的外延扩张和素质提高，为一、二产业发展提供有力的功能支撑。

三是提升城乡统筹水平。继续做大做强主、副城和中心城镇，加快基础设施、产业平台、公共服务等一体化建设，为产业和人口集聚提供载体和空间，提高其对服务城乡的纽带作用；发展壮大中心村，通过农民异地转移和旧村改造工程，大力推进人口集聚、村庄整治，完善基础设施，美化人居环境；积极推进基本公共服务均等化，深化教育和医疗卫生体制改革，促进城乡教育、卫生、文化资源的合理配置和均衡发展，建成基本覆盖县、乡、村的社会事业基础设施；健全社会保障体系、社会救助体系，扩大社会就业，消化低收入农户群体，形成覆盖城乡、保障有力的和谐发展格局。

四是提升对外开放程度。继续解放思想，抓住机遇，加大县际开放程度，加快融入区域协作，在接轨周边发达地区中谋求发展，尤其抓住当前长三角区域经济结构重组的机遇，积极融入长三角，实现与长三角经济区的对接和联动，不断拓展经济发展的空间。在开放的过程中，突出产业的适生性和带动力，按照经济转型的长远目标，全力争取科技含量高、附加值高、发展前景广阔的产业入驻。突出本地资源的合理配置，引导传统农业思维向市场理念转化，增强自主发展、创新发展的基础动力，全力实践符合科学发展观要求的有效途径。

充分发挥财政作用 促进经济转型升级(摘要)

长兴县县长 章根明

经过多年来推进经济转型升级的艰苦实践，长兴县经济的总量和质量都得到了明显提升。一是结构变优了。三次产业比重由2006年的9.9:56.4:33.7调整为2009年的9.2:55.8:35.0。第二产业中,机电产业从2007年起成为全县第一大产业,2009年产值占比35.3%,比2006年上升12.2个百分点;水泥、化工等传统产业占比分别比2006年下降了4.6个和1.8个百分点。新能源、家用电器、生物医药等新兴产业较快发展,其中新能源产值比重从2006年的14.6%提高到2009年的23.1%。二是企业变大了。初步形成了一批大企业梯队,2009年全县“亿千”企业总数达到86家,比2006年增加51家,其中销售收入超40亿元的企业1家、超30亿的2家、超20亿的3家、超10亿的2家。三是产业集群初步形成。长兴县先后被授予“全国无机非金属材料基地”、“中国绿色动力能源中心”、“中国水泥产业基地”、“中国耐火材料之乡”、“中国节能灯电容器之乡”、“中国新能源产业百强县”、“浙江省现代产业集群转型升级示范区”、“浙江省蓄电池专业商标品牌基地”等许多称号。2010年6月,中央电视台《新闻联播》以“浙江长兴:发展新能源穿新鞋不走老路”为题,对长兴县加快转变经济发展方式、探索发展新能源的做法进行报道,《光明日报》、《农民日报》、《浙江日报》等国内重要媒体也相继对转型升级方面的成功做法进行了报道。回顾这几年长兴县推进经济转型升级的工作实践,财政发挥着不可或缺的作用。

一、充分发挥财政的杠杆作用,支撑转型升级

财政预算是集中和分配资金的重要渠道，也是调节经济社会发展的重要杠杆。在推进经济转型升级过程中,长兴县注重发挥财政预算的杠杆作用，从科学编制和执行财政预算入手,不断优化财政支出结构,把有限的财政资金用足用好,推进经济转型升级。在确保各项法定支出执行到位的前提下,用于经济转型升级的财政预算资金逐年增加,2010年安排的工业、农业、服务业发展专项资金共1.58亿元,比上年增加9%。工业发展上,财政预算资金向主导产业的升级改造、新兴产业的培育壮大、产业集群发展等方面重点倾斜;农业发展上,主要将财政资金用于商品蔬菜、花卉苗木、水果等七大特色产业发展,农业龙头组织培育壮大,农业现代园区建设等方面;服务业发展上,财政资金侧重用于现代物流业、旅游业发展、总部经济园区建设等方面。

二、充分发挥财政的指挥棒作用,引导转型升级

近年来,长兴县不断完善财政政策,加大奖惩力度,激励、倒逼企业不断加快转型升级步伐。一是加大奖励力度。先后制定出台了《长兴县工业转型升级实施意见》、《长兴县传统优势产业转型升级实施意见》等文件,明确传统产业改造升级的奖励政策,积极推动纺织、建材、机械、化工、电子等传统工业产业的技术改造。2007～2009年,用于342个传统工业技术改造项目的财政奖励资金6518.7万元。经过技术改造升级,全县所有水泥企业均采用新型干法生产线，并全部采用纯低温余热发电技术;纺织行业中圆机、剑杆机、经编机等新型纺织机械数量不断攀升,产品档次明显提高,其中经编机仅2010年以来就新增170多台;蓄电池产品由原来的单一铅酸蓄电池向铅酸类和镍氢类、锂离子类等新型电池领域拓展,产品应用领域从电动自行车向混合动力汽车、电动汽车延伸。二是加大补助力度。加快落后产能淘汰步伐,相继出台了关于淘汰水泥机立窑、石灰土窑、喷水织机等方面的财政补助政策,2007～2009年,县财政用于落后产能淘汰的财政补助资金4656.5万元。共改造窑炉142座、拆除烟囱223个、拆除石灰土立窑24门、淘汰喷水织机9437台,淘汰了全部水泥机立窑,蓄电池企业由原来的175家减少到目前的52家。随着一批“低小散”传统落后产能的淘汰关停,全县产业的整体层次、资源利用效率和产品附加值均明显提高。三是加大惩罚力度。强化各乡镇(街道)、开发区在企业转型升级过程中的监管责任,对被列入环境污染整治不达标企业所产生的全部税费,不参与所在乡镇(街道)、开发区分成,同时对未能完成节能减排任务的企业取消当年优惠政策享受资格,以财政惩罚手段调动乡镇(街道)、开发区和企业转型升级的积极性和主动性,加快经济转型升级。

三、充分发挥财政的催化剂作用,加速转型升级

近年来,长兴县在企业和产业发展上,充分利用财政的催化剂作用,促进企业由小变大、由大变强,促进产业集群发展。一是促进企业做大做强。坚持把培大育强、扶优扶新作为经济转型升级的重点工作来抓，结合“双百双推”、“百企超亿行动”、“大企业大集团三年超百亿计划”等活动,先后出台了《关于工业企业扶优扶强实施意见》、《关于引导和促进民间投资的规定》等政策措施,在土地、税收、贴息、奖励、收费、服务等方面对企业做大做强予以扶持。同时,县财政专门设立了突出贡献奖,对当年销售收入、入库税收达到一定规模的企业和当年销售收入位列国内同行业前三名的企业，对企业法定代表人给予奖励,有效调动了企业做大做强的积极性,天能、超威、诺力等一批本土明星重点企业实力迅速壮大，在各自行业的

知名度和话语权不断提高。在经济转型升级过程中，全县的上市企业也实现了从无到有的转变，三年新增上市企业3家，并且培育和扶持了一大批优质的后续企业梯队。二是促进产业集群发展。产业集群发展是经济转型升级的方向，也是财政鼓励和扶持的重点。长兴县按照"传统产业高新化、新兴产业规模化、高新产业集群化"的要求，制定实施工业主导产业培育计划，对具备一定产业基础的乡镇发展相关产业加大财政扶持奖励力度，推动产业集群发展，新能源、现代纺织、机械汽配、电子电器、新医药（食品）和新材料等主导产业集聚发展的势头日趋明显，初步形成了以夹浦纺织、煤山蓄电池、槐坎电子电容等为代表的特色块状经济。如，蓄电池产业集群，现有规模企业39家，被列入"中国产业集群品牌50强"，以储能电池为主的新能源产业被列入全省"块状经济向现代产业集群转型升级示范区"。截至目前，已初步形成年产值超50亿元的产业5个，其中，超100亿元的产业3个。

四、充分发挥财政的孵化器作用，促进转型升级

有投入才有产出，有大投入才有大产出。近年来，长兴县不断加大对"大好高"项目引进和科技型中小企业培育的政策资金扶持力度，充分发挥财政资金的孵化作用，带动和引导社会资源向新兴初长型、科技创新型企业倾斜，对重点引进项目和新兴科技企业给予重点扶持，有力壮大和优化了经济转型升级的主力军队伍。一是加快科技型企业培育。把科技型企业的培育作为加快经济转型升级的重要推动力，投资3200万元建成了全省第一家县级科技企业孵化器——长兴科技创业园，园区已孵和在孵企业达100多家，并成功培育了包括瑞琦仕电器在内的一批优质高新技术企业；总投入6400万元、占地62.5亩的长兴科技创业园二期主体工程已经完工，新增孵化面积2.5万平方米，使全县的科技企业孵化能力进一步增强。2005年以来，县财政在企业技术创新和高新技术产业化项目上的资金1787万元，新增科技型中小企业34家，其中省级以上高新技术企业23家，财政投入对科技型企业的孵化作用进一步显现。二是加强新产业培育。长兴县对新能源、新材料、生物医药等附加值高、资源消耗少、环境污染小的产业引进和培育一直给予财政优惠和奖励。充分调动了全县上下参与招商选资和县外资本来长投资的积极性，仅2009年，全县就引进"大好高"项目40个，总投资57.4亿元。2010年又对招商政策进行了大幅度调整，进一步细化并提高了项目标准和奖励标准，对全县产业发展带动效应明显的"大好高"项目，县财政将予以重奖。随着美国惠而浦、江森自控、法国欧尚等世界500强企业和中钢新型石墨材料、九川电器、波路梦等一批"大好高"项目的引进，机械汽配、白色家电、食品等新兴产业实现了从无到有、从弱到强的转变，全县产业发展的规模和层次明显提升，产业结构进一步优化。

五、充分发挥财政的助推器作用，保障转型升级

经济转型升级需要良好的基础条件和发展环境。近年来，长兴县下大决心、花大力气，不断加大财政投入力度，从改善经济转型升级必需的各类基础条件入手，保障和推动了经济转型升级顺利开展。一是拓展产业平台。专门制定出台了《关于加快推进乡镇工业平台建设的实施意见》，2009年更是全县推进平台建设力度最大、速度最快、成效最好的一年，县财政用于乡镇工业平台基础设施建设的补助资金达8074万元，全县工业平台新拉开框架3万亩，完成基础设施投入10亿元、工业性投资59亿元；新入园企业130家。经过全县上下的共同努力，以县开发区为龙头、各乡镇工业集中区为基础的工业平台发展格局初步形成，基本形成了资源高效利用、特色比较鲜明、产业初步集聚的多类型平台，为全县经济的转型升级提供了广阔的空间。二是搭建科技平台。长兴县综合运用无偿资助、贷款贴息、风险投资、偿还性资助等投入方式，建立健全多元化、多渠道的科技投入体系，引导企业和社会力量加大科技投入，陆续建成了浙江大学国家大学科技园（长兴）、中国浙江长三角•欧洲波罗的海地区国际技术转移中心、浙江绿色动力能源集成创新公共服务平台等一批科技创新平台。同时，长兴县还进一步加大了对企业研发投入的奖励扶持力度，2007～2009年，全县科技经费投入达2084.5万元，鼓励企业开发新技术、新产品、新工艺，加快由低附加值产品向高附加值产品升级。随着一系列创新平台的建成运行和研发投入力度的持续加大，全县科技创新能力日益增强，高新技术产业产值比重不断提高，2009年全县高新技术产业产值完成161.8亿元，占规模工业产值比重35.6%，比2006年提高了13.7个百分点。三是创新金融平台。制定实施了《关于加快全县金融业发展的若干意见》等政策，将金融机构的引进、金融机构优化服务等方面工作纳入奖励范围，着力引导金融机构服务企业发展，为企业转型升级提供资金支持，2008年以来，共落实奖励资金1000多万元。四是优化人才平台。几年来，长兴县进一步加大了对各类高层次人才引进的财政扶持力度，两院院士、享受国务院特殊津贴以及外国专家在长工作期间生活津贴的20%由财政奖励给所在企业；对完成当年引进全日制本科、硕博研究生等人才指标的明星、重点、培育企业，当年工资薪金所得缴纳个人所得税县得部分全数奖励给企业。2007～2009年，县财政用于高层次人才引进的专项资金就有1278万元，引进硕博士、高技能人才等各类高层次人才560名，这些人才陆续成为各产业领域的技术和管理骨干。同时，长兴县还不断深化对外劳务合作和劳动力技能培训，2007～2009年，县财政用于县外劳动力引进和城乡劳动力技能培训的资金达1728万元，帮助企业招工4万多人次，培训城乡劳动力8.4万人次，有效缓解了企业用工紧缺的局面，提升了劳动力整体素质。

财政工作大事记

zhejiangcaizhengnianjian

浙江省

一月

4日 省财政厅印发《浙江省省级行政事业单位国有资产处置管理暂行办法》。

5日 省委副书记、省长吕祖善带领省委、省政府检查组，对省财政厅2009年党风廉政建设责任制和惩防体系建设工作进行检查。省财政厅党组书记、厅长钱巨炎作专题汇报。

6日 省政府常务会议听取省财政厅厅长钱巨炎关于2009年全省和省级预算执行情况及2010年全省和省级预算草案的汇报。

20日 省财政厅党组下发《关于在全省财政地税系统开展向沈浩同志学习活动的通知》，要求全省财政、地税系统干部职工以沈浩同志为榜样，践行科学发展观，开创全省财税事业科学发展新局面。

21日 省财政学会第六次会员代表大会在杭州召开。会议审议通过第五届理事会工作报告及第六届学会章程，选举产生以省财政厅厅长钱巨炎为会长的新一届学会领导机构，聘请省政协副主席黄旭明为名誉会长。

是日 省中华会计函授学校第四届校务委员会第一次会议在杭州召开。校务委员会主任、校长、省财政厅厅长钱巨炎到会并讲话。

21～22日 浙江省财政地税工作会议在杭州召开。会议回顾总结2009年全省财政地税工作，分析当前面临的财政经济形势，安排2010年财政收支计划，部署2010年财政地税工作。省财政厅厅长兼省地税局局长钱巨炎作题为《深化财税改革，推动转型升级，促进经济社会持续平稳健康发展》的工作报告。省委常委、常务副省长陈敏尔出席会议并讲话。

26日 省十一届人大三次会议审查批准省人民政府提出的2010年省级预算，同意省财政厅受省人民政府委托所作的《关于2009年全省和省级预算执行情况及2010年全省和省级预算草案的报告》。

二月

2日 省财政厅下发《关于全面加强地方财政资金安全管理的通知》，要求全省各地加强财政资金安全管理，建立健全财政资金安全管理长效机制。

5日 省财政厅会同省人力社保厅、省地税局转发财政部、人力资源和社会保障部《关于编报2010年全国社会保险基金预算的通知》，启动全省社会保险基金预算编制工作。

10日 省财政厅党组召开以反腐倡廉专题教育为主要内容的专题民主生活会。省委副书记、省长吕祖善到会指导并提出“推动财税自身发展方式转变，实现财税持续、平稳、健康发展；贯彻落实科学发展观，发挥财税支撑、保障和引导功能”的要求。

20～21日 省财政厅党组召开理论学习中心组学习会，学习贯彻党的十七届四中全会、省委十二届六次全会和吕祖善省长在厅党组民主生活会上的讲话精神。

22日 根据《浙江省人民政府关于2009年度省直单位工作目标责任制考核情况的通报》，省财政厅在2009年度省政府工作目标责任制考核中获优秀单位。

23日 省财政厅召开处长会议，学习吕祖善省长“持续、平稳、健康”、“支撑、保障、引导”十二字精神，总结2009年度工作，谋划2010年工作思路。厅长钱巨炎就做好2010年度财政工作讲话。

三月

1日 根据省委组织部安排，副厅长朱忠明赴中央党校参加为期一年的脱产学习。

4日 省财政厅党组下发《关于认真学习贯彻〈中国共产党党员领导干部廉洁从政若干准则〉的通知》，要求全体党员干部严格自律，自觉做严格执行《廉政准则》的模范。

12日 省财政厅成立“深化作风建设年”活动领导小组，厅长钱巨炎任组长。

19日 省财政厅成立上海世博会“环沪护城河”安保经费保障工作领导小组，厅长钱巨炎任组长、副厅长罗石林任副组长。

20～21日 财政部副部长李勇在舟山、杭州等地考察。

25 日 省财政厅党组召开理论中心组学习会，传达中央举办的省部级主要领导干部专题研讨班和省政府第五次全体会议、省政府廉政工作电视电话会议精神，学习《中国共产党党员领导干部廉洁从政若干准则》，部署深化作风建设年活动等工作。

26 日 省政府常务会议原则同意省财政厅关于 2010 年省级财政预算盘子及重点项目资金安排的建议。

四月

2 日 省政府下发《关于进一步做好增收节支工作的通知》，要求各地做好增收节支保平衡工作，确保财政经济持续平稳健康发展，稳固经济回升向好势头，维护社会和谐稳定。

15～17 日 财政部部长谢旭人在杭州、萧山等地调研基层财政建设工作。

21 日 省委财经领导小组听取省财政厅关于 2010 年省级盘子及重点项目资金安排汇报。厅长钱巨炎参加会议。

是日 省财政厅印发《关于开展“深化作风建设年”活动的通知》，在全厅开展以贯彻实施《廉政准则》为契机，以“治庸治懒、提能增效、狠抓落实”为重点，以勤政、廉政、善政为目标的“深化作风建设年”活动。

五月

7 日 浙江省会计师事务所“之江先锋”创先争优活动指导小组成立，省财政厅厅长钱巨炎任组长。

13 日 省财政厅会同有关部门下发《关于全面推进村级公益事业建设一事一议财政奖补试点工作的通知》，在全省全面开展村级公益事业建设一事一议财政奖补试点工作。

14 日 浙江省财政发展“十二五”规划编制领导小组成立，厅长钱巨炎任组长。

21 日 省委、省政府召开全省“小金库”治理工作电视电话会议，部署 2010 年“小金库”专项治理工作。省财政厅厅长钱巨炎主持会议，省委常委、副省长葛慧君出席会议并讲话。

31 日 根据省委文件，金慧群同志不再担任省纪委派驻省财政厅纪检组组长。

是日 根据省委浙干任〔2010〕30 号文件，罗石林同志任省财政厅党组副书记。

是日 省财政厅印发《关于做好省级部门预算信息公开工作的指导意见》，明确部门预算公开主体，提出部门预算信息公开工作要求。

六月

3 日 根据省政府文件，金慧群同志任省财政厅副厅长，不再担任省监察厅驻省财政厅监察专员职务。

7 日 省财政厅党组印发《关于深入开展〞之江先锋〞创先争优活动的实施意见》，要求各党支部围绕建设服务型基层党组织，加强创建先进基层党组织和优秀共产党员活动的力度，将创先争优活动引向深入。

12 日 省级预算信息公开工作会议在杭州举行。副厅长罗石林出席会议并讲话。

13 日 浙江省注册会计师协会第五次会员代表大会在杭州召开。省财政厅厅长钱巨炎到会并讲话，副厅长薛小杭当选新一届理事会会长。

21 日 根据省政府文件，罗跃琴同志任省财政厅副巡视员。

是日 省财政厅出台《浙江省省级行政事业单位国有资产使用管理暂行办法》，要求加强省级各类行政、事业单位国有资产的使用和管理。

30 日 中央治理“小金库”领导小组副组长、证监会纪检组长李小雪一行到浙就“小金库”治理工作进行调研。省委常委、常务副省长陈敏尔出席会议并讲话，省财政厅厅长钱巨炎作工作汇报。

七月

1 日 经省政府同意并报财政部批准，浙江省大中型水库库区基金自 2010 年 7 月 1 日起征收。库区基金由省级财政部门负责征收管理。

1～2 日 全省财政系统“三位一体”组织机构改革研讨会在仙居县召开。副厅长金慧群出席会议并讲话。

8 日 全省海洋经济（海岛）发展财政政策措施座谈会在杭州召开。副厅长魏跃华出席会议并讲话。

23 日 省政府办公厅印发《转发省财政厅等部门关于浙江省

道路交通事故社会救助基金管理试行办法的通知》，明确道路交通事故社会救助基金设立、筹集、使用和监督管理要求。

26 日　省委常委会审议通过省直机关津贴补贴统一规范方案，并从 2010 年 1 月 1 日起执行。

28 日　全省财政政法财务工作暨世博安保经费保障工作会议在绍兴县召开。副厅长罗石林出席会议并讲话。

29 日　根据省编办《关于省财政厅所属事业单位类别对应衔接的函》，省财政厅除莫干山庄、世行培训中心外的其他 13 家下属事业单位分别确定为承担行政职能、从事社会公益服务、从事生产经营活动等三类事业单位。

八月

2～6 日　部分市县财政地税局长座谈会暨全省财政地税系统局长培训班在萧山举行。会议传达全国财政厅（局）长座谈会精神，回顾前七个月全省财政地税工作，分析当前财政经济形势，对下半年的重点工作作出部署，并就宏观经济形势、社会热点问题、财政分配与改革等课题进行学习培训。省财政厅厅长兼省地税局局长钱巨炎作题为《加强"三基"建设 深化财税改革 推动全省经济社会持续平稳健康发展》的讲话。

4 日　省政府办公厅出台《关于进一步加强农业综合开发工作的意见》，确定浙江省农业综合开发工作总体要求、主要任务。

4～5 日　省财政厅党组召开理论学习中心组学习会，学习贯彻省委十二届七次全会精神，并研究在"之江先锋"创先争优活动中结合财政工作和队伍建设实际，创新工作理念、方法和机制。

5 日　省财政厅、人行杭州中心支行印发《关于在省级预算单位推行单位公务卡的通知》，通过推行单位公务卡解决国库集中支付托收业务问题。

16 日　省财政厅下发《关于省级财政总预算会计部分事项采用权责发生制核算有关问题的通知》，首次明确省级财政总预算会计采用权责发生制核算的事项及账务处理要求。

27 日　省政府下发《关于加快推进公共财政管理改革的意见》，对深化财政科学化、精细化管理提出要求。

九月

3 日　省委财经领导小组召开会议，听取省财政厅关于 2009 年财政总决算和省级财政决算的汇报。厅总会计师赵立妙参加会议。

7 日　省委常委、省委组织部部长蔡奇到省财政厅就财政工作及行业创先争优活动开展调研。

10 日　省财政厅印发《浙江省财政行政处罚自由裁量权指导意见》和《浙江省财政行政处罚自由裁量权执行标准》。

13 日　省级单位行政政法财务管理工作会议在余杭召开。副厅长罗石林出席会议并讲话。

15～17 日　强农惠农资金专项清查工作部级领导小组副组长兼办公室主任、财政部部长助理胡静林率领督查组，对浙江省的强农惠农资金专项清查工作进行督查。省委常委、副省长葛慧君出席汇报会。

16 日　"浙江省财政改革与发展座谈会"在长兴召开。全省 11 个市财政局局长、29 个县（市、区）政府主要领导和财政局局长参加会议。会议主题是"财政支撑保障引导经济发展方式转变"。厅长钱巨炎作题为《五财并举 支撑 保障和引导全省经济社会事业科学发展》的讲话。

27 日　全省财政预算工作会议暨预算科（处）长培训班在富阳召开。副厅长罗石林出席会议并讲话。

是日　省财政厅下发《关于印发切实加强乡镇财政资金监管工作的实施意见的通知》，要求各地加强乡镇财政建设，发挥其对财政性资金就地就近监管作用。

30 日　省政府办公厅下发《关于加强地方政府融资平台公司管理有关问题的通知》，在全省开展地方政府融资平台公司清理核实和规范管理工作。

是日　浙江省第十一届人民代表大会常务委员会第二十次会议通过关于批准 2009 年省级财政决算的决议。

十月

9 日　根据省编办《关于省财政厅绩效评价处更名的通知》，省财政厅绩效评价处更名为绩效管理处。

12～15 日　全省财政地税系统运动会在衢州举行。省政协副主席黄旭明、省财政厅厅长兼省地税局局长钱巨炎出席开闭幕式。

13 日 省财政厅业务用房及停车库项目开工建设。

15 日 省财政厅、省交通运输厅印发《浙江省交通资金管理暂行办法》，对全省交通资金的管理和使用作出规定。

21～23 日 财政部副部长张少春在浙调研新农村建设和排污权交易试点工作。

23 日 省政府办公厅印发《浙江省人民政府办公厅转发省财政厅关于加快发展我省注册会计师行业意见的通知》，要求着力推进体制机制创新，引导会计师事务所向规范化、专业化、规模化发展，促进注册会计师行业又好又快发展。

28 日 全省农业综合开发工作暨项目管理现场会在嘉善召开。副厅长金慧群出席会议并讲话。

十一月

2～5 日 财政部"五五"普法验收检查组在浙江考核验收浙江省财政"五五"普法工作。

9 日 省财政厅会同省地税局下发《关于深化全省财政地税系统财税文化建设的意见》。

11～12 日 全省农业财政工作会议在遂昌召开。副厅长金慧群出席会议并讲话。

12 日 省财政厅印发《关于将按预算外资金管理的收入纳入预算管理的通知》，将按预算外资金管理的收入（不含教育收费）全部纳入预算管理，进一步规范财政收入管理。

14 日 省编委下发《关于设立省级部门预算编制中心的批复》，省财政厅成立浙江省省级部门预算编制中心。

18 日 省财政厅召开会议，传达、学习省委十二届八次全会精神。

19 日 审计署驻长沙特派办在杭州召开浙江省 2010 年中央预算执行情况审计进点见面电视电话会议。审计署总经济师兼长沙特派办特派员李勇库，省委常委、常务副省长陈敏尔出席会议并讲话，厅总会计师赵立妙参加会议。

22～23 日 厅长钱巨炎就 2011 年财政地税工作思路赴温州市调研，其间邀请在温省人大代表、政协委员恳谈，征求对财政地税工作的意见和建议。其他厅领导先后分赴全省各地开展调研。

25 日 全省企业财政财务管理工作会议在淳安召开。

25～26 日 省财政厅党组召开理论学习中心组学习会，学习党的十七届五中全会和省委十二届第八次全体扩大会议精神，研究确立 2011 年以及以后一段时期财税支持经济转型升级和社会各项事业发展的工作思路和对策措施。

十二月

1～4 日 财政部副部长张少春在安吉、嘉兴、杭州等地调研环境保护与农村环境治理工作。

3 日 全省财政系统依法行政依法理财工作会议在杭州召开。厅长钱巨炎出席会议并讲话。

14～15 日 全省政府外债及地方金融管理工作会议在金华召开。

15 日 省财政厅印发《浙江省省级行政事业单位国有资产收益收缴管理暂行办法》。

16 日 省十一届人大常委会第二十二次会议审议通过《浙江省政府非税收入管理条例》。

是日 省财政厅印发《省级产业集聚区财政政策实施办法（试行）》。

16～17 日 全省行政事业资产管理工作会议在温州召开。

20 日 省财政厅会同省移民办下发《浙江省小型水库移民扶助基金征收使用管理暂行办法》。

22 日 省财政厅印发《关于省以下质量技术监督部门实行财务属地管理体制的通知》，明确从 2011 年 1 月 1 日起省级以下质量技术监督系统财务管理体制由垂直管理调整为属地管理。

是日 省财政厅会同省委宣传部印发《浙江省省属文化集团国有资产管理暂行办法》。

是日 省政府下发《关于做好援疆援藏和扶持省内重点欠发

达县资金筹措工作的通知》，决定从2011年起按地方财政收入的一定比例向发达和较发达地区筹措资金，用于援疆援藏和扶持省内重点欠发达县。

31日 省委办公厅、省政府办公厅下发《关于调整财通证券有限责任公司管理体制的通知》，明确财通证券公司为省直属国有企业，其主要国有股权由省财务开发公司代表省政府持有，省政府授权省财政厅监管并代行出资人职责。

12月 全省（不含宁波）35.2亿元义务教育债务全部按期消化完毕。 （省财政厅办公室供稿 汤建新 王琛执笔）

杭州市

1月6日 市人大财经工委召开专题会议，听取杭州市财政局关于2010年预算工作的汇报。局长陈锦梅等局领导及市财政局各业务处室负责人参加会议。市人大副主任项勤和市人大财经工委领导同志听取汇报。

1月8日 市局召开务实会议，总结经验、谋划工作思路和目标任务，局领导班子成员、中层以上干部参加。局系统41个项目单位负责人就2009年重点项目完成情况及2010年重点项目申报进行逐一汇报。局长陈锦梅作题为《总结经验 趁势而上 全面提升管理服务 着力促进科学发展》的讲话。

1月10日 为选拔市局2010年财政预算公开解答员，市财政局举办财政预算公开改革培训班。培训班从市财政预算编制、预算执行、预算监督、各民生事业投入等多方面开展培训。

1月11日 市委、市政府考核组组长、市纪委常委、监察局副局长黄其乐一行四人对市财政局推进惩防体系建设和落实党风廉政建设责任制进行考核。

1月12日 市发改委副书记郭初民率考核组，就2009年度发改委系统归口单位工作目标完成情况来市财政局进行工作目标考核。局领导班子成员，机关党委、监察室、行政政法处等负责人参加考核会。

2月2日 省财政厅厅长、省地税局局长钱巨炎率省财政厅省地税局领导班子到市局新春慰问。

2月7日 市财政局《关于杭州市及市本级2009年财政预算执行情况和2010年财政预算的决议》在杭州市第十一届人民代表大会第五次会议上审议通过。2010年财政报告总结2009年财政预算执行情况和财政主要工作，确定2010年全市财政预算工作的指导思想，编制2010年市本级财政收支预算（草案），明确2010年财税工作的主要任务和目标。

2月23日 杭州市财政地税系统干部大会召开。会议学习贯彻党的十七届四中全会、中央经济工作会议、市委十届七次全会和全省财政地税工作会议精神，回顾2009年杭州市财政地税工作，研究部署2010年财政地税工作重点。市委常委、常务副市长杨戌标出席会议并讲话，局领导班子成员、区县（市）财政地税局班子成员、财税干部等近千人参加。局长陈锦梅作题为《认清形势 总结经验 趁势而上 全面提升管理服务 深化和谐财税建设》的讲话。

3月2日 市财政会计学会召开八届二次常务理事会暨《杭州财会》编委会会议，局长、市财会学会会长陈锦梅作八届二次常务理事会工作报告。

3月15日 中国注册会计师行业党办主任杨晨辉一行到市局调研会计师事务所党组织建设工作情况。

3月16日 市财政局召开市级财政补助事业单位实行国库集中支付改革动员大会，局长陈锦梅作动员报告，市级财政补助事业单位集中支付改革正式启动。

3月21日 财政部监督检查局副巡视员燕仪一行到市局调研，了解杭州市财政监督和绩效评价工作开展情况。

3月22～23日 市评审中心召开2010年度全市评审工作会议，会议总结财政评审工作经验，围绕推动杭州地区财政评审工作发展进行讨论，市评审中心、全市15个县（市）、区财政评审机构负责人参加会议。

4月23日 市财政地税局获2009年度杭州市市直机关单位综合考评优胜（满意）单位称号。

4月28日 市财政地税局举行“五四”表彰大会暨纳税服务志愿者组织成立仪式，会议表彰2009年度先进集体和个人，激励广大财税青年爱岗敬业、建功立业，弘扬“奉献、友爱、互助、进步”的志愿者精神。

4月29日 市财政局基本建设处处长汪生祥获2010年杭州

市劳动模范荣誉称号。

5 月 31 日 召开全市会计师事务所“会计先锋·走在前头”创先争优活动动员大会，副局长、市注会行业党委书记李永明参加会议并讲话，市注会行业党委委员和全市会计师事务所党组织书记和注会行业党建工作联络员参加会议。

6 月 4 日 杭州市财政局启动财政发展“十二五”规划编制工作。

6 月 11 日 市财政局召开“财税先锋·走在前头”创先争优活动动员大会。

7 月 1 日 召开全系统党员大会，以宣讲劳动模范、十佳公务员等先进工作者事迹的形式，庆祝党的生日，增强党员意识。

7 月 7 日 省委常委、市委书记黄坤明莅临市财政局，调研全市财政税收情况。局长陈锦梅与班子成员参加调研并汇报相关工作。

7 月 7～8 日 局长陈锦梅带领部分班子成员及处室负责人，走进杭州电台“民情热线”直播现场，向杭州市民宣讲财税政策，解答听众问题。

7 月 14 日 根据国务院开展强农惠农资金专项清理和检查工作部署，杭州市强农惠农资金专项清查工作领导小组成员单位会议在市局召开，市级 22 个职能部门有关负责人参加会议。

7 月 16 日 2010 年全市财政工作会议在富阳召开。会议汇报交流财政预算管理工作经验，分析上半年财政经济形势。

7 月 22 日 市委副书记、代市长邵占维一行到市局调研财政地税工作。局班子成员和预算处、办公室等处室负责人参加调研座谈。

8 月 5 日 市委副书记、纪委书记叶明一行到市局调研“深化作风建设年”活动开展情况，并召开作风建设调研座谈会。

8 月 12 日 杭州市信用担保联盟成立暨再担保中心揭牌仪式举行。市委常委、常务副市长杨戌标出席成立仪式并讲话。信用担保联盟是公共财政在扶持企业发展、缓解中小企业融资难，进一步完善信用担保体系建设的重大举措。再担保资金筹集目标 10 亿元，第一期筹集 2.50 亿元。

8 月 16 日 省委副书记夏宝龙一行到市财政局考察“五五”普法工作开展情况，实地走访考察 12366 财税咨询服务和投诉中心，参观普法摄影展，观看“五五”普法宣传工作掠影，并查看五年来普法宣传书籍、图册及宣传用品等。

8 月 19 日 市财政局召开新闻发布会，启动杭州市私人购买新能源汽车补贴试点工作。到 2012 年底，杭州市计划建成集中充电站 4 座，充换电站 38 座，配送中心 145 座，充电桩 3500 套。同时，将实现私人购买新能源汽车 20000 辆的试点目标。在中央财政补贴的基础上，市财政安排 8.60 亿元资金，用于私人购买和使用新能源汽车的补贴。

8 月 23 日 市财政局《关于杭州市本级 2009 年财政决算草案和 2010 年上半年财政预算执行情况的报告》，经市第十一届人民代表大会常务委员会第二十六次会议审议通过。

8 月 27 日 市财政局首次集中拍卖市级行政事业单位报废（淘汰）资产。共涉及七个单位的报废资产 984 件。

9 月 8 日 正式启动市本级 2011 年部门预算编制工作。

9 月 21 日 市属国有企业治理“小金库”工作动员暨培训会议召开，会议要求国有及国有控股企业“小金库”治理工作在年底完成。

9 月 25～30 日 全国友好城市财政投资评审工作交流研讨会在杭州市召开，来自太原、哈尔滨、大连、西安、广州、贵阳、成都及杭州的八个友好城市财政评审人员围绕“财政评审——和谐、共享、发展”的主题，交流先进理念，推进评审事业发展。

9 月 27 日 杭州财税网站被评为 2009 年度“中国杭州”政府门户网站优秀子网站。

9 月 29 日 全市国库改革工作推进会召开，专题研讨全市国库集中支付及公务卡改革推进工作。省财政厅总会计师赵立妙到会并作动员讲话。

10 月 26 日 省财政厅副厅长罗石林一行到市财政局开展财政工作思路调研。局长陈锦梅携班子成员，各区、县（市）财政局及机关相关处室负责人等参加调研。

11 月 2 日 财政部条法司副巡视员赵超一行到市局考核检

查“五五”普法工作。

11 月 5 日 市财政局社会保障处处长刘炎在 2010 年杭州市“公述民评”大会上，向全市民评代表依法就行政、廉洁自律、工作效能、服务态度、工作实绩等情况述职。与会的民评代表认为市局社保处在社保资金的管理、倾听民声、关注民情、切实帮助社会弱势群体解决实际困难等方面做出了成效。

11 月 16～18 日 省财政厅国库集中支付改革督查组一行 9 人赴上城、萧山、富阳等 11 个县(市、区)开展国库集中支付改革督查活动。督查组从组织领导、制度建设和岗位设置、国库集中支付管理、国库执行机构账务处理、对账管理、代理银行管理六个方面进行对照检查。

11 月 23 日 市财政局、市地税局、市国税局、人行杭州中心支行联合下发《关于调整钱江区税收征管及预算管理的通知》。规定原由市国税、地税部门征收管理的钱江区区域内的企业税收收入，从 2010 年 12 月 1 日起，调整由余杭区国税、地部部门组织征收管理，税收收入缴入余杭区国库。税收征管调整后，市与钱江区财政体制结算分成比例不变。

11 月 24 日 全市治理“小金库”工作领导小组召开电视电话会议，传达中央和省治理“小金库”工作会议精神，部署全市“小金库”专项治理下一阶段工作。

11 月 27 日 市财政局召开 2010 年度财税系统调研课题评审会，评定：一等奖 6 篇，二等奖 18 篇，三等奖 17 篇，优秀奖 16 篇。

12 月 9 日 以省纪委党风室主任方向为组长的治理“小金库”工作督导组到市局督导调研“小金库”治理工作，对市治理“小金库”工作开展情况给予肯定并提出下一步工作要求。

12 月 24 日 韩国京畿道预算担当官室系长李熙元率京畿道属市郡财政系统公务员研修团一行 20 人来访市局，学习交流财政支持公共设施和大项目投资建设有关情况。

12 月 27 日 市会计结算中心获全省财政系统先进集体荣誉称号。

12 月 31 日 市人大常委会党组副书记、副主任于辉达一行到市局慰问干部职工。

是日 市委副书记、代市长邵占维到市局慰问干部职工，代表市委、市政府对财税干部职工一年来的辛勤工作表示衷心感谢，并致以节日的祝贺。(杭州市财政局供稿　张　静执笔)

宁波市

1 月 1 日 根据财政部、国家税务总局《关于加快落实地方财政耕地占用税和契税征管职能划转工作的通知》要求，宁波市两税征管职能从市财政局划转到市地方税务局，各县(市)区财政部门的两税征管职能同时划转到地方税务部门。

1 月 19 日 全市财税工作会议召开，会议总结 2009 年全市财税工作，研究分析全市财政经济形势，部署安排 2010 年全市财税工作任务。局长胡谟敦作题为《调结构促发展 惠民生促和谐 为保持经济社会平稳较快发展而努力》的主题工作报告。

2 月 5 日 宁波市第十三届人民代表大会第五次会议审查批准宁波市人民政府 2010 年市级预算，同意市财政局受市人民政府委托所作出的《关于 2009 年全市和市级预算执行情况及 2010 年全市和市级预算草案的报告》。

2 月 8 日 市财政局召开全市注册会计师行业党建工作会议，研究部署全市注册会计师行业党建工作。

2 月 24 日 市财政局和市对外贸易经济合作局联合印发《2010 年宁波市促进开放型经济发展的若干政策意见》，支持开放型经济平稳较快发展。

3 月 2 日 市财政局组织召开全市财税系统党风廉政建设工作会议。局长胡谟敦作题为《强化制度建设和制度执行 努力提高反腐倡廉建设工作水平》的讲话。

3 月 31 日 市财政局与市国税局联合召开“优化纳税服务促进经济发展”新闻发布会，发布税务部门落实“拓市场调结构促消费增优势惠民生”部署，以及将于 2010 年推出的优化税收服务新举措。

4 月 14 日 审计署驻上海特派办一行到市局开展地方政府性债务专项审计调查。市财政局党委书记、局长胡谟敦代表市局就近年来全市财政部门在地方政府性债务管理方面采取的措施、制度建设、风险防范等方面工作向审计调查组作介绍。

5月6日 审计署驻上海特派办一行到市局开展市长任期经济责任审计。局长胡谟敦介绍近年来特别是在应对国际金融危机中市财税部门执行中央和国家法规、政策，支持地方经济社会发展等情况。

5月11日 全市财税系统运动会开赛。

5月20日 市财政局制定《关于推进卫星城市试点镇财政建设的指导意见》，支持深化中心镇改革加快卫星城市发展。

是日 市局工会被中华全国总工会评为“全国模范职工之家”。

6月24日 宁波市启动强农惠农专项资金清理检查工作，成立以市政府分管市长为组长，财政、监察、审计等20多个部门负责人组成的领导小组，并在市局设立领导小组办公室。

7月15～16日 全国部分省市金财工程应用支撑平台工作座谈会在宁波召开。会议就各省（市）平台推广实施情况和下一步的推广实施计划进行交流讨论。

7月20日 市委任命王晓、范国伟为中共宁波市财政局（宁波市地方税务局）委员会委员。

7月26日 市财政局召开卫星城市财政体制座谈会，贯彻市委、市政府关于深化中心镇改革加快卫星城市发展的战略决策，部署安排财政、地税部门下阶段的工作任务。

是日 市政府任命王晓为宁波市财政局副局长。

8月3～4日 全市财税工作座谈会召开，会议总结上半年主要财税工作，分析研究当前财政经济形势，部署安排下阶段财税工作任务。局长胡谟敦作题为《强基础重基层 大力推进财税科学化精细化管理》的主题工作报告。

8月14日 宁波市治理“小金库”工作领导小组办公室召开全市社会团体“小金库”专项治理工作布置会。“小金库”治理工作采取自查自纠和重点检查相结合的方式，至年底结束。

9月13～19日 财政部相关司局和财政部驻宁夏专员办分别组成强农惠农资金专项督查组和重点检查组，对宁波市市本级和余姚市、宁海县强农惠农资金专项清查工作进行专项督查和重点检查。

9月21日 宁波市农业综合开发办公室下发《加强农业综合开发工作的若干意见》，规范市农业综合开发管理，完善政策，创新机制，提高农业综合开发管理水平。

10月8～9日 由财政部国际司、国家发展和改革委员会外资司和欧洲投资银行联合主办，宁波市财政局协办的欧洲投资银行贷款政策、财务及采购培训班在宁波举行。来自全国各省（区、市）财政厅（局）、发改委、中央部委外资中心及在建或潜在的欧投行贷款项目单位代表计200余人参加本次培训班。

10月19日 宁波市对口支援四川省青川县部分乡镇灾后恢复重建工作圆满结束，所有援建项目全部建成并移交使用。

10月25日 市政府下发《关于加快总部经济发展的实施意见》，设立市级重点优势总部企业激励专项资金，支持总部企业品牌创新、研发投入、网络信息技术等关键环节发展。

10月26日 市政府下发《关于印发宁波市科技与发展投资专项基金管理办法的通知》，设立宁波市科技与发展投资专项基金，支持智慧城市建设，促进高新技术产业发展。

11月12日 财政部综合司司长欧文汉一行就加强公共租赁住房建设完善住房保障体系情况到宁波调研。

12月7～8日 市财政局召开全市乡镇财政建设工作会议，总结近年来全市乡镇财政工作开展情况，研究分析当前乡镇财政建设发展中面临的新形势，部署安排下阶段乡镇财政建设和管理新任务。局长胡谟敦出席会议并讲话。

12月8～14日 宁波市会计从业资格无纸化考试在余姚市和宁海县顺利举行，这是宁波市改革会计从业资格考试方式的首次试点考试，也是省内面向社会开展的首次会计从业资格无纸化考试。

12月27日 宁海县财政局局长尤永强被授予全国财政系统先进工作者称号，受到国家人力资源和社会保障部、财政部通报表彰。 （宁波市财政局供稿 高 朋执笔）

温州市

1月7日 市纪委副书记周爱平带领市构建惩防体系领导小组和市落实党风廉政建设责任制领导小组到市财政局进行检查考核。

1月11日 市财政局会同市水利局印发《温州市农民饮用水工程项目补助资金管理办法》，明确市级农民饮用水补助资金的适用范围，确定项目申报和补助标准。

是日 印发《温州市农田水利基本建设项目补助资金管理办法》，确定资金的申请、补助标准、使用和监督检查等事项。

2月16日 印发《温州市财政局开展工程建设领域突出问题专项治理工作方案》，要求加强对工程建设领域政府采购预算安排、资金支付的监管。

2月25日 市第十一届人民代表大会第五次会议通过《关于温州市2009年全市和市级预算执行情况与2010年全市和市级预算的决议》。

3月4日 召开全市财政地税工作会议。局长李步鸣作工作报告。市长赵一德出席会议并讲话。

3月25日 印发《关于成立＜温州财税＞编辑委员会的通知》，成立《温州财税》杂志编委会与编辑部，负责编辑《温州财税》杂志，宣传报道全市财政地税工作。

4月12日 印发《温州市农村财会人员财政支农政策培训工作实施方案》，在全市范围内开展农村财会人员财政支农政策培训工作，贯彻落实中央和地方各级政府财政支农政策。

4月23日 会同市教育局印发《温州市学前教育专项资金使用管理办法》，市财政每年安排500万元，引导、扶持与促进学前教育机构规范管理和加大投入。

4月24日 全国人大常委会预算工作委员会主任高强一行来温就“十二五”期间财税体制改革开展专题调研。市发改委、财政局、国税局、地税局等有关部门及乐清、永嘉等县政府主要负责人先后汇报分税制财政体制执行情况及有关建议。

5月7日 开展“求知创新 健康人生”为主题的第四届财税机关文化节系列活动。各单位围绕主题，举办20项文体活动。全局共有2300余人次参加各项活动。

6月13日 市政府印发《温州市副食品发展资金管理办法》，要求副食品发展资金由市财政专项安排，用于扶持市级菜篮子产品生产基地、加工基地、流通供应基地和相关技术推广服务单位。

7月6日 根据省财政厅要求，成立市局机构改革领导小组，开展机构改革和“三定”方案编制工作。

7月8日 召开全市财政地税局长座谈会，会议回顾总结上半年全市财政地税工作，对下半年重点工作进行布置。

是日 市委常委、纪委书记徐宇宁带队到市财政局调研指导党风廉政建设工作，并听取局长李步鸣的工作汇报。

7月27日 市财政项目预算审核中心正式开始运作，审核中心作为市财政局新设立的下属单位，主要工作职能是为财政资金使用的监督和管理提供技术支持，同时对财政投资项目审核委托业务进行管理。

8月17日 市政府印发《温州市珊溪库区环境整治专项资金管理办法》，规定从2010年起，市级财政每年从生态补偿资金中安排3000万专项资金，对列入珊溪库区环境整治范围的县(市)的整治项目，进行专项资金扶持。

9月26日 市政府印发《温州市市级行政事业单位国有资产配置管理暂行办法》，要求严格控制配置标准，严格控制配置资产计划审批和经费安排，严格采购程序。

9月29日 副省长、市委书记陈德荣在市委常务会议上听取市财政局局长李步鸣关于完善市对区财政体制及市区土地出让收入分配暂行办法的汇报。

是日 市政府转发市局《温州市市级预算单位公务卡管理暂行办法》，确定公务卡日常管理、支付管理、报销程序和管理职责。

10月7日 召开全市“小金库”专项治理工作会议。市治理“小金库”工作领导小组全体成员、各县(市、区)治理“小金库”工作领导小组组长、市直属有关单位分管财务负责人、市本级国有及国有控股企业和部分社团组织主要负责人参加会议。市委常委、常务副市长彭佳学到会并讲话。

10 月 15 日 市政府出台《关于完善市对区财政体制的通知》,新体制自 2010 年 1 月 1 日起实行,至 2014 年 12 月 31 日为止,在市区国税和地税收入划分办法、市区财力分成办法、市对区财政奖励政策、市对区转移支付制度四方面进行完善。

是日 市政府印发《市区土地出让收入分配暂行办法》,明确市、区两级政府事权,明确土地出让政策处理由各区属地负责,制定市区工业、经营性土地出让收入和市政府已明确用途的土地出让收入的分配办法。

10 月 22 日 召开全市财政地税局长座谈会,学习贯彻党的十七届五中全会和全国财政厅(局)长座谈会、全省财政地税局长座谈会、全省财政改革与发展座谈会等会议精神,分析财税运行形势,研究布置下阶段重点工作。

11 月 8 日 中国财政学会城镇财政研究专业委员会 2010 年年会在温州召开。财政部科研所、广东、江苏、河南、河北、山东、浙江等 60 多名城镇财政研究专家和学者参加会议。

11 月 9 日 全国财政支持木本油料产业发展情况座谈会在温州召开。浙江、湖南、江西、广西、福建、广东、湖北、贵州、安徽、云南、山西、新疆等 12 个省区财政厅的相关负责人参加座谈会。

11 月 18 日 市财政局召开特约监督员财税工作汇报会,30 余位民主党派专家学者(特约监督员)受邀参加会议。局长李步鸣向代表汇报 2010 年以来财政收支概况、主要工作开展情况及 2011 年工作思路。

11 月 22 日 省财政厅厅长兼省地税局局长钱巨炎率厅局有关处室负责人赴温州进行财政地税工作思路调研,与温州市财政局及各县(市、区)财政局负责人座谈,并召开在温省人大代表、政协委员座谈会,征求对财税工作意见。

12 月 17 日 市委、市政府在全市部门单位开展以"学先进、找差距、比干劲、创业绩"为主要内容的"互学互比"活动,局长李步鸣在第一批 19 个市直单位"互学互比"活动汇报会上作了《深化财税改革 助推转型发展 争创温州"十二五"财税工作新局面》的发言。 (温州市财政局供稿 杨海曼执笔)

嘉兴市

1 月 22 日 市六届人大五次会议通过《关于嘉兴市 2009 年全市和市本级预算执行情况及 2010 年全市和市本级预算草案的报告》。

1 月 28 日 印发《嘉兴市市级政府投资项目财务总监考核暂行办法》,强化对财务总监的考核。

2 月 3 日 市府办转发市财政局、市教育局联合起草的《嘉兴市本级民办学校财政补助办法》,扩大并提高就读民办学校的学生补助范围和标准,支持民办教育发展。

是日 召开全市财政地税工作会议暨 2009 年度总结表彰会,传达全省财政地税工作会议精神,表彰 2009 年度全市财政地税工作先进集体和个人,总结 2009 年财政地税工作,部署 2010 年财政地税工作任务,局长马邦伟作题为《深化改革 提炼创新 推动财政地税事业加快发展》的主题报告。

2 月 25 日 市编委批复同意嘉兴市政府投资项目财务中心(嘉兴市财政项目预算审核中心)类别调整为监督管理类。

3 月 4 日 市财政局与市体育局联合印发《嘉兴市竞技体育后备人才输送奖励办法》,加快体育后备人才的培养,促进竞技体育可持续发展。

3 月 4~5 日 召开全市财政地税系统党风廉政建设工作会议,局长马邦伟、纪检组长朱天文分别讲话。会上市局与各县(市)局、市局直属局签订《党风廉政建设责任书》。

3 月 10 日 印发《2010 年度嘉兴市财政支持农业和农村经济发展导向目录》,完善财政支农政策,整合财政支农资金,支持农业和农村经济发展。

3 月 17 日 市财政局与市委宣传部、市文化局联合印发《嘉兴市级文化产业专项经费使用管理暂行办法》,规范文化产业发展资金管理,加快文化产业发展。

3 月 29 日 市财政局与市建委联合印发《嘉兴市户籍居民家庭在市本级购买首套普通住房财政补贴实施办法》,加强市区住房保障建设,促进房地产业稳定健康发展。

5月4日 市政协副主席王淳与市政协委员驻财政局民主监督员一行到嘉兴市局调研财政支出绩效评价工作。

5月26日 市府办印发由市财政局起草的《嘉兴市市级预算单位公务卡管理暂行办法》，规范预算单位财政资金支付行为，提高公务消费透明度。

6月22日 市财政局与市外贸局联合印发《关于保持嘉兴开放型经济平稳较快发展的若干意见》，推进外贸发展方式转变，加快企业"走出去"步伐，促进全市开放型经济平稳较快发展。

6月24日～9月30日 组织开展全市强农惠农资金专项清理和检查工作。

6月29日 召开嘉兴市注册会计师协会第一次会员代表大会，正式成立嘉兴市注册会计师协会，市财政局副局长张永红当选为协会会长。

7月6日 举办七一"诗•歌会"，市局全体干部职工及离退休党员参加。

7月20日 印发《嘉兴市级工业发展资金管理暂行办法》，整合原工业发展、节能、装备制造业等专项资金，推动工业转型升级。

是日 印发《嘉兴市本级村级公益事业建设一事一议财政奖补实施办法》，推行村级公益事业建设一事一议财政奖补试点，推进社会主义新农村建设。

7月22日 省公务员局批准同意市财政局下属事业单位嘉兴市财政票据管理中心、市财政项目预算审核中心为参照公务员法管理事业单位。

8月10日 印发《嘉兴市市级排污权有偿使用资金管理暂行办法》，加强排污权有偿使用资金的管理，促进排污权交易市场的健康有序发展。

8月10日 召开局务（扩大）会议，传达全省财政地税工作座谈会和队伍建设暨党风廉政建设经验交流会会议精神。

9月3日 市委市政府批准成立嘉兴经济技术开发区财政局，作为嘉兴经济技术开发区管委会（党工委）、嘉兴国际商务区管委会（党工委）的综合职能机构。嘉兴市财政局经济开发区分局不再保留。

9月9日 市财政局与市教育局联合印发《嘉兴市本级校安工程专项资金补助办法》，支持校安工程建设。

9月29日～12月31日 市财政局与市纪委、市审计局、市国资委、市监察局联合开展国有及国有控股企业"小金库"专项治理。

9月30日 在市财政局召开市政协六届四次会议重点提案办理座谈会，向政协委员汇报由市局承办的重点提案办理进展情况，并听取政协委员意见和建议。

10月22日 财政部副部长张少春一行到嘉兴开展排污权交易试点工作情况调研，并召开座谈会。省财政厅厅长钱巨炎、嘉兴市市长李卫宁、市财政局局长马邦伟参加座谈。

11月2日 省财政厅副厅长金慧群一行到嘉兴调研2011年财政工作思路，先后召开省人大代表座谈会及嘉兴市局和各县（市、区）局工作情况的汇报会。

11月4日 市财政局与市外贸局联合印发《嘉兴市级促进服务外包产业发展若干意见的实施细则》，完善财政扶持政策，支持服务外包产业发展。（嘉兴市财政局供稿　刘　俊执笔）

湖州市

1月7日 市政府第48次常务会议听取市财政局关于市级行政事业单位经营性资产专项调查的情况汇报。

1月15日 副市长方新旗一行到市财政局调研社保政策及社保基金收支管理工作情况。

1月25日 与市水利局联合出台《湖州市农村河道长效保洁"以奖代补"资金管理办法（试行）》，对实施农村河道长效保洁并经考核验收合格的镇（乡）、村实施"以奖代补"。

2月9日 与市民族宗教事务局联合出台《湖州市少数民族发展专项资金管理办法》。

2月20日 市委副书记、市长马以一行到市财政局视察工作。

2月27日 市六届人大五次会议听取了市财政局关于2009年全市和市本级预算执行情况及2010年全市和市本级预算草案的报告。

3月8日 召开"三个年"(转型升级加速年、城乡建设提升年、作风建设加强年)活动动员会暨工作汇报会。市财政地税局党组书记、局长陈亚明作动员讲话。

3月15日 召开全市会计师事务所深入学习实践科学发展观活动总结大会。

是日 市政府转发市经委、市财政局、市人行、湖州银监分局联合制定的《湖州市区小企业专项信用贷款管理办法》,向市区各类中小企业提供小额、短期流动资金借款。

3月19日 召开2010年全市财政地税工作会议。市委副书记、市长马以参加会议并讲话。市局党组书记、局长陈亚明作题为《求真务实 开拓进取 为推动经济社会持续平稳较快发展再立新功》的工作报告。

3月25日 市人大主任会议听取市财政局关于2010年市级部门预算编制工作情况的汇报。

4月9日 市政府第52次常务会议听取市财政局关于2009年市级政府性债务预算执行情况和2010年市级政府性债务预算编制有关情况的汇报,以及关于建议建立产业集聚新平台建设专项资金有关情况的汇报。

4月14日 财政部信息中心处长罗汉军一行到南浔就加强基层财政信息化建设等方面开展调研。

4月19日 与市交通局联合出台《湖州市本级现代物流业发展资金管理暂行办法》,进一步支持现代物流业基地规划建设和物流企业自主提升发展。

4月23日 市人大主任会议听取市财政局关于市级政府性债务2009年执行及2010年安排情况的汇报。

5月11日 与市农办联合下发新修订的《湖州市集体经济薄弱村项目发展专项扶持资金管理办法》,对符合条件的集体经济薄弱村项目予以财政专项扶持。

6月7日 出台《湖州市(本级)农业综合开土地治理项目工程管护实施办法(暂行)》,按照"建管并重"、"谁受益、谁负责"、"以工程养工程"以及"市场手段与政府补助相结合"等原则,对农发工程进行运行管护。

6月29日 市六届人大常委会听取市财政局关于2009年全市和市本级财政决算的报告。

7月20日 省财政厅"五五"普法考核组到湖州市局开展"五五"普法考核验收工作。

是日 市人大副主任吴哲勇一行到市财政局调研、指导工作。

7月23日 市人大主任会议听取市财政局关于湖州市市级政府性专项资金有关情况的汇报。

8月4日 出台《湖州市强农惠农资金专项清理和检查工作重点检查方案》,对2007~2009年各级财政预算安排用于"三农"的各项资金使用管理情况进行检查。

8月19日 与市农村综合改革办公室、市农业局联合下发《关于全面推行村级公益事业建设一事一议财政奖补试点工作的通知》。

8月20日 市人大主任会议听取市财政局关于2010年1~6月全市和市本级预算执行情况的报告。

8月30日 市六届人大常委会听取市财政局关于2010年1~6月全市和市本级预算执行情况的报告。

9月10日 财政部核查组到德清对2007~2010年城镇污水处理设施配套管网建设"以奖代补"资金使用情况进行专项检查。

9月20日 市政府第58次常务会议听取市财政局关于2011年市级部门预算编制工作的情况汇报。

是日 与市农村综合改革办公室、市农业局联合出台《湖州市村级公益事业建设一事一议财政奖补项目和资金管理暂行办法》。

10月8日 与市科学技术局联合出台《湖州市科技保险补贴资金管理办法(试行)》,对在市本级工商注册的高新技术企业投保的符合条件的科技保险予以补助。

10月14日 市政府第59次常务会议听取市财政局关于湖州市市级预算单位公务卡制度改革实施方案的汇报。

10月18日 与市地税局联合出台《关于推动经济转型升级促进经济竞争力提升的若干意见》,对已有财税扶持政策进行系统疏理,推动经济转型升级。

10月28日 市政府第60次常务会议听取市财政局关于2010年湖州市本级财政支出绩效评价有关情况的汇报。

11月1日 省财政厅副厅长金慧群一行到湖州调研下一年财政工作思路。

11月10日 提请市政府下发《湖州市本级财政支出绩效评价实施办法》,进一步加强财政支出管理,强化支出责任,完善财政支出绩效评价体系,提高财政资金使用效益。

11月24日 省财政厅国库集中支付改革督查组到吴兴区财政局检查指导工作。

11月26日 市人大主任会议听取市财政局关于2010年市本级政府性投资项目评审与财政性资金绩效评价工作情况的汇报。

12月10日 市政府第62次常务会议听取市财政局关于湖州市市级行政事业单位国有资产出租出借管理实施办法(试行)有关情况的汇报,以及关于2010年市本级财政预算预计完成情况及超收财力安排使用建议的汇报。

12月21日 市人大主任会议听取市财政局关于2010年地方政府债券预算调整及超收财力安排使用建议的报告。

12月27日 市六届人大常委会听取市财政局关于2010年地方政府债券调整预算(草案)及市本级超收财力安排使用情况的报告。 (湖州财政局供稿 陈洪全执笔)

绍兴市

1月4日 中共绍兴市注册会计师行业委员会成立,市财政局总会计师赵雄飞任书记。

2月1日 市财政局行政审批服务处(国地税窗口)被绍兴市行政服务中心评为"2009年度行政服务示范窗口"。

2月9日 市委书记张金如,市委副书记、市长钱建民等市委、市政府领导到市级机关财务结算中心向财税干部致以新春的问候。

2月23日 市财政局表彰全市财税系统先进个人,阮苗根等30名同志被授予"全市优秀财政地税工作者"荣誉称号,傅玲娟等30名同志被授予"全市优秀基层税务工作者"荣誉称号。

2月26日 市财政局"创新财政支出绩效评价,提高财政资金使用效益"的具体做法被中共浙江省纪委、省监察厅、省效能办评为效能建设创新创优先进典型。

3月1日 召开全市财政地税工作会议,市委副书记、市长钱建民参加会议并讲话。局党委书记、局长阮坚勇作题为《切实抓落实 实现新进步 促进绍兴经济社会平稳较快健康发展》工作报告,并与各县(市、区)局局长签订2010年度党风廉政建设及行风效能建设责任书。

5月24日 金财工程一体化2.0版完成正式环境升级。这标志着绍兴市在全省率先完成"金财一体化软件2.0"的升级及"金财工程"一体软件与FOA系统的应用集成。

6月29日 召开"勤政廉政善政"主题教育暨创先争优活动动员大会。局党委书记、局长阮坚勇上党课并要求全局干部以"在推动科学发展中创先,在服务经济民生中争优"为主题投身创先争优活动。

7月22日 市编委批复同意绍兴市财政局(绍兴市地方税务局)内设机构办公室增设信息化管理处;征管处增设纳税服务处、行政审批服务处,财政监督局不再设行政审批服务处;财政投资管理处增设市农业综合开发审核中心。

9月28日 印发《关于建立市级一般预算支出进度通报制度的通知》,以提高预算资金使用效益和预算编制的准确性。

10月8日 93家有财政性资金安排的事业单位正式实施国库集中支付改革,至此,市本级预算单位基本完成国库集中支付改革。

10月22日 省财政厅总会计师赵立妙一行到绍兴市调研2011年度财政工作思路。

10 月 26 日 市编委批复同意市财政局内设机构预算处增设总预算局、国库处增设预算执行局。

11 月 22 日 市政府办公室印发《关于转发市财政局绍兴市创业投资引导基金业务流程的通知》，以制度形式规范创业投资引导基金工作。

11 月 24 日 市政府办公室印发《关于转发市财政局等部门绍兴市市级预算单位公务卡改革实施意见的通知》，标志着市级预算单位公务卡改革正式启动。

11 月 28 日 全省财政总决算工作会议和全省财政部门决算工作会议在绍兴召开，厅总会计师赵立妙出席会议并讲话。

11 月 30 日 《人民日报》刊登《浙江：不让干部倒在工程上》一文，介绍绍兴市财政局向政府投资重点项目派驻财务总监制变事后监督为全过程监管做法。

12 月 6 日 市财政局印发《绍兴市本级政府投资项目财务总监工作细则》、《绍兴市财政局财务总监财务监管建议意见书制度》和《绍兴市财政局财务总监工作报告制度》，规范政府投资项目财务总监监管工作。

11 月 18 日 市编委批复同意绍兴市财税干部学校增设绍兴市财税档案中心。

12 月 1 日 市编委明确市局下属市级机关财务结算中心正职领导列入市委管理干部管理。

12 月 20 日 市财政局印发《关于建立市级财政专项资金预算指标管理体系的通知》，决定从 2011 年 1 月 1 日起，建立市级财政专项资金预算指标管理体系。

12 月 21 日 市直机关工委批复同意局机关党委组建机关纪委，诸少华任局机关党委副书记兼机关纪委书记（正科长级）。

12 月 23 日 市财政局企业一处、第一税务分局、第二税务分局被评选为 2010 年度绍兴市“群众满意机关科室”。

12 月 24 日 市财政地税局被评为绍兴市 2010 年度“企业评部门”、“群众评行风”活动优胜单位。

12 月 26 日 市财政局吕建平同志被评为全国财政系统先进个人，并参加全国财政系统先进集体和先进工作者表彰会，受到中央政治局常委、国务院副总理李克强同志接见。

（绍兴市财政局供稿　丁　玲执笔）

金华市

2 月 4 日 召开全市财政地税工作会议，市局局长周益民作题为《坚持科学发展 深化财税改革 努力推动财税事业和经济社会协调发展》的主题报告。市长陈昆忠出席会议并讲话。

是日 市府办下发《关于市本级财政扶持企业资金考核兑现工作有关问题的意见》，实行财政扶持企业资金考核兑现与企业地方财政贡献挂钩的办法。

2 月 9 日 市政府第 101 次常务会议听取市财政局关于 2009 年全市和市本级财政预算执行情况及 2010 年预算草案的汇报，并同意该报告。

2 月 25 日 市财政局印发《金华市中介机构参与财政专项资金申报审核工作暂行办法》。

3 月 9 日 市局与市劳动局联合下发《关于金华市区扩大失业保险基金支出范围的实施意见》，从扩大享受对象范围、拓宽经费支出项目、提高支出比例三个方面扩大失业保险基金支出范围。

3 月 19 日 经金华市编委批复同意，在市局综合处挂牌的市预算外资金管理中心改为市局所属的正科级全额拨款监督管理类事业单位。

4 月 27 日 市府办下发《关于印发金华市本级财政性资金存放管理实施办法的通知》，将现有财政性资金存款及新增存款纳入评价激励和分布调整范围，对财政性资金开展存放分布综合评价和管理考核。

4 月 30 日 市财政局印发《关于开展 2009 年度财政支出项目绩效自评工作的通知》，组织市本级 78 个项目开展年度财政支出项目绩效自评工作，涉及财政资金 4.54 亿元。

5 月 12 日 市财政局印发《关于建立金华市本级部门（单位）财政支出绩效评价工作联络员制度的通知》，在市本级 88 个部门中建立绩效评价联络员队伍。

5 月 18 日 金华市财政税务学会召开第五次会员代表大会，原“金华市财税学会”更名为“金华市财政学会”。会议审议通过学会第四届理事会工作报告和修改后的章程，选举产生新一届理事会，原金华市预算会计研究会和农村财政研究会作为分会并入市财政学会。

5 月 25 日 市府办下发《关于进一步规范市本级罚没收入管理的意见》，从 2010 年 1 月 1 日起，所有纳入部门预算管理的市本级行政事业执法单位罚没收入全额上缴财政，纳入预算管理。

是日 启动市本级首轮农村财会人员财政支农政策培训，由中华会计函校金华分校负责具体组织工作。

6 月 4 日 市财政局印发《市本级防汛防旱财政保障应急预案》，对财政应急保障资金的筹措和使用做出规定。

6 月 10 日 市政府下发《关于印发金华市本级行政事业单位国有资产管理暂行办法的通知》，完善市行政事业单位国有资产管理制度。

6 月 22 日 全省财政系统预算编制人才库研讨班在金华举行。全省财政系统预算编制人才库成员和省财政厅预算编制学习小组优秀学员参加研讨会，会议围绕如何加快财政预算支出执行进度、预算管理改革新思路新举措及预算编制人才库建设等主题进行讨论。

7 月 5 日 市本级试行公务卡制度改革，市纪委、市财政局、市城市管理行政执法局、市农业局及市教研室 5 家单位定为试点单位。

7 月 21 日 市财政局印发《金华市科技发展引导资金管理办法》，将原有的 9 项科技类资金整合成市级科技发展引导资金。

8 月 3 日 省财政厅普法考核验收组一行对市局“五五”普法工作进行考核验收。

8 月 4 日 全省国有土地出让金收支管理信息系统培训班在金华举行。全省各市、县(市、区)财政局、国土资源局、人民银行负责国有土地出让金业务的人员参加了培训。

8 月 17 日 市五届人大常委会第三十六次会议听取局长周益民所作的《关于市本级 2009 年财政决算和 2010 年 1～6 月财政预算执行情况的报告》，并批准市政府提出的市本级 2009 年财政决算。

8 月 30 日 省人大副主任冯明、省人大财经委副主任钱宝荣、省财政厅副厅长金慧群一行到金华对《浙江省政府非税收入管理条例》(草案)作专题调研。

9 月 14 日 市财政局印发《金华市国有及国有控股企业“小金库”专项治理实施办法》，自印发之日起至 12 月 20 日止，分四个阶段对市国有及国有控股企业“小金库”开展专项治理。

9 月 20 日 市本级行政事业单位资产管理信息系统正式启用。在公安、教育、卫生三大系统试点的基础上，在市本级纳入预算管理的 305 户行政事业单位中推广。

10 月 14 日 市政府印发《关于试行国有资本经营预算的意见》，市本级国有资本经营预算从 2011 年 1 月 1 日起试行，2011 年收取试行范围内企业 2010 年实现的国有资本收益。

11 月 4 日 省财政厅副厅长魏跃华率调研组一行到金华调研，与市局及各县(市)局的相关同志就 2010 年的财政工作情况和下一步工作思路进行座谈。

12 月 2 日 组织开展会计从业资格无纸化试点考试，考试的各个环节首次采用无纸化模式进行。

12 月 6 日 市政府第 117 次常务会议决定，2011 年市区新农合人均筹资标准调整为 380 元，其中个人筹集 100 元，财政补贴 280 元，扣除省财政补助后，市、区两级财政按 6:4 比例分担。

12 月 10 日 市政府下发《关于推行城镇基本医疗保险市级统筹的意见》，从 2011 年 7 月 1 日起，统一全市(除义乌外)城镇基本医疗保险政策，实施异地就医联网结算。到 2011 年底，在全市范围基本实现参保人员就医、结算“一卡通”。

12 月 16 日 全省财政票据管理业务培训班在金华举行。各市、县财政票据管理机构负责人参加会议。

12 月 17 日 市委办、市府办转发《关于金华市本级公务卡制度改革的实施意见》，市本级纳入预算管理的行政事业单位全面推行公务卡制度。

12月21日 全省绩效管理处处(科)长会议在金华召开。省财政厅总会计师赵立妙出席会议,全省各市和部分县(市)绩效管理处处(科)长参加会议。

12月27日 市财政局教科文处、东阳市财政局农业和农业税收管理科被评为全省财政系统先进集体，永康市财政局经济建设科科长程凤飞被评为全省财政系统先进个人。

12月28日 在市五届人大常委会主任会议上，市局局长周益民作关于调整2010年市本级财政支出预算的报告。会议认为,在当年财政收入有保证的前提下,对部分项目的预算支出进行调整是可行的。

是日 市财政局印发《金华市本级预算单位公务卡管理暂行办法》,公务卡结算办法自印发之日起执行。

12月29日 提高义务教育学校生均公用经费标准，自2010年开始在原标准基础上增加100元的公用经费补助，市区小学年生均450元,初中年生均650元。

12月31日 根据省政府统一部署，市区2007年至2010年义务教育债务化解工作全部完成,化债总额2.21亿元。

是日 根据市编委批复同意，市预算外资金管理中心和市税务票证管理中心合并,更名为金华市非税收入管理中心,为全额拨款的正科级事业单位。

衢州市

1月1日 市级123家预算单位全面实施国库集中支付改革。

1月7日 由市委常委、市公安局局长黎伟挺带队的考核组一行对市财政局2009年度党风廉政建设责任制暨构建惩防体系工作进行检查考核。局党组书记徐素荣代表市财政局向检查组作情况汇报。

是日 市财政局召开全市会计师事务所深入学习实践科学发展观暨注册会计师行业党建工作会议。

1月19日 根据市政府文件，叶浙青任市财政局副局长,免去周卫云市财政局副局长职务。

1月20日 根据市委文件，周卫云任市财政局党组副书记，叶浙青任市财政局党组成员。

2月24日 市财政局召开全局干部职工大会，表彰2009年度先进单位和先进个人,局长徐素荣作题为《坚定信心 再接再厉 努力促进我市经济社会持续健康发展》的工作报告。并与局班子成员签订《党风廉政建设责任书》。

是日 市财政局召开全市财税系统纪检监察工作会议。局党组成员、纪检组长郑芳美对全市财税系统纪检监察工作提出要求。

4月12日 衢州市注册会计师协会第一次会员大会召开。大会选举产生协会第一届理事会常务理事、会长、副会长和秘书长。市局党组副书记周卫云当选为会长。

5月10日 市财政局组织全省预算执行、信息化管理和基建财务人才库衢州考点考试工作。

5月26日 根据市政府文件,王德华任市财政局副局长。

5月26～27日 省财政厅厅长兼省地税局局长钱巨炎到衢州调研基层财政工作,并与衢州市党政领导和各级财政、地税部门负责人进行座谈。

5月27日 市编办批复同意市财政局内设的会计管理处增设行政审批服务处。调整后,会计管理处(行政审批服务处)承担原会计管理处职能和市财政局所有行政审批职能，其他处室不再承担行政审批职能。

6月9日 以省财政厅副厅长薛小杭为组长的省委省政府“服务企业、服务基层”专项行动第八服务组到衢州开展为期半年的服务,市财政局参与衢州市设立的两个对接小组,专项行动以衢州市的“四大”(大平台、大产业、大项目、大企业)建设为重点开展服务。

6月30日 省财政厅党组成员杜祖国到衢州调研创业风险投资业务开展情况，与衢州市创业投资引导基金管理委员会成员单位人员和相关企业人员进行座谈。

7月1日 市财政局下发《关于在市级预算单位开展公务卡改革试点的通知》，对市农办等6家单位实施公务卡改革试点。

7月6日 市政府召开全市强农惠农资金专项清理和检查工作会议，布置强农惠农资金专项清理和检查工作并提出要求。

7月23日 市财政局制定《关于进一步规范财政性资金借款管理的通知》，对财政性资金借款范围、审批程序、借款协议等作出具体规定。

7月26日 市财政局牵头召开全市强农惠农资金专项清查和检查抽查工作布置会议。市政府组织15个工作组对市级10个部门、单位和6个县(市、区)进行抽查。

8月4日 省财政厅“五五”普法考核验收小组到衢州开展“五五”普法考核验收工作。

8月10日 省财政厅副厅长金慧群率省强农惠农专项清理和检查工作重点检查组到衢州检查指导。

8月18日 市农村财会人员财政支农政策培训班在市委党校开班。43个行政村的48名村会计接受为期三天的财政支农政策辅导。

8月26日 市政府出台《关于切实加强涉农资金监督管理的意见》，规范涉农资金管理，坚决遏制各类涉农资金的违纪违规行为。

9月1日 市财政局召开市本级会计工作先进集体和先进个人代表座谈会，10家会计工作先进集体和20名先进个人受到表彰。

9月20日 市财政局布置在市属国有及国有控股企业中开展“小金库”专项治理工作。

10月12日 为适应“三位一体”财政管理模式对组织机构框架的要求，经市编委批复同意，市财政局预算处更名为预算局(挂税政处牌子)、国库处更名为预算执行局、监督检查局更名为财政监督局、会计管理处更名为会计处(挂行政审批服务处牌子)、非经营性资产管理处更名为行政事业资产管理处、控购管理处更名为政府采购监管处(挂市控制社会集团购买力办公室、市政府采购办公室牌子)、法制处更名为政策法规处。

10月12～15日 全省财税系统2010年运动会在衢州召开。全省14支代表队320余名运动员参加乒乓球、羽毛球、健美操和围棋等四个项目八个小项比赛。杭州市局、温州市局、省财政厅、嘉兴市局、台州市局、宁波市局代表队分获团体总分前六名。

10月26～27日 省财政厅副厅长薛小杭一行到衢州就下一年度全省财政工作思路进行调研。

11月12日 根据市委文件，免去徐素荣市财政局党组书记职务。

是日 根据市委文件，翁文斌任市财政局党组成员。

12月3日 根据市政府文件，翁文斌任市财政局副局长。

12月7日 根据市五届人大常委会文件，免去徐素荣市财政局局长职务。

12月7～8日 省治理“小金库”督导组到衢州督导调研“小金库”治理工作，并赴市教育局、常山县进行现场巡查。

12月9日 根据市委文件，吴宝骏任市财政局党组书记，叶旭泉任市财政局党组成员；免去郑芳美市财政局党组成员、纪检组长职务。

是日 根据市委、市政府文件，张庆任市财政局党组成员、副调研员。

12月31日 市委副书记、市长尚清一行到市财政局调研，听取市财政局党组书记吴宝骏关于2010年财税工作情况的汇报。 (衢州市财政局供稿 郑成岗 王燕萍执笔)

舟山市

1月5日 市人大常委会副主任刘国土一行到市财政局调研财政工作。

2月1日 召开财政地税工作会议，总结2009年工作，部署2010年任务，表彰年度先进工作者。舟山市市长周国辉等市领导出席。市属27个部门负责人应邀参加会议。

2月6日 舟山市五届人大五次会议审议批准《2009年全市和市本级预算执行情况及2010年全市和市本级预算草案的

报告》。

3月3日 市财政局、市城乡建设委员会、市民政局联合印发《舟山市渔农村困难群众住房救助资金管理办法》，加强全市渔农村困难群众住房救助财政专项资金管理。

3月11日 市本级行政事业单位的国有商业用房首次进入市招投标统一平台公开拍租。

3月11～12日 全省财政地税系统财税文化建设调研组一行到舟山调研财税文化建设。

3月29日 市人事劳动社会保障局、市财政局、市地税局联合下发《关于延长扶持政策继续做好减轻企业负担稳定就业局势有关工作的通知》，将有关稳定就业局势减轻企业负担的政策延长到2010年底。

4月26日 市财政局、市口岸管理委员会办公室印发《舟山市口岸发展专项资金管理办法》，加强和规范口岸发展专项资金管理，提高资金使用效益，促进全市口岸经济发展。

4月28日 市政府下发《关于进一步完善市区财政管理体制的通知》，在确定市、区财政收支范围的前提下，结合舟山实际，实行以“属地征收、核定基数，比例分享、超收分成”为主的财政收入分成办法，并逐步建立和完善市对区转移支付制度。本轮体制自2010年1月1日起实行，实行期限为2010～2012年。

是日 市人事劳动社会保障局、市财政局等四家单位联合印发《关于舟山市城乡居民社会养老保险实施细则的通知》，舟山市城乡居民社会养老保险缴费参保全面启动。

5月27日 市级行政事业单位国有资产信息系统建设启动。

6月2日 市人大常委会副主任刘国土一行到市财政局就2009年市本级财政决算有关情况进行专题调研。

6月9～11日 由省财政厅、监察厅、审计厅等相关部门组成的政府集中采购机构考核组就舟山市市级集中采购的机构建设、制度建设、业务建设、队伍建设四方面内容进行考核。

6月29日 市五届人大常委会第二十六次会议听取和审议市政府《关于2009年市本级财政预算执行和其他财政收支情况的审计工作报告》，并提出审议意见。

7月15日 省创业风险投资引导基金调研组到舟山全面了解创业风险投资开展情况。

7月19日 市财政局、市人事劳动社会保障局联合印发《舟山市城乡居民社会养老保险资金管理办法》，进一步规范城乡居民社会养老保险资金管理。

8月2～27日 为适应舟山市发展海洋经济战略部署，市局组织中层干部赴上海进行海洋经济管理能力培训。

8月16日 舟山市副市长朱世强就推进市民卡项目到市财政局开展调研。

9月6～13日 受财政部委托，辽宁省投资评审中心一行对舟山市城镇污水处理设施配套管网以奖代补资金使用情况进行核查。

9月13日 市纪委、市财政局、市监察局、市审计局、市国有资产管理委员会办公室联合印发《舟山市国有及国有控股企业“小金库”专项治理实施办法》。

10月20日 印发《舟山市本级村级公益事业建设一事一议财政奖补实施办法（试行）》，积极探索建立新形势下村级公益事业建设的投入机制，扎实推进该市社会主义新农渔村建设。

是日 舟山市获2010年度地方政府债券3.5亿元，其中舟山市本级获2亿元。地方政府债券覆盖面扩大，由医院、学校、污水管网建设扩展至渔港、文体项目建设。

11月2日 省财政厅副厅长罗石林一行到舟山调研指导财政工作。

11月4日 市政府下发《关于完善新型渔农村合作医疗市级统筹工作的实施意见》。

12月6日 浙江省首次对已取消收费的政府还贷二级公路实施补助，舟山朱家尖海峡大桥获补贴资金158万元。

12月28日 市五届人大常委会第三十次会议决定免去王伟舟山市财政局局长职务。

12月30日 舟山市国有资产监督管理委员会正式挂牌，标志着财政、国资部门在机构设置和人员配备上的正式分离。

（舟山市财政局供稿 徐颖娜执笔）

台州市

2月23～24日 全市财政地税工作会议在椒江召开。会议总结2009年工作，并对2010年全市财税工作做了布置。市委副书记、市长吴蔚荣出席会议并讲话，局长叶维军作《深化财税改革 推进科学管理 促进台州经济社会平稳健康发展》报告。

2月25日 印发《台州市农村财会人员财政支农政策首轮培训实施方案》，培训内容为财政支农政策、财务管理实务等。

3月22日 印发《2010年"企业服务年项目"推进年工作实施方案》，落实积极财政政策，支持沿海开发、转型升级、重大项目建设、构建城市群、改善民生等五大行动计划，全面推进实施百项重点建设、百项重点工业、百项重点利用外资和内资、百项新兴产业、百项城乡建设等"五个一百"项目建设。

4月8～9日 全市财政地税局长会议在三门召开，会议分析一季度财政收支情况，对下季度财税运行态势进行预测。

4月22日 市财政局部署在全市财政地税系统开展"讲理想、创一流、比贡献"主题教育活动。

4月 市财政局开展"千名财税干部进万家企业"活动。全市各级财税部门上下联动，组织千名财税干部深入全市各龙头企业、高新技术企业和县域经济龙头骨干企业，建立起一对一的帮扶关系，将税收优惠政策送到企业。

5月12～13日 省财政厅厅长钱巨炎在仙居、天台开展基层财税工作和干部队伍建设调研。市长吴蔚荣、常务副市长元茂荣及市局局长叶维军等陪同调研。

7月6日 市委督查组到市财政局督查"双服务"(服务基层、服务群众)活动情况，局班子成员参加汇报会，局长叶维军汇报活动情况。

7月15日 全市财政地税局长会议在路桥召开。会议分析上半年财政收支情况，预测下半年经济形势和财税运行态势，并对下半年工作作出部署。

8月9日 市财政局制定《台州市财政局地税局事业单位岗位设置工作方案》，按照科学合理、精简效能的原则，通过实行岗位总量控制、结构比例控制和最高等级控制，组织引导事业单位按需设岗、按岗聘用、以岗定薪、合同管理，实现事业单位人员由身份管理向岗位管理的转变，调动各类人员的积极性。

9月1日 市财政局牵头召开党风廉政建设责任分工落实情况汇报会，局长叶维军作专题汇报。市府办、市纪委等11家单位参加会议。

9月10日 台州市召开2011年市级部门预算工作会议。市委副书记、市长吴蔚荣出席会议并讲话。局长叶维军及市级各预算部门负责人、预算编制人员以及三区的财政部门参加会议。

9月28～29日 全省预算执行分析会在台州召开。会议就确保财政平稳、健康、持续运行提出措施和建议。

10月14日 全市财政地税局长会议召开。会议总结前三季度财税收支情况，分析当前财政经济运行态势，并对下阶段工作作出部署。

11月2～3日 省财政厅副厅长薛小杭一行到台州调研下一年度全省财政工作思路。调研组先后在台州、三门召开座谈会，并赴台州中天会计师事务所调研创先争优工作。

11月23日 市委书记陈铁雄到市财政局调研，肯定各项财税工作，并对下阶段全市财税工作提出要求。

12月9日 台州市"小金库"专项治理工作汇报会在市政府召开。省"小金库"专项治理督导组一行听取工作汇报。

12月22日 市级工作目标责任制考核组到市局开展2010年度工作目标责任制考核。（台州市财政局供稿 卢云芬执笔）

丽水市

1月11日 召开领导班子和领导干部述职述廉、民主测评大会，考核组组长、市委组织部常务副部长朱国镇作动员讲话，局长何赤峰代表局领导班子作总结报告、个人述职述廉报告。

1月15日 市局被省纪委、省监察厅、省效能办授予“全省效能建设创新创优先进典型”称号。

1月28日 召开全局干部职工大会，传达贯彻全省财政地税工作会议、全市经济工作会议精神，总结2009年财政地税工作，部署2010年财政地税工作，表彰先进，局长何赤峰作工作报告。

2月1日 印发《丽水市财政支出绩效评价工作暂行办法》，对市直财政支出绩效评价在原则和依据、组织管理、预算绩效目标申报与审核、绩效评价的组织实施、评价结果反馈与应用方面作了明确和规定。

3月1日 市财政局、地税局被市委、市政府命名为市级文明单位称号。

3月2日 市人大常委会副主任占志妙一行到市财政局调研财政预算工作。

3月4日 局长何赤峰到市电台“百姓热线”栏目，宣传解答财税政策。

3月5日 中央政治局委员、国务院副总理张德江在参加十一届全国人大三次会议浙江代表团审议政府工作报告时得知景宁县所有乡镇2008年、2009年实现“零负债”时指出：作为欠发达地区，景宁县能做到乡镇“零负债”，值得“大讲特讲”。省委书记赵洪祝要求总结推广景宁经验。2010年，缙云、松阳、庆元30个乡镇共化解乡镇债务1540万元，实现全市乡镇“零负债”。2006年以来，丽水全市共化解乡镇债务11766万元。

3月12～16日 市委书记陈荣高、市长卢子跃、常务副市长沈仁康分别专题听取局长何赤峰关于2010年部门预算、市直2010年基本建设预算安排情况的汇报。

3月19日 市财政局被市委、市政府授予社会主义新农村建设先进单位称号。

3月22日 市财政局（地税局）被市政府授予2009年度政府系统部门工作目标责任制考核优秀单位称号。

3月23日 省委书记赵洪祝到景宁县调研，省财政厅厅长钱巨炎陪同。

3月24～25日 省财政厅纪检组长金慧群到松阳县、景宁县调研低收入农户增收工作。

3月31日 丽水市二届人大六次会议审议通过《丽水市2009年全市和市级预算执行情况及2010年全市和市级预算草案的报告》。

4月8日 市政府第57次常务会议审议通过2010年市级部门预算编制方案、建立重大政策性增支市区分担机制、2010年市直基本建设预算编制方案、2009年市本级政府性债务执行情况及2010年债务收支计划编制方案。4月16日，提请市委常委会审议通过。

4月13日 市人大常委会副主任占志妙等到市财政局听取局长何赤峰关于2010年基本建设预算编制情况的汇报。

4月20～23日 省财政厅总会计师赵立妙到丽水市本级、松阳县、遂昌县、庆元县、龙泉市、景宁县调研。

4月22日 市人大常委会主任会议审议通过2010年市直基本建设预算编制方案、2009年市本级政府性债务执行情况及2010年债务收支计划编制方案。4月29日，提请市二届人大常委会第三十七次会议审议批准。

4月23日 局长何赤峰在丽水网与广大网友就“帮扶企业发展、共促民生改善”的话题进行交流。

5月28日 市财政局、人劳社保局联合印发《关于调整规范市直国资营运机构年薪标准的通知》。

是日 召开“深化作风建设年”活动动员部署会议。同日，印发《关于深化作风建设年活动实施方案的通知》，5月至12月，全局开展深化作风建设年活动。

6月2日 市编委批复同意市财政局增设资产管理处，增加行政编制4名；撤销非经营性国有资产管理办公室；市财政局农业税收征收管理处更名为农业税收政策管理处。

6月8～10日 由省财政厅副厅长罗石林带队的省人口普查调研督查组到丽水本级、景宁县、云和县、松阳县等地检查指导第六次人口普查工作。

6月11日 制定印发《关于做好2010年“小金库”治理工作

的通知》。

6月12日 副省长葛慧君到丽水市调研，省财政厅副厅长金慧群陪同。调研组一行在松阳召开松阳县、庆元县、景宁县等6个欠发达县扶贫座谈会，副局长孙天宇参加会议。

7月1日 由省财政厅党组成员、省财务开发公司总经理杜祖国带队的省创业风险投资调研组到丽水调研，市委常委、常务副市长沈仁康，局长何赤峰陪同，并参加市科技局、经贸委、发改委等部门及开发区、莲都区政府负责人和部分企业负责人参加座谈会。

7月6日 召开全市财政地税局长座谈会。会议总结上半年全市财税工作，分析预测下半年经济形势，并布置重点工作。市委常委、常务副市长沈仁康出席会议并讲话，局长何赤峰主持会议并作工作部署，各县(市、区)局局长、地税分管副局长，市局各处室、单位主要负责人参加会议。

7月10日 省财政厅副厅长魏跃华、市财政局局长何赤峰参加市委、市政府在杭州召开的丽水市"十二五"重大建设项目规划汇报会。

7月20～22日 省长吕祖善到龙泉市、庆元县、遂昌县调研，省财政厅厅长钱巨炎、市财政局局长何赤峰陪同调研。

7月30日 省农村综合改革办公室在青田县召开全省村级公益事业一事一议财政奖补试点工作会议，国务院农村综合改革工作小组办公室主任王卫星、省财政厅副厅长金慧群、省农业厅副厅长赵兴泉出席会议。

8月17日 修订印发《丽水市财政局地税局财政税收运行分析工作制度》，9月始执行。

8月24日 市二届人大常委会第四十次会议审议通过丽水市2010年上半年预算执行情况的报告、丽水市2009年度财政决算草案的报告，审查批准2009年度市级财政决算。

9月7日 市政府办公室转发《市财政局市监察局市人行关于丽水市预算单位公务卡制度改革实施方案》的通知。

9月15日 市财政局、监察局、人行联合印发《丽水市市级预算单位公务卡管理办法》。

10月12日 市政府第77次常务会议审议通过莲都区土地出让金分成和基本医疗基金缺口市区分担机制、2010年度市级财政预算调整方案。

10月27日 市人大常委会第四十一次会议审查和批准了2010年市本级预算调整方案。

11月2～3日 省财政厅副厅长魏跃华一行到丽水市本级、缙云县开展2011年财政工作思路调研。

11月10日 市政府印发《丽水市城镇职工基本医疗保险市级统筹实施意见》，在统一全市职工医保主要政策、完善高额补充医疗保险制度、建立市级风险调剂金、全市职工医保基金预算编制以及业务经办流程方面作了明确和规定。

11月11～12日 省财政厅在遂昌召开全省农业财政工作会议，省财政厅副厅长金慧群出席，副局长孙天宇参加。

11月18日 市政府办公室印发《丽水市行政事业单位国有资产管理暂行办法》，规范全市行政事业单位国有资产管理行为。

12月7～8日 省财政厅副厅长罗石林一行到庆元调研社会治安和社会稳定情况。

12月16日 市政府印发《关于加快推进市本级公共财政管理改革的实施意见》。

12月19～22日 省治理"小金库"督查组到市本级、松阳县、遂昌县督查"小金库"清理工作。2010年，全市清理"小金库"违纪金额152.7万元。

12月22日 市政府印发《关于加强政府性投资项目竣工验收管理的意见》。

12月31日 建立全市财政系统预算编制类、预算执行(国库管理)类、预算执行(预算会计)类、基本建设财政财务管理类、信息化管理类人才库，入库人员计86人。

(丽水市财政局供稿　叶芳儿执笔)

『十一五』时期财政工作

zhejiangcaizhengnianjian

“十一五”时期财政工作

浙江省

【概况】 “十一五”(2006～2010年)以来，浙江省各级财政部门贯彻落实科学发展观，围绕《浙江省国民经济和社会发展第十一个五年规划纲要》提出的发展目标，实施“八八战略”*和“两创”(创业富民、创新强省)总战略，按照“依法治税、为民理财、务实创新、廉洁高效”的总体工作思路，深化“实、稳、优”三字诀，推进“收入一个笼子、预算一个盘子、支出一个口子”的公共财政管理改革，全省财政实力增强，收支结构优化，财政改革全面推进，财政管理科学规范，基本完成“十一五”财政改革发展各项目标任务。“十一五”时期，全省财政总收入、地方财政收入分别为18555.06亿元、9632.09亿元，分别是“十五”时期的2.5倍、2.6倍，年均分别增长17.5%、19.1%。2010年，地方财政收入占财政总收入的比重53.3%，地方财政收入中税收收入占比94.5%，分别比2006年提高2.7和3.3个百分点；全省财政总收入占GDP的比重由2006年的16.3%提高到2010年的17.7%。“十一五”时期，全省政府非税收入671.61亿元，年均增长5.9%。“十一五”时期，全省一般预算支出11348.46亿元，是“十五”时期的2.5倍，年均增长21.5%。2010年，全省公共安全、教育、科学技术、文化体育与传媒、社会保障与就业、医疗卫生、环境保护、城乡社区事务、农林水事务、地震灾后恢复重建等支出占总支出的比重为67.3%。2006～2010年全省财政民生支出累计7595亿元，年均增长21.1%，连续五年全省财政支出增量的三分之二以上用于民生。2010年全省财政民生支出占地方财政支出的比重为69.9%，占支出增量的75.0%，分别比2005年提高4.8个和7.3个百分点。

【推动经济转型升级 巩固财源基础】 完善财政支持经济发展的政策措施，优化资源配置，加快经济发展方式转变。促进三大需求协调增长。完善和落实促进消费和提高居民收入的各项财政政策，深入推进“全面小康六大行动计划”，加快保障性住房建设，实施家电、汽车摩托车下乡和家电、汽车以旧换新财政补贴政策，扩大居民消费需求。优化政府投资结构，“十一五”期间，全省投入215亿元用于铁路现代化建设；利用世行和外国政府贷款14.55亿元，累计带动全省投资29.10亿元，推进全省基础设施建设和民生工程建设。扶持外贸出口，促进外贸出口稳定增长和结构优化。2008～2010年，省财政筹措落实外经贸发展财政专项资金14.4亿元。推进产业结构升级，筹措落实服务业引导资金，实施分类分档激励奖补机制，推动工业企业分离发展服务业，引导服务业加快发展。设立5亿元工业转型升级专项资金，重点支持企业技术改造和技术创新，支持高新技术产业发展，推进传统产业加快转型升级。支持推广应用新能源，加快循环经济发展和企业节能降耗工作。加大财政支农投入，推进农业综合开发，支持现代农业发展，加快农业主导产业转型升级，促进农业增效。加大财政科技投入，创新科技投入机制，推进实施标准化战略，推动技术创新。2006～2010年，全省财政科技经费支出433亿元，年均增长22.1%；2010年全省财政科技投入121亿元，比2005年增长1.7倍。2009年，省财政设立5亿元创业风险投资引导基金，引导社会资金进入创业投资领域。加大人才工作投入力度，支持实施“人才强省”战略和海外高层次人才引进计划。支持粮食安全体系建设，“十一五”时期，省财政共筹措落实粮食风险基金等项资金22.65亿元。

【推进和谐社会建设 增强公共服务功能】 强化公共服务职能，推进城乡、区域、经济和社会、人与自然的协调发展，促进和谐社会建设。推进城乡协调发展。加大农民直接补贴力度，推进“千村示范万村整治”、“万里清水河道”、“千万农民饮用水”等工程建设，推进农村基础设施建设，加快农村各项社会事业发展，实施农村综合改革，建立村级组织运转保障机制，加强农村公共服务。2006～2010年，全省财政共投入新农村建设资金3202亿元，年均增长24.8%。推进社会事业发展。强化义务教育经费保障机制建设，中小学生均公用经费最低标准分别提高到550元和350元。完善学生资助体系建设，实行免收城乡义务教育阶段学生学杂费和课本费政策，免除外来务工人员子女借读费，免除年人均收入4000元以下家庭子女就读中等职业学校的学费，实施农村中小学“四项工程”、“职业教育六项行动计划”、“高等教育质量提升行动计划”等重点工程，积极化解农村义务教育债务，加强高校债务管理，推动教育事业快速健康发展。“十一五”期间，财政教育经费累计支出2263亿元，年均增长18.8%。加大公共文化投入，推进农村公共文化设施建设，加快省级重大文化项目建设，建立健全覆盖城乡的公共文化服务体系。实施博物馆纪念馆免费开放行动，扶持开展“农村文化繁荣工程”等活动，加大文化惠民力度。设立省级文化产业发展专项资金，加大文化产业投入，积极推进文化体制改革，推动文化产业发展。完善城乡基本公共卫生补助政策，推进城乡基层卫生服务体系建设。增加疾病预防控制体系建设投入，完善公共卫生服务体系。制定浙江省农村部分家庭计划生育奖励扶助政策和计划生育特别扶助政策，实行免费婚前医学检查和免费孕前优生检测，加强人口和计划生育工作。加强政法经费保障,深化"平安浙江"建设,维护社会稳定。扶持欠发达地区发展,统筹区域发展。2006~2010年,省财政对欠发达和海岛等市县转移支付1135亿元,年均增长28.6%;2010年经济欠发达县(市)人均财政收入和支出与经济较发达县(市)的比率分别为1:2.31、1:1.09。推进生态省建设,促进人与自然协调发展。加大生态环保投入,完善财政生态补偿政策,加大森林效益补偿力度,支持农业农村污染整治。开展省排污权有偿使用和交易试点,推进资源节约型和环境友好型社会建设。"十一五"期间,省财政安排各类生态环保专项资金176.27亿元,生态环保财力转移支付资金38亿元。省级以上重点公益林补偿标准从每亩每年8元提高到2010年的每亩每年17元。

【完善社会保障体系 提高百姓生活保障水平】 建立财政投入保障机制,完善省级社会保障转移支付政策,构建和完善统筹城乡的大社保体系。2006~2010年全省社会保障支出累计697.27亿元,年均增长23.6%。加强财政促进就业工作力度,健全就业服务体系,重点做好农民工、高校毕业生、就业困难人员的就业和稳定企业用工工作。推进企业养老、医疗、失业、工伤、生育五项基本社会保险,提高新型农村合作医疗筹资标准,建立城镇居民基本医疗保险、城乡居民社会养老保险、被征地农民基本生活保障等制度,基本实现全省城乡居民养老、医疗保险制度的全覆盖。健全农村"五保"和城镇"三无"对象集中供养长效机制,完善城乡医疗救助,健全残疾人保障机制,提高城乡居民最低生活保障水平。加大廉租住房、经济适用房建设力度,扩大政策性农村住房保险覆盖面,加大对农村困难群众住房救助,健全新型社会救助体系,保障困难群众基本生活。推进"低收入群众增收行动计划",提高最低生活保障和最低工资标准,做好公务员工资改革和津补贴规范工作,优化收入分配秩序。

【完善财政管理体制 增强县域经济活力和财政实力】 坚持"省管县"财政体制,建立分类分档激励奖补机制,保证市县既得利益,增强省级财政调控能力。实行市县营业税增收上交返还和省级金融保险业营业税增收奖励政策。完善财政转移支付制度,不断加大一般转移支付力度,逐年增加因素法转移支付和生态环保财力转移支付的力度;将相对固定性的专项转移支付纳入一般性转移支付,规范专项转移支付类别档次,提高省转移支付补助的针对性。2010年全省所有县(市)地方财政收入均上亿元,地方财政收入上10亿元的县(市)34个,县域经济活力和财政实力不断增强。建立分类管理的县乡财政管理体制,乡镇财政收支规模不断扩大。据统计,2010年全省乡镇财政一般预算收入429.49亿元。

【推进财政管理改革 健全公共财政运行机制】 加快推进"收入一个笼子、预算一个盘子、支出一个口子"公共财政管理改革,深化部门预算、国库集中支付制度、政府采购制度等各项改革,运行有序、管理规范、约束有力、科学高效的财政运行机制逐步健全。部门预算改革不断深化,2008年起全省所有县(市、区)都已全面推行以综合预算和零基预算为核心的部门预算。试编社保基金预算,完善国资经营预算,编制政府性债务计划,逐步建立由政府公共预算、政府性基金预算、国有资本经营预算、社会保障预算以及政府性债务计划组成的"全口径"政府预算体系。全面推开以国库单一账户体系为基础的国库集中收付制度改革,推进公务卡制度改革和财税库银横向联网工作,建立以国库集中收付为龙头的预算执行新机制。全面推进政府采购制度改革,强化政府采购政策功能,对部分列入国家节能环保产品政府采购清单的产品实行强制采购或优先采购,扩大政府采购规模和范围。2006~2010年,全省累计完成采购金额2218.28亿元,节约预算资金1905.43亿元,年平均资金节约率14.1%。推进全省财政支出绩效评价工作,建立起与部门预算相结合、多渠道应用的评价结果应用机制,预算绩效管理逐步加强。截至2010年底,全省累计已对6821个项目实施评价,涉及财政资金797.96亿元。

【加强财政监督管理 提高财政管理水平】 建立预算编制、执行、监督"三位一体"的组织管理框架,开展财税文化建设,加强财政法制建设,推进金财工程建设,推进财政科学化精细化管理。加强财政专项资金管理,建立财政专项资金预算编制机制,强化项目支出预算审核,健全财政资金运用全过程的监督机制。"十一五"期间,审核各类财政支出项目56140个,涉及项目资金总额3923.76亿元,净核减不合理资金307.70亿元,平均核减率7.8%。加快行政事业单位国有资产管理制度体系建设,全面规范行政事业单位资产配置、使用、处置等各环节管理,加强行政事业单位国有资产管理。开展会计监督,做好"小金库"专项治理工作,维护财经秩序。科学编制政府性债务收支计划,构建政府性债务风险预警体系;建立健全债务风险监测指标体系,严格限制政府融资担保行为,清理消化乡镇政府性债务,加强政府性债务考核监督,全省政府性债务规模得到较好控制,整体上处于安全、可控范围之内。 (厅办公室供稿)

注:

* **八八战略**:系中共浙江省委于2003年提出。"八八战略"具体指:发挥浙江的体制机制优势、区位优势等浙江省发展的八个优势;推动以公有制为主体的多种所有制经济共同发展、完善社会主义市场经济体制,积极参与长江三角洲地区交流与合作、不断提高对内对外开放水平,加快先进制造业基地建设,走新型工业化道路等面向未来发展的八项举措。

杭州市

【概况】 2010年,杭州市实现生产总值5945.82亿元,按可比价计算,是2005年的2.0倍,年均增长12.4%,连续20年保持两位数增长。三次产业增加值比重由2005年的5.2:51.8:43.0调整为3.5:47.8:48.7,形成以现代服务业为主导的"三二一"产业结构。全市按户籍人口计算的人均生产总值为86642元,是2005年的1.9倍。全社会固定资产投资2753.13亿元,是2005年的2.1倍。市区城镇居民人均可支配收入和农村居民人均纯收入分别从2005年的16601元、7655元,提高到2010年的30035元、13186元。"十一五"时期,全市累计完成财政总收入4588.32亿元,是"十五"时期的2.7倍,年均增长19.2%;累计完成地方财政收入2340.49亿元,是"十五"时期的2.6倍,年均增长21.9%。全市累计地方财政支出2145.63亿元,是"十五"期间的2.5倍,年均增长21.0%。"十一五"时期,全市及市本级财政均实现年度财政收支平衡。

【加强财源建设促发展】 "十一五"期间,为保持杭州经济快速健康发展,推动产业转型升级,市财政通过积极运用财政政策,支持经济建设与发展。

支持现代产业体系构建,推动经济结构调整。按照杭州市构建"3+1"(指一、二、三产业加文化创意产业)现代产业体系的要求,大力推动杭州市现代服务业和文化创意产业的发展。重点发展金融服务业,2010年在省财政体制支持基础上,新设立金融服务业专项资金1.50亿元,推动长三角南翼金融中心建设;2009年安排2500万元建立现代服务业债权基金,对符合条件的现代服务业企业开展信贷支持,放大倍数1:6,帮助中小现代服务企业解决融资难问题;推动服务外包产业发展,从2007年起,每年设立3000万元的服务外包专项资金,2010年增加到6000万元,用于服务外包企业的项目资助及服务外包园区发展;推动文化创意产业的发展,通过设立文化创意产业专项资金,5年累计投入8.20亿元,利用项目补助、作品奖励、园区建设、人才培训等多种形式,形成了文化创意产业发展的良好政策环境。

加大财政资金投入力度,支持经济转型升级。累计投入支持工业发展专项资金41.70亿元。重视企业技术改造,引导企业加大投入,2006年开始市财政设立技术改造专项资金,5年累计投入4.50亿元,通过补助鼓励企业加大技术改造投入;支持新型重化工业发展,2008年设立新型重化工业专项资金,3年累计投入2.80亿元,专门用于对结构调整、产业升级有带动作用、关联度强的大项目、开发国家和省重点项目成套设备国产化的关键产品和首台(套)重大技术装备等方面的支持;推动光伏等新能源产业发展,自2009年起5年中,市财政整合有关专项资金,设立规模达到2.80亿元的光伏等新能源产业扶持资金,专项用于光伏等新能源重大成果产业化和技术改造、关键技术和产品的研发等;从2009年开始,每年安排3000万元专项资金,重点支持汽车整车和零部件生产企业的产业升级、自主创新、兼并重组;推动产业集聚,从2008年起3年累计投入1.54亿元,对大企业集团实施上规模奖励、综合考评奖和上榜企业奖励;持续推进节能减排工作,5年累计投入循环经济专项资金1.07亿元,支持企业清洁生产、节能降耗。

转变财政资金扶持方式,引导企业自主创新。加大对科技的投入力度,逐步实现从重直接扶持到重间接环境营造的转变,推动了自主创新。市财政科学技术经费累计投入34.01亿元,年均增长31.6%,全力打造区域创新体,截至2010年底,全市共引进国内外著名高校、科研院所和大企业与杭州市联合共建各类科技创新载体86家,引进院士9人,与中科院和浙江大学的战略合作深入推进;认定国家重点扶持的高新技术企业1361家,国家技术先进型服务企业34家,国家创新型试点(示范)企业11家,省级19家;认定市级科技企业孵化器51家,其中国家级10家,省级19家,孵化总面积151.4万平方米;认定省级高新技术企业研发中心228家,2010年,全市专利申请和授权量分别达到29745件和26484件,其中发明专利申请量和授权量均位居全国省会城市第一。重点支持科技型初创企业发展,2008年在全国率先建立了创业投资引导基金,市财政3年每年投入2个亿,建立规模为8亿元的引导基金,截至2010年底,引导基金阶段参股已设立12家创投基金,基金总规模15.50亿元,累计投资企业项目32个,跟进投资签约10家;杭州市引导基金被评为"2009～2010年度最佳政府引导基金TOP10";2006年起推进标准化建设工作,5年累计投入6400万元实施对标准起草单位的奖励和品牌提升工作。

调整财政资金投入投向,拓市场促消费。市财政运用政策手段,帮助企业开拓市场,促进居民消费。对企业参加各类展会实行财政资助,5年累计投入2500万元;2008年实施"电子商务进企业"活动,通过政府、第三方电子商务企业、企业各自承担三分之一的"三三制"原则予以支持,3年累计投入8000万元,受惠企业27605家;2006年开始,推动农贸市场改造和商品专业市场提升,营造消费的良好环境,提升消费品质,5年累计投入9500万元;推动现代农村流通网络建设,5年累计投入1500万元,实施"千镇连锁超市、万村放心店"工程,繁荣农村消费市场;组织落实"家电下乡"、"汽车摩托车下乡"和"家电以旧换新"等一系列国家促消费政策,累计发放补贴资金1亿元。

发挥财政服务职能,优化经济发展环境。市财政采取政策措施保障企业发展的良好环境。2009年为应对金融危机,实施减负解困促发展政策,对杭州市5000余家企业减免税费107.57亿元;2008年成立杭州市创业投资服务中心,3年成功为191家(次)企业引进投融资资金7.60亿元;通过集成政府科技政策资源、银行金融资源和政策性担保公司三方资源,合理打造“硅谷银行”功能，截至2010年底已为107家企业提供2.70亿元贷款担保；2009年组建杭州市科技银行，鼓励向科技型中小企业提供信贷支持，截至2010年底已累计发放贷款19.24亿元；开展信用担保体系建设，加大中小企业信用担保机构风险补偿的力度，2010年在全省率先建立信用担保联盟，首期筹集资金2.50亿元；探索利用中小企业集合债缓解企业融资难，2008年和2009年分别推出文创企业银政投资集合信贷产品“宝石流霞”和“满陇桂雨”，截至2010年底累计为53家文创企业提供融资服务；鼓励金融创新，2009年出资2000万元建立信贷“风险池”支持“网络银行”发展，缓解科技型中小企业的融资难题。

【优化支出结构促民生】 “十一五”时期，市本级财政支出中民生支出不断增加，从2005年的45.59亿元逐年增长至2010年的110.09亿元，实现民生支出翻一番，5年累计384.92亿元。民生支出占市本级地方财政支出比例稳步提高，从2005年的67.05%上升至2010的71.24%。

*注重“三农”投入。*市本级财政预算内投入“三农”的资金累计35.01亿元，年均增长28.17%，重点支持农村生态环境建设，改善农田基础设施和农民安全饮用水工程，截至2010年底，农村安全饮用水工程受益人口累计165.04万人，农村卫生厕所普及率99.4%；推进都市农业建设，增强农业综合功能；完善农村帮扶工程等市重点工作的顺利开展。

*支持教育事业发展。*财政预算内教育累计投入63.26亿元，年均增长18.4%，主要用于实施名校集团化战略，着力打造公平教育环境；落实全市城乡免收义务教育阶段学生课本费和作业本费；扩大对困难家庭学生资助范围，2007年，杭州市率先在全省实施中等职业学校助学奖学计划，2008年建立一个包含中等职业教育资助的“425”* 学生资助体系，2010年，全市资助、奖励、减免家庭经济困难学生22.21万人次、金额1.99亿元；解决外来务工人员子女教育问题，从2009年开始，取消在杭就学借读费，并按每学期300元/人的标准，补助民办进城务工人员子女学校及学生。

*支持社会保障事业，促进就业和再就业。*预算内社会保障投入和就业支出累计81.84亿元，年均增长23.6%，重点用于完善社会保障体系建设，初步建立全覆盖的社会保障体系，市区60周岁以上老人的基本养老金达到90元/人•月，在全国处于较高水平；实施促进就业与再就业，推进充分就业社区建设，基本消除“零就业”家庭，从2008年开始，开展3年万名大学生创业实训、技能培训工程，推进城乡统筹就业，扶持农村就业困难人员再就业，在全市1179个行政村建立劳动保障服务室；提高企业离、退休人员福利待遇和管理服务，企业退休人员生活补贴和节日慰问发放标准，从2005年的300元/年，提高至2010年的1600元/年；提高城乡居民最低生活保障标准，从2010年7月1日起，市区城镇最低生活保障标准、农村居民最低生活保障标准分别提高到440元、330元；开展困难群体帮扶，实施低收入人群增收计划，2008年在全国率先建立物价上涨补贴联动机制，累计发放物价补贴6.84亿元，受益人群超过35万人。

*支持文化事业发展。*财政预算内文化体育传媒累计投入19.30亿元，年均增长28.8%，重点用于培育动漫产业、文化创意、数字影视、网络媒体等新兴文化产业的发展，支持数字电视推广，在全国率先完成整体转换；2008年开始实施广播电视“低保工程”，全市已有308个村受惠，7000多低保户免费看上数字电视；推进文艺院团体制改革，实现对文艺院团的“养人”到“养事”的转变，促进文艺作品的大繁荣；2008年新设立农村文化活动扶持奖励经费，加大对全市13个区、县(市)文化示范村建设、非物质文化遗产资源发掘和保护、农村文化活动、送戏送书下乡等工程的投入，3年累计投入2250万元。

*支持医疗卫生事业发展。*财政预算内医疗卫生累计投入44.69亿元，年均增长22.8%，基本医疗保险普惠特征不断体现，截至2010年底，全市城镇职工基本医保和城乡居民基本医保参保人数为629.21万人，参保率由新医改方案实施初期的90%分别提高到目前的93.7%和94.6%，其中新农合参合率99.3%；推进医保异地结算和“一卡通”工作，“一卡通”信息系统覆盖到全市所有参保人员，首批列入定点的医疗机构有88家，受益人数达741万；完善基层医疗卫生体系，主城区5年累计建成46家社区卫生服务中心、288家社区卫生服务站，农村地区完成677家村卫生室和525家农村地区社区卫生服务站的新建和改扩建任务，政府办村级医疗机构服务人口覆盖率100%。

*支持生态和环保事业建设。*财政绿化和环境保护投入累计25亿元，年均增长21.2%，重点用于加强污染源防治，促进污染监督、监控和事故预警系统建设，推动热电及非热电企业脱硫改造，推动节能减排等。“十一五”期间，完成146台热电锅炉、664台非热电燃煤锅炉脱硫除尘改造工程；建成污染源自动监控设施424套；完成304座加油站、146辆油罐车、4座储油库的“油气回收”项目建设；淘汰高污染车辆34450辆；建成国家级生态乡镇46个，创建省级生态乡镇103个，占总数的79.8%；关停搬迁污染企业372家；饮用水源水质达标率100%。

*支持保障性住房建设。*财政累计投入20.26亿元，推进具有杭州特色的廉租房、经济适用房、经济租赁房、拆迁安置房、危旧房改善、人才房等“六房并举”的保障性住房体系建设，缓解政策“夹心层”居民的住房困难、大学毕业及以上学历在杭创业人员的居住困难以及外来务工人员来杭务工的住宿困难。

【推进财政体制改革】 *理顺市、区财政体制。*2006年市财政出台《关于进一步完善市区税收属地征收的通知》，实施“市级企业下划、收入在地统计、财力递增上解”的财政体制，将市级企业(除保留烟草、石化和金融企业外)下划给上城、下城、江干、拱墅和西湖五区，实行税收属地管理，并以2006年为基数，下划基数的可用财力由区按8%递增上交，这一体制从2007年正式实施，理顺了市、区税收征管关系，促进了财政收入合理分配，完善了市区财政管理体制，调动了各区的积极性。

创建具有杭州市特色的预算编制模式。在预算管理改革实践中，构建部门预算和专项资金预算两个序列的“一体两翼”* 预算编制模式。部门预算支出主要用于日常工作经费、人员支出、提供部门本职公共服务和事业发展的开支，按照“人员经费按标准、公用经费按定额、项目支出按轻重缓急”的原则，建立健全部门预算管理办法；专项资金主要为完成特定工作任务或发展目标，在部门预算之外单独编制支出计划且有特定用途的财政资金，至2010年已达到包括基本建设、城市维护、工业发展、现代服务业、科技发展、城区绿化等21大类。

推进国库管理制度改革。2007年制定国库管理制度改革方案，2008年出台配套管理办法，制定符合杭州实际的国库集中支付业务流程，招标确定代理银行，建立国库单一账户体系，建设现代化的国库集中支付信息系统和“财库行一体化”平台，逐步推行国库集中支付，并不断扩大国库集中支付范围、扩展直接支付内容，截至2010年底，365家市级行政和财政补助事业单位全部纳入国库集中支付管理。同时，推进公务卡制度改革，截至2010年底，179家市级行政单位全面推行公务卡改革，累计发放公务卡10722张，累计消费1.97亿元，其中公务消费6086万元。预算执行管理方面引入ISO9000质量管理体系理念，制定并执行《杭州市本级预算执行标准化管理规范文本》，明确预算执行管理岗位职责，规范业务操作流程，加强内控制度建设，确保财政资金安全、规范、有序运行。

深化收支两条线改革。2008年，下发《关于进一步深化“收支两条线”改革若干具体事项的通知》，对行政事业单位的经营服务性收入等进行性质界定，明确非税收入和其他收入的范围，行政机关和财政补助事业单位取得的各类政府非税收入和其他各类收入均纳入“市级政府非税收入征收管理信息系统”，上缴国库或财政专户，财政部门按照各单位履行职能的需要及相关标准在部门预算中统筹安排年度支出，确保经费供给；2009年，下发《关于进一步深化“收支两条线”管理的补充通知》，就财政专项资金二次分配、各类补助(奖励)、课题费、拆迁补偿款、往来款、涉税收入等资金提出监管要求。

深化政府采购管理改革。科学制定采购目录，精编细编政府采购预算，扩大采购范围，“十一五”期间，全市政府采购金额累计177.87亿元，年均增长26.3%；开发政府采购信息系统，构建电子化政府采购平台，实现开放式的平台，透明化的运作，数字化的管理，政府采购全流程在网上运作；加强政府采购制度建设，先后制定政府采购评审现场监管细则、电子化政府采购管理暂行办法、分散采购管理暂行办法等一系列政府采购相关的规范性文件，加强对政府采购的监管。

【完善财政监督管理】 加强项目支出管理，节约财政资金。加强政府投资项目管理，实现财政专项资金直接拨付工作的全覆盖，探索创新基本建设财政管理的新路子，实现建设项目财政全过程管理；完善工程费用结算相关政策，强化项目投资控制的前置管理和过程管理，“十一五”期间累计组织完成评审项目1759个，送审金额260.62亿元，共审减各项不合理资金22.81亿元，平均核减率为8.8%，其中2010年审核总量和核减额均创成立以来最高纪录，实现审核总量破百亿、审减额逾七亿，节约了财政资金；开展对历年城建项目和建设指挥部的清理工作，收回余房50323.65平方米，收缴结余资金1.96亿元。

加强行政事业单位资产管理，提高资产使用效益。先后开展两次市级行政事业单位资产清查工作，全面理清资产家底，并在此基础上建立资产管理信息系统，对市级行政事业单位资产实行动态管理；制定出台杭州市行政、事业单位国有资产使用管理、处置配置以及常用资产配置标准和房产出租管理等制度，搭建起杭州市行政事业单位资产管理的制度框架；2009年起，对部分单位试行资产配置预算编制，使资产管理与预算管理相结合；从2006年开始对行政事业单位的房产出租实行公开拍租制，截至2010年底累计拍租房屋面积31342平方米，租金提高109%。

提升单位规格，加强财政监督。2007年，市财政监督局升格为市财政局直属的副局级行政机构，重点开展绩效评价和绩效管理、规范二级及基层预算单位财政管理以及“小金库”专项治理等。绩效评价工作从2007年开始快速发展，陆续出台评价结果反馈、中介机构管理、操作规程、项目负责人等方面的配套制，截至2010年底累计开展141个绩效评价项目，涉及财政资金超100亿元；加强对二级及基层预算单位的检查与管理，截至2010年底累计组织132家二级单位进行自查，并对45家单位实施重点检查，有效规范了二级及基层预算单位财政财务管理；开展“小金库”专项治理，对全市3696家党政机关和事业单位全部进行自查自纠，对32家市本级单位进行重点检查，共清理“小金库”36个，金额1349万元；2010年将治理范围扩大到社会团体和国有及国有控股企业，清理“小金库”188个，金额6290万元。

（杭州市财政局供稿　余　波执笔）

注：

***一体两翼：**这一预算编制模式中的“一体”，是指将政府在一定时期内可以支配、使用的财政资金都纳入预算编制的范畴，统一编制政府预算。“两翼”是指根据财政资金的不同性质，按照各自的管理要求，分别编制的部门预算和专项资金预算两个序列。两个预算互不交叉重复，分别经过部门编制、财政核定、政府审核和人大法定审议阶段，两个预算序列合起来就成为政府预算的全部。

***425：**是指学前教育、义务教育、高中教育和高等教育四个受教育阶段，政府资助和社会资助两个学生资助系统，“奖、助、贷、免、补”五种资助形式。

宁波市

【财政收入持续快速增长】 "十一五"期间，宁波市各级财政部门全力以赴组织各项收入，2006～2010 年全市一般预算收入分别完成 561.17 亿元、723.92 亿元、810.90 亿元、966.25 亿元，1171.75 亿元，比"十五"期间增长 20.3%、29.0%、12%、19.2%、21.3%；地方财政收入分别完成 257.38 亿元、329.12 亿元、390.39 亿元、432.80 亿元、530.93 亿元，比"十五"期间增长 21.2%、27.9%、18.6%、10.9%、22.7%。2010 年全市一般预算收入比 2005 年增加 705.25 亿元，地方财政收入增加 318.55 亿元，年均增长分别为 20.2%和 20.1%。其中全市一般预算收入、地方财政收入分别于 2009 年、2008 年完成"十一五"既定目标。一般预算收入占 GDP 的比重由 2005 年的 19.0%，提高到 2010 年的 22.9%。全市各项基金收入，2010 年为 896.87 亿元(含社保基金)，比 2005 年增长 13.2 倍，年均增长 70.1%，主要源于 2005 年社保基金、2007 年土地出让金纳入预算管理。

"十一五"时期财政收入结构发生新的变化，第一，中央财政收入在一般预算收入中的比重由 2005 年的 54.5%上升到 2010 年的 54.7%，主要由于成品油价税费改革、烟产品消费税政策调整等因素影响；第二，地方税收占地方财政收入的比重从 2005 年的 57.5%上升到 2010 年的 59.6%；第三，大多数主体税种增幅较大，2010 年国内增值税、国内消费税、营业税、企业所得税、个人所得税和契税分别完成收入 377.29 亿元、187.93 亿元、154.02 亿元、195.89 亿元、86.01 亿元和 46.24 亿元，比 2005 年分别增长 104.3%、405.6%、157.8%、140%、124.3%和 292.9%；第四，第三产业税收所占比重有所提高，2010 年第三产业税收收入(地方部分)占地方财政收入的比重为 43.2%，比 2005 年的 42.8%上升 0.4 个百分点。

【优化支出结构 保障经济社会发展】 2006～2010 年全市一般预算支出分别完成 292.70 亿元、371.04 亿元、439.41 亿元、506.08 亿元、600.66 亿元，比"十五"期间分别增长 10.5%、26.8%、18.4%、15.1%、18.7%，年均增长 17.8%。其中全市一般预算支出于 2009 年完成"十一五"既定目标。全市财政支出中，市本级及县(市)区财政一般预算支出均保持较快增长，其中市本级财政一般预算支出由 2005 年的 61.32 亿元，增加到 2010 年的 141.83 亿元，年均增长 18.3%；县(市)区级财政一般预算支出由 2005 年的 203.45 亿元，增加到 2010 年的 458.83 亿元，年均增长 17.7%。市本级财政一般预算支出占全市财政一般预算支出的比重从 2005 年的 23.2%上升到 2010 年的 23.6%。2010 年全市基金支出 851.51 亿元(含社会保险基金支出)，比 2005 年增长 12.8 倍，年均增长 69.1%。

"十一五"时期，全市各级财政部门落实各项财税政策，坚持保重点、压一般，优化财政支出结构，处理好服务经济发展与保障改善民生的关系，着力促进经济社会又好又快发展。面对严峻的宏观经济形势，落实各项减税轻费政策，与企业共度时艰，2008 年下半年至 2009 年底共为企业和群众减负 200 多亿元。加大政府公共投资力度，推进重大项目建设，2009 年和 2010 年共争取到中央政府代发的地方政府债券 28 亿元，用于支持轨道交通一号线、甬台温铁路宁波段等重大工程建设。推动经济结构调整和发展方式转变，支持工业"两创"倍增计划和服务业跨越式发展，发展现代服务业尤其是总部经济，加大对自主创新、节能减排、环境保护和生态建设的扶持力度，科技支出由 2005 年的 6.47 亿元增加到 2010 年的 22.15 亿元，年均增长 27.9%。坚持扩大内需与稳定外需一起抓，推进家电下乡、汽车摩托车下乡和汽车、家电以旧换新等活动，统筹安排各类外贸专项资金，支持企业开拓国内外市场。另一方面，加大"三农"、教育、社会保障和就业、医疗卫生等民生投入，支持落实积极的就业政策、完善社会保障体系、医药卫生体制改革等方面工作，推进社会各项事业发展。"十一五"时期，农林水支出、教育支出、社保支出由 2005 年的 14.12 亿元、31.27 亿元、10.01 亿元增加到 2010 年的 43.01 亿元、89.27 亿元、34.43 亿元，年均增长 25%、23.3%、23.9%。此外，支援四川青川灾区重建工作，2008～2010 年共完成投资 13.53 亿元。

【推进财政改革 完善管理体制】 "十一五"时期，宁波市建立"县级增收分成、区级比例分享"的财政收入分配机制，打破按企业隶属关系划分收入的做法，实行税收属地征管、区级地税机构垂直管理，规范税收征管秩序，建立县(市)区超收奖励制度和区域统筹制度，调动市与县(市)区两级政府发展经济和培植财源的积极性。为积极有效应对国际金融危机的影响，2010 年实施以"小税种下放、完善区级增收统筹、降低县(市)统筹率"为主要内容的新一轮财政体制，明确各级政府的管理职责和支出责任，规范和完善市与县(市)区的财政分配关系。落实包括成品油价税费改革在内的各项税制改革，妥善处置烟草行业体制改革和缴库方式，从 2006 年起开征地方教育附加。支持杭州湾新区和卫星城市试点镇改革，加大对"南三县"的转移支付力度。完善公共财政预算、政府性基金预算的编制，开展国有资本经营预算，初步建立由公共财政预算、政府性基金预算、国有资本经营预算和社会保障预算组成的政府预算体系。加强政府性债务和政府性融资平台的管理，防范财政和金融风险。完善收入分配调控机制，建立健全规范有序的公务员津贴补贴发放、调控和监督机制。加快推进市县国库集中支付改革，继市本级实现“横向到边、纵向到底”的改革目标后，全市除高新区、保税区、东钱湖外，其余县(市)区全部启动国库集中支付改革，涉及单位计1100家，2010年完成国库集中支付159.90亿元，财政直接支付比例91%。推进公务卡制度改革，市级及11个县(市)区推行公务卡改革，累计发放公务卡3万余张。制订市级政府采购管理工作规程，扩大政府采购协议(定点)采购范围，扩大政府采购范围和规模，2010年全市政府采购47.96亿元，资金节约率13.4%。深化政府收支分类改革，全面建立政府收支分类指标体系。推行财政支出绩效评价工作，完善重点项目绩效评价办法，探索建立与部门预算相结合、多渠道应用的评价结果应用机制。强化财政监督职能，着重抓好“小金库”专项治理，开展强农惠农资金专项清查工作。做好新旧会计准则的衔接工作，加强会计制度建设和基础管理工作。加快“金财工程”建设，在做好市本级、各县(市)区平台实施应用推广工作的基础上，构建“宁波市政府财政管理信息系统”，完善预算编制和指标管理、集中支付、非税收入、政府采购等模块，发挥数据中心作用，为财政科学化精细化管理提供技术支撑。(宁波市财政局供稿　高　朋执笔)

温州市

【概况】　2010年，温州市实现生产总值2925.57亿元，是2006年的1.59倍，年均增长12.3%。三次产业结构由2006年的3.5:54.7:41.8调整为2010年的3.2:52.4:44.4。2010年人均生产总值37366元，是2006年的1.53倍，年均增长11.3%；城市居民人均可支配收入31201元，农村居民人均纯收入11416元，分别是2006年的1.44倍和1.51倍。“十一五”期间，全市累计完成财政总收入1646.28亿元，是“十五”时期的2.16倍，年均增长16.7%；累计完成地方财政收入890.07亿元，是“十五”时期的2.14倍，年均增长16.4%；累计完成财政支出1093.53亿元，是“十五”时期的2.93倍，年均增长24.0%。“十一五”时期，全市财政均实现年度收支平衡。

【支持经济发展】　支持现代农业发展，加大农业综合开发投入，2010年争取省级以上农发资金5672万元，并落实地方配套资金。围绕工业发展重点工程，设立大企业大集团培育、成长型中小企业发展等先进制造业基地专项资金，促进先进制造业发展。按照加快现代服务业发展的部署，安排现代服务业发展专项资金，扶持旅游、商贸、物流、金融、科教、信息等现代服务业发展。加大服务业扶持力度，牵头做好企业分离发展服务业工作，加快现代服务业集聚区建设。“十一五”期间全市共分离发展服务业企业241家，其中：2009年新增149户，增加地方税费收入1.90亿元；2010年新增70家，增加地方税费收入1.30亿元。针对宏观经济环境变化，增加财政投资，2009年市级财政统筹项目安排投资额111.70亿元，其中财政统筹资金18亿元，组织梳理、防洪设施建设等八类项目政策及资金需求，争取到中央代发地方政府债券3.00亿元；2010年围绕沿海产业带和大都市区建设部署，组建资本金融资平台，扩大政府投资，共争取中央代发地方政府债券8.10亿元。落实促进消费各项财税政策，2010年全市共兑付“汽车家电下乡”、“汽车家电以旧换新”财政补贴3.50亿元，拉动消费38亿元。

【保障民生支出】　“十一五”期间，市级民生一般预算财政支出累计142.40亿元，年均增长21.6%，其中2010年支出39.20亿元，是2006年的2.19倍。支持教育事业发展，“十一五”期间市级教育一般预算财政支出44.30亿元，年均增长21.6%，重点支持义务教育、职业教育发展及新温大、温职院、困难学生资助体系等建设。制定义务教育债务化解方案，实施义务教育学校绩效工资改革，取消市区学校捐资费，2010年全市免杂费及教科书费支出3.40亿元。支持文化事业发展，“十一五”期间市级文化体育与传媒一般预算财政支出8.20亿元，年均增长13.6%，重点用于文化研究提炼工程、文明素质提高工程、文化精品创排活动、温州市艺术节补助、农村数字电影公益性放映工程、送书下乡等。支持“三农”建设，支持农业强龙工程、千百工程、康庄工程、农民饮用水工程、农村能源生态建设以及下山移民补助、农村劳动力职业技能培训、渔业经济结构调整等。支持重大民生工程建设。支持通景公路、海岛旅游基础设施、城市亮丽工程等一批特色旅游项目的开发和旅游设施建设，支持温福铁路、甬台温铁路、绕城高速、七都大桥、文明城市创建等公共基础设施建设。

【深化财政改革】　深化部门预算改革，做好早编细编预算，完善公用经费定额，合理安排部门可预见的、必要的开支，增强部门预算的刚性，减少临时追加；邀请人大、政协、纪检等部门参与评审，出台财政拨款结余管理办法，并制定市级财政审批程序等，提高部门预算的科学性和合理性；2010年报市人代会审查的市级预算单位有25个。启动国库集中支付改革，制订《温州市财政国库管理制度改革方案》，2007年选择10家市级单位进行试点，2010年市级单位已扩面至270家，2010年市水利局等10个市直部门实施公务卡支付试点。深化政府采购制度改革，加强政府采购预算计划管理和采购项目备案管理，全面推行网上政府采购，出台协议供货管理与采购审批制度，推进政府采购信息化建设，2010年市级政府采购公开招标采购70.0%以上。推行财政支出绩效评价制度，扩大绩效评价范围，开展项目预期绩效目标申报管理，"十一五"期间市本级共对569个支出项目开展绩效评价，涉及资金49.54亿元。推进财政体制改革。完成市区财政体制调整和土地出让收入分配改革，健全有利于市与区共同发展的财力分配机制，按新体制结算后，2010年鹿城、龙湾、瓯海三区财力比老体制增长40.9%，财力已明显向区级倾斜。加快机构和职能配置改革，以建立预算编制、执行和监督"三位一体"及纳税服务体系为重点，探索财税机构改革；明确财政项目预算审核中心职能，启动公共卫生与基层医疗卫生事业单位绩效工资改革。

【加强财政监管】 加强财政法制建设，制定实施"五五"财税普法规划，规范行政审批，细化行政处罚自由裁量权。加强专项资金监管，制定先进制造业、现代服务业、科技、开放型经济等财政专项资金管理办法，组织开展康庄工程、环保、科技、农发等专项资金的监督检查，出台市级部门结余资金管理暂行办法，对历年专项资金结余实行统筹安排使用。完善行政事业单位国有资产管理机制，制定市属事业单位改制资产处置、行政事业单位国有资产处置等方面的管理办法，加强资产调剂、处置及重大资产变动事项监管，完成全市行政事业单位银行账户清理任务，对企业化管理事业单位等国有资产使用管理情况开展专项调查，启用行政事业单位资产管理信息系统，到2010年底，已在300多家单位推广运行；开展行政事业单位资产清查，2009年全市共清查3709家行政事业单位，其中市本级395家。开展"小金库"专项治理工作，联合纪检、监察、审计等部门做好国有控股企业和社会团体"小金库"治理工作，2009年对全市3773家行政事业单位开展"小金库"专项治理，其中重点检查297家，查处存在"小金库"问题的单位35家，违纪金额552万元。建立政府债务定期统计及报送制度，健全政府性债务管理机制，清理核实政府融资平台公司及其债务，加强对政府性债务的统计和监控，多渠道筹集偿债准备金，防范财政风险。 （温州市财政局供稿 杨海曼执笔）

嘉兴市

【概况】 "十一五"期间，嘉兴市国民经济较快发展。2010年，嘉兴市生产总值2296.00亿元，按可比价计算，比2005年增长99.0%。人均生产总值67410元，比2005年增长94.9%。其中第一、二、三产业增加值分别为126.30亿元、1342.12亿元、827.58亿元，分别比2005年增长55.9%、97.1%、110.5%。三次产业的结构由2005年的7.1:58.9:34.0调整为5.5:58.5:36.0。2010年社会消费品零售总额799.36亿元，增长18.9%，比2005年增长113.5%。全社会固定资产投资1518.56亿元，增长23.1%，比2005年增长107.2%。进出口总值228.20亿美元，增长32.6%，比2005年增长130.0%，其中出口总值160.41亿美元，增长30.0%，比2005年增长127.7%；进口总值67.80亿美元，增长39.3%，比2005年增长135.5%。城镇居民人均可支配收入27487元，增长11.3%；农村居民人均纯收入14365元，增长13.2%，分别比2006年增长54.2%、60.5%。2010年全市财政总收入334.33亿元，比2005年增长150.0%，占生产总值的比重14.6%，其中地方财政收入176.83亿元，比2005年增长160.0%，占财政总收入的比重52.9%；2010年全市财政支出199.06亿元，增长23.6%，比2005年增长171.0%。2010年市本级财政总收入107.25亿元，比2005年增长150.5%，其中地方财政收入60.19亿元，比2005年增长162.7%。市本级一般预算支出69.94亿元，比2005年增长178.1%。

【大力组织收入】 坚持在依法治税、规范管理的前提下，保持财政收入持续平稳增长。加强收入预测和分析，增强组织收入的主动性和科学性，加强重点税源企业监控，稳步扩大重点税源监控面，截至2010年底全市列入重点税源监控的企业为6197户，比"十五"期间增长11.2%。开展"五费合征"，实现地税部门与社保部门数据实时联网和共享，加快提升社保费征管水平，社会保险基金收入稳步增长。加强非税收入征管，强化对重点执收单位、执收项目、票据使用单位的动态监管，完善非税收入"收支两条线"管理。推进土地出让信息系统建设，加强土地出让资金管理。

【助推转型升级】 推进农业和农村经济发展，调整支持农业和农村经济发展导向目录，整合财政支农资金，加大对高效生态优势农产品示范园区、农民专业合作社、农业龙头企业、休闲观光农业、标准化鱼塘改造、农业标准化和品牌建设等的扶持，提高农业生产竞争力，促进高效型和生态型农业发展。推动工业企业转型升级。出台深入推进"创业富民 创新强市"战略的若干财政政策意见，逐年完善《嘉兴市级工业发展资金管理暂行办法》，调整资金支持方向，重点支持自主创新技术进步、产业结构调整、创业创新平台建设、重大节能降耗、循环经济发展等项目。制定出台《关于努力确保开放型经济稳定健康发展的若干意见》，支持企业实施"走出去"战略，大力推动工业转型升级。支持第三产业发展，修订完善《嘉兴市级第三产业发展专项资金补助操作细则》，重点支持现代物流业、旅游业等服务业发展。制定扶持企业实施主辅分离的财政政策措施和工作方案，稳步推进工业企业分离发展服务业工作。

【优化财政支出结构】 财政支出更加关注民生，全市民生支出逐年增加，新增财力三分之二以上用于民生支出。“十一五”期间，全市财政用于民生的支出484.09亿元，年均增长23.8%。严格控制一般性支出，各级党政机关公用经费预算继续压缩5%，会议费、公务接待费、出国（境）经费等实行零增长。支持“三农”发展，推进“两分两换”和“两新工程”建设，加大农业综合开发力度，现代农业体系逐步健全，农村基础设施和条件逐步完善，农民人均可支配收入连续多年保持高速增长。教育均衡发展，农村义务教育实现以县为主，城乡教育实现“四统一”，即统一城乡教育经费安排、统一城乡教师待遇、统一学校建设标准、统一城乡学校考核标准等；全面实施义务教育教科书和作业本免费，继续实施义务教育免杂费，并在义务教育学校实施绩效工资改革，提高教师待遇。完善社会保障体系，出台《嘉兴市城乡居民社会养老保险暂行办法》，在全省率先对城乡居民参加社会养老保险给予财政补贴，实现全市城乡居民养老保险全覆盖，对困难群众参加养老保险给予补贴，将乡村医生纳入养老保险体系；支持医疗卫生体制改革，实施“控、保、奖”财政激励政策，缓解“看病贵”问题，试点医院人均药品费负担逐步下降。支持农村社区建设，首次对农村社区安排560万元财政补助。加强新居民基层服务管理，将市财政对新居民服务管理“以奖代补”经费标准，由年人均15元提高到20元。

【深化财政改革】 2006年出台《关于全面推进公共财政改革的实施意见》，明确推进公共财政改革的指导思想、原则和目标任务。深化部门预算改革，推行“综合预算”和“零基预算”，建立包括一般预算、政府基金收支计划、非税收入收支计划、社会保险基金预算、国有资本经营预算、政府债务收支计划在内的财政综合预算框架。在财政总预算和所有部门预算提交人大常委会审查的同时，市本级及所属县（市）都选择一些重点部门的预算提交人代会审查，实现预算审查监督从程序性向实质性转变。2008年，市人大财政预算执行监督系统上线运行，预算执行情况接受人大实时监督。深化国库集中收付制度改革，2007年对财政支付（核算）中心原统发工资单位工资实行直接支付；2008年市本级在全省率先实现行政事业单位工资财政直接支付全覆盖；2009年又对社保资金国库集中支付进行扩面，扩大集中支付规模，直接支付比重大幅度提高。推进财政绩效评价，2008年建立市级部门（单位）项目预期绩效目标申报制度；2009年出台市级部门单位财政支出绩效评价工作考核办法，建立财政支出绩效评价联络员制度。规范政府非税收入管理，在全省率先出台《嘉兴市政府非税收入管理暂行办法》，完善政府非税收入“收支两条线”管理。加强政府采购监督管理，先后制定《政府采购业务操作规程》和《工程项目政府采购操作规程》，拓展政府采购范围，从2009年起，将医药设备和以财政资金为主建设的工程项目纳入政府采购管理，当年全市政府采购额为11.6亿元。

【强化资金监管】 加强政府投资项目资金管理，先后制定《嘉兴市市级政府投资项目委托评审业务管理暂行办法》和《嘉兴市市级政府投资项目评审工作考核暂行办法》，创新政府投资项目监管方式，实施全过程跟踪评审，提高财政资金节约率。“十一五”期间共审核项目1091个，送审金额95.14亿元，审定金额86.41亿元，净核减额8.73亿元，净核减率9.2%。加强“三公”管理，先后制定加强公务用车管理的若干规定、市级事业单位车辆配置管理办法、控制公务招待费的实施意见、市级行政事业单位房产出租管理暂行办法及相关操作细则，深化公务接待管理，做好会议和公务招待定点管理工作；加强公房出租管理，完善公房招租办法，加强出租收入的收益收缴。组织开展对党政机关、事业单位“小金库”专项治理“回头看”和对社会团体、国有及国有控股企业“小金库”专项治理。规范行政行为，财政部门于2008年在市直机关和全省地级市财政部门中率先全面导入ISO9000质量管理体系，对财政行政行为和程序进行重新梳理和规范，并于2009年通过外部体系认证。 （嘉兴市财政局供稿 刘 俊执笔）

湖州市

【概况】 “十一五”时期，全市财政地税系统把握“保增长、抓转型、增活力、重民生、促和谐、强保障”这条主线，依法治税，规范管理，实现财政收入平稳较快增长。2010年全市财政收入172.35亿元，按同口径计算，是“十五”期末的2.32倍，年均增长18.4%；财政收入占地区生产总值的比重从11.6%提高到13.3%，上升1.65个百分点。2010年全市地方财政收入97.27亿元，按同口径计算，是“十五”期末的2.45倍，年均增长19.6%。“十一五”期间，全市财政收入总量累计659亿元，是“十五”期间的2.52倍。在收入总量快速增长的同时，收入结构得到优化。地方财政收入占财政总收入的比重，从“十五”期末的53.5%提高到56.4%，上升2.92个百分点。“十一五”期间，全市财政支出总量累计447.61亿元，是“十五”期间的3.09倍，支出重点向保障民生倾斜，至2010年底民生支出占财政支出比重66.4%。

【推进转型升级 支持经济发展】 促进工业转型发展。主动参与市委、市政府促进创业创新政策的制订，推动经济转型升级、促进科技创新等一系列意见措施的落实。积极运用资金扶持和税收优惠政策，促进产业结构调整，支持高新技术产业发展，推进先进制造业基地建设。把各类科技创新平台和载体建设作为财政支持的重点，完善创业创新服务体系，支持南太湖高新技术产业园、科技创业服务中心等建设。争取省财政调度资金4亿元用于支持南太湖科技创新中心和市科技创业园等产业技术创新平台建设。建立创新团队和领军人才建设专项资金，推进创新型人才队伍建设。大力支持创业创新人才的培育，从2007年开始，市财政每年安排1000万元，专项用于校企合作、高技能"双师型"（拥有教师和其他行业能力双重资格，并从事职业教育工作的教师）教师培育培训、实训基地和品牌专业建设为重点的职业教育工程。采取有效措施，合理运用税费缓缴、减免等手段，发挥国产设备技改投资抵免所得税、加速折旧、技术开发费加计扣除等税收政策的作用，鼓励和引导企业加强技术研发和技术改造。取消、暂停和降低行政事业性收费。按要求下调养老保险费率和临时性下浮企业社会保险费。做好再生资源增值税资格认定和退付工作，"十一五" 期间累计退税5.55亿元。出资2000万元组建网络银行"风险池"，为小企业提供6亿元的信贷支持。

*促进现代农业发展。*整合财政支农资金，完善并落实各项财政补贴政策。支持农业、林业及畜牧业生产。建成覆盖全市的"农民补贴网"，免费为近46万农户办理邮政"一折通"，确保惠农政策落到实处。支持农业基础设施建设，推进农业综合开发项目，改善农业、农村生产生活条件。筹措落实粮食风险基金，支持粮食安全体系建设。调整农业结构，推进农业科技公共服务平台建设，支持专业合作社发展，提高农民参与产业化经营的能力。支持"集体经济薄弱村和低收入农户奔小康工程"实施。增加政策性农业保险试点品种，大幅提高保费补贴标准，政策性农业保险实现全覆盖。扶持成立农信担保公司，帮助解决农民担保难、贷款难问题。

促进服务业发展。 "十一五"期间市财政安排服务业发展专项资金1.44亿元，重点加大对旅游业、现代物流业和公共服务业的扶持力度。出台财税扶持意见，鼓励发展生产性服务业，支持工业企业分离发展服务业，促进物流企业做大做强。完善服务措施，深入推行货运业代开发票"绿色通道"制度，降低企业开票成本，增加地方税收。支持"千镇连锁超市"和"万村放心店"工程，推进农村流通网络建设，营造放心消费环境。

【优化支出结构 保障重点支出】 *推进新农村建设。*加大"三农"投入，"十一五"期间全市预算内"三农"支出126.64亿元。结合发展需要，全面梳理归集现行涉农财税政策。建立专项资金，支持新农村实验示范区市校合作项目建设，推动市校合作拓展领域、提升层次、增强实效。推进"百千工程"建设，市本级财政累计投入2.05亿元，支持省级全面小康示范村建设和村镇环境整治，建立以政府投入为主的稳定的农村公路养护资金筹措、拨付机制，农村环境面貌、道路交通、饮水条件等明显改善。支持"康庄工程"建设，对农村公交车辆购置实行贴息政策，实现全市村村通公交。着力推进重大水利基础设施建设，推进老虎潭水库下闸蓄水、大钱港整治、合溪水库等项目建设。安排"以奖代补"资金支持河道清淤工作。继续支持"农村劳动力技能培训"工程，提高农民整体素质和劳动技能。

*支持社会事业发展。*加大义务教育经费保障力度，推进农村学校布局调整和标准化建设。提高中小学公用经费保障水平，全部免除义务教育阶段教科书费，全市27.7万名学生受益。实施免杂费制度，减免外来务工人员子女借读费。筹措资金5亿元，确保义务教育学校教师绩效工资实施到位。实施农村中小学"四项工程"。拨付专款在全省率先实现市区中小学生集中接送，保障学生安全。支持职业教育"五大工程"建设，推动中等职业教育发展。严格执行义务教育债务化解激励机制，2007～2009年三年累计投入3.81亿元，义务教育化债工作基本结束。推进完善公共卫生体系，支持社区卫生服务中心和服务站建设，基本形成城乡社区卫生服务体系。关心老年人健康，市财政拨款为企业离退休人员建立两年一次的免费体检制度。支持公共文化服务体系"十大工程"实施。通过专项补助，推进广播电视"村村通"全面完成。

*推进社保体系建设。*通过预算内外多渠道筹措资金，确保社保基金支出需要，提高基金支付能力。至"十一五"期末，全市企业养老金支付能力为17个月，比"十五"期末提高8个月。向吸收高校毕业生的民营企业派送"就业券"，对到见习基地见习的高校毕业生提供生活补助和工伤保险补助，促进就业再就业。在全省率先实施城镇居民基本医疗保险制度，至"十一五"期末，全市25.2万人参保。支持城镇非职工居民合作医疗保险制度，"十一五"期间，全市累计拨付7.59亿元用于新型农村合作医疗保险补助，人均筹资标准240元。全面实行被征地农民基本生活保障"即征即保、应保尽保"，"十一五"期间全市财政累计支出11.88亿元。支持实施"456"民生工程（即建立城乡一体的社会保障、社会救助、公共安全、治安防控四大体系，切实解决与群众切身利益密切相关的就业难、就医难、住房难、办事难、环境保护难等五大问题，完善就业再就业、社会保障、医疗卫生、教育文化、环境保护和公共服务六个方面的利民惠民政策），完善社会救助体系，困难群众最低生活保障、医疗救助、物价补贴、危房改造补助等措施全面推行，农村"五保户"集中供养率97%。支持廉租房等保障性住房建设，城乡居民住房条件有所改善。

推进生态和城市化建设。推进生态市建设，建立生态市建设专项资金，做好太湖水污染防治工作。支持资源节约和环境保护行动计划实施，实行主要污染物排污权有偿使用和交易。对污水集中处理项目实行以奖代补，建制镇污水处理设施实现全覆盖。对垃圾处理费实行补助，完善垃圾"户集村收镇运市(县、区)处理"机制。推进中心城市建设，加大对城市建设和管理的投入力度，支持滨湖大道建设、龙溪港东岸综合改造、长岛公园、步行街区建设和老居住区改造等重点工程。重视公共安全和安全生产工作，建立公共突发事件财政应急保障预案。

【推进财政改革】 构建公共财政制度体系。推进以部门预算、国库集中支付、财政支出绩效评价"三位一体"为主要内容的公共财政改革，逐步推进运行有序、管理规范、约束有力、科学高效的财政运行机制建设，初步构建了事前评审——部门预算——政府采购——国库集中支付——绩效评价的比较完整的公共财政制度体系。

深化部门预算改革。基本实现"一个部门一本预算"。综合预算和零基预算全面推行。在建立项目预算库，实行项目库信息化管理的基础上，2006年部门预算首次提交市人大常委会主任会议审议，2008年首次将市水利局、劳动局两部门预算提交市人代会审查。至"十一五"期末，部门预算报市人大财经委审查的单位为50个，其中4个单位部门预算提交市人代会审查。完善预算定额体系，实行项目支出预算申报限额制度，推进项目支出预算滚动管理。

推进国库集中支付改革。依托"金财工程"，开发应用财政国库集中支付信息系统。对市级所有行政单位和部分事业单位实行集中支付，规范资金拨付管理，强化预算资金监管。国库集中支付改革模式被省财政厅称为"湖州模式"，在全省推广。同时推进"财税库银"横向联网，提高信息共享水平。

开展财政支出绩效评价。设立绩效评价工作机构并有序运行，建立绩效评价制度框架，项目单位——主管部门——财政部门的三个层次评价体系基本形成。建立绩效评价结果应用机制，促进部门加强项目管理。

政府采购制度日趋成熟。建立健全政府采购管理制度和监管体系，市本级在全省率先实现"管采分离"。建立政府采购协议供货询价机制，全面实行季度采购计划，降低采购成本。发挥政府采购在支持自主创新和节能减排方面的政策功能。"十一五"期间，全市累计政府采购金额30.36亿元，节约资金5.44亿元，综合节约率15.2%，公开招标比例79%。

完善收支两条线管理。建立健全政府非税收入征管制度体系，设立政府非税收入管理中心，非税收入已全部纳入基金预算或财政专户管理。加大对政府非税收入编列部门预算的资金审核，2006年首次向市人大常委会主任会议报告非税收入管理情况。2007年将市本级土地出让收入全额纳入地方政府基金预算管理。强化对政府非税收入执收单位的征收稽核检查，促进规范征收。

推进农村综合改革。出台《关于推进乡(镇)机构改革工作的实施意见》等7个配套文件。推进乡镇教育体制改革，完善"以县(区)为主"的经费保障机制。完善乡镇财政管理，推行"乡财乡用县(区)管"方式，各县均制定新一轮乡镇财政管理体制。鼓励乡镇积极化解债务，建立乡镇政府性债务偿还准备金制度和预警、奖惩机制，全市共化解乡镇债务4.80亿元、村级债务1.70亿元。对集体经济薄弱村实施财政扶持政策，确保村级组织正常运转。市本级支持解决64个集体经济薄弱村的办公和活动场所。

【完善财税管理】 加强财税法治建设。开展财税"五五"法制宣传教育工作。推进税收执法检查和执法监察，做好全面实施税收执法责任制准备工作。开展行政规范性文件清理工作。贯彻《政府信息公开条例》，建立健全政府信息公开制度，强化考核，建立长效管理机制。做好各类行政复议应诉工作。

加强财政财务管理。建立太湖旅游度假区财政体制，完善市对区财政体制。实行预算指标管理，规范预算追加审批程序。加强财政专项资金管理，做到一个专项一个管理办法。健全行政事业单位国有资产管理制度，加强资产配置、使用、处置等各环节的监督。做好规范公务员津贴补贴工作。强化会计基础工作，推动会计诚信建设，培养市会计领军人才。

加强财政监督和税务稽查工作。对政府投资项目实行概算评审，提高财政资金使用效益。加强政府性债务管理，实行债务预算与部门预算同时编制，控制举债规模，防范债务风险。开展社会团体和国有及国有控股企业"小金库"治理，建立健全防范"小金库"问题的长效机制。

(湖州市财政局供稿　陈洪全执笔)

绍兴市

【概况】 "十一五"时期，绍兴市财税部门依法治税、科学理财、深化改革、优化管理，有效应对国际金融危机巨大冲击，完成"十一五"规划确定的主要目标和任务。2010年，全市财政总收入349.25亿元，按同口径计算，是"十五"期末的2.32倍，年均增长18.3%；全市地方财政收入193.23亿元，按同口径计算，是"十五"期末的2.54倍，年均增长20.5%。"十一五"期间，全市财政总收入累计1344.28亿元，是"十五"期间的2.53倍；全市地方财政收入累计713.92亿元，是"十五"期间的2.82倍。财政收入结构进一步优化，财政总收入占地区生产总值的比重从"十五"期末的10.4%提高到"十一五"期末的12.7%，上升2.32个百分点；地方财政收入占地区生产总值的比重从"十五"期末的5.3%提高到"十一五"期末的7.0%，上升1.7个百分点；地方财政收入占财政总收入的比重，从"十五"期末的50.6%提高到"十一五"期末的55.3%，上升4.7个百分点；税收收入占地方财政收入的比重，从"十五"期末的94.7%提高到"十一五"期末的97.1%，上升2.4个百分点。地方财政支出稳步增长，2010年全市地方财政支出221.95亿元，同口径计算，是"十五"期末的2.77倍，年均增长22.6%。"十一五"期间，全市地方财政支出累计744.83亿元，是"十五"期间的2.62倍。

【宏观调控能力提高】 "十一五"期间，财政收入持续稳定增长，财政实力增强，财税宏观调控能力也随之提高。五年期间，面对国内外经济形势的复杂变化，全市财税部门采取积极措施，防止经济运行和财政收入出现大的起落。特别是2008年全球金融危机以来，妥善处置区域性龙头企业经营危机，做好企业解困和防范化解企业风险工作，切实减轻企业负担，依法落实税收减免优惠，保持了财政收入平稳较快发展的良好势头，并为长远可持续发展奠定基础。

推进经济转型升级。整合和完善财政扶持经济发展各类政策，出台促进经济转型升级实施意见。扶持循环经济发展，设立节能降耗专项资金。鼓励企业科技创新，支持高新技术企业发展，扶持电子商务等新型业态发展。设立创业投资基金，探索运作新机制，引导社会资金加快向创业投资领域集聚。省内率先推进企业分离发展服务业，扶持大型物流基地和服务业集聚区发展，扶持旅游业、商贸业等现代服务业发展。支持总部经济发展，助推实施市区二环线内工业企业提升转型搬迁。设立中小企业信用贷款专项资金，促进中小企业发展。

保障政府重点项目资金。采取预算内外安排、企业债券统筹、整合资产盘活存量等方式筹措建设资金，保障曹娥江大闸、嘉绍大桥、绍诸高速公路等重大基础设施项目资金需求。设立融资协调机构，提出"政府性资产参与资本运作"、"低利率置换高利率"等多个融资建议，有效节约财政资金。

【组织收入能力提升】 坚持依法治税"一个中心"，不断提高税源控管、纳税服务"两个能力"，努力搭建质量强税、科技管税、人才兴税"三个平台"，稳步推进税收工作有序开展。完善执法质量管理系统，稳妥推进税务行政执法责任制。加强税收执法检查力度，制定税收强制执行工作规程，促进执法水平提高。推行第三方信息应用，与工商、国税、社保、规划、公安等部门建立多种形式的信息共享机制，提高税源控管和案头分析能力。全面推行"抓大、控中、定小"的税收征管新思路，按税源和规模大小将纳税人分成重点、一般和"双定"三类税源户进行分类管理，增强征、管、查互动。建立收入预测通报考核制度，开展宏观税负分析，提高税收预测和分析水平。落实结构性减税等一系列减负政策，做好养老保险费率调整和社会保险费临时性下浮政策实施工作。五年内，先后实施了"企业服务年"、"服务基层、服务企业"、"春雨行动"等专项活动，优化纳税服务。强化非税收入管理，在全市范围内基本实现养老、医疗、失业、工伤、生育五大保险费"五费合征"的社会保险费征缴模式。加强国有土地出让收支管理，挖掘非税收入资源，将户外广告等政府资源有偿使用收入等纳入管理范围。

【民生保障力度加大】 "十一五"期间，在财政支出规模扩大的同时，优化财政支出结构。财政支出向新农村建设和社会事业发展薄弱环节倾斜，向科技创新和环境保护倾斜，增加教育、社会保障和就业、医疗卫生等公共服务和民生领域投入。五年期间，全市一般预算支出中用于公共安全、教育、社会保障和就业、医疗卫生、科学技术、文化体育与传媒、环境保护、城乡社区事务、农林水事务等民生支出累计501.27亿元，民生支出占一般预算支出(同口径)的比重年平均为69.5%。

促进农业农村发展。出台粮食规模经营激励等补贴政策，贯彻落实中央粮食直补等惠农政策。支持发展现代农业和林业生态建设，全面实施欠发达乡村和低收入农户奔小康工程。加快推进农村基础设施建设，逐年提高农村城镇化财政投入资金，推进农村环境整治和村庄整治，"十一五"期末全市村庄整治率为71%。

推动教育事业优先发展，确保教育支出达到法定增长要求。深化义务教育经费保障机制改革，落实义务教育教师绩效工资，建立义务教育学校校舍维修改造长效机制。落实困难家庭学生资助政策，实行义务段、高中、中职、高校贫困学生资助全覆盖。扶持学前教育发展，实施"职教六项行动计划"，支持职业教育发展。发展高等教育，支持绍兴文理学院筹建绍兴大学。

完善社会保障和就业制度。建立覆盖城乡的社会保障体系。逐年完善以城镇企业职工基本养老保险、医疗保险、失业保险、工伤保险、生育保险为内容的五大社会保险制度。建立新型农村社会养老保障机制，稳步提高被征地农民基本生活养老保障水平。健全城乡居民最低生活保障制度，建立与经济发展和物价上涨水平相适应的正常增长机制。实施医疗和养老救助，建立惠民医院，推行孤寡老人集中供养。完善各项就业再就业政策，鼓励用人单位吸纳就业困难人员及高校毕业生，鼓励城镇失业人员自主创业和自谋职业。

推进医疗卫生体制改革。提高城乡居民基本医疗保障水平。完善城镇居民医疗保障和新型农村合作医疗制度，提高筹资标准和支付待遇。“十一五”期末城镇居民医疗保障、新型农村合作医疗和未成年人医疗保障筹资标准分别为600元／人·年、250元／人·年和130元／人·年。统筹市级基本医疗，实施市级医疗“一卡通”。推行社区卫生服务机构“收支两条线改革”管理试点，探索政府购买服务。加快基本药物改革进程。

【稳步推进财税改革】 完善区、乡镇财政管理体制。根据越城区、袍江新区及镜湖新区的不同定位和发展水平，调整完善对越城区、袍江新区及镜湖新区的东浦镇、灵芝镇的财政体制，有效调动其生财、聚财、理财的积极性。

深化部门预算改革。探索部门预算上市人代会审议的改革试点，上会审查的部门预算从2005年1个逐步扩大到2010年的12个。部门预算编制内容得到完善，预算执行的社会公开透明度提高，部门预算制度日趋完善，预算细化程度、规范程度提高，预算约束力增强。

推进综合预算管理。按照“收入一个笼子”要求，完善非税收入收缴制度改革，实行部门预算与罚没收入、行政事业性收费收入脱钩管理；健全政府预算编制体系，2010年试编国有资本经营预算和社会保险基金预算，基本建立由政府公共预算、政府性基金预算、国有资本经营预算、社会保险基金预算以及政府性债务计划组成的“全口径”政府预算体系框架。强化预算管理，加强结余资金管理，减少财政资金沉淀；清理和整合财政专项资金，提高资金使用效益。

推进国库管理改革。2006年诸暨市被列为省财政厅首批国库集中支付改革试点县市之一，2007年市本级启动市级机关国库集中支付改革，分期分批实施，至2010年1月，全市101家行政单位、参公事业单位全面实施国库集中支付，2010年底市本级有财政资金拨款的单位均实施国库集中支付。形成包括预算指标管理、用款计划控制、支付申请及审核等各个环节紧密相连的国库集中支付管理体系，增强预算编制的约束力，强化财政预算的执行力。

推动绩效评价改革。绩效评价工作从无到有，从项目试点到逐步规范，至2006年底，各县（市、区）财政局全部成立绩效评价相应机构。设立绩效评价中介机构库和咨询专家库，建立起财政支出绩效评价管理实施办法为核心的一整套制度体系，基本形成以“部门（单位）自评”和“财政部门重点评价”相结合的评价工作模式。

完善政府采购制度改革。“十一五”期间，全市集中采购规模累计123.04亿元，是“十五”期间的2.86倍。市级政府集中采购目录扩大到51项，同时对年度预算金额在10万元以上货物、服务类项目和50万元以上的工程类项目实行分散采购。政府集中采购规模和范围逐年扩大，采购管理模式不断创新，采购监管运行队伍基本建立。

【提高财税管理水平】 规范财经秩序。制定财政监督操作规程，加强财政资金银行账户和定期存款管理，做到日常监管和专项检查相结合，财政监督与绩效评价相结合，健全覆盖所有财政资金和财政运行全过程的监督机制。开展清理“小金库”、治理商业贿赂等专项行动，坚决查处挤占、挪用、截留资金的行为，保障资金使用安全、合规、有效。严格注册会计师行业管理，成立注册会计师党支部，加强对企业和行政事业单位财务管理、会计信息质量的监督，加强注册会计师行业自律和执业质量监管。

防范财政风险。全面加强政府债务管理，完善偿债机制，开展部门预算与政府性债务管理相结合试点，合理控制债务规模，安排设立各项偿债准备金和财政应急专项资金，有效防范财政风险。推行政府投资项目派驻财务总监制度，加强政府投资项目监管。开展政府投资项目评审，核减政府投资资金。

狠抓增收节支。严格控制一般性支出，对公务购车、用车、会议经费、公务接待经费、出国（境）经费等支出实行零增长。推动机关节能降耗，建设节约型机关。

加强财税法制建设。强化财税法制教育和宣传，增强财税干部依法行政观念。加强规范性文件管理，聘任常年法律顾问。深化财税行政审批制度改革，设立行政审批处。

（绍兴市财政局供稿　丁　玲执笔）

金华市

【概况】 “十一五”期间，金华市地方财政收入从81.45亿元增加到155.93亿元，年均增长18.0%，其中市区地方财政收入从20.27亿元增加到38.99亿元，年均增长17.3%。全市地方财政收入占财政总收入的比重从54.1%提高到57.2%，税收收入占地方财政收入的比重从89.0%提高到91.9%，收入结构和质量持续优化。全市财政支出从93.76亿元增加到211.52亿元，保障经济社会又好又快发展。

【发挥引导作用 推进转型升级】 支持实施“工业强市”战略，以培育优势产业集群为重点，通过改变扶持思路，调整扶持手段，摈弃原先撒胡椒面式的补助奖励，逐步将财税资源集中起来投向汽摩配、电子信息、生物医药等主导产业，推进大平台大产业大项目大企业建设。五年间，设立汽车产业专项资金1000万元、电子信息产业资金600万元；服务业发展引导资金从1700万元增加到4000万元，实施企业分离发展服务业，全市累计分离企业146家；通过重点扶持，全市形成汽摩配、五金、饰品、纺织、磁性材料等多个具有较强竞争力的块状经济，上市企业累计14家。实行财政扶持资金和企业地方财政贡献挂钩办法，2006～2010年，市本级财政共兑现财政扶持资金11.54亿元。落实相关减负政策，通过直接减免税费、临时性减征社会保险费、下浮企业社保费缴费比例、取消和降低行政事业性收费等形式，2008～2010年为市本级企业减轻负担9.33亿元。扶持企业技改、技术研发和品牌创建等三个环节的自主创新，完善科技孵化器政策，支持国家级科技园创业服务中心、省级电子信息产业基地等公共平台建设。扩大居民消费，加快浙中购物中心建设，全市兑付家电、汽摩下乡、以旧换新补贴合计4.58亿元。

【优化支出结构 重点保障民生】 2006～2010年，全市财政投向民生方面的支出从65.86亿元增加到149.14亿元，年均增长21.3%。坚持把统筹城乡摆在重要位置，巩固和加强农业基础，全市财政累计投入“三农”资金313亿元，农民生活明显改善。健全社会保障体系，全面实施城乡居民养老保险制度和城镇居民医疗保险制度，实现养老保险制度和医疗保险制度的全覆盖。实施积极的就业政策，出台鼓励各类人群创业就业的扶持政策。完善城乡居民最低生活保障制度、低保标准动态调整机制和价格补贴制度。加快保障性住房建设，全市投入廉租住房专项资金1.57亿元，全面实现低保标准2倍以下城市低收入住房困难家庭廉租住房“应保尽保”目标。支持城乡公交统筹发展，完成市区农村客运专线公司化改造。筹措资金保障新型农村合作医疗、义务教育经费以及落实各类群体待遇政策资金需求，加快基本公共服务均等化步伐，教育、医疗卫生、环保等社会事业稳步发展。

【统筹政府财力 推进城市建设】 2006～2010年，市本级财政通过积极向上争取资金、强化土地出让金征管、调度财政间隙资金等，共筹措城建资金50.10亿元，用于市文化中心、体育中心、中国婺剧院等城市公共建设和金东大道、虹戴公路等基础设施建设，推进杭长客运专线、金温铁路扩能改造等一批重点项目，县市快速通道网络基本形成。通过几年建设，金华市先后被评为国家历史文化名城、国家卫生城市、中国十大宜居城市、全国十佳和谐发展城市。

【深化财税改革 提高管理效能】 稳妥推进“三个子”改革，完善综合预算制度，编制公共预算、基金预算和社会保障预算，2010年出台国有资本经营预算编制办法，建立起完整的全口径政府预算体系。推进国库集中支付改革，2009年底实现市本级国库集中支付改革预算单位全覆盖，建立以零余额账户为主的国库单一账户体系；市本级2010年开始实施公务卡制度改革试点。初步构筑“三位一体”财政内部运行机制。深化细化部门预算编制；预算执行上以指标控制为核心，变“现金流”为“指标流”的管理模式。加强财政绩效管理，开展绩效评价，在市本级部门中成立绩效评价联络员队伍，初步建立绩效评价制度框架。加强政府采购监管，建立完善专家库，扩大政府采购范围和规模，五年间全市节约采购资金合计20.47亿元，节约率17.5%。 （金华市财政局供稿 杨 柳执笔）

衢州市

【概况】 2010年，衢州市实现生产总值752.78亿元，是2005年的2.3倍，年均增长18.1%，三次产业增加值比重由2005年的14.7:45.9:39.4调整为2010年的8.5:55.0:36.5。人均生产总值30045元，是2005年的2.2倍。社会消费品零售总额290.82亿元，是2005年的2.2倍。进出口总额18.89亿美元，是2005年的4.6倍。市区城镇居民人均可支配收入和农村居民人均纯收入分别从2005年的13006元、4850元提高到2010年的21811元、8270元。“十一五”期间，全市累计完成财政总收入282.32亿元，是“十五”时期的2.48倍，年均增长18.5%；累计完成地方财政收入172.10亿元，是“十五”时期的2.67倍，年均增长18.6%。全市累计财政支出370.56亿元，是“十五”期间的2.69倍，年均增长23.5%。

【发展兴财】 实行涉企罚没款备案审核制度，暂停、降低170项行政事业性收费和服务性收费项目，每年减轻企业负担4000多万元。落实结构性减税、社保费减征免征等各项财税优惠政策。市财政每年安排财政分成资金、产业与资源合作项目资金，用于市经济开发区、市高新园区工业平台建设。市财政累计补助工业企业发展资金3.44亿元，支持工业企业主导产业培育、技术改造、技术创新、平台提升。市本级出台支持重点企业加快发展的财政奖励实施办法，投入企业扶持资金6000余万元。研究出台《关于工业企业分离发展服务业的实施意见》，引导企业分离发展服务业。市财政累计补助服务业企业6000余万元，支持传统服务业升级改造和物流、金融、保险、信息等现代服务业发展，全市服务业增加值年均增长14.5%。全市财政安排企业转贷周转金近2亿元，专项用于工业企业还贷周转，帮助142家企业办理312笔还贷周转资金借款业务，为企业提供周转资金20.50亿元。设立5000万元的创业投资引导基金，组建衢州赛伯乐创业投资有限公司，支持初创期、成长期中小企业加快发展。实施小企业贷款风险补偿，鼓励金融机构加大对生产型、科技型和从事现代服务业小企业的贷款力度。2009年以来，累计争取地方政府债券10.30亿元，支持重点项目建设。全市累计拨付家电汽车摩托车下乡财政补贴资金1.70亿元，实现家电、汽车摩托车下乡销售28.9万台和4.27万辆。全市农业综合开发项目累计投入6.94亿元，实施土地治理项目32.25万亩，扶持产业化经营项目44个。全市累计发放农业综合直补2.58亿元，受益农民150万人次。

【和谐用财】 “十一五”期间，全市财政用于民生支出累计253.73亿元，年均增长26.6%，高于财政支出年均增幅3.13个百分点，占财政支出的68.5%，新增财力三分之二以上用于民生。全市预算内财政投入“三农”的资金累计为143.07亿元，年均增长32.6%，支持农业综合开发、“百村示范、千村整治”、农民饮用水工程等建设。全市预算内社会保障和就业支出累计24.89亿元，年均增长22.3%，重点确保退休人员养老金、国有企业下岗人员基本生活费按时足额发放，实现城镇“零就业家庭”动态消零。支持实施城乡居民社会养老保险，全市32.5万名60周岁以上城乡居民享受到基础养老金。实现职工基本养老保险市区统筹。加大城乡住房保障力度，2010年全市城乡社区和住房保障等支出5.90亿元，增长38.8%。“十一五”期间，共筹集经济适用房建设资金7.15亿元，筹集廉租住房保障资金2.23亿元，解决全市14967户家庭住房困难问题。财政预算内教育投入五年累计79.59亿元，年均增长19.3%。全市2万余名义务教育学校教师绩效工资全部落实到位。初中、小学生均公用经费多次提高，人均年收入4000元以下家庭子女就读中职学校免学费。每年逾3万人次学生享受助学奖学政策。支持医疗卫生事业发展，财政预算内医疗卫生支出累计24.79亿元，年均增长33.6%。公共医疗卫生服务体系、妇幼保健、农民健康工程等工作得到保障，新型农村合作医疗改革不断推进，缓解农民看病难问题。支持文化体育和科学技术发展，全市财政预算内文化体育传媒支出累计8.68亿元，年均增长12.0%，文化名市建设不断推进，全民健身活动深入开展。预算内科学技术支出累计8.99亿元，年均增长27.3%，支持科技创新平台建设。全市财政预算内环境保护投入累计13.99亿元，在全省率先建成国家级生态示范区。财政预算内公共安全投入累计27.87亿元，年均增长18.0%，社会治安防控体系进一步健全，群众安全感、满意率提升。

【科学理财】 深化预算管理制度改革。出台《进一步推进衢州市财政科学化精细化管理的实施意见(操作版)》，推进财政科学化精细化管理进程。建立健全部门预算编制体系，部门预算编制扩大到所有市级预算单位，实现“一个部门、一本预算”。制定定员定额标准，支出预算细化为基本支出预算、项目预算和政府采购预算，各类支出细化到款级或目级科目，政府采购支出细化到具体采购标的。推行“基本支出按定额测算、项目支出按轻重缓急排序”的预算分配方法。出台财政结转结余资金管理办法。建立预算编审分离制度，对部门预算实行集中审核。推进国库集中支付制度改革。2008年开展国库集中支付改革试点。2010年市级123家行政单位全部实施财政国库集中支付改革，各县(市、区)试点工作于2010年全面展开。完善政府采购制度，政府采购范围从单一货物类拓展到服务领域和工程领域，涉及办公用品、办公设备、电器产品、公务用车、医疗器械、机电设备、电子设备，机动车辆保险服务、定点加油和维修等。采购资金从一般预算资金扩大到政府性基金、预算外资金和政府性债务资金。建立了以衢州市政府采购中心为主体，财政、纪检监察、审计等部门共同参与的有效监督机制。五年采购预算累计42.89亿元，实际采购支出36.43亿元，节约资金6.46亿元，节约率15.1%。

【精细管财】 建立财政专项支出项目预期目标申报制度，完善绩效评价中介机构从事绩效评价工作管理办法、评价结果应用意见等。建立财政专项项目绩效评价结果与部门预算安排的激励与约束相连动机制，推进绩效评价工作深入开展。全市累计实施项目评价341个，涉及评价资金19亿元。建立人大监督、纪检、监察、审计等部门监督，党代表、人大代表、政协委员、群众代表监督的联合监督机制，对预算执行实行全过程监督。将“小金库”专项治理与会计信息质量检查、财政财务检查、规范津贴补贴等工作相结合，对全市2000多家党政机关、事业单位、国有及国有控股企业单位开展“小金库”自查自纠，对210家单位进行重点检查。推进专项资金整合，将所有17项财政支农专项资金整合为农业转型升级资金和新农村建设资金两大类，整合归并外贸补助资金。开设国债项目资金专户，对国债专项资金实行财政直接支付。加强政府投资项目审核，成立政府投资项目评审中心，自2009年成立以来，共组织对354个项目进行审核，核减8500多万元，核减率8.7%。

(衢州市财政局供稿　郑成岗 王燕萍执笔)

舟山市

【概况】 “十一五”时期，舟山市经济持续快速增长。2010年，全市实现生产总值633.45亿元，按可比价计算，比2005年增长94.9%，年均增长14.3%。三次产业结构由2005年的14.1:39.7:46.2调整为2010年的9.9:45.5:44.6。“十一五”

时期，全市累计完成固定资产投资 1653 亿元，年均增长 25.0%。2010 年，全市社会消费品零售总额 212.54 亿元，年均增长 16.2%。2010 年，全市外贸进出口总额 107.33 亿美元，年均增长 48.1%。城镇居民人均可支配收入由 2005 年的 15524 元增加到 26242 元，渔农村居民人均纯收入由 7190 元增加到 14265 元，分别年均增长 11.1%和 14.7%。2010 年全市港口货物吞吐量 22084 万吨，年均增长 19.5%。2010 年全市旅游接待人数 2139 万人，年均增长 16.4%。2010 年，全市实现财政总收入 98.53 亿元，是 2005 年的 3.5 倍，年均增长 28.1%，其中地方财政一般预算收入 61.04 亿元，是 2005 年的 3.4 倍，年均增长 27.4%；2010 年全市一般预算支出 95.42 亿元，是 2005 年的 2.99 倍，年均增长 24.5%。2010 年地方财政收入占财政总收入比重 62.0%，比 2005 年下降 1.8 个百分点；市本级地方财政收入 26.60 亿元，是 2005 年的 3.07 倍，年均增长 25.1%；市本级一般预算支出 33.75 亿元，是 2005 年的 2.82 倍，年均增长 23.0%。

【组织财政收入】 *依法加强税收征管*。全面推广应用《税源间接控管平台》，建立"人对事、事对户"日常税源间接控管模式，加强部门信息共享，强化"信息管税"；落实税收计划，做好税收收入增减变化分析预测工作，加强重点税源的监控管理；推进纳税评估，扩大纳税评估的覆盖范围；加强发票管理，推广使用电脑版发票；推进企业分离发展服务业工作，全市分离发展服务业企业累计 43 户，新增地方税收 3923 万元；坚持"抓大不放小"，抓好营业税、企业所得税、个人所得税等主体税种征管，同时加强对土地增值税、城镇土地使用税、房产税、资源税、契税、车船税等小税种征管。2010 年全市地税部门组织税收收入 57.49 亿元，五年年均增长 27.0%。*组织非税收入*。加强政府非税收入汇缴专户管理，推进非税收入征管信息系统建设，加强财政票据管理工作，确保应纳入预算内管理的各项收入全额缴入国库；完善社保费"五费合征"等征缴机制，全面实行社保费"五费合征"。2010 年全市地税部门组织非税收入 19.84 亿元，年均增长 35.4%。

【扶持经济发展】 "十一五"时期，坚持以推进海洋经济发展和经济保稳促调作为财税工作的中心。*加强政策引导*。相继参与制订完善扶持航运业、船舶工业、服务业、旅游业、现代港口物流业、外经贸、软件和创意产业、水产品精深加工业、经济强镇、重点工业园区和优势企业、建筑业等一系列政策措施，扶持和引导海洋经济产业、重点企业发展。同时，落实上级扶持经济发展、保稳促调、结构性税费减免缓优惠政策，五年来全市累计减免各类税费 12.5 亿元。

加大资金投入。通过整合财政专项资金，突出扶持重点，相继设立扶持航运业、旅游业、船舶工业、中小企业、水产品精深加工业、经济强镇等发展专项资金。五年来全市共投入促进海洋经济发展资金 27.91 亿元，其中：渔农业经济结构调整资金 8.07 亿元，工业转型升级资金 9.64 亿元，航运业发展专项资金 4.31 亿元，旅游发展专项资金 3.51 亿元，外贸发展资金 0.60 亿元，2008 年起投入现代服务业发展资金 1.25 亿元。五年来投入大岛和经济强镇建设扶持资金 2.07 亿元。

推进新渔农村建设。五年来全市支农支出 51.82 亿元，年均增长 43.4%。重点支持现代渔农业生产发展、渔农业基础设施和渔农村生态环境建设，渔农民创业增收等。

缓解要素制约。2008 年以来，面对国际金融危机的影响，适时推出一系列旨在解决中小企业融资难的措施。2009 年起，全市筹集 3.07 亿元设立企业应急(临时)周转资金；市财政会同 3 家协作银行，共同组建 2 亿元中小企业专项信用贷款资金；加大对国有担保公司、市工商联转贷的资金注入，使其做大做强担保规模；发起设立总规模 2 亿元的"浙江海洋经济创业投资基金"，重点支持海洋经济重点产业发展。

【优化支出结构】 "十一五"时期，坚持为民理财，调整和优化财政支出结构，保障民生等各项重点支出。全市民生支出五年累计 249 亿元，年均增长 21.8%，连续五年财政支出增量的三分之二以上用于民生。

推进基础设施建设。通过加大财政投入、积极争取上级资金、适度扩大债务规模等方式，多渠道筹措资金，推进城乡一体化，全面实施登陆战略。全市预算内外投入交通建设资金 170 亿元，投入市政基础设施建设资金 45.70 亿元，投入污水处理设施、管网建设等水务项目资金 15.70 亿元，完成舟山跨海大桥等一系列重大基础设施项目建设，推进大陆引水二期工程、朱家尖跨海大桥扩建等一批重点基础设施项目建设，完善水、电、路、桥基础设施建设。

加大社会事业投入。"十一五"期间全市教育支出 47.55 亿元，年均增长 18.9%，实施校安工程、中小学"四项工程"、义务教育经费保障机制改革和职业教育六项行动计划等；全市科技支出 8.81 亿元，年均增长 22.5%，加快海洋科技创新服务平台及科创园区建设，推进科技人才培养、引进、集聚和管理；全市文化体育与传媒支出 9.47 亿元，年均增长 27.0%，实施海洋文化阵地工程，全面推进海洋文化名城建设，促进公益性体育事业发展；全市医疗卫生支出 25.69 亿元，年均增长 28.0%，深化医药卫生体制改革，完善城镇居民基本医疗保险制度，推进新型渔农村合作医疗制度，提高城乡基本公共卫生服务经费标准，对城镇居民医保和新农合的财政补助标准分别为年人均 120 元和 171 元；2006 年以来全市环境保护支出 6.88 亿元，年均增长 54.4%，推进"811"环保新三年行动；加强"菜篮

子”工程建设，五年来全市投入专项资金近5000万元，新增无公害蔬菜基地8800亩，改造新建城乡农贸市场82个；加大对保障性住房建设和渔农村困难家庭危旧房改造的财政投入力度，五年累计为困难家庭解决廉租住房1230户，经济适用住房1119户，完成农房改造18226户。

加大社会保障投入。五年来社会保障和就业支出19.97亿元，年均增长20.3%。推进统筹城乡就业工作，全市享受各项就业政策扶持57746人；完善被征地农民基本养老保障制度，推进建立城乡居民社会养老保险制度，基本实现全市城乡居民养老保险制度的全覆盖，13.69万60周岁以上的城乡居民享受到每月70元的基础养老金，城乡居民低保标准分别提高到每人每月360元和220元。

压缩一般性支出。贯彻中央、省有关文件精神，加强预算编制、执行的管理，压缩党政机关公用经费，严控一般性支出。

【深化财政改革】 完善市区财政体制。2010年制订并实施完善市区财政管理体制的方案，实行以“属地征收、核定基数、比例分享、超收分成”为主的财政收入分成办法，并逐步建立和完善市对区转移支付制度；不断完善重点区域的财政体制，相继建立完善普陀山管委会、新城管委会财政体制；探索乡镇财政管理方式，增强乡镇可用财力。

深化部门预算改革。全面实行按零基预算、综合预算原则编制部门预算，并完善“两上两下”预算批复制度，市本级每年有10个单位的部门预算提交人代会审议，增强部门预算的刚性。深化国库管理改革。完善财政国库集中支付系统，扩大国库集中支付范围，稳妥推进财政集中支付向国库集中支付转轨。从2010年4月起对纳入市级会计核算中心支付管理的预算单位全面实施公务卡制度。

推进财政支出绩效评价。2006年起市本级每年选择近10个财政重点支出项目进行绩效评价，完善评价组织方式，科学设置指标体系，健全绩效评价结果应用机制。

深化政府采购改革。细化政府采购预算和计划的编制，扩大政府采购的范围和规模，加强政府采购的制度建设，规范政府采购行为，全市政府采购资金节约率10%以上。

【加强财政监管】 加强财政专项资金管理。细化财政专项资金管理办法，推进专项资金整合，试行市级财政部分支农渔专项资金分配使用集体会商制度，并开展专项资金结余清理，提高资金使用绩效。开展强农惠农资金专项清查工作，共清理2007～2009年强农惠农资金26.26亿元；做好对口支援青川县红光乡灾后恢复重建资金的相关管理工作。

加强政府投资项目管理。完善政府投资项目管理模式，统筹政府投资项目资金，支持重点工程建设，加强对财政性投资项目的工程概、预、决算审查。

加强政府性债务管理。制订政府性债务管理《实施细则》，严格政府性债务归口管理，强化债务计划管理，将债务控制在警戒线以内。筹措偿债准备金，提高债务资金绩效。

加强行政事业单位国有资产管理。开展资产出租出借清理，制订行政事业单位国有资产出租出借管理暂行办法、行政事业单位国有资产管理暂行办法等，实现对资产的动态监管，促进行政事业单位国有资产保值增值，国有资产管理纳入制度化、规范化轨道。

加强财政和会计监督检查。全面开展“小金库”专项治理工作；创新检查模式，开展会计信息质量检查工作；严格会计从业资格管理，加大会计监督工作力度。

加强油价补贴资金管理。明确成品油财政补贴的对象、范围和标准，加强申请者资格审查，规范补助申请程序，加强资金的发放、监管工作。 （舟山市财政局供稿 徐颖娜执笔）

台州市

【概况】 2010年，台州市实现生产总值2415.12亿元，是2005年的1.93倍，年均增长14.1%。其中：第一产业增加值159.99亿元，是2005年的1.56倍，年均增长9.3%；第二产业增加值1262.66亿元，是2005年的1.92倍，年均增长13.9%；第三产业增加值992.47亿元，是2005年的2.02倍，年均增长15.1%；三次产业结构由2005年的6.5:51.8:41.7调整为6.6:52.3:41.1。全市人均生产总值为41582元，是2005年的1.85倍，年均增长13.1%。社会消费品零售总额960.45亿元，是2005年的2.18倍，年均增长16.9%。全社会固定资产投资950.24亿元是2005年的1.77倍，年均增长12.1%。进出口总额170.01亿美元，是2005年的2.68倍，年均增长21.8%。城镇居民人均可支配收入27212元，是2005年的1.56倍，年均增长9.4%。农村居民人均纯收入11307元，是2005年的1.69倍，年均增长11.1%。2010年全市财政总收入310.62亿元，是2005年的2.11倍，年均增长16.1%，其中地方财政收入164.88亿元，是2005年的2.28倍，年均增长17.9%。全市财政支出147.21亿元，是2005年的1.67倍，年均增长10.8%。

【发展兴财】 “十一五”前期，贯彻落实稳健财政政策，构建“三个三”工作长效机制。发展第三产业，促进经济结构调整优化。出台《现代服务业发展引导资金管理试行办法》，落实、完善鼓励第三产业发展的各项政策措施，调整三产内部结构，加大对物流、信息、技术咨询、文化服务等现代服务业的扶持力度。落实所得税优惠政策，对符合减免、税前扣除条件的企业，及时兑现优惠政策。加大对企业创新的扶持力度，安排落实企业挖潜改造资金、科技三项费用、先进制造业基地建设专项资金。"十一五"后期，贯彻落实积极财政政策，促进经济企稳回升。提出"关心民生从关注企业开始"、"关心企业就是关心民生"，并迅速落实财税扶持政策，组织"千名财税干部进万家企业"活动，设立"创业风险投资基金"和"创业计划专项资金"，落实高新技术企业优惠政策。落实社保基金减免及养老基金征收率下调政策，减轻企业负担5亿元；市级共安排服务业专项资金8000万元。加强国债资金管理，将国债资金列入政府预算管理。做好家电下乡、汽车下乡、家电以旧换新等事关民生又推动经济增长的政府民心工程。支持发展对外贸易，支持企业调整出口产品结构，促进外贸增长方式转变。

【和谐用财】 "十一五"时期财政民生支出比重从2005年的73.3%提高到2010年的79.7%，增长6.4个百分点。覆盖城乡的社会保障制度框架基本形成，全市各类社保支出165.30亿元；其中社保"五险"支出104.60亿元、促进就业支出1.63亿元、低保支出3.60亿元、医疗救助支出1.58亿元、城乡居民基本医疗保障支出2.50亿元、被征地农民社保支出6.06亿元。保障性住房建设投入力度不断加大，全市共计提廉租房保障金5.60亿元；医药卫生体制改革稳步推进、公共文化事业加快发展，城乡免费义务教育全面实现。全市医药卫生支出41.97亿元，教育支出196.62亿元，文化事业支出16.46亿元。

【科学理财】 深化部门预算改革。扩大预算内容，完善预算编制办法，编细、编实部门预算。修订完善基本支出定额，细化支出预算编制，力求部门预算指标科学、合理；严格预算执行，规范预算追加。基本实现"收入一个笼子，预算一个盘子，支出一个口子"的管理模式。

完善乡镇财政管理体制。在乡镇财政中推广"参与式"预算和"乡财县管"模式。推进国库集中支付改革。逐步将所有财政性资金全部纳入国库单一账户体系运行管理。2008年1月1日始，市级一级预算单位全面实行集中支付，7月1日始，二级预算单位实施集中支付改革；至2009年1月1日，市级国库集中支付扩面工作基本完成，县市区改革正在实施之中。

加强政府采购管理。2006～2010年，全市累计完成政府采购金额91.47亿元，实际采购金额78.09亿元，节约资金13.38亿多元，节约率14.6%。

推进财政绩效评价改革。制定《台州市财政支出绩效评价实施意见》，组织拟定《财政资金绩效评价工作规程》，各县(市、区)局成立专门机构开展工作。全市联动开展技术改造财政补助专项资金、公共卫生服务支出、千万农村劳动力素质培训支出、科技专项支出和科技三项费用支出等财政专项资金绩效评价。

【精细管财】 以加强专项资金整合为重点，建立健全财政资金监管机制。全面清理、合理归并、整合使用专项资金，将专项资金整合用于重点领域、重点项目和重点地区，切实提高财政资金使用效益。构建业务处室管理指标、国库集中管理资金的模式。开展"小金库"清理工作，健全防治"小金库"的长效机制。加强国有资产和政府性投资管理。加大对资产处置行为的监管力度，完善行政事业单位国有资产管理体制。连续5年编制市级政府性投资(负债)预算，提请市人大、市委市政府审议通过。严格控制新上政府投资项目，压缩政府负债规模。加强项目管理，全市共审核政府性投资项目8929个，总额227.06亿，核减13.11亿。 (台州市财政局供稿 卢云芬执笔)

丽水市

【概况】 "十一五"期间，丽水市财政总收入、地方财政收入和财政支出分别为305.09亿元、176.11亿元、460.02亿元，分别是"十五"期间的2.43倍、2.35倍、2.65倍，其中：2010年全市财政总收入、地方财政收入和财政支出分别为76.84亿元、44.94亿元、135.20亿元，分别是2005年的2.21倍、2.25倍、2.95倍，年均分别增长17.2%、17.6%、24.1%。市本级"十一五"期间财政总收入、地方财政收入和财政支出分别为105.84亿元、61.92亿元、117.25亿元，分别是"十五"期间的2.76倍、2.50倍、2.44倍，其中：2010年市本级财政总收入、地方财政收入和财政支出分别为28.58亿元、16.41亿元、33.15亿元，分别是2005年的2.93倍、2.69倍、2.85倍，年均分别增长24.0%、21.9%、23.3%。2010年，全市财政总收入占GDP的比重为11.9%，比2005年提高1个百分点；地方财政收入占财政总收入的比重为58.5%，比2005年提高1个百分点。

【支持地方经济发展】 重点支持生态农业、生态工业以及以旅游业为龙头的现代服务业的发展。生态农业方面，落实强农惠农各项政策，发展高效生态农业，重点扶持茶叶、竹笋、食用菌、水果、蔬菜、畜禽、油茶等农业主导产业转型升级；推进农产品质量安全体系和生态品牌建设，对获得品牌农产品、绿色农产品称号的给予财政奖励，提升农业生态附加值；加大对特色产业基地、专业化合作组织、农产品加工企业等的投入力度，提升农业产业化水平；突出因地制宜，设立农家乐发展专项资金，推进休闲观光农业发展。生态工业方面，做足做实支持工业发展的财政政策，围绕企业转型升级，设立工业发展专项资金，加大对企业在技术创新和技术改造、节能减排和循环经济、高新技术产业化、科研成果转化等方面的财政扶持，并建立重大项目扶持机制，对新建属国家鼓励类产业并达到一定规模的项目，按投资额比例实行补助；先后出台关于加快推进标准厂房建设、加快品牌培育与质量提升、加快开放型经济发展等方面的财政扶持政策。现代服务业方面，市级财政从2009年起每年安排服务业发展引导资金1000万元，扶持服务业重点企业和重点项目，落实国家和省、市政府出台的有关服务业的各项税费减免政策。以企业分离发展服务业为主抓手，支持旅游业、商贸、物流、金融、信息科技等现代服务业的发展，特别是生态旅游业的发展，发挥区域得天独厚的生态优势和历史人文优势，推动生态旅游业作为山区经济支柱产业发展。“十一五”期间，全市财政部门共兑现企业扶持资金15.47亿元，其中市本级6.17亿元；全市地税部门共落实各类减免税（费）15.28亿元，其中市本级共落实减免税（费）7.51亿元。

【调整优化支出结构】 严格控制会议费、差旅费等一般性支出，确保有限的财力优先投向民生和重点事业。“十一五”期间，全市财政预算内民生支出297.23亿元，为“十五”时期的2.66倍，2010年全市财政民生支出86.36亿元，五年年均增长23.8%。“十一五”时期，全市财政农林水事务支出55.11亿元，为“十五”期间的3.74倍，年均增长31%。全市财政教育支出累计为93.63亿元，为“十五”时期的2.29倍，年均增长17.7%，从2006年开始全面建立义务教育经费保障机制，实施义务教育免学杂费、作业本费、课本费，建立营养餐工程、校舍维修专项资金，教师绩效工资制度。全市文化体育与传媒支出累计12.36亿元，为“十五”时期的2.19倍，年均增长26.6%，市本级从2006年起每年安排130万元文化专项资金，用于培育特色文化，从2008年起，每年安排农村文化建设专项资金。全市社会保障和就业支出26.81亿元，为“十五”时期的3.16倍，年均增长24.8%，全面实施城乡居民社会养老保险制度，对全市符合条件的60周岁以上的城乡居民从2010年1月1日起每月发放60元的基础养老金，建立新型社会救助体系，2010年城镇和农村居民的最低生活保障月人均补助水平分别为218元/月、142元/月，城市“三无”和农村“五保”对象集中供养率91.5%。全市财政医疗卫生支出累计为33.65亿元，为“十五”期间的3.96倍，年均增长33.7%。2010年，全市新农合筹资标准为185元，新农合和城镇居民医保政府补助标准分别提高到每人每年129元和120元。全面实施国家基本药物制度，健全基层医疗卫生服务体系。

【财政管理改革】 推进“收入一个笼子、预算一个盘子、支出一个口子”“三个子”公共财政管理改革，2010年市政府印发关于加快推进市本级公共财政管理改革的实施意见，“一个部门一本预算”的部门预算制度全面推行，规范预算编制管理，预算定额体系初步建立。2007年，全面实施政府收支分类改革。2008年市直财政启动国库集中支付改革试点工作。2010年，市直218家预算单位全面实行国库集中支付改革。深化政府采购改革，完善政府采购制度，加大监管力度，创新政府采购方法，政府采购范围不断扩大。“十一五”期间，全市累计完成政府采购预算37.57亿元，合同采购金额为31.38亿元，节约资金6.19亿元，节资率为16.5%。推进预算绩效管理工作，初步建立绩效评价制度、预期绩效目标管理、重点项目绩效评价、绩效评价结果应用的绩效评价框架体系。深化“收支两条线”管理改革，实行“收缴分离”，规范预算外资金管理。深化国有资产管理体制改革，2006年，市国有资产管理办公室更名为市非经营性国有资产管理办公室，明确非经营性国有资产管理职能；2010年，成立资产管理处，撤销非经营性国有资产管理办公室，组建政府授权、特许经营的国资营运机构，作为政府投融资和城市建设的法人主体，逐渐形成“政府主导、市场运作、专业建设、全程监管”的政府性投资项目推进机制。完善国有资产监督机制，实施财务总监委派制，强化营运机构监督管理；通过公开招投标等市场化方式选择建设单位，通过委派财务总监、工程决算评审等措施实行全过程监管来加强国有建设类资产的监管。2006年，市政府出台加强市直单位房产出租经营管理的意见，规范市直行政事业单位、国资营运机构、国有独资及控股企业出租经营房产行为。

【完善财政体制】 确立市对区财政管理体制。从2008年起，市对莲都区实行“核定收入、差额补助、超收分成、两保两挂”的新一轮财政体制，暂定三年，并补充完善，以理顺市区两级财权分配关系，增强莲都区财政支配能力。从2008年起，市对开发区实行“核定收支、挂钩补助、开发单列、自求平衡”的新一轮财政体制。确立乡镇财政管理体制。2006年，市委、市政府制定《关于全面推进农村综合改革的指导意见》。全市各县（市、区）对乡镇的财政体制进行新一轮的改进和完善。积极化解乡镇政府债务，各县（市、区）制定出台债务管理制度和化债激励机制，对乡镇政府债务进行清理，至2010年底，全市所有乡镇政府实现零负债。“十一五”期间，全市累计化解乡镇债务11766万元。完善乡镇财务管理体制，2004年起莲都区、景宁县推行乡镇财务集中核算模式，2006年至2009年全市所有县（市、区）的乡镇实行“乡财乡用县管”模式。（丽水市财政局供稿 阮美莲执笔）

财政机构人员

zhejiangcaizhengnianjian

浙江省财政厅厅领导

（2010年12月31日）

党组书记、厅长	钱巨炎
党组副书记、副厅长	罗石林*
党组成员、副厅长	金慧群*
党组成员、副厅长	魏跃华
党组成员、副厅长	薛小杭
党组成员、副厅长	朱忠明
党组成员、总会计师	赵立妙
党组成员、省财务开发公司总经理	杜祖国
副巡视员	宋培军
副巡视员、预算执行局局长	罗跃琴*

浙江省财政厅机构设置及中层干部

（2010年12月31日）

一、厅机关

办公室

主任：侯余兴

副主任：周　瀛

副主任：莫红民

副主任：甘建辛

调研员：张胜凯

副调研员：祝新发

副调研员：梁顺敏

副调研员：朱军华

人事处（离退休干部处）

处长：黄克旭

离退休干部处处长兼人事处副处长：章忠良

副处长：金洪根

副处长：金国荣

副处长：费　萍

调研员：童新元

副调研员：何小媛

副调研员：李亚东*

省监察厅驻省财政厅监察专员办公室、省纪委驻省财政厅纪检组

主任、副组长：李文艳*

副主任：叶乃杰*

调研员：胡荣兴*

直属机关党委

专职副书记（正处）：叶承番

工会主任：姜明路

团委书记（副处长级）：赵　虹

政策法规处

处长：周位标

副处长：陈志光

副处长：富德荣

调研员：周斌舫

调研员：朱炳仁

总预算局、地方预算处

局长：邢自霞

副局长兼预算编制中心主任：章启诚*

副局长兼地方预算处处长：倪学军

地方预算处副处长：周爱明

地方预算处副处长：张远东

地方预算处副处长：石琪琪

副调研员：杨格来

副调研员：翟晓真*

税政处

处长：姚龙飞

副处长：邵　健

预算执行局、国库支付处

局长：罗跃琴

副局长兼国库支付处处长：赵利明
副局长兼核算中心主任：何新星
国库支付处副处长：陈丽君
国库支付处副处长：包尧兴
副调研员：吴月宝
副调研员：陈　珍
副调研员：蒋小聪

综合处

处长：沈江平
副处长：孙建苗
副处长：吴凤珍
副处长：邬达贵 *
副调研员：姚如华
副调研员：张　敏
副调研员：孙继霞

会计处

处长：蒋振成
副处长：杨树圣
副处长：周克俭
副处长：陈　孝
调研员：李雪萍
副调研员：郑肖亮
副调研员：程少春

行政政法处

处长：楼梅芳
副处长：童黛铭
副处长：姜建成
副处长：马　勇
副调研员：王志红

教科文处

处长：金　涛
副处长：董立国
副处长：傅彩莲

行政事业资产管理处

处长：陈百平
副处长：牟晨晖

农业处

处长：蒋建建
副处长：杜金良
副处长：王　静
副处长：李建斌
调研员：钱伟烈
副调研员：王小丽

基层财政管理处(省农村综合改革办公室)

处长：尹红平
副处长：李　鸣
调研员：崔华英 *
副调研员：许建全

企业处

处长：俞建人
副处长：叶光胜
副处长：肖艳菱
副处长：吴新芳
调研员：吴中秋
副调研员：朱　玲
副调研员：冯　洁
副调研员：张　卉

外债金融处

处长：陈建中
副处长：洪小然
副处长：郑可青
副调研员：陈志仁

社会保障处

处长：沈　磊
副处长：王雯琳
副处长：张才德
副处长：赵雅玲
副调研员：幸春平
副调研员：王柳霞

经济建设处

处长：王　俭
副处长、调研员：戚国裕
副处长：郭定方
副处长：楼慧芬
副处长：马建胜
副处长：何喜平(援疆工作)*
调研员：余逸美

财政监督局

局长：张杭平
副局长：金光对
副局长：王林尧
调研员：周炳森
副调研员：周学伟

绩效管理处

处长：江中亮 *
副处长：王向群 *

省农业综合开发办公室

主任：金慧群(兼)
常务副主任(正处长级)：徐来兴
副主任(正处长级)：张和杰

副主任(正处长级)：赵国瑛

副主任(副处长级)：魏治明

副调研员：何维君

副调研员：方优良

政府采购监管处

处长：钱国兴

副处长：费国炎

副处长：俞小青

副调研员：徐剑锋

二、厅直属单位

省财务开发公司

总经理：杜祖国

副总经理：姚　战

副总经理：祝云水

副总经理：叶　忠

总经理办公室主任：黄志明

综合部经理：赵献平

财务内审部经理：柴会荣

投资管理一部经理：汪一兵

投资管理二部经理：於亚雄

投资管理三部经理：徐晓坚

部门经理级干部：徐炳权

省级机关会计核算中心

主任：何新星(兼)

副主任：叶时宝

副主任：宋万生

副主任：何玮富

副主任：杨慧芳

副主任：高翔(援藏工作)*

副调研员：和繁荣

副调研员：周小燕*

省财政项目预算审核中心

主任：郑　耀

副主任：沈　湧

副主任：沈应庚

总工程师：俞富桥

副调研员：吴春桃

省财政票据管理中心

主任：张亚平

副主任：斯志洪

副调研员：刘　宁

省级部门预算编制中心

主任：章启诚(兼)*

省财税政策研究室

主任、《浙江财税与会计》杂志主编：余丽生

副主任：王非文

副主任、《浙江财税与会计》杂志副主编：刘东淏

副主任：冯　健

享受副处级待遇：朱伊宁*

省财税信息中心

主任：李　军

副主任：寿建钢

副主任：金永勤

副主任：陈健东

总工程师：许智敏

省会计人员服务中心

主任：戴祥波

副主任：沈幼华

省农业综合开发项目审核中心

主任：陆龙泉

副主任：许锡田

副主任：张光敏

省财政干部教育中心(省中华会计函授学校)

校长：钱巨炎(兼)

副校长：金慧群(兼)

副校长：黄克旭(兼)

副校长：蒋振成(兼)

干教中心主任、专职副校长：何元福

干教中心副主任、专职副校长：汪国葆

干教中心副主任、专职副校长：吴小明

原部队副团：童联新

省注册会计师服务中心、省注册会计师协会(资产评估协会)

主任、秘书长：汤　淮

副主任、副秘书长：林金松

副主任、副秘书长：蒋文军

副主任、副秘书长：韩江南

浙江财政后勤服务中心

主任：祝新发(兼)

副处级：杨仁三

省财政厅招待所

所长：陈文斌(原部队副团)

副所长：马　骥(原部队副团)

省莫干山财政干部休养所

省世界银行业务培训中心(杭州金溪山庄)

董事长：解亚东

总经理：华山月

副总经理：方卫国

副总经理：朱　蕾

浙江华财实业发展有限公司

周金根

(注：有*标示者为当年职务有新变动)

浙江省各市、县(市、区)财政局领导

（2010年12月31日）

杭州市财政局

局长：陈锦梅

副局长：金　翔　吴文兴　骆　寅　石连忠

纪委书记：汤军贤

财政监督局局长(副局级)：谢　永

上城区财政局

局长：来剑波

调研员：朱红卫

副局长兼国资办主任：卢　伟

副局长：欧阳杰

下城区财政局

局长：沈凯波

副局长：宋震跃　朱　捷　陈琴箫

西湖区财政局

局长：陈　玮*

党委副书记：祝春霞*

副局长：仰红英*　袁　骏*

江干区财政局

局长：项伟荣

副局长：沈福林　陈绍红

纪检组长：周金虎*

党委委员：余　淼

拱墅区财政局

局长：孟三山

纪检组长：蔡桂兰

副局长：吴永军　童　立

高新(滨江)区财政局

局长：余静漪

副局长：杨金水　胡银根　屠国平

纪检组长：邵　臻

调研员：郭　军

副调研员：陈卫东　张志新

萧山区财政局

局长：金　伟

纪检组长：俞大明

副局长：钱志明　罗松巍　金国升

党委委员：孔富明

调研员：贺放炼　田和平*

余杭区财政局

局长：姚文华

党委副书记兼国资办主任：施成华

党委副书记：尤士英

副局长：叶立新　梅建胜

党委委员：楼志燕

纪检组长：袁俊军

调研员：袁云亮

富阳市财政局

局长：华之江

副书记：潘国明

投融资办公室主任：李一力

副局长：史煜民　俞　杲

临安市财政局

局长：罗石荣

副局长：马泽华　周　佳

调研员：戚绍华　邵友良

建德市财政局

局长：滕明湘

副书记、副局长兼纪委书记：钱一军

副局长：何国良　程　霄

桐庐县财政局

局长：俞　谷

纪检组长：黄亚琴

副局长：项丽珠　毕文浩　申屠逸清

调研员：胡爱民　廖天水　郑之良

淳安县财政局

局长：詹　韧

纪委书记兼副局长：宋士中

副局长：叶建乐　王慧红

党委委员：胡长文

宁波市财政局

局长：胡谟敦

副局长：王跃鹏　章翠飞　贺也贞　张镇岳　杨　军　王　晓*

纪检组长：陈仰家

党委委员：范国伟*

海曙区财政局

局长：竺培楠*

副局长：蔡　锐　金群辉*

局长助理：邱顺年

江东区财政局

局长：章月标

副局长：涂更生 叶良春 范建杰

江北区财政局

局长：孙新土

副局长：徐焕忠 邬文珍 李 斌

北仑区财政局

局长：谢开定

副局长：陆 伟 李 军 孙军泽 赵明鹤

镇海区财政局

局长：王信永

副局长：蔡军国 孙 灵 郑建勋

纪检组长：胡志利

党组成员：王镇亮

大榭开发区财政局

副局长：冯伟业 叶奇丹

鄞州区财政局

局长：钱 芳

副局长：金文耀 岑卢艳

象山县财政局

局长：陈柳松

副局长：姜乐平 王其伟 顾卫国 郑 勇

党组成员：陈忠祥

宁海县财政局

局长：尤永强

副局长：陈焕龙 王能选＊ 叶亦利 丁建华 胡林法

纪检组长：陈知统

余姚市财政局

局长：俞剑清

副局长：杨水昌 王文益 徐强辉 许真如 宋建忠

党委委员：周益忠＊

慈溪市财政局

局长：张炳华

副局长：范哲慰 施银焕 马志灿

党委委员：史 军 潘钊先＊

奉化市财政局

局长：韩圣光

副局长：罗国锵＊ 林 鑫 胡志春＊

纪检组长：奚际朗

温州市财政局

局长：李步鸣

纪检组长：卢小平

副局长：朱定钧 孙建伟 胡正武

总会计师：林江帆

鹿城区财政局

局长：林宣富＊

副局长：陈宇开 渠 奕

纪检组长：孙丽娟

党组成员、预算科科长：陈 辉＊

龙湾区财政局

局长：张良飞

副局长：陈光伟 王晓春＊ 方 微＊

纪检组长：林碧清

瓯海区财政局

局长：吴 强

副书记、副局长：项瞻文

副书记：薛永川

副局长：黄筱萍

总会计师：叶国蒙

党组成员：陈金凡＊

开发区财政局

局长：陈建斌

副局长：黄伟杰

纪检组长：徐定杰

瑞安市财政局

局长：陈迪海＊

副书记：余列平 林候发＊

副局长：陈胜泉 黄亚平＊

总会计师：李建中

乐清市财政局

局长：叶乐安

副书记、副局长：周庆耀

副局长：董法朗 孔庆元

纪检组长：陈宣定

总会计师：钱乐洋

党组成员：郑甘雨＊ 郑清华＊

永嘉县财政局

局长：胡国强

副书记、副局长：叶雀媚

副局长、纪委书记：谢纯定

副局长：徐忠诚

总会计师：叶玉庭

平阳县财政局

局长：温从岳

副书记、纪检组长：叶友育

副书记、国资办副主任：薛文秀

副局长：陈钦斌 黄少斌 黄 佩

总会计师：王 炼

苍南县财政局

局长：徐象广

副书记：蔡勤旺

副局长：项延钢 池长辉 沈志安

纪检组长：陈碧芳

文成县财政局

局长：郑士钗

纪委书记：郑明进

副局长：张明林 胡希勒 林永熙

泰顺县财政局

局长：胡昌迎＊

副书记：毛方酬

副局长：王官玉

洞头县财政局

局长：叶明理

副书记、副局长：陈后平

副局长：潘敦汉 谢月英

纪检组长：颜跃平

总会计师：曾国雄

党组成员：南海滨＊

嘉兴市财政局

局长：马邦伟

副局长：吴贵敏 夏林生 张永红

纪委书记：朱天文

南湖区财政局

局长：叶涵初

副局长：马立申 张 磊 顾云祥

秀洲区财政局

局长：王爱根

副局长：徐坤荣 张 军 成海明 张惠明＊

平湖市财政局

局长：唐华荣

书记：俞明祥

副局长：梁晓军 全 骏

海盐县财政局

局长：贺伟民

书记：马建良

副书记、纪检组长：董成彪

副局长：陈初霞 陆国华 王晓军

嘉善县财政局

局长：沈恩达

书记：潘雨忠

副局长：杨慧芳 蒋 健 徐金连 徐忠明

纪检组长：张小峰

海宁市财政局

党委书记：程培青＊

局长：陈金明

纪检组长：闵厚文

副局长：夏国平＊ 蒋雪标＊

党委委员：龙怡娟

桐乡市财政局

局长：姜 玮＊

副局长：吴海燕 房治方 沈富春

党委委员：方 真

湖州市财政局

局长：陈亚明＊

副局长：屠培红 张恩林 姚 温 钱汇丰 黄长泉

纪检组长：沈 蓓

总会计师：张向阳

党组成员：袁学平

副调研员：钟志铭 张从光 姚新加＊

吴兴区财政局

局长：汪胜富

副局长：滕玉文 沈国强 沈林林

总会计师：章正军

南浔区财政局

局长：李 强

纪检组长：高登旺

副局长：沈为民 何琪虎

德清县财政局

局长：杨永林

副局长：徐黎娟 江洪波

纪检组长：沈 英

副局长：张金云

党组成员：曹国华

长兴县财政局

局长：冯梅山

书记：葛铭松

副局长：李丰红 顾群伟 范首翔 潘旭飞

纪检组长：吴淦良

党组成员：徐季强 吴亚平 王佳平

安吉县财政局

局长：梁蕴伟

党组书记：胡建国

副局长：朱永桓 汪士财 严明卯 俞土良

纪检组长：朱永桓

党组成员：杨 勇

绍兴市财政局

局长：阮坚勇

副局长：潘旺明(正局级) 房　紧 楼　君 蔡文良 何俊杰

纪检组长：陈建光

总会计师：赵雄飞

总经济师：倪　兵＊

调研员：卢银银

越城区财政局

局长：高玮民

副书记：唐关荣

副局长：俞谢家 丁　浩＊

绍兴县财政局

局长：王炳豪＊

副书记、纪委书记：吕铁辉

副书记：赵亿怀

副局长：孙永国 徐利忠 徐志方 宋朝忠＊ 金国安＊

党委委员：张志华 来建祥＊

诸暨市财政局

局长：张建林

副书记、纪检组长：赵一平

副局长：杨胜新 周国新 赵章根 余龙凡＊

上虞市财政局

局长：茅国清

副书记、副局长、纪委书记：邵百尧

副局长：卢坚钢 陈　烽 陈鑫淼

党委委员：李　军　金慧君

嵊州市财政局

局长：孙元东

党委委员、国资公司总经理：茹万红

副局长：孙作祥 叶　平

党委委员：张茂雄 田　震＊ 吕霞光＊

新昌县财政局

局长：求国安

副书记：盛　青

副局长：谢立民 吴德祥 周少卿 求伟清

党委委员：张恺荣 陈东辉＊ 竺志刚＊

金华市财政局

局长：周益民

副局长：杨晓明 马海清

纪检组长：李建华

副局长：李　俊 倪小波

总会计师：徐佩琴

婺城区财政局

局长：卢颐丰＊

副局长：傅得樟 章文志 陶昌伟 顾再进

党组成员：施柯芬 胡京宏

金东区财政局

局长：张有钢

副局长：陈春华 郑良模 姜韶军

党组成员：施杰明

局长助理：王丽华

兰溪市财政局

局长：陈玉祥

党组书记：陈根斗

副书记、国资办副主任：徐跃民＊

副局长、纪检组长：金　辉

副局长：周季容 邓培昌 朱益民

国资办副主任：陈冬红 潘燕红

东阳市财政局

局长：徐立刚

副局长：杜希庭 吴正华 徐跃卫

党组成员、开发区分局局长：林　斌

党组成员、人教科科长：单仲尧

党组成员、国资办副主任：韦俊图＊

义乌市财政局

局长：赵健明

副书记、副局长：陈忠强 赵绍辉

副局长：虞建民 李晓玲 何愫洪 朱琴芳

党委委员：张其合 缪永明 杨成林

永康市财政局

局长：施建民

副局长：吕正时 杜奕铭

财政分局局长：吴美秀

国资办副主任：应美珍

纪检组长：谢毅清

总会计师：吕美红＊

党委委员：胡高峰＊

浦江县财政局

局长：傅兴琰

副局长：楼向阳 许尔清 李国平＊

国资办主任：王卫平＊

党委委员：黄苏安

总会计师：黄英俊

局机关党委书记、国资办副主任：傅文正＊

武义县财政局

局长：陈进一

副局长,国资办党组书记、主任：程云庆

副局长：王柏宜 张李新 陈秋华
总会计师：徐国强
纪委书记：王献良
国资办党组成员、副主任：韩宣中 陈武阳
党委委员：郑敬东

磐安县财政局

局长：周丽水
副书记：斯维仁
副局长：葛精兵 羊荣华＊ 施逢杰
纪检组长：郭德富
党组成员：陈忠明

衢州市财政局

局长：吴宝骏＊
副书记：吴小聪 周卫云＊
副局长：王德华 叶浙青＊ 叶旭泉＊ 翁文斌＊
党组成员：张　庆＊

柯城区财政局

局长：章雨土
副局长：邵国英 姚正锋
党组成员：朱泉水 郑　虹

衢江区财政局

局长：李　青
副局长：秦　勇 罗永美
纪检组长：黄宏霞
党组成员：黄晓春 徐　雁 徐衢生

龙游县财政局

局长：陆　雄
副局长：朱云峰 方巧娥＊ 蒋澄宇＊

江山市财政局

局长：巫小雄
副书记：王智荣
副局长：郑宇星 张晓华 毛水芳 郑建青
纪委书记：周金富

常山县财政局

局长：俞宝根
副书记、副局长：谢　诚
纪委书记：张庆华
副局长：钱志友 朱圣杰 徐光明
党委委员：蒋淑萍

开化县财政局

局长：邹燕辉
副局长：汪　涌 傅剑钢 廖继军
党委委员：邱俊峰 廖建忠 汪福海 郑素珍＊ 曹长洪＊

舟山市财政局

局长：王　伟
副局长：曹国英＊（12月3日市委组织部宣布临时主持全局工作）王志杰 张世民 竺群力 邬传统＊ 韦晓红＊
总会计师：岑瑞芳
纪检组长：张群伟

定海区财政局

局长：陆赛波
副局长：姚洪波 贺松跃 朱巧星
总会计师：吴　鹰

普陀区财政局

局长：陈安振
党组副书记：孙文平
国资公司经理：周志国
副局长：张友夫 陈　峰 史海祥
党组成员：张雅雪

岱山县财政局

局长：方信伦＊
党组副书记：潘高平
副局长：蒋伟若 柴忠堂＊
总会计师：翁燕敏＊

嵊泗县财政局

局长：王兴军
副书记、纪委书记：王荣素
副局长：徐国飞 何世光
总会计师：罗奇辉＊
党委委员：郭　华 王海儿

台州市财政局

局长：叶维军
副书记：韩爱军
副局长：张卫平 王子剑
总会计师：余延龄
党组成员、纪检组长：孙　鑫

椒江区财政局

局长：邬美荣
副书记、纪检组长：陈忠贤
副书记、副局长：谷建斌
副局长：蔡建中 章光辉

黄岩区财政局

局长：陈灵平

书记：郑　斌
副局长：林君福
党组成员：郭建明 柯卫凌

路桥区财政局
书记：叶代春＊
局长：陈明炜
副书记：蔡金虎＊
副局长：池昌明
党组成员：黄直诚＊ 林　波＊

临海市财政局
局长：冯荷琴
副书记、副局长：胡寿坚
副局长：王礼福 方　虹
纪检组长：卢国富
总会计师：蒋向阳
党组成员、副局长：沈国材＊

温岭市财政局
局长：江涌清
副书记、副局长：柳　敏
副局长：王春连 林作明
总会计师：江陶舜＊

玉环县财政局
局长：张恢卓
副书记、副局长：郭显银
副局长：张素燕 颜永昌 姜仁武＊
纪委书记：唐丹华

天台县财政局
局长：余昌杰
副书记、副局长：戴敏华
副局长：方国耀 姜灵君＊
党组成员：潘秋江＊

仙居县财政局
局长：姚文浩
副局长：潘海滨＊ 吕汝韦＊ 郑美金＊
纪检组长：潘天虎＊

三门县财政局
局长：奚建华
副书记、纪检组长：马加品
副局长：徐伟晖＊ 金圣杰

丽水市财政局
局长：何赤峰
副局长：崔　军 孙天宇 刘小平 魏叶华
纪检组长：李　嫔

莲都区财政局
局长：赖志平＊
纪检组长：尹和平
副局长：黄于林＊

开发区财政局
局长：金雄鸥
副局长：陈卫媛 吴应娟＊
总经济师：吴坚平＊

青田县财政局
局长：朱秀雄
纪检组长：周旭平＊
副局长：王伟伟 张红兵 季耀武

云和县财政局
局长：柳少康
副局长：柯志宙 陈文平
纪检组长：蓝石花

龙泉市财政局
书记：吴建春＊(主持工作)
副局长：连浩松 商越敏 季志芬
纪检组长：吴树儿

庆元县财政局
局长：刘义平(兼)
书记：江旭奎＊
副局长：陈本新 吴叶林 杨小芬

缙云县财政局
局长：陈贵长
副局长：叶伟民 王伟民 章一力
国资办主任：钭秀千
总会计师：应文央

遂昌县财政局
局长:赵文明
副局长：单崇海 韦恩军
国资公司董事长：金　飞＊

松阳县财政局
局长：林开武＊
国资办主任、副局长：周永跃
副书记：郑桂美＊
副局长、副书记：徐建农
纪检组长：冯汉饶
副局长：陈优芳＊
财务总监：叶智强 叶卓强

景宁县财政局
局长：季晓伟
纪检组长：梅巧勤
副局长：蓝朝星 陈华星 王振权＊

（注:有＊标示者为当年职务有变动）

浙江省财政系统职工基本情况统计

单位：人

项目		总计	性别		民族		学位			学历						
														高中及以下学历		
			男	女	汉	其他	博士	硕士	学士	研究生	大学本科	大学专科	中专	人数	其中35岁以下	其中36至45岁
总计	合计	12303	7208	5095	12255	48	5	429	1609	378	7523	3115	478	809	103	202
	厅(局)级	13	11	2	13			3		3	7	2		1		
	地市局(处)级	571	410	161	571		2	56	82	98	384	76	4	9	1	1
	县局(科)级	3419	2119	1300	3403	16	2	215	404	147	2223	800	107	142	22	18
	一般干部	6966	3885	3081	6939	27	1	153	1096	127	4514	1809	228	288	38	49
	工勤人员	1334	783	551	1329	5		2	27	3	395	428	139	369	42	134
省（区、市）厅局	合计	1148	686	462	1144	4	5	199	264	170	740	128	19	91	28	24
	厅(局)级及以上	13	11	2	13			3		3	7	2		1		
	处(局)级	389	271	118	389		2	49	62	71	264	47	1	6	1	1
	科级	420	226	194	417	3	2	111	128	66	298	26		30	22	4
	一般干部	221	107	114	221		1	36	74	30	154	29	4	4	1	
	工勤人员	105	71	34	104	1					17	24	14	50	4	19
市（地、州）局	合计	2683	1484	1199	2675	8		137	515	120	1858	469	88	148	13	46
	局(处)级及以上	182	139	43	182			7	20	27	120	29	3	3		
	科级	1242	751	491	1236	6		80	180	52	919	218	27	26		
	一般干部	954	417	537	952	2		50	300	40	724	137	22	31	6	9
	工勤人员	305	177	128	305				15	1	95	85	36	88	7	37
县（市、区）局	合计	6293	3729	2564	6267	26		92	752	87	4149	1442	216	399	56	115
	局(科)级及以上	1757	1142	615	1750	7		24	96	29	1006	556	80	86		14
	股级	1559	1124	435	1558	1		31	186	23	1281	232	9	14	2	2
	一般干部	2137	962	1175	2123	14		35	459	33	1603	371	48	82	25	22
	工勤人员	840	501	339	836	4		2	11	2	259	283	79	217	29	77
乡（镇）所	合计	2179	1309	870	2169	10		1	78	1	776	1076	155	171	6	17
	所(股)级及以上	828	587	241	824	4			4		272	434	44	78		5
	一般干部	1267	688	579	1261	6		1	73	1	480	606	101	79	4	11
	工勤人员	84	34	50	84				1		24	36	10	14	2	1

续表一：

单位：人

项目		总计	政治面貌				年龄					
			中共党员	共青团员	民主党派	其他	25岁及以下	26岁至30岁	31岁至35岁	36岁至40岁	41岁至50岁	51岁至59岁
总计	合计	12303	7859	682	147	3615	409	1202	1881	2083	5073	1650
	厅(局)级	13	13							1	1	10
	地市局(处)级	571	517		7	47		1	12	65	329	163
	县局(科)级	3419	2559	28	68	764	2	92	292	528	1696	807
	一般干部	6966	4292	576	67	2031	363	999	1384	1195	2536	488
	工勤人员	1334	478	78	5	773	44	110	193	294	511	182
省(区、市)厅局	合计	1148	802	56	18	272	21	96	184	226	449	171
	厅(局)级及以上	13	13							1	1	10
	处(局)级	389	341		6	42		1	9	48	232	99
	科级	420	305	10	10	95		55	115	110	114	26
	一般干部	221	107	42	2	70	21	38	50	49	49	14
	工勤人员	105	36	4		65		2	10	18	53	22
市(地、州)局	合计	2683	1695	184	52	752	64	270	458	534	996	359
	局(处)级及以上	182	176		1	5			3	17	97	64
	科级	1242	940	18	34	250	1	29	130	272	603	206
	一般干部	954	461	159	15	319	62	230	279	169	174	40
	工勤人员	305	118	7	2	178	1	11	46	76	122	49
县(市、区)局	合计	6293	3822	338	76	2057	231	625	914	1037	2602	883
	局(科)级及以上	1757	1314		24	419	1	8	47	146	979	575
	股级	1559	1243	15	35	266	1	44	208	333	890	83
	一般干部	2137	986	270	14	867	195	494	533	362	433	120
	工勤人员	840	279	53	3	505	34	79	126	196	300	105
乡(镇)所	合计	2179	1540	104	1	534	93	211	325	286	1026	237
	所(股)级及以上	828	720		1	107	1	15	50	75	555	132
	一般干部	1267	775	90		402	83	178	264	207	435	99
	工勤人员	84	45	14		25	9	18	11	4	36	6

续表二：

单位：人

项目		总计	参加工作时间						劳模（先进工作者）	
			1965年前	1966年至1970年	1971年至1980年	1981年至1990年	1991年至2000年	2001年以后	省(部)级	全国
总计	合计	12303	1	195	2017	4571	3571	1948	5	1
	厅(局)级	13		4	7	1	1			
	地市局(处)级	571		30	175	282	81	3	1	1
	县局(科)级	3419		110	975	1449	732	153	4	
	一般干部	6966	1	29	620	2446	2323	1547		
	工勤人员	1334		22	240	393	434	245		
省(区、市)厅局	合计	1148		30	201	402	340	175	1	
	厅(局)级及以上	13		4	7	1	1			
	处(局)级	389		16	116	194	60	3	1	
	科级	420		2	35	111	186	86		
	一般干部	221		2	13	50	71	85		
	工勤人员	105		6	30	46	22	1		
市(地、州)局	合计	2683		61	465	848	890	419	2	1
	局(处)级及以上	182		14	59	88	21			1
	科级	1242		35	264	517	370	56	2	
	一般干部	954		4	68	151	380	351		
	工勤人员	305		8	74	92	119	12		
县(市、区)局	合计	6293	1	94	1166	2227	1761	1044	2	
	局(科)级及以上	1757		73	676	821	176	11	2	
	股级	1559		3	192	795	508	61		
	一般干部	2137	1	10	169	391	796	770		
	工勤人员	840		8	129	220	281	202		
乡(镇)所	合计	2179		10	185	1094	580	310		
	所(股)级及以上	828		5	97	590	117	19		
	一般干部	1267		5	81	469	451	261		
	工勤人员	84			7	35	12	30		

续表三： 单位：人

项目		专业技术人员					特贴专家
		总计	高级职务	其中：正高级职务	中级职务	初级职务	
总计	合计	7656	1045	7	3801	2810	
	厅(局)级	11	6	2	5		
	地市局(处)级	427	206	3	170	51	
	县局(科)级	2395	418	1	1300	677	
	一般干部	4495	401	1	2170	1924	
	工勤人员	328	14		156	158	
省(区、市)厅局	合计	813	295	6	373	145	
	厅(局)级及以上	11	6	2	5		
	处(局)级	311	165	3	109	37	
	科级	317	92		177	48	
	一般干部	161	32	1	76	53	
	工勤人员	13			6	7	
市(地、州)局	合计	1690	282	1	961	447	
	局(处)级及以上	116	41		61	14	
	科级	851	181	1	505	165	
	一般干部	622	55		343	224	
	工勤人员	101	5		52	44	
县(市、区)局	合计	4051	461		2196	1394	
	局(科)级及以上	1227	145		618	464	
	股级	1232	208		701	323	
	一般干部	1390	99		781	510	
	工勤人员	202	9		96	97	
乡(镇)所	合计	1102	7		271	824	
	所(股)级及以上	477	4		88	385	
	一般干部	613	3		181	429	
	工勤人员	12			2	10	

附录

专题经验介绍

探索国库现金管理 进一步提高地方财政理财能力和水平(摘要)

浙江省财政厅

一、对地方开展国库现金管理的认识

国库现金作为政府控制的一项重要财务资源，在保证安全的前提下进行运作，最大可能地提高财政资金使用效率，实现国库闲置资金增值最大化和公共利益最大化，是市场经济国家财政管理活动的重要组成部分。当前，国库现金仅限于中央政府试点，地方财政面对日渐增长的国库存款余额，迫切要求建立规范的国库现金管理运作机制。地方财政建立规范的国库现金管理具有十分重要意义。

一是有利于地方政府加快推进公共财政改革步伐。在我国，地方政府除按照政府层级的支出责任划分(事权)提供相应的公共产品和公共服务外，还承担着发展地方经济的任务，需寻求商业银行更多的贷款支持地方经济发展。国库集中收付制度改革前，预算单位的财政性资金多数存放在工、农、中、建四大国有银行，是各商业银行的主要客户。实行国库集中收付制度改革后，财政性资金相应地从商业银行向央行经理的国库转移。据统计，浙江省本级 2007、2008、2009 年通过国库集中支付系统支付的金额分别为 207 亿、250 亿和 280 亿，加上历年结余资金，每年减少商业银行存款达 300 亿元左右，相应地减少商业银行的信贷资金来源，也降低了商业银行对地方经济发展的资金支持力度，在一定程度上影响了地方政府加快国库集中收付制度改革的积极性。因此，地方开展国库现金管理工作，为地方财政进一步推进国库集中收付制度改革提供了一定的动力和利益保障，有助于引导和促进政府非税收入、预算外资金纳入预算管理，进一规范财政收支行为。

二是有利于增强地方政府理财能力。按照安全性、流动性、效益性原则，积极稳妥地运作国库库底资金，既可为地方政府创造更多的资金收益，实现国库资金的保值、增值，又有利于促进地方政府合理安排预算收支进度、加强预算收支管理的主动性，有利于地方政府统筹把握政府债务和库存资金情况，控制债务规模，降低筹资成本，增强理财能力和水平。

三是有利于规范现行国库现金运作管理，防范财政风险。由于国库现金管理运作机制未建立，部分地方政府为了地方利益，有的尽量延缓国库制度改革，或想方设法转移国库资金，或进行不规范的投资融资活动，存在较大的财政风险。开展地方国库现金管理，既可以避免各地不规范的财政资金运作行为，也可以大大减少由此产生的财政资金风险，是一种积极疏导、兼顾各级利益的好办法。

二、省本级国库现金管理现状

(一)省本级国库存款的总体情况

近年来，随着浙江省财政收入的稳步增长、预算管理的加强和国库集中收付制度改革的深入，国库库存资金呈现出持续攀升、稳步上扬的趋势。省级库款从 2005 年 10 月的 130.78 亿元，增至 2009 年末的 304.42 亿元，增长 2 倍多。

从近年来省本级国库存款变动情况来分析，省本级国库存款高位运行，主要有以下三方面特点：

一是处于波谷阶段的国库存款水平不低。从 2006～2009 年国库存款数据来看，当年国库存款余额最低月份，2006 年 1 月为 99 亿元，2007 年 1 月为 144 亿元，2008 年 12 月为 302 亿元，2009 年 12 月为 304 亿元。

二是常年保持高水平。2006 年国库存款余额超过 150 亿元的有 4 个月，2007 年超过 200 亿元的有 7 个月份，2008、2009 年则全年均在 300 亿元以上。

三是具有稳定的存量区间。2006～2009 年 4 年内库存资金量有 42%的时间在 200 亿元以上的区间内波动，有 58%的时间在 100～200 亿元的区间内波动。

省级国库存款余额的高位运行，表明省财政调控实力大为增强，国库集中收付制度改革效应充分显现，同时也反映出财政资金大量闲置和沉淀，利用效率有待提高。

(二)省本级国库现金运作情况

为解决省库存款大量闲置的情况，提高财政资金效益，近年来，省财政按照“留足支付余地，操作合法规范、确保资金安全”的原则，在省政府主要领导的支持下，采取了以下方式进

行国库现金运作：

一是代还省属高校基本建设贷款。为妥善解决省属高校新校区建设资金问题，发挥财政资金对教育的支持作用，2006年12月通过调度省库资金36.51亿元，归还省教育厅直属高校由财政保障的基建贷款；2007年11月和2009年12月又连续两次调度省库资金11.06亿元，归还杭州外国语学校等其他省属高职院校的由财政保障的基建贷款。以上合计归还47.57亿基建贷款。贷款5年以上利率每年不同，2007年利率为7.11%，2008年利率为7.83%，2009年利率为5.94%。截至2009年底，根据代还省属高校基建贷款情况计算，三年省财政节约利息支出6.74亿元，既减轻了政府债务，又提高了财政资金效益。

二是国库现金运作。2007年12月，为提高省级财政资金利用效益，从省库资金中调出60亿元，在工、农、建三家银行，采用稳妥的定期存款方式，一年期定存24亿元，三年期定存36亿元。按当年存款利率计算，2008年利息收入2.94亿元，2009年利息收入2.48亿元，两年合计利息收入5.42亿元，用于支持全省创业创新、加大现代服务业发展扶持力度和加快农村生活污水集中处理。

三是支持公共项目建设。为解决省级预算难以一次性安排的铁路项目资本金，省财政按合同规定，及时从省库资金中支付78亿元，目前尚有37亿元无列报支出。按2008年一年期贷款利率7.47%计算节约利息2.78亿元，按2009年一年期贷款利率5.31%计算节约利息1.96亿元，两年合计节约利息4.74亿元。

上述省库存款的高效运作，共产生收益16.9亿元，抵去国库活期存款利息1.04亿元（活期存款利率0.36%），净创收益15.86亿元，实现了财政资金的保值增值，取得了良好的社会和经济效益。

（三）存在的困难和问题

近年来，浙江省在国库现金管理方面作了一些探索和尝试，但存在相当大的困难和问题。

1. 制度层面上，法律法规缺位。国家法律虽然规定了地方财政依法享有对财政资金的管理权和支配权，但没有对地方政府开展国库现金管理作出制度性安排。要开展地方国库现金管理，必须在法律、法规层面作出规定，消除政策、制度上的障碍。

2. 体制层面上，央行经理国库，地方政府财权不完整。地方政府与央行并未建立真正的“委托——代理”关系，央行在很大程度上承担了国库业务的管理职责，虽然法律规定资金支配权属于财政部门，但地方财政在账户设置、财政资金的收缴与拨付、国库存款运用等方面都必须与人民银行进行协商，财权不完整，无法自主开展理财。

3. 操作层面上，地方政府投融资工具单一且不规范。地方政府受传统国库体制的影响和有关法律的制约，投融资工具单一且不规范。从投资渠道来看，地方政府为了追求国库现金收益最大化，同时扩大商业银行存款规模，需要商业银行更多的贷款支持地方经济发展，一方面采取不规范的做法将国库现金转存商业银行，另一方面将应纳入预算管理的政府非税收入滞留财政专户。从融资来看，预算法规定地方政府不能发行债务，不允许地方政府直接进行融资活动，严格做到收支平衡。但目前的实际状况是各级地方政府都通过不同渠道进行了融资活动，这些融资活动都是在没有明确规范的情况下进行的，是财政管理面临的重要问题，蕴含着财政风险。

4. 技术层面上，人才资源匮乏。高效的国库现金管理需要高素质的专业人才。国库现金管理要求精确的现金流预测、全面的宏观经济、金融市场分析、准确的国库现金投融资操作，涉及多个领域，但目前地方财政部门具有金融市场及其管理、货币政策、计量经济分析等方面能力的综合人才储备较少。

三、对地方开展国库现金管理的建议

2006年财政部与央行联合出台的《中央国库现金管理暂行办法》及之后的中央国库现金管理成功运作，为地方国库现金管理开拓了思路，提供了借鉴。目前地方国库集中收付制度改革已全面推开，“金财工程”和财税库银横向联网等建设又为地方国库现金管理的开展提供了系统支持。因此，当前在财政部的统一领导和协调指挥下，选择条件比较成熟的省，尽快实施规范的地方国库现金管理试点已具备条件。为确保试点工作的稳妥、有序开展，提出以下建议：

（一）建立地方国库现金管理的规范化运作机制

国库现金管理活动涉及宏观经济、财政政策等多方面的经济管理活动，财政资金在金融市场运作的安全性和有效性都需要法律法规来规范。地方国库现金管理试点也只有在法制化的轨道上健康运行，才能在确保国库资金安全的前提下，实现提高资金效益的目标。

1. 明确财政部门作为地方国库现金管理的主体。如前所述，央行经理国库，地方政府财权不完整等因素使得地方政府国库现金管理的主体地位模糊。而事实上，国库现金管理是财政管理中的重要一环，是财政部门监控预算执行、提高财政资金效益的重要途径，我国预算法第六章第四十八条也规定：“各级国库库款的支配权属于本级政府财政部门”。因此，地方财政部门理所当然成为国库现金管理的主体。鉴于地方财政部门与人民银行的职能交叉现状，明确地方财政部门代表本级政府进行国库现金管理十分必要。

2. 对地方国库现金管理进行制度性规范。一是近期尽快出台地方国库现金管理试点的管理办法。在办法中明确职责权限、操作规程、责任和风险防范等事项。出于审慎性及先易后难、循序渐进、规范操作的考虑，建议办法中明确规定开展试点工作的限制性条件：限制操作规模，根据试点省的国库存款情况，核定滚动限额额度；限制操作方式，对试点阶段的投融资工具做出具体规定。二是从远期看，应建立健全地方国库现金管理的法律、法规。目前国库现金管理的法律框架尚未形成，虽然中央在2006年制定了《中央国库现金管理暂行办法》，但是现行《预算法》、《预算法实施条例》、《国家金库条例》等一系列法律法规均未涉及国库现金管理内容。从国库现金管理工作的长远发展着眼，首先应当修订财政基本法律，为财政部门实施国库现金管理提供法律依据；第二应该制定颁布操作性和规程性的法律法规，为国库现金管理的具体操作提供依据。

3.建立风险控制机制。除了对国库现金管理各方责任及国库现金管理内容等的具体制度性规定外，还需要建立资金运作的监督机制，财政部门对国库资金运作的全过程进行监控，并定期向人大和政府汇报；人民银行建立严格的内控制度；审计部门进行资金运作的外部监督。

（二）建立地方国库现金管理的投融资渠道

地方国库现金管理试点必须首先保证国库资金的安全性、流动性，试点初期的投融资渠道可适当收窄，采用安全性高、流动性好的投资工具。

1.商业银行定期存款。商业银行定期存款方式收益稳定、安全，应作为试点阶段的首选投资工具。定期存款操作可考虑面向国有商业银行通过竞争性招标进行，存款利率通过竞争性拍卖程序形成。建立参与竞争的商业银行的准入标准，准入标准中特别要对存款的质押品做出规定。地方财政部门采取浮动利率方式对商业银行进行招标，即各商业银行选择一家支行为代表参与招投标。地方财政在每个中标的商业银行开设一个定期存款账户，将定期存款存于该账户。为了保证地方国库资金的安全性和流动性，国库资金应分散存入不同商业银行，招标的定期存款种类、期限、数额应根据国库现金现状及预算收支预测情况确定，存款长短期限合理组合，最长期限不超过一年。

2.购买地方政府债券。为了应对国际金融危机的冲击，缓解地方经济困难，财政部代理发行了2009年地方政府债券，这是我国地方政府债务管理的重大创新。地方政府以闲置库存资金购买地方政府债券，一方面能够获得稳定的收益，一方面也有助于促进地方政府债券的发行和管理工作，减少发债成本。

3.参与资金拆借市场。建立和完善地方国库现金管理制度，需要对地方财政的融资制度进行改革，允许地方进行规范的融资，否则将难以实行真正意义上的国库现金管理。目前建立地方财政融资机制的措施主要应当实现两个转化，即从不规范融资向规范融资转化；从隐性融资向显性融资转化。在试点初期，可由省级财政部门在人民银行核定的资金额度内参与资金拆借市场，调剂国库现金日余额。为了保证国库现金的流动性，可选择7天拆借和隔夜拆借为主。

4.与政府债务管理相结合，降低政府筹资成本。对一些政府公共项目，由于投资大，建设期较长，其建设资金大多数通过银行借贷来筹集，政府每年不仅要在预算中安排其贷款的还贷资金，还需要承担高额的利息支出，筹资成本较大，如高校建设资金、交通建设资金等。上述项目由于财政每年有预算保证，可考虑财政部门动用库底资金先帮其一次性归还部分贷款资金，以后年度直接从预算中扣回，这样一来，用存款利率较低的资金去替换贷款利率较高的资金，既可实现财政资金的保值、增值，降低政府筹资成本，又可减轻地方政府债务负担，可谓"双赢"。

（三）建立与货币政策相配合的协调机制

国库资金的收入与支出过程及结果都会对基础货币产生收缩与扩张的作用，国库现金流量是货币市场中货币流动性的重要影响因素，财政国库存款是人民银行实施货币政策的一个重要来源。如果地方财政部门大规模开展国库现金管理，势必对货币政策实施产生影响。因此必须建立与实施货币政策相配合的协调机制。

第一，建立国库现金余额管理制度。可借鉴市场经济国家的做法，地方财政部门在国库账户中保持一个相对稳定的余额，既满足正常支付需要，又满足央行实施货币政策调控需要。这一余额可由财政部会同央行核定，各级财政部门与人民银行具体掌控。这样既可保持国库现金流量的平滑性，又能保证货币政策调控需要，防止对货币政策目标产生扭曲效果。

第二，加强国库现金预测分析。开展国库现金预测分析，既是国库现金管理需要，也是央行运用货币政策工具的需要，因此，要把国库现金预测分析作为财政国库管理的一项重要功能，实现科学化、制度化，并把预测结果及时通报央行。

第三，建立地方财政部门和所在地人民银行国库部门的国库现金管理协调委员会，定期进行沟通与协调，减少磨擦，确保财政政策与货币政策的协调配合。

加强财政专项资金清理整合
支撑、保障和引导温州经济转型发展(摘要)

温州市财政局

财政专项资金是经本级预算安排、具有指定用途和绩效目标的项目资金，是政府履行职能的重要物质基础和宏观调控的重要手段，在推动经济发展、改善民生及促进社会和谐稳定发展方面具有重要作用。但是，近年来，财政专项资金在实施过程中暴露出不少问题，尤其是规模迅速扩大、总量难以控制，加剧了地方财政支出压力。为此，温州市财政局大胆探索、积极实施市级财政专项资金清理整合工作，致力发挥财政资金对温州经济转型发展的支撑、保障和引导作用，做到集中财力办大事，取得了较好的工作成效。现介绍主要做法和成效。

为进一步深化财政体制改革，规范市级财政专项资金管理，提高使用效率，按照"一要吃饭、二要建设、三要有所积累、四要增强宏观调控能力"的理财方针和"控制增量、调整存量、优化结构、体现导向" 的工作原则，温州市政府部门分别于2007年和2010年两次对市级财政专项资金开展清理整合。在具体工作中，主要做到严把"六关"：

1. *严把认识关，为清理整合工作营造氛围。*清理整合财政专项资金，涉及各部门利益，难度大，比较复杂。一方面多次向市主要领导专题汇报，争取将该项工作提升到市委市政府层面进行统一部署和开展，加大工作推进力度；另一方面，利用各种会议及"和风惠民"、"互学互比"、"转作风优环境"等专项活动，借助新闻媒体、《温州财税》等载体，向有关部门和单位加强宣传、营造氛围、力促共识。一是结合增收节支促共识。根据当前财税经济形势错综复杂、收支矛盾日益突出的客观事实，将清理整合专项资金列为增收节支重要内容，并以市政府名义发文，引导树立长期过紧日子、勤俭办一切事业的意识。二是结合体制改革促共识。加强对新一轮省对市县财政体制，以及市对区财政体制调整完善后市级财力困难状况的宣传，进一步明确新体制下市级财政专项资金对县(市、区)的补助范围、方式和侧重点。三是结合中心工作促共识。将清理整合专项资金作为贯彻市委市政府重大决策部署、更好促进我市转型发展和科学发展的政治要求，进一步统一思想，切实增强各部门单位的大局意识和责任意识，牢固树立集中财力办大事的观念。

2. *严把总量关，为清理整合工作创造条件。*清理整合专项资金工作关键是要严控增量，在保持总量基本稳定的基础上予以逐步消减。将市级财政专项资金总量原则上控制在2007年安排水平。除体制性专项外一刀切压缩10%(2010年为5%)，并收回隔年未使用专项资金。结合当前经济形势，及市委市政府重大决策部署和工作重点，按照"有保有压"原则逐项考虑，将压缩及收回的资金调整到确需新增的重点项目。经过努力，市级财政专项资金规模迅速扩大的问题得到控制，市级财政专项资金年度安排的增幅分别由2005～2007年的83.9%、50.9%、47.7%下降到2008～2010年的9.13%、5.84%、4.87%(含部门结余消化因素)。对2011年的市级财政专项资金安排，根据清理方案，向市委市政府提出在2010年基础上，扣除对区体制性专项(拟以2009年为基数列入财政体制固定结算补助)后，再予压缩35%约4.80亿元。同时，对新的市级财政专项资金项目从紧把握、从严控制，原则上不再新开口子。

3. *严把分类关，找准清理整合工作的着力点。*为使市级财政专项资金分类更加科学，在调研梳理的基础上，根据市级财政专项资金具体投向和使用内容，将专项资金分为经济发展类和社会民生类，再细化为一次性专项、阶段性专项、体制性专项进行管理，并将整合和优化的着力点定在了阶段性专项资金上。2010年，将现行各类综合性、专业性文件(包括会议纪要) 等涉及对区域补助支出的市级财政专项资金全部列为清理对象，并进一步细分为经济发展类、社会事务类、扶贫救济类、生态补偿类、支农涉农类等类别，对每项资金性质按一次性或阶段性确定后，按暂时保留(设保留年限)、逐年递减、取消等三种方式分别进行清理。

4. *严把投向关，确保集中财力办大事。*按照"有所为、有所不为"的理财原则和"量力而行、尽力而为"的指导思想，根据经济社会中热点难点问题的变化情况及市委市政府重要工作部署，在第一次清理整合将市级财政专项资金由113项整合为两大类13小类91项的基础上，2010年进一步加大对市级财政专项资金的清理整合力度。如在先进制造业大项里，整合并设立了十大产业和新能源发展转型升级专项资金，较好地发挥了财政资金在支持经济转型升级方面的导向作用。同时，在市级财政专项资金控制总量范围内，对以下三类资金予以暂时保留：一是法定支出和省考核要求，以及有专项收入实行专款专用的财政专项资金，如科技三项费用、教育费附加和排污费等；二是对欠发达地区奔小康专项资金、领导干部挂钩帮扶和慰问专项资金；三是生态市建设、生态补偿、生态公益林专项资金。对近几年没有发生支出或很少支出，以及已经到期的市级财政专项资金予以取消。对其他专项资金采取取消、压减等方式，并明确保留的市级财政专项资金重点用于市级项目。此外，根据市对区财政新体制，按照事权与财权相匹配的原则，合理确定对县（市、区）的补助范围和方式，并区别对待涉及到欠发达地区和个别的补助。通过优化市级财政专项资金投向，集中财力保障市委市政府重大决策部署和重点工作的落实。

5. *严把程序关，促进专项资金规范运行。*为巩固专项资金清理整合成果，于2008年底起草并上报市政府下发了《关于加强市级财政专项资金管理的意见》，从四方面对市级财政专项资金使用管理进行规范。一是专项资金预算安排程序。各职能部门拟定资金扶持方向、年度计划和绩效目标，由市财政初审后形成年度计划草案报市政府审定。二是专项资金分配使用程序。市财政会同有关职能部门拟定专项资金具体分配使用方案，报市政府分管领导审定；市政府分管领导核准具体实施方案，由市财政部门按进度拨付。三是新设专项资金预算安排程序。原则上不再新增专项资金，经市政府确定需设立的专项资金，首先在各类专项资金中调剂解决，统筹安排；因特殊原因确需增加预算安排的，由财政部门提出方案报市政府审定。四是市各有关部门单位的财政性结余资金隔年未使用的，由市财政部门统筹安排。2010年，又起草并报市政府下发了《关于完善市级财政资金有关审批程序的意见》，细化和明确了市级财政专项资金安排及具体分配审批程序，并进一步规范了各部门制发文件中涉及财政支出、临时机构使用财政资金及预算超收收入使用等方面的管理程序。

6. *严把监管关，确保专项资金使用安全高效。*一是加强专项资金绩效管理。为切实提高财政资金的使用绩效，2010年共实施市级财政专项资金绩效评价项目75个，涉及财政支出资金2.22亿元。如将职业教育专项资金项目作为2010年度绩效评价重点，通过开展“统一指标、统一标准、分级评价、上下联动”的全市联动评价，促使教育资金发挥更大效益。此外，扩大专项资金绩效目标管理试点工作，2010年共对市级人才工作、文化大市建设等专项资金共91个项目（涉及资金4500万元）纳入预期绩效目标申报管理，探索对市中小企业信用担保财政扶持资金项目预期绩效目标细化论证工作，对部分不合理的项目支出予以调整。二是加强对重点领域专项资金使用情况的监督检查。对检查中发现的问题及时督促整改，确保市级财政专项资金使用安全有序。此外，对已列入计划的市级财政专项资金，及时督促相关部门加快项目进度，确保资金尽早发挥效益。三是加强专项资金管理的信息化建设。选择市级农口专项资金为试点，开发应用了支农资金管理软件，全面实施市级支农资金项目网上申报和项目库管理，从立项到最后拨付的每个环节均做到公开、透明、规范。四是加强专项资金管理制度建设。在市级设立的财政专项资金中，除文件已有明确规定结算办法的专项资金外，已会同有关部门单位制定了60多个专项资金管理办法。同时，根据新一轮市级财政专项资金清理的工作要求，着手修订完善市级财政专项资金管理实施意见，探索建立财政专项资金的长效管理机制。

通过开展对市级财政专项资金的清理整合工作，资金投向日趋优化，管理不断规范，资金的使用绩效进一步提高，有效发挥了财政资金的导向作用，有利于更好履行财政部门职责，为推动市委市政府重大决策部署落实和温州转型发展提供了有力保障。

构筑“四大平台” 实现“四个统一”
积极推进行政事业单位资产科学管理（摘要）

义乌市财政局

义乌市财政部门将预算管理和资产管理相结合，大力推进行政事业单位资产管理体制改革，走出了一条适合义乌实际的资产管理新路子。

一、主要做法

2008年，通过开展全市行政事业单位资产全面清查和全市机关事业单位公有房屋、土地使用情况专项清理，义乌的资产管理工作在产权登记、资产配置、使用、出租和处置环节存在产权不清、产权登记率低、甚至造成资产流失等问题。义乌市委、市政府和财政部门对此高度重视，从2009年开始，以统一产权为抓手，以信息系统建设为依托，以理顺管理体制和制度建设为保障，在全市推行“统一产权，集中管理，授权使用”的行政事业单位国有资产管理体制改革，专门成立市公共资产管理中心（在市机关财务管理核算中心增挂牌子，行政隶属市政府办公室，业务归财政局指导），负责行政事业单位资产的日常监督管理，建立了“财政局——公共资产管理中心——资产占有、使用单位”三层次管理模式。经过几年的努力，有效解决了资产产权不清、利用率不高、占有使用苦乐不均、闲置浪费甚至流失等突出问题，确保了资产管理安全、有效和合理使用。概括而言，主要有构筑“四大平台”、实现“四个统一”的做法。

1. 构筑产权管理平台，实现统一产权登记。产权管理是国有资产管理工作的核心。传统体制下国有资产管理领域突出的弊病，是现实中国有产权的“悬空”和“虚置”，在实际管理运作当中权、责、利不一致。以国有房屋、土地资产为例，义乌对市本级 356 家行政事业单位和机构所拥有的房屋、土地资产进行了全面的清查，共有房屋及建筑物 1347 宗，其中房产、土地双证齐全的 110 宗，占 8%；有房产证无土地证 201 宗，占 15%；有土地证无房产证 187 宗，占 14%；无双证 849 宗，占 63%。已办理房产证或土地证的都是由原有使用单位作为产权人，由于近年来机构的调整或搬迁，许多资产的所有权持有人和使用人处于分离状况。多数房产的审批、建造资料参差不齐，且许多已经遗失。有些房产由于年份较长，无产权证明，造成产权不清，长期被其他单位，甚至个人占用。为此，义乌市切实转变国有资产管理理念，从过去国有产权主要依靠行政方式管理向依靠法律手段管理转变。为明晰国有产权，维护国有资产安全完整，于 2009 年 3 月专门下发了《关于加强行政事业单位国有资产管理的若干意见》，《关于加强行政事业单位国有资产管理的若干意见》及《市行政事业单位国有资产管理办法》，全面部署和开展行政事业单位国有资产产权统一登记工作。市政府授权市公共资产管理中心代表政府行使行政事业单位各类房产以及相应土地的产权和对外投资，并由其向市国土和房管部门申办其所有权及相应土地使用权登记，采取“单位提供资料，中心统一办理，登记机关开辟绿色通道”的办法，为全市本级行政事业单位的房产和土地办理了房产、土地所有使用权证的初始登记或变更登记。

2. 构筑信息管理平台，实现统一监督管理。以信息系统建设为依托，构筑全市行政事业单位资产管理信息平台，建立了一套与改革相适应的资产管理信息系统，全面、及时、准确地记录并反映全市行政事业单位国有资产的规模、总量和具体分布情况，实现资产动态管理。一是配发资产“身份证”。对普通设备资产粘贴电子条码标签，通过扫描录入方式实现数字化卡片管理；对各单位占有、使用的房产和土地，则在国土数字地图上建立矢量图片标注，记录并显示房产地址、面积、楼层分布、使用情况等具体信息。目前，“身份” 信息量已涵盖 365 家单位的 44.97 亿账面资产。二是“身份”信息两层级对照维护机制。由公共资产管理中心维护资产所属单位、数量、金额、购置时间等账务信息；由占有、使用单位维护资产使用人、品牌、编号等具体使用信息。完备的基础数据库，做到账、卡、实相符，有效确保了从资产配置、日常使用管理到处置的全过程精细化管理，为下一步实现资产购置、产权变更等管理事项的网上申报、审批奠定了良好基础。三是强化预算决策参考的服务功能。建立资产财务核算和报表汇总分析报告制度，完善资产分类查询、统计等功能，为政府、部门预算决策提供可靠依据。

3. 构筑配置管理平台，实现统一资产配置。按照资产管理与预算管理相结合的原则，始终把各部门、单位的固定资产购置作为部门预算的重要环节来抓，统一制定资产配置标准和相关定额，严格资产更新，规范行政事业单位增量资产的审批程序，使预算资金分配更加规范和公平，资产配置更加科学合理。通过加强各部门间的工作协调，初步建立了资产管理和预算管理信息共享机制、资产科学合理配置机制和重大资产形成联席会审机制。同时，为建立行政事业单位资产调配的有效机制，推进行政事业单位资产的整合、共享、共用和合理流动，实现资产价值的最佳效益，按照“先调后购(建)”原则，建立了闲置资产的调剂制度，把行政事业单位占用的长期闲置、低效运转和超标配置的资产，以及由于人员编制缩减、职能变更等原因闲置的资产调配到需要的单位，盘活存量资产，提高资产配置效率。

4. 构筑处置管理平台，实现统一资产处置。资产处置是资产管理的最后环节，过去资产管理过程中单位随意处置、不公开处置、处置收入不入账等现象时有发生。为此，从处置标准、处置程序、收入管理等方面作出了严格的规定。一是制定资产处置的标准。对交通工具、办公设备、办公家具等资产的处置分别制定了最低使用年限，对专用设备要根据专门性能和专业用途，以相关行业标准或技术部门鉴定为准，未达到规定的年限标准一般不得申请处置。二是明确审批权限。对房屋、土地等重大资产处置经财政部门审核后，报市政府审批；除此之外的固定资产处置，经主管部门审核后报财政部门审批。三是规范处置行为。经批准处置的资产，各单位须向公共资产管理中心办理资产移交手续，由公共资产管理中心统一处置，处置结果报财政部门备案。以有偿转让方式处置国有资产的，必须在依法设立并具有国有产权转让资格的产权交易机构内进行。处置房屋、土地及评估价值在 100 万元以上国有资产的，对产权交易机构要通过招标选定。国土、房管、交警、运管、物资回收等部门对行政事业单位未经批准处置的土地、房屋、车辆不予办理登记发证、回收等手续。同时，对分散在各个部门单位的闲置房产由公共资产管理中心统一管理，并按照公开、公平、公正的原则向全社会进行公开拍租。四是严格处置收入。对资产处置收入全部进入财政收入“笼子”，严格实行“收支两条线”管理。

二、主要成效

通过实施以构筑“四大平台”、实现“四个统一”为核心的行政事业单位资产管理，义乌市初步建立了资产管理的长效机制，实现了预算管理与资产管理的良性互动，资产管理的规范性和使用绩效不断提高。

1. 实现了产权归位。通过统一产权登记，使产权关系进一步明晰，强化了部门与单位的大局意识、责任意识和服务意识，促进政府更好地履行职责。目前，全市行政事业单位 90% 的房产和土地申请办理了房产、土地所有使用权证的初始登记或变更登记，从法律层面上切实解决了传统体制下国有产权的“虚位”和“空位”，打破了国有资产管理各自为政和部门所有的传统格局，实现了行政事业资产所有权的归位。

2. 规范了使用管理。针对单位之间办公用房苦乐不均的现状，对机关、事业单位的办公用房进行了全面的整合，按照单位的编制人数统一制定了办公面积标准，形成了以六大行政楼为核心的政府办公场所。同时，明确了资产配置和处置标准，规范了资产管理，提高了使用效率。近三年来，通过对闲置资产调剂、置换，无偿调剂办公用房 3.29 万平方米，解决了 22 家单位的办公场所，基本实现单位集中统一办公。不仅节约了大量预算资金，更是极大地方便了老百姓办事，得到了社会的好评。

3. 盘活了存量资源。通过资产标准配置、科学配置、统一调剂，大量的存量资产得以“激活”，大量的闲置资产得以盘活，无形资产得以增值。近三年来，全市共公开拍租 6 期 290 个区块，原租金 1417 万元，现成交租金 2188 万元，涨幅达 55%。报废物资拍卖收入 12.7 万元，再生资源公司回收报废汽车收入 2.05 万元。

4. 促进了廉政建设。通过资产管理改革，统一资产配置、处置和管理，有效解决了资产配置、处置、使用和出租等过程中的腐败问题，为切实取消单位的“自留地”和“小金库”提供了基础，较好地解决了资产占用不均导致利益分配不公等问题，从而规范了资产管理行为，堵塞了管理漏洞，促进了廉政建设。据统计，自 2009 年改革以来，全市没有发现因资产管理原因而发生的腐败案件。

精心设计　周密部署
积极推进财政三位一体组织机构改革（摘要）

嘉善县财政局

嘉善县财政局积极推进财政预算编制、执行、监督“三位一体”组织机构改革。自 2011 年 1 月 1 日起，全面按照公共财政管理和“三位一体”组织运行新机制的要求组织实施，“三位一体”组织机构改革取得了阶段性成果。

一、领导重视，思想认识到位，是确保财政“三位一体”组织机构改革顺利推进的关键

2010 年 7 月全省财政地税局长座谈会后，县委县政府主要领导高度重视，县委书记办公会议专题听取了财政“三位一体”组织机构改革设想的汇报。会议认为，财政“三位一体”组织机构改革，既是贯彻落实科学发展观的必然要求，也是省委、省政府的工作要求，更是财政科学化精细化管理的内在需求；既是财政部门进一步完善“收入一个笼子、预算一个盘子、支出一个口子”公共财政管理模式的需要，更是县委、县政府实现社会管理转型的重要突破口，要把财政“三位一体”组织机构改革列入县委、县政府重要的议事日程，加强组织领导，加紧组织实施，全力推进改革，务必取得实效。会议要求，紧紧围绕公共财政建设和财政管理科学化精细化目标，按照“三个子”公共财政管理模式，加紧制定“三位一体”财政运行机制改革方案，在保证质量的前提下加紧改革方案和配套措施的制定和各项工作的推进。

为加强对财政“三位一体”组织机构改革的组织领导和指导，县委、县政府成立了以县长为组长，县委常委、常务副县长和县委常委、组织部长为副组长，相关部门主要负责人组成的嘉善县财政“三位一体”组织机构体系改革领导小组。县财政部门根据县委的要求，也建立了相应的工作班子，下设办公室、三定方案组、政策配套组和乡镇规划组“一办三组”，扎实做好改革的各项工作。在改革方案的起草和征求意见过程中，县委书记、县长、常务副县长以及县人大主任会议和县政协主席会议分别听取汇报，对改革方案作了明确指导和要求。同时，各项工作得到了省财政厅人教处、总预算局、预算执行局、财政监督局以及基层财政管理处等部门的指导。

二、制订方案，机构设置到位，是实施财政“三位一体”组织机构改革的核心

一是建立以部门预算为龙头的预算编制组织机构体系。即建立以预算局为核心，基层财政管理科（农村综合改革办公室）、综合科、预算编制中心和财政票据管理中心等组成的预算编制机构。其主要职责是负责政府公共预算的编制管理工作，研究全县财政发展战略，加强宏观经济形势的分析、预算管理和政府非税收入管理，深化部门预算编制改革，改革和完善县镇财政体制，加强和指导乡镇财政管理。二是建立以国库集中支付为龙头的预算执行组织机构体系。即建立以预算执行局为核心，国库科、行政事业科、社会保障科、农业科、企业科

(外债金融科)、经济建设科、国库支付中心等组成的预算执行机构。其主要职责是,进一步深化完善财政国库管理制度改革,建立国库单一账户体系,实行预算资金用款计划管理,规范支出支付程序,严格预算执行,强化预算约束,加强对部门、单位财政性资金使用的管理,建立健全内部监督制约机制。三是建立以绩效评价为龙头的预算监督组织机构。即建立以财政监督局为核心,绩效评价科、会计科、政府采购监管科、财政项目预算审核中心等组成的预算监督机构。其主要职责是,进一步完善绩效管理制度,稳步推进以民生支出为重点的项目绩效管理,科学规范实施项目绩效评价,逐步建立事前明确目标、事中绩效跟踪、事后实施评价的全过程绩效管理制度,实现绩效管理与部门预算有机结合。在明确三大组织机构职责的同时,对保留的各职能科室职责按照“三分离”原则和对应的组织机构职责要求进行科学合理调整,使决策权、执行权、监督权既相互分离又相互联系,既相互制约又相互协调,实现职能归一化、管理专业化、流程清晰化、权力制衡化的“四化”目标。

三、建立制度,管理措施到位,是保证财政“三位一体”组织机构改革取得实效的重点

在实施“三位一体”组织机构改革的同时,围绕实现财政管理科学化精细化目标,按照县委、县政府《关于加快推进公共财政管理改革的意见》,根据预算编制、执行和监督三个体系管理的不同特点和要求,制定出台了20个规范性操作文件。一是制定出台了《嘉善县综合财政预算管理办法(试行)》等11个有关预算编制的操作性文件,明确部门、单位所有政府性收入,全额上缴财政,实行“收支两条线”管理,并将纳入财政管理的政府性资金进行统筹安排、综合平衡,建立由政府一般预算、政府性基金预算、社会保障预算、国有资本经营预算以及政府性债务收支计划等组成的、有机衔接的政府预算体系。同时,细化编制地方财政基本建设、政府采购等政府专项预算,全面反映政府收支总量、结构和管理活动。二是制定出台了《嘉善县财政国库管理制度改革方案(试行)》等5个有关预算执行的操作性文件,对所有纳入预算的不同支出类型的财政资金,实行国库集中支付,到2012年,将所有财政性资金全部纳入“国库单一账户体系”运行管理,县级预算单位全面实行财政国库集中支付制度。三是制定出台了《嘉善县财政监督实施办法(试行)》和《嘉善县财政支出绩效评价实施办法》等4个财政监督、绩效评价实施办法,突出大监督理念,逐步建立“全员参与、全程控制、全面覆盖、全部关联”的日常监督与专项监督紧密融合的大监督工作格局。

四、规范流程,信息支撑到位,是确保“三位一体”组织机构正常运行的基础

为确保“三位一体”组织机构正常运行,制订了预算编制、预算调整、指标管理、用款计划、财政支付、资金申拨、非税征管、会计核算、绩效评价、财政监督和基础资料维护等13项业务操作规程。同时,加快金财工程建设,进一步完善财政信息化管理,建立起支撑预算、执行、监督一体化运作的财政业务信息管理平台。一是围绕“预算一个盘子”目标,部署新版部门预算编审系统,逐步建立以部门预算编审为基础的预算业务子系统,包括部门预算调整、项目库管理等预算管理信息系统。二是围绕“支出一个口子”的目标,按照“先易后难、分批实施、稳步推进”的原则,建立指标管理、用款计划、资金申拨、支付管理、会计核算、统发工资、单位门户等国库集中支付系统和以国库单一账户体系为基础、以健全的财政支付信息和银行间实时清算为依托的国库集中支付信息系统。三是围绕“收入一个笼子”的目标,升级现有非税征管系统,实时记录非税收入收缴以及征管数据,并通过网络达到以“收缴分离,以票管收”为核心的非税收入征收管理的信息化、规范化。

加快支出预算执行进度 构建支出动态监控体系(摘要)

诸暨市财政局

诸暨市财政局通过建立预算编制、执行、监督“三位一体”运作机制,加强与相关部门沟通协调,强化预算执行通报考评等手段,切实加快预算执行进度,取得了一定成效。

一、诸暨市财政支出执行情况

近年来,诸暨市财政支出执行主要存在三个问题:一是财政支出进度缓慢,序时进度未能完成;二是财政支出增幅高于财政收入增幅;三是上级补助及转移支付资金指标下达滞后,年末结转资金居高不下。

1.财政支出进度缓慢

从2006~2010年执行情况看,一季度、上半年、前三季度、12月底财政支出完成年初预算分别在22%、44%、66%、85%左右,分别落后序时进度3~15个百分点;尤其四季度,由于省各类补助转移支付资金集中在10月份之后下达,造成财政支出难以实现,落后序时进度均达10个点以上。

2.年末支出增幅高于收入增幅

从2006~2010年财政收入支出增长幅度情况看,前两年财政总收入和地方财政收入的增幅高于一般预算支出的增长幅度;后三年财政支出增幅远高于财政总收入和地方财政收入的增幅;与全省同口径一般预算支出执行情况比较,除

2006年、2009年增幅低于全省水平，其余年份支出增幅都高于全省平均水平。

3.省补资金指标下达滞后导致年末结转资金居高不下

近五年的省补资金每年有20%以上的增长，占一般预算支出额的14%左右；从省补资金下达时间看，第四季度下达的比例偏高，2010年第四季度比例达43.5%。年末结转资金占一般预算支出额的比例略高于省补资金所占比例，除省补资金以外还有其他预算资金年末需结转，2010年年末结转资金虽有所回落，但所占份额仍居高不下。

二、影响预算执行进度的主要原因

一是预算单位普遍存在"重分配、轻执行"的问题，希望尽可能多地编排预算资金，但对资金如何及时和有效地使用则重视不够，最终导致年度内部分资金无法支出。

二是由于部门项目多情况复杂，财政部门在审核部门预算时，难以了解预算单位资金的真实需求，一些预算单位多报的预算未能剔除，部分项目未能组织实施，造成预算资金年内花不出。

三是项目资金预算编制不够细化或项目实施缓慢，一些政府基本建设项目资金，需按工程进度拨款。由于工程未能如期实施或实施进度缓慢，造成较多资金年末需要结转。

四是中央、省专项补助或转移支付资金下达偏晚，相当部分资金集中在10月后下达，往往导致项目筹备时间不足，影响了项目支出进度。

三、加快支出预算执行进度，构建支出动态监控体系

财政支出进度慢不仅不利于发挥财政资金的使用效益，更使预算的严肃性和权威性大打折扣。加快财政支出进度，加强预算执行管理，必须在财政预算编制、执行、监督"三位一体"的框架下，深化财政各项改革，建立健全相关工作机制，构建财政支出动态监控体系。

1.建立预算编制、执行、监督"三位一体"的运作机制

一是搭建预算编制、执行、监督"三位一体"的组织框架，并努力争取"三位一体"机构到位、职责到位、功能到位。二是继续深化部门预算改革。实行综合预算管理，将所有财政性资金纳入部门预算；充实预算编制力量，进一步细化预算编制，特别是细化项目支出预算编制，将预算细化到"项"级科目和具体项目，提高项目编制科学性和执行的可操作性。三是提高财政支出执行率。严格执行国库集中支付制度，进一步加快财政资金拨付进度；优化财政支出流程，坚持工作会商制度，对部门未及时拨付和分配下达的重点项目支出，实行项目确认或预算调整，并列当年支出。四是制定财政结余资金管理办法。建立部门消化结余资金约束机制，加大统筹使用力度，通过调整当年预算、核减下年预算、收回部分结余资金等措施，严格控制结余资金规模，把结余资金使用与部门预算编制、部门新增支出安排相挂钩。（2010年诸暨市已制定《关于规范行政事业单位历年结余资金管理的通知》文件，共清理行政事业单位历年结余资金4.91亿元，并与部门新增支出安排相挂钩，当年通过预算调整动用历年结余资金1.90亿元，较好地弥补了当年财政支出压力。）

2.建立财政与相关部门沟通协调机制

一是加强财政部门内部预算管理、预算执行、政府采购管理等科室间的沟通协调，优化业务流程，认真履行职责，保证预算执行在财政部门内部运行顺畅。二是加强与预算单位、人民银行国库、代理银行之间的业务沟通，以召开座谈会或培训会方式，及时研究解决预算单位反映的预算执行问题，不断提高财政部门公共服务水平和工作效率。三是加强与人大的汇报沟通，对预算调整、执行进度等方面的问题，及时向人大做好解释工作，求得人大理解与支持。针对人代会批准当年预算之前，项目支出受到控制、影响项目支出进度的问题，争取得到人大授权，在人大批准预算之前使项目支出能够按进度拨付。

3.建立财政预算执行通报考评机制

强化对预算单位预算执行情况激励约束和考核，一方面，对本级部门、单位实行预算执行情况按月通报制度，明确部门、单位的预算执行主体地位，对支出进度低于序时进度排名最后10名的部门和单位重点通报，将这些部门的预算执行情况上报市委、市人大、市政府主要领导，并责令相关部门作出说明，促使各部门单位行政"一把抓"，关注预算执行进度，从而提高预算执行效率。另一方面，强化预算执行考核评价，制定出台《诸暨市市级部门单位预算执行考核评价暂行办法》，通过对财政资金支付、代理银行业务差错率、部门单位年度预算调整占年初预算的比例、部门预算执行率，部门决算年终结余占财政支出比重等为主要考核指标，对部门预算单位、代理银行等进行考核，对考核情况给予评价、通报，并把考核结果和支出进度与部门预算资金安排相挂钩。

4.建立财政一体化信息查询动态管理机制

现有国库集中支付管理应用软件在掌握预算支出进度、信息查询、财政收支分析等功能方面尚欠完善，为加强预算支出分析，强化财政一体化信息查询动态管理功能，在2010年借助用友软件，开发、完善了适合诸暨市财政管理模式需求的财政一体化信息查询系统。其主要功能是：通过财政收入支出分析系统功能，对行政事业单位费用支出，政府采购支出，基本建设支出，社会保障资金支出，转移支付等财政资金支付的总体情况进行监督分析，展现各类财政支出的进度报表、上年同期支出情况（同比分析）；完成预算的进度分析；按功能分类、地域、拨付方式、项目类别、资金来源等分析支出的比重（结构分析），同时能分析支出功能分类的预算数、本月支出、累计支出、与上年同比及执行进度。及时掌握支出动态，做好督促检查，加大对重点单位、重点项目特别是各类建设项目资金的监控力度，督促预算部门加快资金拨付和项目实施，确保均衡支出。

调研报告精选

本栏目所摘要刊登的调研报告均为2010年度浙江省财政系统业务调研课题一等奖作品。

浙江省医保基金监管机制研究(摘要)

省财政厅社保处课题组

一、浙江省医疗保险基金监管存在的问题及原因分析

1.医疗保险制度不完善,基金监管难度大

医疗保险制度的设计是医保基金监管的基础,一个好的制度设计不但可以减少监管的工作量,也可以提高监管的效率;反之,制度设计上的缺陷会加大监管的难度。目前我省医疗保险在制度设计上存在的问题主要有:

一是医疗保险的统筹层次较低,政策制度呈现碎片化。医保制度的碎片化一方面表现在各统筹地区间的差异,另一方面表现在不同制度间的差异。医保制度的碎片化在城居保和新农合制度中表现的尤为明显,由于主管部门的不同,这两项制度在覆盖对象、筹资标准和待遇水平等方面都存在明显的差异,而且由于两套信息系统没有实现联网,存在重复参保、重复报销问题。制度的碎片化不但给统计、管理带来了难度,而且容易造成各统筹地参保人员之间的攀比,一个地区待遇的上调会使得其周边地区也被迫进行待遇的调整,更给基金支付带来了压力。

二是在设计医保待遇时,对未来基金的收支运行情况缺乏科学的测算机制作保障。医保的待遇水平具有刚性,易上不易下,一旦由于待遇水平上升过快造成了基金支付的压力后,待遇下调的阻力非常大,只能通过提高缴费标准进行弥补。由于退休人员不缴纳医疗保险费,而根据以往统计,退休人员的人均医疗费用支出达到了在职人员的六倍左右,随着未来人口的老龄化,医疗保险基金支付压力会不断上升。另外,推行全省医保"一卡通"后,还会激发参保人员转外就诊的需求,增加基金的支出。因此,在进行医保待遇调整前要进行充分的测算和论证,以确保制度的可持续性。

2.医疗保险基金监管体制未理顺,监管主体不明确

目前我省的基本医疗保险制度体系包括城镇职工医疗保险、城镇居民医疗保险和新型农村合作医疗保险三项制度。在对三项制度管理主体的职能划分上,存在着职能交叉、多头管理的问题,监管的主体不明确。三项制度中,城镇职工医疗保险由人力社保(劳动保障)部门管理和经办,而城乡居民医疗保障体系的保障模式和管理体制较为复杂,其保障模式包括城镇居民医疗保险、新型农村合作医疗和城乡居民一体化的社会医疗保险。由于保障模式不同,管理主体也有明显差异,形成了人力社保(劳动保障)、卫生等多部门管理的局面。这就造成了政策制度的碎片化和责任主体的不明确。多头管理、机构重复设置增加了政府行政开支,带来了较高的社会管理成本,也使管理的难度加大,产生了诸如数据统计口径的不一致、管理协调工作困难重重等问题。

3.医疗保险基金监管的手段和力量不足,难以跟上形势发展的需要

在对医保基金监管的手段方面,存在的主要问题表现在对过度医疗和不合理支付缺乏有效的监管手段。一方面,由于缺乏出入院、用药、检查化验等各类临床医疗技术标准,对定点医疗机构通过小病大治、重复用药、重复检查、挂床住院等过度医疗产生的基金不合理支出的监管难度较大。另一方面,参保人员就医或配药时所发生的不符合医保诊疗项目、医疗服务设施、用药范围和支付标准的医疗费用转嫁给医保承担的现象仍无法杜绝。例如,一些营养保健药品通过医保支付,因斗殴、交通事故、自杀等所造成的外伤医疗费用由医保支付,异地就医人员编造病情、滥用新药等违规现象,由于缺乏具体的、有效的审核办法和管理手段,依旧是监管的难点。

在监管力量方面,各统筹地区普遍存在的一个突出问题是经办人员数量得不到保障,经办、管理人员队伍的业务素质有待提高。随着医保参保人员的日益增加和医保服务范围的扩展,医保业务量快速增长,使得医保的经办和稽核人员的工作量大大增加,但医保经办和管理人员队伍没有相应地匹配,管理人员与工作任务匹配严重失衡。按照国家规定,社会保障的工作人员与服务人群的比应在1:5000左右,而我省多数统筹地区均超过了1:20000。目前医保经办机构不仅经办职工医保,有的还经办城居保和新农合,有的甚至还经办生育保险和医疗救助,这使经办人员的业务压力巨大,只能疲于应付大厅服务,根本没有人手或很难有人才从事审核和监管。另外,医保业务的专业性比较强,业务熟悉需要一个过程,而稽核工作更需要一定时间工作经验的积累,这就要求医保工作人员有较高的素质且保持稳定性。然而由于人员编制不足,各地医保机构都聘用了大量临时人员,这部分人员的流动性较大,对

其又缺乏强有力的制约性，不利于整个经办人员业务素质的提高。

4. 医疗保险费用支付方式单一，无法起到控制医疗费用的作用

在医疗保险中，不同医疗费用支付方式会对医疗服务的提供者产生不同的激励和制约机制。一个好的支付方式能够激励定点医疗机构主动控制医疗费用增长并提高服务效率。目前，我省各统筹地区大部分实行的是按服务项目付费的结算方式。按服务项目付费是指医疗保险机构根据医疗机构上报的医疗服务项目和服务量向医疗机构支付费用，它属于事后付费。这种付费方式具有实际操作方便、与数量直接相关的特点，但是对医、患双方都缺乏费用控制机制，医院和医生可以通过开大处方、重复检查、延长住院时间、增加医疗单元等来增加不必要的服务，容易产生诱导需求和过度医疗服务。国内外的经验表明，按项目付费在控制医疗费用方面显得软弱无力，当今发达国家的医保机构已纷纷抛弃了按项目付费方式转而实行预付制。

造成医保基金支付监管难的原因来自于多个方面，既有源于医疗保险本身具有的特殊性，也有来自于我国医疗卫生体制设计方面的原因。一是医保基金运作涉及主体众多，存在信息不对称与复杂的委托代理关系。医生和患者之间存在着信息不对称。医生很容易利用其信息优势诱导患者需求，如选择高价药或是医药代表推荐的药，使医疗费用产生不合理的增长。医保参保人员和基金管理机构之间存在着信息不对称。基金管理机构难以直接观察到参保人员的信息和就诊行为，参保人就会产生道德风险，具体表现为滥用或骗取医保基金等行为。药品市场中存在病人和医院、医药工商企业和医院之间的信息不对称。由于医药合业的制度，我国药品零售市场的85%都是由医院卖给患者，医院对药品市场垄断，医院的药品零售价格远远高于药品的出厂价。

二是医疗服务市场具有特殊性。由于信息不对称、垄断，以及参与主体的多元化等多种原因，医疗服务市场具有一般行业和产品市场所不具备的复杂性，这也使医疗费用的控制成为各国普遍面临的难题之一。

首先，医疗市场是个不完全竞争的市场。医疗服务的技术壁垒使得医院和医生不但是医疗服务的供给者，而且具有部分的消费权。一般患者缺乏专业的医学知识，往往由医生决定治疗方案，医院和医生在医疗市场的消费中拥有主导权，而且随着医疗技术的进步，这种垄断程度在逐步提高。

其次，医疗市场具有“资源决定供给、供给决定需求”的特征，即医疗供给会创造医疗需求。按照传统的经济学理论，随着所提供的医疗资源供给的增加，医疗服务的价格会降低。然而实际上医疗资源过剩时，一方面医院和医生可以诱导需求，另一方面患者的潜在需求会被激发，从而形成供给增加导致医疗费用和医保基金支出增加的怪圈。

再次，医疗服务市场需求的价格缺乏弹性，也就是说医疗消费对医疗价格的变动不敏感。这是因为医疗消费品不容易找到替代品，消费者(患者)无法充分自由地选择，当医疗价格不断上涨时也只能被动地进行消费。

三是医疗保险“第三方付费”机制导致道德风险难以监控。道德风险是指在保险机制下，由于委托人与代理人之间信息不对称，致使代理人为追求自身利益最大化而损害委托人利益的行为。医疗保险中的道德风险是导致医疗费用增长的直接原因之一。道德风险的产生有来自于医疗服务的需求方和供给方的，更有医患合谋产生的道德风险。

需求方的道德风险主要表现为参保人的过度消费，主要表现有过度使用高档医疗资源，谎报病情、小病大养，以及一人参保，多人受益等。

供方的道德风险主要表现为医方的诱导需求，即医疗服务提供者利用其信息优势诱导患者接受过度医疗服务的现象。同时医疗服务的决策权和医疗费用的控制权掌握在医方手中，医保机构不直接参与诊疗过程，对医方的行为更缺乏了解。

在“第三方付费”的制度下，由于医、保、患三方权利义务的不对称，患方认为费用偿付是医疗保险机构的事，费用风险意识减弱，医疗机构和患者追逐自身效用最大化的动机不谋而合，可能导致两者为了各自的利益联合起来对付医保机构，套取医保基金的现象。

四是医疗卫生体制、药品流通体制等外部政策不够完善。医疗卫生体制、药品流通体制等外部政策环境对医疗费用的控制也具有重要的影响。目前在我国的医疗服务机构中，90%以上为公立医疗机构，公立医疗机构拥有较先进的医疗设备、技术手段和素质较高的医护人员。但是事实上，如此庞大的公立医院规模与经济发展水平和财政承受能力存在很大的矛盾，政府投入的不足使公立医疗机构仅仅保留“公立”的外壳。这样就使得公立医疗机构偏离了其应有的价值取向，而以追求盈利作为其主要的经营目标，从而带动了医疗价格和医疗费用的过快增长。

在医疗费用的构成中，药品费用的支出占到了50%以上，可以说药品价格的高低直接影响到医疗费用的高低。我国医药合业的体制使药品的销售成为医疗机构盈利的主要方式。医院药品顺加作价政策，客观上导致医院更愿出售高价药品以获得更多的盈利，促使医生倾向于使用新贵药品，如此也导致了医疗费用的增长。

二、完善浙江省医疗保障基金监管的对策建议

1. 加强对定点医疗机构和定点药店的监管，创新监管模式

定点医疗机构和定点药店是医疗费用的直接发生地，加强对“两定”单位的监管是医保基金监管的重点。各统筹地区在创新监管模式方面做了很多有益的探索，可以在总结经验的基础上在全省进行推广，同时也要积极鼓励各地在如何进行有效监管方面广开思路，多出新举措。在加强对“两定”单位的监管上，可以借鉴的经验有：

一是建立定点医疗机构医保医师协议管理制度。在医保机构与医师签订医保服务协议，并施行考核激励、违规退出等一系列管理措施后，医保机构就可以直接参与对医师的管理。这一方面使医保机构可以从预防和控制医保违规发生的源头入手，减少了管理层次，提高了监管的效率；另一方面也减少了医院的管理成本，提高了医师的自律意识，解决了医师个人违规医院受罚的问题。由于设置了医保医师违规退出的规定，在医疗保险覆盖面越来越大的情况下，对医师的约束作用也会更加明显。目前全国已有 30 多个统筹地区实施了医保医师协议管理制度，山东省已在全省范围内推行。我省的医疗保险覆盖率已达到 90%以上，医保卡全省“一卡通”也即将施行，通过建立医保医师协议管理可以对医师起到有效的约束作用。

二是引入外部监督机制。目前医疗费用的审核都由各地医保部门下属的结算中心负责，是保险机构单方面的审核，引入第三方医疗费用审核机构，可以弥补医保基金监管力量的不足，也可以使审核更加中立和公正。日本实行的“第三方审核制度”值得我们借鉴。在日本，医疗机构定期把医疗结算清单送交医疗保险部门，医疗保险部门委托医疗费用支付基金会和国民健康保险团体联合会（第三方机构）进行审查。如果发现医院开大处方等违规行为，会立即取消该医院为被保险人提供医疗服务的资格。医疗机构的费用结算清单经审查无误后，由医疗保险部门通知设在全国各地的医疗费用支付基金会和国民健康团体联合会办事机构，向医院、诊所支付医疗费用。这虽然会增加一定的审核费用支出，但在控制医保基金不合理支出方面会产生明显的作用。此外，还可以适当引入社会监督机制。通过聘请义务监督员、设立投诉举报中心等方式，充分发挥群众的监督作用。

2.探索建立多元化的医疗保险费用支付机制

国外医疗保险制度改革的实践表明，支付方式的改革和完善是控制医疗保险费用支出的有效办法。不同的医疗费用支付方式会对医疗服务供给者产生不同的激励和约束机制，每一种支付方式也有其优缺点，针对不同种类的医疗服务建立多元化、混合的支付体系，可以消除某一支付体系的负面效应而保留综合优势。因此未来的医疗保险费用支付方式改革方向应是建立多元化、混合费用支付体系。

迄今为止，世界各国已探索了多种多样的医疗保险费用支付方式，大致可分为后付制和预付制两种，后付制主要指按服务项目付费，预付制包括总额预算制、按病种付费、按人头付费和按服务单元付费等。在后付制下，医疗服务提供者不承担任何费用风险，对提高效率和降低支出没有激励机制，因此会产生诱导需求行为的发生，其优点是管理成本较低，医学科技成果的应用和服务项目可以不断更新。而在预付制下，由于费用标准事先固定，医院如果能够提高治疗效率，降低治疗成本就可以获得更多的利润，这样事实上形成了医保基金支付机构和医院的成本分担机制，可以促进医院从自身利益出发主动进行费用控制，然而预付制容易导致医院降低服务成本和质量，推诿疑难重症患者，阻碍医疗技术的更新和进步，而且在确定预付费用标准时基础工作投入大，管理的难度也较大。

在未来医保支付体系建设时，可以考虑以总额预算方式为基础，建立预付制和后付制相结合的费用补偿机制，形成互为补充的复合式支付体系。采取总额预付制有利于从宏观上控制医疗费用的增长规模，同时，针对医疗服务的多样性综合应用多种支付方式。对诊断明确、治疗方法相对稳定的病种可以探索实行按病种付费；对门诊费用实行项目付费和增长控制；对床日费用变动较小、难以通过延长住院天数来增加费用的疾病可按床日费用付费；对社区、村镇医疗卫生服务中心可实行按人头付费办法。

3.统一医疗保险管理机构，理顺基金监管体制

医疗保险多个管理部门并存的现状产生了政策制度存在差异，数据统计口径不一致，管理协调工作难度加大等问题，也增加了管理成本。统一医疗保险管理机构，提高统筹层次，减少制度的碎片化将是未来医疗保险改革的趋势。

目前全省城镇职工医疗保险都由社会保险部门经办和管理，而城镇居民医疗保险和新型农村合作医疗保险则存在多个管理部门，制度之间缺乏衔接和协调，出现两个参保群体之间以及不同统筹地区之间待遇攀比、重复参保等现象，造成财政的重复补助、机构的重复设置和社会资源的浪费。因此对这两项制度进行整合、提高统筹层次，有利于理顺基金的监管体制。在实施步骤上，首先应实现经办部门和管理部门的统一，在此基础上实现制度的统一，考虑到城乡生活水平的差异，在制度设计上应具有一定的弹性，允许筹资水平与待遇水平挂钩。另外，在目前分散管理、统筹层次较低的情况下，各地在设计城居医保和新农合的筹资标准和待遇水平时自主性较大，政策的变动性也较大，这不利于制度的可持续运行。在整合制度、提高统筹层次后，对筹资标准和待遇水平的设计要进行科学的测算，考虑到未来人口老龄化的趋势，并充分估计财政支出的承受能力。

4.加强医保机构的人员保障机制和激励约束机制

在参保人数大幅增加，就医人数日益增多的情况下，医保经办和管理人员工作量繁重，各地医保机构人员保障不足的问题都很突出。充足的人员保障和高素质的医保人才队伍可以说是医保监管的基础。在医保机构人员保障机制方面，应确定合理的经办机构管理人员与服务对象人数的配比比例，根据国家社会保障经办人员与服务对象 1:5000 的标准设置医保机构的人员编制，保证医保监督管理人员队伍的稳定性，并且通过举办培训班、经验交流活动等形式，提高工作人员的业务能力，规范经办、稽核的工作标准。在劳动保障基层服务平台建设方面，要加快建立乡镇(街道)、村、社区劳动保障站，配备劳动保障员，做到人员和经费的到位，使劳动保障服务工作向基层延伸。

同时，鉴于目前医疗费用的审核完全依赖医保经办机构，而现行体制下医保经办机构并不最终承担基金收支缺口弥补责任，因此，在加强医保机构人员保障的同时，也要健全对医保机构的激励约束机制，调动其工作积极性，促进其加强审核工作。要建立健全经办机构业务工作考核办法，可探索经办机构业务经费安排与其工作绩效挂钩机制。加强财政、审计对医保经办机构的监督检查，建立定期审计检查制度。加快建立独立的社保基金监督委员会，加强社会监督。

5. 充分发挥计算机信息网络的数据监控作用

信息技术的发展使得信息管理系统在医保基金支付控制中正扮演着越来越重要的角色，医保基金的日常管理也基本依赖各类信息管理系统和计算机网络来完成的。在人员紧缺的情况下，有效利用计算机技术对加强基金的审核、稽核的效率可以起到重要的作用。

计算机信息网络技术的应用一方面可以合理设置基金征缴、支付和审核的流程和岗位权限，加强内部控制，及时发现不合理支付的现象；另一方面，还可以利用计算机技术建立医保基金收支检测预警系统。在数据采集和统计的基础上，利用数据挖掘技术对数据进行分析和利用，对包括参保人员构成和职工赡养系数、基金征缴率、医疗费用个人负担率、基金收支平衡点等指标进行动态监测，尽可能早地发现医保基金运行中的潜在风险，及时研究化解风险的对策和方法。

另外，由于医保业务的复杂性，医保软件前期研发的成本巨大。目前医保软件的研发由各统筹地区自行完成，每次都需投入大量的研发经费，且因为研发单位的不同，软件的种类也各不相同，不利于各地区信息的交换和数据统计口径的统一。建议医保软件的开发工作由全省统一完成，这样既避免了重复投入，在以后实行全省医保"一卡通"后也有利于各地信息的交换和费用的结算。

6. 改革医疗卫生体制、药品流通体制等相关政策，为加强医保基金监管创造良好的外部环境

医疗保险涉及政府、用人单位、医疗机构、社会保险机构、医药机构和患者个人等多方之间复杂的权利义务关系，医保基金监管的有效性不仅取决于医疗保险制度设计的合理性，监管模式、方法的科学性，还与公共卫生资源的合理配置、医疗卫生体制(重点是医疗机构体制)、药品流通体制等紧密相关。

在医疗体制改革方面，首先应改革公立医疗机构的"创收"机制。我国公立医院的数量很多、规模很大，由于财政投入的有限，政府不可能把所有公立医院都包下来。因此要吸引社会资金发展医疗事业，逐步形成政府、社会、个人共同发展医疗事业的格局。而对于最基础的医疗服务项目由公立医疗机构提供，对这类医院要加大政府投入，规范医院的收支管理，支出由政府有关部门核定，财政预算安排，收入上缴政府有关部门，切断医疗服务收费与医务人员收入的联系。公立医疗机构摆脱追求经济利益的目的后就不会产生诱导需求，开大处方、重复检查等不合理支出的现象。

其次，要积极支持基层医疗卫生机构的发展，发挥基层医疗机构"守门人"的作用。英国的全科医生制度对我们有很好的启示作用。英国的全科医生能将 80%～90%的常见病、多发病、慢性病和老年病拦截在基层。按照规定，患病时除非是急诊，否则患者必须先到全科医生处就诊，只有在全科医生认为病情严重、确有必要转诊的情况下，患者才可以到医院就诊；转诊后需进行费用高昂的检查或住院治疗时，也须经全科医生复审同意，否则不予报销。使用全科医生对方便病人就医，降低医疗服务成本以及普及健康知识都有积极的意义，在医疗保险费用控制中发挥着"守门人"的作用。我国已建设了大量的基层医疗网点，可以充当"守门人"的角色，但由于人才缺乏，基层医疗机构服务能力相对偏低，老百姓不信任其服务水平，而更愿意到费用高的综合医院看病，使医疗费用支出增加。因此要提高基层社区和村镇医疗机构的服务能力特别是提高医务人员素质，实现医疗资源的均衡分布，完善转诊制度，这样既能使群众获得方便快捷的医疗服务，也能缓解大医院过于拥挤、供不应求的局面，降低医疗费用的支出。

再次，要建立科学的药品定价体系，避免药品定价虚高。压低药品流通中的成本，限制药品的过快更新，使药品价格回归到物有所值的合理范围中来。欧洲各国大多采用药品参考定价的模式制定医保药品报销标准。参考定价一般是从药理学和治疗学上具有相等作用的一群药品中选择一种或几种药品作为参考价，医保机构只为病人支付每种药品的参考价格，这样可以促使医院和患者逐步削减高于参考价格的那部分药品的使用，控制药品价格的过快上升。

（课题组长：魏跃华　成员：沈　磊　赵雅玲　全龙江[执笔]）

浙江省村级公益事业建设一事一议财政奖补试点工作的实践与思考(摘要)

省财政厅基层财政处课题组

村级公益事业建设一事一议财政奖补(以下简称"一事一议财政奖补")是指政府对以村民一事一议筹资筹劳为基础开展的"村内户外"公益事业建设项目给予适当的财政奖补。奖补的范围包括村内道路、小型水利、村民饮用水、村民文化健身场所、村级公共事务服务中心,以及其他与村民生产生活密切相关的村内公益事业项目。村级公益事业因其具有消费或使用上的非竞争性和非排他性,但消费或使用又主要局限在行政村范围内,因此属于准公共产品范畴,政府、村集体经济组织和村民都有投入的责任。跨村以及村以上范围的公益事业建设项目应主要由政府分级负责,由现有投入渠道解决;农户房前屋后的修路、打井、建厕、植树等投资投劳应由农民自己负责。浙江省于2009年选择湖州、诸暨、青田等10个市县开展一事一议财政奖补试点工作,2010年全省全面展开,取得了明显成效。

一、浙江省一事一议财政奖补试点工作的主要做法

(一)制定工作方案,落实责任主体。试点工作由省农村综合改革办公室负责牵头协调,省财政厅、省农业厅负责具体组织实施。试点市县在当地政府统一领导下,农村综合改革办、财政、农业部门共同配合负责落实。

(二)合理确定一事一议财政奖补的范围、对象和标准。纳入财政奖补范围的村级公益事业项目是指, 村民通过一事一议筹资筹劳办法开展的"村内户外"公益事业建设项目。对有村民筹资筹劳基础的村集体经济投入和社会力量捐助的村公益事业建设项目,可列入财政奖补范围。对不符合村民一事一议筹资筹劳规定、加重农民负担及不顾实际盲目举债兴办的村内公益事业项目,不列入财政奖补范围。按照规定政策和程序开展的村级公益事业筹资筹劳项目建设主体为一事一议财政奖补资金补助对象。在奖补标准上,结合我省新农村建设实际,为切实调动村民参与积极性,确定每个项目的财政奖补一般在项目总投资的三分之二以内。

(三)规范项目申报程序和择项要求。择优选项,讲求实效。一事一议财政奖补试点项目, 必须考虑村民群众承受能力,遵循先易后难原则,优先支持村民需求最迫切、反映最强烈、利益最直接,而且投资省、见效快,能广泛发动村民参与的村级公益事业项目。同时,要求项目申报村的村级组织有较强号召力,能带领村民群众议成事、办好事。

规范程序,阳光操作。一事一议财政奖补以充分尊重村民自主权为前提。项目的提出、申报及筹资筹劳方案等,通过村民大会或村民代表会议民主表决的方式进行,实行民主决策、民主管理、民主监督。项目经上级部门批复下达后,由村级组织项目实施。对村民筹资筹劳、财政奖补资金的使用情况要按照村务公开要求,及时上墙公开公示,接受村民群众的监督,确保阳光操作。

二、试点工作取得的成效和基本经验

(一)工作成效

一是发挥了财政奖补资金"四两拨千斤"的作用,加大了农村基础设施的投入。据调查统计,2010年全省(不含宁波)82个市、县(市、区)开展了一事一议财政奖补试点工作,在建和建成的一事一议财政奖补项目3600个,项目总投资规模达29亿元,各级财政投入奖补资金13.30亿元,其中争取到中央财政奖补资金2.40亿元,省财政安排2.68亿元,地方各级财政安排支出8.21亿元。除财政奖补外,2010年试点项目所在村村民群众出资出劳5.80亿元,村集体经济投入8.20亿元,工商企业等社会力量捐助3.20亿元,较好地发挥了财政奖补资金的"乘数效应"。通过一事一议财政奖补办法建成的包括村内道路硬化、村民饮用水、农村生活污水处理、村庄绿化亮化美化、村民健身活动场所、村级社区公共事务中心等一大批村内公益事业项目,极大地改变了村容村貌,改善了村民生产生活条件。地处大山深处的革命老区泰顺县东溪乡秀溪村,通过发动村民出资出劳和财政奖补, 对5个自然村6公里长的村内道路进行了硬化。村民们高兴地说:新中国60多年来,我们村终于有了水泥路!

二是增加了农民收入,扩大了农村消费。通过试点改善了农村基础设施,降低了生产成本,增加了农民收入。一事一议项目多数直接利用当地剩余劳动力和返乡农民工进行施工建设,促进了农民就地就业,增加了农民收入,提高了农民消费能力。同时,通过建设水电路等公共设施,改善了消费环境,扩大了农民消费渠道。如嘉善县大云镇缪家村村民文化中心项目建成后,村民为了参加村里组织的歌咏比赛,有57户村民新添置了卡拉OK机和影视设备。

三是调动了村民群众参与村级公益事业建设的积极性,提高村民自治意识。通过试点, 许多村干部和村民转变了观

念,自发组织议项目,主动要求搞试点,从"要我干"变成了"我要干",增强了主人翁意识。从项目提出到实施,都是在村"两委"组织下,村民大会或村民代表大会民主决策,村民派代表全程参与监督,项目实施结果向全体村民公开,形成了一整套民主决策、民主管理、民主监督的村级公益事业自治机制。村民们开始像关心自己家里的事情一样,十分关注村级公益事业项目建设。正如安吉县梅溪镇马村村党支部书记李志能所说的:"一事一议财政奖补政策,使每个村民都成了项目建设的管理员、监督员"。

四是密切了党群干群关系,增强了基层组织的凝聚力和战斗力。一事一议财政奖补试点为乡村基层组织和农村干部提供了一个良好的平台,既解决了村民最关心、最迫切的现实问题,又使乡村基层干部找到了工作的抓手,服务得到了认可,群众得到了实惠。试点乡村的干部普遍反映,通过一事一议试点,农村干部的形象和威望得到提高,党群干群关系更加密切,增强了基层组织的凝聚力和战斗力,促进了农村和谐稳定。

实践证明,村级公益事业一事一议财政奖补制度是一项得民心、顺民意的"民心工程"和"德政工程",是新形势下村级公益事业建设的一项重大制度创新。通过试点为我省进一步完善办法、扩大范围奠定了基础,积累了经验,探索了路子。

(二)基本经验

第一,坚持农民主体,自建自管。村级公益事业建设项目的提出,筹资筹劳方案的确定,都坚持以尊重村民自愿为前提,坚持民主议事、民主决策、民事民建、民事民管,村民充分享有村内公共事务的自主决策权和管理权。同时,注意充分发挥村党支部和村委会的组织领导作用,村组干部积极带头,一心一意带领村民群众议成事,办好事。

第二,坚持议事程序,规范操作。县级和乡村能严格按照《浙江省村民一事一议筹资筹劳实施办法》的要求,规范议事程序,保障村民权益,防止违反农民意愿、加重农民负担的情况发生。对村民筹资和财政奖补资金实行专户管理、专账核算、公开公示,确保专款专用,阳光操作。项目完工后,及时将资金使用情况向村民公开,接受村民群众的监督。同时,加强档案资料保管。注意对村民代表会议记录,筹资筹劳方案,原始票据凭证,项目建设前后的图像数据和验收报告等资料加以归集,妥善保管。

第三,坚持多方投入,民办公助。试点地区十分注意坚持以村民筹资筹劳为基础,政府奖补为引导,鼓励社会力量投入,形成"财政适当补助、农民积极参与、社会力量支持"的村级公益事业建设新局面。从试点情况看,村级公益事业建设项目资金来源主要有四块组成,即村民筹资及以资代劳款、村集体经济投入、社会各界捐助、各级政府奖补资金。此外,有的市县善于以新农村建设规划为平台,结合实际,将乡村道路、农村饮用水等其他涉农专项资金,以及结对帮扶资金等,与一事一议财政奖补资金捆绑统筹使用,集中力量办大事,共同办好村级公益事业项目。

第四,坚持以县为主,制度先行。我省(除宁波)有 89 个市、县(市、区),近 3 万个行政村,若每个村的项目都要自下而上逐级上报省级审批,仅审批就需要一个相当长的周期。而且全省农村经济发展不平衡,各地农村基础设施建设、公益事业发展差异较大,农民群众迫切需要解决的事项不同。开展一事一议财政奖补,明确由县级在贯彻中央和省的方针政策、基本原则和总体要求的前提下自行组织实施。这有利于县级结合地方特点,因地制宜开展试点,有利于将其他支农资金与一事一议财政奖补项目结合起来统筹规划,有利于加强项目和资金的监督管理。因此,我们在部署全省试点工作时,要求全省一事一议财政奖补试点工作以县为主组织实施,下达的各级财政奖补资金由县级统筹使用。省级相关部门主要进行政策指导和督促检查。同时,强调开展一事一议财政奖补工作必须办法领先,要用制度来保障。县级开展试点时,首先要制定一事一议财政奖补具体实施办法,目的是普遍建立一种公开、透明的体现筹资筹劳和财政奖补结合的村级公益事业建设新机制。

三、对完善一事一议财政奖补长效机制的几点思考

(一)落实一事一议财政奖补工作的长远规划,把小项目当成大文章来做。一事一议财政奖补办法适用的是"村内户外"的村级公益事业项目。项目规模总体偏小、投资较少,但数量庞大。从我省试点情况看,80%的项目总投资在 100 万元以内,最小的才几万元。因此,相对于其他由政府为主投资的项目规模来看,村级一事一议项目的确是"小儿科"。但是,我省有近 3 万个行政村,自然村的数量更大。假如村村都开展一事一议项目建设,那么,全省是一个非常庞大的数字。在这组数字后面,意味着事关村容村貌的变化、农民生活质量的提高和村级民主建设的进步的大事。这是一个引领千万农民依靠自力更生精神走向富裕、文明的方向。因此,我们必须坚持这个方向不动摇,坚持真抓实干不松懈,切切实实把小项目做成大文章。一是要以乡村为单元,做好一事一议实施项目的长远规划。这个规划必须与新农村建设规划相衔接,与村民诉求相关联,与基层民主政治建设相互促进。各县市区要在这个前提下,做好短则 3 年、长则 5~10 年的一事一议项目实施规划。二是以县为单位,做好一事一议财政奖补项目库建设。根据轻重缓急和财力状况,选择优先实施的奖补项目,渐次推进。做到"实施一批、储备一批、考察一批",确保每年有源源不断的项目进入财政的奖补计划范围。三是要建立一个责任落实、分工明确的工作机制。在各级政府领导下,由农村综合改革部门牵头,财政、农业部门具体负责,形成一个既有分工、又相互配合,职责明确、责任落实的工作机制。一事一议项目由县级统筹规划,奖补的幅度在

省原则指导下，由县级具体确定，奖补资金由县统筹管理，项目验收由县级组织进行，省级组织抽查。

（二）进一步加大对村级公益事业建设的投入。长期以来村内公共设施处于自生自灭的尴尬境况，政府较少过问，村级公益事业历史欠账多。农村税费改革后，农民负担减轻了，但村级公益事业建设成了无水之源。一事一议财政奖补办法的推行使村级公益事业建设焕发了生机，可以说是当前比较适合村民自治的村级公益事业建设的新路子。因此，我们应充分运用这一办法，做大做强村级公益事业。首先，地方各级财政要主动加大支持力度。中央连续几年大幅增加对一事一议的奖补规模。2010 年中央财政投入 120 亿元，2011 年计划 200 亿元，此后逐年增加。根据中央财政对地方奖补办法，2011 年全省各级财政必须在 2010 年支出实绩基础上，大幅度加大投入力度，才能全额争取到中央下达给浙江省的奖补资金计划指标。因此，各级财政必须早作打算，抓紧筹划新一年的一事一议财政奖补预算安排。其次，要动员社会资金的投入。除了财政奖补资金外，一事一议项目还包括村集体经济投入、村民筹资筹劳和社会力量赞助。同时，要加强宣传工作，扩大参与面。利用农村外出务工创业人员多，回报家乡意愿强的良好风气，动员更多的社会资金加入一事一议财政奖补项目队伍中来。

（三）进一步调整完善村民筹资筹劳办法。现行一事一议筹资筹劳办法是多年前制订的，在促进村级民主政治建设，完善村民自治制度，加强农民负担监管上发挥了重要作用。但从近几年的执行情况看，也存在着一定局限性，制约了一事一议财政奖补工作的开展。主要是筹资筹劳的标准偏低，全省统一规定村民每人每年不超过 50 元，筹劳不超过 3 工，与农村经济整体发展水平和要求不相适应。按现有筹资筹标准，很难做大村级公益事业筹资筹劳的规模。因此，需要有关部门进行积极探索、大胆改革，进一步完善村民筹资筹劳办法。通过合理的村民负担政策与村级公益事业一事一议财政奖补办法有效结合，建立起一个符合省情村情民情、操作程序规范简便、群众乐于接受的一事一议民主议事机制。一是要坚持民主议事的原则，所议之事要符合大多数村民的需要，议事过程要坚持民主决策程序，实施过程和结果要接受村民监督。二是根据浙江省农民人均收入较高的现实情况，在坚持减轻农民负担的前提下，适当提高人均筹资水平和工价标准。根据项目建设规模等情况，允许规模较大项目，村民筹资筹劳可以 3 年一次性筹集使用。三是要采取灵活多样的议事方式。在时间安排上，要根据农时季节、传统习俗和农民外出打工实际，尽可能安排在农民回家过节时召集；在议事内容上，可以一事一事地议，也可以把今后一个时期要办的事放在一起议；在组织形式上，可以以行政村为单位议，也可以按自然村或村民小组为单位议事。村民也可以自发组织议事兴办与其利益直接相关的公益事业。

（四）进一步完善分类指导的财政奖补原则。一事一议财政奖补分类指导，主要解决对不同地区的奖补标准问题。一是进一步明确使用重点。农村公共服务体系历史欠账多，需要新上的项目量多面广。这就必须遵循先易后难的原则，善于从村民需求迫切、反映强烈的众多项目中选择那些受益直接、投资较省、见效较快的村公益事业项目。特别是要把户外村内的村道硬化、污水治理、饮用水等作为首选范围。二是分类制定奖补标准。由于地区间发展不平衡，全省农村情况差异较大，地方财政能力和村民筹资筹劳能力有着较大的差别。如浙北地区的村级集体经济和社会捐助水平要大大强于浙西南地区。因此省对地方的奖补政策不能限于“普惠制”，而是要体现一定的差别，分类制定村民筹资筹劳、地方财政配套比例和省级奖补标准，并且奖补资金尽可能地向欠发达贫困乡村倾斜。三是实行奖补资金预拨制。先建设后补助的原则无疑是正确的。但是在村级公益事业项目建设上，村民们对能否吃上“定心丸”十分在意。列入财政奖补计划的村公益事业项目村民通过了一事一议程序、村民筹资款基本到账的情况下，财政的奖补资金可先预拨大部分，实行建设和补助并行。总之，在村级一事一议财政奖补工作上，要坚持合理、公平的原则。既要体现谁积极、支持谁的导向，调动村民筹资筹劳的积极性；又要对欠发达乡村给予适当的倾斜。兼顾两者，才能更好地发挥一事一议财政奖补政策的作用。

（课题组长：尹红平 成员：许建全[执笔] 苗林炯 王 东 鲁 明）

完善浙江省国有资本经营预算制度的探索（摘要）

省财政厅企业处课题组

为贯彻落实《国务院关于试行国有资本经营预算的意见》（以下简称“意见”），浙江省于 2008 年在省本级、杭州、温州、绍兴、义乌等市开展编制国有资本经营预算的尝试，通过两年的试行总结出一些经验，同时也遇到一些问题。为此，课题组对以上地区实施情况进行调研，对各地反映的主要问题进行了研究，力争寻找出解决问题的方案与措施。

一、浙江省实施国有资本经营预算的情况及其影响因素

(一)实施国有资本经营预算的情况

1. 制定国有资本经营预算管理制度。为推动国有资本经营预算管理工作，我省相继制定了有关国有资本经营预算的制度，包括《浙江省政府关于试行国有资本经营预算的实施意见》、《浙江省省本级企业国有资本收益收取管理试行办法》、《浙江省省本级国有资本经营预算管理试行办法》。与此同时，试行国有资本经营预算的杭州、温州、绍兴和义乌等市也相继出台了国有资本经营预算实施意见、国有资本收益收取管理办法和国有资本经营预算管理试行办法，对国有资本收益收缴范围和支出管理方式、部门责任分工等予以明确与规范，对促进各地国有资本经营预算管理发挥了重要的示范作用，使国有资本经营预算管理朝着制度化、规范化迈出了重要的一步。

2. 规范收益收取管理。在实践中，浙江省从自身实际出发，探索了一些行之有效的收益收取管理办法，加强了对国有资本收益的规范管理，初步建立了“财政—国有资产监管部门—监管企业”的收入管理体系，对国有资本收益采用收入集中收缴、财政专户管理。与此同时，不断加强对监管企业国有资本收益及时足额上交的考核力度，省国资委将国有资本收益指标纳入国企负责人经营业绩考核范围，按照国有资本经营业绩考核办法对国企负责人进行奖惩。

省本级企业自2008年度起实现的国有资本收益按《浙江省省本级企业国有资本收益收取管理试行办法》规定进行收缴，经省政府批准，税后应交利润先在省国资委监管企业施行，21家省属县级电力企业从2009年度起实行，其他企业根据情况分步实施。考虑到2008年度国有经济受国际金融危机影响较大和企业的实际情况，经省政府同意，出台了2008年度税后应交利润按标准减半收取的规定，共收到省国资委监管企业上交的国有资本收益10482万元，主要来源包括两个部分：一是税后利润收入8710万元；二是清算收益1772万元。

2009年度国有资本收益按规定比例收缴，截至2010年7月底，实际入库省本级国有资本经营预算收入125050万元，主要来源包括三个部分：一是税后利润收入54992万元；二是国有股股利、股息收入58万元；三是国有产权转让收入7亿元。

3. 突出重点，科学安排预算支出。浙江省国有资本经营预算按照“两上两下”的程序编制，建立以财政为核心，由国有企业、国有资产监管部门和财政部门分级管理的国有资本经营预算管理体系。通过建立国有资本经营预算，扩大了国有资本投入的来源，有效地缓解了公共财政对国有企业发展性资金安排的不足，对促进国有企业的发展发挥了强有力的作用。按照“统筹兼顾，保证重点”的原则，集中财力办大事，确保省委、省政府确定的产业发展重点和结构调整投入，其中：省国资委监管企业产权转让收入全额和利润收入的50%用于铁路现代化的资本性支出；省属县级电力企业利润收入主要用于省属县级电力企业设施升级改造。通过对国有资本收益的合理分配及使用，推进省属国有企业加快转变经济发展方式，增强企业自主创新能力，提高节能环保水平，促进浙江社会经济全面、协调、可持续发展。

2009年，浙江省正式编制了省本级国有资本经营预算，收支规模为1.05亿元。其中资本性支出8400万元，占总支出的80.1%，主要用于支持铁路现代化和高速公路建设，以及电厂节能减排等项目；研发性支出1600万元，占总支出的15.26%。这些支出对于提高企业自主创新能力、增强国有资本实力、提高经济增长的质量和效益取得一定成效。

(二)影响国有资本经营预算工作的主要因素

1. 国有企业利润分配的传统观念和体制阻碍国有资本收益的收取。

1994年财税体制改革以后，在国有企业利润分配上形成了税后利润全部留在企业，不需要向政府上缴的传统体制。这一体制成为推进国有资本经营预算工作面临的最大阻力。一方面，传统的国有企业利润分配体制让国有企业获得了几乎不需负担成本的“自有资金”，这是旧体制下的一种既得利益，使企业形成了使用这些资金理所当然的观念。实施国有资本经营预算，政府收取国有资本收益，是对这种既得利益的触动，势必使国有企业产生抵触情绪。另一方面，由于没有出台涵盖国有资本经营预算管理各环节的法律法规制度，财政部门、国有资产监管部门、国有企业三方在实施国有资本经营预算上认识还不尽一致，致使国有资本收益的收取产生了一定的难度。第三方面，由于部分市县国有资本规模较小，实行国有资本经营预算积极性受到影响，各市国有资本经营预算工作推进不平衡。这主要是因为，市级国有独资企业中规模较大的是主要从事基础设施投资建设的政府性投资公司，年度基本没有国有资本经营收益；非政府性投资公司中多为政策性经营企业和亏损补贴企业，基本没有国有资本经营收益。

2. 国有资本收益收取的比例和范围影响国有资本经营预算规模。

目前，从全国范围内来看，国有资本收益收取比例尚未设定统一的标准，中央、各省市国有企业发展情况存在较大差异，结合各自国有经济的实际以及国有资产管理体制现状，收益收取比例有高有低。经了解，收益收取比例最低为5%，最高达到20%，中央财政区分不同行业实行不同的上交比例，烟草、石油石化、电力、电信、煤炭等具有资源垄断型特征的企业，上交比例为10%；钢铁、运输、电子、贸易、施工等一般竞争性企业，上交比例为5%。同处长三角经济发展区域的上海市和江苏省的国有资本收益收取比例分别为20%和15%。

浙江省为了继续支持国有企业的改革和发展，更好地规范企业收入分配秩序，结合各类国有企业在经营规模、行业特点和经济效益存在较大差异的特点，在起步阶段，按照“适度、从低”原则区别不同行业确定国有资本收益比例。其中，基础性行业为税后利润的10%；一般竞争性行业为税后利润的5%。杭州市、温州市、绍兴市均按照税后净利润的5%比例收取国有资本收益，收益规模较小。2008年因国际金融危机对全省国有经济冲击较大，经省政府同意，对2008年度省本级国有资本收益减半收缴。

此外，从国有资本收益收取范围来看，由于不同行业效益和管理方式及管理体制的问题，使得全省国有资本经营预算基本局限于国资委系统监管的企业。据不完全统计，至2009年底，分布在农业、水利、交通、教育、科技、文化等部门的134户国有独资的省属一级企业尚未纳入国有资本经营预算。国有企业税后上交利润比例偏低和国有资本收益收取范围的偏窄限制了国有资本经营预算的规模，其在优化国有企业布局、推动经济转型升级中的作用也相应受到制约。

3. 预算项目支出管理的科学性有待于进一步提高。

目前，浙江省国有资本经营预算处于起步阶段，支出主要分为资本性支出、费用性支出、研发性支出，其中重点是资本性项目支出。项目支出管理参照省级部门项目支出管理办法，尚未制定专门的国有资本经营预算项目支出管理办法。在暂拟的国有资本经营预算编制办法中，对于项目的筛选、轻重缓急的排序等具体事项仅有原则性规定，对项目申报的具体要求和选择的科学性，申报项目事前立项的审核，项目可行性和预期效益的评估等，尚缺乏明确具体的实施细则。

4. 预算收支的时效性影响国有资本经营预算的效率。

一是企业会计核算与国有资本收益收取时间的不一致影响国有资本经营收益的收取。按照企业会计准则，国有企业以权责发生制原则对会计要素进行确认、计量和报告。国有资本收益收取以收付实现制为原则收取现实的现金流量。在这种情况下，国有企业的计量和报告中按照权责发生制原则确认的应上交国有资本收益的部分，可能反映在应收账款或其他非货币资产中，没能及时形成企业的现金流量。于是，出现了国有企业在存在非收现利润的情况下，必须在规定的期间内以货币资金的形式上交这部分资本收益的矛盾。在同一会计年度内，作为国有资本收益上交的非收现利润属于国有企业现金流量表中的“筹资活动的现金支付”，这两种现金流的时间差会使“筹资活动的现金支付”挤占“经营活动的现金支出”。这一矛盾势必对国有资本收益收取和国有企业的正常经营产生影响。二是国有资本收益收取的时间相对较长，一定程度上压缩了国有资本预算支出执行的空间。按现有规定，国有资本收益收取按照应收取总额以2000万元～5000万元划分不同上缴时间。这就造成年度国有资本收益完成收缴入库需到11月份，这大大压缩了国有资本预算支出执行的空间。

5. 国有资本经营预算绩效评价体系建设亟待加强。

国有资本经营预算绩效评价是国有资本预算支出管理的重要组成部分。完整系统的国有资本经营预算体系，不仅要有根据政府社会经济发展规划而科学合理的预算编制、严格的预算审批和有效的预算执行，还需要对预算执行情况和结果进行考核评价。目前，国有资本经营预算考核评价体系尚未健全，缺少科学规范的评价标准、方法和程序。这些不足直接影响了国有资本经营预算对政府社会经济发展规划的落实程度、国有资本经营预算的执行、完成情况，以及国有资本保值增值情况的客观公正的分析和评价。

6. 国有资本经营预算编制缺乏基础信息技术支撑。

实现国有资本经营预算的科学化、精细化管理，必须依托信息化建设。目前国有资本经营预算的编制还没有一套完整成熟的操作软件，大量预算编制工作和数据的整理，只能依靠手工录入，既容易造成上报数据出错，也使工作强度增加而效率低下。基础信息技术开发的滞缓，已成为进一步推进完善国资经营预算的障碍。

二、推进国有资本经营预算工作的对策建议

(一)深化改革、加强沟通，创建良好的外部环境

1. 加快推进国有资本经营预算立法，改善国有资本经营预算的制度法律环境。国家应尽快研究制定一系列更符合国有企业实际、更具操作性的国有资本经营预算的制度和法律法规，把国有资本经营预算立法纳入《预算法》的修改内容。与此同时，完善现行有关国有资本经营预算管理办法和收益收取管理办法，确保国有资本经营收益申报的真实性、收益收缴的及时性、预算执行的严肃性。加快出台涵盖国有资本经营预算管理各部门的《国有资本经营收益管理条例》，以完善国有资本经营预算管理制度体系，增强具体实施的法律强制性。

2. 加强沟通和政策宣传，提高预算执行水平。加强有关政策宣传力度，加深国有企业经营者对国有企业的性质以及作为国家委托经营国有资产的身份的认识，从而增强国有资本经营预算意识。加强部门之间的协调配合，有效解决财政、国有资产监管机构与国有企业之间的利益冲突，统一思想认识，提高对国有资本经营预算的共识度。加强对各预算单位、企业有关人员的业务培训，提高国有资本经营预算制度的实施水平。

(二)合理区分、统筹兼顾，加强国有资本收益收取管理

1. 逐步扩大收益收取范围。目前纳入省本级国有资本经营预算编制范围的企业，仅为省国资委监管的企业和21家省属县级电力企业，尚有100多家省级主管部门所属的国有独资企业没有纳入国有资本经营预算编制范围。对这些企业应

逐步将其纳入到预算编制范围。从目前的实际情况看，一是可按照“先大后小、统筹兼顾”的原则，先行研究将省出版集团、浙江报业集团、省广电集团等大型集团，以及省级主管单位下属的一级企业中规模较大、经营效益较好的企业纳入国有资本经营预算，并逐步将资本性、公用性企业纳入编制范围，继而再进一步研究探索将事业单位所投资企业纳入国有资本经营预算。二是鉴于这些不同行业、不同部门所属国有企业的经营规模、经济效益、经营特点存在较大差异，实施初期可对其实施分类的国有资本收益收取政策，待条件成熟后逐步统一规范。三是研究出台有关国有资本收益界定和具体分类的政策规定，确定国有资本收益缓交、免(减)交及恢复收缴的条件及审核权限等的可操作依据。四是收集整理各省级主管单位所属国有独资、控股、参股企业基础信息，切实加强对国有参股企业的管理，确保国有股股利、股息及时足额上交。

2. 适当提高收益收缴比例。结合全省经济发展实际情况，参照兄弟省市的做法，为进一步增加财政对国有企业发展的扶持力度，和政府的宏观调控能力，应考虑适当提高国有资本收益收缴的比例。国有资本收益收缴比例的提高，一则能够更加突出政府作为所有者的收益权，二则有利于统筹国有资本支出以达到国有资本增值保值的效果。在现有国有资本收益收取政策的框架下，可以探索试行弹性征收比例方法。对于资源垄断性行业的国有企业，可以按照年度实现的税后净利润的20%～25%征收；对于一般竞争性行业的国有企业，可以按照年度实现的税后净利润的8%～10%征收。

3. 强化国有资本收益收缴的约束力。国有资本收益收缴的约束力要靠制度来体现。因此要建立健全和完善国有资本收益收缴的相关配套制度，主要包括以下几方面：(1)进一步完善国有资本经营者财务责任、经营业绩、目标责任制的考核办法，将奖励与惩罚、激励与约束有机结合起来；(2)建立有效的外部财务监督机制。通过向省属国有企业派驻监事会或派驻监事，加强对国有资本投入企业的监管；通过委托会计师事务所等中介机构审计，保证国有企业的经营成果、财务状况和现金流量的真实性、合理性和合法性，规范国有企业筹资和投资行为；(3)规范国有企业分配政策。要求国有企业按照《公司法》要求，落实章程中利润分配政策。制定有关税后利润分配、产权转让收入等收益收缴的办法，以规范国有企业分配政策，使结果约束和过程约束得以有机结合，确保国有资本收益收缴工作的规范化、程序化。

(三)创新思路、明确范围，健全国有资本经营预算资本性支出体系

健全和完善国有资本经营预算制度的关键在于强化国有资本经营预算支出管理，而在国有资本经营预算支出管理工作中，加强资本性支出的管理是重中之重。这是因为，与国有企业改革成本支出相比，资本性支出则是一个较新的问题，它超越国有企业的领域运用国有资本收益，因而也有更新更高的要求。为此，结合全省社会经济发展规划和国有资本经营预算的现实基础，从以下几方面考虑进一步加强国有资本经营预算资本性支出的管理。

1. 明确国有资本经营预算资本性支出重点。根据浙江省社会经济总体规划(尤其是产业规划)和国有经济战略性调整的需要，联合相关部门，制定《浙江省关于国有资本经营预算资本性支出的中长期规划》，明确资本性支出的重点领域、重点产业。目前，可以将全省资本性支出的重点定位在先进制造业、高新技术产业以及综合交通运输等领域。这一重点定位，一则可以支持体现浙江特点、具有发展优势并符合“转型升级”建设要求的项目，通过资本性支出，可以组建以资产为纽带、产权多元化的先进制造业、交通综合枢纽、现代临港产业等项目，使之得以做大、做强；二则可以支持高新技术产业发展。围绕省委、省政府提出的产业发展方向并结合未来产业结构调整趋势，资本性支出要重点支持新能源、新材料等战略性新兴产业的发展，进一步提高产业集中度。紧紧围绕全省“十二五”规划和结构调整重点的资本性支出，可以充分发挥浙江的区位、国有资产存量、产业配套等优势，抓住转型升级的重大机遇，切实增强国有经济活力、控制力、影响力和政府对经济的宏观调控能力。

2. 完善资本性项目支出的管理制度，保证资金使用的有效性。要结合现有实际及今后经济发展趋势，建议研究出台《浙江省国有资本经营预算项目支出管理办法》。这一办法，首先要明确资本性支出专项资金的使用方式，将有限的资金集中用于重点领域的重点项目和大型项目，发挥资本性投入在关键领域、关键项目建设中的引擎作用。具体可包括资本金投入、收购产权、发起新设股份公司、增购或回购股权、阶段参股等多种形式；其次要规范项目申报的范围，明确项目审核立项的标准依据，建立项目可研性、效益性评价体系，按市场要求审核国有资本项目支出，从整体上确保国有资本得到合理配置，确保国有资本的保值增值，将竞争性领域的国有资本投资决策建立在经济合理性的基础上，即使由于投资项目和企业本身的经营或市场变化等原因造成少部分项目和企业亏损，投资失败，也仍然能够保证大多数项目和企业资本经营的成功，保证国有资本经营预算充盈。再次要建立资金落实跟踪管理体系，实施资金用款计划管理方式，由预算单位所监管的企业在批准的预算范围内提出申请，经预算单位审核后，财政部门按照财政国库管理制度的有关规定核拨，同时报送预算执行情况，编制本企业国有资本经营预算收支月报。

此外，通过国有资本经营预算项目支出的实施，还可以发挥资本性支出的引导作用，借以广泛吸纳社会资本一并参与

项目的建设，以促进浙江经济的发展。

3. 探索建立国有资本经营预算支出执行的资金调度机制，提高预算执行效率。目前，浙江省省本级国有资本经营预算收入一般在7～10月集中上缴，最迟要到11月方能收缴完成，这直接导致国有资本经营预算支出集中在下半年，从而造成了支出资金使用进度与支出计划资金使用进度很难配套，这一矛盾可能影响部分项目支出的执行。如有的项目支出因资金未能及时到位而延期至下年度实施，相应地造成预算资金使用的年度结转。为此，课题组建议，建立国有资本经营预算支出执行的资金调度机制，即从广义财政资金的角度出发，为国有资本经营预算支出的执行提供必要的资金垫付制度。具体而言，首先由公共财政资金垫付以使国有资本经营预算支出得以正常执行，待年度国有资本经营预算批复后通过国有资本收益返还。

(四)维护权益、保障实施，完善国有资本经营预算资金的财务处理

对于企业取得的各类财政资金，《企业财务通则》第二十条区分不同情况已有明确的规定。2009年，财政部《关于企业取得国家直接投资和投资补助财务处理问题的意见》也对有关事项进一步作了明确。但在实施过程中，企业因手续繁杂、与非国有股东协商存在不确定因素等原因，存在未按规定要求进行财务处理的情况。按照"谁投资、谁拥有权益"的原则，切实维护国有资本权益，建议按照国有资本经营预算支出使用性质区别进行处理，即按国有资本经营预算资本性支出和费用性支出二大类分别进行财务处理，以保障国有资本经营预算政策的顺利实施。

财政部门在拨付国有资本经营预算资金时，应对预算资金的使用性质特别是资本性支出资金的权属予以明确，方可使企业按规定进行相关财务处理。

1. 国有资本经营预算资本性支出的财务处理。主要分为以下几种情况分别处理：

(1)对于国有独资集团公司，收到的国有资本经营预算资本性资金，应增加集团公司的国家资本或资本公积。增加国家资本的，履行法定程序。

(2)已实现投资多元化的集团公司，收到的国有资本经营预算资本性资金，应增加集团公司的国家资本或国家享有的资本公积。增加国家资本的，根据财政部门拨付资金文件时明确的资本权属，集团公司据此履行法定程序增加该权属单位持有的股权或股份。

(3)对于集团公司将收到的国有资本经营预算资金再拨付给项目实施的子、孙公司使用的，集团公司应当作为对外投资处理；项目实施的子、孙公司收到该项资金后，应当履行法定程序，相应增加集团公司持有的股权或股份，不得作为内部往来款项挂账或作其他账务处理。

(4)集团公司在收到国有资本经营预算资金时，已通过市场化筹资方式完成项目投入的，集团公司可不再将收到的投资补助资金向项目实施单位进行重复投资，只增加集团公司的国家资本或国有资本公积。

2. 国有资本经营预算费用性支出的财务处理。集团公司收到国有资本经营预算费用性资金时，应当及时拨付给实施的企业，由实施企业按照《企业财务通则》的相关规定确认为补助收益。集团公司及其他中间拨付环节企业不作为收益处理。

(五)强化监管、硬化约束，建立"三位一体"的预算监督评价体系

构建一个完整的国有资本经营预算监督体系，对于确保国有资本的安全高效运作至关重要。国有资本经营预算的监督部门包括各级人大、财政部门、政府审计部门，形成三位一体的监督体系，确保国有资本经营预算收支的合理性。

1. 合理划分监督职能权限。国有资本经营预算的监督可以分为三个层次：第一层次是各级人大对国有资本经营预算执行情况的监督，这是人民代表大会作为我国的立法机构对国有资产监管部门进行监督；第二层次是各级财政部门对国有资本经营预算执行情况的监督，这是财政部门作为国家预算主管单位对国有资产监管部门进行监督；第三个层次是政府审计部门对国有资本经营预算执行情况的监督，这是在预算年度结束之后政府审计部门对预算执行及决算进行审计以保证其真实性和合法性。此外，必要时对预算项目支出可委托社会中介机构对预算执行情况进行审核。

2. 建立科学的绩效评价体系。要建立健全省级国有资本经营预算绩效评价体系。也可以探索将绩效考核与国有企业经营者的经营业绩考核相结合的方式，使经营者利益与项目支出有效结合，为实现国有资本预算目标提供制度保障。国有资本支出项目绩效评价体系应按照"科学性、系统性、可操作性、可比性、定性与定量指标相结合"的原则设立，从配置绩效、耗用绩效和社会绩效三个方面来构建国有资本支出项目绩效评价指标体系。同时，从项目财务检查和业绩评价两个方面展开：(1)定期组织对国有资本经营预算支出项目进行财务检查，审核资金落实情况、实际支出情况、资产配置与使用状况等，确保预算支出专款专用，提高国有资本经营预算支出资金使用的有效性。(2)从国有资本经营预算支出项目的完成程度、项目公司的组织管理水平、项目完成后带来的经济收益和社会效应等方面评价预算支出项目的业绩。目前，可以充分发挥现有财政绩效评价体系的作用，对已安排的项目有重点的进行评价试点，摸索出科学合理的评价指标和体系。

(六)夯实基础、创新方式，加快国有资本经营预算信息化

建设

实现国有资本经营预算科学化、精细化管理，必须依托制度化、信息化建设。实施国有资本经营预算管理涉及单位较多，信息流量较大，从课题组所在处室角度，目前，对外涉及与省国资委、电力公司等预算单位和国有企业的相关信息沟通与联系；对内涉及与总预算局、综合处、国库处、涉企财务管理处室的信息沟通与联系。基于此，加快国有资本经营收益申报、收益收取和预算编制管理软件开发与应用，形成全省乃至全国一体化的信息化管理体系，提高国有资本经营预算编制、执行的统计分析和监督管理能力，已经迫在眉睫。虽然现有的信息化系统有一定作用但尚不完善，建议依托"金财工程"建设之契机，在原有的基础上进一步完善软件系统，加强各协调部门的合作与沟通，尽快开发出一套与"金财工程"相关软件管理系统互通共享的国有资本经营预算信息化管理系统。

（课题组长：薛小杭　成员：俞建人　吴新芳　叶伟光　朱启荣　罗　荆［执笔］）

财政支持台州经济转型升级研究（摘要）

台州市财政局课题组

改革开放30多年，台州市由农业社会迅速步入工业化社会，经济总量高速增长，GDP由1978年的10.13亿元增长到2009年的2025.47亿元，增长近200倍，年均增长18.6%，同时，台州发展还创造了"民资、民有、民营"的独特模式。但在2008年世界金融危机的冲击下，台州经济也暴露了明显的缺点与不足，经济增长趋缓集中反映在财政收入在全省的排位逐步后移，已列绍兴、嘉兴之后。

台州经济出路何在？关键是必须迈过转型升级这道坎。

一、台州经济转型升级的紧迫性和必要性

（一）台州经济转型升级的紧迫性

1."先发优势"不断弱化。改革开放后，凭借股份合作制这种民营经济的先发优势，台州经济得到了快速的发展，30年平均增长率达到了14.5%，分别超过全国全省同期5.3和1.2个百分点。但这种较为单一的民营经济体制机制也有自身弱点：一方面，在改革开放以来的五次国家宏观调控中，台州经济比全国、全省波动更大，这说明经济运行稳定性差，抗风险能力不强。另一方面，随着社会主义市场经济体制的不断完善，尤其是小平同志南巡讲话后，全国各地民营经济蓬勃发展，台州民营经济先发优势逐渐弱化。经济增长趋缓反映在GDP增幅上，自2005年至2009年，台州GDP年均增幅为12.89%，低于全省年均增幅1.44个百分点，低于绍兴1.01个百分点。反映在财政收入上，台州在全省的排位逐步后移，2005年绍兴超过台州，2008年嘉兴超过台州，到2009年，与绍兴、嘉兴的财政总收入差距达35.34亿元和16.16亿元。

2.产业结构性问题比较突出。当前台州产业基础初具规模，有30多个工业经济门类，但产业结构问题较多。一是大型企业较少。全市规模以上工业与规模以下工业产值的比例是1:9。企业组织以中小型为主，全市仅有大型企业19家，大中小企业的比例是1:20:1300。二是制造业层次较低。以鞋帽服装、食品饮料、工艺美术等劳动密集型产业为主，高新技术产业比重明显偏低，大多数产品附加值和技术含量比较低。三是三产发展相对滞后。2009年，台州第三产业增加值占GDP比重42.2%，不仅远低于世界64%的平均水平，而且也低于低收入国家45%的平均水平，甚至低于全国全省同期平均水平。现代服务业发展缓慢，特别是现代物流、科技服务、信息服务等一些生产性服务业难以满足制造业发展需要。四是现代农业发展水平较低。由于人均耕地占有量少且又分散经营，现代农业发展规模偏小，布局相对比较分散，难以形成规模化成本优势和有特色的区域布局结构。农业产业化程度较低，农产品精深加工不足，农业科技、人才等服务体系支撑不力，农业整体效益不高，市场竞争力不强。

3.要素瓶颈制约仍然存在。台州是资源小市，各种自然资源匮乏。台州人均水资源拥有量为1650立方，只有世界人均的五分之一，全国人均（2300立方）的三分之二，全省人均（2123立方）的四分之三。前几年玉环每天要到温州运水，水价要十多元一吨。台州人多地少，人均耕地只有0.39亩，仅是全国平均水平的28%，是全省平均水平的74%，实现建设用地占补平衡的难度越来越大。随着国家进一步加强土地调控，土地要素始终是制约台州经济发展的最直接瓶颈。同时融资难也是台州广大中小企业普遍反映的共性问题。市场方面，原材料和上游产品上涨势头虽然有所缓解，但还有许多企业处于微利、保本甚至亏损的状态。环境方面，水、空气等污染严重，2009年台州酸雨频率达91.1%。

4.企业创新动力不足，科技人才缺乏。台州虽然有200多家省级以上高新技术企业，但由于企业以民营为主，创新意识还不够强，技术创新能力明显不足。从产业组织形态看，台州块状经济特征明显，企业模仿跟踪能力较强，技术保密难度很大，压制了企业的自主创新激情。同时，由于台州在知名度、城

市生活环境、人才成长环境等方面的相对劣势，加上民营企业家族式管理现象突出，对各类人才缺乏吸引力和凝聚力。因此，人才总量偏低的矛盾仍然较为突出，尤其是行业的顶尖人才和学科的领军人物更加稀缺。

5. 企业组织结构不够科学。台州前些年的发展，造就了一批大大小小的泥腿子上岸搏击市场经济大潮的企业家，成为台州经济发展的宝贵财富。但这部分企业家，多数没受过高等教育，第二代中虽受过一定教育，但多数离职业经理人的要求差距还很大，家族制、粗放型管理较为普遍。企业生产、管理营销等各个方面离现代企业制度的要求差距甚远。特别是随着企业的不断发展壮大，家族式企业的缺点逐步显现出来，观念保守、管理粗放、决策武断、人才缺乏、产权不清等。近年来，台州一些企业遇到不同程度的经营管理困境就是企业组织结构远远不能适应企业发展的需要所造成的。

（二）台州经济转型升级的必要性

1. 加快转型升级是科学发展的必然选择。台州前些年的快速发展主要是以粗放式增长为主，这种增长不是真正意义上的发展，是不可持续的。加快经济转型升级，通过技术创新和劳动者素质提高，走出一条低投入、低能耗、高产出的集约型内涵式发展道路，以最小资源消耗获得最大的经济效益，这才是全面、协调、可持续发展的理念，是科学发展的必然选择。

2. 加快转型升级是保持台州经济平稳较快发展的迫切要求。在经历了 2008 年金融危机后，从 2009 年下半年开始，台州经济基本实现恢复性增长。但进入 2010 年二季度后，固定资产投资、自营出口等指标增速已出现趋缓迹象。而且当前经济运行中还存在很多不确定不稳定的因素，国内外经济形势复杂，迫切要求加快经济转型升级，积极调整产业结构，提升发展优势产业，培育新的经济增长点，增强企业竞争力，实现台州经济持续平稳健康发展。

3. 加快转型升级是构建资源节约型和环境友好型社会的根本途径。近年来，台州加大节能减排工作力度，生态环境得到明显改善，但环境压力仍然较大，空气质量有待改善，水环境污染还比较严重等等。只有加快转型升级，更加注重资源要素的集约节约利用，严把节能减排关，鼓励发展低污染低能耗产业，限制或淘汰高污染高能耗产业，才能从根本上推进资源节约型和环境友好型社会建设。

二、台州经济转型升级的主要思路与措施

台州经济发展，尽管面临诸多的困难，但有着固有的优势，实现转型升级，也有其现实的基础。一是台州正由工业化中期向后期迈进，处于新一轮加速发展的重要历史阶段。二是台州加快转型升级具有一定产业基础。改革开放三十多年打下的基础，为台州的新一轮发展提供了强大的产业支撑。三是台州加快转型升级具有一定发展空间。台州作为浙江的沿海港口城市，独特的资源禀赋蕴藏着巨大的发展潜力。沿海开发大战略的实施，必将推动台州发展大转型，促进台州大发展。四是台州加快转型升级具有一支敢冒险善创造的企业家队伍。五是“四大战略”为加快转型升级提供了路径选择。沿海开发战略、自主创新战略、城市群构建战略和民生优先战略，这“四大战略”符合省委省政府提出的“大平台、大产业、大项目、大企业”战略思想，是实施省委“两创”总战略的生动实践，也为台州今后加快经济转型升级指明了努力方向和基本路径。

（一）以“主攻沿海”为主战略，优化生产力空间布局。转型需要新的空间平台来承载和支撑。台州沿海产业带是浙江省温台沿海产业带的重要组成部分，这个大平台也是台州的后发优势所在。台州沿海产业带是以拟建的沿海高速公路为主轴，向西纵深约 5 公里，东至管辖海域的沿海带状经济体和产业走廊，涉及台州沿海 6 个县（市、区）和台州经济开发区共 32 个乡镇（街道），陆域总面积约为 2190 平方公里，海域面积约为 6910 平方公里，共有重点开发区块 12 个，规划面积 760 平方公里。目前已围垦滩涂 7.5 万亩，在围 29 万亩（约 200 平方公里），明年年底可以围成。基础设施总投入已超过 130 亿元，入园企业有 1000 多家。

发展沿海产业带，首先要加快建设台州湾循环经济产业集聚区。台州湾循环经济产业集聚区是指以沿海高速公路为中轴、从临海到温岭包括玉环漩门湾在内、近期规划面积是 450 平方公里、远期（2020 年）规划 615 平方公里的广大区域。定位为引领台州发展、联动全省沿海、辐射全球的中国循环经济实验区、长三角南翼临港产业集聚区、浙江省海洋综合开发体制改革试验区和台州城市群滨海生态新城区。集聚区内能源、综合交通、水利、生态环保等基础项目投资高达 1200 多亿元，相关规划正在加快编制。台州正在准备成立“台州湾循环经济产业集聚区管委会”，规格为副厅级，具体负责区域内的行政和开发、招商工作。其次是要完善基础设施。坚持基础设施先行，加快围垦进度，尽快把生地变熟地，加强后续开发利用；全力抓好港口、道路、水电等基础配套，完善生产生活服务功能。目前三门核电已经开工，总投资 1500 亿元，沿海高速项目审批已进入国家层面，有可能在年内动工，总投资 170 亿元。台金铁路拟纳入省“十二五”规划，设计投资 143 亿。临海头门岛南面可建万吨到十万吨的岸线有 5 公里，北面可以建 20 万吨的大港口。头门港区的发现，使台州大港雏形开始显现，将改变原有椒江海门港水深不足、玉环大麦屿港远离台州、铁路等配套设施不足的现状。头门港与大麦屿港、健跳港将组成真正台州港，与北面的宁波、南面的温州联合组成浙江港口群，成为台州“服务浙江、连接内陆、面向世界”的桥头堡。第三是要抓项目对接。做深项目前期，力争一批重大项目早日获批。台州湾循环经济产业集聚区发展规划要争取发改委论

证，通过省政府批复；台州炼化一体化项目争取国家发改委批复；沿海高速公路力争今年报批开工；头门港建设列入省“十二五”规划和港口专项规划；金台铁路要在“十二五”期间启动。此外，大陈岛开发建设要争取省里补助和支持。这些项目都将建立专门的工作班子，加强对接，全力争取。第四是开展产业招商。借鉴先进地区经验，产业重于企业、人才重于项目；突出台州产业优势，找准产业定位，围绕产业的主导产品及其上下游产品，沿着产业链、产品链找项目、找投资。按照“招大、引强、选优”的要求，对产业结构转型升级具有重大带动作用的大项目为主攻方向。

（二）以循环经济发展为导向，建设生态文明。发展循环经济，是破解资源与环境的双重制约，实现可持续发展目标的根本途径。台州发展循环经济，总目标要建立起较为完善的循环型企业、园区、产业以及循环型社会四大循环经济体系及保障体系，力争成为全省循环经济的亮点和国家级循环经济示范区。一是打造循环经济产业链。在椒江现有的10平方公里的医化产业基础上，以台州炼化一体化项目落地为中心，重点培育再生资源、石化产业、医化、新能源等循环经济产业链，促进产业结构优化升级，发展大企业、大产业，形成核心优势区块。该项目总投资706亿元，建成后年营业收入在1000亿左右，产生税收100亿左右，将结束台州没有现代化大工业的历史，一举改变台州工业面貌。整个项目需围涂25平方公里，目前已围10平方公里。二是培育循环经济示范企业。以行业龙头企业为重点，以节能减排为倒逼机制，积极创建绿色企业。深化环保整治，重点整治臭水臭气问题。三是构建环境友好型社会。循环经济、生态环保、低碳生活也代表着一种生活方式。要深入开展节能减排全民行动，鼓励公众参与环境管理，积极倡导低碳生活和绿色消费。

（三）以现代服务业为突破口，加快产业结构调整。现代经济发展的根本趋势，就是由“工业经济”向“服务经济”转型。台州新一轮发展，要以城市群建设为抓手，围绕“扩大总量、优化结构、提升层次、创新业态”的要求，通过规划引导、产业聚集、项目带动、政策扶持，重点抓好生产性服务业、生活性服务业及公共事业的发展。具体任务有三项：一是提高三产比重，争取“十二五”期间全市三产比重每年提高一个百分点左右；二是重点发展金融、现代物流、科技信息服务、现代商贸和旅游休闲五大产业。三是抓好现代服务业载体建设，重点抓一批现代服务业发展平台，抓一批服务业大项目，抓一批服务业龙头企业。

（四）以培育产业集群为抓手，提升区域竞争力。台州现有30多个产业集群，产值超百亿元的产业集群达20个，规模较大的有汽车摩托车及配件等九大产业集群。台州医化、黄岩模具和温岭泵业产业集群已被浙江省政府确定为省产业集群转型升级示范区试点。根据《台州市块状经济向现代产业集群转型提升的指导意见》规划，到2012年，台州要初步完成现有20个产值超百亿元的块状经济向现代产业集群转型升级，成为在全球市场占据一定话语权的现代产业集群。一是强化传统主导产业，二是整合提升园区建设，三是大力扶持龙头企业，四是完善工业服务体系。

（五）以统筹城乡为重要内容，促进城乡一体化发展。城乡二元结构、分散的小集镇体系、农村发展的相对滞后和区域发展的不平衡，已经成为全市经济社会转型升级的重要瓶颈，必须在统筹城乡中加快经济发展方式转变。重点是抓好四方面工作：一是明确实施台州城市群战略，二是促进城乡公共服务均等化，三是改善农村生产生活生态，四是推进农村综合改革，加大“三农”投入力度。

三、财政促进经济转型升级的努力方向和主要任务

（一）进一步解放思想，为促进转型升级提供源动力

转型升级的源动力在于解放思想。思想解放的程度决定转型升级的力度和深度。作为政府综合经济部门，财税干部要带头解放思想，更新理念。一是着力转变不适应不符合科学发展的思想观念。转型升级就是要科学发展，按照科学发展观要求，准确把握社会主义市场经济条件下公共财政发展规律和变化特征，把科学发展观的立场、观点、方法、要求贯穿于财政地税工作全过程，把科学发展观作为认识和理解一切与财政地税工作相联系的重大关系、妥善解决当前经济社会发展中的各方面矛盾、积极协调好各种利益关系的出发点和归宿。二是提高务实创新、促进发展的能力。努力加强学习，提高业务水平、增强创新的能力，把求真务实、创新创优的要求贯穿于财税工作的各个环节，不断增强财税干部和财税部门促进经济发展和转型升级的能力。三是提高把握大局、主动服务能力。深入研究影响经济发展和社会进步的前瞻性、战略性、指导性问题，从党的事业和全局的高度来研究财税政策，找准财税工作与经济社会发展的结合点，把发挥公共财政职能与转型升级结合起来，提出财税服务转型升级的措施和建议。牢固树立主动服务意识，在依法依规的前提下，在权限范围内做好财税服务工作。

（二）努力做大财政收入，为转型升级提供充足的财力支持

推进经济转型升级，需要大量资金的投入，只有财政收入增长了，政府才能在基础设施投入、引导资金安排等方面获得充足的财政保障。做大财政收入，首先是要通过扶持企业发展培植财源。财政要引导企业抓住转型升级的机会，努力发展壮大，形成稳定的财源体系。其次是要通过完善税收征管措施应收尽收。进一步健全税收征管措施，完善税源间接控管模式，加强重点税源管理，抓好日常税源管理、税种管理、行业税收管理，完善社保费征管机制。积极推进信息化建设，提高征管

质量。第三是要通过加强非税收入管理拓宽增收渠道。拓宽政府非税收入的征收范围和征收渠道,加强和规范水资源、土地矿产资源、市政公用资源等资源性收入征缴,完善土地出让金等政府非税收入的征收管理,切实增强政府可用财源。同时积极向上争取支持筹措资金,争取省里的转移支付支持、专项资金支持。

(三)发挥财政职能作用,明确转型升级的目标定位

1.充分发挥财政资源配置职能,促进科技进步和产业升级。实现转型升级,促进科技进步和产业升级是根本途径之一。就财政部门而言,进一步强化政策导向,整合财政资金,全力支持企业自主创新,培育新兴产业,支持传统产业转型,有效发挥财政资金"四两拨千斤"的作用。一是要加大财政科技投入力度。确保财政科技投入增长比例高于经常性财政收入增长比例,优化财政科技投入结构,科技投入重点用于支持科技创业创新平台建设、科技成果转化与产学研合作、中小企业技术创新、重大科技项目的实施、知识产权保护、科技进步奖等方面。加强财政资金的跟踪问效,建立健全财政科技经费绩效评价体系。二是要认真贯彻实施促进企业自主创新的财税优惠政策。落实好企业开发新技术、新产品、新工艺税收优惠政策,对企业技术改造项目、技术创新活动给予政策性导向的信贷支持和财政补贴与税收优惠。鼓励企业增加科研投入,引导和支持企业培育自主创新能力。完善促进企业自主创新的股权激励政策,健全有利于科技成果产业化的分配制度。三是大力促进产业结构升级优化。通过注入资本金、财政贴息等手段,对新能源、新材料、新工艺等战略性新兴产业给予支持,促进产业结构优化升级和节能降耗。加大对节能减排领域的投入力度,支持重点节能减排工程建设,加强生态保护和环境治理。

2.充分发挥财政的宏观调控职能,支持产业结构和经济结构优化。一是要想方设法增加有效投入。努力增收节支、积极向上争取各类项目和资金,持续扩大有效投入;特别是要加大对科技研发、自主创新、现代服务业、总部经济、新能源、新材料等的支持力度。同时要优化财政投入结构,发挥财政资金的最大效益。二是调整和优化财政扶持政策。认真执行有效扶持企业发展的财政政策,如增值税转型、小企业减税,高新技术企业所得税减征、制造业主辅分离、社保费结构性减免以及土地使用税、房产税、水利基金等政策性减免征和其他政府收费减免等政策。进一步拓宽社会投资的领域和渠道,除法律特别规定的外,允许社会资本以参股等方式进入金融、铁路等垄断行业。三是大力支持服务业特别是现代服务业的发展。扎实推进企业分离发展服务业工作,重点支持现代物流、服务外包、文化创意等新兴服务业发展,努力在规模和质量上取得双突破,加快现代服务业发展步伐。四是全面落实各项强农惠农政策,支持农业农村发展。切实加大对水利建设、农业综合开发、农业和农村基础设施项目建设等的投入力度,进一步夯实"三农"发展基础。

3.充分发挥财政收入分配职能,促进民生事业发展和社会和谐。坚持把保障和改善民生作为根本任务,努力确保新增财力三分之二以上用于民生,采取积极有效措施,提高城乡居民的持续消费能力。一是要努力提高城乡低收入群体收入水平。落实好城乡低保等各项补助政策,努力使保障标准与经济增长同步提高。加大就业投入,支持职业技能培训和公共就业服务,解决失业人员就业问题。支持落实最低工资制度,促进提高低收入者劳动报酬。二是要继续完善社会保障体系。增加社会保障财政投入,加快社会保障体系建设,消除城乡居民后顾之忧。三是加大对民生事业建设投入。切实抓好增收节支工作,以调整和优化支出结构为突破口,全力支持民生的重点工程、生态建设工程。

(四)推进改革创新,消除转型升级的体制和机制障碍

体制机制是推动转型升级的动力源。促进经济转型升级,必须加大改革力度,消除经济发展方式转变的体制和机制障碍。一是大力支持推进经济体制改革,拓宽发展空间。推动民营经济从制造业为主向多业并举转变,放宽市场准入,支持民营资本进入垄断性行业、社会事业和基础设施建设等领域。推动民营经济从家族式管理向建立现代企业制度转变,有序推进股权重构,完善企业法人治理机制,建立职业经理人制度。推动融资方式由过分依赖国有银行向多元化转变,创新地方金融机构。支持本地商业银行做大做强,扶持村镇银行、小额贷款公司、农村资金互助合作社发展。创新融资保障方式、完善融资担保机制,开展产业链配套客户贷款试点,探索知识产权、土地承包经营权、摊位使用权质押贷款模式。推动民营经济从"低小散"向"高精特"转变。坚持政府引导、市场运作、大专院校合作相结合,搭建重大公共科技创新平台,进一步集聚科技创新资源,加快技术创新步伐。二是大力支持行政体制改革,推动政府职能转变。以新一轮机构改革为契机,强化政府的社会管理和公共服务职能,重点深化扩权强县、扩权强镇工作。适应现代社会管理趋势,切实提高运作能力,继续推进行政许可职能改革。三是继续深化各项财税改革,完善财政体制机制。以实现财政科学化精细化管理为目标,继续推进财政体制改革,按照"三个子"公共财政管理改革的要求,深化预算管理、国库集中支付、绩效评价、政府采购和国资管理等改革,建立有利于科学发展的财政体制机制。

(课题组长:叶维军　成员:蒋天平　卢修贤　许　乐　陈　静[执笔]　周少练　叶未亮)

援川工作

浙江省对口支援青川县灾后恢复重建工作

【概况】 根据党中央、国务院的决策部署，在浙江省委、省政府的领导下，浙江省援建四川省青川县地震灾后恢复重建工作按中央"力争两年基本完成原定三年的目标任务"的要求，于2010年9月份全部完成547个援建项目，9月17日将这些项目整体移交给广元市青川县人民政府。援建青川期间，全省各级财政部门按照省委、省政府的要求做好援建资金的筹措、分配和使用管理工作。

【积极筹措 保障有力】 按照中央的要求，全省各级财政部门做好援建资金的筹措工作，及时编制下达资金计划，确保援建资金及时到位和支付。全省共筹措援建资金86.19亿元，其中：财政资金57.25亿元，社会捐赠资金25.54亿元，中央安排青川特殊党费3.40亿元（全省党员共捐特殊党费近5亿元），资金总量为三年地方财政收入的1.5%，超过中央要求的1%的比例。

【合理分配 惠及民生】 浙江省援建项目的安排和援建资金的分配遵循"统分结合"和"项目跟着规划走，资金跟着项目走"的原则，所有项目分家园、设施、产业三大类，援建资金的分配按照符合规划、满足需求、突出民生的要求，以解决青川人民没房住、饮水难、上学难、就医难、出行难、就业难、发展难等突出问题。安排援建资金8亿元，帮助重建或维修加固农村永久性住房61715户；安排援建资金10亿元，建成12个居民安居小区4640套安居房，共36万平方米；安排援建资金16亿元，建成各类学校49所；安排援建资金2.80亿元，建成2所综合性医院、35所乡镇卫生院；安排援建资金4.50亿元，建成地震博物馆、福利院、文化中心、广播电视网络、残疾人康复中心等公共设施；安排援建资金2.50亿元，基本建成城乡饮水工程；安排援建资金15亿元，建成194条道路、158座桥梁，总里程达1163公里；安排援建资金5亿元，建成34条防洪堤，总长28公里，新造土地3255亩；安排援建资金5.50亿元，援建广元川浙合作产业园、竹园浙商产业园和一批农业特色产业基地；安排援建资金3亿元，开展医疗、教学、科技、培训和就业等服务，组织服务40多批3500多人次，组织培训2万余人次，帮助12000多人实现就业；安排援建资金4.50亿元，实施环境整治工作。

【强化管理 规范使用】 制订《浙江省对口支援青川县灾后恢复重建资金管理办法》和各项资金财务管理规定，并坚持按制度办事、以制度管钱。各项资金实行专户存储、专款专用、专账核算。严把支出关，做到审批程序到位，支出符合规定。规范财务会计核算，确保收支清晰、手续完备、账实相符。加强对援建资金的监管，资金到哪里，审计监督跟踪到哪里，把审计监督贯穿于援建资金的各个环节和各个方面，保证援建资金规范、安全和有效使用。

【严控投资 确保盘子】 为有效防范援建项目投资大面积超概算，确保援建资金总盘子不突破，除建立一系列援建项目和资金管理制度外，在明确项目实施指挥部作为投资控制责任主体的前提下，以合理核定投资、严格变更管理和加快财务决算为抓手，着力加强投资控制。首先，根据援建规划，结合青川实际，核定援建项目建设规模、标准和投资额在坚持"统分、协商、自愿"的前提下统筹安排市县自留资金。其次，遵循"估算控制概算、概算控制预算、预算控制决算"的原则，对工程变更实行全过程动态管理。再次，争取后方审计机关和青川县审计局的支持，加快竣工财务决算审计工作，为投资控制的准确性提供依据。从审计结果看，169个省统筹全额投资类援建项目中8个项目超概算，总体项目节余资金5.02亿元。

【加快审计 加快移交】 根据援建项目分批实施、分批竣工的特点，早作安排，早作沟通，在后方审计机关和青川县审计局的支持下，合力推进援建项目竣工财务决算的编制和审计工作。到2010年12月底，全省全额投资类援建项目共247个（其中：省统筹项目169个）全部完成竣工财务决算审计工作。同时，根据审计结果，及时组织做好援建项目资产的移交工作，使援建项目尽早投入使用。

（省财政厅经建处供稿）